In seiner fulminanten und meisterhaft geschriebenen Biographie – voller Details aus Briefen, Tagebüchern und persönlichen Gesprächen – zeigt uns Simon Sebag Montefiore einen der grausamsten Diktatoren der Weltgeschichte als Herrscher und zugleich als skrupelloses Haupt eines ganzen Hofstaates. Dabei gewährt er überraschende Einblicke in das verborgene Leben, die mörderischen Intrigen und die tödlichen Machenschaften der Mitglieder des Politbüros und ihrer Familien. Eindrucksvoll beschreibt er die Beziehungen zwischen einem Menschheitsverbrecher und einer Kamarilla, die von enthemmter Gewaltbereitschaft ebenso geprägt sind wie von kleinbürgerlich idyllischen Alltagsfreuden. Schonungslos und mit atemberaubenden Sinn für die menschlichen Abgründe enthüllt einer der großen historischen Erzähler der Gegenwart die ganze Amoralität eines totalitären Regimes, dessen Erben uns bis heute heimsuchen.

SIMON SEBAG MONTEFIORE, geboren 1965, ist britischer Historiker und Journalist. Er ist Autor zahlreicher preisgekrönter Bestseller, die mittlerweile in 45 Sprachen übersetzt wurden. »Jerusalem. Die Biographie« war ein weltweiter Bestseller.

SIMON SEBAG MONTEFIORE

STALIN

AM HOF DES ROTEN ZAREN

Aus dem Englischen von Hans Günter Holl

KLETT-COTTA

Die deutschsprachige Ausgabe ist erstmals 2005
im S. Fischer Verlag GmbH, Frankfurt am Main erschienen.
Der Text der vorliegenden Ausgabe folgt der erweiterten
Ausgabe im Fischer Taschenbuch Verlag 2006.

Klett-Cotta
www.klett-cotta.de
Die Originalausgabe erschien unter dem Titel
»Stalin. The Court of the Red Tsar« im Verlag
Weidenfeld & Nicolson, London, 2003
© 2003 by Simon Sebag Montefiore

Für die deutsche Ausgabe
© 2023 by J. G. Cotta'sche Buchhandlung Nachfolger GmbH,
gegr. 1659, Stuttgart
Alle deutschsprachigen Rechte vorbehalten
Cover: Rothfos & Gabler, Hamburg
unter Verwendung eines Fotos von © Heritage Image Partnership Ltd /
Alamy Stock Photo
Gesetzt von Dörlemann Satz, Lemförde
Gedruckt und gebunden von GGP Media GmbH, Pößneck
ISBN 978-3-608-98735-5
E-Book ISBN 978-3-608-12154-4

Bibliografische Information der Deutschen Nationalbibliothek
Die Deutsche Nationalbibliothek verzeichnet diese Publikation in der
Deutschen Nationalbibliografie; detaillierte bibliografische Daten
sind im Internet über http://dnb.d-nb.de abrufbar.

Für
Lily Bathsheba

INHALT

Vorwort

DER STALINSCHE HOF
UND DIE WURZELN DES STALINISMUS

Wozu ein Buch über Stalins Hof? Was ist über den Diktator noch zu sagen, was nicht schon tausendfach gesagt worden ist, in zahlreichen Aufsätzen, Essays und Büchern über die Gewaltherrschaft, die die Historiker Stalinismus nennen? Und warum sollen wir uns mit Stalin und seinem Hof überhaupt beschäftigen? Die Antwort ist einfach und eindeutig: Wir werden, wenn wir uns Stalin und seinen Helfern als Menschen zuwenden, die Rationalität der destruktiven Gewaltherrschaft besser als bisher verstehen. Zu zeigen, wie der individuelle Mensch als Schöpfer und Geschöpf seiner Umgebung gewesen ist, das aber ist die eigentliche Aufgabe des Historikers, denn wir wollen nicht wissen, wie die Welt ist, sondern wie sie von den historischen Menschen gesehen wurde. Allein auf diese Weise werden wir verstehen, wer Stalin und was der Stalinismus waren.

In der zurückliegenden Geschichtsschreibung über Stalin und den Stalinismus aber blieben die menschlichen Eigenschaften des Diktators und seiner Gefolgsleute eher im Verborgenen. Die Stalin-Biographien von Adam Ulam, Robert McNeal und Robert Tucker waren Erzählungen vom Leben Stalins, die wenig darüber sagten, woher dieser Mann kam und was dessen Herkunft und das Milieu, in dem er sich bewegte, über den Stalinismus zu verstehen geben.* Wie hätte das auch geschehen können, wenn wir nicht einmal wissen, wer die Gefolgsleute waren, die sich am Hof des Diktators aufhielten: Molotow, Mikojan, Kaganowitsch, Beria, Malenkow, Schdanow und Woroschilow.

---

* A. Ulam, Stalin, Koloß der Macht, Esslingen 1977; R. H. McNeal, Stalin. Man and Ruler, London 1988; R. Tucker, Stalin Power. The Revolution from Above, 1928–1941, New York 1992. Zuletzt, und mit Gespür für den kulturellen Kontext: R. Service, Stalin. A Biography, London 2004.

Die Historiker haben statt dessen von Strukturen gesprochen, von der Allmacht bürokratischer Apparate und Ideologien, wenn sie ihre Leser über den totalitären Charakter des bolschewistischen Regimes aufklären wollten. Im »Jahrhundert der Ideologien« (Karl-Dietrich Bracher) wurden Menschen von Apparaten regiert und als Individuen ausgelöscht. Aber wer regierte in diesen Apparaten und wie konnte es geschehen, dass der exzessive Terror mit dem Tod des Diktators zu einem Ende kam?*

Über Stalin und seine Helfer hatten auch die so genannten Revisionisten unter den Historikern, die in den 1980er Jahren mit der Behauptung aufwarteten, der Stalinismus sei »von unten« gekommen, nichts von Belang mitzuteilen. Ihnen galten die Exzesse der Stalin-Ära als ein Resultat ungesteuerter und unkontrollierbarer Konflikte zwischen konkurrierenden Apparaten und sozialen Gruppen. In Wahrheit seien gesellschaftliche und soziale Krisen für den Ausbruch des Terrors verantwortlich gewesen. Stalin und seine Helfer hätten den Terror nicht nur nicht verursacht, sie hätten ihn nicht einmal kontrollieren können. So behauptete der amerikanische Historiker J. Arch Getty, die Parteiführung habe die Sicherheitsorgane noch 1937, im Jahr des Großen Terrors, darauf hinweisen müssen, daß Exzesse nicht erlaubt seien. Wo sie dennoch vorgekommen seien, müssten sie dem Eifer lokaler Parteisekretäre zugeschrieben werden.** Aber man erfuhr auch von den Revisionisten nur wenig über die Personen, die sich in diesen Konflikten bewegten. Wo die einen von Ideologien und allmächtigen Apparaten sprachen, entdeckten die anderen soziale Klassen und konkurrierende Gruppen. Hier wie dort erlagen die Historiker aber vor allem den Selbstinszenierungen des Regimes, über das Leben, das sich hinter diesen monolithischen Fassaden verbarg, hatten sie uns nichts mitzuteilen. Und weil sich natürlich auch die politischen Führer in der Öffentlichkeit über die Welt stets nur im Stil der staatlichen Propaganda auszudrücken wussten, erfuhr man über sie auch nicht mehr, als dass sie im Meinungsdienst einer Ideologie standen.

Nun sind Ideologien und Lebensordnungen nicht einfach da. Es gibt weder einen »Marxismus« noch einen »Kommunismus«, der aus den Texten unvermittelt spricht. Das Bewusstsein ist kein Reflex der Ideo-

---

* K. D. Bracher, Zeitgeschichtliche Kontroversen um Faschismus, Totalitarismus, Demokratie, München 1984, 5. Aufl.

** J. A. Getty »Excesses are not Permitted«: Mass Terror and Stalinist Governance in the Late 1930s, in: Russian Review 61 (2002), S. 113–138; Sh. Fitzpatrick, Stalin and the Making of a New Elite, 1928–1939, in: Slavic Review 38 (1979), S 377–402.

logie, sondern ihr Produzent. Und darin, dass Menschen verschieden sind, dass sie aus verschiedenen Milieus und Kulturen stammen, nehmen die Ideen unterschiedliche Gestalt an. Karl Kautsky und Josef Stalin sprachen, wenn sie Bekenntnisse zum Marxismus abgaben, in verschiedenen Sprachen, und sie meinten Verschiedenes, wenngleich sie in den gleichen Begriffen sprachen. Aber die politischen Führer waren nicht nur Produzenten von Ideen: sie waren Männer und Liebhaber, sie pflegten Freundschaften, sie hatten eine Heimat und eine Vergangenheit, an die sie sich auf ihre Weise erinnerten, sie hassten und sie liebten, sie hatten Neurosen und sie waren Gewalttäter. Es kommt also darauf an, die Täter in ihren Lebenswelten zu beobachten und aus verschiedenen Perspektiven zu beschreiben. Es reicht nicht aus, ihre Reden und politischen Auftritte zu untersuchen oder ihre Texte zu analysieren. Wir werden die gewalttätigen Exzesse im Jahrhundert der Ideologien nicht verstehen, wenn wir nicht verstanden haben, wie Stalin und seine Gefolgsleute als Menschen gewesen sind.

Davon nun handelt das großartige Buch von Simon Sebag Montefiore, das allen Büchern, die von professionellen Historikern über den Stalinismus verfasst worden sind, allein darin überlegen ist, dass es zu erzählen weiß. Von welchem Historiker ließe sich denn sagen, seine Bücher seien schön geschrieben und würden deshalb auch gern gelesen? Aber das Buch teilt auch Neues mit. Es präsentiert Stalin und seine Paladine nicht nur als Urheber des Massenterrors und der Gewalt, sondern zeigt sie auch als lebendige Menschen, die sich über das, was sie anderen antaten, verständigen, die einander Briefe schrieben, miteinander aßen und tranken und gemeinsam den Urlaub verbrachten.

Eine solche Alltagsgeschichte des Stalinschen Hofes hätte vor zehn Jahren noch nicht erzählt werden können. Seit dem Ende der 1990er Jahre wurden die persönlichen Archive Stalins und seiner Gefolgsleute wie Kaganowitsch, Molotow, Woroschilow, Ordschonikidse, Kirow, Malenkow, Mikojan und Andrejew nach und nach für die wissenschaftliche Öffentlichkeit zugänglich. Und Sebag Montefiore hat fast alles gesehen, was man in diesen Archiven zu diesem Thema finden kann.

Von unschätzbarem Wert sind auch die Interviews, die Sebag Montefiore mit den Nachkommen der Gefolgsleute und den wenigen Überlebenden, die Stalin noch gekannt haben, führen konnte. Und natürlich die unveröffentlichten Tagebücher und Aufzeichnungen der georgischen Freunde Stalins, Tscharkwiani und Kawtaradse, die Tagebücher des Marschalls Budjonni und Maria Swanidses, die das Milieu und die Atmosphäre am Hof des Despoten in ein helles Licht tauchen.

Was nun kann man aus dem Buch über den Menschen Stalin und seinen Hof erfahren?

Sebag Montefiore porträtiert Stalin nicht nur als Politiker, sondern auch als Vater und Ehemann, als Liebhaber, als Gastgeber und Urlauber. Dabei zeigt sich, daß Stalin keineswegs paranoid war, er liebte seine Frau, seine Söhne Jakow und Wasili und seine Tochter Swetlana, er mochte die Kinder seiner Gefolgsleute, mit denen er spielte, er pflegte Freundschaften, und er konnte, wenn er gut aufgelegt war, ein liebenswürdiger und charmanter Unterhalter sein. Davon haben nicht zuletzt zahlreiche ausländische Besucher berichtet, die sich nicht erklären konnten, wie ein Mensch, der ihnen freundlich erschien, zugleich ein Mörder und Verbrecher sein konnte. Die Ehefrau Kawtaradses, eines Jugendfreundes von Stalin, erinnerte sich an einen Besuch des Diktators in ihrer Wohnung. Stalin habe sie gefragt, als er ihre weißen Haare gesehen habe, wer sie denn so schlimm gefoltert habe? Dann habe er Speisen aus einem georgischen Feinschmeckerrestaurant kommen lassen und habe georgische Lieder gesungen. Stalin habe sie und ihren Ehemann einsperren und foltern, ihren Schwager töten lassen. Und jetzt saß er in ihrer Wohnung und sang in einem »lieblichen Tenor« georgische Lieder. »Er sang so schön.«

Stalin sang nicht nur schön, er war auch ein Gewalttäter, er war misstrauisch, er litt an Verfolgungswahn, und er hatte keine Skrupel, selbst Menschen aus seiner Umgebung zu verstoßen und ermorden zu lassen. Nicht einmal die engsten Verwandten waren vor der Rachsucht und dem Misstrauen des Despoten sicher. Robert Tucker hat in seiner Stalin-Biographie davon gesprochen, der Diktator sei psychisch krank gewesen, habe unter den Schlägen des Vaters gelitten und habe Minderwertigkeitsgefühle kompensieren müssen. So aber spricht nur, wer die Welt nicht versteht, aus der Stalin kam und in der er sich bewegte.*

Stalins Welt bestand aus Freunden und Feinden, die sich auf Gedeih und Verderb die Treue hielten. In einem politischen System, das durch persönliche Beziehungen strukturiert und durch Freundschaften stabilisiert wurde, kam es darauf an, dass die politischen Führer einander ver-

---

* Vgl. dazu die Kritik von R. G. Suny, Beyond Psychohistory: The Young Stalin in Georgia, in: Slavic Review 50 (1991), S. 48–58.

trauten und sich aufeinander verlassen konnten. Angesichts des Krieges, den das Regime seit dem Beginn der Kollektivierung gegen die Bevölkerung führte, gab es zur Freundschaft als Herrschaftsprinzip keine Alternative.* Freundschaft fand ihren symbolischen Ausdruck in der Nähe zum Diktator. Am Hof Stalins erwarben die führenden Bolschewiki Prestige, wer dem Diktator nahe stand, verfügte über größere Autorität als jene, die keinen Zugang zum Hof erhielten. Sebag Montefiore beschreibt die Nähe zwischen Stalin und den Gefolgsleuten, die Tür an Tür auf dem Gelände des Kremls wohnten, miteinander aßen und feierten. Nach dem Krieg, als das Zentralkomitee und das Politbüro schon nicht mehr zu regulären Sitzungen zusammentraten, gehörte zum engsten Führungskreis, wer eingeladen wurde, mit Stalin Filme im Kremlkino anzusehen, an seiner Tafel zu speisen und mit ihm zu verreisen.

Die Nähe zum Diktator konnte aber auch tödlich sein, denn wo politische Entscheidungen von der persönlichen Loyalität der Freunde abhingen, kam es darauf an, sich der gegenseitigen Freundschaft stets neu zu versichern. Nur am Hof waren die Gefolgsleute unter der Kontrolle des Diktators, hier konnten sie gegeneinander ausgespielt, bespitzelt und überwacht werden. Stalin stellte die Gefolgsleute auf die Probe. Er ließ ihre Ehefrauen verhaften, wie es Kalinin und Molotow widerfuhr, er ließ die Brüder seiner engsten Freunde, Kaganowitsch, Ordschonikidse und Mikojan, erschießen, um herauszufinden, ob sie ihrer Freundschaft zum Diktator Freunde und Verwandte zu opfern bereit waren. Während der Kollektivierung und auf dem Höhepunkt des Großen Terrors entsandte Stalin die Gefolgsleute in die Provinz, um Bauern deportieren und scheinbar illoyale Kommunisten und ihre Gefolgschaften töten zu lassen. Stalins Arm reichte in alle Regionen der Sowjetunion, und es gab keine bürokratischen Prozeduren, die ihn an seinem Werk der Zerstörung hätten hindern können. Beklemmend sind die Briefe des Politbüromitglieds Andrei Andrejew, aus denen Sebag Montefiore zitiert. Aus Woronesch schickte er Stalin ein Telegramm, in dem er stolz verkündete: »Hier existiert kein Büro mehr. Alle Kader sind als Volksfeinde verhaftet. Jetzt weiter nach Rostow.« Während Menschen starben und die Kommunisten vor Angst vergingen, schickte Andrejew seiner Familie Ansichtskarten aus den Regionen, in denen er sein blutiges Handwerk betrieb.

---

* J. Baberowski, Der rote Terror. Die Geschichte des Stalinismus, München 2004, 2. Aufl.

Im Terror stellten die Magnaten vor allem ihre Treue unter Beweis. Als Anastas Mikojan Zweifel an der Schuld von Verhafteten äußerte, beauftragte Stalin ihn damit, die Führung der Kommunistischen Partei Armeniens nach Volksfeinden abzusuchen. Mikojan reiste nach Armenien und unter Aufsicht Lawrenti Berias, den Stalin ihm als Aufpasser an die Seite gestellt hatte, dort richtete er ein Massaker unter den armenischen Kommunisten an. Danach konnte Stalin sich wieder auf seinen Gefolgsmann verlassen.

Wo Stalin Illoyalität und Verrat witterte, starben nicht nur jene, die in Ungnade gefallen waren, sondern auch ihre Verwandten und Vertrauten. Es lag in der Logik des Klientelwesens und des Patronagesystems, dass Machtstrukturen nur zerstört werden konnten, wenn die Personenverbände zerschlagen wurden, die sie konstituierten. Stalin lebte in einer Welt, die von Treue und Verrat regiert wurde. In ihr konnte nur überleben, wer sich den Regeln unterwarf, die in ihr galten. Aus diesem Teufelskreis scheinen die Magnaten erst in den letzten Lebensjahren des Diktators ausgebrochen zu sein, als Stalin ihnen allen nach dem Leben trachtete. Als Molotow und Mikojan in Ungnade fielen, Beria in Verdacht geriet, überwanden die Höflinge ihre Feindschaft und das gegenseitige Misstrauen. Möglicherweise waren die letzten Lebensjahre Stalins der Anfang jener kollektiven Führung, an der die Nachfolger des Despoten bis zum Ende der Sowjetunion im Jahre 1991 festhielten.*

Stalin und seine Magnaten lebten in einer Symbiose, in einem hermetisch abgeriegelten Raum, zu dem Fremde keinen Zutritt bekamen, aus dem sich die Mitglieder dieses Inneren Kreises der Macht aber auch selbst nicht hinausbegaben. So errichteten sie sich eine Welt mit Bedeutungen, die ihnen zur Wirklichkeit wurden und der sie nicht mehr entkamen. Was uns als paranoid oder absurd erscheinen mag, war im Horizont Stalins und seines Hofes normal. Alle Höflinge mussten sich dem Arbeitsrhythmus des Diktators unterwerfen, der erst am frühen Morgen zu Bett ging und mittags aufstand. Erst wenn Stalins Sekretär Poskrebyschew das Signal gegeben hatte, dass Stalin nun nicht mehr anrufen werde und sich schlafen gelegt habe, durften auch die Mitglieder der Führung und die Minister ins Bett gehen. Alle Mitglieder des Hofes lebten auf Abruf, sie ruinierten ihre Gesundheit, sie übten sich im Über-

---

* Yoram Gorlitzki/Oleg Khlevniuk, Cold Peace. Stalin and the Soviet Ruling Circle, 1945–1953, Oxford 2004.

lebenstraining, und sie konnten unter diesen Umständen von der Welt, in der die anderen lebten, nur wenig noch in Erfahrung bringen. Darin mag nicht zuletzt die groteske Realitätsverweigerung begründet liegen, die das späte Stalin-System auszeichnete. Sebag Montefiore zitiert aus den Erinnerungen von Milovan Djilas, der während einer Kinoaufführung beobachtete, dass Stalin das Geschehen auf der Leinwand – es handelte sich um einen amerikanischen Western – wie ein Kind kommentierte, das den Unterschied zwischen Fiktion und Realität nicht zu erkennen vermag.[*]

Sebag Montefiore zeigt uns Stalin und seine Höflinge auch als Gewalttäter. Stalin trug militärische Kleidung, er besaß einen Revolver und wurde von Leibwächtern bewacht, die den Macho-Kult der Gewalt pflegten. Lasar Kaganowitsch und Sergo Ordschonikidse schlugen ihre Untergebenen, die Chefs des NKWD, Nikolai Jeschow, Lawrenti Beria und ihre Helfer Frinowski, Berman, Kobulow, Zereteli und Abakumow folterten ihre Opfer selbst, brachen ihnen die Knochen oder töteten sie mit Genickschüssen. Unvorstellbar, daß Reinhard Heydrich, Heinrich Himmler oder Adolf Eichmann in die Gestapokeller hinabgestiegen wären, um zu foltern und zu töten. Stalin aber umgab sich nur mit solchen Männern, denen die Hand nicht zitterte und die, wenn es darauf ankam, kaltblütig zu morden verstanden. Als Beria nach dem Sturz Jeschows dessen Gefolgsleute zu töten begann, legte Stalin seine schützende Hand über den Henker Blochin, der in der Lubianka für die Ermordung der Todeskandidaten verantwortlich war. Er war es auch, der 1940 mit seinen Gehilfen an mehreren Abenden tausende polnischer Offiziere erschoss, die dann im Wald von Katyn verscharrt wurden. Stalin schätzte diese Arbeit, und so kam es, dass Blochin sein Handwerk auch unter Beria fortsetzen konnte. Nach der Hinrichtung Sinojews und Kamenews im Jahre 1936 trafen sich Stalin und seine Freunde zu einem Gelage, in dessen Verlauf der Chef der Stalinschen Leibwache, der ungarische Friseur Karl Pauker, davon erzählte, wie Sinojew auf Knien um sein Leben gefleht habe. Stalins Höflinge waren amüsiert. Stalin selbst konnte nicht aufhören zu lachen, so sehr gefiel ihm die Parodie, und er musste Pauker bitten, aufzuhören, um nicht an einem Lachanfall zu ersticken. Stalin liebte die Gewalt, und wer die persönlichen Papiere der Satrapen in den Archiven gesehen und in ihrer Sprache gelesen hat, versteht, wie am Hof Stalins

---

[*] M. Djilas, Gespräche mit Stalin, Frankfurt am Main 1962, S. 132–133.

gesprochen werden musste. Der Stalinismus war Repräsentation gewordene Gewalt.

Nicht einmal im Krieg mochte Stalin davon absehen, Krisen durch den Einsatz brutaler Gewalt zu beheben. Während des finnisch-sowjetischen Winterkrieges 1939/40 entsandte er den Chef der politischen Verwaltung der Roten Armee und militärischen Laien, Lew Mechlis, an die Front. Er wusste den Offizieren keinen militärischen Rat zu geben. Er ließ sie statt dessen erschießen, wo sich ihm keine Erfolge zeigten. So verfuhr Stalin auch nach dem Angriff der Wehrmacht auf die Sowjetunion. Die Dokumente aus dem Archiv des Verteidigungsministeriums, aus denen Sebag Montefiore zitiert, belegen, dass Stalin auch jetzt der Gewalt den Vorzug gegenüber anderen Lösungen gab. Generäle und Offiziere wurden erschossen, Familienmitglieder von gefangenen Sowjetsoldaten als Geiseln genommen und bis zum Ende des Jahres 1942 mehr als 150 000 Soldaten als vermeintliche Deserteure und Feiglinge erschossen. Es gibt keinen Zweifel: Stalin und seine Freunde konnten sich keine anderen Lösungen vorstellten, sie misstrauten ihrer Umwelt und setzten Gewalt ein, um Loyalität und Gehorsam zu erzwingen.

Stalin war kein Russe, er war ein Georgier, der vom Rand des Imperiums kam. Man konnte es sehen und man konnte es hören, wenn er sprach. Auch darüber hat Sebag Montefiore mehr zu sagen als die professionellen Historiker, die diese Seite Stalins entweder für unwichtig gehalten oder ignoriert haben.* Stalin war stolz auf seine Herkunft, er trank georgischen Wein und aß georgische Speisen, sang Lieder aus seiner Heimat. An seiner Tafel mussten die Kaukasier Ordschonikidse und Mikojan die Funktion des Tamada übernehmen, der Trinksprüche auszubringen hatte. Stalin und Mikojan tanzten zu den Klängen georgischer Volksmusik, und wenn Stalin, umgeben von georgischen Leibwächtern, nach Abchasien in den Urlaub fuhr, lud er Freunde aus seiner Heimat in sein Landhaus ein, damit sie mit ihm die Ferien verbrachten: Lakoba, Tscharkwiani und Mgeladse, die Parteichefs von Georgien und Abchasien, und andere, die auf georgische Weise zu feiern und zu singen verstanden und die dem Diktator jeden Wunsch von den Lippen ablasen.

Stalin teilte die konservativen Auffassungen des georgischen Milieus, in dem er aufgewachsen war. Frauen sollten keine »Ideen« haben,

---

* Mit Ausnahme von A. J. Rieber, Stalin. Man of the Borderlands, in: American Historical Review 53 (2001), S. 1651–1691.

scheu sein und ihre Körper bedecken und sich den Männern unterordnen. Stalin achtete darauf, dass keiner der Günstlinge am Hof gegen die patriarchalischen Familientraditionen verstieß. Die Frau seines Sohnes Jakow fütterte Stalin mit der Gabel, wie es die Patriarchen in georgischen Dörfern tun, wenn sie der Schwiegertochter ihre Zuneigung demonstrieren, er gab den Kindern der Magnaten Wein aus Fingerhüten zu trinken und kritisierte Gefolgsleute, die ihren Eltern nicht den gebührenden Respekt entgegenbrachten. Das System der Freundschaft, der Ehre, der Männerbünde und der Blutrache – all das kam aus Stalins Heimat. Sebag Montefiore sagt, dass am Ende der 1930er Jahre, mit der Ankunft Berias, der Hof Stalins eine kaukasische Färbung angenommen habe.

Wenngleich darüber im Buch nichts gesagt wird, so lässt die Erzählung doch erkennen, dass zwischen den Ressentiments, die Stalin pflegte – gegen Ukrainer, Polen, Juden und Muslime – und seinen Erfahrungen im Kaukasus ein Zusammenhang bestand. Denn an der Peripherie waren soziale Konflikte stets auch interethnische Auseinandersetzungen. Während des finnisch-sowjetischen Krieges fand Stalin einmal eine eigenwillige Erklärung für das Versagen seiner Armee: in ihr dienten zu viele Ukrainer, deshalb gebe es Niederlagen. Die Ethnisierung der Sowjetunion – sie verkörperte sich in Stalin, der nicht verschwieg, dass er vom Rand des Vielvölkerreiches kam.

Jeder, der über Stalin schreibt, spricht von der Ideologie, Sebag Montefiore nicht. Zwar stößt der Leser an zwei Stellen des Buches auf die Behauptung, Stalin sei ein fanatischer Marxist gewesen, aber dann taucht dieser Bezug überhaupt nicht mehr auf. Nirgendwo, wo Sebag Montefiore von der Gewalt und den Beziehungen zwischen den Höflingen spricht, ist überhaupt vom Marxismus die Rede. Die Gefolgsleute unterhielten sich nicht über den Kommunismus und die richtige Auslegung der heiligen Texte. Sie lösten Probleme, und in den meisten Fällen taten sie es mit Gewalt. Aber niemand brauchte, um dies zu tun, einen Verweis auf die heiligen Schriften. Hier liegt das Unerhörte und der Kern des Buches verborgen: Wer Stalin und den Stalinismus verstehen will, muss sich über die Kultur und das Milieu der Täter Klarheit verschaffen. Darin, dass es uns dieses Milieu nahe bringt, hat Sebag Montefiore der Stalinismus-Forschung einen unschätzbaren Dienst erwiesen.

Jörg Baberowski, Berlin 2006

Prolog

DAS FESTESSEN VOM 8. NOVEMBER 1932

Am Abend des 8. November 1932 machte sich die gerade erst einunddreißigjährige Nadja Allilujewa Stalin hübsch für das rauschende Fest zum fünfzehnten Jahrestag der Revolution. Die asketische, ernste, aber zart besaitete Gattin des ZK-Generalsekretärs betonte sonst ihre »bolschewistische Schlichtheit«, kleidete sich gewöhnlich ausgesprochen unauffällig, mit einfarbigen Schals zu hochgeschlossenen Blusen, das rundliche Gesicht mit den braunen Augen meist völlig ungeschminkt. Doch für das bevorstehende Bankett wollte sie sich besonders herausputzen. In der etwas düsteren Wohnung im Poteschnipalast, einem aus dem 17. Jahrhundert stammenden Lustschloss des Zaren für Theateraufführungen, drehte sie sich im langen, hocheleganten, schwarzen Kleid mit aufgestickten roten Rosen, einem Import aus Berlin, vor ihrer Schwester Anna. Zur Feier des Tages hatte Nadja sich eine »modische Frisur« statt des üblichen strengen Knotens gegönnt und spielerisch eine tiefrote Teerose in die schwarze Haarpracht gesteckt.

Das Fest, zu dem alle bolschewistischen Magnaten erschienen – darunter Premier Molotow und seine schlanke, kluge, kokette Frau Polina, Nadjas enge Freundin –, richtete alljährlich Verteidigungskommissar Woroschilow aus, der im langen, schmalen Lokal der Reitergarde* nur einen Katzensprung vom Lustschloss entfernt wohnte. Im intimen kleinen Kreis der bolschewistischen Elite endeten die schlichten, aber ausgelassenen Feiern gewöhnlich damit, dass die Potentaten mit ihren Frauen Kosakentänze aufs Parkett legten und georgische Klagelieder anstimmten. Doch dieser Abend sollte einen ganz anderen Ausgang nehmen.

---

* Das Gebäude der Gardekavallerie wurde unter Chruschtschew/Breschnew abgerissen und durch den klotzigen Kongresspalast ersetzt (A. d. Ü.).

Derweil saß wenige hundert Meter ostwärts, zum Roten Platz mit dem Leninmausoleum hin, Josef Stalin – ihr mit dreiundfünfzig gut zwanzig Jahre älterer Mann, der Vater ihrer beiden Kinder, seines Zeichens Generalsekretär des Zentralkomitees der Bolschewistischen Partei und *Woschd* (Führer/Feldherr) der Sowjetunion – in seinem Amtszimmer oben im großen Dreieck des Gelben Palasts* aus dem 18. Jahrhundert seinem Lieblingsgeheimpolizisten gegenüber: Genrich Jagoda, dem stellvertretenden Vorsitzenden der GPU.** Der in Nischni Nowgorod geborene Sohn eines Juweliers, mit Frettchengesicht, »Hitlerbärtchen« und einer Vorliebe für Orchideen, Pornographie und literarische Freundschaften, unterrichtete Stalin dort über aktuell in der Partei gegen ihn geschmiedete Komplotte und weitere Unruhen auf dem Lande.

Im Beisein des zweiundvierzigjährigen Molotow und seines drei Jahre älteren Chefökonomen Walerian Kuibishew, der mit wild zerzaustem Haar, einer Leidenschaft für Alkohol, Frauen und, wie es sich gehört, die Poesie an einen wahnsinnigen Dichter erinnerte, ordnete Stalin die Festnahme seiner Widersacher an. Die Last jener Monate wirkte erdrückend, da er sogar befürchten musste, die in einen Strudel von Hungersnot und Chaos geratene Ukraine zu verlieren. Nach Jagodas Abgang um 19.05 Uhr sprachen die Zurückgebliebenen noch über ihre Kampagne gegen die Bauernschaft mit dem Ziel, ihr »das Genick zu brechen«, mochte die größte hausgemachte Hungersnot in der Geschichte des Landes auch Millionen dahinraffen. Im festen Entschluss, mit Hilfe von Getreideexporten ihren gewaltigen Plan zu finanzieren, Russland in eine moderne Industriemacht zu verwandeln, spielte sich die Tragödie an jenem Abend zunächst direkt vor ihren Augen ab: Stalin geriet in die tiefste und schmerzlichste persönliche Krise seiner gesamten Laufbahn, die ihn bis ans Ende seiner Tage immer wieder einholen sollte.

Um 20.05 Uhr schlenderte Stalin in Begleitung der anderen über die verschneiten Gassen und Plätze der mittelalterlichen Festung mit ihren roten Mauern zu der Feier, allerdings ganz und gar nicht festlich geklei-

---

* Das heutige Ministerratsgebäude im Nordosten des Kreml (A. d. Ü.).
** Die sowjetische Geheimpolizei hieß anfangs Außerordentliche Kommission für den Kampf gegen Konterrevolution und Sabotage, abgekürzt Tscheka. 1922 wurde sie zur Staatlichen Politischen Verwaltung (GPU) und danach zur Vereinigten GPU, sprich OGPU. 1934 unterstellte man sie dem Volkskommissariat für nationale Angelegenheiten (NKWD), bezeichnete allerdings die Geheimpolizisten weiterhin als »Tschekisten« und ihre Behörden als »die Organe«. 1941 und 1943 trennte man die Staatssicherheit als eigenes Kommissariat ab, das NKGB, und dieses führte von 1954 bis 1991 den Namen Komitee für Staatssicherheit (KGB).

det, mit ausgebeulten Hosen, Wildlederstiefeln, einem abgetragenen Armeemantel und der Wolfspelzmütze mit Ohrenklappen. Sein linker Arm war etwas kürzer als der rechte, was zu dieser Zeit aber noch kaum auffiel – und für gewöhnlich rauchte er Zigaretten oder paffte eine Pfeife. Der Charakterkopf mit dem dichten schwarzen, schon leicht angegrauten Haar strahlte würdevolle Stärke aus; seine fast orientalisch wirkenden »honigbraunen« Augen konnten bei Wutanfällen gelblich blitzen. Kinder fanden seinen Bart kratzig und den Tabakgeruch ätzend, doch Molotow und viele Verehrerinnen bescheinigten ihm noch Anziehungskraft auf Frauen, mit denen er zaghaft und unbeholfen flirtete.[1]

Der stämmige, nur einszweiundsechzig große Mann, der tapsig, aber flott in seinem derben Watschelgang (den Bolschoi-Schauspieler bei der Zarendarstellung vorsichtig karikierten) neben Molotow herlief und in seinem schweren georgischen Akzent leise mit ihm plauderte, hatte sonst nur den Leibwächter an seiner Seite. Die Magnaten bewegten sich fast ohne Personenschutz durch Moskau. Sogar der argwöhnische Stalin, den man auf dem Lande bereits hasste, ging mit nur einem Bewacher von seinem Büro am Alten Platz nach Hause. Eines Abends liefen Molotow und Stalin »unbegleitet« durch einen Schneesturm über den Manegenplatz heimwärts, als ein Bettler auf sie zukam. Stalin gab ihm zehn Rubel, worauf der enttäuschte Mann schrie: »Ihr verdammten Bourgeois!«

»Wer soll unser Volk verstehen?«, sinnierte Stalin. Trotz der Attentate auf sowjetische Größen (darunter 1918 ein missglücktes auf Lenin) war die Lage bis zur Ermordung des Botschafters in Polen im Juni 1928, als man die Sicherheitsmaßnahmen etwas verschärfte, bemerkenswert ruhig geblieben. Zwar hatte das Politbüro 1930 beschlossen, »dem Genossen Stalin Spaziergänge durch die Stadt zu untersagen«, er jedoch hat gleichwohl noch ein paar Jahre lang an diesem Usus festgehalten. Allerdings sollte dieses goldene Zeitalter wenige Stunden später in Blut, wenn nicht gar Mord versinken.[2]

Stalin genoss zwar bereits einen gewissen Ruhm als unergründliche Sphinx – ein behäbiger Phlegmatiker, dokumentiert durch seine Art, die Pfeife ostentativ wie ein Dorfältester zu schmauchen, weit davon entfernt, das von Trotzki verachtete bürokratische Mittelmaß zu verkörpern –, doch der wahre Stalin war ein energischer, zielstrebiger Melodramatiker und als solcher in jeder Hinsicht außergewöhnlich.

Unter der Oberfläche dieses unheimlich stillen Wassers wüteten mörderische Strudel des Ehrgeizes, des Zorns und des Unglücks. Ob er eine

Politik der kleinen Schritte trieb oder ungestüm voranpreschte: Stalin schien immer von einem Panzer aus kaltem Stahl umgeben, hatte jedoch feinste Antennen, und sein feuriges georgisches Gemüt war derart aufbrausend, dass es ihm fast die Karriere ruiniert hätte, als er seinen Groll an Lenins Frau ausließ. Er war ein launischer Neurotiker mit dem eruptiv brodelnden Naturell eines überspannten Schauspielers, der sich am eigenen Drama ergötzt – was sein späterer Nachfolger Nikita Chruschtschew als einen *Lizedei* bezeichnete, einen Heuchler oder Simulant. Lasar Kaganowitsch, in mehr als dreißig Jahren einer seiner engsten Genossen (der sich übrigens ebenfalls auf dem Weg zu dem Festmahl befand), hinterließ die beste Beschreibung dieses »einzigartigen Charakters«: Er war »immer wieder ein anderer … Ich kannte nicht weniger als fünf oder sechs Stalins«.

Doch die Öffnung der Archive und die somit neuerdings zugänglichen Quellen bringen viel mehr über Stalin ans Licht als je zuvor, sodass es nicht mehr angemessen erscheint, ihn als »rätselhaft« zu bezeichnen. Heute wissen wir, wie er sprach (ständig über sich selbst, oft mit enthüllender Aufrichtigkeit), wie er Aktenvermerke und Briefe schrieb, was er aß, sang und las. Im Spiegel der facettenreichen Bolschewikenführung, einem beispiellosen Umfeld, tritt er als leibhaftige Person zutage. Als Mensch war er ein hochintelligenter, begabter Politiker, für den vor allem die weltgeschichtliche Rolle zählte, ein Wissenshungriger, der historische und literarische Werke verschlang, aber auch ein extremer Hypochonder, der an chronischer Mandelentzündung, Schuppenflechte und – dank des deformierten Arms und der Eiseskälte des sibirischen Exils – rheumatischen Schmerzen laborierte. Redselig, umgänglich und ein guter Sänger, ruinierte dieser einsame, zerrissene Mann im Lauf der Zeit jede Liebesbeziehung und Freundschaft, indem er das Glück der politischen Notwendigkeit und seiner gefräßigen Paranoia opferte. Obwohl durch eine raue Kindheit ungewöhnlich gemütskalt, bemühte er sich, ein liebevoller Vater und Ehemann zu sein, um am Ende doch jede emotionale Bindung zu ruinieren – als einer, der von Rosen und Mimosen schwärmte, im Tod die Lösung aller menschlichen Probleme sah und auf Hinrichtungen schwor. Der Atheist hatte alles Priestern zu verdanken und sah die Welt im Sinne von Sünde und Reue, war jedoch »von Jugend an ein begeisterter Marxist«. Sein Fanatismus und sein messianischer Egoismus fanden keine Grenzen. Er bekannte sich zwar zum Modell eines großrussischen Reiches, blieb aber im Grunde seines Herzens Georgier.

Die meisten Staatenlenker neigen zu einer cäsarischen Selbstüberhöhung, um ihre historische Rolle wie auf einer fiktiven Weltbühne zu bewundern, doch Stalins Objektivierung ging ein ganzes Stück weiter. Sein Adoptivsohn Artjom Sergeew erinnerte sich daran, dass er seinem Sohn Wasili lautstark vorwarf, den großen Namen auszunutzen. »Aber ich bin doch auch ein Stalin«, verteidigte sich Wasili.

»Nein, bist du nicht«, erwiderte der Vater. »Du bist ebensowenig Stalin wie ich. Stalin *ist* die Sowjetmacht. Stalin ist sein Abbild in den Zeitungen und auf Porträts – nicht du, nicht einmal ich!«

Er war ein Eigengeschöpf. Wer seinen Namen, seinen Geburtstag, seine Nationalität, seine Erziehung, ja seine ganze Vergangenheit erfindet, um Geschichte zu machen, die Führung zu übernehmen, müsste eigentlich im Irrenhaus enden, sofern er nicht mit Willensstärke, Glück und Geschick die Gunst der Stunde nutzt, den natürlichen Gang der Dinge umzukehren. Stalin war ein solcher Mann. Die erforderliche Dynamik kam aus der bolschewistischen Partei, und die große historische Chance lag im Niedergang der russischen Monarchie. Nach Stalins Tod kam es in Mode, ihn als einen bloßen Fehltritt zu betrachten, aber das war genauso eine grobe Geschichtsklitterung, wie er selbst sie betrieb. Stalins Erfolg war kein Zufall: Niemand unter seinen Zeitgenossen war besser ausgestattet für die niederträchtigen Intrigen, theoretischen Finten, mörderischen Dogmen und unmenschlichen Härten von Lenins Partei. Man findet schwerlich eine engere Synthese aus einem Mann und einer Partei als die ideale Ehe zwischen Stalin und dem Bolschewismus, dessen Stärken und Schwächen er in seiner Person widerspiegelte.[3]

Nadja weidete sich an ihrer Gala. Noch am Vortag der Revolutionsparade hatten sie starke Kopfschmerzen gequält, aber heute fühlte sie sich beschwingt. Wie der wirkliche Stalin nicht in seinem historischen Erscheinungsbild aufging, so auch Nadeschda Allilujewa. »Sie war sehr schön, doch auf Fotos erkennt man das nicht«, erinnerte sich Artjom Sergeew, »und nicht im landläufigen Sinne hübsch.« Wenn sie lächelte, strahlten ihre Augen Ehrlichkeit und Aufrichtigkeit aus, sie konnte aber auch grimmig und arrogant dreinschauen und litt häufig unter psychischen und körperlichen Beschwerden. Ihre kühle Distanz durchbrachen immer wieder hysterische und depressive Anfälle. Sie war chronisch eifersüchtig. Im Unterschied zu Stalins Galgenhumor entdeckte bei Nadja niemand eine Spur von Witz. Als Bolschewikin konnte sie durchaus bei ihm petzen, um Feinde zu denunzieren. War das also die

Ehe zwischen einem Ungeheuer und einem Lamm, eine Allegorie auf Stalins Umgang mit Russland als solchem? Nur insofern, als es in jeder Hinsicht eine bolschewistische Ehe war, typisch für die besondere Kultur, aus der sie erwuchs. Doch in einem anderen Sinne war es bloß die übliche Tragödie: Ein abgestumpfter Workaholic könnte keinen schlechteren Partner für eine egozentrische, unausgeglichene Frau abgeben.

Stalins Alltag stellte sich wie eine vollkommene Synthese aus bolschewistischer Politik und Familienleben dar. Trotz des brutalen Kriegs gegen die Bauern und des immer größeren, auf der Führung lastenden Drucks schien diese Zeit eine glückliche Idylle, mit Wochenenden in ruhigen Landhäusern, ausgelassenen Festen im Kreml und Badeurlaub am Schwarzen Meer, die Stalins Kinder als die glücklichsten ihres Lebens in Erinnerung behielten. Stalins Briefe zeugen von einer schwierigen, aber liebevollen Ehe:

»Hallo Tatka ... ich vermisse Dich schrecklich, Tatotschka, bin so einsam wie eine gehörnte Eule«, schrieb Stalin am 21. Juni 1930 an Nadja. »Ich muss nicht dienstlich weg, sondern nur meine Arbeit erledigen, und fahre dann morgen zu den Kindern hinaus. ... Also bis bald, bleib nicht zu lange fort, sondern komm lieber etwas früher zurück! Sei geküsst! Dein Josef.«[4] Nadja kurte in Karlsbad, um ihre Kopfschmerzen zu bändigen. Stalin vermisste sie und kümmerte sich um die Kinder. Bei anderer Gelegenheit schloss sie einen Brief wie folgt:

»Bitte pass auf Dich auf! Ich küsse Dich ebenso leidenschaftlich wie Du mich zum Abschied! Deine Nadja.«[5]

Da beide impulsiv und dünnhäutig waren, konnte es keine einfache Beziehung sein. Ihre Konflikte endeten oft in Dramen. 1926 ging Nadja mit den Kindern nach Leningrad, wollte ihn verlassen, doch Stalin flehte sie an zurückzukehren, und sie gehorchte. Man möchte meinen, dass solche Krisen häufig vorkamen, doch sie bildeten nur Unterbrechungen einer bestimmten Art von Glück. Stalin war oft aggressiv und beleidigend, noch schwerer zu ertragen wahrscheinlich jedoch in seiner Unnahbarkeit, Nadja stolz und streng, neigte allerdings zu Krankheiten. Während Genossen wie Molotow und Kaganowitsch sie am Rande des »Wahnsinns« sahen, räumte die eigene Familie nur ein, dass sie »manchmal verrückt und überempfindlich war, denn in allen Allilujews floss ein feuriges Zigeunerblut«.[6] Es war ein unmögliches Paar, beide gleichermaßen selbstsüchtig, unterkühlt, jedoch mit hitzigem Gemüt, auch wenn Nadja nichts von Stalins Grausamkeit und Falschheit an sich hatte. Vielleicht waren sie einander zu ähnlich, um glücklich werden zu können.

Alle Zeitzeugen stimmen darin überein, dass ein Leben mit Stalin »nicht einfach war – vielmehr sehr hart«. Es war »keine perfekte Ehe«, berichtete Polina Molotowa der Tochter Swetlana, »aber welche Ehe ist schon perfekt?«.

Ab 1929 waren sie oft getrennt, da Stalin im Herbst Ferien im Süden machte, während Nadja noch studierte, doch das änderte nichts an ihrem Glück, und sie erlebten die Zeit als innig und liebevoll: Ihre Briefe beförderten Kuriere der Geheimpolizei hin und her. Beide genossen das Zusammensein und vermissten einander bei längeren Trennungen schmerzlich. »Es ist so langweilig ohne Dich«, klagte sie. »Komm doch her, und wir machen es uns schön.«[7]

Beide hingen an Wasili und Swetlana. »Schreibe mir etwas über die Kinder«, bat Stalin vom Schwarzen Meer aus. Als sie unterwegs war, berichtete er: »Den Kleinen geht es so weit gut. Allerdings gefällt mir die Betreuerin nicht. Sie läuft den ganzen Tag durchs Haus und lässt Wasja und Tolika [den Adoptivsohn Artjom] von früh bis spät herumtollen. Ich bin sicher, dass Waska nicht weiterkommt, und ich möchte doch, dass er Deutsch lernt.« Nadja legte oft kindliche Grüße Swetlanas bei.[8] Auch tauschten sie sich über gesundheitliche Belange aus wie jedes Paar.[9]

Stalin wechselte ungern die Kleidung und trug noch im Winter Sommeranzüge, sodass Nadja sich immer Sorgen um ihn machte. »Ich schicke Dir einen Mantel, denn nach dem Aufenthalt im Süden könntest Du Dich leicht erkälten.«[10] Er dachte ebenfalls an sie: »Ich schicke Dir ein paar Limonen«, schrieb er stolz. »Lass sie Dir schmecken!« Der begeisterte Gärtner sollte bis ans Ende seiner Tage Freude an der Limonenzucht haben.[11]

Sie tauschten sich auch über Freunde und Genossen aus. »Wie ich hörte, ist Gorki nach Sotschi gekommen«, schrieb sie. »Vielleicht wird er Dich besuchen. Schade, dass ich nicht dabei sein kann! Ich höre ihn so gern reden…«[12] Und selbstverständlich war Nadja als gute Bolschewikin fast ebenso politikbesessen wie Stalin und gab stets weiter, was Molotow oder Woroschilow ihr anvertrauten.[13] Sie schickte ihrem Mann Bücher, und er dankte ihr, murrte jedoch, wenn ein bestelltes fehlte. Manchmal hänselte sie ihn wegen seiner schwarzen Darstellung in der »weißen« Exilliteratur.

Die streng gewissenhafte Nadja scheute sich auch nicht, selbst Anweisungen zu geben. Im Urlaub schimpfte sie über den finsteren *chef de cabinet* ihres Mannes, Poskrebyschew, und beklagte sich darüber, dass

»wir keine ausländische Literatur mehr erhalten haben, obwohl doch neue Titel erschienen sein sollen. Vielleicht bittest Du Jagoda [den stellvertretenden GPU-Chef]. ... Das letzte Mal haben wir so uninteressante Bücher bekommen...«[14] Aus dem Urlaub zurückgekehrt, schickte sie Stalin die Fotos: »Nur die besten – sieht Molotow nicht ulkig aus?« (Viel später zog Stalin den nachgerade absurd drögen Molotow vor Churchill und Roosevelt damit auf.) Postwendend revanchierte er sich mit seinen Urlaubsfotos.[15]

Doch ab Ende der zwanziger Jahre wurde Nadja notorisch unzufrieden, da sie ernsthaft eine eigene bolschewistische Karriere anstrebte. Anfang des Jahrzehnts hatte sie erst für Stalin, dann für Lenin und später für Sergo Ordschonikidse – auch so ein kraftstrotzendes, leidenschaftliches, damals für die Schwerindustrie zuständiges Arbeitstier – die Tipparbeiten erledigt. Anschließend war sie ins Internationale Landwirtschaftsinstitut der Abteilung für Agitation und Propaganda übergewechselt, wo Stalins Frau, in den Archiven versunken, ihr trostloses Tagewerk verrichtete: Der Chef bittet seine reguläre Assistentin, die mit »N. Allilujewa« unterschreibt, einen gähnend langweiligen Artikel zum Thema »Wir müssen die Jugendbewegung auf dem Land erforschen« für die Publikation vorzubereiten.

»Ich kann mit niemandem in Moskau etwas anfangen«, klagte sie. »Seltsamerweise fühle ich mich Nichtgenossen näher – selbstverständlich Frauen. Die sind einfach entspannter ... Heute grassieren furchtbar viele neue Vorurteile. Wer nicht arbeitet, ist nichts als eine *Baba*!«* Das stimmte. Die neuen Bolschewikinnen, darunter Polina Molotowa, spielten in der Politik eine eigenständige Rolle, verachteten als Feministinnen solche Heimchen und Tippsen wie Nadja. Doch Stalin selbst wollte keine solche Frau an seiner Seite haben: Seine Nadja sollte eine richtige *Baba* sein.[16] 1929 beschloss Nadja, Parteikarriere zu machen, und fuhr nicht mit in Urlaub, sondern blieb in Moskau, um die Aufnahmeprüfung für die Industrieakademie abzulegen mit dem Ziel, Faserchemie zu studieren: Nebenbei schrieb sie Liebesbriefe an Stalin. Bildung gehörte zu den großen Anliegen des Bolschewismus und zog Millionen in ihren Bann. Stalin wollte zwar in der Tat eine *Baba*, unterstützte aber Nadjas Vorhaben: Ironischerweise könnte er damit einen guten Riecher

---

* Gewiss umsorgte sie Stalin wie eine gute *Baba*: »Stalin muss Huhndiät halten«, schrieb sie 1921 an Präsident Kalinin. »Aber uns wurden nur fünfzehn Hühnchen zugeteilt ... Bitte erhöhen Sie die Ration, denn es ist schon Mitte des Monats, und wir haben nur noch fünf übrig...«

bewiesen haben, denn bald zeichnete sich ab, dass es über ihre Kräfte ging, gleichzeitig zu studieren und ihren Pflichten als Mutter und Ehefrau zu genügen. Oft schloss er mit:

»Was machen die Prüfungen? Küsse meinen Tatka!« Molotows Frau Polina brachte es bis zur Volkskommissarin – und Nadja hoffte gewiss, dass auch sie reüssieren würde.[17]

Nahe dem Lustschloss trafen die Magnaten und ihre Frauen bei den Woroschilows ein, noch nichts von der Tragödie ahnend, die sich bald ereignen sollte. Keiner von ihnen hatte es weit. Seit Lenins Verlegung der Hauptstadt nach Moskau 1918 lebte die politische Elite in dieser abgeschotteten Geheimwelt hinter vier Meter dicken Mauern, burgundischen Brustwehren mit Zinnen und hoch aufragenden Festungstürmen, Erinnerungen an das alte Moskau. »Hier pflegte Iwan der Schreckliche zu wandeln«, erklärte Stalin Besuchern. Täglich ging er an der Erzengel-Kathedrale mit dessen Gebeinen und am Zarenturm vorüber, und den Gelben Palast, in dem sein Büro lag, hatte Katharina die Große erbauen lassen. Jetzt, 1932, lebte Stalin schon vierzehn Jahre im Kreml, so lange wie einst im Elternhaus.[18]

Die Potentaten und ihre Leute – im bolschewistischen Jargon die »verantwortlichen Arbeiter« respektive »Zuarbeiter« – wohnten in hohen, weitläufigen Räumen, meist im Lustschloss oder in der Reitergarde, ehedem für zaristische Regenten und Haushofmeister bestimmt, und saßen in den Höfen mit ihren Spitztürmen und Gewölben eng aufeinander. Stalin kam fortwährend irgendwo auf einen Plausch vorbei, ebenso die anderen bei ihm.

Für die meisten Gäste lag die Wohnung Kliment Woroschilows und seiner Frau Ekaterina im zweiten Stock der Reitergarde (eigentlich der »Roten Garde«, aber niemand nannte das Gebäude so) einfach »am Ende des Korridors«. Von außen erreichte man sie über einen Torweg, an dem auch das kleine Kino lag, in das sich Stalin und seine Freunde oft nach dem Essen zurückzogen. Sie war sehr geräumig, dabei aber gemütlich, mit dunklen Holzpaneelen, und bot einen schönen Blick über die Kremlmauer hinweg auf die Stadt. Der zweiundfünfzigjährige Gastgeber Woroschilow – ein leutseliger, schwadronierender Kavallerist, gelernter Dreher, mit einem eleganten, fast an d'Artagnan erinnernden Schnurrbart, blondem Haar und engelsgleich rosigem Teint – galt als populärster Held im Pantheon der Bolschewiken.

Inzwischen war Stalin mit dem ausschweifenden Kuibyschew und dem pingeligen Molotow eingetroffen und dessen Gattin, die dunkle, eindrucksvolle, immer gut gekleidete Polina, von nebenan hinzugestoßen. Nadja kam zusammen mit ihrer Schwester Anna durch das Gässchen vom Lustschloss hinübergelaufen.

Zwar herrschte 1932 kein Mangel an Speisen und Getränken, aber es waren noch jene Zeiten, bevor Stalins Essen zu üppigen Banketten ausarteten. Das Menü – bestehend aus russischen *hors d'œuvres*, Suppe, verschiedenen gepökelten Fischgerichten und vielleicht etwas Lamm – wurde in der Kreml-Küche zubereitet, in die Wohnung hinaufgebracht und dort von einer Kellnerin serviert. Dazu gab es Wodka und georgischen Wein, selbstverständlich verbunden mit einer Parade von Trinksprüchen. Angesichts der beispiellosen Katastrophe auf dem Land, wo zehn Millionen Menschen verhungerten, einer parteiinternen Verschwörung und damit der Ungewissheit über die Loyalität der Entourage – zusätzlich belastet durch eine besorgte Frau – fühlte sich Stalin im Kriegszustand und wie belagert. Inmitten dieser Turbulenzen musste er wie die anderen trinken, um alle Unbilden zu vergessen. Stalin saß in der Mitte des Tisches, nie an der Stirnseite, Nadja ihm direkt gegenüber.

Im Alltag bildete die Kremlwohnung das Lebenszentrum der Stalins. Die beiden hatten zwei gemeinsame Kinder, den elfjährigen schmächtigen, halsstarrigen, zappeligen Wasili und die siebenjährige rothaarige, sommersprossige Swetlana. Stalins Sohn aus erster Ehe, der bereits fünfundzwanzigjährige Jakow, war 1921 zum Vater gezogen, nachdem er seine Kindheit in Georgien verbracht hatte: ein scheuer, dunkler Junge mit hübschen Augen. Stalin hielt ihn für aufreizend träge. Jakow hatte sich mit achtzehn in eine Priesterstochter namens Soja verliebt und sie gegen den Willen Stalins, nach dem er studieren sollte, geheiratet. In einem »Hilferuf« wollte Jascha sich »erschießen«, streifte aber nur die Brust. Stalin hielt das für »Erpressung«. Die strenge Nadja missbilligte Jaschas Laschheit: »Jascha widerte sie regelrecht an«, befand Stalin. Doch er selbst mochte ihn noch weniger.

»Haha, danebengeschossen!«, spöttelte er grausam. »Das war sein militaristischer Humor«, erklärte Swetlana. Später ließ Jascha sich von Soja scheiden und kehrte nach Hause zurück.[19]

Stalin stellte an seine Söhne hohe, angesichts des eigenen steilen Aufstiegs sogar unerfüllbare Erwartungen, bewunderte allerdings seine Tochter. Neben den genannten gab es noch Artjom Sergeew, Stalins geliebten Adoptivsohn, der oft bei ihnen wohnte, obwohl seine Mutter noch lebte.* Stalin war nachsichtiger als Nadja, obwohl er Wasili »einige Male« schlug. Ja, diese gewöhnlich als fast engelsgleich dargestellte Frau war auf ihre Weise noch unerbittlicher als er. Die eigenen Angehörigen hielten sie für »absolut derangiert«, wie sich ihr Neffe Wladimir Redens erinnerte. »Sogar das Personal klagte darüber, dass Nadja sich nicht im entferntesten für die Kinder interessiere.« Auch Tochter Swetlana räumte bei aller Liebe ein, das Studium sei ihr jedenfalls wichtiger gewesen. Nadja sei sehr streng mit den Kindern umgegangen und habe nie ein »lobendes Wort« für sie gefunden. Daher überrascht es wenig, dass sie mit Stalin zankte, weil er angeblich die Kinder verwöhnte.

Doch kann man Nadja dafür kaum Vorwürfe machen. Ihre von Stalin archivierten Krankenakten zeigen, und Aussagen von Bekannten bestätigen, dass sie schwere psychische Probleme hatte, vielleicht unter einer erblichen manisch-depressiven oder Borderlinestörung litt – auch wenn ihre Tochter von »Schizophrenie« sprach –, und außerdem, bedingt durch eine Schädelanomalie, unter Migräneanfällen. 1922 und 1923 verordneten Ärzte ihr Liegekuren, da sie sich ständig »müde und matt« fühlte. Eine Fehlgeburt 1926 zog, Swetlana zufolge, »Unterleibsprobleme« mit monatelang ausbleibender Periode nach sich. 1927, als sie unter Erschöpfung, Angina und Arthritis litt, wurde auch noch ein Herzklappenfehler diagnostiziert. 1930 trat die Angina kurz nach einer Mandeloperation erneut auf. Eine abermalige Kur in Karlsbad befreite Nadja nicht von ihren quälenden Kopfschmerzen.

An ärztlicher Pflege fehlte es nicht. Nadja ließ sich von den besten Medizinern Russlands und Deutschlands behandeln – allerdings keinen Psychiatern.

Nadja war mit einem maßlosen Egomanen verheiratet, der weder ihr noch irgendwem sonst Glück schenken konnte, sondern sie mit seiner unbarmherzigen Energie auszusaugen schien. Allerdings passte sie offenkundig nicht zu Stalin, bot dem Zerrissenen keinen Trost, sondern setzte

---

* Zu den einnehmenden Traditionen des Bolschewismus gehörte, dass man sowohl Kinder gefallener Helden als auch gewöhnliche Waisen adoptierte. Stalin nahm Artjom unter seine Fittiche, als dessen Vater, ein anerkannter Revolutionär, 1921 umgekommen und seine Mutter erkrankt war. Ähnlich adoptierte Mikojan die Söhne Sergei Schaumians, des Helden von Baku, Woroschilow den Sohn Michail Frunses, jenes Kriegskommissars, der 1925 auf mysteriöse Weise ums Leben kam. Später adoptierten auch Kaganowitsch und Jeschow, beide ausgesprochen harsche Männer, in dieser Tradition Waisenkinder.

ihm nur noch mehr zu. Er gestand, dass Nadjas psychische Krisen ihm Rätsel aufgaben und er einfach nicht die emotionalen Mittel besaß, ihr zu helfen. Manchmal spitzte sich ihre »Schizophrenie« derart zu, dass sie von Sinnen war. Die Magnaten und die Allilujews selbst ergriffen Stalins Partei. Doch bei allen Turbulenzen liebten sie einander, trotz oder wegen der seltsam ähnlichen Ausbrüche von Leidenschaft und Eifersucht, auf ihre Weise.

Und schließlich hatte sich Nadja ja für Stalin schön gemacht. Das »schwarze Kleid mit dem aufgestickten Rosenmuster« war ein Geschenk ihres Bruders Pawel Allilujew, des schlanken, braunäugigen jungen Mannes, der soeben, wie üblich mit einem ganzen Füllhorn, aus Berlin eingetroffen war, wo er im Auftrag der Roten Armee arbeitete. Die Rose hob sich auffällig von Nadjas pechschwarzem Haar ab. Stalin sollte staunen, denn ihrem Neffen zufolge »ermunterte er sie nie, sich elegant zu kleiden«.[20]

Zum Essen wurde schwer gezecht, wofür ein georgischer Mundschenk – *Tamada* – sorgte, vielleicht Grigori Ordschonikidse, den alle Sergo nannten und der mit seiner Löwenmähne an »einen extravaganten Fürsten« erinnerte. Irgendwann im Lauf des Abends müssen Stalin und Nadja, von den Feiernden unbemerkt, aneinander geraten sein wie so oft. Nadjas Ärger wuchs bedrohlich, als Stalin bei all dem Zuprosten, Tanzen und Flirten kaum zur Kenntnis nahm, wie gut sie aussah, obwohl sie zu den jüngsten Frauen des Kreises gehörte. Das war gewiss unaufmerksam, wiewohl für eine alte Ehe nicht atypisch.

Schließlich lebten sie inmitten von bolschewistischen Haudegen, die jetzt – wenn auch durch die Jahre im Untergrund und den Bürgerkrieg verhärtet, blutbefleckt und etwas ramponiert – über die industriellen Triumphe und Agrarinitiativen der stalinistischen Revolution jubelten. Einige hatten wie Stalin schon die fünfzig überschritten, die meisten jedoch waren stramme, tatkräftige Fanatiker um die vierzig, darunter hochbegabte Organisatoren mit der Fähigkeit, gegen widrige Umstände Fabriken und ganze Städte aufzubauen, aber auch Boykotteure aus dem Weg zu räumen und Krieg gegen die Bauern zu führen. In ihren Kasacken und Stiefeln steckten echte Kraftprotze, schwere Trinker, ausgekochte, weithin bekannte Männer mit einem Hang zum Größenwahn, enormen Kompetenzen und der Mauser im Halfter: Der ungestüme, lärmende, gut aussehende gelernte Schuster Lasar Kaganowitsch, Stalins Stellvertreter, hatte kürzlich noch im Nordkaukasus Massenhinrichtungen und Deportationen beaufsichtigt. Ihn flankierten der prahlerische Kosakenführer Budjonni mit üppigem Schnauzbart und »blendend weißen Zähnen« sowie der schlanke scharfsinnige, adrette Armenier Mikojan, allesamt erprobt in brutalen Feldzügen, um Getreide aufzuspüren und die Bauern zu unterjochen. Das waren Stalins großspurige, hitzige und schillernde politische Bannerträger.

Sie bildeten eine große Familie, ein Netz alter Freundschaften und anhaltender Feindschaften, geknüpft durch gemeinsame Romanzen, das sibirische Exil und Waffengänge im Bürgerkrieg: Der Präsident Michail Kalinin verkehrte seit 1900 bei den Allilujews. Nadja kannte die Frau Woroschilows noch aus Zarizyn (dem späteren Stalingrad) und hatte gemeinsam mit Maria Kaganowitsch und Dora Chasan (der Gattin des ebenfalls anwesenden Magnaten Andrejew), ihren besten Freundinnen neben Polina Molotowa, an der Industrieakademie studiert. Zu den Gästen gehörte schließlich der schmächtige, unausgesetzt zwinkernde Intellektuelle Nikolai Bucharin, ein Maler, Dichter und Philosoph mit rötlichem Vollbart, den Lenin als »Liebling der Partei« bezeichnete, Stalin und Nadja lange Zeit als ihren engsten Freund betrachteten. Er war ein Charmeur – der »Kobold« der Bolschewiken. Stalin hatte ihn 1929 entmachtet, doch Nadja blieb er verbunden. Stalin selbst hegte eine Hassliebe zu »Buchartschik«, jene für ihn charakteristische tödliche Mischung aus Bewunderung und Neid. An jenem Abend hatte man Bucharin, zumindest vorübergehend, wieder in den Zauberkreis aufgenommen.

Verstimmt über Stalins Unachtsamkeit fing Nadja an, mit »Onkel Abel« zu tanzen: Jenukidse, ihrem wollüstigen rotblonden georgischen Patenonkel, dem Kremlleiter, der seine Genossen bereits durch Affären mit blutjungen Ballerinen schockierte. »Onkel Abels« Schicksal sollte, als die Partei das Privatleben vereinnahmte, die Gefahren des Hedonismus veranschaulichen. Vielleicht legte es Nadja darauf an, Stalin zu reizen. Natalja Rykowa, die an jenem Abend mit ihrem Vater, dem ehemaligen Premier, im Kreml war, aber nicht an der Feier teilnahm, hörte anderntags, dass Nadja durch ihr Tanzen Stalin zur Raserei brachte. Der Bericht ist zweifellos glaubhaft, weil auch andere Quellen einen Flirt Nadjas erwähnen. Doch möglicherweise war Stalin zu diesem Zeitpunkt schon so betrunken, dass er gar nichts mehr davon mitbekam.

Im Übrigen flirtete Stalin selbst heftig. Direkt vor Nadjas Augen schäkerte er schamlos mit der »schönen« Frau Alexander Jegorows, eines Kommandeurs der Roten Armee, mit dem er 1920 im Polenkrieg gedient hatte. Die vierunddreißigjährige Galja, geborene Sekrowskaja, war eine forsche Filmschauspielerin, eine »hübsche, interessante und charmante« Brünette, bekannt für ihre Affären und gewagten Dekolletés. Unter den strengen bolschewistischen Matronen muss sie sich gefühlt haben wie ein Pfau auf dem Bauernhof, denn wie sie in ihrem späteren Verhör aussagte, verkehrte sie sonst in der »glanzvollen Gesellschaft mit eleganter Kleidung … Flirts, Tanz und viel Spaß«. Stalins Stil changierte zwischen traditionellem georgischen Minnedienst und, im betrunkenen Zustand, knabenhafter Anmache. Bei diesem Anlass setzte sich letztere durch, denn er bewarf die Schauspielerin mit Brotkügelchen. Seine Neckereien mit Jegorowa machten Nadja manisch eifersüchtig: Sie konnte das nicht ausstehen.

Stalin war kein Schürzenjäger, sondern mit dem Bolschewismus vermählt und emotional tief in sein großes Drama der revolutionären Sache verstrickt. Persönliche Regungen galten nur als Bagatellen, verglichen mit der Rettung der Menschheit durch den Marxismus-Leninismus. Doch auch wenn sie auf seiner Prioritätenliste weit unten standen und er emotional geschädigt war, ließen Frauen ihn nicht kalt – und er sie offenbar ebenfalls nicht. Molotow zufolge waren manche regelrecht in ihn »verknallt«. Jemand aus seinem Umkreis erzählte später, Stalin habe geklagt, die Allilujewas »ließen ihn nicht in Ruhe« und »wollten alle mit ihm ins Bett gehen«. Das lässt sich nicht von der Hand weisen.

Ob Genossinnen, Bekannte oder Untergebene: Frauen umschwirrten ihn wie Motten das Licht. Seine jüngst geöffneten Archive bringen an den Tag, dass Stalin mit Liebesbriefen regelrecht überschüttet wurde. »Lieber Genosse Stalin … Du bist mir im Traum erschienen … und nun hoffe ich auf eine Audienz«, schrieb eine Provinzlehrerin und fügte aufdringlich hinzu: »Ich lege ein Foto von mir bei…« Stalin antwortete leicht kokett, wenngleich ablehnend:

»Unbekannte Genossin! Bitte glauben Sie mir, dass ich Sie nicht enttäuschen möchte und Ihren Brief ernst nehme, aber leider habe ich keine Termine frei (Zeitnot!), um Sie zu empfangen. Ich wünsche Ihnen alles Gute. J. Stalin. PS: Ihr Brief nebst Bild anliegend zurück.« Manchmal jedoch muss er Poskrebyschew mitgeteilt haben, dass er eine Bewunderin gerne treffen würde. Das gilt insbesondere im Fall der Ekaterina Mikulina, einer offenbar attraktiven, ehrgeizigen Dreiundzwanzigjährigen, die Stalin ihr Elaborat über »Sozialistischen Wettbewerb zwischen Werktätigen« schickte mit der Bitte, den Text auf Fehler zu prüfen. Daraufhin lud er sie für den 10. Mai 1929 ein. Sie gefiel ihm, und es hieß, sie habe in Abwesenheit Nadjas die Nacht in der Datscha verbracht.* Allerdings zog sie aus der kurzen Liaison keinen anderen Vorteil als die Ehre, dass er ihr ein Vorwort für ihre Arbeit schrieb.

Gewiss traute Nadja, die es ja wissen musste, ihm Affären zu, und mit gutem Grund. Stalins Leibwächter Wlasik flüsterte seiner Tochter zu, dass der Chef bei dem vielfältigen Angebot nicht immer widerstehen konnte: »Schließlich war er ein Mann«, der die georgische Tradition feudalherrlicher Sinnesfreuden in sich trug. Nadja reagierte mal rasend eifersüchtig, mal ganz gelassen. In ihren Briefen spielte sie liebevoll neckisch auf seine Verehrerinnen an, gleichsam stolz darauf, mit so einer guten Partie verheiratet zu sein. Jedoch hatte sie einmal im Theater einen Koller bekommen, als er mit einer Ballerina flirtete, und ihm so den Abend verdorben; und neuerdings gab es im Kreml eine Friseuse, mit der Stalin offenbar eine Art Techtelmechtel unterhielt. Hätte er den Salon lediglich zum Haareschneiden besucht wie andere Funktionäre, so wäre das bestimmt niemandem aufgefallen – doch Molotow konnte sich noch fünfzig Jahre später an die Dame erinnern.

Auch parteiintern hatte Stalin jede Menge Eroberungen zu verzeichnen. Die Affären waren so kurz wie seine Zeiten im Exil, die meisten der Mätressen entweder selbst Revolutionäre oder mit solchen liiert. Molotow beeindruckten Stalins »Erfolge«, und als dieser ihm direkt vor der Revolution eine gewisse Marusja wegschnappte, hielt er seine »schönen tiefbraunen Augen« für den Grund. Doch ein Sieg über diesen Langweiler macht Stalin noch nicht zum Casanova. Kaganowitsch bestätigte, dass er sich mit mehreren Genossinnen einließ, darunter die etwas ältere »pummelige, hübsche« Ludmilla Stal, vielleicht einstmals auch Nadjas Freundin Dora Chasan. Dabei könnte Stalin von der revolutionären sexuellen Libertinage profitiert und trotz seiner Schüchternheit gewisse Erfolge bei Sekretärinnen des Zentralkomitees gelandet haben, doch im Grunde blieb er immer ein traditioneller Kaukasier. Als solcher musste er Abenteuer mit diskreten Staatsdienerinnen bevorzugen, sodass die Friseuse genau ins Bild passte.

Wie kaum anders zu erwarten, förderten Nadjas manische oder depressive Eifersuchtsanfälle genau das, was sie fürchtete, und an jenem

---

* Später leitete sie eine Grammophonfabrik, verlor den Posten aber nach vielen Jahren wegen Bestechlichkeit. Sie lebte bis 1998, ohne je über ihr Abenteuer mit Stalin zu sprechen.

Abend kam alles zusammen: die Wut und Enttäuschung über Stalins Missachtung, seine Politik und seine Unverschämtheit.[21]

Stalin benahm sich in der Tat unmöglich, aber viele Historiker haben in ihrem Vorsatz, ihn als ein Scheusal darzustellen, einfach übersehen, dass Nadja ihm kaum nachstand. Diese »hitzige Frau«, wie Stalins Sicherheitschef Pauker sie titulierte, schrie Stalin oft in aller Öffentlichkeit an, weshalb ihre Mutter sie eine »Närrin« scholt. Der Kavallerist Budjonni erinnerte sich, dass sie Stalin »ständig ankeifte und demütigte«, sodass er seiner Frau zuflüsterte: »Ich weiß nicht, wie der das aushält.« Doch inzwischen waren Nadjas Depressionen so schlimm, dass sie einer Freundin beichtete, sie habe alles satt, sogar die Kinder.

Obwohl das als absolut untrügliches Alarmsignal hätte gelten müssen, kümmerte sich niemand darum. Stalin stand nicht allein vor einem Rätsel, doch kaum jemand in diesem grob gestrickten Kreis, Freundinnen wie Polina Molotowa inklusive, begriff, dass Nadja wahrscheinlich unter klinischen Depressionen litt: »Sie konnte sich nicht beherrschen«, urteilte Molotow, »rang verzweifelt um Sympathie.« Polina Molotowa räumte ein, dass der *Woschd* »übel« mit Nadja umsprang. Es war ein ewiges Auf und Ab: Mal packte Nadja ihre Sachen, mal liebte sie Stalin wieder.

Bei dem Essen, so Augenzeugen, brachte ein politischer Appell Nadja in Rage: Stalin wollte auf die Vernichtung der Staatsfeinde trinken, als er bemerkte, dass sie ihr Glas nicht erhob.

»Warum trinkst du nicht?«, fuhr er sie gehässig an, wissend, dass sie und Bucharin ebenso wie andere das Aushungern der Bauernschaft verurteilten. Doch sie beachtete ihn nicht. Um sich Gehör zu verschaffen, bewarf Stalin sie mit Orangenschalen und schnipste Zigaretten hinüber, was sie erzürnte. Obwohl Nadja schon vor Wut kochte, rief er ihr zu: »He, trink!«

»Ich bin für dich keine, zu der man ›he‹ sagt!«, gab sie zurück, stand erbost auf und ging vor aller Augen hinaus. Wahrscheinlich in dieser Szene hörte Budjonni, wie Stalin sie anbrüllte: »Halt's Maul! Halt's Maul!«

In der anschließend einsetzenden Stille schüttelte Stalin den Kopf.

»Was für eine Närrin!«, murmelte er, in seinem Suff nicht verstehend, wie aufgebracht sie war. Budjonni muss als einer von vielen dort für Stalin Partei ergriffen haben.

»Ich würde mich von meiner Frau nicht so behandeln lassen!«, erklärte der wilde Kosake, der allerdings kaum zum Ratgeber taugte, nachdem seine erste Frau Selbstmord begangen – oder sich beim Spielen mit seiner Pistole »zufällig« erschossen hatte.[22]

Irgendwer musste Nadja nachgehen, und da sie die Frau des Chefs war, fiel diese Aufgabe der Gattin seines Vize zu. Also streifte sich Polina Molotowa ihren Mantel über und folgte Nadja nach draußen. Sie drehten Runden um den Kreml. Nadja beschwerte sich bitterlich:

»Er murrt die ganze Zeit ... und warum muss er ständig flirten?« Sie erwähnte die »Sache mit der Friseuse« und sein Schäkern mit der Jegorowa. Die Frauen befanden, wie es sich anbot, dass Stalin zu viel getrunken hatte und er sich deshalb daneben benahm. Doch die hundertprozentige Polina kritisierte auch ihre Freundin und kreidete ihr an, »Stalin in einer so schwierigen Phase im Stich zu lassen«. Vielleicht trug Polinas *Partiinost* (Parteihörigkeit) dazu bei, dass Nadja sich noch einsamer fühlte.

»Am Ende beruhigte sie sich wieder«, berichtete Polina später, »sprach über das Studium und ihre Chancen, ins Berufsleben einzusteigen. ... Als sie mir ganz gefasst erschien«, in den frühen Morgenstunden, sagten sie einander vor dem Lustschloss gute Nacht. Dann eilte Polina durch die kleine Gasse hinüber zur Reitergarde.

Nadja betrat die Wohnung und ließ gleich an der Tür die Teerose aus ihrem Haar fallen. Vom größten Raum, dem Speisesaal mit einem Beistelltisch für Stalins Amtstelefone, gingen zwei Flure ab. Rechter Hand lagen das Arbeits- und ein kleines Zimmer, in dem Stalin – den alten Gewohnheiten als wandernder Revolutionär verhaftet – entweder auf einem Feldbett oder auf dem Sofa schlief. Bei Stalins Nachtleben und Nadjas frühen Vorlesungen hatten sie getrennte Schlafzimmer. Die Haushälterin Carolina Til, die Kinderfrauen und das Dienstpersonal waren am Ende des rechten Flurs untergebracht. Der linke führte zu Nadjas kleinem Zimmer, dessen Bett sie mit ihren Lieblingsschals drapierte. Die Fenster lagen zu den Alexandrowski-Gärten hin, von denen im Sommer wohlige Rosendüfte aufstiegen.

Stalins Verbleib in den nächsten beiden Stunden liegt im Dunkeln: Ging er nach Hause? Bei den Woroschilows feierte man weiter, doch Chruschtschew (der nicht zu den Gästen gehörte) erfuhr von Stalins Leibwächter Wlasik, dass dieser zum Schäferstündchen mit einer gewissen Gusewa, der Frau eines Offiziers, die der Connoisseur Mikojan als »sehr schön« bezeichnete, zur etwas außerhalb gelegenen Datscha in Subalowo gefahren war. Vielleicht nahm er einige Waffenbrüder mit. Wahrscheinlich nicht Woroschilow, dessen Frau als notorisch eifersüchtig galt, doch Stalin selbst erwähnte anschließend im Gespräch mit Bucharin Molotow und Präsident Kalinin. Zweifellos hätte Wlasik sie begleitet. Als Stalin nicht heimkam, soll Nadja in der Datscha angerufen haben.

»Ist Stalin da?«

»Ja«, habe ein »unerfahrener Dummkopf« von Wachmann geantwortet.

»Wer ist bei ihm?«

»Die Frau Gusews.«

Diese Version würde Nadjas plötzliche Verzweiflung erklären, ebenso allerdings ein weiterer Migräneanfall, ein depressiver Schub oder schlicht die Grabesstille der düsteren Wohnung im Morgengrauen: Molotow, eine Kinderfrau und Stalins Enkelin schworen Stein und Bein, dass Stalin in seinem Bett lag. Gewiss hätte er Subalowo nicht als Liebesnest benutzt, weil sich die Kinder dort aufhielten, doch standen genügend andere Häuser zur Verfügung. Schwerer noch wiegt aber, dass niemand jene besagte Gusewa ausfindig machen konnte, obwohl es mehrere Offiziere dieses Namens gab. Überdies hat Mikojan weder seinen Kindern gegenüber noch in den Memoiren dergleichen erwähnt. Der prüde Molotow könnte Stalin in den späteren Interviews geschützt haben: Er log sich einiges zusammen, ebenso wie der senile Chruschtschew in seinen Erinnerungen. Wenn das Rendezvous tatsächlich einer »schönen« Offiziersfrau galt, so käme eher die Jegorowa in Frage, deren Koketterie ja mit zu der ganzen Ehekrise beigetragen hatte.

Auch wenn sich die Sache nicht mehr aufklären lässt, widersprechen diese Berichte einander keineswegs: Vielleicht fuhr Stalin noch mit einigen Nachtschwärmern, darunter die Jegorowa, in die Datscha und kehrte erst frühmorgens nach Hause zurück. Wie dem auch sei, jedenfalls waren die beteiligten Höflinge Stalin bald auf Gedeih und Verderb ausgeliefert, und viele von ihnen kamen innerhalb der nächsten fünf Jahre auf grausame Weise ums Leben. Stalin vergaß nie, dass sie an jener Novembernacht mitgewirkt hatten.

Nadjas Blick fiel auf eines der Geschenke, die ihr treusorgender Bruder Pawel ihr einst, ebenso wie das schwarze bestickte Kleid, das sie immer noch trug, aus Berlin mitgebracht hatte. Um dieses hatte sie Pawel ausdrücklich gebeten, denn – wie sie ihm erklärte – »manchmal, wenn nur ein Soldat Dienst hat, fühle ich mich im Kreml so fürchterlich einsam«.

Es war eine verzierte Damenpistole im eleganten Lederhalfter: keine Walther, wie immer behauptet wird, sondern eine kleine Mauser. Das gleiche Modell hatte Pawel übrigens auch Polina Molotowa mitgebracht, obwohl es in jenen Kreisen kein Problem war, an Waffen heranzukommen.

Als Stalin nach Hause kam, ging er direkt in sein Zimmer am anderen Ende der Wohnung und ins Bett, ohne noch einmal nach seiner Frau zu sehen.

Manche sagen, Nadja habe sich eingeriegelt. Sie setzte sich hin und schrieb an Stalin, »einen furchtbaren Brief«, wie ihre Tochter Swetlana meinte.* Irgendwann zwischen zwei und drei, als sie damit fertig war, legte sie sich aufs Bett.

Der Haushalt kam in Gang wie gewöhnlich. Stalin blieb immer bis gegen elf liegen. Niemand wusste, wann er nach Hause gekommen war und ob er noch mit Nadja geredet hatte. Also war es schon spät, als Carolina Til bei Nadja anklopfte, dann vielleicht die Tür aufbrach. »Zitternd vor Schrecken« sah sie den Leichnam Nadjas in einer Blutlache vor dem Bett liegen, die Pistole daneben. Er war bereits kalt. Sie eilte sofort zur Kinderfrau, und zusammen gingen sie hinüber, legten den Körper aufs Bett und berieten anschließend, was tun. Warum weckten sie Stalin nicht? »Kleine Leute« haben eine nur zu berechtigte Scheu davor, ihrem Zaren schlechte Nachrichten zuzumuten. »Vor Furcht gelähmt« riefen sie willkürlich zunächst Sicherheitschef Pauker, dann Kremlchef »Onkel« Abel Jenukidse, Nadjas letzten Tanzpartner, und schließlich Polina Molotowa an, die Nadja als Letzte lebend gesehen hatte. Jenukidse, der genau wie die anderen in der Reitergarde wohnte, traf als Erster ein und sah als einziger unter den Magnaten den nahezu unveränderten Tatort – ein Anblick, für den er teuer bezahlen sollte. Molotow und Woroschilow kamen wenige Minuten später hinzu.

Man kann sich die Aufregung unter den Anwesenden vorstellen, als der Herrscher Russlands am einen Ende des Korridors seinen Rausch ausschlief, nachdem seine Gattin am anderen die ewige Ruhe angetreten hatte. Man rief auch Nadjas Angehörige an – ihren Bruder Pawel, der jenseits des Flusses im neu errichteten Haus am Ufer wohnte, und

* Swetlanas dramatisches Urteil: »Ich habe diesen Brief nie zu Gesicht bekommen. Man hat ihn wahrscheinlich sogleich, auf der Stelle vernichtet; doch es hat ihn gegeben. Er muss furchtbar gewesen sein, voll von Anklagen und Vorwürfen« (*Zwanzig Briefe*, S. 142).

die Eltern Sergei und Olga Allilujew. Irgendwer benachrichtigte den Hausarzt, der seinerseits den anerkannten Professor Kuschner verständigte.[23]

Auf der Suche nach Gründen für Nadjas Verzweiflungsakt fand jemand aus dieser disparaten Gruppe von Magnaten, Angehörigen und Bediensteten den zornigen Abschiedsbrief. Niemand kennt seinen Inhalt oder weiß, wer ihn vernichtet hat. Allerdings enthüllte Stalins Leibwächter Wlasik später, dass sich in Nadjas Zimmer noch etwas anderes fand: eine Ausgabe des radikal antistalinistischen »Manifests«, einer Kampfschrift des bereits inhaftierten Altbolschewiken Riutin. Das könnte bezeichnend, aber auch unbedeutend sein. Alle Führungsmitglieder lasen seinerzeit Oppositions- und Emigrantenblätter, sodass sich Nadja vielleicht Stalins Exemplar ausgeliehen hatte. In ihren Briefen sprach sie an, was in der Weißen Presse »über *Dich* steht! Interessiert es *Dich*?« Nichtsdestoweniger musste jeder im Lande, der dieses Pamphlet besaß, mit seiner sofortigen Festnahme rechnen.

Weder ein noch aus wissend, versammelten sich alle im Esszimmer und berieten flüsternd, ob sie Stalin wecken sollten. Wer würde es dem *Woschd* eröffnen? Wie es ihm beibringen? Dann stand Stalin plötzlich im Raum. Irgendwer, höchstwahrscheinlich sein alter Freund Jenukidse, trat vor und sagte:

»Jossif, Nadeschda Sergeewna ist nicht mehr unter uns. Jossif, Jossif, Nadja ist tot.«[24]

Stalin war wie vom Donner gerührt. Dieser Vollblutpolitiker mit seiner zynischen Einstellung gegenüber den Millionen verhungernder Frauen und Kinder im eigenen Lande zeigte sich in den nächsten Tagen menschlicher als je zuvor oder danach. Seine Schwiegermutter Olga, eine elegante, eigenwillige Dame, die immer den Starrsinn ihrer Tochter kritisiert hatte, stürmte ins Esszimmer, wo ein am Boden zerstörter Stalin immer noch mit dem Unfassbaren rang. Ärzte waren eingetroffen und reichten der erschütterten Olga Baldriantropfen, aber sie bekam nichts herunter. Stalin wankte auf sie zu:

»Lass mich sie nehmen«, sagte er und stürzte das Beruhigungsmittel herunter. Er sah den Leichnam vor sich und den Brief, der ihn, Swetlana zufolge, ins Mark traf.*

---

* »Er erschütterte und verletzte ihn, und als er zur offiziellen Trauerfeier kam, um Abschied von der Toten zu nehmen, trat er für einen Augenblick an den Sarg, stieß ihn plötzlich mit den Händen von sich, wandte sich um und ging fort« (*ibid.*).

Nadjas Bruder Pawel kam mit seiner Frau Jewgenia, die alle Schenja nannten, eine Frohnatur mit Lachgrübchen, die ihrerseits eine geheime Rolle in Stalins Leben spielen und dafür büßen sollte. Beide entsetzte nicht nur der Tod Nadjas, sondern auch der Anblick des Witwers.

»Sie hat mich zum Krüppel gemacht«, sagte er. Niemand hatte ihn je so weich, so verwundbar gesehen. Er weinte und klagte. Fast sofort kamen Gerüchte über Mord auf. War Stalin in die Wohnung zurückgekehrt und hatte sie im Streit erschossen? Oder hatte er sie erneut schwer beleidigt und dann sich selbst überlassen? Doch die Tragödie zog viel weitere Kreise: Bis jetzt hatten die Magnaten »ein wunderbares Leben« geführt, wie Ekaterina Woroschilowa in ihrem Tagebuch schrieb. Damit war ab jener Nacht ein für alle Mal Schluss. »Wie«, fragte sie, »hatte der Parteialltag so schwierig, so unfassbar qualvoll werden können?« Doch die »Qualen« fingen gerade erst an. Der Selbstmord »veränderte den Lauf der Geschichte«, behauptet Stalins Neffe Leonid Redens, »er beschwor den Terror fast automatisch herauf«. Naturgemäß übertrieben Nadjas Angehörige die Folgen ihres Suizids. Stalins Rachsucht, Paranoia und Grausamkeit hätten sich unabhängig davon ausgeprägt. Doch Nadjas Tod gebar einen jener seltenen Momente des Zweifels in einem Bollwerk stahlharter Selbstsicherheit und dogmatischer Verblendung. Wie erholte sich Stalin wieder davon? Und welchen Einfluss hatte diese Demütigung auf ihn, sein Gefolge und das ganze Land? Spielte die Rache für das persönliche Fiasko eine Rolle in den bevorstehenden »Säuberungen«, denen einige Anwesende jenes Abends zum Opfer fielen?

Stalin nahm plötzlich Nadjas Mauser und betrachtete sie abschätzig. »Und dabei so ein scheußliches Pistölchen.« Molotow gegenüber fügte er lakonisch hinzu: »Doch einfach ein Spielzeug! Dieser Pawluscha hat's ihr mitgebracht; hätt' ihm auch ein gescheiteres Geschenk einfallen können...«

Der stahlharte Führer »war nur noch ein Häufchen Elend, so hatte es ihn umgehauen«, brach aber »sporadisch in Wutanfälle aus«, gab allem anderen die Schuld, selbst den Büchern, die Nadja gelesen hatte, bevor er sich ganz der Verzweiflung hingab. Dann kündigte er seinen Rücktritt an. Auch er wolle sich umbringen:

»Ich kann so nicht weiterleben...«[25]

Erster Teil

EINE WUNDERBARE ZEIT: STALIN UND NADJA, 1917–1932

1

DER GEORGIER UND DAS SCHULMÄDCHEN

Nadjas und Stalins Ehe währte nur vierzehn Jahre, reichte aber durch ihre tiefe Verwurzelung im Bolschewismus viel weiter respektive länger zurück. Die Erfahrung des Untergrundlebens hatte sie ebenso geprägt wie die enge Beziehung mit Lenin während der Revolution und dann der Bürgerkrieg. Stalin kannte Nadjas Familie seit knapp dreißig Jahren und hatte sie erstmals 1904 als Dreijährige gesehen, als er selbst fünfundzwanzig und seit sechs Jahren Marxist war.

Josef Wissarionowitsch Dschugaschwili war nicht am 21. Dezember 1879 zur Welt gekommen, dem offiziellen Geburtstag Stalins: »Soso«, der Sohn von »Beso« und Ekaterina, »Keke«, geb. Geladse, erblickte das Licht der Welt vielmehr ein gutes Jahr früher, am 6. Dezember 1878, in einer (noch heute stehenden) Kate in Gori an der Kura: einem Städtchen in der romantischen, gebirgigen, eindeutig nicht russischen Provinz Georgien, die näher an Bagdad als an Sankt Petersburg liegt.* Man verkennt oft, wie fremdartig Georgien war: Seit der Antike ein unabhängiges Königreich mit eigener Sprache, Tradition, Küche, Literatur, wurde es erst zwischen 1801 und 1878 schrittweise von Russland vereinnahmt. Mit seinem sonnigen Klima, den Todfehden zwischen Sippen, dem Liedgut und den Weinbergen erinnert es mehr an Sizilien als an Sibirien.

---

* Das entging auch einem anderen Bauernjungen nicht, der nur ein paar hundert Kilometer von Gori entfernt zur Welt kam: Saddam Hussein. Der Kurdenführer Mahmoud Osman bemerkte bei seinen Verhandlungen mit ihm, dass in Saddams Arbeits- und Schlafzimmer viele Bücher über Stalin standen. Heute ist Stalins Geburtshaus, die Kate in Gori, von einem prächtigen Marmortempel mit weißen Säulen umfasst, einem Entwurf Lawrenti Berias, der neben dem Stalinmuseum nach wie vor das Kernstück des Stalinboulevards bildet.

Stalins Vater war ein gewalttätiger, trunksüchtiger Schuster, der Frau und Kind grausam schlug, doch auch Keke selbst habe ihn »unbarmherzig geprügelt«. Einmal warf Soso mit einem Dolch nach ihm. Beso und Pater Tscharkwiani, der Stadtgeistliche, hätten zum Verdruss der Mutter kräftig miteinander gezecht: »Pater, machen Sie meinen Mann nicht zum Säufer, Sie zerstören ja meine Familie.« Keke setzte ihn einfach vor die Tür. Stalin bewunderte ihre »Willensstärke«. Als Beso ihn später nach Tiflis schickte, um eine Schusterlehre zu machen, holten Mutters Verbündete ihn wieder zurück.

Keke, die für örtliche Kaufleute wusch, war nicht nur eine fromme Frau, über die Priester ihre schützende Hand hielten, sondern auch realistisch und gewieft. Später, als allein stehende Mutter, mag sie sogar anrüchige Kompromisse geschlossen und sich durch Gefälligkeiten gegenüber ihren Auftraggebern etwas hinzuverdient haben. Das nährte Legenden, die sich oft um die Herkunft berühmter Figuren ranken. Stammte Stalin möglicherweise von seinem Patenonkel ab, einem wohlhabenden Gastwirt, Exoffizier und Amateurringer namens Koba Egnataschwili? Später nahm Stalin dessen beide Söhne in Schutz, mit denen er sein Leben lang befreundet blieb, und schwärmte noch im hohen Alter von den Ringkämpfen Egnataschwilis. Doch mitunter können sogar historische Gestalten eheliche Kinder sein: Es heißt, Stalin habe Beso verteufelt ähnlich gesehen. Er selbst bezeichnete sich jedoch einmal als den Sohn eines Priesters.

Stalin kam mit einer Verwachsung der zweiten und dritten linken Zehe zur Welt. Ihn befielen die Windpocken und zeichneten sein Gesicht, später verletzte er sich, sehr wahrscheinlich bei einem Kutschenunfall, schwer am linken Arm. Er wuchs heran zu einem blassen, bärbeißigen untersetzten Jugendlichen mit fleckigen gelbbraunen Augen und dichtem pechschwarzen Haar – einem georgischen Straßenbengel oder *Kinto* – und war außerordentlich intelligent, bei einer ehrgeizigen Mutter, die aus ihm einen Priester machen wollte. Stalin prahlte später, mit fünf lesen gelernt zu haben, als er Pater Tscharkwiani beim Lehren des Alphabets zuhörte, um gleich darauf dessen dreizehnjähriger Tochter Nachhilfe zu geben.

Ab 1888 besuchte er die kirchliche Schule in Gori und gewann 1894 jubelnd ein »Fünf-Rubel-Stipendium« für das Priesterseminar in der Hauptstadt Tiflis. Wie Stalin später einem Freund anvertraute: »Mein Vater fand heraus, dass ich außerdem noch Geld als Chorknabe verdiente (ebenfalls fünf Rubel im Monat), und einmal kam ich aus der Kirche und sah ihn dort stehen:

›Junger Mann, mein Herr‹, sagte Beso, ›du hast deinen Vater vergessen. ... Gib mir wenigstens drei Rubel ab, sei nicht so gemein wie deine Mutter!‹

›Schrei nicht so!‹, wies Soso ihn zurecht. ›Wenn du nicht sofort verschwindest, rufe ich nach dem Wächter!‹« Beso stahl sich fort.* Er wurde um 1910 bei einem Krawall getötet.

Stalin unterstützte seine Mutter zwar gelegentlich finanziell, ließ sich aber kaum noch bei ihr blicken. Den trockenen Humor und die strenge Disziplin dürfte er von ihr geerbt haben. Über Stalins Kindheit kursieren viele simple psychologische Spekulationen, doch so viel ist sicher: In einem armen, von Priestern heimgesuchten Haushalt aufgewachsen, durchlief er die Schule der Gewalt, Vernachlässigung und der Demütigung, nahm außerdem die örtlichen Traditionen des religiösen Dogmatismus, der Blutfehden und des romantischen Brigantentums in sich auf. »Stalin sprach ungern über seine Kindheit und das Elternhaus.« Allerdings hat es keinen Sinn, seine psychische Verfassung bis ins Letzte zu analysieren. Emotional verkümmert, fehlte ihm die Empathie, aber er verfügte über ein hochempfindliches Sensorium.

Im Seminar erhielt er die einzige formale Ausbildung. Der im Internatsbetrieb vorherrschende Katechismusunterricht gepaart mit »jesuitischen Praktiken« der »Überwachung, Bespitzelung, Ausforschung und Verletzung von Gefühlen« stieß Soso zwar ab, beeindruckte ihn aber auch dermaßen stark, dass er den Stil und die Methoden sein Leben lang verfeinerte. Dort erwachte die Leseleidenschaft des Autodidakten, doch wurde er schon im ersten Jahr Atheist. »Ich hatte ein paar Gleichgesinnte«, berichtete er, »und bald begann eine erbitterte Debatte zwischen den Gläubigen und uns!« Wenig später bekannte er sich zum Marxismus.

1899 trat Stalin, des Seminars verwiesen, in die Sozialdemokratische Arbeiterpartei Russlands ein und trat bald unter dem Namen »Koba« eine Karriere als Berufsrevolutionär an, angeregt durch den Helden aus

---

* Ich danke Gela Tscharkwiani für die Überlassung des faszinierenden, bisher unveröffentlichten Manuskripts der Memoiren seines Vaters, Candide, Erster Sekretär der Partei Georgiens 1938–1951. Im höheren Alter habe Stalin ihm stundenlang von seiner Kindheit erzählt. Candide berichtet, auf dem Friedhof von Tiflis habe er trotz langer Suche kein Grab Besos finden können. Auf vermeintlichen Fotos von ihm habe Stalin Beso nicht wiedererkannt, sodass die gewöhnlich ihm zugeschriebene Aufnahme wahrscheinlich einen anderen zeigt. Was die Vaterschaft angeht, so bestreitet die Familie Egnataschwili nachdrücklich, dass der Gastwirt irgendetwas damit zu tun hatte.

Alexander Kasbegis Roman *Der Vatermörder*, einen forschen, rachsüchtigen georgischen Banditen. Stalin verband den »wissenschaftlichen« Marxismus mit seiner regen Phantasie, schrieb romantische Gedichte, die er auf georgisch veröffentlichte. Die zeitweilige Arbeit als Wetterbeobachter beim Tifliser Geophysikalischen Observatorium war der einzige Posten, den er bis zum Eintritt in das neue russische Regime 1917 je innehatte.

Koba glaubte fest an den Marxismus als Allheilmittel – »ein philosophisches System«, das genau zu seinem besessen totalitären Charakter passte. Klassenkampf fügte sich auch bestens in seine martialischen Leidenschaften. Die paranoide Unduldsamkeit und Geheimniskrämerei der bolschewistischen Kultur kam Kobas selbstsüchtiger Hinterlist entgegen. Er stürzte sich in die Unterwelt der revolutionären Politik, ein brodelndes, erregendes Gebräu aus konspirativer Intrige, ideologischem Kleinklein, halbgebildeter Arroganz, Fraktionskämpfen, Liebesaffären mit Genossinnen, politischer Infiltration und organisatorischem Chaos. Die bunt gemischte Truppe – darunter Russen, Armenier, Georgier, Arbeiter, Adlige, Intellektuelle und Draufgänger – organisierte Streiks, Flugblätter, Versammlungen und Überfälle. Sie alle studierten wie besessen die marxistische Literatur, doch verlief stets ein Riss zwischen den Bildungsbürgern und Emigranten wie Lenin selbst und den direkt vor Ort in Russland tätigen Männern fürs Grobe. Das Untergrundleben, immer gehetzt und in Gefahr, prägte nicht nur Stalin, sondern auch alle seine Genossen. Das erklärt weitgehend die spätere Entwicklung.[1]

1902 verdiente sich Koba die Sporen einer frühen Festnahme mit anschließender Verbannung nach Sibirien, der ersten von insgesamt sieben, wobei ihm sechsmal die Flucht gelang. Diese Haftaufenthalte kamen nicht entfernt an Stalins brutale Lager heran, zumal die Polizei des Zaren nicht viel taugte. Sie erinnerten fast an Leseurlaube in sibirischen Dörfern mit nur je einem diensthabenden Teilzeitaufseher. Dort lernten die Revolutionäre einander kennen (und hassen), tauschten sich mit Genossen in Petersburg oder Wien aus, diskutierten über abstruse Probleme des dialektischen Materialismus und hatten Affären mit Dorfmädels. Wenn der Ruf der Freiheit oder der Revolution sie wieder lockte, brachen sie auf und stahlen sich durch die Taiga zum nächsten Bahnhof. Im Exil begannen Stalins Zahnbeschwerden, die ihn ein Leben lang begleiten sollten.

Koba trat mit Nachdruck für Wladimir Lenin und dessen einflussreichen Aufsatz *Was tun?* ein. Ebenso anmaßend wie genial, verband dieser

Politiker das machiavellistische Gespür für die Macht mit hoher Meister-
schaft in der marxistischen Ideologie. Dabei nutzte er den Bruch, aus
dem seine »Bolschewiki« hervorgehen sollten, um die Botschaft zu verkünden, dass eine Avantgarde von Berufsrevolutionären die Macht im
Namen der Arbeiter ergreifen könne, um eine »Diktatur des Proletariats« auszurufen, bis sie sich durch die Vollendung des Sozialismus selbst
überflüssig mache. Lenins Vision der Partei als »Vorhut« der »Proleta-
riertruppen, eines führenden Kampfverbandes«, gab die militaristische
Tonlage des Bolschewismus vor.[2]

1904 wieder nach Tiflis zurückgekehrt, lernte Koba seinen künftigen
Schwiegervater kennen, den nur zwölf Jahre älteren Sergei Allilujew, einen
fähigen russischen Techniker, verheiratet mit der georgisch-deutschen
Schönheit Olga Fedorenko, »die sich leicht verliebte und von Zeit zu Zeit
in Abenteuer stürzte«. Man munkelte, dass auch der junge Stalin etwas
mit Olga hatte und sogar seine spätere Frau Nadja selbst zeugte. Letzteres
kann schon deshalb nicht stimmen, weil Nadeschda bereits drei war, als
ihre Eltern Koba kennen lernten, doch die Affäre mit Olga ist durchaus
glaubhaft, und er selbst könnte sogar darauf angespielt haben. Olga, die
ihrer Enkelin Swetlana zufolge »Menschen des Südens« liebte und Russen
für »Gesindel« hielt, hatte immer eine »Schwäche« für Stalin. Ihre Ehe war
schwierig, auch wenn die beiden laut Swetlana »ausgezeichnet zueinander
passten«. Einer Familienlegende zufolge sah Nadjas älterer Bruder Pawel,
wie sich seine Mutter für Koba herausputzte. Doch solche Techtelmechtel
waren unter Revolutionären gang und gäbe.

Stalin und Nadja hatten dieser Art bolschewistischer Großfamilie,
wie sie im Haushalt der Allilujews verkehrte, schon lange vor ihrer Liaison angehört, ebenso Kalinin und Jenukidse und andere Gäste des Fest-
essens vom November 1932. Hinzu kam eine Koinzidenz der besonderen Art: Koba traf die Allilujews in Baku am Kaspischen Meer und
rettete Nadja vor dem Ertrinken – eine wahrhaft existenzielle Verbindung.[3]

Unterdessen heiratete Koba die ebenfalls einer Bolschewikenfamilie ent-
stammende Ekaterina, genannt »Kato«, eine sanfte, auf hintergründige
Weise hübsche Georgierin aus gutem Hause, die Schwester Alexander
Swanidses, der das Tifliser Seminar im Unterschied zu Stalin abschloss
und ihm später in den Kreml folgte. Das Paar bezog eine Hütte unweit der
Ölfelder von Baku, wo Kato einen Sohn namens Jakow gebar. Koba ließ
sich allerdings nur sporadisch und unregelmäßig zu Hause blicken.

Als sich der Journalist Leo Trotzki während der Revolution 1905 schützend vor den Petersburger Sowjet stellte, will Koba in der georgischen Region Kartli einen Bauernaufstand organisiert haben. Nach dem zaristischen Gegenschlag reiste er zum Bolschewikentreffen im finnischen Tammerfors, wo er zum ersten Mal seinem großen Helden,»dem Bergadler« Lenin begegnete, und im Jahr darauf nahm Koba am Stockholmer Kongress teil. Nach der Rückkehr brachte er als eine Art kaukasischer Brigant durch Banküberfälle oder »Enteignungen« Mittel für die Parteikasse auf: Im höheren Alter prahlte er mit diesen »Einbrüchen, bei denen unsere Freunde auf dem Jerewanplatz 250 000 Rubel erbeuteten!«[4].

Nach Kobas Rückkehr von einem Londoner Kongress starb am 25. November 1907 seine geliebte, aber arg vernachlässigte Kato in Tiflis »in seinen Armen« an Tuberkulose. Koba war untröstlich. Beim Verlassen des Friedhofs drückte er einem einstigen Genossen die Hand und erklärte: »Sosso, dieses Geschöpf hat mein steinernes Herz erweichen können. Nun ist sie tot, und mit ihr sind meine letzten warmen Gefühle für die Menschen gestorben.« Er griff sich ans Herz: »Hier drinnen ist es leer geworden, so unsagbar leer.« Für den Sohn Jakow ließ er Katos Eltern sorgen. Nach kurzfristigem Unterschlupf in der Petersburger Wohnung der Allilujews wurde er erneut gefasst und nach Solwytschegodsk verbannt. In diesem gottverlassenen Kaff zog Koba im Januar 1910 bei der jungen Witwe Maria Kusakowa ein und zeugte mit ihr einen weiteren Sohn.*

Im Anschluss an seine neuerliche Flucht kehrte Koba 1912 nach Petersburg zurück und teilte sich dort die Unterkunft mit einem hochkarätigen Bolschewiken, der später zu seinem engsten Vertrauten wurde: Der damals erst zweiundzwanzigjährige Wjatscheslaw Scriabin hatte sich soeben, dem bolschewistischen Brauch folgend, einen *nom de révolution* zugelegt, und zwar »aus der Arbeitswelt«, nämlich Molotow, »der Hammer«. Koba selbst veröffentlichte erstmals 1913 einen Artikel unter dem Namen »Stalin«, der kaum zufällig ähnlich wie »Lenin« klang. Er mag ihn schon früher benutzt haben – nicht zuletzt der stählernen Härte wegen.**[5]

---

* Dieser Sohn, Konstantin Kusakow, genoss zwar kaum Vorrechte, soll sich aber, als er bei den Säuberungen in Verdacht geriet, hilfesuchend an den leiblichen Vater gewandt haben, der auf seiner Akte vermerkte: »Kein Haar krümmen!« Kusakow schrieb 1995, nach einer erfolgreichen Fernsehkarriere, in einem Artikel mit dem Titel »Sohn Stalins«: »Ich hatte schon als Kind erfahren, dass Stalin mein Vater war.« Aus einer späteren Verbannung Stalins ging mit ziemlicher Sicherheit noch ein Kind hervor.

** Vielleicht ging »Stalin« auf die »dralle, hübsche« Bolschewikin Ludmilla Stal zurück, mit der Koba eine Affäre hatte.

Dieser »wundervolle Georgier«, wie Lenin schwärmte, wurde am Ende des Prager Kongresses 1912 ins Zentralkomitee »kooptiert«.[6] Im November reiste Koba von Wien nach Krakau, um Lenin zu treffen, bei dem er auch wohnte: Dieser beaufsichtigte den eifrigen Schüler bei der Niederschrift eines Artikels zur bolschewistischen Nationalitätenpolitik, einem heißen Eisen, für das Stalin fortan als Experte galt. In seinem *Marxismus und die nationale Frage* plädierte er für den Zusammenhalt des Russischen Reiches, was ihm ideologischen Ruhm und das Vertrauen Lenins eintrug.

»Ist das alles von dir?«, soll Lenin ihn (Stalin zufolge) gefragt haben.

»Ja … ist es falsch?«

»Nein, ganz im Gegenteil, großartig!« Das war seine letzte Auslandsreise bis zur Teheraner Konferenz des Jahres 1943.

Im Februar 1913 wurde Stalin erneut festgenommen und in ein verdächtig angenehmes Exil geschickt: War er vielleicht für den zaristischen Geheimdienst Ochrana tätig? Die Aufregung um Stalins Doppelrolle offenbart ein naives Missverständnis des Lebens im Untergrund: Zwar hatten die Revolutionäre ständig Ochrana-Spitzel im Nacken, doch gab es jede Menge Mehrfachagenten.* Koba kannte keinerlei Skrupel, Kollegen zu verraten, die sich gegen ihn wandten, doch wie die Ochrana in ihren Berichten feststellte, blieb er dabei immer ein fanatischer Marxist, und darauf kam es ja schließlich an.

Sein letztes Exil trat Stalin 1913 im eisigen Nordosten Sibiriens an, wo die örtlichen Bauern ihm den Spitznamen »Pockennarben-Joe« verpassten. Um Ausbrüche zu verhindern, schaffte man die Verbannten nach Kureika, ein elendes Kaff in Turuchansk nördlich des Polarkreises, wo Stalins Geschick beim Fischfang die Einheimischen davon überzeugten, dass er magische Kräfte besaß, und er erneut eine Mätresse fand. Er schrieb klägliche Briefe an Sergei und Olga Allilujew, »Die Natur in diesem verfluchten Land ist hässlich und karg«, und bat sie um eine Ansichtskarte: »Ich bin ganz krank vor Sehnsucht nach einer Landschaft,

---

* In seinem Buch *The Secret File of Joseph Stalin* behauptet Roman Brackman, dass Stalins Terror in erster Linie darauf abzielte, alle zu vernichten, die um seine Doppelrolle wussten. Doch der Terror hatte viele Gründe, unter denen Stalins Charakter als ein sehr gewichtiger herausragte. Zwar liquidierte er viele, die ihn aus jener Zeit kannten, verschonte aber seltsamerweise zahlreiche andere. Außerdem ließ er Millionen von Menschen umbringen, die keinerlei Kenntnis seiner Anfänge hatten. Ungeachtet dessen schildert Brackman hervorragend die Intrigen und Ränke des Untergrundlebens.

und wenn auch nur auf dem Papier.« Doch kurioserweise war es auch eine schöne Zeit, vielleicht die glücklichste seines Lebens, denn er dachte bis ins hohe Alter an die dortigen Erlebnisse zurück, besonders an den Jagdausflug auf Skiern in die Taiga, wo er viele Rebhühner schoss und auf dem Rückweg fast erfroren wäre.[7]

Die militärischen Fehler und Hungerkrisen des Ersten Weltkriegs zerstörten unaufhaltsam die zaristische Monarchie. Zur Überraschung selbst der Bolschewiken brach sie im Februar 1917 plötzlich zusammen und musste einem Interimsregime weichen. Stalin traf am 12. März in der Hauptstadt ein und suchte die Allilujews auf, wo die sechzehnjährige Nadja, eine beachtliche Brünette, ihre Schwester Anna und ihr Bruder Fjodor den zurückgekehrten Helden wiederum nach seinen Abenteuern ausfragten. Als sie ihn mit der Straßenbahn zum Redaktionsgebäude der *Prawda* begleiteten, rief er ihnen beim Aussteigen zu:

»Vergesst nicht, in der neuen Wohnung ein Zimmer für mich freizuhalten. Das müsst ihr mir versprechen!« Die Redaktion der *Prawda* hatte Molotow übernommen, doch diesen Posten beanspruchte Stalin sofort für sich. Im Gegensatz zu Molotows radikalem Kurs gegen die Regierung gaben sich Stalin und Lew Kamenew (ursprünglich Rosenfeld), einer von Lenins engsten Vertrauten, etwas versöhnlicher. Als Lenin am 4. April eintraf, verwarf er Stalins Einlenken. In einem raren Zugeständnis an Molotow räumte Stalin ein:

»Du hattest Lenin näher gestanden.« Vor dessen Flucht nach Finnland, um sich der Festnahme zu entziehen, versteckte Stalin ihn bei den Allilujews, ließ ihn seinen Bart abrasieren und brachte ihn in Sicherheit. Nadja und ihre in der Parteizentrale angestellte Schwester Anna blieben bis in die Nacht hinein wach, um auf ihn zu warten. Der Georgier unterhielt sie, machte Politiker nach, las ihnen aus Tschechow, Puschkin und Gorki vor, wie später auch seinen Söhnen.[8] Am 25. Oktober 1917 rief Lenin die bolschewistische Revolution aus.

Wenn Stalin in jenen Tagen nur ein Erfüllungsgehilfe war, so immerhin der Lenins. Trotzki gab zu, dass die meisten Kontakte zur Führung über Stalin liefen, für den sich die Polizei offenbar kaum interessierte. In Lenins neuer Regierung bildete Stalin später ein Volkskommissariat für das Nationalitätenwesen, mit dem jungen Fjodor Allilujew als Sekretär und einer Schreibkraft – Nadja.[9]

1918 kämpften die Bolschewiken um ihr Überleben. Angesichts des rasanten deutschen Vormarschs ließen sich Lenin und Trotzki aus Kal-

kül auf das Abkommen von Brest-Litowsk ein, womit sie dem Kaiserreich einen Großteil der Ukraine und des Baltikums abtraten. Nach dem
Zusammenbruch Deutschlands traten britische, französische und japanische Truppen auf den Plan, während Verbände der Weißen gegen das
angeschlagene Regime vorgingen, das die Hauptstadt nach Moskau verlegte, um einen gewissen Schutz zu finden. Unter der Belagerung
schrumpfte Lenins Reich bald etwa auf die Größe des mittelalterlichen
Kreml zusammen. Im August wurde Lenin bei einem Attentat verletzt,
das die Bolschewiken mit einer Terrorwelle quittierten. Im September
erklärte der wieder Genesende Russland zum »Feldlager«. Als seine eif-
rigsten Kämpfer taten sich zwei Männer hervor: Kriegskommissar Trotzki, der von seinem gepanzerten Zug aus die Rote Armee ins Leben rief
und organisierte, und Stalin, die einzigen beiden Funktionäre, die jederzeit Zutritt zum Arbeitszimmer Lenins hatten. Als dieser ein nur fünf-
köpfiges Vollzugsorgan bildete, das so genannte Politische Büro oder
Politbüro, gehörten beide dazu. Der Intellektuelle Trotzki galt als zweit-
größter Held der Revolution direkt nach Lenin, Stalin dagegen als ein
ungehobelter Provinzler. Doch Trotzkis gönnerhafte, großspurige Art
kränkte die bodenständigen »alten Illegalen« aus dem Hinterland, die
Stalins hartgesottene Praxisnähe erheblich mehr beeindruckte. Stalin
selbst betrachtete Trotzki als das Haupthindernis für seinen Aufstieg.

Für Stalins Laufbahn – und Ehe – spielte Zarizyn eine maßgebliche
Rolle. 1918 sah es so aus, als würde diese strategisch wichtige Stadt am
Unterlauf der Wolga, der Zugang zum Getreide (und Erdöl) des nördlichen Kaukasus und die südliche Pforte nach Moskau, den Weißen in
die Hände fallen. Stalin reiste als Lenins Beauftragter für die Lebensmit-
telversorgung des Südens nach Zarizyn und schaffte es dort bald, sich
zum Kommissar mit umfangreichen militärischen Befugnissen ernennen zu lassen.

Als Stalin, Fjodor Allilujew und Nadja, die Schreibkraft, am 6. April
in einem gepanzerten Zug mit vierhundert Rotgardisten in Zarizyn eintrafen, mussten sie feststellen, dass dort allerorten Stümperei und Verrat
herrschten. Stalin bewies sofort, dass mit ihm nicht zu spaßen war, und
ließ alle mutmaßlichen Konterrevolutionäre erschießen: »eine erbarmungslose Säuberung des Rückraums«, meldete Woroschilow, »mit eisernem Besen durchgeführt«. Doch Lenin befahl ihm, noch »unbarm-
herziger« und »radikaler« durchzugreifen. Stalin antwortete:

»Sei versichert, dass meine Hand nicht zittern wird.« Bei diesem Auftrag entdeckte Stalin das Töten als das einfachste und wirksamste politi-

sche Mittel, denn im Bürgerkrieg pflegten die Bolschewiken einen Kult der Gewalt, eine augenfällige Brutalität, die Stalin lediglich übernahm. In jener Zeit lernte er übrigens Woroschilow und Budjonni kennen, die beide am besagten Essen teilnahmen, und freundete sich mit ihnen an. Fortan bildeten sie den Kern seiner militärischen und politischen Hausmacht. Als sich die Lage im Juli zuspitzte, riss Stalin den Befehl über die Armee an sich: »Ich muss militärische Befugnisse haben.« Das war zwar genau die Initiative, die eine Revolution zum Überleben brauchte, aber auch ein Angriff auf Trotzki, der die Rote Armee mit Hilfe so genannter »Militärexperten«, ehemaliger zaristischer Offiziere, aufgebaut hatte. Stalin misstraute diesen Überläufern und ließ sie erschießen.

Er residierte in einem feudalen Salonwagen, dessen Voreigentümer, ein durch Schnulzengesang reich gewordener Zigeuner, ihn mit hellblauer Seide hatte drapieren lassen. Dort kamen Stalin und Nadja einander wahrscheinlich näher. Sie war siebzehn, er neununddreißig. Die Mission muss für das Mädchen ein hinreißendes, furchterregendes Abenteuer gewesen sein. Bei ihrer Ankunft benutzte Stalin den Zug als Hauptquartier, und von dort aus ordnete er die ständigen Erschießungen durch Tschekisten an. Nicht nur Nadja, auch die Frauen Woroschilows und Budjonnis hielten sich in Zarizyn auf.

Stalin und diese beiden Schwadroneure bildeten eine »militärische Opposition« gegen Trotzki, den er bezeichnenderweise als »Operettenkommandeur und Schwatztüte« verulkte. Als er eine Gruppe von Trotzkis »Spezialisten« festnehmen und auf einem Kahn in der Wolga festsetzen ließ, begehrte dieser erzürnt dagegen auf. Der Kahn sank, offenbar mit Mann und Maus. »Der Tod löst alle Probleme«, soll Stalin gesagt haben. »Kein Mensch, kein Problem.« Das war die Devise der Bolschewiken.*

Lenin rief Stalin nach Moskau zurück. Es spielte keine Rolle, dass er die Lage wahrscheinlich verschlimmert, erfahrene zaristische Offiziere geschasst und eine Truppe von säbelrasselnden Draufgängern gefördert hatte. Stalin war rigoros vorgegangen, und die gnadenlose Ausübung

---

* Stalin scheint die Geschichte von dem gesunkenen Kahn später in einem Brief an Woroschilow bestätigt zu haben: »Im Sommer nach dem Mordversuch an Lenin ... stellten wir eine Liste der Offiziere auf, die wir in der Manege versammeln wollten ... um sie en masse zu erschießen. ... Damit war der Kahn von Zarizyn das Ergebnis nicht des Kampfes gegen Militärspezialisten, sondern der vom Zentrum ausgehenden Eigendynamik...« In Zarizyn kämpften schon fünf spätere Marschälle des Zweiten Weltkriegs, in absteigender Rangfolge – Kulik, Woroschilow, Budjonni, Timoschenko und Schukow (auch wenn Letzterer erst 1919 nach Stalins Weggang dort eingriff).

von Druck war das, was Lenin wünschte. Doch der *Kinto* hatte den Ruhm des Generalissimus gekostet. Mehr als das, die Feindschaft mit Trotzki und das Bündnis mit der »Zarizyn-Gruppe« von Kavalleristen erschienen ihm zukunftweisend; vielleicht bewunderte er Woroschilow und Budjonni für ihre Verwegenheit, eine Eigenschaft, die ihm fehlte. Der Hass auf Trotzki wurde zu einer der stärksten Triebkräfte seines Lebens. Nach ihrer Rückkehr ehelichte er Nadja, und sie bezogen zuerst eine bescheidene Kreml-Wohnung (die sie sich mit den übrigen Allilujews teilen mussten) und später eine schöne Datscha in Subalowo.[10]

Nach der polnischen Eroberung Kiews ging Stalin im Mai 1920 als politischer Kommissar an die Südwestfront. Alsbald ordnete das Politbüro die Besetzung Polens an, um die Revolution westwärts zu tragen. Die gegen Warschau gerichtete Westoffensive befehligte ein glänzender junger Mann namens Michail Tuchatschewski, und Stalin erhielt Anweisung, seine Kavallerie auf diesen zu übertragen, widersetzte sich jedoch so lange, bis es zu spät war. Die von diesem Fiasko ausgehenden Rachegelüste endeten siebzehn Jahre später in einem Gemetzel.[11]

1921 bewies Nadja bolschewistische Bescheidenheit, als sie zu Fuß ins Krankenhaus ging, um sich von ihrem Sohn Wasili entbinden zu lassen – dem fünf Jahre später die Tochter Swetlana folgte. Derweil arbeitete sie als Schreibkraft in Lenins Büro, wo sie sich bei den angebahnten Intrigen als sehr nützlich erweisen sollte.

Die bolschewistische »Avantgarde« – junge Leute, die bei den brutalen Kämpfen Blut geleckt hatten – bildete eine kleine, isolierte, stets gewaltbereite Minderheit, die nervös ein riesiges in Trümmern liegendes, ebenfalls von Feinden belagertes Reich regierte. Trotz aller Verachtung für die Arbeiter und Bauern überraschte es Lenin, dass diese sie nicht unterstützten, und regte daher ein zentrales Steuerungsorgan für den Aufbau des Sozialismus an: die Partei. Die darin sichtbare erschreckende Kluft zwischen Anspruch und Wirklichkeit legte dem fast religiösen Bekenntnis zur reinen Lehre eine überragende Bedeutung bei und machte die Einhaltung der Ideologie mit militärischer Disziplin absolut unverzichtbar.

Aus dieser Not wurden ein geschlossenes System und eine skurrile Weltanschauung geboren. Das Zentralkomitee (ZK), bestehend aus etwa siebzig Funktionären, die anfangs jährlich und später unregelmäßig von Parteitagen gewählt wurden, fungierte als souveränes Organ der Partei. Ihm unterstand (theoretisch) das kleine Politbüro, eine Art Kriegsrat, zuständig für die Staats-, und ein dreiköpfiges Sekretariat, zuständig für die Parteiführung: Das war die Spitze eines radikal zentralistischen, streng vertikalen Regimes. Der 1875 geborene Michail Kalinin stieg 1919 zum (nominellen) Staatsoberhaupt auf.* Als einziger echter Landwirt der Führung trug er den Titel »Allunionsbauernältester«. Lenin herrschte als Premier und Vorsitzender des Rates der Volkskommissare, eines Kabinetts, das Anweisungen des Politbüros befolgte. Zwar pflegte das Politbüro eine Art Demokratie, aber nach den furchtbaren Krisen des Bürgerkriegs verbot Lenin jede Fraktionsbildung. Man warb eilends Millionen neuer Parteimitglieder, aber waren diese auch verlässlich? Allmählich wichen die offeneren Debatten früherer Zeiten einer streng autoritären bürokratischen Diktatur, und 1921 führte der unübertreffliche Improvisator Lenin wieder gewisse Eigentumsrechte ein, um das Regime zu retten – sein Kompromiss der so genannten »Neuen Ökonomischen Politik« (NÖP/NEP).

1922 bewerkstelligten Lenin und Kamenew die Ernennung Stalins zum Generalsekretär, kurz *Gensek,* des Zentralkomitees, und bald wurde sein Amt zur Triebkraft des neuen Staates, was Stalin weitreichende Befugnisse verlieh. Davon zeugt die »Georgien-Affäre«, ein Coup, in dem er gemeinsam mit Sergo kurzerhand Georgien annektierte, das sich vom Reich losgesagt hatte, um die eigensinnige dortige Partei »auf Linie« zu bringen. Lenin missfiel das, aber nach seinem Schlaganfall vom Dezember 1922 konnte er nichts mehr gegen Stalin unternehmen. Das Politbüro sorgte sich um den Zustand der großen Parteiikone und verbot Lenin, mehr als zehn Minuten täglich zu arbeiten. Als er sich dennoch stärker einzumischen versuchte, beschimpfte Stalin seine Frau Krupskaja in einem Wutanfall, der das Ende seiner Laufbahn hätte bedeuten können.**

---

* Weder Lenin noch Stalin führten den Titel Staatsoberhaupt der Sowjetunion. Kalinin war offiziell Vorsitzender des Zentralen Vollzugsrates, formal gesehen das höchste Organ der Legislative, galt aber als »der Präsident«. Die Verfassung von 1936 machte ihn zum Vorsitzenden des Präsidiums des Obersten Sowjet. Erst Breschnews Novelle wies dem Generalsekretär der Partei auch das Präsidentenamt zu. Im Übrigen schufen die Bolschewiken einen eigenen Jargon, um die Neuartigkeit ihres Regimes hervorzuheben. Volkskommissare (*Narodni Komissar*) kürzten sie zu *Narkoms,* den Rat (Sowjet) der Kommissare zum *Sownarkom* ab.

** Stalins Zurechtweisung Krupskajas verletzte Lenins Ehrgefühl, doch er selbst sah sein Verhalten durchaus im Sinne der Parteikultur: »Warum sollte ich vor ihr Männchen machen? Mit Lenin zu schlafen bedeutet nicht, dass man den Marxismus-Leninismus kapiert.« Darauf bezogen sich einige klassische Stalin-Witze, in denen dieser Krupskaja androhte, wenn sie nicht spure, werde das Zentralkomitee eine andere zu Lenins Frau ernennen – in der Tat ein sehr bolschewistisches Modell. Seine

Lenin konnte als Einziger beobachten, dass Stalin sich als sein wahrscheinlichster Nachfolger abzeichnete, und diktierte deshalb in mehreren Briefen ein niederschmetterndes Testament, in dem er seine Absetzung forderte.[12] Am 21. Januar 1924 erlag er einem tödlichen Schlaganfall. Entgegen den Wünschen Lenins und der Hinterbliebenen organisierte Stalin in der Folge eine Art Kult, ließ den Parteigründer wie einen Heiligen der orthodoxen Kirche einbalsamieren und ihm auf dem Roten Platz ein Mausoleum errichten. Allerdings benutzte er den Mummenschanz nur dazu, die eigene Macht zu festigen.

Außenstehende hätten 1924 darauf gewettet, dass Trotzki die Nachfolge antreten würde, aber in der bolschewistischen Führungsriege kam der verzagte Kriegskommissar gegen solch eine Inszenierung nicht an. Der Hass zwischen Stalin und Trotzki beruhte nicht nur auf Charakter- und Stilfragen, sondern auch auf politischen Zielen. Stalin hatte bereits die massive Förderung des Sekretariats genutzt, um seine Verbündeten Molotow, Woroschilow und Sergo in Stellung zu bringen, und bot außerdem eine ermutigende realistische Alternative zu Trotzkis Beharren auf der europaweiten Revolution: den »Sozialismus in einem Lande«. Die anderen Mitglieder des von Gregori Sinowjew und Kamenew, Lenins engsten Vertrauten, angeführten Politbüros, sahen Trotzki ebenfalls mit Grausen, sodass sie alle gegen ihn standen. Als Lenins Testament 1924 eröffnet wurde, schlug Kamenew deshalb vor, Stalin im Amt des Sekretärs zu belassen, ohne zu ahnen, dass sich damit für die nächsten dreißig Jahre keine echte Chance mehr bieten würde, sich seiner wieder zu entledigen. Damit war Trotzki, dieser »eitle Fatzke« der Revolution, überraschend mühelos und schnell aus dem Felde geschlagen, und nachdem sie ihn derart um seine Machtbasis als Kriegskommissar gebracht hatten, merkten Sinowjew und Kamenew zu spät, dass die eigentliche Gefahr vom dritten Mann ihres Triumvirats ausging.

Bis 1926 hatte Stalin auch sie abserviert, unterstützt von zwei rechtsorientierten Verbündeten, Nikolai Bucharin und Alexei Rykow, dem Nachfolger Lenins als Premier. Während Stalin und Bucharin für dessen NÖP eintraten, fürchteten viele der provinziellen Betonköpfe, dass dieser Kompromiss den Bolschewismus selbst untergraben und die Abrechnung mit der feindseligen Bauernschaft nur aufschieben würde. Die Getreidenot

---

Geringschätzung Krupskajas nährte sich wahrscheinlich auch daran, dass sie über Lenins Flirts mit seinen Sekretärinnen klagte, darunter jene Jelena Stasowa, die Stalin als »Ehefrau« von Amts wegen vorsah.

1927 brachte das Fass zum Überlaufen, weckte die Lust der Bolschewiken an extremen Problemlösungen und stürzte das Land in eine martialisch repressive Diktatur, die bis zu Stalins Tod andauern sollte.

Im Januar 1928 begab sich Stalin persönlich nach Sibirien, um den dramatischen Rückgang der Getreidelieferungen zu untersuchen. Er knüpfte an die Erfolge als Bürgerkriegskommissar an und befahl die Zwangseintreibung von Vorräten. Schuld an der Verknappung seien allein die so genannten »Kulaken«, die ihre Ernten in Erwartung höherer Preise horteten. Unter Kulaken verstand man gemeinhin Landwirte mit einigen Knechten oder gewissen Viehbeständen, also »Großbauern«. »Ich habe die Parteiorgane heftig aufgerüttelt«, sagte Stalin später, musste aber bald erkennen, dass »die Rechten einschneidende Maßnahmen nicht mochten ... weil sie darin den Anfang des Bürgerkriegs in den Dörfern sahen«. Nach der Rückkehr bekam Stalin es mit Premier Rykow zu tun:

»Man müsste Sie anzeigen!« Doch die groben jungen Kommissare, die »Ausschussmitglieder« als Seele der Partei, unterstützten Stalins gewaltsame Beschlagnahmepolitik und fuhren jeden Winter ins Hinterland, um den jetzt als die Hauptfeinde der Revolution geltenden Kulaken ihr Getreide abzunehmen. Allerdings erkannten sie auch, dass die NÖP gescheitert war, mussten also eine radikale – eine militärische – Lösung des Versorgungsproblems finden.

Stalin neigte von Natur aus zur Radikalität und plagiierte nun schamlos die zuvor entmachtete Linke. Er und seine Verbündeten sprachen schon von der neuen, endgültigen Revolution, der »Großen Linkswende«, um die Probleme der Landwirtschaft und der rückständigen Industrie zu lösen. Die alte Welt mit ihren verstockten Bauern war diesen Bolschewiken verhasst: Man musste sie zu Kolchosen zusammenfassen, das Getreide zwangseintreiben, um es ins Ausland zu verkaufen und mit den Erlösen die Industrialisierung voranzutreiben, um selbst Panzer und Flugzeuge produzieren zu können. Der private Nahrungshandel wurde verboten. Die Kulaken hatten ihr Getreide abzuliefern, auf Zuwiderhandlung standen Strafen wegen Unterschlagung. Nach und nach drängte man alle Bauern in Kolchosen. Wer sich dem widersetzte, galt als ein kulakischer Volksfeind.

Ein ähnlicher Hass der Bolschewiken traf die »bourgeoisen Experten« der Industrie, das heißt die gelernten Ingenieure und Techniker. Um dort eine neue Rote Elite zu bilden, schüchterten sie all jene, die Stalins Pläne für unrealistisch hielten, mit einer Serie von Schauprozessen ein, beginnend bei der Kohlenzeche von Schachti. Nichts war unmöglich. Der daraus resultierende Albtraum stürzte das ganze Land in einen Kleinkrieg, jedoch mit enormen Opferzahlen.[13] Die Kriegsfürsten, Stalins Magnaten, führten im Kreml weiter ihr trautes Familienleben.

2

DIE KREML-FAMILIE

»O, was für eine wunderbare Zeit das war«, schwärmte die Woroschilowa in ihrem Tagebuch. »Mit so einfachen, netten, freundlichen Beziehungen.«[1] Das enge, kollegiale Zusammenleben der Funktionäre bis Mitte der dreißiger Jahre hätte in keinem größeren Kontrast zum Klischee des tristen furchterregenden Stalinismus stehen können. Im Kreml herrschte ein reger Austausch zwischen den Familien, Eltern wie Kindern, fast an eine Dorfgemeinschaft erinnernd. Im Lauf der Jahrzehnte gewachsen (respektive ausgehöhlt), erstarkten oder zerbrachen Freundschaften, brodelten Ressentiments. Stalin kam gerne bei den benachbarten Kaganowitschs auf eine Partie Schach vorbei. Natascha Andrejewa erinnerte sich, dass er häufig nach ihren Eltern sah: »Ist Andrei da, oder Dora Moisewna?« Manchmal wollte er ins Kino gehen, aber ihre Eltern hatten Verspätung, sodass er sie stattdessen selbst mitnahm. Wenn Mikojan etwas brauchte, lief er einfach über den Hof und klopfte bei Stalins an, wo man ihn gewöhnlich zum Essen einlud. War niemand zu Hause, so schob man einen Zettel unter der Türe durch.[2]

Wenn Stalin in Urlaub war, fiel diese fröhliche Truppe ständig bei Nadja ein, um ihrem Mann etwas ausrichten zu lassen, zu plaudern und zu tratschen. »Gestern kam Mikojan kurz vorbei, um zu hören, wie es Dir geht; er will Dich in Sotschi besuchen«, schrieb Nadja im September 1929. »Heute ist Woroschilow aus Naltschik zurückgekommen und hat angerufen«, wobei er ihr das Neueste über Sergo erzählte. Einige Familien hielten engeren Kontakt als andere: Während die Mikojans sehr gesellig waren, zogen sich die am selben Flur wohnenden Molotows eher zurück und schlossen die Tür zwischen den Wohnungen ab.[3] Wenn Stalin der unangefochtene Direktor dieses »Internats« war, so Molotow sein altkluger Musterschüler.

Molotow, der als Einziger Lenin, Hitler, Himmler, Göring, Roosevelt und Churchill die Hand schüttelte, war Stalins engster Vertrauter. Wegen seines unermüdlichen Arbeitseifers mit dem Spitznamen »Steinarsch« bedacht, stellte er gerne gewissenhaft richtig, dass Lenin persönlich ihn als »Eisenarsch« tituliert habe. Stämmig, untersetzt, mit hoher Stirn, eisigen nussbraunen, hinter seiner runden Brille blinzelnden Augen und stotternd, wenn er in Rage geriet (oder mit Stalin sprach), wirkte Molotow noch mit fast vierzig wie der bourgeoise Student, der er in der Tat einmal war. Sogar in einem Politbüro der Hundertprozentigen verfocht er bis aufs Jota die reine bolschewistische Lehre. Er war der Robespierre an Stalins Hof, hatte jedoch auch einen Riecher für das politisch Machbare. »Ich bin ein Mann des 19. Jahrhunderts«, sagte Molotow einmal über sich.

Geboren in Kukarla, einem Provinznest bei Perm (das später in Molotow umbenannt wurde), war Wjatscheslaw Scriabin der Sohn eines trunksüchtigen verarmten Adligen, der sein Leben als Vertreter fristete, allerdings nicht mit dem Komponisten verwandt. In seiner Heimat hatte er Kaufleuten etwas vorgegeigt und, eine Ausnahme in Stalins Kreisen, trotz des Starts seiner revolutionären Laufbahn mit sechzehn, eine höhere Schule besucht. Molotow betrachtete sich im Grunde als einen Journalisten – Stalin hatte ihn ja in der *Prawda*-Redaktion kennen gelernt. Grausam und rachsüchtig, forderte er faktisch die Liquidierung aller, sogar der Frauen, die ihm in die Quere gerieten, ließ ständig seine Launen an Untergebenen aus und war derart pedantisch, dass er seinem Büro ankündigte, er lege sich jetzt »für dreizehn Minuten schlafen«, um dann exakt nach Plan aufzuwachen. Im Unterschied zu den oft schillernden Gestalten des Politbüros war Molotow ein wenig inspiriertes »Arbeitstier«.

Seit 1921 Politbüro-Kandidat, war »unser Wetscha« schon vor Stalin Parteisekretär gewesen, bis Lenin ihn des »schändlichsten und dümmsten Bürokratismus« bezichtigte. Nach Attacken Trotzkis ließ Molotow den gleichen intellektuellen Minderwertigkeitskomplex wie Stalin und Woroschilow erkennen: »Wir können nicht alle Genies sein, Genosse Trotzki«, gab er zurück. Diese selbst ernannten Bolschewiken konnten überaus empfindlich sein.

Inzwischen zweiter Sekretär nach Stalin, bewunderte Molotow seinen Koba, ohne ihn anzubeten. Er war oft anderer Ansicht als Stalin und kritisierte ihn bis zum Schluss freimütig. Außerdem konnte er jeden der Magnaten unter den Tisch trinken – keine geringe Leistung bei so vielen

Alkoholikern. Stalins Hänseleien schienen ihn zu amüsieren, auch wenn dieser sich über sein Judentum lustig machte und ihn »Molotstein« nannte.

Molotow war bis zur Selbstaufgabe vernarrt in seine Frau Polina Karpowskaja, deren *nom de guerre* Schemtschuschina »die Perle« bedeutet. Nicht unbedingt schön, aber kühn und intelligent, gab Polina zu Hause den Ton an, verehrte Stalin und machte selbst Karriere. Ihren Mann hatte die überzeugte Bolschewikin 1921 bei einer Frauentagung kennen gelernt und sich auf der Stelle in ihn verliebt. Molotow beschrieb sie als »klug, schön und vor allem eine große Bolschewikin«.

Sie bildete den Gegenpol zu seiner Disziplin, Strenge und Ernsthaftigkeit, doch Molotow war kein Roboter. Seine Briefe zeigen, dass er sie anhimmelte wie ein Jüngling. »Polinka, mein Schätzchen, mein Augenstern! Ich will nicht verheimlichen, wie ungeduldig ich mich oft nach Deiner Nähe und Zärtlichkeit sehne. Ich küsse Dich, Du heiß und innig Begehrte ... Dein Dich liebender Wetscha. Ich bin Dir mit Körper und Seele verhaftet ... mein Engel.« Manchmal ließ sich Molotow regelrecht hinreißen: »Ich warte ungeduldig darauf, Dich zu küssen und überall zu liebkosen, meine Angebetete, mein Ein und Alles.« Das war »meine strahlende Liebe, mein Herzblatt und mein Glück, meine ganze Wonne, Polinka«.[4]

Obwohl Molotows verwöhnte Tochter Swetlana und die übrigen Politbüro-Kinder draußen im Hof spielen konnten, »gefiel uns das Leben im Kreml nicht. Immerzu herrschten unsere Eltern uns an, nicht so zu lärmen. ›Ihr seid hier nicht auf dem Land‹, hieß es, ›sondern im Kreml.‹ Es war wie im Gefängnis. Wir selbst mussten Ausweise vorzeigen und auch welche für Freunde beantragen, die uns besuchen wollten«, berichtete Natascha, die Tochter von Andrejew und Dora Chasan. Die Kinder begegneten Stalin ständig. »Als Zehnjährige mit langen Zöpfen spielte ich einmal mit Rudolf Menschinski [dem Sohn des OGPU-Chefs] Dreispringen, als mich plötzlich starke Arme packten und hochhoben. Ich wirbelte herum und sah in Stalins Gesicht mit den braunen Augen und einer sehr angestrengten, finsteren Miene. ›Wer bist du denn?‹, fragte er. Ich sagte, ›Andrejewa.‹ ›Na, dann spring weiter!‹« Später habe er gern mit ihr geplaudert, besonders seit man das ursprüngliche Kreml-Kino über eine Treppe neben ihrer Wohnungstür erreichte.

Oft setzte Stalin auch beim Abendessen die Besprechungen mit führenden Genossen fort: Die Suppenterrine stand auf der Anrichte, wo sich jeder selbst bedienen konnte, und Adoptivsohn Artjom zufolge ging es meist bis drei Uhr nachts. »Molotow, Mikojan und Kaganowitsch sah ich fast täglich.« Stalin und Nadja luden häufig andere Kreml-Paare ein. »Die Gerichte waren einfach«, schreibt Mikojan in seinen Memoiren. »Zwei Gänge, kaum Vorspeisen, manchmal etwas Hering. ... Als ersten Gang Suppe, dann Fleisch oder Fisch und zum Nachtisch Obst – es war damals wie überall.« Man öffnete eine Flasche Weißwein und trank kaum Schnaps. Nach höchstens einer halben Stunde erhob man sich. Eines Abends imitierte Stalin den Feldzug Peters des Großen gegen Gesichtsbehaarung: »Nehmen Sie den Bart ab!«, befahl er Kaganowitsch und fragte Nadja: »Haben wir eine Schere da? Ich will das persönlich erledigen.«* Doch Kaganowitsch legte lieber selbst Hand an sich. Auf solche Weise konnten sich Stalin und Nadja beim Abendessen amüsieren.

Die Frauen sprachen ein Wörtchen mit. So hörte Stalin auf Nadja, die in der Akademie einen stämmigen jungen Mann mit abstehenden Ohren namens Chruschtschew kennen gelernt hatte, der dort energisch gegen die Opposition vorging: Auf ihre Empfehlung hin förderte Stalin den ehemaligen Maschinenschlosser aus dem Donezbecken und lud ihn regelmäßig zum Essen ein. Chruschtschew gefiel ihm, und das war, wie dieser es empfand, »mein Lotterielos. Als es sich so fügte ... zog ich das große Los«. Er konnte es gar nicht fassen, dass der große Stalin, den er als Halbgott verehrte, so leutselig mit ihm »lachte und scherzte«.

Nadja sprach Stalin auch furchtlos auf Ungerechtigkeiten an: Als ein Beamter, wahrscheinlich ein »Rechtsabweichler«, entlassen wurde, setzte sie sich für ihn ein und bedrängte Stalin, man dürfe »diese Methoden nicht bei solchen Arbeitern anwenden ... es ist so traurig. ... Er sah völlig am Boden zerstört aus. Ich weiß, dass Du es überhaupt nicht magst, wenn ich mich einmische, doch ich meine, bei dieser Entscheidung, die alle für ungerecht halten, solltest Du eingreifen.« Unerwarteterweise versprach Stalin wirklich Abhilfe, und sie war begeistert. »Ich bin so froh, dass Du mir vertraust ... es ist eine Schande, Fehler nicht zu

---

* Selbstverständlich behielt Kaganowitsch seinen Schnurrbart, der in Mode blieb. Selbst die Gesichtsbehaarung unterlag damals dem Personenkult: Wer einen Spitzbart wünschte, bestellte beim Friseur einen »Kalinin«, nach dem Staatsoberhaupt. Als Stalin seinen Genossen Bulganin anwies, sich den Bart abzunehmen, einigte der sich mit ihm auf den Kompromiss, einen »Kalinin« stehenzulassen.

korrigieren.« Niemand wies Stalin ungestraft zurecht, doch bei seiner jungen Frau schien er eine Ausnahme zu machen.

Die ehrgeizige Polina Molotowa bat Stalin bei einem Essen, eine sowjetische Parfümindustrie aufbauen zu dürfen, da sie dies ihrem Vorgesetzten, dem Kommissar für die Leichtindustrien, nicht zutraue. Stalin bezog Mikojan mit ein und unterstellte ihm das Parfümkombinat TeSche. Damit avancierte Polina zur Zarin der Düfte. Mikojan bewunderte sie als eine »fähige, kluge und tatkräftige«, aber »hochnäsige Frau«.[5]

Abgesehen von den snobistischen Molotows lebten die Potentaten nach wie vor sehr schlicht in den Kreml-Palästen, ganz beseelt von der Hingebung an ihre revolutionäre Mission und ihre obligatorische »bolschewistische Bescheidenheit«. Korruption und Ausschweifung gab es damals so gut wie nicht. Ja, die Politbüro-Frauen konnten kaum ihre Kinder anständig kleiden, und aus den jüngst geöffneten Archiven geht hervor, dass sogar Stalin manchmal in Geldnot geriet.

Nadja und Dora Chasan, die Frau des aufstrebenden Andrejew, fuhren mit der Straßenbahn in die Akademie. Erstere wird stets als ein Vorbild an Selbstlosigkeit hingestellt, da sie nicht den Namen ihres Mannes ausnutzte, aber das gilt auch für Dora: Es entsprach dem damaligen Stil. Sergo verbot seiner Tochter, sich mit der Dienstlimousine in die Schule fahren zu lassen: »zu bourgeois!« Die Molotows hingegen galten bereits als ausgesprochen unproletarisch: Natalja Rykowa hörte ihren Vater darüber lästern, dass sie ihre Leibwächter nicht mehr mit am Tisch essen ließen.

Bei den Stalins verwaltete Nadja die Kasse. Swetlana berichtet, dass ihre Mutter den Haushalt mit »geringen Mitteln« führte. Als Bolschewikin war sie stolz auf ihre Sparsamkeit, trotzdem regelmäßig nicht mehr liquide: »Bitte schick mir fünfzig Rubel, da ich erst am 15. Oktober neues Geld bekomme und nichts mehr habe.«

»Tatka, ich hatte vergessen, Dir das Geld zu schicken«, antwortete Stalin, »doch jetzt habe ich es Kollegen mitgegeben (120 Rubel), die heute abgereist sind. Sei geküsst, Josef.« Als er sich später erkundigte, ob es eingetroffen sei, antwortete sie:

»Ich habe Deinen Brief mit dem Geld erhalten. Danke! Ich freue mich auf Dich! Schreibe mir, wann Du ankommst, damit ich Dich abholen kann!«[6]

Am 3. Januar 1928 schrieb Stalin an Chalatow, den Chef des Staatsverlags GIS: »Ich brauche dringend Geld. Würden Sie mir bitte 200 Rubel schicken!« Stalin kultivierte die spartanische Lebensweise aus Prinzip und Eigenart.* Als er ein neues Möbelstück in der Wohnung vorfand, reagierte er erbost:

»Es scheint, als habe jemand von der Gebäudeverwaltung oder GPU neue Sachen angeschafft ... entgegen meiner Ansicht, dass die alten noch gut genug sind«, schrieb er. »Machen Sie den Schuldigen ausfindig und bestrafen Sie ihn! Ich bitte Sie, das Teil entfernen und einlagern zu lassen!«

Die Mikojans litten wegen ihrer vielen Kinder – fünf eigene und einige adoptierte, außerdem kamen jeden Sommer die armenischen Angehörigen für drei Monate zu ihnen – häufig unter Geldnot, obwohl der Vater zu der Hand voll Spitzenverdiener Russlands gehörte. Deshalb lieh sich Aschken heimlich Geld von anderen Politbüro-Frauen aus. Mikojan hätte seinen Söhnen zufolge einen Wutanfall bekommen, wenn er das gewusst hätte. Polina Molotowa rümpfte bei Aschken einmal die Nase über die schäbige Kleidung ihrer Kinder, doch die gab zurück:

»Ich habe fünf Jungen und bin knapp bei Kasse.«

»Aber«, keifte Polina, »du bist die Frau eines Politbüromitglieds.«[7]

---

* Nach dem gleichen Prinzip verfuhr Stalin bei seiner Kleidung und weigerte sich, seine magere Garderobe von zwei oder drei vielfach ausgebesserten Uniformjacken, alten Hosen und dem Lieblingsmantel mit der Mütze aus dem Bürgerkrieg abzulegen. Mit dieser Art Askese stand er nicht allein, war sich aber darüber bewusst, dass wie bei Friedrich dem Großen, den er eingehend studiert hatte, die einfache Kleidung nur seine natürliche Autorität steigerte.

3

DER CHARMEUR

Der kleine Kreis von skrupellosen, idealistischen Magnaten – überwiegend noch keine vierzig Jahre alt – bildete die Triebkraft einer gewaltigen, tiefgreifenden Revolution, mit der sie sofort den Sozialismus aufbauen und das Privateigentum abschaffen wollten. Ihr Wirtschaftsprogramm, der erste Fünfjahresplan, sollte Russland zu einer Großmacht entwickeln, die der Westen nie wieder würde demütigen können. Und ihr Krieg auf dem Lande sollte ein für alle Mal den inneren Feind, die Kulaken, vernichten und die Rückkehr zu den Grundwerten von 1917 ermöglichen. Lenin selbst hatte gefordert: »Erbarmungsloser Terror gegen die Kulaken. ... Massenhaft in den Tod mit ihnen!« Tausende junger Leute teilten den Idealismus. Der Plan verlangte eine Steigerung der Produktivität um hundertzehn Prozent, die Stalin, Kuibyschew und Sergo ausdrücklich für möglich hielten, weil schlechterdings alles möglich schien. »Das Tempo zu drosseln bedeutet hinterherzuhinken«, erklärte Stalin 1931. »Nachzügler sind Verlierer! Doch wir wollen nicht unterliegen. ... Die ganze Geschichte des alten Russland bestand nur aus Niederlagen ... infolge seiner Rückständigkeit.«

Die Bolschewiken konnten jede Festung einnehmen. Jeder Zweifel war Verrat, Blut der Preis des Fortschritts. Von Feinden umgeben wie im Bürgerkrieg, sahen sie ihre Kontrolle über das Land bedroht und pflegten deshalb die bolschewistische Tugend der *Twerdost*, Härte.* Dafür

---

* Doch neben ihrer selbstherrlichen Brutalität bestand ein strenger Kodex von Parteiregeln: Bolschewiken sollten miteinander umgehen wie bourgeoise Gentlemen. Scheidung war »noch strenger verpönt als in der katholischen Kirche«. Als Kaganowitsch auf das gegen einen unschuldigen General verhängte Todesurteil schrieb, er sei ein »Drecksack« gewesen, kürzte er den Kraftausdruck mit »D...« ab. Molotow ersetzte Lenins »beschissen« durch Punkte und ereiferte sich über »in Parteikreisen

erntete Stalin großes Lob. »Er kappt energisch alles Verfaulte. Zauderte er, so wäre er ... kein kommunistischer Kämpfer.« Stalin empfahl Molotow das Prinzip, »Leuten bei Prüfungen und Kontrollen ins Gesicht zu schlagen«, und drohte Beamten offen damit, ihnen »die Knochen zu brechen«.

Bucharin begehrte gegen »Stalins Revolution« auf, doch er und Rykow konnten gegen dessen Charisma ebenso wenig ausrichten wie gegen die Vorliebe der Bolschewiken für Gewalt und Brutalität. 1929 trat Trotzki mit pikierter Miene die Reise ins Exil an, um Stalin vom Ausland her gehässig zu verhöhnen – und ihm dort als Inbegriff der Untreue und Häresie zu dienen. Das Politbüro wählte Bucharin ab. Stalin dominierte zwar eine Oligarchie, jedoch bei weitem noch nicht als Diktator.

Im November 1929, als Nadja für ihre Prüfung an der Industrieakademie lernte, kehrte Stalin erholt aus den Ferien zurück und verschärfte sofort den Krieg gegen die Bauernschaft, forderte »eine Offensive gegen die Kulaken ... die Vorbereitung von Aktionen, um der Kulakenschaft einen solchen Schlag zu versetzen, dass sie so schnell nicht mehr auf die Füße kommt«. Doch nun stellten die Landwirte ihre Aussaat ein und erklärten dem Regime ihrerseits den Krieg.

Am 21. Dezember 1929, auf dem Zenit ihres gewaltigen Projekts, trafen die stolzen Magnaten und ihre Frauen erschöpft, aber fiebrig vor Erregung über den Bau neuer Städte und Fabriken, blutbefleckt von den brutalen Kampagnen gegen die aufmüpfigen Bauern, in Stalins Datscha Subalowo ein, um seinen fünfzigsten Geburtstag zu feiern. Eigentlich beginnt die Geschichte erst mit jenem Abend. Als besonderes Geschenk hatte jeder der Magnaten in der *Prawda* eine Lobeshymne auf Stalin als ihren *Woschd*, das heißt Anführer, und rechtmäßigen Erben Lenins veröffentlicht.

Wenige Tage später entschieden die Magnaten, dass sie auf dem Lande schärfer durchgreifen und buchstäblich »die ganze Kulakenschaft vernichten« mussten. Mit Hilfe der Geheimpolizei entfesselten sie einen Krieg, in dem der ideologische Fanatismus durch Mord, Plünderung und Raub das Leben von Millionen zerstörte. Auch Stalins Leute selbst stellte die Kollektivierung auf eine Zerreißprobe, da man sie in dieser

unübliche Wendungen«. Als Kaganowitsch die krude Dichtung Demian Bednis kritisierte, erklärte er Stalin: »Ein proletarischer Volksdichter zu sein bedeutet keineswegs, auf das unterste Niveau unserer Massen herabzusinken.«

schweren Krise am Erfolg messen würde. Das Gift jener Monate zog in Stalins Freundschaften, ja sogar in seine Ehe ein und löste die Entwicklung aus, die später in den Folterkammern von 1937 gipfeln sollte.

Stalin regte sich in den Briefen an seine Männer auf und beschimpfte sie, um anschließend sogleich wieder einzulenken. Alles ging ihm nahe. Nach Molotows Rückkehr von einem Getreidefeldzug in die Ukraine gratulierte er ihm: »Ich könnte Dich mit Küssen überhäufen aus Dankbarkeit für Deine Aktion da unten« – kaum der legendär strenge Stalin.

Im Januar 1930 plante Molotow die Zerschlagung der Kulaken, die er in drei Kategorien unterteilte: »Erste Kategorie: sofort zu vernichten«, die zweite wollte er internieren, die dritte, insgesamt etwa 150 000 Familien, deportieren. Wie ein Militärbefehlshaber beaufsichtigte Molotow die Todesschwadronen, die Güterzüge, die Sammellager. Am Ende machten die genannten drei Kategorien fünf bis sieben Millionen Menschen aus. Eine strenge Definition des Kulaken gab es nicht. Sogar Stalin quälte sich mit der Frage ab und kritzelte auf einen Zettel: »Was ist ein Kulake?«*

Allein 1930 und 1931 wurden etwa 1,68 Millionen Menschen ost- und nordwärts verschleppt. Binnen Monaten trieb Stalins und Molotows Plan rund achthunderttausend Menschen in mehr als zweitausend Aufstände. Kaganowitsch und Mikojan unternahmen mit Hilfe gepanzerter Züge und OGPU-Brigaden wie Warlords Vorstöße ins Hinterland. Ihre handschriftlichen Meldungen an Stalin verraten die brüderliche Begeisterung über den Kampf gegen wehrlose Bauern mit dem Ziel, die Menschheit zu verbessern. »Wir stellen alle verfügbaren Vorräte sicher«, verkündete Mikojan und wies auf die Notwendigkeit hin, gegen »Saboteure« vorzugehen: »Wir stoßen auf erheblichen Widerstand ... den wir brechen müssen.« Kaganowitschs Fotoalbum belegt, wie er in Sibirien mit bewaffneten Raufbolden in Lederjacken ausschwärmt, Bauern verhört, in ihren Heuschobern herumschnüffelt, Getreide beschlagnahmt, die Schuldigen deportiert und wieder weiterzieht, völlig erschöpft zwischen den Stationen einschlafend. »Molotow arbeitet wirklich hart und

---

* Stalin notierte vielsagende Assoziationen wie zum Beispiel: »Kulaken – Deserteure« oder, noch bezeichnender: »Dörfer und Sklaven«. Ein Bauer berichtete über die Ausgrenzung der Kulaken: »Wir, als die drei armen Bauern des Dorfes, legen unter uns fest: ›Soundso hatte sechs Pferde.‹ Wir benachrichtigen die GPU und fertig. Soundso bekommt fünf Jahre.« Nur Romanciers und Satiriker können die grotesken Vorgänge in den Dörfern angemessen einfangen. Andrei Platonows *Die Baugrube* gehört zu den besten Romanen seines Genres.

ist völlig übermüdet«, schrieb Mikojan an Stalin. »Bei der Masse von Arbeit brauchte man wahrhaft Bärenkräfte…«

Sergo und Kaganowitsch besaßen diese »Bärenkräfte«: Wenn die Führung etwas beschlossen hatte, führten sie es rigoros durch, und zwar ohne Rücksicht auf Verluste, was Menschenleben und Kosten anging. »Wenn wir Bolschewiken etwas wollen«, betonte der aufstrebende georgische Geheimpolizist Beria später, »haben wir nur noch unser Ziel im Auge.« Diese mitleidlose Verschwörergruppe lebte, getrieben vom Adrenalin der Überzeugung, in einer unermüdlichen Raserei. Sie alle sahen die Welt wie Gott am ersten Tag und wollten in ihrer wahnsinnigen Hybris alles neu schaffen: Die Funktionäre des Politbüros verkörperten genau die Eigenschaften, die ein stalinistischer Kommissar brauchte: »Parteigeist, Kampfmoral, Härte, Wachsamkeit, gute Gesundheit, hohe Kompetenz«, vor allem aber mussten sie, wie Stalin sagte, »eiserne Nerven« haben.

»Ich war selbst dabei«, schrieb Lew Kopelew im Rückblick auf seine Zeit als Jungaktivist, »suchte und grub nach verstecktem Getreide, mit der eisernen ›Sonde‹ stieß ich in die Erde – wo sie nachgab, einsackte, war die Grube mit dem Korn. Ich wühlte die Großvätertruhen um und um, hörte nicht auf das Heulen der Weiber, das Winseln der Kinder. Damals war ich überzeugt, dass wir alle die große sozialistische Umgestaltung des Dorfes vollbringen…«

Die Bauern glaubten, der Regierung Einhalt gebieten zu können, indem sie ihre Viehbestände vernichteten: Solche Verzweiflungstaten lassen das Ausmaß der Panik erahnen. Knapp vierzig Millionen Rinder, Schweine und Pferde wurden geschlachtet. Am 16. Januar 1930 ordnete die Regierung an, dass Güter von Kulaken, die Viehbestände vernichteten, konfisziert werden konnten. Wenn die Bauern aber meinten, dass die Bolschewiken jetzt für sie sorgen mussten, waren sie schief gewickelt.[1] Als sich die Krise verschärfte, gelang es selbst Stalins standhaftesten Vollstreckern kaum, noch Getreide aus der Bauernschaft herauszupressen, besonders in der Ukraine und im nördlichen Kaukasus. Stalin scholt sie heftig, doch sogar die Jüngsten reagierten darauf mit Wutausbrüchen und Anzeichen von Resignation. Stalin musste ständig beschwichtigen. Der erst fünfunddreißigjährige Andrei Andrejew, zuständig für den Nordkaukasus, stand Stalin zwar sehr nahe (seine Frau Dora war eng mit Nadja befreundet), erklärte seine Forderungen aber gleichwohl für unerfüllbar: Um diesen nachkommen zu können, brauche er mindestens fünf Jahre. Anfangs versuchte Molotow, ihn zu ermutigen:

»Lieber Andrejewitsch, ich habe Ihren Brief über die Getreidelager gelesen und sehe ein, dass Sie einen schweren Stand haben. Mir ist auch bewusst, dass die Kulaken im Kampf gegen uns neue Methoden anwenden. Aber ich hoffe, wir können ihnen das Genick brechen. … Ich grüße Sie und wünsche Ihnen alles Gute. … PS: Auf dem Sprung in die Ferien auf der Krim.«[2] Später verlor der überreizte Stalin die Geduld mit Andrejew, der daraufhin so lange schmollte, bis er sich bei ihm entschuldigte:

»Genosse Andrejew, ich meine nicht, dass Sie bei der Getreidebeschaffung untätig sind, aber wir wären dringend auf größere Lieferungen aus dem Nordkaukasus angewiesen und müssen daher Maßnahmen ergreifen, um die Entwicklung voranzutreiben. Es kommt auf jede Million Pud an! Bitte bedenken Sie, dass die Zeit drängt. Nun, an die Arbeit! Mit kommunistischem Gruß, Stalin.« Doch Andrejew grollte nach wie vor, worauf Stalin einen neuen Versuch machte, ihn mit dem Kosenamen anredend und an seine Bolschewikenehre appellierend:

»Hallo Andrjuschka, sei nicht böse, dass ich jetzt erst schreibe. Was die Strategie angeht … so nehme ich alle Vorwürfe zurück. Ich möchte nochmals betonen, dass man dem engsten Kreis bis zum Letzten vertrauen und die Stange halten muss. Damit meine ich unsere Führungsriege. Ohne das wird unsere Partei komplett scheitern. Ich reiche Dir die Hand, J. Stalin.« Er musste oft Dinge zurücknehmen.[3]

Stalins parteiinterne Macht gründete nicht auf Furcht, sondern auf Charme. Zwar besaß er von allen Magnaten den stärksten Willen, aber im Allgemeinen stimmten sie auch seiner Politik zu. Die Magnaten duzten Stalin, obwohl er nach Präsident Kalinin (und Jenukidse) der Älteste war. Woroschilow, Molotow und Sergo redeten ihn mit »Koba« an, waren manchmal sogar etwas frech: Mikojan, der ihn Soso nannte, schloss einen Brief wie folgt: »Schreibe mir bitte, wenn Du nicht zu faul bist.« Bis 1930 konnten sich alle diese Magnaten, besonders der charismatische, feurige Sergo Ordschonikidse, als Stalins Verbündete und nicht nur als Günstlinge fühlen und auf eigene Faust handeln. Zwischen ihnen bestanden enge Freundschaften, die potenzielle Bündnisse gegen Stalin darstellten, am stärksten zwischen Sergo und Kaganowitsch, den beiden härtesten Brocken. Woroschilow, Mikojan und Molotow widersprachen Stalin oft.[4] Dessen Dilemma lag darin, dass er als Chef einer Partei ohne »Führerprinzip« ein an die zaristische Autokratie gewöhntes Land regierte.

Stalin war nicht der dröge Bürokrat, für den Trotzki ihn hielt, und ohne Zweifel ein Mann von großem Organisationstalent. Er »improvisierte nie«, sondern »traf seine Entscheidungen nach reiflicher Abwägung«. Er konnte außergewöhnlich hart arbeiten, oft bis zu sechzehn Stunden täglich, aber die jüngst geöffneten Archive zeigen, dass sein wahres Genie verblüffenderweise darin bestand, »Menschen zu betören«. Er war, was man als »umgänglich« bezeichnet. Während ihm einerseits echte Empathie fehlte, beherrschte er meisterhaft die Kunst, Menschen für sich einzunehmen. Stalin geriet ständig in Rage, wenn er sich aber entschlossen hatte, jemanden zu umgarnen, konnte er regelrecht unwiderstehlich sein.

Stalin hatte »ausdrucksvolle, lebhafte« Gesichtszüge, »geschmeidige und elegante« Bewegungen, und er vibrierte vor Lebensenergie. Wer ihn kennen lernte, »wollte ihn unbedingt wiedersehen«, weil er »in einem das Gefühl weckte, fortan unzertrennlich mit ihm verbunden zu sein«. Artjom zufolge »gab er uns Kindern das Gefühl, genauso ernst genommen zu werden wie Erwachsene«. Fremde beeindruckte seine stille bescheidene Art, das Paffen der Pfeife, die Bedächtigkeit. Dem späteren Marschall Schukow raubte er fast den Schlaf, denn »er hinterließ einen starken Eindruck. Frei von jeder Pose bestach Stalin durch seine Einfachheit. Er sprach ungezwungen, verstand es, einen Gedanken exakt zu formulieren, besaß einen angeborenen analytischen Geist und ein scharfes Gedächtnis. … Im Gespräch mit ihm musste man sich innerlich sammeln und ›auf der Hut‹ sein.« Dem Tschekisten Sudoplatow zufolge »konnte man sich kaum vorstellen, dass dieser Mann andere hinters Licht führte, so natürlich und ohne den geringsten Anflug von Geziertheit erschien sein Verhalten«, allerdings bemerkte er auch »eine gewisse Härte, die er gar nicht zu kaschieren versuchte«.

In den Augen der groben Bolschewiken aus der Provinz stellte Stalins ruhige schlichte Art zu reden ein Plus, eine große Verbesserung gegenüber den rhetorischen Veitstänzen Trotzkis dar. Stalins fehlende gesellschaftliche Gewandtheit, das Ungekonnte, flößte Vertrauen ein. Doch seine Kardinalfehler, die Reizbarkeit, Brutalität und Rachsucht, prägten auch die Partei. »Die Partei vertraute ihm trotz seiner Unzuverlässigkeit«, erklärte Bucharin, »und er symbolisiert die Seele der Partei, da die unteren Schichten zu ihm aufblicken.« Doch vor allen Dingen, sinnierte der spätere Leiter der Sicherheitspolizei, Beria, war er »hochintelligent«, ein politisches »Genie«. Wie schroff oder charmant er auch sein mochte, »er dominierte das Gefolge mittels seiner Intelligenz«.[5]

Nicht nur verkehrte er gesellig mit den Magnaten, sondern förderte auch den Nachwuchs, war stets auf der Suche nach fähigen, loyalen, unermüdlichen jungen Beamten, blieb für sie immer offen: »Ich bin bereit, Sie zu empfangen und Ihnen zu helfen«, erwiderte er oft auf Anfragen.[6] Funktionäre kamen direkt zu Stalin durch. Die unteren nannten ihn hinter seinem Rücken den *Chosjain*, »den Herrn Meister«. Nikolaus II. hatte sich als der »*Chosjain* Russlands« ausgegeben. Wenn Stalin sich so tituliert sah, war er durch den feudalen Beigeschmack »merklich irritiert«. »Das klingt nach einem reichen Gutsherrn in Zentralasien. Narr!«[7]

Die Magnaten betrachteten ihn als ihren Gönner, aber er wollte viel mehr. »Ich weiß, dass Du teuflisch beschäftigt bist«, schrieb ihm Molotow zum Geburtstag, »schüttele Dir aber trotzdem die fünfzigjährige Hand. ... Ich muss sagen, dass ich Dir zutiefst verpflichtet bin...«[8] Das waren sie alle. Stalin selbst verstand sich als eine Mischung aus Ritter und Heiligem: »Ihr dürft versichert sein, Genossen, dass ich bereit bin, mit aller Kraft, Entschlossenheit und notfalls bis zum letzten Blutstropfen für die Belange der Arbeiterklasse zu kämpfen«, schrieb er, um der Partei für die Bestätigung als Vorsitzender zu danken. »Eure Glückwünsche schreibe ich der großen Partei gut ... die mich nach ihrem Bilde schuf und prägte.« Genau so sah er sich.[9]

Nichtsdestoweniger tat der selbst gesalbte Messias alles, um seinen Jüngern das Gefühl großer Nähe zu geben und zu beweisen, dass er niemandem mehr vertraute als ihnen. Stalin war zwar launisch, aber kein humorloser Griesgram, sondern gesellig und unterhaltsam, wenn auch ungeheuer anstrengend. »Er war so witzig«, schwärmte Artjom, und der jugoslawische Kommunist Milovan Djilas betonte Stalins »rauen, selbstsicheren, aber doch nicht jeder Finesse und Tiefe entbehrenden Sinn für Humor« – der sich indes nie sehr weit vom Galgenhumor entfernte. Sein scharfer, trockener Witz konnte allerdings auch verletzend wirken. Bei einem Auftritt des Hoftenors Koslowski im Kreml verlangte das Politbüro ein bestimmtes Lied.

»Warum den Genossen Koslowski unter Druck setzen?«, griff Stalin bedächtig ein. »Lasst ihn doch singen, was er will.« Es folgte eine Pause: »Und vermutlich will er Lenskis Arie aus *Eugen Onegin* singen.« Alle lachten, auch Koslowski, der gehorsam sofort das Gewünschte vortrug.*

Als Stalin Isakow zum Marinekommissar ernannte, erwiderte der Ad-

---

* Im Bolschoi-Theater versagte Koslowski in *Rigoletto* plötzlich die Stimme, und der Sänger blickte verzweifelt zu Stalins Loge auf und deutete auf seinen Kehlkopf. Stalin reagierte blitzschnell und tippte sich mit dem Finger auf die linke Brustseite, wo bei Militärs die Orden hängen, und zeichnete mit dem Finger einen Kreis in die Luft. Koslowskis Stimme kehrte zurück, und er erhielt anschließend die Dekoration.

miral, der Posten sei ihm als Beinamputiertem zu anstrengend. Da er »bisher immer von Hirnlosen bekleidet wurde, ist ein fehlendes Bein ja kein Hinderungsgrund«, spottete Stalin. Besonders gerne machte er sich über den Dünkel der herrschenden Kaste lustig. Als eine Liste mit den üblichen Honoratioren, denen er Orden verleihen sollte, auf seinem Schreibtisch landete, schrieb er quer darüber:

»Der Leninorden für Hosenscheißer!« Er mochte grobe Scherze. Während des italienischen Einmarschs in Äthiopien befahl er seiner Leibwache: »Hol mir sofort Ras Kasa ans Telefon.« Als einer der jungen Beamten »halb tot vor Sorge« zurückkehrte, um ihm mitzuteilen, dass er den abessinischen Fürsten, der sich in seiner abgelegenen Bergfestung verschanzt hatte, nicht erreichen konnte, »schüttelte sich Stalin vor Lachen: ›Wie? Und du bist immer noch bei der Sicherheit?‹ Er konnte auch gnadenlos austeilen. Als Sinowjew ihm Undankbarkeit vorwarf, bellte er zurück: ›Treue ist eine Hundekrankheit.‹«[10]

Stalin »wusste alles über seine engsten Genossen, *alles*!«, betonte die Tochter eines Bolschewiken, Natascha Andrejewa. Er beobachtete seine Schützlinge, erzog sie, holte sie nach Moskau und gab sich enorm viel Mühe mit ihnen: Er förderte Mikojan, erklärte aber gleichzeitig Bucharin und Molotow, dass er den Armenier »noch für ein politisches Küken hielt. ... Im Lauf der Jahre dürfte er alle Kniffe lernen.«[11] Im Politbüro saßen überwiegend hitzige Egomanen wie Sergo Ordschonikidse, und Stalin verstand es meisterhaft, sie sich durch Schmeichelei, Belobigung, Manipulation und Einschüchterung gefügig zu machen. Als er zwei seiner fähigsten Männer, Sergo und Mikojan, aus dem Kaukasus zurückrief, stritten sie mit ihm und miteinander, aber seine Geduld, sie zu besänftigen (und zu ködern), kannte keine Grenzen.[12]

Stalin mischte sich auch in ihr Privatleben ein. Als er 1913 in Wien bei den Trojanowskis wohnte, brachte er deren Tochter jeden Tag Süßigkeiten mit. Irgendwann fragte er die Mutter: Zu wem würde das Kind gehen, wenn sie beide riefen? Bei der Probe aufs Exempel lief die Tochter zu Stalin in der Hoffnung auf weiteres Naschwerk. Beim Politbüro benutzte der zynische Idealist ähnliche Anreize. Als Mikojan nach Moskau umsiedelte, überließ Stalin ihm seine Wohnung, da sie diesem sehr gut gefiel. Beim Moskau-Aufenthalt des jungen Provinzlers Beria zum XVII. Parteitag brachte Stalin in Subalowo dessen zehnjährigen Sohn ins Bett.[13] Laut Maja Kaganowitsch »achtete er auf jedes Detail«.[14] Stalins Geschenke waren immer genau auf den Empfänger zugeschnitten, wenn er die Politbüromitglieder besuchte. Er selbst verwaltete Autos und andere Luxusartikel.* In den Archiven liegt eine von Stalin eigenhändig gefertigte Liste, auf der er jedem seiner Höflinge ein Auto zuteilte. Deren Frauen und Töchter schrieben die Dankesbriefe.

Dann das leidige Geld: Die Magnaten waren oft knapp bei Kasse, weil sich ihre Bezüge nach dem so genannten »Parteimaximum« richteten, das heißt ein »verantwortlicher Arbeiter« nicht mehr verdienen durfte als eine hochdotierte Fachkraft. Noch bevor Stalin das 1934 abschaffte, gab es gewisse Schlupflöcher. So erhielt die Führungsriege Fresskörbe von der Kremlkantine und Sonderrationen aus (staatlichen) GORT-Beständen, daneben aber auch *Pakets*, heimliche Geldzuwendungen, wie heutige Barzulagen in Briefkuverts überreicht, und Gutscheine. Über die Summen entschieden nominell Präsident Kalinin und Jenukidse als Sekretär des Zentralen Vollzugsrates, doch Stalin selbst nahm großes Interesse an den *Pakets*. Bei den Aufstellungen unterstrich er die Beträge der »Geldgeschenke für verantwortliche Arbeiter und ihre Angehörigen aus Präsidiumsmitteln«. »Interessante Zahlen!«, schrieb er daneben.[15] Wenn Stalin merkte, dass seine Leute in Geldnot gerieten, griff er heimlich ein, um ihnen zu helfen, besorgte zum Beispiel seinem Chefsekretär Towstucha Autorentantiemen. Dem Verlagsleiter schrieb er, wenn dieser seine Nöte bestreite, »so lügt er. Er braucht dringend Geld.« Wenn es einst als Ironie galt, die Sowjetelite als eine »Aristokratie« zu betrachten, so erinnert sie doch sehr an den feudalen Dienstadel, der sich seine Privilegien durch Loyalität erkaufte.

Gerade als es auf Härte ankam, gaben sich einige der Potentaten dekadent, besonders jene mit Zugang zu Genussmitteln wie Jenukidse und der Geheimpolizist Jagoda, und frönten dem Wohlleben. Außerdem bauten die regionalen »Parteifürsten« eigene Höfe auf und erlangten so viel Macht, dass Stalin sie als »Großherzöge« bezeichnete. Allerdings konnte keiner von ihnen dem Patron aller Patrone das Wasser reichen.

Die Partei glich fast einem Familienbetrieb: In der Führung tummel-

---

* Der Leningrader Parteichef Kirow hatte in seiner Prachtwohnung eine Reihe moderner Elektrogeräte, darunter ein großer amerikanischer Kühlschrank der Marke General Electric, von denen es in der UdSSR insgesamt nur zehn gab. Besonders begehrt waren aus den USA importierte Grammophone: Kirow konnte auf seinem »Radiola« zu Hause Ballettmusik hören und besaß außerdem zwei »Petiphone«, aufziehbare Grammophone, das eine mit, das andere ohne Trichter, sowie ein Radio. Als kurz vor dem Krieg der erste Fernseher in Moskau eintraf, erhielten die Mikojans das Ungetüm mit der um 45 Grad abstehenden Mattscheibe. An den Kosaken Budjonni schrieb Stalin: »Das letzte Schwert war nicht besonders schön, also habe ich Dir jetzt ein besser graviertes geschickt – es ist an Dich unterwegs!«

ten sich ganze Clans: Kaganowitsch war der jüngste von fünf Brüdern, von denen drei Spitzenämter einnahmen. Ebenso bekleideten alle angeheirateten Verwandten Stalins wichtige Posten. Sergos beide Brüder gehörten zu den Parteibonzen des Kaukasus, wo Nepotismus als die Regel galt. Ein Geflecht ehelicher Bande* durchsetzte den Machtapparat, mit fatalen Konsequenzen: Wenn einer der Funktionäre stürzte, riss er alle, die an ihm hingen, mit sich in den Abgrund.[16]

Den Bauern brach man, wie Stalin und Molotow es eiskalt gefordert hatten, in der Tat das Genick – doch das Ausmaß der Gewalt erschütterte sogar die unbarmherzigsten Verfechter der Kampagne. Mitte Februar 1930 reisten Sergo und Kalinin zu Inspektionen aufs Land und kehrten eilends zurück, um die Notbremse zu ziehen. Sergo, der als Chef des Sicherheitsausschusses den Feldzug gegen die Rechte organisiert hatte, wies die Ukraine nun an, die »Sozialisierung« der Viehbestände zu beenden: Die Sache war Stalin aus der Hand geglitten. Der schlaue Taktiker beugte sich den Magnaten und stimmte dem Rückzug zu, allerdings mit grollenden Vorbehalten. Am 2. März publizierte Stalin in der *Prawda* den hinterlistigen Artikel *Schwindlig vor Erfolg*, worin er seine guten Absichten beteuerte und die eigenen Fehler örtlichen Beamten anlastete, was die Lage in den Dörfern immerhin ein wenig entspannte.**[17]

Stalin hatte seine Mitstreiter als den »engsten Freundeskreis« betrachtet, eine im »historischen Kampf gegen den Opportunismus Trotzkis und Bucharins« gebildete Bruderschaft, spürte nun jedoch, wie sich im Politbüro Zweifel und Kritik regten, da die »stalinistische Revolution« das Land in einen schrecklichen Albtraum stürzte.[18]

Doch auch in so stürmischen Zeiten konnten Politbürositzungen, die donnerstags nachmittags (an zwei aneinander gerückten Tischen) in dem mit Landkarten behängten Sownarkom-Raum des Gelben Palasts stattfanden, erstaunlich zwanglos ablaufen.[19] Stalin führte nie den Vorsitz, sondern überließ ihn Premier Rykow. Außerdem war er Mikojan zufolge stets darauf bedacht, nie als Erster das Wort zu ergreifen, um

---

* Kamenews Frau zum Beispiel war Trotzkis Schwester, Jagoda ein Schwager der Swerdlows, Stalins Sekretär Poskrebyschew mit der Schwester von Trotzkis Schwiegertochter verheiratet. Auch die beiden Top-Stalinisten Schtscherbakow und Schdanow waren miteinander verschwägert, und im Laufe der Zeit setzte sich durch, dass die Kinder der Politbüromitglieder untereinander heirateten.
** In Scholochows Roman *Ein Menschenschicksal* brechen die Kosaken zwar nach der Lektüre des Artikels den Aufstand ab, ziehen sich dann aber aus der Kolchose zurück.

zunächst die Meinungen der anderen zu hören, bevor er seine Ansichten kundtat.[20]

Bei den Sitzungen lenkten sich alle mit Kritzeleien ab. Bucharin zeichnete meist Karikaturen der Anwesenden, oft in lächerlichen Posen mit wilden Erektionen oder in zaristischen Uniformen.[21] Ein bevorzugtes Thema war die Blasiertheit Woroschilows, obwohl der Held des Bürgerkriegs zu den engsten Vertrauten Stalins gehörte. »Hallo Freund!«, schrieb Stalin ihm jovial, »schade, dass Du nicht in Moskau bist. Wann kommst Du zurück?«

»Eitel wie ein Pfau«, liebte Woroschilow Uniformen über alles. Dieser proletarische Flaneur, der in seiner üppigen Datscha weiße Flanellhosen trug und ganz in Weiß Tennis spielte, war ein echter Epikuräer, »liebenswürdig und genusssüchtig, mit einer Vorliebe für Musik, Feiern und Literatur«, der sich gerne mit Schauspielern und Schriftstellern umgab. Als Stalin erfuhr, dass er mitten im Sommer ein Halstuch seiner Frau trug, um sich nicht zu erkälten, lästerte er: »Natürlich ist er so selbstverliebt, dass er sehr auf sich achtet. Ha! Er treibt sogar Gymnastik!« Stalin belustigte das. In seiner »außergewöhnlichen Beschränktheit« ließ Woroschilow kaum ein Fettnäpfchen aus.

Der im (später nach ihm umbenannten) Lugansk gebürtige ehemalige Metallarbeiter hatte wie viele von Stalins Funktionären kaum zwei Jahre die Schulbank gedrückt. Er war bereits 1903 in die Partei eingetreten und hatte sich 1906 in Stockholm mit Stalin ein Zimmer geteilt, doch ihre enge Freundschaft ging auf Zarizyn zurück. Seit jener Zeit unterstützte Stalin den »an der Drehbank gereiften Oberbefehlshaber« immer und machte ihn 1925 zum Volkskommissar für Verteidigung. Woroschilow verachtete ausgeklügelte militärische Denker aus tiefstem Herzen mit dem Minderwertigkeitskomplex, der an Stalins Hof eine der Haupttriebkräfte bildete. Seit Woroschilow den Bergleuten von Lugansk als reitender Postbote gedient hatte, fühlte er sich auf dem Pferderücken wohler als im Walzwerk.

Oft als ein elender Katzbuckler beschrieben, hatte er mit der Opposition geliebäugelt und war durchaus imstande, vor Stalin, den er immer behandelte wie einen alten Kumpel, aus der Haut zu fahren. Nur wenig jünger als Koba, nannte er auch unter dem Terror weiter das Kind beim Namen. Blond, mit rötlichem Teint und warmen, unablässig zwinkernden Augen, war er eher sanftmütig, doch in puncto Courage machte dem *beau sabreur* keiner etwas vor. Hinter seiner Engelsgüte verbarg sich indes ein reizbares Gemüt, und ein böser Zug um den Mund verriet

Rachsucht, Grausamkeit und einen Hang zu brutalen Maßnahmen.*
Einmal bekehrt, neigte er zur »politischen Borniertheit« und befolgte
streng gehorsam alle Befehle.

Beim Personenkult rangierte Woroschilow direkt hinter Stalin.[22]
Wenn Stalin dessen Reden oder denen eines anderen seiner Funktionäre
zustimmte, ließ er sie das mit vor Begeisterung oft obszönen Ausbrüchen wissen: »Ein Weltreich? Leck mich am Arsch! Ich habe Deinen Bericht gelesen. Denen hast Du es gegeben! Die sollen sich doch ins Knie
ficken!«, schrieb er jubelnd an Woroschilow[23], dem das Lob jedoch nicht
weit genug ging: »Sag mir unmissverständlich: Liege ich ganz oder nur
dreiviertels daneben?« Stalin bestärkte ihn in seinem unnachahmlichen
Stil: »Es war ein guter Vortrag. Du hast Hoover, Chamberlain und Bucharin voll in den Arsch getreten. Stalin.«[24]

Nebenbei ging es auch um ernsthaftere Probleme. Im Rahmen einer
Haushaltsdebatte forderte Stalin Woroschilow ausdrücklich auf, seine
Leute zurechtzuweisen: »Die saugen Dich aus, und Du schweigst dazu.«
Wenn seine Kollegen auf ein Thema zurückkamen, das Stalin für erledigt hielt, ließ er einen Rüffel wie diesen vernehmen: »Was soll das heißen? Gestern waren wir uns noch einig, und heute fangen wir wieder
von vorne an. Chaos! Stalin.« Ähnlich lief es bei den Aufgabenverteilun-
gen, oft in flapsigem Ton. Woroschilow wollte die Truppen in Zentralasien inspizieren:

»Koba, kann ich hinfahren…? Die sagen, man hätte sie vergessen.«

»England wird aufheulen, dass Woroschilow jetzt Indien angreifen
will«, erwiderte Stalin, der während der Industrialisierung Russlands
keine außenpolitischen Verwicklungen aufkommen lassen wollte.

»Ich werde mit Samtpfötchen auftreten«, insistierte Woroschilow.

»Das wäre ja noch schöner. Die kriegen das heraus und verkünden,
Woroschilow ist heimlich und in feindlicher Absicht gekommen«, kritzelte Stalin. Als es um Mikojans Ernennung zum Handelskommissar
ging, fragte Woroschilow:

»Koba, wollen wir ihm auch die Fischerei geben? Würde er das schaffen?«[25] Oft schacherten die Anwesenden um Posten. Woroschilow

---

* »Du kennst doch Marapulza«, schrieb Woroschilow im Oktober 1930 an Stalin.
»Er hat fünf Jahre bekommen … und Du wirst mir wohl zustimmen, dass dieses Urteil richtig ist.« Ein andermal verwendete sich Woroschilow bei Stalin für einen inhaftierten »Halbirren«, den er seit 1911 kannte. »Was erwarte ich von Dir? Fast gar
nichts, außer dass Du mal kurz über das Schicksal Minins nachdenkst und entschei-
dest, was aus ihm werden soll…«

schrieb an Kuibyschew, »Ich hatte die Kandidatur Pjatakows im Gespräch mit Molotow und Kaganowitsch als erster vorgeschlagen und werde Dich bei Deiner zweiten unterstützen…«[26]

Das Politbüro konnte stundenlang tagen, was sogar Stalin ermüdete: »Bitte!«, schrieb er während einer Sitzung an Woroschilow. »Lass uns das auf Mittwochabend vertagen. Heute passt nicht. Es ist schon spät, und wir haben noch drei große Fragen vor uns. … Stalin.« Manchmal schrieb er erschöpft: »Militärische Probleme sind so wichtig, dass man sie ernsthaft diskutieren muss, aber ich kann heute nicht mehr klar denken.«[27]

Stalin wusste genau, dass sich die Politbüromitglieder jederzeit gegen ihn verbünden konnten. Rykow, der rechtsorientierte Premier, glaubte nicht an seine Politik, und auch Kalinin kamen zunehmend Zweifel. Stalin musste gewärtigen, überstimmt oder abgesetzt zu werden.*[28] Die jüngst freigegebenen Dokumente enthüllen, wie offen Kalinin sich gegen ihn wandte.

»Trittst Du etwa für die Kulaken ein?«, kritzelte Stalin auf einen Zettel und schob ihn auf dem Tisch zu Papa Kalinin hinüber, diesen sanftmütigen ehemaligen Bauern mit der runden Brille und der charakteristischen Kombination aus Spitz- und hängendem Schnurrbart.

»Nicht für die Kulaken«, korrigierte der, »sondern für die Markthändler.«

»Und was ist mit den ärmsten der Armen?«, hakte Stalin nach. »Haben Sie kein Mitleid mit dem russischen Volk?«

»Die Russen stehen in der Mitte, am ärmsten sind die Nichtrussen dran«, meinte Kalinin.

»Sind Sie der russische oder der baschkirische Präsident?«, wies Stalin ihn zurecht.

»Das ist ein Totschlagargument!«[29] In der Tat drosch Stalin rabiat auf alle ein, die sich ihm in seiner größten Krise widersetzten. Er vergaß Kalinin seinen Ungehorsam nie. Bei jeder Kritik ging es in den Augen dieses dünnhäutigen neurotischen Egoisten in seinem Messianismus um

---

* Die Genossen widersprachen ihm oft, jedenfalls in kleineren Dingen wie Maßnahmen gegen die Militärschule des Kreml: »Ich meine, wir können nach den Bedenken des Genossen Kalinin und anderer (wie ich weiß, stehen einige Politbüromitglieder hinter ihm) durchaus ein Auge zudrücken, da die Sache nicht so wichtig ist«, schrieb Stalin an Woroschilow. Nach der Entmachtung Bucharins 1929 wollte Stalin ihn nun zum Erziehungskommissar ernennen, aber wie Woroschilow an Sergo schrieb: »Als eine geschlossene Mehrheit haben wir das (gegen Koba) verhindert.«

Leben und Tod, Gut und Böse, Heil und Verdammnis. In jener Phase spürte er überall Verrat und Untreue, witterte ein Komplott von politischen Feinden, zu denen er auch enge Vertraute und Angehörige zählte. Stalin selbst sah darin nichts Krankhaftes: Bei den Bolschewiken galt die Paranoia, als »Wachsamkeit« bemäntelt, fast als eine religiöse Pflicht. Später sprach Stalin im privaten Kreis von »heiliger Furcht«, die auch ihn hellhörig gemacht habe.

Die (als solche nachvollziehbare) Paranoia schloss einen persönlichen Teufelskreis, dem viele seiner Bekannten zum Opfer fallen sollten. Stalins radikale Maßnahmen bedeuteten grausame Unterdrückung, und diese wiederum kam der verhassten Opposition entgegen. Damit förderte seine Überreaktion genau das, was er am meisten fürchtete. In der Öffentlichkeit stellte Stalin trockenen Humor und kühle Besonnenheit zur Schau, doch hinter verschlossener Türe ließ er sich zu hysterischen Ausbrüchen hinreißen. »Du kannst mich nicht mundtot machen«, schrieb Stalin mitten im Kampf gegen die Rechten an Woroschilow, »auch wenn Du behauptest, dass *ich* ›alle bevormunden will‹. Wann werden die Angriffe gegen mich aufhören? Stalin.«[30] Das Ganze griff auf die Familie über. Als Nadja einen seiner Briefe nicht erhielt, beschuldigte der wie besessen um Geheimhaltung bemühte Stalin instinktiv seine Schwiegermutter, aber Nadja verteidigte sie: »Du hast Mama zu Unrecht verdächtigt; wie sich herausstellte, hätte sie den Brief gar nicht annehmen können, da sie in Tiflis ist.«[31]

Nadja lachte darüber, dass man sogar die Studenten der Akademie in »Kulaken, mittlere und Kleinbauern« unterteilte, aber das war bitterer Ernst, denn dabei ging es um die Liquidierung von mehr als einer Million Menschen. Ehemals hatte sie ihrem Mann ohne zu zögern Volksfeinde verraten, doch das änderte sich nun. Der Terror auf dem Lande trieb einen Keil zwischen ihre Freunde: Jenukidse und der bewunderte Bucharin vertrauten ihr an, welche Zweifel sie plagten. Ihre Kommilitonen hätten sie »als eine Rechte abgeschrieben«, teilte sie Stalin scherzend mit, der Anlass zur Sorge hatte, dass die Zweifel auch seine Frau befallen könnten. Und das in einer Phase, als wahrhaft schwere Turbulenzen auf ihn zukamen.[32]

Während seiner Ferien im Süden hörte Stalin, dass der einst für das Kinowesen zuständige Altbolschewik Riutin einen Putsch gegen ihn vorbereitete. Er wandte sich sofort an Molotow und schrieb am 13. September: »Was Riutin betrifft, so werden wir uns nicht darauf beschränken können, ihn aus der Partei auszuschließen, sondern müssen ihn möglichst weit von Moskau entfernen. Es geht darum, das konterrevolutionäre Teufelspack* ein für alle Mal zu beseitigen.«[33] Zugleich plante Stalin eine Reihe von Schauprozessen und arrangierte »Verschwörungen« so genannter »Saboteure«. Daneben trieb er die Kollektivierung und Industrialisierung schonungslos voran. Als die Spannungen zunahmen, heizte er die aggressive Stimmung an und erfand neue Feinde, um die echten Gegner – Kritiker in der Partei und beim technischen Personal, die seine Pläne für undurchführbar hielten – nach Kräften einzuschüchtern.

Stalin drängte Molotow, alle Geständnisse von »Saboteuren« unverzüglich zu veröffentlichen, um dann »nach acht Tagen zu verkünden, dass die Schurken vor ein Erschießungskommando gestellt werden. Sie gehören ausnahmslos erschossen.«[34]

Als Nächstes ritt Stalin Attacken gegen die rechten Elemente im Staat, ordnete eine Offensive gegen Währungsspekulation an, die er den Finanzkommissaren Rykows in die Schuhe schob, jenen »zweifelhaften Kommunisten« Pjatakow und Briuchanow. Stalin hatte Blut geleckt und befahl dem gebildeten OGPU-Chef Menschinski, weitere Saboteure festzunehmen. Molotow gab er den Auftrag, »zwei bis drei Dutzend der in diese Behörden eingesickerten Volksfeinde zu erschießen«.[35]

Im Politbüro machte sich Stalin einen Scherz aus dem Ganzen. Als Kritik an Briuchanow laut wurde, schob er Waleri Meschlauk, dem für die Planwirtschaftsbehörde Gosplan zuständigen Mann, einen Zettel zu:

»Er ist, als Strafe für alle bisherigen und künftigen Sünden, an den Eiern aufzuhängen und, falls der Sack nicht reißt, zu begnadigen und als rehabilitiert zu betrachten, ansonsten danach ins Wasser zu werfen.« Meschlauk, ein begabter Karikaturist, zeichnete diese ausgefeilte Foltermethode mit allen Details.[36] Zweifellos schlugen sich die Anwesenden vor Lachen auf die Schenkel. Briuchanow wurde eingesperrt und später umgebracht.

In jenem Sommer 1930, als der XVI. Parteitag Stalin auf den Schild hob, begann Nadja unter starken Beschwerden zu leiden. Er schickte sie nach Karlsbad zu den besten Ärzten und dann nach Berlin, wo sie ihren Bruder Pawel und dessen Frau Schenja besuchte. Vermutlich hatten Nadjas komplizierte, rätselhafte Symptome einen psychosomatischen Hintergrund. Aus ihren Krankenberichten, die Stalin zu den Akten

---

* Das im Original gebrauchte Wort *Netschist* stammt aus der Bauernfolklore.

nahm, geht hervor, dass sie zum einen über »akute Unterleibsschmerzen« klagte, vielleicht auf ihre Fehlgeburt zurückgehend, zum anderen
über heftige Migräneanfälle, möglicherweise bedingt durch eine »Synos-
tose«, eine Verknöcherung im Schädel, oder einfach ausgelöst durch
Stress. Obwohl er hektisch daran arbeitete, den Parteitag vorzubereiten
und seine Feinde in den Dörfern und im Politbüro zu bekämpfen, kümmerte sich Stalin jetzt zärtlicher um Nadja als je zuvor.

4

HUNGERSNOT UND IDYLLE:
STALIN AM WOCHENENDE

»Tatka! Wie war die Fahrt? Was hast Du gesehen? Warst Du bei den Ärzten? Was meinen sie zu Deinem Befinden? Bitte schreibe und berichte mir alles«, bat er am 21. Juni. »Wir eröffnen den Parteitag am 26. ... Es läuft gar nicht schlecht. Ich vermisse Dich! Bitte komm bald heim. Sei geküsst.« Direkt nach dem Parteitag schrieb er: »Tatka! Ich habe alle drei Briefe erhalten, konnte aber nicht antworten, hatte zu viel um die Ohren, doch jetzt bin ich endlich frei. ... Bleib nicht mehr so lange – aber lass Dir ruhig Zeit, wenn es der Genesung dient. ... Sei geküsst.«[1]

Im Sommer heckte Stalin mit Hilfe des findigen Sergo eine seiner Scheinverschwörungen aus, die so genannte »Industriepartei«, um Präsident Kalinin zu belasten. Anscheinend hat er nachweisen können, dass »Papa«, der Frauenheld, Staatsgelder für eine Ballerina vergeudete. Der Präsident bat um Vergebung.[2]

Mit Menschinski erörterte Stalin ständig weitere Denunziationen. Er machte sich Sorgen über die Loyalität der Roten Armee. Daher drängte die OGPU zwei Offiziere, gegen den Stabschef Tuchatschewski auszusagen, diesen schneidigen Kommandeur, der Stalin seit dem Polenkrieg 1920 erbittert hasste. Tuchatschewski seinerseits stieß bei den einfacheren Offizieren auf Ablehnung. Sie hielten ihn für arrogant und beklagten sich bei Woroschilow darüber, dass sich der Kommandeur »mit seinen abgehobenen Ideen über uns lustig macht«. Stalin griff das auf und bezeichnete Tuchatschewskis Pläne als »fantastisch« und derart überzogen, dass man sie schon fast als konterrevolutionär ansehen müsse.[3]

Die von der OGPU verhörten Offiziere beschuldigten Tuchatschewski, einen Putsch gegen das Politbüro zu planen, doch das dürfte 1930 sogar den Bolschewiken zu abstrus erschienen sein. Der noch nicht despotisch allein herrschende Stalin wollte die Loyalität seines mächtigen Verbündeten Sergo prüfen: »Nur Molotow, ich und jetzt Du sind eingeweiht. ... Wäre es möglich? Was für ein Ding! Sprich mit Molotow darüber.« Doch das ging Sergo zu weit. Also kam es 1930 noch nicht zur Festnahme und Bestrafung Tuchatschewskis: Der Kommandeur »hat sich als hundertprozentig sauber erwiesen«, schrieb Stalin im Oktober doppelzüngig an Molotow. »Und das ist gut so.«[4] Interessanterweise wird er sieben Jahre später, zur Zeit des großen Terrors, die gleichen Vorwürfe erneut erheben – es war also eine Art Generalprobe für 1937 –, jedoch fehlte ihm damals noch die Unterstützung dafür.[5] Ja, nachdem Stalin die bahnbrechende Genialität von Tuchatschewskis Strategien begriffen hatte, entschuldigte er sich sogar bei ihm: »Unterdessen ist mir die Sache klarer geworden, und ich muss zugeben, dass mein Einwand übertrieben und meine Schlussfolgerungen abwegig waren.«[6]

Nach der Rückkehr aus Karlsbad folgte Nadja ihrem Mann in den Urlaub. Der brütete jedoch gerade darüber, wie er Rykow und Kalinin unterjochen konnte, und nahm sie nicht besonders herzlich auf. »Ich hatte nicht das Gefühl, sehr erwünscht zu sein, ganz im Gegenteil«, schrieb Nadja von Moskau aus, wo die Molotows mit ihrer üblichen Wichtigtuerei »mich ausscholten, weil ich Dich allein gelassen habe«, wie sie Stalin etwas erbost berichtete. Dieser ärgerte sich sowohl über die Molotows als auch über Nadjas Eindruck, ihn gestört zu haben:
»Sage Molotow, dass er sich heraushalten soll. Dir meinetwegen Vorwürfe und ein schlechtes Gewissen zu machen, kann nur jemandem einfallen, der meine Absichten nicht kennt.«[7] Dann hörte Nadja von ihrem Patenonkel, dass Stalin bis Oktober bleiben wolle, doch der offenbarte ihr, Jenukidse angelogen zu haben, um bei seinen Feinden Verwirrung zu stiften:
»Tatka, ich habe dieses Gerücht ... als Ablenkungsmanöver gestreut. Nur Tatka, Molotow und vielleicht Sergo kennen das Datum meiner Ankunft.«[8]
Im engen Bündnis mit Molotow und Sergo traute Stalin einem seiner ältesten Gefährten nicht mehr, da er mit der Rechten liebäugelte: »Onkel Abel« Jenukidse. Der gewiefte Strippenzieher, genannt »Tonton«, mit dreiundfünfzig etwas älter als Stalin, kannte diesen und die Allilujews seit der Jahrhundertwende. Auch er hatte 1904 am Tifliser Seminar studiert und in Batumi die geheime bolschewistische Druckerei gegründet. Er war nicht ehrgeizig (und soll die Berufung ins Politbüro anfangs abge-

lehnt haben), dafür aber allseits beliebt, und blieb auch offen gegenüber den entmachteten Oppositionellen, immer bereit, alten Kameraden zu helfen. Dieser leichtlebige georgische Genussmensch hatte Freunde im Militär und in der Partei sowie im Kaukasus. Noch hatte Stalin Jenukidse gerne um sich: »Hallo Abel! Was zum Teufel treibst Du in Moskau? Komm nach Sotschi…«[9]

Unterdessen nahm sich Stalin Premier Rykow zur Brust, der so schwer trank, dass Wodka in Kreml-Kreisen bei allen nur noch »Rykowka« hieß.

»Was unternimmst Du in Sachen Rykow und Kalinin?«, erkundigte er sich am 2. September bei Molotow. »Kalinin hat zweifellos gesündigt. … Das ZK muss informiert werden, damit Kalinin sich nie wieder mit solchen Schurken einlässt.«[10]

Kalinin fand Vergebung, aber er war gewarnt, sollte Stalin nie wieder in die Quere kommen und wurde zur politischen Marionette – einer Memme, die alle Gräueltaten Stalins brav absegnete. Allerdings mochte Stalin den »Papa« und fühlte sich unter dessen hübschen Mädchen bei den Festen in Sotschi pudelwohl. Wie sehr er diese genoss, kam auch der halb belustigten, halb pikierten Nadja in Moskau zu Ohren.

»Wie ich von einer jungen hübschen Frau hörte«, schrieb sie, »hast Du an Kalinins Tisch sehr gut ausgesehen, warst bemerkenswert lustig und brachtest alle zum Lachen, obwohl die Gäste in Deiner erhabenen Anwesenheit eine gewisse Scheu zeigten.«

Am 13. September sinnierte Stalin Molotow gegenüber, dass »unsere Staatsführung von einer furchtbaren Krankheit befallen ist. … Wir müssen also etwas unternehmen. Aber was? Darüber werden wir reden, wenn ich wieder in Moskau bin.« Das gleiche Schreckensbild legte er auch anderen Politbüromitgliedern vor, die ihm daraufhin den Posten Rykows anboten:

»Lieber Koba«, schrieb Woroschilow, »Mikojan, Kaganowitsch, Kuibyschew und ich meinen, das Beste wäre ein starker Mann an der Spitze des Sownarkom, also Dich zu ernennen, sofern Du das Heft in die Hand nehmen willst. Zwar hatte auch Lenin den Sownarkom geführt, aber heute herrschen ganz andere Verhältnisse als 1918–1921.« Kaganowitsch bestand darauf, dass Stalin ans Ruder müsse. Sergo stimmte zu, ebenso Mikojan: »Letztes Jahr haben die Ukrainer ihre Ernten vernichtet, was brandgefährlich ist. Wir brauchen also eine starke Führung wie zu Zeiten Iljitschs [Lenins], und das Beste wäre, wenn Du für den Vorsitz kandidieren würdest … Weiß nicht ohnehin alle Welt, wer hierzulande den Ton angibt?«[11]

Doch bis dahin hatte niemand die Ämter des Generalsekretärs und des Premiers nebeneinander bekleidet. Abgesehen davon gab es formale Bedenken: Konnte ein Georgier überhaupt an die Staatsspitze aufsteigen?* Unter diesem Aspekt plädierte Kaganowitsch für Stalins Kandidaten Molotow.

»Du solltest Rykow ablösen«, schlug Stalin diesem anschließend vor.[12]

Am 21. Oktober witterte Stalin abermals Verrat: Sein Günstling Sergei Syrzow, Kandidat für das Politbüro, intrigierte angeblich gegen ihn. Denunziation gehörte bereits zum Parteialltag, nicht nur als Ritual, sondern gleichsam als Pflicht: In Stalins Akten häuften sich solche Briefe. Man zitierte Syrzow vor das Zentralkomitee, und der belastete mit seiner Aussage den ersten Sekretär Transkaukasiens, Beso Lominadse, einen alten Freund Stalins und Sergos. Lominadse räumte zwar geheime Treffen ein, wollte bei diesen aber jeden Vergleich Stalins mit Lenin missbilligt haben. Wie üblich veranlasste das Stalin zu einem melodramatischen Ausbruch:

»Es ist eine unsagbare Sauerei. ... Die probten den Aufstand, spielten Politbüro und baldowerten abgrundtiefe Gemeinheiten aus...« Nachdem er etwas Dampf abgelassen hatte, erkundigte sich Stalin bei Molotow: »Wie läuft es denn bei Dir?«[13]

Sergo wollte die Ränkeschmiede kurzerhand aus der Partei werfen, aber Stalin, der von seinem Vorstoß bei Tuchatschewski wusste, dass er noch nicht fest genug im Sattel saß, ließ sie nur des Zentralkomitees verweisen. Interessanterweise schützte Sergo Ordschonikidse seinen alten Spezi Lominadse, indem er dem Zentralkomitee einen Teil seiner Briefe vorenthielt, diese allerdings Stalin persönlich zeigte. Der war erschüttert – und warum nicht dem ZK? »Weil ich ihm mein Wort gegeben habe«, erklärte Sergo.

»Wie konntest Du das tun?«, fragte Stalin und merkte später an, Sergo habe sich nicht wie ein Bolschewik, sondern »wie ein Fürst verhalten. Ich lehnte es ab, mich heimlich zum Mitwisser machen zu lassen.« Der Vorfall sollte noch schreckliche Bedeutung erlangen.

Am 19. Dezember bekräftigte das Plenum Stalins Siege über seine Gegner. Die Sitzungen des allmächtigen Zentralkomitees, das Stalin mit dem »Areopag« verglich, fanden im umgebauten Saal des Großen

---

* Lenin selbst hatte von 1917 bis 1924 als Premier (Vorsitzender des Sownarkom) regiert, doch sein designierter Nachfolger Kamenew kam als Nichtrusse für das Amt nicht in Frage, sodass es an Rykow fiel.

Kremlpalastes statt, der mit seinen dunklen Holzpaneelen und Bankreihen an eine trostlose puritanische Kirche erinnerte. Dort tagten die Magnaten aus der Hauptstadt und die regionalen Vizekönige, die als Erste Sekretäre über ganze Landstriche herrschten. Dabei herrschte eine Stimmung wie im Femegericht mit boshaften Einwürfen – »Rechtsabweichler! Scheusal!« – oder einfach nur höhnischem Gelächter. Jene Vollversammlung gehörte zu den letzten, auf denen es noch zu öffentlichem Schlagabtausch kam. Dabei gerieten Woroschilow und Kaganowitsch mit Bucharin aneinander, der jetzt, da er keine Chancen mehr für seine Rechten sah, Stalins Kurs unterstützte:

»Wir müssen die gefährlichsten Rechtsabweichler ausschalten«, forderte er.

»Und ihre gesamte Brut!«, rief Woroschilow aus.

»Wenn du ihre physische Vernichtung meinst, so überlasse ich das gerne den Genossen, die ... ihren Blutdurst stillen wollen.« Manche lachten darüber – nicht ahnend, wie tief der Terror bis in den innersten Kreis vordringen würde, doch Kaganowitsch drängte Stalin, schärfer gegen die Opposition vorzugehen, während Woroschilow forderte, »den Staatsanwalt einzuschalten...«[14].

Das Plenum wählte Rykow als Premier ab und ernannte an seiner Stelle Molotow.* Sergo trat ins Politbüro ein und übernahm die Leitung des Obersten Wirtschaftsrates, der für die gesamte Abwicklung des Fünfjahresplans zuständigen Mammutbehörde. Er war der ideale Mann, um die Industrialisierung voranzutreiben. Die Beförderungen und der aggressive Vorstoß, das Plansoll binnen vier Jahren zu erfüllen, lösten tumultartige Streitigkeiten zwischen den Potentaten aus. Jeder verteidigte sein Ressort und seine Leute, denn mit den Aufgaben wechselten in der Regel auch die Loyalitäten: So hatte Sergo als Chef der Kontrollkommission die Kampagnen gegen Saboteure und Boykotteure unterstützt, doch jetzt für den Aufbau selbst verantwortlich, musste er sich hinter seine Spezialisten stellen. Sergo fing an, sich mit Molotow, »den er nicht gerade liebte«, über sein Budget zu streiten. Allerdings gab es keine radikale Gruppe – nur manche neigten mitunter zu extremeren Positionen. Stalin, als der Hauptorganisator des Terrors, fand auf gewundenem Pfad zu seiner Revolution.

---

* Das verkündete Stalin stolz dem in Italien lebenden Romancier Maxim Gorki: »Er ist ein tapferer, kluger, ganz moderner Funktionär.«

Als sich die Konflikte derart zuspitzten, dass Kuibyschew, Sergo und Mikojan ihren Rücktritt androhten, trat Stalin als Schlichter auf:»Lieber Stalin«, schrieb Mikojan frostig,»Deine beiden Telegramme haben mich derart enttäuscht, dass ich zwei Tage lang nicht arbeiten konnte. Ich ertrage jede Kritik, außer wenn man mir Illoyalität dem ZK und Dir gegenüber vorwirft. Ohne Deine Rückendeckung kann ich nicht Handelsnarkom bleiben. Suche Dir lieber einen anderen Kandidaten und gib mir einen neuen Posten.« Stalin lenkte ein, wie damals übrigens häufiger, im Gegensatz zu späteren Zeiten: Tyrannen leisten keine Abbitte.[15] Inzwischen war Andrejew aus Rostow zurückgekommen, um die für Disziplin zuständige Kontrollkommission zu leiten, während Kaganowitsch mit erst siebenunddreißig zu Stalins Stellvertreter als Generalsekretär aufrückte, um neben ihm und Premier Molotow ein Triumvirat zu bilden.

»Männlich forsch«, hochgewachsen, stark, schwarzhaarig, mit langen Wimpern und »schönen braunen Augen«, spielte der Arbeitssüchtige Lasar Moisewitsch Kaganowitsch unablässig mit einem Bernstein-Rosenkranz oder einer Schlüsselkette. Als gelernter Schuster mit minimaler Schulbildung schaute er immer zuerst auf die Schuhe eines Mannes: Beeindruckten diese ihn, so drängte er den Betreffenden manchmal, einen auszuziehen, stellte ihn auf den Schreibtisch, holte sein Werkzeug mit den eingravierten Initialen hervor – ein Geschenk dankbarer Arbeiter – und untersuchte die Machart.

Ruppig, wie er war, hatte Kaganowitsch ebenso wie sein Freund Sergo ein aufbrausendes Gemüt. Am glücklichsten mit einem Hammer in der Hand, schlug er seine Untergebenen oft oder hob sie an den Rockaufschlägen in die Luft, politisch jedoch war er vorsichtig, »hellwach und klug«. Er geriet ständig mit dem ackernden Molotow aneinander, der ihn für »grob, zäh und prüde hielt, sehr entschlossen, gut im Organisieren, aber theoretisch etwas schwach auf der Brust«, wenn auch durchaus »Stalin-treu«. Sergo monierte zwar seinen ausgeprägten jüdischen Akzent, hielt ihn aber für ihren besten Redner. »Er reißt das Publikum wirklich mit!« Als ein ungestümer Macher so druckvoll und unwiderstehlich, dass er sich den Spitznamen »die Lokomotive« verdiente, konnte Kaganowitsch, laut Molotow, »nicht nur hart durchgreifen, sondern regelrecht dazwischenhauen«. Er »gehörte zu den Leuten«, schrieb Chruschtschew, »die was zustande bringen. Wenn das ZK ihm eine Axt in die Hand drückte, legte er los wie ein Sturm; unglücklicherweise schlug er oft gleich die gesunden Bäume mit den kranken um, aber jedenfalls flogen die Fetzen – das muss man ihm lassen.« Stalin nannte ihn den »Eisernen Lasar«.

Im November 1893 als Sohn armer, orthodoxer Juden in Kabana, einem Dorf im Grenzgebiet zwischen Ukraine und Weißrussland, geboren, wurde Lasar als der jüngste von fünf Jungen und einem Mädchen 1911 von einem seiner Brüder in die Partei geholt und begann unter dem kuriosen Namen »Koscherowitsch« in der Ukraine zu agitieren.

Lenin entdeckte ihn aufgrund seiner großen Talente als potenziellen Funktionär. Ständig in seiner umfangreichen Bibliothek herumstöbernd, bezog er seine Bildung vor allem aus zaristischen Geschichtsbüchern (sowie den Romanen Balzacs und Dickens') und mutierte zum »Geistesarbeiter«, der später die Militarisierung des Parteistaats betrieb. 1918 verwaltete und terrorisierte er als Vierundzwanzigjähriger Nischni Nowgorod. Schon 1919 forderte er eine strenge Diktatur und drängte auf Disziplin und »Zentralismus«. 1924 schrieb er in klarer, aber fanatischer Prosa ein Traktat, in dem er die Maschinerie des später so genannten »Stalinismus« entwarf. Anfangs leitete der »Eiserne Lasar« die Ernennungssektion des ZK, übernahm später die Verantwortung für Zentralasien, ging 1925 in die Ukraine, kehrte 1928 zurück und rückte beim XVI. Parteitag 1930 als Vollmitglied ins Politbüro auf.

Seine Frau Maria hatte Kaganowitsch romantischerweise in geheimer Mission kennen gelernt, als die beiden jungen Bolschewiken sich als Ehepaar ausgeben mussten: Das fiel ihnen leicht, da sie sich sofort ineinander verliebten und später wirklich heirateten. Sie waren so glücklich miteinander, dass sie ständig, sogar in Limousinen des Politbüros, Händchen hielten, eine Tochter zeugten und einen Sohn adoptierten, die in ihrem gemäßigt orthodoxen Haushalt behütet aufwuchsen. Der humorvolle, gefühlsbetonte, athletische Lasar fuhr Ski und ritt, neigte indes zu einem verzagten Egozentrismus. Als Jude war er sich seiner Verwundbarkeit bewusst, und Stalin schützte den Genossen nach Kräften vor antisemitischer Hetze.

Kaganowitsch war eigentlich der erste Stalinist und prägte auch bei einem Essen in Subalowo diesen Begriff. »Jeder in der Partei redet nur von Lenin und vom Leninismus. Aber … Lenin ist 1924 gestorben. … ›Lang lebe der Stalinismus!‹«

»Wie kannst du es wagen?«, antwortete Stalin in der Hoffnung auf Widerspruch. »Lenin ist ein hoher Turm. … Stalin ist ein kleiner Finger.« Und Kaganowitsch, Chruschtschew zufolge ein »echter Lakai«, hofierte Stalin in der Tat viel mehr als Sergo oder Mikojan: Er war, wie Molotow verächtlich diagnostizierte, »ein Zweihundertprozentiger«, verehrte den *Woschd*, wie er selbst einräumte, so sehr, »dass ich jedes Mal, wenn ich zu Stalin gehe, mir alle Mühe gebe, nichts zu vergessen! Das macht mir immer große Sorgen. Ich bereite jedes Dokument in meiner Mappe penibel vor und stecke mir Spickzettel in die Taschen wie ein Schuljunge, da man ja nie weiß, was Stalin fragen wird.« Dieser akzeptierte Kaganowitschs schülerhafte Verehrung und gab ihm noch auf dem Höhepunkt seiner Macht Nachhilfe in Rechtschreibung und Interpunktion: »Ich habe meinen Brief nochmals gelesen«, schrieb Kaganowitsch 1931 an Stalin, »und merke, dass ich Ihre Interpunktionsregeln nicht eingehalten habe. Ich hatte es versucht, dann allerdings wieder vergessen, muss aber trotz der hohen Arbeitsbelastung daran denken. In Zukunft will ich stets darauf achten, Punkte und Kommas zu benutzen.«[16] Ihm erschien Stalin als der »Robespierre« Russlands, und er bestand darauf, ihn zu siezen: »Haben Sie etwa Lenin geduzt?«[17]

Doch wichtiger als die Interpunktion war seine Brutalität: Kurz zuvor hatte er vom nördlichen Kaukasus bis hinüber ins westliche Sibirien Bauernunruhen niedergeschlagen. Als Nachfolger Molotows zuständig für Moskau – übrigens für viele die Ikone eines Personenkults, der fast an den Stalins heranreichte –, betrieb der Eiserne Lasar mit bolschewistischem Vandalismus die »Sanierung« der Metropole und ließ dafür schonungslos historische Gebäude sprengen.

Im Sommer 1931 spitzten sich starke Versorgungsengpässe zu einer regelrechten Hungersnot zu. Während das Politbüro ab Mitte Juli seine Schikanen gegen die Techniker und Ingenieure etwas lockerte, ging der Terror auf dem Lande weiter. Die Staatsverwaltung und 180 000 aus den Städten entsandte Parteivertreter setzten Schusswaffen, Lynchjustiz und das Lagersystem (Gulag) ein, um den Widerstand der Landbewohner zu brechen. Mehr als zwei Millionen traf die Deportation nach Sibirien oder Kasachstan. 1930 verrichteten in den Lagern rund 179 000, 1935 schon fast eine Million Menschen Sklavendienste.[18] Das Politbüro setzte in erster Linie auf Terror und Zwangsarbeit. Auf einem im Übrigen mit Männchen vollgekritzelten Zettel hatte Stalin in dickem Blau notiert:

1. Wer kümmert sich um die Festnahmen?
2. Was geschieht mit den ehemaligen Weißen Soldaten in unseren Fabriken?
3. Wie schaffen wir Platz in den Gefängnissen? [Er forderte schnellere Aburteilungen, da man die Zellen für Kulaken brauche.]

4. Wie behandelt man die unterschiedlichen Häftlingsgruppen?

5. Erlaubte Deportationsquoten: Ukraine 145 000, N.-Kaukasus 71 000, Untere Wolga 50 000 (eine Menge!), Weißrussland 42 000 ... Westsibirien 50 000, Ostsibirien 30 000 ...

Und so weiter, bis zu einer Gesamtmenge von 418 000 Verbannten.[19] Derweil addierte er wie ein Dorfkaufmann die benötigten Getreide- und Brotmengen von Hand auf Zettelchen.*[20]

»Fahren wir ins Grüne«, lud Stalin um diese Zeit Woroschilow ein, der zurückschrieb:

»Koba, hast du ein paar Minuten Zeit ... für Kalmykow?«

»Habe ich«, antwortete Stalin. »Lass uns möglichst bald losfahren und ihn mitnehmen.«[21] Der Vernichtungsfeldzug auf dem Lande schränkte die Stadtflucht der Potentaten keineswegs ein. Man hatte ihnen kurz nach der Revolution Datschen zugewiesen, in denen oft die wichtigsten Entscheidungen fielen.

Das Zentrum ihrer ländlichen Idylle bildete Subalowo bei Ussowo, 35 Kilometer vor Moskau, wo die Datschen Stalins und anderer lagen. Ein gleichnamiger Ölmagnat hatte dort einst zwei Anwesen erworben, je eines für sich und für seinen Sohn, mit insgesamt vier »hochgiebeligen Häusern in deutschem Stil, umgeben von einer massiven, mit Ziegeln gedeckten Mauer«. Die Mikojans teilten sich das große Haus, Subalowo 2, mit einem Offizier der Roten Armee, einem Kommunisten aus Polen und Pawel Allilujew; Woroschilow ein kleineres mit weiteren Offizieren. Die Frauen und Kinder besuchten einander ständig – hier genossen die ehemaligen Revolutionäre ihre Tschechow'sche Sommerfrische.

Den Kindern erschien Stalins Subalowo 1 als ein Paradies. »Es war das wirklich freie Leben«, erinnerte sich Artjom. »Solch ein Glück«, schwärmte Swetlana. Die Eltern wohnten oben, die Kinder unten. In dem, so Swetlana, »sonnigen, üppigen« Garten beschränkte sich ihr Vater als echter Snob auf angenehme Arbeiten wie das Rosenschneiden. Auf Fotos sieht man, wie er mit seinen Kleinen durch den Garten schlendert. Es gab eine Bibliothek, einen Billardraum, ein russisches Bad und

---

* Während seiner gesamten Amtszeit verwaltete Stalin die Goldreserven oder 1941 die Anzahl der noch für die Verteidigung Moskaus verfügbaren Panzer, und trug die Zahlen säuberlich in sein Notizbuch ein. Ein besonderes Interesse nahm er an der Goldförderung, die überwiegend in Zwangsarbeit erfolgte.

später ein Kino. Swetlana liebte dieses »glückliche, beschützte Leben« mit Gemüsegärten, Obstplantagen und einem Bauernhof, wo sie Kühe melken, Gänse, Hühner und Fasane, Katzen und Kaninchen füttern konnten. »Wir hatten riesige Fliederbüsche, weiße und rote Lilien, Jasmin, den meine Mutter setzte, und einen nach Limonen duftenden Strauch. Wir gingen mit der Kinderfrau in den Wald, pflückten Erdbeeren, Blaubeeren und Kirschen.«

»Stalins Haus«, erinnerte sich Artjom, »zog viele Freunde an.« Nadjas Eltern Sergei und Olga hatten sich beide fest eingenistet – obwohl sie inzwischen getrennt lebten. Ihre Zimmer lagen weit auseinander, doch nun zankten sie sich bei Tisch. Während Sergei nötige Reparaturen im Haus durchführte und das Personal freundlich behandelte, fühlte Olga sich, Swetlana zufolge, »als große Dame und kommandierte herum, was meine Mutter niemals tat«.

Wenn er nüchtern war, spielte der blütenweiß gekleidete Woroschilow mit Nadja Tennis, Kaganowitsch ebenfalls, allerdings im Kasack und Stiefeln. Mikojan, Woroschilow und Budjonni* ritten auf Kavalleriepferden aus. Winters liefen Mikojan und Kaganowitsch Ski. Molotow spannte sich vor den Schlitten seiner Tochter wie ein Ackergaul. Woroschilow und Sergo liebten die Jagd, Stalin mehr das Billardspiel. Andrejews gingen Bergsteigen, was ihnen als ein ausgesprochen bolschewistisches Hobby erschien. Bis 1930 stellte sich Bucharin oft mit Frau und Tochter in Subalowo ein und ließ zum Beispiel seine Lieblingsfüchsin über das Gelände streunen. Nadja ging gerne mit dem ihr nahe stehenden »Buchartschik« spazieren. Auch Jenukidse gehörte mit zum engeren Kreis. Doch neben dem Vergnügen kam das Geschäftliche nie zu kurz.

---

* Semjon Budjonni, ein gebürtiger Don-Kosake, Kavallerieinspekteur der Roten Armee, war einst Wachtmeister bei den Dragonern des Zaren und als solcher im Ersten Weltkrieg mit dem Sankt-Georgsband dekoriert worden, dem höchsten Orden überhaupt. Nach dem Zaren diente er der Revolution und dann für den Rest seines Lebens Stalin persönlich, zeichnete sich in Woroschilows 10. Armee in Zarizyn aus und brachte es als Kommandeur der Ersten Reiterarmee zu Weltruhm. Als Isaak Babel den Erzählungsband *Die Reiterarmee* veröffentlichte, in dem er die Grausamkeit und den schwärmerisch überhöhten Männlichkeitswahn der Kosaken anprangerte, um Budjonni als wortkargen Vollstrecker (mit »blendend weißen Zähnen«) zu schildern, versuchte der erboste Kommandeur ohne Erfolg, ihn zu verbieten. Er stieg nie ins Politbüro auf, blieb aber bis zum Krieg einer der Vertrauten Stalins, und obwohl sein Herz immer für die Kavallerie schlug, bemühte er sich stets, bei den modernen Militärtechniken auf dem Laufenden zu bleiben.

Die Kinder wuchsen mit den Leibwächtern und Sekretären auf: Erstere gehörten praktisch zur Familie. Pauker, der Chef des Wachpersonals, und Stalins Leibwächter Nikolai Wlasik waren immer zugegen. »Pauker, ein echter Spaßvogel, mochte Kinder und nahm sich selbst nicht ernst, aber Wlasik stolzierte herum wie ein gemästeter Puter«, sagte Stalins Nichte Kira Allilujewa.

Der damals sechsunddreißigjährige Karl Pauker galt als Liebling der Kinder und spielte auch für Stalin selbst eine wichtige Rolle. Als Symbol für die kosmopolitische Kultur der Tscheka jener Zeit, hatte der Ungar als Friseur an der Budapester Oper gewirkt, bis ihn die KuK-Armee einzog. 1916 geriet er in russische Gefangenschaft und erlebte seine Bekehrung zum Bolschewismus. Als ein begnadeter Schauspieler unterhielt er Stalin durch die Karikatur von Mundarten, besonders jiddischen. Rundlich, mit einem (oft verspotteten) Korsett, um den Bauch einzuzwängen, kahlköpfig, stark parfümiert, mit roten, sinnlichen Lippen, liebte dieser Selbstdarsteller prunkvolle OGPU-Uniformen und stolzierte in Stiefeln mit sieben Zentimeter hohen Absätzen herum. Manchmal erinnerte er sich seines alten Metiers, rasierte Stalin wie ein Kammerdiener und überpuderte ihm die Pockennarben mit Talkum. Als Verwalter der Autos, Delikatessen und Luxusartikel kannte er manches Geheimnis aus dem Privatleben der Politbüromitglieder und soll Kalinin, Woroschilow und Stalin »Frischfleisch« besorgt haben.

Pauker fuhr die Kinder gern in seinem Cadillac aus, einem Geschenk Stalins, verkleidete sich lange Zeit, bevor dieser 1936 offiziell der Wiedereinführung des Christbaums zustimmte, als Weihnachtsmann, verteilte im Kreml ringsum Geschenke und veranstaltete Bescherungen für die Kinder.[22]

Nicht fehlen durfte auch Stalins *chef de cabinet*, der damals neununddreißigjährige Alexander Poskrebyschew, der in Subalowo die Runde machte, um die neuesten Unterlagen zu verteilen. Untersetzt, schütter, rothaarig, war der im Ural gebürtige Sohn eines Stiefelmachers gelernter Krankenpfleger und hatte in der Klinik Bolschewikentreffen veranstaltet. Als Stalin beim ZK auf ihn stieß, sagte er: »Mit Ihrem teuflischen Blick können Sie allen Angst einjagen.« Dieser »engschultrige Zwerg war abgrundtief hässlich«, erinnerte an »einen Affen«, besaß aber »ein ausgezeichnetes Gedächtnis und arbeitete absolut gewissenhaft«. Poskrebyschew gehörte fest zu Stalins Machtapparat, bereitete Sitzungen des Politbüros vor und nahm auch selbst daran teil.

Als Stalin die Patronage ausweitete und seinen Günstlingen Wohnungen besorgte, musste sich Poskrebyschew darum kümmern. »Bitte helfen Sie ihnen umgehend«, forderte er ihn gewöhnlich auf. »Informieren Sie mich schriftlich über die prompte, präzise Erledigung dieses Auftrags.« Stalins Schriftwechsel mit Poskrebyschew ruht fast vergessen im Archiv. Er belegt, wie Stalin seinen Adlatus schikanierte: »Ich bekomme englische Zeitungen, aber überhaupt keine deutschen ... wieso? Kann es sein, dass Sie etwas falsch machen? Ist es Bürokratismus? Gruß, J. Stalin.« Manchmal fiel er in Ungnade. So hielt Stalin 1936 auf einem Merkzettel fest: »1. Poskrebyschew und seinen Freunden verzeihen!«

Auf dessen traurig verzerrtem Gesicht konnte man Stalins Launen ablesen: Schaute er freundlich drein, war alles in Ordnung. Andernfalls flüsterte er manchmal: »Sie müssen heute aufpassen.« Eingeweihte wussten, dass wichtige Post den *Woschd* am besten über Alexander Nikolajewitsch erreichte. Dienstlich redete Stalin ihn mit Genosse an, privat jedoch mit »Sascha« oder »Chef«.

Poskrebyschew, halb Spaßvogel, halb Scheusal, hatte später sehr unter Stalin zu leiden. Seiner Tochter Natalja zufolge wollte er Medizin studieren, aber Stalin pochte auf Nationalökonomie. Am Ende kamen die rudimentären medizinischen Kenntnisse des ehemaligen Krankenpflegers Stalin sehr zugute.[23]

Stalin stand immer erst gegen elf auf, frühstückte und machte sich anschließend an die Arbeit. Seine Papiere wickelte er zum Transport in Zeitung ein: Aktentaschen mochte er nicht. Wenn Stalin schlief, beschworen ängstliche Eltern ihre Kinder, ja leise zu sein.

An der Hauptmahlzeit, die von 15 bis 16 Uhr stattfand, nahm neben der Familie meist das halbe Politbüro mitsamt den Ehefrauen teil. Vor Gästen spielte Stalin den georgischen Patron. »Er pflegte diese asiatische Höflichkeit«, berichtete sein Neffe Leonid Redens, »und war immer sehr kinderlieb.« Als Spielkameraden für Stalins Nachwuchs standen die Allilujews bereit, Pawels Kinder Kira, Sascha und Sergei und die jüngeren Buben von Anna Redens. Außerdem der Bolschewikenclan: Mikojans überall beliebte Söhne, denen Stalin den Spitznamen »die Mikojantschiks« verpasste, wohnten direkt nebenan.

Die Kinder hatten ihren Spaß, auch wenn Swetlana die Überzahl der Jungen störte. Ihr Bruder Wasili habe sie schikaniert und sich mit Zoten aufgespielt, die sie beunruhigten und erzürnten. »Stalin war sehr liebevoll zu Swetlana, die Jungen mochte er eigentlich nicht«, berichtete Kira.

Er erfand eine imaginäre Lelka als ideales Alter Ego Swetlanas. Der schwächliche Wasili hatte bereits große Probleme, weshalb Nadja ihm besondere Aufmerksamkeit widmete. Doch faktisch erzogen Bolschewiken ihre Kinder nicht selbst, sondern überließen das Kinderfrauen und Erzieherinnen. »Es war wie bei viktorianischen Adligen«, meinte Swetlana, »und andere, die Kaganowitschs, Molotows und Woroschilows hielten es ähnlich. ... Aber die Damen dieses Kreises gingen alle arbeiten, sodass meine Mutter mich weder anzog noch fütterte. Ich kann mich nicht an körperliche Nähe erinnern, aber meinen Bruder liebte sie sehr. Gewiss hat sie auch mich geliebt, keine Frage, aber sie war eben sehr diszipliniert.« Einmal, als Swetlana das Tischtuch zerschnitt, habe die Mutter ihr heftig auf die Finger gehauen.

Stalin küsste und drückte sie oft »mit georgischem Überschwang«, doch irgendwann habe sie sein »Tabakgeruch und der Stachelbart« zu stören angefangen. Die unnahbare Mutter erschien ihr dagegen fast wie eine Heilige.

Die Bolschewiken legten in ihrem Glauben, einen leninistischen »Neuen Menschen« schaffen zu können, enormen Wert auf die Erziehung.* Selbst halbgebildete Autodidakten, die immer weiter studierten, erwarteten die Magnaten auch von den Kindern unermüdlichen Fleiß, zumal sie viel bessere Bedingungen vorfanden als die Eltern. Sie sollten mindestens drei Sprachen erlernen, wofür je eigene Erzieher bereitstanden (Stalins und Molotows teilten sich den Englischlehrer).

Die Partei fungierte nicht nur als *Vorhut*, sondern auch als die *Überfamilie*. Trotzki hatte sich nach Lenins Tod für »verwaist« erklärt, Kaganowitsch nannte Stalin schon »unseren Vater«, und dieser las Bucharin die Leviten: »Das Private ... zählt nicht. Wir sind weder eine große Familie noch ein Freundeskreis, sondern die politische Partei der Arbeiterklasse.« Sie kultivierten ihre Gefühlskälte.** »Jeder Bolschewik sollte die Arbeit mehr lieben als seine Frau«, betonte Kirow. Die Mikojans waren

---

* Stalins Exsekretär, der neue *Prawda*-Herausgeber Lew Mechlis, führte sogar für seinen neugeborenen Sohn Leonid ein »bolschewistisches Tagebuch« mit aberwitzigen Bekenntnissen zum Kommunismus, dem er »diesen Menschen der Zukunft, diesen Neuen Menschen« weihte. Am 2. Januar 1923 berichtete der stolze Vater, er habe Lenins Porträt »an einem roten Band« in den Kinderwagen gehängt: »Das Baby schaut oft danach.« Er bereitete sein Kind »für den großen Kampf« vor.

** Kirow zum Beispiel hatte seit zwanzig Jahren keinerlei Kontakt mehr zu seinen Schwestern, und sie erfuhren erst anlässlich seines Todes aus der Zeitung, dass der berühmte Kirow ihr Bruder Kostrikow gewesen war.

als Armenier ein Herz und eine Seele, doch der »strenge, anspruchsvolle, ja sogar harte Vater« Anastas blieb immer in erster Linie Politbüromitglied und Bolschewik: Sooft er seinen Sohn versohlte, skandierte er dazu:

»Nicht *du* bist Mikojan, sondern *ich*!« Stepans Mutter Aschken »›vergaß sich‹ manchmal und umarmte uns«. Bei einem Kreml-Essen vertraute Stalin Jenukidse an: »Ein echter Bolschewik sollte und kann keine Familie haben, sondern sich ganz der Partei widmen.« Wie ein Veteran es ausdrückte: »Wenn du dich zwischen der Partei und dem Individuum entscheiden musst, so wählst du die Partei, weil sie für das Gemeinwohl steht, während der Einzelne eben nur einer ist.«

Doch Stalin konnte ausgesprochen reizend zu Kindern sein: »Ich glaube«, sagte Artjom, »›Onkel Stalin‹ hat mich wirklich geliebt. Ich hatte Respekt, aber nie Furcht vor ihm. Er regte einen zum Denken an und behandelte Kinder im Gespräch nie von oben herab, sondern stets wie Erwachsene.«

»Komm, spielen wir Eierschälen – wer seine zuerst gepellt hat«, forderte Stalin seinen Neffen Leonid auf, als es gekochte Eier gab. Er unterhielt die Kinder, indem er ihnen Orangenschalen und Weinkorken in die Eiskreme oder Kekse in den Kakao warf. »Wir fanden das sehr lustig«, erzählte Wladimir Redens.

Eine kaukasische Tradition wollte, dass man schon Babys Wein von den Fingern zu lutschen und etwas älteren Kindern sogar eigene Gläschen gab. Stalin ließ Wasili und später Swetlana oft nippen, was ihm selbst harmlos erschien (obwohl Wasili letztlich an Alkoholismus starb), aber die strenge Nadja auf die Palme brachte. Sie zankten ständig darüber. Wenn Nadja oder ihre Schwester ihm Einhalt geboten, kicherte Stalin bloß:

»Wisst ihr denn nicht, dass Alkohol Medizin ist?«

Einmal stellte Artjom etwas Schlimmes an und konnte von Glück sagen, dass der bereits sehr argwöhnische Stalin ihn glimpflich davonkommen ließ. »Als das Politbüro im Esszimmer arbeitete«, stach ihm die wie immer auf der Anrichte stehende Terrine ins Auge. Also kroch Klein Artjom hinter dem Rücken von Stalin, Molotow und Woroschilow hinüber und schüttete Tabak in die Suppe. Dann wartete er ab, was sich tun würde. »Molotow und Woroschilow kosteten vor und entdeckten die Krümel. Stalin fragte, wer ihnen das eingebrockt hatte, und ich beichtete.«

»Hast du schon von der Suppe gegessen?«, fragte er.

Artjom schüttelte den Kopf.

»Nun, sie ist köstlich«, sagte Stalin. »Probier mal. Wenn sie dir schmeckt, kannst du Carolina Wasilewna [Til, der Haushälterin] sagen, dass sie künftig immer Tabak an die Suppe tun soll. Wenn nicht, machst du so etwas besser nie wieder.«

Den Kindern war bewusst, dass in diesem Haushalt alles um Politik kreiste. »Wir übten uns in Humor und Ironie«, erklärte Leonid Redens. »Wenn Stalin einen Kommissar entließ, machten wir uns darüber lustig.« Allerdings sollte der Spaß bald aufhören.[24]

Alle wussten von den fürchterlichen Raubzügen auf dem Lande. Stanislas Redens, der Schwager Stalins und Nadjas, erlebte als GPU-Chef der Ukraine die böse Hungersnot aus erster Hand, ja, sogar als Mitschuldiger, und zweifellos hatte seine Frau mit Nadja über die in der Region herrschende Tragödie gesprochen. Diese Katastrophe zerrüttete bald nicht nur Stalins Ehe, sondern die gesamte bolschewistische Großfamilie.

5

FERIEN UND DIE HÖLLE:
DAS POLITBÜRO AM MEER

Ende 1931 hatten Stalin, Nadja und die meisten der Magnaten bereits ihren Urlaub angetreten, als sich der Nahrungsmangel krisenhaft zuspitzte. Ihre Ferien nahmen sie sehr ernst. Ja, mindestens ein Zehntel der in Stalins Umkreis gewechselten Briefe betrafen selbst in den schlimmsten Jahren der Hungersnot die Erholung (ein Fünftel die Gesundheit). Am besten lernte man Stalin in der Freizeit kennen: Auf Sonnenterrassen nahmen weit mehr Karrieren und Intrigen ihren Anfang als hinter den verschneiten Brustwehren des Kreml.*

Die Freistellung erfolgte stets in einem festen Ritual: Jemand ersuchte das Politbüro förmlich, »dem Genossen Stalin acht Tage Urlaub zu gewähren«, doch gegen Ende der zwanziger Jahre waren aus Tagen »auf Anraten der Ärzte« Monate geworden. Sobald die Termine feststanden, machte Stalins Adlatus eine Aktennotiz für Jagoda und ließ ihm die Daten zukommen, »damit er die Leibwächter abstellen konnte«.[1]

Die Potentaten reisten in Sonderzügen unter Bewachung von OGPU-Truppen südwärts an die sowjetische Riviera – ihre dortigen Datschen und Sanatorien erstreckten sich von der Krim bis hinüber zu dem georgischen Badeort Borschomi. Molotow bevorzugte Erstere, Stalin eher die dunstige Schwarzmeerküste, die von Sotschi bis zu den subtropischen abchasischen Städtchen Suchumi und Gagra reichte. Alle diese Ferienhäuser gehörten dem Staat, doch es verstand sich von selbst, dass dessen politische Elite sie auch in erster Linie nutzte.

---

* Offiziell ging die Initiative von anderen aus, sodass die Erlasse meist lauten: »Auf Anregung Ordschonikidses« oder »Auf Vorschlag der Genossen Molotow, Kaganowitsch und Kalinin gewähren wir unserem Genossen Stalin zwanzig Tage Urlaub.«

Die Magnaten besuchten einander häufig. Naturgemäß scharten sie sich meistens um den *Woschd*. »Stalin möchte nach Muchalatka [auf der südlichen Krim]* kommen, ohne jemanden zur Last fallen zu wollen. Schalten Sie Jagoda ein, damit er für Leibwächter sorgt…«[2]

Urlaube bereiteten aber auch Probleme. Die OGPU plante Stalins Reise sorgfältig und ließ ihn mitten in der Hungersnot von einem Versorgungszug begleiten. Wenn dessen Personal auf der Fahrt meinte, dass es Stalin und seinen Gästen noch an irgendetwas fehlte, telegrafierten seine Assistenten sofort nach Orel und Kursk, um Nachschub anzufordern. Bislang habe man Stalin stets warme Mahlzeiten servieren können. »Auch die OGPU hat viel Arbeit«, hieß es in einem Bericht, »da massive Festnahmen stattfinden … Zwei Räuberbanden haben wir bereits dingfest gemacht, den übrigen sind wir auf der Spur…«[3]

Bei wechselndem Geschmack bevorzugte Stalin ab den dreißiger Jahren die Datscha Nr. 9 in Sotschi. Krasnaja Poljana, »Rote Wiese«, war Artjom zufolge, der »Onkel Stalin« gewöhnlich in die Ferien begleitete, »ein Holzhaus mit umlaufender Veranda«.** Es lag hoch oben auf dem Hügel, die Datschen Molotows und Woroschilows bezeichnenderweise weit unterhalb. Wenn Nadja dort mit ihrem Mann Urlaub machte, luden sie gewöhnlich Freunde und Verwandte ein, zum Beispiel Jenukidse oder den korpulenten Arbeiterdichter Demian Bedni. Stalins Personal sowie der Geheimpolizei und den örtlichen Parteichefs oblag es, das Haus vor seiner Ankunft herzurichten: »Die Villa … ist vollständig renoviert«, schrieb einer der Beamten, »und wie für ein großes Fest mit allen nur erdenklichen Früchten ausstaffiert.«[4]

---

* Muchalatka war der bevorzugte Badeort Molotows und Mikojans, obwohl beide auch gerne Ferien in der Nähe Stalins in Sotschi machten, das heute noch bei den Sowjets sehr beliebt ist: Der Badeort liegt unweit von Foros, wo Gorbatschew 1991 nach dem Putsch festgenommen wurde. Als Bolschewiken neigten die Funktionäre dazu, Kommunalbeamte der Badeorte einsperren zu lassen: »Belinski war pampig … und nicht das erste Mal«, schrieb Stalin an Jagoda und Molotow. »Er hat in Muchalatka nichts mehr verloren. Jagoda soll einen Nachfolger seines Schlags oder zumindest Geschmacks ernennen.« Wenn die Ferienhäuser ihnen nicht gefielen, schlugen sie neue Projekte vor: »Am Schwarzen Meer gibt es kein gutes Hotel für in- und ausländische Spezialisten oder verdiente Arbeiter«, schrieb Kalinin an Woroschilow. »Um den Bau zu beschleunigen, müssen wir die GPU einschalten.«

** Mitte der dreißiger Jahre ersetzte Stalins Architekt Miron Merschanow das Holzhaus durch eines aus Stein. Das große, dunkelgrüne Gebäude steht heute noch und birgt jetzt ein Museum mit einer Stalin-Figur am Schreibtisch, einem Café Stalin und einem kleinen Stalin-Themenpark im Garten.

Man reiste gerne in Gruppen, oft ohne die Frauen, die mit den Kindern daheim blieben. »Molotow und ich reiten, spielen Tennis, kegeln, rudern und schießen – kurz, die perfekte Erholung«, schrieb Mikojan seiner Frau und führte anschließend auf, wer noch alles mit von der Partie war. »Du siehst: ein bolschewistisches Mönchskloster.« Manchmal nahmen sie auch ihre Familien mit. Doch der strubbelige Wirtschaftschef und Dichter Kuibyschew gönnte sich lieber den Spaß, mit einer »großen lustigen Truppe« von hübschen Mädchen und Lebemännern um das Schwarze Meer zu tingeln.[5]

Alle wetteiferten um Ferien mit Stalin – was meist Sergo vergönnt war. Jenukidse lud oft den ebenso erotomanen Kuibyschew zur Pirsch in sein georgisches Dorf ein. Stalin fühlte sich fast etwas ausgeschlossen und horchte auf, wenn Molotow einmal nicht mit Sergo verabredet war: »Wirst Du Sergo untreu?«, fragte er.[6] Alle erkundigten sich immer, wer gerade vor Ort war:

»Hier in Naltschik«, schrieb Stalin, »sind außer mir noch Woroschilow und Sergo.«[7]

»Ich habe Deine Notiz bekommen«, ließ er Andrejew wissen. »Hol's der Teufel! Auch ich war in Suchumi, aber wir haben uns verpasst. Wenn ich von Deinen Besuchsplänen gewusst hätte, wäre ich in Sotschi geblieben. … Wie hast Du die Ferien verbracht? Hast Du so viel gejagt wie beabsichtigt?«[8] Über die Entfernung hinweg gaben die Reiselustigen einander Empfehlungen: »Du könntest im September auf die Krim kommen«, schlug Stalin von Sotschi aus Sergo vor, fügte aber hinzu, dass auch das georgische Borschomi sehr angenehm sei, »weil es dort kaum Mücken gibt. … Den August und den halben September werde ich in Krasnaja Poljana [Sotschi] verbringen. Die GPU hat in den Bergen eine sehr nette Datscha gefunden, aber wegen meiner Krankheit kann ich noch nicht hinfahren. … Derzeit ist Klim [Woroschilow] in Sotschi, und wir unternehmen ziemlich viel zusammen…«[9]

»Unten im Süden«, erzählte Artjom, »richtete er stets seine Schaltzentrale ein.« Stalin arbeitete auf der Veranda, saß im Korbstuhl an dem dazugehörigen Tisch, auf dem stapelweise Papiere lagen, die täglich per Luftpost kamen. Poskrebyschew (der meist direkt nebenan wohnte) eilte mit den Sendungen heran, darunter immer mehr Zeitungen. Stalin las seinen Jungen Briefe vor und erklärte ihnen, was er darauf antworten würde. Einmal beschwerte sich ein Kumpel darüber, dass es in seinem Bergwerk keine Duschen gab. Stalins Verfügung: »Wenn das Problem nicht bald gelöst wird, muss man den Bergwerksdirektor als Volksfeind aburteilen.«[10]

Molotow und Kaganowitsch, die im Kreml die Stellung hielten, bedrängten Stalin mit Fragen. »Schade, dass es keine Telefonverbindung nach Sotschi gibt!«*, jammerte Woroschilow. »Mit Telefon wäre alles einfacher. Ich würde Dich gerne für zwei bis drei Tage besuchen, auch um mal wieder auszuschlafen. Finde nämlich schon seit Urzeiten keinen richtigen Schlaf mehr.«[11] Stalin konnte dergleichen nicht anfechten: »Die Flut der Politbüro-Anfragen macht mir gesundheitlich nichts aus«, teilte er Molotow mit. »Schickt mir ruhig, so viele ihr wollt, ich werde sie mit Freuden beantworten.« Er bekam von allen lange Briefe, zumal sie wussten, so Bucharin, »wie sehr Koba Post liebt«.[12]

Kaganowitsch, der zum ersten Mal in Moskau das Zepter schwang, nutzte seine Chance, auch wenn das Politbüro trotzdem die meisten Entscheidungen selbst traf und Stalin eingriff, sobald ihm irgendetwas missfiel. Die eitlen, rauen, leicht erregbaren Magnaten bekämpften einander in Stalins Abwesenheit oft bösartig: Nach einem Streit mit seinem Freund Sergo gab Kaganowitsch Stalin gegenüber zu: »Das hat mich schwer mitgenommen.« Stalin selbst genoss solche Konflikte meist: »Na, liebe Freunde … schon wieder Kabbeleien?« Dennoch konnte manchmal auch er sich aufregen: »Ich kann und will nicht jedes x-beliebige Problem lösen, das im Politbüro aufkommt. Ihr müsst in der Lage sein, systematisch nachzudenken und selbst einen Weg zu finden!«[13]

Auch das Vergnügen kam nicht zu kurz. Stalin interessierte sich sehr für die Gärtnerei, pflanzte Limonen und Orangen, jätete stolz Unkraut und ließ seine Höflinge in der Sonne schuften. Im Übrigen schätzte er einen gewissen Alferow, über den er an Poskrebyschew schrieb: »Er wäre vielleicht für die Landwirtschaftsakademie geeignet: Der Gärtner von Sotschi ist wirklich ein sehr guter, redlicher Mann.«

Stalins Leben im Süden besaß nichts von der einsamen Kälte, die man normalerweise mit ihm assoziiert. »Josef Wissarionowitsch unternahm gerne Ausflüge ins Grüne«, hielt Woroschilowa in ihrem Tagebuch fest. »Er fuhr uns mit dem Auto, und wir richteten uns an einem Flüsschen ein, machten ein Feuer und grillten, sangen und scherzten miteinander.« An diesen Ausflügen nahm das ganze Gefolge teil.

»Wir stecken oft alle zusammen«, schrieb ein begeisterter Sekretär einem Kollegen, »schießen mit Luftgewehren auf Zielscheiben, wandern

---

* Für Historiker ist das freilich von Vorteil, denn bis 1935 die Telefonleitung zwischen Moskau und dem Süden stand, lief der Austausch in erster Linie schriftlich.

oder fahren mit dem Auto übers Land, steigen in den Wald hinauf, grillen Kebab, trinken kräftig und tollen dann herum.« Stalin und Jenukidse unterhielten die Runde mit Berichten über ihre Abenteuer als vorrevolutionäre Konspirateure, während Demian Bedni »obszöne Witze erzählte, die ihm nicht auszugehen schienen«. Stalin schoss Rebhühner und ruderte.

»Einmal, als der Genosse Stalin Klim und mich in seine Datscha nach Sotschi einlud«, schrieb Woroschilowa, »sah ich ihn kegeln.« Stalin und der Kavallerist Budjonni traten gegen Wasili und Artjom an. Budjonni legte sich so hart ins Zeug, dass er mit einem Wurf alle Kegel und noch den Schutzschirm dahinter zerbrach. Alle lachten über seine Stärke:

»Viel Kraft, aber nichts im Kopf.« Sie zogen ihn auf, weil er sich bei einem Fallschirmsprung verletzt hatte. »Der wollte nur mal eben ›absitzen‹!«

»Es gibt nur zwei große Kavalleristen – Napoleons Marschall Lannes und Semjon Budjonni«, adelte Stalin ihn, »also sollten wir sein fachmännisches Urteil immer beherzigen!« Jahre später konnte Woroschilowa nur noch nostalgisch zurückblicken: »Was für eine wunderschöne Zeit das war!«[14]

In jenem September 1931 besuchten zwei georgische Potentaten die Stalins, von denen Nadja nur den einen mochte: den Altbolschewiken und abchasischen Parteichef Nestor Lakoba, der sein Land mit ungewöhnlicher Milde regierte wie ein unabhängiges Lehen. Er schützte einige der örtlichen Fürsten und widersetzte sich der Kollektivierung unter dem Vorwand, in Abchasien gebe es keine Kulaken. Als die georgische Partei deshalb an Moskau appellierte, traten Stalin und Sergo für Lakoba ein. Schlank und adrett, mit ewig blinzelnden Augen, schwarzem, glatt zurückgekämmtem Haar und einem Hörgerät im Ohr, zog dieser Abenteurer durch die Straßen und Cafés seines kleinen Reiches. Als ehemaliger Küchenchef der besten Hotels kannte er jedermann, baute Stalin immer neue Häuser und richtete Bankette für ihn aus – wie Fasil Iskander ihn treffend in seinem abchasischen Roman *Onkel Sandro aus Tschegem* darstellt. Stalin betrachtete ihn als einen echten Verbündeten:

»Ich Koba, du Lakoba!«, scherzte er. Lakoba, auch ein Mitglied der Bolschewikenfamilie, saß ganze Nachmittage mit Stalin auf der Veranda. Wenn er zur Datscha kam, seine Delikatessen und abchasischen Gesänge im Gepäck, rief Stalin aus: »Vivat Abchasia!« Artjom empfand die Auftritte Lakobas als »das ganze Haus durchflutende Ströme von Licht«.

Stalin ließ sich von Lakoba im Umgang mit der besonders cliquenhaften und widerspenstigen georgischen Partei beraten. Dem gleichen Zweck diente die Anwesenheit des anderen Gastes, Lawrenti Pawlowitsch Beria. Der transkaukasische GPU-Chef hatte schütteres Haar, war untersetzt und agil mit einem breiten fleischigen Gesicht, dicken Lippen und unruhigen »Schlangenaugen« hinter einem glitzernden Kneifer. Dieser hochintelligente, unbarmherzige, unermüdlich arbeitende Draufgänger, den Stalin eines Tages als »unseren Himmler« titulierte, legte bei seinem Aufstieg, zuerst an die Spitze des Kaukasus, danach in Stalins Kreis und schließlich bis in die Staatsführung hinauf, die exotische Schmeichelei, ausufernde Sinneslust und erlesene Grausamkeit eines byzantinischen Höflings an den Tag.

Bei Suchumi geboren und von Mingreliern abstammend – wahrscheinlich der uneheliche Sohn eines abchasischen Gutsbesitzers und einer frommen Georgierin –, dürfte Beria während des Bürgerkriegs das in Baku herrschende antikommunistische Mussawist-Regime als Doppelagent unterstützt haben. Obwohl es hieß, dass Stalins Verbündeter Sergei Kirow ihn rettete, entkam er dem Schafott nur durch Zufall. Während des Architekturstudiums am Bakuer Polytechnikum lockte Beria die Macht der Tscheka, in der er dann unaufhaltsam aufstieg, übrigens gefördert von Sergo. Sogar nach den Maßstäben dieser grässlichen Organisation hob er sich durch seinen Sadismus ab. »Beria würde kalt lächelnd seinen besten Freund töten, wenn der ihn diffamiert«, urteilte einer seiner Schergen. Während der Bürgerkriegshaft verliebte er sich in die junge blonde, braunäugige Nichte seines Zellennachbarn, Nina Gegetschkori, die aus einer adligen Familie stammte. Einer ihrer Onkel stieg unter den Menschewiki, ein anderer unter den Bolschewiki Georgiens zum Minister auf. Als Beria mit zweiundzwanzig schon ein ranghoher Tschekist war, bat ihn die siebzehnjährige Nina um die Freilassung ihres Onkels. Beria machte ihr den Hof, und schließlich brannten sie mit seinem Dienstsonderzug durch: Daher der Mythos, er habe sie in seinem Eisenbahnwagen vergewaltigt. Aber weit gefehlt, denn Nina liebte den »Charmeur« bis ans Ende ihres langen Lebens.

Der inzwischen zweiunddreißigjährige Beria personifizierte die verheißungsvolle Jugend von 1918, war indes viel gebildeter sowohl als die Genossen der ersten Generation, wie Stalin und Kalinin, als auch die der zweiten, wie Mikojan und Kaganowitsch. Stark konkurrenzorientiert, war er ein begeisterter Sportler – spielte in der georgischen Fußballnationalmannschaft als linker Verteidiger und beherrschte Ju-Jitsu. Eiskalt und berechnend, ein kriecherischer Schmeichler, dabei voller Ranküne, pflegte er den Brauch, sich Gönner warm zu halten. Sergo, der damalige Chef des Kaukasus, förderte seinen Aufstieg in der GPU und stellte ihn 1926 Stalin vor. Dann übernahm Beria die Sicherheitsvorkehrungen für dessen Urlaubsreisen.

»Ohne Dich«, schrieb Beria an Sergo, »wäre ich verloren. Du bist mir mehr als ein Vater oder Bruder.« Sergo entlastete ihn auch vom Vorwurf der Kollaboration mit dem Feind, doch als er 1926 nach Moskau ging, um dort Karriere zu machen, kehrte Beria ihm den Rücken, umwarb fortan den einflussreichsten Mann der Region, Lakoba, und buhlte bei ihm um ein neuerliches Treffen mit Stalin.

Doch diesen hatte seine schmierige Art verärgert, und als Beria in der Datscha eintraf, murrte er:

»Was, der schon wieder?«, und ließ ihn wegschicken, mit dem Vermerk: »Sagen Sie ihm, dass wir hier auf Lakoba setzen!« Als Beria sich mit den georgischen Bossen entzweite, die ihn für einen erbärmlichen Scharlatan hielten, setzte sich Lakoba für ihn ein. Doch Beria wollte mehr und ließ nicht locker.

»Lieber Genosse Nestor«, schrieb er ihm, »ich würde sehr gerne den Genossen Koba noch vor seiner Abreise sehen ... könnten Sie ihn bitte daran erinnern?«

Nun nahm Lakoba ihn selbst mit zum *Woschd*. Dieser hatte sich über die unbotmäßigen Clans der georgischen Bosse ereifert, die ihre alten Freunde förderten, mit ihren Gönnern in Moskau tratschten und zu viel über seine unrühmlichen frühen Eskapaden wussten. Jetzt regte Lakoba an, diese altbolschewistischen Bonzen durch Beria zu ersetzen, einen Stalin absolut ergebenen Mann der neuen Generation. Nadja konnte Beria von Anfang an nicht ausstehen.

»Wie kannst du so einen Menschen ins Haus lassen?«

»Er ist ein guter Beamter«, erwiderte Stalin. »Was hast du gegen ihn?«

»Brauchst du Beweise?«, keifte Nadja zurück. »Er ist ein Halunke. Ich will ihn nicht im Haus haben.« Stalin erwähnte später, dass er nicht auf sie hörte:

»Er ist mein Freund, ein guter Tschekist ... ich vertraue ihm.« Auch Kirow und Sergo warnten Stalin vor Beria, doch er schlug ihren Rat in den Wind, was er noch bereuen sollte. Jetzt hieß er erst einmal diesen neuen Günstling willkommen. Gleichwohl, »als er das Haus betrat«, so

Artjom, »verbreitete sich Düsternis«. Den Notizen Lakobas zufolge stimmte Stalin zu, den Tschekisten zu fördern, erkundigte sich aber: »Ist Beria zuverlässig?«

»Absolut«, antwortete Lakoba, der sich bald am liebsten die Zunge dafür abgebissen hätte.[15]

Im Anschluss an Sotschi kurten Stalin und Nadja in Zaltubo. Von dort aus unterrichtete Stalin Sergo über seine Pläne für den Emporkömmling, ließ kein gutes Haar an den Regionalbossen, verhöhnte den ersten als »sehr komische Gestalt« und den zweiten als »ziemlich aufgedunsen«. Sein Resümee: »Sie haben mir zugesagt, Beria ins Kraikom [Gebietskomitee] von Georgien zu verhelfen.« Sergo und die georgischen Chefs waren zwar entsetzt darüber, dass ein Polizist alte Revolutionäre beaufsichtigen sollte, doch Stalin schloss seinen Brief fröhlich mit: »Grüße von Nadja! Wie geht es Sina?«[16]

Die Kur glich einer alljährlichen Wallfahrt. Bereits 1923 war Mikojan aufgefallen, dass Stalin seinen schlimmen Arm wegen Rheumatismus bandagierte, weshalb er ihm die Mazesta-Bäder bei Sotschi empfahl. Er suchte ihm dort sogar persönlich ein stattliches Herrenhaus mit Salon und drei Schlafzimmern aus.[17] Oft fuhr Stalin mit Artjom »in einem alten offenen Rolls-Royce, Baujahr 1911, spazieren«, wobei nur sein persönlicher Leibwächter Wlasik sie begleitete.*

Stalin scheint sich geschämt zu haben, entweder wegen des verkrüppelten Armes oder wegen der Psoriasis: Von den Magnaten durfte nur Kirow ihn zum Baden begleiten. Artjom dagegen störte ihn nicht. Wenn sie im Dampf schwitzten, erzählte Stalin ihm »von seiner Kindheit und Abenteuer aus dem Kaukasus, und wir sprachen viel über unsere Wehwehchen«.

Das Thema Gesundheit lag Stalin sehr am Herzen. Immerhin leisteten er und die Genossen als »verantwortliche Arbeiter« Dienst am Volk, sodass ihr Wohlbefinden im staatlichen Interesse lag. Das war bereits sowjetische Tradition: Schon Lenin hatte die körperliche Verfassung seiner Funktionäre überwacht. Stalins Politbüro musste in den frühen dreißiger Jahren so hart und unter so hohem Druck arbeiten, dass es niemanden überraschen konnte, wenn die bereits durch Verbannungen und

---

* Sein Chauffeur im Süden, Nikolai Iwanowitsch Solowiew, hatte angeblich schon unter Nikolaus II. gedient, in Wahrheit aber immer General Brusilow und nur einmal im Ersten Weltkrieg den Zaren kutschiert.

den Bürgerkrieg angegriffene Gesundheit der Magnaten weiteren Schaden nahm. Ihre Briefe lesen sich wie Protokolle eines Hypochonderklubs.*

»Jetzt genese ich allmählich«, vertraute Stalin Molotow an. »Die Quellen hier bei Sotschi sind sehr gut, helfen gegen Sklerose, Nervenleiden, Ischias, Gicht und Rheumatismus. Solltest Du nicht auch Deine Frau einmal herschicken?«[18] Stalin bekam jetzt offenbar Spätfolgen der Mangelernährung und Eiseskälte seiner Exilzeiten zu spüren: Bei hoher Belastung schwollen ihm regelmäßig die Mandeln an. Den Kurarzt in Mazesta, Professor Waledinski, mochte er so gut leiden, dass er ihn oft mit seinen Kindern auf die Terrasse einlud, wo auch der Romancier Maxim Gorki und das Politbüro gerne Stalins Cognac zusprachen. Später holte er Waledinski nach Moskau, und der Professor blieb bis zum Krieg sein Leibarzt.

Zu Stalins Beschwerden zählten auch – wie bereits erwähnt – Zahnschmerzen. Nachdem sich Doktor Schapiro auf Drängen Nadjas des Problems angenommen und acht kranke Stellen versorgt hatte, wollte Stalin ihm seine Dankbarkeit bezeugen:

»Haben Sie einen Wunsch?« Jawohl, den hatte er! »Der Zahnarzt Schapiro«, schrieb Stalin an Poskrebyschew, »der sich sehr für unsere verantwortlichen Arbeiter einsetzt, derzeit für mich, möchte seine Tochter in Moskau Medizin studieren lassen. Ich meine, wir müssen dem Mann helfen, so wie er uns Genossen tagtäglich hilft. Könnten Sie sich also bitte darum kümmern und das schnellstmöglich regeln, damit es nicht zu spät ist. ... In Erwartung Ihrer Antwort.« Falls es in Moskau nicht klappe, solle Poskrebyschew eben kurzfristig in Leningrad anfragen.[19]

Stalin tauschte sich gerne mit Freunden über die Gesundheit aus. »In Sotschi bin ich mit einer (trockenen) Rippenfellentzündung angekommen«, erzählte er Sergo. »Jetzt geht es mir wieder besser; nach zehn Anwendungen waren auch die rheumatischen Schmerzen verschwunden.«[20] Die anderen berichteten ebenfalls ausführlich über ihre Beschwerden.[21]

* So schrieb Stalin zum Beispiel über Nikolai Jeschow, einen jungen Beamten, der im bevorstehenden Terror zum Chef der Geheimpolizei aufsteigen sollte: »Sie empfehlen, Jeschow noch ein, zwei Monate Urlaub zu gönnen. Er selbst ist dagegen, aber offenbar braucht er noch Erholung. Also verlängern wir, und lassen ihn weitere zwei Monate in Abastuman bleiben. Ich stimme ›dafür‹.« Jeschow war gewiss ein Mann, auf den man achten musste.

»Wie geht es Deinen Nierensteinen?«, erkundigte sich Stalin bei Sergo, der gerade gemeinsam mit Kaganowitsch Urlaub machte. Solcherlei Briefe wechselten hin und her.

»Hier ist es wie in einem großen Dampfbad«, schrieb Sergo und fügte an, dass »Kaganowitsch etwas kränkelt. Die Ursache ist noch nicht geklärt. Vielleicht das Herz. … Die Ärzte sagen, das Wasser und spezielle Bäder würden ihm helfen, aber er muss noch einen Monat hier bleiben. … Ich selbst fühle mich gut, bin aber noch nicht sehr erholt…«

Auch Kaganowitsch meldete sich aus den Bädern von Borschomi: »Lieber Genosse Stalin, ich schicke Ihnen dampfige Grüße. … Es ist schade, dass Sie uns wegen des Sturms nicht besuchen können.«[22] Sergo erstattete abermals Krankenbericht: »Kaganowitsch hat geschwollene Beine. Die Ursache steht noch nicht fest, doch es könnte eine Herzschwäche sein. Sein Urlaub endet am 30. August, muss aber wohl verlängert werden.«[23] Sogar aus Moskau erreichten Stalin die Krankmeldungen am Urlaubsort: »Rudsutak liegt flach, und Sergo hat TB-Erreger, sodass wir ihn nach Deutschland [in die Schweiz?] schicken müssen.« Molotow berichtete seinem Chef: »Mit mehr Schlaf würden wir weniger Fehler machen.«[24]

Zum Semesterbeginn kehrte Nadja nach Moskau zurück. Stalin fuhr wieder nach Sotschi, von wo er ihr zärtliche Briefe schrieb: »Wir haben viel gekegelt. Molotow war schon zweimal da, aber seine Frau ist anderswohin gefahren.« Sergo und Kalinin seien eingetroffen, »aber es gibt nichts Neues. Bitte Wasja und Swetlana, mir zu schreiben.«

Im Unterschied zum Vorjahr hatten Stalin und Nadja sich, nach ihren Briefen zu urteilen, im Urlaub gut verstanden. Trotz der Zwistigkeiten wegen Beria herrschte eitel Freude. Nadja wollte über die Lage in Moskau berichten. Weit von einer parteifeindlichen Einstellung entfernt, arbeitete sie eifriger denn je daran, sich für höhere Aufgaben zu empfehlen.

»Moskau wirkt jetzt zwar etwas freundlicher«, schrieb sie, »aber, besonders wenn es immerzu in Strömen gießt, eher wie eine Frau mit überschminkten Hautunreinheiten.« Kaganowitschs Stadtsanierung zeigte bereits Wirkung, er sprengte fleißig alte Bauten in die Luft. Die Erlöserkirche, ein echter Schandfleck aus dem 19. Jahrhundert, sollte dem noch viel hässlicheren Palast der Sowjets weichen. Nadja begann, über »Einzelheiten« zu berichten, die Stalin hätten interessieren müssen, verlor sich jedoch etwas zu sehr im Kleinklein: »Der Kreml ist zwar sauber, aber der

Garagenhof ausgesprochen hässlich. ... Alles ist sehr teuer, und die Leute haben kein Geld. Sei mir nicht böse, wenn ich zu sehr ins Detail gehe, aber man muss hier für Abhilfe sorgen, gerade zugunsten der arbeitenden Klasse...« Dann wünschte sie Stalin ruhige Nächte: »Schlaf gut...« Doch die Spannungen in der Führungsriege konnten Nadja nicht verborgen bleiben. Vielmehr lebte sie ja selbst mittendrin, in dieser kleinen Kremlwelt, in der die anderen Funktionäre sie fast täglich besuchten. »Sergo hat hereingeschaut, er war traurig über Deinen vorwurfsvollen Brief und wirkte sehr müde.«[25]

Stalin rieb sich keineswegs an Kleinigkeiten. »Ist schon gut. Moskau verändert sich gewiss zu seinem Vorteil.«[26] Er bat sie, Sergei Kirow anzurufen, den Leningrader Parteichef, der ihm besonders am Herzen lag.

»Er hat beschlossen, Dich am 12. September zu besuchen«, richtete sie ihm aus und fragte ein paar Tage später nach: »War Kirow schon bei Dir?« Doch der traf erst wenig später in Sotschi ein. Sie beschäftigten sich mit dem Klima, was Stalin vielleicht seit seiner kurzen Zeit als Wetterbeobachter näher interessierte:

»Mit Kirow habe ich die Temperatur unten bei ihm im Tal und hier oben bei uns gemessen – zwei Grad Abweichung.«* Stalin war kein großer Schwimmer, vielleicht wegen des lädierten Arms, wenngleich er Artjom erklärte, dass »Bergvölker das Wasser scheuen«. Doch jetzt ging er mit Kirow baden.

»Gut, dass Kirow Dir Gesellschaft leistet«, schrieb Nadja beruhigt und ermahnte den Mann, der sie einst aus den Fluten gerettet hatte: »Du musst beim Schwimmen aufpassen.« Später ließ er sich im Bad der Datscha von Sotschi ein auf seine Größe abgestimmtes Tauchbecken anlegen, um sich ungesehen abkühlen zu können.

Unterdessen griff die Hungersnot rasant um sich. Woroschilow forderte Stalin schriftlich auf, Funktionäre ins Hinterland zu schicken und sie dort nach dem Rechten sehen zu lassen.

»Du hast Recht«, pflichtete Stalin ihm am 24. September 1931 bei. »Man muss sich ein eigenes Bild machen und vor Ort mit den Betroffenen reden. Wir kämen viel schneller vorwärts, wenn wir mehr reisen und auf die Menschen zugehen würden. Ich wollte gar nicht in Urlaub fahren, war aber ... sehr müde, und erst jetzt bessert sich mein Zustand etwas.«

---

* Später saß der alte Diktator Trinkwettkämpfen vor, bei denen seine Gäste für jedes Grad, das sie falsch rieten, einen Becher Wodka leeren mussten.

Er war nicht der Einzige, der sich zwischendurch im Urlaub mit der Hungersnot befasste: Budjonni berichtete von Verhungernden, endete dann aber:

»Der Bau meines neuen Landhauses ist jetzt abgeschlossen, es ist sehr hübsch geworden…«[27]

»In Moskau regnet es nur noch«, meldete Nadja. »Die Kinder hatten schon alle ihre Erkältung. Ich beuge vor und packe mich immer warm ein.« Dann spielte sie neckisch auf das Buch eines »Abtrünnigen« über ihn und Lenin an. »In der Weißen Presse stehen interessante Sachen über Dich. Bist Du neugierig? Ich habe Dwinski [den Stellvertreter Poskrebyschews] gebeten, alles zu sammeln. … Sergo hat angerufen und über eine Lungenentzündung geklagt.«

In Sotschi habe ein fürchterliches Unwetter getobt: »Zwei Tage lang heulte der Sturm mit der Wildheit einer wütenden Bestie«, schrieb Stalin, »und hat achtzehn große Eichen auf unserem Grundstück entwurzelt.« Über die Briefe der Kinder habe er sich sehr gefreut. »Küsse sie von mir, die lieben Kleinen.«

Swetlana hatte ihren »Ersten Sekretär« aufgefordert:

»Hallo Papotschka, komm sofort nach Hause! Das ist ein Befehl!« Stalin gehorchte, zumal die Krise sich zuspitzte.[28]

6

ZÜGE VOLLER LEICHEN:
LIEBE, TOD UND HYSTERIE

»Die Bauern aßen Hunde, Pferde, faule Kartoffeln, Baumrinde – einfach alles, was sich fand«, berichtete der Augenzeuge Fedor Below. Doch Stalin feierte am 21. Dezember 1931 inmitten des Elends in Subalowo seinen Geburtstag. »Zu diesem Anlass besuchten wir ihn immer dort, und Josef Wissarionowitsch war sehr gastfreundlich. Man sang und tanzte, ja, ja, tanzte. Alles tanzte kräftig!«, trug Ekaterina Woroschilowa, die Frau des Verteidigungskommissars und ihrerseits Revolutionärin, einst die Geliebte Jenukidses, jetzt eine mollige Hausfrau, in ihr Tagebuch ein. Woroschilowa erinnerte sich, dass man Arien, ländliche Romanzen, georgische Klagelieder und Kosakenballaden sang – überraschenderweise bei so gottlosen Gesellen auch Kirchenlieder, die sie in ihrer Kindheit und Jugend gelernt hatten.

Mitunter ergötzten sie sich, der Anwesenheit von Damen zum Trotz, an schmutzigen Liedern. Die beiden ehemaligen Chorknaben Woroschilow und Stalin sangen zusammen: Stalin »hatte eine gute Tenorstimme und liebte Gesang«, schrieb Ekaterina. »Er besaß ein solides Repertoire« – insbesondere alte georgische Weisen, Arien aus *Rigoletto* und immer wieder den Choral aus der orthodoxen Liturgie »Mnogaja Leta«. Später schwärmte er Präsident Truman vor: »Ah ja, Musik ist ausgezeichnet – sie treibt das Tier im Menschen aus«, ein Thema, bei dem er zweifellos eine Art Experte war. Stalin traf den Ton, hatte eine »feine« und »schöne« Stimme. Ja, einer seiner Höflinge meinte sogar, er hätte auch zum Berufsmusiker getaugt – eine interessante historische Alternative.

Stalin bediente das (amerikanische) Grammophon, »wechselte die Platten und unterhielt seine Gäste, wobei er besonders die lustigen Stücke liebte«. Molotow »tanzte im russischen Stil mit einem Taschentuch«, die im Gesellschaftstanz bewanderte Polina mehr förmlich. Am tollsten trieben es die Kaukasier. Woroschilowa erwähnte, dass Anastas Mikojan auf Nadja Stalin zuwirbelte: Der schlanke schwarzhaarige Armenier, ein umsichtiger, gewiefter und arbeitsamer Mann mit Schnurrbart, blitzenden Augen, schiefer Adlernase und Vorliebe für makellose Kleidung, was ihm sogar im schlichten Kasack mit Stiefeln etwas dandyhaft Geschmeidiges gab, blickte ebenfalls auf ein Intermezzo als Priesteramtskandidat zurück. Hochintelligent, hatte er einen knochentrockenen Humor und eine starke Sprachbegabung, konnte Englisch und brachte sich 1931 selbst Deutsch bei, um *Das Kapital* ins Russische zu übersetzen.

Obwohl Mikojan kein Blatt vor den Mund nahm und Stalin beherzt widersprach, überlebte er die Wirren der russischen Geschichte und stand noch zu Breschnews Zeiten mit an der Spitze. Schon seit 1915 Bolschewik, war er dem traurigen Schicksal der im Bürgerkrieg erschossenen sechsundzwanzig Kommissare entgangen und leitete nun die Sparte Handel und Versorgung.* Stalins Tochter Swetlana hielt ihn, so »jugendlich und elegant«, für den attraktivsten von allen Magnaten. Sicher tanzte er am besten. »Mit Mikojan wurde es dir nie langweilig«, betonte Artjom. »Er ist unser Kavalier«, so Chruschtschew, »zumindest der beste, den wir haben!« Allerdings könne man »dem schlauen Fuchs aus dem Osten« nicht über den Weg trauen.

Woroschilow kreiste ebenso leichtfüßig über das Tanzparkett, wie er sich auf dem politischen als gnadenloser Stümper erwies. Er tanzte den *Gopak* und rief dann nach Partnerinnen für das, was Polina »seine Paradenummer« nannte, die *Polka*. Vielleicht herrschte unter den Magnaten deshalb eine so fieberhafte Stimmung, weil auf dem Lande das ganze Regime bedroht zu sein schien.[1]

Als der amerikanische Linke Fred Beal im Sommer ein Dorf nahe der damaligen ukrainischen Hauptstadt Charkow besuchte, lebte dort nur noch eine geisteskranke Frau. Ratten fraßen sich durch die in Leichenhäuser verwandelten Hütten.

---

* Mikojan war das Stehaufmännchen der sowjetischen Politik. Ein russischer Spruch lautete: »Ohne Unfall und Schlagfluß von einem Iljitsch zum anderen« (bezogen auf Lenin und Leonid Breschnew). Als zuständiger Mann für Ernährung reiste er 1936 in die USA, um amerikanische Produktionsverfahren kennen zu lernen, und brachte von dort unter anderem die Eiscreme mit. Er stand schließlich für einen der raren sowjetischen Markennamen. Nach dem Amerikabesuch verlor er den Geschmack an Festkasacken und trug für den Rest seiner Laufbahn möglichst nur noch piekfeine Maßanzüge.

Am 6. Juni 1932 hoben Stalin und Molotow hervor, dass »bei den für die Getreidelieferungen festgelegten Mengen und Fristen keinerlei Abweichung zu dulden ist«, doch wenig später, am 17. Juni, baten Wlas Tschubar und Stanislas Kosior als Leiter des ukrainischen Politbüros um Nahrungshilfen, da im Hinterland »der Notstand« herrsche. Stalin machte die beiden selbst für die Krise verantwortlich: Die Hungersnot sei als das Resultat gezielter Sabotage ein gegen das Zentralkomitee, und damit ihn selbst, gerichteter feindseliger Akt. »Die Ukraine«, schrieb er an Kaganowitsch, »hat schon mehr bekommen, als ihr eigentlich zustünde.« Als ein Beamter dem Politbüro todesmutig über die Lage berichtete, unterbrach Stalin ihn: »Wie es heißt, Genosse Terechow, sind Sie ein guter Redner, aber man sagt auch, dass Sie eine rege Phantasie haben. Uns ein solches Märchen von Hungersnot aufzutischen! Sie wollten uns wohl einen Schreck einjagen, doch so einfach geht das nicht. Sollten Sie nicht als ukrainischer ZK-Sekretär aufhören und besser der Schriftstellerunion beitreten? Da können Sie Märchen erfinden, und Narren werden Sie lesen.« Ein ukrainischer Gast fragte Mikojan: »Weiß Genosse Stalin – oder irgendwer im Politbüro – überhaupt, was in der Ukraine los ist? Wenn nicht, will ich Ihnen mal eine Vorstellung davon geben: Kürzlich kam in Kiew ein Zug voller Leichen an. Man hatte alle Verhungerten auf der Strecke von Poltawa eingesammelt…«

Die Magnaten wussten genau, was da vor sich ging:[*] Ihre Briefe bezeugen, dass sie von ihren Luxuszügen aus Schreckliches erblickten. Budjonni schrieb Stalin aus dem Urlaub in Sotschi: »Durchs Zugfenster habe ich sehr erschöpfte Menschen in alten Lumpen gesehen, und unsere Pferde sind nur noch Haut und Knochen.« Präsident Kalinin, Stalins »Dorfältester«, geißelte jene »politischen Betrüger«, die »Hilfe für eine ›hungernde‹ Ukraine« forderten. »Nur tief gesunkene, verfallende Klassen können solche zynischen Elemente hervorbringen.« Doch am 18. Juni 1932 nahm Stalin wenigstens die Realität zur Kenntnis und

---

* Als der erwähnte Amerikaner Beal den Vorsitzenden des Zentralen Vollzugsrats (und nominellen Präsidenten) der Ukraine Petrowski darauf ansprach, erwiderte der: »Wir wissen, dass Millionen sterben. Das ist ein Unglück, aber die glorreiche Zukunft der Sowjetunion wird es rechtfertigen.« Bis 1933 sollen 1,1 Millionen Familien, das heißt sieben Millionen Menschen, alles verloren haben. Sehr viele wurden deportiert, mindestens drei Millionen liquidiert. 1931 hatte man als Auslöser der Katastrophe 13 Millionen der mehr als 25 Millionen Betriebe kollektiviert, 1937 waren es schon 18,5 Millionen von allerdings insgesamt nur noch 19,9 Millionen: 5,7 Millionen Familien mit gut fünfzehn Millionen Menschen waren verschleppt worden und viele dabei umgekommen.

sprach Kaganowitsch gegenüber die »himmelschreienden Absurditäten der Hungersnot in der Ukraine« an.

Die »absurde« Hungersnot, der Blutzoll für hektische Investitionen in den Bau von Traktoren und Schmelztiegeln, forderte vier, fünf, ja vielleicht zehn Millionen Menschenleben. Die Bauern hatten immer schon als Feinde des Bolschewismus gegolten, und Lenin meinte, dass sie durchaus ein bisschen hungern sollten. Kopelew räumte ein: »Damals war ich von einem fest überzeugt: das Ziel heiligt die Mittel. Unser großes Ziel war der Sieg des Weltkommunismus; um seinetwillen kann man und muss man lügen, rauben, Hunderttausende, ja Millionen von Menschen vernichten.« »Mit anderen Worten, sie fühlen sich nicht verantwortlich für das, was später passierte«, schrieb Nadeschda Mandelstam, die Frau des Dichters, in ihren berühmten Memoiren *Das Jahrhundert der Wölfe*. »Sind sie es wirklich nicht? Schließlich zerstörten die Menschen der zwanziger Jahre die bis dahin gültigen Werte und erfanden die Parolen, ohne die auch heute unser junger Staat sein einmaliges Experiment nicht durchführen könnte – beim Hobeln fallen Späne. Alle Hinrichtungen wurden damit gerechtfertigt, dass eine neue Welt aufgebaut werde, in der es keinerlei Gewalt mehr gebe, und für dieses unerhört ›Neue‹ kein Opfer zu groß sein könne.« Das Gemetzel und die Hungersnot setzten die Partei zwar schwer unter Druck, aber die Basis begehrte kaum auf: Wie konnte sie ein solches Ausmaß des Massensterbens tatenlos hinnehmen?

»Eine Revolution ohne Erschießungskommandos«, soll Lenin gesagt haben, »ist sinnlos.« Sein Leben lang rühmte er die jakobinische Schreckensherrschaft, da auch sein Bolschewismus auf dem Glauben an einen »gesellschaftlichen Aderlass« beruhe. Auch wenn seine Anhänger zum Atheismus neigten, säkulare Linke im landläufigen Sinne waren sie kaum, sondern sahen sich aus moralischer Gewißheit zum Töten gezwungen. Mag der Bolschewismus auch nicht direkt eine Religion gewesen sein, er kam nahe genug heran. Stalin erklärte Beria, die Bolschewiken seien »eine Art militärisch-religiöser Orden«. Den Tscheka-Gründer Dserschinski bezeichnete Stalin bei seiner Beerdigung als »einen Kreuzritter des Proletariats«, und sein eigener »Orden der Schwertträger« erinnerte mehr an die Tempelritter oder gar den Gottesstaat der iranischen Ajatollahs als an weltliche Institutionen. Der blinde Glaube an den unaufhaltsamen Fortschritt zur Besserung der Menschheit motivierte die Genossen, mit einer Inbrunst zu töten sowie sich und ihre Angehörigen zu opfern, die man sonst nur von religiösen Delirien und Martyrien her kennt.

Sie kokettierten mit ihrem »edlen Geblüt«. Als Stalin 1941 General Schukow fragte: »Können wir Moskau halten?«, fügte er hinzu: »Antworten Sie mir als Bolschewik!«

Die »Schwertträger« mussten mit messianischer Inbrunst *glauben*, um wirklich erbarmungslos vorgehen und andere von der *Richtigkeit* ihres Tuns überzeugen zu können. Ebenso wie Stalin waren auch seine Genossen von einer religiös fanatischen Leidenschaft erfüllt: Sergo Mikojan bezeichnete seinen Vater als »bolschewistischen Eiferer«. Die meisten* entstammten strenggläubigen Verhältnissen, hassten aber das Christentum und ersetzten die Orthodoxie ihrer Eltern durch etwas noch Rigideres, eine systematische Amoral: »Diese Religion – oder Wissenschaft, wie ihre Anhänger bescheiden sagen – verleiht dem Menschen große Autorität und erhebt ihn zu einem gottähnlichen Wesen. ... In den zwanziger Jahren führten viele Menschen den Siegeszug des Christentums als Beispiel an und sahen darin ein Analogon zu der neuen Religion, der sie ein tausendjähriges Reich prophezeiten«, schrieb Nadeschda Mandelstam. »Allen waren die Vorzüge der neuen Idee klar, die statt einer Belohnung im Jenseits das Paradies auf Erden versprach. Das Wesentlichste aber war die völlige Absage an jegliche Zweifel und der absolute Glaube in die gewonnene wissenschaftliche Wahrheit.«

Das heißt, die Partei rechtfertigte ihre »Diktatur« mit Glaubensstrenge. Ihre Heilige Schrift bildeten die Theorien des Marxismus-Leninismus, als »wissenschaftlich« begründetes Dogma aufgefasst. Da die Ideologie eine so zentrale Rolle spielte, mussten alle Magnaten – scheinbar zumindest – Experten für Marxismus-Leninismus sein, sodass die Genossen nächtelang öde Artikel über den dialektischen Materialismus studierten, um sich ja nicht zu blamieren. Den Grundlagen des Marxismus kam so große Bedeutung bei, dass Molotow und Polina sie sogar in ihren privaten Briefen nicht vergaßen: »Politschka, mein Liebling ... die Lektüre der marxistischen Klassiker ist unerlässlich. ... Du musst noch einige von Lenins Werken lesen, die bald erscheinen werden, und dann einiges von Stalin. ... Ich sehne mich so sehr nach Dir.«

---

* Wenn überhaupt, hatten die Altbolschewiken eine religiös geprägte Ausbildung: Stalin, Jenukidse und Mikojan als Seminaristen, Woroschilow als Chorknabe, Kalinin als regelmäßiger Kirchgänger. Berias Mutter ging ständig in die Kirche und starb auch dort. Als Kaganowitschs jüdische Eltern, die *frum* waren, ihn im Kreml besuchten, zeigte sich seine Mutter ernüchtert: »Aber ihr seid ja alle Atheisten!«, klagte sie.

»Parteilichkeit« diente laut Kopelew fast als Beschwörungsformel und bedeutete, »immer so zu handeln, wie die Partei es im gegebenen Augenblick braucht. … Hauptvoraussetzung der Parteilichkeit war eiserne Disziplin.« Wie ein Altkommunist es ausdrückte, glaubten echte Bolschewiki nicht nur an den Marxismus, sondern »ebenso unbedingt auch an die Partei, gleichgültig was passierte … mussten sich also seelisch und moralisch vorbehaltlos auf das Dogma einstellen können, dass die Partei niemals irrt – obwohl sie doch ständig irrte«. In diesem Geiste prahlte Stalin: »Wir Bolschewiken sind ein besonderer Menschenschlag.«[2]

Nadja war offenbar sensibler, und so nährte die Hungersnot Spannungen in Stalins Ehe. Als die kleine Kira Allilujewa nach Charkow fuhr, um ihren Onkel Redens zu besuchen, den örtlichen GPU-Chef, öffnete sie das Rollo des Abteils und sah zu ihrem Entsetzen hungernde Menschen mit angeschwollenen Bäuchen am Zug um Essbares betteln und durch die Gegend streunende halb verhungerte Hunde. Kira erzählte das ihrer Mutter Schenja, die sich furchtlos an Stalin wandte.

»Gib einfach nichts darauf«, schrieb er zurück. »Sie ist ja noch ein Kind und denkt sich solche Sachen aus.«* Stalins letztes Ehejahr sah, wie alle davor, Hochs und Tiefs. Unter anderem trat Swetlana im Februar 1932 an ihrem Geburtstag in einem Stück für ihre Eltern und das Politbüro auf. Wasja und Artjom, die beiden Jungen, sagten Gedichte auf.[3]

»Hier ist eigentlich alles in Ordnung, uns geht es gut. Die Kinder werden größer, Wasja ist schon zehn, Swetlana fünf. … Sie und ihr Vater sind dicke Freunde«, schrieb Nadja an Stalins Mutter Keke in Tiflis. Es gab zwar offenbar keinen Anlass zu klagen, doch der Tonfall ist interessant. »Insgesamt haben wir kaum Zeit füreinander, Josef und ich. Wahrscheinlich hast Du erfahren, dass ich in meinem hohen Alter noch einmal die Schulbank drücke. Das Studium selbst macht mir weniger Schwierigkeiten als der Kampf, es tagtäglich mit meinen häuslichen Pflichten zu verbinden. Doch ich will mich nicht beschweren, denn bisher bekomme ich es ganz gut hin…« Allerdings bereitete ihr das zunehmend mehr Mühe.

---

* Die Allilujews waren gerade erst aus Deutschland zurückgekehrt und konnten die Veränderungen kaum fassen: »Überall sah man Absperrungen und lange Schlangen«, erinnerte sich Kira. »Alle waren hungrig und verängstigt. Meine Mutter schämte sich, die mitgebrachten Kleider zu tragen. Leute machten sich über die europäische Mode lustig.«

Auch Stalin war nervlich äußerst angespannt. Zu Hause trat er abwechselnd als herumkommandierender Tyrann und geistesabwesender Ehemann auf. Nadja hatte früher Dissidenten von der Akademie verpetzt, doch für die letzten Monate ist schwer zu sagen, ob sie Gegner denunzieren oder nur Stalin ärgern wollte, der ihre Festnahme anordnete. Diese »hitzige Frau« soll ihn sogar angeschrien haben: »Du bist ein Quälgeist und nichts sonst! Du quälst deinen Sohn, deine Frau und das ganze russische Volk.« Als Stalin den Vorrang der Partei vor der Familie unterstrich, gab Jenukidse zurück: »Was ist mit deinen Kindern?« Da brüllte Stalin »Es sind *ihre*!«, und zeigte auf Nadja, die weinend aus dem Zimmer lief.

Nadja wurde von Tag zu Tag hysterischer oder, wie Molotow das nannte, »unausgeglichener«. Sergos Tochter Eteri, die allen Grund hatte, Stalin zu hassen, erklärte dazu: »Stalin behandelte sie nicht gut, aber sie war auch wie alle Allilujews äußerst labil.« Sie schien sich den Kindern und allem Sonstigen zu entfremden. Stalin vertraute Chruschtschew an, dass er sich manchmal im Bad einschloss, worauf sie gegen die Tür trommelte und schrie:

»Du bist das Letzte. Mit dir kann man nicht zusammenleben!« Die Vorstellung, dass Stalin als eingeschüchterter Ehemann bestürmt von einer wild gewordenen Nadja im Bad hockt, erscheint äußerst grotesk. Seinerseits außer sich, da er seine Mission gefährdet sah, hatte Stalin der Manie Nadjas nichts entgegenzusetzen. Einer Freundin beichtete sie, dass »sie endgültig die Nase voll habe – ihr sei alles zu viel«.

»Wie steht es mit den Kindern?«, fragte diese nach.

»Alles, auch die Kinder.« Das lässt erahnen, vor welchem Dilemma Stalin stand. Nadja dürfte eher psychisch krank gewesen sein, als dass nur die empörenden politischen Zustände oder ihr böser Mann sie zur Verzweiflung getrieben hätten. »Sie litt unter Anfällen von Melancholie«, sagte Schenja zu Stalin, war »schwer krank«. Die Ärzte verordneten »Koffein«, um sie wieder aufzurichten. Stalin klagte später das Aufputschmittel an und hatte damit kaum Unrecht: Das Koffein trug gewiss dazu bei, ihre Verzweiflung bis zum Äußersten zu steigern.[4]

Als Stalin spürte, dass die Lage in der Ukraine zunehmend außer Kontrolle geriet, reagierte er darauf seinerseits nervös. »Es scheint, als habe die Sowjetmacht in einigen Teilen der Ukraine aufgehört zu existieren?«, bedrängte er den örtlichen Parteichef, das Politbüromitglied Kosior. »Stimmt das? Steht es wirklich so schlecht? Und was macht die GPU?

Vielleicht untersuchen Sie das Problem und ergreifen geeignete Maß-nahmen.«[5] Die Magnaten streiften erneut durch das Hinterland, um Ge-treide heranzuschaffen, diesmal in noch grausameren halbmilitärischen Expeditionen mit OGPU-Truppen und bewaffneten Parteifunktionären – Molotow persönlich nahm sich den Ural, die Untere Wolga und Sibi-rien vor. Dabei blieb sein Wagen im Schlamm stecken und rutschte dann in einen Graben. Obwohl er mit dem Schrecken davonkam, zeterte Molotow: »Das war ein Anschlag auf mein Leben.«[6]

Da die Zweifel der Gebietsparteichefs wuchsen, kam Stalin zu der Ein-sicht, dass er eine neue, hart durchgreifende Truppe von Adjutanten wie Beria brauchte, den er nun zum Regenten des Kaukasus ernannte. Er zitierte die »Häuptlinge« Georgiens in den Kreml und knöpfte sich die Altbolschewiken vor.

»Anscheinend«, plusterte Stalin sich künstlich auf, »gibt es in Trans-kaukasien überhaupt keine Parteiorganisation mehr. Nur noch einen Filz von Kumpanen, die jeden wählen, mit dem sie Wein trinken. Das ist ein echter Witz. ... Wir müssen Leute fördern, die ehrlich arbeiten. ... Wen wir auch da hinunterschicken, er kommt gleich auf den Ge-schmack!« Alles lachte, doch dann wurde es ernst. »Wir werden ihnen sämtliche Knochen im Leibe brechen, wenn dieser Sumpf nicht bald tro-ckengelegt wird...«

Sergo war nicht anwesend.

»Wo ist er?«, flüsterte einer der Beamten Mikojan zu, der antwortete: »Weshalb sollte Sergo an der Krönung Berias teilnehmen? Dafür kennt er ihn zu gut.« Es gab offenen Widerstand gegen seine Beför-derung: Den Regionalchefs war es fast gelungen, Beria in die tiefste Pro-vinz abzuschieben, aber Stalin hatte ihn davor bewahrt. Nun hob er seine Qualitäten hervor:

»Er löst Probleme, während das Büro nur Akten wälzt!«

»Das wird nicht klappen, Genosse Stalin. Wir können nicht zusam-menarbeiten«, wandte einer der Georgier ein.

»Ich will mit diesem Scharlatan nichts zu tun haben!«, sagte ein ande-rer.

»Wir werden das Problem auf die übliche Weise lösen«, beendete Sta-lin ärgerlich die Sitzung und ernannte Beria über aller Köpfe hinweg zum Ersten Sekretär Georgiens und zum Zweiten Sekretär Transkauka-siens. Beria hatte sein Ziel erreicht.[7]

Derweil wanderte Fred Beal durch ukrainische Dörfer, in denen niemand mehr lebte, und fand bei den Leichen herzzerreißende Botschaften. »Gott segne jene, die hier einziehen. Mögen sie niemals leiden müssen wie wir«, lautete eine. Und eine andere: »Mein Sohn, wir werden nicht mehr lange durchhalten. Gott sei mit Dir.«

Kaganowitsch, der durch die Ukraine zog, blieb ungerührt. Mehr erregte ihn die Sanftmut der örtlichen Funktionäre: »Hallo, lieber Walerian«, schrieb er warmherzig an Kuibyschew. »Wir arbeiten fleißig am Problem der Getreidesaat und mussten die Regionen scharf zurechtweisen, allen voran die Ukraine. Die Einstellung, besonders Tschubars, lässt sehr zu wünschen übrig. ... Ich habe die Zuständigen getadelt.« Doch wollte Kaganowitsch von diesem Tal des Todes aus niemandem die Laune verderben: »Wie geht es Dir? Wo planst Du, die Ferien zu verbringen? Fürchte nicht, dass ich Dich vor Deiner Rückkehr aus dem Urlaub anrufen werde...«[8]

Nach einem abschließenden Treffen mit Kaganowitsch und Sergo am 29. Mai 1932 im Kreml brachen Stalin und Nadja in Richtung Sotschi auf. Ein letztes Mal besuchte Beria sie noch mit Lakoba zusammen, aber inzwischen hatte er seinen eigenen Zugang zu Stalin und gab seinem Gönner Lakoba anschließend den Laufpass. Der murmelte daraufhin unüberhörbar: »Was für ein Miststück!«[9]

Man weiß nicht, wie Stalin und Nadja in diesen Ferien miteinander auskamen, doch scheint sich der Druck Tag für Tag weiter aufgebaut zu haben. Stalin regierte ein Land, das am Rande des Aufruhrs stand, per Korrespondenz und erhielt die Hiobsbotschaften mit der Post: Bündel von GPU-Berichten und die wachsenden Zweifel der eigenen Genossen.* Während Kaganowitsch die rebellischen Textilarbeiter von Iwanowo unterjochte, schrieb der enttäuschte Woroschilow einen bemerkenswerten Brief an Stalin: »Im gesamten Umland von Stawropol haben wir kein einziges bebautes Feld gesehen. Wir hatten mit einer guten Ernte gerechnet, doch daraus wird wohl nichts. ... Und die Ukraine

---

* Stalin spürte, dass sein »Freundeskreis«, aufgerieben durch die Kämpfe mit der Opposition, unter dem Druck von Krisen und Streitigkeiten zwischen Sergo und Molotow auseinander brach, wie er Kaganowitsch anvertraute: Genosse Kuibyschew, bereits Alkoholiker, »macht einen schlechten Eindruck. Es scheint, als drücke er sich vor der Arbeit. ... Noch schlimmer treibt es der Genosse Ordschonikidse, der offenbar nicht einmal in Betracht zieht, dass sein Verhalten (mit Spitzen gegen die Genossen Molotow und Kuibyschew) dazu beitragen könnte, unsere Autorität zu untergraben.« Außerdem sei Stalin unzufrieden mit Kosior und Rudsutak vom Politbüro.

wirkte vom Zugfenster aus in Wahrheit noch verödeter als der Nordkaukasus…« Woroschilow beendete seine Glosse mit: »Es tut mir Leid, Dich
damit in den Ferien behelligen zu müssen, aber ich konnte es einfach
nicht verschweigen.«[10]

Später bezeichnete Stalin diese Phase Churchill gegenüber als die
schwierigste seines Lebens, noch schlimmer als die Invasion Hitlers. »Es
war ein schrecklicher Kampf«, in dem wir »zehn Millionen« vernichten
mussten. »Das Grauen zog sich über vier Jahre hin. Doch es führte kein
Weg daran vorbei. Wir konnten uns nicht auf Kompromisse einlassen.
Eine gewisse Zahl war in den Norden umgesiedelt worden, andere hatten die Bauern selbst niedergemetzelt – so groß war der Hass auf sie.«[11]

Verständlicherweise gingen die Bauern gegen kommunistische Beamte vor. Auf der Terrasse von Sotschi in der Sonne sitzend, haderte
Stalin über die Disziplinlosigkeit und den Verrat in der Partei. In solchen Zeiten schien er sich von Feinden umzingelt gefühlt und gleichsam
in einer Festung des Melodramatischen verschanzt zu haben. Am
14. Juli griff er zur Feder und wies Molotow und Kaganowitsch in Moskau an, drakonische Maßnahmen einzuleiten, um jeden Bauern, der
auch nur ein Körnchen stahl, erschießen zu lassen. Daraufhin formulierten sie, »gestützt auf Deinen Brief«, den berüchtigten Erlass gegen die
»widerrechtliche Aneignung sozialistischen Eigentums«, der schwerste
Strafen androhte und am 7. August in Kraft trat.* In fast panischer Nervosität schrieb Stalin an Kaganowitsch: »Wenn wir jetzt keine Anstrengungen unternehmen, die Situation in der Ukraine zu verbessern, könnten wir sie endgültig abschreiben.« Er machte vor allem die Schwäche
und Naivität seines Schwagers Redens als GPU-Leiter und Parteichef Kosior für die Krise verantwortlich. In der Gegend »wimmelt es von polnischen Agenten, die um ein Vielfaches stärker sind, als die beiden annehmen«. Redens ließ er durch jemanden mit »mehr Biss« ersetzen.

Nadja kehrte bald nach Moskau zurück, vielleicht des Studiums wegen,
vielleicht weil sie die Spannungen in Sotschi nicht mehr aushielt. Ihre
Kopf- und Bauchschmerzen nahmen zu, was wiederum nur Stalins Sorgen verstärkt haben kann, aber er hatte ja viel bessere Nerven als sie.

---

* Wie man das Getreide als »Treibstoff« für die Industrie brauchte, so auch die
Bauern selbst. In derselben Woche wiesen Stalin und Sergo von Sotschi aus Kaganowitsch und Molotow an, noch zwanzigtausend Sklavenarbeiter, wahrscheinlich Kulaken, in die neue Werksstadt Magnitogorsk zu schicken. Die Unterdrückung sollte,
vielleicht ganz bewusst, ein Heer von Zwangsarbeitern schaffen.

Briefe Nadjas sind nicht erhalten, womöglich hat Stalin sie vernichtet, aber jedenfalls war sie strikt gegen den Terror eingestellt: »Bucharin und Jenukidse hatten leichtes Spiel mit ihr.«

Woroschilow hintertrieb Stalin mit der Äußerung, dass eine gemeinsame Front des Politbüros dessen Politik hätte verhindern können. Als ein ukrainischer Genosse namens Korneiew einen (möglicherweise ausgehungerten) Dieb erschoss und deshalb festgenommen wurde, sprach sich Stalin gegen seine Bestrafung aus, doch Woroschilow, nicht gerade ein Moralapostel, nahm sich den Fall vor, fand heraus, dass das Opfer minderjährig war, und bat Stalin schriftlich, nicht gegen Korneiews Verurteilung einzuschreiten, da er ohnehin nur eine kurze Haftstrafe absitzen müsse. Als Stalin Woroschilows Brief am 15. August erhielt, schlug er dessen Empfehlung wütend in den Wind, ordnete die Freilassung Korneiews an und ließ ihn sogar befördern.[12]

Sechs Tage später, am 21. August, kam der schon mehrfach wegen Kritik an Stalin inhaftierte Riutin mit Gleichgesinnten zusammen, um einen »Appell an alle Parteimitglieder« zu richten, ein verheerendes Manifest mit der Forderung, ihn abzusetzen. Es dauerte nicht lange, bis man Riutin bei der GPU denunziert hatte, doch sein Aufbegehren, so kurze Zeit nach dem Syrzow-Lominadse-Skandal und dem Schwanken Woroschilows, brachte Stalin aus der Fassung. Am 27. August war er wieder im Kreml und traf sich mit Kaganowitsch. Vielleicht hatte er auch in Nadjas Arme zurückkehren wollen.[13]

Ungeachtet der gespenstischen Lage im Lande hätte schon deren Zustand ausgereicht, um die Moral des stärksten Mannes zu untergraben. Nadja ging es sehr schlecht, sie litt unter »akuten Unterleibsschmerzen«, und der Arzt notierte in ihrer Krankenakte: »Wiedervorstellung zwecks weiterer Untersuchungen.« Das Leiden war aber nicht nur psychosomatisch bedingt, sondern hatte auch als Ursache die Fehlgeburt aus dem Jahr 1926.

Am 31. August begab sich Nadja erneut in die Kremlewka-Klinik. Die Ärzte vermerkten: »Voruntersuchungen für eine in zwei bis drei Wochen geplante Operation.« Den Unterleib oder den Kopf betreffend? Am Ende operierte man gar nicht.[14]

Am 30. September erfolgte die Verhaftung Riutins. Möglicherweise hat Stalin, unterstützt von Kaganowitsch, die Todesstrafe für ihn gefordert, aber die Hinrichtung eines Genossen – eines der »Schwertträger« – war ein gefährliches Spiel, dem Sergo und Kirow widersprachen. Doch gibt es keine Belege dafür, dass man überhaupt offiziell darüber debattierte – Kirow nahm bis Ende Oktober nicht an Politbürositzungen teil. Im Übrigen hätte Stalin eine solche Maßnahme kaum vorgeschlagen, ohne Sergo und Kirow einzubeziehen, wie 1930 im Fall Tuchatschewski. Wahrscheinlich hielt er sich zurück. So oder so, am 11. Oktober wurde Riutin zu zehn Jahren Lagerhaft verurteilt.

Riutins »Manifest« tangierte Stalins Privatleben, denn seinem Leibwächter Wlasik zufolge hatte sich Nadja an der Akademie ein Exemplar besorgt und es Stalin gezeigt. Nicht, dass sie in die Opposition gegangen wäre, aber das klingt doch aggressiv, zumal sie ja auch hätte versuchen können, ihm aktiv zur Seite zu stehen. Später fand sich der Text in ihrem Zimmer. In den fünfziger Jahren räumte Stalin ein, sich in jenen letzten Monaten nicht genug um seine Frau gekümmert zu haben: »Auf mir lastete so viel Druck, überall lauerten Feinde. Wir mußten Tag und Nacht arbeiten.«[15] Ironischerweise könnten literarische Angelegenheiten auch für eine willkommene Abwechslung gesorgt haben.

7

STALIN ALS MÄZEN

Am 26. Oktober 1932 fand sich eine auf wundersame Weise ausgewählte Gruppe von fünfzig Schriftstellern in der Art-Deco-Villa des weltbekannten russischen Romanciers Maxim Gorki ein.* Der schlanke, abgehärmte Schriftsteller mit ergrautem Bart, damals vierundsechzig Jahre alt, empfing seine Gäste auf der Treppe. Im Esszimmer stand eine strahlend weiß eingedeckte Festtafel. Es herrschte gespannte Erwartung. Dann traf Stalin mit Molotow, Woroschilow und Kaganowitsch ein. In der Partei nahm man die Literatur so ernst, dass ihre Führung persönlich die Werke prominenter Autoren herausgab. Nach einigem Vorgeplänkel ließen sich die Genossen am Ende der Tafel in der Nähe Gorkis selbst nieder. Stalins Lächeln erlosch, und er begann, über die Schaffung eines neuen Stils zu sprechen.

Es war ein bedeutsamer Augenblick: Die Beziehung zwischen Stalin und Gorki als den beiden berühmtesten Männern Russlands diente gleichsam als ein Gradmesser für die Atmosphäre in der sowjetischen Literatur. Gorki stand Stalin seit Ende der zwanziger Jahre so nahe, dass er mit ihm und Nadja Urlaub machte.[1] 1868 als Maxim Peschkow geboren, hatte er seine bitteren (daher der *nom de plume* Gorki, der Bittere) Erlebnisse als Waise und Straßenkind, als ein Ausgestoßener, der »abscheuliche Widerwärtigkeiten« erlitt und sich in Bauerndörfern von Abfällen ernährte, zu Meisterwerken verarbeitet, die auch Anstöße zur Revolution gaben. Ab 1921 über Lenins Diktatur enttäuscht, bezog er eine Villa im italienischen Sorrent. Stalin nahm Fühlung auf, um ihn zurück-

---

* Von den wirklich Großen wie Achmatowa, Mandelstam, Pasternak, Bulgakow oder Babel erschien keiner, aber Scholochow, dem Stalin »großes künstlerisches Talent« bescheinigte, nahm an dem Treffen teil.

zuholen, unterwarf allerdings die heimische Literatur dem RAPP (Russischen Verband Proletarischer Schriftsteller) als dem »literarischen Bestandteil des Fünfjahresplans für die Industrie«, der alle Autoren schikanierte und angriff, sofern sie nicht seine große Wende begeistert feierten. Bald entspann sich zwischen Gorki und Stalin ein komplizierter *pas de deux*, in dem Eitelkeit, Geld und Macht dazu beitrugen, den Schriftsteller zur Rückkehr zu bewegen. Gorkis leidvolle Erfahrungen mit der urtümlichen Bodenständigkeit der Bauernschaft ließen ihn Stalins Krieg gegen die Dörfer unterstützen, doch das Niveau der RAPP-Literatur erschien ihm ausgesprochen kläglich. Allerdings war Gorki 1930 bereits durch großzügige Geschenke der GPU »geschmiert«.[2]

Stalin umgarnte den Romancier mit List und Tücke*, und 1931 kehrte er aus dem Exil heim, um Stalins Regime literarisch zu schmücken, wofür er neben den Millionen, die er mit seinen Büchern verdiente, hohe Zuwendungen erhielt. Gorki lebte in dem Moskauer Herrenhaus, das einst dem Industriellen Rjabuschinski gehört hatte, besaß eine Datscha im Grünen und auf der Krim eine palastartige Villa mit viel Personal (allesamt GPU-Agenten). Seine Häuser wurden zu Treffpunkten der Intelligenz, und er half glänzenden jungen Schriftstellern wie Isaak Babel und Wasili Grossman auf die Sprünge.

Die Magnaten vereinnahmten Gorki als ihre literarische Galionsfigur, während der Tschekist Jagoda sich um die Einzelheiten der Haushaltsführung kümmerte und selbst immer mehr Zeit bei ihm verbrachte. Stalin nahm stets seine Kinder zu Gorki mit, die mit dessen Enkeln spielten, Mikojan seine Söhne, die sich mit dem Hausäffchen vergnügten. Woroschilow kam zum Gemeinschaftssingen. Gorkis Enkelin Martha spielte mal mit Babel, mal mit Jagoda.

Stalin mochte ihn: »Gorki war da«, schrieb er in einem undatierten Vermerk an Woroschilow. »Wir haben über alles Mögliche gesprochen. Ein guter, kluger, freundlicher Mann. Er schätzt unsere Politik, kennt sich aus. ... Ideologisch steht er auf unsrer Seite, gegen die Rechte.« Doch war

---

* »Während des Parteitags hatte ich sehr viel um die Ohren«, schrieb er Gorki 1930 in freundlich vertraulichem Ton. »Jetzt geht es wieder ruhiger zu und ich kann Ihnen antworten. Selbstverständlich ist es nicht gut, doch wir können das noch ausbügeln. ›Kein Fehler, keine Reue, keine Reue, keine Erlösung.‹ Wie ich höre, schreiben Sie an einem Stück über Saboteure und brauchen Material. Ich werde welches sammeln und es Ihnen zuschicken. ... Wann kommen Sie in die UdSSR?« Er behandelte Gorki fast wie einen Kabinettskollegen und ließ sich von ihm über die Beförderung Molotows beraten. Wenn er mit dem Schreiben in Verzug geriet, entschuldigte Stalin sich für sein »schweinisches« Verhalten.

sich Stalin auch darüber bewusst, dass er Gorki kaufen und benutzen konnte. 1932 ordnete er eine Feier zu seinem vierzigsten literarischen Geburtstag an und ließ Gorkis Geburtsstadt Nischni Nowgorod nach ihm benennen. Ebenso Moskaus Hauptstraße, die Twerskaja. Als Stalin auch noch das Moskauer Künstlertheater auf den Namen des Romanciers taufen wollte, wandte der Literaturbürokrat Iwan Gronski dagegen ein:

»Aber Genosse Stalin, diese Bühne hat doch eigentlich mehr mit Tschechow zu tun!«

»Das macht nichts, Gorki ist ein eitler Mann. Wir müssen ihn mit Tauen an die Partei binden«, erwiderte Stalin.[3] Es klappte, und während des verheerenden Feldzugs gegen die Kulaken ließ Gorki in der *Prawda* seinem Hass auf die rückständigen Bauern freien Lauf: »Wenn der Feind nicht aufgibt, muss man ihn auslöschen.« Er besuchte die Konzentrationslager und lobte ihren hohen Umerziehungswert, unterstützte Projekte mit Sklavenarbeit wie den Belomorkanal, den er zusammen mit Jagoda besichtigte. Sein Glückwunsch: »Ihr rauen Gesellen wisst gar nicht, was für eine großartige Arbeit ihr leistet!«[4]

Auf gebührend perfide Weise segelte auch der oberste Tschekist in Stalins Kielwasser: »Ein bemerkenswerter Zug dieser Zeit war«, schrieb Nadeschda Mandelstam, »dass alle diese neuen Menschen, die töteten und dann selbst hingerichtet wurden, nur ihr eigenes Recht auf Denken und Urteil anerkannten. ... Wie es sich herausstellte, gefielen Jagoda Osips Gedichte, aber ohne von Zweifeln befallen zu werden, hätte er die ganze Literatur – die vergangene, gegenwärtige und zukünftige – der Vernichtung anheimgegeben, wenn es für ihn nützlich gewesen wäre.« Jagoda, der damals knapp vierzigjährige *grand seigneur* der opportunistischen bolschewistischen Vorhut, verliebte sich alsbald in die »junge, sehr schöne, fröhliche, schlichte und entzückende« Timoscha: Gorkis Schwiegertochter – und im Übrigen die Frau von Max Peschkow.

Als Juwelierssohn, gelernter Statistiker und ehemaliger Assistent eines Chemikers, der ihn in die Giftmischerei einwies, stammte auch der seit 1907 zum Bolschewismus bekehrte Genrich (eigentlich Enoch) Jagoda aus Nischni Nowgorod, was ihm als Entree diente.* Anna Larina Bucharina zufolge all den ihm nachfolgenden Spitzbuben »überlegen«, machte

---

* Ida, seine Frau, gehörte als Nichte des Organisationsgenies und ersten Staatsoberhaupts der UdSSR, Swerdlow, dem revolutionären Adel an. Gorki hatte übrigens Idas Onkel adoptiert, und Jagodas Schwager, der proletarische Schriftsteller und einstige RAPP-Vorsitzende Leopold Auerbach, hatte mitgeholfen, Gorki zurückzulocken, um anschließend regelmäßig in seinem Kreis zu verkehren.

zwar auch Jagoda »durch Korruptheit Karriere«, war allerdings nie Stalins Liebling. Anfangs hatte er der Rechten näher gestanden, wechselte jedoch 1929 die Seiten. Seine große, von Stalin geförderte Leistung war der Aufbau des großen Gulag-Wirtschaftsimperiums mittels Zwangsarbeit. Jagoda, ein verschlagener, untersetzter, zur Glatze neigender Mann, trug immer volle Uniform. Er pflegte seine Schwäche für französische Weine und Sexspielzeug, besaß als kaltblütiger Mörder »den grünen Daumen« und prahlte mit den »gut zweitausend Orchideen und Rosen« in seinem riesigen Garten, gab fast vier Millionen Rubel für die Dekoration seiner Residenzen aus, stellte sich häufig bei Gorki ein, machte Timoscha den Hof und brachte ihr Orchideensträuße mit.[5] Gorki avancierte zum Leiter des Proletarischen Schriftstellerverbandes und empfahl Stalin sofort, den RAPP abzuschaffen, was im April 1932 geschah und bei der Intelligenz, die schon lange auf irgendwelche Verbesserungen hoffte, sowohl Freude als auch Verwirrung auslöste. Dann erfolgte die besagte feierliche Einladung.

Bei diesem Anlass erklärte Stalin, der dabei Unheil verkündend mit einem perlenbesetzten Federmesser spielte, plötzlich mit »eiserner Stimme«: »Der Künstler sollte das Leben wahrhaftig darstellen. Wenn er das beherzigt, kann ihm kaum entgehen, dass es sich dem Sozialismus annähert. Das ist und bleibt Sozialistischer Realismus.« Kurz, der Schriftsteller sollte einem Ideal, einer Utopie huldigen, also ein Loblied auf die Zukunft singen und nicht die Wirklichkeit schildern.

»Ihr schafft die Güter, die wir brauchen«, predigte Stalin: »Mehr noch als Maschinen, Panzer, Flugzeuge benötigen wir menschliche Seelen.« Doch Woroschilow, immer der Einfaltspinsel, nahm das für bare Münze, unterbrach Stalin und warf ein, auch Panzer seien »sehr wichtig«.

Die Schriftsteller, erklärte Stalin, seien »Ingenieure der menschlichen Seele«, eine an dreister Geschmacklosigkeit kaum zu überbietende Annahme, und er piekste seine Nachbarn mit dem Finger.

»Ich? Wieso ich?«, fragte einer. »Ich habe doch gar nicht widersprochen.«

»Was bringt es, alles kleinlaut hinzunehmen?«, fiel Woroschilow erneut ein. »Sie müssen sich zu Wort melden.« Doch inzwischen waren einige der Schriftsteller von Gorkis Wein und vom Aroma der Macht benebelt. Stalin füllte nach. Der betrunkene Romancier Alexander Fadeew, ein berüchtigter Literaturbürokrat, ersuchte Stalins Lieblingsautor von Kosakenprosa, Michail Scholochow, etwas zu singen. Die Runde stieß mit Stalin an.

»Trinken wir auf das Wohl des Genossen Stalin«, regte der Dichter Lugowskoi an, woraufhin der Romancier Nikoforow aufsprang und erklärte:

»Mir reicht es jetzt! Wir haben schon eine Million hundertsiebenundvierzigtausendmal auf Stalins Wohl getrunken. Wahrscheinlich hat auch er jetzt die Nase voll davon…« Dann kehrte Stille ein. Stalin schüttelte Nikoforow die Hand:

»Danke, Nikoforow, danke. Ich habe es wirklich satt.«[6]

Gleichwohl wurde Stalin nie müde, sich mit den Schriftstellern zu befassen. Als Mandelstam darüber sinnierte, dass Dichtung in Russland, wo sie das Leben kosten könne[*], höher im Kurs stehe als überall sonst, traf er einen neuralgischen Punkt. Literatur lag Stalin am Herzen. Trotz des Aufrufs an die »Ingenieure der menschlichen Seele«: Der ahnungslose Philister, für den man ihn halten könnte, war er nicht. Er bewunderte und schätzte große Literatur, kannte auch den Unterschied zwischen Genie und Epigonentum. Seit dem Seminar der 1890er Jahre hatte er mit Heißhunger gelesen, nach eigenen Angaben täglich fünfhundert Seiten. Als im Exil ein Mitverbannter starb, nahm Stalin dessen Bücher an sich und behielt sie zum Verdruss seiner Genossen alle. Stalins Lesewut war fast ebenso stark ausgeprägt wie sein Größenwahn und der Glaube an den Bolschewismus. Man könnte sie als die Hauptleidenschaften seines Lebens bezeichnen. Zwar besaß er selbst kein Schreibtalent, muss aber schon aufgrund seiner Lektüre als ein Gebildeter gelten – trotz der Abstammung von einem Schuster und einer Waschfrau. Ja, man könnte sogar sagen, dass Stalin in Belesenheit die meisten Gebieter Russlands übertraf, auch Lenin eingeschlossen, der die Vorzüge einer adligen Erziehung genossen hatte.

»Er arbeitete sehr hart an seiner Allgemeinbildung«, sagte Molotow. Seine Bibliothek bestand aus rund zwanzigtausend viel genutzten Bänden. »Sage mir, was jemand liest«, erklärte Stalin, »und ich sage dir, wer er ist.« Swetlana sah bei ihm Klassiker von *Das Leben Jesu* bis zu den Romanen Galsworthys[**], Wildes, Maupassants, später auch Steinbecks und Hemingways. Ihre Tochter berichtete später, dass er Gogol, Tschechow, Hugo, Thackeray und Balzac las und im hohen Alter Goethe entdeckte. »Zola betete er an.«

In ihrem Eifer, den vollendeten neuen Menschen zu schaffen, waren die Bolschewiken gierige Autodidakten und Stalin der unersättlichste von allen. Er las höchst gewissenhaft, machte sich Notizen, lernte Stellen auswendig wie ein Pennäler und hinterließ von Anatole France bis hin zu Vippers *Geschichte der griechischen Antike* aufschlussreiche Randbemerkungen*, besaß »sehr gute Kenntnisse der antiken Mythologie«, wie sich Molotow erinnerte, konnte die Bibel, Tschechow und Hašeks *Der brave Soldat Schwejk* ebenso zitieren wie Sprüche von Napoleon, Bismarck oder Talleyrand. In der georgischen Tradition kannte er sich so gut aus, dass er mit dem Philosophen Schalwa Nuzibidse sogar über Arkanwerke diskutierte, und dieser lobte, als Stalin längst kein Gott mehr war, seine redaktionellen Kommentare als herausragend. Stalin las auch seinem Kreis literarische Texte vor, gewöhnlich Saltykow-Schtscherin oder eine Neuausgabe von *Der Ritter im Tigerfell* des mittelalterlichen georgischen Epikers Rustaweli.

Sein tief konservativer Geschmack blieb trotz der ab den Zwanzigern aufblühenden Moderne ganz dem 19. Jahrhundert verhaftet: Puschkin und Tschaikowski standen ihm immer sehr viel näher als Achmatowa und Schostakowitsch. Er achtete Intellektuelle, und sein Tonfall änderte sich grundlegend, wenn er berühmten Professoren antwortete. »Leider kann ich Ihren Wunsch nicht sofort erfüllen, ehrwürdiger Nikolai Jakowlewitsch«, schrieb er dem Linguistikprofessor Marr. »Doch nach der Konferenz werde ich uns vierzig bis fünfzig Minuten freihalten können, wenn Sie damit einverstanden sind…«

---

nen und scheint darin durchweg ein vernichtendes Urteil über eine »Kapitalistenfamilie« respektive die »imperialistische Repression« der Briten in Amerika gesehen zu haben.

* Bei *Die rote Lilie* von Anatole France nahm Stalin kein Blatt vor den Mund. Zur Absicht des Autors, über Liebe und Tod schreiben zu wollen, spöttelte er: »Schade, dass es ihm nicht gelingt.« Zu Frances Auseinandersetzung mit der Grausamkeit und Rachsucht Jahwes merkte Stalin an: »Anatole ist ein ganz schöner Antisemit. ER war nur ein Pedant.« Frances Aufruf, die Menschen sollten ihren Träumen folgen, kommentierte Stalin mit: »Eine Offenbarung« und fügte hinzu: »Wer auf Gott vertraut, der versteht ihn nicht.« Und zu Gott sinnierte er: »Ich hatte also noch nicht gewusst, noch nicht eingesehen, dass Gott für mich nicht existiert. Wohin soll ich also gehen? (Grüße an Gott.) Ha-ha!« France meinte, Napoleon hätte zu einem Sonnengott geneigt. »Gut«, schrieb Stalin dazu.

Zweifellos wusste Stalin Genie zu schätzen, aber wie bei der Liebe und der Familie überragte sein Glaube an den Fortschritt durch Bolschewismus alles andere. Er bewunderte den »großen Psychologen« Dostojewski, verbot ihn aber als »jugendgefährdend«. Er genoss die Satiren des Leningraders Michail Sostschenko – der sich über die sowjetischen Sesselfurzer lustig machte – so sehr, dass er Wasili und Artjom daraus vorlas und am Ende scherzte: »Doch dann musste der Genosse Sostschenko plötzlich an die GPU denken und änderte den Schluss!« Typisch für Stalins besondere Mischung aus brutalem Zynismus und Galgenhumor. Er erkannte zwar das Genie Mandelstams, Pasternaks und Bulgakows, ließ ihre Werke aber trotzdem unterdrücken. Allerdings kamen Letztere nie in Haft. Doch wehe dem, ob Genie oder Epigone, der die Person oder Politik Stalins beleidigte – denn die beiden Dinge waren nicht voneinander zu trennen.

Seine Kommentare erscheinen dann am faszinierendsten, wenn er sich mit einem Meister wie Bulgakow befasste, dessen Bürgerkriegsdrama *Die Tage der Geschwister Turbin*, auf seinem Roman *Die weiße Garde* basierend, Stalin sehr mochte und mindestens fünfzehnmal sah. Da Bulgakows Schauspiel *Die Flucht* als »antisowjetisch und rechtslastig« galt, schrieb Stalin an den Theaterdirektor: »Es ist nicht richtig, Literatur als rechts oder links einzustufen. Das sind Parteikriterien. In der Kunst verwende man Begriffe wie Klasse, antisowjetisch, revolutionär oder antirevolutionär, aber nicht rechts oder links. ... Wenn Bulgakow den acht Träumen einen oder zwei über die weltweiten gesellschaftlichen Auswirkungen des Bürgerkriegs hinzufügen würde, so begriffe der Zuschauer, dass die redliche ›Serafima‹ und der Professor nicht wegen irgendwelcher bolschewistischer Grillen aus Russland verbannt wurden, sondern weil sie auf Kosten des Volkes lebten. Es ist leicht, *Die Tage der Geschwister Turbin* zu kritisieren – etwas abzulehnen ist immer einfach –, sehr viel schwieriger dagegen, gute Stücke zu schreiben. Insgesamt steht der Bolschewismus in dem Drama gut da.« Als man Bulgakow mit einem Arbeitsverbot belegte, wandte er sich an Stalin, der ihn anrief und beruhigte: »Wir werden versuchen, etwas für Sie zu tun.«

Abgesehen von dem fast katechetischen Umgang mit Fragen und Antworten besaß Stalin eine besondere – gerade für Politiker unschätzbare – Gabe, komplexe Probleme auf einfache, klare Sachverhalte zu reduzieren. Er konnte diplomatische Noten, Reden und Artikel in luzider und dabei oft subtiler Prosa aufsetzen (wie er im Krieg bewies) – legte jedoch genauso oft eine derbe Plumpheit an den Tag, zumal wenn er triumphal in seinem proletarischen Größenwahn schwelgte.*

Stalin war nicht nur oberster Zensor, er genoss auch seine Rolle als Cheflektor, der endlos in Textvorlagen herumpfuschte und nichts mehr liebte, als den Kommentar hinzukritzeln, der die Seiten seiner Bibliothek füllt – das höhnische Gelächter:

»Ha-ha-ha!«[7]

Nadja baute Stalins Hohn allerdings nicht auf, deren Depression sich, noch genährt durch das Koffein und den häuslichen Stress, zunehmend verschlimmerte. Dabei gab es indes Momente rührender Zärtlichkeit. Als Nadja ausnahmsweise Wein getrunken hatte und es nicht vertrug, brachte Stalin sie ins Bett, wo sie zu ihm aufsah und gerührt sagte:

»Du liebst mich trotzdem noch ein wenig!« Jahre später erzählte Stalin das seiner Tochter.

Am folgenden Wochenende in Subalowo nahm Nadja, die lieber ermahnte als lobte, Swetlana beiseite und beschwor sie, unbedingt abzulehnen, wenn Stalin ihr Wein anbot:

»Lass dir niemals Alkohol aufdrängen!« Wenn Nadja die lässliche Sünde ihres Mannes, seine Kinder zum Nippen zu verführen, als schwere Verfehlung ansah, so kann man sich vorstellen, wie verzweifelt sie unter seiner Barschheit litt, von der Tragödie auf dem Lande zu schweigen. In den letzten Tagen besuchte Nadja ihren Bruder Pawel und dessen Frau Schenja, die soeben aus Berlin zurückgekehrt waren, im Haus am Ufer. »Sie begrüßte mich ausgesprochen kühl«, erzählte ihre Tochter Kira, doch Nadja neigte eben zur Strenge. Zusammen mit Dora Chasan arbeitete sie einige Abende lang im Flüsterton, weil direkt nebenan Natalja Andrejewa schlief, an Stoffmustern.

So ergibt sich das turbulente Bild eines zwischen zärtlicher Nähe und krassen Wutausbrüchen schwankenden, in Erziehungsfragen uneinigen Ehepaares. Beide neigten dazu, einander in der Öffentlichkeit zu demüti-

---

* Der in Ungnade gefallene, bis zu Gorkis Rückkehr jedoch sehr angesehene Romancier Boris Pilniak fragte in heller Aufregung bei Stalin an, ob er ausreisen dürfe: »Werter Genosse Pilniak«, schrieb ihm der große Sekretär (sarkastisch, denn er verübelte Pilniak seine »Geschichte vom nicht ausgelöschten Mond«, die ihn bezichtigte, 1925 den Verteidigungskommissar Frunse mit ärztlicher Hilfe ermordet zu haben), »wie ich inzwischen hörte, haben die Sicherheitsorgane nichts gegen Ihre Auswanderung einzuwenden. Anfängliche Zweifel konnten ausgeräumt werden. Damit steht Ihrer Ausreise nichts mehr im Wege. Viel Glück. Stalin.« Pilniak wurde am 21. April 1938 hingerichtet.

gen, doch Nadja scheint »meinen Mann«, wie sie es ausdrückte, noch geliebt zu haben. Bei allen zeitbedingten Problemen bestand zwischen diesen unter extremem Druck stehenden, eigenwilligen Menschen ein starkes Gefälle. Stalin war, wie Nadja zu seiner Mutter sagte, regelrecht erdrückend: »Ich kann über diese Kraft und Energie nur staunen; kein normaler Mensch würde so ein Pensum bewältigen.« Nadja dagegen war schwach. Wenn einer von beiden zerbrechen würde, dann sie. Im Gegensatz zu ihrer Anfälligkeit fing Stalins harter Panzer die schwersten Schläge auf.

Kaganowitsch zog erneut los, um Unruhen am Kuban niederzuschlagen, ordnete massenhafte Repressalien gegen Kosaken an, ließ fünfzehn Dörfer räumen und die Bewohner nach Sibirien deportieren. In seinen Augen galt es, »den Widerstand dieser letzten Überreste der sterbenden Klassen als Blockade für die Emanzipation des Proletariats zu brechen«. Und die Überreste starben in der Tat. Kopelew sah »die Verhungerten, die Frauen und Kinder – aufgedunsen, blau, kaum noch atmend, schon mit verlöschenden, tödlich gleichgültigen Augen; die Leichen, Dutzende von Leichen in Bauernpelzen, in zerrissenen Jacken, schiefgetretenen Filzstiefeln und Bastschuhen. Die Toten lagen in den Katen auf den Öfen, auf den Fußböden, im Schneematsch der Höfe in Staraja Wodolaga, unter den Brücken in Charkow.« Der »Eiserne Lasar« ließ eine Reihe von Getreidehamsterern hinrichten und war rechtzeitig wieder zurück, um an dem fatalen Festessen zum Jahrestag der Revolution teilnehmen zu können.

Am 7. November mussten die Potentaten auf dem Dach des soeben erst fertig gestellten Lenin-Mausoleums die Parade abnehmen und versammelten sich rechtzeitig (in Mänteln und Hüten, da es fror) bei Stalin. Nadja wirkte als Delegierte der Akademie an dem Aufmarsch mit, doch um Wasili und Artjom kümmerte sich die Kinderfrau. Swetlana hielt sich noch in der Datscha auf.

Kurz vor acht verließen die Genossen plaudernd das Lustschloss und liefen über den zentralen Platz am Gelben Palast vorbei, zum Aufgang des mit grauem Marmor verkleideten Bauwerks. Oben war es bitter kalt, und das Defilee würde mehrere Stunden dauern.* Woroschilow und Bud-

---

* Da oben standen Stühle bereit, damit man sich zwischendurch ausruhen konnte, und besser noch, es gab einen Rückraum mit Bar. Jakow Swerdlow, der erste bolschewistische Staatspräsident, war 1919 nach einem frostigen Defilee gestorben; Politbüromitglied Alexander Schtscherbakow raffte 1945 die Abnahme der Siegesparade hin, und der tschechische Präsident Clement Gottwald fiel später den eisigen Stunden der Trauerfeier für Stalin selbst zum Opfer.

jonni standen an ihren jeweiligen Kreml-Toren hoch zu Ross bereit und trabten los, als die Uhr des Spasskiturms, Moskaus Äquivalent des Big Ben, zur vollen Stunde schlug, um sich in der Mitte direkt vor dem Mausoleum zu treffen, dort abzusitzen und zu den anderen zu stoßen.

Viele beobachteten Nadja an jenem Morgen. Sie erschien weder deprimiert noch unglücklich, sondern marschierte, das ovale Gesicht zur Führungsriege erhoben, fesch vorüber. Später traf sie sich auf einer Tribüne neben dem Mausoleum mit Wasili und Artjom und begegnete dabei zufällig ihrem Kommilitonen Chruschtschew. Sie schaute zu Stalin hinauf und sah mit Sorge, dass dessen Mantel offen stand:

»Mein Mann hat keinen Schal an. Er wird sich bestimmt erkälten«, sagte sie, jedoch plötzlich zusammenzuckend. »›Ach, meine Kopfschmerzen!‹, stöhnte sie«, wie Artjom berichtete. Nach der Parade bestürmten die Jungen ihre Kinderfrau mit dem Wunsch, den Tag in Subalowo zu verbringen. Das war offenbar bequemer, als sich direkt an die strenge Mutter zu wenden.

»Sollen sie ruhig in die Datscha fahren«, beschied Nadja und fügte fröhlich hinzu: »Ich werde bald mein Studium abgeschlossen haben, und dann können wir alle richtig ausspannen!« Doch plötzlich verzerrte sich ihr Gesicht. »Oh! Meine Kopfschmerzen!« Stalin, Woroschilow und andere zechten derweil im Hinterzimmer des Mausoleums, wo immer ein Büfett bereitstand.

Am nächsten Morgen wurden die Jungen nach Subalowo gebracht. Stalin arbeitete wie üblich im Büro, empfing Molotow, Kuibyschew und ZK-Sekretär Pawel Postyschew. Jagoda zitierte etwas aus dem Transkript eines weiteren konspirativen Treffens der Altbolschewiken Smirnow und Eismont: »Sag nicht, dass es im ganzen Land niemanden gibt, der ihn beseitigen könnte.« Sie ordneten die Festnahme der beiden an und gingen dann zu den Woroschilows essen. Auch Nadja war auf dem Weg dorthin. Sie sah blendend aus.[8]

Irgendwann in den frühen Morgenstunden ergriff Nadja die Mauser, die der Bruder Pawel ihr aus Berlin mitgebracht hatte, und legte sich aufs Bett. Selbstmord war durchaus eine bolschewistische Option: Nadja hatte Adolf Joffe die letzte Ehre erwiesen, jenem Trotzkisten, der sich 1929 die Kugel gab, um damit gegen Stalins Niederschlagung jeglicher Opposition zu protestieren, und 1930 mit dem Dichter Majakowski einen Nachahmer fand. Sie richtete die Pistole gegen ihre Brust und drückte ab. Niemand hörte den Schuss der kleinen Damenwaffe; Kreml-Mauern sind dick. Ihr Körper rollte vom Bett und fiel zu Boden.[9]

Zweiter Teil

LUSTIGE GESELLEN:
STALIN UND KIROW, 1932–1934

8

DIE BEISETZUNG

Nadja war offenbar sofort tot. Stunden später stand Stalin im Esszimmer und konnte es nicht fassen. Er fragte seine Schwägerin, Schenja Allilujewa, »was er falsch gemacht habe«. Die Angehörigen reagierten entsetzt, als Stalin an Selbstmord dachte, was man von ihm »noch nie gehört hatte«. Er zog sich tagelang zurück – Schenja und Pawel blieben sicherheitshalber bei ihm. Er konnte einfach nicht begreifen, warum es dazu gekommen war, und plagte sich mit der Frage, was es bedeuten mochte. »Warum hatte man ihm diesen entsetzlichen Schlag in den Rücken versetzt? Denn als einen solchen empfand er das alles. Er war zu klug, um nicht zu erfassen, dass jeder Selbstmörder mit dem, was er tut, irgendjemanden zu ›strafen‹ sucht«, schrieb seine Tochter Swetlana. Hatte er sie zu stark vernachlässigt, sie nicht genug geliebt und geachtet? »Ich war ein schlechter Ehemann«, beichtete er Molotow, »ich hatte nicht einmal Zeit, mit ihr ins Kino zu gehen.« Bei Wlasik klagte er: »Sie hat mein Leben völlig ruiniert!« Pawel starrte er traurig an und knurrte: »Ein teuflisch nettes Geschenk hast du ihr da gemacht! Eine Pistole!«

Gegen 13 Uhr untersuchten Professor Kuschner und ein Kollege den Leichnam Nadja Stalins in ihrem Zimmer. »Der Körper liegt auf dem Bett, der Kopf nach rechts gedreht auf dem Kissen«, notierte der Professor auf ein Blatt Papier, das er offenbar aus dem Rechenheft eines der Kinder gerissen hatte, »direkt daneben eine kleine Pistole.« Diese musste die Haushälterin aufgehoben haben. »Die Physiognomie wirkt, bei halb geschlossenen Augen, absolut ruhig. In der rechten Gesichtshälfte und am Hals befinden sich blaurote Flecken und Blutspuren…« Es gab also Quetschungen: Hatte Stalin etwas zu verbergen? War er nach Hause zurückgekehrt, hatte mit Nadja gestritten, sie geschlagen und dann erschossen? Angesichts seiner langen Serie von Morden fiele ein weiterer ja kaum ins Gewicht. Doch die Blutergüsse mochten vom Sturz auf den Boden herrühren. Auch wenn niemand, der den Sachverhalt kannte, Stalin des Totschlags verdächtigt hat, war ihm zweifellos bewusst, dass seine Feinde so etwas munkeln würden.

»Über dem Herzen klafft eine fünf Millimeter große offene Wunde«, vermerkte der Professor. »Befund: Sofortiger Tod durch Perforation des Herzens.« Dieses Stück Papier, das man heute im Staatsarchiv einsehen kann, hatte seither unter strengem Verschluss gelegen.

Molotow, Kaganowitsch und Sergo berieten hektisch, was zu tun sei. Instinktiv neigten sie zum Lügen und Vertuschen, hätten jedoch in diesem Fall durch mehr Offenheit die schädlichsten Verleumdungen noch abwenden können. Obwohl glasklar auf der Hand lag, dass Nadja Selbstmord begangen hatte, erhielten Molotow, Kaganowitsch und ihr Patenonkel Jenukidse Stalins Einwilligung, ihren Freitod nicht öffentlich bekannt zu machen, da man ihn allgemein als politischen Protest verstanden hätte. Offiziell sollte Nadja an einer Appendizitis gestorben sein. Die Ärzte segneten den Betrug ab. Man trichterte dem Dienstpersonal ein, dass Stalin sich mit Molotow und Kalinin in seiner Datscha aufgehalten habe, doch es begann, wie kaum anders zu erwarten, ein bedrohlicher Klatsch.

Jenukidse entwarf die Todesanzeige und verfasste auch einen Beileidsbrief, der tags darauf mit den Unterschriften der Frauen, zuerst Nadjas engsten Freundinnen – Ekaterina Woroschilowa, Polina Molotowa, Dora Chasan und Maria Kaganowitsch –, und dann der Magnaten selbst in der *Prawda* erschien: »Unsere Freundin, eine wahrhaft wunderbare Seele … jung, lebhaft, der Bolschewistischen Partei und der Revolution treu ergeben.« Selbst den tragischen Tod Nadjas konnten diese unverbesserlichen Dogmatiker noch im Sinne des Bolschewismus auffassen.[1]

Ohne den völlig lethargischen Stalin zu behelligen, erörterten Jenukidse und die Magnaten, wie man dieses Staatsbegräbnis abwickeln sollte. Das bolschewistische Trauerritual verband Elemente der zaristischen Tradition mit eigenen Glanzlichtern. Man ließ die Leichname von den besten Experten herrichten, gewöhnlich jenen Professoren, die Lenin einbalsamiert hatten, um sie dann feierlich aufzubahren. So lagen sie, das schneeweiße Antlitz oft mit starkem Rouge betupft, in einer mit Bogenlampen erleuchteten absurden *mis-en-scène* inmitten von Blumensträußen und roten Fahnen unter tropischen Palmen. Die Mitglieder des Politbüros trugen den offenen Sarg zur Säulenhalle, wo sie auch die

Totenwache hielten. Nach der Einäscherung folgte ein schallender militärischer Trauerzug, bei dem die Mitglieder des Politbüros den kunstvoll verzierten Katafalk mit der Urne zur Kremlmauer trugen und diese dort abstellten. Doch Stalin selbst muss eine Beisetzung alten Stils gefordert haben.

Am nächsten Morgen tagte erstmals das Trauerkomitee, bestehend aus Dora Chasan, der Gattin Andrejews, und dem Stalin nahe stehenden Tschekisten Pauker, unter dem Vorsitz Jenukidses und entschied über den Leichenzug, die Grabstätte und die Totenwache. Pauker sollte, an der Budapester Oper theatralisch und dramaturgisch gut geschult, für die Begleitmusik zuständig sein: Er plante zwei Orchester, ein militärisches und ein ziviles mit fünfzig Mann.[2]

Da Stalin sich außerstande fühlte, bat er Kaganowitsch, den mit Abstand besten Redner des Politbüros, für ihn am Grab zu sprechen. Doch selbst diese kraftstrotzende Dampfwalze von einem Mann, der soeben noch am Kuban schuldlose Kosaken hatte erschießen lassen, wankte unter der Last der Aufgabe, einen solchen Abschied vor Stalin persönlich zu zelebrieren. Allerdings galt, wie bei so vielen wirklich makabren Pflichten, auch hier die Losung: »Stalin rief, und ich folgte.«[3]

Als die Kinder draußen in Subalowo vom Tod Nadjas erfuhren – man tischte auch ihnen die Version der »Blinddarmentzündung« auf –, war Artjom entsetzt, Wasili aber regelrecht am Boden zerstört und sollte sich nie mehr davon erholen. Die erst sechsjährige Swetlana konnte den Tod in seiner Endgültigkeit noch nicht fassen. Der in vielen außenpolitischen Belangen so freundliche Woroschilow besuchte sie, brachte indes vor Weinen kein tröstendes Wort heraus. Swetlana blieb bis zur Beerdigung auf dem Lande, während die beiden Älteren gleich mit nach Moskau fuhren.

Als Träger den Sarg am Morgen des 10. aus der Wohnung abholten, saß ein kleines Mädchen in der Reitergarde direkt gegenüber dem Lustschloss wie angewurzelt am Fenster: Natalja, die Tochter Andrejews und Dora Chasans, sah zu, wie mehrere Männer den Sarg hinunterbugsierten, begleitet von Stalin, der mit Tränen in den Augen einen Griff umfasste.[4] Vermutlich brachte man den Leichnam zuerst einmal in die Kremlewka-Klinik, um die Blutergüsse überschminken zu lassen.

Alsbald trafen Wasili und Artjom in der Kreml-Wohnung ein, wo sich Pawel, Schenja und Nadjas Schwester Anna mit der Betreuung Stalins abwechselten, der allerdings in seinem Zimmer blieb und nicht einmal zum Essen erscheinen mochte. Das düstere Domizil war von Getuschel erfüllt. Bald kam Artjoms leibliche Mutter hinzu und erzählte törichterweise ihrem Sohn brühwarm von den aufregenden Selbstmordgerüchten. So neugierig gemacht, fragte der prompt die Haushälterin danach, wofür sowohl er als auch seine Mutter böse Schelte ernteten. »Was ich in diesem Haus nicht alles erlebt habe!«, sinnierte Artjom.

Im Lauf der Nacht brachte man den Leichnam zur Säulenhalle in der Nähe des Roten Platzes und des Kreml, wo unter Stalins Regime noch einige Aufbahrungen und große Schauprozesse stattfinden sollten. Am nächsten Morgen um 8 Uhr trat Jagoda dem Trauerkomitee bei.

Nadeschda Allilujewa Stalin lag, das ovale Gesicht von Blumen eingerahmt, im offenen Sarg. Moskaus Maestros des Makabren hatten ganze Arbeit geleistet. »Sie war sehr schön in ihrem Sarg, sehr jung, die Züge klar und lieblich«, erinnerte sich ihre Nichte Kira Allilujewa. Sina Ordschonikidse, die etwas pummelige, halb von Jakuten abstammende Frau des unverwüstlichen Sergo, nahm Swetlana an der Hand und führte sie zum Sarg, ging jedoch schnell wieder mit ihr nach draußen, als sie zu weinen anfing. Jenukidse tröstete die Kleine und fuhr sie zurück nach Subalowo. Von der wahren Todesursache erfuhr sie erst zehn Jahre später, erstaunlicherweise rein zufällig aus einem Heft der *Illustrated London News*.

Stalin traf in Begleitung des Politbüros ein, das am Katafalk Aufstellung nahm, um die Wache zu halten – eine Vorbereitung auf die kommenden blutigen Jahre. Stalin weinte. Wasili löste sich von Artjom, lief zu ihm, »umarmte seinen Vater und sagte: ›Papa, weine doch nicht!‹«. Unter einem Chor von Seufzern von Nadjas Angehörigen sowie der harten Männer vom Politbüro und von der Tscheka näherte sich der *Woschd* dem Sarg, Wasili nach wie vor an ihn geklammert. Stalin blickte auf seine Frau hinab, die ihn geliebt, gehasst, bestraft und zurückgewiesen hatte. »Ich hatte Stalin nie zuvor weinen gesehen«, sagte Molotow, »doch als er da neben dem Sarg stand, flossen ihm die Tränen über die Wangen.«

»Sie hat mich verlassen wie einen Feind«, murmelte Stalin verbittert, aber dann hörte Molotow ihn sagen: »Ich konnte dich nicht retten.« Bedienstete wollten schon den Sarg schließen, als Stalin plötzlich noch einmal hinzutrat, sich zu aller Überraschung hinabbeugte, Nadjas Haupt anhob und leidenschaftlich ihr Gesicht zu küssen begann. Nun strömten seine Tränen wie Sturzbäche hinab.

Man trug den Sarg hinaus auf den Roten Platz, stellte ihn auf einen schwarzen Leichenwagen mit vier Zwiebeltürmchen als Pfosten an den

Ecken, über die sich ein prächtiger Baldachin spannte, offenbar ein Re-
likt aus zaristischen Zeiten. Eine Ehrenwache marschierte mit, und die
Straßen säumten Soldaten. Sechs ganz in Schwarz gekleidete Stallbur-
schen führten die Pferde, und vor ihnen blies eine Militärkapelle den
Trauermarsch. Als Bucharin, der Nadja nahe gestanden und sie politisch
beeinflusst hatte, Stalin sein Beileid aussprach, betonte dieser seltsamerweise, nach dem Bankett in die Datscha gefahren und jedenfalls nicht im
Kreml gewesen zu sein: Er habe mit Nadjas Tod nichts zu tun. Auf diese
Weise setzte Stalin sein Alibi in Umlauf.

Der Leichenzug nahm seinen Weg durch die Straßen, und Polizisten
hielten die Massen zurück. Es war der erste in einer langen Folge von
Trauerfällen mit vorgeschobener Todesursache. Stalin schritt zwischen
Molotow und dem gewieften, ausgefuchsten Armenier Mikojan einher,
diese beiden wiederum flankiert von Kaganowitsch und Woroschilow.
Pauker in seiner strahlenden Uniform, den Bauch wie üblich in ein Korsett gezwängt, hielt sich eher abseits. Wasili und Artjom gingen mit den
Angehörigen, führenden Bolschewiken und Delegierten von Nadjas Akademie dahinter. Olga machte der Toten bittere Vorwürfe:

»Warum hast du das getan?«, schalt sie ihre verblichene Tochter. »Wie
konntest du nur die Kinder im Stich lassen?« Die meisten der Trauern-
den stimmten ihr zu und sympathisierten mit Stalin.

»Nadja war im Unrecht«, erklärte Polina offenherzig. »Sie hat ihn in
einer so schwierigen Zeit einfach verlassen.«

Artjom und Wasili fielen weit zurück, bis sie Stalin aus den Augen
verloren. Verschiedentlich hieß es, Stalin sei entweder gar nicht zur Beerdigung gegangen oder habe den ganzen Weg bis zum Nowodewitschifriedhof zu Fuß zurückgelegt, doch nichts von beidem trifft zu. Vielmehr hatte Jagoda aus Sicherheitsgründen auf bestimmten Regelungen
bestanden, sodass sich Stalin vom Manegenplatz aus zusammen mit seiner Schwiegermutter zum Friedhof fahren ließ.

Dort angekommen, stellte er sich neben das Grab, ihm gegenüber
Wasili und Artjom. Als Erster sprach Bucharin, und dann kündigte Jenukidse den Hauptredner an: Kaganowitsch. »Das war so schwierig«,
erinnerte der sich, »in Anwesenheit Stalins.« Der Eiserne Kommissar
klammerte sich an den typischen Parteijargon:

»Genossen, wir begraben heute eine der Besten von uns. Nadja war in
einer bolschewistischen Arbeiterfamilie aufgewachsen … und fest mit
unserer Partei verbunden … eine treue Freundin der Führenden … und
Mitstreiterin im großen Kampf. Sie zeichnete sich aus durch die wich-

tigsten Eigenschaften der Bolschewiken – Zähigkeit und Standhaftig-keit…« Dann wandte er sich dem Witwer zu: »Wir sind enge Freunde und Kameraden des Genossen Stalin. Wir wissen, was für einen großen Verlust der Genosse Stalin erlitten hat … und dass wir die Bürde dieses Verlustes gemeinsam mit dem Genossen Stalin tragen müssen.«

Stalin ergriff eine Hand voll Erde und warf sie auf den Sarg. Artjom und Wasili sollten es ihm nachtun, doch Artjom fragte, wofür das nötig sei. »So deckst du sie mit etwas Erde zu«, erklärte man ihm. Später wählte Stalin den Grabstein aus. Er ließ eine Rose eingravieren, als Erin-nerung an jene, die Nadja im Haar trug, und darunter die stolzen Worte: »Mitglied der bolschewistischen Partei.« Bis an sein Lebensende grübelte Stalin über ihren Tod. Nadjas Abtrünnigkeit verletzte und demütigte ihn, zerstörte eine weitere seiner schwachen Quellen des Mitgefühls, ver-stärkte dafür jedoch seine Brutalität, Eifersucht, Kälte und Neigung zum Selbstmitleid. Aber auch die politischen Ereignisse des Jahres 1932 – be-sonders das von Stalin so bezeichnete Komplott mehrerer Genossen – spielten eine wichtige Rolle. »Nach 1932«, befand Kaganowitsch, »hat Stalin sich grundlegend verändert.«[5]

Die Angehörigen kümmerten sich um ihn, sahen regelmäßig nach dem Rechten. Als Schenja Allilujewa eines Abends in die Wohnung kam, blieb zunächst alles still. Dann jedoch hörte sie ein hässliches Kreischen und fand den *Woschd* im Halbdunkel auf einem Sofa liegen und die Wand anspucken. Er musste das schon lange so treiben, denn die Wand troff von glitzernden Speichelspuren.

»Was zum Teufel machst du da, Josef?«, fragte sie. »Du musst dich zusammennehmen!« Doch er starrte nur schweigend auf seine über die Tapete laufende Spucke.[6]

Damals gewann Maria Swanidse, die Frau von Stalins Exschwager Al-joscha, die nun anfing, ein denkwürdiges Tagebuch zu führen*, den Ein-druck, dass Nadjas Tod »sein steinernes Herz etwas erweicht hatte«. In seiner Verzweiflung stellte Stalin sich immer wieder zwei Fragen:

»Lassen wir einmal die Kinder außer Acht – die hatten sie nach ein paar Tagen vergessen –, aber wie konnte sie *mir* das antun?« Dann wie-der sah er die Sache gerade anders herum und fragte zum Beispiel Bud-

---

* Maria »Marusja« Swanidse sollte zu einer entscheidenden Figur in Stalins Gefol-ge werden: Dieser bewahrte ihr handgeschriebenes Tagebuch, das zu den enthüllends-ten Dokumenten der dreißiger Jahre zählt, sogar in seinem persönlichen Archiv auf.

jonni: »Ich begreife ja, wie sie mich im Stich lassen konnte, aber was ist mit den Kindern?« Die Gespräche endeten immer so: »Sie hat mein Leben ruiniert, hat mich zum Krüppel gemacht.« Es war eine demütigende persönliche Niederlage, die sein Selbstvertrauen untergrub. »Stalin«, schrieb Swetlana, »wollte zurücktreten, aber das Politbüro lehnte ab: ›Nein, nein, du musst im Amt bleiben!‹«

Doch bald gewann er wieder den messianischen Glauben an seine Sendung zurück: den Krieg gegen die Bauern und gegen seine Feinde in der Partei. Er wandte sich den jüngst inhaftierten Oppositionellen Eismont, Smirnow und Riutin zu, deren »Manifest« man in Nadjas Zimmer gefunden hatte. Er trank viel, litt unter Schlaflosigkeit. Einen Monat nach ihrem Tod, am 17. Dezember, schickte er Woroschilow eine seltsame Notiz:

»Diese Brüder Eismont, Smirnow und Riutin schwimmen im Alkohol. Wir sehen eine in Wodka getränkte Opposition. Eismont, Rykow. Großwildjagd. Tomski, ich wiederhole Tomski. Wild brüllende und knurrende Bestien. Smirnow und andere Moskauer Gerüchte. Wie Wüstensand. Ich fühle mich schrecklich, schlafe kaum.« Dieser Brief zeigt, wie verstört Stalin nach Nadjas Tod war. Er lässt den Vollrausch und die Verzweiflung erahnen.

Auch gegenüber den Bauern mäßigte sich Stalin nicht. Am 28. Dezember wies Postyschew darauf hin, dass man an den Getreidesilos GPU-Wachen aufstellen müsse, da die Hungernden so viel entwendeten. Dann fügte er hinzu: »In den kollektiven Traktorenhallen sind zahlreiche Saboteure am Werk. ... Wir sollten zwei- bis dreihundert Kulaken aus Dnepropetrowsk unter Aufsicht der GPU in den Norden schicken.«

»Richtig! *Prawilno!*«, stimmte Stalin mit blauem Farbstift begeistert zu.

Nadja trieb Stalin bis an sein Lebensende um. Sooft er Menschen traf, die sie gut gekannt hatten, sprach er ausschließlich über sie. Noch zwei Jahre später verpasste er im Theater einen ganzen Akt, weil er Bucharin von Nadja vorschwärmte und beklagte, nicht ohne sie leben zu können. Auch mit Budjonni redete er oft über sie.* Die Familie kam an jedem 8. November zusammen, um ihrer zu gedenken. Stalin hasste diese Jahrestage und blieb im Süden, stellte allerdings immer mehr und zuneh-

* Budjonnis erste Frau hatte vermutlich ebenfalls Selbstmord begangen, vielleicht als sie von seinem Verhältnis zur späteren zweiten, der Sängerin Olga, erfuhr. Ironischerweise war der andere sowjetische Funktionär, dessen Frau Suizid beging, der glänzende Kommandeur, den Stalin am meisten hasste: Michail Tuchatschewski.

mend größere Fotos von ihr in seinen Datschen auf. Er behauptete, seit Nadjas Tod das Tanzen aufgegeben zu haben.

Tausende von Beileidschreiben ergossen sich über Stalins *Apparat*, darunter allerdings nur wenige interessante, die er aufbewahrte. »Sie war zart wie eine Blume«, hieß es in einem, doch dieses Dokument hob er vielleicht nur deshalb auf, weil am Ende etwas über ihn stand: »Denken Sie stets daran, dass wir Sie brauchen, und passen Sie gut auf sich auf.« Archiviert hat er auch das folgende Nadja gewidmete Gedicht, das ebenfalls seinem Selbstbild schmeichelte:

Nächtliches Meer, wilder Sturm...
Ein huschender Schatten auf der Kommandobrücke.
Es ist der Kapitän. Wer mag das sein?
Ein Mensch aus Fleisch und Blut.
Oder ist er aus Eisen und Stahl?

Als ihre Kommilitonen ein Institut nach Nadja benennen wollten, entschied Stalin nicht selbst, sondern leitete die Anfrage an deren Schwester Anna weiter: »Bitte lass mich Deine Meinung wissen.« Die Wunde war sechzehn Jahre später noch nicht verheilt, und als ein Bildhauer ihm eine Büste von Nadja anbot, schrieb Stalin lapidar an seinen *chef de cabinet*, Poskrebyschew: »Teilen Sie ihm mit, dass Sie den Brief erhalten haben und zurücksenden. Stalin.«

Lange Zeit zum Trauern hatte er nicht. Die Partei befand sich im Krieg.

Am 12. November, dem Tag nach der Beerdigung, traf Stalin gegen 16 Uhr zu einer Konferenz mit Kaganowitsch, Woroschilow, Molotow und Sergo im Büro ein. Dabei anwesend war auch sein Freund Sergei Mironitsch Kirow, Erster Sekretär Leningrads und Mitglied des Politbüros. »Nach Nadjas tragischem Tod«, vermerkte Maria Swanidse, »gelang es Kirow am besten von allen, unverkrampft auf Josef zuzugehen und ihm die fehlende Wärme und Nähe zu ersetzen.« Stalin öffnete sich Kirow, der ihn, wie er hervorhob, »behütete wie ein Kind«.[7]

Der immerzu Opernarien vor sich hin trällernde, vor guter Laune und jungenhafter Begeisterung übersprudelnde Kirow gehörte zu jenen unkomplizierten Menschen, die überall Freunde finden. Etwas untersetzt, gut aussehend, mit tiefliegenden braunen, leicht tatarisch wirkenden Augen und hochstehenden Wangenknochen. Der brünette, pockennarbige Kirow schien bei Männern wie Frauen gleichermaßen gut anzukommen. Verheiratet, aber kinderlos, galt er als ein Schürzenjäger, der sein besonderes Augenmerk auf die Ballerinen des ihm unterstehenden Leningrader Mariinski-Balletts richtete.* Zweifellos pflegte er sehr enge Kontakte zu diesem und zur Oper, hatte sich sogar eine direkte Leitung nach Hause legen lassen, um jederzeit mithören zu können. Ebenso arbeitssüchtig wie seine Genossen, liebte Kirow die Natur, ging mit seinem Zechbruder Sergo regelmäßig zelten und jagen. Wie Andrejew kletterte er auch gerne. Er fühlte sich rundum wohl in seiner Haut, und vielleicht machte gerade das ihn so anziehend für Stalin, dessen Freundschaften an Schwärmereien erinnerten und genau wie diese plötzlich in heftige Feindschaft umschlagen konnten. Jetzt wollte er möglichst oft mit Kirow zusammen sein und bestellte ihn nach Nadjas Beerdigung täglich mindestens fünfmal ins Büro.

1886 unter dem Namen Sergei Kostrikow als Sohn eines kränklichen Büroschreibers – der ihn bald zum Halbwaisen machte – im achthundert Kilometer nordöstlich von Moskau gelegenen Urschum geboren, besuchte Kirow auf Staatskosten die Industrieschule in Kasan und tat sich dort durch gute Leistungen hervor. Doch 1905 machte die Revolution seine Studienpläne zunichte, sodass er in die bolschewistische Partei eintrat und sich politisch stark engagierte. In einer Phase zwischen zwei Exilstrafen heiratete er die Tochter eines jüdischen Uhrmachers, nur um dann, »wie alle gestandenen Bolschewiki«, so seine Frau, »das Privatleben ganz der revolutionären Sache unterzuordnen«. In der Vorkriegsphase arbeitete Kirow als Journalist für die, seitens der Partei streng geächtete, bürgerliche Presse, was ihn nicht gerade für höhere Aufgaben empfahl. 1917 setzte er sich im nordkaukasischen Terek durch. Im Bürgerkrieg gab Kirow neben Sergo und Mikojan einen der bramarbasierenden Kommissare des Nordkaukasus ab. Im März 1919 verhalf er den Bolschewiken in Astrachan durch ein Blutbad unter den Liberalen an die Macht, wobei mehr als viertausend Menschen ihr Leben verloren. Als man einen *bourgeois* dabei ertappte, Mobiliar zu verstecken, ordnete Kirow seine Erschießung an. Er und Sergo, deren Leben und Sterben enge Parallelen aufwiesen, konnten 1921 Georgien erobern und blieben danach in Baku, wo sie als brutale Bolschewiken der Bürgerkriegsgeneration wüteten. Kirow hatte Stalin wahrscheinlich schon 1917 kennen gelernt, kam seinem Förderer aber jedenfalls 1925 im Urlaub näher:

* Insofern war es durchaus angemessen, dem Ballett nach Kirows Tod seinen Namen zu geben.

»Lieber Koba, ich bin gerade in Kislowodsk. ... Allmählich geht es mir besser. Nächste Woche werde ich Euch besuchen. ... Grüße alle von mir, besonders auch Nadja.« Kirow gehörte bald fast zur Familie. Stalin schenkte ihm ein Exemplar seines Buches *Über Lenin und den Leninismus* mit der Widmung: »Für S. M. Kirow, den Freund und geliebten Bruder.« 1926 entmachtete Stalin Sinowjew in Leningrad und legte die Hauptstadt Peters des Großen mit der inzwischen zweitgrößten Partei des Landes in Kirows Hände. Vier Jahre später trat dieser auch ins Politbüro ein.[8]

Als Kirow 1931 bat, südwärts in Stalins Urlaubsort fliegen zu dürfen, antwortete dieser ihm: »Ich habe nicht das Recht und würde auch niemandem raten, Flüge zu genehmigen. Also muss ich Dich demütig bitten, mit dem Zug zu fahren.« Artjom, der oft mitreiste, erinnerte sich: »Stalin mochte Kirow so gern, dass er ihn persönlich in Sotschi am Bahnhof abholte.« Er habe immer »eine zauberhafte Zeit mit Kirow verbracht«, mit Schwimmen und Besuchen im *Banja*. Wenn Kirow badete, so Artjom, »setzte sich Stalin manchmal an den Strand und wartete dort auf ihn«.

Nach Nadjas Tod intensivierte sich Stalins Freundschaft mit »seinem Kiritsch«, und er konnte ihn zu jeder Tages- und Nachtzeit in Leningrad anrufen: Dessen *Wertuschka*-Telefon stand neben dem Bett (und ist dort heute noch zu besichtigen). Wenn Kirow nach Moskau kam, wohnte er meistens bei Sergo, der aus überbordender Vernarrtheit in ihn einmal sogar, wie seine Witwe später erzählte, durch einen vorgetäuschten Autounfall dafür sorgte, dass Kirow seinen Zug verpasste.* Doch Stalin und Kirow waren, so meinte Artjom, »fast wie Zwillinge, neckten einander, erzählten sich schmutzige Geschichten, lachten«. »Dicke Freunde, Brüder, und sie brauchten einander.«[9]

Nicht, dass Stalin seinem Kirow völlig vertraut hätte. Im Herbst 1929 hetzte er die *Prawda* gegen ihn auf[10], und trotz aller Liebe konnte er ihm auch zürnen. So scheint die *Leningradskaja Prawda* im Juni 1928 einen Text Stalins nur mit Änderungen veröffentlicht zu haben, was einen Brief zur Folge hatte, der enthüllt, wie empfindlich und paranoid Stalin schon bei kleinsten Kleinigkeiten reagieren konnte: »Ich verstehe ... die technischen Gründe. ... Allerdings sind mir keine weiteren solchen Fälle bei Artikeln von Politbüromitgliedern bekannt. ... Vor allem erscheint es

---

* Inszenierte Autounfälle, allerdings in der Regel tödliche, sollten zu den grausamen Markenzeichen von Stalins Regime gehören.

mir sonderbar, dass die gestrichenen vierzig bis fünfzig Wörter am deutlichsten das Problem der Bauernschaft als einer Ausbeuterklasse betreffen. ... Ich erwarte Deine Erklärung.«[11]

Kirow verehrte Stalin auch nicht wie einen Heiligen: Bei den Geburtstagsfeierlichkeiten von 1929, als man ihn zum *Woschd* erhob, erkühnten sich die Leningrader sogar, Lenins Ansichten über die Grausamkeit Stalins zu zitieren.[12] Kirow kannte die Macken seines Freundes gut. Als sich ein Student mit ideologischen Fragen an diesen wandte, leitete er sie mit folgendem Vermerk nach Leningrad weiter: »Kirow! Du musst den Brief dieses Fedotow lesen ... der mir politisch völlig unbedarft zu sein scheint. Vielleicht lohnt es sich, ihn anzurufen und mit ihm zu reden, vielleicht ist er aber ein trunksüchtiger korrupter ›Genosse‹. Wir müssen, glaube ich, nicht die GPU einschalten. Allerdings könnte dieser ›Student‹ ein sehr guter Schwindler sein, der seine antisowjetische Einstellung geschickt mit Unverständnis tarnt und scheinheilig bittet: ›Helfen Sie mir zu verstehen. Vielleicht kapieren Sie das alles – ich jedenfalls nicht.‹ Gruß! Stalin.«[13] Zweifellos beunruhigte Stalin Kirows Nähe zu Sergo, Kuibyschew und Mikojan. Die Herausforderungen des Jahres 1932 – das Riutin-Manifest, Kirows potenzieller Widerstand gegen die Hinrichtung des Urhebers, die Hungersnot, Nadjas Selbstmord – hatten bewiesen, wie sehr Stalin jetzt treue Freunde brauchte.

Nach Nadjas Tod klammerte sich Stalin stark an Kirow und drängte darauf, dass er in Moskau bei ihm statt bei Sergo wohnte. Bald fühlte er sich dort wie zu Hause, wusste, wo alles lag, und machte sich abends sein Bett selbst auf dem Sofa. Die Kinder liebten ihn, und Swetlana führte manchmal Puppentheater für ihn auf, am liebsten ihr Kabinettstück mit Stalin als Chef. Diese kleine Stalinistin gab Anweisungen wie folgt: »An meinen Ersten Sekretär. Ich befehle Ihnen, mir zu erlauben, mit Ihnen ins Theater zu gehen.« Sie unterschrieb mit »Die Herrin« oder »Die Chefin (*Chosjaika*) Setanka.« Ihre Zettel hängte sie im Esszimmer über dem Telefontisch auf. Stalin antwortete: »Ich gehorche.« Kaganowitsch, Molotow und Sergo waren Setankas Zweite Sekretäre, aber »besonders hat es ihr Kirow angetan«, vermerkte Maria Swanidse, »weil Josef so gut und eng mit ihm befreundet ist«.[14]

Stalin nahm wieder das asketische Beduinenleben eines untergetauchten Bolschewiken auf, mit allen Spannungen und Unvorhersehbarkeiten des auf der Flucht befindlichen Revolutionärs, außer dass sein rastloses Umherirren noch zugenommen hatte. Zwar ein Gewohnheitsmensch, musste er dennoch immerzu auf Achse sein. In seinen Datschen gab es

Betten, in allen Zimmern aber auch breite, harte Sofas. »Ich schlafe nie im Bett«, vertraute er einem Besucher an, »sondern immer auf Couchen.« Er blieb einfach dort liegen, wo er zufällig gerade las. »Welche historische Persönlichkeit pflegte den gleichen Spartanismus?«, fragte er kokett, um das hybride Rätsel sofort selbst zu lösen: »Nikolaus I.« Nadjas Tod hatte naturgemäß die Lebensweise Stalins und seiner Kinder verändert.[15]

9

DER WITWER UND DIE SEINEN:
SERGO, DER BOLSCHEWIKENPRINZ

Da Stalin es im Lustschloss (ebenso wie in Subalowo), wo ihn alles an Nadja erinnerte, kaum noch aushielt, schlug Bucharin ihm kurzerhand einen Domiziltausch vor. Stalin nahm das freundliche Angebot an und bezog dessen Wohnung im ersten Stock des Gelben Palasts, einem Ausbau des alten Senats*, die fast direkt unter seinem Amtssitz lag. Da dort zwei Schenkel des dreieckigen Komplexes spitz zusammenliefen, hieß sein Büro unter Eingeweihten nur »Das kleine Eck«. Mit seinen polierten Böden und den sternförmig verlegten rot-grünen Läufern, den bis auf Schulterhöhe reichenden Holzpaneelen und den tristen Vorhängen erinnerte es, zumal bei der sterilen, gedämpften Atmosphäre, an ein Sanatorium. Der immer ordentlich aufgeräumte Schreibtisch von Stalins Sekretär Poskrebyschew stand an der Stirnseite des Vorzimmers, von wo aus er den Zugang überwachte. Das Chefbüro war ein länglicher, hoher Raum mit schweren Stores und reich verzierten russischen Öfen, an die sich Stalin oft lehnte, wenn ihn Gliederschmerzen plagten. Im hinteren Teil standen ein gewaltiger Schreibtisch und, links davon, unter Porträts von Marx und Lenin, ein langer, grün bezogener Konferenztisch mit weiß gepolsterten hohen Stühlen.[1]

---

* Präsident Putin regiert nach wie vor von diesem Gebäude aus, dem Sitz der Macht in Russland seit Lenin, und sein Stabschef sitzt in Stalins einstigem Büro. Bis 1930 hatte Stalin seine Amtsgeschäfte im fünften Stock des grauen Granitbauwerks am Alten Platz oberhalb des Kreml geführt, in dem auch das Zentralkomitee residierte, gut eingespielt mit seinen aufeinander folgenden Sekretären Lew Mechlis, der nach Höherem strebte, und dem früh verstorbenen Towstucha. Von dort aus plante Stalin die Kampagnen gegen Trotzki, Sinowjew und Bucharin. 1930 zogen Poskrebyschew und das Sonderdezernat, als Zentrum von Stalins Diktatur, in den Gelben Palast um (auch als das Gebäude des Sownarkom oder des Ministerrates bekannt), wo das Politbüro tagte, Stalin arbeitete – und fortan auch wohnte.

Die einen Stock tiefer gelegene »kalte«, düstere Wohnung mit »ge-
wölbten Decken« sollte bis zu Stalins Tod seine Moskauer Unterkunft
bleiben. Als ein ehemaliger Korridor war sie, wie sich Swetlana erinnerte, »nicht gerade behaglich«. Stalin pflegte abends mit den Kindern zu
essen, ihre Hausaufgaben durchzusehen und abzuzeichnen wie andere
Väter auch, und hielt bis zum Krieg an dieser pflichtschuldigen Gewohnheit fest – einige seiner Mitteilungen an die Lehrer sind erhalten.

Da die Kinder Subalowo als ihre eigentliche Heimat liebten, gab Stalin die dortige Datscha nicht auf, sondern ließ sich in Kunzewo, neun
Kilometer vom Kreml entfernt, eine eigene »wunderbare, luftige, moderne« Villa bauen, die zu seinem Hauptwohnsitz wurde. Dort starb er
auch zwanzig Jahre später. Er erweiterte das Anwesen im Lauf der Jahre
zu einem großen, aber kargen Herrenhaus mit braungrünem Tarn-
anstrich, Pavillons für Gäste, Wach- und Gewächshäusern, russischem
Bad und ausgelagerter Bibliothek, alles inmitten des Kiefernwaldes geschützt durch zwei Zäune, zahllose Kontrollpunkte und mindestens
hundert Wachposten.* Dort frönte Stalin seiner Eigenbrötelei und Di-
stanziertheit: Im Haus selbst lebten weder Wachen noch Personal, und
außer wenn Gäste über Nacht blieben, schloss er sich fortan ein, ganz
abgeschottet. Meist fuhr er direkt nach dem Abendessen hinaus: Das
nur einen Katzensprung entfernte Kunzewo hieß bei Hofe die »Nahe
Datscha« – im Unterschied zu Semjonowskoe als dem »J. w. d.«. In
Subalowo, das Swetlana als ihr »Paradies, meine Zauberinsel« wahr-
nahm, ging das idyllische Leben weiter.

Allerdings glitt Stalin nach Nadjas Tod keineswegs in ein spukhaftes
Eremitentum ab. Er verbrachte viel Zeit mit den Magnaten, fast wie an
einem abgeschiedenen Zarenhof des 17. Jahrhunderts, fand sich aber
auch von Angehörigen aufgefangen, da Pawel und Schenja Allilujew
jüngst aus Berlin zurückgekehrt waren und sich seiner annahmen. Auch
Nadjas Schwester Anna und ihr soeben zum Moskauer GPU-Chef er-
nannter Mann Stanislas Redens standen, nach der Etappe in Charkow,
wieder bereit. Redens, ein attraktiver, stämmiger Pole mit Stirnlocke,
der immer volle Tschekistenuniform trug, hatte bei dem Geheimpolizei-

---

* Wie die meisten anderen Datschen ließ Stalin auch Kunzewo von Merschanow
planen. Dort ordnete er ständig Umbauten und in der Nachkriegszeit die Aufsto-
ckung an. Ursprünglich war das Mobiliar nach Stalins Tod 1953 eingelagert, unter
Breschnew jedoch alles wieder ausgepackt worden. Heute steht das Gebäude unter
Verschluss, bewacht vom Sicherheitsorgan FSB, allerdings im gleichen Zustand wie
zu Stalins Lebzeiten, sogar mit seinen Rasierpinseln und dem Grammophon.

gründer Dserschinski als Sekretär gedient und sich in Anna verliebt, als dieser zusammen mit Stalin eine Expedition unternahm, um den Fall von Perm 1919 aufzuklären. Unter sittenstrengen Altbolschewiken stand Redens wegen einer unglücklichen Begebenheit in dem Ruf, ein Spinner und Säufer zu sein. Bis 1931 georgischer GPU-Chef, hatte sein Stellvertreter Beria, so die Familiensaga, ihm einen – mehr an Lausbuben als an die Geheimpolizei erinnernden – Streich gespielt. Beria füllte Redens ab, zog ihn völlig aus und schickte ihn dann splitternackt heim. Stalins Briefe enthüllen den Hintergrund der Affäre: Redens und seine örtlichen Kollegen hatten versucht, Beria an die Untere Wolga versetzen zu lassen, aber irgendwer, vermutlich Stalin selbst, hatte das unterbunden. Beria hörte davon und sann auf Rache. Letzten Endes musste Redens und nicht Beria seinen Posten räumen.

Stalin mochte seinen heiteren Schwager, zweifelte allerdings an seiner Kompetenz als Tschekist und berief ihn deshalb aus der Ukraine ab. Anna, ihren beiden Söhnen eine liebevolle Mutter und eine gutmütige, aber unbesonnene Frau, redete sogar den eigenen Kindern zu viel. Stalin bezeichnete sie als ein »Plappermaul«.[2]

Ein drittes Paar komplettierte die liebe Verwandtschaft zum Sextett: die Swanidses. Aljoscha, der Bruder von Stalins (1907 verstorbener) erster Frau Kato, auslandserfahren, »gut aussehend, blond, blauäugig, mit Adlernase«, war ein georgischer Dandy, der Französisch und Deutsch sprach und sich bei der Staatsbank hocharbeitete. Stalin liebte ihn »wie einen Bruder«, so meinte zumindest Mikojan. Seine Frau Maria, eine georgische Jüdin mit »Stupsnase, cremefarbigem Pfirsichteint und großen blauen Augen«, gab als Sopranistin in der Daueroper ihres Lebens stets die *prima donna*.* Swetlana hielt das Paar für aufdringlich, besonders weil es ständig mit ausländischen Geschenken protzte. Die emsige Tagebuchschreiberin Maria scheint, wie an Stalins Hof üblich, ein bisschen in den *Woschd* verliebt gewesen zu sein. Alle Damen buhlten ständig um seine Gunst, waren so sehr damit beschäftigt, sich in den Vordergrund zu spielen und andere auszustechen, dass ihnen oft bedrohliche Anzeichen für Stalins Aufwallungen entgingen.[3]

Unterdessen legte der inzwischen siebenundzwanzigjährige Jakow, der eigentlich hätte Soldat werden sollen, die Prüfungen als Elektroingenieur ab. Jascha »ähnelte seinem Vater in Stimme und Aussehen«, was

---

* Ihrem Sohn bürdeten diese Bolschewiken den absurden Namen Johnreed auf, zu Ehren des Autors von *Zehn Tage, die die Welt erschütterten.*

diesen stark irritierte. Mitunter bewies Stalin rege Anteilnahme. So schickte er ihm eines seiner Bücher, *Die Eroberung der Natur*, mit der Aufforderung:»Jascha, lies dieses Buch, sofort. J. Stalin.«[4]

Als Swetlana, ein sommersprossiger Rotschopf, heranwuchs, befand Stalin, dass sie der Mutter aufs Haar ähnelte. Für ihn das höchste Lob, doch im Grunde glich sie eher ihm, war außerdem genauso intelligent, eigensinnig und entschlossen. »Ich war sein Liebling. Nach Mutters Tod suchte er meine Nähe, war sehr zärtlich, er wollte einfach sehen, wie es mir ging. Heute weiß ich zu schätzen, dass er ein sehr fürsorglicher Vater war.« Maria Swanidse erzählte, wie Stalin seine Tochter verwöhnte. »Er küsste sie, bewunderte sie, fütterte sie von seinem Teller, suchte die besten Stücke für sie aus.« Mit sieben erklärte Swetlana: »Wenn nur Papi mich liebt, kann mich ruhig die ganze Welt hassen! Wenn Papi mir sagte, ›Los, flieg zum Mond‹, würde ich es machen!« Doch sie beschwerte sich auch: »Immer dieser Pfeifenqualm und der Tabakgestank im Bart. So herzte und küsste der mich!« In der Regel kümmerten sich Alexandra Bytschkowa, die innig geliebte aufrechte Kinderfrau, und die treue Haushälterin Carolina Til um Swetlanas Erziehung.[5]

Artjom zufolge fragte Swetlana noch lange nach Nadjas Tod, wann ihre Mutter denn endlich vom Ausland zurückkäme. Dunkle Räume hätten ihr Angst gemacht, vielleicht weil sie doch etwas ahnte. Sie selbst bekannte ihre Abneigung gegen Wasili, der sie entweder schikaniert, ihr den Spaß verdorben oder ekelerregende Schweinereien erzählt und dadurch ihre unbefangene Grundeinstellung zur Sexualität beeinträchtigt habe.

Der damals Zwölfjährige war tief traumatisiert. »Wasili hatte einen schweren Schock erlitten«, schrieb Swetlana, »der ihn völlig aus der Bahn warf.« Er entwickelte sich zu einem gehässigen, wichtigtuerischen, gewalttätigen Rüpel, der vor Frauen derb fluchte, sich hofieren ließ wie ein Prinzchen und doch tragischerweise immer linkisch und unglücklich blieb. In Subalowo tobte er sich aus, doch niemand unterrichtete Stalin von seinen ungeheuerlichen Possen. Artjom hielt ihn allerdings im Grunde für »nett, herzlich, lieb und an materiellen Dingen gänzlich desinteressiert. Er konnte tyrannisch sein, nahm aber auch kleinere Jungen in Schutz.« Doch hatte er echte Angst vor Stalin und verehrte ihn »wie die Christen Jesus«. Von seinem Vater vernachlässigt, wuchs Wasili unter der tristen, gefühlskalten Obhut von Leibwächtern oder rohen und kriecherischen Geheimpolizisten auf, fern von der gestrengen, aber liebevollen Kinderfrau. Pauker nahm sich seiner an. Efimow, der Kommandant von Subalowo, hielt Wlasik auf dem Laufenden, der wiederum »den Boss« informierte.

Stalin vertraute seinem treu ergebenen Leibwächter, dem siebenunddreißigjährigen, kräftigen, mit allen Wassern gewaschenen, aber ungehobelten Bauernsohn Nikolai Wlasik, der 1919 bei der Tscheka eingetreten war und nach mehreren Politbüromitgliedern seit 1927 ausschließlich den *Woschd* bewachte. An Stalins Seite wurde er zum mächtigen »*Großwesir*«, blieb aber für Wasili stets eine Art Vaterfigur: Zum Beispiel ließ er alle seine Freundinnen von ihm absegnen.

Nach zu extremen Auffälligkeiten schrieb Pauker an Wlasik, dass »seine Umschulung absolut unumgänglich ist«. Wasili sehnte sich nach Stalins Anerkennung. »Hallo Vater!«, schrieb er in einem bezeichnenden Brief, mit kindlicher Aneignung des Bolschewikenjargons. »Ich bin jetzt an der neuen Schule. Mir gefällt es sehr gut, und bestimmt wird ein echter Roter Waska aus mir! Vater, schreibe mir, wie es Dir geht, und was Du im Urlaub machst. Swetlana fühlt sich wohl, auch sie lernt fleißig. Grüße von unserem Arbeitskollektiv. Der Rote Waska.« Aber er schrieb nicht nur Stalin:

»Hallo Genosse Pauker! Bin wohlauf, streite nicht mit Tom [Artjom], fange viel [Fische] und habe großen Spaß dabei. Wenn Sie wollen, können Sie uns besuchen kommen. Genosse Pauker, bitte schicken Sie mir ein Fläschchen Tinte für meine Feder.« Pauker, der Stalin so nahe stand, dass er ihn sogar rasierte, gehorchte auch dem Sohn. Als die Tinte eingetroffen war, dankte Wasili dem »Genossen« dafür und bezichtigte Wlasik, ihm falsche Vorwürfe gemacht zu haben. Das Leben unter Leibwächtern und Geheimpolizisten verführte ihn bereits zur Denunziation, eine Marotte, die später gefährliche Züge annehmen sollte. Der prinzenhafte Ton ist unverkennbar: »Genosse Efimow hat Dir meine Bitte um ein Gewehr ausgerichtet, aber es ist bis heute nicht eingetroffen. Vielleicht hast Du es vergessen, also schicke es mir endlich. Wasja.«

Stalin war empört über Wasilis Frechheit und drängte auf mehr Disziplin. Als Carolina Til am 12. September 1933 in Urlaub ging, gab er dem in Subalowo zuständigen Efimow vom Süden aus folgende Anweisungen: »Die Kinderfrau wird in der Moskauer Wohnung bleiben. Sorgen Sie dafür, dass Wasja keine Kapriolen schlägt. Halten Sie ihn kurz, und seien Sie streng. Falls Wasja dem Mädchen nicht gehorcht und pampig wird, so kleben Sie ihm einfach den Mund zu.« Abschließend mahnte er: »Halten Sie Wasja von Anna Sergeewna [Tante Redens] fern, da sie ihn mit ihrer Weichheit nur verwöhnt.« Dem Sohn selbst schickte

Stalin aus dem Süden einen Korb Pfirsiche mit ein paar Zeilen. Der »Rote Waska« bedankte sich artig, führte indes schon wieder etwas Neues im Schilde. Er hatte Nadjas Pistole in der Wohnung gefunden, zeigte sie Artjom und schenkte ihm das Lederhalfter als Andenken.[6]

Erst Jahre später ging Stalin auf, wie sehr seine Delegation der Vaterrolle an Leibwächter und die Betreuung durch Personal den Kindern geschadet hatte. Es sei der »tiefste Kummer seines Herzens«:

»Kinderfrauen können ihre Schutzbefohlenen zwar wirklich gut erziehen, ihnen aber nicht die Mutter ersetzen…«[7]

Im Januar 1933 hielt Stalin vor dem Plenum eine echt bolschewistische Propagandarede: Die Partei habe den Fünfjahresplan auf eindrucksvolle Weise erfüllt, eine Traktorenindustrie, Kraftwerke, die Kohle-, Eisenerz- und Erdölförderung aufgebaut, ganz neue Städte aus dem Erdboden gestampft, den Dnjeprdamm nebst Hydrokraftwerk und die Eisenbahnlinie Turk-Sib fertig gestellt (letztere durch Jagodas wachsende Armee von Zwangsarbeitern). Hartnäckige Schwierigkeiten gingen allein auf das Konto von Saboteuren. Er verschwieg allerdings, dass Millionen von Menschen verhungerten und Hunderttausende deportiert wurden.

Im Juli 1933 ging Stalin gemeinsam mit Kirow, Woroschilow, dem stellvertretenden OGPU-Chef Jagoda und dem Direktor der Lagerverwaltung (Gulag) Berman an Bord der *Anochin*, um ein bolschewistisches Mammutwerk feierlich zu eröffnen: den Ostsee-Weißmeer-Kanal oder, abgekürzt, Belomor*, eine 227 Kilometer lange Wasserstraße, an der ab Dezember 1931 eine pharaonische Heerschar von 170 000 Sklaven schuftete, von denen binnen anderthalb Jahren mehr als 25 000 umkamen. Woroschilow lobte später den Beitrag Kirows und Jagodas zu der großartigen Leistung.[8]

Im Sommer waren die Magnaten erschöpft von ihren enormen Anstrengungen, sowohl den Fünfjahresplan triumphal einzuhalten als auch die Opposition und vor allem die Bauernschaft niederzukämpfen. Nach dieser gewaltigen Leistung brauchten sie jetzt Erholung, doch wäh-

---

* Dadurch avancierte »Belomor« zu einer der beliebtesten Zigaretten, die auch Stalin selbst rauchte, wenn seine bevorzugte »Herzegowina Flor« gerade nicht vorrätig war. Der Belomorkanal gehörte zu jenen Triumphen, die Schriftsteller und Filmemacher stürmisch bejubelten: Der Romancier Gorki rechtfertigte mittlerweile skrupellos noch die übelsten Auswüchse des Bolschewismus und gab ein Buch mit dem Titel *Stalins Kanal* heraus, in dem er gerade die humanitären Aspekte von Belomor über den grünen Klee lobte.

rend die Hungerkrise dank massiver Gegenmaßnahmen im Großen und Ganzen abgewendet war, konnte man nicht aufatmen. Sergo, der als Volkskommissar für die Schwerindustrie den Fünfjahresplan vorgab, litt unter Herz- und Kreislaufproblemen – Stalin persönlich überwachte seine Behandlung.[9] Kirow spürte ebenfalls den Druck und klagte über »Herzrhythmusstörungen ... starke Reizbarkeit und unruhigen Schlaf«, sodass die Ärzte ihm Bettruhe verordneten.[10] Sein Freund Kuibyschew, dem als Gosplanchef die schier unmögliche Aufgabe zufiel, das Planungssoll in die Praxis umzusetzen, trank schwer und stellte den Frauen nach. Stalin beklagte sich darüber bei Molotow und schimpfte später, er sei zu »einem Wüstling« herabgesunken.[11]

Am 17. August bestieg Stalin zusammen mit Woroschilow einen Sonderzug.* Aus geheimen Vermerken geht hervor, dass der *Woschd* bereits paranoid alle seine Planungen verbarg, seine Schwägerin Anna Redens nicht mehr ausstehen konnte und bei Klim auf mehr Diskretion drängte:

»Gestern wollte ich, in Anwesenheit meiner Schwägerin (der alten Schwatztüte) und der Ärzte (die auch zum Quatschen neigen), meine genaue Abfahrtszeit nicht nennen, teile Dir jetzt aber mit, dass ich beschlossen habe, morgen ... zu fahren. Doch bitte behalte das streng für Dich. Wir sollten es auf keinen Fall an die große Glocke hängen. Wenn Du einverstanden bist, können wir morgen um zwei aufbrechen. In diesem Fall würde ich Jusis [Stalins litauischen Leibwächter, der sich mit Wlasik abwechselte] befehlen, den Bahnhofsvorsteher einen Wagen anhängen zu lassen, ohne Angabe des Zwecks. Also bis morgen um zwei...« Es sollte ein äußerst ereignisreicher Urlaub werden – sogar mit einem Mordanschlag.[12]

In der Datscha Krasnaja Poljana von Sotschi erwarteten ihn der abchasische Parteichef Lakoba, Präsident Kalinin und Poskrebyschew bereits auf der Veranda. Als Stalin mit Lakoba durch den Garten schlenderte, schloss sich ihnen Beria an, der ungekrönte Vizekönig des Kaukasus. Die beiden miteinander verfeindeten Ehrgeizlinge waren getrennt angereist. Nach dem Frühstück auf der Terrasse spazierte der *Woschd*, gefolgt von seiner wachsenden Entourage, zu der sich bald auch der lettische

---

* Von diesem Urlaub liegen ausführliche Berichte vor, zum einen Stalins Korrespondenz mit Kaganowitsch, der im Kreml die Stellung hielt, zum anderen ein Fotoalbum, das die GPU speziell darüber für Stalin anlegte, und zum dritten Notizen des Gastgebers Lakoba in Abchasien, das heißt sowohl Bilder als auch »Originaltöne«.

Altbolschewik Jan Rudsutak gesellte, der allerdings als Chef des Sicherheitskomitees zunehmend das Vertrauen Stalins verlor, erneut durch
den Garten.

»Schluss mit dem Faulenzen«, befahl der Obergärtner Stalin. »Das
wilde Buschwerk hier muss verschwinden.« Die Herren und ihre Leibwächter machten sich an die Arbeit, sammelten Holz und beschnitten
Brombeersträucher, während Stalin im weißen Kasack mit bauschiger,
in den Stiefeln steckender weißer Hose seine Pfeife rauchend zusah. Später griff er sich eine Mistgabel und fuhrwerkte damit herum. Beria rechte, einer der Moskauer Funktionäre hackte. Beria nahm ihm das Beil ab,
legte sich ins Zeug, um Stalin zu beeindrucken, und scherzte dabei mit
ziemlich offenkundigem Hintersinn:

»Das als Beweis für den Gebieter, Josef Wissarionowitsch, dass ich jeden Baum zu fällen verstehe.« Kein Bonze sei vor Berias Schlägen gefeit.
Bald bot sich ihm die Chance, die Axt zu schwingen.

Stalin ließ sich in seinem Korbstuhl nieder, und Beria setzte sich, mit
dem Beil im Gurt, hinter ihn wie ein mittelalterlicher Höfling. Swetlana,
die Beria jetzt »Onkel Lara« nannte, kam herunter. Als Stalin Akten zu
studieren begann und Lakoba einen Kopfhörer aufsetzte, nahm Beria
die Kleine auf den Schoß und posierte so für ein trügerisch wonnevolles
Foto: Darauf glitzern die Gläser seines Kneifers freundlich in der Sonne,
die Hände halten das Mädchen, und im Hintergrund sieht man den
Chef in seine Arbeit vertieft.

Die inzwischen ebenfalls eingetroffenen Woroschilow und Budjonni
holten Stalin ab, setzten ihn in einen offenen Packard und zeigten ihm
zuerst ihre Pferde aus dem Kavalleriegestüt, um anschließend eine
kleine Rundfahrt zu machen und danach jagen zu gehen, wobei Stalin
das Gewehr lässig auf der Schulter trug und den Hut weit zurückschob,
damit ihm sein Leibwächter von der Tscheka den Schweiß von der Stirn
wischen konnte. Am späten Nachmittag schlugen sie ihre Zelte auf und
machten Picknick. Anschließend ging Stalin angeln. Die Unbeschwert-
heit der Tour liegt auf der Hand: So zwanglos sollte es nicht mehr lange
zugehen.[13]

Unterdessen erfuhr Stalin voller Empörung, dass Sergo im Politbüro gegen ihn intrigierte. Während immer mehr Genossen in Urlaub gingen,
hielt Kaganowitsch geduldig die Stellung. Er schrieb Stalin fast täglich
und schloss seine Berichte stets mit dem Ersuchen: »Bitte lassen Sie uns
Ihre Meinung wissen.« Die Magnaten rangen unablässig um Geld: Je

härter der Widerstand gegen die Kollektivierung, je höher das Tempo der Industrialisierung, desto mehr Unfälle und Fehler in den Fabriken, desto erbitterter die Auseinandersetzungen im Politbüro über den Finanzbedarf ihrer jeweiligen Ressorts: Der Premier, »Eisenarsch« Molotow, stritt mit Ordschonikidse, dem aufbrausenden Kommissar für die Schwerindustrien, der mit Kirow verfeindete Kaganowitsch attackierte auch Woroschilow, und so fort. Doch plötzlich schloss sich das Politbüro gegen die dezidierten Absichten Stalins zusammen.[14]

Im Sommer 1933 erfuhr Molotow, dass ein Betrieb in Saporosche wegen Sabotage fehlerhafte Mähdrescherteile herstellte. Ebenso wie Stalin fest davon überzeugt, dass Produktionsausfälle schon aus ideologisch-wissenschaftlichen Gründen jedenfalls nicht systembedingt, sondern nur eine Folge von Boykottmaßnahmen sein konnten, wies er den Staatsanwalt Akulow an, die Täter festnehmen zu lassen. Die örtlichen Funktionäre appellierten an Sergo. Vor Gericht vertrat dann ein ehemaliger Menschewikenanwalt, Andrei Wyschinski, der im bevorstehenden Terror eine herausragende Rolle spielen sollte, die Anklage. Da sich Stalin im Urlaub befand, trat Sergo leidenschaftlich für seine Ingenieure ein und konnte das gesamte Politbüro, auch Molotow und Kaganowitsch, gegen Wyschinskis Plädoyer einnehmen.

Am 29. August erfuhr Stalin von Sergos Ungehorsam und machte seiner geradezu pharisäischen Wut in einem Telegramm Luft: »Ich halte die damit vom Politbüro eingenommene Position für falsch und sogar gefährlich. ... Mir erscheint es beklagenswert, dass Kaganowitsch und Molotow nicht in der Lage waren, dem bürokratischen Druck des Volkskommissariats für die Schwerindustrie zu widerstehen.« Zwei Tage danach setzten Kaganowitsch, Andrejew, Kuibyschew und Mikojan den Beschluss förmlich wieder außer Kraft. Stalin sann über die Eventualität nach, dass Sergo sein zweifellos vorhandenes Ansehen und Charisma ausnutzen mochte, um die Magnaten auf seine Seite zu ziehen, und machte sich bei Molotow Luft:

»Sergo hat sich aufgeführt wie ein Hooligan.* Wie konntest Du ihm bloß nachgeben?« Mehr als alles andere schockierte ihn, dass Molotow und Kaganowitsch überhaupt darauf eingehen konnten. »Was war los? Hat Kaganowitsch Euch überrumpelt? ... Und er ist nicht der Einzige.« Dann setzte es Vorwürfe. »Ich habe Kaganowitsch schriftlich mein Er-

---

* Zur Verwendung dieses Begriffs in der damaligen Zeit siehe das aufschlussreiche Buch von Norman Manea, *Die Rückkehr des Hooligan*, München 2002 (A. d. Ü.).

staunen darüber zur Kenntnis gebracht, dass er sich in diesem Fall selbst im Lager der reaktionären Kräfte befand.«

Zwei Wochen später, am 12. September, schimpfte Stalin bei Molotow immer noch darüber, dass Sergo parteifeindliche Tendenzen an den Tag lege, indem er »reaktionäre Elemente der Partei gegen das Zentralkomitee« verteidige. Er strafte Molotow ab und rief ihn vom Urlaub auf der Krim zurück – »weder mir noch Woroschilow gefällt es, dass Du Dir sechs statt zwei Wochen frei nimmst« –, bekam dann jedoch Gewissensbisse: »Mir ist ein wenig unwohl dabei, der Anlass für Deine vorzeitige Rückkehr zu sein«, bekannte er, äußerte dann aber seine anhaltende Wut auf zwei andere: »Offenkundig wäre es sehr unklug, die Regierungsarbeit ganz Kaganowitsch zu überlassen (Kuibyschew könnte wieder zu trinken anfangen).«[15] Molotow kehrte kleinlaut nach Moskau zurück.[16]

Stalin setzte sich zwar mühelos gegen Sergo durch, aber die Heftigkeit seines Angriffs gegen den »Hooligan« zeigt, wie ernst er den zweitstärksten Mann nach ihm selbst nahm. Launisch und leicht erregbar, dabei der Inbegriff des linientreuen stalinistischen Bürokraten, entstammte der 1886 geborene Sergo Ordschonikidse dem georgischen Adel. Früh verwaist, besuchte er kaum eine Schule, sondern absolvierte lediglich eine Ausbildung zum Krankenpfleger.* Bereits mit siebzehn trat er in die Partei ein und ertrug mindestens vier Festnahmen, bevor er sich 1911 in Paris Lenin anschloss, zählte also zu den wenigen Stalinisten, die eine (wenn auch nur kurze) Emigrationszeit hinter sich hatten. Seit 1912 (wie Stalin) Mitglied des Zentralkomitees, war er 1921 persönlich für die brutale Annexion und Gleichschaltung Georgiens und Aserbaidschans verantwortlich, wo man ihn »Stalins Arsch« nannte. Lenin tadelte ihn, als er einen Genossen ohrfeigte und wüste Saufgelage mit Flittchen abhielt, verteidigte indes sein aggressives Brüllen, indem er scherzte: »Er will gar nicht schreien … sondern ist nur auf einem Ohr taub.«

Im Bürgerkrieg hatte sich Sergo als ein unermüdlich kämpfender Held hervorgetan, der gut zu Pferde saß (man warf ihm vor, pompös auf einem Schimmel durch das eroberte Tiflis getrabt zu sein), so »stramm und stark«, dass »es schien, als sei er schon im langen Feldmantel mit Stiefeln zur Welt gekommen«. Mit seinem cholerischen Gemüt hatte er

---

* Nach dem Zweiten Weltkrieg machte sich Stalin Gedanken darüber, dass er »als Bauer in der Verbannung nur acht Rubel monatlich erhielt, Ordschonikidse als Adliger dagegen zwölf. Demnach kosteten exilierte Adlige die Staatskasse anderthalbmal so viel wie Bauern.« Mit Poskrebyschew gehörte noch ein weiterer gelernter Krankenpfleger der Führungsriege an.

Anfang der zwanziger Jahre, im Streit über Sinowjews Buch *Leninismus*, sogar Molotow geschlagen (was auch zeigt, wie todernst er ideologische Fragen nahm), bis Kirow dazwischenging. Sergos Tochter Eteri erinnerte sich an die Zornausbrüche des hitzigen Georgiers, oft sogar mit Handgreiflichkeiten gegen Genossen, der sich allerdings immer schnell wieder gefangen habe. »Für Menschen, die er liebt, ginge er durchs Feuer, doch wenn er rotsieht, könnte er jeden töten«, erklärte seine Frau Sina.

1926 zum Chef des Sicherheitskomitees befördert, war Sergo Stalins aggressivster Gehilfe im Kampf gegen die Opposition, bis er schließlich die Schwerindustrien übernahm. Zwar verstand er nichts von den ökonomischen Feinheiten, zog aber Experten zu Rate, die er mit Zuckerbrot und Peitsche auf Zack brachte. »Sie terrorisieren Ihre Genossen bei der Arbeit«, beklagte sich einer der Untergebenen, die ständig mit seinen Launen zu kämpfen hatten. »Sergo hat sie regelrecht verprügelt!«, schrieb Stalin 1928 begeistert an Woroschilow. »Gerade die Opposition war völlig eingeschüchtert!«

Sergo hatte zuerst mit Bucharin liebäugelt, ihn dann aber verraten, um ein starker Verfechter von Stalins großer Wende zu werden. »Er unterstützte seine Politik mit Leib und Seele«, betonte Kaganowitsch. Beliebt bei fast allen Genossen, war er in den Augen von Maria Swanidse »der vollendete Bolschewik«, und Chruschtschew hielt ihn für »ungewöhnlich ehrenhaft«. »Mit seiner freundlichen Miene, dem grauen Haar und dem großen Schnurrbart«, schwärmte Berias Sohn, »sah er aus wie ein alter georgischer Prinz.« Obwohl auch er seinen Aufstieg Stalin verdankte, blieb Sergo als letzter Repräsentant des Politbüros skeptisch gegenüber dem Stalin-Kult, besaß allerdings bis zum Schluss eine Hausmacht in der Industrie und im Kaukasus. Gewiss scheute er sich nie, Stalin zu widersprechen*, behandelte ihn aber wie einen reizbaren großen Bruder. Manchmal erteilte er ihm sogar fast Anweisungen.

---

* Stalin seinerseits behandelte Sergo wie einen unbezähmbaren jüngeren Bruder: »Du hast diese Woche wieder Unruhe gestiftet«, schrieb er in einem typischen Brief, »und mit Erfolg. Soll ich Dir nun gratulieren oder nicht?« Bei anderer Gelegenheit: »Morgen die Besprechung wegen der Bankenreform. Bist Du vorbereitet? Du musst es sein!« Wenn Stalin ihn ausschimpfte, fügte er hinzu: »Wirf mir bloß nicht vor, dass ich rüde bin. ... Das macht mir nämlich gar nichts aus.« Gewöhnlich unterschrieb er mit »Koba«. Sergo äußerte fast immer Missfallen an einigen Entscheidungen Stalins: »Lieber Soso«, unkte er einmal, »wird das neue Russland von Amerikanern aufgebaut?« Er war durchaus imstande, Stalin auch zurechtzuweisen: »Soso, die wollen Kaganowitsch in die zivile Luftfahrt stecken. ... Bitte fordere Molotow und Kaganowitsch auf, das zu unterlassen!«

Im September 1933 machte Sergo Ferien in seinem Lieblingsort Kislowodsk, wo er sich bald in eine lebhafte Korrespondenz mit Stalin verwickelt sah, der seinem großspurigen »Prinzen« gerade zürnte, weil er, wie Stalin beklagte, »bis hin zum Närrischen eitel« sei.[17]

»Diesmal«, schrieb Stalin, »komme ich im Urlaub nicht zur Ruhe, sondern wandere umher…« Doch nach einem Monat ging er in den Süden und bezog sein neues Haus in Museri. Auf einem Hügel in subtropischem Ambiente gelegen, bot diese eher hässliche graue Villa mit den üblichen Holzpaneelen, ausladender Veranda und großem Esszimmer einen herrlichen Blick auf den Hafen, in dem Lakoba eine spezielle Mole angelegt hatte. Den Park durchzogen gewundene Wege, es gab eine Rotunde, in der Stalin gerne arbeitete, und zum Meer führte eine Treppe hinunter. Oft schlenderte Stalin mit Lakoba ins Nachbardorf, dessen Bewohner sie mit abchasischen Gerichten bewirteten.[18]

Für den 23. September hatte Lakoba eine Bootsfahrt mit anschließender Jagd angesetzt. Stalin und Wlasik legten mit der Motorjacht *Red Star* von der erwähnten Mole ab und fuhren, die Gewehre im Schoß, die Küste entlang, als an Land plötzlich Maschinenpistolen zu rattern begannen.

10

VERDORBENER SIEG:
KIROW, DAS KOMPLOTT UND DER
XVII. PARTEITAG

Wlasik warf sich auf Stalin, riss ihn in Deckung und bat sofort um Erlaubnis, das Feuer erwidern zu dürfen. Mit den landwärts gerichteten Schüssen gewann die *Red Star* das offene Meer. Anfangs hatte Stalin die Salven für einen georgischen Salut gehalten, doch später räumten die Grenzwachen ein, ein »ausländisches Boot« unter Beschuss genommen zu haben. Beria untersuchte den Fall persönlich und ging dabei wie üblich rücksichtslos vor, um Stalin mit seinen Resultaten zu beeindrucken, erregte schließlich jedoch den Verdacht, den ganzen Zwischenfall selbst ausgeheckt zu haben, um die Autorität des abchasischen Sicherheitschefs Lakoba zu untergraben. Jedenfalls verschwanden die diensthabenden Wachmänner auf Nimmerwiedersehen in Sibirien. Danach wurde Wlasiks und Berias Verhältnis zu Stalin enger.[1]

Wieder an Land, begab sich das Gefolge nach Gagra, wo die GPU in den Bergen eine neue Datscha ausfindig gemacht und Lakoba bereits mit Umbauten begonnen hatte. Dort entstand Stalins späterer Lieblingssitz Cholodnaja Retschka, »Kaltes Flüsschen«, eine Art Horst hoch oben auf einer Klippe mit einem atemberaubenden Ausblick.* Als Stalin nach Sotschi zurückkehrte, blieb zunächst Swetlana bei ihm, doch dann fing

---

* Das Haus in Gagra zählte zu den schönsten, aber auch am schwersten zugänglichen von Stalins Datschen. Die Kinder bekamen dort später eigene Häuser. Ein gewundener Pfad mit Treppen schlängelt sich zum Meer hinunter, doch vom Land her ist das Anwesen kaum einsehbar. Wie die meisten seiner Häuser steht es nach wie vor unter staatlicher Aufsicht, versteckt, schaurig und sehr gut erhalten. Museri grenzt an denselben geheimen Ferienort des ZK, in dem auch Chruschtschew als Generalsekretär eine Villa besaß. Michail Gorbatschew und seine Frau Raissa erregten in den achtziger Jahren heftiges Aufsehen, als sie sich dort in der Endphase der Sowjetunion ein luxuriöses Ferienhaus bauten. Alle diese Prachtbauten stehen heute in der dunstigen Hitze Abchasiens leer, allerdings trotzdem unter strenger Bewachung.

die Schule wieder an. Er fühlte sich »einsam wie eine Eule« und sehnte sich nach der Gesellschaft Jenukidses.[2] »Was hält Dich in Moskau?«, fragte er Abel. »Komm nach Sotschi, geh im See schwimmen und lass die Seele baumeln. Richte Kalinin von mir aus, dass er sich versündigt, wenn er Dich nicht sofort in Urlaub schickt. ... Du könntest bei mir wohnen. ... Habe heute die neue Datscha in Gagra besichtigt ... Woroschilow und seine Frau finden sie ganz bezaubernd. ... Dein Koba.«[3]

Nach dem langen Urlaub landete die »einsame Eule« am 4. November wieder in Moskau, um den bevorstehenden »Siegerparteitag« zu planen, der die Triumphe der letzten vier Jahre krönen sollte. Moskau wirkte wie von einem schlimmen Albtraum erwacht. Nach wieder besseren Ernten waren die Hungersnot vorüber, ihre Millionen von Opfern beerdigt und viele Dörfer ein für alle Mal von der Landkarte verschwunden.

Für die Delegierten des XVII. Parteitags gab es viel zu feiern, als sie ab Ende Januar eintrafen. Die 1966 stimmberechtigten Genossen muss es mit Wonne und Stolz erfüllt haben, in Moskau zusammenzukommen. Theoretisch wählte der Parteitag als oberstes Kontrollorgan das Zentralkomitee, um es bis zum nächsten Plenum, gewöhnlich vier Jahre später, an seiner statt regieren zu lassen. Doch 1934 lief dort ein Stück ab, das Stalin und Kaganowitsch zur Verherrlichung des Regimes inszeniert und Poskrebyschew bis ins Einzelne choreographiert hatten.

Gleichwohl zeigte der Kongress auch seine angenehmen Seiten: Plötzlich füllte sich der Große Kremlpalast mit exotischen Trachten, marschierten bärtige Kosaken, Kasachen und Georgier in Seidengewändern darin auf. Dabei frischten die Vizekönige aus Sibirien, der Ukraine oder Transkaukasien ihre Kontakte zu Verbündeten im Machtzentrum auf, während Novizen sich Gönner suchten.* Die Generation Lenins, in der man Stalin als den starken Mann betrachtete, ohne ihn blind zu vergöttern, dominierte zwar noch, aber der *Woschd* kümmerte sich ganz besonders um seine jüngeren Schützlinge.

---

* Die Provinzler wollten ihre Helden kennen lernen und verbrachten viel Zeit damit, für Fotografen in der Halle zu posieren, wo sie sich beflissen strahlend in Stiefeln, Kasacken und Kappen um Stalin, Kalinin, Woroschilow, Kaganowitsch und Budjonni scharten. Beim XV. Parteitag 1927 hatte Stalin noch zu jenen Funktionären gehört, die mit ihren Anhängern posierten. Jetzt, beim XVII., stand er immer im Mittelpunkt. Das Album ist allerdings verstümmelt wegen der vielen geschwärzten oder herausgeschnittenen Abbildungen jener, die in den folgenden vier Jahren ums Leben kamen. 1108 der 1966 Delegierten wurden festgenommen, die meisten davon anschließend exekutiert.

An einem der ersten Abende lud Stalin Beria, dessen blonde Frau Nina und ihren Sohn zur geselligen Runde mit dem Politbüro in den Kreml ein. Der damals zehnjährige Sergo Beria* und Swetlana, die sich später anfreundeten, sahen zusammen mit Stalin den Zeichentrickfilm *Die drei kleinen Schweinchen*, bevor man nach Subalowo aufbrach, um zu feiern und georgische Volkslieder zu singen. Als Sergo fröstelte, nahm Stalin ihn auf den Schoß und hüllte den Jungen in seinen Wolfspelzmantel, bevor er ihn ins Bett brachte. Für den ehrgeizigen Provinzler Beria muss es zutiefst erregend gewesen sein, bis in die innersten Sphären der Macht vorzudringen.

»Stalin!«, titelte die *Prawda* atemlos nach seinem Auftritt im Bolschoi. »Das Erscheinen des glühend verehrten *Woschd*, dessen Name untrennbar mit allen großen Triumphen des Proletariats, ja, der Sowjetunion verbunden ist, wurde mit tumultartigem Beifall und nicht enden wollenden Hurrarufen begrüßt, und der ganze Saal skandierte: ›Lang lebe unser Stalin!‹«

Einige der Regionalchefs scheinen sich, entsetzt über Stalins brutale Misswirtschaft, heimlich bei Bekannten getroffen, eine Verschwörung angezettelt und seinen Sturz geplant zu haben. Sie alle hatten ihre Gründe: Im Kaukasus fühlte sich Orachelaschwili durch die Beförderung des Parvenüs Beria düpiert, und Kosiors Hilferufe aus der hungernden Ukraine hatte man verächtlich übergangen. Einige der Treffen sollen bei Sergo in der Reitergarde stattgefunden haben, der Unterkunft Orachelaschwilis. Aber wer sollte Stalin ersetzen? Ihr Kandidat war der beliebte, tatkräftige Russe Kirow. In der bolschewistischen Kultur mit ihrem besessenen Streben nach ideologischer Reinheit kam der ehemalige Kadett und bourgeoise Journalist ohne eigene Hausmacht, da er seinen Aufstieg allein Stalin verdankte, jedoch kaum als Nachfolger in Betracht. Molotow, der Stalin so loyal wie eh und je zur Seite stand, erklärte höhnisch, dass Kirow nie einen ernst zu nehmenden Kandidaten abgegeben habe.

Als man bei Sergo an ihn herantrat, musste Kirow schnell eine Entscheidung treffen: Er teilte mit, nicht an einer Ablösung Stalins interessiert zu sein, ihm jedoch die geäußerten Beschwerden vortragen zu wollen. Kirow laborierte gerade an einer schweren Erkältung, und seine

---

* Selbstverständlich nach Berias ehemaligem Gönner Ordschonikidse benannt, allerdings war diese Freundschaft längst in beiderseitigen Hass umgeschlagen.

Reaktion zeigt, dass er sich der Herausforderung nicht gewachsen fühlte. Sein Instinkt riet ihm, sofort Stalin einzubeziehen, was er auch tat, wahrscheinlich in dessen neuer Wohnung, wo er das Komplott aufdeckte, die Sorgen der Genossen nochmals ansprach und jeden eigenen Führungsanspruch ausdrücklich von sich wies.

»Ich danke dir«, soll Stalin geantwortet haben, »das werde ich dir nie vergessen.« Zweifellos beunruhigte es ihn, dass die Altbolschewiken »seinen Kiritsch« als möglichen Nachfolger handelten. Kirows Freund Mikojan erklärte, dass Stalin mit »Feindseligkeit und Rachsucht gegenüber dem ganzen Kongress und naturgemäß auch Kirow selbst« auf diese Kabale reagiert habe. Kirow fühlte sich bedroht, ließ sich aber in der Öffentlichkeit nichts anmerken. Auch Stalin verbarg seine Gefühle.

Im Tagungssaal scherzte Kirow mit seinen Delegierten, setzte sich aber ostentativ nicht oben ins Präsidium, und diese Demagogie erzürnte Stalin, der ständig nachfragte, was sie denn zu tuscheln hätten. Sein Triumph war verdorben. Andererseits entsprach der Dauerkampf gegen Verräter genau seiner ideologischen Grundeinstellung. Kein anderer führender Politiker war derart auf die Vernichtung seiner Feinde programmiert wie Stalin, der sich, vielleicht im Stil eines tragischen Helden, als den einsamen Ritter der Geschichte auf edler Mission betrachtete: die bolschewistische Version des rechtschaffenen Cowboys, der in einer korrupten Grenzstadt aufräumt.

Im öffentlichen Jubel drang nichts von all den Querelen durch: »Wir haben eine starke Industrie aufgebaut, die Kollektivierung vorangetrieben, dem Sozialismus zum Sieg verholfen«, betonte Molotow bei der Eröffnung des Parteitags am 26. Januar. Stalin hörte mit sichtlichem Genuss zu, wie seine alten und neuen Feinde, von Sinowjew bis Rykow, ihn überschwänglich priesen. Bucharin, der inzwischen die *Iswestija* herausgab, fand die hymnischen Worte »der glorreiche Feldmarschall der proletarischen Streitkräfte, der Beste der Besten: Genosse Stalin«. Als dann jedoch der seit kurzem für die Ukraine zuständige altbolschewistische Hardliner Postyschew nach Kirow rief, stimmte ihm das Plenum überschwänglich zu. Aber Kirow erwies sich als Herr der Lage, erwähnte Stalin nicht weniger als neunundzwanzigmal (»der große Stratege für die Befreiung des werktätigen Volkes, unseres Landes und der ganzen Welt«) und endete im Ton höchster Erregung:

»Unsere Erfolge sind wahrhaft atemberaubend. Verdammt nochmal … ihr wollt doch alle gut leben – wirklich, schaut doch nur, was vor sich geht. Das sind Tatsachen!« Und Stalin fiel in den »donnernden Applaus« ein.

Am Ende wählten die Parteitage immer ein neues Zentralkomitee – normalerweise eine reine Formsache. Man händigte den Delegierten Stimmzettel aus, eine vom Sekretariat (das heißt von Stalin und Kaganowitsch) nach Vorschlägen der Partei vorbereitete Namenliste (Kirow hatte Beria aufbieten müssen): Die Delegierten strichen missliebige Namen durch, und alle übrigen galten als akzeptiert. Als dann der Wahlausschuss am 8. Februar die Stimmzettel auswertete, zeichnete sich Fürchterliches ab. Die Vorgänge im Einzelnen liegen im Dunkeln, doch scheint Kirow nur ein oder zwei, Kaganowitsch und Molotow dagegen mehr als je hundert, Stalin selbst sogar 123 bis 292 Ablehnungen erhalten zu haben. Zwar waren sie automatisch gewählt, aber das Ergebnis versetzte Stalins Selbstachtung einen weiteren Schlag und bestätigte ihm, dass er einsam inmitten von »Heuchlern und Betrügern« stand.

Als der Wahlausschuss den für die Organisation zuständigen Kaganowitsch vom Ergebnis unterrichtete, eilte er zu Stalin und fragte um Rat, worauf der ihn angewiesen haben dürfte, den größten Teil der Zettel zu vernichten (auch wenn Kaganowitsch das noch im hohen Alter bestritt). Jedenfalls fehlten am Ende 166 Stimmzettel. Am 10. Februar stellte man die 71 Mitglieder des neuen Zentralkomitees vor. Danach hatten Stalin 1056 und Kirow 1055 von 1059 Stimmen erhalten. Der durch Beria und Chruschtschew personifizierte Nachwuchs rückte auf, während Budjonni und Poskrebyschew zu Kandidaten avancierten. Das Plenum des ZK tagte anschließend, um sich den eigentlichen Fragen widmen zu können.

Stalin heckte einen Plan aus, um den gefährlich beliebten Kirow kaltzustellen, und schlug vor, ihn aus Leningrad zurückzurufen und in das vierköpfige Sekretariat zu befördern – ein kluger Schachzug, mit dem er gerade auch jenen entgegenkam, die seinen Aufstieg wünschten. Auf dem Papier erschien das als ein gehöriger Sprung, in Wirklichkeit jedoch brachte es Kirow unter Stalins direkte Aufsicht und schnitt ihn von seiner Leningrader Klientel ab. In Stalins Gefolgschaft war der Ruf nach Moskau stets ein zweifelhafter Segen und Kirow weder der Erste noch der Letzte, der heftig dagegen protestierte. Doch in Stalins Augen hätte Ablehnung bedeutet, das persönliche Prestige über die Loyalität zur Partei zu stellen: eine Todsünde. Für Kirows Bitte, noch zwei Jahre in Leningrad bleiben zu dürfen, traten auch Sergo und Kuibyschew ein, woraufhin Stalin gereizt und verstimmt die Sitzung verließ.

Anschließend rieten die beiden Freunde Kirow zu einem Kompromiss mit Stalin: Er solle zwar ins Sekretariat eintreten, aber vorerst in

Leningrad bleiben. Da ihm auf diese Weise kaum Zeit für Moskau bleiben würde, holte Stalin den neu ins ZK gewählten Parteichef von Gorki (Nischni Nowgorod) Andrei Schdanow, der ihm bald von allen Beratern am nächsten stehen sollte, als vierten Sekretär nach Moskau.

Kirow schleppte sich, noch unter den Erkältungsfolgen, einem Blutandrang in der rechten Lunge und Herzklopfen leidend, nach Leningrad zurück. Im März schrieb Sergo ihm: »Hör zu, mein Freund, Du brauchst Ruhe. Wirklich und wahrhaftig, in den nächsten zehn bis fünfzehn Tagen wird dort nichts ohne Dich passieren. … Unser Landsmann [ihr Deckname für Stalin] hält Dich für kerngesund … nichtsdestoweniger musst Du Dir eine kurze Pause gönnen!« Kirow spürte, dass Stalin ihm das Komplott nicht verzeihen würde. Doch dieser gab sich freundlicher denn je und bestand auf regelmäßigen Treffen in Moskau. Kirow konnte nur mit Sergo über seine Befürchtungen reden. »Ich muss unbedingt einige Fragen mit Dir klären, aber da Du brieflich manches nicht sagen kannst, warten wir besser bis zu unserem Treffen.« Gewiss diskutierten sie ausgiebig über Politik, hielten aber vieles wohlweislich nicht schriftlich fest.[4]

In Kirow regten sich starke Zweifel am Stalin-Kult: Am 15. Juli 1933 teilte er dem »Genossen Stalin« (und nicht wie gewöhnlich Koba) förmlich mit, dass man seine Porträts in Leningrad auf ziemlich »dünnem Papier« habe drucken müssen. Leider gehe es nicht besser. Man kann sich gut vorstellen, wie Kirow und Sergo über Stalins Eitelkeit spotteten.[5] Im privaten Kreis äffte Kirow vor Leningrader Genossen sogar seinen Tonfall nach.[6]*

In Moskau zechten Kirow und Stalin zwar viel zusammen, aber Artjom erinnerte sich einer unverkennbar von Rivalität geprägten Schärfe ihrer Witze. Bei einer Familienfeier hätten sie einmal vor Ironie triefende Toasts aufeinander ausgesprochen:

»Ich trinke auf das Wohl Stalins, des weltweit größten Staatsmannes aller Zeiten. Verzeih mir, wenn ich, als ein vielbeschäftigter Mann, vielleicht einige deiner Ruhmestaten übergangen haben sollte!« Derart habe Kirow, der »oft das Gespräch monopolisierte und im Mittelpunkt stehen wollte«, auf Stalin angestoßen und sich über dessen Kult lustig gemacht. Ein Beria oder Chruschtschew hätte sich so etwas nicht erlauben können!

---

* Zu den in seiner Leningrader Wohnung aufbewahrten Accessoires gehört ein Zigarettenetui mit einem ziemlich abstoßenden langnasigen Stalin-Porträt darauf: Es öffnet sich bei Druck auf die Nase.

»Ich trinke«, konterte Stalin, »auf das Wohl unseres geliebten Führers der Leningrader Partei, vielleicht auch des Proletariats von Baku? Da niemand alle Zeitungen lesen kann, weiß ich leider nicht, wovon er sonst noch der ›geliebte Führer‹ sein mag.« Zwar strotzten diese trunkenen Hänseleien zwischen Stalin und Kirow von kaum verhohlener Missgunst und Ranküne, aber niemandem im Familienkreis fiel auf, dass es zwischen den beiden wirklich knirschte. Die »vegetarischen Jahre«, wie die Dichterin Achmatowa sie bezeichnete, sollten bald enden und statt ihrer die »Fleisch fressenden Jahre« beginnen.

Am 30. Juni ließ Adolf Hitler als anderthalb Jahre zuvor gewählter deutscher Reichskanzler in der »Nacht der langen Messer« seine Gegner innerhalb der NSDAP abschlachten – eine Bluttat, die Stalin faszinierte.

»Hast Du gehört, was in Deutschland passiert ist?«, fragte er Mikojan. »Das ist schon ein ganzer Kerl, dieser Hitler! Großartig! Der kann etwas!« Mikojan überraschte es etwas, dass Stalin den Nazi bewunderte, aber auch Bolschewiken lagen solche Säuberungen nicht fern.[7]

11

TOD DES FAVORITEN

In jenem Sommer schien der interne Druck nachzulassen. Im Mai starb der OGPU-Chef Menschinski, ein schattenhafter Gelehrter, der immerzu gekränkelt und die meiste Zeit nur privatisiert hatte, um persische oder sonstige Manuskripte in einer der von ihm beherrschten zwölf Sprachen zu studieren. Die Presse gab bekannt, dass mit ihm die verhasste OGPU selbst verschwände und in dem neuen Volkskommissariat für innere Angelegenheiten, dem NKWD, aufginge. Damit keimten Hoffnungen auf eine neue Freiheit in Russland, doch als zuständiger Kommissar trat nun Jagoda an, der die OGPU faktisch schon seit einiger Zeit leitete.

Zum Eindruck des Tauwetters passte, dass ausgerechnet dieser Jagoda Stalin ein Gedicht von Osip Mandelstam vortrug, der zusammen mit seiner Leningrader Freundin Anna Achmatowa Verse von eindringlicher Klarheit schrieb, die noch heute in ihrer Aufrichtigkeit aus jener Düsternis herausleuchten. Naturgemäß strebten die beiden nicht gerade an, sich dem sowjetischen Mittelmaß zu unterwerfen.

Jagoda erwies Mandelstam die zweideutige Ehre, sich näher mit einem Gedicht von ihm zu befassen, sechzehn Versen, in denen er über Stalin als »Kremlbergbewohner« herzog, dessen »Schnurrbart lacht wie eine Kakerlake«, sich über »seine dicken Finger, fettig wie Würmer« mokierte (der Dichter Demian Bedni hatte Mandelstam erzählt, dass Stalin auf ausgeliehenen Büchern stets fettige Fingerabdrücke hinterließ), ihn selbst als verbrecherischen »Osseten«, sein Gefolge als »das Pack der dickhäutigen Führer« und »Halbmenschen« anprangerte, vielleicht eine Anspielung auf Molotows Kragenweite und seinen Schrumpfkopf.[1] Stalin war empört – wusste jedoch um die Bedeutung Mandelstams. Daher sein abgebrühter Befehl an Jagoda: »Nicht antasten und gut abschirmen.«

Trotzdem wurde Mandelstam in der Nacht vom 16. auf den 17. Mai festgenommen und später zu drei Jahren Verbannung verurteilt, obwohl seine Freunde an ihm wohlgesonnene Magnaten appellierten. Seine Frau Nadeschda und Boris Pasternak sprachen Bucharin bei der *Iswestija* an, während Jenukidse die Dichterin Achmatowa empfing. Bucharin lästerte Stalin gegenüber, Mandelstam sei zwar »nicht ganz normal, aber ein erstklassiger Dichter. PS: Boris Pasternak ist über Mandelstams Festnahme völlig platt, und niemand weiß etwas über die Hintergründe.« Sinnigerweise rief er Stalin in Erinnerung: »Dichter haben immer Recht, die Geschichte steht auf ihrer Seite…«

»Wer hat Mandelstam inhaftiert?«, murrte Stalin. »Schändlich.« Im Juli rief er, wohl wissend, dass sich interessante Gerüchte anlässlich des bevorstehenden Schriftstellerkongresses schnell herumsprechen würden, bei Pasternak an. Derartige Telefonate folgten bereits einem festen Ritual. Zuerst meldete sich Poskrebyschew und erklärte dem Adressaten, dass der Genosse Stalin ihn zu sprechen wünsche, er sich also am Apparat bereithalten solle. Pasternak nahm den Anruf in seiner »Kommune« entgegen und verstand Stalin kaum, da nebenan Kinder lärmten.

»Das Urteil gegen Mandelstam ist revidiert, und die Sache wird gut ausgehen«, sicherte Stalin ihm dann zu, um sofort anzuschließen: »Wenn ich Dichter wäre, und meinen Dichter-Freund ein solches Unglück träfe, so würde ich alles tun, um ihm zu helfen.« Darauf hob Pasternak an, ihm minuziös auseinander zu setzen, was er unter »Freundschaft« verstand, doch Stalin unterbrach ihn: »Aber er ist doch ein Genie, nicht wahr, ein Genie?«

»Darum geht es nicht.«

»Worum denn?« Der ganz von Stalin faszinierte Pasternak kündigte an, auf ein persönliches Gespräch darüber in den Kreml kommen zu wollen. »Worüber?«, fragte Stalin.

»Über das Leben und den Tod«, erklärte Pasternak. Stalin hängte auf und ging nicht mehr ans Telefon. Als Pasternak nochmals anzurufen versuchte, erreichte er nur noch den Sekretär, der sich strikt weigerte, ihn durchzustellen. In seiner Verwirrung fragte Pasternak, »ob er von dem Gespräch anderen erzählen dürfe oder nicht«. Erstaunlicherweise warnte ihn Poskrebyschew keineswegs davor, »sondern ermunterte ihn sogar dazu«.

Stalin rühmte sich seiner Kennerschaft. »Er ist zweifellos ein großes Talent«, urteilte er über einen anderen Schriftsteller. »Zwar sehr launisch, aber so sind begabte Menschen nun einmal. Er soll schreiben, was und wie er will!«

Pasternaks Wunderlichkeit könnte ihm das Leben gerettet haben, denn später, als jemand seine Festnahme forderte, soll Stalin erwidert haben: »Lasst den in seinem Wolkenkuckucksheim in Ruhe.«[2]

Diese Anweisung Stalins ist zwar berühmt, aber keineswegs originell: Wie schon Nikolaus I. für Puschkin, so trat auch er für seine Schriftsteller ein, gab sich jedoch oft als unbedarft aus: »Genossen mit Kunstverstand werden Ihnen helfen. Ich bin nur Dilettant.«[3] Seine Stellungnahmen zeugen von neunmalkluger Kritik an Schriftstellern, die ihm in hellen Scharen schrieben.

Besonders hatte es Stalin anfangs »der proletarische Poet« Demian Bedni angetan, ein dicker, prahlerischer Reimschmied mit Glupschaugen, dessen Kopf »aussah wie ein mächtiger Kupferkessel«. Seine Gedichte erschienen regelmäßig in der *Prawda*, und er machte gemeinsam mit Stalin Urlaub, unterhielt ihn mit seinem endlosen Vorrat an obszönen Geschichten. Mit einer Kreml-Wohnung belohnt, gehörte er auch dem literarischen Politbüro an. Doch Bedni verärgerte Stalin zunehmend, bombardierte ihn nicht nur mit Beschwerden, sondern in einer langen farcenhaften Korrespondenz auch mit ungeheuerlichen Gedichten, um gleichzeitig im Kreml durch Vollrauscheskapaden Anstoß zu erregen. »Ha-ha-ha! Buchfink!«, kritzelte Stalin auf einen seiner Briefe. Schlimmer noch, Bedni widersetzte sich halsstarrig der Kritik: »Wie sieht die Gegenwart in Russland aus?«, geißelte Stalin ihn. »Bedni bleibt uneinsichtig!«

»Ich stimme zu«, pflichtete Molotow bei. »Darf nicht ohne Änderungen publiziert werden.« Stalin war des trunksüchtigen Dichters müde und warf ihn aus dem Kreml:

»Die Skandale innerhalb der Kremlmauern müssen aufhören«, schrieb er im September 1932. Das verletzte Bedni, aber Stalin versicherte ihm: »Sie dürfen die Verbannung aus dem Kreml nicht als Parteiausschluss missverstehen. Tausende hoch achtbarer Genossen leben außerhalb des Kreml, sogar Gorki!«[4]

Wladimir Kirschon gehörte Gorkis engerem Kreis an, erhielt ebenfalls GPU-Mittel und gefiel sich darin, Stalin alle seine Schriften vorzulegen. Solange er dessen Gunst genoss, konnte er kaum etwas falsch machen:

»Umgehend publizieren«, vermerkte Stalin auf Kirschons jüngst eingereichtem Artikel, als er ihn dem Herausgeber der *Prawda* zurückschickte. Danach sandte Kirschon ihm ein Drama zu, das Stalin binnen sechs Tagen las und wie folgt kommentierte:

»Genosse Kirschon, Ihr Stück ist nicht übel. Es muss sofort auf die Bühne.«[5] Allerdings ließ sich der Autor auch für politische Loyalität belohnen: Er gehörte zu den Schreiberlingen, die auf tückische Weise Bulgakows Karriere zerstörten. Dennoch erkundigte sich Kirschon nach der Inthronisation des Sozialistischen Realismus bei Stalin und Kaganowitsch, ob er nun in Ungnade fallen werde.

»Weshalb stellen Sie uns die Vertrauensfrage?«, erwiderte Stalin handschriftlich. »Bitte glauben Sie mir, dass das Zentralkomitee mit Ihrer Arbeit durchaus zufrieden ist und Ihnen voll vertraut.«[6] Dichter wandten sich auch an Stalin, um ihre Fehden auszutragen. Panferow beklagte sich bei ihm darüber, dass Gorki sein Werk verunglimpfe. Der Kommentar? »Pure Eitelkeit. Akte ins Archiv. Stalin.«[7]

Wenn Stalin einen Autor nicht mochte, nahm er kein Blatt vor den Mund. »Klim«, schrieb er über einen Artikel an Woroschilow, »mein Eindruck: ein erstklassiger Schwätzer, der sich für den Messias hält. Ja! Ja! Stalin.«* Als der amerikanische Romancier Upton Sinclair sich mit der Bitte an ihn wandte, einen inhaftierten Filmemacher freizulassen, merkte Stalin dazu höhnisch an: »Frommer Wunsch!«[8] Unter den Theatern schätzte Stalin das Moskauer Künstlertheater besonders, weshalb er dessen bekannten Direktor Stanislawski relativ freundlich behandelte und ihm seine Meinung noch sehr gemäßigt kundtat: »Ich kann das Stück ›Selbstmord‹ (von N. Erdman) nicht sehr hoch loben. … Meine engsten Vertrauten halten es für leer und sogar gefährlich…«[9]

Alsbald entpuppten sich die ziemlich banausenhaften »engsten Vertrauten« als regelrechte Kulturtyrannen, denn nun entschieden neben Stalin auch Molotow und Kaganowitsch über ästhetische Fragen mit. Molotow fiel zum Beispiel mit einer absurden Kombination aus persönlicher Schelte und Literaturkritik über Bedni her, nachdem dieser Schwätzer es sogar gewagt habe, Stalin gegen ihn auszuspielen, wofür er ihm gehörig die Leviten las:

»Ich habe Stalins Brief an Sie gelesen und muss ihm absolut Recht geben. Besser könnte man das gar nicht ausdrücken.« Molotow warnte ihn davor, die führenden Genossen gegeneinander aufzuhetzen. »Auch Sie haben Ihren Teil dazu beigetragen, Genosse Bedni. So etwas hätte ich von Ihnen nicht erwartet. Das gehört sich nicht für einen proletarischen

---

* Als Stalin Andrei Platonows Satire über das »Oberkommando« der Kollektivierung las mit dem Titel »An die Nachwelt«, soll er »Schweinehund!« auf das Manuskript geschrieben und Fadeew angewiesen haben: »Würgen Sie ihm dafür eins rein.« Platonow wurde zwar nie inhaftiert, starb aber völlig verarmt an Tuberkulose.

Dichter…« Molotow erteilte ihm sogar poetische Ratschläge: »Das ist viel zu pessimistisch. … Sie sollten ein Loch einbauen, durch das die Sonne hereinscheinen kann (das Heldentum des Sozialismus).«[10]

Stalin teilte Gorki und anderen Schriftstellern häufig mit, dass er ihre Artikel zusammen mit Kaganowitsch korrigiere – ein Gedanke, der sie erschreckt haben muss. Im Theater bildete Stalin einen speziellen Kanon heraus, um seine Urteile über neue Stücke abzugeben, an den Kaganowitsch und Molotow sich dann buchstabengetreu hielten. In der Loge des Politbüros und ihrem Hinterzimmer, der *avant-loge*, wo man zwischen den Akten speiste, kommentierte er die Schauspieler, die Stücke, sogar das Bühnenbild, und jede seiner Randglossen wurde zum Gegenstand von Gerüchten, Mythen und Entscheidungen, die Karrieren beeinflussten.

Stalin sah ein Stück über Peter den Großen, dessen ebenfalls aus der Fremde zurückgekehrter Autor, Alexei Tolstoi, fast Gorki den Rang ablief. Der abtrünnige illegitime Adlige lebte seit 1923 wieder in Russland und ließ sich dort als »Arbeiter-Bauern-Graf« bejubeln. Er spezialisierte sich darauf, Stalin zu verstehen, und rühmte sich: »Dafür muss man wirklich Akrobat sein.« Bolschewistische Schriftsteller kritisierten sein Stück *Auf der Folterbank*, und Stalin verließ die Vorstellung kurz vor Schluss, vom geknickten Direktor an seinen Wagen begleitet. Angesichts der hehren Missbilligung erfuhr das Stück im Theater heftige Attacken, bis der Direktor frohgemut zurückkam und verkündete: »Genosse Stalin hat im Gespräch mit mir das folgende Urteil abgegeben: ›Ein glänzendes Schauspiel. Nur schade, dass Peter darin etwas zu unheroisch erscheint.‹« Stalin empfing Tolstoi und gab ihm für sein nächstes Projekt, einen Roman über Peter den Großen, »die richtige historische Perspektive«.

Jene Geste wiederholte sich, als Kaganowitsch eine neue Inszenierung des avantgardistischen Theaterdirektors Meyerhold ablehnte und der enttäuschte Regisseur ihn bis zu seinem Wagen verfolgte. Wie Grandseigneurs des 18. Jahrhunderts förderten die Magnaten ihre je eigenen Theater, Dichter, Sänger und Schriftsteller und verteidigten ihre Schützlinge*, empfingen sie in ihren Datschen und besuchten sie zu

---

* Stalin förderte einen weiteren heimgekehrten Emigranten persönlich. Der mit Picasso und Malraux befreundete Bohemien Ilja Ehrenburg klagte über eine »Hetzjagd« der Partei, worauf sein alter Schulfreund Bucharin sich für ihn verwendete. Stalin vermerkte auf dessen Gesuch: »Genosse Kaganowitsch, lesen Sie das beigefügte Dokument. Lassen Sie nicht zu, dass die Kommunisten Ehrenburg in den Wahnsinn treiben. J. Stalin.« Molotow und Bucharin halfen Mandelstam. Woroschilow unterstütz-

Hause. »Um uns herum tobte unter den Schriftstellern ein verzweifelter Kampf um die Verbesserung der Lebensverhältnisse«, schrieb Nadeschda Mandelstam in ihren Memoiren, »eine Wohnung galt damals noch als das Erstrebenswerteste, als die höchste Auszeichnung.« Doch wenn sich die Partei gegen ihre Schützlinge wandte, ließen die Funktionäre sie sofort fallen, und so galt: »Bei uns gab es nichts umsonst, weder Wohnungen noch Villen oder Geld.«[11]

Künstler faszinierte Stalin: Pasternak sehnte sich nach einer Audienz. »Kann ich Sie sehen?«, schrieb der Dichter Gidosch beflissen. Meyerhold bestürmte Stalin wegen eines Treffens, das »mich aus meiner künstlerischen Depression retten würde« und unterschrieb mit »in Liebe«.

»Stalin ist derzeit nicht im Haus«, schrieb Poskrebyschew lakonisch zurück.[12]

Am 30. Juli, einen Monat nach Hitlers »Nacht der langen Messer«, machte sich Stalin auf nach Sotschi zu einem Treffen mit seinem wenig begeisterten alten Freund Kirow und dem neuen, Andrei Schdanow, dem die Einladung gewiss schmeichelte. Dieser brachte seinen Sohn Juri mit, den Stalin bald zum idealen Sowjetmenschen küren und später mit Swetlana vermählen sollte. Man kam zusammen, um die Geschichte Russlands von Grund auf umzuschreiben.

Der gesundheitlich noch angeschlagene Kirow ging normalerweise am liebsten mit Freunden wie Sergo zelten und jagen. Freizeit mit Stalin bot dagegen keine Entspannung. Ja, bald sollte es zu den Hauptbestrebungen seiner Gäste gehören, Ferien mit ihm wieder zu entkommen. Kirow hatte absagen wollen, aber vergebens, da Stalin insistierte und offenbar »nicht nachgab«, sodass er gehorchen musste. »Ich bin nicht gerade glücklich«, schrieb er seiner Frau, »langweile mich hier ... und kann mich nicht einmal erholen. Zum Teufel damit!« Das war kaum die Einstellung, die Stalin von »seinem Kiritsch« erwartete oder gebrauchen konnte, und in Kenntnis solcher Meckereien wären seine bereits ambivalenten Gefühle ihm gegenüber sicher schnell in Ablehnung umgeschlagen.[13]

Die drei Genossen und der Junge »saßen bei prächtigem Wetter an einem Balkontisch auf der Veranda« von Sotschi. Diener trugen Häpp-

te seinen eigenen Stall ebenso wie seinen »Hofmaler« Gerasimow. Kirow förderte das Mariinski-Ballett, Jenukidse das Bolschoi. Jagoda setzte sich für seine speziellen Schriftsteller und Architekten ein, mit denen er oft bei Gorki zusammenkam. Poskrebyschew empfing den Tenor Koslowski bei sich zu Hause.

chen und Getränke auf. »Es war ein ständiges Hin und Her«, schrieb Juri Schdanow. »Mal begaben wir uns hinein, ins Arbeitszimmer, mal liefen wir durch den Garten zur Rotunde hinunter.« Es herrschte eine entspannte, lockere und freimütige Atmosphäre. In den Pausen gingen Kirow und Juri Brombeeren pflücken, um auch welche für Stalin und Schdanow mitzubringen. Abends kehrten Kirow und die beiden Schdanows in ihre Datschen zurück. Manchmal fuhr der Einsiedler Stalin mit. »Es gab keine Leibwächter, keine Eskorten, keine NKWD-Wagen«, berichtete Juri. »Ich saß vorn neben dem Fahrer, mein Vater und Stalin hinten im Fond.« Einmal fuhren sie bei Dämmerung los und sahen alsbald im Licht der Scheinwerfer am Straßenrand zwei Mädchen winken.

»Stopp!« donnerte Stalin. Er öffnete den Schlag und ließ die beiden auf der mittleren Bank des siebensitzigen Packard Platz nehmen. Sie erkannten ihn sofort: »Das ist Stalin!«, hörte Juri die eine bewundernd flüstern. In Sotschi setzten sie die Mädchen wieder ab. »Das war die Atmosphäre jener Zeit.« Die sollte sich bald ändern.

Trotz aller Zwanglosigkeit gehörte Schdanow neben Beria zu den wenigen Magnaten, die ihre Sprösslinge zu Treffen bei Stalin mitbringen durften, zumal sein Sohn ihn von Kindesbeinen an kannte. »Nur Schdanow erfuhr von Stalin eine ähnliche Vorzugsbehandlung wie Kirow«, erklärte Molotow dazu, »dass er ihn fast genauso sehr liebte und mehr schätzte als alle anderen.«[14]

Attraktiv, braunäugig, sehr muskulös und athletisch, wenn auch etwas asthmatisch, hatte der immer freundlich lächelnde Schdanow stets einen Scherz auf den Lippen. Wie Kirow eine Frohnatur, sang er gerne und spielte Klavier. Schdanow kannte Stalin bereits gut. 1896 in der Hafenstadt Mariupol am Schwarzen Meer geboren, entstammte Andrei Alexandrowitsch Schdanow (wie Lenin und Molotow) dem Erbadel. Seine Eltern erinnerten ein wenig an die Intellektuellen Tschechows: Der Vater hatte an der Moskauer Theologischen Hochschule studiert und dann, wie der Lenins, beim Schulamt gearbeitet (dank einer Magisterarbeit zum Thema »Sokrates als Lehrer«), die Mutter, ihrerseits als Kind des Rektors einer Religionsakademie, eine Ausbildung am Moskauer Konservatorium absolviert, womit Schdanow in der Parteiführung als einziger die gebildete Mittelschicht des 19. Jahrhunderts repräsentierte. Als begnadete Pianistin hatte seine Mutter auch ihn zu einem guten Klavierspieler herangezogen.

Schdanow hatte (ebenso wie Stalin) eine Kirchenschule besucht, später jedoch von einer eigenen Landwirtschaft geträumt und mit zwanzig in Tiflis eine Verwaltungslaufbahn begonnen, was ihn »mit georgischen Sitten und Gebräuchen bekannt machte«. Seine drei Schwestern fanden ebenso wie er den Weg zum Bolschewismus: Zwei blieben als revolutionäre Blaustrümpfe ledig und lebten bei Schdanow, um ihn zu bevormunden und Stalin hochgradig zu ärgern. Nach seinem Parteieintritt 1915 hatte sich Schdanow, wie so viele andere, seine Sporen als Kommissar im Bürgerkrieg verdient. Ab 1922 leitete er Twer, anschließend Nischni Nowgorod, wo er auch seine Berufung für höhere Aufgaben erhielt.

Prüde und in Parteiangelegenheiten unbeugsam, konnte sich dieser – nach seinen Unterlagen zu urteilen – peinlich genaue und fleißige Mann keinem Thema nähern, ohne darüber ein fast enzyklopädisches Wissen zu erlangen. Schdanow hatte das Landwirtschaftskolleg besucht, aber kein Studium abgeschlossen, und fraß gierig Musik, Geschichte und Literatur in sich hinein. Stalin, so Artjom, »respektierte Schdanow als ihm intellektuell ebenbürtig« und rief ständig bei ihm an, etwa um zu fragen: »Andrei, haben Sie schon dieses neue Buch gelesen?« Die beiden holten gerne Tschechow oder Saltykow-Schtscherin hervor, um einander vorzulesen. Neidische Rivalen machten sich über Schdanows Dünkel lustig: Beria gab ihm den Spitznamen »der Pianist«. Mit Stalin verbanden ihn vor allem die Kirchenschule, das georgische Liedgut, die Liebe zu Geschichtswerken und zur klassischen russischen Kultur, die Besessenheit vom Autodidaktischen und Ideologischen sowie der Sinn für Humor – wenn man von Schdanows extremer Pedanterie absieht.* Persönlich Stalin absolut ergeben, sprach er ihn stets mit »Josef Wissarionowitsch« und nie mit Koba an. »Genosse Stalin und ich haben beschlossen…«, mit dieser pompösen Einleitung eröffnete er am liebsten Sitzungen.[15]

Auf der Veranda oder im Sommerhaus gingen die drei Epoche für Epoche historische Einschnitte durch, und auf dem Tisch lagen revolutionäre und zaristische Geschichtsbücher ausgebreitet. Schdanow machte sich eifrig Notizen, und der Oberlehrer konnte es nicht lassen, mit seinem Wissen zu prahlen.** Ihr Ziel bestand darin, ein neues Bild

---

* Seine Frau Sinaida war sehr eigen in ihren Ansichten: Bei Swetlana Stalin äußerte sie sich pikiert über den weltläufigen Romancier Ehrenburg: »Der liebt Paris nur, weil es dort nackte Weiber gibt.« Sie war auch taktlos genug, Swetlana zu eröffnen, dass ihre Mutter »geisteskrank« gewesen sei.

** Die Hauptquelle für diesen Bericht bildet Juri Schdanow, der Stalin, Kirow und seinen Vater bei ihrem Treiben beobachtete. Er lebt heute in Rostow am Don und

der Historie zu schaffen, das fortan als »Orthodoxie« gelten sollte. Stalin liebte das Studium der Geschichte und hatte so glückliche Erinnerungen an seinen ehemaligen Lehrer vom Priesterseminar, dass er im September 1931 eigenhändig an Beria schrieb:

»Nikolai Dmitriewitsch Machatadse, 73 Jahre alt, sitzt im Metetschigefängnis. … Ich kenne ihn vom Seminar her und glaube kaum, dass von ihm eine Gefahr für die Sowjetmacht ausgehen könnte. Ich bitte Sie, den alten Mann freizulassen und mir sofort den Vollzug zu melden.«[16] Seit jener Zeit faszinierte ihn alles, was mit Geschichte zusammenhing. 1931 griff Stalin maßgeblich in die akademische Debatte ein, um den »Sozialistischen Realismus« der Historie (als Vorläufer dessen in der Kunst) zu etablieren: Fortan sollte Geschichte nicht mehr sein, was die Archive besagten, sondern was die Partei nach Klausuren wie solchen verordnete. Stalins historische Bibliothek war viel benutzt und gründlich annotiert: Besondere Aufmerksamkeit widmete er den Napoleonischen Kriegen, der griechischen Antike, dem Verhältnis zwischen Deutschem Reich, Großbritannien und Russland im 19. Jahrhundert sowie sämtlichen persischen Schahs und russischen Zaren. Mit studentischem Eifer büffelte er stets den für das jeweilige Problem der Tagespolitik relevanten geschichtlichen Hintergrund.[17]

Während Schdanow bei den Diskussionen von Sotschi ganz in seinem Element war, verlor Kirow zunehmend den Boden unter den Füßen. Er soll versucht haben, sich davonzustehlen mit dem resignierten Seufzer:

»Josef Wissarionowitsch, seit wann bin ich Historiker?«

»Lass gut sein! Setz dich wieder hin, und hör uns zu«, erwiderte Stalin. Kirow bekam einen derart heftigen Sonnenbrand, dass er nicht einmal mehr *Gorodki* spielen konnte: »Wie absonderlich auch immer, wir sind fast den ganzen Tag beschäftigt. Das ist nicht gerade, was ich mir unter Urlaub vorgestellt hatte. Nun, zum Teufel damit«, schrieb er einem Freund in Leningrad, »ich werde mich so bald wie möglich aus dem Staub machen.« Doch Juri Schdanow erinnerte sich einer »innigen

---

gab mir großzügig Interviews. Die Klausur in Sotschi ging vor allem wegen Kirows anschließendem Schicksal in die Annalen ein und diente als Vorlage für ein Gruppenbild in Anatoli Rybakows Roman *Die Kinder vom Arbat*. Juri Schdanow wusste noch, dass Stalin ihn fragte: »Worin lag das Genie Katharinas der Großen?«, um die Frage sofort selbst zu beantworten: »Sie tat sich besonders dadurch hervor, Fürst Potemkin und andere hoch begabte Liebhaber als Beamte die Staatsgeschäfte führen zu lassen.«

Verbundenheit« zwischen Stalin und Kirow, die derbe Witze rissen, wozu sein Vater meist dezent schwieg. Besonders blieb Juri eine Witzelei Stalins über Jesus haften: Bei der Arbeit in der Rotunde, die unter einer großen Eiche lag, habe er seine Freunde angesehen und auf diese deutend gesagt: »Schaut, wie ihr euch hier um mich schart. Dies ist der Mamre-Baum.« Schdanow meinte, aus der Bibel zu wissen, dass schon Jesus die Apostel unter einem solchen Baum versammelt hatte.*

Eine ziemlich düstere Entwicklung mag Kirow beunruhigt haben: Kurz nachdem er die Stadt verlassen hatte, wollte Moskau seinen hoch geschätzten Leningrader NKWD-Chef Medwed, einen guten Freund der Familie, durch den Exgewaltverbrecher Ewdokimow ablösen, der zu Stalins gröberen Saufkumpanen bei seinen Ferien im Süden gehörte. Stalin versuchte also, die Hausmacht Kirows zu schwächen und vielleicht sogar seine Sicherheitsorgane in den Griff zu bekommen. Doch dieser ließ sich Ewdokimow nicht vor die Nase setzen.[18]

Als Kirow die Heimreise antrat, fuhr Schdanow im Auftrag Stalins nach Moskau, um den ersten Schriftstellerkongress zu beaufsichtigen – seine Gesellenprüfung, die er mit Bravour bestand, zumal es ihm und Kaganowitsch gelang, Gorkis Forschheit ebenso zu bezähmen wie Bucharins Hysterie. Schdanow berichtete Stalin in zwanzigseitigen Briefen gestelzt, was von seiner Vertrauensstellung und Gewichtigkeit zeugte, haarklein über jede Einzelheit. (Stalins Männer scheinen insgeheim darum gewetteifert zu haben, wer ihm die längsten Briefe schrieb: Wenn das der Fall war, so lag Schdanow eindeutig vorn.) Wie ein Schuljunge gegenüber seinem Lehrer rühmte sich Schdanow seiner guten Arbeit: »Alle Schriftsteller – die in- wie ausländischen – kamen zu einer positiven Bilanz. Alle Zweifler, die uns einen Misserfolg vorausgesagt hatten, müssen jetzt den kolossalen Erfolg anerkennen. Alle Beteiligten haben die Zielsetzungen der Partei wahrgenommen und verstanden.« Er räumte ein: »Zwar hat mich der Kongress viele Nerven gekostet, aber ich kann wohl mit meiner Leistung ganz zufrieden sein.« Stalin würdigte seine selbstkritische Beurteilung.[19] Nach dem Kongress entschuldigte sich Schdanow sogar bei ihm dafür, »dass ich Ihnen nicht häufiger schreiben konnte. Die Organisation hat mich derart stark in Anspruch genom-

* Als der Schriftsteller Scholochow den Personenkult kritisierte, gab Stalin mit verschlagenem Lächeln zurück: »Was soll ich machen? Die Leute brauchen einen Gott.« Stalins Geschichte war tatsächlich ein Scherz. »Mamre« ist kein Baum, sondern der Name eines Amoriters, unter dessen Eichen Abraham zeltete und dem Herrn einen Altar errichtete, vgl. 1. Mose 13, 18 (A. d. Ü.)

men.« Allerdings bat er ausdrücklich »um Nachsicht für diesen langen Brief – ich kann mich leider jetzt nicht kürzer fassen«.

Inzwischen hatten die Magnaten ihre Ferien angetreten. »Molotow, Kaganowitsch, Tschubar und Mikojan sind heute abgefahren. Kuibyschew, Andrejew und ich halten hier die Stellung.« Schdanow, der nicht einmal Politbürokandidat und im Sekretariat noch Neuling war, trug nun also die Regierungsverantwortung und unterschrieb sogar Erlasse – ein weiteres Anzeichen dafür, dass die Bedeutung des Politbüros schwand: Als eigentliche Machtquelle diente fortan die Nähe zu Stalin.*
Sowjetrussland erlebte die letzten Monate der Oligarchie und steuerte direkt auf eine Diktatur zu.[20]

Schdanow war erschöpft. »Ich bitte um einen Monat Urlaub in Sotschi … denn ich fühle mich ganz ausgelaugt«, schrieb er an Stalin. Selbstverständlich würde er mit ihm an seinem Lieblingsthema basteln. »Während meiner Anwesenheit könnten wir die Geschichtsbücher durchsehen. … Die der Sekundarstufen kenne ich bereits – sind nicht gut. Sehr herzliche Grüße an Sie, lieber Genosse Stalin!«[21]

Wie fühlte sich Stalin in der großen Ruhe vor dem Sturm? Ihn enttäuschten die vielen Fehler des NKWD und das »Jammern« der Parteibonzen. Am 11. September beschwerte er sich heftig bei Schdanow und Kuibyschew über abwegige Zwangsmaßnahmen der Geheimpolizei: »Stellen Sie Ermittlungsfehler der GPU fest. … Lassen Sie zu Unrecht inhaftierte Personen frei, sofern sie unschuldig sind … säubern Sie die OGPU von Beamten mit ›besonderen Vorlieben‹ und bestrafen Sie alle, ungeachtet des Ranges [in Stalins Worten: ›ohne Ansehen der Person‹].«[22] Einige Tage später desertierte ein Matrose nach Polen.

Daraufhin wies Stalin Schdanow und Jagoda an, sogleich seine gesamte Familie einsperren zu lassen: »Setzen Sie mich unverzüglich davon in Kenntnis, 1. ob die Angehörigen des Mannes bereits inhaftiert wurden, außerdem 2. wer in unseren Organen für diese Schlappe verantwortlich ist und ob man die Schlafmütze schon wegen Vaterlandsverrat bestraft hat!« Unterdessen nahmen die Spannungen im Verhältnis zu Kirow zu.[23]

---

* Nach dem XVII. Parteitag gingen die offiziellen Politbürositzungen allmählich zurück, bestanden oft nur noch aus Plaudereien Stalins mit einigen Magnaten. In Poskrebyschews Protokollen heißt es dann lapidar: »Genossen Stalin, Molotow, Kaganowitsch für…« Die anderen rief Poskrebyschew manchmal an, trug ihre Namen ein und zeichnete mit »P« ab. Bis Jahresende fand nur noch im September und im November je ein Treffen statt.

Am 1. September schickte Stalin seine Genossen aufs Land, um die Ernten beaufsichtigen zu lassen. Kirow begab sich nach Kasachstan, wo sich ein merkwürdiger Zwischenfall ereignete, der zumindest nach einem Mordanschlag aussehen sollte. Obwohl die Umstände ungeklärt blieben, verstärkte man nach seiner Rückkehr in Leningrad die NKWD-Leibwache um weitere vier Tschekisten, sodass ihn fortan neun Beamte im Schichtbetrieb auf Schritt und Tritt begleiteten. Damit stieg Kirow in die zweithöchste Sicherheitsstufe auf, doch ihm selbst gefiel das gar nicht, weil er darin ein weiteres Bemühen sah, seine altvertraute örtliche Garde mit Fremden zu durchsetzen, besonders seinen sehr loyalen, wenn auch ziemlich übergewichtigen und schon etwas angegrauten Leibwächter Borisow streckenweise abzulösen. Nach ihrer Tour fuhren Sergo und Woroschilow zu Stalin in Urlaub, während Schdanow eine Inspektionsreise nach Stalingrad antrat, von wo er einen diesmal dreizehnseitigen Brief schrieb und mit der Forderung, »Hier gehören einige Arbeiter vor Gericht gestellt!«, seine Härte bewies. Er ließ alle herzlich grüßen und schloss mit: »Hundert- und tausendmal: Der Teufel steckt im Detail!«

Als Stalin am 31. Oktober nach Moskau zurückkehrte, sehnte er sich wieder nach Kirow, der allerdings gegen sein Vorhaben aufbegehrte, die Brotrationierung abzuschaffen, ohne die er seine zahlreiche Leningrader Bevölkerung nicht ernähren könne. Kuibyschew stimmte ihm zu. »Ich brauche Ihre Unterstützung«, schrieb er ihm aus Leningrad. Am 3. November notierte Maria Swanidse, dass Stalin zusammen mit Kaganowitsch – »und dem absurd dicken Schdanow im Schlepptau« – zu Hause angekommen sei. Er rief bei Kirow an und drängte ihn gegen seinen Willen, nach Moskau zu kommen, »um die Interessen Leningrads zu vertreten«, gab dann den Hörer an Kaganowitsch weiter, »der Kirow letztendlich überredete«. Aus Marias Sicht wollte Stalin »eigentlich nur mit ihm ins Dampfbad gehen und Spaß haben«.

Ein paar Tage später fuhr Kirow mit Stalin und dessen Sohn Wasili nach Subalowo, um sich eine Darbietung Swetlanas mit ihrem Puppentheater anzuschauen und anschließend Billard zu spielen. Chruschtschew, als Kandidat für das Politbüro bereits im Aufstieg begriffen, erlebte »eine beleidigende Bemerkung« Stalins über Kirow mit. Ihn schockierte regelrecht, dass der *Woschd* »ein Parteimitglied ohne jede Achtung behandelte«, und Swanidse stellte fest, dass er »schlechte Laune hatte«. Kirow kehrte sorgenvoll nach Leningrad zurück, wollte unbedingt mit seinem Freund über die zunehmenden Spannungen reden: »Ich habe Sergo schon so lange nicht mehr gesehen«, lautete seine Begründung.[24]

Am 7. November zeichnete sich wiederum ein kulturelles Tauwetter ab. Bei einem von Stalin, Kalinin und Woroschilow geleiteten diplomatischen Empfang im Andreewski-Saal packte die traditionelle Militärkapelle der Roten Armee ihre Instrumente ein und räumte die Bühne, zum Erstaunen aller, für Antonin Ziegler und seine Jazz-Revue. Deren wilde Swing-Musik erschien dort völlig deplatziert, und niemand wusste, ob man tanzen durfte oder nicht, doch dann legte der leichtfüßige Woroschilow, der übrigens Unterricht im modernen Gesellschaftstanz nahm, mit seiner Frau Ekaterina Dawidowna einen strammen Foxtrott aufs Parkett.[25]

Am 25. November musste Kirow wegen des Plenums erneut nach Moskau eilen und hoffte, sich dort mit Ordschonikidse besprechen zu können[26], doch Sergo kam etwas dazwischen. Anfang des Monats war ihm in Baku, nach einem gemeinsamen Essen mit Beria, plötzlich übel geworden, worauf dieser ihn mit der Bahn nach Tiflis zurückbegleitete. Im Anschluss an die Parade des 7. November ging es Sergo erneut schlecht, anscheinend infolge innerer Blutungen, und kurz darauf erlitt er einen schweren Herzinfarkt. Drei vom Politbüro aufgebotene Spezialisten, die ihn gründlich untersuchten, zeigten sich höchst irritiert über seine rätselhaften Symptome. Sergo war trotz allem entschlossen, am Plenum teilzunehmen, doch Stalin befahl ihm ausdrücklich, »die Anordnungen der Ärzte strengstens zu befolgen und nicht vor dem 26. November nach Moskau aufzubrechen. Nimm Deine Erkrankung nicht auf die leichte Schulter. Grüße. Stalin.«

Wenn Beria seine Finger im Spiel hatte, so erschien es wahrhaft töricht, Beschwerden nicht ernst zu nehmen: Vielleicht wollte Stalin ein Treffen Sergos und Kirows beim Plenum verhindern. Beria, der ihm angeboten hatte, brutal durchzugreifen, spürte bereits die Enttäuschung des Chefs über Sergo. Mit Giftmischerei kannte er sich bestens aus. Auch der NKWD besaß inzwischen eine toxikologische Geheimabteilung unter der Leitung von Dr. Grigori Maironowski, aber in solchen Dingen brauchte Beria kaum fremde Hilfe. Er trug buchstäblich die Kunst der Borgias an den Hof der Bolschewiken.[27] Doch auch Stalin selbst grübelte über Gifte nach; beim Sinnieren über Kabalen in einer persischen Dynastie des frühen 18. Jahrhunderts, mit der er sich gerade befasste, hatte er zuvor während einer Politbürositzung auf einen Block gekritzelt: »Gift, Gift, Nadir Khan.«[28]

Nach dem Plenum brachte Stalin Kirow am 28. persönlich zum Bahnhof und umarmte ihn in seinem Abteil des Zugs »Roter Pfeil«.[29] Tags darauf saß Kirow in Leningrad wieder am Schreibtisch. Am 1. Dezember arbeitete er zunächst zu Hause, um eine Rede vorzubereiten, und ging dann, im Regenmantel und mit seiner Schirmmütze auf dem Kopf, zu Fuß ins Büro. Er betrat das prachtvolle klassizistische Gebäude des Smolni-Instituts durch den Haupteingang, um gegen 16.30 Uhr die Treppe zum Büro im dritten Stock hinaufzugehen. Dabei fiel sein Leibwächter, der treue Borisow, etwas zurück, entweder wegen seiner Beleibtheit oder weil ihn an der Tür, seltsamerweise, einige Tschekisten aus Moskau aufhielten.

Am Ende der Treppe bog Kirow nach rechts in den Flur ab, wo ihm ein dunkelhaariger junger Mann namens Leonid Nikolaew begegnete, der ihm zuerst auswich, um ihn passieren zu lassen, dann jedoch hinter ihm her ging. Nikolaew zog einen Nagan-Revolver und schoss Kirow aus einem Meter Entfernung durch die Mütze in den Hinterkopf. Dann richtete er die Waffe gegen sich selbst und wollte abdrücken, doch in dem Moment schlug ein Elektriker zu, der gerade nebenan gearbeitet hatte, sodass dieser zweite Schuss in die Decke ging. Schließlich keuchte der Leibwächter Borisow heran, seine Waffe hilflos im Anschlag. Kirow war mit nach rechts gedrehtem Gesicht vornüber gestürzt, die Schirmmütze abgefallen, aber seine Aktentasche hielt er noch fest umklammert: bis zum letzten Atemzug ein pflichtbewusster Bolschewik.

Es folgten chaotische Sekunden, in denen die Ereignisse sich überstürzten, Augenzeugen und Beamte wild umherliefen und später sehr unterschiedliche Aussagen machten. Teils hatten sie den Revolver noch in der Hand des Schützen, teils erst am Boden gesehen. Tatsache ist, dass Kirow tot am Boden lag und neben ihm ohnmächtig Nikolaew. Kirows Freund Rosliakow kniete bei ihm nieder, hob seinen Kopf an und flüsterte: »Kirow, Mironitsch.« Andere kamen hinzu, fassten Kirow an den Seiten und hievten ihn, Rosliakow den baumelnden Kopf stützend, auf einen Konferenztisch, wobei das austretende Blut auf dem Boden eine Spur hinterließ. Helfer hatten schon den Gürtel gelockert und den Kragen geöffnet, als der Leningrader NKWD-Chef Medwed unten am Haupteingang eintraf und dort von Moskauer Tschekisten aufgehalten wurde.

Drei Ärzte, darunter der Georgier Dschanelidse, erklärten Kirow für tot, ließen jedoch bis fast 17.45 Uhr nicht von ihren Wiederbelebungsversuchen ab. In autoritären Regimes haben Mediziner allen Grund, den Exitus von ihnen anvertrauten Funktionären zu verleugnen. Als sie dennoch kapitulierten, kam den Anwesenden zu Bewusstsein, dass man unbedingt Stalin benachrichtigen musste. Später erinnerte sich jedermann in Russland daran, wann und wo ihn die Meldung vom Mord an Kirow erreicht hatte.[30]

Dritter Teil

AM ABGRUND:
1934–1936

12

»ICH BIN VERWAIST«:
DER TRAUERSPEZIALIST

Als Kirows Stellvertreter, Tschudow, aus Leningrad anrief, um über den schrecklichen Vorfall zu berichten, meldete sich im Kreml Poskrebyschew. Er versuchte sofort, zu Stalin durchzustellen, aber der nahm nicht ab, sodass der Sekretär ihm einen Boten schickte: Dem Terminkalender nach tagte der *Woschd* gerade mit Molotow, Kaganowitsch, Woroschilow und Schdanow, ließ sich aber umgehend mit Leningrad verbinden und bestand darauf, den ukrainischen Arzt in seiner Muttersprache zu befragen. Bald griff er nochmals zum Telefon, um sich zu erkundigen, was der Täter getragen hatte. Eine Mütze? Wirkte er irgendwie ausländisch? Jagoda, der ebenfalls bereits sondiert hatte, ob der Täter irgendetwas Ausländisches an sich aufwies, traf gegen 17.50 Uhr in Stalins Büro ein.

Mikojan, Sergo und Bucharin folgten wenig später. Besonders Mikojan erinnerte sich gut daran, dass »Stalin den Mord an Kirow bekannt gab und ohne weiteres, also vor jeder Untersuchung des Falles, befand, Anhänger Sinowjews [des ehemaligen Leningrader Parteichefs und Anführers der linken Opposition] hätten eine Terrorwelle gegen die Partei in die Wege geleitet«. Sergo, der Kirow so nahe gestanden hatte, war noch bestürzter als Mikojan, zumal er seinen Freund krankheitsbedingt zuletzt gar nicht mehr hatte sehen können. Kaganowitsch stellte fest, dass Stalin »im ersten Moment tief getroffen war«.[1]

Später jedoch zeigte Stalin keinerlei Emotionen mehr, sondern wies Jenukidse als den zuständigen Sekretär des Zentralen Vollzugsrates an, eine Notverordnung zu erlassen, um die Aburteilung angeklagter Terroristen binnen zehn Tagen und ihre sofortige Hinrichtung ohne Rechtsmittel unmittelbar nach Urteilsverkündung zu ermöglichen. Stalin muss diese selbst konzipiert haben. Der Erlass vom 1. Dezember – oder genauer, die beiden Verordnungen jenes Abends – bildeten das Pendant zu Hitlers Ermächtigungsgesetz als Grundlage für Willkür und Terror, ohne auch nur eine Fassade von Rechtsstaatlichkeit. Binnen dreier Jahre werden kraft dieser Vorschriften zwei Millionen umgebracht oder in Arbeitslager geschickt. Mikojan zufolge gab es weder Diskussionen noch Einwände. Ohne zu zögern hatten sich die Mitglieder des Politbüros kurzerhand wieder auf den militärischen Ausnahmezustand des Bürgerkriegs umgestellt.

Wenn überhaupt jemand dagegen aufbegehrte, so nur Jenukidse, dieser ungewöhnlich gütige Mensch unter den gewissenlosen Fanatikern, doch letzten Endes musste er ja unterschreiben. In der Presse hieß es, das Präsidium des Zentralen Vollzugsrates habe die Verordnungen in Kraft gesetzt – was man sich so vorstellen muss, dass Stalin Jenukidse nach der Sitzung in irgendeinem verrauchten Hinterzimmer entsprechend tyrannisierte. Rätselhaft bleibt indes, warum nicht einmal der ebenfalls anwesende, aber bekanntlich feige Präsident Kalinin mit unterschrieb: Sein Namenszug kam erst kurz vor der Bekanntmachung in der Presse hinzu. Wie dem auch sei, offiziell stimmte das Politbüro einige Tage später darüber ab.

Stalin beschloss sofort, persönlich eine Delegation nach Leningrad anzuführen, um den Mord zu untersuchen. Sergo wollte ihn begleiten, musste jedoch wegen seiner Herzschwäche darauf verzichten, zumal er vor Trauer zusammengebrochen war und vielleicht einen weiteren Infarkt erlitten hatte. Seiner Tochter zufolge »war dies das einzige Mal, dass er vor anderen weinte«. Seine Frau Sina fuhr nach Leningrad, um Kirows Witwe zu trösten.

Kaganowitsch musste zurückbleiben, um »das Land zu regieren«, sodass Stalin außer Jagoda und Staatsanwalt Andrei Wyschinski, einen Widersacher Sergos, nur Molotow, Woroschilow und Schdanow nach Leningrad mitnahm. Selbstverständlich begleiteten sie Dutzende von Geheimpolizisten sowie Stalins Leibwächter Pauker und Wlasik. Im Rückblick fällt besonders auf, dass Stalin auch Nikolai Jeschow einbezog, den damaligen Leiter der ZK-Personalabteilung, der ebenso wie Schdanow zu den jungen Wasserträgern gehörte, auf die sich Stalin zunehmend verlassen sollte.[2]

Die noch unter Schock stehenden örtlichen Funktionäre hatten sich am Bahnhof versammelt. Stalin spielte selbstbewusst und mit gut einstudierter Dramatik die Rolle eines ehrenvollen Ritters, der gebrochenen Herzens auf Rache für den Tod seines geliebten Freundes sinnt, entstieg dem Zug, schritt schnurstracks auf den Leningrader NKWD-Chef Medwed zu und schlug ihm wortlos mit seiner behandschuhten Rechten ins Gesicht.

Stalin strebte sofort ans andere Ende der Stadt ins Krankenhaus, um die Leiche zu inspizieren, richtete dann in Kirows Büro sein Hauptquartier ein und ließ bei wahrlich sonderbaren Untersuchungen alle Indizien außer Acht, die nicht auf einen Terrorakt Sinowjews und der linken Opposition hinwiesen. Zuerst verhörte er den skurrilen Medwed und warf dem armen, zuvor geohrfeigten Tschekisten vor, den Mord nicht verhindert zu haben. Als Nächster kam der »schäbige kleine« Mörder selbst an die Reihe. Nikolaew war schlicht ein Bauernopfer der Geschichte. Man hatte den Dreißigjährigen zwar zuvor aus der Partei geworfen, dann jedoch nach einer förmlichen Beschwerde bei Kirow und Stalin wieder aufgenommen. Offenbar nicht ganz bei sich, erkannte er Stalin erst mit Hilfe eines Zeitungsfotos als solchen, fiel anschließend sofort vor dem großen Mann in Schaftstiefeln auf die Knie und schluchzte:

»Was habe ich getan? Was habe ich getan?« Laut Chruschtschew, der selbst nicht an dem Verhör teilnahm, erklärte Nikolaew händeringend, im Auftrag der Partei gehandelt zu haben. Ein Bekannter Woroschilows ließ Nikolaew stammeln: »Aber Sie hatten mir doch selbst aufgetragen...« Manchen Berichten zufolge wurde der Täter von anwesenden Tschekisten mit Fausthieben traktiert und getreten.

»Schafft ihn fort!«, befahl Stalin schließlich.

Der wohlinformierte NKWD-Überläufer Orlow lässt Nikolaew auf Stalins Frage, wo er sich den Revolver beschafft habe, »mit unverschämter Verachtung« erwidern: »Warum fragen Sie mich? Fragen Sie doch Saporoschets danach«, bezogen auf den stellvertretenden Leningrader NKWD-Chef.

Diesen Saporoschets hatten Stalin und Jagoda 1932 nach Leningrad geschickt und ihn Kirow gleichsam als ihren Mann aufgezwungen und ins Nest gesetzt. Insofern musste er jetzt darüber Bescheid wissen, warum man den im Oktober, als er sich mit einem Revolver bewaffnet in verdächtiger Weise vor Kirows Haus herumtrieb, bereits festgenommenen Nikolaew ohne jede Durchsuchung wieder auf freien Fuß gesetzt hatte. Leibwächter sagten aus, sie hätten ihn auch schon einmal am Fotografieren gehindert. Und vier Jahre später erklärte Jagoda bei seinem eigenen Prozess in einer Aussage, die neben vielen Lügen auch manches Wahre enthielt, er selbst habe Saporoschets befohlen, »dem Attentat gegen Kirow keinerlei Hindernisse in den Weg zu legen«.

Dann führte man die Frau des Mörders, Milda Draul, hinein, und bald verbreitete das NKWD die Mär, Nikolaew habe Kirow, als Nebenbuhler, aus Eifersucht umgebracht. Die unscheinbare Draul konnte neben den von Kirow bevorzugten elfenhaften Ballerinen kaum bestehen, und jene, die beide kannten, hielten sie für ein unwahrscheinliches Paar. Draul selbst schien völlig ahnungslos. Stalin schritt in den Vorraum und ordnete an, Nikolaew mit ärztlicher Hilfe wieder auf Vordermann zu bringen.

»Mir ist längst klar, dass in Leningrad eine wohlorganisierte konterrevolutionäre Terrorbande ihr Unwesen treibt. ... Hier muss eine sorgfältige Untersuchung stattfinden.« Allerdings gab es keinen ernsthaften Versuch, den Fall forensisch aufzuklären. Stalin lag offenkundig nichts daran festzustellen, ob das NKWD Nikolaew zum Mord an Kirow angestiftet hatte.

Stalin soll den »Spitzbuben« später allein in seiner Zelle aufgesucht und ihm dabei angeboten haben, sein Leben zu schonen, falls er in einem Prozess gegen Sinowjew aussagen würde. Nikolaew selbst fragte sich hinterher, ob man ihn vielleicht hatte hereinlegen wollen.[3]

An dieser Stelle wurde das Ganze immer undurchsichtiger. Es kam zu einer längeren Verzögerung, als man auf Kirows Leibwächter Borisow wartete, der darüber Auskunft erteilen sollte, ob ihn jemand am Eingang des Smolni aufgehalten hatte, und was er über die Machenschaften des NKWD wusste. Der wichtige Zeuge saß im Fond eines Schwarzen Raben des NKWD, als der Beifahrer kurz vor dem Smolni ins Steuer griff, sodass der Wagen ins Schleudern geriet und eine Fassade rammte, ein dubioser Unfall, bei dem Borisow irgendwie ums Leben kam. Ein »erschütterter« Pauker trat ins Vorzimmer, um seinen Tod zu melden. Solche absichtlich herbeigeführten »Unglücke« erwiesen sich bald für hochrangige Bolschewiken als ein echtes Berufsrisiko. Gewiss kam das Ende Borisows durchaus gelegen, um ein mögliches Komplott zu vertuschen. Als Stalin von dem ausgesprochen verdächtigen Ablauf der Sache erfuhr, machte er die örtliche Tscheka dafür verantwortlich: »Nicht einmal das kriegen die richtig hin.«[4]

Das Rätsel wird kaum je schlüssig zu lösen sein. Hatte Stalin den Mord an Kirow angeordnet? Zwar gibt es keine Beweise dafür, aber ein Hauch von Komplizenschaft liegt dennoch in der Luft. Chruschtschew, der als Moskauer Delegierter eigenständig mit der Bahn nach Leningrad fuhr, behauptete viele Jahre später, dass der Auftrag von Stalin selbst kam. Auch der als Zeuge in einiger Hinsicht glaubwürdigere, weil uneigennützigere Mikojan gelangte zu der Überzeugung, dass der *Woschd* irgendetwas mit dem Mord zu tun hatte.

Gewiss besaß Kirow nicht mehr das Vertrauen Stalins, und sein Tod diente als Vorwand, um die altbolschewistischen Cliquen zu zerstören. Der Erlass vom 1. Dezember, nur wenige Minuten nach der Todesmeldung ausgeheckt, wirkt ebenso fadenscheinig wie der Beschluss, den Mord Sinowjew in die Schuhe zu schieben. Stalin hatte faktisch versucht, Kirows Freund Medwed abzulösen, und er kannte den Verdächtigen Saporoschets gut, der sich kurz vor der Tat, übrigens ohne Erlaubnis des Kreml, Urlaub genommen hatte, vielleicht um in Deckung zu gehen. Nikolaew, ein Häufchen Elend, auf frischer Tat ertappt! Und doch blieben die merkwürdigen Umstände des Mordes: Wer hatte Borisow am Eingang aufgehalten? Warum tauchten unmittelbar nach der Tat Moskauer NKWD-Beamte im Smolni auf? Dazu der äußerst suspekte Tod Borisows! Der oft übervorsichtige Stalin konnte durchaus auch sehr gewagte Einsätze machen – zumal nach dem von ihm bewunderten Umgang Hitlers mit dem Reichstagsbrand und den anschließenden Razzien.

Doch bei genauerem Hinsehen erscheint manches weniger anrüchig. Die lasche Bewachung Kirows beweist fast nichts, da sich sogar Stalin selbst oft mit geringem Personenschutz begnügte, ebenso wenig die Pistole, berücksichtigt man den in der Partei üblichen Waffenbesitz. Stalins kriselnde Beziehung zu Kirow war typisch für die Spannungen an seinem Hof. Seine prompte Reaktion und die aberwitzigen Untersuchungsmethoden überführen ihn ebenfalls nicht: Auch nach der Ermordung Woikows, des sowjetischen Botschafters in Polen, am 27. Juni 1929 hatte Stalin mit dem gleichen Tempo und Desinteresse an den wahren Schuldigen reagiert. Seinerzeit teilte er Molotow mit, dass »die Briten ihre Finger im Spiel haben«, und ordnete an, sofort haufenweise so genannte »Monarchisten« zu erschießen. Die Bolschewiken betrachteten das Recht grundsätzlich als ein Mittel der Politik. Es mag durchaus auch sein, dass das örtliche NKWD den Mord an Borisow eingefädelt hatte, um die eigene Unfähigkeit zu vertuschen. So viel ließe sich mit den gewöhnlich grobschlächtigen Maßnahmen autoritärer Regimes erklären, zumal wenn die Beteiligten in Panik geraten.

Gewiss wäre es naiv, bei so einem Verbrechen schriftliche Befehle zu erwarten. Man weiß, dass Stalin andere Morde unter der Hand im Namen der *Instanzija* anordnete – jenes fast Wunder wirkenden Sammelbegriffs für die höchste Macht, der uns im Weiteren noch häufig begegnen wird.* Eine direkte Beteiligung Jagodas dürfte ausscheiden, da er Stalin nicht besonders nahe stand, doch waren viele Tschekisten, von Agranow bis Saporoschets, sowohl vertrauenswürdig als auch amoralisch genug, um alles zu tun, was die Partei von ihnen verlangte. Eher unwahrscheinlich wäre ein dahin gesagter Befehl, da Stalin bis ins Kleinste alles selbst planen musste. Demnach könnte er Nikolaews Beschwerdebrief gelesen und den Groll des Verlierers gegen Kirow ausgenutzt haben.[5]

Trotz aller Einseitigkeit und Tücke der Freundschaft mit Kirow besteht kein Zweifel daran, dass »Stalin ihn wirklich liebte«, wie der »Eiserne Lasar« meinte, jedoch sofort hinzufügte, dass »er alles politisch auffasste«. Seine Freundschaften schwankten, wie jugendliche Schwärmereien, zwischen Liebe, Bewunderung und giftiger Eifersucht. Er hatte Bucharin verehrt, dessen Witwe erklärte, dass Stalin ein und dieselbe Person lieben und hassen konnte, »da Liebe und Hass, aus Neid geboren … in seinem Herzen miteinander kämpften«. Vielleicht hatte Kirows Zurückweisung bei ihm rasende Wut ausgelöst, gefolgt von schrecklichen Schuldgefühlen nach dem Mord. Doch auch bei »intimen Freunden« kultivierte Stalin selbst das Spiel mit Nähe und Ferne: Der Mächtige muss stets unfassbar bleiben.[6]

Loyale Freundschaft setzte für Stalin eine gewisse Mindestdistanz voraus. Nicht nur, dass er einem sechzehnjährigen Schüler, der ihm schrieb, sofort zehn Rubel schickte, worauf dieser sich artig bedankte. Er pflegte auch Anwandlungen von Sentimentalität gegenüber Jugendfreunden: »Ich schicke Dir zweitausend Rubel«, schrieb er Peter Kapanadse, seinem Kommilitonen aus dem Priesterseminar, der inzwischen als Lehrer arbeitete, im Dezember 1933. »Derzeit habe ich nicht mehr. … Es sind meine [Buch-]Tantiemen, die ich Dir schenke. Außerdem wirst Du noch ein Darlehen über dreitausend Rubel erhalten. … Ich wünsche Dir ein langes, glückliches Leben.« Dann unterschrieb er mit seinem Vatersnamen »Beso«.

Ein seltsamer, bisher unveröffentlichter Brief veranschaulicht diese Innigkeit auf Distanz: Im Lauf des Jahres 1930 erreichte Stalin die Anfrage einer Kolchosenleiterin aus dem fernen Sibirien, ob sie einen einstigen zaristischen Polizisten aufnehmen dürfe, der Stalin zu kennen behauptete. Tatsächlich hatte dieser alte Gendarm Stalin im Exil bewacht,

---

* *Instanzija* leitet sich von dem im 19. Jahrhundert in Deutschland geprägten Begriff »aller Instanzen« her, der die Revision vor dem obersten Gerichtshof einschloss.

und der schrieb nun eigenhändig eine ausführliche Empfehlung: »Während meines Exils in Kureika, 1914–1916, war Michail Merslikow als Polizeikonstabler mein Wächter und sollte auf mich aufpassen, sodass ich ihn nicht gerade ›lieben‹ konnte. Doch muss ich sagen, dass wir einander zwar nicht freundlich, aber auch nicht so feindselig gegenüberstanden, wie sonst in derlei Fällen üblich. Ich möchte ausdrücklich betonen, dass Merslikow seine Pflichten ohne den üblichen polizeilichen Eifer ausübte, mir weder nachspionierte noch mich verfolgte, mein häufiges Ausbüchsen übersah und oft Polizeibeamte scholt, wenn sie seine ›Befehle‹ nicht befolgten. … Es ist mir eine Ehre, das alles zu bezeugen. So verhielt es sich 1914–1916, als Merslikow mein Bewacher war und sich rühmlich von den anderen Gendarmen abhob. Ich weiß jedoch nicht, wie er sich unter dem Regime der Kolchosen und der Sowjets verhielt und was er heute treibt.«

Ein Mann, der seine engsten Vertrauten umbringen lässt, kann also warmherzige Dankbarkeit empfinden. Doch ob Stalin den Mord an Kirow angezettelt hatte oder nicht: Jedenfalls nutzte er dessen Tod aus, um nicht nur politische Gegner, sondern auch unsichere Kantonisten unter seinen Verbündeten aus dem Weg zu räumen.[7]

Kirow lag im offenen Sarg aufgebahrt, eine Leiche im dunklen Kasack, eingerahmt von roten Fahnen, Kränzen und Gebinden mit Inschriften, nach der bolschewistischen Trauerzeremonie inmitten von tropischen Palmen und der klassizistisch-potemkinschen Pracht des Tauridapalastes.* Am 3. Dezember um 21.30 Uhr genügten Stalin und das Politbüro einem weiteren Erfordernis des neuen Totenkults und bildeten die Ehrengarde. Woroschilow und Schdanow wirkten zutiefst erschüttert, Molotow wie versteinert. »Ich beobachtete Stalin aufmerksam, als er am Sarg stand«, berichtete Chruschtschew, »aber er konnte sich außerordentlich gut beherrschen, und seinem Gesicht war überhaupt nichts anzusehen. Es kam mir nicht in den Sinn, dass er an etwas anderes denken könnte als an Kirows Tod.« Vor seiner Abreise ernannte Stalin Schdanow neben dem Amt als ZK-Sekretär zum neuen Leningra-

---

* Im Tauridapalast hatte 1791 der ausschweifende Ball Fürst Potemkins für Katharina die Große stattgefunden, aber dort tagte auch die Duma, jenes Parlament, das Zar Nikolaus II. nach der Revolution 1905 in großmütiger Geste gewährt hatte. 1918 beherbergte der Palast die Gesetzgebende Versammlung, die Lenin von betrunkenen Rotgardisten auflösen ließ. Insofern könnte man ihn als die Wiege und die Totenbahre der ersten beiden Demokratien Russlands vor 1991 bezeichnen.

der Parteichef. Jeschow blieb mit ihm zurück, um die weiteren Untersuchungen zu leiten.

Gegen 22 Uhr legten Stalin und die Genossen Kirows Sarg auf eine Lafette, und dann glitt er langsam durch die Straßen zum Bahnhof, wo man ihn in den Zug lud, der Stalin nach Moskau zurückbringen würde. Um Mitternacht fuhr der mit Trauersymbolen verzierte Leichenwagen in die Dunkelheit hinaus – allerdings ohne Kirows Gehirn, das man im Leningrader Institut auf Spuren revolutionärer Brillanz hin untersuchen wollte.*

Noch in der gleichen Nacht begann der für die Ermittlungen zuständige Tschekist Agranow, den Mörder zu verhören: »Störrisch wie ein Esel«, berichtete er Stalin.

»Peppeln Sie Nikolaew auf, kaufen Sie ihm ein Huhn«, riet Stalin. »Mästen Sie ihn, damit er zu Kräften kommt und erzählt, was ihn umtrieb. Wenn er nicht redet, müssen wir eben nachhelfen, und dann wird er schon … alles sagen.«[8]

Am Moskauer Oktober-Bahnhof legte man den Sarg erneut auf eine Lafette und brachte ihn für die Beisetzung tags darauf zur Säulenhalle. Wenig später informierte Stalin das Politbüro über seine ziemlich unergiebigen Ermittlungen. Mikojan, der Kirow sehr nahe stand, konnte gar nicht glauben, dass man Nikolaew zweimal trotz Waffenbesitzes hatte laufen lassen und Borisow auf so hanebüchene Art und Weise ums Leben gekommen war.

»Wie konnte das bloß passieren?«, pflichtete ihm Stalin empört bei. »Dafür muss sich jemand verantworten, oder nicht?«, rief Mikojan aus, den das merkwürdige Verhalten des NKWD irritierte. »Hat nicht der OGPU-Vorsitzende [Jagoda] für die Sicherheit des Politbüros zu sorgen? Also sollte man den zur Rechenschaft ziehen.« Doch Stalin nahm Jagoda in Schutz und richtete das Augenmerk auf sein eigentliches Ziel: die Trotzkisten um Sinowjew. Anschließend regte sich bei Sergo, Kuibyschew und Mikojan starkes Misstrauen: Letzterer diskutierte, wahrscheinlich bei Spaziergängen um den Kreml, der traditionellen Runde für geheime Plaudereien, mit Sergo über Stalins »undurchsichtiges Verhalten«, das beide »erstaunte, verblüffte und beunruhigte«. Sergo ver-

---

* Diese Leichenfledderei gehörte zum szientifisch-rationalistischen Ritual beim Tod großer Bolschewiken. Auch das extrahierte Gehirn Lenins lag im Institut, das Gorkis sollte später folgen. Gewiss handelte es sich dabei um eine marxistische Variante der romantischen Tradition, die Herzen großer Männer, ob Mirabeau oder Potemkin, getrennt vom Rest zu beerdigen.

sagte vor Kummer die Stimme. Kuibyschew soll eine Untersuchung seitens des ZK vorgeschlagen haben, um das Vorgehen des NKWD zu überprüfen. Mikojan, der Stalin nach wie vor glühend verehrte und ihm bis
zuletzt treu diente, hegte in dieser Phase gewiss keinen ernsthaften Verdacht gegen den Chef. Bolschewiken fanden gewöhnlich durch Selbstbetrug schnell einen Ausweg aus nagenden Zweifeln.[9]

Wie nach dem Tod Nadjas blieb Pawel Allilujew auch in dieser Nacht
bei Stalin. Man befand sich in Kunzewo, und dort habe Stalin mit in die
Hand gelegtem Kopf gemurmelt, jetzt, nach dem Tod Kirows, sei er »völlig verwaist«, was Pawel so ergreifend fand, dass er ihn spontan umarmte. Es gibt keinen Grund, die Tiefe seines Schmerzes über Kirows Tod –
und sei es auch darüber, dass er aus übergeordneten Erwägungen einfach sein musste – in Abrede zu stellen.

Am 5. Dezember gegen 10 Uhr war die Gorkistraße abgesperrt, und
es herrschten (wie bei Nadjas Beisetzung) unter dem Kommando Paukers strengste Sicherheitsvorkehrungen, als Stalin und sein Gefolge sich
in der Säulenhalle versammelten. Die Trauerfeier geriet zum Meisterwerk des bolschewistischen Kitschs, mit Fackeln, von den Decken herab-
hängenden scharlachroten Samtvorhängen, Fahnen und wiederum
Palmen sowie einem hektischen Medienrummel. Ständig zuckten Blitz-
lichter auf. Das Bolschoi-Orchester spielte Trauermärsche. Alles war in
Rot und Schwarz gehalten. Stalin hatte Kirow bereits zu seinem Lieb-
lingsmärtyrer unter den Genossen erklärt und ließ daher seinen Geburtsort Wiatka, das Leningrader Mariinski-Ballett und Hunderte von Straßen nach ihm umbenennen.

Der Sarg stand auf einem scharlachroten Kaliko, ein ausgeprägter
Kontrast zum »grünlichen Farbton« des Gesichts mit dem vom Aufprall
herrührenden blauen Fleck an der Schläfe. Die Witwe saß neben Kirows
Schwestern, die er seit dreißig Jahren nicht mehr gesprochen hatte. Redens, der Moskauer NKWD-Chef, führte seine schwangere Frau Anna
Allilujewa und die Swanidses zu ihren Plätzen neben den Politbüro-Da-
men. In der dann einkehrenden Stille hallte nur noch das Stiefelklicken
des Wachpostens durch den Saal. Schließlich hörte Maria Swanidse die
»Tritte der ausgekochten, zu allem entschlossenen Falken«: Das Politbüro bezog am Kopfende der Leiche Aufstellung.

Das Bolschoi-Orchester spielte eine adaptierte Fassung von Chopins
Trauermarsch, und in der dann wieder herrschenden Totenstille hörte
man nur das Klicken und Surren von Kameras: Stalin stand, die Hände
über dem Bauch gefaltet, neben dem prahlerischen Kaganowitsch, der

seinen ausgebeulten Kasack mit einem Ledergürtel zusammenhielt. Die Wärter begannen schon, den Sarg zu verschließen, doch genau wie bei Nadjas Trauerfeier gebot Stalin ihnen mit dramatischer Geste Einhalt und schritt zum Katafalk. Dort beugte er sich unter aller Augen »mit Leidensmiene« langsam vor, um Kirows Stirn zu küssen. »Es war ein herzzerreißender Anblick, da alle wussten, wie nahe sie einander gestanden hatten«, und der ganze Saal brach in Tränen aus, ja, sogar die Männer schluchzten hemmungslos.

»Ade, lieber Freund, wir werden deinen Tod rächen«, raunte Stalin dem Verblichenen zu, und in diesem Stil sollte er sich zunehmend als eine Art Trauerspezialist profilieren.

Einer nach dem anderen nahm die Führungsriege Abschied von Kirow: ein bleicher Molotow, Schdanow, Kaganowitsch beugten sich vor, ohne Kirow zu küssen, während Mikojan eine Hand auf den Sarg legte und sich verneigte. Kirows Witwe brach zusammen, und die Ärzte flößten ihr Baldriantropfen ein. Stalins Angehörige sahen den Verlust »dieses rundum bezaubernden, von allen geliebten Menschen« in engem Zusammenhang mit Nadjas Tod, weil sie wussten, dass der *Woschd* »in seinem tiefen Schmerz und seiner Trauer« Trost bei diesem treuen Freund gesucht hatte.

Nach dem Abmarsch der Magnaten verschloss man den Sarg und fuhr ihn zum Krematorium, wo Pawel und Schenja Allilujew verfolgten, wie er im Brennofen verschwand. Die Swanidses und andere gingen anschließend mit zu den Woroschilows in die Reitergarde, dem Schauplatz von Nadjas letztem Auftritt, um noch etwas zu essen. Molotow und die übrigen Genossen speisten mit Stalin in Kunzewo.

Am Morgen darauf trugen Stalin, im alten Mantel und mit Schirmmütze, Woroschilow, Molotow und Kalinin die Urne, die in einem reich verzierten, mit Blumen geschmückten Modell eines klassischen Tempels stand, über den Roten Platz. Eine Million Menschen warteten schweigend in der Eiseskälte, bis Kaganowitsch sprach – eine weitere Parallele zu Nadjas Beerdigung. Es folgte eine Trompetenfanfare, wozu man gesenkten Hauptes die Fahnen einholen ließ, und danach stellte der »vollendete Bolschewik«, Sergo, die Urne an ihren Platz in der Kremlmauer, wo sie heute noch steht. »Ich dachte immer, der Kiritsch würde mich beerdigen, und jetzt ist es umgekehrt gekommen«, sagte er hinterher zu seiner Frau.[10]

Die Strafmaßnahmen liefen bereits an: Am 6. Dezember verurteilte das Militärkollegium des Obersten Gerichtshofes unter Vorsitz des stiernackigen Wasili Ulrich, eines baltisch-deutschen Adligen, der bald zu Stalins Scharfrichter avancieren sollte, sechsundsechzig schon vor dem Mord an Kirow als Terroristen inhaftierte »Weißgardisten« zum Tode, und in Kiew traf es achtundzwanzig von ihnen. Am 8. Dezember kehrte Nikolai Jeschow in Begleitung Agranows aus Leningrad zurück, um in Moskau drei Stunden lang über ihre »Verbrecherjagd« zu berichten.

Trotz der Tragödie und der bedrohlichen Hinweise darauf, dass auch Genossen für den Mord an Kirow würden bluten müssen, verlief das Leben bei Hofe in gewohnter Weise weiter, wenn auch etwas gedämpfter. Nach ihrer Unterredung mit Jeschow aßen Molotow, Sergo, Kaganowitsch und Schdanow auch am 8. Dezember wie üblich mit Stalin, Swetlana, Wasili, den Swanidses und den Allilujews im Kreml. Swetlana bekam Geschenke, um sie ein wenig über den Verlust ihres geliebten »Zweiten Sekretärs« Kirow hinwegzutrösten. Stalin war »schmaler und blasser als sonst, mit etwas Unergründlichem in den Augen. Er muss extrem leiden.« Maria Swanidse und Anna Allilujewa umsorgten ihn. Aljoscha Swanidse ermahnte Maria, mehr Abstand zu halten – ein guter Rat, den sie jedoch nicht befolgte in der Annahme, ihr Mann sei bloß eifersüchtig, weil sich daraus eine Affäre entwickeln mochte. Als die Gäste noch hungrig waren, rief Stalin Carolina Til herein und bat sie, schnell etwas herzurichten. Er selbst aß fast nichts. Am späteren Abend nahm er Aljoscha Swanidse, Swetlana und Wasili für die Nacht mit nach Kunzewo, während der Rest zu Sergo weiterzog.

Da Stalin binnen weniger Stunden nach Kirows Tod die Anhänger Sinowjews der Tat bezichtigt hatte, kam es kaum überraschend, dass Jeschow und das NKWD jetzt gegen ein Leningrader und ein Moskauer »Zentrum« vorgingen und dort nach seinen eigenen Listen Verdächtige inhaftierten. Nikolaews Verhör sollte Kontakte zu Sinowjew »beweisen«, und tatsächlich räumte er solche am 6. Dezember ein. Anschließend folgte die Festnahme der ehemaligen Politbüromitglieder und engsten Vertrauten Lenins, Sinowjew und Kamenew, die Stalin 1925 aus der Patsche geholfen hatten. Später legte man dem Politbüro die Geständnisse der »Terroristen« vor, und Stalin persönlich wies seine Justizschergen Wyschinski und Ulrich an, die beiden zum Tod zu verurteilen.[11]

Viele der Beteiligten stimmten Juri Schdanow darin zu, dass sich »nach Kirows Tod alles von Grund auf veränderte«. Erheblich verschärfte Sicherheitsmaßnahmen griffen zu einer Zeit, als die Zwanglosigkeit, der Spaß, die Fürsorge der Frauen und die herumtollenden Kinder bei Hofe wichtiger denn je erschienen, um den »verwaisten« *Woschd* aufzumuntern. Doch das Klima war ein für alle Mal gekippt. Am 5. Dezember wollte Rudsutak gesehen haben, dass Stalin auf ihn zeigte und dem auf seine Halbbildung stolzen Altbolschewiken vorwarf, »ein Studierter zu sein, also niemals der Sohn eines Werktätigen!«. Daraufhin schrieb ihm Rudsutak: »Ich möchte Sie nicht mit Trivialitäten behelligen, aber es kursieren so viele Gerüchte über mich, und es heißt, sie seien auch Ihnen zu Ohren gekommen.« Jan Rudsutak war ein intelligenter Lette, Mitglied des Politbüros und Verbündeter Stalins, der zehn Jahre in zaristischen Gefängnissen verbracht und schwer geschuftet hatte, wovon seine »müden, tiefgründigen Augen« und »ein leichtes Hinken« zeugten. Er war ein begeisterter Fotograf mit Vorliebe für Naturaufnahmen, der sich jetzt eindeutig bedroht fühlte, da Stalin ihm nicht mehr traute.

»Sie irren sich, Rudsutak«, antwortete ihm Stalin, »ich hatte auf Schdanow gedeutet und nicht auf Sie. Ich weiß ja, dass Sie nicht studiert haben. Inzwischen konnte ich Ihren Brief Molotow und Schdanow vorlesen, die mir beide bestätigten, dass ein Missverständnis vorliegt.«[12]

In jener Zeit ging Stalin mit einem Marineoffizier die Kremlflure entlang, vorüber an den nun im Abstand von zehn Metern aufgestellten, gut geschulten Wachposten, die jeden Passanten fest im Auge behielten.

»Haben Sie bemerkt, wie die gucken?«, fragte Stalin den Offizier. »Man geht den Flur entlang und denkt sich: ›Welcher davon könnte es sein? Wenn es der da ist, knallt er dich gleich von hinten ab. Wenn es jener andere ist, erschießt er dich von vorne.‹«[13]

Am 21. Dezember, kurz vor den Hinrichtungen, traf das ganze Gefolge in Kunzewo ein, um Stalins fünfundfünfzigsten Geburtstag zu feiern. Da die Plätze nicht ausreichten, rückten die Männer Tische zusammen und trugen weitere Stühle hinein. Die Gäste wählten Mikojan und Sergo zu »*Tamada*«. Der noch über den Verlust Kirows deprimierte Stalin erholte sich langsam wieder. Als Maria Swanidse jedoch anfing, ein schmeichlerisches Gedicht mit der unterwürfigen Bitte um einen Damenausflug in den Westen vorzutragen, unterbrach Aljoscha sie, vielleicht in der Befürchtung, dass es den Jubilar verärgern würde.*

---

* Marias Gedicht offenbart sowohl die Demut als auch die Frechheit der Damen an Stalins Hof: »Wir wünschen unserem guten Herrscher viel Glück und ein endloses Leben, auf dass er die Feinde vor Furcht erzittern und alle Faschisten untergehen lässt. … Nächstes Jahr wird er die Welt erobern und die ganze Menschheit führen. Schade, dass die Damen nicht westwärts nach Karlsbad reisen können, denn in Sotschi ist es ja doch immer das Gleiche.«

Zum Essen gab es *Schtschi* (Kohlsuppe) und danach Kalbfleisch. Stalin füllte den Gästen, von Molotows über Poskrebyschew (mit neuer Frau) und Jenukidse bis zu den Kindern, persönlich die Teller. »Er selbst aß aus der Terrine«, erinnerte sich Artjom, »nahm einfach die Gabel und fischte sich die Fleischstückchen heraus.« Beria und sein ehemaliger Gönner, der schwerhörige Lakoba, Herr über Abchasien, trafen erst kurz vor dem Hauptgericht ein.

Stalin trank Saschiko Swanidse zu, der Schwester seiner ersten Frau Kato und Aljoschas, was dessen Frau Maria erzürnte: Zwischen den Damen herrschte ein Dauerkrieg um Stalins Gunst. Schließlich kippte der Abend ins Traurige um. Wie die Angehörigen bei Kirows Beerdigung an Nadja denken mussten, so schlich sich auch bei dieser Feier der Geist Banquos ein. Sergo als Toastmeister erhob sein Glas auf Kirow.

»Irgendein Schwein hat ihn ermordet, ihn von uns genommen!« Schluchzen durchbrach die Stille. Danach trank jemand auf Andrejews Frau Dora Chasan, eine der Favoritinnen Stalins, und ihr Studium an der Akademie. Das wiederum erinnerte Stalin an Nadja, und er stand auf:

»Dreimal kam jetzt schon die Akademie zur Sprache«, sagte er, »also lasst uns auch auf Nadja trinken!« Alles erhob sich unter Tränen, und einer nach dem anderen ging schweigend auf den gequält wirkenden Stalin zu, um mit ihm anzustoßen. Nur Anna Redens und Maria Swanidse küssten ihn auf die Wange. Letzterer erschien er »weicher und milder« als früher. Bald legte Stalin seine Lieblingsmusik auf, und alle tanzten. Schließlich stimmten die Kaukasier zusammen mit dem ehemaligen Chorknaben heimische Klagelieder an.

Zu späterer Stunde postierte Leibwächter Wlasik, in seiner Funktion als Hoffotograf, die Gäste für ein Gruppenbild, um nach den Trauergesängen für etwas Zerstreuung zu sorgen, und schuf damit ein eindrucksvolles Zeugnis über die vor dem großen Terror an Stalins Hof herrschende Atmosphäre. Allerdings zog das Bild neue Streitigkeiten zwischen den rivalisierenden Damen nach sich.

Stalin thront darauf in der Mitte, eingerahmt von Verehrerinnen: zu seiner Rechten die aufdringliche Saschiko Swanidse, Maria Kaganowitscha und die vollbusige Sopranistin Maria Swanidse, zu seiner Linken die schlanke, elegante First Lady, Polina Molotowa. Zivilisten gesellten sich zu Militärs: Woroschilow als ranghöchster Offizier des Landes immer blendend in Form, Redens im Blau des NKWD, Pawel Allilujew in Kommissarsuniform. Am Boden sitzen lachend die Kaukasier Sergo,

Mikojan und Lakoba, während Beria und Poskrebyschew, fast liegend, gerade noch aufs Bild passen. Und Stalin zu Füßen – noch auffälliger, als er später noch einmal mit den Damen posierte – kauert hintergründig und schelmisch in die Kamera lächelnd Schenja Allilujewa.[14]

13

EIN GEHEIMBUND:
DIE ROSE VON NOWGOROD

»Du kleidest dich immer so elegant«, sagte Stalin bewundernd zu seiner Schwägerin Schenja Allilujewa. »Vielleicht solltest du das Schneidern zu deinem Beruf machen.«

»Was! Ich kann ja nicht mal einen Knopf annähen«, gab Schenja kichernd zurück. »Das lasse ich immer meine Tochter machen.«

»So? Na dann solltest du eben der sowjetischen Damenwelt einmal Nachhilfe in gutem Stil geben«, antwortete Stalin.

Seit Nadjas Tod kümmerte sich Schenja regelmäßig um Stalin, und 1934 scheint daraus mehr geworden zu sein. Die statuenhafte, damals sechsunddreißigjährige Priesterstochter aus Nowgorod mit blauen Augen, blondem lockigen Haar, Lachgrübchen, Stupsnase und breiten, glänzenden Lippen war nicht unbedingt schön, aber diese »Rose von den Feldern Nowgorods« strahlte, mit ihrem blühenden Aussehen und der schlagfertigen, schalkhaften Art, etwas Kerngesundes aus. Kurze Zeit vor der Entbindung ihrer Tochter Kira hatte sie noch Holz gehackt. Während Dora Chasan sich äußerst spießig kleidete und Woroschilowa immer mehr zunahm, wirkte Schenja, in Rüschenblusen, ausgefallenen Kragen und Seidenschals, nach wie vor jung, frisch und sehr weiblich.

Diese Frauen zog Stalin umso mehr an, als er nach dem Tod Nadjas und jetzt auch Kirows so offenkundig litt: »Man hat seine Einsamkeit stets vor Augen«, schrieb Maria Swanidse. Wenn Macht an sich schon aphrodisisch wirkt, so erwies sich die Beigabe von Charisma, Trauer und Tragik als regelrecht überwältigend. Allerdings lag es bei Schenja etwas anders. Sie kannte Stalin schon seit der Eheschließung mit Nadjas Bruder Pawel kurz nach der Revolution, hatte jedoch lange in Berlin gelebt und war erst direkt vor Nadjas Selbstmord zurückgekehrt. In der Folge entspann sich zwischen dem Witwer und der lustigen, vergnügten

Frau eine ganz neue Beziehung. Die Ehe mit Pawel war nicht immer einfach gewesen. Kaum für das militärische Leben geschaffen, war er zwar
freundlich, aber genauso hysterisch wie Nadja. Schenja murrte oft über
seine Schwäche. In den frühen dreißiger Jahren hätten sie sich fast getrennt, aber Stalin ließ das nicht zu. Obwohl mit dem Makel des tödlichen Mitbringsels – der Pistole für Nadja – behaftet, hielt sich Pawel
oft bei Stalin auf.

Stalin bewunderte Schenjas Lebenslust. Außerdem kannte sie keinerlei Angst vor ihm. Bei ihrem ersten Besuch in Subalowo nach der Rückkehr aus Berlin fand sie auf dem Tisch einen Teller Suppe vor und
machte sich heißhungrig darüber her. Dann trat plötzlich Stalin ein und
fragte:

»Wo ist meine Zwiebelsuppe?« Schenja gestand, sie gegessen zu haben. Das hätte wohl einen Wutausbruch provozieren können, aber Stalin lächelte nur milde und erklärte: »Das nächste Mal sollten sie besser
zwei machen.« Schenja trug das Herz auf der Zunge – und hatte Stalin
auch 1932 wegen der Hungersnot zur Rede gestellt, doch ihr sah er so
etwas nach. Sie war sehr belesen, und Stalin ließ sich von ihr Lektüre
vorschlagen. Sie empfahl ihm eine Geschichte Ägyptens, scherzte jedoch, er solle nicht »den Pharaonen nacheifern« – brachte ihn überhaupt mit ihrem Witz häufig zum Lachen. Ihr salopper Umgangston
erinnerte an Stalins Hänseleien mit Kumpanen. Schenja konnte meisterhaft *Tschastuschka* singen, unzüchtige Schüttelreime, die in ihrem
Schwachsinn fast unübersetzbar sind. Stalin bevorzugte derbe Zoten wie
etwa »Wie leicht, von Brücken zu scheißen, doch mancher ist dabei
schon abgestürzt« oder »In der eigenen Scheiße sitzt man sicherer als in
Abrahams Schoß«.

Schenja konnte nicht umhin, vorwitzig die Seifenblasen, welche die
steifen Salondamen von sich gaben, anzupieksen, und Stalin genoss es
ohnehin immer, seine Höflinge auf die Schippe zu nehmen. Als Polina
Molotowa, die Herrin der Düfte, Stalin ihre neueste Kreation vorführte,
»Rotes Moskau«, roch er am Flakon:

»Mm, das riecht aber gut«, lobte er sie.

»Ach Josef«, fuhr Schenja dazwischen, »das ist doch Chanel Nr. 5!«

Später hätte sie sich dafür ohrfeigen können: »Was zum Teufel habe
ich da bloß angerichtet?« Denn jedenfalls säte es Feindschaft zwischen
den Familien, und das zu einer Zeit, als Politik gerade in eine Hetzjagd
umschlug. Gleichwohl konnte sie als Einzige sich solche kecken Sprüche
leisten, da Stalin »ihre Respektlosigkeit schätzte«.

Als Stalin 1936 die neue Verfassung einführte, kam Schenja, die sich immer verspätete, auch dabei unpünktlich. Sie schlich sich ein, unbemerkt, wie sie meinte, bis Stalin sie anschließend bei der Begrüßung darauf ansprach.

»Wie hast du mich ertappt?«, fragte sie.

»Ich sehe alles, noch auf zwei Kilometer Entfernung«, lachte Stalin, der äußerst scharfe Sinne hatte. »Nein, nein, außer dir würde niemand es wagen, den Anfang einfach auszulassen.«

Stalin brauchte auch weiblichen Rat bezüglich der Kinder. Als die etwas frühreife Swetlana erstmals im Rock auftrat, hielt Stalin ihr eine Predigt über »bolschewistische Keuschheit«, fragte dann jedoch Schenja:

»Soll ein Mädchen so herumlaufen? Ich will nicht, dass sie kniefrei geht.«

»Da ist doch nichts dabei«, gab Schenja zurück.

»Und sie will eigenes Geld«, erklärte der Vater.

»Das ist doch in Ordnung, oder nicht?«

»Wofür braucht sie so viel?«, hakte er nach. »Zehn Kopeken müssten eigentlich genügen!«

»Ach was, Josef«, feixte Schenja. »Das war vor der Revolution!«

»Ich dachte immer, du kommst mit zehn Kopeken aus«, murmelte Stalin.

»Wie kann das angehen? Drucken die spezielle Zeitungen für dich?« Nur Schenja konnte sich ihm gegenüber so etwas herausnehmen.

Wahrscheinlich kamen die beiden sich um jene Zeit näher. Genaueres ist nicht bekannt.* Doch Maria Swanidse beobachtete das Verhältnis und beschrieb es in ihrem Tagebuch, das Stalin archivieren ließ: In jenem Sommer fiel ihr auf, wie oft sich Schenja mit Stalin zurückzog, und im folgenden Winter war sie dabei, als er »Schenja damit aufzog, dass sie wieder zunehme, und insgesamt sehr kokett behandelte. *Jetzt, da ich alles weiß, habe ich die beiden genau beobachtet...«*

»Stalin war in meine Mutter verliebt«, bekräftigte Schenjas Tochter Kira. Während bei dem Mädchen ein gewisser Anflug von Stolz und Wunschdenken mitschwingen mochte, meinte auch ihr Vetter Leonid Redens, dass »die Sache nicht nur platonisch war«. Dafür sprechen weitere Indizien. Ende der dreißiger Jahre trat Beria als eine Art *postillon*

---

* Noch heute beharren die Mitwisser auf der Ansicht, dass Stalins Privatleben (in den Worten seines inzwischen achtzigjährigen Adoptivsohnes General Artjom Sergeew) »tabu ist und für seinen Platz in der Geschichte keine Rolle spielt«. Immerhin sind bisher keine Liebesbriefe Stalins außer denen an Nadja aufgetaucht.

d'amour an Schenja heran, anscheinend um ihr nach dem Tod ihres Mannes im Auftrag Stalins einen Heiratsantrag zu machen, und auf ihre Wiedervermählung mit einem anderen reagierte der Alleinstehende mit einem heftigen Eifersuchtsanfall.

Stalin seinerseits behandelte Schenja immer gütig und höflich. Während er Anna Redens oder Maria Swanidse selten anrief, konnte sich Swetlana bei ihr, selbst lange nach dem Ende der Liaison, an regelmäßige Telefonplaudereien erinnern.

Schenja war beileibe nicht die einzige attraktive Dame im Umfeld Stalins. Mitte der dreißiger Jahre erfreute er sich noch eines normalen geselligen Lebens, mit einem Gefolge, zu dem auch ein kosmopolitischer Kreis flatterhafter jüngerer Frauen gehörte. Doch für den Moment war es Schenja, die Stalin zu Füßen lag.[1]

Kurz nach der Feier, am 28. und 29. Dezember, erging das Urteil gegen den Mörder Nikolaew und vierzehn Mitangeklagte. Der kriecherische Leningrader Scharfrichter Ulrich rief sogar eigens bei Stalin an, um sich Weisungen geben zu lassen.

»Machen Sie es kurz!«, ordnete der *Woschd* lakonisch an. Aufgrund des Gesetzes vom 1. Dezember erfolgten die Exekutionen binnen einer Stunde, und wenig später traf es auch eine ganze Schar von unschuldigen Angehörigen. Allein in jenem Dezember fanden 6501 Erschießungen statt.[2] Stalin hatte keine klaren Pläne für den folgenden Terror, außer der festen Überzeugung, die Partei einschüchtern und alte Feinde auslöschen zu müssen, und so leiteten ihn vor allem Opportunismus und Rachsucht. Das NKWD konnte zwar keine Verwicklung des »Moskauer Zentrums«, das heißt Sinowjews und Kamenews, in den Leningrader Fall feststellen, aber Häftlinge würden unter Druck schon das Gewünschte aussagen. Bis Mitte Januar hatte in der Tat ein Gefangener Sinowjew und Kamenew schwer belastet, worauf sie zehn respektive fünfzehn Jahre bekamen. Stalin forderte in einem geheimen Rundschreiben dazu auf, Oppositionelle »ebenso wie Weißgardisten zu behandeln«, das heißt »einzusperren und abzuschirmen«. Der darauf folgende »Kirow-Strom«, eine wahre Flut von Festnahmen, überschwemmte die Sammellager, doch zugleich inszenierte Stalin ein »Tauwetter« mit Jazz-Musik: »Das Leben ist fröhlicher geworden, Genossen«, verkündete er, »ja, insgesamt besser.«[3]

Am 11. Januar nahmen Stalin und die meisten Mitglieder des Politbüros im Bolschoi an einer großen Gala der sowjetischen Filmbranche teil, einer Art »Oscar-Verleihung«, anstelle der Statuette des Academy Award erhielten die Regisseure Leninorden.

»Für uns«, soll Lenin gesagt haben, »ist das Kino die bedeutendste aller Künste.« Stalin persönlich überwachte mittels der (von seinem Exil-Genossen Boris Schumiatski geleiteten) Staatlichen Filmstelle das »sowjetische Hollywood«, griff nicht nur in die Regie, sondern auch schon in die Drehbücher ein, ja textete sogar an den Liedern mit. Er diskutierte Filme mit seinen Leuten durch und gab sie persönlich fürs Publikum frei, das heißt fungierte als der Oberzensor.[4]

Stalin war ein begeisterter Cineast. Die Kosaken-»Eastern« *Tschapaew* und *Lustige Burschen* kannte er bereits 1934 in- und auswendig, zumal Regisseur Grigori Alexandrow bei dem letzteren der direkten Aufsicht Stalins unterstand.* Bei der Vorführung wagte es Schumiatski, ihn auf die Folter zu spannen, zeigte nur zwei längere Ausschnitte und behauptete anschließend, alles Übrige sei noch in der Arbeit. Der *Woschd* war ganz außer sich:

»Zeigt mir den Rest!« Nun holte Schumiatski den aufgeregten Alexandrow hinzu, der es im Schneideraum fast nicht mehr aushielt.

»Sie werden vor Gericht verlangt, Sie gehen besser rüber.«

»Das ist ein sehr fröhlicher Film«, lobte ihn Stalin. »Mir ist, als hätte ich einen Monat Urlaub gemacht. Es wäre gut, wenn ihn alle Arbeiter und Kolchosbauern sähen.« Dann stichelte er: »Und nehmt ihn dem Regisseur weg, der verdirbt ihn sonst noch!«

Alexandrow ließ eine ganze Serie solcher unbekümmert heiteren Musikkomödien folgen und schuf nach *Zircus* Stalins absoluten Lieblingsfilm *Wolga, Wolga*. Sein letztes Werk der Reihe wollte er eigentlich *Aschenputtel* nennen, aber der damit unzufriedene Stalin schlug ihm zwölf Titel vor, darunter *Leuchtender Pfad*, den Alexandrow schließlich wählte. Zu den Liedtexten findet sich im Archiv vom Juli 1935 eine interessante Bastelei Stalins mit Textbausteinen und folgendem Ergebnis:

---

* Der Star des Films war seine Frau Liuba Orlowa, die Lieder stammten von dem Komponisten Isaak Dunaewski. Nach einer Zeit der Hungersnot und der Morde strömten die Russen in Scharen in Musikfilme und Komödien – wie die Amerikaner während der Großen Depression. Den Stil prägten Gesang, Tanz und Klamauk: Zum Beispiel springt ein Schwein auf eine festliche Tafel und verursacht durch sein Herumtrotten und Grunzen viel Sauerei und Ausgelassenheit.

Ein frohes Lied macht das Herz uns leicht,
Und langweilt uns nie,
Alle Dörfer sind ihm geneigt,
Auch in den Städten ertönt seine Melodie.

Darunter hatte er gekritzelt: »An den Frühling. Beschwingtheit. Mikojan«, und dann: »Danke, Genossen.«[5]

Als der Regisseur Alexander Dowschenko bei Stalin Rat für seinen Film *Aerograd* suchte, durfte er binnen eines Tages im Kleinen Eck antreten, um Woroschilow und Molotow sein gesamtes Drehbuch vorzulesen. Später schlug Stalin ihm den nächsten Film vor, fügte aber hinzu, dass »ich Sie in keiner Weise zwingen möchte. Sie sind ein völlig freier Mann. ... Wenn Sie etwas anderes geplant hatten, machen Sie eben das. Seien Sie unbesorgt. Das wollte ich Ihnen nur mitteilen.« Er riet dem Regisseur, »russische Volksweisen zu verwenden – wunderbare Lieder«, die er gerne auf dem Grammophon abspielte.

»Haben Sie sich je welche angehört?«, fragte Stalin.

Nein, antwortete der Regisseur, der noch keinen Plattenspieler besaß.

»Eine Stunde nach dem Gespräch brachte man mir ein Grammophon – ein Geschenk unseres Staatsoberhaupts, das«, so schwor Dowschenko, »ich gewiss bis ans Ende meiner Tage hüten werde wie meinen Augapfel.«[6]

Unterdessen berieten die Magnaten darüber, was mit Sergei Eisenstein geschehen sollte, dem damals sechsunddreißigjährigen lettisch-deutschen, avantgardistischen Regisseur von *Panzerkreuzer Potemkin*. Er treibe sich schon zu lange in Hollywood herum und habe, wie Stalin dem amerikanischen Romancier Upton Sinclair erklärte, »dadurch das Vertrauen seiner Freunde in der UdSSR verloren«. Kaganowitsch gegenüber behauptete Stalin, Eisenstein sei »ein Trotzkist, wenn nicht gar Schlimmeres«. Dennoch lockte er den Regisseur nach Moskau zurück und übertrug ihm das Projekt *Die Beschinwiese* – angeregt durch die Geschichte des heldenhaften Pawlik Morosow, eines Jungen, der seinen Vater wegen Kulakentums angezeigt hatte. Doch das abgeschmackte Rührstück konnte Stalins Erwartungen kaum erfüllen. Kaganowitsch zweifelte sogar lautstark an der Zuverlässigkeit des Genossen:

»Wir können Eisenstein nicht trauen. Er wird erneut Millionen verschwenden und uns nichts dafür geben ... weil er den Sozialismus im Grunde ablehnt. Gleichwohl waren Wyatscheslaw [Molotow] und Andrei Schdanow bereit, den Regisseur zu retten und ihm eine neue Chance zu geben.« Stalin jedoch wusste genau um seine »hohen Gaben«.

Als die Spannungen mit Deutschland wuchsen, beauftragte er Eisenstein, einen Film über *Alexander Newski* zu drehen, das große Vorbild im Kampf gegen Invasoren, um »Sozialismus plus Nationalismus« als das neue Paradigma zu fördern. Diesmal entzückte ihn das Ergebnis.

Als Stalin einen ausführlichen Vermerk an den Regisseur Friedrich Emmler über dessen Film *Der Großbürger* schrieb, hieß es unter Punkt drei: »Der Hinweis auf Stalin muss unterbleiben. Fügen Sie stattdessen ›das Zentralkomitee‹ ein.«[7]

Stalins Bescheidenheit wirkte im Grunde genauso ostentativ wie der maßloseste Personenkult. Die Führung selbst hatte ja den Rummel gefördert und angestachelt. Am Ende warfen Mikojan und Chruschtschew jedoch Kaganowitsch vor, die verborgene Eitelkeit des Chefs hervorgekitzelt und den Stalinismus erfunden zu haben:

Stalin hatte zwar Kaganowitschs Vorschlag zurückgewiesen, ihn selbst statt Lenin hochleben zu lassen, aber der kannte seine Pappenheimer und warb weiter für den »Stalinismus«.

»Weshalb rühmen Sie mich, als ob ein Einzelner alles entschiede?«, fragte Stalin heuchlerisch. Unterdessen pflegte er persönlich den Kult, der in allen Zeitungen Blüten trieb. Die *Prawda* brachte seinen Namen zwischen 1933 und 1939 in fünfzig Prozent der Leitartikel und bildete ihn selbst mit Blumen oder Kindern ab. Parteimitglieder schrieben: »Wie ich den Genossen Stalin kennen lernte.« Über den Roten Platz fliegende Maschinen bildeten am Himmel die Formation »Stalin«. In der *Prawda* hieß es: »Stalins Leben ist unser Leben, unsere schöne Gegenwart und Zukunft.« Als er beim Siebten Kongress der Sowjets auftrat, riefen und jubelten ihm zweitausend Delegierte zu. Ein anwesender Schriftsteller legte ihre Gefühle als »Liebe, Hingabe und Selbstlosigkeit« aus. Eine Arbeiterin schwärmte: »Wie einfach er ist, wie bescheiden!«

Doch auch die anderen versteckten sich nicht. Kaganowitsch ließ sich öffentlich als »Eiserner Lasar« und »Eiserner Kommissar« verehren und bei den Paraden mit Tausenden von Plakaten huldigen. Woroschilows Name stand für spezielle Rationspakete der Armee und einen Schützenpokal, und der Held feierte seine Geburtstage derart pompös, dass Stalin dabei eine seiner bedeutendsten Reden überhaupt hielt. Wenn Schulkinder Fotos dieser Helden gegen solche von Fußballstars tauschten, so warf der schneidige Woroschilow viel mehr ab als der mürrische Molotow.[8]

Stalin täuschte Bescheidenheit nicht nur vor: Im inneren Konflikt zwischen Stolz und Demut konnte er Lob sowohl fordern als auch verachten. Auf eine Anfrage des Revolutionsmuseums, das Manuskripte seiner Werke ausstellen wollte, antwortete er dem Direktor: »Ich hätte nicht gedacht, dass man in Ihrem Alter noch so töricht sein kann: Wozu braucht man eigentlich Manuskripte, wenn Bücher in Millionenauflagen vorliegen? Ich habe alle verbrannt.«[9] Als sich ein Verlag an Poskrebyschew wandte und die Bewilligung für eine geplante Dokumentation über Stalins Kindheit in Georgien erbat, lehnte dieser das strikt ab, beschwerte sich bei Schdanow darüber, dass die Idee »taktlos und dumm« sei, und forderte, die Verantwortlichen »zu bestrafen«. Nicht zuletzt ging es für ihn allerdings auch darum, die Darstellung seiner Vergangenheit gezielt zu steuern.[10]

Gewiss entging Stalin weder die Absurdität des Personenkultes noch täuschte er sich darüber, was sklavische Verehrung bedeutete. Ein Student wandte sich an den *Woschd*: Ihm drohe Haft, weil er an seiner Technischen Hochschule ein Papierflugzeug gegen das Herrscherporträt geworfen habe. Stalin unterstützte ihn auf ungewöhnliche Weise:

»Es wäre äußerst ungerecht, Sie dafür zu bestrafen!«, scherzte er. »Denn einen guten Schützen, der sein Ziel trifft, müsste man ja eher belobigen.«[11]

Doch Stalin brauchte den Kult zugleich und schürte ihn unter der Hand. Vor seinem treuen *chef de cabinet* musste er nichts verheimlichen. Zwei in Poskrebyschews Akten enthaltene Vermerke sind besonders aufschlussreich. Nach dem Gesuch einer Kolchose, den großen Namen des Staatschefs führen zu dürfen, erteilte Stalin diesem eine Art Blankovollmacht:

»Ich habe nichts dagegen einzuwenden, diesem oder anderen Betrieben den Namen ›Stalin‹ zu überlassen. Ich erlaube Ihnen hiermit ausdrücklich [unterstrichen], solche Anträge in meinem Namen zustimmend zu bescheiden.«[12] Ein Verehrer schrieb: »Ich habe beschlossen, mich nach Lenins bestem Schüler ›Stalin‹ zu nennen«, und bat den Titanen um seine Zustimmung.

»Ich habe nichts dagegen«, antwortete Stalin, »stimme vielmehr ausdrücklich zu. Es wäre mir eine Freude, auf diese Weise einen jüngeren Bruder zu bekommen. (Ich habe keinen Bruder.) Stalin.«[13]

Kurz nach der Filmpreisverleihung kam es im Politbüro abermals zu einem Todesfall.

14

EIN ZWERG STEIGT AUF, UND EIN CASANOVA STÜRZT

Am 25. Januar 1935 starb Walerian Kuibyschew mit erst siebenundvierzig Jahren, keine acht Wochen nach seinem Freund Kirow, unerwartet an Herzversagen. Da er die Ermittlungsmethoden des NKWD angezweifelt hatte, hieß es später, trotz seines Alkoholismus, die Ärzte hätten ihn ermordet. Allerdings steht er auch auf der Liste der vermutlich von Jagoda vergifteten Opfer. Wir treten jetzt in eine Phase von derart niederträchtiger Bosheit und Heimtücke ein, dass kein Todesfall eines Prominenten mehr als unverdächtig gelten kann.[1] Doch nicht jeder Exitus, der in Stalins Schauprozessen als »Mord« firmierte, resultierte tatsächlich aus einem Verbrechen: Man darf annehmen, dass auch in den dreißiger Jahren noch manche Menschen eines natürlichen Todes starben. Wladimir Kuibyschew schloss derlei zwar für seinen Vater aus, doch der unentwegte Trinker hatte sich ja nicht geschont, und überhaupt lebten die Magnaten derart ungesund, dass es einen staunen macht, wie viele von ihnen überhaupt ein höheres Alter erreichten.

Gleichwohl kam sein Tod Stalin äußerst gelegen, der am 1. Februar die Chance nutzte, um zwei jüngere Stars zu fördern, die den Geist des Zeitalters personifizierten.* Als Kaganowitsch die Eisenbahndirektion übernahm, eine kolossale Aufgabe, händigte er die Verwaltung Moskaus an den ehemaligen Schlosser Nikita Chruschtschew aus, der eines Tages sogar die Nachfolge Stalins antreten sollte.[2]

Einen kurzen Flirt Chruschtschews mit dem Trotzkismus nahmen seine Förderer ihm offenbar nicht übel, unter ihnen Kaganowitsch, den

---

* Damit rückten die beiden ältesten Kandidaten, Mikojan und Tschubar, ein ranghoher Beamter aus der Ukraine, als Vollmitglieder ins Politbüro auf, und ihre Plätze auf der Warteliste nahmen Schdanow und der westsibirische Parteichef Eiche ein.

er seit der Februarrevolution 1917 aus dem ukrainischen Bergbaustädt-chen Jusowka kannte. »Kaganowitsch mochte mich sehr«, ebenso Nadja (»mein Lotterielos«, wie Chruschtschew frohlockte) und Stalin selbst. Mehr einer Bulldogge als einem Windhund gleichend, verkörperte Chruschtschew mit den hellen Schweinsaugen, der klobigen Statur und dem offenen Goldzahnlächeln eine mächtige Energie und primitive Derbheit, hinter der sich allerdings große Bauernschläue verbarg. Als Erster Sekretär der Hauptstadt trieb er den Umbau des »stalinistischen Moskau« voran: Sein gewaltiges »Sanierungsprogramm«, der Abriss al-ter Kirchen und der Bau der U-Bahn verhalfen ihm zum Aufstieg in die Elite. Bereits Stammgast in Kunzewo, betrachtete sich dieser mitleidlose, fanatische Ehrgeizling sogar als Stalins »Sohn«. Tatsächlich stammte der 1894 geborene, kometenhaft aufgestiegene Dorftrampel, der bald zu Sta-lins »Liebling« avancierte, von einem Kosaken und Bergmann ab.[3]

Kaganowitschs zweiter Schützling, Jeschow, galt plötzlich als der kommende Mann, nachdem er im Fall Kirow bereits das Regiment ge-führt hatte, jetzt dessen Platz als ZK-Sekretär einnahm und am 31. März offiziell an die Spitze des NKWD aufstieg.[4] Wenig später als ein Unge-heuer und »blutiger Zwerg« berüchtigt, blieb er doch gespenstisch un-greifbar. Tatsächlich konnte jeder, der Jeschow näher kannte, ihn gut leiden. Seine Kollegen hielten ihn für einen »aufgeschlossenen, mensch-lichen, freundlichen, taktvollen Mann«, der bei »unangenehmen persön-lichen Dingen« zu helfen versuchte. Insbesondere Frauen mochten ihn. Sein Gesicht war fast »schön«, meinte eine Dame, mit offenem Lächeln, hellen, wachen, grünblauen Augen und dichtem schwarzen Haar. Ko-kett, spielerisch und »angenehm bescheiden«, nicht so ein verbissenes Arbeitstier, sondern auch regelrecht bezaubernd, wenn er im Leningra-der Akzent lustige Geschichten erzählte, »trug dieser sehr schmächtige Mann immer billige, zerknitterte Anzüge mit blauen Seidenhemden«. Anfangs war er scheu, taute dann aber zunehmend auf und besaß Hu-mor. Leicht hinkend, tanzte er dennoch den *Gopak*, sang mit schöner Baritonstimme und spielte Gitarre. Dürr und nur einseinundfünfzig groß, musste er sogar in einem Regime der Kleinwüchsigen fast als Pyg-mäe gelten.[5]

1895 als Sohn eines ehemaligen Forstwarts, der dann eine Teestube mit Bordell betrieb, und einer Magd in einer litauischen Kleinstadt gebo-ren, hatte Jeschow, wie Kaganowitsch und Woroschilow, nur wenige Jahre Grundschule absolviert, bevor er in den Petersburger Putilowwer-ken zu arbeiten anfing. Kein Intellektueller also, sondern gleichfalls ein besessener Autodidakt, führte Jeschow den Spitznamen »Kolja, der Bücherwurm« und besaß typisch bolschewistische Tugenden: Tatkraft, Härte, Organisationstalent und ein ausgezeichnetes Gedächtnis, jenes Attribut eines Bürokraten, das Stalin als »Zeichen hoher Intelligenz« ansah. Für den aktiven Dienst beim zaristischen Militär untauglich, reparierte Jeschow Waffen und trat 1919 der Roten Armee bei, um wenig später in Witebsk seinen Förderer Kaganowitsch kennen zu lernen. Ab 1921 diente er in der Tatarischen Republik, zog sich dort, als er keinen Hehl aus seiner Verachtung der örtlichen Kultur machte, den Hass der Einheimischen zu und erkrankte bald: ein erster Tribut an seine Gebrechlichkeit. Damals muss er Stalin kennen gelernt haben, der ihn im Juni 1925 zum Parteisekretär für Kirgisien ernannte. Nach einem Studium an der Akademie für Kommunismus rückte er ins Zentralkomitee auf und anschließend zum stellvertretenden Volkskommissar für die Landwirtschaft. Im November 1930 empfing Stalin ihn im Kreml, und auf Vorschlag Kaganowitschs nahm Jeschow fortan an den Sitzungen des Politbüros teil. Bald unterstand ihm die Personalabteilung des ZK, und ab 1933 half er Kaganowitsch, die Partei zu säubern, eine bürokratische *tour de force*, die ihn offenbar überanstrengte und bereits gefährliche Symptome zutage treten ließ.[6]

»Ich kenne keinen besseren Arbeiter«, bemerkte ein Kollege. »Nachdem du ihm einen Auftrag erteilt hast, brauchst du dich nicht weiter darum zu kümmern und kannst sicher sein, dass er die Sache prima erledigt.« Doch gab es ein Problem: »Er findet kein Ende.« Das mochte in Zeiten des Terrors als bewundernswert gelten, übertrug sich aber auf Jeschows gesamtes Privatleben.

Mit seinem lümmelhaft pubertären Humor leitete Jeschow Wettbewerbe, bei denen es nur darum ging, wieviel Zigarettenasche ein Kommissar mit heruntergelassenen Hosen wegfurzen konnte. Als Bisexueller liebte er Orgien mit Prostituierten ebenso wie hemmungslose Begegnungen mit dem eigenen Geschlecht, seien es tapfere Schneiderleins, Frontsoldaten oder hochrangige Bolschewiken, etwa Filipp Goloschtschekin, der den Mord an den Romanows eingefädelt hatte. Sein einziges Hobby, neben Feiern und Huren, war Bootsmodelle zu bauen und zu sammeln. Labil, sexuell derangiert und überspannt, konnte er mit Dampfwalzen wie Kaganowitsch, geschweige denn Stalin selbst, kaum mithalten. Jeschow litt ständig unter nervlich bedingten Beschwerden wie Entzündungen, Hautjucken, Tuberkulose, Angina, Ischias und Psoriasis (eine Gemeinsamkeit mit Stalin), alles kurz zusammengefasst unter der Diagnose »Neurasthenie«. Oft versank er in düstere Depressionen und trank zu viel, sodass Stalin ihn aufpäppeln musste, damit er wieder zu sich kam.[7]

Stalin nahm Jeschow unter seine Fittiche und gewährte ihm, wenn er sich verausgabt hatte, immer wieder Ruhekuren. »Jeschow selbst ist dagegen, aber er braucht das«, befand er im September 1931. »Verlängern wir seinen Urlaub, und lassen ihn noch zwei Monate in Abastuman.«[8] Wie Stalin allen seinen Favoriten Spitznamen verpasste, nannte er Jeschow »meine Brombeere« (*Jeschewika*). Er kannte ihn von Grund auf und begnügte sich in seinen Vermerken meist mit knappen Hinweisen. »Genosse Jeschow. Geben Sie ihm Arbeit« oder: »Zuhören und helfen«.[9] Hier ein lapidares Lob vom August 1935, das Stalins Verhältnis zu seinem Statthalter auf den Punkt brachte. »Sie halten immer Wort!« Darauf beruhte ihre Partnerschaft.[10] Als Wera Trail, die ihre Erinnerungen an jene Zeit unveröffentlicht ließ, Jeschow auf dem Höhepunkt seiner Macht kennen lernte, erschien er ihr so einfühlsam, dass er buchstäblich »ihre Gedanken lesen konnte«. Allerdings zeigte der ungebildete, aber schlaue, tüchtige und aufmerksame Jeschow keinerlei moralische Skrupel.[11]

Mit Jeschow stieg auch seine Frau auf, und zwar zur ausschweifendsten, im wahrsten Sinne des Wortes fatalsten Koketten in Stalins Gefolge. Osip und Nadeschda Mandelstam konnten ihr Treiben beobachten, als er sich – in der nahezu unglaublichen Begegnung zwischen dem größten Poeten und dem übelsten Mörder Russlands – 1930 zufällig im selben Sanatorium von Suchumi aufhielt wie Jeschow und seine damalige Frau Tonja. Die Mandelstams wohnten in der Mansarde eines Herrenhauses im Dedra-Park, das äußerlich an eine überdimensionale weiße Hochzeitstorte erinnerte.*

Jeschow hatte die gebildete, stramm marxistische Antonina Titowa 1919 geheiratet. 1930 lag sie »auf einer Chaiselongue« vor dem Herren-

---

* Diese von einem Millionär errichtete Datscha, später bekannt als Dom (Haus) Ordschonikidse, heute berüchtigt als »Haus Stalin«, war bei der Führungsriege sehr beliebt: Der Tschekagründer Felix Dserschinski stieg oft dort ab. Trotzki erholte sich dort zur Zeit von Lenins Tod, sodass es Stalin und Ordschonikidse gelang, ihn von dessen Beerdigung auszuschließen. Stalin (und Beria) kurte dort in der Nachkriegszeit: Den prächtigen Billardsaal hatte man eigens für ihn angelegt, und er nahm großes Interesse an dem üppigen Garten, den örtliche Funktionäre bis zu seinem Tod pflegten. In einer der finstersten Phasen der Recherchen für dieses Buch lebte der Autor fast allein in diesem sonderbaren historischen Gebäude, vermutlich in der Mandelstam'schen Mansarde.

haus von Suchumi in der Sonne, blätterte ostentativ im *Kapital* und genoss die Aufmerksamkeiten eines Altbolschewiken, während ihr Mann
allmorgendlich aufstand, um seinem (ebenfalls verheirateten) Kurschat-
ten, einer noch sehr jungen Frau, Rosen zu bringen. Lustbarkeiten wie
Singen und *Gopak*-Tanzen geben einen Eindruck vom vergnügten Ur-
laubsalltag der Bolschewiken. Doch Jeschows neue Errungenschaft,
keine Genossin, sondern ein »flotter Feger«, hatte ihn bereits bei ihren
Moskauer Schriftstellerfreunden eingeführt. Er ließ sich noch im selben
Jahr scheiden und heiratete sie.

Schlank, mit feurigen Augen, war die erst sechsundzwanzigjährige
Jewgenia Feigenberg, ein verführerisches, lebhaftes Mädchen aus Gomel und als begierige Literatenverehrerin ebenso unersättlich wie ihr
neuer Mann: Sie besaß den amourösen Enthusiasmus, allerdings nicht
die Tücke, einer Messalina. Im Anschluss an den Funktionär Chajutin
hatte sie den Botschafter Gadun geheiratet und ihn zunächst nach London begleitet, um danach, trotz seines Rückrufs, im Ausland zu bleiben
und sich bei der Berliner Vertretung als Schreibkraft zu verdingen. Dort
lernte sie ihren ersten literarischen Star kennen, Isaak Babel, den sie sofort herumkriegte: »Sie kennen mich nicht, ich Sie dafür umso besser.«
Diese Worte sollten eine später tödliche Bedeutung gewinnen. Wieder
nach Moskau zurückgekehrt, lernte Jewgenia ihren »Kolja« kennen.[12]
Sie wünschte nichts sehnlicher, als einen literarischen Salon zu führen,
und schon bald fanden sich Babel und der Jazz-Star Leonid Uzesow regelmäßig *chez* Jeschow ein. Auch die Mandelstams erhielten Einladun-
gen: »Pilniak besucht uns. Zu wem geht ihr?« Doch Jeschow widmete
sich ganz dem Werk Stalins: Dichter interessierten ihn nun weniger.
Von den Magnaten verkehrten nur Sergo und seine Frau Sina mit den
Jeschows: Fotos zeigen die beiden Ehepaare in den Datschen. Sergos
Vater Eteri fiel auf, dass Jewgenia »sich so viel besser kleidete als die
Frauen der anderen Bolschewiken«.[13]

Schon Mitte 1934 hatte der völlig ausgelaugte und mit Geschwüren
übersäte Jeschow kurz vor dem Zusammenbruch gestanden, worauf Stalin, der gerade zusammen mit Kirow und Schdanow Urlaub machte, ihn
zur besten Kur in ganz Mitteleuropa schickte und Poskrebyschews Stellvertreter Dwinski anwies, der Berliner Botschaft folgende verschlüsselte
Note zu schicken:

»Bitte sorgen Sie gut für Jeschow. Er ist ernsthaft krank, aber ich
selbst kann die Schwere des Falles nicht beurteilen. Pflegen Sie ihn und
stellen ihn wieder her. ... Er ist ein guter Mann und ein sehr wertvoller

Mitarbeiter. Ich wäre Ihnen dankbar, wenn sie das Zentralkomitee regelmäßig* über den Fortgang seiner Behandlung unterrichten würden.«[14]

Niemand widersprach dem Aufstieg Jeschows. Im Gegenteil, Chruschtschew hielt ihn für eine erstklassige Besetzung. Bucharin schätzte sein »gutes Herz und reines Gewissen«, auch wenn er vor Stalin zu Kreuze krieche – das gewiss nicht als Einziger.[15] »Brombeere« arbeitete angespannt mit Jagoda zusammen, um Sinowjew, Kamenew und ihre armen Verbündeten zu zwingen, die Verantwortung für den Mord an Kirow und alle möglichen weiteren Freveltaten zu übernehmen.[16]

Wenig später schlug Jeschow erstmals rücksichtslos zu, um einem der ältesten Freunde Stalins, Abel Jenukidse, die Hölle heiß zu machen. Dieser freundliche Genussmensch stellte stolz seine sexuellen Affären mit immer jüngeren Frauen zur Schau, darunter Ballerinen. Auch in seinem Büro, das zunehmend an einen bolschewistischen Swingerklub erinnerte, rekelten sich die Mädchen.

In Stalins Kreis rümpfte man bereits die Nase über seine Eskapaden: »Zügellos wollüstig«, hinterlasse Jenukidse »überall seine Duftmarke, da der Nimmersatt nur an seine Triebbefriedigung denkt und dafür wahllos Mädchen verführt oder Familien zerstört«, schrieb Maria Swanidse. »Seine Gier trieb ihn so weit ... bei übelsten Dirnen für die Lust zu bezahlen.« Mehr noch, Jenukidse sei »sexuell pervers«, vergreife sich an immer jüngeren Mädchen und schrecke sogar vor Kindern nicht zurück, deren Mütter er entlohne. Maria klagte darüber bei Stalin, der zweifellos langsam auf sie zu hören begann: Er traute Jenukidse schon seit 1929 nicht mehr.

---

* Während Stalin gemeinsam mit seinen engen Freunden Schdanow und Kirow an seinen Geschichtsbüchern arbeitete, erhielt er ausführliche Berichte über den Zustand des »wertvollen« Genossen. Jeschows Fall belegt sehr gut, wie akribisch die Partei das Leben ihrer Funktionäre in allen Einzelheiten überwachte. »Die radioaktiven Bäder von Badgastein« hätten Jeschow gut getan, meldete die Botschaft nach fünf Tagen, doch kurze Zeit später fühlte sich der Patient nach dem Eintauchen kraftlos. Er halte Diät, rauche aber weiter wie ein Schlot, und die Geschwüre an den Waden und Oberschenkeln seien fast verheilt. Das ZK beschloss, Jeschow tausend Rubel zuzuteilen, ein kleines Vermögen. Als Nächstes bekam er Blinddarmschmerzen, aber nach einer Konsultation mit Moskauer Ärzten gab Kaganowitsch die Anweisung, nur zu operieren, wenn es »absolut unumgänglich« sei. Nach einer Anschlusskur in einem italienischen Sanatorium kehrten die Jeschows im Herbst wieder zurück.

Nadjas Patenonkel durchbrach in Stalins Leben die Grenze zwischen Familie und Politik, was sich als eine gefährliche Zwitterstellung erwies. Freundlich und tolerant nach allen Seiten, mag er gegen den Erlass vom 1. Dezember aufbegehrt haben, personifizierte aber auch die Dekadenz des neueren Adels und stand damit nicht allein. Stalin fühlte sich von Schmarotzern umgeben. Er, der sogar in seinen geselligen Runden immer abgehoben blieb, war von seiner Einzigartigkeit überzeugt und oft einsam. Noch 1933 hatte er Jenukidse gebeten, mit ihm in Urlaub zu fahren. Im Kreml bat er oft Mikojan oder Aljoscha Swanidse, der ihm »wie ein Bruder« erschien, bei ihm zu übernachten. Mikojan schlief einige Male dort, doch seine Frau beklagte sich darüber: »Woher wollte sie wissen, ob ich wirklich bei Stalin war?« Swanidse blieb häufiger.[17]

Den Auslöser für Jenukidses Sturz bildete jedoch Stalins Lieblingsthema: die Historie. Die Bolschewiken ersetzten die Stammbäume mittelalterlicher Ritter durch ihre revolutionären Biographien. Als Jenukidses Buch über »Die geheimen bolschewistischen Druckerpressen« erschien, schickte der hinterlistige *Prawda*-Herausgeber Mechlis umgehend ein Exemplar an seinen obersten Chef, mit dem perfiden Hinweis, dass »einige Stellen … markiert sind«. Stalins Randnotizen darin zeugen von einer maßlosen Verärgerung: »Das ist falsch!«, »Lüge!« und »Unsinn!« Und einen Artikel Jenukidses über seine Aktivitäten in Baku ließ Stalin sogar, mit Hohn und Spott überzogen, im Politbüro verteilen: Der Autor hatte den Kardinalfehler begangen, die Taten des größten Helden nicht gebührend zu verherrlichen – zumal er beim Aufbau der Partei in Baku selbst die Hauptrolle spielte.

»Was will er denn noch?«, protestierte Jenukidse. »Ich mache ja alles, was er von mir verlangt hat, und das genügt immer noch nicht. Offenbar soll ich anerkennen, dass er mehr als genial ist.«[18]

Andere zeigten weniger Stolz. 1934 veröffentlichte Lakoba eine kriecherische Darstellung der Glanztaten Stalins in Batumi, noch übertroffen von Beria, der mehrere Historiker aufbot, um die »Geschichte der bolschewistischen Organisationen in Transkaukasien« fälschen zu lassen, und das Machwerk dann Ende des Jahres unter seinem eigenen Namen herausbrachte.

»Meinem lieben, verehrten Meister«, so Berias Widmung, »dem großen Stalin!«[19]

Nadjas Tod holte Jenukidse ein, als Jeschow im Kreml eine von Abel organisierte Terrorzelle »aufdecken« konnte. Kaganowitsch wütete im

Shakespeare'schen Stil darüber: »Es war etwas faul hier im Staate.« Das NKWD nahm rund hundert von Jenukidses Angestellten, Bibliothekaren und Mätressen wegen terroristischer Umtriebe fest. (Stalins Komplotte wiesen immer eine Delikatesse der Boshaftigkeit auf: In diesem Fall sollte eine »Gräfin« die Seiten seiner Lieblingsbücher vergiftet haben.) Zwei der Angeklagten erhielten die Todesstrafe, der Rest fünf bis zehn Jahre Lagerhaft. Wie alles aus Stalins Dunstkreis zielte auch die »Kreml-Affäre« in mehrere Richtungen: Sie richtete sich teils gegen Jenukidse, teils auf die Säuberung des Hofes von möglicherweise illoyalen Elementen, teils aber auch auf noch nicht verwischte Spuren von Nadjas Ableben. Eine Dienstmagd, deren Appell an Präsident Kalinin im Archiv liegt, wurde wegen Tuscheleien über einen Selbstmord festgenommen. Doch gewiss ging es Stalin seither auch nicht mehr aus dem Sinn, dass Jenukidse Nadja politisch stark »beeinflusst« und als Erster den Leichnam gesehen hatte.

Jenukidse musste seinen Hut nehmen, eine »Berichtigung von Irrtümern« veröffentlichen und anschließend ein Sanatorium im Kaukasus leiten, worauf Jeschow (unterstützt von Beria) ihn im Plenum bösartig angriff. »Brombeere« erhöhte erst einmal den Einsatz: Sinowjew und Kamenew trugen nicht nur *moralisch*, sondern *juristisch* die Schuld am Tod Kirows, um auf diese Art dem armen »Onkel Abel« politische Blindheit und sträfliche Unaufmerksamkeit vorwerfen zu können. Er habe geduldet, dass sich »Konterrevolutionäre und trotzkistische Terroristen der Sinowjew-Kamenew-Bande« im Kreml einnisteten und dort Attentate planten. »Fast hätten sie sogar den Genossen Stalin umgebracht«, behauptete er. Jenukidse spiele als »ein typischer Vertreter der korrupten, dünkelhaften Kommunisten auf Kosten der Partei und des Staates den ›liberalen‹ Gentleman«. Jenukidse verteidigte sich und gab Jagoda die Schuld an der Infiltration:

»Wir haben niemanden ohne Sicherheitsüberprüfung eingestellt!«

»Das stimmt nicht!«, widersprach Jagoda.

»Doch, das stimmt! Ich hätte mehr Grund als jeder andere, Fehler anzuprangern. Diese ganze empörende Hetzkampagne kann man nur als hinterhältig und doppelzüngig bezeichnen…«

»Unfug«, fiel Beria ihm ins Wort und nahm Jenukidses Gewohnheit aufs Korn, ausgemusterten Genossen großzügig zu helfen, »warum mussten Sie Kredite und Beihilfen vergeben?«

»Moment mal…«, erwiderte Jenukidse, einen alten Freund von der Opposition anführend, »ich kenne ihn gewiss besser als Sie.«

»Wir wussten genausogut wie Sie, was er heute treibt.«

»Ich habe ihn nicht persönlich unterstützt.«

»Er ist ein trotzkistischer Aktivist«, gab Beria zurück.

»Und wurde deshalb von den sowjetischen Behörden verbannt«, warf Stalin ein.

»Sie haben dem Falschen geholfen«, fügte Mikojan hinzu.

Jenukidse räumte ein, auch einer oppositionellen Genossin etwas Geld gegeben zu haben, als seine Frau ihn darum bat.

»Was macht es schon, wenn die verhungert«, ereiferte sich Sergo, »was macht es, wenn die abkratzt, was juckt Sie das?«

»Was sind Sie? Ein großes Kind?«, brüllte Woroschilow. Die Angriffe gegen Jenukidses laxen Umgang mit Sicherheitsproblemen trafen auch Jagoda: »Ich bekenne mich insofern schuldig«, erklärte der, »als ich Jenukidse nicht sofort an die Gurgel gegangen bin…«

Was die Bestrafung Jenukidses anlangte, so herrschte eine gewisse Ratlosigkeit. »Ich muss gestehen«, sagte Kaganowitsch, »dass in dieser Sache nicht alle gleich durchblickten … nur der Genosse Stalin hatte den Braten sofort gerochen.« Am Ende schlossen sie Jenukidse aus dem Zentralkomitee und (vorübergehend) sogar aus der Partei aus.[20]

Tage später lächelte ein zuvor missmutiger Stalin in Kunzewo plötzlich Maria Swanidse an: »Bist du zufrieden mit der Maßregelung Abels?« Maria sah es in der Tat gerne, dass man dem alten Kinderschänder endlich das Handwerk gelegt hatte.

Am 1. Mai versammelten sich Stalin und Kaganowitsch mit Schenja und den Swanidses, um Kebab mit Zwiebelsoße zu essen, aber der *Woschd* blieb angespannt, bis die Frauen zu quengeln anfingen. Danach tranken sie auf Nadja. »Sie hat mich zum Krüppel gemacht«, stöhnte Stalin. »Wie konnte Nadja sich nur umbringen, nachdem sie Jaschas Selbstmordversuch so scharf verurteilt hatte?«[21]*

---

* Ungeachtet des Sturzes von Onkel Abel wollte Swetlana die Datscha von Lipki aufsuchen, die Nadja sich als Ferienwohnung auserkoren und ganz in ihrem Stil dekoriert hatte. Stalin stimmte zu, »obwohl es für Josef sehr hart war, dort zu sein«, wie Maria schrieb. Die gesamte erweiterte Familie und Mikojan machten sich in einem Wagenkonvoi auf den Weg. Stalin war sehr warmherzig zu Mikojan. Swetlana fragte, ob sie zum Abendessen aufbleiben dürfe, und Stalin erlaubte es ihr. Auch Wasili saß oft lange mit den Erwachsenen am Tisch.

15

DER ZAR FÄHRT METRO

Inmitten der Affäre Jenukidse feierte man bei Stalins den Geburtstag von Swetlanas geliebter Kinderfrau, woran auch Kaganowitsch und Sergo teilnahmen. »Josef hat ihr Wollsocken und einen Hut geschenkt.« Beschwingt fütterte er seine Tochter zärtlich vom eigenen Teller. Alle schienen erregt und hoffnungsfroh, auch über die Eröffnung der Moskauer »Kaganowitsch-Metro«, eines prachtvollen Schaustücks von U-Bahn mit palastartigen Marmorhallen, deren Schöpfer, Lasar Kaganowitsch, für Swetlana, ihre Tanten und die Leibwächter zehn Fahrkarten gekauft hatte. Und plötzlich fasste Stalin, ermuntert von Schenja und Maria, den Entschluss, ebenfalls mitzukommen.

Die neue Planung löste bei den Höflingen einen »Aufruhr« aus, den Maria in ihrem Tagebuch übermütig beschreibt. Der unvorhergesehene Ausflug machte sie derart munter, dass sie sogar den Premier anriefen, und binnen weniger Minuten war die Hälfte des regierenden Politbüros mit einbezogen. Alle saßen bereits in den Limousinen, als Molotow über den Hof eilte, um Stalin zu warnen, dass eine solche Exkursion »ohne Vorbereitung gefährlich sein könnte«. Daraufhin erbleichte Kaganowitsch, »der Besorgteste von allen«, und schlug vor, erst um Mitternacht loszufahren, wenn die Metro schloss, doch Stalin beharrte auf dem Entschluss. Wenig später verließen drei Limousinen mit Magnaten, Frauen, Kindern und Leibwächtern den Kreml. Bei der nächstbesten Station stiegen ihre Insassen aus und verschwanden in der Unterwelt. Leider stand auf dem Gleis gerade kein Zug bereit, und man kann sich Kaganowitschs verzweifeltes Bemühen, sofort einen anzufordern, bildhaft vorstellen. Das Publikum bemerkte Stalin und rief ihm Komplimente zu, dieser jedoch schien ungeduldig. Als schließlich ein Zug eintraf, bestieg die Gruppe ihn jubelnd.

Während man die Station Ochotni Rjad besichtigte, musste Stalin sich von begeisterten Anhängern bedrängen lassen, bis das NKWD sie einholte. Wasili machte auf Maria einen verängstigten, Stalin selbst dagegen einen eher fröhlichen Eindruck. Zu einem großen Durcheinander kam es, als Stalin erst zurück wollte, dann aber plötzlich am Arbat ausstieg, wo erneut tumultartige Szenen stattfanden, bevor alle wieder sicher im Kreml landeten. Wasili hatte der ganze Ausflug derart mitgenommen, dass er sich weinend aufs Bett legte und Baldriantropfen einnehmen musste.[1]

Das Abenteuer beschleunigte die Abkühlung des Verhältnisses zwischen der Führung und den Damen Swanidse und Allilujew, diesen unbolschewistischen Schauspielerinnen, die in Marias Aufzeichnungen nur aus »Puder und Lippenstift« bestanden. Kaganowitsch war wütend, weil sie Stalin überredet hatten, ohne Sicherheitsvorkehrungen U-Bahn zu fahren, und giftete sie bösartig an. Sergo dagegen schüttelte nur lachend den Kopf über das ganze Theater. Dora Chasan, die sich im Kommissariat für Leichtindustrien hochdiente, hielt die beiden für »dürftige Frauchen, die bloß auf ordinäre Weise ihre Zeit verschwendeten«. Die Familie, so Kira Allilujewa, »ließ uns spüren, dass wir nichts zu melden hatten. Selbst Poskrebyschew sah auf uns herab, als ob wir im Weg stünden.« Was Beria angeht, so machte die Familie in einer fatalen Fehleinschätzung keinen Hehl aus ihrer Abneigung ihm gegenüber. Die Frauen mischten sich ein und tratschten – damit gingen sie zu weit. Maria, die Jenukidse bei Stalin wegen seiner amourösen Abenteuer verpetzt hatte, prahlte in ihrem Tagebuch: »Einige munkeln sogar schon, ich sei stärker als das Politbüro, weil ich seine Erlasse umstoßen kann.«

Schlimmer noch, die Frauen bekämpften einander augenfällig. Einen weiteren Streit, der Stalins Vertrauen untergrub, zog nun das Foto der Geburtstagsfeier von 1934 nach sich. Als Saschiko Swanidse das Bild auf Stalins Schreibtisch in Kunzewo stehen sah, lieh sie es sich aus, um einige Abzüge davon machen zu lassen: eine Aufdringlichkeit, die vermuten lässt, dass manche der Damen auch regelmäßig Stalins Papiere lasen. Maria, die Saschikos unverschämtes Strebertum verabscheute, hörte davon und warnte Stalin:

»Du kannst nicht dulden, dass sie in Deinem Haus herumstöbert und anfängt, Deine Gutmütigkeit auszunutzen.« Dies war in der Tat einer der seltenen Anlässe, bei denen jemand Stalins *Nachsicht* kritisierte. Stark verärgert warf er den Sekretären und Wlasik vor, die Fotos verschlampt zu haben, und fluchte schließlich, Saschika solle »zum Teufel gehen«, aber seine Wut galt auch der ganzen übrigen Familie:

»Ich weiß, dass sie wundervolle Dinge für mich und andere Altbolschewiken getan hat … und doch nimmt sie immerfort Anstoß, schreibt mir beim geringsten Anlass böse Briefe und drängt sich auf, obwohl ich nicht einmal Zeit für mich habe und mich nie auch genug um meine Frau kümmern konnte…« Nadja ging ihm zu jener Zeit nicht mehr aus dem Sinn.

Stalin ließ Saschiko zur Freude Schenjas und Marias fallen, doch auch sie selbst nahmen sich problematische Freiheiten heraus. Insgesamt behandelten sie ihn nach wie vor als Josef, den gütigen Familienvater, und nicht als den großen Stalin. Als er Swanidses und Allilujews einlud, nach dem Kirow-Ballett bei ihm zu essen, »haben wir uns in der Zeit verschätzt und kamen erst kurz vor Mitternacht an, obwohl die Vorstellung nur bis zehn ging. Josef wartet nicht gerne!« Eine leichte Untertreibung. Doch wenn sich seine Höflinge dergleichen trauten, so entsprach das genau dem Bild, das sie damals noch von Stalin hatten. Also konnten sie ihn auch einfach in Kunzewo »versetzen« und währenddessen mit Leibwächtern Billard spielen lassen. Stalin muss die Respektlosigkeit jener sowjetischen Aristokraten empört haben, die seine historische und priesterliche Mission derart eklatant verkannten: Sie hatten nicht die geringste Ehrfurcht vor ihm.

Als sie dann zu guter Letzt eintrudelten, mussten die Männer mit dem verstimmten Stalin, der die Damen ausgesprochen unfreundlich behandelte, weiter Billard spielen. Doch nach einigen Gläsern Wein taute er auf und zitierte lustige Aussprüche Swetlanas. Gleichwohl sollten sie alle für ihre Verspätung eines Tages noch büßen müssen.[2]

Stalin hatte die spontane Metrofahrt und insbesondere, wie er Maria bekannte, »die Liebe des Volkes zu seinem Führer, die sich völlig unvorbereitet und ungestellt äußerte«, gut gefallen. »Wie er sagte … braucht das Volk einen Zaren, den es verehren, für den es leben und arbeiten kann.«[3] Er habe »das russische Volk immer für devot gehalten«. Zu verschiedenen Zeiten verglich er sich mit Peter dem Großen, Alexander und Nikolaus I., doch als Spross Georgiens, das jahrhundertelang eine Satrapie Persiens war, identifizierte er sich auch mit den Schahs. In seinen Notizen erkannte er zwei Monarchen als seine »Lehrer« an: Der eine davon war Schah Nadir, der im 18. Jahrhundert eine persische Dynastie begründet hatte.

Doch als sein wahres Alter Ego, seinen großen »Lehrer«*, betrachtete er Iwan den Schrecklichen und betonte es immer wieder gegenüber Genossen wie Molotow, Schdanow und Mikojan, um den Völkermord an den angeblich übermächtigen Bojaren als notwendig anzupreisen. Allerdings muss man sich fragen, wie Stalins Granden einer »Täuschung« über seine wahre Natur erliegen konnten, wo er doch unverhohlen den Zar rühmte, der systematisch seinen Adel ausrottete.[4]

Ende 1935 begann Stalin auch, einige Insignien des Zarismus nachzuahmen. Im September führte er den Marschallstitel wieder ein (nicht den des Feldmarschalls) und verlieh ihn Woroschilow, Budjonni und drei weiteren Bürgerkriegshelden – darunter der verhasste Tuchatschewski und der neue Stabschef Alexander Jegorow. Für das NKWD schuf er einen Parallelrang und beförderte Jagoda zum Generalkommissar für Staatssicherheit. Elegante Kleidung spielte plötzlich wieder eine wichtige Rolle. Woroschilow und Jagoda glänzten in ihren Uniformen. Vor einer Dienstreise Bucharins nach Paris erklärte Stalin ihm:

»Dein Anzug ist zu schäbig. So kannst du nicht fahren. ... Wir stehen jetzt anders da. Du musst dich künftig besser kleiden.« Stalin nahm es so genau, dass ihn der Schneider des Kommissariats für auswärtige Angelegenheiten nachmittags anrief. Außerdem erhielt das NKWD Zugang zu modernsten Luxusgütern, Geld und Häusern. »Gestatten Sie mir 60 000 Goldrubel, um Autos für unsere NKWD-Beamten zu kaufen«, schrieb Jagoda am 15. Juni 1935 mit rosaroter Tinte an Molotow. Interessanterweise zeichneten Stalin (blau) und Molotow (rot) das ab, minderten aber den Betrag auf 40 000. Dafür bekam man immer noch einige Cadillacs. Stalin hatte zuvor angeordnet, alle Rolls-Royce des Kreml nur noch in der »Sondergarage« zu parken.[5]

Stalin war zu einem Zaren avanciert, und möglicherweise sangen die Kleinen jetzt deshalb: »Danke, Genosse Stalin, für unsere glückliche Kindheit«, weil er den Weihnachtsbaum wieder eingeführt hatte. Doch im Unterschied zu den Romanows, die man so stark mit dem altrussischen Landleben identifizierte, erfand Stalin ein urbaneres, kargeres, nüchterneres und härteres Zarentum. Darin lag kein Widerspruch zu seiner marxistischen Weltanschauung.[6]

* Stalin nannte Bucharin im engsten Kreis manchmal »Schuiski«, was sich Kaganowitsch zufolge entweder auf die Ziehfamilie des jungen Iwan oder auf einen nach seinem Tod herrschenden Zaren bezog: So oder so, Stalin identifizierte die eigene Position mit der Iwans gegenüber den Bojaren (vgl. dazu Chuev, *Kaganovich*, S. 74).

Mitunter konnte Stalins liebende Fürsorge für sein Volk leicht absurde Züge annehmen. Im November 1935 zum Beispiel verkündete Mikojan den Stachanowiten* im Kreml, Stalin interessiere sich sehr für Seife und wünsche Proben, »woraufhin wir einen Sondererlass des Zentralkomitees über die Farben und Duftnoten erhielten«, wie er unter Jubel bekanntgab. Von der Seife ging Stalin zu den öffentlichen Toiletten über. Er zitierte Chruschtschew herbei, der Moskau gemeinsam mit dem ebenfalls aufstrebenden Bürgermeister Nikolai Bulganin verwaltete, einem ansehnlichen, aber unbarmherzigen Extschekisten mit Ziegenbart, und erteilte ihm stellvertretend eine Rüge an »die beiden Stadtväter«, wie er sie zusammenfasste: »Wie ich höre, haben Sie einen ganz traurigen Zustand in der Frage der öffentlichen Bedürfnisanstalten einreißen lassen. Offenbar können Bürger, die sich dringend erleichtern wollen, nirgendwo eine passende Gelegenheit finden. Das kann nicht so bleiben. Die Bürger geraten dadurch in eine peinliche Lage. Reden Sie mal mit Bulganin darüber und veranlassen Sie was.«[7] Doch spielte er gerne das Väterchen, das sich von ganz oben um sein Volk kümmert. Im April wandte sich ein gewisser Karenkow aus Kasachstan an Stalin, nachdem er seinen Posten verloren hatte.

»Ich befehle Ihnen, die Verfolgung des Lehrers Karenkow unverzüglich einzustellen«**, schrieb er an die kasachischen Parteichefs.[8]

Der finstere, im Übrigen aber umgängliche, Woroschilow bereitete ein noch tieferes Versinken im Morast der Verderbtheit vor, als ihm ein Artikel über jugendlichen Hooliganismus ins Auge stach. In einem Hinweis an das Politbüro schrieb er, Chruschtschew, Bulganin und Jagoda sähen keine andere Möglichkeit, »als die kleinen Vagabunden zu inhaftieren. … Ich verstehe nicht, weshalb man diesen Abschaum nicht einfach erschießt.« Stalin und Molotow ergriffen die Gelegenheit beim Schopf, indem sie verfügten, dass man fortan Kinder ab dem zwölften Lebensjahr exekutieren könne.[9]

---

* Die sozialistische Variante der Tayloristen und Fordisten, Anhänger maximaler Arbeitsnormen (A. d. Ü.).

** Als keine Antwort kam, was erneut die Unbotmäßigkeit der örtlichen Chefs gegenüber der Zentrale bekundete, rügte Poskrebyschew den kasachischen Ersten Sekretär: »Bisher blieb der Eingang unseres Befehls unbestätigt.« Diesmal reagierte der Adressat sofort, was jedoch nur veranschaulicht, wie sehr sich örtliche Bonzen in kleinen und großen Dingen über Moskau hinwegsetzten und damit der alten russischen Tradition folgten, scheinbar zu gehorchen, in Wirklichkeit aber einfach nichts zu unternehmen.

In Sotschi auf Urlaub, grollte Stalin immer noch über den allgemeinen Sittenverfall. Zudem plauderte der unbelehrbar leutselige Jenukidse nach wie vor mit seinem alten Kumpel Sergo über Politik, doch Stalin konnte nicht begreifen, wie es loyalen Genossen in den Sinn kam, mit Verrätern befreundet zu bleiben, und gestand sein Misstrauen gegenüber Sergo (dessen Freund) Kaganowitsch:

»Seltsam, dass Sergo ... weiter mit Jenukidse zusammensteckt.« Dann ordnete Stalin an, Abel, diesen »komischen Kauz«, aus seinem Sanatorium wieder abzuberufen. Er verfluchte »die Jenukidse-Bande« als »Abschaum« und beschimpfte die Altbolschewiken »mit Lenins Ausdruck als ›alte Fürze‹«. Kaganowitsch ließ Abel umgehend nach Charkow versetzen.[10]

Auch der jetzt vierzehnjährige Wasili bereitete ihm große Sorgen: Je stärker Stalin zur Absolutheit neigte, desto mehr Wasili zur Delinquenz. Der kleine Tyrann äffte seine Tschekisten-Betreuer nach und schwärzte die Ehefrauen von Lehrern an:

»Vater, ich habe den Kommandanten gebeten, das Paukergesponst zu eliminieren, aber er weigert sich!«, schrieb er. Der so drangsalierte Befehlshaber von Subalowo berichtete, dass »Swetlana gut lernt, Wasja jedoch nicht: Er ist stinkfaul!«. Die Schule rief bei Carolina Til an, um über Maßnahmen zu beraten. Der Junge schwänze den Unterricht oder behaupte, »Genosse Stalin« habe ihm aufgetragen, mit gewissen Zuchtmeistern nicht zu kooperieren. Als die Haushälterin Geld bei ihm fand, wollte Wasili dessen Herkunft nicht preisgeben. Am 9. September 1935 berichtete Efimow erschreckt, dass Wasili geschrieben hatte: »Wasja Stalin, geboren im März 1921, gestorben 1935.« Gewiss, Selbstmord gehörte zum Protestrepertoire. Wasili besuchte wenig später – zusammen mit anderen Funktionärssöhnen, darunter Stepan Mikojan – eine Artillerieschule und alarmierte dort erneut einen Lehrer durch Suiziddrohungen:

»Ich habe Ihren Bericht über Wasilis Ränke bekommen«, schrieb Stalin an W. W. Martyschin, »kann ihn aber dienstlich bedingt erst heute beantworten. Wasili ist sehr verwöhnt, durchschnittlich begabt, wild (eine Art Skythe), nicht immer aufrichtig, neigt bei Nachsicht zur Erpressung und ist oft unverschämt zu Schwächeren. Gewisse Gönner erinnern ihn auf Schritt und Tritt daran, dass er ›Stalins Sohn‹ ist. Doch als ein guter Lehrer behandeln Sie Wasili offenbar genau wie andere Kinder und verlangen, dass er die Regeln der Schule einhält. ... Wenn Wasili bisher noch nicht völlig verdorben ist, so nur deshalb, weil es hierzulande Lehrer gibt, die keinen Pfifferling auf die Launen dieses Bengels geben. Mein Rat lautet: Behandeln sie Wasili *strenger*, und fürchten Sie nicht seine erpresserischen Suiziddrohungen. Meinen Segen haben Sie...«[11]

Swetlana, die oft mit dem Vater Urlaub machte, blieb die verehrte Favoritin. Liest man Stalins Briefe an Kaganowitsch (in jener Phase gewöhnlich wegen der Verfolgung Jenukidses), so sieht man sie fast neben ihm auf der Veranda sitzen, während er, im Korbstuhl am Tisch thronend, auf dem sich die täglich (in Zeitungspapier gewickelt) von Poskrebyschew gebrachten Akten stapelten, mit Rotstift seine Vermerke kritzelte. Er erwähnte Swetlana oft, und Kaganowitsch scheint Kirow als ihren »Parteisekretär« abgelöst zu haben, der sie in Briefen an Stalin grüßen ließ, etwa mit dem Zusatz:

»Ein Hoch auf unsere Chefin Swetlana! Ich erwarte weitere Anordnungen ... für die Verschiebung des Ferienendes um 15–20 Tage, einer der Sekretäre, L. M. Kaganowitsch.« Wasili galt als der »Kollege der Chefin Swetlana«.

Drei Tage später schrieb Stalin an Kaganowitsch, dass »die Chefin* Swetlana neue Entscheidungen über die Kontrolle ihrer Sekretäre verlangt«.

»Hallo Chefin Swetlana!«, antwortete Kaganowitsch. »Wir erwarten Sie ungeduldig.« Als sie wieder in Moskau war und dort Kaganowitsch besucht hatte, berichtete er ihrem Vater: »Heute hat die Chefin Swetlana unsere Arbeit inspiziert...«[12]

Bald erfuhr Stalin von Beria, dass seine Mutter Keke stark abbaute. Am 17. Oktober machte er sich auf den Weg nach Tiflis, um sie zum erst dritten Mal seit der Revolution zu besuchen.

Beria kümmerte sich um die Greisin wie ein Höfling, der eine Zarenwitwe betreut. Sie wohnte seit Jahren behaglich im Gesindetrakt eines aus dem 19. Jahrhundert stammenden Palastes des zaristischen Gouverneurs Fürst Michael Worontsow. Bei ihr lebten zwei alte Damen, und alle drei trugen sie den traditionellen schwarzen Kopfschmuck und die langen Gewänder georgischer Witwen. Beria und seine Frau besuchten Keke häufig und erinnerten sich an ihre Vorliebe für pikante Geschichten. Stalin vernachlässigte sie zwar sträflich, schrieb ihr aber nach wie vor pflichtschuldig Briefchen:

---

* *Chosjaika*, die weibliche Form von *Chosjain*, Boss, Meister, Stalins Spitzname in der Bürokratie, bedeutet hier Chefin, wird aber eigentlich im Sinne von »Hausfrau« verwendet.

»Liebe Mutter, bitte lebe noch zehntausend Jahre. Küsse, Soso.«
Manchmal leistete er auch Abbitte: »Ich weiß, wie Du von mir enttäuscht bist, aber was soll ich machen? Ich habe sehr viel zu tun und
kann Dir nicht öfter schreiben.« Die Mutter schickte ihm Süßigkeiten,
Soso ihr dafür Geld. Stets spielte er den großen Helden, der alle Schick-
salsschläge wegsteckte und immer obenauf blieb:

»Hallo Mütterchen, die Kinder danken Dir für die Süßigkeiten. Ich
bin gesund. Mache Dir über mich keine Sorgen. ... Ich werde schon meinen Mann stehen! Brauchst Du noch Geld? Ich lege Dir fünfhundert
Rubel und Fotos von mir und den Kindern bei. PS: Die Kinder lassen
grüßen. Nach Nadjas Tod ist mein Alltag sehr schwierig, aber der Starke
muss *immer* tapfer sein.«[13]

Besondere Mühe gab sich Stalin, die Gebrüder Egnataschwili zu beschützen, die Kinder jenes Gastwirts, der sich einst als Wohltäter um
seine Mutter gekümmert hatte. Alexander Egnataschwili, Tschekisten-
offizier in Moskau (angeblich Stalins Vorkoster, genannt »das Kaninchen«), hielt den alten Kontakt aufrecht:

»Liebes Tantchen«, schrieb er im April 1934 an Keke, »gestern habe
ich Soso besucht und lange mit ihm gesprochen. ... Er hat wieder zugenommen ... und seit vier Jahren nicht mehr so gesund ausgesehen. ...
Auch hat er viel gescherzt. Wer behauptet, dass er gealtert sei? Niemand
schätzt ihn auf mehr als siebenundvierzig!« Keke jedoch kränkelte.

»Ich weiß, dass Du krank bist«, schrieb Stalin ihr. »Sei stark! Ich schicke Dir meine Kinder...« Wasili und Swetlana wohnten in Berias Residenz und besuchten von dort aus die alte Dame in ihrem »Zimmerchen«
voller Porträts von dem großen Sohn. Swetlana erinnerte sich, dass Nina
Beria auf georgisch mit ihr plaudern musste, da Keke kein russisch
sprach.

Alsbald mobilisierte Stalin seinen alten Schwager Aljoscha Swanidse
und Lakoba, die ihn zur Mutter begleiten sollten, während Beria in aller
Eile die Vorkehrungen traf. Doch konnte Stalin nicht lange bleiben.
Wenn er sich in der Wohnung umgesehen hätte, wäre ihm aufgefallen,
dass Keke nicht nur Bilder von ihm, sondern auch eines von Beria im
Schlafzimmer stehen hatte: Dieser muss ihr, ungeachtet dessen, dass er
in Georgien einen eigenen Personenkult pflegte, im Lauf der Jahre sehr
ans Herz gewachsen sein.

Stalins Gefühlslage gegenüber seiner Mutter komplizierte sich dadurch, dass sie ihn zum einen oft heftig geschlagen und zum anderen
angeblich Affären mit Auftraggebern unterhalten hatte. In Tolstois Spät-

werk *Auferstehung* hatte Stalin den Satz unterstrichen, dass Mütter lieb, aber auch sehr böse sein können. Jedenfalls neigte Keke zu taktlosen Bemerkungen – wiewohl mit trockenem Humor. Zum Beispiel fragte sie einmal, warum Stalin sich mit Trotzki überworfen habe: Sie hätten doch besser zusammengehalten. Als Stalin jetzt neben Keke saß, wollte er plötzlich lächelnd von ihr wissen:

»Warum hast du mich immer so schwer geprügelt?«

»Damit du dich gut entwickelst«, gab sie zurück und fragte sogleich: »Josef, was bist du nun eigentlich?«

»Nun, erinnerst du dich noch an den Zaren? Ich bin eine Art Zar.«

»Dann wärest du doch besser Priester geworden!«, erwiderte sie, eine Antwort, die Stalin entzückte.

Die bolschewistische Presse trieb eine ausführliche Nachlese des Besuchs und schwelgte dabei in Kitsch und Rührseligkeit:

»Die fünfundsiebzigjährige Keke ist fröhlich und heiter«, schwärmte die *Prawda*, »und sie scheint aufzuleben, wenn sie von den unvergesslichen Momenten ihrer Begegnung erzählt. ›Alle Welt frohlockt beim Anblick meines Sohnes und unseres Landes – was meinen Sie erst, wie ich als Mutter mich dabei fühle?‹«

Stalin selbst reagierte erbost auf diese Gefühlsduselei. Als Poskrebyschew ihm den Artikel schickte, schrieb er zurück:

»Damit habe ich nichts am Hut.« Anschließend machte er jedoch Molotow und Kaganowitsch Dampf: »Ich fordere, jene Kleingeisterei zu verbieten, die unsere Presse infiltriert haben muss ... wenn sie so ein Interview mit meiner Mutter und all den anderen Quatsch bringen kann. Ich fordere, das unablässige Grunzen dieser Schweine abzustellen!« Abgesehen davon freute er sich, dass seine Mutter bei Kräften blieb, und sprach ihr Mut zu: »Unsere Sippe ist offenbar sehr stark«, begleitet von Geschenken.[14]

Wieder zurück in Moskau*, beschloss Stalin, den Fall Kirow neu aufzurollen und auszudehnen, da er mit der Erschießung Nikolaews und der Aburteilung Sinowjews und Kamenews Anfang 1935 in Vergessenheit geraten schien. Also ließ er die beiden Altbolschewiken erneut verhören, um das Fahndungsnetz weiter spannen zu können. Wenig später

---

* Um kurz an die herrschenden Verhältnisse zu erinnern: Schdanow und Mikojan inspizierten gerade die Sklavenarbeitsprojekte des NKWD in der Arktis, darunter der Belomorkanal: »Die Tschekisten hier haben das Ganze voll im Griff«, schrieb Schdanow begeistert an Stalin. Sie lassen Exkulaken und kriminelle Elemente für den Sozialismus arbeiten, und so könnten noch richtige Menschen aus ihnen werden...«

nahm das NKWD in Gorki einen verdächtigen Trotzkisten namens Walentin Olberg fest, dessen Aussage »ergab«, dass Trotzki persönlich beim Mord an Kirow seine Finger mit im Spiel hatte. Es folgten weitere Razzien.[15]

16

PAKT GEGEN HÄFTLINGE:
DER SCHAUPROZESS

Ungeachtet der bevorstehenden Hetzjagd feierte Stalin seinen Geburtstag im Beisein nicht nur der Magnaten, sondern auch Berias mit Familie, »laut und ausgelassen«. Woroschilow glänzte in seiner neuen weißen Marschallsuniform, während seine eher ärmlich gekleidete Frau neidisch auf Maria Swanidses Berliner Kostüm schaute. Nach dem Dinner sang und tanzte man wie eh und je. Schdanow begleitete am Klavier abchasische und ukrainische Volksweisen, Studenten- und Spottlieder. (Das Piano hatte Stalin zuvor eigens für Schdanow bestellt.) Zur allgemeinen Heiterkeit tanzte Postyschew, einer der ukrainischen Parteichefs, betont langsam mit Molotow (»das Pärchen« hat Josef und die Gäste sehr amüsiert).

Stalin bediente das Grammophon und drehte sich dazu auf russische Weise im Kreis. Mikojan bot den gesprungenen *Lesginka* dar. Die Swanidses legten einen Foxtrott aufs Parkett. Das lustige Treiben ging bis vier Uhr nachts.[1]

Im Frühjahr 1936 griff die Verfolgung der Trotzkisten rapide um sich. Den bereits Internierten drohte nun eine Strafverschärfung, den wegen »Terrorakten« Verurteilten die Exekution. Eigentlich ging es aber darum, eine neuartige politische Inszenierung in Gang zu bringen: den ersten von Stalins großen Schauprozessen. Dessen Abwicklung übernahm Jeschow als verheißungsvoller Analytiker, der sogar ein (von Stalin persönlich redigiertes) Buch über die Sinowjewisten schrieb.[2] Der skeptisch gegenüber »diesem Unsinn« eingestellte Generalkommissar für Staatssicherheit, Jagoda, blieb zwar im Amt, aber Jeschow untergrub seine Autorität beharrlich. Allerdings war der halbseidene Gnom durch die Arbeit bald abermals dermaßen erschöpft und geschwächt, dass Kaganowitsch vorschlug, ihn erneut und mit weiteren dreitausend Rubel ausgestattet für zwei Monate auf Sonderurlaub zu schicken – was Stalin genehmigte.[3]

Als Hauptangeklagte sollten Sinowjew und Kamenew, als die Kronzeugen ihre inhaftierten alten Freunde auftreten. Stalin verfolgte jede Phase der Verhöre. Spezialisten vom NKWD wirkten mit allen Mitteln auf die Gefangenen ein, um Geständnisse zu erlangen. Stalins Anweisungen an das NKWD lassen die Grausamkeit des Verfahrens erahnen: »Nehmen Sie das Pack in die Mangel, bis es singt.« Der NKWD-Überläufer Alexander Orlow hinterließ einen genauen Bericht darüber, wie Jeschow den Prozess aufzog und den »Zeugen« versprach, sie selbst am Leben zu lassen, wenn sie nur gegen Sinowjew und Kamenew aussagten, die ihrerseits jede »Kooperation« verweigerten. Stalins Büro rief stündlich an, um den Chef auf dem Laufenden zu halten.

»Sie meinen also, Kamenew würde kein Geständnis ablegen?«, sprach Stalin bei einer Sitzung im Kreml den Tschekisten Mironow an.

»Ich weiß es nicht«, antwortete dieser. »Er trotzt jeder Überredung.«

»Sie wissen das nicht?« fragte Stalin höhnisch. »Wissen Sie, wie viel unser Staat mit all seinen Fabriken, Maschinen, der Armee, mit der gesamten Waffenausrüstung und der Flotte wiegt?« Mironow hielt das für einen Scherz, doch Stalin lächelte nicht. »Denken Sie darüber nach und sagen Sie es mir.« Dabei schaute er ihn ganz ernst an.

»Das kann niemand wissen, Josef Wissarionowitsch; das gehört ins Reich der astronomischen Zahlen.«

»Nun gut, kann irgendjemand dem Druck dieses astronomischen Gewichts standhalten?«

»Nein«, erwiderte Mironow.

»Nun denn. Kommen Sie erst dann wieder zum Bericht zu mir, wenn Sie in Ihrer Mappe da Kamenews Geständnis haben!«

Die Kombination aus ständigen Quälereien und Schlaflosigkeit zermürbte Kamenew und den asthmakranken Sinowjew zunehmend, etwa wenn die Zellenheizungen im Hochsommer auf vollen Touren liefen. Als Beispiel für die seelische Grausamkeit mag dienen, dass Jeschow damit drohte, Kamenews Sohn erschießen zu lassen.[4]

Während sich die Geheimpolizei eingehend mit Sinowjew und Kamenew beschäftigte, lag der alte Gorki, inzwischen völlig desillusioniert, mit einer schweren Grippe und Lungenentzündung im Sterben. Der rätselhafte Tod seines Sohnes Maxim, offiziell ebenfalls durch eine Grippe, hatte die Gefährlichkeit ihres dubiosen Umganges erwiesen. Später beschuldigte man Jagoda, ihn mit Hilfe der Hausärzte umgebracht zu haben: Maxims Tochter Martha berichtete, dass der Tschekist nach seinem Tod jeden Morgen bei seinem Gang zur Lubianka auf eine Tasse Kaffee ins Haus kam, um mit ihrer Mutter zu flirten. »Jagoda war sehr in Timoscha verliebt und hoffte, sie würde seine Gefühle erwidern«, meinte die Frau Alexei Tolstois.

»Sie kennen mich nicht, ich bin zu allem fähig!«, warnte Jagoda die widerspenstige Timoscha: Dem Schriftsteller Alexander Tichonow zufolge begann daraufhin eine Affäre, doch deren Tochter Martha bestreitet das. Beim Besuch Stalins wartete Jagoda ab, nach wie vor verliebt und jetzt zunehmend besorgt um sich selbst, um nach dem Aufbruch des Politbüros Gorkis Sekretär zu fragen: »Waren sie da? Sind sie wieder weg? Worüber haben sie gesprochen? … Hat man über uns geredet?«[5]

Stalin hatte Gorki um eine Biographie von seiner Hand gebeten, doch den schreckte die Aufgabe. Stattdessen bombardierte er ihn und das Politbüro mit irrwitzigen Vorschlägen wie dem, einen Ausschuss für sozialistischen Realismus ins Leben zu rufen, um »die großen Werke der Weltliteratur neu zu schreiben«. Stalin fand immer ausgefallenere Entschuldigungen für sein langes Schweigen: »Bei der gesamten ›Korrespondenz‹ bin ich ein richtig fauler Hund«, beichtete er Gorki. »Wie geht es Ihnen? Gut? Was macht die Arbeit? Bei uns läuft alles bestens!« Faktisch ließ das NKWD für Gorki Sonderausgaben der *Prawda* drucken, um die Verfolgung seines Freundes Kamenew vor ihm zu verbergen.* Gorki selbst erkannte, dass er inzwischen unter Hausarrest stand. »Ich bin umzingelt«, murmelte er. »Ich sitze in der Falle.«

In der ersten Juniwoche schlief Gorki fast nur noch, da sich sein Zustand weiter verschlechterte. Die besten Ärzte kümmerten sich um ihn, doch seine Kräfte schwanden. Dann kündigte sich hoher Besuch an:

»Lass' sie kommen, falls sie es noch rechtzeitig schaffen«, sagte Gorki. Stalin, Molotow und Woroschilow sahen beglückt, dass er sich wieder etwas erholt hatte – wenn auch nur mit Hilfe einer Kampfersspritze. Im Krankenzimmer übernahm Stalin sofort die Regie:

»Warum treiben sich hier so viele Leute herum?«, fragte er. »Wer ist das da in Schwarz, neben Alexei Maximowitsch? Eine Nonne, oder? Fehlt ja nur noch die Kerze in den Händen.« Es war die Baroness Moura Budberg, eine gemeinsame Bekannte von Gorki und H. G. Wells.

---

* Ein alter Trick: Kuibyschew hatte einst ebenfalls angeregt, Sonderausgaben der *Prawda* drucken zu lassen, um den sterbenden Lenin zu desinformieren.

»Schickt alle raus, bis auf diese in Weiß gekleidete Frau, die ihn pflegt. ... Warum herrscht hier eine solche Grabesstimmung? Bei so einer Trübseligkeit könnte ja ein Gesunder sterben.« Stalin verbot Gorki, weiter über Literatur zu reden, und rief nach Wein. Dann stießen die Herren auf ihn an und umarmten einander. Als Stalin tags darauf wieder eintraf, teilte man ihm mit, dass Gorki zu schwach sei, um ihn zu empfangen:

»Alexei Maximowitsch, wir wollten Sie gegen zwei besuchen«, schrieb er. »Sie hatten, wie es hieß, einen Puls von 82, aber die Ärzte ließen uns nicht vor. Wir fügten uns. Grüße von allen! Ein großes Hallo, Stalin.« Auch Molotow und Woroschilow unterschrieben.

Am 18. Juni spuckte der neben Lungenentzündung auch noch an Tuberkulose erkrankte Gorki Blut und starb schließlich an Herzversagen. Später hieß es, die Ärzte und Jagoda hätten etwas nachgeholfen, und gewiss bekannten sie sich am Ende schuldig. Zwar passte Gorkis Tod vor dem Prozess gegen Sinowjew gut ins Konzept, indes die medizinischen Bulletins im NKWD-Archiv lassen dennoch vermuten, dass er eines natürlichen Todes starb.[6]

Jagoda hielt sich noch im Esszimmer von Gorkis Haus auf und erwartete weitere Aufträge, doch Stalin hatte sich bereits gegen ihn entschieden. »Und wieso treibt dieser Kerl sich hier herum? Schafft ihn fort.«[7]

Im Juli bat Sinowjew schließlich um eine Unterredung mit Kamenew. Danach beantragten sie gemeinsam einen Termin beim Politbüro: Wenn die Parteispitze ausdrücklich von Hinrichtungen Abstand nähme, wären sie bereit, Geständnisse abzulegen. Woroschilow »juckte es in den Fingern, dem Pack an die Gurgel zu gehen«: Als ihm diverse Aussagen gegen sie vorlagen, schrieb er an Stalin: »Diese üblen Burschen ... durchweg typische Kleinbürger mit der Fratze Trotzkis ... sind erledigt. Für die ist kein Platz in unserem Staat und unter den vielen Millionen, die bereit sind, für das Vaterland zu sterben. Wir müssen den Abschaum restlos liquidieren ... und dafür sorgen, dass das NKWD die Säuberungen radikal durchführt.« Hier plädierte also ein Genosse klar für Terror und die Zerschlagung der alten Opposition. Am 3. Juli fragte Stalin den »lieben Klim«: »Hast Du die Aussagen gelesen...? Wie gefallen Dir Trotzkis bourgeoise Fatzkes? Die wollten das gesamte Politbüro ausschalten. ... Ist das nicht unglaublich? Wie tief können Leute sinken? J. St.«

Jagoda fuhr mit den beiden gebrochenen Männern das kurze Stück von der Lubianka zum Kreml, in dem sie einst residiert hatten. Als sie den Raum betraten, in dem Kamenew viele Politbüro-Sitzungen geleitet hatte, warteten dort nur Stalin, Woroschilow und Jeschow. Wo waren die anderen Magnaten?

Stalin betonte, dass er und Woroschilow nur eine Abordnung bildeten. Angesichts der Hasstiraden Klims liegt auf der Hand, warum er mitwirkte. Aber weshalb nicht Molotow? Vielleicht machte sich der pedantische Eisenarsch Sorgen über die Etikette: Altbolschewiken anzulügen behagte ihm nicht, auch wenn er gewiss keine Einwände dagegen hatte, Regimegegner umzubringen.

Kamenew bat das Politbüro um eine »Garantie« dafür, dass man sie nicht erschießen würde.

»Eine Garantie?«, höhnte Stalin nach Orlows Version. »Was für eine Garantie soll es denn hier geben? Das ist ja einfach lächerlich! Ihr wollt wohl einen offiziellen Vertrag, der vom Völkerbund bestätigt wurde? Sinowjew und Kamenew vergessen anscheinend, dass sie sich nicht auf einem Marktplatz befinden, wo man um ein gestohlenes Pferd feilscht, sondern im Politbüro der Bolschewistisch-Kommunistischen Partei. Wenn die vom Politbüro gegebenen Zusicherungen ihnen nicht genügen, dann weiß ich nicht, Genossen, ob man da überhaupt noch das Gespräch mit ihnen fortsetzen kann.«

»Sinowjew und Kamenew betragen sich so, als ob sie dem Politbüro Bedingungen stellen könnten«, rief Woroschilow aus. »Das ist eine Beleidigung! Wenn sie auch nur noch einen Hauch Menschenverstand besäßen, müssten sie vor Genosse Stalin auf die Knie fallen und ihm für den Rettungsgürtel danken, den er ihnen zuwirft…«

Stalin nannte drei Gründe, aus denen ihnen keine Hinrichtung drohte: In Wahrheit richte sich der Prozess gegen Trotzki und nicht gegen sie! Wenn man sie damals als aktive Widerstandskämpfer nicht habe erschießen lassen, warum dann jetzt als Helfer der Partei! Und »die Genossen vergessen auch, dass wir Schüler und Nachfolger Lenins sind und dass wir das Blut alter Bolschewisten nicht vergießen wollen, mögen auch ihre Verfehlungen gegen die Partei einst noch so schwer gewesen sein…«

Sinowjew und Kamenew stimmten notgedrungen zu, sich »dem Prozess zu stellen«, sofern es keine Erschießungen gebe und man ihre Familien schütze.

»Das versteht sich von selbst«, beendete Stalin die Sitzung.[8]

Stalin begann, das Drehbuch für den Sinowjew-Prozess zu schreiben, und legte sogar dem neuen Generalstaatsanwalt Andrei Wyschinski die

Worte für das Abschlussplädoyer in den Mund, der sein Manuskript devot von ihm redigieren ließ.[9]

Am 29. Juli gab Stalin ein geheimes Rundschreiben des Inhalts heraus, dass ein terroristischer Leviathan namens »Vereintes Trotzkistisch-Sinowjewistisches Zentrum« einen Mordanschlag auf ihn, Woroschilow, Kaganowitsch, Kirow, Sergo, Schdanow und andere geplant habe. Die Aufnahme in solche Listen potenzieller Opfer wurde später sogar zu einer bizarren Ehrenbezeugung, da sie Nähe zu Stalin signalisierte. Man kann sich vorstellen, dass der Stab sie fiebrig durchsah. Bezeichnenderweise gehörte Molotow nicht dem erlauchten Kreis an, was als Folge seiner Ablehnung des Terrors galt, und er scheint in der Tat, nach Meinungsverschiedenheiten mit Stalin, vorübergehend in Ungnade gefallen zu sein. Molotow selbst rühmte sich zwar: »Ich habe immer die ergriffenen Maßnahmen unterstützt.« Doch enthalten die Archive einen interessanten Hinweis darauf, dass Jeschow ihn schikanierte. Das NKWD hatte die deutsche Kinderfrau seiner Tochter Swetlana Molotowa* in Haft genommen, worüber der Vater sich bei Jagoda beschwerte. Daraufhin zeigte ein Tschekist das »schlechte, ungehörige Verhalten Molotows« an. Am 3. November legte Jeschow dieses Schreiben Molotow selbst vor – vielleicht ein Schuss vor den Bug?[10]

In den Tagen vor Prozessbeginn fungierte Jeschow als Stalins engster Vertrauter, während dieser den wegen seiner Missbilligung abgemeldeten Jagoda nur noch ein einziges Mal empfing. Stalin rügte seine Leistung: »Sie arbeiten schlecht. Das NKWD verrottet zunehmend.« Irgendwann rief er bei Jagoda an und drohte, ihm »die Nase zu zertrümmern«, wenn er sich nicht zusammenreiße. Stalins Gesprächsnotizen vom 13. August geben seine Stimmung wieder. Als Jagoda bei ihm anfragte, ob er einen gewissen Beamten entlassen solle, donnerte Stalin: »Ihn rausschmeißen? *Ja, schmeißen Sie ihn raus!* Sprechen Sie mit Jeschow.« Immer und immer wieder: »Wenden Sie sich an Jeschow.«[11]

Der erste von Stalins berüchtigten Schauprozessen begann am 19. August im Oktober-Saal des Gewerkschaftshauses. Dreihundertfünfzig Zuschauer verfolgten ihn, überwiegend Mitarbeiter des NKWD in Zivil, ausländische Journalisten und Diplomaten. Auf dem erhöhten Podium

---

* Viele der Funktionärsfamilien beschäftigten Wolgadeutsche als Dienstpersonal: Bei Stalin führte Carolina Til den Haushalt, bei Molotows eine ihrer Landsmänninnen, und bei den Berias sah Ella nach dem Rechten. Sie alle traf 1937 der anti-deutsche Terror.

in der Mitte saßen die drei Richter unter dem Vorsitz Ulrichs auf thron-
artigen roten Stühlen, und rechts davon der eigentliche Star des Spuks,
Oberstaatsanwalt Andrei Wyschinski, dessen schäumende Wutanfälle
und pedantische Folgerungen ihn europaweit bekannt machten. Die Angeklagten, sechzehn schäbige, von NKWD-Wärtern mit Seitengewehren
und aufgesteckten Bajonetten bewachte Spitzbuben, saßen links davon.
Eine hinter ihnen liegende Tür führte zu einer Art Suite, die man als
»VIP-Raum« bezeichnen könnte. Darin saß Jagoda bei Schnittchen und
Getränken und konnte über Schaltungen jederzeit in das Verfahren eingreifen.

Stalin soll sich in einer der hinteren Galerien mit Dunkelglas verborgen haben, in denen einst die Orchester für Adelsquadrillen musizierten
– und jetzt angeblich dichte Schwaden von Pfeifenrauch aufstiegen.

Doch war Stalin schon am 13. August, sechs Tage vor Prozessbeginn,
nach einer Absprache mit Jeschow, mit der Bahn nach Sotschi gefahren.
Wenn es mehr als sechzig Jahre dauerte herauszufinden, dass er in Wirklichkeit fernab weilte, so zeugt dies von der hermetischen Geschlossen-
heit des sowjetischen Systems, und auf diese Weise konnte Stalin das gerichtliche Drama fast so hautnah verfolgen wie von seinem Moskauer
Büro aus: Im Süden erreichten ihn neben den üblichen Stapeln Zeitungen, Akten und Fernschreiben siebenundachtzig Pakete des NKWD mit
Protokollen von Verhören und Gegenüberstellungen.

Kaganowitsch und Jeschow gingen jedes Detail mit Stalin durch. Der
Protegé war inzwischen mächtiger als sein ehemaliger Förderer, und Jeschows Name stand in allen Telegrammen vor dem Kaganowitschs. Während der Wille des großen Regisseurs alles »fernsteuerte«, fungierten
diese beiden in Moskau zugleich als PR-Beauftragte und Impresarios.
Am 17. August berichteten sie ihrem *Chosjain*: »Wir haben die Presse-
berichterstattung wie folgt geregelt: 1. *Prawda* und *Iswestija* bringen täglich
eine volle Seite über den Prozess…« Am 18. ordnete Stalin an, das Verfahren am nächsten Tag fortzusetzen.

Man legte den Angeklagten eine Unmenge von, vielfach geschieter-
ten, Attentaten zur Last, die ein düsteres Konsortium unter der Führung
Trotzkis, Sinowjews und Kamenews (das so genannte »Vereinigte Trotz-
kistisch-Sinowjewistische Zentrum«) geplant haben sollte. Auf dessen
Konto gehe auch der Mord an Kirow, während wiederholte Anschläge
auf Stalin und andere (wohlgemerkt: mit Ausnahme Molotows) miss-
lungen seien. Sechs Tage lang nickten die Beschuldigten alle diese Taten
mit einer Gefügigkeit ab, die westliche Beobachter in Erstaunen setzte.

Die hieroglyphenhaft dunkle Sprache dieses Prozesses konnte nur jemand verstehen, der sich im äsopischen Inventar eines geschlossenen bolschewistischen Universums von Verschwörungen des Bösen gegen das Gute auskannte, in dem »Terrorismus« lediglich bedeutete, an der Politik oder am Charakter Stalins zu zweifeln. Alle seine politischen Feinde galten *per se* als Mörder. Mehr als zwei »Terroristen« bildeten eine »Verschwörung«, und fasste man solche Mörder aus verschiedenen Fraktionen zusammen, so ergab sich ein »Vereinigtes Zentrum« von erstaunlich globalen, ja Blofeld'schen Dimensionen, was vieles über Stalins inneres Melodrama und über die bolschewistische Paranoia verrät, die Jahrzehnte des Lebens im Untergrund herangezogen hatten.[12]

Während diese gebrochenen Männer ihre Sprüchlein aufsagten, wechselte Staatsanwalt Wyschinski auf glänzende Weise zwischen Beschwörung und Predigt. Untersetzt, »mit schütterem rötlichen Haar, spitzer Nase« und »listigen schwarzen Augen« hinter einer dicken Hornbrille, erinnerte er einen westlichen Beobachter, dem seine adrette Kleidung, besonders der »makellos weiße, steife Kragen, die karierte Krawatte, der gut sitzende Anzug und der penibel gestutzte graue Bart« auffielen, an einen »wohlhabenden Börsenmakler, der bei Simpson's zu speisen und in Sunningdale zu golfen pflegt«. Als Sohn einer reichen polnischen Adelsfamilie in Odessa geboren, hatte sich Wyschinski einst, als Zellennachbar Stalins, die Fresskörbe von seinen Eltern mit diesem geteilt: eine offenbar sehr lohnende Investition! Als ein ehemaliger Menschewik trat er jedoch absolut unterwürfig und extrem blutrünstig auf: In den dreißiger Jahren schlug er Stalin in seinen Vermerken stets vor, Angeklagte zu exekutieren, gewöhnlich »Trotzkisten, die Stalin nach dem Leben trachteten«, und schloss immer mit den Worten: »Ich empfehle WMN – Tod durch Erschießen.«

Der damals erst fünfunddreißigjährige Wyschinski war dafür berüchtigt, nach unten zu treten und nach oben zu buckeln: In seinen Briefen an Molotow und sogar Poskrebyschew (den er schlauerweise umgarnte) benutzte er die Anrede »Erlauchter«. Selbst Kollegen hielten ihn für »grausam« und beklagten »sein hässliches Wesen«, da er ungeachtet seiner »ausgezeichneten Bildung« auf das Grundgesetz der stalinistischen Verwaltung schwor: »Man muss die Leute schleifen.« Dabei stand er selber unter Dauerspannung, litt unter Anfällen von Ekzemen und lebte in ständiger Angst. Wachsam, energisch, eitel und intelligent beeindruckte er Westler ebenso sehr, wie er sie mit seinem üblen forensischen Nominalismus, das Geständnis sei, egal wie man dazu gelange, »der König der Justiz«, und seinem ebenso bösartigen Witz erschauern ließ. Er war es, der später über die Rumänen sagte: »Sie sind keine Nation, sondern ein Beruf!« Sehr stolz auf seinen makabren Ruhm, flüsterte er 1947 in London dem Diplomaten, der ihn Prinzessin Margaret vorstellen sollte, zu: »Bitte vergessen Sie nicht meinen früheren Titel als Staatsanwalt bei den berüchtigten Moskauer Prozessen.«[13]

Tagtäglich berichteten Jeschow und Kaganowitsch, die den Prozess von der »Gästesuite« aus verfolgt haben müssen, Stalin etwa so über den Fortgang: »Sinowjew erklärte, er bestätige die Aussagen Bakaiews dazu, dass dieser ihm über die Vorbereitung eines Terroranschlages auf Kirow berichtet habe…« Sie ergötzen sich daran, den Urheber und Regisseur des Stücks über die erfolgreiche »Abwicklung« seines Schauspiels auf dem Laufenden zu halten.

Doch viele der anwesenden Journalisten hegten ernsthafte Zweifel daran, und dazu trugen die Schnitzer des NKWD erheblich bei: Das Gericht nahm zu Protokoll, dass Trotzkis Sohn Sedow die Morde im dänischen Hotel Bristol angeordnet habe – dann jedoch stellte sich heraus, dass dieses Haus seit 1917 nicht mehr existierte.

»Wofür zum Teufel habt ihr dieses Hotel gebraucht?«, soll Stalin gewettert haben. »Ihr hättet auf jeden Fall ›Bahnhof‹ sagen müssen, denn ein Bahnhof ist immer da.«[14]

In die Darbietung wurden mehr Personen verwickelt als die im Rampenlicht stehenden, denn man bezog mit Bedacht auch andere ein und eröffnete damit schon die Aussicht auf jene berühmten »Terroristen«, die in späteren Verfahren auftreten sollten. Die Angeklagten gaben sich große Mühe, eine Reihe von ranghohen Militärs und dann sowohl Linken, wie Karl Radek, als auch Rechten, wie Bucharin, Rykow und Tomski, zu belasten. Wyschinski kündigte an, auch gegen diese Prominenten weitere Anklagen erheben zu wollen.

Die Betreffenden spielten ihre neuen Rollen auf sehr unterschiedliche Weise. Der begabte Journalist Karl Radek, ein international bekannter Revolutionär, der Stalin in den frühen dreißiger Jahren in Deutschlandfragen beraten und ihm nahe gestanden hatte, gab mit seiner runden Brille, dem Backenbart, Pfeife, Lederstiefeln und Jackett eine ziemlich absurde Figur ab. Stalin ordnete an: »Obwohl das nicht sehr überzeugend sein mag, schlage ich vor, die Frage der Festnahme Radeks vorerst aufzuschieben und ihn einen signierten Artikel in der *Iswestija* publizieren zu lassen.« Solche Situationen, sogar vorübergehende Nachsicht gegenüber alten Freunden, konnten Einfluss auf den gewundenen Weg Stalins zum Ziel nehmen.*

Am 22. August lehnten es die Angeklagten ab, ein Schlusswort zu ihrer Verteidigung zu sprechen. So musste das Politbüro – Kaganowitsch, Sergo, Woroschilow und Tschubar – in Begleitung von Jeschow erneut um Instruktionen von oben bitten. »Es kommt nicht in Frage, irgendwelche Rechtsmittel zuzulassen«, erklärte Stalin und gab am nächsten Abend um 23.10 Uhr genaue Anweisungen für die Presseberichte über die Urteile. Bezeichnenderweise nahm der Dramaturg an, dass der Schuldspruch stilistisch noch ein wenig »aufpoliert« werden musste. Eine halbe Stunde später griff Stalin abermals zur Feder, da er sich Sorgen machte, dass der Prozess als eine bloße »mise-en-scène« erscheinen könnte.[15]

Doch seine Leute schafften es, das Publikum gegen die Terroristen aufzubringen. Eines Abends kam Chruschtschew, der die Prozesse und Erschießungen frenetisch unterstützte, ins Zentralkomitee, als Kaganowitsch und Sergo gerade den Dichter Demian Bedni drängten, ein Schauermärchen für die Prawda zu schreiben. Als dieser seinen Erguss vortrug, entstand ein betretenes Schweigen:

»So hatten wir uns das nicht vorgestellt, Genosse Bedni«, sagte Kaganowitsch. Sergo geriet in Rage und schrie Bedni an. Chruschtschew fixierte ihn wütend.

»Ich kann nicht!«, protestierte Bedni, aber er konnte. Sein »Keine Gnade« erschien an nächsten Tag, während die Prawda aufschrie:

»Zermalmt diese elenden Geschöpfe! Die tollwütigen Hunde gehören erschossen!«

Vor Gericht fasste Wyschinski zusammen:

»Diese tollwütigen Hunde des Kapitalismus haben versucht, Stück für Stück das Beste aus unserem sowjetischen Land herauszureißen« – angefangen mit Kirow. »Ich fordere, diese tollen Hunde zu erschießen, jeden Einzelnen von ihnen!« Danach trugen die Angeklagten selbst ihre einstudierten Geständnisse und Beichten vor, die einen noch heute, siebzig

---

* Nicht alle abseits der Bühne stehenden Personen verhielten sich derart entgegenkommend. Am 22. August 1936 um 17.46 Uhr empfing Stalin folgendes Telegramm von Kaganowitsch, Jeschow und Ordschonikidse: »Heute früh hat Tomski sich erschossen und einen Brief an Sie hinterlassen, der seine Unschuld beweisen soll. Wir zweifeln nicht daran, dass Tomski in dem Wissen, seine Stellung in der Sinowjew-Trotzki-Bande nicht mehr verbergen zu können, beschlossen hat, diese durch Selbstmord zu vertuschen.« Wie immer in solchen Fällen war das Wichtigste die Pressemitteilung.

Jahre später, erschüttern. Kamenew hatte schon geendet, stand dann aber noch einmal auf, um – offenbar jenseits des Protokolls – an seine Söhne zu appellieren, die er nicht mehr anders erreichen konnte. »Ich versichere euch, dass ich mein Urteil, gleichgültig wie es ausfallen wird, im Voraus schon für gerecht halte. Schaut nicht zurück«, beschwor er sie. »Geht voran ... Folgt Stalin.« Die Richter zogen sich zurück, um über ihren bereits feststehenden Spruch zu beraten, und betraten um 14.30 Uhr wieder den Saal, um das Todesurteil für alle zu verkünden, worauf einer der Angeklagten rief:

»Lang lebe die Sache von Marx, Engels, Lenin und Stalin.«[16]

Wieder im Gefängnis, baten die verängstigten »Terroristen« zitternd um Gnade, eingedenk des Versprechens Stalins, sie zu verschonen. Während Sinowjew und Kamenew in ihren Zellen warteten, erhielt der im sonnigen Sotschi wartende Stalin um 20.48 Uhr ein Telegramm von Kagonowitsch, Sergo, Woroschilow und Jeschow, die ihn darüber in Kenntnis setzten, dass die Gnadengesuche der Verurteilten eingegangen seien. »Das Politbüro hat vorgeschlagen, sie zu verwerfen und das Urteil noch heute Abend zu vollstrecken.« Doch Stalin antwortete nicht, vielleicht, weil er sich zu seiner bevorstehenden Rache gratulierte, vielleicht, weil er gerade an der Speisetafel saß, aber jedenfalls in dem Bewusstsein, dass der Mord an den beiden engsten Vertrauten Lenins einen Meilenstein bedeutete für seinen nächsten Schachzug, nämlich eine brutale Terrorherrschaft gegenüber der Partei selbst, ein Blutbad, das auch seine Freunde und Angehörigen mit einbeziehen würde. Stalin ließ sich drei lange Stunden Zeit.[17]

Vierter Teil

GEMETZEL:
JESCHOW, DER GIFTZWERG
1937–1938

17

DER VOLLSTRECKER:
BERIAS GIFT UND BUCHARINS DOSIS

Kurz vor Mitternacht gab Stalin sein Telegramm auf: »Geht in Ordnung.«[1] In der ersten Stunde des 25. August glitten eine Reihe von Limousinen mit den Funktionären, die als Zeugen den Hinrichtungen beiwohnen sollten, durch die Tore des Lubianka-Gefängnisses.

Man führte einen würdevollen Kamenew und einen hysterischen Sinowjew aus ihren Zellen die Treppe hinunter. Jeschow und Jagoda traten in Begleitung des Exfriseurs Pauker auf. Zwar hätte eigentlich Staatsanwalt Wyschinski an den wichtigen Exekutionen teilnehmen sollen, galt aber als zu empfindlich, sodass er gewöhnlich seinen Hauptermittler Lew Scheinin vorschickte. Mikojan soll erklärt haben, Woroschilow repräsentiere das Politbüro.

Stalin selbst nahm nie an Folterungen oder Hinrichtungen teil (hatte allerdings als Kind eine Strangulation mit ansehen und später in Zarizyn offenbar viel Gewalt erleben müssen), doch achtete er seine Scharfrichter. Exekutionen galten offiziell als die »höchste Strafmaßnahme«, gemeinhin abgekürzt durch das ominöse Akronym »WMN« oder den Euphemismus *Wischka*, doch Stalin bezeichnete sie als »schwarze Arbeit«, die ihm als edelmütiger Dienst an der Partei erschien. So vollzog unter seiner Herrschaft ein wahrer Hexenmeister dieses düstere, aber verdienstvolle Ritual: Blochin, ein damals einundvierzigjähriger streitsüchtiger Tschekist mit starrem Gesicht und dunklem, glatt zurückgekämmtem Haar, zählte zu den tüchtigsten Henkern seines Jahrhunderts, der Tausende eigenhändig tötete, wozu er manchmal eine lederne Metzgerschürze überzog, um die Uniform zu schonen. Doch der Name dieses Schlächters geriet bald in Vergessenheit*, denn Blochin hielt sich meist im Hintergrund.[2]

---

* Viele Tschekisten fungierten daneben auch als Henker, aber die wichtigen Fälle

Sinowjew brüllte, das sei ein »faschistischer Putsch«, und flehte dann die Henker an:

»Bitte, Genossen, um Himmels willen, ruft Josef Wissarionowitsch an! Er hat versprochen, unser Leben zu schonen!« Nach einigen Berichten soll er die Tschekisten sogar um Gnade angefleht haben, während Kamenew »ruhig und gefasst« erklärte:

»Das verdienen wir für unser würdeloses Verhalten vor dem Gericht.« Daraufhin habe er Sinowjew angeherrscht, still zu sein und mit Anstand zu sterben. Der habe jedoch derart randaliert, dass ein NKWD-Leutnant ihn »geistesgegenwärtig« zu einer benachbarten Zelle führte und gleich an Ort und Stelle mit einem Kopfschuss erledigte.

Später holte man die Kugeln aus ihren Schädeln und überreichte sie Jagoda. Kein Wunder also, dass Wyschinski diese Vorgänge widerwärtig fand. Jagoda versah die Projektile mit Etiketten, »Sinowjew« und »Kamenew«, um diese ihm auf makabre Weise heiligen Relikte mit nach Hause zu nehmen, stolz seiner umfangreichen Sammlung von Erotika und Damenstrümpfen einzuverleiben und so in allen Ehren zu halten.[*] Die Leichen äscherte man ein.

Stalin zeigte sich immer fasziniert vom Verhalten seiner Feinde im letzten Moment, genoss ihre Demütigung und Vernichtung: »Man kann menschlich tapfer, aber politisch feige sein«, pflegte er zu sagen. Wochen später, als man mit einem Festessen die Gründung der Tscheka feierte, spielte der dickleibige, korsettierte, glatzköpfige Pauker, als Stalins Komödiant, das Betteln Sinowjews um sein Leben nach. Er ging hinaus und ließ sich, zum dröhnenden Gelächter des *Woschd* und Jeschows, von zwei Kumpanen in der Rolle von Gefängniswärtern in den Raum zurückzerren. Dann äffte er Sinowjew nach: »Bitte, um Gottes willen, Genosse, läute Josef Wissarionowitsch an«, improvisierte aber noch etwas dazu. Der Jude Pauker hatte sich darauf spezialisiert, Stalin in übertriebenem Akzent mit stark gerollten »Rs« und säuselnd Judenwitze zu

---

erledigte Blochin selbst, wobei ihm seine mörderischen Brüder Wasili und Iwan Schigarew zur Hand gingen. W. M. Blochin hatte im Ersten Weltkrieg beim zaristischen Militär gedient und war seit März 1921 Tschekist, als solcher bis zum Leiter der Kommandantura aufgestiegen, einem Zweig der Vollzugsverwaltung, damit auch für das interne Gefängnis von der Lubianka und die dortigen Exekutionen zuständig. Generalmajor Blochin wurde nach Stalins Tod in den Ruhestand versetzt und von Beria persönlich für seinen »untadeligen Dienst« belobigt. Nach dem Sturz Berias verlor er seinen Rang und starb am 3. Februar 1955.

[*] Bei seiner Festnahme fand man die Schatullen unter seinen Besitztümern und leitete sie an Jeschow weiter, der sie ebenfalls bis zu seinem Sturz behielt.

erzählen. Jetzt verband er beides miteinander und stellte Sinowjew dar, wie er die Hände gen Himmel erhob und schrie: »Höre, Israel, unser Gott ist der einzige Gott!«* Als Pauker die Szene wiederholte, hielt Stalin sich vor Vergnügen den Bauch und »konnte es nicht länger aushalten. Ganz von Lachkrämpfen erschüttert, gab er Pauker ein Zeichen, er solle aufhören.«[3]

Bucharin befand sich gerade auf einer Bergtour im Pamir, als er in der Zeitung las, dass man ihn im Sinowjew-Prozess belastet hatte. Außer sich vor Aufregung eilte er nach Moskau zurück. Man schien ihm die alten Sünden doch verziehen zu haben. Als Herausgeber der *Iswestija* hatte er wieder höheres Ansehen erlangt und häufig bei Stalin verkehrt, dieser 1935 sogar bei einem Bankett öffentlich auf ihn angestoßen: »Trinken wir auf das Wohl Nikolai Iwanowitsch Bucharins, denn wir alle lieben unseren Buchartschik. Wer an vergangene Sünden denkt, dem soll ein Auge ausfallen!« Ob er nun Bucharin (nach Tomskis Selbstmord) einen eigenen Prozess vorbehalten wollte, ob noch alte Sympathien fortlebten, oder ob nur tückischer Sadismus in ihm brodelte, jedenfalls ging Stalin nun dazu über, mit dem lieben Buchartschik zu spielen, der völlig verängstigt in seiner Kreml-Wohnung abwartete.

Am 8. September zitierte das Zentralkomitee Bucharin zu einer Sitzung mit Kaganowitsch, an der neben Jeschow und Wyschinski, zu seinem Erstaunen, auch sein alter Jugendfreund Grigori Sokolnikow teilnahm, ein ehrwürdiger Altbolschewik, den NKWD-Beamte hereinführten. Derartige »Gegenüberstellungen« gehörten zu den bizarren Ritualen Stalins, bei denen das Gute auf das Böse treffen und es besiegen sollte. Vermutlich zielten sie darauf ab, den Betreffenden selbst einzuschüchtern, aber auch, und das mag sogar ihre Hauptfunktion gewesen sein, das Politbüro von der Schuld des Opfers zu überzeugen. Kaganowitsch spielte den neutralen Beobachter, als Sokolnikow erklärte, dass ein trotzkistisches Zentrum unter Mitarbeit Bucharins die Ermordung Stalins plane.

»Kann es sein, dass du den Verstand verloren hast und nicht mehr weißt, was du redest?«, schrie Bucharin, den Tränen nahe, ihn daraufhin an. Als man den Gefangenen abführte, ereiferte sich Kaganowitsch: »Der

---

* Sinowjew selbst hätte wahrscheinlich nicht das *Schema Israel* gesprochen, das heiligste Gebet im Judentum, da er wie alle diese internationalistischen Bolschewiken jede Religion verabscheute, könnte sich allerdings aus Kindheitstagen daran erinnert haben.

lügt, dieser Hurensohn, von A bis Z!« Dann sagte er beschwichtigend, zu Bucharin gewandt: »Geh wieder in deine Redaktion, Nikolai Iwanowitsch, und arbeite in Ruhe weiter.«

»Aber warum lügt er denn so dreckig, Lasar Moisewitsch?«

»Das werden wir schon herausfinden«, antwortete ein nicht sehr überzeugter Kaganowitsch, der zwar nach wie vor Bucharin »verehrte«, jedoch Stalin mitteilte, seine Rolle werde »noch aufgedeckt«. Stalin spürte, dass der richtige Zeitpunkt dafür noch nicht gekommen war, und am 10. September verkündete Wyschinski, man habe die Ermittlungen gegen Bucharin und Rykow mangels Beweisen eingestellt. Bucharin kehrte an seinen Schreibtisch zurück und fühlte sich vorerst sicher – während die Häscher an ihren nächsten Fall gingen –, hätte sich jedoch denken können, dass die Katze das Mausen nicht ließ.[4]

Stalin machte weiter Urlaub und bereitete in der eskalierenden Kampagne zur Ausschaltung seiner Gegner eine Reihe tödlicher Schläge vor, richtete jedoch gleichzeitig einen Großteil seiner Energien auf den Spanischen Bürgerkrieg. Ab dem 15. Oktober trafen sowjetische Panzer- und Flugzeugverbände, aber auch »Berater« vor Ort ein, um die Republikanische Regierung gegen den von Hitler und Mussolini geförderten General Francisco Franco zu unterstützen. Stalin behandelte das nicht in erster Linie als Vorbereitung auf den sich anbahnenden großen Konflikt, sondern als eine Art Wiederaufnahme des eigenen Bürgerkriegs. Der mörderische Kampf gegen die Trotzkisten im eigenen Lager und gegen die Faschisten erzeugte in Moskau ein martialisches Klima, das den Terror schürte. In Wirklichkeit ging es Stalin darum, Hitler so lange wie möglich in Spanien zu beschäftigen, ohne die Westmächte zu provozieren, anstatt den Republikanern entscheidend zum Sieg zu verhelfen. Außerdem betrog Stalin sie wie ein abgefeimter »Halsabschneider« systematisch um mehrere Hundert Millionen Dollar, indem er zuerst ihre Goldreserven rettete und ihnen dann für die gelieferten Waffen deutlich überhöhte Preise abknöpfte.*

Allmählich steuerte er von Sotschi aus, am Telefon Woroschilow in militärischen, Kaganowitsch in politischen und Jeschow in Sicherheitsfragen unterweisend, die faktische Übernahme der iberischen Republik

---

* Stalin drängte bei Auslandsgeschäften immer auf Rabatte. »Wie viel kostet ein italienisches Kriegsschiff?«, fragte er bei Woroschilow an. »Wie viel Nachlass gewähren die uns, wenn wir zwei kaufen? Stalin.«

durch das NKWD, was einen echten Krieg mit den Trotzkisten auslöste. Also machte er sich daran, dort neben den eigenen Leuten auch Trotzkisten zu liquidieren. Die in Spanien dienenden Diplomaten, Journalisten und Soldaten verbrachten mindestens ebenso viel Zeit damit, einander zu denunzieren, wie die Faschisten zu bekämpfen.

Nach einem kurzen Abstecher in die neue kleine Datscha von Nowi Afon (Neu Athos)* im Süden Abchasiens, die Lakoba direkt neben dem Kloster Alexanders III. für ihn gebaut hatte, kehrte Stalin wieder nach Sotschi zurück, wo sich bald Schdanow und Präsident Kalinin einfanden. Derweil dehnte Jeschow die Listen der Verdächtigen auf die gesamte altbolschewistische Opposition und sogar ganze Volksgruppen aus, besonders die Polen. Gleichzeitig schoss er sich auf den NKWD-Chef ein und warf Jagoda »Selbstgefälligkeit, Untätigkeit und Prahlerei« vor, wobei sein Schreiben an Stalin klingt wie eine schamlose Bewerbung um dessen Posten: »Wenn Sie nicht eingreifen, wird sich die Lage kaum zum Besseren wenden.« Unterdessen hörte Jagoda die Anrufe Jeschows bei Stalin ab und fand so heraus, dass »Brombeere« persönlich in Sotschi vorsprechen sollte. Jagoda machte sich sofort auf den Weg dorthin, doch vor Ort wimmelte Pauker ihn schon am Tor von Stalins Datscha ab.

Am 25. September beschloss Stalin, unterstützt von Schdanow, Jagoda sofort durch Jeschow abzulösen:

»Wir halten es für unerlässlich und dringend notwendig, dem Genossen Jeschow das Amt des Volkskommissars für Innere Angelegenheiten zu übertragen, da Jagoda der Aufgabe, den sinowjewschen Trotzkistenblock zu bekämpfen, nicht mehr gewachsen ist. Stalin, Schdanow.«[5]

Auch Sergo kam in die Datscha, um mit dem Chef über die Ernennung Jeschows und seine eigenen Kämpfe mit dem NKWD zu diskutieren. Stalin meinte, ihn ausdrücklich für die Beförderung gewinnen zu müssen, obwohl »Brombeere« und Frau eng mit den Ordschonikidses befreundet waren. »Diese bemerkenswert weitsichtige Entscheidung unseres *Woschd* entspricht den Bedürfnissen der Partei und des Landes«,

---

* Dieses zauberhafte Häuschen, ein malerischer gelber Bungalow in den Bergen von Nowi Afon, benutzte Stalin seit 1935. Oberhalb lag ein Sommerhaus, in dem er Grillfeste veranstaltete. Später ließ er neben dem ersten noch ein weiteres Haus bauen, das im Alter zu seinen Lieblingsresidenzen zählte. Es ist nach wie vor voll eingerichtet und wird vom Präsidenten Abchasiens benutzt. Als der Autor es 2002 besuchte, lud die Verwalterin ihn ein, über Nacht zu bleiben, und bot an, ihm zu Ehren ein Bankett in Stalins Speisesaal zu veranstalten.

jubilierte Kaganowitsch gegenüber Sergo, nachdem er Jagoda seines Amtes enthoben und auf Rykows Posten als Volkskommissar für das Fernmeldewesen gesetzt hatte.

Die Ernennung Jeschows löste weithin Erleichterung aus: Viele, darunter auch Bucharin, sahen darin das Ende und nicht den Anfang des Terrors, doch Kaganowitsch kannte seinen Schützling besser. Bei Stalin rühmte er seine »vorzüglichen Verhöre« und schlug alsbald sogar die Beförderung zum Generalkommissar vor. »Genosse Jeschow macht seine Sache gut«, schrieb Kaganowitsch an Sergo, »und hat im wahrhaft bolschewistischen Stil mit dem konterrevolutionären Trotzkistenpack aufgeräumt.« Der zwergenhafte Jeschow war inzwischen zum zweitmächtigsten Mann der UdSSR aufgestiegen.[6]

Stalin zeigte sich äußerst unzufrieden über die »Fäulnis« im NKWD, den er, übrigens zu Recht, für eine altbolschewistische Seilschaft hielt und argwöhnte, dass darin zweifelhafte Polen, Juden und Letten ihr Unwesen trieben. Daher musste nun ein Außenseiter heran, um diese selbstzufriedene Elite aufzurütteln und sich ihrer Strukturen zu bemächtigen. Manches spricht für wieder verworfene Erwägungen, Kaganowitsch oder Mikojan an die Spitze des NKWD zu setzen, und kurz zuvor hatte Stalin den Posten noch Lakoba angeboten.*

Der jedoch wollte sein paradiesisches Lehen nicht verlassen. Obwohl er Stalin absolut treu diente, trat er lieber in den Ferienorten Abchasiens als freundlicher Gastgeber auf, als im Keller der Lubianka Unschuldige zu foltern. Allerdings rückte seine Absage das Regiment seines Clans in Abchasien, genannt »Lakobistan«, in den Blickpunkt des Interesses, zumal er für seine Heimat den Status als vollwertige Sowjetrepublik anstrebte, ein in der brüchigen multinationalen UdSSR gefährliches Unterfangen. Lakoba ließ sich als der größte von allen »Landesfürsten« feiern, sodass Stalin selbst bereits die Verwendung abchasischer Namen in dessen Lehen verboten und seinen Plan durchkreuzt hatte, ihm den Verfassungsstatus zu gewähren.

---

* Interessanterweise waren diese Kandidaten alle keine ethnischen Russen, sondern ein Jude, ein Armenier und ein Abchasier. Einige Historiker meinen, dass es immer heimliche Politik war, Polen, Balten, Juden und andere Minderheiten die unappetitlichen Aufgaben im NKWD übernehmen zu lassen. Das könnte sein, doch wahr ist auch, dass Stalin unbedingt zuverlässige NKWD-Funktionäre brauchte. Oft standen ihm seine Mitkaukasier am nächsten, und ihm lag gewiss nichts daran, russische Ressentiments gegen hochrangige Georgier zu wecken.

Am 31. Oktober kehrte Stalin nach Moskau zurück, wo er bald mit Lakoba speiste. Alles schien im Lot, aber der Schein trog. Wieder in Abchasien, sah sich Lakoba nämlich von Beria in Tiflis zum Essen eingeladen. Er lehnte ab, bis Berias Mutter anrief und auf dem Treffen bestand. Am 27. Dezember gingen sie zusammen essen und anschließend ins Theater, wo Lakoba eine schwere Übelkeit befiel.

Gegen 4.20 Uhr starb der dreiundvierzigjährige Lakoba in seinem Hotel an »Herzversagen«. Beria begleitete den Sarg mit dem Zug nach Suchumi zurück. Abchasische Ärzte glaubten zwar nicht an diese Version, doch Beria ließ wohlweislich die Organe entnehmen, später sogar den Leichnam exhumieren und verbrennen. Auch Lakobas Angehörige mussten sterben, da er nun als »Volksfeind« galt. Er war der Erste, wenn auch nicht der Letzte aus Stalins engerem Kreis, der dieses Schicksal erlitt. »Gift, Gift«, wie Stalin einst orakelte. Er hatte Beria eine Blankovollmacht erteilt, im Kaukasus offene Rechnungen zu begleichen, wie zuvor schon bei einem Besuch in Armenien mit dem dortigen Ersten Sekretär Aghasi Chantschian geschehen, der laut Totenschein durch Selbstmord oder Mord ums Leben kam. Überall in dem Riesenreich begannen die Regionen, Verschwörungen von »Saboteuren«* anzuprangern, um von internen Mängeln und der grassierenden Korruption abzulenken. Der Konflikt mit Hitlerdeutschland rückte unaufhaltsam näher. Doch als in Fernost die Spannungen mit dem aggressiven Japan wuchsen und sowjetische »Berater« in Spanien kämpften, befand sich die UdSSR bereits im Kriegszustand.[7]

Kurz vor dem ominösen Tod Lakobas hatte Beria Papulia Ordschonikidse festgenommen, einen als Beamter bei der Bahn tätigen älteren Bruder Sergos, denn Beria wusste, dass sein früherer Gönner ihn Stalin gegenüber als einen gefährlichen »Schurken« bezeichnet hatte. Fortan grüßte Sergo ihn nicht mehr und ließ einen speziellen Zaun zwischen ihren Datschen errichten.

---

* In Westsibirien fand ein regionaler Schauprozess gegen solche »Saboteure« statt, die versucht haben sollten, den örtlichen Parteichef Eiche zu ermorden – sowie Molotow bei einer seiner früheren Reisen in das Gebiet. Sein Fahrer sagte aus, er habe in einem Selbstmordattentat mit Molotow über eine Klippe rasen sollen, jedoch die Nerven verloren und es nur geschafft, sich mit dem Wagen in einer tiefen Schlammspur zu überschlagen. Zweifellos sollte dieses Märchen Molotow darüber »hinwegtrösten«, dass er nicht auf der Anschlagsliste für den Sinowjew-Prozess gestanden hatte (vgl. dazu Conquest, *Der große Terror*, S. 184).

Berias Racheakt war nur eine der Methoden, mit denen Stalin nun anfing, den emotionalen Sergo, diesem industriellen *magnifico*, der zwar die drakonischen Maßnahmen des Regimes guthieß, sich aber den Festnahmen seiner eigenen Funktionäre entschieden widersetzte, bis aufs Blut zu schikanieren. Als Star des nächsten Schauprozesses sollte sein Vizekommissar Juri Pjatakow fungieren, ein Extrotzkist und fähiger Manager. Die beiden Männer schätzten einander und genossen ihre gute Zusammenarbeit.

Schon im Juli hatte man Pjatakows Frau wegen angeblicher Verbindungen zu Trotzki festgenommen, und kurz vor dem Sinowjew-Prozess zitierte Jeschow ihn selbst herbei, las ihm alle Aussagen vor, die ihn des trotzkistischen Terrorismus bezichtigten, und teilte ihm mit, dass er ab sofort seines Postens als stellvertretender Kommissar enthoben sei. Pjatakow bot händeringend an, seine Unschuld zu beweisen und sogar, »eigenhändig alle rechtskräftig Verurteilten, darunter seine Gattin, zu erschießen und das in der Presse veröffentlichen zu lassen«. Als Bolschewik würde er selbst davor nicht zurückschrecken, die eigene Ehefrau hinzurichten.

»Ich habe ihm die Absurdität seines Vorschlags vor Augen geführt«, schrieb Jeschow trocken an Stalin. Am 12. September wurde Pjatakow festgenommen. Sergo, der sich gerade in Kislowodsk erholte, stimmte für seine Ausweisung aus dem Zentralkomitee, muss jedoch zutiefst besorgt gewesen sein. Nur noch ein Schatten seiner selbst, grau und erschöpft, schien er so schwer krank, dass ihm das Politbüro eine Dreitagewoche verordnete. Jetzt begann das NKWD, seine Spezialisten unter den nichtbolschewistischen Beratern festzunehmen, worauf er an »Brombeere« appellierte: »Genosse Jeschow, bitte haben Sie ein Einsehen.« Doch traf es ihn nicht allein: Kaganowitsch und Sergo, die »engen Freunde«, verband nicht nur ihr prahlerisches Auftreten, beide leiteten auch gewaltige Industriekombinate, und nun landeten die Bahnexperten des Ersteren ebenfalls in Haft, während Stalin den Letzteren mit Transkripten der Verhöre Pjatakows quälte, in denen sein Stellvertreter gestanden hatte, ein »Saboteur« zu sein.[8] Wenn die Vernichtung von Experten schon fast eine bolschewistische Tradition war, so verriet die Festnahme von Sergos Bruder eindeutig Stalins Handschrift: »Das hätte niemals ohne sein Wissen geschehen können«, klagte Sergo gegenüber Mikojan, »aber er hat zugestimmt, ohne mich auch nur anzurufen. Wir waren so eng befreundet! Und plötzlich lässt er die so etwas machen!« Letzten Ende machte er Beria dafür verantwortlich.[9]

Sergo appellierte an Stalin und tat alles, was er konnte, um seinen Bruder zu retten, doch das war zu viel des Guten: Die Festnahme von Angehörigen galt als Loyalitätstest, und Stalin hegte nicht als Einziger tiefes Misstrauen gegenüber der bourgeoisen Sentimentalität. Auch Molotow griff Sergo an, weil er sich »von Emotionen leiten« lasse und nur »an sich selbst« denke.[10]

Am 9. November erlitt Sergo einen weiteren Herzanfall. Unterdessen hatte Waliko, der dritte unter den Gebrüdern Ordschonikidse, seinen Posten im Tifliser Sowjet verloren, weil er trotz allem die Unschuld Papulias beteuerte. Sergo überwand seinen Stolz und rief bei Beria an, der ihm daraufhin schrieb:

»Lieber Genosse Sergo! Nach Ihrem Anruf habe ich schnell Waliko kommen lassen. ... Heute hat er wieder seinen Dienst angetreten. Ihr L. Beria.« Das trägt die Spuren von Stalins Katz-und-Maus-Spiel auf dem verschlungenen Pfad zur offenen Vernichtung, vielleicht verbunden mit Elementen nostalgischer Freundschaft und dem vorsichtigen Austarieren von Grenzen. Doch jedenfalls betrachtete Stalin Sergo nun als einen Feind: Soeben war zum fünfzigsten Geburtstag dessen Biographie erschienen. Stalin las sie sehr aufmerksam und machte sarkastische Randbemerkungen neben den Passagen, die Sergos Heldentum anpriesen:

»Was ist mit dem ZK? Und der Partei?«[11] Stalin und Sergo kehrten getrennt nach Moskau zurück, wo das NKWD soeben sechsundfünfzig Beamte des Letzteren in die Mangel nahm. Doch Sergo blieb für Stalin ein leibhaftiges Hemmnis und machte tapfere kleine Gesten gegenüber der arg gebeutelten Rechten: »Mein lieber, guter, freundlich gesegneter Sergo«, ermutigte ihn Bucharin: »Bleiben Sie standhaft!« Im Theater sah Sergo, wie Stalin und das Politbüro ihre vorderste Reihe einnahmen, ohne den Expremier Rykow und seine Tochter Natalia (die später darüber berichtete) weit hinten im Publikum auch nur eines Blickes zu würdigen. Daraufhin ließ er Stalin stehen, um zu ihnen zu eilen und sie zu küssen, was die Rykows zu Tränen der Dankbarkeit rührte.*

Bei der Parade am 7. November erspähte der hoch oben auf dem Mausoleum stehende Stalin Bucharin auf einem gewöhnlichen Sitzplatz

---

* »Menschen sind schon für kleinere Dinge in den Himmel gekommen«, schrieb Oscar Wilde in *De Profundis* über Robbie Ross, der an der Station Reading in der Menge wartet und als Einziger vortritt und den Hut zieht, als der in Ungnade gefallene Schriftsteller nach Reading Goal fuhr. Allerdings stand für Sergo etwas mehr auf dem Spiel.

und schickte einen Tschekisten hinunter, um ihm auszurichten: »Genosse Stalin lädt Sie ein, auf das Mausoleumsdach zu kommen.« Bucharin meinte schon, man wolle ihn festnehmen, erklomm dann aber dankbar die Stufen.[12]

Bucharin, der bezaubernde, aber hysterische Intellektuelle, den alle verehrten, bombardierte Stalin mit zunehmend verzweifelten Gesuchen, denen man anmerkt, dass sich die Schlinge um seinen Hals immer weiter zuzog. »Kindskopf!«, kritzelte Stalin quer über einen seiner Briefe. »Spinner!«, über einen anderen. Doch Bucharin konnte es nicht lassen, er träumte sogar von Stalin:

»Alles im Zusammenhang mit meiner Person wird kritisiert«, klagte er am 19. Oktober 1936. »Man hat mich nicht einmal gebeten, zum Geburtstag Sergos einen Artikel zu schreiben. ... Vielleicht bin ich es nicht mehr wert. An welchen Vertrauten kann ich mich noch wenden, ohne einen Schlag ins Gesicht zu erwarten? Ich kenne Deine Absichten und schreibe Dir wie einst Iljitsch [Lenin] als einem wahrhaft geliebten Menschen, der mir ebenfalls in meinen Träumen erscheint. Das mag sonderbar klingen, aber es ist wahr. Es kommt mich hart an, unter Verdacht zu stehen, und meine Nerven sind schon gereizt. Kürzlich habe ich in einer schlaflosen Nacht ein Gedicht geschrieben, eine Lobeshymne auf den ›Großen Stalin‹!«[13]

Auch Woroschilow gehörte zu den alten Freunden Bucharins. Die beiden standen sich so nahe, dass dieser ihn »meine süße Seemöwe« nannte und ihm seine Reden schrieb. Klim hatte ihm eine Pistole geschenkt, deren kunstvolle Gravur seine Liebe und Freundschaft beteuerte. Doch jetzt versuchte Woroschilow, sich der Nähe Bucharins zu erwehren. »Warum tust Du mir so weh?«, flehte dieser Klim in einem seiner Briefe an.

Da er jetzt wirklich in großer Gefahr schwebte, schrieb Bucharin ein langes Gesuch an Klim, in dem er sogar betonte, »dass man die Hunde [Sinowjew und Kamenew] erschossen hat, freut mich sehr«, um sich dann zu entschuldigen: »Verzeih mir diesen unsinnigen Brief: In mir schwirren tausend Gedanken, sie springen wie wild gewordene Pferde ohne feste Zügel. Ich umarme Dich, denn ich bin sauber. Nik. Bucharin.« Woroschilow beschloss, diese gespenstische Freundschaft sofort beenden zu müssen, wies seinen Adjutanten an, Bucharins Brief für das Politbüro zu kopieren und schrieb: »Als Ergänzung zum Brief N. BUCHARINS ... sende ich Ihnen auf Befehl des Genossen K. J. WOROSCHILOW eine Kopie der Antwort des Genossen WOROSCHILOW an BUCHARIN« – ein Ausbund an Amoralität, Grausamkeit, Furcht und Feigheit:

»An den Genossen BUCHARIN.
Ich sende Dir Deinen Brief zurück, in dem Du Dir bezüglich der Parteiführung schamlose Ausfälle erlaubt hast. Wenn Du mich mit einem solchen Brief von Deiner völligen Unschuld überzeugen wolltest, so hast Du mich vorerst von einem überzeugt: mich in Zukunft weiter von Dir fern zu halten, unabhängig von den Resultaten, die die Ermittlungen in Deiner Angelegenheit ergeben werden. Und wenn Du Dich nicht brieflich von Deinen abscheulichen Epitheta an die Adresse der Parteiführung lossagst, so werde ich Dich auch für einen Schurken halten.
3. Sept. 1936, K. WOROSCHILOW«

Bucharin war am Boden zerstört über »Deinen grauenhaften Brief. Mein Brief endete mit: ›Ich umarme Dich.‹ Dein Brief endete mit ›Schurke‹.«[14]
Jeschow bereitete das Verfahren gegen die so genannten Linksabweichler Radek und Pjatakow vor, hatte jedoch bis Dezember auch schon genügend Beweise gegen Bucharin und Rykow beisammen. Das Dezember-Plenum geriet zu einer Art Vernehmung dieser Opfer und, wie unter Stalin üblich, einem Test der notwendigen Voraussetzungen für ihre Vernichtung. Zwar dominierte dabei stets Stalins Wille, aber der große Terror kann nicht als das Werk eines Einzelnen gelten.
Jeschow führte stolz jene zweihundert Personen auf, die man allein im Trotzkistenzentrum der Organisation Asowsches/Schwarzes Meer festgenommen hatte, dazu weitere dreihundert in Georgien und vierhundert in Leningrad. Molotow war offenbar nicht als Einziger einem Mordanschlag entgangen: ebenso Kaganowitsch mit knapper Not im Ural. Jeschow befasste sich zuerst mit dem kurz bevorstehenden Verfahren gegen Pjatakow und Radek. Als er die Erklärung des Ersteren verlas, derzufolge sich die Arbeiter verhielten wie eine »Schafherde«, reagierten die verunsicherten Fanatiker darauf mit großer Empörung.
Des Weiteren verkündete Jeschow, dass Bucharin und Rykow tatsächlich dem »Unterstützerzentrum« angehörten. Diese terroristischen Mörder säßen hier mitten unter ihnen. Jetzt sollte Bucharin endlich seine Sünden beichten« und Freunde belasten, tat es aber nicht.
»Sie meinen also, dass auch ich nach der Macht strebe? Ist das wirklich Ihr Ernst?«, fragte er Jeschow. »Immerhin gibt es viele alte Genossen, die mich gut kennen … alle Winkel meines Herzens und meiner Seele.«

»Wer kann schon in andere hineingucken?«, feixte Beria.

»Von den Vorwürfen gegen mich stimmt kein einziges Wort. ... Kamenew hat in seinem Prozess behauptet, dass wir uns bis 1936 jedes Jahr trafen. Deshalb hatte ich Jeschow gebeten festzustellen, wann und wo das geschehen sein soll, um diese Lüge widerlegen zu können. Man hat mir aber gesagt, dass Kamenew überhaupt nicht gefragt wurde ... und jetzt kann man ihn nicht mehr fragen.«

»Sie haben ihn erschossen«, fügte Rykow traurig hinzu. Nur wenige der alten Funktionäre setzten Bucharin zu, aber Kaganowitsch, Molotow und Beria trieben ihn geifernd in die Enge. Inmitten der tödlichen Anschuldigungen fiel Kaganowitsch plötzlich eine groteske Geschichte über Sinowjews Privatleben ein:

»1934 hatte Sinowjew Tomski in seine Datscha eingeladen. ... Nach dem Tee fuhren sie dann gemeinsam in Tomskis Wagen los, um einen Hund für Sinowjew auszusuchen. Stellt euch mal vor, was das für eine starke Freundschaft und Vertrautheit sein muss, wenn man zusammen einen Hund aussucht!«

»Was für einen holten sie denn?«, fragte Stalin. »Einen Jagdhund oder einen Wachhund?«

»Das konnten wir nicht herausfinden«, fuhr Kaganowitsch ausgelassen, wenn auch mit eisigem Humor fort.

»Aber gefunden haben sie den Hund jedenfalls?«, hakte Stalin nach.

»Jawohl«, donnerte Kaganowitsch. »Sie suchten nach einem vierbeinigen Gefährten, also etwas von ihrem Schlag.«

»War es ein guter oder ein schlechter Hund?«, fragte Stalin. »Weiß das jemand?« – Gelächter im Saal.

»Das ließ sich bei der Gegenüberstellung kaum ermitteln«, antwortete Kaganowitsch.

Letztlich fasste Stalin, der spürte, dass viele der älteren Genossen nicht bereit waren, gegen Bucharin vorzugehen, eher traurig als ärgerlich zusammen:

»Wir haben an dich geglaubt, und das war falsch. ... Wir haben an dich geglaubt, haben dich nach Kräften gefördert, und das war falsch. Nicht wahr, Genosse Bucharin?« Doch beendete Stalin das Plenum ohne klare Unterstützung für Jeschow. Stattdessen traf er nur eine recht ominöse Entscheidung, »die Sache Bucharin und Rykow vorerst offen zu lassen«, was den regionalen »Bonzen« vor Augen führte, dass auch solche Riesen stürzen konnten.[15]

Mit Jeschows Hilfe schürte Stalin die fiebrigen Ängste vor einem Konflikt mit Polen und Deutschland, verwob die realen Gefahren, die vom Spanischen Bürgerkrieg, von den offiziell unerklärlichen, aber eigentlich durch bürokratische Inkompetenz verursachten Misserfolgen der Industrie und vom Widerstand der »Landesfürsten« ausgingen, zu einem dichten Netz von Verschwörungen, die sich mit der nostalgisch als ruhmreich verklärten Brutalität des eigenen Bürgerkriegs und den persönlichen Fehden der Bolschewiken zu einer allgemeinen Paranoia verquickten. Besonders fürchtete Stalin das Eindringen von Spionen über die löchrige Grenze mit Polen, dem traditionellen Feind an der Westflanke, der Russland (und Stalin persönlich) 1929 eine Niederlage beigebracht hatte.* Nachdem sich Chruschtschew beim Plenum als ein getarnter »Pole« denunziert sah, ging Stalin, auf dem Flur mit seinem Schergen Jeschow plaudernd, zu ihm hinüber, piekste ihn mit dem Finger in die Schulter und fragte:

»Wie ist Ihr Name?«

»Genosse Stalin, ich heiße Chruschtschew.«

»Nein, Sie heißen nicht Chruschtschew. ... Der-und-der sagt, Sie heißen eigentlich anders.«

»Wie können Sie das glauben? Meine Mutter lebt ja noch. ... Lassen Sie es doch überprüfen.« Stalin fragte Jeschow, der ihn entlastete. Damit schien der Fall erledigt, doch dann folgte eine Überprüfung der Beamten in seinem Umfeld.

Schließlich beschloss Stalin, die »Landesfürsten« noch stärker zu verunsichern. Einen ganz besonderen Fall bildete die Ukraine, das Getreidesilo und die zweitgrößte Einzelrepublik mit einer stark ausgeprägten kulturellen Identität. Kosior und Tschubar hatten sich in der Hungersnot als schwach erwiesen, der Zweite Sekretär Postyschew dagegen aufgeführt wie ein »Prinz« mit eigenem Gefolge. Am 13. Januar schlug Stalin mit einem Telegramm zu, in dem er Postyschew vorwarf, nicht einmal über den »elementaren Parteigeist« zu verfügen. Kaganowitsch, bereits eine Geißel der Ukraine, die er in den späten zwanziger Jahren regiert hatte, fiel über Kiew her, wo er bald eine von dem Prinzen geknechtete »arme Seele« fand. Die halb verrückte Alte Polia Nikolaenko hatte Postyschew und seine Frau – die ebenfalls ein hohes Amt bekleidete – kritisiert, worauf man sie aus der Partei warf. Als Kaganowitsch

---

* Stalins politische und persönliche Besessenheiten fanden oft Parallelen in seinen Lieblingsopern: So besuchte er ständig Aufführungen von Glinkas *Iwan Susanin*, blieb aber nur bis zu der Szene, in der ein Russe die Polen in einen Wald lockt, in dem sie dann erfrieren. Danach stand er auf, verließ das Theater.

Stalin von der »heldenhaften Denunziantin« berichtete, erfasste dieser sofort ihren potenziellen Nutzen.[16]

Am 21. Dezember tanzten Angehörige und Magnaten bei Stalins Geburtstagsfeier bis zum frühen Morgen. Doch die Machtkämpfe und Verschwörungen hatten auch beim Initiator selbst ihren Tribut gefordert: Unter wachsendem Druck litt Stalin oft an Mandelentzündung. Professor Waledinski, der nach Moskau geholte Kurarzt von den Mazesta-Bädern, beriet sich darüber mit seinem Leibarzt, dem ehrwürdigen Doktor Wladimir Winogradow, der bis zur Revolution bei der Aristokratie hoch im Kurs gestanden hatte und aus jener Zeit noch eine reiche Sammlung von Antiquitäten und guten Gemälden besaß. Der Patient lag fünf Tage lang mit hohem Fieber, umgeben von Medizinern und Magnaten, auf einem Sofa. Die Professoren besuchten ihn zweimal täglich und hielten auch Nachtwache. An Silvester war Stalin wieder so weit hergestellt, dass er an der Feier teilnehmen konnte, bei der die Familie das letzte Mal vollzählig erschien. Als die Ärzte ihn am Neujahrstag des Jahres 1937 besuchten, schwelgte er in Erinnerungen an seine erste Stelle als Wetterbeobachter und seine Fischzüge im sibirischen Exil. Doch das Duell mit Sergo sollte Stalin erneut Kräfte kosten, als er sich zum größten Wagnis seit der Zwangskollektivierung entschloss: dem Massaker an Lenins Partei.[17]

Zunächst arrangierte Stalin eine »Gegenüberstellung« zwischen Bucharin und Pjatakow vor dem Politbüro. Dieser ätzende Industriemanager, der bald in seinem eigenen Schauprozess auftreten sollte, bezeugte zwar terroristische Umtriebe Bucharins, jetzt allerdings gleichsam als ein wandelndes Testat auf die Methoden des NKWD. »Pjatakow lebt wohl noch«, schrieb Bucharin seiner Frau, »ist aber nur noch ein Schatten seiner selbst, läuft herum wie ein Skelett mit ausgeschlagenen Zähnen.« Er sprach mit gesenktem Kopf und versuchte, die Augen mit den Händen zu verbergen. Sergo starrte voller Entsetzen auf seinen ehemaligen Stellvertreter und Freund:

»Machst du deine Aussage freiwillig?«, fragte er.

»Ja, ich sage freiwillig aus«, bestätigte Pjatakow.

Es erscheint absurd, dass Sergo nur so zaghaft danach fragte, aber mehr als das zu tun, hätte bedeutet, offen gegen das Politbüro aufzubegehren, in dem sich Männer wie Woroschilow in groteske Hasstiraden hineinsteigern konnten:

»Dein Stellvertreter hat sich als ein ganz großes Schwein erwiesen«, hielt Klim ihm vor. »Du musst wissen, was er uns gesagt hat, dieser Hurensohn, dieser Bastard!« Als Sergo das von Pjatakow unterschriebene Verhör las, »kam er zur Einsicht und verachtete ihn«, aber es war nicht gerade seine glücklichste Zeit.[18]

Stalin persönlich steuerte den bevorstehenden Prozess gegen Pjatakow und sein »paralleles antisowjetisch-trotzkistisches Zentrum«, der in Wirklichkeit einen Anschlag auf Sergos Volkskommissariat für die Schwerindustrie darstellte, dem zehn der siebzehn Beschuldigten angehörten. Stalins federführende Rolle bei den berüchtigten Prozessen war immer schon bekannt, aber jetzt enthüllen die Archive, dass er sogar das Schlussplädoyer des Staatsanwalts Wyschinski diktierte, den er nach Kunzewo bestellt haben muss. Man kann sich bildhaft vorstellen, wie Stalin dort rauchend auf und ab ging, während der kriecherische Jurist in sein Notizbuch kritzelte: »Dies ist der Abgrund an Entartung! Dies übersteigt die Grenze, die letzte Grenze des sittlichen und politischen Verfalls. Dies ist die teuflische Grenzenlosigkeit des Verbrechens...« Wyschinski schrieb auch die folgenden Worte Stalins mit: »Die Verwandlung der trotzkistischen Gruppen in Gruppen von Saboteuren und Mördern, die als Werkzeuge ausländischer Geheimdienste und der Generalstäbe von Aggressorenstaaten tätig sind, ist nur der Höhepunkt des Kampfes, den der Trotzkismus schon seit Jahrzehnten gegen die Arbeiterklasse und die Partei, gegen Lenin und den Leninismus führt«, und sagte genau diesen Spruch am 28. Januar vor Gericht auf. Doch ein Verdacht Stalins von 1937 offenbart das Hauptmotiv, aus dem er bald Hunderttausende von Menschen fast ohne ersichtlichen Grund umbringen ließ: »Vielleicht lässt sich euer Tun dadurch erklären, dass ihr den Glauben verloren habt«, warf er den Altbolschewiken vor, und darin liegt der Kern des religiösen Wahns, der im bevorstehenden Gemetzel kulminierte.[19]

18

SERGO: TOD EINES
»VOLLENDETEN BOLSCHEWIKEN«

Das gerichtliche Melodrama begann am 23. Januar und dehnte den Terror sofort auf Tausende von potenziellen neuen Opfern aus. Radek, vielleicht durch Stalin persönlich vorbereitet, schwelgte in schwarzem Humor und scherzte, ihn habe bei den Verhören niemand gefoltert, sondern er vielmehr seine Ermittler gequält, indem er sich monatelang weigerte, mit ihnen zu kooperieren. Danach trug er die aller Wahrscheinlichkeit nach von Stalin selbst stammende Unterstellung vor, dass es »immer noch Halbtrotzkisten, Vierteltrotzkisten, Achteltrotzkisten gibt, Menschen, die uns [Trotzkisten] halfen, die nichts von der Terrororganisation wussten, aber mit uns sympathisieren, Menschen, die uns aus Liberalismus, aus einer erbitterten politischen Opposition gegen die Partei heraus diese Hilfe gaben«. Damit war die Botschaft klar, und wenn man diesen Generalverdacht neben Wyschinskis eigene Notizen legt, so ist das Rätsel des hanebüchen willkürlichen Terrors gelöst. Tausende, die nicht blindlings glaubten, sollten den Tod finden.

Am 29. Januar um 19.13 Uhr zogen sich die Richter zur Beratung zurück und kehrten erst gegen 3 Uhr morgens wieder. Dreizehn der Angeklagten, darunter auch Pjatakow, wurden zum Tod verurteilt, doch Radek kam mit zehn Jahren davon. Erneut überwachte Blochin die Exekutionen. Jeschow erhielt zum Dank für die gute Vorbereitung den Rang eines Generalkommissars für Staatssicherheit und eine Kremlwohnung.

In Moskau strömten zweihunderttausend Menschen, von der Propaganda geblendet, trotz eisiger Temperaturen von fast dreißig Grad unter null, auf den Roten Platz und hielten Spruchbänder hoch mit der Aufschrift: »Gerichtsurteil ist Volksurteil.« Chruschtschew wetterte in einer Ansprache gegen den »Judas-Trotzki«, mit der nahe liegenden Konsequenz, dass Stalin der metaphorische Jesus sein musste. (Wir wis-

sen von Juri Schdanow, dass er sich scherzhaft tatsächlich mit Christus
verglich.) »Indem sie ihre Hand gegen den Genossen Stalin erhoben«,
rief Chruschtschew der Menge zu, »griffen sie das Beste an, was die
Menschheit besitzt, denn Stalin bedeutet Hoffnung. ... Stalin ist unser
Banner, Stalin ist unser Wille, Stalin ist unser Sieg.« Das ganze Land verfiel in eine »emotionale Aufwallung« von Hass, Blutdurst und Furcht.
Maria Swanidse schrieb in ihr Tagebuch, dass Radeks »Niederträchtig-
keit jeder Beschreibung spottete. Diese ungeheuerlichen Verbrecher verdienen den Tod. ... Wie hatten nur wir dieser Schurkenbande so lange
blind vertrauen können?«

Aus heutiger Sicht erscheint es zwar unmöglich, dass in den Verwal-
tungen fast aller Fabriken und Eisenbahnlinien trotzkistische Sabotage
herrschte, allerdings kam es in der gesamten Industrie wegen schlechter
Organisation und halsbrecherischer Vorgaben der Fünfjahrespläne verstärkt zu Fehlern und Unfällen. Letztere passierten massenhaft, 1934 beispielsweise allein bei den Eisenbahnen mehr als 62 000! Wie konnte das
in einem derart perfekten System geschehen? Für die Mängel mussten
Feinde innerhalb der korrupten Elite herhalten. Daher griffen bei den
Industriebetrieben und der Bahn die Festnahmen von Saboteuren und
Boykotteuren um sich. Erneut traf es die Mitarbeiter Sergos und Kaganowitschs hart.[1]

Stalin bereitete das Plenum, das den Terror gegen die Partei selbst eröffnen sollte, sehr sorgfältig vor. Am 31. Januar forderte das Politbüro
die beiden Hauptverantwortlichen der Industrie auf, über Sabotage in
ihren Ressorts zu sprechen. Stalin redigierte persönlich ihre Reden.
Sergo räumte ein, dass man Schädlingen das Handwerk legen müsse,
aber jetzt, da die Hauptschuldigen einsäßen, sei es an der Zeit, wieder
zur Normalität zurückzukehren. Stalin kritzelte wütend auf sein Manuskript: »Stelle anhand von Fakten genau dar, welche Sparten in welchem
Maß von Sabotage betroffen sind.« Bei ihrem Treffen schien Sergo zuzustimmen, schickte aber heimlich zuverlässige Manager in die Regionen,
um untersuchen zu lassen, ob das NKWD diese Fälle manipulierte: eine
direkte Provokation Stalins.

Der zunehmend kränkelnde Sergo erkannte, dass sich die Kluft zwischen ihnen vertiefte. Er stand also kurz vor dem Bruch mit der Partei,
der er sein ganzes Leben gewidmet hatte.

»Ich verstehe nicht, warum Stalin mir nicht mehr vertraut«, erklärte
er Mikojan, vermutlich bei einem abendlichen Rundgang um den verschneiten Kreml. »Ich bin ihm absolut loyal und führe nichts gegen ihn

im Schilde. Berias Intrigen spielen offenbar eine wichtige Rolle – er gibt Stalin die falschen Informationen, und der vertraut ihm.« Beide waren, Mikojan zufolge, »verblüfft darüber, was Stalin mit sich machen ließ: dass man ehrliche Männer ins Gefängnis steckte und dann wegen Sabotage erschoss«.

»Stalin hat sich auf üble Machenschaften eingelassen«, meinte Sergo. »Ich stand früher immer so gut mit ihm, habe ihm vertraut und er mir ebenso. Aber jetzt kann ich nicht mehr mit ihm zusammenarbeiten. Ich bringe mich um.« Mikojan hielt ihm zwar vor, dass Selbstmord noch nie ein Problem gelöst habe, aber inzwischen häuften sich Suizide. Am 17. Februar stritten Sergo und Stalin mehrere Stunden miteinander. Danach ging Sergo in sein Büro und kehrte gegen 15 Uhr wegen einer Politbürositzung in den Kreml zurück.

Stalin billigte Jeschows Bericht, kritisierte allerdings Sergo und Kaganowitsch schwer, die sich anschließend in Poskrebyschews Arbeitszimmer zurückzogen wie Schuljungen zum Nachsitzen. Gegen 19 Uhr drehten auch diese beiden, in Gespräche vertieft, ihre Runden um den Kreml. »Er war krank und ist mit den Nerven am Ende«, versuchte Kaganowitsch, das Verhalten Stalins zu erklären.

Doch der legte nach, und wenig später durchsuchten Beamte des NKWD Sergos Wohnung. Eine solche Schmach hatte nur der Chef selbst anordnen können. Übrigens verbrachten die Ordschonikidses ihre Wochenenden mit den Jeschows, aber das Private fiel gegenüber der Parteidisziplin nicht ins Gewicht. Bis ins Mark erschüttert und gedemütigt, also genau wie beabsichtigt, rief Sergo bei Stalin an:

»Sergo, was regst du dich so auf?«, fragte Stalin, »die Polizei könnte auch meine Wohnung jederzeit durchsuchen.« Er bestellte Sergo zu sich, der stehenden Fußes zu ihm eilte, ohne etwas überzuziehen. Sina lief ihm mit Mantel und Pelzmütze nach, aber da saß ihr Mann schon Stalin gegenüber, sodass sie anderthalb Stunden draußen vor der Tür auf ihn wartete. Stalins Provokationen hatten Sergo nur seine Ohnmacht vor Augen geführt, denn er »kam in einem hoch erregten Zustand herausgestürmt und rannte, ohne Mantel oder Mütze anzulegen, nach Hause«. Sergo schrieb seine Rede um und hetzte damit, seiner Frau zufolge, wieder zu Stalin, der ihn erneut mit höhnischen Randglossen verspottete: »Ha-ha!«

Anschließend legte Sergo vor Sina das Geständnis ab, Koba nicht gewachsen zu sein, da er ihn zu sehr liebe. Am nächsten Morgen blieb er im Bett liegen, verschmähte das Frühstück und erklärte, er »fühle sich elend«. Er brauche vor allem Ruhe und bat deshalb darum, nicht gestört zu werden. Gegen 17.30 Uhr hörte Sinaida plötzlich einen dumpfen Knall und eilte in sein Zimmer.

Sergo lag mit entblößtem Oberkörper auf dem Bett. Er hatte sich direkt ins Herz geschossen, und die Brust zeigte Schmauchspuren. Sina küsste seine Hände, Brust und Lippen inbrünstig und rief dann den Arzt an, der nur noch den Tod feststellen konnte. Dann wollte sie Stalin in Kunzewo benachrichtigen. Der Leibwächter am anderen Ende teilte ihr mit, dass er gerade einen Spaziergang mache, aber sie schrie ihn an:

»Sagen Sie Stalin, dass Sina am Apparat ist. Holen Sie ihn sofort ans Telefon. Ich bleibe so lange dran.«

»Warum so eilig?«, meldete sich Stalin daraufhin. Sina bat ihn, umgehend zu kommen:

»Sergo hat das Gleiche getan wie Nadja!« Nach dieser schweren Kränkung knallte Stalin den Hörer auf die Gabel.

Zufällig wollte Konstantin Ordschonikidse gerade seinen Bruder besuchen, und schon unten am Eingang forderte Sergos Chauffeur ihn auf, sich zu beeilen. Als er dann vor der Tür stand, bemerkte einer der anwesenden Beamten nur:

»Unser Sergo ist nicht mehr.« Binnen einer halben Stunde trafen Woroschilow, Kaganowitsch und Jeschow ein, denen später Stalin, Molotow und Schdanow (der aus irgendeinem Grund eine schwarze Stirnbinde trug) folgten. Als Mikojan von Sergos Tod erfuhr, rief er aus: »Das glaube ich nicht«, und eilte hinüber. Erneut trauerte die Kreml-Familie also um einen der ihren, aber der Selbstmord hinterließ ebenso viel Ärger wie Gram.

Sinaida saß am Bettrand neben Sergos Leichnam. Die Magnaten betraten den Raum, blickten auf den Toten und setzten sich. Der in privaten Dingen so weichherzige Woroschilow wollte Sina trösten:

»Lass mich in Ruhe«, keifte sie, »wenn du ihn nicht einmal vor der Partei schützen konntest!« Stalin fing Sinas Blick auf und bedeutete ihr, mit ins Arbeitszimmer zu gehen. Dort standen sie einander gegenüber, und Stalin wirkte kläglich, wie am Boden zerstört, abermals verraten.

»Was sollen wir jetzt den Leuten sagen?«, fragte sie.

»Die Presse muss es jedenfalls melden«, antwortete Stalin. »Am besten sagen wir, dass er an einem Herzanfall gestorben ist.«

»Das glaubt uns doch sowieso niemand«, keifte die Witwe zurück. »Sergo hat immer die Wahrheit geliebt, und die muss auch in den Zeitungen stehen.«

»Warum sollte jemand daran zweifeln? Alle wussten doch, dass Sergo ein schwaches Herz hatte, also erscheint es durchaus plausibel«, befand Stalin. Konstantin Ordschonikidse spähte durch einen Türspalt in das Sterbezimmer, wo er Kaganowitsch und Jeschow am Fußende des Leichnams ihres ehemaligen Freundes sitzend in ein Gespräch vertieft sah. Plötzlich erschien Beria im Esszimmer, der sich wegen des bevorstehenden Plenums in Moskau aufhielt. Sinaida beschimpfte ihn sofort rabiat, stürzte auf ihn los, wollte ihn ohrfeigen und schrie: »Du elende Ratte!« Beria »verschwand sofort wieder«.

Man trug Sergos massigen Körper aus dem Schlafzimmer herüber und bahrte ihn auf dem Esstisch auf. Molotows Bruder, ein Fotograf, war schon mit seiner Kamera zur Stelle. Stalin und die Magnaten posierten neben dem Leichnam.[2]

Am 19. Februar gab die Presse den Tod Sergos durch Herzinfarkt bekannt. Mehrere Ärzte hatten das lügnerische Bulletin unterschrieben: »Gegen 17.30 Uhr, während der Nachmittagsruhe, trat plötzlich eine Übelkeit ein, und wenige Minuten später versagte das Herz.« Sergos Begräbnis zögerte zwar den Beginn des Plenums etwas hinaus, doch damit war Stalin wie von selbst ein weiteres Hindernis aus dem Weg geräumt. Maria Swanidse entsetzte der Tod des »vollendeten Bolschewiken«, und sie beschrieb unter Schock seine Aufbahrung in der Säulenhalle inmitten von »Girlanden, Musik, Blumenduft, Tränen und Ehrenwachen«. Tausende und Abertausende defilierten am offenen Sarg vorbei. Man heiligte Sergo durch einen regelrechten Kult. Einige trauerten mehr um ihn als andere. Bucharin widmete ihm ein Gedicht: »Er schlug ein wie ein Blitz in Wellengischt«, ließ aber auch einen weiteren pathetischen Brief an Stalin folgen:

»Ich wollte mich eigentlich an Klim und Mikojan wenden. Und was, wenn man auch mir etwas antut? Weil die Verleumdungen endlich ihre Wirkung erzielt haben. Ich bin gar nicht mehr ich selbst, darf nicht einmal mehr am Leichnam eines alten Genossen weinen. … Koba, ich kann so nicht weiterleben. … Ich liebe Dich wirklich leidenschaftlich. … Ich wünsche Dir schnelle, durchschlagende Siege.« Sergos Selbstmord blieb ein streng gehütetes Geheimnis. Stalin und andere, zum Bespiel die Woroschilows*, hielten seine Schwäche für enttäuschend. Im Plenum

---

* Ekaterina Woroschilowa schrieb zwanzig Jahre später in ihr Tagebuch: Vielleicht hatte Sinaida »Recht damit, dass Ordschonikidse sehr großherzig war, aber dazu habe ich meine eigene Meinung«. Sergos Tochter Eteri berichtete, dass Stalin mehrmals anrief, um die Witwe zu trösten, dann aber niemand mehr. Nur Kaganowitsch habe

warf Stalin diesem wahrhaft adligen Bolschewiken vor, sich aufgeführt zu haben wie ein »Prinzchen«.

Stalin gehörte zu den Hauptträgern der Urne, die man neben der Kirows in der Kremlmauer beisetzte. Da er spürte, dass es noch weitere Zweifler gab, erinnerte er bei der Trauerfeier deshalb Mikojan daran, auf welche Weise er im Bürgerkrieg dem Schicksal der »sechsundzwanzig Kommissare« entgangen war: »Du warst bei dieser finsteren, trüben Geschichte der einzige Überlebende, Anastas, bitte zwinge uns nicht, das aufzuklären.« Mikojan muss beschlossen haben, sich möglichst unauffällig zu verhalten, doch kann ihm dabei kaum entgangen sein, dass diese Warnung von drohendem Unheil zeugte.[3]

»Ich kann so nicht mehr leben…«, schrieb Bucharin Tage später an Stalin. »Ich bin nicht in der körperlichen und seelischen Verfassung, am Plenum teilzunehmen. … Ich trete in Hungerstreik, bis man die gegen mich erhobenen Vorwürfe des Verrats, der Sabotage und des Terrorismus fallen lässt.« Doch Bucharins Qualen fingen ja gerade erst an: Seine Frau Anna begleitete ihn durch einen heftigen Schneesturm zur ersten Sitzung. Bezeichnend ist, dass die Hauptopfer des Plenums, Bucharin und Jagoda, beide im Kreml nur wenige Türen von Stalin und den Magnaten entfernt wohnten, während man sie doch gleichzeitig beschuldigte, deren Mord zu planen.

Am 23. Februar um 18 Uhr eröffnete dieses grausame Plenum, noch unter dem Eindruck von Sergos Tod, Pjatakows Hinrichtung, der um sich greifenden Festnahmen und der von den Medien angeheizten überschäumenden Blutrünstigkeit des Publikums, seine Sitzung. Wenn es einen Moment gab, in dem Stalin zum Diktator aufstieg, der allein über Leben und Tod entschied, so diesen. Jeschow begann mit giftigen Vorwürfen gegen Bucharin und dessen angedrohten Hungerstreik.

»Ich erschieße mich nur deshalb nicht«, gab dieser zurück, »weil die Leute dann sagen würden, ich hätte mich umgebracht, um der Partei zu schaden. Doch wenn ich gleichsam dahinsieche und verhungere, haben Sie doch nichts zu verlieren!«

sie noch besucht. Jahre später sang Chruschtschew in Kunzewo ein Loblied auf Sergo, nachdem Beria sich beleidigend über ihn geäußert hatte. Stalin sagte nichts dazu. Beim Aufbruch nahm Malenkow Chruschtschew beiseite und sagte: »Warum reden Sie so unvorsichtig über Sergo? Er hat sich erschossen. Wussten Sie das nicht? Haben Sie nicht bemerkt, wie beklemmt alle waren, als sie seinen Namen genannt hatten?« Gleichwohl wurde die kaukasische Stadt Wladikawkas in Ordschonikidse umbenannt.

»Erpresser!«, zischten mehrere Stimmen.

»Du Schurke«, brüllte Woroschilow den ehemaligen Freund an. »Halt endlich die Klappe! Wie schändlich! Wie kannst du es nur wagen, so zu reden.«

»Ich weiß nicht, wie ich weiterleben soll.«

»Meinst du etwa, uns fiele es leichter?«, fragte Stalin. »Du plapperst wirklich ziemlich viel dummes Zeug.«

»Und er hat das Vertrauen der Partei missbraucht!«, fiel Andrejew ein. Diese Giftspritze ermutigte auch niedere Beamte, ihre Loyalität zu beweisen:

»Ich weiß nicht, ob es irgendeinen Grund gibt, die Angelegenheit hier weiter zu debattieren«, erklärte (der nicht mit dem Marschall verwandte) I. P. Schukow. »Solche Leute gehören erschossen wie die anderen Schurken auch!« Das war derart rabiat, dass die Anführer vor Häme johlten. Die Magnaten bildeten einen Ausschuss mit Mikojan als Vorsitzendem, um über das Schicksal Bucharins und Rykows zu entscheiden, und als diese nach schlaflosen Nächten wieder auftraten, wollte niemand mehr ihnen die Hand reichen. Kurz bevor Jeschow Bericht erstattete, musste Bucharin sich noch öffentlich von Stalin verhöhnen lassen:

»Bucharin ist in den Hungerstreik getreten. Nikolai, wem stellst du ein Ultimatum, dem Zentralkomitee? Bitte es um Entschuldigung.«

»Ihr habt doch vor, mich aus der Partei auszuschließen.«

»Bitte das ZK um Vergebung!«

»Ich bin nicht Sinowjew und Kamenew, und ich werde keine Lügen über mich absegnen.«

»Sie wollen nicht gestehen?«, fiel Molotow ein. »Damit beweisen Sie, dass Sie ein Söldner der Faschisten sind.«

Anschließend warteten Bucharin und Rykow zu Hause ab. Ersterer arbeitete in der ehemaligen Wohnung Stalins und Nadjas im »Lustschloss« wie besessen an einem Brief an die Nachwelt und an ein erhofftes Zentralkomitee der Zukunft und drängte seine erst dreiundzwanzigjährige schöne Frau Anna Larina, ihn auswendig zu lernen. »Immer wieder las Nikolai Iwanowitsch mir den Brief flüsternd vor, und ich musste ihn dann wiederholen«, schrieb sie. »Danach las und las ich ihn selbst immer wieder und sagte die Sätze leise auf. Ach, wie er mich packte, wenn ich etwas falsch machte!«[*]

---

[*] Der Brief ist vollständig abgedruckt in Medwedew, *Wahrheit*, S. 205 f.

Nicht weit davon entfernt, direkt jenseits des Flusses im Haus am Ufer, erklärte Rykow lediglich: »Sie werden mich einbuchten!« Als die bösartigen Angriffe gegen ihn immer mehr zunahmen, hatte seine Frau einen Schlaganfall erlitten, und von da an half seine geliebte, damals einundzwanzigjährige Tochter ihm täglich – wie zuvor ihre Mutter –, sich für die Auftritte im Plenum anzukleiden.

Am Ende entschied der Ausschuss über ihr Schicksal. Viele Anhänger Stalins, darunter Chruschtschew, wollten zwar ein Verfahren, jedoch »ohne Hinrichtung«. Jeschow, Budjonni und Postyschew, der seinerseits unter Beschuss stand, forderten die Todesstrafe. Molotow und Woroschilow unterstützten sklavisch »den Vorschlag des Genossen Stalin«, der allerdings rätselhaft blieb, da er anfangs auf »Verbannung«, dann aber sogleich auf »Übergabe des Falles an das NKWD« hinauslief.

Man lud Bucharin und Rykow erneut vor, und nun durchlebten beide die panische Angst und den traurigen Schmerz des vielleicht letzten Abschieds von den Liebsten. Rykow bat seine Tochter, bei Poskrebyschew anzurufen, um zu hören, welches Schicksal ihm bevorstand.

»Wenn wir ihn brauchen«, gab der nur zurück, »schicke ich Ihnen einen Wagen«, und in der Abenddämmerung rief dieser Unheilsbote an: »Gleich kommt der Wagen.« Natalja half dem gepeinigten Vater noch, den Anzug mit Weste, die Krawatte und den Mantel anzulegen. Als sie im Aufzug hinabfuhren und dann ans Ufer hinaustraten, blieb er stumm, bis vom Kreml her eine schwarze Limousine auftauchte. Vater und Tochter schauten einander an, gaben sich verlegen die Hand und küssten einander dreimal auf die Wangen. Ohne ein Wort zu sagen »bestieg mein Vater den Wagen, der ihn zum Kreml brachte«. Natalja vergaß diese Szene nicht mehr: »Und ich habe ihn nie wiedergesehen – außer in meinen Träumen.«

Als Poskrebyschew bei Bucharin anrief, versuchte Anna, ihm in dieser herzzerreißenden Trennung für immer, wie sie in den folgenden Jahren viele ereilen sollte, »Ade zu sagen«. Bald rief Poskrebyschew erneut an: Das Politbüro warte. Aber Bucharin hatte es nicht eilig. Er sank vor Anna auf die Knie: »Mit Tränen in den Augen bat er mich um Vergebung für mein durch ihn verpfuschtes Leben, bat mich aber trotzdem, unseren Sohn als Bolschewiken zu erziehen – als ›Bolschewiken ohne Fehl und Tadel‹, wie er zweimal sagte.« Er beschwor sie, den auswendig gelernten Brief der Partei zu übergeben: »Du bist jung, und du wirst es noch erleben.« Dann erhob er sich wieder, umarmte und küsste sie und sagte: »Zürne nicht, Anjutka. Es gibt zwar ärgerliche

Druckfehler in der Geschichte, aber letzten Endes wird die Wahrheit siegen.«

»Wir wussten«, schrieb Anna, »dass wir uns nie wiedersehen würden.« Sie konnte nur noch sagen: »Pass auf, dass du dir nicht untreu wirst!«, aber das war ziemlich viel verlangt. Er zog seinen Ledermantel an, ging hinaus und verschwand im Gewirr der Gassen, die sich um den Großen Kremlpalast winden.

Wenige Augenblicke später traf Boris Berman, ein fetter, protziger altmodischer Tschekist im »eleganten Anzug«, mit schweren Ringen an den Fingern und einem überlangen Fingernagel, in Begleitung mehrerer NKWD-Beamter ein, um die Wohnung zu durchsuchen. Unterdessen schlug Stalin im Plenum vor, die Beschuldigten »der Staatssicherheit zu übergeben«.

»Gibt es Wortmeldungen?«, fragte Andrejew. »Nein. Gibt es weitere Vorschläge außer dem des Genossen Stalin? Das ist nicht der Fall. Kommen wir also zur Abstimmung. ... Wer ist dagegen? Niemand. Enthaltungen? Also zwei! Damit ist der Antrag bei zwei Enthaltungen, namentlich Bucharins und Rykows, angenommen.« Jenen beiden, die einst Russland an der Seite Stalins mitregiert hatten, stand beim Verlassen des Saales die Festnahme bevor. Damit stürzte Bucharin tief. Eben noch hatte er im Kreml gelebt, mit Autos, Datschen und Personal, nun durchschritt er die Pforte der Lubianka, musste seine Habe aushändigen, sich entkleiden und eine peinliche Leibesvisitation über sich ergehen lassen, bevor er seine Sachen bis auf Gürtel und Schuhriemen zurückbekam, um mit dem üblichen Lockvogel, der ihn aushorchen sollte, eine Zelle zu teilen. Allerdings blieb Bucharin jegliche Folter erspart.

Anna Larina Bucharina sowie Rykows halb gelähmte Frau und seine Tochter Natalja wurden wenig später ebenfalls festgenommen, um anschließend fast zwei Jahrzehnte in Zwangsarbeitslagern zu verbringen.*

Bei jener hässlichen Sitzung setzte es weitere schwere Schläge, als Jeschow zum Angriff auf Jagoda ausholte. Bei seinem Bericht über Sergo sprach Molotow von 585 Saboteuren in der Schwerindustrie, und Kaga-

---

* Natalja Rykowa überlebte mehr als fünfzehn Jahre Zwangsarbeit am Weißen Meer, »dank der Schönheit der Natur, die ich dort jeden Tag in den Wäldern sah, und der Freundlichkeit der Menschen, denn dort gab es mehr gute als böse Menschen«. Der Autor dankt der nicht unterzukriegenden, inzwischen fünfundachtzigjährigen Natalja Rykowa, die heute in Moskau lebt und ihm ohne Bitterkeit, aber unter Tränen, ihre Geschichte erzählte. Anna Larina war von ihrem Sohn getrennt worden, aber auch sie hat überlebt und ihre Memoiren geschrieben.

nowitsch schwadronierte über die »Entlarvung« der Feinde bei den Eisenbahnen daher.

Anschließend führte Stalin die »heldenhafte Denunziantin« aus Kiew, Polia Nikolaenko, gegen den ukrainischen Potentaten Postyschew ins Feld. Er beschrieb sie als eine »einfache, ehrliche Genossin«, die Postyschew behandelt habe »wie eine Schmeißfliege. ... Manchmal steht das einfache Volk der Wahrheit viel näher als gewisse hohe Tiere.« Allerdings ließ er Postyschew nicht festnehmen, sondern lediglich versetzen, dennoch eine unmissverständliche Warnung: Auch ein »Fürst« des Politbüros und sein »Familienanhang« konnten sich nicht in Sicherheit wiegen. »Wir alten Mitglieder des Politbüros werden bald von der Bühne abtreten müssen«, kündigte er unheilvoll an. »Das ist das Gesetz der Natur. Aber wir sähen dann gern geeignete Nachfolger.«

Stalin kannte weder politische noch menschliche Skrupel, den Terror noch zu verschärfen: »Je weiter wir fortschreiten, und je mehr Erfolg wir haben, desto erbitterter reagieren die Überreste der vernichteten Ausbeuterklassen, und desto eher greifen sie zu extremen Formen der Gegenwehr.«[4]

»Brombeere« machte sich daran, das NKWD zu einer »geheimen Sekte«, einem heiligen Orden von auserwählten Vollstreckern umzubauen. Er, Jeschow, schickte nun die ehemaligen Beamten Jagodas aus, angeblich, um die Provinzen zu säubern, ließ sie dann jedoch in ihren Zügen festnehmen und liquidieren, wobei insgesamt etwa dreitausend Tschekisten den Tod fanden. Sicherheitschef Pauker und Stalins Schwager Redens blieben vorerst auf ihren Posten. Zwischen dem 19. und dem 21. März bestellte Jeschow einige der verschonten Beamten in den NKWD-Offiziersklub, und dort verkündete der gnomenhafte Generalkommissar ihnen, dass Jagoda schon seit 1907 (also seit seinem Parteieintritt) für das Deutsche Reich spioniere und außerdem ein korrupter Volksschädling sei. Zur Bekräftigung seiner Entschlossenheit verwies er absurderweise auf den Trug des äußeren Anscheins: »Ich mag klein von Statur sein, aber meine Hände sind stark – Stalins Hände.« Bei dem bevorstehenden Gemetzel wolle er bewusst willkürlich vorgehen: »In diesem Kampf gegen die Agenten des Faschismus kann es auch unschuldige Opfer geben«, stimmte Jeschow sie ein. »Wir führen eine Großoffensive gegen den Feind; niemand soll sich grämen, wenn unsere Bajonette die Falschen treffen. Besser zehn Unschuldige leiden, als dass ein Spion ungestraft davonkommt. Wo gehobelt wird, fallen Späne.«[5]

19

DAS MASSAKER AN DEN GENERÄLEN:
JAGODAS STURZ UND DER TOD
EINER MUTTER

Jeschow »fand heraus«, dass Jagoda versucht hatte, ihn zu vergiften. Angeblich hat er die Vorhänge in seinem Büro mit Quecksilber besprüht. Später stellte sich heraus, dass Jeschow diese Tat mit List und Tücke nur vorgetäuscht hatte. Gleichwohl nahmen Beamte Jagoda in seiner Kremlwohnung fest, noch bevor das Politbüro förmlich einen entsprechenden Befehl erteilen konnte. Dessen Macht war inzwischen also ganz offiziell auf den Kreis der so genannten »Fünf« übergegangen: Stalin, Molotow, Woroschilow, Kaganowitsch und Jeschow, obwohl Letzterer den Gremium gar nicht angehörte.[1]

Die Durchsuchung von Jagodas Residenzen – er besaß zwei Wohnungen im Zentrum Moskaus und die luxuriöse Datscha – förderte anhand einer Liste seiner Besitztümer die Ausschweifungen der NKWD-Elite zutage. So umfasste seine pornographische Sammlung 3904 Fotos plus elf der zeitgenössischen Pornofilme. Von seinen Erfolgen als Schürzenjäger zeugte ein stattliches Sortiment an Damenwäsche, doch konnten die NKWD-Bosse es nun einmal nicht lassen, ihre Macht auszunutzen. Daneben fanden sich 9 ausländische Damen- und 4 teure Fehmäntel, 3 Capes aus Robbenfell, ein weiteres aus Astrachan, 31 Paar Damenschuhe, 91 Damenmützen, 22 Damenhüte, 130 Paar ausländische Seidenstrümpfe, 10 Damengürtel, 13 Handtaschen, 11 Kostüme, 57 Blusen, 69 Nachthemden, 31 Damenjacketts, weitere 70 Seidenstrumpfhosen, 4 Seidenschals – sowie eine Kollektion von 165 anzüglichen Pfeifen und Zigarettenspitzen, außerdem ein Gummidildo.

Das Ganze krönte schließlich der makabre Fetischismus jener beiden etikettierten Projektile, die man den Schädeln Sinowjews und Kamenews entnommen hatte. Jeschow eignete sich die Kugeln in einer Art

Perversion der apostolischen Nachfolge an wie heilige Reliquien, um sie wiederum in seinem Büro aufzubewahren.[2]

Der danach wegen Diamantenhandels und Korruption beschuldigte Jagoda belastete nun unter Anleitung von Jeschow selbst die nächste Generation von Opfern, allerdings mit dem Versprechen, Jagodas Schützlinge auszusparen, bevor man seine Aussagen an Stalin weiterleitete. Binnen dreier Wochen nach Beginn dieser Verhöre am 2. April vermeldete Jeschow das Geständnis Jagodas, er habe in den späten zwanziger Jahren Rykow zum Widerstand gegen die Partei aufgehetzt. »Wenn Sie aussagen, krümme ich Ihnen kein Haar.« Daraufhin denunzierte er Pauker und gab auch das Versprühen von Quecksilber in Jeschows Büro zu. Wichtiger noch, Jagoda belastete Abel Jenukidse, gemeinsam mit Stalins Erzfeind aus Bürgerkriegszeiten, Marschall Tuchatschewski, einen Putsch angezettelt zu haben. Bis zur Eröffnung seines Verfahrens, in dem er neben Bucharin und Rykow vor Gericht stand, hatte Jagoda noch die Giftmorde an Gorki und seinem Sohn sowie den Fall Kirow auf seine Kappe genommen.

Er wusste, dass auch seinen Angehörigen und Freunden die Vernichtung drohte: In Stalins Welt galt die Regel, dass mit einem Opfer sein gesamtes Umfeld – Freunde, Verwandte und Günstlinge – von der Bildfläche verschwinden musste, und bald erschoss die Tscheka seinen Schwager und Schwiegervater ebenso wie alle Schriftsteller seines Salons. Jagodas Schwester und Eltern traf die Verbannung, von wo sein Vater an Stalin schrieb: »Wir verstoßen unseren einzigen noch lebenden Sohn wegen seiner schweren Verbrechen.« Die beiden anderen waren dem Bolschewismus bereits zum Opfer gefallen. Jetzt verlor der achtundsiebzigjährige Juwelier aus Nischni Nowgorod auch noch den dritten. Jagodas Eltern kamen später in Lagern ums Leben.

Jagoda selbst hat man offensichtlich einer Gehirnwäsche unterzogen. »Jetzt kann ich endlich das erste Mal im Leben die ganze Wahrheit über mich sagen«, seufzte der weltverdrossene Tschekist wie vor Erleichterung auf. Wladimir Kirschon, ein Dramatiker, den Stalin gerne bei seinen Stücken beriet und wenig später exekutieren ließ, leistete ihm als Lockvogel in der Zelle Gesellschaft. Jagoda fragte ihn erst, was man draußen so über ihn rede, und sinnierte dann traurig:

»Ich möchte Sie einfach nach Ida [seiner Frau] und Timoscha [Gorkis Schwiegertochter, seiner Angebeteten], dem Baby und der Familie fragen, möchte angesichts des Todes noch einige vertraute Bilder vor meinem geistigen Auge sehen.« Er sprach über seine Skrupel: »Wenn ich sicher wäre, am Leben bleiben zu dürfen, könnte ich den Tod Gorkis und seines Sohnes auf mich nehmen. Aber es ist unerträglich schwer, das unwiderruflich vor allen zu erklären, insbesondere vor Timoscha.« In einem der Verhöre bekannte Jagoda: »Sie können in Ihrem Bericht an Jeschow hinzufügen, ich hätte gesagt, es müsse doch einen Gott geben.« Auf die verwirrte Rückfrage seines Gegenübers »antwortete Jagoda halb im Ernst und halb im Scherz: ›Das ist ganz einfach. Von Stalin hätte ich für meine treuen Dienste nur Dankbarkeit verdient, von Gott aber verdiente ich die schwerste Strafe, dass ich seine Gebote unzählige Male verletzt habe. Nun schauen Sie, wo ich bin, und urteilen Sie selbst: Gibt es einen Gott oder nicht?‹«

Jagodas Geständnis zeitigte tödliche Folgen: Am 15. April nahm die Tscheka auch Pauker fest, den inzwischen vierundvierzigjährigen, bei allen Kreml-Kindern beliebten ungarischen Exfriseur, da er zu viel wisse und zu gut lebe: Stalin traute dem altertümlichen Bohemien mit seinen Auslandsbeziehungen nicht mehr. Pauker wurde am 14. August 1937 in aller Stille erschossen – das erste Opfer unter den Höflingen. Auch Jenukidse kam in Haft, und seine Exekution fand am 20. Dezember statt. Inzwischen gehörte das NKWD Stalin, der sich nun der Armee zuwandte.[3]

Am Abend des 1. Mai 1937 feierte man nach der großen Parade bei Woroschilows das übliche Fest zum Tag der Arbeit, doch diesmal herrschte eine angespannte, ja, mordlustige Atmosphäre. Wie Budjonni* berichtete, sprach Stalin im inneren Kreis offen über das bevorstehende Gemetzel: Es sei an der Zeit, »unsere Feinde zu erledigen, denn sie sitzen in der Armee, im Generalstab, ja auch im Kreml selbst«. Oft wird behauptet, Stalin habe den großen Terror allein mit Jeschow und Molotow geplant, doch dieses Zeugnis beweist, dass er sogar in geselliger Runde mit seinem gesamten Umfeld, von den Ärzten bis zum Politbüro, offen darüber sprach und sie alle wussten, dass es den Volksfeinden überall im Regime nun an den Kragen ginge. »Wir müssen unsere Gegner ohne Ansehen der Person umlegen.« Budjonni vermutete, dass er damit in erster Linie Marschall Tuchatschewski und andere ranghohe Militärs wie Jonah Jakir oder Jan Garmarnik meinte, die ausnahmslos noch wenige

---

* Semjon Budjonni veröffentlichte seine konventionellen, vorsichtigen Memoiren zwar erst lange nach Stalins Tod, aber seine persönlichen Notizen, sechsundsiebzig weitgehend unpublizierte Seiten, die seine Tochter bei sich aufbewahrte, bieten faszinierende Einsichten in die Zeitläufte. Ich danke Nina Budjonni für die Erlaubnis, daraus zu zitieren.

Stunden zuvor mit ihnen auf dem Mausoleumsdach gestanden hatten, auch wenn er im Stillen vielleicht zu irren hoffte. Allerdings drängten Woroschilow und Budjonni den *Woschd* schon seit einem Jahr, Feinde in der Roten Armee zu »vernichten«. Insofern steht zu vermuten, dass Woroschilows Gäste Stalin nicht nur unterstützten, sondern erregt anstachelten: Ein Jahr zuvor hatte Woroschilow ihm beispielsweise eine abgefangene Meldung der deutschen Botschaft an ihre Berliner Zentrale vorgelegt, derzufolge Tuchatschewski neuerdings offenbar nicht mehr »frankophil« sei, sondern inzwischen sehr »großen Respekt vor der Wehrmacht« bekundete.[4]

Tuchatschewski, Stalins Feind aus Bürgerkriegszeiten und wahrscheinlich bester General, stand ganz oben auf der Abschussliste. Dieser »kultivierte, gut aussehende, kluge und fähige Adlige«, wie Kaganowitsch ihn beschrieb, konnte Dummköpfe auf den Tod nicht ausstehen, weshalb Woroschilow und Budjonni ihn hassten. Der schneidige Schürzenjäger trat derart kraftvoll und charismatisch auf, dass Stalin ihm den Spitznamen »Napoleontschik« gab, während Kaganowitsch einen Spruch Bonapartes selbst auf ihn ummünzte: »Tuchatschewski trägt den Napoleonsstab im Tornister.«

Als ein absolut erbarmungsloser Bolschewik setzte er gegen rebellierende Bauern sogar Giftgas ein. In den späten zwanziger und frühen dreißiger Jahren plädierte er für eine massive Vergrößerung der Roten Armee und den Aufbau motorisierter Truppenverbände für den Einsatz bei so genannten »Tiefenoperationen«: Er sah die Ära der Panzer und Kampfbomber heraufziehen, was ihn in Konflikt mit jenen engen Vertrauten Stalins brachte, die noch im Zeitalter der Kavallerieattacken lebten. 1930 hatte Stalin versucht, Tuchatschewski wegen Hochverrats anzuklagen, Sergo und andere sich ihm aber erfolgreich widersetzt und dem großen Strategen dann wieder zu seinem Posten als stellvertretendem Verteidigungskommissar verholfen. Im Mai 1936 jedoch kam es erneut zum Streit mit dem reizbaren, rachsüchtigen Woroschilow, der sich dermaßen über Tuchatschewskis berechtigte Kritik ereiferte, dass er ihn anschrie: »Lecken Sie mich doch am Arsch!« Zwar vertrugen die beiden sich anschließend wieder, aber es war gerade jene Zeit, als man die ersten Generäle der Roten Armee festnahm und verhörte, um belastendes Material gegen Tuchatschewski zu sammeln. Im Januar schließlich förderte der jüngste Schauprozess weitere Namen von Generälen zutage. Jagoda, Jenukidse und die unbedarften Militärs lieferten immer neuen Brennstoff für den großen Scheiterhaufen.

Am 11. Mai verlor Tuchatschewski endgültig seinen Posten als stellvertretender Kommissar und sah sich in den Distrikt Wolga strafversetzt. Am 13. klopfte Stalin ihm beruhigend auf die Schulter und versprach, er werde bald wieder in Moskau sein. Er hielt Wort, denn am 22. Mai nahmen Beamte Tuchatschewski fest und brachten ihn in die Hauptstadt zurück. Jeschow und Woroschilow leiteten anschließend die Inhaftierung fast des gesamten Oberkommandos in die Wege.

Jeschow persönlich überwachte die Verhöre. Bei einem Treffen mit Stalin riet Wyschinski in dem Versuch, sich bei ihm lieb Kind zu machen, zum Einsatz von Folter.

»Sorgen Sie dafür«, befahl Stalin seinem »Brombeerchen«, das sofort in die Lubianka eilte, um sich an den Qualen des Marschalls zu ergötzen: »Doch wir müssen Tuchatschewski zwingen, wirklich alles zu sagen. ... Er kann nicht auf eigene Faust gehandelt haben.« Die Folterknechte machten sich ans Werk.[5]

Inmitten dieses Dramas starb am 13. Mai 1937 Stalins Mutter im Alter von siebenundsiebzig Jahren. Drei Professoren und zwei Doktoren unterschrieben die Sterbeurkunde und gaben darin als Todesursache Herzversagen nach Arteriosklerose an. Poskrebyschew genehmigte die offiziellen Todesanzeigen*, und Stalin persönlich verfasste auf georgisch den Text für die Inschrift der Kranzschleife: »Meiner lieben und geliebten Mutter von ihrem Sohn Josef Dschugaschwili« – verwendete also seinen Geburtsnamen, vielleicht um den Abstand zwischen Soso und Stalin zu betonen. Mit dem Komplott gegen Tuchatschewski beschäftigt, fuhr er nicht zur Beerdigung, sondern ließ sich dort von Beria nebst Frau und Sohn Sergo vertreten, erkundigte sich aber hinterher eingehend nach dem genauen Ablauf.[6]

Einige Tage später gestand ein völlig gebrochener Marschall Tuchatschewski, wie Stalin aus den detaillierten Berichten Jeschows erfuhr, dass Jenukidse ihn 1928 angeworben und er daraufhin im Rahmen einer Verschwörung gemeinsam mit Bucharin die Machtergreifung als Marionette der Deutschen geplant habe. Das Papier von Tuchatschewskis Geständnis ist mit bräunlichen Flecken besprenkelt, die sich bei näherer Analyse als Blutspritzer erwiesen.

---

* In ihrer Wohnung befanden sich Büsten von Stalin und Porträts von Lenin und Stalin. Sie besaß Anleihen im Wert von 505 Rubel, hinterließ ihren Freundinnen 42 Rubel 20 Kopeken an Bargeld, darüber hinaus 4533 Rubel an Guthaben und Lotterielose im Wert von 3 Rubel. In ihrem Schlafzimmer fanden sich einige Päckchen Zigaretten sowie weitere Porträts von Stalin und, bezeichnenderweise, von Beria.

Stalin musste das Politbüro erst noch von der Schuld seiner Solda-
teska überzeugen. Einer der inhaftierten Kommandeure, Jakir, war sehr
eng mit Kaganowitsch befreundet, den Stalin nun im Politbüro näher
nach ihrem Verhältnis befragte. Der erinnerte allerdings daran, dass Stalin selbst auf die Förderung Jakirs gedrängt hatte, sodass der *Woschd* nur
noch verlegen murmeln konnte: »Ja, ganz richtig, alles in Ordnung. ...
Damit ist die Sache erledigt.« Angesichts der grotesken, den Generälen
abgerungenen Geständnisse glaubte Kaganowitsch schon an »eine Verschwörung der Offiziere«. Auch Mikojan war mit einigen der Inhaftierten befreundet, und Stalin las ihm nun Auszüge aus Uborewitschs Selbstbezichtigung als deutscher Spion vor:

»Es scheint unglaublich«, räumte er ein, »ist aber eine Tatsache. Sie
haben alles gestanden« – ja, sogar jede einzelne Seite ihrer Vernehmungs-
protokolle abgezeichnet, um »Fälschungen« auszuschließen.

»Ich kenne Uborewitsch gut«, betonte Mikojan, »und weiß, dass er
ein grundehrlicher Mann ist.« Deshalb versicherte Stalin ihm ausdrücklich, dass die Generäle vor ein Militärgericht gestellt würden. »Diese
Leute verstehen ihr Handwerk und werden gewiss herausfinden, was
hier wahr ist und was nicht.«[7]

Stalin schob noch den stellvertretenden Premier Rudsutak nach und
ließ damit erstmals ein (kandidierendes) Politbüromitglied festnehmen, vielleicht um den Druck auf die anderen zu erhöhen. »Er hatte
sich zu häufig mit spießbürgerlichen Subjekten herumgetrieben«, gab
Molotow an, was in bolschewistischer Verschlüsselung »kultivierte
Freunde« bedeutete, »und sich uns als eine Art Lebemann entfremdet«.
Wie üblich bei alten Verbündeten, galt Rudsutak inzwischen als unzuverlässig. Wenn Stalin direkt nach Kirows Tod, als sich der einstige
Weggefährte von ihm verleumdet sah, noch abgewiegelt hatte: »Sie irren sich, Rudsutak!«, so nahmen ihn jetzt Tschekisten beim Essen mit
einigen Tänzerinnen fest. Die Damen sollen in der Lubianka noch Wochen später ihre mittlerweile zerfetzten Ballkleider getragen haben. »Er
war in die Sache verstrickt ... hatte Umgang mit Gott weiß was für
Leuten, mit Frauen...«, erklärte Molotow, und Kaganowitsch fügte
hinzu, »sogar mit jungen Mädchen«. Vielleicht habe man ihn nur wegen seines zweifelhaften Umgangs erschossen. Molotow schränkte jedoch ein: »Ich glaube nicht, dass er bewusst [an einem Komplott] mitwirkte«, aber jedenfalls habe er sich schuldig gemacht: »Man darf
nichts auf den persönlichen Eindruck geben, denn schließlich lag ja
genug belastendes Material gegen ihn vor.« Unterdessen begann das

NKWD, viele der Altbolschewiken zu inhaftieren, besonders jene hartnäckigen »alten Säcke« aus Georgien, die sich Stalin in die Quere gestellt hatten.

Zuerst beriet man getreu der Parteitradition in den Gremien ausführlich über die Maßnahmen. Die vorliegenden abgezeichneten Stimmzettel
zeugen von der abscheulichen Bosheit dieses Vorganges. Gewöhnlich vo-
tierten die Funktionäre einfach mit »Ja« oder »Genehmigt«, aber manchmal schienen sie derart darauf erpicht, ihren Eifer zu bekunden, dass sie
dicke Ausrufezeichen hinzufügten*: »Bedingungslos ja!«, erklärte Budjonni zu den Festnahmen Tuchatschewskis und Rudsutaks. »Man muss
dieses Pack erledigen.«[8] Marschall Jegorow, dessen Frau (die Schauspielerin, mit der Stalin an jenem ominösen Abend des 8. November 1932
geflirtet hatte) bereits unter Beobachtung stand, schrieb: »Alle diese Verräter gehören als die übelsten Volksfeinde und der widerwärtigste
Abschaum vom Erdboden ausradiert.«[9]

Am 1. Juni traten Stalin, Woroschilow und Jeschow im Kreml vor
hundert ranghohen Militärs auf und eröffneten ihnen die weitgehende
Durchsetzung des Oberkommandos mit deutschen Spionen. Woroschilow, der die »konterrevolutionäre faschistische Verschwörerbande« entlarvt habe, stehe den Konspirateuren nahe und bekenne sich schuldig, es
selbst nicht habe glauben zu wollen. Am nächsten Tag ergriff Stalin
nochmals das Wort und beschwor ein über dieser schrecklichen Versammlung liegendes Miasma des Geheimnisvollen:

»Ich hoffe, niemand hier zweifelt am Ausmaß des militärisch-politi-
schen Komplotts«, drohte er und erklärte, Trotzkisten wie Bucharin, Rykow, Jenukidse, Jagoda und Rudsutak hätten Tuchatschewski besto-
chen. Und wie in jedem echten Spionageroman brachte er auch das
Motiv des *chercher la femme* ins Spiel und ließ damit Tuchatschewskis
und Jenukidses Schwächen anklingen: »In der deutschen Hauptstadt
Berlin treibt eine erfahrene Spionin ihr Unwesen ... Josephine Heinze,
eine sehr schöne Frau. ... Sie hat Jenukidse den Kopf verdreht und später bei der Anwerbung Tuchatschewskis geholfen.« Da Beamte schon

---

* Manchmal ging ihnen nach, dass sie irgendeine Boshaftigkeit vergessen hatten.
So schrieb Weinberg: »Als ich heute für den Ausschluss Rudsutaks und Tuchatschewskis aus dem Zentralkomitee stimmte, fiel mir wieder ein, dass ich es beim
Ausschluss von Eliawa und Orachelaschwili versehentlich unterlassen hatte, die Worte ›und Abgabe ihrer Akten an das NKWD‹ hinzuzufügen, also informiere ich Sie hiermit darüber, dass ich nicht nur für den Ausschluss aller dieser Verräter, sondern auch
für die Abgabe ihrer Akten an das NKWD eintrete.«

während der Sitzung Offiziere abführten, konnte es kaum überraschen, dass die verschonten nun Stalins Kurs unterstützten.[10]

Woroschilow schwelgte in Rachegelüsten. »Ich habe Tuchatschewski nie getraut, eigentlich auch Uborewitsch nicht. ... Sie waren Schurken...«, erklärte er dem Verteidigungskommissar, Stalins Märchen von der sexuellen Lasterhaftigkeit ausschmückend. »Genossen«, betonte er, »unsere Säuberungen genügen noch nicht. Ich persönlich zweifle nicht daran, dass manche Leute ohne sich etwas dabei zu denken nur so daherreden und plappern: ›Es wäre gut, Stalin oder Woroschilow umzubringen.‹ ... Aber unsere Regierung wird solche Elemente ausrotten.«

»Richtig«, rief sein Publikum heftig applaudierend.

»Denn sie sind entartet«, donnerte Woroschilow, »und bis ins Mark verkommen!«[11]

Am 9. Juni vernahm Wyschinski persönlich die Beschuldigten und berichtete Stalin zweimal im Kleinen Eck darüber, wo er gegen 22.45 Uhr eintraf. Das Politbüro prüfte die Eingaben der Offiziere. Auf Jakirs Gesuch vermerkte Stalin:

»Dieser Schuft und Strichjunge.«

»Eine absolut zutreffende Beschreibung«, fügte Woroschilow sklavisch hinzu. Molotow setzte einfach seinen Namen darunter, aber Jakirs bester Freund, Kaganowitsch, musste diesem noch einen Fluch hinterherschicken:

»Für so einen Schurken, Schweinehund und W...r gibt es nur eine Strafe, die Hinrichtung.«[12]

Am 11. Juni berief der Oberste Gerichtshof ein besonderes Militärtribunal ein, um die »Verräter« abzuurteilen. Der reptilienhafte Ulrich vertrat das Kollegium, doch als Hauptrichter fungierten die befehlshabenden Marschälle selbst. Budjonni tat sich als einer der Aktivsten hervor, und lastete den Angeklagten »Sabotage« an, weil sie darauf gedrängt hatten, Panzerdivisionen ins Leben zu rufen.

»Mir kommt das alles vor wie ein böser Traum«, erklärte Tuchatschewski zu den Vorwürfen. Ominöserweise beschuldigte man die Generäle unter anderem, einem »zweiten Vaterland« zu dienen, vielleicht auf den bessarabischen Juden Jakir gemünzt. Die meisten der Richter packte kaltes Entsetzen. »Morgen könnte ich dort stehen«, sagte einer von ihnen, Korpskommandeur Below, anschließend zu Freunden (womit er sehr Recht hatte). Noch am selben Tag, um 22.35 Uhr, ergingen gegen alle die Todesurteile. Ulrich eilte sofort zu Stalin hinüber, der schon mit Molotow, Kaganowitsch und Jeschow auf seinen Bericht wartete und ohne weitere Prüfung bloß »einverstanden« murmelte. Anschließend begleitete Jeschow den Richter zurück, um die Hinrichtungen zu überwachen, die in den frühen Morgenstunden des 12. Juni stattfanden. Wie immer zeigte sich Stalin auf sadistische Weise neugierig.

»Was waren Tuchatschewskis letzte Worte?«, fragte er Jeschow.

»Der Schuft sagte, er sei der Heimat und dem Genossen Stalin ergeben. Er bat um Nachsicht, aber es wurde schnell klar, dass er sich verstellt und die Waffen nicht gestreckt hat.«

Später ließ das Regime alle beteiligten Richter außer Ulrich, Budjonni und Schapschnikow erschießen. Da Budjonni offenbar Bedenken gegen den Terror hegte, trafen direkt nach dem Prozess NKWD-Beamte bei ihm ein, um ihn festzunehmen. Doch er zog kaltblütig seine Pistole, richtete sie auf den Anführer der Tschekisten und rief bei Stalin an, der die Aktion daraufhin abblies. Semjons Frau kam indes nicht so glimpflich davon.

Woroschilow entfesselte eine radikale Säuberung der Armee und forderte ausdrücklich in Briefen an das NKWD die Inhaftierung von dreihundert Offizieren: Am 29. November 1939 rühmte er sich, vierzigtausend Offiziere aussortiert und dafür hunderttausend neue eingesetzt zu haben. Insgesamt starben drei der fünf Marschälle, fünfzehn der sechzehn Kommandeure, sechzig der siebenundsechzig Korpskommandeure und alle siebzehn Kommissare durch von ihm angeordnete Erschießungen. Bei informellen Sitzungen mit Offizieren setzte sich auch Stalin selbst nachdrücklich für die Hexenjagd ein:

»Wir wissen bisher nicht, ob wir offen über Volksfeinde sprechen dürfen oder nicht…«, fühlte Marinekommandeur Lauchin vor.

»In der Öffentlichkeit?«, fragte Stalin nach.

»Nein, hier, unter uns.«

»Wir müssen es sogar – das ist Ehrensache!«, brummte Stalin. Dann gingen die Kommandeure einzelne Offiziere durch.

»Gorbatow macht sich schon Sorgen«, berichtete Kulikow, ein Divisionskommandeur aus der Ukraine.

»Warum sollte er beunruhigt sein«, fragte Stalin, »wenn er ein ehrlicher Mann ist?«

»Ich persönlich würde ihn nicht unbedingt für sauber halten. Er hat eindeutig Kontakte«, sagte Kulikow.

»Wirkt er irgendwie nervös?«, wollte Stalin wissen.

Nur die Armee hätte seinen Coup jetzt noch stoppen können: Grund genug für die gezielte Ausschaltung des Oberkommandos. Möglicherweise wusste man im Generalstab über Stalins Vergangenheit als im Auftrag der Ochrana tätiger Doppelagent Bescheid, doch die übliche Erklärung für sein radikales Vorgehen lautet, dass er aufgrund deutscher Fehlinformationen einen Militärputsch fürchtete. Hitlers Oberspion Heydrich hatte nämlich passendes Belastungsmaterial ausgeheckt, das der tschechische Präsident Beneš ahnungslos an Stalin weiterleitete. Allerdings lagen im Verfahren gegen Tuchatschewski keine deutschen Geheimdokumente vor, und das erübrigte sich auch, da Stalin ihn, ungeachtet aller deutschen Verwirrspiele oder mysteriösen Ochrana-Akten, sowieso vernichtet hätte. Immerhin spielte er schon seit 1930, also nicht erst seit Hitlers Machtergreifung, mit diesem Gedanken. Im Übrigen neigten Stalin und seine Leute zu der Überzeugung, dass man Offiziere bereits beim leisesten Verdacht ausmustern und physisch vernichten musste. In einer undatierten Notiz erinnerte er Woroschilow an die Festnahmen des Sommers 1918: »Auch damals«, schrieb er, »wollten wir diese Offiziere eigentlich massenhaft erschießen.« Also das alte Lied.[13]

Bei dem Gemetzel ging Woroschilow ein Mann zur Hand, der die bevorstehende Tragödie der Roten Armee fast personifizierte: Stalin und Jeschow planten ihre Öffentlichkeitsarbeit immer gemeinsam mit dem *Prawda*-Herausgeber Lew Mechlis, einem der außergewöhnlichsten Höflinge, der jetzt mit Macht auf die politische Bühne drängte und zum Mephistopheles des Militärs mutierte. Selbst Stalin hielt ihn für einen kaum zu bremsenden »Fanatiker« und prangerte oft seinen »absurden Übereifer« an.

Mechlis, der Mann mit dem Vogelgesicht, das sein schwarzer Haarschopf heiligenscheinartig umschloss, spielte auf seine Weise eine ebenso starke Rolle wie Molotow oder Beria. 1889 in Odessa geboren, hatte er bis 1903 die Schulbank gedrückt, infolge von Flirts mit anderen Parteien aber erst 1918 zu den Bolschewiken gefunden, um während des Bürgerkriegs auf der Krim als Kommissar erbarmungslos Tausende von Opfern hinrichten zu lassen. Stalin lernte er während des Polenfeldzugs kennen und schaute ihm als einer seiner Gehilfen die schmutzigsten Tricks ab. Seinem »lieben Genossen Stalin«, dem er mit fast neurotischer Blutrünstigkeit zuarbeitete, treu ergeben, schien er zu tatkräftig und talentiert, um wie ein Poskrebyschew im Hinterzimmer zu versauern. Verheiratet mit einer Ärztin, hängte er im Kinderwagen am roten Samtband ein Leninporträt auf und führte in einer speziell dafür angelegten Kladde genau Buch über die Lernfortschritte des Neuen Menschen. 1930 ernannte Stalin ihn zum Herausgeber der *Prawda,* wo er sich durch seinen brutalen Umgang mit den Autoren hervortat.*

Mechlis, der es beim zaristischen Militär nur bis zum Unteroffizier gebracht hatte, stieg nun zum stellvertretenden Volkskommissar für Verteidigung und Leiter der politischen Abteilung auf, um gleich einem apokalyptischen Reiter über die Rote Armee herzufallen.[14] Derweil heckten Stalin und seine Fünf ein flächendeckendes Gemetzel aus, dem bald eine ganze Generation zum Opfer fallen sollte.

* Kurz nach Bekanntgabe der Erschießungen jener Generäle nahm Mechlis Anstoß daran, dass sich der »proletarische Dichter« Demian Bedni den Anweisungen widersetzte und unter dem Pseudonym Conrad Rotekempfer heimlich Dante'sche Verse (wie ein anifaschistisches Poem mit dem Titel »Hölle«, vgl. dazu Medwedew, *Wahrheit,* S. 224) verfasste. Daraufhin wandte er sich sofort an Stalin: »Was soll ich tun? Er bezeichnet das als sein literarisches Privatvergnügen.« Stalin antwortete mit triefendem Sarkasmus: »Sie können Demian meine Antwort ruhig vorlesen. Für einen offenbar neuen Dante, alias Conrad, ach nein, Demian Bedni, erschiene eine Fabel oder ein Poem wie ›Friss oder stirb‹ eher mittelmäßig. Als Kritik am Faschismus wäre dergleichen unoriginell und fad, als Kritik am Aufbau der Sowjetunion (kein Scherz) zwar dumm, aber durchsichtig. Kurz, es ist Schund, und da wir [das sowjetische Volk] schon zu viel davon haben, müssen wir bessere Fabeln fördern. ... Ich bitte Demian-Dante, meine Offenheit zu entschuldigen.« Mechlis schloss alle Briefe Stalins im Tresor ein und holte sie heraus, um Journalisten damit zu beeindrucken, die er zuvor kokett fragte, ob ihnen die Schrift bekannt vorkomme. »Am 21. Juli«, berichtete er Stalin wenig später, »habe ich mitten in der Nacht Bedni vorgeladen, um sein Gedicht zu kritisieren« – und ihm den vernichtenden Brief Stalins vorzulesen. Bedni sagte nur, »ich bin eben verrückt ... vielleicht auch zu alt. Vielleicht sollte ich aufs Land gehen und Kohlköpfe anbauen.« Selbst diese Äußerung erschien Mechlis noch verdächtig, und er regte an, Bedni festnehmen zu lassen. »Vielleicht ist er in etwas verstrickt.« Stalin unternahm nichts. Zwar verbot er Bedni das Haus, ließ ihn aber auf freiem Fuß. Er starb 1945.

20

BLUTBAD NACH QUOTEN

Man gab nicht einmal mehr Namen vor, sondern setzte fortan nur noch in die Tausende gehende Quoten von Exekutionen fest. Am 2. Juli 1937 wies das Politbüro seine örtlichen Sekretäre an, »die aggressivsten antisowjetischen Elemente« festzunehmen und zu erschießen. So genannte *Troikas*, standrechtliche Tribunale, gewöhnlich aus einem Parteisekretär, einem Amtsanwalt und dem jeweiligen NKWD-Chef bestehend, urteilten sie ab.

Als Ziel galt, alle Volksfeinde und unverbesserlichen Gegner des Sozialismus »ein für alle Mal auszuschalten«, um die Klassenschranken möglichst schnell beseitigen und auf diese Weise das Arbeiter- und Bauernparadies herstellen zu können. Das Gemetzel erschien aus Sicht des Bolschewismus insofern sinnvoll, als der Glaube und Idealismus der neuen Religion ja darauf basierte, den Klassenkonflikt systematisch abzuschaffen. Daraus ergab sich fast selbstverständlich die Konsequenz, die Mordquoten ähnlich anzusetzen wie jene des Fünfjahresplans. Auf Einzelheiten kam es nicht an: Es war ein in Kannibalismus umschlagender Klassenkampf. Am 30. Juli legten Jeschow und sein Stellvertreter Michail Frinowski dem Politbüro die Verordnung Nr. 00447 vor, wonach die Regionen zwischen dem 5. und 15. August zweierlei Quoten erhalten würden: Kategorie 1: zu erschießen. Kategorie 2: zu deportieren. Unter die erste sollten 72 950, unter die zweite 259 450 Personen fallen. Allerdings hatten sie mehrere Gebiete vergessen, doch diese konnten selbst eigene Listen aufstellen. Die Deportation erstreckte sich auf alle Angehörigen. Das Politbüro stimmte dem Vorschlag am nächsten Tag zu.

Als sich die Hexenjagd ihrem Höhepunkt näherte, kam die Maschinerie des Tötens, angekurbelt durch Eifersüchteleien und blinden Ehrgeiz, bald dermaßen auf Touren, dass ihr immer mehr Menschen zum Opfer fielen. Die Regionen hatten ihre Quoten schnell erfüllt und baten deshalb um höhere Zuteilungen, woraufhin das Politbüro vom 28. August bis zum 15. Dezember weitere zunächst 22 500 und dann 48 000 Erschießungen bewilligte. Das Töten trug oft Züge grober Willkür: Eine lange zurückliegende Beleidigung, ein Flirt mit der Opposition, Neid auf den Beruf, die Frau oder das Haus eines Nachbarn, Rache oder purer Zufall konnten ganze Sippen ins Verderben stürzen. Es kam nicht so genau darauf an: »Besser zu viel als zu wenig«, ermutigte Jeschow seine Schergen, nachdem die Quoten der Verordnung Nr. 00447 bereits bei 767 397 Festnahmen und 386 798 Exekutionen standen, mit den entsprechenden Massen an zerstörten Familien und verwaisten Kindern.*

Daneben knöpfte Jeschow sich »nationale Kontingente« vor, das heißt er plante die Morde an Polen, Volksdeutschen und anderen ethnischen Gruppen, und unterschrieb am 11. August die Verordnung Nr. 00485, um »polnische Abweichler- und Spionagegruppen« zu liquidieren. So brachte er fast alle polnischen Kommunisten, die meisten Polen in der Bolschewikenführung sowie ihre »sozialen und konsularischen Kontakte« zur Strecke – selbstverständlich nebst Frauen und Kindern. Bei dieser Operation nahmen die Behörden rund 350 000 Personen fest (davon 144 000 Polen) und ließen 247 157 (110 000 Polen) exekutieren – wiederum ein kleiner Genozid. Schon hier sei erwähnt, dass es Stalins Umfeld diesmal besonders schwer traf.** Insgesamt kommen die jüngsten Schätzungen der Quoten und nationalen Kontingente

---

* In einer Debatte zum Thema postulierten Autoren wie Robert Conquest, dass Stalin selbst den Terror initiierte und steuerte, während die so genannten Revisionisten ihn auf den Druck ehrgeiziger junger Beamter und eigenmächtige Maßnahmen der Regionen zurückführten. Die Archive bestätigen jetzt Conquests Auffassung, wiewohl es auch zutrifft, dass die Provinzen ihre Quoten übererfüllten, was den Revisionisten zumindest teilweise Recht gibt. Die beiden Sichtweisen ergänzen einander also.

** Auch 170 000 Koreaner wurden deportiert. Bald kamen Bulgaren und Mazedonier hinzu. Stalin zeigte sich hocherfreut über die Polen-Aktion und schrieb auf Jeschows Bericht: »Sehr gut! Wir müssen diesen polnischen Spionagesumpf auch in Zukunft trockenlegen, im Interesse der UdSSR alle vernichten!« Wenn diese Operation vor allem Polen und Deutsche traf, so blieben auch andere Nationen nicht verschont. Die Deportationen erfassten Kurden, Griechen, Finnen, Esten, Iraner, Letten, Chinesen, Rückkehrer von der mandschurischen Eisenbahn und Rumänen. Das NKWD erschoss auch 6311 Priester, Würdenträger und kommunistische Beamte, etwa vier Prozent der Einwohner des Satellitenstaates Mongolei, wo Marschall Tschoibalsang, eine Art Parodie auf Stalin, das dortige Pendant Tuchatschewskis, Marschall Demid, festnehmen und hinrichten ließ.

bei diesen Maßnahmen auf etwa 1,5 Millionen Festnahmen und 700 000 Erschießungen.[1]

»Zuschlagen, wahllos vernichten«, wies Jeschow seine Häscher an. Und jene, die sich bei der Zerschlagung »konterrevolutionärer Formationen innerhalb und außerhalb der Partei … Polen, Deutschen und Kulaken« als »einsatzmüde« erwiesen, mussten ihrerseits mit der Vernichtung rechnen, sodass fortan die meisten »einander mit gigantischen Opferzahlen zu überbieten trachteten«. Jeschow, der zweifellos im Auftrag der mächtigen »Fünf« handelte, stellte sogar ausdrücklich klar: »Wenn diese Operation tausend mehr trifft, so kommt es nicht darauf an.« Da Stalin und er die Quoten ständig weiter erhöhten, fielen hie und da deutliche Überschüsse an, entscheidend war jedoch die bewusste Vernichtung eine ganzen »Kaste«. Diese erforderte eine kolossale Organisationsleistung. Dabei ordnete Jeschow sogar an, mit welchen Büschen man die Massengräber bepflanzen sollte.[2]

Nachdem das Massaker seinen Lauf genommen hatte, zeigte sich Stalin seinem Volk kaum noch, es sei denn, um publikumswirksam Kinder oder pittoreske Delegationen zu begrüßen. Daher ging das Gerücht um, er wisse gar nicht, was Jeschow da anrichtete. 1937 und 1938 sprach Stalin nur zwei- beziehungsweise einmal öffentlich und strich alle Urlaube (erst 1945 fuhr er wieder gen Süden). In beiden Jahren hielt Molotow die Ansprache zum 6. November. Eines Tages traf der Schriftsteller Ilja Ehrenburg auf der Straße Pasternak, der ihm heftig zuwinkte: »Wenn doch endlich jemand Stalin etwas davon sagen würde!«, platzte er heraus. Und der Theaterdirektor Meyerhold erklärte: »Die halten das vor Stalin geheim«, während Isaak Babel, der Liebhaber von Jeschows Frau, »des Pudels Kern« fand: »Selbstverständlich hat Jeschow seine Finger mit im Spiel, aber am Drücker sitzt ein anderer.«[3]*

Stalin, als der große Vordenker, trug also keineswegs die alleinige Schuld an dem Massaker. Ja, es ist weder historisch zutreffend noch besonders hilfreich, den Terror einem Einzelnen anzulasten, zumal die systematischen Morde schon kurz nach Lenins Machtergreifung 1917 begonnen hatten. Das System rechtfertigte den Mord im Jetzt mit der Aussicht auf das künftige Glück. Der Terror zeugte indes nicht allein von Stalins Ungeheuerlichkeit, sondern zweifellos auch von seinem au-

---

* Nadeschda Mandestam wies auf eine damals noch herrschende Verklärung hin: »Bis zum Jeschow-Terror sei alles gut und auch selbst die Jeschow-Zeit nicht so schlecht gewesen« (vgl. *Das Jahrhundert der Wölfe*, S. 186).

ßerordentlichen Charisma, verbunden mit List, Tücke und Rachsucht, sodass er ihn nach Belieben prägen, ausdehnen und beschleunigen konnte. »Der höchste Genuss«, beichtete er Kamenew, »ist für mich, den Feind zu stellen, alles genau vorzubereiten, sich weidlich zu rächen und dann schlafen zu legen.« Ohne Stalin wäre das Desaster unmöglich gewesen, doch spiegelte es auch die hasserfüllte Kleinkariertheit der inzestuösen bolschewistischen Sekte wider, in der seit den Jahren der Verbannung und des Bürgerkriegs giftige Eifersüchteleien brodelten. Allerdings betrachteten Stalin und seine Fraktion jene Zeit als ihre Sternstunde, und 1937 schwelgte er bei einem Zarizyn-Gedenktreffen vor einer Gruppe von Offizieren in alten Erinnerungen:

»Wir gingen mit Woroschilow nach Zarizyn«, hob er an. »Wir hatten den Feind binnen einer Woche aufgespürt, obwohl wir nicht viel von militärischen Dingen verstanden, weil wir ihn nach seinen Ränken beurteilten, und wenn unsere heutigen Kader es genauso halten, werden wir bald auch die Volksfeinde in der Roten Armee aufgespürt haben.«[4] Das Wiederaufleben des Antibolschewismus in Deutschland schuf klare Fronten, und der spanische Bürgerkrieg setzte neue Maßstäbe des Verrats und der Brutalität. Die wirtschaftlichen Katastrophen taten ein Übriges: Molotows Unterlagen zeigen, dass noch 1937 verbreitet Hungersnot und sogar Kannibalismus herrschten.[5]*

Unter den Granden grassierte eine ungeahnte Korruption: Jagoda schien mit Staatsgeldern ganze Paläste zu betreiben und Diamanten zu horten, Jakir vermietete Datschen im Stil eines Maklers. Die Frauen von Marschällen wie Olga Budjonni und ihre Freundin Galina Jegorowa, der Schwarm Stalins bei Nadjas letztem Abendmahl, blühten in Botschaften und Salons auf, »die mit ihren glänzenden Gesellschaften und vornehmen Garderoben an die glitzernden Empfänge ... eines aristokratischen Russland erinnerten«.

»Warum haben sich die Preise mehr als verdoppelt und gibt es in den Geschäften fast nichts zu kaufen?«, fragte sich Maria Swanidse in ihrem Tagebuch. »Wo bleiben Baumwolle, Flachs und Wolle, wenn man ständig Orden für die Übererfüllung des Planes verleiht? Und dann der Bau privater Datschen ... verrückte Ausgaben für Prachtvillen und Ferienhäuser?«[6]

---

* Am 14. April 1937 informierte der Generalstaatsanwalt Wyschinski den Premier schriftlich über mehrere Fälle von Kannibalismus in Tscheliabinsk (Ural), wo eine Frau ein vier Monate, eine andere ein drei Monate und eine dritte zusammen mit ihrem dreizehnjährigen Sohn ein acht Jahre altes Kind ihrem Hunger geopfert hatten.

Die Verantwortung lag letztlich auch bei den Hunderttausenden von Beamten, die jene Morde anordneten oder selbst begingen. Stalin und seine Magnaten ließen begeistert, rücksichtslos, ja, fast freudig und in der Regel sogar unersättlich töten – und keiner von ihnen wurde je für diese Verbrechen zur Rechenschaft gezogen.[7]

In seinem engeren Kreis sprach Stalin erstaunlich offen über das große Ziel, alle Feinde »zu erledigen«, zum Beispiel bei Woroschilows Maifeier, wie von Budjonni berichtet. Außerdem scheint er seinen Terror gerne mit dem Massaker Iwans des Schrecklichen an den Bojaren verglichen zu haben. »Wer wird sich in zehn Jahren – oder in zwanzig Jahren – an all diese Schufte erinnern? Niemand. Wer erinnert sich heute an die Bojaren, die ›Grosni‹ [Iwan der Schreckliche] beseitigt hat?* Das Volk muss wissen: Er ›beseitigt‹ seine Feinde. Schließlich und endlich bekam jeder das, was er verdiente.«

»›Das Volk versteht, Josef Wissarionowitsch, es versteht und unterstützt‹, bestätigte Molotow automatisch.« In einem ganz ähnlichen Duktus sagte Stalin zu Mikojan: ›Iwan hat noch zu wenige Bojaren umgebracht. Der hätte sie besser gleich alle ausrotten sollen, um einen starken Staat zu schaffen.« Die Magnaten konnten sich also keineswegs über Stalins Natur täuschen, wie sie später behaupteten.[8]

Während die Regionen ihre horrenden anonymen Quoten voller Eifer übererfüllten, ließ Stalin auch Tausende seiner alten Bekannten töten. Jeschow suchte ihn fast täglich auf. Innerhalb von nur anderthalb Jahren waren 5 der 15 Politbüromitglieder, 98 der 139 Angehörigen des Zentralkomitees und 1108 der 1966 Delegierten des XVII. Parteitages inhaftiert. Jeschow legte Stalin 383 Dokumente mit namentlich benannten Opfern vor, versehen mit dem Zusatz: »Ich bitte um Zustimmung, sie alle der 1. Kategorie zuzuordnen.«

Die meisten der Todeslisten zeichneten Stalin, Molotow, Kaganowitsch und Woroschilow, viele aber auch Schdanow und Mikojan ab. Am 12. November 1938 zum Beispiel gaben Stalin und Molotow ihr Plazet für 3167 Exekutionen. Gewöhnlich schrieben sie lapidar »Dafür«, WMN oder *Wischka* darunter. Molotow räumte ein: »Ich habe die meisten – ja, fast alle – Arrestlisten abgezeichnet. Wir debattierten und trafen eine Entscheidung. Immer in Eile. Konnte man da noch in Einzelheiten

---

* Das erinnert auf unheimliche Weise an Hitlers Kommentar zur Judenvernichtung, die er mit dem türkischen Gemetzel an den Armeniern 1915 verglich: »Wer redet heute noch über die Ausrottung der Armenier?«

gehen? … Manchmal traf es Unschuldige. Ganz eindeutig ließen wir ein bis zwei von zehn zu Unrecht festnehmen, den Rest aber mit gutem Grund.« Wie Stalin sagte: »Besser ein unschuldiger Kopf weniger, als im Krieg zu lange gezögert.« Aufgrund dieser Namenregister ordneten sie rund 39 000 Hinrichtungen an. Stalin versah sie mit eigenen Bemerkungen, »Genosse Jeschow, die mit ›Arr‹ gekennzeichneten Personen sind festzunehmen, falls noch nicht erfolgt.« Mitunter schrieb er lediglich: »Alle 138 erschießen.« Wenn Molotow regionale Todeslisten erhielt, unterstrich er einfach die Zahlen, niemals jedoch Namen. Kaganowitsch erinnerte sich an die Raserei jener Zeit: »Was für ein Tohuwabohu!« »Alle trugen Verantwortung«, machten sich vielleicht auch »schuldig, indem sie zu weit gingen«.[9]

Zwar erklärte Stalin ausdrücklich, der Sohn solle nicht für die Sünden des Vaters büßen müssen, nahm dann aber gezielt die Familien von Volksfeinden aufs Korn: Darin mag sich seine kaukasische Mentalität widergespiegelt haben – vielleicht aber auch nur das inzestuöse Beziehungsgeflecht der Bolschewiken. »Man musste sie jedenfalls absondern«, erklärte Molotow, »denn ansonsten hätten sie alle möglichen Vorwürfe in die Welt gesetzt.« Am 5. Juli 1937 befahl das Politbüro dem NKWD, »alle Frauen von verurteilten Verrätern für fünf bis acht Jahre in Lager einzuweisen« und die Kinder bis zum fünfzehnten Lebensjahr unter Staatsschutz zu stellen. In der Folge verschwanden 18 000 Frauen und 25 000 Kinder. Doch damit nicht genug; am 15. August ordnete Jeschow an, die Ein- bis Dreijährigen in Waisenhäusern unterzubringen und Sozialschädlinge im Alter zwischen drei und fünfzehn Jahren »je nach dem Grad ihrer Gefährlichkeit« sogar zu inhaftieren. Fast eine Million dieser Kinder wuchsen in Heimen auf und bekamen ihre Mütter zum Teil zwanzig Jahre lang überhaupt nicht zu sehen.[10*]

Stalin trieb diesen mörderischen Mechanismus als Motor an. »Jetzt wird alles gut«, schrieb er am 7. Mai 1937 einem seiner Schergen, der sich darüber beklagt hatte, zwar nicht »den Biss« zu verlieren, aber etwas »benommen« zu sein. »Je schärfer die Zähne, desto besser. J. St.« Vermerke dieser Art in den jüngst geöffneten Archiven dokumentieren nicht nur Stalins bürokratischen Stil, sondern auch sein persönliches Engagement dabei, selbst niedere Beamte zum Massaker

---

* Dieser Irrsinn gipfelte schließlich darin, dass man in Leninsk-Kusnezk sechzig Zehn- bis Zwölfjährige wegen »Bildung einer konterrevolutionären Terrorbande« anklagte und für acht Monate einsperrte, doch am Ende kamen die NKWD-Leute selbst in Haft und die Jugendlichen dafür wieder frei.

an ihren Genossen anzustacheln: Die Zähne konnten ihm nie scharf genug sein.[11]

Während alle führenden Männer nur manche ihrer Freunde vor dem Schlimmsten bewahren konnten, andere dagegen nicht, schützte Stalin jeden, den er gerade wollte: Seine Launen ließen ihn nur noch rätselhafter erscheinen. Als man seinen alten georgischen Freund Sergo Kawtaradse festnahm, machte Stalin nur einen Strich neben dem Namen, und dieses kleine Minuszeichen rettete ihm das Leben. Im Fall eines anderen alten Bekannten, des Botschafters Trojanowski, vermerkte Stalin: »Nicht antasten«.* Wie stark jemand auch unter Druck geriet, Stalins Gunst konnte fast unerschütterlich sein, war sein Vertrauen jedoch einmal zerstört, so führte das mit Sicherheit zum Ruin – wenn bis dahin auch bisweilen Jahre vergehen konnten. Um zu überleben, blieb man möglichst unsichtbar, zumal mitunter auch grässliche Zufälle den tödlichen Kontakt zu Stalin herbeiführten. Die polnische Kommunistin Kostyrsewa pflegte gerade bei Kunzewo ihre Rosen, als sie bemerkte, dass Stalin über den Zaun schaute. »Was für schöne Rosen«, schwärmte er. Beamte sperrten sie noch am selben Abend ein – doch das geschah in der heißen Phase der antipolnischen Spionagemanie, und vielleicht hatte man es ohnehin schon auf sie abgesehen.

Stalin vergaß oft das Schicksal bestimmter Opfer – oder gab dies zumindest vor – und zeigte sich dann Jahre später enttäuscht, wenn er hörte, dass sie nicht mehr lebten. »Bei euch gab es früher so nette Leute«, sagte er einmal zu polnischen Genossen. »Zum Beispiel diese Wera Kostyrsewa. Wisst ihr eigentlich, wo die abgeblieben ist?« Trotz des Elefantengedächtnisses konnte er sich offenbar nicht alle seine Erschießungsbefehle merken.[12]

Stalin verunsicherte gerne Kollegen, darunter auch Stezki. Dieser war früher in Bucharins Kindergarten für den Nachwuchs von Günstlingen zuständig und dann in die Kulturabteilung des ZK aufgestiegen. Nun hatte Bucharin bei einer »Gegenüberstellung« mit seinen Anklägern Stalin einen parteikritischen Brief übergeben. »Genosse Bucharin hat mir Ihren Brief [vom Juli 1926] ausgehändigt«, eröffnete Stalin diesem dar-

---

* Stalins Papiere gewähren faszinierende Einblicke in seine Interventionen: Ein Vater hatte seinen Sohn bei der Polizei angezeigt, weil er zu viele ausschweifende Feste feierte, aber dann wurde der Junge in ein Strafverfahren gegen Tomski verwickelt und festgenommen. Daraufhin appellierte der Vater an Stalin, der auf sein Schreiben die Anweisung kritzelte: »Die Bestrafung ist abzuändern!« Der Vater dankte ihm anschließend dafür.

aufhin,»und dabei schwere Verfehlungen Ihrerseits angedeutet. Hiermit reiche ich Ihnen das Schreiben ungelesen zu Ihrer weiteren Verfügung zurück. Mit kommunistischem Gruß, Stalin.« Man stelle sich die Panik Stezkis vor, als er diese handschriftliche Notiz erhielt. Und er antwortete auch postwendend:

»Genosse Stalin, ich habe Ihre Nachricht erhalten und danke Ihnen für Ihr großes Vertrauen. Mein Brief stammt in der Tat aus einer Zeit, als ich unredlich war und der Bucharin-Gruppe angehörte. Heute beschämt mich die Erinnerung daran.« Trotzdem holte ihn wenig später die Tscheka zwecks Exekution ab.[13]

Stalin spielte sogar mit engsten Vertrauten. Budjonni zum Beispiel hatte sich zwar im letzten Schauprozess tapfer geschlagen, als aber die Razzien sein eigenes Personal erfassten, ging er mit einer Liste von Unschuldigen, gegen die Ermittlungen liefen, zu Woroschilow, um sich darüber zu beschweren. Der wagte es nicht, eine eigene Entscheidung zu fällen: »Sprich selbst mit Stalin.« Daraufhin trug Budjonni dem Chef persönlich sein Anliegen vor:

»Wenn das die Volksfeinde sind, wer hat dann eigentlich die Revolution gemacht? Das hieße ja, man müsste auch uns selbst einsperren!«

»Was redest du da, Semjon Michailowitsch?«, lachte Stalin. »Bist du übergeschnappt?« Dann rief er Jeschow herein. »Budjonni hier meint, es sei an der Zeit, auch uns festzunehmen.« Der Petent behauptete allerdings später, die Liste Jeschow übergeben und dadurch einige seiner Beamten gerettet zu haben.[14]

Stalin selbst machte sich einen Spaß daraus, seine Opfer erst in Sicherheit zu wiegen und dann abzustrafen. Anfang des Jahres rief er die Frau eines Stellvertreters von Ordschonikidse in der Schwerindustrie zu sich. »Wie ich hörte, laufen Sie immer noch zu Fuß herum. Das ist nicht gut. Ich werde Ihnen einen Wagen zuteilen lassen.« Am nächsten Morgen stand die Limousine vor der Tür, doch zwei Tage später führten Beamte ihren Mann ab.

Jene Generäle, Diplomaten, Spione und Reporter, die während ihres Dienstes im Spanischen Bürgerkrieg im Sumpf von Verrat, Hinrichtungen, Erpressungen, trotzkistischen Intrigen und Denunziationen versunken waren, mussten dafür büßen, auch wenn sie sich offenkundig selbst kaum etwas hatten zuschulden kommen lassen. Stalins Botschafter in Madrid, der einstige Trotzkist Antonow-Owseenko, geriet vor allem dadurch ins Visier, dass er seine Loyalität zu beweisen versuchte. Auf seinen Rückruf folgte zunächst eine Belobigung durch Stalin persönlich und tags darauf die Festnahme. Den Journalisten Michail Kolzow titulierte Stalin, auf seine Abenteuer in Spanien anspielend, als »Don Miguele«, um dann makaber zu scherzen: »Sie beabsichtigen nicht zufällig, sich zu erschießen? Dann wird es höchste Zeit!« Allerdings hatte Kolzow in Spanien entgegen seinen eigenen Warnungen vor Verrat mit dem Feuer gespielt und Kollegen bei Stalin und Woroschilow denunziert. Auch der »Don« landete hinter Gittern.[15]

Stalins Büro wurde mit Exekutionsmeldungen aus den Regionen überschwemmt. Eine Notiz vom 21. Oktober 1937 zum Beispiel führte sieben Erschießungen in Saratow auf, acht plus zwölf in Leningrad, sechs plus fünf in Minsk und so fort – insgesamt zweiundachtzig. Es gibt Hunderte dieser Listen, adressiert an Stalin und Molotow.[16] Daneben gingen auch zahllose klägliche Hilferufe bei Stalin ein. Bontsch-Brujewitsch, dessen Tochter mit einem Mann aus dem Umfeld Jagodas verheiratet war, beschwor ihn:

»Glauben Sie mir, lieber Josef Wissarionowitsch, ich würde meinen Sohn oder meine Tochter schon selbst dem NKWD ausliefern, wenn sie parteifeindliche Absichten hegten…«[17] Stalins eigener Sekretär aus den zwanziger Jahren, Kanner, der mit üblen Tricks gegen Trotzki und andere agitiert hatte, kam in Haft. »Kanner führt unmöglich etwas Böses im Schilde«, schrieb eine gewisse Makarowa, vielleicht seine Frau. »Gewiss war er früher mit Jagoda befreundet, doch konnte irgendjemand ahnen, dass der Narkom für Sicherheit ein solches Scheusal ist? Glauben Sie mir, Genosse Stalin, Kanner verdient Ihr Vertrauen!« Stattdessen bekam er eine Kugel.

Oft kamen die Appelle von Altbolschewiken und ehemaligen Freunden Stalins, zum Beispiel Wano Dschaparidse, der einen kläglichen Brief schrieb: »Meine Tochter ist heute abgeholt worden. Ich kann mir nicht vorstellen, was sie verbrochen haben soll. … Ich bitte Sie, lieber Josef Wissarionowitsch, ihr dieses schreckliche Schicksal zu ersparen.«[18]

Daneben erhielt er Briefe von todgeweihten Funktionären, die verzweifelt darum kämpften, ihre Haut zu retten. »Ich kann einfach nicht mehr arbeiten, ohne dass es mir jedoch am nötigen Parteigeist fehlen würde, sondern alles in mir schreit danach, gegen die allerorten herrschende Zersetzung anzukämpfen, für frischen Wind zu sorgen und die Hintergründe zu verstehen. … Bitte opfern Sie mir ein Minütchen, und empfangen Sie mich«, schrieb Nikolai Krylenko, kein Geringerer als der Volkskommissar für Justiz und seinerseits Unterzeichner vieler Todesurteile. Auch er entging der Erschießung nicht.[19]

Wenn die Organisation des Terrors hauptsächlich in Jeschows Händen lag, so unterstützen ihn Molotow, Kaganowitsch und Woroschilow aktiv als begeisterte Komplizen, doch im Grunde traten alle Magnaten als Herren über Leben und Tod auf. Viele Jahre später erinnerte sich Chruschtschew an seine absolute Verfügungsgewalt über einen jungen Landwirt, der ihm in die Quere kam:

»Selbstverständlich hätte ich mit ihm machen können, was ich wollte, hätte ihn vernichten, ja, wissen Sie, sogar völlig vom Erdboden verschwinden lassen können.«[20]

21

»BROMBEERE« BEI DER ARBEIT

Stalin empfing Jeschow während des Terrors etwa elfhundertmal, fast so oft wie Molotow – wohlgemerkt nur die offiziellen Besprechungen im Kleinen Eck gezählt, denn auch in der Datscha müssen noch zahlreiche Sitzungen stattgefunden haben. Stalin legte eigene Listen von festzunehmenden Personen an, um diese dann mit »Brombeere« zu erörtern: Am 2. April 1937 zum Beispiel stellte er mit blauem und rotem Buntstift eine Liste von sechs größtenteils unheilvollen Aufträgen für Jeschow zusammen, darunter die »Säuberung der Staatsbank«.* Manchmal ließ Stalin ihn von seinem Chauffeur nach Hause bringen und fuhr selbst mit.[1]

Jeschow folgte einem strengen Zeitplan, um sein Mordspensum erfüllen und dem von allen Seiten ausgeübten Druck, immer mehr Verdächtige festnehmen und exekutieren zu lassen, standhalten zu können. Hinzu kam das von Stalin abverlangte exzessive Nachtleben. Die ständige Erschöpfung machte ihn immer blasser und fahriger. Was seinen Arbeitsablauf angeht, so schlief er meist nur morgens, frühstückte dann zu Hause mit seiner Frau, traf seinen Stellvertreter Frinowski auf ein Gläschen in der Datscha und fuhr anschließend zum Butyrki oder zur Lubianka, um Verhöre und Folterungen zu leiten.[2] Da er seit etwa sieben Jahren der Parteispitze angehörte, kannte Jeschow die meisten seiner Opfer persönlich. Im Juni 1937 ordnete er die Festnahme seines »Patenonkels« Moskwin nebst Frau an, bei denen er oft verkehrt hatte, und ließ beide erschießen. Er konnte brutal sein. Als man Bulatow, der neben

---

* Jeschow antwortete in Schwarz: »Im Nachgang zu der Kopie von Usakowskis Bericht schicke ich Ihnen noch einen der 7. Division des GUGB [Staatssicherheit] über die Aktivitäten der chinesischen Trotzkisten. Jeschow.«

Jeschow eine ZK-Abteilung geleitet und ihn damals oft zu Hause besucht hatte, zum fünften Mal verhörte, trat der Gnom plötzlich aus einer Wandtür hervor.

»Na, sagt Bulatow aus?«

»Kein Sterbenswörtchen, Genosse Generalkommissar«, antwortete der Vernehmungsbeamte.

»Dann heizen Sie ihm tüchtig ein!«, bellte er und verschwand wieder. Doch manchmal fiel ihm sein Beruf wirklich schwer. Bei der Hinrichtung eines Freundes wirkte er betrübt. Als dieser sagte, »Ich sehe an deinen Augen, dass du mit mir leidest!«, war Jeschow zwar etwas irritiert, aber er befahl den Schützen dennoch zu feuern. Die Festnahme eines anderen alten Kumpels schien Jeschow zu bewegen, doch dann lallte er im betrunkenen Zustand: »Ihr könnt mit ihm machen, was ihr wollt, von mir aus Ohren und Nase abschneiden, Augen rausreißen und vierteilen.« Anschließend plauderte er bis tief in die Nacht mit dem Häftling, ließ später allerdings auch ihn erschießen. Das Politbüro bewunderte Jeschow sehr, der Molotow zufolge »zwar nicht makellos, aber ein guter Kader war«.³

Manchmal zeigte Jeschow inmitten all des Meuchelns und Mordens sein altes Gesicht. Als er Stalins Arzt Winogradow empfing, der im bevorstehenden Bucharin-Verfahren gegen seinen ehemaligen Lehrer aussagen sollte, gab Jeschow ihm etwas beschwipst den Rat: »Sie sind ein guter Mensch, aber zu redselig. Machen Sie sich klar, dass hier jeder Dritte für mich spioniert. Ich empfehle Ihnen daher dringend, Ihre Zunge zu hüten.«⁴

Damals stand der Generalkommissar auf dem Gipfel seiner Macht. An Feiertagen filmte man Jeschow, wie er mit Stalin durch den Kreml strolchte, lachte und scheinbar absurd große Zigaretten rauchte. Während der endlosen Reden zum 6. November im Bolschoi-Theater beobachtete der US-Botschafter Davies, »wie Stalin, Woroschilow und Jeschow offenbar miteinander tuschelten und scherzten«. Die *Prawda* feierte ihn als einen »unnachgiebigen Bolschewiken, der Tag und Nacht arbeitet, um die faschistische Verschwörung aufzurollen und zu zerschlagen«. Man benannte Stadien und ganze Städte nach ihm.* In den geflü-

---

* An allen staatlichen Feiertagen trug man riesige Porträts von ihm am Mausoleum vorbei. Das Wortspiel auf die Ähnlichkeit seines Namens mit dem »Panzerhandschuh« hatte gewaltige Plakate inspiriert, auf denen der eiserne Griff »Schlangen« mit den Köpfen von Trotzki, Rykow und Bucharin zerquetscht. Ein weiterer Jeschow-Slogan lautete: »*Jeschowi rukawizi* – kehre mit eisernem Besen!«

gelten Worten des kasachischen »Barden« Dschambul Dschabaew
wirkte Jeschow wie »eine heiße Flamme, die Schlangennester aus-
brennt«.[5]

Er und Jewgenia wohnten jetzt luxuriös in einer Datscha mit dem üblichen Kino, Sandplatz und Personal, gleichfalls wie viele andere Funktionäre in Meschtscherino bei Leninskie Gorki. Ihre Tochter Natascha
hatten sie als Vollwaise adoptiert. Jeschow brachte ihr als ein zärtlicher
Vater Tennis, Skat und Radfahren bei. Auf vielen Fotos steht er neben
Freunden und umarmt seine Natascha liebevoll. Er verwöhnte sie mit
Geschenken und spielte nach Feierabend oft mit ihr.

Als Jeschow begann, ausländische Kommunisten und heimgekehrte
Emigranten zu exekutieren, erhielt er ein Gesuch von einer besorgten,
hübschen und im Übrigen hochschwangeren Russin namens Wera Trail,
einer Tochter des Altliberalen Alexander Gutschkow. Daraufhin bekam
sie irgendwann nach Mitternacht folgenden Anruf:

»Hier ist der Kreml. Der Genosse Kommissar möchte Sie sehen.« Wenig später führte man die mit einer Limousine abgeholte junge Frau in
Jeschows längliches, durch einen grünen Lampenschirm stets nur matt
beleuchtetes Arbeitszimmer. Das Aphrodisiakum der Macht wirkte
Wunder, und so beeindruckten Wera sofort sein »fein geschnittenes Gesicht«, das »braune wellige Haar, die unerhört tiefen blauen Augen« und
die »schmalen, feingliedrigen, schlanken Hände«. Einfältig erwähnte sie
mehrere inhaftierte Bekannte, überwiegend Schriftsteller. Jeschow war
ganz Ohr, »ein wunderbarer Zuhörer«. Wohlweislich hatte er zuvor
seine Leibwächter heimgeschickt, um sie allein zu empfangen: »Ich
würde es mir gewiss nicht zur Gewohnheit machen, Wildfremde ohne
Personenschutz bei mir einzulassen.«

»Ich habe ja nicht mal eine Handtasche dabei«, flirtete sie zurück.

»Nein, nur Belomor-Zigaretten. Aber Sie sagten doch etwas von
Schwangerschaft?«

»Sagten? Können Sie denn nicht sehen?« Ihr Bauch zeigte bereits
enorme Ausmaße.

»Ich sehe eine gewisse Ausbuchtung«, scherzte Jeschow, »aber woher
soll ich wissen, dass es keine Zeitbombe ist, die Sie geschickt in einem
Kissen versteckt haben? Man hat Sie doch nicht durchsucht, oder?« Jeschow stand auf und ging um den Tisch, so als wolle er ihr den Bauch
abtasten, machte dann aber auf halbem Weg kehrt und setzte sich lachend wieder hin.

»Selbstverständlich sind Sie schwanger. Ich habe nur einen kleinen

Scherz gemacht.« Das war ein echt Jeschow'scher Moment, in dem der Kommissar seinen knabenhaft pubertären Humor (wiewohl dankenswerterweise mit gewissen Fortschritten gegenüber den Furzwettbewerben), den Stolz der Drohung und seine Paranoia an den Tag legte. Er versprach, sich ihres Falles anzunehmen und sie erneut zu empfangen, fürsorglich darauf hinweisend, dass sie jetzt sofort zu Bett gehen müsse. Tags darauf rief Jeschows Vorzimmer abermals bei ihr an.

»Reisen Sie sofort nach Paris ab.« Am nächsten Morgen nahm sie den Zug und war fest davon überzeugt, dass er aus irgendwelchen Gründen ein Übriges getan hatte, um ihr Leben zu retten. Jeder Einzelne ihrer Bekannten auf der Liste wurde vernichtet – aber sie hatte er als Einzige verschont.[6]

Doch persönliche Motive veranlassten ihn selten, das Leben von Volksfeinden zu retten. Während der dreißiger Jahre hatte »Brombeere« eine Liaison mit einer anderen Jewgenia unterhalten, der Frau des Botschafters in Polen, und ihr angeboten, in Moskau für sie zu sorgen. Nachdem Jewgenia Podoskaja das von sich gewiesen hatte, nahm die Tscheka sie im November 1936 fest, und am 10. März 1937 folgte die Exekution.[7]

Jeschow bombardierte Molotow unablässig mit Berichten über die von ihm aufgedeckten Verschwörungen.[8] Er und Kaganowitsch taten sich als wahre Enthusiasten hervor. »Ich habe immer Stalin und uns, die aktiven Antreiber, für die Hauptverantwortlichen gehalten. Ich war ständig auf Achse, habe auch immer die ergriffenen Maßnahmen unterstützt«, sagte Molotow. »Stalin hatte ganz Recht – ›besser ein unschuldiger Kopf weniger…‹« Kaganowitsch stimmte zu: »Ansonsten hätten wir den Krieg niemals gewonnen!« Bekanntermaßen hat Molotow eine Häftlingsliste durchgesehen und eigenhändig »WMN« neben einen der Frauennamen geschrieben. Er war es auch, der die Ehefrauen von Volksfeinden wie Kosior und Postyschew zum Abschuss freigab. Von den achtundzwanzig Kommissaren, die Anfang 1938 unter Premier Molotow dienten, erwischte es zwanzig. Als Stalin den Namen des Bolschewiken G. I. Lomow auf einer Liste fand, fragte er bei ihm an: »Was tun?« Die Antwort ließ nicht lange auf sich warten.

»Ich bin für die umgehende Verhaftung dieses Halunken Lomow«, schrieb Molotow daneben. Im Fall eines unseligen Akademikers wollte der Eisenarsch von Jeschow wissen: »Warum sitzt dieser Professor noch im Außenministerium und nicht längst beim NKWD?«[9] Als völlig unbeabsichtigt einige Bände Stalin und Lenin einem Brand zum Opfer fielen, wies Molotow ihn an, die Schuldigen ausfindig zu machen[10], und als er hörte, dass ein Amtsanwalt über die Säuberungen geschimpft und sehr zu Recht geunkt hatte, es sei verwunderlich, dass die da oben noch lebten, wenn ihnen so viele Terroristen ans Leder wollten, wies er das NKWD an: »Ermitteln, wie mit Wyschinski [dem Moskauer Vorgesetzten des Beamten] abgesprochen. W. Molotow.« Kaganowitsch schwadronierte daher, es gebe nicht eine Eisenbahnstrecke mehr »ohne trotzkistische/japanische Saboteure«, und schrieb mindestens zweiunddreißig Briefe an das NKWD, in denen er achtunddreißig Festnahmen forderte – und zeichnete Todeslisten für 36 000 Kandidaten ab. Am Ende erschoss die Tscheka so viele Eisenbahner, dass ein Beamter besorgt bei Poskrebyschew anrief und die Warnung durchgab, dass eine Strecke inzwischen fast völlig unbemannt sei.

Doch alle Mitglieder der Führung wussten auch, dass sie selbst immerfort unter Beobachtung standen. Beide Sekretäre Molotows kamen hinter Gitter.

»Ich spürte, dass sich um mich herum etwas zusammenbraute«, sagte er, als Ermittlungen gegen ihn selbst liefen. »Mein erster Assistent stürzte sich den Aufzugsschacht des NKWD-Gebäudes hinunter.«[11] Niemand konnte sich sicher fühlen, und man musste auch an seine Angehörigen denken. Stalin hatte unmissverständlich klargestellt, dass Volksfeinde »ohne Ansehen der Person« vernichtet würden. Wer hoffte, dass sein Rang ihn schützte, sah sich durch Festnahmen von Politbüromitgliedern wie Rudsutak widerlegt. Gegen alle – darunter auch Molotow, Woroschilow und Kaganowitsch – lagen Aussagen in der Schublade bereit. Ihre Chauffeure mussten so oft zu Verhören erscheinen, dass Chruschtschew sich bei Stalin darüber beschwerte, der jedoch abwiegelte: »Auch gegen mich sammeln sie Material.« Alle müssen gedacht haben wie Chruschtschew: »Meinst Du etwa, ich kann sicher sein … nicht morgen dieses Büro gegen eine Gefängniszelle eintauschen zu müssen?«

Gewiss beschäftigte die Magnaten auch der Fall des Marschalls Budjonni. Am 20. Juni 1937, kurz nach der Hinrichtung Tuchatschewskis, hatte Stalin dem Kavalleristen erklärt: »Jeschow sagt, dass deine Frau sich schimpflich aufführt. Halte dir bitte vor Augen, dass wir dich von niemandem, auch nicht von Angehörigen, in der Partei und im Staat kompromittieren lassen. Sprich also mit Jeschow darüber und entscheide, was notfalls zu tun ist. Du hast offenbar eine Volksfeindin in deiner Nähe übersehen. Warum solltest du Mitleid mit ihr haben?«

»Eine schlimme Frau ist Privatsache, kein Politikum, Genosse Stalin«, erwiderte Budjonni. »Ich werde mich selbst darum kümmern.«

»Du musst tapfer sein«, betonte Stalin. »Meinst du etwa, mich macht es nicht traurig, wenn sich mein engster Kreis als ein Nest von Volksfeinden erweist?« Bei Olga Budjonni, einer Bolschoi-Sopranistin und engen Freundin der Schauspielerin und Marschallsgattin Jegorowa, munkelte man über Techtelmechtel mit einem Tenor und Flirts mit polnischen Diplomaten. Auf Befragen erklärte Jeschow ihrem Mann, dass »sie und die Jegorowa häufig gemeinsam ausländische Botschaften besuchen…« Als Budjonni gerade Truppen inspizierte, nahm man seine Frau auf offener Straße fest, um sie zu verhören und später zu acht und dann weiteren drei Jahren Haft zu verurteilen. Budjonni »heulte wie ein Schlosshund«, und Olga verlor in der Einzelzelle den Verstand. Einer Legende zufolge zeigte Stalin bei Frauen eher Milde, und gewiss hatten weibliche ZK-Mitglieder größere Überlebenschancen*, doch die vierzigjährige Galina Jegorowa erschoss man noch vor ihrem Mann, dem Marschall. Der kleine Flirt mit Stalin an Nadjas letztem Abend hatte ihr nicht geholfen. Stalin zeigte sich immer besonders erbarmungslos, wenn irgendwelche sexuellen Ausschweifungen eine Rolle spielten.[12]

Der Terror bedeutete neben vielem anderen auch den Triumph der bolschewistischen Prüderie über die sexuelle Libertinage der zwanziger Jahre. Die Vernichtung Jenukidses, Tuchatschewskis und Rudsutaks hatte nicht zuletzt, wie Molotow sich ausdrückte, »mit ihrer Schwäche für Frauen zu tun«. Das Fluidum von Schauspielerinnen, der Wirbel diplomatischer Bälle und das Durchschimmern fremdländischer Dekadenz reichten manchmal schon aus, um einen verwitweten Stalin oder sauertöpfischen Molotow, vielleicht in puritanischem Neid, davon zu überzeugen, dass dort Verrat und Betrug lauerten. Doch vernichteten

---

* Die damals fünfundsechzigjährige Alexandra Kollontai, seit 1930 Botschafterin in Schweden, eine schöne Adlige, schrieb Manifeste über Feminismus und freie Liebe sowie einen Roman mit dem Titel *Die Liebe unter Arbeitsbienen*. Ihr skandalöses Sexleben hatte Stalin und Molotow ebenso sehr schockiert wie belustigt. Im Unterschied zu ihr überlebten mehrere ihrer berühmten bolschewistischen Liebhaber den großen Terror nicht. Vielleicht hatten ihre Briefe an den »hoch geschätzten Josef Wissarionowitsch«, stets endend mit »freundliche Grüße von einem offenen Herzen«, durch das romantische Kokettieren dieser eindrucksvollen Frau seine Ritterlichkeit angesprochen. Allerdings kam auch die grimmig unattraktive Veteranin Jelena Stasowa, die ihm fortwährend warmherzige Dankesbriefe schrieb, mit dem Leben davon, und das Gleiche gilt für die meisten Frauen der Familie Stalins (von Festnahmen abgesehen), während sich die Reihen der Männer zunehmend lichteten.

sie ihre Opfer niemals aus sittlichen Erwägungen, sondern stets aus politischen Gründen. Das Anprangern der Perversität diente lediglich dazu, sie in den Augen ihrer ehemaligen Kollegen herabzusetzen. Jenukidse und Rudsutak sollen beide, wie Molotow es nannte, »kleine Mädchen« verführt haben. Doch da es wahrscheinlich im Zentralkomitee neben dem Sammelsurium von Terroristen und Spionen nicht auch noch eine »Pädophilenzelle« gab, muss man annehmen, dass die hedonistischen Bolschewiken lediglich im Stil bürgerlicher Filous Ballerinen »aushielten«. Im Übrigen hatte Stalin die rauschenden Feste Jenukidses jahrelang geduldet (und vermutlich auch genossen). Zudem konnten Schürzenjäger wie Bulganin und Beria weiterhin ihr Unwesen treiben, sofern sie dabei politisch loyal und fachlich kompetent blieben, doch sollte niemand behaupten, dass es an Stalins Hof *nur* um Klatsch und Tratsch ging.* Man konnte nämlich an den Gerüchten sterben.

Ebenso kauzig wie altmodisch, flirtete Stalin zwar mit den attraktiven Frauen seines Kreises und erlag ihrem Charme, zeigte sich aber beispiellos prüde gegenüber der eigenen Tochter, tief entsetzt über den Feminismus und die Kapriolen der zwanziger Jahre, zugleich jedoch primitiv machohaft im Umgang mit seinen Männerfreunden. Sein Puritanismus wirkte fast »viktorianisch«: Swetlanas unbedeckte Knie, ja schon ihr verwegener Blick auf einem Foto, lösten bei ihm absurde Krisen aus. Er missbilligte den »ersten Kuss« in Alexandrows *Wolga, Wolga*, der ihm zu leidenschaftlich erschien, mit der Folge, dass übereifrige Zensurbeamte nicht nur diesen, sondern fast alle Küsse aus sowjetischen Filmen verbannten. Stalin, der sich so stark mit »Grosni« identifizierte, hielt besonders den Kuss im zweiten Teil von Eisensteins *Iwan der Schreckliche* für peinlich und viel zu lang, sodass er die Szene herausschneiden ließ. Als die Tatjana in der Oper *Eugen Onegin* nur mit einem Negligé bekleidet

---

* Eine rare, stolze Ausnahme von der engstirnigen Heuchelei jener Bolschewikengeneration bildeten der Kommissar für Äußeres, Maxim Litwinow, und seine englische Frau Ivy, die strenge Parteidisziplin mit europäischer Boheme verbanden. Ivy rümpfte nicht nur öffentlich die Nase über Spießer wie Molotow, sondern stellte auch ihre Promiskuität mit einer Parade deutscher Liebhaber zur Schau: »Mich interessiert nicht die Bohne, was die Leute sagen ... zumal wenn sie über so abgedroschene Skandalthemen tratschen wie zum Beispiel das, wer mit wem ins Bett geht.« Unterdessen fing Kommissar Litwinow, ein dicklicher, zerzauster, robuster jüdischer Intellektueller, der Stalin seit langem kannte, ohne ihm nahe zu stehen, eine Affäre mit einer »sehr hübschen, entschieden vulgären, aber ausgesprochen knackigen« Lolita an, die dann sogar bei ihnen einzog. Die junge Dame begleitete ihn auch zu diplomatischen Empfängen und tauchte in eng anliegenden Reithosen bei ihm im Büro auf.

sang, stöhnte Stalin auf: »Wie kann sich eine Frau nur so vor einem Mann zeigen?« Danach stellte der Regisseur umgehend wieder von Puschkin'scher Mondänität auf »bolschewistische Biederkeit« um. Im höheren Alter befahl Stalin, als ihm eine georgische Zigarettenschachtel mit einem rassigen Mädchen darauf vor Augen kam, wutentbrannt eine neue Aufmachung für die ganze Marke zu entwickeln: »Wo die wohl gelernt hat, so dazusitzen? In Paris vielleicht?«

Auch bei seinen Magnaten achtete er auf bürgerliche Sittsamkeit. Als die Schdanowa ihren Juri wegen Alkoholismus verlassen wollte, ordnete Stalin an: »Ihr bleibt zusammen!« Ähnlich stauchte er Pawel Allilujew gehörig zusammen. Als Stalin erfuhr, dass Kuibyschew seine Frau misshandelte, ereiferte er sich: »Warum sagt man mir das erst jetzt? Ich hätte dieser Brutalität schon lange ein Ende gemacht!«

Als jedoch ein alter Bekannter in einer verfänglichen Situation um Hilfe rief, kam Stalin dem leicht amüsiert nach, wie ein faszinierender Brief aus seinem Archiv zeigt. Alexander Trojanowski, wahrscheinlich der Diplomat, hatte ihn um eine Gefälligkeit bezüglich einer Geliebten (einer gewissen F. M. Grazanowa) gebeten, die beim NKWD arbeitete und direkt Jagoda unterstand. Wenn nun beide gleichzeitig kündigten, »kämen Gerüchte auf. Könnte ich also etwas früher gehen. ... Bitte lösen Sie dieses Problem als alter Genosse für mich«, schrieb er an Stalin, der ihm belustigt aus der Patsche half, indem er folgende Anweisung gab:

»Genosse Jagoda, erledigen Sie das für Trojanowski. Der arme Teufel sitzt in der Patsche, und wir müssen ihm heraushelfen. Zum Himmel oder zur Hölle mit ihm! Erledigen Sie das, und geben Sie dem Kerl [*Muschik*] seine Ruhe wieder. Stalin.« 1938 wandte sich Trojanowski erneut an Stalin. Diesmal sollte er Jeschow ersuchen, der Dame ihre Wohnung zu belassen, und Stalin half abermals.[13]

Zu den Leitmotiven des großen Terrors gehört Stalins fixe Idee, seine Opfer vor dem Tod ausführliche Geständnisse abwegigster Verbrechen unterschreiben zu lassen. Zwischen März und Juli 1937 stieg er durch das Massaker an führenden NKWD-Beamten und Militärs zum absoluten Diktator auf, doch zuvor musste er die Magnaten dazu bringen, sich seinem Willen zu unterwerfen. Wie gelang ihm das?

Die Antwort liegt sowohl in Stalins Charisma als auch im historischen Kontext begründet: Chruschtschew zufolge war der Personenkult in Russland damals bereits so tief verwurzelt, dass »sein Wort unumstößlich galt«. Stalin »konnte nicht irren. Er sah in allem klar.« Auch Mikojan hielt ihn wegen des Kultes für unangreifbar.[14] Doch der Terror entsprang ja nicht allein dem Willen Stalins. Zwar mag er ihn unter anderem mit seinen persönlichen Ressentiments und Minderwertigkeitskomplexen nicht nur initiiert, sondern auch regelrecht verkörpert haben, aber die Magnaten drängten ihn ja auch ständig, mehr Volksfeinde auszuschalten, und genau deshalb legte er so viel Wert auf ausführliche, eigenhändig unterschriebene Geständnisse der Opfer.

Sobald Jeschow ihm die Aussagen lieferte, verteilte Stalin sie im Politbüro, dem die Flut von Selbstbezichtigungen und Denunziationen für sich zu sprechen schien. Im März 1937 zum Beispiel schickte Stalin eine solche Notiz an Molotow, Woroschilow, Kaganowitsch und Mikojan:

»Anbei die Geständnisse der deutsch-polnischen Spioninnen (Mutter und Tochter) Alexandra Lizinskaja und Tamara Minerwina zur Kenntnisnahme. Letztere ist die ehemalige Sekretärin A. Jenukidses.« Wegen der großen Beliebtheit Abels lag es Stalin besonders am Herzen, dass alle Magnaten die Beweise gegen ihn sahen.[15] Als Mikojan die Aussagen anzweifelte, warf er ihm zunächst Wankelmütigkeit vor, besann sich dann aber und legte ihm die unterschriebenen Dokumente vor. »Sie haben alles genehmigt und jede Seite abgezeichnet.« Allerdings reichten solche grotesken Geständnisse aus, um Kaganowitsch zu überzeugen. »Wie können Sie sich weigern [das Todesurteil] zu unterschreiben, obwohl dieser Schuft den Ermittlungen zufolge eindeutig ein Volksfeind ist?« Schdanow habe, so sein Sohn, »den Denunziationen Jeschows blind vertraut. ... Eine Zeit lang glaubte mein Vater sogar an eine Infiltration der Leningrader Parteiführung durch zaristische Agenten.« Doch als seine Eltern einige der Verdächtigen im Freundeskreis näher kennen lernten, habe seine Mutter gestöhnt: »Wenn das ein Volksfeind ist, dann bin ich auch einer!« Immer wieder flüsterten Angehörige der Elite diese Formel, um ihre Zweifel an bestimmten Festnahmen zu äußern, doch in den meisten der Fälle glaubten sie selbst an die Schuld der Opfer.

Daher hielt sich das Entsetzen der Magnaten in Grenzen. Wenn sie einen Betroffenen näher kannten, nahmen sie naturgemäß besonderes Interesse am Belastungsmaterial, aber sie alle wussten und akzeptierten, dass es auf Einzelheiten bei den Vorwürfen und Geständnissen nicht so sehr ankam. Warum also mussten sie alle sterben? Nadeschda Mandelstam meinte, »wegen nichts«, während Maja Kawtaradse, deren Eltern die Tscheka festnahm, einfach erklärte: »Man darf nicht nach dem Warum fragen!« Nicht *begangene*, sondern *drohende* Untaten rechtfertigten ihre Liquidierung. Wie Molotow es ausdrückte: »Entscheidend war, ob man sich jederzeit auf sie verlassen konnte.« Manche, wie Rudsutak, »wussten« nicht einmal etwas von der eigenen Illoyalität, und ein rein *potenzieller* Verrat hinderte Stalin nicht daran, die Arbeit, ja sogar Persönlichkeit der Opfer trotzdem zu schätzen. So hielt er dem Politbüro nach der Erschießung Tuchatschewskis und Uborewitschs lange Vorträge über das Talent des Ersteren und ermunterte Offiziere: »Nehmen Sie sich bei der Truppenausbildung ein Beispiel an Uborewitsch.«[16] Hinzu kam noch ein ausgeprägt religiöser Aspekt.

Als Stalin Wyschinski auf den Prozess vom Januar 1937 einstimmte, hielt er den Angeklagten vor, sie hätten den Glauben verloren – und darauf stand der Tod. Gegenüber Beria betonte er: »Volksfeindliches Verhalten fängt nicht erst bei der Sabotage an, sondern schon beim Zweifel an der Richtigkeit des Parteikurses. Es gibt zu viele Nörgler, und die müssen wir ausmerzen.« Einem verunsicherten Genossen, der Stalin fragte, ob er ihm noch vertraue, gab er folgende Antwort: »Ich traue Ihnen zwar politisch, bin aber weniger zuversichtlich, was die künftigen Perspektiven der Parteiarbeit angeht«, womit er offenbar den bevorstehenden Krieg meinte.

Bucharin, der Stalin so gut kannte, schrieb ihm aus dem Gefängnis: »Das politische Modell einer radikalen Säuberung beeindruckt durch etwas Großes und Kühnes, da es ringsum tiefes Misstrauen weckt. … Auf diese Weise sichert sich die Führung nach allen Seiten ab.« Je stärker die Volksfeinde, desto mächtiger musste der Staat – und damit Stalin selbst – auftreten. Im Teufelskreis des Misstrauens fühlte er sich zu Hause. Doch glaubte er selbst an jeden einzelnen der Fälle? Rein forensisch gesehen sicherlich nicht, aber der Politiker mit dem steinernen Herzen war fest von seiner Sendung überzeugt, was sich manchmal mit persönlichen Rachegefühlen verband.

Bei einem Essen nach den November-Feierlichkeiten verkündete Stalin, dass jeder, der es wagte »auch nur in Gedanken, ja in Gedanken!«, die Macht des Sowjetstaates zu schwächen, als Volksfeind betrachtet und »mit seiner gesamten Sippe ausgerottet« würde. Das mag an einen georgischen Stammesfürsten des Mittelalters, an »einen skrupellosen Politiker der italienischen Renaissance« oder an Iwan den Schrecklichen erinnern. Stalin selbst erklärte, dass er, weder ein großer Redner noch sonst besonders eindrucksvoll, deshalb die Nachfolge des »Bergadlers« Lenin angetreten habe, weil *die Partei* es so wollte. Daher trieben ihn und seine führenden Funktionäre eine »heilige Furcht« davor, das in sie gesetzte Vertrauen der Massen zu enttäuschen. Insofern, erklärte Stalin weiter, beschwöre der Terror in Wahrheit eine heilige, aus dem messianischen Wesen des Bolschewismus erwachsende Gewalt herauf. Dazu passt, dass Jeschow sein NKWD als eine »Geheimsekte« bezeichnete.[17]

Das perverse Credo dieser bigotten Verbrecher lässt sich wie folgt veranschaulichen: Auch wenn zwischen der Lubianka mit ihren Folterkammern und Stalins Kleinem Eck räumlich gut ein Kilometer lag, war ideologisch gesehen keinerlei Distanz festzustellen.

22

BLUTIGE HEMDSÄRMEL:
DER INNERE KREIS DES MORDENS

Wenn der Peiniger morgens an Sitzungen des Politbüros teilnahm, kam er meist direkt von Verhören. Eines Tages bemerkte Chruschtschew braune Flecken an den Manschetten von Jeschows Bauernkittel und fragte ihn, selber kein Engel, was das sei. Der Gnom antwortete mit einem Blitzen in seinen tiefblauen Augen, auf solche Male könne man stolz sein, da es sich um das Blut von Feinden der Revolution handele.

Stalin schrieb häufig Anweisungen neben die Namen von Delinquenten, im Dezember 1937 zum Beispiel: »Drauf, drauf!« Bei einem anderen notierte er: »Ist es nicht höchste Zeit, diesen Herrn auszuquetschen und zu zwingen, seine schmutzigen kleinen Geschäfte preiszugeben? Wo lebt er eigentlich, im Gefängnis oder im Hotel?« 1937 ordnete das Politbüro offiziell den Einsatz von Folter an. Später bestätigte Stalin ausdrücklich »die vom Zentralkomitee erlaubte Praxis des NKWD, physischen Druck auszuüben«, als eine »absolut richtige und zweckmäßige Maßnahme«.

Jeschow überwachte seine Folterknechte, die einen eigenen Jargon für ihre Arbeit pflegten. Die Zermürbung Unschuldiger hieß »französisches Ringen« – *franzuskaja Borba*. Als man Jahre später einige aus ihren Reihen verhörte, schilderten sie Prügel mit dem *Schguti*, einem Spezialknüppel, und der *Dubinka*, einem Schlagstock, sowie eher traditionelle Varianten wie Schlafentzug und Dauerverhöre, genannt »das Fließband«. Bei der Tscheka pflegte man seit langem einen regelrechten Folterkult: Leonid Sakowski, einer von Jagodas Männern, hatte sogar ein Lehrbuch darüber geschrieben.

Oft gingen Politbüromitglieder wie Molotow und Mikojan in Jeschows prächtiges Büro in der Lubianka hinüber, um alte Genossen in die Mangel zu nehmen. »Man hat Rudsutak bei der Folter übel zugerichtet«, erklärte Molotow über eine der Sitzungen, »aber es war notwendig, absolut erbarmungslos vorzugehen.« Kaganowitsch hielt es sogar für »fast undenkbar, *ohne* Brutalität auszukommen, denn schließlich hätten erfahrene Bolschewiken ja kaum freiwillig gestanden«. Molotow räumte ein, man könne den Eindruck gewinnen, »als hätten im Politbüro nur Gangster gesessen«, keine Berufsmörder zwar – außer Jeschow und später Beria hat fast niemand von ihnen persönlich Hand angelegt –, aber manchmal verschwimmen die Grenzen.

Jeschow selbst erfand ein neues Exekutionssystem. Statt die Keller der Lubianka oder anderer Gefängnisse zu benutzen wie seine Vorgänger, richtete er in einem anderen NKWD-Gebäude direkt hinter der Lubianka im Warsonowjewskiweg ein spezielles »Schlachthaus« ein. Man fuhr die Häftlinge mit Schwarzen Raben auf den Hof (eine Tunnelverbindung bestand nicht) und brachte sie in einen eigens für diesen Zweck geschaffenen rechteckigen Flachbau, dessen glatter Steinboden zu einer Holzwand (für eventuell einschlagende Kugeln) hin abfiel und ein Schlauchsystem mit Abfluss für die anschließende Reinigung besaß. Nach der Exekution, in der Regel durch Genickschuss, legte man das Opfer in einen Metallbehälter für den Abtransport ins Krematorium. Die Asche entsorgte man gewöhnlich in Massengräbern, zum Beispiel auf dem Moskauer Donskoifriedhof.[1]

Solch ein Schicksal nahm seinen Anfang oft mit einer Notiz auf Stalins Schreibtisch, denn beim Diktator gingen nicht nur Gnadengesuche, sondern auch todbringende Denunziationen ein. Im Zuge des allgemeinen Terrors gossen solche Anzeigen Öl ins Feuer, und sie bildeten bereits einen entscheidenden Bestandteil des stalinistischen Systems. Im Prinzip rechnete man damit, dass jeder jeden denunzieren würde. Das bolschewistische Universum kannte nur zwei Bahnen, auf denen der Führung Fehltritte zur Kenntnis gelangten: Zufall und Denunziation. In Stalins Büro ging eine wahre Flut von Letzteren ein:

»Wahrscheinlich findest du es unangenehm, dass solche Briefe hier eingehen, aber ich bin froh darüber«, erklärte Stalin. »Viel schlechter wäre es, wenn niemand sich beklagen würde. Du musst dich nicht über das Gezänk ärgern. ... Es ist jedenfalls besser als Freundschaften auf Staatskosten.« Doch gewöhnlich resultierten solche giftigen Briefe aus einer manischen Lust an der Hexenjagd, ätzender Boshaftigkeit und amoralischem Ehrgeiz.

Stalin fand Geschmack daran, über den Umgang mit Schmähschriften zu entscheiden. Wenn er den Angeschwärzten nicht mochte, gingen die Beschwerden an das NKWD mit dem Vermerk »Prüfen!«, was meist einem Todesurteil gleichkam. Wollte er sich jemanden »aufsparen«, so legte er das Schreiben im Archiv ab, um es vielleicht Jahre später wieder hervorzuholen. Daher finden sich in seinen Akten massenhaft Denunziationen, teils von kleinen Leuten, teils aber auch von hohen Tieren. In einem dieser Briefe stellte ein Komintern-Beamter Volksfeinde im Kommissariat für Äußeres bloß.[2] Die im Kreml herrschende Atmosphäre von Furcht und Kabale kann man nur erahnen. So hatte der Exsekretär Ordschonikidses, zweifellos in dem Versuch, seine eigene Haut zu retten, Sergos Witwe Sinaida bei Stalin angezeigt: Sie »hat mehrfach beteuert, ohne Sergo nicht leben zu können, und ich mache mir Sorgen darüber, dass sie etwas Dummes tun könnte. … Oft rufen Ehefrauen von Parteiverrätern bei ihr an und bestürmen sie mit Gesuchen (an den Genossen Jeschow). Das darf nicht sein, und man muss ihr das Buhlen untersagen. Ich erwarte Ihre Weisungen. Jeder Befehl wird bis zum letzten Blutstropfen ausgeführt. Ihnen tief ergeben, Semjuschkin.«[3] Es kam zu unvorstellbaren Absurditäten, wie in den Berichten darüber, dass Saboteure die Stimme* Stalins manipuliert hätten.[4]

In einer typischen Anzeige, die Stalin erhielt und abzeichnete, teilte ihm ein gewisser Krylow aus dem fernen Saratow mit, dass die »Volksfeinde Helfer innerhalb des NKWD haben und die Staatsanwaltschaft sie

---

* Ende 1936, als Stalin die neue Verfassung ins Leben rief, fragte der für die Filmbranche zuständige Apparatschik Schumiatski bei Molotow an, ob er Stalin im Originalton aufnehmen dürfe, und dieser gab ihm am 20. November die gewünschte Erlaubnis. Danach teilte Malzew, der Leiter des Allunionskomitees für den Rundfunkbetrieb, Stalin freudig mit, dass man seine Rede erfolgreich aufgenommen und abgespeichert habe. Nun bat er um sein Plazet, eine Schallplatte davon machen zu dürfen, »damit Sie es auch privat abspielen können«. Stalin stimmte zu. Als die ängstlichen Beamten der staatlichen Grammophonwerke sich die Platte am 29. April 1937 anhörten, war jedoch etwas mit der Technik nicht in Ordnung. Sie wandten sich sofort an Poskrebyschew und vermeldeten: »1. Starke Nebengeräusche. 2. Lange Pausen. 3. Ganze Satzlücken. 4. Verstopfte Rillen. 5. Sprünge und Wackler.« Eine akustische Analyse besagte, dass Stalins eigentümliches Zischen auf Tonträger fast untergehe. Schlimmer noch, man hatte bereits tausend Platten gepresst. Einige Beamte wollten die Auflage zurückrufen, aber in diesem Vorschlag sah der Chef, typisch für die Ära, eine Respektlosigkeit gegenüber Stalins Stimme. Ihm erschien es ehrerbietiger, das Werk trotz der Sprünge, Nebengeräusche und Wackler zu vertreiben. Die Akte endet mit einem Bericht der *Komsomolskaja Prawda*, bei der man mutmaßte, dass im Produktionsablauf etwas Bösartiges mit der Stimme des Genossen Straik passiert war und das Beharren des Genossen Straik auf dem »beschleunigten Vertrieb der Platten« eine »merkwürdige Position« darstelle. Er sei offenkundig ein Saboteur, und alle Mitschuldigen in der Fabrik »müssen hart bestraft werden«. Zweifellos fand sich bald der NKWD ein, um die gesamte Schallplattensammlung des Genossen Straik durchzuhören.

deckt«.[5] Militärs begingen ebenso eifrig Rufmord wie alle anderen: »Ich bitte Sie, den Kommandeur Osipow zu entlassen«, schrieb ein Offizier aus Tiflis, »da er eine äußerst verdächtige Person ist.« Stalin unterstrich das Wort »verdächtig« mit seinem blauen Buntstift.

Die Blitze des Moskowiter Zeus trafen die Regionen auf sehr unterschiedliche Weise. Im Juli 1937 ließ er Liuschkow, einen unbarmherzigen Tschekisten, der bereits Rostow verwüstet hatte, im Kreml vorsprechen und schickte ihn auf Reisen. Der Erste Sekretär des Fernen Ostens, Wareikis, sei »nicht ganz zuverlässig« und habe sich eine eigene Clique aufgebaut, aber auf Marschall Bljucher »kann man setzen«. Gehorsam nahm Liuschkow wenig später Wareikis fest.[6]

Weniger sicher erschien es dagegen, örtliche »Helfer« wie Polia Nikolaenko einzuspannen, die von Stalin gefeierte »heldenhafte Denunziantin von Kiew«. Die besondere Masche des Schreckensweibs, das mindestens achttausend Menschen in den Tod trieb, bestand darin, bei großen Versammlungen plötzlich aufzuspringen und Teilnehmer anzuklagen. Chruschtschew erlebte einmal mit, wie sie »mit dem Finger auf jemanden zeigte und kreischte: ›Ich kenne den Schurken da drüben zwar nicht, sehe ihm aber an den Augen an, dass er ein Volksfeind ist‹«. Das Gerede vom »bösen Blick« bezeugte den religiösen Wahn des Terrors. Es blieb einem nur, schnell zu kontern. Jetzt wandte sich Polia Nikolaenko direkt an Stalin. Ihre Eingabe verrät schon die Primitivität.

»An das Vorzimmer des Genossen Stalin mit der Bitte, diese Erklärung dem Genossen Stalin persönlich auszuhändigen. Genosse Stalin hat beim Februar-Plenum über mich gesprochen…« Der Brief erreichte ihn, mit verheerenden Folgen für die Angeschwärzten. »Lieber Führer, Genosse Stalin«, schrieb sie am 17. September 1937, und griff tückisch die örtlichen Bonzen an, die sich einfach über seine Befehle hinwegsetzten. »Ich bitte Sie, in Kiew einzugreifen. … Hier gewinnen die Volksfeinde erneut überwältigende Macht … sitzen in ihrem *Apparat* und verüben schlimme Taten. Seit dem Plenum, als Sie über Kiew und mich als eine Vertreterin der ›kleinen Leute‹ sprachen, betreiben sie aktiv meine Verleumdung, um mich politisch zu vernichten.« Hohe Beamte behandelten sie wie eine »Volksfeindin« und hätten abermals das Vokabular der Hexerei gegen sie gebraucht: »Ein Helfer der Volksfeinde brüllte, ›Ich sehe es ihr an den Augen an, dass sie falsch ist!‹.« Kosior als Parteichef der Ukraine und andere hätten sich »unter lautem Gelächter« über sie lustig gemacht. »Ich bin und bleibe der Partei und ihrem großen Führer treu ergeben. Sie haben mir geholfen, die Wahrheit zu finden. *Stalins*

Wahrheit ist stark! Jetzt bitte ich Sie erneut, alles in Ihrer Macht Stehende zu tun, um gegen die Organisation in Kiew vorzugehen...« Zehn Tage später nahm Stalin sich ihres Gesuchs mit dem Eifer eines Racheengels an und teilte den ukrainischen Parteichefs mit:

»Achten Sie auf die Genossin Nikolaenko (lesen Sie ihren Brief). Sie müssen die Genossin unbedingt vor der Horde von Hooligans schützen! Meinen Informationen zufolge sind Glas und Timofeew wirklich nicht sehr vertrauenswürdig. Stalin.« Die genannten beiden Männer kamen vermutlich hinter Gitter, während man Kosior vorerst in Ruhe ließ.[7]

Bald waren die Regionalkader so eifrig bei der Sache, dass sie zu viele Menschen umbrachten: Chruschtschew* ordnete von Moskau aus faktisch die Erschießung von 55 741 Verdächtigen an, womit er die vom Politbüro ursprünglich auf 50 000 festgesetzte Quote gut übererfüllte. Am 10. Juli 1937 ersuchte er Stalin schriftlich, um der Quote willen weitere zweitausend Exkulaken hinrichten lassen zu dürfen. Außerdem offenbaren die NKWD-Archive, dass er viele Haftbefehle persönlich abgezeichnet hat. Bis Frühjahr 1938 hatte er die Festnahme von 35 der insgesamt 38 Provinz- und Stadtsekretäre angeordnet, was eine ungefähre Vorstellung von dem damals umgehenden Fieber vermittelt. Solange Chruschtschew in Moskau amtierte, konnte er seine Todeslisten Stalin und Molotow persönlich vorlegen.

»So viele können es doch nicht sein!«, rief Stalin einmal aus.

»Das ist noch längst nicht alles«, soll Chruschtschew Molotow zufolge erwidert haben. »Sie machen sich keine Vorstellung davon, wie viele es sind.« Für die Stadt Stalinabad (Askabad) hatte man eine Quote von 6277 Erschießungen festgesetzt, aber tatsächlich fielen dort 13 259 den Exekutionen zum Opfer.[8]

Da letztlich Regionalkader über die Selektion der Opfer entschieden, konnten sie kaum der Versuchung widerstehen, Feinde zu vernichten und Freunde zu verschonen. Doch hatte es Stalin ja gerade auf diese »Fürsten« mitsamt ihrem Gefolge abgesehen. Deshalb konnten sich die Ersten Sekretäre durch ihren anfänglichen Aderlass nicht nur nicht

---

* Chruschtschew zeichnete sich in den dreißiger Jahren als ein wahrhaft fanatischer stalinistischer Terrorist aus, doch sein Zugriff auf die belasteten Dokumente und seine Memoiren haben sein tatsächliches Verhalten in einen Nebel gehüllt. Der ehemalige KGB-Chef A. N. Schelepin sagte 1988 aus, dass der Geheimpolizist I. W. Serow die Todeslisten Chruschtschews beseitigte. Zwischen dem 2. und dem 9. Juli 1954 habe er 261 Blätter der so genannten »Chruschtschew-Papiere« verbrannt.

retten, sondern boten sogar eine Rechtfertigung dafür, sie selbst auszulöschen. Es war also nur eine Frage der Zeit, bis man in der Zentrale eine zweite Terrorwelle auslöste, um die »Bonzen« selbst zu erledigen.

Allein Stalins persönliche Vizekönige, Schdanow in Leningrad und Beria in Transkaukasien, brauchten keinen solchen »Schub«. Ersterer glaubte wie andere Fanatiker an eine Infiltration Leningrads durch die Trotzkisten, obwohl selbst er über gewisse Fälle staunen musste: »Wissen Sie, ich hätte nie geglaubt, dass sich Wiktorow als Volksfeind entpuppen würde«, sagte Schdanow zu Admiral Kusnezow, der aber »keinen Zweifel, sondern nur Überraschung in seiner Stimme hörte. ... Wir sprachen wie über Männer, die schon mit einem Bein im Grab standen.« Allein in Leningrad ordnete er die Verfolgung von 68 000 Verdächtigen an. Der Berufstschekist Beria erfüllte locker seine ursprüngliche, später sogar noch erhöhte Quote von 268 950 Festnahmen und 75 950 Exekutionen. Zehn Prozent der georgischen Parteimitglieder, die Stalin besonders gut kannte, blieben auf der Strecke. Beria tat sich dadurch hervor, persönlich die Folterung der Familie Lakobas zu übernehmen, dessen Witwe er eine Schlange in die Zelle setzte und sie dadurch in den Wahnsinn trieb, während er eines ihrer minderjährigen Kinder regelrecht totschlug.[9]

Stalin löste das Problem, indem er seine Günstlinge aussandte, um die »Landesfürsten« zu vernichten, was zugleich die Magnaten einem nützlichen Loyalitätstest unterzog. Wie Warlords des Bürgerkriegs bestiegen sie ihre Panzerzüge, um mit den NKWD-Gangstern Jagd auf Opfer zu machen. Mikojan, der Volkskommissar für Außenhandel und Versorgung, steht zwar im Ruf, zu den anständigeren der Funktionäre gehört zu haben, zumal er nach Stalins Tod manchen Opfern half und viel dafür tat, die Folgen seines Regimes abzumildern, doch 1937 zeichnete auch er Todeslisten ab und ließ Hunderte seiner eigenen Beamten festnehmen. Zu Stalins Lebzeiten vermied der gewiefte Mikojan Intrigen, griff nicht nach den Sternen und konzentrierte sich mit seiner scharfen Intelligenz und enormen Arbeitskraft ganz auf seine Zuständigkeiten: Er wusste jedenfalls, wie man tunlichst nicht aneckte.

Im Vorzimmer Andrejews, so seine Tochter, »drängten sich immer Leute, die ihrem Wohltäter danken wollten«, doch Kaganowitsch bekannte aufrichtig, dass »einem aufgrund der öffentlichen Pogromstimmung die Hände gebunden waren«. Um einen Freund zu retten, hätte man viele töten müssen. Mikojan ging wahrscheinlich schon fast zu weit, als er Stalin darauf ansprach, dass schwachsinnige Ermittler seinem

Freund Andreasian unterstellten, ein französischer Agent zu sein, nur
weil er mit Vornamen »Napoleon« hieß.

»Er ist genauso französisch wie du!«, scherzte Mikojan, worauf Stalin
in schallendes Gelächter ausbrach.* Woroschilow, der viele Opfer auf
dem Kerbholz hatte, gab das Gnadengesuch der Tochter eines inhaftierten Freundes direkt an Stalin weiter, der darauf wie üblich vermerkte:
»An den Genossen Jeschow mit der Bitte um Prüfung.« Der Vater wurde
freigelassen und rief bei Woroschilow an, um sich zu bedanken, der ihn
daraufhin fragte:

»War es schlimm?«

»Ja, sehr schlimm.« Die beiden Freunde sprachen nie wieder darüber.

Stalin selbst sah sich derart mit Gesuchen überschwemmt, dass er im
Politbüro einen speziellen Erlass durchsetzte, um derlei Eingaben zu verbieten. Wenn ein Funktionär das Leben eines Freundes rettete, kam es entscheidend darauf an, dass dieser nicht einem Kollegen in die Hände fiel.
So schaffte es Mikojan, einen Genossen vor dem Tod zu bewahren, und
beschwor ihn, Moskau auf der Stelle zu verlassen, doch dieser Altbolschewik beharrte auf der Rückgabe seiner Parteikarte. Er rief deshalb bei Andrejew an, der ihn sofort wieder hinter Schloss und Riegel brachte.

Möglicherweise kam Mikojans Hilfsbereitschaft irgendwie Stalin zu
Ohren, denn der kühlte plötzlich ihm gegenüber ab. Ende 1937 testete
er seine Loyalität, indem er ihn mit einer Liste von dreihundert festzunehmenden Opfern nach Armenien schickte. Mikojan zeichnete alle
Namen bis auf den eines Freundes ab, den er durchstrich, was den Betreffenden jedoch nicht vor der Festnahme bewahrte. Als der Emissär
gerade bei der Parteiversammlung in Eriwan sprach, betrat Beria den
Saal, um ihn zu beobachten und die Anwesenden zu terrorisieren. Er
ließ rund tausend Personen einsperren, darunter sieben von neun Mitgliedern des armenischen Politbüros. Nach Beendigung der Mission
taute Stalin in Moskau wieder gegenüber Mikojan auf.[10]

Alle Magnaten unternahmen blutige Expeditionen aufs Land. Schdanow säuberte den Ural und die Mittlere Wolga. Die Ukraine hatte das
Pech, Kaganowitsch, Molotow und Jeschow empfangen zu müssen. Kaganowitsch suchte außerdem Kasachstan, Tscheliabinsk, Iwanowo und
andere Orte auf, um Angst und Schrecken zu verbreiten: »Nach Vor-

---

* Solche Absurditäten gab es zuhauf: Bucharins Witwe wurde in ihrem schrecklichen Zwangsarbeitslager von einer anderen Insassin gemeldet, weil sie ein Buch mit
dem Titel *Liaisons dangereuses* besaß, das als ein tödlicher Leitfaden für Spione galt.

untersuchungen ist der Obkomsekretär Epantschikew sofort festzunehmen«, begann sein erstes Telegramm vom August 1937 aus Iwanow, um wie folgt fortzufahren: »Rechtsextreme trotzkistische Sabotage hat hier stark um sich gegriffen, Industrie, Landwirtschaft, Versorgung, Handel, Gesundheits- und Erziehungswesen, politische Arbeit … in außergewöhnlich hohem Maße infiziert.«[11] Doch das war noch nichts, verglichen mit dem Blutrausch der beiden gierigsten Ungeheuer dieser Tour.

Der damals zweiundvierzigjährige Andrei Andrejew, ein untersetzter Mann mit Schnurrbart und Armesündermiene, hatte den hohen Anforderungen der sowjetischen Eisenbahnen nicht genügt, kam jedoch voll zur Geltung, sobald er gemeinsam mit Jeschow das ZK-Sekretariat leitete. Als einer der wenigen Proletarier in der Führungsriege avancierte er zum unangefochtenen Meister dieser »Jagdausflüge«. Der stille Verehrer der Kompositionen Tschaikowskis, Bergsteiger und Naturfotograf schrieb währenddessen seiner Frau Dora Chasan liebevolle Ansichtskarten mit Grüßen an ihre beiden Kinder.

Am 20. Juli fiel er über die Republik der Wolgadeutschen her.* »Man muss Saratow mit allen Mitteln säubern«, meldete er Stalin in seinem ersten Telegramm, dem eine wahre Flut von fanatisch erregten Depeschen folgte. »Die Organisation Saratows nimmt alle Entscheidungen des ZK mit Freuden entgegen.« Doch der Schein trog, und bald musste er auf Schritt und Tritt feststellen, dass die örtlichen Bonzen »gar nicht daran dachten, die Terrorbande zu entlarven«, und sogar »erwiesene Feinde begnadigten«. Tags darauf nahm Andrejew fleißig Verdächtige fest. »Wir mussten den zweiten Sekretär einsperren. … Bei Freschier liegen Beweise vor, dass er der rechtsextremen Trotzkistenbande angehörte. Wir bitten, ihn verhaften zu dürfen.« Eine Gruppe bestand aus »zwanzig im Traktorenwerk beschäftigten Saboteuren. Wir haben beschlossen, zwei der Direktoren festzunehmen und vor Gericht zu stellen«, da sie als Mitglieder einer »rechtsorientierten Kulakenorganisation« die »Traktorenproduktion verschleppt« hatten, sodass »erst 14 der geplanten 74 fertig sind«. An jenem Abend gegen 23.38 Uhr brachte Stalin mit seinem blauen Buntstift die Antwort zu Papier: »Zentralkomitee

---

* Nach Gesprächen mit Andrejews und Dora Chasans Tochter Natascha, die ihn als das reinste Unschuldslamm darstellte, stieß der Autor auf die belastende Akte. Andrejews Vermerke und Briefe blieben erhalten, da er wegen seiner Entmachtung nach Stalins Tod im Unterschied zu Mitverbrechern wie Kaganowitsch, Malenkow und Chruschtschew nicht massenhaft Beweismaterial gegen ihn selbst vernichten konnte.

stimmt Ihren Vorschlägen für Anklage und Hinrichtung ehemaliger MTS-Arbeiter zu.« Die zwanzig Exekutionen folgten auf dem Fuße. Drei Tage später rühmte Andrejew sich Stalin gegenüber, »eine faschistische Organisation« aufgedeckt zu haben: »Wir planen, sofort die erste Gruppe von fünfzig bis sechzig Personen einzusacken. ... Außerdem mussten wir den Premier Luf wegen erwiesener Kollaboration mit den rechtsextremen Trotzkisten aus dem Verkehr ziehen.« Anschließend fuhr Andrejew weiter nach Kuibyschew und von dort aus nach Zentralasien, um alle Führungskader der Region abzusetzen, da Stalin ihm zugesichert hatte: »Prinzipiell können Sie nach eigenem Ermessen handeln.« Sein Ergebnis für Stalinabad lautete: »Ich habe sieben Narkoms, fünfundfünfzig ZK-Chefs und drei Sekretäre eingesperrt«, um, wieder in Woronesch, fröhlich zu verkünden: »Hier existiert kein Büro mehr. Alle Kader sind als Volksfeinde verhaftet. Jetzt weiter nach Rostow!«[12]

Auf diesen manischen Feldzügen begleitete Andrejew der fünfunddreißigjährige Georgi Malenkow, ein echter Killerbürokrat, dessen Karriere von diesen Säuberungen stark profitierte, obwohl er als Spross zaristischer Adliger immerhin der Provinzintelligenz entstammte.* Zusammen mit Mikojan und Jeschow bereiste er Armenien beziehungsweise Weißrussland. Ein Historiker schätzte, dass allein Malenkow letzten Endes den Tod von mehr als hundertfünfzigtausend Menschen auf dem Kerbholz hatte.

Untersetzt, aufgedunsen, mit einem bleichen Mondgesicht, bartlosem Kinn, Sommersprossen um die Nase, dunklen, leicht mongolischen Augen und schwarzem, über die Stirn hängenden Haar, hatte Malenkow neben der Birnenstatur mit weiblich breiten Hüften eine Fistelstimme, weshalb Schdanow ihm den Spitznamen »Malanja« oder »Melanie« verpasste. »Er erweckte den Eindruck eines verschlossenen, vorsichtigen und nicht sehr ansehnlichen Mannes«, schrieb Djilas. »Es schien, als bewege sich unter den Fettschichten und -wülsten noch eine andere Person, lebendig und geschickt, intelligent und mit wachsamen schwarzen Augen.« Malenkows Ururgroßvater war während der Herrschaft von Nikolaus I. aus Mazedonien ins Land gekommen, aber wie Beria unkte, war er »kaum Alexander der Große«. Dennoch hatten seine Vorfahren im Auftrag der Zaren Orenburg verwaltet, und von Generälen und Ad-

---

* Lenin, der Tscheka-Gründer Felix Dserschinski und der bis 1930 amtierende Außenkommissar Tschitscherin gehörten der bis 1917 gültigen Standestafel Peters des Großen, ebenso übrigens wie Molotow, Schdanow, Sergo und Tuchatschewski, dem Erb-, jedoch nicht dem Titularadel an.

miralen abstammend, sah er sich in der Tradition eines gewählten Gouverneurs des alten Nowgorod als *Posadnik* oder *Tschinownik*. Im Gegensatz zu stalinistischen Tyrannen wie Kaganowitsch, der seine Beamten anschrie und sogar schlug, stand Malenkow auf, wenn Untergebene eintraten, sprach stets leise und sehr gewählt, ohne zu fluchen, wenn er auch oft eiskalte Urteile fällte.

Malenkows Vater hatte seine ganze Familie schockiert, als er die Tochter eines grimmigen Schmieds heiratete, die ihm drei Söhne gebar, als letzten Georgi, der seine Mutter trotz ihrer Dominanz innig liebte. Am städtischen humanistischen Gymnasium lernte er Französisch und Latein. Mit seiner Ausbildung als Elektroingenieur galt Malenkow, ebenso wie Schdanow, unter den Schustern und Tischlern als sehr gebildet. Gleich vielen anderen ehrgeizigen jungen Leuten war er während des Bürgerkriegs in die Partei eingetreten. Seine Familie behauptet, wenn auch nicht sehr überzeugend, als Kavallerist, doch wie dem auch sei, jedenfalls bekam er bald festeren Boden unter den Füßen, als er in Propagandazügen kreuz und quer durchs Land fuhr und dabei auch seine anmaßende, aus ähnlichen Verhältnissen stammende Frau Waleria Golubzewa kennen lernte.

Glücklich verheiratet, soll Malenkow als ein idealer Vater seine ebenfalls hoch gebildeten Kinder selbst unterrichtet und ihnen noch mitten im Krieg trotz völliger Erschöpfung abends Gedichte vorgelesen haben. Mit Hilfe seiner Frau beim Zentralkomitee angestellt, war er dann Molotow aufgefallen, der ihn an Stalins Sekretariat weitervermittelte. Anfang der dreißiger Jahre avancierte er zum Sekretär des Politbüros als einer jener eifrigen jungen Männer vom Schlag Jeschows, die durch Engagement und Tüchtigkeit erst Kaganowitsch und dann Stalin selbst auf sich aufmerksam machten. Allerdings fiel er nicht gerade durch extremen Humor auf.

Dieser scharfsinnige, aber »eunuchenhafte« Magnat sagte nie ein Wort zuviel, lauschte immer andächtig den Ausführungen Stalins und führte eigens ein Notizbuch mit der Aufschrift: »Lehren des Genossen Stalin«. Er löste Jeschow als Chef der ZK-Personalabteilung ab, die auch Kader für Führungsposten vorschlug. 1937 soll er Mikojan zufolge eine »besondere Rolle« gespielt haben und galt als der bürokratische Maestro des Terrors. Ein lakonischer Vermerk in Stalins Unterlagen dokumentiert das Verhältnis zwischen den beiden:

»Genosse Malenkow, wir müssen Moskwin festnehmen. J. St.« Die Jungstars Malenkow, Chruschtschew und Jeschow waren so eng miteinander befreundet, dass man sie als »die Unzertrennlichen« bezeichnete. Doch bei der paranoiden Gratwanderung konnte sogar ein Malenkow abstürzen und sah sich 1937 bei einer Moskauer Parteikonferenz seinerseits als Volksfeind beschuldigt. Als er darüber sprach, während des Bürgerkriegs in Orenburg der Roten Armee beigetreten zu sein, rief jemand aggressiv dazwischen:

»Waren auch die Weißen damals in Orenburg?«

»Ja –«

»Das heißt, Sie haben dazugehört.« Daraufhin schaltete sich Chruschtschew ein:

»Auch wenn die Weißen damals in Orenburg standen, diente der Genosse Malenkow gewiss nicht bei ihnen.« In jener Zeit konnte das kleinste Zögern zur Festnahme führen[13], und wenig später musste Chruschtschew die eigene Haut retten, indem er persönlich zu Stalin ging und ihm einen Anfall von Trotzkismus in den frühen zwanziger Jahren beichtete.[14]

Das Gefolge trieb den großen Terror rabiat voran, und noch Jahrzehnte später rechtfertigten die »Fanatiker« ihren Massenmord: »Ich war mitverantwortlich für die Repression«, erklärte Molotow, »und halte sie nach wie vor für richtig. Alle Politbüromitglieder trugen ihren Teil dazu bei ... und gewiss war 1937 notwendig.« Mikojan stimmte ihm darin zu, dass »sich kein Mitarbeiter Stalins aus der Verantwortung stehlen kann«. Beinahe ebenso schwer wie das Gemetzel selbst wiegt das volle Bewusstsein der Täter darüber, dass ein Großteil der Opfer, sogar nach den eigenen verqueren Maßstäben, unschuldig war: »Wir haben uns versündigt, indem wir zu weit gingen«, erklärte Kaganowitsch, »und gewiss alle Fehler gemacht ... dafür jedoch den Zweiten Weltkrieg gewonnen.«[15] Bekannte der Massenmörder sinnierten später, dass Malenkow oder Chruschtschew »weder von Natur aus böse noch geborene Schlächter«, sondern lediglich Kinder ihrer Zeit waren.[16]

Im Oktober billigte ein neues Plenum schließlich die Festnahme von weiteren Mitgliedern des Zentralkomitees. »Es geschah schrittweise«, erläuterte Molotow. »Siebzig konnten bis zu 15, dann die verbliebenen knapp sechzig weitere 15 ausschalten.« Als ein verängstigter örtlicher Parteichef Stalin ersuchte, »mich nur für zehn Minütchen in einer persönlichen Angelegenheit zu empfangen, da man mir grauenhaft falsche Vorwürfe macht«, kritzelte der Tyrann, diesmal in Grün, einen Vermerk für Poskrebyschew hin:

»Schreiben Sie, dass ich im Urlaub bin.«[17]

23

FAMILIENLEBEN IM TERROR:
DIE FRAUEN UND KINDER DER MAGNATEN

Doch all diese Tragödien fanden inmitten einer öffentlichen Hochstimmung statt, einer nicht enden wollenden Feier von Triumphen und Jubiläen. Hier folgt eine Szene aus der Phase des Terrors, die sich jederzeit und überall in einem trauten Heim hätte abspielen können. Stalin ging allabendlich in die Kremlwohnung hinunter, um mit seiner damals elfjährigen Tochter Swetlana zu essen, und oft kam auch deren – auf Wunsch und Initiative des Vaters – beste Freundin, die Gorki-Enkelin Martha Peschkowa hinzu. Normalerweise spielten die Mädchen im Kinderzimmer, bis ihnen die Haushälterin Bescheid sagte, dass Stalin eingetroffen sei und bei Tisch auf sie warte. Diesmal war er allein und bester Stimmung, offenbar froh, abschalten zu können und Swetlana zu sehen, denn er erschien selbst an der Tür und lachte: »Wo ist meine *Chosjaika*?«

Wenn es sich sonst gerade ergab, setzte er sich neben sie an den Tisch und half ihr bei den Schulaufgaben, und Außenstehende überraschte es, dass dieser harte Mann »so sanftmütig zu seiner Tochter sein konnte«. Stalin nahm sie auch gerne auf die Knie und erzählte Besuchern: »Nach dem Tod ihrer Mutter habe ich Swetlana immer wieder gesagt, dass sie jetzt hier die *Chosjaika* ist, doch dann hat sie selbst zu sehr daran geglaubt und wollte denen in der Küche Anweisungen geben, woraufhin man sie dort in hohem Bogen hinauswarf. Sie war in Tränen aufgelöst, doch konnte ich meine kleine *Chosjaika* wieder beruhigen.«

An jenem Abend neckte Stalin die ausgesprochen hübsche Martha in dem Wissen, dass sie stark dazu neigte, puterrot anzulaufen:

»Was habe ich da gehört, Marfotschka, dass dir alle Jungen nachlaufen?« Martha brachte das derart aus der Fassung, dass sie weder ihre Suppe herunterschlucken noch antworten konnte. »So viele Jungen stellen dir nach!«, insistierte Stalin, doch Swetlana kam ihr zur Hilfe:

»Komm, Papa, lass sie in Ruhe.« Stalin lachte beifällig und betonte, dass er seiner *Chosjaika* immer gehorche. Diese Essen, erinnerte sich Martha, »waren für mich eine echte Qual«, doch fürchtete sie Stalin nicht wirklich, da sie ihn von klein auf kannte. Allerdings mussten diese Kinder mit rätselhaften, unerklärlichen Vorgängen leben: Viele der Freunde von Swetlanas Eltern waren spurlos verschwunden, und Martha selbst hatte kurz zuvor die Festnahme des neuen Liebhabers ihrer Mutter miterlebt.[1]*

Freilich kannten die Kinder der unbehelligten Funktionäre keine freudigere, lebenslustigere Phase. Die Jazz-Welle wogte noch durchs Land, und 1938 kam Alexandrows jüngster Musikfilm »Wolga, Wolga« in die Kinos, worauf seine Melodien in den Tanzlokalen immer wieder erklangen. Man tanzte bei Festen für das diplomatische Korps zu beschwingten Rhythmen: Kaganowitsch frohlockte: »Jazz spricht vor allem die Lustigen an, als musikalischer Leitstern unserer hochgestimmten Jugend.« Er schrieb sogar zusammen mit seinem Freund, dem Jazz-Millionär Leonid Utesow, ein kleines Handbuch mit dem Titel »Wie man bei den Eisenbahnen Gesangsgruppen und Kapellen organisiert«, worin »die Lokomotive« für jeden sowjetischen Bahnhof eine eigene *Dschas*-Band forderte. Gewiss brauchte man dort eine gewisse Aufmunterung.

»Es war wirklich eine Zeit großer Hoffnung und Zuversicht«, erinnerte sich Stepan Mikojan, »mit vielen erregenden und glücklichen Erlebnissen. Die neue Metro mit ihren Kronleuchtern eröffnete, dazu das gigantische Hotel Moskwa und die neue Industriestadt Magnitogorsk, und wir feierten alle möglichen anderen Triumphe.« Die Propagandamaschinerie bejubelte Helden der Arbeit wie den Superkumpel Stachanow, pries die großen Erfolge der Luftfahrt und der Forschung. Balladen besangen Woroschilow und Jeschow als »Ritter«. Dokumentarfilme mit Titeln wie »Aus dem Leben unserer Helden der Luftfahrt« begeisterten die Massen. »Ja, es war in der Tat ein Zeitalter der Helden!«, bestätigte Andrejews Tochter Natascha. »Auch ohne jede Zukunftsangst, ein wahr-

---

* Timoschas neuer Liebhaber Lupel, ein Akademiemitglied, hatte Martha mit ihrer Mutter für die von ihm veranstaltete Gedenkfeier zum siebenhundertfünfzigsten Geburtstag des Dichters Rustaweli nach Tiflis eingeladen, wo sie zufällig mitten in der Nacht durch einen Türspalt seine Festnahme beobachtete. »Fünf Männer kamen, um ihn abzuholen«, erinnerte sie sich. Als auch Timoscha Peschkowas spätere Affäre mit Stalins Hofarchitekt Merschanow durch Inhaftierung endete, rief sie verzweifelt aus: »Welch ein Fluch! Jeder, der mir näher kommt, ist ruiniert!«

haft reiches Leben! Ich erinnere mich an lächelnde Gesichter, an Berg-touren, an heroische Piloten. Nicht alle spürten den Druck. Als Kinder wussten wir, dass es in erster Linie darauf ankam, das Volk stark zu ma-chen, den Neuen Menschen zu schaffen und die Massen zu erziehen. In der Schule lernten wir, verschiedene Werkzeuge zu benutzen, wir gingen aufs Land, um bei der Ernte zu helfen. Wir bekamen nichts dafür – es gehörte zu unseren Pflichten.«

Auch die NKWD-Beamten galten als Volkshelden. Am 21. Dezember feierten die »Organe« mit einer großen Gala im Bolschoi ihr zwanzigjäh-riges Bestehen. Unter Girlanden und roten Bannern mit Porträts von Stalin und Jeschow darauf erklärte Mikojan im Parteikasack: »Lernt die stalinistische Arbeitsweise vom Genossen Jeschow, so wie er sie vom Genossen Stalin selbst gelernt hat.« Doch der springende Punkt an seiner Rede war: »Jeder Bürger der UdSSR sollte sich als NKWD-Agent fühlen.«

Das Land beging Puschkins Todestag ebenso wie den von Beria orga-nisierten Geburtstag des georgischen Dichters Rustaweli. Woroschilow und Mikojan traten als Ehrengäste auf. Als der Krieg unaufhaltsam nä-her rückte, verband Stalin den Bolschewismus bewusst mit Elementen traditioneller russischer Folklore. Da man bereits im Spanischen Bürger-krieg stellvertretend gegen die Faschisten kämpfte, kamen spanische Lie-der und »blaue Kappen mit rot gesäumten Schirmen« sowie »abenteuer-lich schräg aufgesetzte« breite Baskenmützen ganz groß in Mode. Ebenso spanische Blusen. »Wenn morgen der Krieg ausbricht« zählte zu den Gassenhauern. Alle Kinder führender Funktionäre schwärmten von Piloten oder Offizieren.

»Schon wir Kleinen wussten, dass der Krieg bevorstand«, erinnerte sich Stalins Adoptivsohn Artjom, »und wir mussten tapfer sein, um nicht zu unterliegen. Eines Tages rief Onkel Stalin uns Jungen zu sich und fragte: ›Was möchtet ihr einmal werden?‹, und ich erklärte ›Pio-nier‹. ›Nein‹, erwiderte er, ›wir brauchen Männer, die sich mit Geschüt-zen auskennen.‹« Artjom und Jakow gingen beide zur Artillerie, Letzte-rer als bereits gelernter Ingenieur. »Es war das einzige Privileg, das mir Onkel Stalin je gewährt hat«, betonte Artjom. Da Flieger eine Elite bilde-ten, entschieden sich die Magnatenkinder überwiegend für »Stalins Fal-ken«. Wasili machte ebenso eine Pilotenausbildung wie Stepan Mikojan und Leonid Chruschtschew.[2]

Doch die führenden Familien mussten in jener Zeit auch eine Menge aushalten, denn für die Erwachsenen braute sich tagtäglich ein Strudel von Depressivität, Ungewissheit, Traurigkeit und Angst zusammen, wenn Freunde, Kollegen und Verwandte in die Mühlen der Tscheka gerieten. Zwar erwecken einige westliche Geschichtsbücher und sowjetische Memoiren den Anschein, als habe ein Großteil der neuen bolschewistischen Elite fest an die Unschuld der meisten Verdächtigen geglaubt, aber die Wirklichkeit sah anders aus: Zum Beispiel erklärte Schdanow seinem Sohn Juri, dass Jeschow auch in den unwahrscheinlichsten Fällen Recht habe.

»Gott weiß, dass ich ihn schon seit Jahren kenne!«, sagte er über einen in Verdacht geratenen Freund. »Aber schließlich gab es ja auch den Malinowski!«, schränkte er ein, bezogen auf den berüchtigten zaristischen Spion. Andrejew wusste, dass es Volksfeinde gab, allerdings müsse man sie vor einer Inhaftierung »gründlich überprüfen!«. Mikojan hegte angeblich Vorbehalte gegen viele Razzien, doch sein Sohn Sergo hielt ihn für einen »dogmatischen Kommunisten«. Frauen konnten sogar noch fanatischer sein als Männer. Mikojan zufolge glaubte seine Frau bedingungslos an Stalin und habe fast nie an seinen Maßnahmen gezweifelt. »Mein Vater«, sagte Natascha Andrejewa, »glaubte fest daran, dass Saboteure und Fünfte Kolonnen unseren Staat zerstören wollten und man sie deshalb unschädlich machen musste. Meine Mutter sogar felsenfest. Wir stellten uns auf Krieg ein.«

Da die Magnaten nie vor ihren Kindern über den großen Terror sprachen, lebten diese nicht nur in einer mörderischen, sondern auch in einer verlogenen Welt. Die »Geheimniskrämerei« sogar im engsten Familienkreis gehörte nach dem Urteil des Physikers Andrei Sacharow zu den beklemmendsten Zeichen der Zeit. Doch die Kinder merkten es naturgemäß, wenn das Verschwinden von Freunden und Verwandten eine mühsam tabuisierte Leere hinterließ. Bei den Mikojans tuschelte man über die Festnahmen in Armenien, doch manchmal entfuhr den Eltern ein Ausruf wie: »Ich kann es einfach nicht glauben!« »Uns gegenüber erwähnte Vater nie etwas – er war sehr verschwiegen«, erinnerte sich Natascha Andrejewa. »Doch wenn ihm die Festnahme wichtiger Leute zu Ohren kam, rief er immer die Mama zu sich: ›Dorotschka, könnte ich mal kurz mit dir reden?‹, und dann flüsterten sie in der Küche miteinander.« Dora versicherte ihrer Familie sogar, dass sie Volksfeinde an den Augen erkennen könne. Mikojan fuhr dazwischen, sooft seine Frau etwas Bedenkliches ansprechen wollte: »Halt die Klappe!«, ebenso Ordschonikidse, der eine zu leichtfertige Frage noch kurz vor seinem Tod mit einem ungehaltenen »Nicht jetzt!« abwürgte. Die

Erwachsenen gingen häufig im Wald oder rings um den Kreml spazieren.[3]

Die Bewohner des Hauses am Ufer, jenes hässlichen Wohnblocks für Funktionäre, darunter die Chruschtschews, die meisten Volkskommissare und Stalins nähere Verwandtschaft, zum Beispiel die Swanidses und die Redens', horchten spätabends immer auf das Geräusch des Aufzuges mit dem anschließenden Türklopfen, wenn NKWD-Beamte Verdächtige abholen kamen.* Wie Trifonow in seinem Roman *House on the Embankment* erzählt, berichtete der livrierte Portier den Bewohnern allmorgendlich, wen sie nachts festgenommen hatten. Bald standen in dem Block zahlreiche Wohnungen leer, mit unheilvoll vom NKWD versiegelten Türen. Chruschtschew war besorgt über den Tratsch der Frauen in seiner Familie und machte seiner Schwiegermutter heftige Vorwürfe wegen ihrer Plaudereien auf dem Treppenabsatz, da ein loses Mundwerk Menschen in Lebensgefahr bringen konnte.

Manche Bewohner hatten schon Sachen für den Abtransport ins Gefängnis gepackt oder eine Pistole unterm Kopfkissen liegen, um sich im Ernstfall zu erschießen. Die Klügeren trafen Vorkehrungen für ihre Kinder: So brachte die Mutter Soja Sarubinas, der Stieftochter eines Tschekisten, ihr schon einmal bei, warme Sachen einzupacken, um mit ihrer achtjährigen kleinen Schwester zu entfernten Verwandten aufs Land zu fahren.[4]

Die Kinder bemerkten ein reges Umzugstreiben, da jede Exekution eine endgültig leer stehende Wohnung oder Datscha hinterließ, die aufstrebende Parteifunktionäre mit ihren ehrgeizigen, oft auf Vergrößerung bedachten Frauen hemmungslos übernahmen. Stalin nutzte die Gier aus, um seine führenden Leute ganz auf das Morden einzuschwören. Jeschows Familie bezog die Residenz Jagodas. Schdanow erhielt die Datscha Rudsutaks, Molotow zunächst jene Jagodas und später die Rykows. Wyschinski hatte immer schon die Datscha Leonid Serebryakows begehrt und wiederholt geschwärmt: »Ich kann mich gar nicht daran satt sehen. ... Du bist wirklich ein Glückspilz, Leonid.« Nur wenige Tage nach Serebryakows Festnahme am 17. August 1936 reklamierte der Staatsanwalt dessen Datscha für sich selbst, schaffte es sogar, sich sein altes Haus bezahlen und darüber hinaus 600 000 Rubel für den Umbau

---

* Nadeschda Mandelstam beschrieb eindrucksvoll, wie sie und ihr Mann im Gebäude des Schriftstellerverbandes wach lagen, bis der Aufzug ihr Stockwerk passiert hatte (vgl. dazu *Das Jahrhundert der Wölfe*, S. 400).

des neuen bereitstellen zu lassen. Die Bewilligung der gewaltigen Summe erfolgte am 24. Januar 1937, als er gerade den Angeklagten im Radek-Prozess ins Kreuzverhör nahm.* Aber wehe dem, der ein solches Danaergeschenk ausschlug, wie Marschall Jegorow, der so unklug war, die Datscha eines erschossenen Kameraden abzulehnen. »Innerhalb dieser Wände hausten wohl noch überall die Seelen der früheren Besitzer…«, meinte Swetlana Stalin.[5]

»Wir kannten selbst 1937 keine Angst«, berichtete Natascha Andrejewa, die immer fest daran glaubte, dass NKWD-Beamte ausschließlich Volksfeinde und nicht anständige Leute wie ihre Eltern abholten. Auch Stepan Mikojan habe sich zunächst »keine Sorgen gemacht, später jedoch erkannt, dass meine Eltern in ständiger Unruhe lebten«. Im Übrigen bekamen die Politbüromitglieder alle Verhörprotokolle zugesandt. Stepan blätterte sie oft heimlich durch und fahndete nach den unglaublichen Enthüllungen über Freunde der Familie, die sich als »Volksfeinde« entpuppt hatten. Jeder Haushalt brauchte einen »Auslöscher«. Bei Mikojans ging Sergei Schaumian, der adoptierte Sohn eines verstorbenen Altbolschewiken, sämtliche Familienalben durch und schwärzte die Gesichter der als Volksfeinde festgenommenen und erschossenen Verwandten.[6]

Selbst wer die Willkür des Mordens nicht durchschaute, erkannte doch die Allgegenwart des Todes und redete sich daher ein, dass man angesichts des heraufziehenden Kriegs gefährliche Feinde ausmerzen musste. Schon die Kinder sprachen darüber: Wasili Stalin erzählte Artjom Sergeew und seinen Redens-Vettern voller Schadenfreude von Festnahmen. Während man daheim lediglich flüsterte und tuschelte, erfuhren sie in der Schule etwas mehr. Die meisten der Funktionärssprösslinge besuchten die Anstalt Nr. 175 (oder Nr. 110), wo die väterlichen Chauffeure sie mit Packards, Buicks oder Rolls-Royces absetzten. Manche gingen das letzte Stück zu Fuß, um nicht aufzufallen oder Anstoß zu erregen. An diesen Eliteschulen mussten die Lehrer (darunter die für Englisch zuständige Frau des Senkrechtstarters Nikolai Bulganin) immer so tun, als geschähe nichts Ungewöhnliches, obwohl den Kleinen das Unheil langsam dämmerte, als sie beobachteten, was in ihrem Umfeld vorging. Zum Beispiel saßen die Eltern von Stepan Mi-

---

* Nach Stalins Tod gelang es den Serebryakows, sich die Hälfte ihres Anwesens zurückzuholen, aber die andere Hälfte verblieb den Wyschinskis. So verbrachten sie noch 2002, sechzig Jahre nachdem der Nachbar ihren Vater hatte erschießen lassen, jedes Wochenende neben den Nachfahren des Täters.

kojans bestem Freund Serescha, einem Neffen Poskrebyschews, der ranghohe Kremlewka-Arzt Metalikow und seine Frau, seit 1937 in Haft.

Stalins Tochter Swetlana hofierten die kriecherischen Lehrer im Stil einer Zarewna. Eine ihrer Klassenkameradinnen wies darauf hin, dass ihr Pult immer glänzte wie ein Spiegel, da man es als Einziges polierte. Nach Festnahmen seien die Kinder der Betreffenden jeweils auf wundersame Weise aus der Klasse verschwunden, damit »Zarewna« nicht die Schulbank mit dem Nachwuchs von Klassenfeinden drücken musste.

Manchmal kam es dazu, dass man junge Leute bei Festen tatsächlich vor den Augen ihrer Freunde einkassierte. Wasili Stalin und Stepan Mikojan zechten gerade im geselligen Kreis bei einem ihrer Kommilitonen von der Militärakademie, als es plötzlich klingelte. Ein Mann in Zivil ließ Wasili Stalin rufen, dem man vor der Tür mitteilte, dass die NKWD-Beamten einen der Jugendlichen abholen wollten. Wasili ging zu dem Besagten, schickte ihn hinaus und flüsterte anschließend Stepan zu, was ihn erwartete. Vom Fenster aus beobachteten sie, wie die Tschekisten ihren Bekannten – als »Mitglied einer antisowjetischen Jugendgruppe« – in einen schwarzen Wagen steckten und davonfuhren. Er verschwand auf Nimmerwiedersehen.

Schon bei Minderjährigen prüfte man den Umgang sehr sorgfältig. »Mein Stiefvater achtete genau darauf, woher meine Freunde kamen«, erinnerte sich Soja Sarubina, »erkundigte sich immer nach ihrem Elternhaus und ließ die Familien sogar in der Lubianka durchleuchten.« Woroschilows legten strengere Maßstäbe an als Mikojans und diese wiederum strenger als Schdanows: Als der Sohn eines soeben festgenommenen Verdächtigen anrief, befahl Ekaterina Woroschilowa ihrem Filius sofort, den Kontakt mit ihm abzubrechen. Juri Schdanow betonte dagegen, dass er »Kinder von Volksfeinden« mit nach Hause bringen durfte: »Meine Eltern hatten nichts dagegen.« Doch spielte dabei gewiss der Zeitpunkt eine Rolle, und die Raserei von 1937/38 ließ wohl kaum Spielräume zu. Als Stepan Mikojan regelmäßig mit einer Katja ausging, las er in einem NKWD-Bericht, dass sie mit dem Sohn eines Feindes befreundet war. »Ich wartete darauf, dass mein Vater mir etwas dazu sagen würde ... doch das geschah nicht.« Mikojan selbst brach allerdings den Kontakt mit ihm nahe stehenden Familien vollständig ab, als diese politisch in Verdacht gerieten.[7]

Anfang 1937 hatte das Auftreten der zauberhaften jungen Frauen Poskrebyschews und Jeschows signalisiert, dass eine ganz neue Farbigkeit
und Weltläufigkeit Einzug in Stalins Gefolge hielt. Draußen in Subalowo
machte er weiterhin gerne im Familienkreis Picknick oder brachte seiner
Tochter und Martha Peschkowa Schokolade mit. Als die Verwüstungen
des NKWD das ganze Land erschütterten, umsorgte Stalin seine Kinder
rührend. Nachdem sich der erst neunjährige Leonid Redens einmal in
Kunzewo verirrt hatte, lief er irgendwann den Erwachsenen wieder in
die Arme, die alle lachten ihn aus, bis auf Stalin, der sich liebevoll um
ihn kümmerte.[8] Doch die heimelige Vertrautheit erstarrte zunehmend
zu eisiger Furcht.

Fünfter Teil

SCHLACHTFEST:
BERIAS AUFTRITT, 1938–1939

24

STALINS DAMEN UND DIE FAMILIE
IN GEFAHR

Stalin besuchte nach wie vor regelmäßig seine Genossen, schneite häufig bei Poskrebyschews zum Essen herein, wo man auch tanzte und er gerne Scharaden aufführte. Poskrebyschew hatte soeben erst eine attraktive junge Frau geheiratet, die nun mit zum engeren Kreis gehörte. Der nicht gerade zum romantischen Helden geborene Sekretär kannte sie bereits seit 1934 von einem Fest des Kreml-Arztes Michail Metalikow her. Dieser hieß eigentlich Masenkis, war über seine Frau Asja mit Trotzki verschwägert (deren Schwester hatte seinen Sohn Sedow geheiratet) und entstammte einer Familie litauischer Zuckerbarone.

Metalikows vierundzwanzigjährige Schwester Bronislawa, genannt »Bronka«, eine dunkle, grazile, lebenssprühende und verspielte Frau, wie man es unter Altbolschewiken in der Regel vermisste, war als Endokrinologin mit einem Rechtsanwalt verheiratet gewesen und hatte ihm bereits während des Studiums eine Tochter geboren. Auf Fotos wirkt sie sehr elegant und strahlt, meist in gepunkteten Kleidern, etwas Schelmisches aus. Bei der besagten Feier alberte sie herum und lief immer wieder um den Tisch, von dem aus Stalin und sein damals dreiundvierzigjähriger *chef de cabinet* ihr fasziniert zusahen. Schließlich warf sie eine Torte durch den Raum, die jedoch scheinbar ihr Ziel verfehlte und mitten auf Poskrebyschews Festkasack landete. Der Getroffene verliebte sich daraufhin unsterblich in Bronka und wenig später waren sie ein Paar. Familienfotos dokumentieren die fast an Anbetung grenzende innige Zuneigung des (ansonsten stets als »Quasimodo« dargestellten) glückseligen Ehemannes, als er den Kopf an die Schulter und das glänzende kastanienbraune Haar seiner Frau schmiegt.

»Die Schöne und das Biest« sorgten in Stalins Gefolge für viel Heiterkeit. Kira Allilujewa hörte »Poskrebyschews attraktive polnische Frau einmal scherzen, ihr Mann sei dermaßen hässlich, dass sie es nur im Dunklen mit ihm treibe«. Doch dieser gab sich stolz auf sein Äußeres, denn immerhin hatte Stalin ihn ja genau deshalb ausgewählt. Munter spielte er den Hofnarren, und Stalin forderte ihn heraus, ein ganzes Wasserglas voll Wodka in einem Zug zu leeren oder ihm zu beweisen, wie lange er die Hände über brennendes Papier halten konnte.

»Schaut!«, lachte Stalin gern, »Sascha kann ein Glas Wodka trinken, ohne mit der Wimper zu zucken.« Er mochte Bronka, eine aus der neuen Generation unbeschwerter Frauen, die mit den Magnaten auf vertrautem Fuß standen. Sie duzte Stalin und brachte, wie alle Allilujew-Frauen, von Auslandsreisen stets Geschenke für Swetlana mit, um dann bei ihrem Vater anzurufen und zu fragen, ob sie das jeweilige Präsent bekommen dürfe.

»Wird er ihr denn stehen?«, fragte Stalin im Fall eines westlichen Pullovers.

»O ja!«

»Dann soll sie ihn haben!«

Bronkas beste Freundin war die unermüdlich für Literaten schwärmende Lektorin Jewgenia Jeschowa, und diese beiden ständig kichernden, flatterhaften »Miezekätzchen« von polnischer respektive litauischer Herkunft ähnelten einander so sehr, dass Kira sie für Schwestern hielt. Zufällig hatten sie mit »Solomonowa« sogar denselben Geburtsnamen. Wenn ihre Frauen sich miteinander amüsierten, gingen Jeschow und Poskrebyschew, ebenfalls dicke Freunde, gerne zusammen angeln.[1]

Während der inzwischen zum Politbürokandidaten beförderte Jeschow seine Opfer peinigte, bandelte Jewgenia mit allen möglichen Künstlerstars an und ging mit den meisten ins Bett – am liebsten mit dem bezaubernden Isaak Babel. »Wenn man Leute zu einem Fest ›mit Babel‹ einlud, kamen alle«, schrieb dessen Frau Piroschkowa. Im Salon dieser faszinierenden Klatschbase verkehrten unter anderen der jiddische Schauspieler Solomon Michoels, Stalins *King Lear*, der Jazzbandleader Leonid Utesow, der Regisseur Eisenstein, der Romancier Michail Scholochow und der Journalist Michail Kolzow. Bei Kreml-Festen ließ Jeschowa mit ihrer Vorliebe für Foxtrott keinen Tanz aus. Ihre Vertraute Sinaida Glikina führte ebenfalls einen literarischen Salon, und als ihre Ehe scheiterte, nahmen die Jeschows sie gastfreundlich auf. Selbstverständlich ließ sich »Brombeere« die Chance nicht entgehen, und wie Sinaida keineswegs seine einzige Mätresse blieb, verfolgte Jewgenia derweil begeistert ihre literarischen Affären mit Babel, Kolzow und

Scholochow weiter. Nur wenige schlugen ein Angebot der Jeschowa freiwillig aus. »Man stelle sich vor«, unkte Babel, »unser Mädchen aus
Odessa ist zur First Lady des Reiches aufgestiegen!«[2]

Nach Nadjas Tod kursierten Gerüchte, Stalin habe sich in Lasar Kaganowitschs Schwester Rosa, seine Nichte (ebenfalls Rosa) oder seine
Tochter Maja verliebt und heimlich geheiratet, und fanden dank häufiger Wiederholung bald weithin Glauben. Man reichte sogar Fotos von
der dunklen Schönen Rosa Kaganowitsch herum. Lasar selbst, ein würdi-
ger Vertreter dieser markanten Familie, hatte als junger Mensch blendend ausgesehen, und seine Tochter Maja erinnerte in ihrer Blütezeit
stark an Elisabeth Taylor. Die tiefere Bedeutung des Geredes lag in der
angeblichen Liaison Stalins mit einer Jüdin, was gut als Propaganda für
die Nazis taugte, denen es sehr zupass kam, die bolschewistisch-jüdische
Teufelsbrut als »Eheleute Stalin« zu verschmelzen.*

Die Geschichte birgt insofern eine doppelte Ironie, als die Nazis eine
solche Person gar nicht hätten erfinden müssen: Im Umkreis Stalins lebten viele Jüdinnen, angefangen bei Polina Molotowa und Maria Swanidse bis zu den Damen Poskrebyschewa und Jeschowa. Berias Sohn,
der in puncto Tratsch so zuverlässig ist wie politisch zweifelhaft, erinnerte sich daran, dass sein Vater gerne belustigt all die Techtelmechtel
Stalins mit Jüdinnen aufzählte.[3]

Diese hübschen jungen Frauen mochten Stalin zwar umschwirren,
doch ihre Herkunft galt als »zweifelhaft«. Im Übrigen interessierten sie
Kleidung, Amüsement und Affären mehr als der dialektische Materialismus. Gewiss bildeten sie, zusammen mit Schenja Allilujewa und Maria
Swanidse, das Herz dieser auf schicksalhafte Weise miteinander verfloch-
tenen Gemeinschaft von Verwandten und Genossen Stalins. Der Moskauer NKWD-Chef Stanislas Redens nahm seine Angehörigen oft mit zu
den Jeschows hinüber, zumal die Kinder den Obertschekisten faszinierend fanden: »Jeschow stolzierte ziemlich schaurig, aber sehr von sich
eingenommen, im großen Dienstanzug des Generalkommissars die
Treppe hinunter«, erzählte Leonid Redens im Rückblick, »schaute im
Unterschied zu meinem offenen Vater immer verdrießlich drein.« Kira
Allilujewa genoss dagegen die überschäumenden Neckereien Jewgenia
Jeschowas und Bronka Poskrebyschewas. Jeschow arbeitete nachts meis-

---

* Es gab, wie gesagt, zwei Rosa Kaganowitschs: Lasars 1924 jung verstorbene
Schwester und seine in Rostow lebende Nichte, die später nach Moskau umsiedelte,
wo sie nach wie vor lebt. Möglicherweise haben beide Stalin gekannt, jedoch mit
ziemlicher Sicherheit nicht geheiratet.

tens durch und war gewöhnlich zum Spielen zu müde, aber Kira und die anderen Kinder versteckten sich manchmal hinter einem Vorhang und fingen, wenn die kleinwüchsige »Brombeere« gestiefelt vorbeistakste, zu kichern an. Das gewagte Treiben brachte ihre Väter, Pawel Allilujew und Stanislas Redens, vor Sorge auf die Palme – doch wie hätten sie ihnen erklären sollen, was für ein gefährliches Spiel sie da trieben? Allerdings machte das anzügliche Kokettieren der Frauen im Umkreis Stalins sie nun wirklich verwundbar.

Im Frühjahr begann dieser, auf Distanz zur Familie zu gehen, deren arrogante Klatschsucht ihm zunehmend verdächtig erschien. Als sich die Verwandtschaft am 28. Februar 1937 zu Swetlanas elftem Geburtstag in der Kremlwohnung versammelte, brachte Stalins reizender georgischer Sohn Jakow zum ersten Mal seine neue Frau Julia mit, die zum Zeitpunkt ihres Kennenlernens – übrigens bei den Redens' – noch mit einem Tscheka-Leibwächter verheiratet war. Die grundsätzlich intrigante Maria Swanidse bezeichnete Julia als »eine Abenteurerin« und redete auf Stalin ein:

»Josef, es ist unmöglich. Du musst unbedingt einschreiten!« Doch das genügte, um Stalin im Trotz die Partei seines Sohnes ergreifen zu lassen.

»Ein Mann nimmt, ob nun Prinzessin oder Näherin, die zur Frau, die er liebt!«, gab er zurück. Bei Besuchen nach der Geburt ihrer Tochter Gulia fiel Stalin auf, wie gut Julia den Haushalt in Ordnung hielt und für Jakow sorgte. Schließlich überzeugte sie doch als eine *Baba*. »Jetzt sehe ich, dass deine Frau dir sehr gut bekommt«, gestand er zu guter Letzt Jascha ein, der mit seiner kleinen Familie regelrecht luxuriös in der Garanowskistraße wohnte. Als Stalin Julia näher kennen lernte, schloss er sie ins Herz, hofierte sie und pflegte sogar die Sitte, sie als ein liebevoller georgischer Schwiegervater mit der Gabel zu füttern.

Stalin, dem die Familie zunehmend auf die Nerven ging, nahm nicht an der Geburtstagsfeier teil, und Maria Swanidse meinte, den Grund dafür zu kennen: Die Allilujews seien eben zu nichts zu gebrauchen: »die verrückte Olga, der idiotische Fjodor, die Schwachsinnigen Pawel und Niura [Anna Redens], der engstirnige Stan [Redens], der faule Wasja [Wasili Stalin] und der verweichlichte Jascha [Dschugaschwili]. Die einzig Normalen sind Aljoscha, Schenja, ich und Swetlana.« Darin lag schon deshalb ein Schuss Ironie, weil die Swanidses dann als Erste stürzten. Die ihrerseits grenzenlos egoistische Maria quälte ihren Mann mit Briefen, in denen sie sich brüstete: »Ich sehe besser aus als die meisten bolschewistischen Frauen ... und mache auf jeden, der mich kennen lernt, einen unvergesslichen Eindruck.« Das mochte zutreffen, konnte aber an Stalins Hof nicht gerade als hilfreich gelten. Fast müsste man Mitleid haben mit diesen hochmütigen, ehrbaren Frauen, die in einem solchen Albtraum lebten und doch so wenig verstanden.[4]

Irgendwann in jenem Frühjahr spielten Stalin und Pawel gegen Swanidse und Redens Billard. Die Verlierer mussten traditionell unter den Tisch kriechen, und als diese Strafe Stalin und Pawel traf, schlug dieser diplomatisch vor, die Kinder, Kira und Sergei, den Bußgang antreten zu lassen. Sergei machte sich nichts daraus – er war ja erst neun –, aber die achtzehnjährige Kira sträubte sich hartnäckig gegen das Ansinnen. Ebenso unverblümt und furchtlos wie ihre Mutter, pochte sie darauf, dass Stalin und ihr Vater selbst den Einsatz bringen und unter den Tisch kriechen sollten. Pawel reagierte darauf leicht hysterisch und verpasste ihr einen Klaps mit dem Billardstock.

Bald darauf fand die schöne Eintracht zwischen Stalin und dem blauäugigen, dandyhaften Swanidse, die immer »wie Brüder« erschienen, ein jähes Ende. »Aljoscha war ein ziemlich liberaler Mensch, im Grunde ein Europäer«, erklärte Molotow, »und Stalin spürte das.« Als zweiter Vorsitzender der Staatsbank, einer Institution voller urbaner Kosmopoliten, geriet Swanidse nun mit diesen unter schweren Verdacht. Am 2. April 1937 richtete Stalin einen unheilvollen Vermerk an Jeschow: »Führen Sie beim Personal der Staatsbank eine gründliche Säuberung durch.« Im Lauf der Jahre hatte Swanidse auch heikle geheime Aufträge für Stalin erledigt. Maria Swanidses Tagebuch endet abrupt mitten in jenem Jahr, denn von da an erhielt sie keinen Zugang mehr zu Stalin. Am 21. Dezember liefen Ermittlungen gegen sie beide, und Stalin lud sie nicht zu seinem Geburtstag ein, für Maria eine echte Qual. Einige Tage später besuchten Swanidses Schenja und Pawel Allilujew im Haus am Ufer (wo sie alle wohnten), und Maria führte stolz ihr neues, tief ausgeschnittenes Samtkleid vor. Nach ihrem Abschied gegen Mitternacht spülten Schenja und Kira gerade das Geschirr ab, als es klingelte. Marias Sohn aus erster Ehe stand vor der Tür und sagte atemlos: »Sie haben Aljoscha und Mama in ihren schönen Sachen abgeführt.« Einige Monate später bekam Schenja Post von Maria, die sie bat, Stalin einen Brief zu übergeben: »Wenn ich nicht aus diesem Lager herauskomme, gehe ich zugrunde.« Schenja brachte den Brief zu Stalin, der sie warnte:

»Tu das nie wieder!« Maria kam daraufhin in ein noch schlimmeres Gefängnis.

Schenja begann zu ahnen, welche Gefahr die Nähe zu Stalin für sie und die Kinder bedeutete, auch wenn sie ihn trotz ihrer schrecklichen Missgeschicke bis an ihr Lebensende verehrte. Sie zog sich von Stalin zurück, drängte aber gleichzeitig Pawel, ihn auf die inhaftierten Freunde anzusprechen. Offenbar tat er das: »Sie sind meine Freunde, also kannst du gleich auch mich noch ins Gefängnis stecken!« Einige kamen aufgrund dieser Fürsprache frei.

Auch andere Allilujews blieben sich treu: Großmutter Olga, die im Kreml das Leben einer *grande dame* führte, redete wenig. Doch während es allgemein hieß, Stalin kenne selbst keine Einzelheiten, da ihn das NKWD hinters Licht führe, durchschaute sie als eine von wenigen auf diesem Narrenschiff die Hintergründe: »Nichts geschieht ohne sein Wissen.« Im Übrigen appellierte ihr getrennt lebender Mann, der angesehene Sergei, wiederholt an Stalin.

Kurz nach der Festnahme Swanidses traf Mikojan wie üblich zum Essen in Kunzewo ein, und da Stalin wusste, wie nahe er Aljoscha stand, ging er direkt auf den Gast zu und fragte ihn:

»Hast du schon von der Festnahme Swanidses gehört?«

»Ja ... aber was steckt dahinter?«

»Er ist ein deutscher Spion«, gab Stalin zurück.

»Wie kann das angehen?«, fragte Mikojan nach. »Es gibt keinerlei Anzeichen dafür, dass er uns irgendwie geschadet hat. Was kann ein Spion nützen, der nichts tut?«

Stalin erklärte ihm, dass Swanidse ein schon während des Ersten Weltkriegs in deutscher Haft angeworbener »Spezialagent« sei, der lediglich brisante Informationen beschaffen sollte. Nach dieser Enthüllung ging das Essen bei Stalin vermutlich weiter wie üblich.[5]

Sobald ein führender Mann unter Beschuss geriet, nahm der Terror seinen Lauf, folgte einer Eigendynamik. Soeben erst degradiert, begann Postyschew, der grobe, blässliche, arrogante »Fürst« der Ukraine, wild seine Grausamkeit zu beweisen, indem er fast die gesamte Bürokratie der Wolga-Stadt Kuibyschew auslöschte.* Allerdings drohte ihm dann beim Plenum im Januar 1938 wegen Liquidierung der falschen Leute selbst das endgültige Aus.

»Die Sowjet- und Parteiführung lag in feindlicher Hand«, rechtfertigte sich Postyschew.

---

* Die antike Stadt Samara war im Anschluss an Kuibyschews Tod 1935 nach diesem umbenannt worden.

»Gilt das für alle Kader? Von oben bis unten?«, unterbrach ihn Mikojan.

»Gab es nicht auch einige ehrliche Genossen?«, schloss sich Bulganin an.

»Übertreiben Sie nicht etwas, Genosse Postyschew?«, hakte Molotow nach.

»Doch, das waren Fehler«, warf Kaganowitsch ein, was Postyschew als Stichwort aufgriff:

»Ich werde über meine persönlichen Irrtümer sprechen.«

»Ich will nur, dass Sie die Wahrheit sagen«, konterte Beria.

»Bitte erlauben Sie mir, meinen Bericht abzuschließen und die ganze Sache so gut ich kann darzustellen«, plädierte Postyschew, worauf Kaganowitsch aufbrauste: »Sie können es eben nicht sehr gut – und darin liegt das Problem.« Postyschew stand auf, um sich zu verteidigen, doch Andrejew keifte:

»Genosse Postyschew, nehmen Sie wieder Platz. Das ist hier wohl nicht der Ort, um täppisch herumzulümmeln.« Damit waren Postyschews Tage gezählt. Malenkow griff ihn hart an. Stalin schlug vor, ihn aus dem Politbüro zu verbannen. Chruschtschew, der wenig später die Führung der Ukraine übernehmen sollte, ersetzte ihn als Kandidat und rückte ins erste Glied auf. Doch die Angriffe auf Postyschew enthielten auch eine Warnung an Jeschow, dessen Festnahmen eine zunehmende Raserei erkennen ließen. Unterdessen schien Stalin bezüglich Postyschews noch unentschlossen zu sein*, zumal dessen Selbstherrlichkeit Feinde auf den Plan rief, die vielleicht Stalin dazu überreden wollten, ihn zu vernichten. Seine letzte Hoffnung lag in einem direkten Appell an Stalin, dem er, vielleicht nach einer Konfrontation mit seinen Anklägern, untertänig schrieb:

»Genosse Stalin, ich bitte Sie, mich nach der Aussprache zu empfangen.«

»Ich habe heute keine Zeit«, antwortete Stalin. »Sprechen Sie mit dem Genossen Molotow.« Binnen weniger Tage saß er in Haft.[6] Stalin zeichnete einen weiteren Befehl mit einer Quote von 48 000 Exekutionen ab, wonach auch Marschall Jegorow seiner »schönen« Frau in den Tod folgte. Doch inzwischen war Jeschow bereits derart erschöpft, dass Stalin

---

* Erinnerte sich Stalin daran, dass Postyschew 1931 etwas frech geworden war? Als er sich schriftlich bei ihm über die Liste derer beklagte, die den Lenin-Orden bekommen sollten – »Wir verleihen den Orden jedem alten Scheißer« –, gab Postyschew munter zurück, dass Stalin persönlich die »Scheißer« gutgeheißen hatte.

sich am 1. Dezember 1937 entschloss, ihm mehrere Wochen Urlaub zu geben.[7]

Anfang Februar soweit wiederhergestellt, leitete »Brombeere« heftig trinkend eine Expedition zur Säuberung Kiews, um dort mit Unterstützung des neuen ukrainischen Vizekönigs Chruschtschew* weitere 30 000 Verdächtige einzubuchten. Als dieser nach seiner Ankunft feststellte, dass sein Vorgänger Kosior praktisch bereits das gesamte ukrainische Politbüro gesäubert hatte, ließ er sicherheitshalber noch mehrere Kommissare nebst Stellvertretern festnehmen. Das Politbüro billigte, wie von Chruschtschew beantragt, 2140 Erschießungen, doch auch in dieser Region strebte er wieder eine Übererfüllung der Quoten an. 1938 fielen dem Terror in Chruschtschews Ukraine insgesamt 106 119 Personen zum Opfer, und der Besuch Jeschows beschleunigte das Blutbad noch: »Nach Nikolai Iwanowitsch Jeschows Reise in die Ukraine ... begann die eigentliche Vernichtung verborgener Feinde«, verkündete Chruschtschew, der wegen seiner »erbarmungslosen Ausmerzung von Volksfeinden« als »ein unerschütterlicher Stalinist« galt. Das NKWD deckte eine Verschwörung auf mit dem Ziel, edle Kavalleriepferde zu vergiften, und nahm zwei Professoren als Naziagenten fest. Dann ließ Chruschtschew das vermeintliche Gift testen und stellte fest, dass es Pferden gar nicht schadete. Erst nach Einsetzung dreier verschiedener Kommissionen löste sich dieser Fall in Luft auf – doch man darf vermuten, dass Chruschtschew die Arbeit des NKWD erst in Frage stellte, als Stalin sein Missfallen darüber bekundet hatte.[8]

Wenn er in Kiew zu viel gebechert hatte, legte Jeschow eine alarmierende Verwegenheit an den Tag und prahlte, das Politbüro »voll in der Hand« zu haben. Er könne jeden festnehmen, den er wolle, sogar führende Leute. Eines Nachts musste man ihn von einem feuchtfröhlichen Bankett buchstäblich nach Hause tragen. Es konnte nicht mehr lange dauern, bis Stalin von seinen Exzessen und insbesondere von seiner gefährlichen Prahlerei hören würde.[9]

Jeschow kehrte rechtzeitig zum dritten und letzten Schauprozess gegen den »antisowjetischen Block der Rechtsabweichler und Trotzkisten«, der am 2. März begann, nach Moskau zurück. Auf der Anklagebank saßen Bucharin, Rykow und Jagoda, die zugaben, unter anderen

---

* Chruschtschew wurde ebenso wie andere Regionalchefs, etwa Beria und Schdanow, zum Gegenstand eines ausschweifenden örtlichen Personenkults: So folgte den Oden auf Jeschow und dem »Berialied« bald auch ein »Chruschtschewlied« in das sowjetische Gesangbuch.

Kirow und Gorki getötet zu haben. Bucharin feierte einen persönlichen Triumph in einem Geständnis voller äsopisch verblümter Spöttereien über die kindischen Komplotte Stalins und Jeschows. Doch das änderte nichts. Jeschow nahm wieder persönlich an den Hinrichtungen teil. Er soll noch persönlich angeordnet haben, Jagoda zu schlagen.

Als die Exekution seines alten Trinkkumpanen, Jagodas Exsekretär Bulganow, bevorstand, ließ er ihm vor dem Sterben etwas Brandy geben.[10]

Nachdem es vollbracht war, schlug Jeschow einen vierten Riesenprozess vor, diesmal gegen die polnischen Spione in der Komintern, den er seit Monaten vorbereitete. Doch Stalin sagte das Vorhaben ab. Er verfolgte selten eine Maßnahme auf Kosten aller anderen, und jetzt spürte Stalin, dass das Gemetzel die Reihen seiner eigenen Statthalter zu stark mitnahm, was nicht zuletzt auch die zwielichtige »Brombeere« selbst betraf.

25

BERIA UND DAS HENKERSLEID

Am 4. April sah sich Jeschow zum Volkskommissar für die Wasserwege ernannt, was durchaus ins Bild passte, da man für den Kanalbau Zwangsarbeiter vom NKWD einsetzte. Allerdings zeichnete sich hier eine Besorgnis erregende Parallele ab, da auch Jagoda nach seiner Entlassung ein solches Kommissariat hatte übernehmen müssen. Unterdessen wütete Jeschow sogar schon im Politbüro. Er ließ Postyschew verhören und den Westsibirer Eiche festnehmen. Stalin holte Kosior von Kiew nach Moskau und setzte ihn dort auf den Posten des Vizepremiers, als jedoch im April 1938 sein Bruder in die Fänge der Tscheka geriet, sah der so Beförderte seine letzte Hoffnung in der Denunziation:

»Ich muss jetzt damit leben, dass man mich verdächtigt und mir misstraut«, schrieb er an Stalin. »Sie können sich nicht vorstellen, wie heftig das an einem Unschuldigen zehrt. ... Die Festnahme meines Bruders wirft auch auf mich einen Schatten. Doch ich schwöre Ihnen bei meinem Leben, nie etwas von der wahren Natur Casimir Kosiors gewusst und ihm auch nicht nahe gestanden zu haben. Warum hat er das alles ausgeheckt? Ich verstehe es nicht, weiß aber, Genosse Stalin, dass alles von Anfang bis Ende erlogen ist. ... Ich bitte Sie, Genosse Stalin, und das ganze Politbüro, mich erklären zu dürfen, denn ich diene als Zielscheibe für die Lügen eines Volksfeindes. Manchmal denke ich, das alles ist nur ein aberwitziger Traum...« Die Opfer verglichen ihr Schicksal oft mit einem »Traum«. Am 3. Mai holten ihn Beamte ab, und als Nächster folgte Tschubar. Kaganowitsch erklärte zu dem Fall: »Ich habe mich schützend vor Kosior und Tschubar gestellt, musste aber aufgeben, als ich ihre eigenhändig abgelegten Geständnisse sah.«[1]

Jeschow, der ein vampirhaftes Nachtleben mit Saufgelagen und Foltersitzungen führte, brach unter der Last seiner Arbeit zusammen. Stalin bemerkte, wie er zunehmend verfiel. »Wenn man im Ministerium anruft«, schimpfte der *Woschd*, »heißt es, er ist gerade unterwegs zum Zentralkomitee. Ruft man dann im Zentralkomitee an, ist er unterwegs zum Ministerium. Also schickt man einen Boten zu ihm nach Hause, und da ist er – völlig besoffen!«[2] Auf den Schlächtern lastete ein enormer Druck. Stalin gab sich alle Mühe, seine Männer aufzubauen und zu ermutigen. Doch nicht alle waren stark genug, um so ein hohes Tempo durchzustehen.

Die meisten der Vollstrecker überlebten durch Trinken. Jener Beamte, der den Weißrussischen Wehrkreis untersuchte, räumte Stalin gegenüber ein: »Ich habe eine Zeit lang jede Orientierung verloren.« Der Chef beruhigte ihn. Selbst der schreckliche Mechlis stand schon am Anfang des Terrors, als er noch die *Prawda* leitete, kurz vor einem Nervenzusammenbruch und schrieb einen außerordentlichen Brief an Stalin:

Lieber Genosse Stalin,
meine Nerven haben versagt, und mein Benehmen entsprach nicht dem eines disziplinierten Bolschewiken. Insbesondere schmerzen mich noch meine Worte aus unserem »persönlichen Gespräch«, als ich mein Leben und meine Partiinost ganz in Ihre Hände legte. Ich bin völlig am Boden zerstört. Diese Jahre verlangen einen hohen Blutzoll von uns. ... Derzeit muss ich die Prawda ohne Sekretär und ohne Cheflektor führen, ja sogar ohne offiziell bewilligte Themen, und fand mich schließlich in der Rolle des »verfolgten Herausgebers« wieder. Das organisierte Tollhaus kann jeden auffressen und hat schon Menschen verschlungen. Seit Tagen geht es mir schlecht und finde ich vor elf, zwölf Uhr morgens keinen Schlaf mehr. ... Umso verzweifelter komme ich dann nach schlaflosen Nächten in der Redaktion bei mir zu Hause an. Es ist Zeit, mich zu entlassen. Ich kann die Prawda nicht mehr führen, da ich krank und nur noch ein Nervenbündel bin, unfähig zu begreifen, was im Lande, in der Wirtschaft, in Kunst und Literatur vor sich geht, nicht einmal mehr das Theater besuchen kann. Ich musste Ihnen das alles einmal offen und ehrlich mitteilen, aber es war trotzdem dumm, verlogen. Verzeihen Sie, lieber Genosse Stalin, mir jene unschöne Beichte, die ich Ihnen zugemutet habe. Mich trifft es sehr hart, ein solches Trauma zu durchleiden!

Auch Generalstaatsanwalt Wyschinski bekam den Druck zu spüren, als er folgenden Drohbrief auf seinem Schreibtisch vorfand: »Alle wissen, dass Sie ein Menschewik sind. Nach Ausnutzung Ihrer Dienste wird Stalin auch Sie aburteilen lassen. *Wischka*. ... Laufen Sie davon. ... Denken Sie an Jagoda. Das ist auch Ihr Schicksal. Der Mohr hat seine Schuldigkeit getan. Der Mohr kann gehen.«

Ständig betrunken, spürte Jeschow dennoch, dass Stalin, wie er ihm später schrieb, »mit der Arbeit des NKWD unzufrieden war, was meine Stimmung noch tiefer drückte«.[3] Der Gnom gab sich alle erdenkliche Mühe, seinen Wert zu beweisen, soll sogar angeregt haben, Moskau in »Stalinodar« umzubenennen, was jedoch nur höhnisches Gelächter auslöste. Stattdessen forderte man Jeschow auf, seine Günstlinge im NKWD umzubringen, die er bis dahin hatte schützen können. Anfang 1938 beschlossen Stalin und Jeschow, den altgedienten Tschekisten Abram Sluzki zu liquidieren, da dieser jedoch die Außenabteilung leitete, ersannen sie einen besonderen Plan, um nicht die Auslandsagenten zu verschrecken. Am 17. Februar bat Frinowski das Opfer in sein Büro, und dort presste einer von Jeschows Schergen ihm von hinten ein Chloroformtuch gegen Mund und Nase. Dann verabreichten sie dem Betäubten eine sofort tödlich wirkende Giftspritze. Der amtlichen Bekanntmachung zufolge hatte er einen Herzinfarkt erlitten.* Bald begannen die Säuberungen, auch das engere Umfeld Jeschows zu bedrohen.[4] Als man seinen Schützling Liuschkow aus dem Fernen Osten zurückrief, ließ er ihm eine Warnung zukommen, worauf der Bedrohte zu den Japanern überlief. Dieses unerwartete Fiasko erschütterte Jeschow dermaßen, dass er Frinowski bat, mit ihm zu Stalin zu gehen, um ihn über den Fall zu informieren. »Allein hätte ich nicht die Kraft dazu gehabt.« Jeschow »drehte buchstäblich durch«, und Stalin argwöhnte zu Recht, dass er selbst Liuschkow gewarnt hatte.[5]

Da sie Stalins wachsende Zweifel spürten, begannen seine Magnaten, die ihre Bereitschaft zum Blutvergießen hinlänglich bewiesen hatten, Jeschows Verderbtheit und Verlogenheit anzuprangern. Insbesondere Schdanow soll gegen dessen Terror aufbegehrt haben. Seinem Sohn Juri zufolge habe er mit Stalin unter vier Augen sprechen wollen, aber zunächst keine Gelegenheit dafür gefunden: »Schließlich konnte Vater ungestört mit Stalin reden und sagte: ›Hier ist eine schlimme politische Provokation im Gange...‹« Das klingt zwar überzeugend, da Schdanow sich sehr gut mit Stalin verstand, aber Malenkows Kinder berichteten

---

* Sein prachtvoller Grabstein auf dem Nowodewitschifriedhof, nicht weit von der letzten Ruhestätte Nadja Stalins entfernt, gibt keinerlei Hinweis auf dieses düstere Ende.

ähnliches. Mitte 1938 gerieten Molotow und Jeschow im Politbüro aneinander, worauf Stalin Letzteren anwies, sich zu entschuldigen. Als dann ein weiterer NKWD-Agent, der in Spanien tätige Alexander Orlow, zum Feind überlief, versuchte Jeschow aus Furcht vor Stalin sogar, die Information zurückzuhalten.

Am 29. Juli zeichnete Stalin eine neue Todesliste ab, auf der abermals Günstlinge Jeschows standen. Danach drehte der Bedrängte vor Angst und bösen Vorahnungen fast durch, sodass er begann, Häftlinge zu exekutieren, die ihn hätten belasten können. Zu dieser Zeit hielt sich gerade der ukrainische NKWD-Chef Uspenski in Moskau auf und stellte fest, dass in den folgenden fünf Tagen Tausende von Exekutionen bevorstanden. »Vor allem geht es darum, die Spuren zu verwischen«, mahnte Jeschow ihn. »Wir müssen sämtliche Untersuchungsfälle beschleunigt abschließen, damit niemand mehr sich einen Reim darauf machen kann.«[6]

Stalin wies Jeschow freundlich darauf hin, dass er bei der Führung des NKWD gewiss Hilfe brauche, und ermunterte ihn, sich einen Stellvertreter auszusuchen. Jeschow entschied sich für Malenkow, doch den wollte Stalin im Sekretariat des Zentralkomitees behalten, woraufhin irgendwer – vermutlich Kaganowitsch – stattdessen Beria vorschlug. Beria, eine Art »Naturtalent«, folterte als einziger Erster Sekretär seine Opfer mitunter höchstpersönlich. Zu seinen Lieblingsspielzeugen gehörten der Totschläger (*Schguti*) und der Gummiknüppel (*Dubenka*). Viele der Altbolschewiken und Familienmitglieder im Umkreis des *Woschd* hassten ihn. Mit dem tuschelnden, intriganten, rachsüchtigen Beria an seiner Seite fühlte Stalin sich imstande, die gesamte Brut seiner ehemaligen Vertrauten zu zerschlagen.

Jeschow dürfte noch versucht haben, Beria kaltzustellen, doch da war es schon zu spät. Stalin hatte ihn am 10. August während der Tagung des Obersten Sowjet getroffen, und jetzt würde Beria nach Moskau kommen.[7]

Seit 1931 hatte der damals sechsunddreißigjährige Beria, ein vielseitig begabter Mann mit erstklassiger Intelligenz, zudem geistreich, ein sprudelnder Quell pietätloser Witze, boshafter Anekdoten und vernichtender Anspielungen, einen langen Weg zurückgelegt. Er tat sich als sadistischer Folterer ebenso hervor wie als liebevoller Ehemann und fürsorglicher Vater – allerdings auch bereits als priapistischer Schürzenjäger, den die Machtfülle später zu einer Bestie unter den Triebtätern pervertierte. Dem geschickten Organisator hätte man es »als einzigem im Sowjetregime zugetraut, den Vorstandsvorsitz eines Weltkonzerns wie General Motors zu übernehmen«, wie sich seine Schwiegertochter später ausdrückte. Er konnte riesige Unternehmen mit einer Mischung aus schändlichen Drohungen – »Ich pulverisiere Sie« – und peinlicher Genauigkeit führen. »Alles, was Beria unterstand, musste mit der Präzision eines Uhrwerks funktionieren«, wobei es zwei Dinge gab, »die er nicht ertrug: Langatmigkeit und Gefasel«.* Dass er »ein guter Organisator, geschäftsmäßig und tüchtig« war, hatte Stalin schon 1932 gegenüber Kaganowitsch bemerkt; außerdem besaß er die »eisernen Nerven« und die Unermüdlichkeit, ohne die man an Stalins Hof nicht bestehen konnte. Er war, so Molotow, »äußerst raffiniert« mit einer »unglaublichen Energie – konnte eine Woche lang ohne Schlaf durcharbeiten«.[8]

Beria hatte die »einzigartige Fähigkeit, sowohl Furcht als auch Begeisterung zu wecken«, und seine Henkersknechte »verehrten ihn abgöttisch«, obwohl er sie oft barsch und grob anschrie: »Wir sperren euch ein und lassen euch im Lagerstaub verrotten.« Aljoscha Mirzchulawa, ein von Beria in der georgischen Partei geförderter Mann des Nachwuchses, lobte noch 2002 im Interview für dieses Buch dessen »Menschlichkeit, Stärke, Tüchtigkeit und Vaterlandsliebe«.** Doch prahlte er auch gerne mit seiner Macht über die Opfer. »Überlassen Sie ihn mir für eine Nacht, dann gesteht er, dass er der König von England ist.« Er liebte Western, identifizierte sich aber mit mexikanischen Banditen. Für einen bolschewistischen Magnaten gut gebildet, ließ der verhinderte Architekt sich von Stalin verhöhnen, sein Kneifer habe nur Fensterglas und solle ihn intellektuell überlegen erscheinen lassen.

Der gerissene Intrigant, gemeine Psychopath und hemmungslose Sexualprotz hätte auch Kehlen aufschlitzen, Kammerzofen verführen und an den Höfen von Dschingis Khan, Sulaiman dem Prächtigen oder Lukrezia Borgia Gift in die Weinpokale schütten können. Doch der »Eiferer«, wie Swetlana ihn titulierte, verehrte Stalin in jenen früheren Jahren wie ein Lehensmann seinen Monarchen, behandelte ihn nicht wie den führenden Genossen, sondern in der Tat wie einen Zar. Die älteren Magnaten erwiesen Stalin zwar Respekt, aber auf eher familiäre Weise, obwohl sogar Kaganowitsch den *Woschd* im Lexikon der großen Bolschewiken überschwänglich rühmte. Beria dagegen katzbuckelte: »O ja, Sie

* Gewöhnlich unterzeichnete er Dokumente in seiner winzigen, gestochen scharfen Schrift mit grellgrüner Tinte, oder er benutzte ein türkises Farbband, um nicht mit Stalins blauen oder roten Buntstiften zu kollidieren.
** Der Autor dankt Aljoscha Mirzchulawa, Berias georgischem Komsomol-Chef und später Erstem Sekretär Georgiens, für das Gespräch in Tiflis.

haben so Recht, es ist absolut wahr, völlig wahr.« Weiter berichtete Swetlana: »Er betonte immer, meinem Vater absolut treu ergeben zu sein, und Stalin konnte sich fest darauf verlassen, dass dieser Mann alle seine Vorschläge unterstützen würde.« Beria sollte im Laufe der Zeit noch hinterhältiger, mächtiger und verderbter werden, wobei seine Hingabe an den Marxismus im gleichen Umfang nachließ, aber 1938 stellte diese »kolossale Figur«, wie Artjom ihn bezeichnete, erst einmal alles auf den Kopf.[9]

Beria hatte, wie so viele vor ihm, die Beförderung zunächst abzulehnen versucht, und es gibt keinen Grund, diesbezüglich an seiner Aufrichtigkeit zu zweifeln: Jagodas Exekution sprach für sich, und im Fall Jeschows prangte bereits die Schrift an der Wand. Außerdem wollte seine Frau Nina nicht umziehen, doch andererseits trieb Beria ein hemmungsloser Ehrgeiz. Als Stalin ihn dem NKWD-Chef an die Seite stellen wollte, hob Jeschow pathetisch hervor, dass der Georgier auch einen tüchtigen Volkskommissar aus eigenem Recht abgeben würde. »Nein, nur einen guten Stellvertreter«, sicherte Stalin ihm zu.

Stalin schickte Wlasik los, um alles Erforderliche in die Wege zu leiten. Beria traf in Moskau ein, nachdem er in Tiflis noch auf die Schnelle einen Nachfolger ernannt hatte, um dort am 22. August 1938 sein neues Amt als erster stellvertretender Narkom des NKWD anzutreten. Die Familie zog im schicksalsträchtigen Haus am Ufer ein, doch als Stalin später persönlich die Wohnung inspizierte, zeigte er sich davon wenig beeindruckt. Im warmen, fruchtbaren Kaukasus mit seinen vom Obstreichtum, Wein und Luxus geprägten Traditionen lebten die Bonzen besser als andernorts. So hatten die Berias in Tiflis in einer eleganten Villa residiert. Stalin schlug ihnen vor, in den Kreml zu ziehen, aber davon wollte Frau Beria nichts wissen. Daher suchte Stalin dem georgischen Neuling schließlich eine im Stadtzentrum an der Malaja Nikitskaja gelegene aristokratische Villa aus, die einst dem zaristischen General Kuropatkin gehört hatte, wo er nach den Maßstäben des Politbüros wahrhaft hochherrschaftlich wohnen konnte. Keiner außer Beria besaß ein derart stattliches Domizil.

Stalin behandelte die »Zugereisten« so fürsorglich wie eine seit langem vermisste Familie. Er verehrte die statuenhafte blonde Nina und liebte sie stets »wie eine Tochter«. Als der neue georgische Parteichef Candide Tscharkwiani einmal bei Berias speiste, klingelte das Telefon, und plötzlich geriet alles in helle Aufregung.

»Stalin kommt!«, sagte Nina und bereitete hektisch einige georgische

Gerichte zu. Bald darauf stolzierte der Angekündigte herein. Beim georgischen *Supra* sangen die beiden Landsleute zusammen – sogar in Zeiten
des Terrors.[10]

Beria freundete sich scheinbar mit Jeschow an, nannte seinen neuen
Chef »lieber Joschik« und besuchte ihn sogar in seiner Datscha. Doch
das konnte am intriganten Hof Stalins kein Dauerzustand sein. Beria
nahm an den meisten Konferenzen gemeinsam mit Jeschow teil und
kümmerte sich hauptsächlich um die Nachrichtendienste. Dabei bereitete er in aller Ruhe die Vernichtung der »Brombeere« vor. Er lud
Chruschtschew zu Essen ein und ermahnte ihn, sich vor dem Gespann
Malenkow/Jeschow in Acht zu nehmen. Doch der Gast merkte, dass Beria ihn in Wirklichkeit nur vor dem Letzteren warnen wollte, und zweifellos führte Beria ein ähnliches Gespräch auch mit Malenkow selbst.
Ein noch aufschlussreicheres Motiv erwächst jedoch daraus, dass der
neue Stellvertreter Wyschinski mit List und Tücke veranlasste, sich bei
Stalin über Jeschows Trödelei zu beschweren.* Der Angesprochene reagierte zwar nicht darauf, aber Molotow machte Jeschow Dampf:

»Sie müssen besonders auf den Genossen Beria achten und etwas
mehr aufs Tempo drücken. Molotow.« In der Folge nahm Poskrebyschew, der gleichsam als Wetterfahne für die Gunst Stalins diente, plötzlich wieder davon Abstand, Jeschow zu duzen, und fing stattdessen an,
Beria häufiger zu besuchen.[11]

Beria erfüllte das NKWD mit einem ganz neuen Geist. Er ersetzte die
Raserei Jeschows durch ein straffes System des Verwaltungsterrors, auf
dem fortan der stalinistische Regierungsstil basierte. Für die Opfer kam
es aufs Gleiche raus. Beria stand Jeschow bei den Verhören der gefallenen Magnaten Kosior, Tschubar und Eiche zur Seite, die mit grausamer
Folter einhergingen. Tschubar appellierte hilfesuchend an Stalin und
Molotow, indem er sie mit seinen Qualen zu erweichen versuchte.[12]

Nunmehr wandten Stalin, »Brombeere« und Beria sich dem Fernen
Osten zu, dessen Truppen unter Führung des begabten Marschalls Bljucher der Terror bis dahin weitgehend verschont hatte. Doch Ende Juni
fiel der »düstere Dämon« Mechlis mit wütender Mordlust über das
Kommando Bljuchers her. Aus seinem Hauptquartier, das er wie einst
die Bandenführer des Bürgerkriegs in einem Eisenbahnwagen instal-

---

* Der einschlägige Fall betraf Ermittlungen gegen den Übeltäter, der versehentlich
Bücher von Lenin, Stalin und Gorki hatte verbrennen lassen: Ein weiteres Beispiel für
die Absurdität und Grausamkeit des Terrors.

liert hatte, schickte er Stalin und Woroschilow bald Telegramme wie
dieses:

»Das Sonderkorps hinterlässt überall Grüppchen von Verdächtigen.
… Es gibt hier 46 deutsche, polnische, litauische, lettische und galizische
Kommandeure. … Ich muss nach Wladiwostock fahren, um den Polit-
apparat zu säubern.« Dort angekommen, brüstete er sich vor Stalin: »Ich
habe 215 Politarbeiter entlassen, ein bedeutender Teil von ihnen ist inhaftiert. Aber die Säuberung … habe ich noch nicht abgeschlossen. Ich
glaube, ich darf nicht aus Chabarowsk abreisen, bevor es mir nicht gelungen ist, auch nur ansatzweise im Kommandeurskorps Klarheit zu
schaffen.« Als Woroschilow und Budjonni Offiziere zu retten versuchten, lästerte Mechlis bei Stalin über den Ersteren (die beiden hassten
einander): »Ich habe dem ZK und dem Narkom (Woroschilow) über
die Lage im Geheimdienst berichtet. Da treibt sich viel lichtscheues Gesindel von Spionen herum. … Nun ordnet C. Woroschilow die Einstellung des Verfahrens an. … Dem kann ich nicht zustimmen.« Sogar ein
Kaganowitsch hielt Mechlis für »grausam« und meinte, »dass er manchmal übertrieb!«.

Als Mechlis sich ostwärts wandte, prüfte die japanische Kwangtung-
Armee die sowjetischen Verteidigungsposten westlich des Chasansees,
woraus ein schweres Gefecht resultierte. Vom 6. bis zum 11. August griff
Bljucher die Japaner an und schlug sie unter schweren Verlusten zurück.
Von Mechlis angestachelt, aber auch entsetzt über die Verluste und Blju-
chers langes Zögern, machte Stalin den Marschall am Telefon nieder:

»Seien Sie ehrlich, Genosse Bljucher, wollen Sie eigentlich die Japaner
ernsthaft bekämpfen oder nicht? Wenn nicht, gestehen Sie es mir offen
wie ein guter Kommunist.«

»Die Haie sind da«, erklärte Bljucher seiner Frau, »und wollen mich
schnappen. Entweder die fressen mich, oder ich fresse sie, aber Letzteres
dürfte eher unwahrscheinlich sein.« In der Tat besiegelte der Killerhai
Bljuchers Schicksal. Mechlis nahm vier Offiziere aus seinem Stab fest
und holte anschließend die Erlaubnis Stalins und Woroschilows ein,
»alle vier aufgrund eines Sonderbefehls standrechtlich erschießen zu lassen«. Bljucher selbst blieb am Leben, wurde aber vom Dienst suspen-
diert, zurückgerufen und am 22. Oktober 1938 verhaftet.[13]

»Jetzt bin ich erledigt!«, schluchzte Jeschow in seinem Büro, während
er weiter alle Häftlinge exekutierte, die »sich gegen uns wenden könnten«. Am 29. September verlor er eine wichtige Stütze seiner Macht, als
man Beria das Kernstück des NKWD übertrug – die Staatssicherheit

(GUGB) – und er fortan Jeschows Anordnungen mit unterschrieb. »Brombeere« versuchte noch zurückzuschlagen, indem er Stalin dazu anregte, Stanislaw Redens, den mit Anna Allilujewa verheirateten Feind Berias, zu seinem zweiten Stellvertreter zu ernennen. Doch die Hoffnung zerschlug sich bald.

Nun saß Jeschow oft mit seinen depressiven Kumpanen saufend in der Datscha, prophezeite ihren drohenden Untergang und phantasierte wild über die Tötung seiner Feinde. »Umgehend alle von Beria im Kreml postierten Leute wieder abziehen«, soll er dem dort amtierenden Sicherheitschef zufolge in einem dieser Anfälle gebrüllt haben, »und durch zuverlässige Männer ersetzen.« Wenig später erklärte er lallend, man müsse Stalin umbringen.[14]

26

DIE TRAGÖDIE UND VERRUCHTHEIT
DER JESCHOWS

Irgendwie erfuhr Stalin plötzlich von der auf Literaten angelegten sexuellen »Großwildjagd« der Jewgenia Jeschowa. Auch Scholochow, der zu seinen Lieblingsromanciers gehörte, hatte eine Affäre mit ihr angefangen. Jeschow ließ sein Zimmer im Hotel National abhören und las wutentbrannt minuziöse Berichte darüber, wie »sie sich küssten« und danach »niederlegten«. Einmal war Jeschow derart betrunken und eifersüchtig, dass er seine Frau in Anwesenheit ihrer grazilen Mitbewohnerin Sinaida Glikina (seiner Konkubine) ohrfeigte, ihr später jedoch reumütig wieder verzieh. Scholochow entdeckte seine Beschattung und beschwerte sich bei Stalin und Beria darüber. Stalin zitierte den Schuldigen vor das Politbüro, wo dieser vor den Augen des Romanciers Abbitte leisten musste.[1]

Die Magnaten versuchten, vorsichtig zwischen Jeschow und Beria zu lavieren. Als Ersterer einen Kommissar festnehmen ließ, schickte Stalin Molotow und Mikojan hinüber, um die Sache überprüfen zu lassen. Wieder im Kreml angekommen, postulierte Mikojan die Unschuld des Mannes, und Beria griff Jeschow hart an. Mikojan zufolge »setzte dieser ein zweideutiges Lächeln auf, Beria wirkte sehr zufrieden, aber Molotows Gesicht erstarrte zu einer Maske«. Der besagte Kommissar* mutierte, gleichsam von den Toten auferstanden, zu einem

---

* Stalin unterstützte zwar Berias Einstellung des Verfahrens gegen den Seefahrtkommissar Tewosian, teilte aber Mikojan mit: »Sag ihm, wir beim ZK wissen, dass Krupp ihn als deutschen Agenten angeworben hat. Jedermann versteht, dass jemand in die Falle gehen kann. ... Wenn er alles ehrlich beichtet ... wird das ZK ihm das verzeihen.« Mikojan rief Tewosian in sein Büro, um Stalins Trick auszuprobieren, aber der Kommissar wollte nicht gestehen, was Stalin ebenfalls akzeptierte. Im Zweiten Weltkrieg tat Tewosian sich als einer der großen Industrieverwalter hervor.

der von Mikojan so bezeichneten »Untoten«. Stalin entließ ihn wenig später.[2]

Als ein NKWD-Offizier dringend die Unterschrift Jeschows brauchte, war der Chef nirgends aufzufinden, sodass Beria ihm empfahl, es einmal draußen in der Datscha zu probieren. Dort öffnete ihm ein »leichenblasser Mann, der nur todkrank oder restlos verkatert sein konnte«. Danach fingen die regionalen NKWD-Bosse an, Jeschow zu denunzieren.[3]

Jeschows Familie geriet zunehmend ins Zwielicht, wobei seine unkluge, sinnliche Frau, ohne es zu merken, die Schreckensrolle der schwarzen Witwe spielte: Viele ihrer Liebhaber sollten alsbald den Tod finden, und sie selbst ging mit ihnen unter. Beide unersättlich, lebten sie in einer Welt voll von berauschender Macht über Leben und Tod sowie dem ewigen Tumult von Aufstieg und Fall. So gerecht Jeschows Sturz erscheinen mag, so unerbittlich traf er neben Jewgenia auch seine geliebte Tochter Natascha. Auf Jewgenias literarischen Salon fiel ein dunkler Schatten. Einem Freund gegenüber sprach sie in jener Zeit einmal darüber, dass Babel wegen seiner Bekanntschaft mit jetzt inhaftierten trotzkistischen Generälen in großer Gefahr schwebe. »Nur sein europaweiter Ruhm kann ihn noch retten…« Allerdings befand sie selbst sich in einer noch viel brenzligeren Lage.[4]

Wie Jeschow erfuhr, plante Beria, Jewgenias Vergangenheit gegen ihn zu verwenden und sie aufgrund ihrer Zeit in London als »englische Spionin« zu entlarven, sodass er im September sicherheitshalber die Scheidung einreichte. Eine probate Maßnahme: In vergleichbaren Fällen hatte sie tatsächlich das Leben der Betroffenen gerettet. Allerdings wäre die arg strapazierte Jewgenia fast vor Aufregung umgekommen, sodass sie schließlich mit Sinaida auf die Krim fuhr, um sich dort von der Anspannung zu erholen. Anscheinend hat Jeschow nicht nur sich, sondern auch seine Frau mit diesem Schritt vor einer Festnahme bewahren wollen, daher ihr liebevoller, dankbarer Brief an ihn:

»Koljuschenka!«, schrieb sie ihrem schwer bedrängten Mann. »Ich bitte Dich wirklich – ja ich bestehe darauf, weiterhin selbst über mein Leben entscheiden zu dürfen. Kolja Liebling! Ich ersuche Dich dringend, meine ganze Vergangenheit, alle meine Schritte zu überprüfen. … Ich kann mich unmöglich mit dem Gedanken abfinden, dass man mich irgendwelcher Taten bezichtigt, die ich niemals begangen habe…«

Bei Tag für Tag weiter schrumpfenden Lebensperspektiven schaffte Jeschow es gerade noch, Jewgenias Exmann Gladun erschießen zu lassen, bevor Beria endgültig das Ruder im NKWD übernahm, doch nun verhörte man ihren ehemaligen Liebhaber, den Verleger Urizki, der ihre Affäre mit Babel preisgab. Auch Jeschows Sekretär und seine Freunde kamen in Haft, was ihn veranlasste, Jewgenia nach Moskau zurückzurufen.

Diese wartete dann zusammen mit Natascha und Sinaida in der Datscha auf ihn, inzwischen verständlicherweise völlig außer sich vor Sorge über die Familie. Ihre Nerven verkrafteten das alles nicht mehr, und bei der Einlieferung ins Krankenhaus stellte dort ein Arzt die Diagnose »asthenisch-depressiver Zustand, möglicherweise Zyklothymie«, um sie zur Kur in ein nahe bei Moskau gelegenes Sanatorium zu überweisen.

Nach Sinaidas Festnahme wandte sich Jewgenia an den Kreml: »Ich bitte Sie, Genosse Stalin, diesen Brief persönlich zu lesen. … Zwar behandeln mich hier Professoren, aber welchen Sinn soll das haben, wenn mich der Gedanke auszehrt, dass Sie mir misstrauen? … Sie sind mein großer und zutiefst verehrter Gebieter.« Sie schwor beim Leben ihrer Tochter, immer ehrlich gewesen zu sein, räumte aber ein, dass »mein Privatleben einige Fehler hat, die ich Ihnen beichten könnte, und an allem ist nur die Eifersucht schuld«. Stalin wusste zweifellos schon über ihre messalinischen Eroberungen Bescheid, und sie gab sich hingebungsvoll: »Ich würde meine Freiheit, ja sogar mein Leben … für das Recht opfern, Sie so zu lieben wie jeder Patriot und jeder Anhänger unserer Partei.« Abschließend klagte Jewgenia: »Ich fühle mich wie ein wandelnder Leichnam. Was soll ich machen? Verzeihen Sie meine krakelige Schrift, aber ich musste den Brief im Bett schreiben.« Stalin antwortete nicht einmal.

Als die Falle zuschnappte, gab es für Jewgenia und ihren Koljuschenka kein Entrinnen mehr. Am 8. Oktober entwarf Kaganowitsch einen Beschluss des Politbüros, und am 17. November verurteilte ein Ausschuss »schwere Fehler in der Arbeit des NKWD und seiner Organe«. Man löste die mörderischen *Troikas* auf. Zu guter Letzt verabschiedeten Stalin und Molotow einen Bericht, in dem sie sich ausdrücklich vom Terror distanzierten.[5]

Bei der Parade vom 7. November erschien Jeschow zwar noch mit auf dem Mausoleum, trat jedoch nicht aus Stalins Schatten. Dann verschwand er, machte Platz für Beria, der nun die blaue Mütze und Uniform des Kommissars Erster Klasse für Staatssicherheit trug. Als Stalin die Festnahme von Jeschows Günstling, dem ukrainischen NKWD-Chef Uspenski anordnete, konnte der Gnom ihn noch rechtzeitig warnen. Uspenski täuschte durch falsche Fährten einen Selbstmord vor und tauchte unter. Danach mutmaßte Stalin (wahrscheinlich zu Recht), dass Jeschow seine Telefone abhörte.

Jewgenia vergötterte ihre Tochter Natascha und muss ihren Mann, trotz aller Untreue, sehr geliebt haben, denn sie schreckte nicht davor zurück, für die beiden ihr Leben zu opfern. Als ihre Freundin, Sergos Witwe Sinaida Ordschonikidse, sie in einem heroischen Akt der Treue in dem Sanatorium besuchte, gab Jewgenia ihr einen Brief an Jeschow mit, in dem sie ihn um genügend Schlaftabletten bat, die er ihr zu gegebener Zeit in einer Zwergenstatuette schicken sollte. Er besorgte ihr Luminal, wies aber wenig später das Dienstmädchen an, seiner Frau die gefüllte Figurine wieder wegzunehmen. Angesichts der Kleinwüchsigkeit Jeschows erscheint der todbringende Zwerg etwas farcenhaft: Vielleicht war das Männchen ein Andenken aus der Frühzeit ihrer Romanze und sollte den »Liebling Kolja« selbst darstellen. Nach der Festnahme ihrer Freundin Glikina schien auch Jewgenias Schicksal unausweichlich besiegelt, sodass sie Jeschow einen Abschiedsbrief schrieb und am 19. November das Luminal schluckte.

Gegen 23 Uhr, als sie das Bewusstsein verlor, traf Jeschow im Kleinen Eck ein und fand dort das gesamte Politbüro mit Beria und Malenkow vor, die ihn fünf Stunden lang in die Mangel nahmen. Jewgenia starb erst zwei Tage später. Jeschow brütete darüber nach, dass »man ihn zu diesem Opfer gezwungen hatte, nur um die eigene Haut zu retten«. Jewgenia hatte vor allem um Nataschas willen den Freitod gewählt, womit ihr ganz dem Lustprinzip gewidmetes Leben ein auf seine Art mütterliches Ende nahm. Babel hörte, dass »Stalin ihren Tod nicht versteht. Einer, der selbst Nerven aus Stahl hat, kann eben nicht begreifen, weshalb sie bei anderen Leuten versagen.« Natascha, die damals neunjährige Adoptivtocher* Jeschows, kam erst bei der Schwester seiner Exfrau unter, bevor man sie in eines der grauenhaften Waisenhäuser für die Kinder von Volksfeinden abschob.[6]

---

* Wenngleich Natascha damals den Namen von Jewgenias erstem Mann, Chajutin, annehmen musste, blieb sie ihrem Adoptivvater bis ins neue Jahrhundert hinein treu ergeben. Natascha überlebte, obwohl sie ihres Stiefvaters Jeschow wegen schreckliche Qualen zu erleiden hatte. Vasily Grossman, der Verfasser des klassischen Romans *Leben und Schicksal*, der die Familie kannte und mit Babel und anderen an den Salons teilnahm, hat eine Kurzgeschichte über ihre tragische Kindheit geschrieben. Sie lebte als Musikerin in Pensa und Magadan. Im Mai 1998 beantragte sie die Rehabilitierung Jeschows. Ironischerweise hatte sie schlüssige Argumente, da er zweifellos nicht der Spionage schuldig war, deretwegen man ihn hingerichtet hatte, der Antrag kam aber trotzdem nicht durch.

Zwei Tage nach Jewgenias Tod, am 23. November, musste sich Jeschow erneut vier Stunden lang die Kritik Stalins, Molotows und Woroschilows anhören, woraufhin er den Dienst beim NKWD quittierte. Stalin nahm seinen Rücktritt an, doch blieb er als ZK-Sekretär, Kommissar für die Wasserwege und Politbürokandidat noch für eine Weile im Kreml präsent und erlebte dort als gnomenhaftes Gespenst am eigenen Leib, wie es zuvor seinen Opfern ergangen war. »Meine alten Freunde mieden mich wie die Pest. Da erst ging mir auf, wie abgrundtief gemein das ganze Pack ist.«

Jeschow tröstete sich in seiner Kreml-Wohnung mit einer Reihe von wilden Saufgelagen und Sexorgien. Er lud zwei Jugendfreunde als Zechkumpane ein und schwelgte »mit den warmen Brüdern in den ausschweifendsten Formen der Perversion«. Seine Neffen brachten ihm auch Mädchen, aber genauso gerne frönte er der Homosexualität. Mit der Frau seines Bekannten Konstantinow tanzte Jeschow aufreizend Foxtrott, um es anschließend mit ihr zu treiben. Als der etwas zerknirschte gehörnte Ehemann am nächsten Abend wieder auftauchte, trank man weiter und tanzte, bis der Gast einschlief, um später auf ziemlich groteske Weise zu erwachen: »Ich spürte, dass mir etwas im Mund steckte, öffnete die Augen und sah, wie sich Jeschow mit seinem Schwanz an mir zu schaffen machte.« Offenbar war der sein Schicksal erwartende Gnom völlig außer Rand und Band geraten.[7]

»Der Ankläger«, so Stalins Spitzname für Beria, trat am 25. November mit großem Getöse sein neues Amt als Volkskommissar an und holte seine georgischen Schergen nach Moskau. In der Folge musste Stalin die gesamte Bande Berias aufbieten, um nach den Anhängern der altbolschewistischen »Fürsten« nun die Entourage Jeschows zu vernichten.

Mochten Berias Höflinge auch ironischerweise viel gebildeter sein als ein Kaganowitsch oder Woroschilow, so schützt Wissen bekanntlich nicht vor Barbarei. Der grauhaarige, charmante, kultivierte Merkulow, ein russifizierter Armenier, der später unter dem Pseudonym Wsewolod Rok an Moskauer Theatern aufgeführte Stücke schrieb, kannte Beria vom Studium am Bakuer Polytechnikum her und gehörte der Tscheka seit 1920 an. Beria, der Spitznamen ebenso liebte wie Stalin, nannte ihn nur »der Theoretiker«. Daneben gab es den georgischen Exfürsten (der Adel wächst in Georgien fast noch üppiger als der Wein) und Überläufer Schalwa Zereteli, der einst als zaristischer Offizier gegen die Bolschewiken kämpfte und stets auftrat wie ein altmodischer Gentleman, jedoch neben anderen Zuständigkeiten in der Sonderabteilung des NKWD als

Berias Privatkiller diente. Nicht zu vergessen der stets wie ein Weihnachtsbaum geschmückte Drei-Zentner-Mann Bogdan Kobulow, der als »eine wirkliche Landplage« galt. Dieser »stämmige, riesenhafte Kaukasier hatte milchig braune Glupschaugen«, ein »dickes, von der Völlerei aufgeschwemmtes Gesicht ... stark behaarte Hände, kurze Säbelbeine« und einen geschniegelten Schnurrbart, gehörte im Übrigen zu den begeisterten Folterern aus Leidenschaft. Beria nannte ihn wegen seiner Vierschrötigkeit »der Samowar«.

Zur Misshandlung von Opfern setzte Kobulow seine Fäuste, sein Elefantengewicht und seine Lieblingstotschläger ein. Er zapfte im Auftrag Stalins die Leitungen der Magnaten an, konnte aber dank seines Repertoires an lustigen Akzenten auch den eliminierten Pauker als Hofnarr ersetzen. Seinen Wert bewies er unter anderem, als ein Häftling Beria beim Verhör in dessen Büro plötzlich angriff. Kobulow erzählte stolz den Fortgang der Episode: »Ich sah den Boss [*Choseni*] am Boden liegen, schnappte mir den Burschen und brach ihm mit bloßen Händen das Genick.« Doch sogar dieser Unmensch schien zumindest kurze moralische Bedenken zu verspüren, denn er besuchte regelmäßig seine Mutter und schluchzte an ihrer Brust wie ein Riesenbaby: »Mama, Mama, was machen wir da nur? Eines Tages werde ich dafür büßen müssen.«

Der Auftritt dieser exotischen, großkotzigen Georgier, darunter sogar rechtskräftig verurteilte Mörder, muss daran erinnert haben, wie Pancho Villa und seine *Banditos* in einem von Berias Lieblingsfilmen über eine nördliche Stadt herfallen. Stalin schickte später einige von ihnen mit großer Geste wieder nach Hause und ersetzte sie durch Russen, doch im Grunde seines Herzens blieb er selber immer ein Georgier. Berias Leute gaben Stalins Gefolge ein eindeutig kaukasisches Flair. Zur offiziellen Amtseinführung Berias zeichneten Stalin und Molotow die Erschießung von 3176 Verdächtigen ab, sodass sie erst einmal zu tun hatten.

Beria erschien persönlich nachts im Lefortowogefängnis, um Marschall Bljucher zu foltern, wobei ihm »der Theoretiker« Merkulow, »der Samowar« Kobulow und sein bester Spezialist Rodos zur Hand gingen. Sie schlugen ihm ein Auge aus und richteten ihn derart grausam zu, dass er später seinen Wunden erlag. Beria überbrachte die Nachricht Stalin, der die Einäscherung der Leiche anordnete. Unterdessen beglich Beria auch alte Rechnungen und nahm höchstpersönlich den Komsomol-Chef Alexander Kosarew fest, der ihn einst beleidigt hatte. Stalin erfuhr hinterher, dass es sich dabei um eine private Vendetta handelte: »Man hatte mich vor der Rachsucht Berias gewarnt, aber eigentlich gab es keine Anzeichen dafür«, sinnierte er einige Jahre später. »Im Fall Kosarew haben Schdanow und Andrejew dann allerdings schlagende Beweise gefunden.«

Beria berauschte sich am Spiel mit der Macht. Kobulow führte Anna Larina, die damals erst vierundzwanzigjährige zauberhafte Witwe Bucharins, in sein Büro im Lubianka und ließ ihr dort belegte Brötchen wie für eine Henkersmahlzeit bringen.

»Ich möchte Ihnen sagen, dass ich Sie noch schöner finde als bei unserer letzten Begegnung«, schmeichelte ihr Beria. »Exekutieren kann man jemanden nur einmal. Und Jeschow hätte Sie zweifellos hinrichten lassen.« Als sie danach nicht mit ihnen kooperieren wollte, schlugen Beria und Kobulow einen anderen Ton an. »Wen versuchen Sie zu schützen? Schließlich ist Nikolai Iwanowitsch [Bucharin] nicht mehr unter uns. ... Sie wollen doch am Leben bleiben? ... Wenn Sie nicht das Maul halten, blüht Ihnen das hier!« Er hielt sich den Zeigefinger an die Schläfe. »Also, versprechen Sie mir, zu schweigen?« Anna merkte, dass Beria sie retten wollte, und gab ihm die gewünschte Zusage.[8]*

Stalin achtete sorgfältig darauf, von Beria nicht allzu abhängig zu werden: Dazu trug auch sein Chef der Staatssicherheit (Abteilung 1) bei, der zugleich den Personenschutz organisierte und damit eine ebenso heikle wie gefährliche Position einnahm. Nach der Erschießung Paukers und seiner beiden Nachfolger berief Stalin jetzt den altgedienten Leibwächter Wlasik in dieses Amt und übertrug ihm damit die Zuständigkeit für die Bewachung des *Woschd* und seiner Datschen, die Ausstattung der Küchen, den Fuhrpark und Millionen von Rubel. Fortan, so Artjom, »führte Stalin das politische Regiment durch Poskrebyschew und das persönliche durch Wlasik«. Beide waren rastlos fleißig – und bald verschlissen.

Die beiden Männer hatten einen ähnlichen Tagesablauf, und ihre Töchter erinnerten sich daran, dass sie nur sonntags zu Hause bleiben durften. Ansonsten mussten sie immer Stalin zur Seite stehen und kehrten erst spät abends erschöpft zurück. Niemand kannte den Herrscher besser als sie, doch privat redeten sie niemals über Politik, sondern

---

* Anna Larina verbrachte zwanzig Jahre in Lagern. Ihr Sohn Juri war elf Monate alt, als man sie 1937 festnahm, und sie sah ihn erst 1956 wieder (vgl. dazu ihre Erinnerungen *Nun bin ich schon weit über zwanzig*).

schwelgten lieber in Anglerlatein. Wlasik, der eine elegante Villa am Go-golewski-Boulevard bewohnte, war ebenso unbeugsam loyal wie unge-bildet und ein zügelloser Trinker: Bereits unersättlich als Schürzenjäger, feierte er zusammen mit Poskrebyschew wilde Partys und hatte so viele »Konkubinen«, dass er ihre Namen vergaß und Listen führen musste – anhand deren es ihm mitunter gelang, bei seinen Orgien in jedem Zim-mer eine andere zu platzieren. Er bezeichnete Stalin als seinen *Chosjain*, redete ihn allerdings mit »Genosse« an und durfte selten bei ihm mit am Tisch essen.

Poskrebyschew nahm einen höheren sozialen Status ein, gesellte sich bei Mahlzeiten oft zu den Magnaten und sprach Stalin mit »Josef Wissa-rionowitsch« an. Als Objekt vieler Witze konnte er auch austeilen. Tag für Tag saß er an seinem Schreibtisch im Vorzimmer von Stalins Büro und herrschte über das Kleine Eck als sein Reich. Die Potentaten verhät-schelten ihn, schmeichelten seiner Eitelkeit, und zum Dank warnte er sie stets vor, wenn Stalin schlechte Laune hatte. Poskrebyschew rief jedes Mal bei Wyschinski an, um ihm die Abfahrt Stalins nach Kunzewo zu melden, sodass sich der Staatsanwalt in Ruhe hinlegen konnte. In seiner gewaltigen Machtfülle konnte er sogar Politbüromitglieder beleidigen. Der »ergebene Schildknappe«, wie Chruschtschew ihn in seiner Geheim-rede titulierte, wirkte bei den profansten und schrecklichsten Taten Sta-lins mit, um später über den Einsatz von Gift zu prahlen. Seiner Frau Bronka war er ein guter Gatte, den beiden Töchtern Galja (aus deren erster Ehe) und Natalja ein nachsichtiger Vater. Doch wenn sonntags die *Wertuschka* klingelte, durfte niemand außer ihm herangehen. Seine Stellung erfüllte ihn mit großem Stolz. Poskrebyschew arbeitete stets eng mit Beria zusammen. Die Familien besuchten einander häufig, und wenn es Berufliches zu besprechen gab, gingen die Männer zusammen in den Garten hinaus. Letzten Endes standen allerdings sowohl Wlasik als auch Poskrebyschew den Machtbestrebungen Berias im Weg.[9] Über die Allilujews könnte man das freilich nicht mehr sagen.

27

TOD IN STALINS FAMILIE:
EIN SELTSAMER ANTRAG UND
DIE HAUSHÄLTERIN

Berias Aufnahme in den Familienkreis wirkte so ähnlich, als sperrte man einen Fuchs zu den Hühnern, und daher traf Stalin eine Mitschuld am Schicksal der Seinen. »Wir alle«, schrieb Swetlana, »waren völlig verblüfft und konnten uns nicht erklären, warum Stalin ausgerechnet Beria – einen provinziellen Geheimpolizisten – so nahe an sich und die Moskauer Regierung heranließ.« Der Grund war, dass Beria nichts und niemand heilig schien.

Die Magnaten und Gefolgsleute murrten zwar ständig über seine Wichtigtuerei, aber der durch seine neue Machtfülle erkühnte und mit den Minderwertigkeitskomplexen des verachteten Provinzlers wild entschlossene Beria brannte darauf, sich zu beweisen, indem er die ebenso zauberhaften wie hochnäsigen Angehörigen des neuen Adels vernichtete. Anfang der dreißiger Jahre hatte er versucht, mit Schenja zu flirten, als ihr Mann und Stalin ganz in der Nähe saßen. Damals hatte sich Schenja bei Stalin beschwert:

»Wenn dieser Bastard mich nicht in Ruhe lässt, zerschmettere ich ihm den Kneifer.« Alles lachte, was Beria naturgemäß peinlich berührte. Als dieser später regelmäßig in Kunzewo erschien, machte er Schenja trotzdem weiter Avancen, die sich darüber heftig bei Stalin aufregte. Wahrscheinlich betrachtete Stalin Beria als eine Art Clown. Die Angehörigen standen dagegen als typische Vertreter für die zu vernichtende Elite. Als Beria irgendwann im Rollkragenpullover zum Essen erschien, protestierte die ohne jede Spur von bolschewistischer Schlichtheit immer piekfein gekleidete Schenja lautstark: »Wie können Sie es wagen, so bei Tisch anzutreten?« Großvater Allilujew bezeichnete Beria regelmäßig als einen »Volksfeind«.[1]

Im November 1938 kam Stalins Familienleben praktisch zum Erliegen, als Beria den Terror auf das gesamte Umfeld Jeschows ausdehnte. Dieser hatte Stalins Schwager, Stanislas Redens, nicht nur zum Leiter des NKWD von Kasachstan ernannt, sondern später sogar als seinen neuen Stellvertreter angefordert, was schließlich wie ein Todeskuss wirkte.[2]

Unterdessen geriet Pawel Allilujew aufgrund seines Postens als der für die Panzerverbände zuständige Volkskommissar in akute Gefahr: Nicht nur hatte er den hingerichteten Generälen nahe gestanden, sondern auch beim Ausspionieren deutscher Panzerproduktionen mitgewirkt. Als Pawel den sowjetischen Spion Orlow kurz vor dessen Übertritt sah, ermahnte er ihn: »Alexander, forsche niemals nach der Affäre Tuchatschewski. Wer davon weiß, der atmet sozusagen Giftgas ein.« Danach war Pawel in den Fernen Osten abgereist, wo die Generäle ihn um Hilfe baten, und später seiner Tochter Kira zufolge mit Beweisen für ihre Unschuld zurückgekehrt, offenbar ohne zu begreifen, dass Beweise keine Schuldfragen klären, sondern allenfalls überzeugend wirken konnten. Doch Stalin schien, »der Angelegenheit überdrüssig«, sich nicht mehr dafür zu interessieren.

Am 1. November kehrte Pawel aus dem Urlaub in Sotschi zurück, ging am nächsten Morgen nach dem Frühstück ins Büro und erfuhr, dass man die meisten seiner Mitarbeiter abgeholt hatte. Wie Swetlana sagte: »Er versuchte noch, gewisse Personen zu retten, und wollte sich deshalb an meinen Vater wenden, aber es nützte alles nichts mehr.« Gegen vierzehn Uhr rief jemand bei Schenja an: »Was hat Ihr Mann gegessen? Ihm ist übel.« Sie wollte sofort zu ihm eilen, aber man hielt sie zurück, da sich Pawel schon auf dem Weg in die Kremlewka-Klinik befinde. Im offiziellen Arztbericht heißt es: »Bei der Einlieferung bewusstlos, cyanotisch und offenbar moribund. Patient kam nicht wieder zu sich.« Merkwürdigerweise fragte der dann bei Schenja anrufende Arzt am Telefon: »Warum sind Sie nicht sofort gekommen? Er wollte Ihnen noch etwas mitteilen und fragte ständig nach seiner Schenja. Jetzt ist er tot.« So starb Nadjas Bruder, der ihr die Pistole schenkte. Die Widersprüche eines ohnehin suspekten Todes zu einer Zeit, als sich Giftmorde häuften, lassen dunkle Machenschaften möglich erscheinen. Stalin behielt die Sterbeurkunde bei den Akten. Später musste sich Schenja wegen Mordes an Pawel verantworten – Stalin neigte bekanntlich dazu, seine Verbrechen anderen in die Schuhe zu schieben. Was in Wahrheit geschah, bleibt im Dunkeln.

»Als ich ihn das nächste Mal sah«, schrieb Kira, »lag er aufgebahrt in der Säulenhalle, kaum vierundvierzig Jahre alt, stark von der Sonne gebräunt und mit seinen langen Wimpern sehr ansehnlich.«[3]*

Redens selbst eilte nach Moskau zurück, wo er am 18. November eintraf. In Kunzewo bekam Wasili mit, wie Beria von Stalin forderte, ihn festnehmen zu dürfen. »Aber ich vertraue ihm doch«, habe der »ganz entschieden« erwidert. Zu Wasilis Überraschung ergriff nun Malenkow die Partei Berias, und damit begann das enge Bündnis zwischen den beiden, die gewiss nicht auf Redens' Festnahme gedrängt hätten, ohne Stalins geheime Absichten zu kennen. Solche Szenen vorgetäuschter Streitigkeiten erinnern an Disputationsübungen für Juristen. Doch ungeachtet der hohen Empfänglichkeit Stalins hatte Redens ähnlich wie Pawel Allilujew das Pech, aus mehreren Gründen verdächtig zu erscheinen. Man wirft Beria oft vor, bei Stalin gegen seinen anderen Schwager gehetzt zu haben, aber hier ging es um mehr. 1932 aus der Ukraine abberufen, stand Redens Jeschow nahe und war Pole. Jetzt befand Stalin nach Berias und Malenkows Drängen: »Wenn es so ist, müssen Sie das eben im Zentralkomitee klären.« Wie Swetlana urteilte: »Mein Vater wollte ihn nicht schützen.« Am 22. November verschwand Redens beim Gang zur Arbeit auf Nimmerwiedersehen.

Anna Redens versuchte, bei Stalin anzurufen, doch in Subalowo nicht mehr erwünscht, stellte man sie gar nicht erst durch. »Dann muss ich es eben bei Woroschilow, Kaganowitsch und Molotow probieren«, schluchzte sie. Sie flehte alle an, bis Stalin ihren Anruf endlich doch entgegennahm und sie ins Kleine Eck bestellte. Man werde Redens »abholen und den Fall untersuchen«, allerdings nur unter der Bedingung, »dass du Großvater Sergei Jakowlewitsch mitbringst«. Sergei, der schon zwei Kinder verloren hatte, wartete zwar nicht mehr allabendlich bei Stalin auf dem Sofa, erklärte sich aber zunächst bereit mitzugehen, um es sich im letzten Moment doch anders zu überlegen. Entweder hatte Beria ihm gedroht, oder er meinte vielleicht, Redens selbst habe sich bei seiner zwielichtigen Tätigkeit in der Lubianka etwas zuschulden kommen lassen. Sein Sohn Leonid betonte, dass zwischen Altbolschewiken und Angehörigen der neuen Elite Spannungen herrschten. Stattdessen ging Sergeis Gattin Olga mit, ein ebenso tapferer wie törichter Entschluss, da Stalin es hasste, wenn Frauen sich einmischten.

---

* Heute liegt er nahe dem Grab seiner Schwester Nadja auf dem Nowodewitschifriedhof.

»Was willst du hier? Dich hat niemand gerufen!«, schnauzte er sie an. Daraufhin schrie Anna Zeter und Mordio, bis Stalin sie hinauswerfen ließ.[4] Redens und die Swanidses saßen in Haft, Pawel Allilujew war tot. Stalin hatte also zugelassen, dass der Terror auch im eigenen Kreis wütete. Als der bulgarische Kommunist Georgi Dmitrow sich bei ihm für einige verschleppte Genossen stark zu machen versuchte, zuckte Stalin nur mit den Schultern. »Wie soll ich etwas für sie tun, Georgi, wo doch auch meine ganze Verwandtschaft im Gefängnis sitzt?« Das mag uns als Ausrede sehr aufschlussreich erscheinen. Gewiss dürfte er Pawel die Pistole für Nadja nachhaltig verübelt haben, daneben aber auch seine militärischen Kontakte und Fürsprachen für »Volksfeinde«. Vielleicht beglich Stalin nun alte Rechnungen mit seiner aufdringlichen, vorlauten Familie, die ihn ständig an Nadjas Zurückweisung erinnerte. Doch betrachtete er den Terror nicht als Privatsache, sondern säuberte offiziell das umzingelte Land von Spionen, um vor Kriegsausbruch seine gewaltigen Errungenschaften zu sichern. Seine Angehörigen hielt er dabei als oberster Hohepriester des Bolschewismus für ein persönliches Opfer, das jedoch zugleich auch seine Loslösung aus privaten Banden bewies: Seine Vendetten gingen auf das Konto der Partei, da für ihn galt, wie er zu Wasili gesagt hatte: »Nicht ich bin Stalin … Stalin *ist* die Sowjetmacht!« Allerdings nutzte er sein mustergültiges Vorbild als Rechtfertigung: Jetzt konnte er von seinen Genossen verlangen, dass auch diese ihre Angehörigen opferten. Nichtsdestoweniger hätte er jeden retten können, den er wollte, verzichtete aber wohlweislich darauf.[5] Stalin sah zu, wie seine nahe und entferntere Verwandtschaft weiter schrumpfte.

So verlor auch Swetlana eine weitere Stütze: Die zuverlässige Haushälterin und unersetzbare Erinnerung an Nadja, Carolina Til, fiel den allgemeinen Säuberungen gegen die Deutschen zum Opfer. Ihre Nachfolgerin war, auf Berias Empfehlung hin, die Nichte seiner georgischen Frau Nina, wiewohl seine wahren Motive für diese Wahl wie üblich verborgen blieben. Als Swetlanas neue Kinderfrau diente nun Alexandra Nakaschidse, eine großgewachsene, schlanke junge Frau mit auffallend blassem Teint und langem, dichtem, blauschwarzem Haar. Obwohl eine NKWD-Beamtin, wirkte das naive, ungebildete Dorfmädchen in dieser zunehmend eintönigen Welt wie ein Paradiesvogel, weshalb die Allilujews und die Mikojan-Jungen noch heute von ihr schwärmen.

Swetlana misstraute ihrer so genannten Gouvernante. Der Auftritt Nakaschidses zeigt, welche besondere Rolle Beria nun in der Familie spielte. Könnte er sie als Spionin in Stalins Haushalt geschleust haben, den ansonsten Wlasik kontrollierte? Oder war sie für Stalin selbst gedacht, den der Hof ständig ermutigte, wieder zu heiraten?[6]* Allerdings bot sich in seinem direkten Umfeld eine näher liegende Kandidatin an.

Die verwitwete Schenja Allilujewa zweifelte keine Sekunde daran, dass Beria ihren Mann hatte ermorden lassen. Plagten sie vielleicht Schuldgefühle wegen ihrer einstigen Liaison mit Stalin? Dafür liegen keine Beweise vor. Zweifellos hatte ihr Mann gewusst (oder willentlich übersehen) was vor sich ging, doch wenn das Verhältnis 1938 bereits merklich abkühlte, so vermisste Stalin sie jetzt und machte ihr einen sonderbaren indirekten Antrag. Beria suchte Schenja auf und sagte: »Sie sind wirklich ein netter Mensch und so gut aussehend, hätten Sie nicht Lust, als Wirtschafterin bei Stalin einzuziehen?« Üblicherweise deutet man das als eine mysteriöse Drohung Berias, aber gewiss hätte er einen solchen Vorschlag kaum ohne Stalins Einwilligung unterbreitet, zumal es ihr ja freistand, ihn anzurufen und danach zu fragen. Aus Stalins Sicht musste eine »Wirtschafterin« seinem Ideal einer *Baba* entsprechen, der *Chosjaika*. Damit handelte es sich zweifellos um eine Art Heiratsantrag. Auch die unverzeihliche Taktlosigkeit, gerade den bei Schenja verhassten Beria für eine so sensible Mission zu benutzen, war typisch Stalin.

Nachdem Schenja ab 1938 nicht mehr so gut mit Stalin stand, kam bei ihr die Befürchtung auf, dass Beria sie eines Giftmordanschlags auf diesen bezichtigen könnte, und hatte, derart alarmiert, rasch einen alten Freund aus der Zeit in Deutschland geheiratet, den Ingenieur N. W. Molotschniow. Der völlig entsetzte Stalin erklärte das, so kurz nach Pawels Tod, für pietätlos. Berias Antrag lässt die Reaktion Stalins jedoch in einem anderen Licht erscheinen, und er goss noch Öl ins Feuer, als er mutmaßte, vielleicht habe Schenja ihren Mann vergiftet, eine in dieser Teufelsküche durchaus nahe liegende Idee. Angeblich hat man den Leichnam daraufhin zweimal zum Zwecke der Autopsie exhumiert. Trotz der Mordvorwürfe blieb Stalin von Schenja fasziniert und konnte es sich kurz vor dem Krieg nicht verkneifen, sich bei ihrer Tochter Kira nach ihr zu erkundigen. Doch bald ließ er Schenja ebenso wie Anna Redens aus dem Kreml verbannen, und sah sich andernorts nach seiner »Wirtschafterin« um.[7]

---

* Sie blieb bis nach Kriegsende im Haushalt beschäftigt, heiratete dann einen NKWD-General und kehrte nach Georgien zurück, wo sie Kinder bekam. Ihre Tochter lebt nach wie vor in Georgien.

Stalin blieb einem bestimmten Frauenideal treu: der großbusigen, blauäugigen, langhaarigen, stupsnasigen, gehorsamen, praktisch veranlagten russischen Bäuerin, kurz einer *Baba*, die ihm den Haushalt führen konnte, ohne sich irgendwie anderweitig in seine Angelegenheiten einzumischen. Schenja erfüllte zwar die äußeren Kriterien, hatte aber nichts Ergebenes an sich.

Künstlerinnen, die seinem Ideal entsprachen, fand Stalin arrogant. Bei seinen häufigen Theaterbesuchen saß er regelmäßig in der (einst vom Zaren genutzten) Politbüro-Loge des Bolschoi oder des Künstlertheaters. Bei seinen Favoritinnen, der Sopranistin Natalja Stschpiller, einer blauäugigen Walküre, und der Mezzosopranistin Wera Dawydowa, fand er Gefallen daran, sie »auf altväterliche Weise« zu belehren, aber auch gegeneinander auszuspielen. Schwärmerisch trat Stalin als Galan der Dawydowa auf, die später prahlte, er habe ihr sogar einen Heiratsantrag gemacht. Wenn das zutrifft, dann allerdings gewiss nur im Scherz. Stichelnd riet er ihr, sich gesanglich eine Scheibe von der Stschpiller abzuschneiden. Als die Dawydowa einmal im Glitzergürtel auftrat, maßregelte er sie: »Schauen Sie, auch die Stschpiller ist eine betörende Frau, kleidet sich aber bei offiziellen Anlässen unauffällig.«[8]

Die Divas erschienen Stalin viel zu pompös, doch herrschte auch keineswegs Mangel an ihm genehmen Verehrerinnen, wie Wlasik seiner Tochter erzählte. Es gibt viele Geschichten über Damenbesuche in Kunzewo: Der Georgier Mirzchulawa wusste noch, dass Stalin ihn 1938 als Nachwuchsbeamten bei einem Empfang im Kreml zu einer jungen Komsomol-Genossin aus seiner Delegation schickte, anfragen ließ, ob sie die Tochter eines gewissen Altbolschewiken sei, und sie dann in seine Datscha einlud. Stalin habe ihn ausdrücklich um Diskretion gebeten, sodass weder die Magnaten am Tisch noch die Georgier etwas merkten. Ganz ähnlich erging es einer schönen georgischen Pilotin, die er 1938 bei der Flugschau in Tuschino kennen lernte und anschließend regelmäßig einlud.

Wahrscheinlich wiederholte sich dieses Muster seiner trivialen Techtelmechtel, doch wissen wir nicht, was in Kunzewo passierte. Alle, die Stalin näher kannten, betonten ausdrücklich, dass er jedenfalls kein Schürzenjäger und im Umgang mit Frauen eher schamhaft gehemmt war. Auch weiß man nichts über seine sinnlichen Gepflogenheiten, doch Nadjas Briefe lassen ein Bekenntnis zur Leidenschaftlichkeit erahnen.

Seinen Sohn Wasili warnte Stalin vor »Frauen mit Ideen«, die er unerträglich fand: »Na so was, er wollte eine mit Ideen! Ha, ha! Solche mit

Ideen haben auch wir gekannt ... Heringe, Haut und Knochen!« Am wohlsten fühlte er sich immer beim Personal. Die Dienstmädchen, Köchinnen und Wärterinnen seiner Häuser, durchweg von der Abteilung Wlasiks eingestellt, mussten allesamt Verträge mit Schweigeklauseln unterschreiben, obwohl sich das in diesem Reich der Furcht bald erübrigte. Doch selbst nach dem Zusammenbruch der UdSSR gab keine von ihnen etwas preis.* Die Kremlfriseuse, über die sich Nadja einst aufgeregt hatte, gehörte ebenso dazu wie Stalins neue Haushälterin Walentina Istomina, genannt Waletschka, die allmählich zur Hauptstütze seines heimischen Lebens avancierte.

»Ich glaube«, schrieb Swetlana, »dass die stumpfnasige Waletschka mit ihrem runden Gesicht, die ihm in den letzten achtzehn Jahren als Wirtschafterin diente, ganz seinen Idealen einer ›Frau im Hause‹ entsprach; sie war rundlich, sauber, bediente geschickt bei Tisch und ließ sich in keine Gespräche ein«, stand jedoch immer bereit, wenn man sie brauchte. »Sie hatte hellbraunes Mausehaar – ich kann mich aus der Zeit um 1936 noch gut an sie erinnern, nichts Besonderes, weder Fisch noch Fleisch, aber immer freundlich lächelnd«, sagte Artjom Sergeew. In Abwesenheit Stalins konnte sie respektlos lustig, ja sogar scharfsinnig sein: »Sie war eine Schlaumeierin, sehr gesprächig, ein richtiges Plappermäulchen«, erinnerte sich einer von Stalins Leibwächtern.

Waletschka stieg zur Wirtschafterin auf, kümmerte sich um Stalins Kleidung, das Essen, den Haushalt und so fort, ging aber auch mit ihm auf alle Reisen. Jedenfalls »vertraute er ihr und fühlte sich wohl bei der ihm treu ergebenen guten Seele«, zeigte sogar einen grotesken Stolz darauf, wie gut sie seine Leibwäsche versorgte: Ein georgischer Beamter reagierte nach dem Krieg ziemlich verblüfft, als Stalin ihm seinen Kleiderschrank mit all den Stapeln strahlend weißer Unterhemden und -hosen vorführte, gewiss eine einzigartige Szene.

In der Kremlwohnung bediente Waletschka oft auch Swetlana und ihre Freundin Martha, die sich noch gut an sie erinnern konnte, »in ihrer weißen Schürze wie eine freundliche Bäuerin, ihrem brünetten Haar, der unförmigen, jedoch nicht dickleibigen Figur und immer lächelnd. Auch Swetlana liebte sie.«

---

* Der Großvater des heutigen Präsidenten Wladimir Putin hatte als Koch in einem von Stalins Häusern gedient, jedoch seinem Enkel später wenig davon erzählt: »Mein Großvater sprach kaum über seine Vergangenheit«, obwohl er zuvor auch schon Rasputin und Lenin bedient hatte.

Ab Ende der dreißiger Jahre fand Stalin in Waletschka seine Vertraute, Gefährtin und faktisch heimliche Ehefrau – zumal die meisten bolschewistischen Paare in jener Zeit nicht offiziell heirateten. »Walja kümmerte sich um das körperliche Wohlbefinden Vaters«, schrieb Swetlana. Bei Hofe verstand man, dass sie seine Lebensgefährtin war, und mehr gab es darüber nicht zu sagen. »Ob Istomina mit Stalin schlief oder nicht, das geht niemanden etwas an«, murrte der alternde Molotow. »Auch Engels lebte mit seiner Haushälterin zusammen.« Allerdings hatten Budjonni und Kalinin ihre »förmlich« geheiratet.

»Mein Vater berichtete immer, dass sie ihm sehr nahe stand«, erzählte Nadeschda Wlasika, und Kaganowitschs Schwägerin hörte vom »Eisernen Lasar«: »Ich weiß lediglich, dass Stalin eine Lebensgefährtin hatte, Waletschka, seine Wirtschafterin, und offenbar liebte sie ihn.«*

Waletschka erinnerte alle an eine freundliche, ruhige, beleibte Krankenschwester, zumal sie bei Stalins Essen immer eine weiße Schürze trug. Niemand fiel es auf, als sie auch in Jalta oder Potsdam bediente, und genauso wünschte Stalin es sich. So kam sein Privatleben ab etwa 1939 zur Ruhe. »Solche Dinge«, erklärte der polnische Kommunist Jakob Berman, der in den vierziger Jahren oft nach Kunzewo kam, »behandelte man äußerst diskret, sodass sie nicht nach außen drangen. Stalin achtete sehr darauf, dass keine Gerüchte über ihn aufkamen, denn er wusste genau, welche Gefahren sie bergen.« Wenn andere Hörner aufgesetzt bekamen, so konnte er sich wenigstens in dieser Hinsicht sicher fühlen. Manchmal fragte er Waletschka nach ihren alltäglichen politischen Ansichten, doch konnte sie dem alten Fuchs keine echte Gesprächspartnerin sein.[9]

Zwischen dem 24. Februar und dem 16. März 1939 überwachte Beria die Exekution von 413 prominenten Häftlingen, darunter Marschall Jegorow und die einstigen Politbüromitglieder Kosior, Postyschew und Tschubar, dessen Datscha er bereits nutzte. Nun empfahl er Stalin, eine Pause ein-

---

* Stalins Leibwächter, deren Erinnerungen jemand lange nach seinem Tod zusammentrug, kamen in Sachen Waletschka zu keinem sicheren Urteil. Später heiratete sie und beklagte sich bei dem alternden Stalin über die Eifersuchtsanfälle ihres Mannes. Nach Stalins Tod sprach Waletschka zwar nicht über ihre Beziehung, aber einmal gefragt, ob die Opernsängerin Dawydowa jemals Kunzewo besucht habe, ließ ihre Antwort womöglich einen gewissen Besitzerstolz durchblicken: »Ich habe sie nie in der Datscha gesehen. ... Man hätte sie sofort vor die Tür gesetzt!« Waletschka gehörte nie der Partei an.

zulegen, da sonst fast niemand übrig bliebe. Anschließend trug Poskrebyschew bei den Mitgliedern des alten Zentralkomitees »WN« – für Volksfeinde – und das Datum der Exekutionen ein. Tags darauf sinnierte Stalin
gegenüber Malenkow: »Ich glaube, jetzt haben wir uns den Mühlstein der
Opposition endlich vom Hals geschafft. Wir brauchen also neues Blut,
frische Kräfte...« Die Botschaft sickerte in der Hierarchie nach unten
durch: Als Mechlis weitere Festnahmen in der Armee beantragte, da es
dort an »revolutionärer Loyalität« fehle, antwortete ihm Stalin:
»Ich meine, wir sollten uns mit förmlichen Verweisen begnügen ...
(ich sehe in ihrem Handeln keine bösen Absichten – das sind also keine
Sünden, sondern nur Missverständnisse).«* Alle Exzesse auf Jeschow
schiebend, nahm Stalin seine anderen Spießgesellen in Schutz. Als sich
Nikolaenko, die »Denunziantin« von Kiew, selbst diskreditiert sah,
suchte sie abermals Hilfe bei ihm und Chruschtschew. Stalin hielt seine
schützende Hand erneut über sie: »Genosse Chruschtschew, bitte leiten
Sie alles in die Wege, damit Nikolaenko wieder zur Ruhe kommt und
fruchtbare Arbeit findet, J. St.«

Jetzt konnten die Opfer seiner Schergen an Stalin appellieren. Chrulew, der sich im Zweiten Weltkrieg als bester Quartiermeister der Roten
Armee hervortun sollte, beklagte sich bei ihm über den weitschweifigen,
aufgeblasenen Mechlis. »Der Löwe ist der König des Dschungels«, gab
Stalin lachend zurück.

»Ja, aber Mechlis ist eine gefährliche Bestie«, wandte Chrulew ein,
»und hat mir gesagt, dass er alles daransetzen wolle, mich zu vernichten.« Stalin lächelte freundlich.

»Na, wenn ich und Sie ... Mechlis gemeinsam bekämpfen, meinen Sie
nicht, dass wir es dann mit ihm aufnehmen könnten?«, fragte der »Lö-
wenkönig« zurück.

Allerdings hatte Stalin seinen Erzfeind keineswegs vergessen: Er empfing Beria und einen der begabtesten Fachleute für die schmutzigen
Tricks des schnellen, heimlichen Mordens, Pawel Sudoplatow, im Kleinen Eck und befahl: »Trotzki ist binnen eines Jahres zu eliminieren.«[10]

---

* Wyschinski berichtete, das NKWD habe Hunderte von Jugendlichen in Nowosibirsk zu Unrecht festgenommen: »Die unschuldigen Minderjährigen befinden sich
inzwischen wieder auf freiem Fuß, doch drei hohe Beamte, darunter der NKWD-Chef
und der Amtsanwalt, sind des ›Verrats an der revolutionären Sache‹ schuldig und
mussten die Partei verlassen.« Was mit ihnen geschehen solle? Am 2. Januar 1939 antwortete Stalin: »Wir sollten die Schuldigen vor Gericht stellen und öffentlich aburteilen lassen.«

Am 10. März 1939 rief der XVIII. Parteitag mit neunzehnhundert Delegierten* offiziell das Ende eines Gemetzels aus, das – wenn auch durch Jeschows krankhafte Exzesse etwas beeinträchtigt – insgesamt als erfolgreich eingestuft wurde. Die Überlebenden, von Molotow bis Schdanow, blieben zwar an der Parteispitze, aber jetzt drängte die jüngere Generation nach: Chruschtschew zog ins Politbüro ein, Beria avancierte zum Kandidaten, »Melanie« Malenkow zum ZK-Sekretär. Diese Führungsriege überstand das folgende Jahrzehnt ohne ein einziges Opfer: Entgegen seinem schlechten Ruf konnte Stalin, ein Meister des »Teile und herrsche!«, auch überraschend loyal zu seinen Günstlingen sein – allerdings nicht mehr zu »Brombeere«.

Der kaltgestellte Jeschow nahm noch an den Beratungen des Politbüros teil, saß im Bolschoi neben Stalin und tauchte gelegentlich im Kommissariat für die Wasserwege auf, wo er sich bei Sitzungen damit ablenkte, Papierflugzeuge durch die Gegend zu werfen. Tagsüber zechte er, erschien allerdings zu Abendveranstaltungen des Kongresses und bemühte sich um eine Redeerlaubnis. »Ich bitte Sie inständig, mir nur ein Minütchen zu gewähren«, schrieb er an Stalin. »Geben Sie mir eine Chance.« Nach wie vor ZK-Mitglied, nahm er an der Ratssitzung der Parteiältesten teil, in der man die Kandidaten für das neue Gremium bestimmte. Niemand erhob Einwände gegen seinen Namen, bis Stalin ihn aufrief.

»Na, wie schätzen Sie sich ein? Sind Sie fähig, dem Zentralkomitee weiterhin als Mitglied zu dienen?« Jeschow beteuerte seine Ergebenheit an die Partei und an Stalin – er konnte sich gar nicht vorstellen, was er falsch gemacht haben sollte. Nach den Beförderungen all der anderen Mörder erscheint die Verblüffung des Gnomen durchaus verständlich.

»Trifft das so zu?« Stalin begann, Jeschow nahe stehende Volksfeinde aufzuzählen.

»Josef Wissarionowitsch!«, schrie der Attackierte auf. »Sie wissen doch, dass ich es war – ich persönlich –, der ihre Verschwörung aufgedeckt hat! Ich bin sofort zu Ihnen geeilt, um sie zu melden…«

»Ja, ja, ja. Wenn Sie merkten, dass man Ihnen auf die Schliche kam, machten Sie den Kotau. Aber wie stand es denn davor? Haben Sie eine Verschwörung angezettelt? Wollten Sie Stalin töten? Hohe NKWD-Funktionäre planen einen Putsch, nur Sie wollen nichts davon gewusst ha-

---

* In dem hässlich mit Holz verkleideten Plenarsaal, der durch Verwüstung des prächtigen Alexandrowski-Saales im Großen Kremlpalast entstanden war.

ben. Meinen Sie etwa, ich sähe nicht alles? Wissen Sie noch, wen Sie an einem gewissen Datum zum Dienst bei Stalin geschickt haben? Wen? Mit Revolvern? Wozu Revolver in der Nähe Stalins? Wozu? Um Stalin zu töten? Also fort jetzt, raus hier! Ich weiß nicht, Genossen, ob er dem Zentralkomitee weiter angehören kann. Ich habe meine Zweifel. Selbstverständlich können Sie darüber denken, wie Sie wollen, aber ich zweifle stark daran.«

Jeschow beschloss, möglichst viele Schuldige mit in den Abgrund zu reißen und sich für den an ihm begangenen Verrat zu rächen, indem er Malenkow vernichtete, den er nun zu denunzieren begann. Am 10. April zwang Stalin ihn, sich in einer Sondersitzung den Vorwürfen zu stellen. Jeschow berichtete Malenkow davon, der daraufhin rituell dessen Foto aus seiner Bürogalerie der führenden Ikonen entfernte. Kurze Zeit später erschienen Beria und sein georgischer Vollstreckerfürst Zereteli bei Jeschow und nahmen ihn fest. Wenig später lag er als »Patient Nr. 1« im Krankenhaus des Suchanowgefängnisses.

In »Brombeeres« Wohnung fanden sich viele geleerte Wodkaflaschen, 115 konterrevolutionäre Bücher, Schusswaffen aller Art und, als besonders makabre Relikte, die beiden eingewickelten, als Sinowjew und Kamenew etikettierten, plattgedrückten Kugeln. Wichtiger noch ergab die Durchsuchung, dass Jeschow Material über die politische Laufbahn Stalins vor 1917 sammelte: Entlarvte ihn das als Ochrana-Spion? Im Übrigen tauchten diverse Indizien gegen Malenkow auf.* Diese Papiere wanderten in Berias Tresor.

Stalin war jetzt so allmächtig, dass er auf dem Podium ein Wort falsch aussprechen und dann erleben konnte, wie jeder anschließende Redner den Fehler wiederholte. »Wenn ich es richtig gesagt hätte«, erinnerte sich Molotow, »so hätte sich Stalin korrigiert fühlen können.« Dabei erschien er überaus »empfindlich und stolz«. Europa stand am Rand eines Kriegs, und Stalin konzentrierte sich ganz auf den Drahtseilakt, zwischen Nazideutschland und den westlichen Demokratien zu lavieren. Bald verkündete Schdanow das Ende des Jeschow'schen Gemetzels, während Stalin und Beria mit der Planung einiger ihrer niederträchtigsten und verderbtesten Grausamkeiten begannen.[11]

---

* Das Belastungsmaterial gegen Malenkow, seine Beziehungen zum Adel betreffend, mag als Grundlage seines Bündnisses mit Beria gedient haben, obwohl Stalin die Vorwürfe kannte. »Schätzen Sie sich glücklich, dass sich diese Dokumente in meinen Händen befinden«, teilte Beria ihm mit. Als man diesen 1953 nach Stalins Tod verhaftete, gelangte Malenkow in den Besitz der Papiere und vernichtete sie.

Sechster Teil

»DAS GROSSE SPIEL«:
HITLER UND STALIN, 1939–1941

28

DIE AUFTEILUNG EUROPAS:
MOLOTOW, RIBBENTROP UND STALINS
JUDENFRAGE

Als Stalin sich der Diplomatie zuwandte, wandte er sich erst einmal gegen die eigenen Diplomaten. Am Abend des 3. Mai 1939 umstellten Truppen des NKWD das Volkskommissariat für Äußeres und unterstrichen damit sowohl die Dringlichkeit der Kriegsvorbereitungen als auch die bevorstehende grundlegende Umwälzung der Bündnisse. Molotow, Beria und Malenkow trafen ein, um Maxim »Papascha« Litwinow, den Fürsprecher des Friedens in Europa durch »kollektive Sicherheit«, von seiner Entlassung zu unterrichten, was für diesen aber keineswegs überraschend kam.

Seine Nachfolge trat der bereits zum Premier gekürte Molotow an. Stalin selbst ging mit einer Art paranoiden Dünkelhaftigkeit aus dem Terror hervor, eine Geistesverfassung, die ihn im Zweifelsfall nicht gerade dafür prädestinierte, die gefährliche Weltlage richtig zu analysieren. Mikojan merkte, dass dieser neue Stalin »ein völlig veränderter Mensch war – absolut misstrauisch, skrupellos und grenzenlos überheblich, oft in der dritten Person von sich selbst sprechend. Ich hielt ihn für regelrecht übergeschnappt.« Kaganowitsch erinnerte sich daran, dass er jetzt kaum noch das Politbüro einberief, sondern die meisten Dinge einfach informell entschied. Stalin »kennt den Westen nicht«, dachte Litwinow. »Wenn unsere Gegner eine Reihe von Schahs und Scheichs wären, so könnte er sie gut überlisten.« Auch seine beiden Hauptberater, Molotow und Schdanow, verstanden nicht mehr vom westlichen Ausland. Stalin schulte sich selbst, indem er historische Werke las, allen voran die Memoiren Bismarcks, erkannte jedoch vorerst nicht, dass Hitler ein ganz anderes Kaliber war. Fortan zitierte er Talleyrand und Bismarck sehr weitherzig.

Molotow sagte immer, dass bolschewistische Politik die beste Ausbildung in Diplomatie biete, und betrachtete sich jedoch nie als Diplomat, sondern als Politiker, war aber trotzdem stolz auf seine neue Karriere: »Alles lag in Stalins, ja auch in meinen Händen«, betonte er. Doch er arbeitete in seiner unermüdlichen, methodischen Art, stand unter immensem Druck, diskutierte Gedanken mit Stalin durch und terrorisierte derweil sein Personal in »blindwütigen Ausbrüchen«. Allerdings offenbarte er in den Briefen an Polina seine heimliche Eitelkeit und Leidenschaft: »Wir leben hier ständig unter dem Zwang, nichts zu übersehen. ... Ich vermisse Dich und unsere Tochter so sehr, möchte Dich in die Arme schließen, mit all Deiner Süße und Zartheit an meiner Brust spüren...« Die amüsantesten Teile der Korrespondenz betreffen, neben Molotows glühender Sehnsucht nach Polina, das unverfrorene Schwelgen in seinem wachsenden Ruhm. »Ich kann ohne Übertreibung sagen«, prahlte er, »unsere Gegner spüren, dass sie es mit Leuten zu tun haben, die etwas von ihrem Fach verstehen.«

Stalin und Molotow entwickelten eine zunehmend raffinierte internationale Doppelstrategie nach dem Motto »guter Partner, schlechter Partner«. Stalin blieb immer der Radikalere, Rücksichtslosere, Molotow der sture Analytiker des Machbaren, doch keiner von beiden sah einen Widerspruch zwischen expansivem Imperialismus und ihrem marxistischen Kreuzzug: Im Gegenteil, jener galt als der beste Weg, um diesen machtvoll durchzusetzen.

Anfang 1939 glichen die Verhältnisse in Europa in Stalins eigenen Worten einem »Poker« mit drei Beteiligten, die alle nur hofften, nach gegenseitiger Vernichtung der beiden anderen als lachender Dritter den ganzen Gewinn einstecken zu können. Am »Tisch« saßen Adolf Hitlers Nazideutschland, das Kapitalistenbündnis zwischen Neville Chamberlains Großbritannien und Daladiers Frankreich und die Bolschewiken selbst. Obwohl der Georgier die Brutalität des Österreichers bewunderte, erkannte er auch die Gefahr eines militärisch wiedererstarkenden Deutschland.

Stalin hielt die westlichen Demokratien für mindestens ebenso bedrohlich wie Deutschland selbst – hatte er sie doch nicht zuletzt aufgrund ihres Eingreifens in den Bürgerkrieg kennen gelernt. Er spürte instinktiv, dass auch eine Zusammenarbeit mit Hitler möglich wäre. Schon kurz nach dessen Machtergreifung begann Stalin behutsam vorzufühlen, wobei er sich von Karl Radek als seinem Deutschlandexperten beraten ließ sowie Abel Jenukidse und David Kandelaki als persönliche Emissäre einsetzte. Dabei handelte es sich um absolut sensible Gespräche, zumal Stalin gleichzeitig Tausende von Verdächtigen als deutsche

Agenten erschießen ließ und das ganze Land in eine Raserei preußopho-
bischer Kriegsvorbereitungen stürzte. Dabei erschoss man auch einen
Teil der Legaten.

Hitler hielt Stalin so lange auf Distanz, wie die Demokraten ihn zu
beschwichtigen versuchten. Doch das Münchner Abkommen brachte
Stalin zu der Überzeugung, dass der Westen keinen ernsthaften Widerstand gegen Hitler leisten, sondern im Gegenteil hämisch zuschauen
würde, wie er Sowjetrussland vernichtete. München bewies ihm also
den Bankrott von Litwinows Konzept der »kollektiven Sicherheit«. Stalin warnte den Westen, dass die Sowjetunion nicht abwarten würde, um
am Ende »die Kastanien aus dem Feuer zu holen«. Das richtige Vorgehen sei vielmehr eine Unterteilung des Globus in »Sphären« – ein ver-
stecktes Signal an Deutschland, für jeden offen zu bleiben, der sich ko-
operationswillig zeigte. In Berlin nahm man den Wandel zur Kenntnis.
Anschließend attackierte Stalin im Plenum Litwinow:

»Heißt das etwa, dass Sie mich als einen Volksfeind betrachten?«,
fragte der beherzt zurück. Stalin zögerte, bevor er den Saal verließ.
»Nein, wir halten Papascha nicht für einen Feind, sondern für einen aufrechten Revolutionär.«*

Unterdessen terrorisierten Molotow und Beria eine Versammlung
mondäner Diplomaten, die sonst ihren Dienst in den großen Metro-
polen Europas versahen. Beria blickte sich aufmerksam unter ihnen um.

Fast direkt nebeneinander gelegen, führten das Außenkommissariat
und die Lubianka den Beinamen »die Nachbarministerien«. Die Säuberung unter den Diplomaten überwachte Molotows Stellvertreter, der damals einundvierzigjährige Wladimir Dekanosow – wieder einer von den
schlauen kaukasischen Gefolgsleuten Berias. Dieser rothaarige Knirps
mit einer Vorliebe für englische Filme (der seinen Sohn Reginald nannte) und junge Mädchen kannte Beria von seinem abgebrochenen Medi-

---

* Solche Mutproben zählten bei Stalin etwas. Litwinow, drei Jahre älter als sein
Chef, konnte nie seine Zunge im Zaum halten. Der kosmopolitische Brummbär beklagte sich zum Beispiel bei Freunden über Stalins »Engstirnigkeit, Selbstgefälligkeit,
Ehrgeiz und Starrsinn«, bezeichnete Molotow als »Schwachkopf«, Beria als »Karrieris-
ten« und Malenkow als »Blindfisch«. Umgekehrt schimpfte Molotow, Litwinow sei
»nur durch Zufall noch unter den Lebenden«, doch Stalin hielt stets seine schützende
Hand über ihn, trotz Molotows Hass und der so viel eindrucksvolleren Diplomaten,
zumal er damit rechnete, sein hohes Ansehen im Westen noch brauchen zu können.
Einer Anekdote zufolge soll Litwinow 1907 in London eingegriffen haben, als Hafen-
arbeiter Stalin verprügeln wollten: »Ich habe den Vorfall in London nicht vergessen«,
pflegte Stalin zu sagen.

zinstudium und beider Eintritt in die Tscheka her. Molotow spottete über den russifizierten Agenten, er sei in Wirklichkeit Armenier und gebe sich nur Stalin zuliebe als Georgier aus, der ihn übrigens wegen seiner Herkunft mit dem Spitznamen »Lahmer Kartwelier« versah. In Kunzewo mokierte sich der *Woschd* über seine Hässlichkeit. Wenn er an der Tür erschien, erklärte Stalin sarkastisch unter allgemeinem Gelächter:

»Was für ein hübscher Kerl! Schaut ihn euch an! So etwas hat die Welt noch nicht gesehen!«

Dekanosow nahm den Presseoffizier des Außenkommissariats Jewgeni Gnedin fest, der als Sohn von Parwus, Lenins Finanzier und Kontaktmann zum deutschen Kaiserreich, seinerseits ein Stück Revolutionsgeschichte geschrieben hatte. Er brachte ihn in Berias Büro, wo er seine Spionagetätigkeit gestehen sollte. Als er das rundweg ablehnte, wies Beria ihn an, sich auf den Boden zu legen, und befahl dem georgischen »Riesen« Kobulow, ihn mit einem Totschläger zu malträtieren. Im Juli trug Beria dem Fürsten Zereteli auf, den sowjetischen Botschafter in China, Bowkun-Luganets, und dessen Frau möglichst kaltblütig durch einen vorgetäuschten Autounfall zu töten (die bevorzugte Methode bei jenen Prominenten, die man nicht einfach verschwinden lassen konnte).*

Stalins Terror gegen das diplomatische Korps sollte als ein Appell an Hitler dienen: »Befreien Sie das Ministerium von Juden«, befahl er. »Säubern Sie die ›Synagoge‹.« »Gott sei Dank für diese Worte«, erläuterte (der mit einer Jüdin verheiratete) Molotow. »Die Juden bildeten eine absolute Mehrheit, und viele Botschafter…«[1]

Stalin war zwar den meisten gängigen Definitionen zufolge ein Antisemit, aber das galt bis in die Nachkriegszeit hinein eher als eine Art russische Marotte denn eine gefährliche Besessenheit. Er hing nie dem fanatischen Rassismus der Nazis an, verachtete allerdings jede Nationalität, die der Treue zu Russland im Vielvölkerstaat UdSSR im Wege stand. Aus dem gleichen Grund, und keineswegs aus Ablehnung seiner georgischen Wurzeln, umarmte er das russische Volk: Die Russen bildeten das Fundament und Gerüst der Sowjetunion. Nach dem Krieg jedoch ließen die

---

* Das gleiche Vorgehen plante man bei Litwinow, doch als dessen englische Frau Ivy amerikanischen Freunden anvertraute, sie rechne jederzeit mit ihrer Festnahme, landete der Brief auf Stalins Tisch. Daraufhin rief der bei Papascha an: »Sie haben eine extrem mutige und redselige Frau. Doch sagen Sie ihr, dass sie sich beruhigen kann. Ihr droht keinerlei Gefahr.«

Gründung des Staates Israel, das zunehmende Selbstbewusstsein der sowjetischen Juden und der Kalte Krieg mit Amerika sein altes Vorurteil verstärkt wiederaufleben, um aus Stalin einen mörderischen Antisemiten zu machen.

Stalin und seine jüdischen Genossen wie Kaganowitsch hoben stolz ihren Internationalismus hervor, und er selbst konnte sich offen über nationalistische Klischees lustig machen. Gewiss hegte er alle traditionellen georgischen Vorurteile gegenüber den muslimischen Kaukasusvölkern, die er später deportieren lassen sollte. Auch betrieb er die Verfolgung der Deutschen. Zwar genoss er die von Pauker (seinerseits Jude) und Kobulow erzählten jüdischen Witze und zeigte sich amüsiert, wenn Beria Kaganowitsch als »den Israeliten« titulierte, aber ebenso liebte er auch Witze über die Armenier und die Deutschen und teilte den russischen Hass auf die Polen: Bis in die vierziger Jahre hinein empfand Stalin nicht minder polnophob als antisemitisch.

Sein Misstrauen gründete stets darin, dass die Juden als ein heimatloses Volk »unfassbar mystische und jenseitige« Züge an den Tag legten. Doch Kaganowitsch betonte, dass Stalins Auffassung sich ganz an den Eigenarten seiner Hauptfeinde orientierte: Trotzki, Sinowjew und Kamenew. Andererseits waren die meisten Frauen in seinem Umfeld und viele seiner engsten Mitarbeiter, von Jagoda bis zu Mechlis, jüdischer Herkunft. Der Unterschied liegt auf der Hand. Während Stalin den Intellektuellen Trotzki hasste, bereitete ihm der Schusterjunge Kaganowitsch keine Probleme.

Stalin erkannte klar, dass sein Regime gegen den Antisemitismus ankämpfen musste, und seine handschriftlichen Notizen enthalten Hinweise auf eine geplante Rede zum Thema. Er selbst bezeichnete diese Einstellung als »Kannibalismus«, stellte sie sogar unter Strafe und kritisierte regelmäßig die Antisemiten. Mit Birobidschan gründete Stalin an der unwirtlichen chinesischen Grenze ein jüdisches Heimatland und brüstete sich dann gebührend: »Der Zar hat den Juden kein Land gegeben, aber wir tun es.«

Doch Nationalität spielte in der sowjetischen Politik immer eine Rolle, wie internationalistisch sich die Partei auch geben mochte. Diese besaß neben Georgiern, Polen und Letten auch einen starken Judenanteil, da diese im zaristischen Russland zu den verfolgten Minderheiten gehört hatten. Auch wenn dieser 1937 lediglich 5,7 Prozent betrug, bildeten Juden in der Regierung die Mehrheit. Lenin selbst gab die Faustregel aus: Wenn der Kommissar Jude ist, muss der Stellvertreter Russe sein. Stalin hielt sich daran.*

Bei Tisch in Kunzewo versuchte Beria oft, diesen zum Alkoholkonsum zu animieren, doch Stalin bremste ihn:

»Lassen Sie ihn in Ruhe … Juden verstehen nichts vom Trinken.« Einmal wandte Stalin sich an Kaganowitsch und fragte ihn, warum er bei Judenwitzen immer so elend wirke: »Nehmen Sie sich ein Beispiel an Mikojan – wir lachen über die Armenier, und er lacht mit.«

»Sehen Sie, Genosse Stalin, der jüdische Charakter ist durch Leiden geprägt, und deshalb sind wir wie Mimosen: Man darf sie kaum berühren, schon schließen sie sich.« Zufällig mochte Stalin diese überempfindlichen Blumen besonders gern. Danach erlaubte er sich in Anwesenheit Kaganowitschs nie wieder solche Witze.

Nichtsdestoweniger nahm der Antisemitismus in den dreißiger Jahren zu. Die Juden an Stalins Hof fühlten sich verpflichtet, russischer zu erscheinen als die Russen und bolschewistischer als die Bolschewiken. Kaganowitsch verachtete die jiddische Kultur, fragte sogar einmal den ihr verpflichteten Schauspieler Solomon Michoels: »Warum bringen Sie dem Volk nicht mehr Achtung entgegen?« Als das Politbüro darüber debattierte, ob man den Erlösertempel in die Luft sprengen sollte – einer der Akte von Vandalismus für den Aufbau des stalinistischen Moskau –, stimmten Stalin, Kirow und die übrigen dafür, Kaganowitsch jedoch hielt dagegen: »Das würden die Schwarzen Hundertschaften [die antisemitischen Banden von 1905] nur mir in die Schuhe schieben!« Ähnlich reagierte Mechlis auf Stalins Flüche über die trotzkistischen »Jidden«: »Ich bin kein Jude, sondern Kommunist.« Viel aufrichtiger erklärte er seine Strenge: »Sie müssen wissen, dass es nur eine Methode gibt, dem Antisemitismus die Stirn zu bieten – mutig zu sein, das heißt als Jude absolut ehrlich, kristallklar und mustergültig, besonders was die Menschenwürde angeht.«

Stalin erkannte, dass er als Gegner des Antisemitismus erscheinen musste, jedoch die jüdischen Bolschewiken, insbesondere Litwinow (respektive Wallach), ein Hemmnis für die Annäherung an Hitler darstellten. Viele benutzten russische Pseudonyme, und Stalin wies Mechlis bei der *Prawda* schon 1936 an, diese aufzugreifen: »Wir müssen Hitler ja

---

* Die ersten drei Premiers der Sowjetunion waren Russen. Auf Lenin folgte Rykow im Sownarkom, auch wenn mit Kamenew ein Jude gewöhnlich die Sitzungen leitete. 1930 übernahm Molotow das Amt Rykows. Doch Stalin lehnte den Posten als Premier aus politischen wie auch ethnischen Gründen ab.

nicht unnötig aufreizen!« Diese Atmosphäre verdichtete sich Anfang 1939 im Plenum, als Jakowlew gegen Chruschtschew zu Felde zog: Er fördere den Personenkult, indem er seinen vollen Namen mit Patronymikum (einem Respektszeichen) verwende. Chruschtschew, der seinerseits zu den Antisemiten zählte, gab zurück, vielleicht solle Jakowlew besser seinen wahren Namen Epstein führen. Dann griff Mechlis zugunsten Chruschtschews ein und erklärte, Jakowlew als Jude könne das Ganze ohnehin nicht verstehen.

Die Beseitigung der Juden diente als ein Signal an Hitler – doch Stalin sandte immer doppelte Botschaften aus: Zur gleichen Zeit ernannte Molotow den Juden Solomon Losowski zu einem seiner Stellvertreter.[2]

Das europäische Pokerspiel schritt, bei sehr hohen Einsätzen, mit kühl kalkulierten geheimen Verhandlungen schnell voran. Für dieses Tempo erwiesen sich die Diktaturen viel besser geeignet als die Demokratien, die außerdem noch erheblich zu spät angefangen hatten, wirklich Ernst zu machen. Als sich der Kampf gegen die Japaner verschärfte, steigerte Hitler, der sich schon Österreich und die Tschechoslowakei einverleibt hatte, den Einsatz abermals und richtete seine Panzer gegen Polen. Am 31. März verkündeten Großbritannien und Frankreich dann eine Garantie für die polnischen Grenzen. Eigentlich hätten sie Russland als Bündnispartner gebraucht, konnten sich aber nicht in Stalins Lage versetzen und erkannten daher nicht, wie schwach und isoliert er sich fühlte. Ironischerweise nährte die Polen-Garantie noch Stalins Zweifel am Ausmaß des britischen Engagements: Was sollte, wenn Hitler in Polen einfiel, das »perfide Albion« daran hindern, diese Bürgschaft als ein bloßes Faustpfand zu benutzen, um ein weiteres Abkommen im Stil Münchens auszuhandeln und Hitler seine Grenzen zu konzedieren?

Deshalb benötigte Stalin ein vertragliches Militärbündnis mit dem Westen, wenn er nicht seinerseits auf Hitler zugehen wollte. Am 29. Juni trat Schdanow in einem *Prawda*-Artikel für diese deutsche Option ein und verfocht eine »persönliche Ansicht«, die »nicht alle meine Freunde teilen«. »Sie meinen nach wie vor, dass die englische und französische Regierung durch die Aufnahme von Verhandlungen mit der UdSSR ernste Absichten beweisen ... ich hingegen glaube nicht, dass sie ein gleichberechtigtes Abkommen mit der UdSSR anstreben.« Wegen der Verwundbarkeit Leningrads musste man im Baltikum freie Hand haben: Darin genau lag der Preis für die von Schdanow so bezeichnete »Gleichberechtigung«. Dessen Sohn Juri berichtete, dass Stalin und sein Vater

eine eigens gefertigte Übersetzung von *Mein Kampf* lasen und endlos
über das Für und Wider eines Bündnisses mit Deutschland diskutierten.
In D'Abernons *Ambassador of the World* fand Stalin die Mahnung, dass
von einem Pakt zwischen Deutschland und Russland »erhebliche Gefahren« für Großbritannien ausgehen könnten. »Jawohl!«, kritzelte er zustimmend an den Rand.

Paris und London hatten eine unglückliche und lächerlich tiefrangige
Delegation mit einem langsamen Dampfschiff nach Moskau entsandt,
um eine Allianz anzubieten, allerdings ohne Zusicherung der russischen
Grenzen und ohne Handlungsfreiheit auf dem Baltikum. Als Admiral
Sir Reginald Aylmer Ranfurly Plunkett-Ernle-Erle-Drax und General Joseph Doumenc in der Nacht vom 9. auf den 10. August in Leningrad
eintrafen, nahm der Flirt zwischen Deutschland und Russland bereits
konkrete Formen an. Die beiden fuhren mit dem Zug nach Moskau weiter und kamen dort mit Woroschilow und Molotow zusammen.

Stalin zeigte sich wenig beeindruckt von den beiden Offizieren, als er
mit Molotow und Beria über die Delegation diskutierte. »Sie meinen es
nicht ernst. Diese Männer können einfach nicht die nötige Autorität haben. London und Paris spielen wieder Poker...«

»Dennoch sollten die Gespräche weitergehen«, sagte Molotow.

»Na, dann schauen wir mal.« Damit entwickelte sich eine Art Auk-
tion zu Stalins Gunsten, an der allerdings nur noch ein gewichtiger Bie-
ter teilnahm. In Deutschland beschloss Hitler derweil für den 26. August die Invasion Polens, was ein Abkommen mit Stalin nun dringend
erforderlich machte. Die Verhandlungen mit den Westmächten hatten
zwar erst am 12. August begonnen, aber es zeichnete sich ab, dass die
Kluft zwischen der westlichen Offerte und dem von Stalin geforderten
Preis unüberbrückbar blieb. Schon an jenem Datum signalisierten die
Russen den Deutschen Verhandlungsbereitschaft, auch was die Zerstü-
ckelung Polens anging, und am 14. entschied Hitler, seinen Außenminister Ribbentrop nach Moskau zu schicken. Am 15. bat der deutsche Botschafter, Graf Friedrich Werner von der Schulenburg, um eine
Unterredung mit Molotow, der sich kurz mit Stalin absprach und
dann mitteilte, dass Russland für Gespräche offen sei. Als die Nachricht Ribbentrop erreichte, eilte der sofort zu Hitler. Am 17. bot Woroschilow den Briten und Franzosen zwar ein militärisches Beistandsabkommen an, fügte jedoch hinzu, dass weitere Verhandlungen keinen
Sinn hätten, solange sie nicht die Polen und Rumänen dazu zwingen
könnten, den Durchzug russischer Truppen im Fall eines deutschen

Angriffs zu erlauben. Admiral Drax hatte allerdings noch keine Anweisungen aus London erhalten.

»Ich habe bald genug von diesen Spielereien!«, sagte Stalin zu Molotow, und der bestellte eilends am Samstag, dem 19., Schulenburg ein und überreichte ihm den Entwurf eines Nichtangriffspakts, der zwar etwas förmlicher gefasst war als der deutsche Vorschlag, aber keine strittigen Punkte enthielt. Nachdem die Deutschen das Handelsabkommen unterzeichnet hatten, das Stalin als unabdingbare Voraussetzung für die eigentlichen Gespräche dargestellt hatte, warteten sie erst einmal ab, obwohl ihr gesetzter Termin herannahte. Hitler beschloss schlau, das wechselseitige Misstrauen zu beenden, indem er den ersten Schritt machte und Stalin am 20. August ein Telegramm schickte. Stalin stimmte seine Antwort mit Molotow und Woroschilow ab:

»An den deutschen Reichskanzler, A. Hitler. Danke für Ihr Schreiben. Ich hoffe, dass der deutsch-sowjetische Nichtangriffspakt ein Wendepunkt für eine ernsthafte Verbesserung der politischen Beziehungen zwischen unseren Ländern sein wird. Die sowjetische Regierung hat mich beauftragt, Sie davon zu unterrichten, dass sie einem Besuch des Herrn Ribbentrop in Moskau am 23. August zustimmt.

J. Stalin«

Im Fernen Osten startete Georgi Schukow als Kommandeur der Sowjetarmee am Chalkin-Gol an jenem Sonntag, dem 20., eine gewaltige Kanonade gegen die Japaner und griff sie danach jenseits der Front an. Am 23. war der Gegner vernichtend geschlagen, mit Verlusten von rund 61 000 Mann – ein Blutbad, das Japan endgültig davon abhielt, Russland noch einmal zu attackieren.

Am Montag, dem 21., gegen 15 Uhr empfing Molotow Schulenburg, der ihm Hitlers Bitte um eine Zusammenkunft am 23. übergab. Kaum zwei Stunden später einigte er sich mit Stalin auf den historischen Besuch Ribbentrops. Tags darauf um 19 Uhr ließ Woroschilow den Briten und Franzosen seine Absage zukommen: »Lassen Sie uns abwarten, bis sich alles geklärt hat…« Stalins Antwort erreichte Hitler wenig später, gegen 20.30 Uhr.

An jenem Abend fuhr Woroschilow mit einer erlesenen Delegation der sowjetischen Führung aufs Land zum Entenschießen. Chruschtschew war soeben aus Kiew eingetroffen und speiste vor dem Aufbruch noch mit Stalin in der nahen Datscha. Bei diesem Anlass erzählte ihm Stalin, der »lächelte und mich scharf beobachtete«, vom kurz bevorstehenden Staatsbesuch Ribbentrops. Da Chruschtschew nichts von den laufenden Verhandlungen wusste, war er »zuerst sprachlos. Ich starrte ihn an und glaubte, er habe einen Witz gemacht«.

»Warum sollte Ribbentrop uns sprechen wollen?«, platzte der erstaunte Chruschtschew heraus. »Will er etwa überlaufen?« Dann teilte er Stalin seine Jadgdpläne mit. Sollte er absagen?

»Fahren Sie ruhig. Für Sie wird es hier morgen nichts zu tun geben. Molotow und ich werden uns mit Ribbentrop treffen. … Wenn Sie von der Jagd zurückkommen, werde ich Sie wissen lassen, was Hitler vorhat.« Nach dem Essen machten sich Chruschtschew und Malenkow auf den Weg in Woroschilows Jagdrevier, während Stalin in seiner Datscha blieb, um dort über den nächsten Tag nachzudenken.*

Am Dienstag, dem 22. August, sprachen im Lauf des Tages alle Magnaten im Kleinen Eck vor. Die Details blieben geheim, jedoch nicht die Politik als solche. Ihr Urheber war Stalin, unterstützt durch Molotow und Schdanow, und sie hatte keine Gegner. Sogar Chruschtschew und Mikojan, die Stalin sonst in ihren Memoiren anschwärzen, wo immer möglich, räumten ein, dass es hier keine andere Wahl gab. Diese Leninisten, so Kaganowitsch, erkannten, dass dies »ein umgekehrtes Brest-Litowsk« war.

An dem Abend, als die Entenjäger in das Marschland von Sawidowo, etwa hundert Kilometer nordwestlich von Moskau fuhren, hoben der ehemalige Weinhändler Ribbentrop und eine dreißigköpfige Delegation mit Hitlers Condor-Maschine Immelmann III ab. Am 23. August um 13 Uhr landeten sie, und Ribbentrop entstieg dem Flugzeug, bekleidet mit einem Ledermantel, schwarzem Jackett und gestreifter Hose, stark beeindruckt von einem mit Hakenkreuzen ausstaffierten Flughafen. Ein

---

* Chruschtschews Erinnerungen haben einen verwirrenden Eindruck vom Politbüro und dem Pakt hinterlassen. In diesem diplomatischen Spiel trat zwar Molotow, der Premier und Außenminister, als Frontmann auf, doch als treibende Kraft stand eindeutig Stalin dahinter. Gewöhnlich heißt es, dass die Mitglieder des Politbüros, darunter Woroschilow, bis kurz vor der Ankunft Ribbentrops nichts von den Verhandlungen wussten, aber die Akten des Politbüros gingen immer nur an die »Fünf« oder die »Sieben« – und nicht an die Regionalführer wie den Ersten Sekretär der Ukraine. Stalin erörterte seine Noten an Hitler mit Molotow, Woroschilow und Beria, der als Chef des Geheimdienstes Bescheid wissen musste. Schdanow war mit seiner Leningrader und baltischen Perspektive, seiner Kenntnis der deutschen Kultur und seinem öffentlich verlautbarten Misstrauen gegenüber den westlichen Absichten eng mit dieser ganzen Politik verbunden und könnte neben Stalin ihr Koarchitekt gewesen sein. Über die wirtschaftlichen Aspekte konnte man nicht ohne Mikojan verhandeln. Schdanow war in dieser Woche oft bei Stalin und sagte seinem Sohn, dass man ihn über die Verhandlungen auf dem Laufenden hielt.

Orchester spielte das Deutschlandlied. Dann geleitete Wlasik den Gast zu einem kugelsicheren schwarzen ZiS (einem sowjetischen Buick). In der Stadt machten sie einen kurzen Zwischenhalt, um in der deutschen Botschaft Sekt und Kaviar zu sich zu nehmen. Um 15 Uhr rollte Ribbentrop zu dem Treffen mit Molotow durch das Spasski-Tor in Richtung des Kleinen Ecks. Poskrebyschew begrüßte ihn in Uniform, führte ihn die Treppe hinauf durch Vorräume in einen langgestreckten Raum, wo Stalin und Molotow nebeneinander stehend sie erwarteten, jener im Parteikasack, mit ausgebeulten, in die Stiefel gesteckten Hosen, dieser im dunklen Anzug.

Als sie sich an den Tisch setzten, die Russen mit ihrem Dolmetscher V. N. Pawlow auf der einen Seite, die Deutschen ihnen gegenüber, verkündete Ribbentrop: »Das Deutsche Reich verlangt nichts von Russland – nur Frieden und Handel.«

Man einigte sich schnell auf die Grundzüge des Paktes, demzufolge Polen und Osteuropa in Einflusssphären unterteilt werden sollten: Stalin bekam Ostpolen, Lettland, Estland, Finnland und das rumänische Bessarabien, Hitler behielt Litauen. Als Ribbentrop ein Loblied auf die deutsch-sowjetische Freundschaft anstimmte, schnaubte Stalin:

»Denken Sie nicht, dass wir ein bisschen mehr auf die öffentliche Meinung in unseren beiden Ländern achten müssen? Jetzt haben wir einander seit vielen Jahren kübelweise mit Jauche übergossen, und unsere Propagandaleute konnten in dieser Richtung gar nicht genug tun. Doch nun sollen unsere Völker plötzlich glauben, dass alles längst vergessen und vergeben ist? So schnell geht das einfach nicht.« Nachdem sie ihre Vereinbarungen getroffen hatten, kehrte Ribbentrop in die Botschaft zurück, um an Hitler zu telegraphieren.

Um 22 Uhr fand er sich wieder im Kleinen Eck ein, diesmal in Begleitung einer größeren Delegation und zweier Fotografen. Als Ribbentrop verkündete, dass Hitler dem Abkommen zustimme, »schien plötzlich ein Schauder durch Stalin zu gehen, und er ergriff nicht sofort die von seinem Partner dargereichte Hand. Es war, als habe er zuvor erst einen Anfall von Furcht überwinden müssen.« Stalin bestellte Wodka und sprach einen Toast aus.

Danach stieß Molotow mit Ribbentrop und dieser mit Stalin an. Einer der jungen Deutschen, ein großgewachsener SS-Offizier namens Richard Schulze, stellte fest, dass Stalin für seinen Bedarf eine besondere Karaffe bereithielt, aus der er jeweils sein Glas nachfüllte, und siehe da: Sie enthielt keinen Wodka, sondern nur Wasser. Stalin lächelte schwach, als Schulze davon nippte, nicht der letzte Gast, der dieses kleine Geheimnis lüftete.

Am 24. August gegen 2 Uhr lag der Vertrag fertig vor, und man führte die Fotografen in den Saal – die deutschen mit moderner Ausrüstung, die russischen mit altertümlichen Holzstativen und einer Kamera aus Holz und Messing. Der von Stalin hoch geschätzte, aber kränkelnde Stabschef der Roten Armee, Schaposchnikow, machte sich in einem Merkbüchlein Notizen. Als es an die Aufstellung für das Gruppenbild ging, bemerkte Stalin den hünenhaften SS-Mann, der von seiner Flasche gekostet hatte, winkte ihn heran und positionierte ihn zwischen Ribbentrop und Schaposchnikow. Molotow leistete die Unterschrift.

Eine Kellnerin brachte Sekt und belegte Brote. Als einer der deutschen Fotografen ein Blitzlicht auslöste, während Stalin und Ribbentrop ihre Gläser erhoben, drohte jener ihm mit dem Finger und sagte, er wünsche keine Publikation solcher Aufnahmen. Der Betreffende bot an, ihm den Film auszuhändigen, aber Stalin winkte ab und betonte, ihm genüge das Wort eines Deutschen. Als die Politiker gegen 3 Uhr auseinander gingen, sagte Stalin zu Ribbentrop: »Auch ich kann Ihnen mein Ehrenwort darauf geben, dass die Sowjetunion ihren Partner nicht betrügen wird.«

Stalin fuhr hinaus nach Kunzewo, wo ihn Woroschilow, Chruschtschew, Malenkow und Bulganin schon erwarteten. Ein lachender *Woschd* erzählte ihnen, wie die Unterzeichnung des weltbewegenden Molotow-Ribbentrop-Paktes abgelaufen war. »Stalin schien sehr mit sich zufrieden zu sein.« Allerdings machte er sich keine Illusionen über die neue Freundschaft. Beim Essen erklärte Stalin:

»Natürlich ist alles ein Trick, um zu sehen, wer wen zum Narren halten kann. Ich weiß, was Hitler im Schilde führt. Er glaubt, er ist schlauer als ich, aber in Wirklichkeit habe ich ihn überlistet!« Durch den Vertrag »werden wir vom Krieg ein wenig länger verschont bleiben«.*

Das »große Spiel«, wie Molotow den Nervenkrieg zwischen Stalin und Hitler nannte, hatte begonnen.[3]

---

* Am anderen Ende Europas hatte Hitler im Berghof auf dem Obersalzberg die Neuigkeit beim Essen erfahren, kurz um Ruhe gebeten und sie seinen Gästen verkündet. Dann schritt er »ungeduldig auf der Terrasse auf und ab, während der Himmel den Untersberg in eindrucksvollen Farben wie eine Silhouette erscheinen ließ, erst türkisfarben, dann violett, dann feuerrot. Below [Hitlers Adjutant] bemerkte, dies weise auf einen blutigen Krieg hin. Wenn dem so sei, so erwiderte Hitler, dann je eher, desto besser. Je mehr Zeit bis dahin vergehe, desto blutiger werde der Krieg sein« (Kershaw, *Hitler*, S. 297).

Am 1. September um 2 Uhr überreichte Poskrebyschew Stalin ein Telegramm aus Berlin mit der Nachricht, dass in den frühen Morgenstunden des 1. September angeblich polnische Truppen (in Wirklichkeit
aber verkleidete deutsche Sicherheitskräfte) die deutsche Funkstation in
Gleiwitz angegriffen hatten. Stalin begab sich in seine Datscha und dort
zu Bett. Wenige Stunden später rief Poskrebyschew an, um den deutschen Überfall auf Polen zu melden. Stalin verfolgte, wie Großbritannien und Frankreich, ihre Bürgschaft einhaltend, Deutschland den Krieg
erklärten. Er plante die sowjetische Invasion Polens zusammen mit Woroschilow, Schaposchnikow und Kulik, der gemeinsam mit Mechlis das
Kommando an der Front übernehmen sollte, doch wartete er zunächst
das Ende des Kriegs mit Japan ab. Am 17. September um 2 Uhr teilte er
in Anwesenheit von Molotow und Woroschilow Schulenburg mit: »Um
6 Uhr, also in genau vier Stunden, wird die Rote Armee nach Polen vor-
rücken.« Premier Molotow begab sich zum Rundfunk und verkündete
die »heilige Pflicht, den ukrainischen und weißrussischen Brüdern unsere Hilfe anzubieten«. Mechlis behauptete Stalin gegenüber, dass man
in der Westukraine die sowjetischen Truppen empfangen habe »wie
wahre Befreier« und ihnen »Äpfel, Pasteten, Trinkwasser darreichte. ...
Viele Menschen weinten vor Freude.«

Als Erster Sekretär der Ukraine legte Chruschtschew seine Uniform
an und stieß dann zusammen mit seinem NKWD-Chef Iwan Serow zu
den Truppen Semjon Timoschenkos, des Kommandeurs für den Militärbezirk Kiew. Dieser, ein zäher, kahlköpfiger Veteran von der Ersten Reiterarmee in Zarizyn und fähiger Offizier, hatte während des Terrors Budjonni denunziert und seinerseits Denunziationen erdulden müssen.
Chruschtschew behauptete, ihm das Leben gerettet zu haben. Mehr
noch als ihm erschien seiner Frau Nina Petrowna der Einmarsch in Polen als ein gefährliches Abenteuer, denn sie musste dort, ebenfalls in Uniform und bewaffnet, ihren Eltern beistehen, die seit 1920 im Lande lebten. Chruschtschew, der es sich in Lwow bequem gemacht hatte, freute
sich beim Anblick seiner Angehörigen, geriet allerdings in Rage, als er
Nina mit Pistole sah.*

---

* Zu einer unbeschreiblichen Szene kam es, als Ninas Eltern in Chruschtschews
Wohnung ankamen und über das fließende Wasser staunten: »He, Mutter, schau dir
das an«, rief der Vater. »Das Wasser kommt aus einem Rohr.« Als die Eltern den eindrucksvollen, hohlwangigen Timoschenko neben dem kleinen, dicklichen Chruschtschew sahen, fragten sie, ob der Erstere ihr Schwiegersohn sei.

Auch diese Invasion unterwarf die polnische Bevölkerung ebenso grausamen und tragischen Plünderungen wie die der Nationalsozialisten. Chruschtschew bekämpfte erbarmungslos all jene Gruppierungen, die der Sowjetmacht hätten Widerstand leisten können. Dabei ließ er Geistliche, Offiziere, Adlige, Intellektuelle ermorden oder verschleppen, um Polen im Kern zu vernichten. Bis zum 17. November 1940 waren zehn Prozent der Bevölkerung, 1,17 Millionen Unschuldige, deportiert und bis 1941 ein Drittel davon umgekommen. 60 000 Personen wurden inhaftiert, 50 000 sofort erschossen.[4]

Am Mittwoch, dem 27. September, gegen 17 Uhr flog Ribbentrop noch einmal nach Moskau, um offiziell den »Grenz- und Freundschaftsvertrag« auszuhandeln, dem geheime Zusätze folgten, und zwar so streng geheime, dass Molotow ihre Existenz noch dreißig Jahre später leugnete. Etwa um 22 Uhr saß er im Kreml mit Stalin und Molotow an dem mit grünem Vlies überzogenen Tagungstisch des Kleinen Ecks. Da Stalin Litauen wollte, fragte Ribbentrop telegraphisch bei Hitler wegen der Erlaubnis an, und man vertagte sich bis auf den nächsten Nachmittag um 15 Uhr. Allerdings war Hitlers Antwort bis dahin noch nicht eingetroffen, sodass man zunächst nur über die geographischen Einzelheiten sprach.

An jenem Abend, als Stalin ein Festbankett zu Ehren der Deutschen gab, um die Aufteilung Europas zu feiern, trafen sich die Russen mit dem unglücklichen estnischen Außenminister, den sie zwingen wollten, sowjetische Truppen in sein Land zu lassen – der erste Schritt hin zur offenen Annexion. Man begrüßte die Nazis am Tor des Großen Kremlpalastes, führte sie durch die düstere, wie eine gewaltige Aula wirkende holzvertäfelte Kongresshalle und am Ende in den fast blendend rot-goldenen Empfangssaal, in dem Stalin, Molotow und das Politbüro einschließlich Kaganowitschs sie erwarteten. Stalin gab sich »einfach und anspruchslos«, strahlend von »väterlichem Wohlwollen«, das jedoch schnell in »eisige Kälte« umschlagen konnte, wenn er »Befehle herausbellte«, obwohl er »seinen jüngeren Assistenten gegenüber einen scherzhaften, freundlichen Ton anschlug«. Den Deutschen fiel auf, dass die Russen Stalin fast ehrfürchtig behandelten. Kommissar Tewosian, der 1938 mit knapper Not seiner Hinrichtung entgangene »Untote«, stand auf »wie ein Schuljunge«, sooft Stalin ihn ansprach. Seit 1937 hatte sich das Stalin umgebende Klima der Angst immer mehr verdichtet. Doch ging er herzlich mit Woroschilow, freundlich mit Beria und Mikojan, eher sachlich mit Kaganowitsch und leutselig mit Malenkow um. Allein Molotow »sprach mit seinem Chef wie unter seinesgleichen«.

Der Umgangston sei derart ordinär gewesen, dass sich Ribbentrop nach eigener Aussage ebenso wohl fühlte wie unter alten Nazikumpanen. Während seine Gäste miteinander plauderten, begab sich Stalin in den prächtigen Andreewski-Saal, um persönlich die Sitzordnung zu kontrollieren, was er auch in Kunzewo gerne tat.* Die zweiundzwanzig Gäste fühlten sich fast erschlagen durch die Großartigkeit des Saales, die kolossalen Blumenarrangements, die imperialen Essbestecke aus Gold und mehr noch durch die vierundzwanzig Gänge mit Kaviar, alle Arten von Fleisch und Fisch sowie Pfefferwodka und Krimsekt in Strömen. Die weiß gekleideten Kellner waren eben jene aus dem Hotel Metropol, die später Churchill und Roosevelt in Jalta bedienen sollten. Vor dem Essen sprach Molotow Toasts auf jeden der Gäste aus. Stalin stolzierte hinüber, um mit ihnen anzustoßen. Als Molotow sie alle durch hatte, atmeten die Herrschaften erleichtert auf, doch dann verkündete er: »Und jetzt trinken wir noch auf alle Mitglieder jener Delegationen, die nicht an diesem Bankett teilnehmen konnten.« Nun schritt Stalin mit einem Scherz ein:

»Trinken wir auf den neuen Komintern-Gegner Stalin«, und dabei zwinkerte er Molotow zu. Als Nächstes erhob er das Glas auf Kaganowitsch, »unserem Volkskommissar für die Eisenbahnen«. Nun hätte Stalin über den Tisch hinweg mit dem Magnaten anstoßen können, stand aber bewusst auf und ging dafür eigens um den Tisch herum, sodass Ribbentrop sich ihm anschließen und auf einen Juden trinken musste, eine ironische Note, die Stalin amüsierte. Kaganowitsch erzählte diese Begebenheit noch vierzig Jahre später seinen Enkeln. Als Molotow einen weiteren Toast, nun auf seinen *Woschd*, ausbringen wollte, kicherte Stalin.

»Wenn Molotow wirklich trinken will, hat niemand etwas dagegen, aber er sollte nicht gerade mich als Vorwand dafür benutzen.« Als Ribbentrop bemerkte, wie gut Stalin alle diese Runden überstand, eröffnete der ihm vergnügt, dass er nur Weißwein trinke. Doch Beria, der die georgische Tradition nötigender Gastfreundschaft in ein despotisches Ritual der Erniedrigung verwandelt hatte, machte sich einen Spaß daraus, seine Gäste zum Trinken zu zwingen. Als der deutsche Diplomat Hilger, der

---

* Wlasik hat ihn dort einmal dabei gefilmt. Auch Hitler achtete stets peinlich genau auf die Sitzordnung. Beide wussten sie gut genug, was für eine große Rolle der persönliche Stolz in Staatsangelegenheiten spielt.

den Abend in seinen Memoiren plastisch geschildert hat, einen weiteren
Wodka ablehnte, beharrte Beria darauf und erregte damit die Aufmerksamkeit Stalins selbst, der ihnen gegenüber saß.

»Worum geht der Streit?«, fragte er und fügte sofort hinzu: »Na, wenn
Sie nichts mehr trinken wollen, kann niemand Sie dazu zwingen.«

»Nicht einmal der Chef des NKWD selbst?«, lächelte der Deutsche.

»Hier an diesem Tisch«, erwiderte Stalin, »hat auch der NKWD-Chef
nicht mehr zu sagen als alle anderen.« Nach dem Essen entschuldigten
sich Stalin und Molotow, während den Gästen noch ein Besuch im Bolschoi mit dem *Schwanensee* bevorstand. Beim Gehen flüsterte Stalin
heimlich Kaganowitsch zu: »Wir müssen Zeit gewinnen.« Dann begaben
sie sich nach oben, wo der estnische Außenminister zerknirscht dem
Schicksal entgegensah, dass Stalin seine kleine baltische Nation zerschlagen würde. Molotow forderte eine sowjetische Garnison mit 35 000
Mann, mehr als die ganze estnische Armee insgesamt besaß.

»Kommen Sie, Molotow, Sie sind ziemlich grob zu unseren Freunden«, sagte Stalin und regte an, sich mit 25 000 zu begnügen, was jedoch
letztlich auf das Gleiche hinauslief. Nachdem er sich das kleine Land einverleibt hatte, kehrte Stalin gegen Mitternacht zu den Deutschen zurück,
um noch eine letzte Sitzung abzuhalten, bei der Hitler telefonisch seine
Zustimmung zur Abtretung Litauens gab.

»Hitler versteht sein Handwerk«, murmelte Stalin. Ribbentrop
wühlte der ganze Vorgang derart auf, dass er erklärte, die beiden Länder
dürften nie wieder gegeneinander kämpfen.

»Eigentlich sollte das so sein«, erwiderte Stalin und verunsicherte da-
mit Ribbentrop, der deshalb um eine Rückübersetzung des Orakels bat.
Als der Außenminister eine deutsch-russische Militärallianz gegen den
Westen vorschlug, sagte Stalin nur:

»Ich werde eine Schwächung Deutschlands niemals zulassen.« Offenkundig nahm er an, dass im Westen selbst Großbritannien und Frankreich den deutschen Expansionsdrang eindämmen würden. Als schließlich in den frühen Morgenstunden die Karten fertig vorlagen, zeichnete
Stalin sie mit blauem Buntstift ab und setzte einen stattlichen Namenszug darunter.

Bis zum 3. Oktober hatten alle drei baltischen Staaten sowjetischen
Garnisonen zugestimmt. Danach wandten Stalin und Molotow ihre Gewehre und Drohungen gegen den vierten Ostsee-Anrainerstaat in ihrer
Einflusssphäre, Finnland, das ihren Erwartungen nach ebenso nachkommen würde wie die anderen.[5]

29

DIE ERMORDUNG DER FRAUEN

Während die Welt zusah, wie Stalin und Hitler den Osten aufteilten, sondierte der *Woschd* die Unterdrückung seiner Genossen, indem er gegen ihre Frauen ermitteln und manche von ihnen später umbringen ließ. Wie Chruschtschew bemerkte, interessierten Stalin die Damen seines Hofes bald nur noch aus dem ungewöhnlichen Grund, nicht etwa als mögliche Mätressen, sondern ob sie vielleicht Spioninnen seien.

Stalin hatte sein gesamtes Umfeld immer schon einer minuziösen Prüfung unterzogen. Als er die Daten der Volkszählung von 1939 erhielt, kreuzte er die Namen einiger Frauen und Kinder von Magnaten rot an. Die Bedeutung dieser Kreuzchen blieb rätselhaft. Man neigt dazu, gleich an Schreckliches zu denken, doch vielleicht wollte er nur ermitteln, wie viele Autos die Familien brauchten. Bei Essen im Kreml mussten die Frauen jetzt von ihren Männern getrennt sitzen. Stalins Einstellung gegenüber seinen ehemaligen Favoritinnen Polina und Dora war ins boshaft Argwöhnische umgeschlagen, was zum Teil auch ihr früheres Verhältnis zu Nadja widerspiegelte. Aber Frauen, die zu viel wussten, beunruhigten ihn von jeher. Schon 1930 hatte er Molotow vorgeschlagen, die Frau eines Genossen »zu überprüfen ... da sie jedenfalls über die empörenden Vorgänge in ihrem Haus Bescheid wissen musste«. Seine brennenden Zweifel an der ehelichen Treue rührten unter anderem daher, dass Stalin alles missbilligte, was der blinden Hingabe an die Partei und ihn selbst im Wege stand. »Stalin erkannte private Beziehungen nicht an«, sagte Kaganowitsch. »Liebe zwischen zwei Menschen existierte für ihn nicht.« Er betrachtete die Ehefrauen gleichsam als Geiseln, um das Wohlverhalten seiner Genossen zu erzwingen und Fehltritte zu bestrafen. »Niemand, der sich Stalin widersetzt, behält auf Dauer seine Frau«, sagte Beria zu

Nina. Allerdings begann der Terror gegen die Hofdamen erst mit Beria.

Polina Molotowa, die First Lady, schwebte in großer Gefahr. Inzwischen fungierte die ZK-Kandidatin und Herrin des Kosmetikimperiums auch als Volkskommissarin für die Fischerei. Doch dann fing Beria an, gegen sie zu ermitteln und fand in ihrer Belegschaft einige getarnte »Vandalen« und »Saboteure«, deren »Spionagetätigkeit sie selbst wissentlich gefördert« habe.*

Am 10. August, als Stalin und Molotow ihre diplomatischen Schachzüge planten, klagte das Politbüro Polina an. Stalin schlug vor, sie aus dem Zentralkomitee auszuschließen. Molotow enthielt sich mutig der Stimme und dokumentierte damit nicht nur sein Vertrauen und seine Liebe zu Polina, sondern auch, dass er anderer Meinung sein konnte als Stalin. Am 24. Oktober verlor sie ihr Kommissariat und wurde wegen »Leichtfertigkeit und Pfuscherei« getadelt, jedoch keiner »Verleumdung« für schuldig befunden. Zur Leiterin der sowjetischen Kurzwarenbranche ernannt, kehrte sie alsbald wieder in ihre gewohnte Pracht und Herrlichkeit zurück: Ihre Tochter Swetlana war wegen ihrer Pelzmäntel und französischen Kostüme schon berüchtigt als die sowjetische »Prinzessin« schlechthin, doch die Familie stand unter laufender Beobachtung.** Und Stalin vergaß weder Molotows Trotz noch Polinas Sünden, die ihr noch zum Verhängnis gereichen sollten. Er und Beria hatten bereits erwogen, sie entführen und ermorden zu lassen. Doch vorerst kam sie davon.

Am 25. Oktober 1938 nahm Beria die Frau des Präsidenten Kalinin fest. In einem Regime, das die Gattin des Staatsoberhaupts inhaftierte, konnte niemand sich vor der Partei sicher fühlen. Der kraftlose Kalinin, der es seit den Warnsignalen von 1930 nicht gewagt hatte, Widerstand gegen Stalin zu leisten, sondern lieber seinen Romanzen nachging, obwohl er innerlich über seine schlechte Behandlung kochte, lebte tatsächlich mit einer anderen Frau zusammen, der aristokratischen Haushälte-

---

* Polina hatte eine Achillesferse: Nicht nur war sie selbst Jüdin, sondern ihr Bruder Karp lebte als erfolgreicher Geschäftsmann in den USA. Ja, Mitte der dreißiger Jahre hatte Stalin sogar den US-Botschafter Davies ermutigt, über Karp Geschäfte in Moskau zu machen, ein seltenes Beispiel für seinen Nepotismus.

** Nehmen wir den Fall von Molotows Fitnesstrainerin, die mit ihrer Rolle eine ganz neue Seite des Volkskommissars für Äußeres offenbart. Einige Monate später informierte Wlasik, der nichts ohne das Wissen Stalins tat, Molotow schriftlich darüber, dass sich die besagte Dame, Olga Rostowzewa, ihrer Nähe zur Familie rühmte: »Wir wissen davon, dass sie nicht nur über sportliche Übungen, sondern auch über Ihre Angehörigen und Wohnungen redet.«

rin Alexandra Gortschakowa. Seine Gattin, die stupsnasige Estin Ekaterina Iwanowna, hatte sich einstweilen dem Kampf gegen den Analphabetismus im Fernen Osten gewidmet. Mit ihrer Freundin wieder in Kalinins Wohnung zurückgekehrt, hörten Beamte der Tscheka die beiden beim Schimpfen über Stalins Blutdurst ab. Während man ihre Freundin hinrichtete, teilte die Kalinina selbst das Schicksal der Frau Budjonnis, nämlich die Verbannung. Auch Kalinin konnte den Gesuchstellern nicht helfen, da Stalin sich wie gewöhnlich herausredete: »Mein lieber Kamerad, ich bin in derselben Lage! Ich kann ja nicht einmal meiner eigenen Frau helfen – wie sollte ich da die Ihre retten können?« Nicht alle hatten so viel Glück wie Molotowa und Kalinina.[1]

Im April 1937 rief Dr. Bronka Poskrebyschewa, die damals siebenundzwanzigjährige hübsche Frau des *chef de cabinet*, bei Stalin an und bat um ein privates Treffen in Kunzewo. Sie zog ihr bestes Kleid an, vielleicht jenes gepunktete, das man auf ihren Familienfotos sieht. Ihr Mann wusste nichts von der Verabredung und hätte sie ihr gewiss verübelt. Wlasik war als Einziger eingeweiht. Bronka wollte um die Freilassung ihres Bruders Metalikow bitten, des über seine Frau mit Trotzki verschwägerten Kremljewka-Arztes. Erst nach Stalins Tod erzählte Wlasik der Familie davon und deutete Poskrebyschew und Bronkas Tochter Natalja zufolge an, dass zwischen den beiden eine Affäre begann. Das ist eher unwahrscheinlich, da Stalin Bittstellerinnen, die sich für Angehörige einsetzten, nicht ausstehen konnte. Als Bronkas Mission scheiterte*, fürchtete sie, damit nun als Trotzkistin gebrandmarkt zu sein.

Vor seiner Beförderung nach Moskau hatte Beria sich einmal an Bronka herangemacht und sie ihn dafür geohrfeigt. »Das werde ich Ihnen nie verzeihen«, knurrte er. Bronka wollte dennoch nichts unversucht lassen. Am 27. April 1939 rief sie bei Beria an und fragte, ob sie mit ihm über ihren Bruder sprechen könne. Danach ward sie nie wieder gesehen.

---

* In einer von emotionalen Verzerrungen durchzogenen Geschichte mutet es besonders skurril an, wenn Natalja Poskrebyschewa, die genau neun Monate nach dem Besuch ihrer Mutter bei Stalin zur Welt kam, sich für dessen Tochter hält, nicht nur wegen Wlasiks Anspielungen, sondern auch weil sie später die Tochter Michail Suslows traf, eines der (für Ideologie zuständigen) engsten Vertrauen Breschnews, die ihr sagte: »Alle wissen, dass Ihr leiblicher Vater neben Lenin im Mausoleum liegt« (was seinerzeit noch auf Stalin zutraf). »Sehe ich jemandem ähnlich?«, fragte Natalja Poskrebyschewa den Autor. »Etwa Swetlana Stalin?« Ironischerweise meint sie, dass der Mörder ihrer Mutter, Stalin, ihr Vater war, obwohl sie faktisch Poskrebyschew wie aus dem Gesicht geschnitten ist.

Poskrebyschew wartete bis Mitternacht, rief dann bei Beria zu Hause an, der ihm offenbarte, dass sie sich in Untersuchungshaft befinde, er aber nicht mit ihm darüber diskutieren wolle. Am nächsten Morgen beschwerte sich Poskrebyschew, der kein Auge zugetan hatte, bitter bei Stalin, der ihm mitteilte:

»Darauf habe ich keinen Einfluss. Ich kann nichts tun. Den Fall kann nur das NKWD selbst klären« – ein Bescheid, der Poskrebyschew kaum überzeugt haben dürfte. Dann rief Stalin bei Beria an, der ihn an Bronkas trotzkistische Verbindungen erinnerte. Die drei trafen sich, wahrscheinlich am 3. Mai gegen Mitternacht, als sich Beria nebenan im Kleinen Eck aufhielt, und dabei legte dieser Bronkas Geständnis vor. Poskrebyschew bat Stalin, die Mutter seiner Kinder freizulassen. Er dachte auch an das Kind seiner Frau aus erster Ehe: »Wird Galia in ein Waisenhaus kommen?«

»Keine Sorge, wir werden Ihnen eine andere Frau suchen«, soll Stalin ihn beruhigt haben. Das wäre typisch Stalin gewesen, hatte er doch schon der Krupskaja gedroht, wenn sie der Partei nicht gehorche, würde man eine andere zu Lenins Witwe ernennen. Nach den Maßstäben der Zeit hatte Poskrebyschew schon viel Wirbel gemacht, mehr konnte er einfach nicht tun. Zwei Jahre später erschossen Tschekisten die erst einunddreißigjährige Bronka während des Vormarschs der Deutschen auf Moskau.*

Von der Erschießung ihrer Mutter erfuhr Bronkas Tochter Natalja erst später in der Schule. Poskrebyschew ging letzten Endes doch noch eine neue Ehe ein.

Die Vernichtung Bronkas beeinträchtigte das Verhältnis Poskrebyschews weder zu Stalin noch zu Beria: Die Partei hatte immer Recht. Stalin interessierte sich fürsorglich für Bronkas Tochter:

»Wie geht es Natascha?«, fragte er oft seinen *chef de cabinet*. »Ist sie mollig und süß?« Jahre später, als sie mit den Hausaufgaben nicht weiterkam, wollte sie ihren Vater anrufen, um sich helfen zu lassen, aber ein anderer meldete sich.

»Kann ich meinen Vater sprechen?«, fragte sie.

»Er ist gerade nicht da«, antwortete Stalin. »Was für ein Problem hast du denn?« Und wenig später löste er ihre Rechenaufgaben. Die

---

* Man warf ihren Leichnam in ein Massengrab vor der Stadt, während ihr Bruder neben vielen anderen in einer der Gruben des Donskoifriedhofs liegt. Die Tochter Dr. Metalikows errichtete den beiden ein Denkmal auf dem Nowodewitschifriedhof.

einzige Peinlichkeit in Poskrebyschews scheinbar freundschaftlichem
Umgang mit Beria entstand, als dieser die kleine Natalja umarmte und
seufzte:

»Du wirst einmal genauso schön wie deine Mutter.« Poskrebyschew
»lief grün an«, hatte mit seinen Gefühlen zu kämpfen und krächzte
schließlich:

»Natalja, geh spielen.«[2]

Bevor Stalin sich daranmachte, mutwillig die Frau eines weiteren Freundes zu töten, rettete er aus einer Laune heraus zwei alten Bekannten das
Leben. Sergo Kawtaradse, ein linksorientierter Altbolschewik, der Stalin
schon seit der Jahrhundertwende kannte, galt als ein intelligenter, welt-
offener Georgier und war mit einer Prinzessin Sofia Watschnadse verheiratet, einer Enkelin von Kaiserin Maria Fjodorowna, der Mutter Nikolaus' II. – ein sehr ungewöhnliches Paar also. Kawtaradse schloss sich
immer wieder der Opposition an, doch Stalin verzieh ihm jedes Mal.
Ende der zwanziger Jahre festgenommen, holte Stalin ihn zurück und
wies Kaganowitsch an, ihm zu helfen. Ende 1936 kam er erneut in Haft
und stand auf Jeschows Todesliste; diesmal ereilte das Schicksal auch
seine Frau. Ihre damals elfjährige Tochter Maja rechnete zwar schon mit
dem Tod beider, schrieb aber trotzdem mutig an Stalin und bat um ihr
Leben, wobei sie ihre Briefe stets mit »Pionierin Maja Kawtaradse« beendete. Auch wenn ihre Eltern beide Folter erlitten, blieben sie am Leben,
weil Stalin auf der Exekutionsliste einen Querstrich neben den Namen
des alten Freundes gemacht hatte. Jetzt, Ende 1939, erinnerten die Gesuche der »Pionierin Kawtaradse« ihn daran, Beria zu fragen, ob der Vater
noch lebte.

In der Lubianka saß Kawtaradse dann plötzlich beim Friseur, der
ihn rasierte, bekam ein richtiges Zimmer zugewiesen und konnte sich
von einer Karte Gerichte seiner Wahl bestellen. Im Hotel Lux, wohin
man ihn verlegte, fand er auch seine Frau wieder, zwar nur noch ein
Schatten ihrer selbst – aber am Leben. Ihre Tochter kam von Tiflis hinzu. Wenig später erhielt Kawtaradse einen Anruf: »Der Genosse Stalin
erwartet Sie. Halten Sie sich bereit, denn in etwa einer halben Stunde
fährt ein Wagen vor, um Sie abzuholen.« Man brachte ihn nach Kunzewo, wo Koba ihn im Arbeitszimmer begrüßte. »Hallo, Sergo«, sagte er
unbefangen, so als habe man Kawtaradse nicht der Teilnahme an einem geplanten Anschlag auf ihn für schuldig befunden und fragte.
»Wo hast du gesteckt?«

Später, wieder zu Hause, flüsterte Kawtaradse seiner Frau zu: »Stalin ist krank.« Einige Wochen später traf die Familie eine ebenso bizarre wie enthüllende Heimsuchung.*

Die Kawtaradses hatten gerade Essensgäste, als kurz vor 23 Uhr das Telefon klingelte. Daraufhin sagte der Herr des Hauses, er müsse noch einmal fort und verschwand ohne weitere Erklärung. Seine Frau und die inzwischen vierzehnjährige Tochter Maja legten sich zu Bett. Gegen 6 Uhr kam Kawtaradse, ziemlich angeschlagen, in die Dreizimmerwohnung in der Gorkistraße gestolpert. »Wo warst du?«, fuhr seine Frau ihn an.

»Wir haben Gäste«, verkündete er.

»Du bist betrunken!« Dann hörte sie Schritte: Stalin und Beria schwankten beschwipst hinein und setzten sich an den Küchentisch. Wlasik hielt am Eingang Wache. Während Kawtaradse einschenkte, eilte seine Frau in Majas Zimmer.

»Wach auf«, flüsterte sie.

»Was ist los?«, fragte das Mädchen. »Sind sie gekommen, um uns festzunehmen?«

»Nein, Stalin ist bei uns.«

»Ich will ihn nicht sehen«, gab Maja zurück, die ihn aus verständlichen Gründen hasste.

»Du musst«, insistierte ihre Mutter. »Er ist eine historische Figur.« Also zog Maja sich an und ging mit in die Küche. Bei ihrem Erscheinen strahlte Stalin:

»Ah, du bist es – ›Pionierin Kawtaradse‹.« Er hatte sich an ihre Bittbriefe zugunsten der Eltern erinnert. »Komm auf meinen Schoß.« Sie setzte sich auf Stalins Knie. »Verwöhnt ihr sie?«

Maja ließ sich bezaubern: »Er war so nett, so sanft – er küsste mich auf die Wangen, und ich schaute in seine honigfarbenen, nussbraunen, blitzenden Augen«, erinnerte sie sich. »Aber ich hatte eine solche Angst.«

---

* Das wird in Stalin-Biographien zwar oft erwähnt, aber nie mit Aussagen einer der fünf beteiligten Personen belegt. Die folgende Darstellung basiert auf einem Gespräch mit Maja Kawtaradse, der letzten Überlebenden jener fünf, deren Geschichte bisher unveröffentlicht blieb. Heute Ende siebzig, lebt sie in der riesigen, mit Antiquitäten überfüllten Wohnung ihres Vaters in Tiflis und hat dem Autor großzügig erlaubt, die Memoiren ihres Vaters zu benutzen, eine unschätzbare Quelle. 1940 wurde Kawtaradse in den Staatsverlag berufen und war danach während des gesamten Kriegs als stellvertretender Außenkommissar für den Nahen Osten zuständig. Da seine Dienststelle direkt gegenüber der Lubianka lag, pflegte Kawtaradse zu scherzen: »Jetzt bin ich auf der anderen Straßenseite angekommen.« Nach dem Krieg diente er als sowjetischer Botschafter in Rumänien. Er starb 1971.

»Wir haben nichts zu essen!«, rief das Mädchen aus.

»Keine Sorge«, sagte Beria. Zehn Minuten später trafen aus dem Feinschmeckerlokal Aragwi erlesene georgische Speisen ein. Stalin musterte Kawtaradses Frau, die am Zarenhof geborene Prinzessin, gründlich, und ihm fiel ihr schlohweißes Haar auf:

»Wer hat Sie denn so schlimm gefoltert«, fragte er.

»Wer zurückblickt, der soll das Augenlicht verlieren«, antwortete sie hintergründig in einer Variante des Sprichworts, das Stalin Bucharin gegenüber benutzt hatte. Dieser fragte Beria nach Kawtaradses ebenfalls inhaftiertem Bruder, jedoch zu spät: Er war, wie so viele andere, auf dem Transport nach Magadan ums Leben gekommen.

Kawtaradse wollte ein georgisches Lied anstimmen, traf aber den Ton nicht.

»Nicht doch, Tojo«, sagte Stalin, der Kawtaradse wegen seiner orientalischen Augen mit dem Namen eines japanischen Generals belegte. Dann sang er selbst, »in einem lieblichen Tenor«, was Maja erschütterte: »Da saß ein kleiner, pockennarbiger Schrat, und jetzt sang er so schön!« Schließlich rief Stalin: »Ich möchte die Wohnung sehen« und inspizierte die Räume gründlich. Man feierte weiter bis morgens um zehn, sodass Maja an jenem Tag die Schule schwänzen musste.

Stalin berief Kawtaradse auf einen Lektoratsposten, den er sich mit dem anderen ehemaligen Häftling Schalwa Nuzibidse teilte, einem geachteten georgischen Philosophen, der Stalin von früher her flüchtig kannte. Im Gefängnis hatte Nuzibidse begonnen, ein georgisches Epos des Dichters Rustaweli, *Der Ritter im Tigerfell*, ins Russische zu übertragen, als man ihm seine Arbeit allabendlich wegnahm und tags darauf von der Hand eines anonymen Lektors redigiert wieder zurückgab. Kobulow folterte ihn, riss ihm sogar die Fingernägel aus, doch irgendwann wurde er plötzlich freundlich und erzählte dem Häftling, dass Stalin jüngst in einer Konferenz Beria gefragt habe, ob er wisse, was für ein Vogel die Drossel sei.

»Haben Sie je eine Drossel im Käfig singen gehört?« Beria schüttelte den Kopf. »Genauso ist es auch bei den Dichtern«, erklärte Stalin. »Kein Dichter kann in einer Zelle singen. Wenn wir eine perfekte Rustaweli-Übersetzung haben wollen, müssen wir die Drossel freilassen.« Nuzibidse verließ das Gefängnis, und am 20. Oktober 1940 holte Kawtaradse ihn in einer Limousine ab, worauf die beiden »Untoten« zum Kleinen Eck fuhren, um Poskrebyschew über den Stand der Rustaweli-Übersetzung zu berichten. Als man sie in das Büro führte, kam Stalin ihnen lächelnd entgegen:

»Sie sind Professor Nuzibidse?«, fragte er. »Man hat Sie ein wenig verletzt, aber lassen wir die Vergangenheit ruhen«, worauf er sofort anfing, von seiner »großartigen Rustaweli-Übersetzung« zu schwärmen. Er bat die beiden Männer, Platz zu nehmen, und händigte dem bass erstaunten Professor ein in Leder gebundenes Manuskript aus, mit den Worten: »Ich habe ein Reimpaar übersetzt. Bin gespannt, wie es Ihnen gefällt.« Stalin rezitierte seinen Versuch. »Wenn Sie es wirklich mögen, schenke ich es Ihnen. Bauen Sie es in Ihre Übersetzung ein, aber ohne mich zu erwähnen. Ich werde mit großem Vergnügen Ihr Lektor sein.« Dann lud er die beiden zum Essen ein, wobei sie in Erinnerungen an die alten Zeiten in Georgien schwelgten. Nach vielen »Hörnern« Wein blickte Nuzibidse auf die politische Versammlung zurück, bei der er Stalin das erste Mal gesehen hatte, und deklamierte seine Rede aus dem Gedächtnis. Stalin schien entzückt.

»Außergewöhnliches Talent geht Hand in Hand mit ebensolchem Gedächtnis!«* Er ging um den Tisch herum und küsste Nuzibidse auf die Stirn.[3]

Am 16. Januar 1940 zeichnete Stalin 346 Todesurteile ab, zusammengenommen eine willkürliche Liste des Terrors, in der sich Schuldige mit Unschuldigen vermischten, darunter einige der herausragenden Künstler wie Babel, der Theaterdirektor Meyerhold sowie Jeschowas Liebhaber, der Journalist Kolzow (das Vorbild für Karpow aus Hemingways *Wem die Stunde schlägt*), dazu Jeschow selbst nebst seinem unbeteiligten Bruder, einigen Cousins und der prominenten Mätresse Glikina ebenso wie der gestürzte Magnat Eiche. Die meisten von ihnen (mit Ausnahme Jeschows) folterten Beria und Kobulow im Suchanowgefängnis brutal.

»Die Ermittler wandten Gewalt an, gegen mich, einen kranken fünfundsechzigjährigen Mann«, schrieb Meyerhold an Molotow. »Ich musste mich mit dem Gesicht nach unten auf den Boden legen, und dann peitschte man mir mit einem Gummiriemen die Fußsohlen und den Rücken aus. Später setzten sie mich auf einen Stuhl und traktierten

---

* Sooft jemand Nuzibidse in seiner weiteren Laufbahn angriff, deutete er sich auf die Stirn und sagte: »Hier hat mich Stalin geküsst.« Die Rustaweli-Übertragung erschien in einer Prachtausgabe ohne Hinweis auf Stalins Beitrag. Dieser sorgte allerdings dafür, dass Nuzibidse bis ans Ende seiner Tage unbehelligt in einer großen Villa in Tiflis wohnen konnte, die noch heute der Familie gehört. Der Autor dankt dem Stiefsohn des Professors, Sakro Megrelischwili, der ihm Auszüge aus der Autobiographie seiner Mutter zur Verfügung stellte.

die Füße von oben. ... Obwohl in den nächsten Tagen große Blutergüsse die misshandelten Stellen meiner Beine bedeckten, droschen sie erneut auf die roten, blauen und gelben Flecken ein, und das tat so grauenhaft weh, als ob sie kochendes Wasser darüber schütteten. ... Ich weinte und schrie vor Schmerz. Sie hieben mir auf das Genick, versetzten mir Faustschläge ins Gesicht und holten dabei immer wieder weit aus. ... Die unerträglichen körperlichen und seelischen Schmerzen ließen aus meinen Augen endlose Ströme von Tränen fließen...«

In den nächsten Tagen verurteilte Stalins Scharfrichter Ulrich mit standrechtlichen Verfahren im Lefortowogefängnis alle Angeklagten zur »Höchststrafe«, bevor er an einer Gala im Kreml teilnahm, bei welcher der Tenor Koslowski und die Ballerina Lepeschinskaja auftraten. Babel sah sich als ein »Agent des französischen und australischen Geheimdienstes entlarvt, der außerdem Beziehungen zur Frau des Volksfeindes Jeschow unterhielt«. Am 27. Januar 1940 nachts um 1.30 Uhr erschoss das NKWD Babel und ließ seinen Leichnam einäschern.

Eiche unterwarf man im Suchanowgefängnis einer letzten Runde des »französischen Ringens«. Beria und Rodos schlugen ihn »brutal mit Gummiknüppeln«. Er brach zusammen, doch sie hoben ihn wieder auf und droschen weiter auf ihn ein. Beria brüllte unablässig, »Gestehen Sie endlich, ein Spion zu sein«, aber Eiche blieb stur. Man hatte ihm schon ein Auge ausgestochen, und aus der Höhle quoll Blut, doch er wiederholte immer wieder: »Ich werde nichts gestehen.« Als Beria eingesehen hatte, dass kein Geständnis herauszuschinden war, gab er den Befehl, Eiche zum Erschießen abzuführen.

Als Nächster kam Jeschow selbst an die Reihe. Am 1. Februar rief Beria seinen Vorgänger in das Büro in der Suchanowka und unterbreitete ihm Stalins Angebot, ihn zu verschonen, sofern er im Prozess ein Geständnis ablegte. Dieses dürftige Zugeständnis lehnte Jeschow ab: »Es erscheint mir besser, diese Erde als Ehrenmann zu verlassen.«

Am 2. Februar verurteilte Ulrich ihn in Berias Büro. Jeschow verlas seine letzte Erklärung an Stalin, gewidmet dem heiligen bolschewistischen Ritterorden. Er wies alle Vorwürfe von sich, für »polnische Grundbesitzer ... englische Lords und japanische Samurai« spioniert zu haben; allerdings »leugne ich nicht mein schweres Trinken, als ich arbeiten musste wie ein Pferd. Damit ist nun mein Schicksal besiegelt.« Doch habe er »noch eine letzte Bitte: Erschießen Sie mich schnell, ohne mir noch irgendwelche Qualen anzutun.« Außerdem ersuchte er darum, »für meine Mutter zu sorgen, meine Tochter unterzubringen und meine unschuldigen Neffen zu verschonen«. Er endete mit dem Bekenntnis: »Sagen Sie Stalin, dass ich mit seinem Namen auf den Lippen sterben werde.«

Allerdings sah er der *Wischka* weniger mutig ins Auge als viele seiner Opfer. Als Ulrich sein Urteil verkündete, fiel er vornüber, aber die Wachen fingen ihn auf, verfrachteten ihn in den frühen Morgenstunden des 3. Februar in einen Schwarzen Raben und fuhren ihn zu einem Sonderexekutionshof im Warsonofjewskiweg. Dort erwarteten ihn Beria, der stellvertretende Staatsanwalt (N. P. Afanasew) und Blochin als Vollstrecker. Afanasew zufolge hatte Jeschow einen Schluckauf und weinte; schließlich gaben seine Beine nach, sodass sie ihn an den Armen fortzerrten. An jenem Tag saß Stalin drei Stunden lang mit Beria und Mikojan zusammen, wahrscheinlich um Wirtschaftsfragen zu erörtern, aber es kann kein Zweifel daran bestehen, dass er alle Einzelheiten über »Brombeeres« Verhalten in den letzten Augenblicken erfahren wollte.

Die Asche dieser Männer, des Kriminellen Jeschow und des Genies Babel, kippte man in eine Grube mit der Bezeichnung »Gemeinschaftsgrab Nr. 1 – nicht abgeholte sterbliche Überreste, 1930 bis einschließlich 1942« auf dem alten Donskoifriedhof. Nur zwanzig Schritte davon entfernt befindet sich ein Grabstein mit der Inschrift: »Chajutina, Jewgenia Solomonowna, 1904–1938.«[4] Also liegen Jeschow, Jewgenia und Babel im Tod nahe beieinander.[*]

Die Zeit tilgte den Ruhm Jeschows aus ihrem Gedächtnis, und fortan erschien er nur noch als ein blutrünstiger Renegat, der gegen Stalins Willen zahllose Unschuldige getötet hatte. Man bezeichnete jene ganze Ära als *Jeschowschtschina*, die Epoche Jeschows, ein wahrscheinlich von Stalin selbst geprägter Ausdruck, der ihn bald regelmäßig benutzte. Jagoda und Jeschow zählten in Stalins Augen beide zum »Abschaum«. Dem Flugzeugplaner Jakowlew gegenüber bezeichnete er Jeschow als »eine Kanalratte, die massenhaft unschuldige Menschen tötete«. Und Kawtaradse vertraute er an, »dass wir ihn erschießen mussten«. Nach dem Krieg räumte Stalin jedoch ein: »Ein Großteil der Beweise von 1937 muss schlicht als unglaubhaft gelten, da Jeschow außerstande war, das

---

[*] In den neunziger Jahren wurde ein Denkmal mit folgender Aufschrift errichtet: »Hier liegen die Überreste der unschuldigen, gefolterten und hingerichteten Opfer politischer Unterdrückung. Mögen sie nicht in Vergessenheit geraten.« Antonina Babel erfuhr erst 1954 durch seine Rehabilitation, dass man ihren Mann exekutiert hatte. Sie verbrachte viele Jahre in Amerika. Ihre herzzerreißenden Memoiren stehen als Klassiker neben denen Nadeschda Mandelstams und Anna Larina Bucharinas.

NKWD ordentlich zu führen und antisowjetische Elemente die Behörde infiltriert hatten. Sie liquidierten ehrliche Menschen, unsere besten Kader.«

Rückblickend stellte er auch den Terror Berias in Frage: »Er verfolgt zu viele Fälle, und alle Verdächtigen legen bei ihm Geständnisse ab.« Doch Stalin wusste in jeder Phase, dass man im NKWD Beweise erfand, scherzte und schimpfte darüber, beschloss aber oftmals, trotzdem an sie zu glauben, weil für ihn bereits feststand, wer zu den Volksfeinden gehörte. Meistens heckte er die Vorwürfe sogar selbst aus. »Meyerhold war ein großes Talent«, sinnierte Stalin 1950, aber »unsere Tschekisten verstehen Künstler eben nicht, die alle ihre Fehler haben. Die Agenten holen sie kurzerhand ab und vernichten anschließend gute Leute. Ich bezweifle, dass man Meyerhold den Volksfeinden zurechnen muss.« Doch Stalin hatte die Werdegänge der Opfer genau verfolgt, missbilligte den »frivolen« Babel mitsamt seiner *Reiterarmee* – »von der er nichts versteht« – und zeichnete die Todeslisten eigenhändig ab. Kein Herrscher hat je seine Geheimpolizei gründlicher beaufsichtigt als er.

Als Beria den Jeschow'schen Augiasstall ausmistete, überreichte er Stalin auch das Todesurteil gegen Blochin, den Vollstrecker selbst. Doch Stalin lehnte seinen Antrag ab und erklärte, die »*tschnernaja Rabota*« – schwarze Arbeit – sei zwar ein schmutziges Geschäft, aber äußerst wichtig für die Partei. So blieb Blochin verschont, um weitere Tausende töten zu können. Nicht so Stalins (von Jeschow belasteter) Schwager Stanislas Redens, der am 12. Februar 1940 vor ein Erschießungskommando trat.* Nur seine Frau Anna glaubte fest daran, dass er zurückkehren würde, und rief deshalb oft bei Stalin und Beria an. Schließlich riet Letzterer ihr, die ganze Ehe zu vergessen – sie sei ja ohnehin nie eingetragen worden...[5]

---

* Hier gab es einen seltsamen Fall von Gnade: Redens' Witwe und seine Kinder teilten nicht das Schicksal der Angehörigen anderer Volksfeinde, obwohl auch sie später zu leiden hatten. Zunächst jedoch verbrachten sie ihre Wochenenden zusammen mit Swetlana in Subalowo, und ihr Leben ging weiter, als wäre nichts gewesen. Anna rief sogar weiter bei Stalin an und scholt ihn wegen Swetlanas Kleidung oder Wasilis Trunksucht. Bald waren sie dann auch wieder versöhnt.

30

MOLOTOW-COCKTAILS:
DER WINTERKRIEG UND KULIKS FRAU

Nach dem Ribbentrop-Pakt geriet Stalin zwar in eine Hochstimmung, blieb jedoch auf höchst gefährliche Weise paranoid, besonders den Frauen seiner Genossen gegenüber. So klingelte im November 1939 bei Kulik, jenem stellvertretenden Verteidigungskommissar, der sich als stümperhafter Befehlshaber des Polenfeldzugs blamiert hatte, in der Datscha das Telefon. Er und seine graziöse, grünäugige Gattin Kira Simonitsch, der angeblich bestaussehenden aller Damen in Stalins Gefolge, bewirteten gerade erlauchte Gäste, die heimische Elite, angefangen bei Woroschilow und dem Arbeiter-Bauern-Grafen Alexei Tolstoi bis zu dem allgegenwärtigen Hofsänger Koslowski in Begleitung einer ganzen Schar von Ballerinen. Kulik nahm den Hörer ab:

»Still!«, zischte er in den Raum. »Es ist Stalin.« Dann presste er wieder die Muschel ans Ohr. »Was ich gerade mache? Ich feiere mit Freunden meinen Geburtstag.«

»Oh, da komme ich auch«, erwiderte Stalin, der bald mit Wlasik und einer Kiste Wein eintraf. Zuerst begrüßte er alle und setzte sich dann an den Tisch, um vom eigenen Wein zu trinken, wozu Koslowski die Lieblingsstücke Stalins vortrug, insbesondere die Arie des Herzogs aus *Rigoletto*.

Kira Kulik ging auf Stalin zu und plauderte mit ihm, wie mit einem alten Bekannten. Sie war die Exotin an seinem Hof, eine geborene Simonitsch, die Tochter eines Grafen serbischer Herkunft, seines Zeichens Leiter des zaristischen Geheimdienstes in Finnland, bis ihn die Tscheka 1919 erschoss. Unter den Sowjets hatte sie einen später nach Sibirien verbannten jüdischen Kaufmann geheiratet, ihn ins Exil begleitet und sich anschließend mit ihm im Süden niedergelassen. Dort lernte sie den burschikosen, »stets angeheiterten« *bon vivant* Grigori Kulik kennen, der in Zarizyn noch Stalins Artillerie befehligte. Beide verliebten sich auf den ersten Blick ineinander und verließen ihre Partner, um zu heiraten – allerdings war Kira dreifach gezeichnet: als Gräfin mit Verbindungen zum zaristischen Geheimdienst und Exgattin eines verfolgten Juden. Ähnlich wie Bronka sprach auch Kira Kulik ganz zwanglos mit Stalin und »glänzte bei vielen Kremlfesten«, wie sich eine Augenzeugin erinnerte. »Kira war sehr schön. Tuchatschewski, Woroschilow, Schdanow, Jagoda, Jeschow, Beria: Alle machten sie ihr den Hof.« Selbstverständlich kursierten Gerüchte, dass selbst Stalin ein Techtelmechtel mit ihr hatte.

Als Stalin jetzt bei den Kuliks am Klavier saß, umringten ihn Kira und andere junge Frauen. »Wir trinken auf Ihr Wohl, Josef Wissarionowitsch«, zirpte eine bekannte Ballerina, »und erlauben Sie, dass ich Sie im Namen aller Frauen küsse.« Er erwiderte ihren Kuss und stieß mit ihr an. Doch dann machte Kira Kulik einen Fehler.

Allein mit Stalin am Klavier zurückgeblieben, bat sie ihn, ihren Bruder, einen ehemaligen zaristischen Offizier, aus der Lagerhaft zu entlassen. Stalin hörte ihr freundlich zu, schaltete dann aber das Grammophon ein, um seine Lieblingsplatten abzuspielen. Alle tanzten, nur er nicht.* Stalin hatte Kulik ein Buch geschenkt mit der intimen Widmung: »Für meinen alten Freund, J. Stalin«, doch Kiras Versuch, ihre Vertrautheit und Attraktivität auszunutzen, setzte sich in seinem misstrauischen Gemüt fest wie eine Klette.[1]

Einige Tage später sollte Kulik jenes Artilleriesperrfeuer anordnen, das den Auftakt zur Invasion Finnlands bildete, der vierten Nation in der sowjetischen Einflusssphäre, die gleich den baltischen Staaten bis 1918 zum Russischen Reich gehört hatte und nun eine Bedrohung für Leningrad darstellte.

Am 12. Oktober traf eine finnische Delegation im Kreml mit Stalin und Molotow zusammen, um sich die sowjetischen Forderungen für die Abtretung eines Flottenstützpunktes vor Hango anzuhören. Sehr zu Stalins Überraschung lehnten die Finnen dann jedoch ab. »Das kann nicht lange gut gehen«, sagte er. Die Finnen erwiderten, dass sie dafür eine Fünfsechstelmehrheit im Parlament brauchen würden. Stalin lachte: »Ihnen wären 99 Prozent sicher!«

---

* Koslowski sang bei allen Kreml-Empfängen die gleichen Stücke. Als er einige andere Lieder in sein Repertoire aufnahm, fand er bei der Ankunft im Kreml dasselbe Programm wie immer vor. »Der Genosse Stalin liebt gerade dieses Repertoire. Er möchte den üblichen Vortrag hören.«

»Und obendrein noch unsere Stimmen«, scherzte Molotow. Ihre letzte Sitzung endete jedoch weniger humorvoll. »Wir Zivilisten«, erklärte Molotow drohend, »kommen hier nicht mehr weiter. ... Jetzt ist das Militär an der Reihe...«

Während eines Essens mit Beria und Chruschtschew in seiner Wohnung schickte Stalin sein Ultimatum an Finnland. Molotow und der für die Baltikum-Politik zuständige Schdanow, die Marine und die Verteidigung Leningrads unterstützten ihn. Mikojan teilte einem deutschen Diplomaten mit, dass er die Finnen gewarnt habe: »Sie sollten bei den Russen nicht zu weit gehen, denn sie reagieren im Hinblick auf diesen Teil der Welt sehr empfindlich. ... Ich kann Ihnen nur sagen, dass wir Kaukasier im Politbüro jetzt schon alle Mühe haben, die Russen zurückzuhalten.« Als die gesetzte Frist ablief, sprach man im Kreml noch dem Alkohol zu. »Fangen wir heute noch an«, erklärte Stalin und schickte Kulik los, um das Bombardement zu befehligen. Doch allein schon die Anwesenheit Kuliks bei einem militärischen Projekt schien für Unheil zu bürgen.

Am 30. November griffen fünf sowjetische Armeen die gut tausend Kilometer lange Grenze an, aber die einfallsreichen Finnen vereitelten ihre Vorstöße an der Mannerheimlinie, indem sie ganz in Weiß gekleidet über die Russen herfielen. In den Wäldern stapelten sich eisesstarre Leichen zu Pyramiden. Gegen die russischen Panzer setzten die Finnen 70 000 Flaschen mit einem Benzin-Öl-Gemisch ein: die ersten »Molotow-Cocktails« – allerdings ein Aspekt seines Personenkults, den der eitle Premier kaum genossen haben dürfte. Bis Mitte Dezember hatte Stalin bereits mehr als 25 000 Mann verloren. Damit rächte sich, dass er die professionelle Planung seines Stabschefs Schaposchnik in den Wind schlug und den Winterkrieg amateurhaft als ein rein lokales Manöver auffasste. Als Kuliks Stellvertreter bei der Artillerie, Woronow – später ein ruhmreicher Marschall – anfragte, wie viel Zeit für diese Operation vorgesehen sei, erhielt er den Bescheid »zehn bis zwölf Tage«. Er selbst rechnete allerdings mit zwei bis drei Monaten. Das quittierte Kulik mit »Hohn und Spott« und wies ihn an, auf höchstens zwölf Tage hinzuarbeiten. Stalin und Schdanow entwarfen voller Zuversicht schon in groben Zügen ein aus finnischen Kommunisten zu bildendes Marionettenregime. Am 9. Dezember dezimierte der Feind ihre Neunte Armee im Umkreis des restlos zerstörten Dorfes Suomussalmi.

Darauf reagierten Stalins Amateurstrategen mit einer Welle von Vorwürfen und Exekutionen. »Ich halte eine radikale Säuberung ... für unabdingbar«, kündigte Woroschilow warnend der 44. Division an. Die Reformbedürftigkeit der Roten Armee galt in den Kabinetten Europas als eine ausgemachte Tatsache, doch Stalins erster Schritt bestand darin, den »düsteren Dämon« Mechlis an die Front zu beordern, der jetzt den Höhepunkt seiner Macht erreichte:

»Die Arbeit frisst mich derart auf, dass ich gar nicht mehr merke, wie die Tage vergehen, und nur zwei bis drei Stunden schlafe«, schrieb er seiner Frau. »Gestern hatten wir minus 35 Grad. ... Trotz allem fühle ich mich sehr wohl ... habe nur noch einen Traum – die Weißen Garden Finnlands zu vernichten. Wir werden es schaffen. Der Sieg liegt nicht mehr fern.«* Am 26. ernannte Stalin schließlich Timoschenko zum Kommandeur der Nordwestfront, vor allem, um die Ordnung in seinen stark ramponierten, jetzt auch noch sehr unter Hunger leidenden Truppen wiederherzustellen. Selbst Beria zeigte nun menschliche Züge, als er Woroschilow über den Proviantmangel berichtete: »Die 139. Division hat große Schwierigkeiten ... überhaupt kein Futter ... kein Benzin. Die Truppen fallen auseinander.« Stalin spürte, dass die Armee das wahre Ausmaß des Desasters verbarg. Nur noch Mechlis vertrauend, schrieb er:

»Die Weißen Finnen haben ihren Einsatzbericht veröffentlicht und melden die Vernichtung der 44. Division ... Gefangennahme von tausend Soldaten der Roten Armee mit 102 Kanonen, 1170 Pferden und 43 Panzern. Sagen Sie: Erstens – stimmt das? Zweitens – wo befinden sich der Militärberater und der Stabschef der 44. Division? Wie rechtfertigen sie ihr schändliches Verhalten? Warum haben sie ihre Division im Stich gelassen? Drittens – weshalb informiert uns der Militärberater der Neunten Armee nicht...? Wir erwarten eine Antwort. Stalin.«

In Suomussalmi fand Mechlis chaotische Verhältnisse vor, die er selbst allerdings noch verschlimmerte. Er bestätigte die Verluste und ließ das ganze Kommando erschießen. »Das Verfahren gegen Winogradow, Wolkow und den Chef der Politischen Abteilung fand unter freiem Himmel in Anwesenheit der Division statt. Das Urteil der Erschießung wurde öffentlich vollstreckt. Die Bloßstellung von Verrätern und Feiglingen geht weiter.« Am 10. Dezember hätte es Mechlis fast selbst erwischt,

---

* In tiefer Verbeugung vor dem kaiserlichen Status seines Chefs war Mechlis auch besessen von der Idee, Stalin zum Geburtstag am 21. Dezember 1939 einen Sieg zu schenken: »Ich möchte ihn mit der völligen Vernichtung der finnischen Weißen Garden feiern!« Als jener große Tag kam, schrieb Mechlis nach Hause: »Ich grüße Euch. 60. Geburtstag von J. W. Feiert ihn im Familienkreis!«

als sein Wagen in einen Hinterhalt geriet, wie er Stalin stolz berichtete, und im Unterschied zu vielen anderen Kommissaren verhielt sich Mechlis unter Feuer persönlich sehr mutig, ja sogar tollkühn. Schließlich sammelte er fliehende Kompanien wieder ein, übernahm selbst das Kommando und führte sie erneut gegen den Feind. Mechlis und Kulik verhehlten die Misere nicht. Jener meldete, dass »wir in der Armee kein Brot mehr haben«, und dieser fügte hinzu, »überall herrschen nur Starrsinn und Bürokratismus«.

Stalin machten die Katastrophen bitter und schwermütig. »Der Schnee ist tief. Unsere Truppen sind auf dem Marsch. Es sind viele Ukrainer in den Verbänden. Zuerst sind sie voller Schwung und sagen: ›Wo sind diese Finnen? Wir wollen es ihnen geben.‹ Plötzlich knallt es, und schon liegen sie auf der Nase.« Manchmal wirkte er hilflos und absolut deprimiert. Chruschtschew sah Stalin in dieser Verfassung auf einem Sofa liegen, rundum verzagt: ein Vorbote seines Zusammenbruchs nach dem Überfall der Wehrmacht. Der innere Druck löste wieder die üblichen Symptome aus – Infektionen durch Streptokokken und Staphylokokken und eine schmerzhafte Halsentzündung mit 38 Grad Fieber. Am 1. Februar besserte sich sein Zustand, als Timoschenko die finnischen Verteidigungsanlagen sondierte, um dann am 11. seine große Offensive zu starten. Schließlich forderte die sowjetische Überlegenheit ihren Tribut von den tapferen Finnen. Als die Ärzte Stalin nachuntersuchen wollten, zeigte er ihnen stattdessen Karten: »Heute werden wir Vyborg einnehmen.« Die Finnen baten um Frieden, und am 12. März unterschrieb Schdanow ein Abkommen, in dem Finnland Hango, Karelien und die Nordostküste Ladogas abtrat, 35 000 Quadratkilometer als Schutzzone für Leningrad. Finnland hatte knapp 48 000, Stalin mehr als 125 000 Soldaten verloren.

»Die Rote Armee taugte nichts«, klagte Stalin später gegenüber Churchill und Roosevelt.[2] Er kochte vor Wut und stand damit nicht allein. Chruschtschew erregte sich über die »sträfliche Fahrlässigkeit« Woroschilows, der mehr Zeit im Atelier des Hofmalers Gerasimow verbracht habe als im Verteidigungskommissariat. In Kunzewo ließ Stalin seinem Zorn freien Lauf und schrie Woroschilow an, der mit gleicher Münze zurückzahlte. Mit puterrotem Gesicht brüllte er Stalin an:

»Sie selbst sind an allem schuld! Sie haben die Alte Garde der Armee ausgerottet; unsere besten Generäle haben Sie umgebracht.« Stalin verbat sich das, woraufhin Woroschilow »eine Platte mit gebratenem Spanferkel hochhob und sie auf den Tisch schmetterte«. Chruschtschew musste gestehen: »Es war das einzige Mal in meinem Leben, dass ich Zeuge eines solchen Auftritts wurde.« Woroschilow konnte sich als Einziger etwas Derartiges ungestraft erlauben.

Dennoch löste Stalin ihn später von seinem Posten als Verteidigungskommissar ab, und er musste noch lange als »Prügelknabe« für die finnische Katastrophe herhalten. Am 28. März 1940 erklärte der reuige Sünder vor dem Zentralkomitee: »Ich muss einräumen, dass weder ich noch der Generalstab ... die besonderen Schwierigkeiten dieses Kriegs auch nur erahnen konnten.« Mechlis, der Woroschilow hasste und nach seinem Amt schielte, meldete sich zu Wort: »Ein Rücktritt genügt hier nicht, sondern es bedarf einer harten Strafe.« Doch Stalin durfte auf keinen Fall so weit gehen, Woroschilow völlig zu vernichten.

»Mechlis hat eine etwas überspannte Rede gehalten«, sagte er, ihm einen Dämpfer aufsetzend, hielt dafür jedoch Mitte April im Obersten Militärrat eine ungewöhnlich offene, manchmal sogar scherzhafte Sitzung ab. Als ein Befehlshaber zugab, dass die Armee überrascht auf die Bewaldung Finnlands reagierte, höhnte Stalin: »Früher wusste der Generalstab noch, dass dort dichte Wälder sind. ... Zu Peters Zeiten gab es welche. Elisabeth ... Katharina ... Alexander, sie alle fanden dort Wälder vor! So auch heute. Das wären ja schon viermal!« (Gelächter) Noch mehr empörte ihn Mechlis' Bericht, dass die Finnen oft während der Mittagsruhe der Roten Armee angriffen. »Mittagsruhe!?«, fauchte Stalin.

»Eine Stunde«, bestätigte Kulik.

»So etwas pflegt man in Sanatorien!«, knurrte Stalin, um dann jedoch den Feldzug als solchen zu rechtfertigen: »Hätten wir den Krieg verhindern können? Ich denke, er war unvermeidlich. Ihn einige Monate hinauszuzögern, hätte einen Verlust von zwanzig Jahren bedeutet.« Zwar gewann er dort letzten Endes mehr Territorium als Peter der Große, warnte aber davor, »aus den Traditionen des Bürgerkriegs einen Kult zu machen. Denken wir an die Indianer, die mit Knüppeln gegen Gewehre ankämpften ... und dabei alle ums Leben kamen.« Am 6. Mai verlor Woroschilow das Amt als Verteidigungskommissar an Timoschenko*, und

---

* Timoschenko, ein kraftstrotzendes Muster an rustikaler Männlichkeit, typisch für Stalins Kavalleristen, hatte im Polenkrieg 1920 als Divisionskommandeur gedient. In Isaak Babels Erzählungen *Die Reiterarmee* erscheint er als der »köstlich duftende Sawitzki«, und der Autor »staunte über die Schönheit seines riesenhaften Körpers«. Als er sich mit »seinen an die Brust gehefteten Orden erhob«, schien er »die Hütte entzweizuschneiden wie eine Standarte den Himmel. ... Seine langen Beine glichen Mädchen, die hoch bis zu den Schultern in glänzende Lackstiefel eingezwängt sind.«

Schaposchnikow musste den Posten des Stabschefs abgeben, auch wenn Stalin einräumte, dass er eigentlich Recht hatte,»was allerdings nur wir selbst wussten!«. Er stärkte die Moral der Truppe, führte den Rang des Generals und das Einzelkommando des Militärs wieder ein, dessen Aufgabe die Eingriffe der mit zuständigen Kommissare unvergleichlich erschwert hatten, und ließ 11178 zuvor eingesperrte Offiziere wieder auf freien Fuß setzen, die damit in offizieller Lesart »von einer langen, gefährlichen Mission« zurückkehrten. Stalin fragte einen von ihnen namens Konstantin Rokossowski, vielleicht als er dessen fehlende Fingernägel bemerkte: »Hat man Sie im Gefängnis gefoltert?«

»Ja, Genosse Stalin.«

»Es gibt hierzulande zu viele Jasager«, seufzte Stalin. Einige kamen allerdings nicht zurück: »Wo ist Ihr Serditsch?«, erkundigte sich Stalin bei Budjonni nach einem gemeinsamen Freund.

»Hingerichtet!«, antwortete der Marschall.

»Schade! Ich wollte ihn gerade als Botschafter nach Jugoslawien schicken…«[3]

Stalin wandte sich dann dem eigenen Stamm verwegener Recken zu, deren Begeisterung für die Kavallerie kaum Aufgeschlossenheit für die moderne Kriegführung zuließ. Budjonni und Kulik glaubten wahrhaftig, dass Panzer niemals würden Pferde ersetzen können. »Sie werden mich nicht davon überzeugen«, hatte Ersterer kürzlich noch erklärt. »Sobald Krieg ausbricht, rufen wieder alle nach der Kavallerie.« Nachdem Stalin und Woroschilow bereits die speziellen Panzerverbände abgeschafft hatten, konnte Timoschenko jetzt den *Woschd* dazu bringen, diese Dummheit wieder rückgängig zu machen.[4]

Nichtsdestoweniger bezeichnete Mikojan die Dominanz der Ahnungslosen als den »Triumph der Ersten Reiterarmee«, da sie Veteranen von Stalins bevorzugter Bürgerkriegseinheit waren. Trotz seines groben Umgangs mit dem Spanferkel wurde Woroschilow zum stellvertretenden Premier für »kulturelle Angelegenheiten« befördert, was Mikojan für einen treffenden Witz hielt, angesichts der Vorliebe des Marschalls dafür, sich porträtieren zu lassen.

Der ebenfalls zum Vizepremier aufgerückte Mechlis phantasierte sich als einen großen Hauptmann und drängte Timoschenko, er solle Stalin ersuchen, ihn zum stellvertretenden Verteidigungskommissar umzuer-

---

Der etwas weniger poetisch gesinnte Mikojan bezeichnete ihn lediglich als einen »braven Bauern«.

nennen, doch der mokierte sich nur über Timoschenkos Naivität. »Wir wollen ihm helfen, aber er kapiert es einfach nicht. Er möchte, dass wir ihm Mechlis zuteilen, aber dann würde er selbst nach drei Monaten rausfliegen, denn Mechlis strebt ja seinerseits das Amt des Verteidigungskommissars an.« Letzterer genoss Stalins »grenzenloses Vertrauen«. Dagegen war der lümmelhafte Artilleriechef Kulik, der seine Leute mit der Devise »Gefängnis oder Orden« ansornte, ein echter Ignorant. Er verabscheute die Panzerabwehrkanonen, »was für ein Blödsinn – kein Geschützdonner, keine Granatlöcher«, und lehnte auch die unschätzbaren neuen Katjuscha-Raketen ab: »Wofür zum Teufel brauchen wir Raketenwerfer? Das Wichtigste sind die von Pferden gezogenen Kanonen.« So verzögerte er die Produktion des hervorragenden Panzers T-34. Chruschtschew, den Stalin wegen seiner Frechheit mochte, zweifelte an Kuliks Verstand.

»Sie kennen Kulik überhaupt nicht«, dröhnte Stalin. »Ich kenne ihn seit dem Bürgerkrieg, als er die Artillerie bei Zarizyn kommandierte. Er versteht was von der Artillerie.«

»Aber wie viele Geschütze hatten Sie damals? Zwei oder drei? Und jetzt untersteht ihm die ganze Artillerie des Landes.« Daraufhin platzte Stalin der Kragen, und er herrschte Chruschtschew an, er solle den Mund halten und seine Nase nicht in Dinge stecken, die ihn nichts angingen. Ihnen allen überlegen, fungierte Schdanow jetzt als Stalins neuer Experte für Artillerie und Marine.[5] »Es gab zwar fähige Leute«, schrieb Mikojan, »aber da Stalin immer argwöhnischer reagierte, ging Vertrauen über alles andere.« Stalin wand sich, schwankte, nahm die eigenen Entscheidungen immer wieder zurück. Es ist bemerkenswert, dass dabei überhaupt richtige Beschlüsse zustande kamen.

Im Mai ordnete Stalin an, Kuliks Frau Kira abzuholen, mit der er noch im November als ihr Gast geplaudert hatte. Beria beauftragte im Namen der *Instanzija* »den Theoretiker« Merkulow, das zu erledigen. Am 5. Mai fingen Kobulow, der Mörderfürst Zereteli und sein bevorzugter Folterer, Wlodsimirski, Kira auf dem Weg zum Zahnarzt ab, pferchten die Schöne in einen Wagen und brachten sie in die Lubianka. Stalin und Beria verband offenbar ein spaßiger Sadismus und eine perverse Vorliebe für diese grausamen Spiele. Der Grund für die Entführung liegt im Dunkeln, da es keinerlei Vorwürfe gab, doch stellte Mechlis eine Akte gegen die Kuliks zusammen, in der er Kiras Adel ebenso aufführte wie Grigoris Sünden: im Vollrausch begangene Indiskretionen, Unfähigkeit,

Antisemitismus, sozialrevolutionäre Vergangenheit und Verbindungen mit Trotzkisten. Hatte man sie aufgrund ihrer Fürbitte bei Stalin verschleppt oder aufgrund einer Denunziation ihres jüngsten Liebhabers, gleichsam als ein weiteres Opfer bolschewistischer Strenge? Am meisten dürfte in Stalins Augen die gefährliche Neigung Kuliks gegen sie gesprochen haben, wichtige »Befehle vor der Nase« seiner diversen Frauen zu erteilen.*

Zwei Tage nach Kiras Entführung, am 7. Mai, beförderte Stalin ihren Mann in einem Akt von zynischem Sadismus gemeinsam mit Timoschenko und Schaposchnikow zum Marschall. Doch die Sorgen über das ungewisse Schicksal seiner Frau trübten Kuliks Freude über den Aufstieg. Er rief bei Beria an, der ihn in die Lubianka bat. Als Kulik dort im Büro seinen Tee trank, ließ Beria sich mit Stalin verbinden: »Marschall Kulik sitzt vor mir. Nein, er weiß nichts Genaueres, sondern nur, dass sie plötzlich verschwunden ist. Jawohl, Genosse Stalin, wir werden sofort eine Allunionsfahndung ausrufen und alles Erdenkliche tun, um sie zu finden.« Beide wussten sie, dass Kira in einer Zelle unterhalb von Berias Büro saß. Einen Monat später verlegte man Gräfin Simonitsch-Kulik, die Mutter einer achtjährigen Tochter, in Berias Spezialanstalt Suchanowka, wo Blochin sie durch einen Kopfschuss kaltblütig ermordete. Kobulow beklagte sich anschließend darüber, dass die Exekution vor seiner Ankunft erfolgt war. Stalin fand wahrscheinlich Trost oder gar Vergnügen daran, Kumpane wie Kulik zu befördern und gleichzeitig auch, im Gegensatz zu ihnen, über das Schicksal ihrer Liebsten Bescheid zu wissen.

Offiziell dauerte die Suche nach Kira Kulik noch zwölf Jahre an – doch der Marschall selbst hatte längst begriffen, dass ihre zweifelhaften Verbindungen sie vernichtet hatten, und heiratete bald eine andere.[6]

Unterdessen erörterten Stalin und seine Magnaten das Schicksal der im September 1939 in Kriegsgefangenschaft geratenen und auf drei Lager, von denen eines nahe dem Wald von Katyn lag, verteilten polnischen Offiziere. Als sich Stalin unentschlossen zeigte, kam es zu einer überraschend offenen Diskussion. Kulik als Kommandeur der betreffenden Front schlug vor, alle Polen freizulassen. Woroschilow stimmte ihm zu,

---

* Da sich keine Dokumente über eine förmliche Anklage fanden, war die Entführung sogar nach den Maßstäben des Bolschewismus rechtswidrig. Als man Beria nach Stalins Tod vor Gericht stellte, bildeten diese Tat und der anschließende Mord einen der Gründe für seine Verurteilung.

doch Mechlis beharrte unerbittlich darauf, dass sich Volksfeinde darunter befänden. Daraufhin wollte Stalin die Freilassung stoppen, stieß aber auf den zähen Widerstand Kuliks. So kam es zu einem Kompromiss. Man ließ den größten Teil der Polen frei – bis auf jene etwa 26 000 Offiziere, über deren Schicksal das Politbüro schließlich am 5. März 1940 entschied.

Berias Sohn hat bekundet, dass sich sein Vater gegen ein Massaker aussprach, allerdings nicht aus Menschenliebe, sondern weil man die Polen später noch hätte gebrauchen können. Dafür gibt es indes keinen anderen Beleg als den, dass Beria oft eher praktisch als ideologisch über Probleme nachdachte. Wie dem auch sei, er musste sich beugen. Pflichtschuldig berichtete er, dass jene 14 700 Offiziere, Grundbesitzer und Polizisten sowie 11 000 Konterrevolutionäre »Saboteure und Spione sind«, »hartgesottene Feinde der Sowjetmacht«, die »von den Genossen Kobulow, Merkulow und Baschtakow abgeurteilt werden sollten«. Stalin setzte seinen Namen als Erster darunter und unterstrich ihn, gefolgt von Woroschilow, Molotow und Mikojan, während man Kalinin und Kaganowitsch telefonisch konsultierte, wobei auch sie »dafür« stimmten.

Das Massaker bedeutete eine Menge »schwarzer Arbeit« für die Leute vom NKWD, die bis dahin nur die *Wischka* an überschaubaren Opfergruppen kannten, doch es gab ja einen Mann fürs Grobe: Blochin reiste zum Lager von Ostatschkow, wo er und zwei weitere Tschekisten eine Hütte mit gepolsterten, schalldichten Innenwänden versahen und eine regelrechte Akkordquote von 250 Erschießungen pro Abend festlegten. Blochin hatte eine lederne Schlachterschürze nebst Mütze mitgebracht, die er überzog, um einen der umfangreichsten je von einem Einzelnen begangenen Massenmorde zu verüben und an achtundzwanzig Abenden genau siebentausend Polen umbrachte. Um einer späteren Aufdeckung vorzubeugen, benutzte er dafür eine deutsche Walther.[7] Die Leichen begrub man an verschiedenen Stellen – jene 4500 aus dem Lager Koselsk allerdings im Wald von Katyn.*

---

* Im November 1941 befragte der polnische Botschafter Stanislaw Kot Stalin nach dem Verbleib dieser Männer. Stalin täuschte ihm ein erregtes Telefongespräch mit Beria vor und wechselte dann das Thema. Im Dezember 1941 teilte er General Anders mit, sie seien in die Mongolei geflohen. Mikojans Sohn Stepan erklärte, die Unterschrift seines Vaters auf diesem Befehl laste als »eine schwere Bürde auf unserer ganzen Familie«.

In jenem Juni brach der »Führer« den Blitzkrieg gegen die Beneluxlän-
der und Frankreich vom Zaun. Stalin zeigte noch großen Respekt vor
der Macht Frankreichs und Großbritanniens, auf die er setzte, um Hitler
im Westen aufzuhalten. Als Paris am 17. Juni 1940 um Frieden ersuchte,
hätte dieser Schock ihn eigentlich veranlassen müssen, sein Abkommen
mit Hitler neu zu bewerten, obwohl es jetzt schon fast alternativlos erschien. Molotow gratulierte Schulenburg »herzlich«, wiewohl zähneknirschend, »zu dem glänzenden Erfolg der Wehrmacht«. Ein stark ver-
unsicherter Stalin »verlor die Nerven«. »Er fluchte auf die Regierungen
von England und Frankreich: ›Konnten sie denn überhaupt keinen Widerstand leisten?‹, fragte er verzweifelt.« »Jetzt wird Hitler uns bestimmt
fertig machen«[8]

Stalin schluckte umgehend die baltischen Staaten und das rumänische Bessarabien. Als seine Truppen die Grenzen überschritten, flogen
sowjetische Bomber die neuen Prokonsuln in ihre Latifundien: Dakano-
sow nach Litauen, Vizepremier Wyschinski (den einstigen Staatsanwalt)
nach Lettland, Schdanow nach Estland, wo er im gepanzerten Wagen,
flankiert von zwei Panzern durch die Hauptstadt Tallinn fuhr, später
eine Marionette von »Premierminister« installierte und den Esten einen
Vortrag hielt, wonach »alles in Übereinstimmung mit demokratisch-par-
lamentarischen Regeln ablaufen wird. ... Wir sind ja keine Nazis!« Für
einen Teil der Balten erwiesen sie sich als schlimmer, ermordeten oder
deportierten insgesamt 34 250 Letten sowie nahezu 60 000 Esten und
75 000 Litauer. »Genosse Beria«, erklärte Stalin, »wird sich um die Unterbringung unserer baltischen Gäste kümmern.« Am 20. August bescherte der NKWD Stalin einen besonderen Coup, als Berias Spezialagent Ramon Mercader den Schädel Trotzkis mit einem Eispickel
zerschmetterte. Mag dieser auch Stalins Außenpolitik unterwandert haben, jedenfalls schloss sein Tod das Kapitel des großen Terrors ab. Stalins Rachefeldzug schien damit beendet.[9]

Nachdem Stalin die Pufferzone vom Baltikum bis zum Schwarzen
Meer gebildet hatte, gingen erste Geheimdienstmeldungen über Hitlers
Absicht ein, die UdSSR zu überfallen. Daraufhin verdoppelte er seine
Aufmerksamkeiten gegenüber den Deutschen, lachte aber zugleich auch
über die Nazis, indem er zusammen mit Schdanow Wagners *Walküren-
ritt* unter der Regie Eisensteins auflegte.

»Und wer singt den Wotan?«, scherzte Schdanow. »Ein Jude«, gab Stalin zurück. Hitler verlegte allmählich seine Truppen ostwärts. Stalin
misstraute instinktiv allen Nachrichten von General Filip Golikow als

dem neuen Chef des militärischen Geheimdienstes GRU, einem unerfahrenen Kleingeist, aber auch des NKWD unter Beria und Merkulow. Golikow hielt er für »einfältig, naiv. Ein Spion sollte sein wie der Teufel: Niemand darf ihm trauen, nicht einmal er selbst.« Merkulow, der Leiter des NKWD-Auslandsdienstes, sei zwar »sehr geschickt«, habe aber noch zu viel Angst davor »anzuecken« – verständlich genug nach den Morden an allen seinen Vorgängern.*

Das Misstrauen Stalins und Molotows gegenüber den eigenen Spionen resultierte aus ihrer Vergangenheit im bolschewistischen Untergrund, in dem viele Genossen (darunter auch der *Woschd* selbst) als Doppel- oder Dreifachagenten agiert hatten. Sie bewerteten die Motive anderer nach den Maßstäben der eigenen paranoiden Kriminalität. »Ich meine, dass man dem Geheimdienst nie trauen kann«, räumte Molotow Jahre später ein. »Man muss darauf hören ... sie aber auch kontrollieren. ... Auf beiden Seiten gibt es endlos viele Provokateure.« Das wirkte insofern paradox, als Stalin über das weltbeste Netz von Spionen verfügte, die Marx und nicht allein dem Mammon dienten. Doch die derart erlangten Informationen nährten vor allem Zweifel. »Sein ausgezeichnetes Geheimdienstnetz«, so ein Historiker, »konnte nicht dazu beitragen, ihm ein Gefühl von Sicherheit und innerer Ruhe zu geben. Stattdessen vergrößerte das Wissen seine Sorgen und seine Isolation.« Wie eindringlich auch die Fakten für einen militärischen Aufmarsch der Deutschen sprachen, die sowjetischen Dienste standen unter Druck, gerade jene Informationen zu liefern, die Stalin wünschte: »Wir schwärmten nie aus, um aufs Geratewohl nach Indizien zu fahnden«, erinnerte sich ein Spion, »sondern hatten immer genaue Anweisungen von oben, wonach wir suchen sollten.«

Auf diese unerquickliche Situation reagierte Stalin damit, dass er die traditionellen russischen Interessen auf dem Balkan aggressiv vorantrieb, was Hitler an sich schon alarmierte, der noch abwägte, ob er seinen Verbündeten angreifen sollte. Daher beschloss er, Molotow nach Berlin einzuladen, um die Russen zu einem Vorstoß in die Region des Indischen Ozeans anzuregen und dadurch abzulenken. Am Abend vor seiner Abreise saß Molotow lange mit Stalin und Beria zusammen, um zu beraten, wie es möglich wäre, an dem Pakt festzuhalten. In seiner

---

* Beim XVIII. Parteitag im Februar 1941 teilte Stalin Berias Behörde in zwei Kommissariate auf. Dieser selbst behielt das NKWD, während die Staatssicherheit NKGB an Merkulow ging. Das war jedoch keine direkte Degradierung Berias, da er zum Vizepremier aufrückte und Oberherr oder *Kurator* beider Organe blieb.

handschriftlichen Direktive hatte Stalin von Molotow verlangt, auf Erklärungen für die Anwesenheit deutscher Truppen in Rumänien und Finnland zu bestehen, Hitlers wirkliche Absichten zu eruieren und das Interesse Russlands an den Balkanstaaten und den Dardanellen hervorzuheben. Unterdessen ließ Molotow seine Frau – sein »Schnuckelchen« – wissen, dass er Hitler eingehend studierte: »Ich lese *Hitler Spoke to Me* von Rauschning, der viele seiner gegenwärtigen und für die Zukunft geplanten Vorhaben erklärt.«[10]

31

MOLOTOW TRIFFT HITLER:
KÜHNHEIT UND ERNÜCHTERUNG

Molotow brach am Abend des 10. November 1940 vom Weißrussischen Bahnhof auf, mit einer Pistole in der Tasche und begleitet von einer sechzigköpfigen Delegation, darunter die beiden Schützlinge Berias, der stellvertretende Außenkommissar Dekanasow und Merkulow, sowie sechzehn Geheimpolizisten, drei Bedienstete und ein Arzt. Dieses war erst Molotows zweite Europareise: 1922 hatten er und seine Frau Polina Italien besucht, als der Faschismus noch in den Kinderschuhen steckte. Nun sollte er die Auswüchse des Nationalsozialismus besichtigen dürfen.

Um 11.05 Uhr fuhr Molotows Zug in den Berliner Anhalter Bahnhof ein, der eher unheimlich wirkte, da seine Blumengirlanden mit Scheinwerfern angestrahlt und die roten Fahnen hinter Hakenkreuzbannern verborgen waren. Molotow betrat den Bahnsteig im dunklen Mantel und einem grauen Homburg, worauf ihn Ribbentrop und Feldmarschall Keitel begrüßten. Doch am längsten schüttelte er dem Reichsführer SS Himmler die Hand. Das Orchester spielte die *Internationale* bewusst im Eiltempo für den Fall, dass versprengte altkommunistische Passanten hätten einstimmen wollen.

Man fuhr Molotow im offenen Mercedes mit Vorreitern zu seinem Luxushotel, dem ehemals kaiserlichen Schloss Bellevue im Tiergarten, wo die Sowjets nicht schlecht staunten über die »edlen Wandteppiche und Gemälde«, das »in aufwendig handgeschnitzten Vitrinen ausgestellte feine Porzellan« und allem voran die »goldbesetzten Livreen« der Bediensteten. Molotows gesamte Delegation trug einheitlich dunkelblaue Anzüge, graue Krawatten und billige, allem Anschein nach en gros bestellte Filzhüte. Die Unergiebigkeit des Besuchs trat offen zutage, als Molotow in Bismarcks altem Büro mit Ribbentrop zusammenkam und kaum nachgab. Ein »ziemlich frostiges Lächeln« glitt über das intelligente Schachspielergesicht, beobachtete ein deutscher Diplomat, den besonders amüsierte, dass die Füße des kleinen Dekanosow in den vergoldeten Bismarckschen Sesseln nur gerade so den Boden berührten. Als Ribbentrop die Russen ermunterte, in wärmeren Gewässern ein Ventil für ihren Tatendrang zu suchen, fragte Molotow: »Von welchen Gewässern sprechen Sie?«

Nach dem Essen im Bellevue brachte der offene Mercedes Molotow in die Reichskanzlei, wo man ihn durch bronzene Türen, bewacht von mit den Hacken knallenden SS-Männern, in das prachtvolle Arbeitszimmer Hitlers führte. Zwei blonde SS-Hünen rissen die Türflügel auf und bildeten mit tadellosem Hitlergruß ein Spalier, durch das der schlichte, robuste Russe auf den riesigen Schreibtisch Hitlers am anderen Ende zuging. Hitler zögerte zunächst und ging dann ruckartig, »mit kurzen, schnellen Schritten« auf die Russen zu. Er blieb vor ihnen stehen und winkelte schlapp die Rechte zum Hitlergruß an, bevor er Molotow und den anderen die Hand schüttelte, die sich »kalt und feucht« anfühlte, während seine »fiebrigen Augen« die Besucher »wie mit Stichen durchbohrten«. Hitlers theatralisches Brimborium in der Absicht, seine Gäste zu beeindrucken, tropfte an Molotow ab, der sich als guter Marxist-Leninist allen anderen, und erst recht den Nazis, überlegen fühlte. »An seinem Äußeren war überhaupt nichts Bemerkenswertes.« Molotow und Hitler waren genau gleich groß – »mittel«, wie es der untersetzte Russe bezeichnete. Doch Hitler sei »sehr blasiert ... und eitel« gewesen. »Er erschien mir schlau, aber auch engstirnig und beschränkt wegen seines Egoismus und der Absurdität seiner Grundidee.«

Hitler führte Molotow in einen Salonbereich, wo dieser, Dekanosow und die Dolmetscher auf einem Sofa Platz nahmen, während Hitler sich in seinen gewohnten Lehnstuhl setzte, um ihnen einen langen Monolog über seine Niederwerfung der Briten, seine Großzügigkeit gegenüber Stalin und sein Desinteresse am Balkan zu halten, wovon kein Wort stimmte. Danach stellte Molotow eine Reihe von höflichen, aber unangenehmen Fragen über das Verhältnis zwischen den beiden Mächten und ging speziell auf Finnland, Rumänien und Bulgarien ein. »Ich insistierte immer wieder auf den Einzelheiten. Als er sagte, ›Sie brauchen einen eisfreien Hafen. Iran, Indien – da liegt Ihre Zukunft‹, gab ich zurück, ›Ja, das ist eine interessante Idee, aber was halten Sie davon?‹« Doch Hitler brach das Gespräch brüsk ab, ohne darauf zu antworten.

An jenem Abend gab Ribbentrop im Hotel Kaiserhof einen großen Empfang für Molotow, an dem neben Reichsmarschall Göring, der eine lächerliche Uniformkreation mit Silberfäden und Juwelen trug, auch der Stellvertreter des Führers, Hess, teilnahm. Als er ein Gespräch zwischen Molotow und Göring beobachtete, konnte sich der russische Dolmetscher kaum einen tieferen Gegensatz vorstellen. Ihn erwartete ein Telegramm von Stalin, der erneut auf dem Balkan und dem Bosporus bestand. Am nächsten Mittag telegraphierte Molotow an Stalin: »Ich gehe jetzt mit Hitler essen. Werde dabei auf das Schwarze Meer, den Bosporus und Bulgarien drängen.« Doch zunächst besuchte er Göring im Luftfahrtministerium und stellte dem »Paladin« Hitlers weitere bohrende Fragen, die der Reichsmarschall einfach in salbungsvoller Herzlichkeit ertränkte. Dann sprach Molotow bei Hess vor.

»Haben Sie eigentlich ein Parteiprogramm?«, fragte er den Stellvertreter des Führers in dem Wissen, dass die Nationalsozialisten nichts dergleichen besaßen. »Hat die NSDAP eine Satzung? Und haben Sie eine Verfassung?« Der bolschewistische Ideologe reagierte dann geringschätzig: »Was soll das denn für eine Partei sein, ohne Programm?«

Um 14 Uhr empfing Hitler Molotow, Merkulow und Dekanosow zu einem kleinen Essen mit Goebbels und Ribbentrop. Die Russen nahmen ziemlich enttäuscht das frugale Mahl zur Kenntnis, bestehend aus »Kraftbrühe, Fasan und Obstsalat«.

»Der Krieg ist ausgebrochen, also trinke ich keinen Kaffee«, erklärte Hitler, »denn mein Volk bekommt auch keinen. Ich rauche nicht und trinke nicht.« Molotow bemerkte später dazu: »Es versteht sich ja von selbst, dass ich keinerlei Enthaltung übte.«

Ihre zweite Sitzung, nach dem Essen, zog sich über »übellaunige« drei Stunden hin. Molotow drängte bei Hitler auf Antworten. Dieser warf den Russen Gier vor, doch so leicht konnte den »Eisenarsch« nichts aus der Ruhe bringen. Er folgte den telegraphischen Anweisungen Stalins und erklärte, dass »alle Ereignisse vom Krimkrieg bis zur Landung ausländischer Truppen im Bürgerkrieg nur eines beweisen: Die Sicherheit der Sowjetunion ist ohne den Bosporus nicht zu gewährleisten.«

Hitler verlor fast die Fassung wegen der Truppen in Finnland und in Rumänien: »Das ist doch eine Lappalie!«

Molotow gab beißend zurück, dass es keinen Grund gebe, heftig zu werden. Aber wie sollten sie sich in den großen Fragen einigen, wenn dies nicht einmal bei kleinen gelang? Der Russe bemerkte, dass Hitler »in Wallung geriet. Ich setzte nach, zermürbte ihn regelrecht.«

Hitler zog sein Taschentuch hervor, wischte sich den Schweiß von der Oberlippe und brachte seinen Gast an die Tür.

»Ich bin sicher, dass der Name Stalins in die Geschichte eingehen wird«, sagte er.

»Ich zweifle nicht daran«, gab Molotow zurück.

»Wir sollten uns also wiedersehen…«, regte Hitler vage an – ein Treffen, das nie zustande kam. »Doch ich hoffe, man wird auch mich nicht vergessen«, fügte er mit gespielter Bescheidenheit hinzu, denn er hatte gerade erst zwei Tage zuvor seine neue Weisung unterzeichnet, die den Russlandfeldzug ganz oben auf die Tagesordnung setzte.

»Ich zweifle nicht daran.«

Bei Molotows Bankett in der einst glanzvollen sowjetischen Botschaft mit Kaviar und Wodka traten Göring, Hess und Ribbentrop als Stargäste auf, doch die Royal Air Force sorgte für eine Unterbrechung.

»Unsere britischen Freunde beschweren sich, weil man sie nicht zu der Feier eingeladen hat«, scherzte Ribbentrop. Da das Botschaftsgebäude keinen Luftschutzkeller besaß, ließen sich die meisten Russen in ihr Hotel zurückfahren. Mehrere von ihnen verirrten sich dabei, doch Molotow brachte man in Ribbentrops Privatbunker unter, wo der stotternde Russe zum Stakkato der RAF-Bomben und dem Rattern der Flaks die blumigen Ankündigungen der Deutschen auseinander nahm. Wenn, wie Hitler sagte, das Deutsche Reich einen Kampf auf Leben und Tod gegen England führe, so hätte es aus Molotows Sicht heißen müssen, dass Deutschland »um sein Leben« und England »auf den Tod« kämpfte. Die Briten seien »am Ende«, gab Ribbentrop zurück.

»Wenn das zutrifft«, fragte Molotow, »warum sitzen wir dann in diesem Bunker, und wessen Bomben fallen hier?«

Molotow reiste am nächsten Morgen ab, ohne, wie er Stalin mitteilte, »etwas Nennenswertes erreicht zu haben … allerdings kennen wir jetzt die gegenwärtige Stimmung Hitlers.«

Stalin gratulierte Molotow dazu, Hitler die Stirn geboten zu haben, und fragte: »Wie hat er das alles schlucken können?« In Wirklichkeit gar nicht. Molotows hartnäckige Ansprüche auf den Balkan brachten Hitler zu der Überzeugung, dass Stalin seine europäische Hegemonie bald in Frage stellen würde. Zuvor noch schwankend in der Russlandfrage, trieb Hitler seine Planungen jetzt beschleunigt voran. Am 4. Dezember wurde das Unternehmen Barbarossa für den Mai 1941 anberaumt.

Kurze Zeit später lief der Flugzeugplaner Jakowlew, der Molotow

nach Berlin begleitet hatte, in Stalins Vorzimmer dem Außenkommissar
in die Arme:

»Ach, da ist ja der Deutsche!«, scherzte Molotow. »Wir werden beide
büßen müssen!«

»Wofür?«, fragte Jakowlew verunsichert.

»Na, haben wir mit Hitler gegessen? Jawohl. Haben wir Goebbels die
Hand gereicht? Jawohl. Also werden wir büßen müssen.« Die Bolschewiken lebten noch in einer Welt der Sünde und der Buße. Als Stalin Jakowlew empfing, trug er ihm auf, den Flugzeugbau der Nazis genau zu
erforschen:

»Finden Sie heraus, wie man die schlagen kann.«[1]

Am 29. Dezember 1940, genau elf Tage nach Hitlers Unterzeichnung
der Weisung Nr. 21 über das Unternehmen Barbarossa, überbrachten
Stalins Spione ihm die Nachricht von den Plänen. Der *Woschd* wusste,
dass die UdSSR nicht vor 1943 kampfbereit sein würde und hoffte, den
Krieg durch hektische Aufrüstung und eine riskant aggressive Balkan-
politik – allerdings ohne Hitler zu provozieren – noch aufschieben zu
können. Auf der anderen Seite erkannte der »Führer«, wie dringlich das
Unternehmen war, aber auch, dass er sich des Balkans vergewissern
musste, um Russland angreifen zu können.

Stalins Manie, die besten Waffen zu bauen und die optimale Strategie zu
entwickeln, löste in seinem Umfeld eine neue Terrorwelle aus. Die Kriegsvorbereitungen verdichteten das gefährliche Miasma bestehend aus Furcht
und Ignoranz im Herzen der Sowjetmacht. Je genauer Stalin den prekären
Zustand seines Militärs erkannte, desto mehr geriet er ins Schwimmen,
sowohl von der eigenen Unfehlbarkeit überzeugt als auch seine technische
Inkompetenz außer Acht lassend. Er überwachte jedes Detail jeder Waffen-
gattung. Seine Sitzungen nahmen immer beunruhigendere, sein Verhalten, wie Mikojan meinte, immer »unberechenbarere« Züge an.

Bei alledem herrschte eine klare Etikette: Während es tödlich schien,
ihm zu heftig zu widersprechen, beharrten seine Manager und Generäle
unbeugsam auf ihrer Sachkenntnis. »Mit mehr Wissen hätte ich mir
noch viel mehr Sorgen gemacht«, bekannte einer der Kommissare später. Schweigen verhieß in der Tat oft Gold, und alte Hasen gaben Neulin-
gen kluge Ratschläge, wie sie sich verhalten mussten, um zu überleben.

Als Stalin den Marinekommissar Nikolai Kusnezow auf Inspektionsreise in den Fernen Osten schickte, beklagte sich der Admiral bei seinem
Oberherrn Schdanow, dass ihm die Arbeit in seinem neuen Amt über
den Kopf wachse.

»Die Papiere können warten«, beruhigte der ihn. »Ich empfehle Ihnen aber, sie dem Genossen Stalin gegenüber nicht zu erwähnen.«*

Als ein neuer Beamter hinzukam, der noch nie zuvor an einer Stalin-Konferenz teilgenommen hatte, rief er laut »Josef Wissarionowitsch«, um sich zu Wort zu melden. »Da schaute Stalin in meine Richtung, und ich bemerkte wieder den unfreundlichen Ausdruck in seinem Gesicht. Plötzlich erklärte mir ein Wispern des hinter mir sitzenden Mannes meinen Fehler: ›Nennen Sie ihn nie wieder bei seinem Vor- und Vatersnamen. Das erlaubt er nur einem sehr kleinen Kreis. Für alle anderen unter uns bleibt er Stalin. Genosse Stalin.‹« Es schien also klüger, den Mund zu halten. Kusnezow wollte gerade anheben, dem Bau einer Flotte schwerer Kreuzer zu widersprechen, als ihm ein anderer Beamter freundlich zuraunte:

»Vorsicht! Lassen Sie es einfach gut sein!«[2]

Am 23. Dezember 1940 berief Stalin Sitzungen des Oberkommandos ein – an sich eine gute Idee, hätte dort nicht lähmende Angst geherrscht. Marschall Timoschenko und sein quirligster General, Georgi Schukow, der den Militärbezirk Kiew befehligte, kritisierten die eklatante Schwäche der sowjetischen Strategie und schlugen eine Rückbesinnung auf die von dem gewieften Tuchatschewski entwickelten und später verbotenen »Operationen in die Tiefe« vor. Der mächtige Schdanow, Stalins Berater für alles, von Haubitzen bis zu Schiffen und von Finnland bis zur Kultur, leitete diese Zusammenkünfte und berichtete anschließend Stalin, der tags darauf seine Generäle einberief. Ohnehin immer umtriebig und derart an das Leben bei Dunkelheit gewöhnt, dass er nie vor 4 Uhr einschlafen konnte, beichtete Stalin nun, dass er die ganze letzte Nacht nicht geschlafen habe. Timoschenko wies nervös darauf hin, dass Stalin seiner Rede ja schon zugestimmt hätte:

»Sie glauben doch nicht ernsthaft, dass ich die Zeit habe, jedes Papier zu lesen, das man mir zuschiebt«, erwiderte Stalin, der nun zumindest neue Planungen und Dringlichkeitsstudien anforderte. Diese deckten je-

---

* Als Admiral Kusnezow ihn auf der Reise in den Fernen Osten kennen lernte, plauderte Schdanow darüber, wie sehr ihm die Arbeit bei der Marine gefalle. »Ich würde gerne auf einem Kreuzer fahren. Aber es ist nicht immer einfach, sich freizumachen«, sagte er und fügte lächelnd hinzu: »Ich bin eher ein Fluss- als ein Seemann, wie es heißt ein Süßwassersegler. Jedenfalls liebe ich Schiffe.« Kusnezow bewunderte Schdanow, der »sehr viel für die Marine getan hat«. Den anderen Streitkräften half er allerdings erheblich weniger.

doch lediglich sowjetische Schwachstellen auf, was ihn dermaßen aus der Fassung brachte, dass er am 13. Januar 1941 die Generäle einbestellte, ohne ihnen die geringste Vorbereitungszeit zu geben. Der Stabschef Merezkow geriet ins Stocken, als er zu berichten versuchte, bis Stalin ihn unterbrach:

»Na, und wer hat am Ende gewonnen?« Merezkow wagte kaum noch, etwas zu sagen, womit er Stalin nur noch mehr erzürnte. »Hier, unter uns ... müssen wir im Sinne unserer wirklichen Kapazitäten sprechen.« Schließlich explodierte Stalin: »Das eigentliche Problem ist, dass wir keinen richtigen Stabschef haben«, um Merezkow noch gleich an Ort und Stelle zu entlassen. Noch höher ging es her, als Kulik erklärte, dass man die Panzer überschätze: Die Zukunft gehöre den von Pferden gezogenen Kanonen. Schwindelerregend genug, dass die Sowjets nach zwei Panzer-Blitzkriegen und kaum sechs Monate vor der deutschen Invasion auch nur über dieses Thema debattierten. Zwar war es Stalins eigene Schuld, Kulik so übermäßig gefördert zu haben, aber er machte wie üblich einen anderen dafür verantwortlich:

»Genosse Timoschenko, solange eine derartige Verwirrung herrscht ... kann überhaupt keine Mechanisierung der Armee stattfinden.« Timoschenko wies darauf hin, dass nur Kulik selbst verwirrt sei. Stalin wandte sich seinem Freund zu:

»Kulik wehrt sich also gegen das Maschinelle. Es ist, als kämpfte er gegen den Traktor und träte für den Holzpflug ein. ... Die moderne Kriegführung wird aber eine solche mit Maschinen sein.«[3]

Am nächsten Nachmittag wurde General Schukow eilends ins Kleine Eck bestellt, wo Stalin den Fünfundvierzigjährigen zum neuen Stabschef ernannte. Dieser versuchte zwar, den Posten abzulehnen, aber Stalin duldete keine Ausreden: Zu sehr hatte ihn sein Sieg über die Japaner am Chalkin-Gol beeindruckt. Dieser Inbegriff des Kämpfers, der zum größten Feldherrn des Zweiten Weltkriegs avancieren sollte, war ein weiterer Kavallerist aus dem Bürgerkrieg und seit Ende der zwanziger Jahre ein Günstling Budjonnis. Als Sohn eines verarmten Schuhmachers hatte dieser überzeugte Kommunist es nur mit Budjonnis Hilfe gerade so geschafft, den Terror zu überleben. Untersetzt, stämmig, unermüdlich, grobschlächtig und mit vorstehendem Kinn, teilte Georgi Schukow die erbarmungslose Brutalität Stalins, um grausamste Repressalien mit spartanischer Disziplin und Gleichgültigkeit gegenüber Verlusten zu kombinieren. Allerdings fehlten ihm Stalins Verschlagenheit und Sadismus. Er war gefühlsbetont und tapfer, wagte es oft sogar, Stalin zu widersprechen, der ihn gewähren ließ, da er seine großen Gaben spürte.[4]

Wenige Tage später versuchten Timoschenko und Schukow in Kunzewo, Stalin zur sofortigen Mobilmachung zu überreden, in der Überzeugung, dass Hitler bald einfallen würde. Timoschenko gab dem Novizen gute Ratschläge im Umgang mit Stalin: »Du musst aber bedenken, dass er sich keine langen Ausführungen anhören will. Was du mir mehrere Stunden lang auseinander gesetzt hast, musst du ihm in zehn Minuten vortragen.« Stalin speiste mit Molotow, Schdanow und Woroschilow sowie Mechlis und Kulik, als Schukow offen die Frage in den Raum stellte, ob man nicht die Verteidigungsanlagen an der Westgrenze verstärken solle.

»Sie meinen doch nicht etwa, dass wir mit den Deutschen Krieg führen müssen?«, fragte Molotow spitz.

»Geduld«, unterbrach Stalin den stotternden Premier, um dann Schukow über die Deutschen zu belehren: »Die Nazis fürchten uns. Hier unter uns kann ich Ihnen ja mitteilen, dass unser Botschafter ein ernstes Gespräch mit Hitler persönlich hatte und dieser ihm zusicherte, wir sollten uns keine Sorgen über die Truppenkonzentrationen in Polen machen, da sie lediglich der Umschulung dienten.« Daraufhin setzten sich die Generäle mit den Magnaten zusammen, um ein einfaches Essen zu sich zu nehmen, bestehend aus dicker ukrainischer Borschtsch-Suppe, Buchweizengrütze, gekochtem Fleisch und zum Nachtisch Kompott und Obst. An Getränken reichte der Gastgeber grusinischen Chwantschkara-Wein und Weinbrand.[5]

Ein schwachsinniger Rat Kuliks löste eine weitere Terrorwelle aus, die einer Politbüro-Familie den Tod brachte. Als er erfuhr, dass die Deutschen ihre Verbände verstärkten, forderte Kulik ernsthaft die Umstellung der Rüstungsproduktion von herkömmlichen Kanonen auf 107mm-Haubitzen, wie man sie aus dem Ersten Weltkrieg kannte. Der Rüstungskommissar Boris Wannikow, ein ausgebuffter Supermanager, der zusammen mit Beria am Polytechnikum von Baku studiert hatte, widersetzte sich richtigerweise den neuen Plänen, hatte jedoch keinen direkten Zugang zu Stalin. Kulik gewann die Unterstützung Schdanows, und am 1. März zitierte Stalin den Rüstungskommissar zu sich: »Welche Einwände erheben Sie? Genosse Kulik sagt, dass Sie nicht seiner Meinung sind.« Wannikow erklärte, es sei ausgesprochen unwahrscheinlich, dass die Deutschen ihre Verbände in so kurzer Zeit wie von Kulik vorgetragen verstärkt hätten, und deshalb solle man bei 76mm als der besten Lösung bleiben. Danach betrat Schdanow den Raum.

»Schauen Sie«, sagte Stalin zu ihm, »Wannikow will die 107mm-Kanone nicht bauen, obwohl sie sehr gut ist. Ich kenne sie aus dem Bürgerkrieg.«

»Wannikow«, erwiderte Schdanow, »wehrt sich immer gegen alles. Das ist seine Arbeitsweise.«

»Sie sind unser wichtigster Artilleriefachmann«, ermächtigte Stalin ihn zur Klärung der Frage, »und die 107mm ist eine gute Kanone.« Anschließend berief Schdanow die Sitzung ein, in der Wannikow gegen Kulik ankämpfte, worauf er ihn der »Sabotage« bezichtigte. Wannikow brüllte zurück:

»Sie dulden die Abrüstung angesichts eines bevorstehenden Kriegs.« Darauf kündigte Schdanow gellend an, »dass er sich bei Stalin über mich beschweren werde«. Stalin übernahm die Lösung Kuliks, die er gleich bei Kriegsbeginn wieder verwerfen musste. Wannikow kam hinter Gitter.* Nur in Stalins Reich war es möglich, den besten Rüstungsexperten überhaupt wenige Wochen vor Kriegsausbruch zu inhaftieren. Doch Kuliks Parole, »Gefängnis oder Orden«, hatte sich einmal wieder durchgesetzt. Schließlich erreichte das freigesetzte Gift Kaganowitschs Bruder. In der fast biblischen Opferung eines geliebten Anverwandten musste Lasars Härte eine schwere Belastungsprobe bestehen.[6]

Wannikow erlitt grausame Folterqualen aufgrund seines letzten Postens als Stellvertreter von Michail Kaganowitsch, dem ältesten Bruder Lasars und Volkskommissar für Flugzeugbau. In der Luftwaffe passierten immer schon bei weitem die meisten Unfälle. Maschinen stürzten mit erschreckender Regelmäßigkeit ab, eine Folge der übereilten und schlampigen russischen Produktion, und das forderte naturgemäß einen hohen Preis. Binnen eines Jahres hatte das Land vier Helden der Sowjetunion durch Abstürze verloren, und Stalin selbst misstraute allen, von den Luftwaffengenerälen bis hinunter zu ihren Ingenieuren. »Was für ein Typ ist der da?«, wollte er bei einem Techniker wissen. »Vielleicht ein Schurke, ein *Swolotsch*.« In diesem Fall zwang man Wannikow, Michail Kaganowitsch als den »Schurken« zu belasten.

---

* Das war bei weitem nicht der einzige Wahnwitz dieser Art: Ein andermal gab Stalin einen Panzer in Auftrag, der auf dem verrückten Prinzip basierte, dass er »durch seine Zerstörung schützt«.

Bei dieser Tragödie spielte auch Wasili Stalin eine Rolle, der jetzt als Pilot um die väterliche Liebe buhlte, gewöhnlich indem er seine Vorgesetzten anschwärzte. Als ein devoter Epigone war er nach wie vor, so Swetlana, derart unsicher, dass er, wenn sein Vater ihn beim Essen ansprach, sofort aufsprang, oft nicht einmal antworten konnte, sondern nur stammelte: »Wie bitte? ... Ich habe Dich nicht verstanden, Vater.« 1940 verliebte er sich in eine hübsche blonde Trompeterin aus einer NKWD-Familie, Galina Bourdonowskaja, und heiratete sie. Doch er war wild, aufbrausend, arrogant, trunksüchtig und zwar oft großherzig, aber noch häufiger gemeingefährlich. In dieser besonderen Welt stellte, wiederum laut Swetlana, der »Kronprinz« »eine Bedrohung dar.

»Hallo, lieber Vater«, schrieb er am 4. März 1941. »Wie geht es Dir? Vor ein paar Tagen war ich auf Befehl von Rytschagow [dem Chef der Hauptleitstelle Luftwaffe] in Moskau und hätte Dich so gerne gesehen, aber man sagte mir, Du hättest zu tun. ... Man will mich nicht fliegen lassen. ... Rytschagow hat mich angerufen und übel beschimpft, weil ich anstatt Theorie zu lernen lieber Kommandeure aufsuchte, um ihnen zu beweisen, dass ich fliegen müsse. Er hat mir befohlen, Dich von diesem Gespräch zu unterrichten.« Dann musste Wasili alte Kisten fliegen, »die einen schrecklichen Anblick bieten«, und selbst Offiziersanwärter konnten nicht auf den neueren schulen. »Vater, bitte schreibe mir nur ein paar Zeilen, wenn Du Zeit dafür hast. Es wäre die größte Freude für mich, da ich Dich so sehr vermisse. Dein Wasja.«

Diese perfide Denunziation kann dem damals neununddreißigjährigen kühnen, soeben erst ins Oberkommando aufgestiegenen Piloten Pawel Rytschagow kaum geholfen haben. Alsbald fand er sich betrunken in einer Sitzung zur Beratung über die Flugzeuge ein. Als Stalin die Luftwaffe kritisierte, schrie Rytschagow, die Todesrate sei nur deshalb so hoch, »weil Sie uns in Särgen fliegen lassen!«. Danach herrschte tiefes Schweigen, doch Stalin ging weiter durch den Saal, in dem man nur sein Pfeifenpaffen und seine Schritte hörte.

»Das hätten Sie nicht sagen sollen.« Er lief ein weiteres Mal um den totenstillen Tisch, um zu wiederholen: »Das hätten Sie nicht sagen sollen.« Wenig später wurden Rytschagow, mehrere leitende Offiziere der Luftwaffe und General Schtern, der Kommandeur für den Fernen Osten, festgenommen und erschossen. Ähnlich wie Wannikow hatten sie alle vor ihrem Tod Michail Kaganowitsch belastet.[7]

»Uns liegen jetzt Zeugenaussagen vor«, erklärte Stalin Kaganowitsch. »Dein Bruder ist in die Verschwörung verwickelt.« Man klagte diesen an, die Flugzeugfabriken ganz in der Nähe der russischen Grenze gebaut zu haben, um Berlin zu helfen. Stalin verkündete, dass Michail, der Jude, von Hitler als Chef seines angestrebten Marionettenregimes vorgesehen sei, eine derart absurde Idee, dass sie entweder dem kranken Gehirn eines NKWD-Schwachkopfs oder, was wahrscheinlicher ist, einem zwischen Stalin und Beria ausgeheckten Scherz entstammte.

»Das ist eine Lüge«, will Kaganowitsch erwidert haben. »Ich kenne meinen Bruder. Er ist seit 1905 Bolschewik und dem Zentralkomitee treu ergeben.«

»Wie kann das eine Lüge sein?«, fragte Stalin zurück, »da ich doch die Zeugenaussagen habe.«

»Es ist eine Lüge. Ich verlange eine Gegenüberstellung.«

Jahrzehnte später bestritt Kaganowitsch, seinen Bruder verraten zu haben. »Wäre mein Bruder ein Volksfeind gewesen, so hätte ich mich schweren Herzens gegen ihn gewandt. ... Doch ich war sicher, dass er zu uns stand, und habe ihn in Schutz genommen!« Kaganowitsch konnte es sich leisten, seinen Standpunkt zu vertreten, doch musste er auch klar signalisieren, dass sein Bruder zu sterben hatte, wenn die Partei seine Vernichtung für notwendig hielt. »Nun, was soll's?«, fügte er hinzu. »Wenn es nicht anders geht, dann nehmt ihn eben fest.«

Stalin wies Mikojan und das Duo Beria/Malenkow an, eine Gegenüberstellung zwischen Michail Kaganowitsch und seinem Widersacher Wannikow in die Wege zu leiten, zu der man allerdings den »Eisernen Lasar« nicht einlud.

»Beunruhigen Sie ihn nicht, machen Sie ihm keine Angst«, sagte Stalin.

Mikojan hielt die »Gegenüberstellung« in seinem Büro ab, das im selben Gebäude lag wie das Kleine Eck, und dort verteidigte sich Michail »leidenschaftlich« gegen Wannikow.

»Sind Sie wahnsinnig?«, fragte er seinen ehemaligen Stellvertreter, der seinerseits während des Terrors nächtelang voller Furcht vor einer Festnahme in seiner Wohnung gesessen hatte.

»Nein, Sie haben derselben Organisation angehört wie ich«, erwiderte Wannikow.

Beria und Malenkow forderten Michail auf, draußen zu warten, während sie Wannikow weiter befragen wollten. Michail ging auf die Privattoilette Mikojans (ein Luxus der Mächtigen), und von dort hörte man dann einen Schuss.[8] Die drei fanden Kaganowitschs Bruder tot vor. Indem Michail der Festnahme durch Suizid zuvorkam, rettete er seine Angehörigen, und Lasar hatte den großen Test bestanden. Damit war zugleich ein Sündenbock für den Murks bei der Luftwaffe gefunden.*

Während die Kommissare zwischen Kreml und Folterkammer hin und her pendelten, brachten die Deutschen heimlich ihre Legionen an der sowjetischen Grenze in Stellung. Stalin dagegen verwendete weiterhin einen Großteil seiner Energien darauf, den russischen Einfluss auf dem Balkan sicherzustellen. Hitler gelang es bis März, Bulgarien, Rumänien und Jugoslawien auf seine Seite zu ziehen, doch am 26. März kam es in Jugoslawien zum Sturz der prodeutschen Regierung, wahrscheinlich mit Hilfe des NKGB und des britischen Geheimdienstes. Da sich Hitler keine derart offene Flanke leisten konnte, bereitete er eine Invasion Jugoslawiens vor, was das Unternehmen Barbarossa um einen Monat hinauszögerte.

Am 4. April nahm Stalin persönlich Verhandlungen mit der neuen Belgrader Regierung auf, in der Hoffnung, dass diese Scharte in seiner Planung Hitler entweder an den Verhandlungstisch zurückzwingen, zumindest aber den Einmarsch bis 1942 hinausschieben würde. Als er genau zum Auftakt der Bombardierung Belgrads seitens der Wehrmacht ein Abkommen mit den Jugoslawen unterschrieb, tat Stalin die sich zusammenbrauende Bedrohung heiter ab: »Lasst sie nur kommen. Wir haben starke Nerven.« Doch gegen Jugoslawien führte Hitler seinen erfolgreichsten »Blitzkrieg« überhaupt, und zehn Tage danach musste Belgrad kapitulieren. Die Dinge entwickelten sich schneller, als Stalin es wahrhaben wollte.

Am gleichen Tag traf der japanische Außenminister Yosuke Matsuoka auf dem Rückweg von Berlin in Moskau ein. Als die Wehrmacht gerade Jugoslawien niederkämpfte, erkannte Stalin, dass er einen neuen Zugang zu Hitler brauchte. Aber ihm war auch sehr bewusst, wie wertvoll eine ruhige Ostfront für den Fall der deutschen Invasion sein würde. Schukows Sieg im Fernen Osten hatte Tokio zu der Überzeugung gebracht, dass seine Zukunft südwärts bei den fetteren Happen des britischen Empire lag. Als Matsuoka am 14. April 1941 einen Nichtangriffspakt mit der Sowjetunion schloss, nahmen Stalin und Molotow dies mit fast fieberhafter Erregung auf, so als hätten sie auf

---

* Kaganowitsch zog zwar Verachtung auf sich, weil er seinen Bruder nicht gerettet hatte, ließ ihn allerdings mit sämtlichen Ehren eines Mitglieds des Zentralkomitees auf dem Nowodewitschifriedhof unweit von Nadja Stalin beisetzen. Wannikow überlebte, wenn auch nur im Gefängnis.

einen Schlag das Aussehen Europas verändert und Russland gerettet. Stalin rief aus, wie selten man einen Diplomaten finde, »der seine Absichten offen ausspricht. Wir wissen ja, was Talleyrand zu Napoleon sagte: ›Die Sprache ist dem Diplomaten gegeben, um seine Gedanken zu verbergen‹, aber wir Russen und Bolschewiken sind anders...« Dieses Mal entspannte sich Stalin bei dem anschließenden Bacchanal völlig, und Molotow schüttete den Sekt in sich hinein, bis beide fast genauso betrunken waren wie Matsuoka.

»Stalin und ich zechten mit ihm um die Wette«, prahlte Molotow später, und gegen 6 Uhr musste man Matsuoka »buchstäblich zum Zug tragen. Wir selbst konnten kaum noch stehen.« Alle drei hatten sie weinselig gesungen und unter schallendem Gelächter den russischen Schlager »Schoumel Kamysch« angestimmt. Die am Jaroslawski-Bahnhof versammelten Diplomaten waren hoch erstaunt, einen berauschten Stalin zu sehen, bekleidet mit Mantel, brauner Schirmmütze und Stiefeln, an seinen Seiten Matsuoka und Molotow, der immer wieder salutierte und rief: »Ich bin Pionier! Ich bin auf der Hut!« – das sowjetische Pendant der Pfadfinderparole »Allzeit bereit!« Der bulgarische Botschafter hielt dennoch Molotow für »am wenigsten betrunken«. Stalin, der nie zuvor einen Besucher zum Bahnhof gebracht hatte, hielt den taumelnden Japaner fest, aber da keiner von beiden die Sprache des anderen konnte, erschöpfte sich ihre neue Intimität in Umarmungen und Gegrunze.

Stalin schlug voller Erregung dem sehr kleinen, kahlköpfigen japanischen Generalbotschafter jovial so fest auf die Schulter, dass der »drei oder vier Schritte zurücktaumelte, was Matsuoka mit schadenfrohem Gelächter quittierte«. Dann bemerkte Stalin den schlanken Attaché Oberst Hans Krebs, ließ von den Japanern ab und setzte ihm den Finger auf die Brust:

»Deutscher?«, fragte er. Krebs stand stramm und überragte so Stalin, der ihm auf den Rücken klopfte, ihm die Hand schüttelte und lauthals verkündete: »Wir wollen gute Freunde bleiben, nicht wahr?«

»Dessen bin ich sicher«, gab Krebs zurück, aber der schwedische Botschafter meinte, »dass es nicht sehr überzeugend wirkte«.* Schließlich tappte Stalin wieder zu den Japanern zurück, um den vielgehätschelten Matsuoka erneut zu umarmen und auszurufen: »Wir werden Europa und Asien organisieren!« Arm in Arm brachte er Matsuoka in sein Ab-

---

* Der damalige Militärattaché Hans Krebs trat während der letzten Stunden des Dritten Reiches im April 1945 als Stabschef der Wehrmacht auf.

teil und wartete, bis der Zug abgefahren war. Dann begleiteten japanische Diplomaten Stalin zu dem gepanzerten Packard, während ihr Botschafter, »auf einer Bank stehend, mit seinem Taschentuch winkte und schrill ›danke, danke!‹ rief«.

Damit war die Feier für Stalin und Molotow noch nicht vorüber. Schon beim Einsteigen wies Stalin seinen Fahrer Wlasik an, Swetlana in der Datscha in Subalowo anzurufen und die jetzt Fünfzehnjährige aufzufordern, die Familie für ein Fest zusammenzutrommeln.

»Stalin kann jede Minute eintreffen.« Swetlana eilte zu ihrer Tante Anna Redens, die mit den Kindern und mit Gulia Dschugaschwili, der dreijährigen Tochter Jakows, zugegen war.

»Vater kommt!« Anna Redens hatte Stalin seit dem Zwist wegen der Festnahme ihres Mannes und gewiss seit dessen Hinrichtung nicht mehr gesehen. Alle setzten sich auf die Treppe, und kurze Zeit später schwebte der beschwipste, ungewöhnlich aufgeräumte Stalin heran. Er warf die Wagentür auf und rief dem zwölfjährigen Leonid Redens zu:

»Steig ein, wir machen eine kleine Sause!« Daraufhin drehte der Chauffeur ein paar Runden um das zentrale Blumenbeet. Dann stieg Stalin aus und umarmte die besorgte Anna Redens, die ihren jetzt sechsjährigen jüngeren Sohn Wladimir an der Hand hielt. Stalin vergötterte diesen engelsgleichen Neffen. »Lass uns um eines solchen wunderbaren Kindes willen Frieden schließen. Ich verzeihe Dir.« Als Stalin die herausgebrachte kleine Gulia, sein erstes Enkelchen, bestaunen sollte, wedelte diese schreiend mit den Armen, worauf man sie sofort wieder in ihr Zimmer trug. Stalin setzte sich an den Tisch, an dem er einst zusammen mit Nadja ihr junges Familienglück genossen hatte, ließ Kuchen und Konfekt bringen. Er nahm Wladimir auf den Schoß, und als er anfing, eine der Pralinen zu öffnen, bemerkte der kleine Junge seine »sehr schönen Hände«.

»Sie verwöhnen die Kinder, indem Sie ihnen Geschenke kaufen, die sie nicht einmal haben wollen«, tadelte er das Personal, aber wie Wladimir betonte, »mochten sie diese sanfte Art sehr gern an ihm«.

Nach dem Tee ging Stalin hinauf, um ein Nickerchen zu halten. In der Nacht zuvor hatte er ja gar nicht geschlafen. Anschließend kamen Molotow, Beria und Mikojan zum Essen. Allerdings konnte die Familie nicht wissen, dass die bevorstehende Invasion Hitlers sowie die Erschöpfung und Paranoia Stalins bald das Ende einer Ära einläuten würden.[9]

Es war eine Oase der Heiterkeit unter dem sich verdüsternden Himmel. Hin und her gerissen zwischen Wunschdenken und seinem Machtwillen – sowie den sich aufdrängenden Beweisen –, glaubte Stalin beharrlich weiter daran, dass ein diplomatischer Durchbruch bei Hitler kurz bevorstand, obwohl er jetzt von seinen Meisterspionen sogar schon den geplanten Termin des »Unternehmens Barbarossa« kannte. Als der britische Botschafter Stafford Cripps ein Schreiben von Winston Churchill überbrachte, in dem dieser vor der Invasion warnte, ging sein Schuss nach hinten los, da Stalin nun zu der Überzeugung gelangte, dass die Briten versuchten, ihm eine Falle zu stellen. »Schauen Sie sich das an«, sagte er zu Schukow, »sie drohen uns mit den Deutschen und den Deutschen mit der Sowjetunion; sie hetzen uns gegeneinander. Es ist ein raffiniertes politisches Spiel.«[10]

Doch war er nicht völlig betriebsblind: Stalin meinte, dass sich Russland in dem Konflikt, den Molotow als »das große Spiel« bezeichnete, noch bis 1942 würde aus dem Krieg heraushalten können. »Erst 1943 wären wir Deutschland gewachsen«, äußerte er gegenüber Molotow. Wie immer suchte Stalin in Büchern eine Lösung des Problems und las deshalb sehr gründlich eine Geschichte des deutsch-französischen Kriegs von 1870/71. Er und Schdanow zitierten wiederholt den klugen Ausspruch Bismarcks, dass sich Deutschland niemals auf einen Zweifrontenkrieg einlassen dürfe: Solange Großbritannien unbesiegt blieb, würde Hitler nicht angreifen. »Der ist nicht so dumm«, meinte Stalin, »nicht den Unterschied zwischen der UdSSR und Polen, Frankreich oder gar England, ja sogar sie alle zusammengenommen, zu erkennen.«

Stalin hielt an seiner Überzeugung fest, dass der Vabanquespieler und weltgeschichtliche »Schlafwandler« Hitler ein rational orientierter, gleichsam Bismarck'scher Großmachtstratege war wie er selbst. Als Stalin nach dem Krieg vor einer kleinen Gruppe, der auch Dekanosow, sein Botschafter in Berlin 1941, angehörte, laut über jene Zeit nachdachte, erklärte er sein Verhalten etwas verquer wie folgt: »Wer eine wichtige Entscheidung treffen will, sollte *nie* versuchen, sich in das Denken eines anderen zu versetzen, denn das kann zu schrecklichen Fehlern führen.«*

Die militärischen Maßnahmen liefen nur quälend langsam an. Schdanow und Kulik schlugen vor, die alten Bewaffnungen aus den befestigten

---

* Diese Geschichte hat Dekanosow wiederholt seinem jungen Sohn Reginald erzählt, der darüber jüngst kurz vor dem eigenen Tod in seinen, allerdings nie veröffentlichten, Notizen berichtete. Der Autor dankt Nadja Dekanosowa aus dem georgischen Tiflis, die ihm Einblick in diese Quelle gewährte.

Gebieten zu entfernen und in die noch ungesicherten neuen zu bringen, doch dem widersprach Schukow: Dafür bleibe nicht genügend Zeit. Stalin unterstützte seine Vertrauten mit der Folge, dass sich die Befestigungsanlagen zur Zeit des Angriffs noch im Rohbau befanden.

Am 20. April erfuhr der von Stalin geschätzte Schriftsteller Ilja Ehrenburg, dass die Zensoren seinen antideutschen Roman *Der Fall von Paris* abgelehnt hatten, nach wie vor der Anordnung folgend, Hitler ja nicht zu provozieren. Vier Tage später rief Poskrebyschew bei ihm an und trug ihm auf, eine bestimmte Nummer zu wählen: »Der Genosse Stalin möchte Sie sprechen.« Stalin versicherte, dass ihm sein Buch gefalle: Ob Ehrenburg denn beabsichtige, den Nationalsozialismus zu verunglimpfen? Der Romancier erwiderte, dass davon kaum die Rede sein könne, wenn er nicht einmal diesen Ausdruck benutzen dürfe. »Schreiben Sie einfach weiter«, erklärte Stalin aufgeräumt, »wir beide werden später gemeinsam versuchen, den dritten Teil durchzudrücken.« Seltsamerweise nahm dieser verschroben kunstsinnige Diktator offenbar an, dass dergleichen die Deutschen aufstören würde, obwohl Hitler gewiss keinen Sinn für literarische Nuancen besaß.

Inzwischen roch sogar Stalins engster Kreis den nahenden Krieg. Dieser kündigte sich so deutlich an, dass Schdanow vorschlug, die Parade am 1. Mai zu streichen, da sie zu »provokativ« wirken würde. Stalin blies das Defilee zwar nicht ab, platzierte jedoch Dekanosow, seinen Botschafter in Deutschland, auf dem Mausoleum direkt neben sich, um auf diesem Weg Berlin seine Freundschaft zu signalisieren.[11]

Am 4. Mai sandte er Hitler ein weiteres Zeichen der Gesprächsbereitschaft: Er selbst löste Molotow als Premier ab, und beförderte Schdanows Schützling Nikolai Wosnesenski, den aufdringlichen Wirtschaftsstrategen, zu seinem Stellvertreter im inneren Büro. Der kometenhafte Aufstieg des erst achtunddreißigjährigen Kaders verärgerte die Genossen: Der besonders pikierte Mikojan meinte, er sei zwar »wirtschaftlich bewandert, aber eher ein professoraler Typ ohne jede praktische Erfahrung«. Der gut aussehende, intelligente, jedoch arrogante Leningrader »freute sich ganz unbekümmert über seine Ernennung«, obwohl Beria und Malenkow bereits einen tiefen Groll auf den herben Technokraten hegten. Stalin »baut einen Lehrer auf, der uns Lektionen erteilen soll«, tuschelte Malenkow zu Beria. Fortan regierte Stalin, wie es schon Lenin getan hatte, als Premier durch seine Stellvertreter, ließ sie die Rivalitäten zwischen Beria und Malenkow auf der einen und Schdanow und Wosnesenski auf der anderen Seite ausbalancieren. Seinen Auftritt auf der Weltbühne brachte er kleidungsmäßig dadurch zum Ausdruck, dass er nun nicht mehr ausgebeulte, in Stiefeln steckende Hosen trug, sondern »anfing, sauber gebügelte elegante mit geschnürten Stiefeletten zu tragen«.[12]

Schließlich bereitete Stalin das Militär ernsthaft auf die Möglichkeit eines Kriegs vor. Am 5. Mai hatte er nur einen Besucher: Schdanow, soeben zu Stalins Stellvertreter in der Partei befördert, kam für knapp eine halbe Stunde zu ihm. Um 18 Uhr gingen die beiden Männer vom Kleinen Eck zum Großen Kremlpalast, wo zweitausend Offiziere auf sie warteten: Stalin betrat in Begleitung von Schdanow, Timoschenko und Schukow den Saal. Präsident Kalinin kündigte einen »entschlossenen« Stalin an, der die moderne Technik seiner »neuen Armee« rühmte, um danach die Niederlage Frankreichs auf exzentrische Weise zu erklären. War nun die Wehrmacht unbesiegbar? »Es gibt in der Welt keine unschlagbaren Armeen«, doch wie dem auch sei, der Krieg stehe bevor. »Wenn W. M. Molotow ... ihn noch zwei bis drei Monate hinauszögern kann, so käme uns das sehr zupass.« Beim Essen toastete Stalin: »Lang lebe die dynamische Offensivpolitik des Sowjetstaates«, und fügte hinzu, »wer das nicht erkennt, ist ein Kleingeist und ein Narr.« Zur tiefen Erleichterung der Militärs lebte Stalin also nicht in einem Wolkenkuckucksheim.[13] Das Regime demonstrierte seine Kampfbereitschaft, oder doch nicht? In der Führung schwankte man noch.*

Die Magnaten versuchten, einen Kurs zwischen Stalins Unfehlbarkeit und der Realität Nazideutschlands zu steuern: Die Absurdität zu erklären, dass die Armee imstande sein müsse, einen Offensivkrieg zu führen, was eindeutig nicht der Fall war, und gleichzeitig zu behaupten, dass dies nicht auf einen Politikwechsel hinauslief, ließ in ihrer Abwegigkeit keinen Unterschied mehr erkennen zwischen stalinistischer Sophisterei und neroistischer Narrheit. »Wir brauchen eine neuartige Propaganda«, erklärte Schdanow dem Obersten Militärrat. »Wenn zwischen Krieg und Frieden nur noch ein kleiner Schritt liegt, so kann unsere Propaganda nicht friedlich ausgerichtet bleiben.«

»Wir selbst haben diese Propaganda so geplant«, explodierte Budjonni, und deshalb müssten sie nun auch erklären, warum eine Änderung nötig sei.

---

* Jedenfalls haben die Reden einen großen Streit darüber ausgelöst, ob Stalin einen Präventivschlag gegen Hitler plante, die so genannte »Suworow-Debatte« im Anschluss an einen Artikel Victor Suworows vom Juni 1985.

»Wir brauchen ja nur die Parole auszutauschen«, lenkte Schdanow ein.

»Als ob wir morgen in den Krieg zögen!«, höhnte ein verzagter Malenkow – achtzehn Tage vor Beginn der Invasion.[14]

Am 7. Mai frühstückte der insgeheim gegen Hitlers Invasionspläne eingestellte Schulenburg mit dem sowjetischen Botschafter in Berlin, Dekanosow, und versuchte ihn durch die Blume zu warnen. Sie haben sich dreimal getroffen, behauptete Molotow später, »aber er warnte nicht, sondern machte lediglich Andeutungen und drängte auf diplomatische Verhandlungen«. Dekanosow unterrichtete Stalin, der sich immer mürrischer und nervöser zeigte. »Wir müssen registrieren, dass die Desinformation jetzt schon auf die Botschafterebene vorgedrungen ist«, knurrte er, doch Dekanosow winkte missmutig ab.

»Wie konnten Sie es wagen, dem Genossen Stalin zu widersprechen? Er weiß mehr und sieht weiter als wir alle!«, herrschte Woroschilow in einer Pause den vorlauten Dekanosow an.[15]

Am 10. Mai erfuhr Stalin von dem aberwitzigen »Friedensflug« des Führer-Stellvertreters Hess nach Schottland. Die Magnaten, so erinnerte sich Chruschtschew, der sich an jenem Tag im Kreml aufhielt, seien verständlicherweise davon überzeugt gewesen, dass die Mission eigentlich auf Moskau zielte. Doch jetzt stimmte Stalin endlich den Kriegsvorbereitungen zu, wenn auch derart zaghaft, dass es kaum etwas fruchtete. Am 12. Mai erlaubte er den Generälen, die Grenzanlagen zu verstärken, und ließ 500 000 Reservisten einberufen, allerdings stets in der Furcht, dadurch den »Partner« zu provozieren. Als Timoschenko von deutschen Aufklärungsflügen berichtete, gab Stalin zurück: »Ich bin nicht sicher, ob Hitler von diesen Aktionen weiß.« Am 24. weigerte er sich strikt, irgendwelche weiteren Maßnahmen zu ergreifen.

So kehrte wieder Lähmung ein. Stalin entschuldigte sich nie ausdrücklich dafür, räumte indes ziemlich indirekt eigene Fehler ein, als er später den Russen für ihre »Geduld« dankte. Doch die meisten seiner Schnitzer schob er anderen in die Schuhe und erklärte, »in erster Linie den Kavalleristen zu sehr vertraut zu haben«. Schukow gestand seine Versäumnisse ein, wiewohl mit dem Zusatz: »Vielleicht hatte ich zu wenig Einfluss.« Allerdings lag darin nicht der eigentliche Grund für seine Zurückhaltung: Wenn er nachdrücklich eine allgemeine Mobilmachung gefordert hätte, wäre mit Sicherheit sofort Stalins Gegenfrage gekommen: »Und auf welcher Basis? Also gut, Beria, stecken Sie ihn in Ihre Kerker!« Kulik fing die Stimmung eines Großteils der Soldaten ein: »Das ist hohe Politik. Davon verstehen wir nichts.«[16]

Jetzt strömten immer mehr Nachrichten der Geheimdienste ein. Wenn diese zuvor eher diffus geklungen hatten, so lag inzwischen eindeutig auf der Hand, dass sich an der Westgrenze etwas Unheilvolles zusammenbraute. Merkulow informierte Stalin täglich, der fortan eine wahre Flut von Daten aus allen möglichen Quellen zu bewältigen hatte. Als Timoschenko und Schukow am 9. Juni die große Anzahl der Meldungen ansprachen, warf er den beiden ihren Stoß von Papieren hin und zischte: »Aber ich habe andere Dokumente.« Er mokierte sich über Richard Sorge, den in Tokio tätigen Meisterspion, der hinter konspirativen Geheimtreffen nur seine Liebes- und Genusssucht kaschiere. »Da ist dieser Schurke, der in Japan Fabriken und Bordelle aufbaut und sich sogar dazu herabließ, den 22. Juni als das Datum des deutschen Angriffs zu melden. Soll ich dem etwa auch glauben?«

32

DER COUNTDOWN: 22. JUNI 1941

Am 13. Juni alarmierten Timoschenko und Schukow, ihrerseits deprimiert und bestürzt, Stalin wegen weiterer Grenzaktivitäten. »Wir werden uns das überlegen«, gab Stalin brüsk zurück, der sich am nächsten Tag heftig über Schukows Mobilisierungsvorschlag aufregte: »Das bedeutet doch Krieg! Begreifen Sie das denn nicht?« Anschließend fragte er, wie viele Divisionen in den Grenzgebieten stünden.

Schukow nannte ihm die Zahl 149.

»Na, ist das denn nicht genug? Die Deutschen haben nach unseren Informationen nicht so viele Truppen.« Doch die Deutschen seien »kriegsmäßig aufgestellt«, erwiderte Schukow. »Man kann dem Geheimdienst nicht alles glauben«, gab Stalin zurück.

Am 16. bestätigte Merkulow die endgültige Entscheidung zum Angriff, eine Information, die vom Agenten »Starschina« im Hauptquartier der Luftwaffe kam.* »Genosse Merkulow, Sie können ihre ›Quelle‹ aus dem Stab der deutschen Luftwaffe abziehen und zu seiner Hurenmutter schicken!«, kritzelte Stalin an den Rand. »Das ist keine Quelle, sondern Desinformation. J. St.« Sogar Molotow hatte mit starken Zweifeln zu kämpfen. »Die wären doch Vollidioten, wenn sie uns angreifen würden«, sagte er zu Admiral Kusnezow.

Zwei Tage später, bei einer von Timoschenko beschriebenen Nachmittagssitzung, drängten er und Schukow Stalin auf die Herstellung voller Alarmbereitschaft, worauf der *Woschd* immer unruhiger wurde und mit der Pfeife auf den Tisch klopfte, bis die Magnaten seine grotesken

---

* Am 14. Juni hielt Hitler seine letzte Militärkonferenz vor dem Beginn des Unternehmens Barbarossa ab, wobei die Generäle deutlich zeitversetzt in der Reichskanzlei eintrafen, um keinen Verdacht zu erregen. Am 16. rief er Goebbels zu sich, um ihm neue Anweisungen zu geben.

Selbsttäuschungen bestätigten oder aber in grämlichem Schweigen vor sich hin brüteten als die einzige Form des Protestes, die ihnen offenstand. Stalin sprang plötzlich auf und schrie Schukow an:

»Sind Sie hergekommen, um Kriegsängste zu schüren? Oder wollen Sie einen Krieg, weil Sie noch nicht genug Orden haben oder weil Ihr Rang Ihnen nicht ausreicht?«

Schukow erbleichte und ließ sich auf einen Stuhl sinken, aber Timoschenko warnte Stalin ein weiteres Mal, was eine regelrechte Raserei auslöste.

»Das Ganze ist das Werk Timoschenkos. Er treibt uns alle in den Krieg. Man hätte ihn erschießen lassen sollen, aber ich kenne ihn seit dem Bürgerkrieg als einen guten Soldaten.«

Timoschenko erwiderte ihm, dass er nur Stalins eigene Worte wiederhole: Der Krieg sei nicht mehr vermeidbar.

»Sie sehen also«, wandte sich Stalin an das Politbüro. »Timoschenko ist ein ehrenwerter Mann mit einem großen Kopf, aber offenbar mit einem Spatzenhirn«, und hielt dazu seinen Daumen hoch. »Ich hatte es nur für das Volk gesagt, denn wir müssen seine Alarmbereitschaft wecken, Sie jedoch müssen erkennen, dass Deutschland niemals von sich aus Russland angreifen wird. Sie müssen das endlich begreifen.« Stalin stürmte aus dem Raum und hinterließ ein unerträgliches Schweigen, »öffnete dann aber wieder die Tür, steckte seinen Kopf durch den Spalt und brüllte: ›Wenn Sie die Deutschen im Grenzgebiet provozieren, indem Sie dort ohne unsere Erlaubnis Truppen bewegen, dann werden Köpfe rollen, merken Sie sich das‹ – und dann knallte er die Tür zu«.

Stalin ließ Chruschtschew, der die ukrainische Grenze überwachen sollte, nach Moskau rufen und wollte ihn um jeden Preis dabehalten. »Stalin sagte immer wieder zu mir: ›Warum haben Sie es so eilig, wieder in die Ukraine zu fahren? Lassen Sie die in Kiew mal eine Weile ohne Sie auskommen. Sie brauchen noch nicht fort‹.« Chruschtschew nahm in Stalins Innenleben einen besonderen Platz ein: Vielleicht machte sein unverwüstlicher Optimismus, seine kriecherische Unterordnung und seine Bauernschläue ihn in einem solchen Moment zu einem hilfreichen Gefährten. Stalin, der Chruschtschew in jener Phase »nicht gefiel«, hatte »offenbar alles Zutrauen zur Kampftüchtigkeit unserer Armee verloren, vor Verzweiflung die Hände erhoben und sich ergeben«. In den schlaflosen Nächten von Kunzewo lenkte er sich mit endlosen Gelagen und schwerem Trinken ab. »Man spürte regelrecht, wie er dabei seine inneren Spannungen entlud«, schrieb Chruschtschew. »Derlei Gerede tat mir gar nicht wohl«, und am Freitag, dem 20., habe er schließlich »geradezu erklärt«:

»Genosse Stalin, jeden Augenblick kann jetzt der Krieg ausbrechen, und es wäre sehr schlimm, wenn ich hier in Moskau oder unterwegs davon überrascht würde.«

»Ja«, sagte Stalin. »Das ist wahrscheinlich richtig. Sie fahren besser los.«[1]

Am 19. reiste Schdanow, der das Land zusammen mit Stalin und Molotow regierte, in einen sechswöchigen Urlaub ab. Unter Asthma und obendrein Stalins erdrückender Freundschaft leidend, befand er sich im Zustand völliger Erschöpfung. »Trotzdem habe ich eine böse Vorahnung, dass die Deutschen uns bald überfallen könnten«, eröffnete er Stalin.

»Die Deutschen haben den besten Augenblick bereits verpasst«, erwiderte der. »Anscheinend wollen sie erst 1942 angreifen. Machen Sie ruhig Ferien.«[*] Zwar hielt Mikojan es für dumm, gerade zu diesem Zeitpunkt aufzubrechen, aber Molotow zuckte mit den Schultern:

»Kranke brauchen Ruhe.« Also »fuhren wir in Urlaub«, erinnerte sich Schdanows Sohn Juri, »und trafen am Samstag, dem 21. Juni, in Sotschi ein«.

Am 20. Juni warnte der wieder in Berlin eingetroffene Dekanosow Beria ausdrücklich davor, dass der Angriff nun unmittelbar bevorstand. Dieser drohte seinem Günstling, während Stalin murrte, dass der »lahme Kartwelier« wohl nicht »schlau genug« sei »um etwas Bedeutendes herauszufinden«. Beria gab die »Desinformation« mit einem kriecherischen, aber leicht mokanten Vermerk an Stalin weiter:

»Mein Volk und ich, Josef Wissarionowitsch, erinnern uns genau an Ihre weise Voraussage: Hitler wird uns 1941 nicht angreifen!«

Gegen 19.30 Uhr erhielt der auch für die Handelsflotte zuständige Vizepremier Mikojan einen Anruf des Hafenmeisters von Riga: Gerade liefen fünfundzwanzig deutsche Schiffe wieder aus, obwohl viele davon ihre Ladung noch gar nicht gelöscht hätten. Er eilte in Stalins Amtszimmer, wo sich einige der führenden Männer im Gespräch befanden.

»Das wird eine bloße Provokation sein«, herrschte Stalin Mikojan ärgerlich an. »Sollen sie eben das Weite suchen.« Doch im Politbüro

---

* Möglicherweise hatte Stalin Schdanow Mut zugesprochen, um sein eigenes schwankendes Selbstvertrauen zu stärken: Als Dmitrow eine österreichische Warnung weiterleitete, erwiderte Stalin, wenn Schdanow – als Leiter des Militärbezirks Leningrad und der Marine – in Urlaub gehe, so müsse man sich gewiss keine Sorgen machen.

herrschte Alarmstimmung – auch wenn das keiner zugab. Molotow
machte sich erhebliche Sorgen. »Die Lage ist unklar, ein großes Spiel ist
im Gange«, erklärte er am Samstag, dem 21. Juni, dem bulgarischen
Kommunisten Dmitrow. »Nicht alles hängt von uns ab.« General Golikow lieferte Stalin weitere Belege. »Diese Information«, schrieb der darauf, »ist eine Brüskierung Englands. Ermitteln Sie den Urheber, und lassen Sie ihn bestrafen.« Dann meldete die Feuerwehr, dass man in der
deutschen Botschaft Papiere verbrenne. Die britische Regierung und
(überraschenderweise, via Komintern) sogar Mao Tse-tung schickten
Warnungen. Stalin rief Chruschtschew an und gab ihm durch, dass der
Krieg am nächsten Tag ausbrechen könne. Anschließend fragte er bei
Tiulenew, dem Kommandanten von Moskau, an:
»Wie steht es mit der Moskauer Luftabwehr? Achtung, die Lage ist
sehr angespannt. ... Bringen Sie die Truppen der Moskauer Luftabwehr
sofort in 75-prozentige Kampfbereitschaft.«
Am Samstag, dem 21., herrschte in Moskau warmes, drückendes Wet-
ter. Die Schulferien hatten gerade begonnen, Dynamo Moskau sein
Heimspiel verloren, und die Theater gaben *Rigoletto*, *La Traviata* und
Tschechows *Drei Schwestern*. Stalin und das Politbüro tagten ununterbrochen, registrierten ein ständiges Kommen und Gehen. Am frühen
Abend sah man Stalin zutiefst beunruhigt über die anhaltend unheilvollen Berichte, die nicht einmal sein Terror zerstreuen konnte. Gegen
18.30 Uhr gesellte sich Molotow zu ihm.
Vor dem Kleinen Eck saß Poskrebyschew am offenen Fenster und
nippte an seinem Narsan-Wasser. Er rief den jungen Sownarkom-Assistenten Tschadaew an. »Etwas Wichtiges?«, flüsterte der.
»Das würde ich sagen«, gab Poskrebyschew zurück. »Der Boss hat gerade mit Timoschenko gesprochen. Er war sehr erregt. ... Sie erwarten,
Sie wissen ja ... den deutschen Angriff...«
Gegen 19 Uhr wies Stalin Molotow an, Schulenburg kommen zu lassen und bei ihm gegen die deutschen Aufklärungsflüge zu protestieren –
und gleichzeitig herauszufinden, so viel er konnte. Der Graf eilte in den
Kreml, und Molotow begab sich sofort in sein Büro, das im selben Gebäude lag. Unterdessen* rief Timoschenko an und berichtete von den

---

* Die folgende Darstellung beruht auf den Erinnerungen von Molotow, Mikojan,
Schukow, Timoschenko, Hilger und anderen, ihre Zeitangaben jedoch aus dem
Kreml-Terminkalender, der zwar eindeutig unvollständig ist, angesichts der an jenem
Abend herrschenden Furcht, Ungewissheit und Konfusion mit sehr unterschiedli-
chen Zeitangaben für die Sitzungen aber zumindest einen gewissen Rahmen bildet.

Enthüllungen eines deutschen Deserteurs, wonach die Invasion für die frühen Morgenstunden geplant war. Stalin schwankte erneut zwischen der Kraft des Faktischen und dem Selbstbetrug seiner Unfehlbarkeit.

In Molotows Büro stellte Schulenburg erleichtert fest, dass der Außenkommissar noch nicht ahnte, in was für einer schrecklichen Gefahr sein Land schwebte. Der Russe fragte ihn, wieso die Deutschen mit ihren sowjetischen Verbündeten unzufrieden seien. Und warum hatten die Frauen und Kinder vom deutschen Botschaftspersonal Moskau verlassen?

»Nicht *alle* Frauen«, erwiderte Schulenburg. »Meine zum Beispiel ist noch da.« Daraufhin zuckte Molotow, wie Hilger, der Berater des Botschafters schrieb, »resigniert mit den Schultern« und kehrte in Stalins Amtszimmer zurück.

Anschließend kam Timoschenko mit dem größten Teil der Magnaten hinzu – Woroschilow, Beria, Malenkow und dem jungen, aufstrebenden Vizepremier Wosnesenski. Gegen 20.15 Uhr kehrte Timoschenko ins Verteidigungskommissariat zurück, von wo aus er Stalin informierte, dass ein zweiter Deserteur den Einmarsch für 4 Uhr angekündigt hatte. Stalin bat ihn abermals zu sich, und er traf um 20.50 Uhr zusammen mit Schukow und Budjonni ein – der als stellvertretender Verteidigungskommissar den *Woschd* erheblich besser kannte und deshalb weniger fürchtete als die anderen. Budjonni räumte ein, nicht zu wissen, was an der Grenze vor sich ging, da er nur für die Heimatfront zuständig war. Dieser freimütige Mann hatte zwar beim Terror eine etwas undurchsichtige Rolle gespielt, aber auch damals nie ein Blatt vor den Mund genommen, eine in jenen Kreisen ziemlich seltene Einstellung. Jetzt ernannte Stalin ihn zum Kommandeur der Reservearmee. Dann schloss sich noch der wieder in seinen alten Posten – als Leiter der politischen Abteilung der Armee und damit Stalins militärischer Vollstrecker – eingesetzte Mechlis dieser Totenwache an.

»Na, was machen wir jetzt?«, fragte der nervös umherlaufende Stalin. Schweigen. Die Mitglieder des Politbüros saßen leblos da wie Schaufensterpuppen. Timoschenko erhob seine Stimme. »Wir müssen sofort alle Truppen in den Grenzbezirken in volle Gefechtsbereitschaft versetzen!«

Schukow scheint bei der ersten Zusammenkunft um 19.05 Uhr nicht teilgenommen zu haben, und der stellvertretende Stabschef Watutin, der in Schukows Bericht auftaucht, wird überhaupt nicht erwähnt. Ebenso wenig Mikojan. Das heißt jedoch keineswegs, dass sie nicht dort waren: Bei dem hektischen Kommen und Gehen konnten sogar Poskrebyschew ein paar Fehler unterlaufen.

»Haben die den Deserteur nicht absichtlich geschickt, um uns zu provozieren?«, fragte Stalin, wies dann aber Schukow an: »Lesen Sie das vor.« Als Schukow nach seinem Befehl über die höchste Alarmbereitschaft griff, unterbrach Stalin ihn: »Es wäre voreilig, diesen Befehl jetzt schon herauszugeben. Es könnte noch immer möglich sein, die Lage mit friedlichen Mitteln zu bereinigen.« Man müsse jede Provokation vermeiden. Schukow befolgte diese Anweisung genau – immerhin kannte er die Alternative: »Berias Kerker!«

In der Folge sprachen sich die Magnaten zaghaft aus und pflichteten den Generälen darin bei, dass man die Truppen »nur für den Fall« in Alarmzustand versetzen solle. Stalin nickte seinen Generälen zu, die sofort nach nebenan in Poskrebyschews Büro eilten, um den Befehl neu zu entwerfen. Nach ihrer Rückkehr verwässerte ihn der übervorsichtige Lektor noch mehr. Anschließend begaben sich die Generäle wieder zurück ins Verteidigungskommissariat, um den Text an die Wehrkreise weiterzuleiten: »In der Nacht des 22./23. Juni ist ein Überraschungsangriff der Deutschen möglich. ... Unsere Truppen sollen Provokationen aller Art unterlassen.« Und dafür hatte man am Sonntag, dem 22. Juni, bis kurz nach Mitternacht gebraucht.

Stalin erklärte Budjonni, dass der Krieg wahrscheinlich am nächsten Morgen beginnen würde. Dieser brach gegen 22 Uhr auf, Timoschenko, Schukow und Mechlis erst etwas später. Stalin lief weiter durch das Büro. Irgendwann verließ Beria den Raum, vermutlich um die neuesten Geheimdienstberichte zu prüfen, und fand sich gegen 22.40 Uhr wieder ein. Um 23 Uhr ging die Führung in Stalins Wohnung hinauf und nahm am Esszimmertisch Platz. »Stalin beteuerte uns immer wieder, dass Hitler keinen Krieg anfangen werde«, berichtete Mikojan.

»Ich glaube, dass Hitler uns bloß zu provozieren versucht«, soll er gesagt haben. »Er hat doch bestimmt noch nicht endgültig über den Krieg entschieden?«

Um 0.30 Uhr rief Schukow erneut an: Als dritter Deserteur war ein kommunistischer Arbeiter aus Berlin namens Alfred Liskow durch die Pruth geschwommen, um zu berichten, dass man seiner Einheit soeben den Marschbefehl verlesen habe. Stalin überprüfte, dass der Befehl über die höchste Alarmbereitschaft herausgegangen war, und ordnete dann an, Liskow »wegen der Desinformation« zu erschießen. Das ganze Politbüro fuhr dann in einem Konvoi mit NKGB-Eskorten durch die leeren Straßen in Richtung Borowizki-Tor und dann weiter nach Kunzewo hinaus. Nur die Generäle blieben, von Mechlis beobachtet, angespannt im

Verteidigungskommissariat zurück. Doch andernorts in der Stadt konnten die ermüdeten Kommissare, Wachen und Schreibkräfte, die jeden Abend (auch samstags) warten mussten, bis Stalin den Kreml verlassen hatte, nach Hause wanken, um sich schlafen zu legen. Nach Stalins Maßstäben war es noch früh.

Molotow fuhr ins Außenkommissariat, um ein letztes Telegramm an Dekanosow in Berlin aufzugeben, der schon längst versuchte, Ribbentrop zu erreichen, um ihm jene Fragen zu stellen, die Schulenburg nicht hatte beantworten können. Wenig später gesellte er sich zu den anderen nach Kunzewo: »Vielleicht haben wir ja nur einen Film gesehen«, sagte er. Nach einer Stunde des Speisens, Trinkens und Redens kehrten sie gegen 2 Uhr in ihre Kremlwohnungen zurück (die Erinnerungen Schukows, Molotows und Mikojans an jene Nacht gehen auseinander).*

Weit entfernt an der sowjetischen Grenze flogen Bomber der Luftwaffe ihre Ziele an. Auf den Tag genau 129 Jahre zuvor war Napoleons Große Armee in Russland einmarschiert. Hitlers mehr als drei Millionen Soldaten, Deutsche, Kroaten, Finnen, Rumänen, Ungarn, Italiener und sogar Spanier, bestückt mit 3600 Panzern, 600 000 Motorfahrzeugen, 7000 Geschützen, 2500 Flugzeugen und etwa 625 000 Pferden, überquerten die Grenze, um auf fast die gleiche Zahl sowjetischer Soldaten zu stoßen mit nicht weniger als 14 000 Panzern (davon 2000 moderne), 34 000 Kanonen und gut 8000 Flugzeugen. Im Duell zwischen zwei brutalen, rücksichtslosen Egomanen sollte der größte Krieg aller Zeiten beginnen – und beide schliefen wahrscheinlich noch.[2]

---

* Etwa zur gleichen Zeit beschloss Hitler, vor dem Beginn der Invasion ein Stündchen zu schlafen. Jetzt müsse das Kriegsglück entscheiden. Zuvor war ein übermüdeter und ängstlicher »Führer« mit Goebbels im Büro auf und ab gelaufen, um die Proklamation auszuarbeiten, die er dem deutschen Volk am nächsten Tag verkünden wollte. Dieses Krebsgeschwür gelte es auszubrennen, versicherte er Goebbels: »Stalin wird fallen.« Der deutsche Deserteur Liskow wurde noch zweieinhalb Stunden später, als die Invasion begann, vernommen: Man erschoss ihn nicht. Die Ereignisse jener Nacht waren so dramatisch, dass alle Beteiligten unterschiedliche Zeiten im Kopf hatten. Molotow meinte, Stalin gegen Mitternacht, Mikojan ihn gegen 3 Uhr verlassen zu haben. Molotow sagte, dass Schukow, den die meisten Historiker als Quelle benutzen, die Ereignisse bewusst nach hinten verschob, um die eigene Rolle hervorzuheben. Zumindest ein Teil der Konfusion geht indes auf die Zeitverschiebung zwischen Deutschland und Russland zurück. Meine Darstellung basiert auf der russischen Zeit. Einfacher ist es allerdings, sich daran zu orientieren, dass die Invasion genau um 3.30 Uhr deutscher Sommerzeit (4.30 Uhr russischer Zeit) begann, als auch die Anweisungen für Schulenburg aus Berlin eintrafen. Anhand der drei Memoiren ist klar, dass die Gruppe zwischen 21 und 3 Uhr von Stalins Büro in die Wohnung umzog und dann nach Kunzewo fuhr.

Siebter Teil

KRIEG:
DAS LERNENDE GENIE, 1941–1942

33

HOFFNUNG UND ZUSAMMENBRUCH

Stalin hatte sich zurückgezogen, als Schukow in Kunzewo anrief.

»Wer spricht da?«, meldete sich die verschlafene Stimme des NKGB-Generals.

»Schukow. Stabschef. Bitte verbinden Sie mich mit dem Genossen Stalin. Es ist dringend.«

»Was, jetzt gleich? Genosse Stalin schläft gerade.«

»Wecken Sie ihn sofort«, forderte Schukow den Offizier vom Dienst auf. »Die Deutschen bombardieren unsere Städte.«

Danach herrschte Schweigen in der Leitung. Schukow wartete eine halbe Ewigkeit lang. Auch wenn er nicht als Einziger versuchte, Stalin die Invasion zu melden, ließ ihr eigener Chef die Generäle nicht minder vor Schrecken erstarren als der vorrückende Feind. Um 4.17 Uhr (russischer Zeit) rief das Schwarzmeer-Kommando im Verteidigungskommissariat an und meldete Schukow einen ganzen Schwarm von Bombern, um 4.30 Uhr folgte die Westfront, um 4.40 Uhr das Baltikum. Etwa zur gleichen Zeit erhielt Admiral Kusnezow einen Anruf seines Kommandeurs in Sewastopol: Das deutsche Bombardement habe begonnen. Kusnezow ließ sich in aller Eile mit dem Kreml verbinden, stieß dort jedoch auf die für Subalterne von Tyrannen so typische Engstirnigkeit. Da der Beamte Stalins Aufenthalt in Kunzewo für eine Geheimsache hielt, antwortete er:

»Genosse Stalin ist nicht hier, und ich weiß auch nicht, wo er ist.«

»Es geht um eine äußerst wichtige Nachricht, die ich sofort an den Genossen Stalin persönlich weiterleiten muss...«

»Ich kann Ihnen leider nicht weiterhelfen«, sagte der Beamte und legte auf. Also rief Kusnezow bei Timoschenko an, der, mit diesen Meldungen schon überschwemmt, entsprechende Angst hatte, Stalin zu informieren. Kusnezow probierte alle Nummern durch, die er von Stalin besaß, ohne Erfolg, also wandte er sich nochmals an den Kreml:

»Ich fordere Sie auf, den Genossen Stalin davon zu unterrichten, dass deutsche Flugzeuge im Moment Sewastopol bombardieren. Das ist der Krieg!«

»Ich werde es an die zuständige Person weitergeben.« Wenige Minuten später stellte Admiral Kusnezow fest, wer »die zuständige Person« war: Der schlappe, gehemmte Malenkow rief ihn zurück und fragte »mit unzufriedener, verärgerter Stimme«:

»Wissen Sie eigentlich, was Sie da melden?« Noch als deutsche Bomber Kiew und Sewastopol angriffen, Wehrmachttruppen die Grenzen überschritten, bemühten sich Stalins Höflinge, die Realitäten zu verleugnen. Malenkow legte also auf und rief in Sewastopol an, um den Bericht zu überprüfen.

Timoschenko war nicht allein im Büro, denn Mechlis, »der Hai«, verbrachte die Nacht bei den Generälen. Ähnlich wie Malenkow hatte er für sich beschlossen, dass zunächst keine Invasion stattfinden würde. Als der Chef der Flugabwehr, Woronow, mit Neuigkeiten hereinstürzte, war Timoschenko derart nervös, dass er ihm ein Notizbuch aushändigte, und »mich absurderweise aufforderte, meinen Bericht schriftlich abzugeben«, damit er, falls sie alle wegen Hochverrats festgenommen würden, selbst für seine Verbrechen verantwortlich wäre. Dann stellte Mechlis sich direkt hinter ihn und las über die Schulter mit, ob er auch genau das schrieb, was er zuvor gesagt hatte. Zuletzt ließ Mechlis ihn sogar unterschreiben. Timoschenko ordnete an, dass die Luftabwehr das Feuer nicht erwidern sollte. Nach Woronows Einsicht »wollte er einfach nicht glauben, dass der Krieg begonnen hatte«.

Später erhielt Timoschenko einen Anruf von Boldin, dem stellvertretenden Kommandeur des westlichen Sondermilitärbezirks, der ihm aufgeregt den Vormarsch der Deutschen berichtete, doch Timoschenko wies auch ihn an, nichts zu unternehmen.

»Was meinen Sie damit?«, brüllte Boldin. »Unsere Truppen ziehen sich zurück, Städte stehen in Flammen, Menschen sterben…«

»Josef Wissarionowitsch meint, das könne nur eine Provokation einiger deutscher Generäle sein.« Timoschenko wollte, dass jemand anderes Stalin die Wahrheit eröffnete. Er fragte Budjonni: »Die Deutschen bombardieren Sewastopol. Soll ich es Stalin sagen oder nicht?«

»Informieren Sie ihn unverzüglich!«

»Rufen Sie ihn an«, flehte Timoschenko. »Ich habe zu viel Angst davor.«

»Nein, machen Sie das selbst«, gab Budjonni zurück. »Sie sind hier der Verteidigungskommissar!« Am Ende ließ Budjonni sich breitschlagen und versuchte, in Kunzewo durchzukommen. Doch Timoschenko, der die Verantwortung auf mehrere Schultern verteilen wollte, befahl auch Schukow, Stalin anzurufen.

Schukow wartete am Apparat, bis man Stalin geweckt hatte, und drei Minuten später meldete dieser sich. Der Stabschef gab seinen Bericht ab und bat um die Erlaubnis zum Gegenangriff. Dann herrschte Schweigen, nur unterbrochen durch Stalins schweres Atmen.

»Haben Sie mich verstanden?«, fragte Schukow. »Wieder Schweigen. Endlich fragte Stalin: ›Wo ist der Volkskommissar? … Kommen Sie mit Timoschenko in den Kreml. Sagen Sie Poskrebyschew, er soll alle Mitglieder des Politbüros zusammenrufen.‹« Mikojan und die übrigen waren bereits informiert.

»Es ist Krieg!« Jetzt erreichte auch Budjonni Stalin in der Datscha und fügte hinzu, dass Riga ebenfalls bombardiert würde. Stalin rief bei Poskrebyschew an, der in seinem Arbeitszimmer schlief: »Das Bombardement hat begonnen.«*

Stalin eilte in die Stadt. Da er den meisten Politbüromitgliedern untersagt hatte, in ihren Datschen zu bleiben, hielten sie sich alle in Moskau auf. Er fuhr mit dem Aufzug in den zweiten Stock, lief durch die Flure mit den roten Läufern und Wandpaneelen und knurrte beim Betreten seines Vorzimmers Poskrebyschew an: »Rufen Sie jetzt die anderen zusammen.« Schukow zufolge traf das Politbüro erst um 4.30 Uhr ein, aber Molotow gab einen früheren Zeitpunkt an. Dem Kalender von Stalins Büro zufolge begann die Sitzung um 5.45 Uhr, also gut eine Stunde, nachdem die Wehrmacht voll losgeschlagen hatte. Als Erster trudelte Molotow ein, der im selben Gebäude nicht weit von Stalin entfernt wohnte, alsbald gefolgt von Beria, Timoschenko, Schukow und Mechlis.

Stalin brach nicht zusammen. Mikojan hielt ihn lediglich für etwas »gedämpft«. Schukow bemerkte, dass er »bleich am Tisch saß, die gestopfte Pfeife in der Hand«. Woronow erschien der *Woschd* »deprimiert und nervös«, doch im Büro habe er zumindest klar den Ton angegeben.

---

* An jenem Morgen klingelte auch in Schdanows Datscha in Sotschi das Telefon. »Meine Mutter weckte mich«, erinnerte sich Juri Schdanow, »und platzte heraus: ›Es ist Krieg!‹ Dann fuhren wir in aller Eile mit meinem Vater nach Moskau zurück.«

Draußen an den Fronten herrschte Anarchie. Derweil sprach Stalin dort im Raum, wie sich der Sownarkom-Assistent Tschadaew erinnerte, »schleppend, seine Worte vorsichtig wählend, gelegentlich mit versagender Stimme. Als er geendet hatte, schwiegen alle und auch er eine Zeit lang.« Doch erstaunlicherweise hielt er weiter an der Idee fest, dass der Krieg eine »Provokation des deutschen Offizierskorps« sein mochte, unterstellte somit die Existenz eines Tuchatschewski im Oberkommando der Wehrmacht. »Hitler weiß einfach nichts davon.« Auf diese Überzeugung gestützt, wollte Stalin keine Gegenmaßnahmen anordnen, bis er etwas aus Berlin gehört hatte.

»Dieser Schurke Ribbentrop hat uns reingelegt«, sagte er mehrmals zu Mikojan, offenbar nach wie vor Hitler entlastend. Es war jetzt fast fünf Uhr. Stalin wies Molotow an: »Wir müssen schnellstens die deutsche Botschaft anrufen.« Molotow setzte sich dafür an den mit Telefonen übersäten Schreibtisch Stalins und stammelte: »Schicken Sie ihn her.« Schulenburg hatte zuvor bereits Kontakt mit Molotows Büro aufgenommen und um ein Gespräch mit dem Außenkommissar gebeten. »Ich eilte von Stalins Büro in mein eigenes hinauf«, was etwa drei Minuten dauerte. Dort traf Schulenburg in Begleitung Hilgers ein. Der sommerlich leuchtende Kreml badete im ersten Licht der Morgenröte und im Duft der Akazien und Rosen, der von den Alexandrowski-Gärten aufstieg.*

Schulenburg verlas das um 3 Uhr Berliner Zeit eingegangene Telegramm. Die Konzentration sowjetischer Truppen habe das Deutsche Reich gezwungen, militärische »Gegenmaßnahmen« zu ergreifen, so der Schluss. Molotow, dessen Gesicht vor Unglaube und Wut zuckte, brachte schließlich stotternd hervor:

»Soll das eine Kriegserklärung sein?« Auch Schulenburg musste kapitulieren und zuckte nur noch traurig mit den Schultern. Doch Molo-

---

* In Berlin wurde gleichzeitig der sowjetische Botschafter Dekanosow ins Auswärtige Amt zitiert, der bei seiner Ankunft feststellte, dass dort schon deutsche Pressevertreter warteten. Er setzte eine »steinerne Miene« auf und ging zum Empfang bei Ribbentrop im Büro des Fürsten Bismarck, jenes großen Staatsmannes, der Deutschland vor einem Zweifrontenkrieg gewarnt hatte, was Stalin und Schdanow nicht müde wurden zu betonen. Offenbar betrunken, »mit hochrotem Gesicht« und »ein wenig schwankend«, verlas Ribbentrop nun seine Erklärung. »Ich bedaure das zutiefst…«, erwiderte Dekanosow. Er drehte sich um und ging ohne Händeschütteln. Doch als er den Raum verließ, trottete Ribbentrop ihm nach und flüsterte, er habe versucht, Hitler an diesem Feldzug zu hindern, aber der höre ja auf niemanden mehr. »Sagen Sie Moskau, dass ich gegen den Angriff war«, zischelte er ihm zu. Ribbentrop spürte wohl, dass der Pakt mit Molotow den Höhepunkt seiner Laufbahn markiert hatte.

tows Ärger setzte sich gegen seine Erschütterung durch: »Die Botschaft, die ich soeben erhalten habe, kann ja gar nichts anderes bedeuten, da Truppen der Wehrmacht bereits die Grenze überschritten haben und ihre Luftwaffe seit anderthalb Stunden sowjetische Städte wie Odessa, Kiew und Minsk bombardiert.« Molotow schrie jetzt. Das sei ein »in der Geschichte beispielloser Vertrauensbruch«. Damit entfessele Deutschland einen schrecklichen Krieg. »Bestimmt haben wir das mit nichts verdient.« Dann gab es nichts mehr zu sagen. Graf von der Schulenburg verabschiedete sich und fuhr ab, vorbei an Limousinen mit Generälen, die gerade im Kreml eintrafen. Molotow hingegen eilte in Stalins Büro, wo er verkündete: »Die deutsche Regierung hat uns den Krieg erklärt.«

Daraufhin »ließ Stalin sich auf den Stuhl sinken und verlor sich in Gedanken. Es gab eine lange beklemmende Pause.« Tschadaew zufolge sah Stalin »todmüde und erschöpft aus. Sein pockennarbiges Gesicht wirkte verhärmt und gequält.« Es war, so Schukow, »das einzige Mal, dass ich Stalin völlig niedergeschlagen erlebte«. Wenig später raffte er sich mit einer wild optimistischen Losung auf: »Wir werden den Feind auf der ganzen Linie schlagen« – und wandte sich sogleich den Generälen zu: »Was empfehlen Sie?«

Schukow schlug vor, »alle in den Grenzwehrkreisen verfügbaren Mittel gegen die durchgebrochenen Truppen des Gegners einzusetzen und ihren weiteren Vormarsch aufzuhalten«.

»Nicht um sie aufzuhalten, sondern um sie zu vernichten«, unterbrach ihn Timoschenko.

»Erteilen Sie die Weisung«, sagte Stalin, noch ganz unter dem Eindruck seiner geplatzten Selbsttäuschung stehend. »Aber nicht die Grenze überqueren.« Anstelle Stalins unterschrieb später Timoschenko die im Laufe des Morgens erlassenen Anordnungen. Tschadaew stellte fest, dass sich die Stimmung wieder hob: »An jenem ersten Tag des Kriegs erschienen mir doch alle ... recht optimistisch.«

Dennoch hielt Stalin weiter an den Scherben seiner zertrümmerten Illusionen fest und äußerte die Hoffnung, das Problem auf diplomatischem Wege lösen zu können. Niemand wagte es, dieser absurden Vorstellung zu widersprechen, außer Molotow, Stalins Genosse seit 1912, der als einer der Letzten offen mit ihm streiten konnte.

»Nein!«, erwiderte er ihm mit Nachdruck. »Wir haben Krieg, und daran ist jetzt nichts mehr zu ändern.« Bis zum Mittag hatten das Ausmaß der Invasion und die nüchterne Entschlossenheit Molotows Stalin wieder auf den Boden der Tatsachen zurückgeholt:

»Sie sind ohne Vorwarnung über uns hergefallen, haben heimtü-ckisch angegriffen wie gemeine Banditen«, klagte er gegenüber dem Komintern-Chef Dmitrow. Die »Banditen« nutzten den Vorteil des Überraschungseffekts: An der sowjetischen Front schien man auf das Manöver nicht vorbereitet. Die stärksten Truppen Stalins standen im Süden. Doch während sich der deutsche Vorstoß gegen Leningrad und die Ukraine richtete, sollte Hitlers Hauptverband Moskau einnehmen. Die zwei Zangenbewegungen der Heeresgruppe Mitte erschütterten die sowjetische Westfront unter Generaloberst Pawlow, dessen Gegen-attacke fehlschlug, als die Panzer in Richtung Minsk und damit der gro-ßen Straße nach Moskau vorpreschten.

Stalin reagierte auf den Überfall mit einem stetigen Strom von Befeh-len, die zugegebenermaßen in kaum einer Beziehung zum Desaster an der Front standen. Gleichwohl gingen Malenkow, Beria, Mikojan, Kaga-nowitsch und Woroschilow an jenem Morgen im Kleinen Eck ein und aus. Mechlis kam als einer der ersten, Kulik erst später. Der *Woschd* wies Kaganowitsch an, Züge bereitzustellen, um Fabrikanlagen und zwanzig Millionen Menschen aus der Frontregion abzuziehen – möglichst nichts sollte den Deutschen in die Hände fallen. Mikojan oblag es fortan, die Truppen zu versorgen.

Stalin kontrollierte alles minuziös, von der Größe und Form der Bajo-nette bis zu den Autoren und Schlagzeilen der *Prawda*-Artikel, verlor dabei weder seinen Neid auf den Ruhm anderer noch den ausgeprägten Selbsterhaltungstrieb. Erzürnt darüber, dass der Name von General Ko-niew während der ersten Woche mehrmals in der Presse erschien, fand Stalin sogar die Zeit, beim Herausgeber anzurufen und ihn anzuschnau-zen: »Ihr habt jetzt genug über Koniew gebracht.« Unterdessen ver-schwand Stalin selbst absichtlich aus dem Blickfeld der Öffentlichkeit, erschien kaum noch auf den Titelseiten der *Prawda*. Erstaunlicherweise besaß die UdSSR noch kein Oberkommando. Um neun Uhr morgens rief Stalin eine Vorform dieser Institution, die *Stawka*, ins Leben. Selbst-verständlich führte der Erlass ihn selbst als den Oberbefehlshaber auf, doch er strich seinen Namen durch und ersetzte ihn durch den Timo-schenkos.

Alle stimmten darin überein, dass die Regierung den Kriegszustand öffentlich bekannt geben musste. Mikojan und die anderen schlugen vor, dass Stalin persönlich sich an das Volk wenden sollte, aber der lehnte das ab: »Lassen wir Molotow reden.« Schließlich habe der ja auch das Abkommen mit Ribbentrop unterschrieben. Das Gefolge widersprach: Gewiss würde das Volk nicht verstehen, weshalb es nichts vom Premier selbst hörte. Doch Stalin bestand darauf, erst später zu sprechen. »Er wollte nicht als Erster vortreten«, erklärte Molotow. »Er brauchte ein klares Bild ... und konnte nicht wie ein Automat auf alles reagieren. ... Immerhin war er ja auch nur ein Mensch.«

Molotow, der sich nach wie vor als einen politischen Journalisten betrachtete, ging sofort ans Werk, doch Stalin setzte sich beim Entwurf der Bekanntmachung durch. Um die Mittagszeit begab sich Molotow zum Zentralen Fernmeldeamt in der Gorkistraße, direkt oberhalb des Kreml, schaffte es dort, sein Stottern in den Griff zu bekommen, und hielt mit seiner klanglosen, aber leicht zitternden Stimme jene berühmte Ansprache:

»Unsere Sache ist gerecht, der Feind wird zermalmt werden, der Sieg wird unser sein.«

Stalin fand Molotows Vortrag matt und wenig überzeugend, ging aber nach dessen Rückkehr trotzdem in sein Büro hinauf, um ihm zu gratulieren: »Sie klangen zwar ein bisschen nervös, aber der Appell kam gut an.« Molotow brauchte sein Lob. Wenig später klingelte die *Wertuschka*: Es war Timoschenko, der vom Chaos an der Grenze berichtete, wo die Kommandeure, insbesondere Pawlow an der entscheidenden Westfront, die Minsk und die Hauptstraße nach Moskau umfasste, jeden Kontakt zu ihren Truppen verloren hatten.

Begleitet von Molotow, Malenkow und Beria, jenem Trio, das die meiste Zeit des Kriegs im Kleinen Eck verbringen sollte, erfuhr Stalin allmählich von den bestürzenden Erfolgen der Wehrmacht und dem Einbruch der sowjetischen Truppen. In jener ersten Woche traf Beria, der Leiter der Sonderabteilung *Osobji Otdel*, einer für die Aufspürung von Verrätern zuständigen militärischen Geheimpolizei, insgesamt fünfzehnmal mit Stalin zusammen, während Mechlis als politischer Chef der Armee praktisch im Kleinen Eck wohnte: Stalin reagierte auf die Niederlage mit Terror. Doch auch diese beiden in Verbindung mit alten Bürgerkriegsgefährten wie Woroschilow und Kulik konnten ihm kaum noch Trost spenden, als Timoschenko berichtete, dass der Feind bis zum Ende des Tages fast tausend Flugzeuge am Boden zerstört hatte.

»Gewiss hat die deutsche Luftwaffe nicht jeden unserer Flugplätze erreicht?«, fragte Stalin mit düsterer Miene.

»Leider doch.« Doch am Ende war es das Desaster an Pawlows Westfront, das Stalin zu einer wilden, wenn auch ohnmächtigen Wut provozierte:

»Das ist ein ungeheuerliches Verbrechen. Die Köpfe der Verantwortlichen müssen rollen.« Im nächsten Moment befahl er seinen engsten Vertrauten, an die Front zu fahren und die Lage zu sondieren. Als sie zögerten, schrie Stalin:

»Unverzüglich.« Stabschef Schukow wollte die Südwestfront erkunden, fragte allerdings, wer in einer so komplizierten Situation den Generalstab leiten sollte.

»Verlieren Sie keine Zeit«, antwortete Stalin gereizt. »Wir werden hier schon irgendwie zu Rande kommen.« Malenkow und Budjonni, eine seltsame Paarung: der blutlose Bürokrat und der schwadronierende Kosak, flogen nach Briansk, Kulik an die Westfront.

Unterdessen nahm Stalins Terminplan im Kleinen Eck groteske Züge an. Er und Beria machten an jenem Nachmittag gegen 16.45 Uhr als Letzte Schluss, nachdem sie schon seit dem Morgengrauen auf den Beinen waren. Beide glaubten weiter daran, dass ihre Gegenoffensiven den Feind auf das eigene Gebiet zurückwerfen würden. Später müssen sie ein wenig geschlafen haben, doch am Morgen des 23. Juni um 3.20 Uhr saß Stalin wieder in seinem Büro, um sich bis Tagesanbruch mit Molotow, Mechlis und Beria zu besprechen. Am 25. verbrachte Stalin, konfrontiert mit dem freien Fall aller Fronten, die ganze Nacht von 1.00 bis 5.50 Uhr im Büro, wobei seine Empörung zunehmend wuchs, als seine Sondergesandten einer nach dem anderen in der Katastrophe untergingen.

»Dieser Taugenichts Kulik braucht einen Tritt in den Arsch«, fluchte er.[1]

Nur der brutale, mutige, tatkräftige Schukow schaffte es, an der Südwestfront einen massiven Gegenangriff in die Wege zu leiten, indem er jene despotische Erbarmungslosigkeit walten ließ, die ihn während des gesamten Kriegs auszeichnete: »Unverzüglich festnehmen«, lautete einer seiner Standardbefehle an die Sonderabteilungen, zurückweichende Offiziere betreffend. »Und stellen Sie die Kerle sofort als Vaterlandsverräter und Deserteure vor Gericht.«[2]

Der versoffene Possenreißer Marschall Kulik, dessen Kriegsbilanz wenig rühmlich ausfallen sollte, legte die stolze Ledermontur eines Piloten mit Mütze und Schutzbrille an und traf in dieser Kluft am Abend des 23. Juni wie ein bolschewistischer Quax an der Westfront ein. Bestürzt über die Schlappe der Zehnten Armee, sah er sich plötzlich abgeschnitten und umzingelt und wäre fast sogar in Gefangenschaft geraten. Aus dieser Bedrängnis musste er in seinem schicken Aufzug

fliehen. »Marschall Kulik hat sich unbegreiflich verhalten«, meldete
der Regimentskommissar an Mechlis. »Er befahl allen, ihre Uniformen
abzulegen, die Dokumente hinauszuwerfen und dann Bauerntrachten
anzuziehen«, eine Verkleidung, die bestens zu ihm passte. Er verbrannte seine Marschalluniform (und die Fliegerkombi) »und schlug
vor, wir sollten unsere Waffen zurücklassen, wobei er mich persönlich
aufforderte, alle meine Orden und Papiere wegzuwerfen. ... Danach
fuhr Kulik mit einem Pferdewagen über genau die Straße, die soeben
deutsche Panzer eingenommen hatten...«[3] Die Westfront als solche zer-
fiel rasch, und der kränkelnde Marschall Schaposchnikow brach unter
dem hohen Druck zusammen, womit das Hauptquartier auch ihn verlor.

Alsbald schickte Stalin Woroschilow los, um Kulik und Schaposchnikow aufzuspüren. Am 26. Juni traf der »Erste Marschall« mit einem Sonderzug in Mogilew ein, konnte aber weder eine Westfront
noch die beiden Marschälle finden. Schließlich bot sich seinem Adjutanten jedoch ein erbärmlicher Anblick, der eher an ein »Zigeuner-
lager« als an ein Hauptquartier erinnerte, und erspähte dort am Boden
liegend, nur mit einem Mantel bedeckt und ziemlich tot aussehend,
Schaposchnikow. Dann erblickte er den Kommandeur Pawlow, der allein unter einem Baum hockte und im strömenden Regen, den er gar
nicht zu bemerken schien, aus seinem Feldgeschirr *Kascha* aß. Plötzlich rührte sich Schaposchnikow. Als der Adjutant erkannte, dass er
noch lebte, stellte er sich ihm vor. Der vor Schmerzen zuckende Marschall dankte Gott dafür, dass er ihm Woroschilow geschickt hatte.
Pawlow, der inzwischen seine *Kascha* verspeist hatte, sagte völlig benommen und verzweifelt:

»Ich bin erledigt!« Woroschilow fiel mit einem wahren Donnerwetter
von Drohungen über das Lager her und befahl schließlich seinem Adjutanten, nach Kulik zu fahnden. Danach zogen sich die beiden Marschälle
in den Sonderzug zurück, um darüber zu entscheiden, was mit dem armen Pawlow geschehen sollte. Woroschilow zitierte den Kommandeur
herbei und machte ihm heftige Vorwürfe und erinnerte ihn im nächsten
Moment daran, dass er sich einst bei Stalin über ihn beschwert hatte.
Pawlow sank vor ihm auf die Knie, bat um Vergebung und küsste dem
Marschall die Stiefel. Dennoch kehrte Woroschilow pikiert nach Moskau zurück.[4]

Am frühen Morgen des 4. Juli kam Mechlis, um Pawlow wegen Hochverrats abzuholen:

»Wir fordern Sie auf, Festnahme und Strafverfolgung zu genehmigen«, beantragte Mechlis. Stalin begrüßte dieses Vorgehen »als einen geeigneten Schritt, um die Lage an der Front zu verbessern«. Unter Folter belastete Pawlow unter anderem General Merezkow, der alsbald sein Schicksal teilte. Schon vor dem »Verfahren« gegen Pawlow legte Poskrebyschew Stalin den »Urteilsentwurf« vor. Angesichts der üblichen Erfindungen merkte Stalin dazu an: »Ich stimme dem Spruch zu, aber weisen Sie Ulrich an, den ganzen Quatsch über ›konspirative Umtriebe‹ zu streichen. Die Sache darf sich nicht in die Länge ziehen. Keine Rechtsmittel. Und dann informieren Sie sofort die Front, damit man dort weiß, dass wir Defätisten mit voller Härte bestrafen.« Mikojan (wie vermutlich auch der Rest des Politbüros) pflichtete dem Urteil bei und stand noch dreißig Jahre später dazu, als er in seinen Memoiren schrieb: »Es war zwar sehr schade, ihn zu verlieren, aber in der Sache jedenfalls berechtigt.« Am 22. Juli richtete man die vier befehlshabenden Offiziere der Westfront hin. Danach ging eine so rege Flut von Telegrammen ein mit der Bitte um Erlaubnis, Verräter erschießen zu dürfen, dass sie die Leitungen in Mechlis' Büro blockierten. An jenem Tag ermächtigte er die Einheiten, ihre Verräter selbst abzuurteilen und zu exekutieren.[5]

Stalin erfasste allmählich das ganze Ausmaß der Katastrophe. Die Fronten waren völlig außer Kontrolle geraten: Der Feind rückte nach Minsk vor, die Luftwaffe war dezimiert, und dreißig Divisionen lagen darnieder. Am 26. rief Stalin Schukow eilends von der Südwestfront zurück. Als der Stabschef im Kreml eintraf, mussten Timoschenko und General Watutin gerade – »mit vom Schlafmangel geröteten Augen« – vor Stalin stillstehen. Dieser befahl ihnen: »Setzen Sie sich zusammen, um zu beraten, was sich machen lässt.« Er gab ihnen genau vierzig Minuten Zeit, um eine neue Verteidigungsstrategie auszuarbeiten.[6]

Am 25. Juni kam Stalin mit Timoschenko zusammen, um die »extrem ernste Lage an den Fronten zu besprechen«, als der Verteidigungskommissar den Mut fasste, ihn zu fragen, ob man Jakow Dschugaschwili, den ältesten Sohn Stalins aus erster Ehe, der ihn immer nur enttäuscht und nie sonderlich interessiert hatte, tatsächlich wie von ihm gefordert an die Front schicken solle. Stalin unterdrückte seinen Ärger und antwortete:

»Einige, um es gelinde auszudrücken, übereifrige Staatsdiener, bemühen sich immer zu sehr, ihren Vorgesetzten zu gefallen. Ohne Sie persönlich dazurechnen zu wollen, rate ich Ihnen dringend, mir nie wieder solche Fragen zu stellen.« Stalin äußerte sich später nicht mehr zum Thema, sorgte jedoch dafür, dass man seine Ältesten Jakow und Artjom, beide Artilleristen, an die Front schickte. Nachdem Wasili eine Abschiedsfeier für ihn gegeben hatte, brachte Jakows Frau Julia ihren geliebten »Jascha« in einem roten Kleid, das sie deshalb später für verflucht hielt, zum Bahnhof.

Während der ersten zehn Kriegstage rief Stalin eines Abends bei Schenja Allilujewa an, die er seit ihrer Wiederverheiratung ansonsten immer gemieden hatte. Nie zuvor habe sie »Josef so am Boden zerstört gesehen« wie beim anschließenden Besuch in Kunzewo. Er bat sie, Swetlana und die Kinder mit in die Datscha nach Sotschi zu nehmen, und gab ihr dann einen erstaunlich klaren Bericht über die Kriegslage, der sie zutiefst erschütterte, da es in der Propaganda ja nach wie vor hieß, dass die heldenhafte Rote Armee kurz davor stand, den Feind zu vernichten: »Der Krieg wird lange dauern, mit viel Blutvergießen. ... Bitte nimm Swetlana mit in den Süden.« Es zeugte von Schenjas starker Persönlichkeit, die sie zugleich attraktiv und unberechenbar machte, dass sie ablehnte: Sie müsse bei ihrem Mann bleiben. Stalin war »empört und wütend«. Danach sah er Schenja nie wieder.

An ihrer Stelle fuhr Anna Redens mit Swetlana, Alexandra Nakaschidse, Wasilis Frau Galina, Jakows Tochter Gulia und ihren eigenen Söhnen nach Sotschi in die Datscha, wo sie blieben, bis die Front auch in diese Region vorrückte.[7]

Am 28. Juni kesselten die knapp fünfhundert Kilometer weit auf sowjetisches Gebiet vorgedrungenen Deutschen 400 000 feindliche Soldaten ein und eroberten die weißrussische Hauptstadt Minsk. Als die Meldungen während einer von mittags bis fast drei Uhr nachts dauernden Marathonsitzung nach und nach im Kleinen Eck eintrafen, geriet Stalin außer sich. Nach einigen Stunden Schlaf suchte er das Außenkommissariat auf, um Genaueres zu erfahren, wahrscheinlich in Begleitung von Molotow, Malenkow und Budjonni. Der Fall von Minsk öffnete zugleich die Straße nach Smolensk und Moskau, aber erneut hatte Timoschenko im allgemeinen Chaos der Flucht den Kontakt zu seinen Truppen verloren, was Stalin erboste, der um 19.35 Uhr ins Kleine Eck zurückkehrte. Während Timoschenko und Schukow mit immer schlechteren Nachrichten kamen und gingen, gesellten sich Mikojan und Beria anlässlich einer Krisensitzung des Politbüros zu ihren Genossen. Nach Mitternacht rief Stalin bei Timoschenko an, um konkrete Auskünfte über Weißrussland abzufragen, doch es gab keine. Jetzt hatte er endgültig genug.* Stalin stürmte aus dem Konferenzraum, worauf Poskrebyschew und Tschadaew beobachteten, wie er, Molotow und Beria draußen ihren Packard bestiegen.

»Die Deutschen haben offenbar Minsk eingenommen«, sagte Poskrebyschew.

Wenige Minuten später fuhren die »Fünf« beim Verteidigungskommissariat vor. Stalin führte seine Mannen in Timoschenkos Amtszimmer und verkündete dort, dass er sich nun persönlich mit den Frontberichten vertraut machen wolle. Schukow befand sich im Aufbruch, doch Timoschenko gestikulierte ihm zu bleiben. Die »Fünf« versammelten sich um den Kartentisch.

»Was geht in Minsk vor?«, fragte Stalin.

»Darüber kann ich noch keinen Bericht abgeben«, gestand Timoschenko ein.

»Es ist Ihre Pflicht, die Fakten immer klar vor Augen zu haben und uns auf dem Laufenden zu halten«, gab Stalin zurück. »Derzeit haben Sie einfach nur Angst, uns die Wahrheit zu sagen.« Darauf warf der furchtlose Schukow heftig ein:

»Genosse Stalin, erlauben Sie, dass wir weiterarbeiten?«

»Stehen wir Ihnen vielleicht im Weg?«, feixte Beria, den es offenbar empörte, dass jemand so mit Stalin umsprang. Jetzt artete die Sitzung in einen offenen Streit zwischen Schukow und Beria aus, wobei ein erzürnter Stalin in der Mitte stand.

»Sie wissen ja selbst, wie kritisch die Lage an allen Fronten ist. Die Kommandeure erwarten Instruktionen, und die müssen wir ihnen schnellstmöglich geben«, erklärte Schukow.

»Auch wir können Befehle geben«, donnerte Beria.

»Wenn Sie das meinen, dann tun Sie es doch!«, schnauzte Schukow zurück.

---

* Da wir jetzt Zugriff auf so viele unterschiedliche Quellen über diese bemerkenswerte Episode haben, von den Memoiren Molotows und Mikojans bis zu denen des Sownarkom-Assistenten Tschadaew, der dafür den Bericht des stellvertretenden Stabschefs Watutin benutzte, lässt sich diese bislang unklare Geschichte gut rekonstruieren. Mikojan datiert die Begebenheit im Verteidigungskommissariat auf den 29., Tschadaew jedoch auf den 27. Juni, was vom seinerzeit herrschenden Chaos zeugt. Tatsächlich war es der 28., denn wir wissen aus dem Journal, dass Stalin den ganzen 28. im Büro verbrachte, aber weder am 29. noch am 30. dort auftauchte. Schukow zufolge hat Stalin das Kommissariat an jenem Tag zweimal aufgesucht, doch wahrscheinlich fand die Kollision am Abend statt, wie Mikojan es in Erinnerung hatte.

»Wenn die Partei uns beauftragt, werden wir das tun.«

»Also warten Sie bis dahin ab. Derzeit sind wir ermächtigt, das zu machen.« Schukow wandte sich an den Chef: »Entschuldigen Sie meine Offenheit, Genosse Stalin. Wir kriegen das sicher in den Griff, und dann kommen wir zu Ihnen in den Kreml, um zu berichten.« Damit deutete Schukow an, dass die Generäle sachkundiger sein könnten als das Politbüro. Stalin, der bis dahin strikt geschwiegen hatte, konnte nun seine Wut nicht länger beherrschen:

»Sie machen einen schweren Fehler, wenn Sie versuchen, einen Trennstrich zwischen sich und uns zu ziehen. ... Wir alle müssen darüber nachdenken, wie wir den Fronten helfen können.« Mikojan zufolge »explodierte« Stalin dabei regelrecht: »Was heißt hier Großes Hauptquartier? Was für ein Stabschef ist das, der seit dem ersten Kriegstag keinen Kontakt mehr zu seinen Truppen hat, niemanden repräsentiert und niemanden befehligt?«

Unter diesem Sperrfeuer brach der sonst wie versteinerte Schukow in Tränen aus, »schluchzte wie ein Weib« und »rannte in einen Nebenraum«. Molotow folgte ihm. Einer der rauesten Bolschewiken tröstete einen der härtesten Soldaten. Fünf Minuten später kehrten beide zurück. Schukow »wirkte ruhig, hatte aber noch feuchte Augen«.

»Wir waren alle deprimiert«, räumte Mikojan ein. Stalin schlug vor, Woroschilow oder einen anderen hinauszuschicken, um Kontakt mit der weißrussischen Front herzustellen. »Er selbst war sehr niedergeschlagen.« Dann schaute er seine Genossen an.

»Das haben wir nun davon«, sagte Stalin. »Sollen sie es zuerst auf eigene Faust versuchen. Ziehen wir los, Genossen.« Stalin verließ als Erster den Saal. Als sie draußen ihren Wagen bestiegen, sagte er erstmals seit Kriegsbeginn etwas Ehrliches: »Alles ist hin. Ich gebe auf. Lenin hat unseren Staat gegründet, und wir haben alles versaut.« Auf der gesamten Fahrt nach Kunzewo fluchte Stalin in einer Tour weiter. »Lenin hat uns ein großes Erbe hinterlassen, und wir, seine Nachfolger, haben alles verdorben...« Molotow erinnerte sich daran, dass er auch nach ihrer Ankunft im Haus noch tobte: »›Wir haben es vermasselt!‹ Das ›Wir‹ sollte uns alle einschließen.« Stalin erklärte, sein Führungsamt nicht länger ausüben zu können. Er trete ab. In Kunzewo »versuchte Molotow, ihn aufzuheitern«. Dann ließen sie den gebrochenen Mann grollend in der Datscha zurück.*

---

* Ich verwende hier folgende Versionen. Molotow: »Wir haben es versaut«; Mikojan: »Lenin hat uns ein großes Erbe hinterlassen, und wir, seine Nachfolger, haben

Mikojan beeindruckte diese Darbietung nicht. Auf dem Heimweg diskutierte er mit Molotow, dem er vertraute, ohne ihn indes zu mögen, über den Vorgang: Die beiden kannten Stalin besser als irgendwer sonst. »Diese Aussage Stalins hatte uns erschüttert. Hielt er damit alles für unwiderruflich verloren? Wir meinten, dass er nur Effekthascherei betrieb.« Zwar hatten sie Recht damit, dass Stalin teilweise schauspielerte, aber wie Molotow betonte, »war er ja auch nur ein Mensch«. Der Fall von Minsk hatte ihn tief getroffen, zumal er einen Gesichtsverlust vor seinen Genossen und Generälen bedeutete. Daraus resultierte eine schwere Krise seiner Laufbahn.

Tags darauf platzte die Annahme der bloßen »Effekthascherei«, als Stalin nicht wie üblich mittags im Kreml erschien, sondern ganz ausblieb. So entstand ein Machtvakuum, da der Titan, der sonst in Vierzehn-Stunden-Marathons über jedes winzige Detail entschied, eine klaffende Lücke hinterließ. Wenn Stalins Telefon klingelte, nahm Poskrebyschew ab:

»Genosse Stalin ist nicht da, und ich weiß nicht, wann er kommt.« Als Mechlis versuchte, ihn in Kunzewo anzurufen, antwortete niemand. »Ich verstehe das nicht«, seufzte Poskrebyschew. Am Ende des Tages erklärte Stalins *chef de cabinet* resigniert: »Genosse Stalin ist nicht da und wird wahrscheinlich heute auch nicht mehr kommen.«

»Ist er an die Front gefahren?«, fragte der junge Tschadaew.

»Warum löchern Sie mich? Ich habe Ihnen gesagt, dass er nicht da ist, und damit basta.«

Stalin »hatte sich von allen abgeschottet, empfing niemanden und ging nicht ans Telefon«. Er war, so Molotow zu Mikojan und den anderen, »seit zwei Tagen derart niedergeschlagen, dass er sich für nichts mehr interessierte, keinerlei Initiative zeigte und Trübsal blies«. Stalin konnte nicht schlafen, wechselte nicht einmal mehr die Kleidung, sondern wanderte nur rastlos durch seine Datscha. Irgendwann öffnete er die Tür das Wachhauses, in dem Wlasiks Stellvertreter, Generalmajor Rumianzew, sofort aufsprang, aber Stalin sagte kein Wort, sondern kehrte stumm in sein Zimmer zurück. Später berichtete er Poskrebyschew von einem bitteren Geschmack im Mund. Doch Stalin kannte seine Geschichtslektionen. Er wusste, dass sich auch sein »Lehrer« Iwan

alles verdorben«; Beria (via Chruschtschew, der allerdings selbst nicht mit in Moskau dabei war): »Alles ist verloren. Ich gebe auf. Lenin hat uns einen proletarischen Staat hinterlassen, und wir setzen ihn in den Sand«; sowie Tschadaew: »Lenin hat unseren Staat gegründet, und wir haben ihn ruiniert.«

der Schreckliche einmal von der Macht zurückgezogen hatte, um so die Loyalität seiner Bojaren zu prüfen.

Die sowjetischen Bojaren waren in der Tat alarmiert, doch die alten Hasen unter ihnen witterten Gefahr. Molotow hütete sich, irgendwelche Dokumente zu unterschreiben. So blieb die Regierung beim Vormarsch der Deutschen zwei volle Tage lang handlungsunfähig.

»Sie können sich nicht vorstellen, wie es hier aussieht«, sagte Malenkow zu Chruschtschew.

Am Abend des 30. Juni kehrte Tschadaew ins Büro zurück, um sich eine Unterschrift von Stalin als Premier zu holen, aber der hatte noch kein Lebenszeichen gegeben. »Und gestern war er auch nicht hier?«

»Nein, gestern auch nicht«, erwiderte Poskrebyschew ohne jeden Sarkasmus. Doch irgendetwas musste geschehen. Der Neue, Wosnesenski, erschien an Poskrebyschews Schreibtisch wie alle anderen. Als Tschadaew ihn ersuchte, die betreffenden Papiere zu unterschreiben, lehnte er das ab und wollte Stalin persönlich anrufen, aber »in der Datscha meldete sich niemand«. Also rief er oben bei Molotow an, der ein Treffen zu einem späteren Zeitpunkt vorschlug, ohne indes durchblicken zu lassen, dass er bereits mit Beria, Malenkow und Woroschilow in vertraulichen Beratungen über die nächsten Schritte stand. Damals plante der tatkräftige Beria ein Super-Kriegskabinett, eine Art Ultra-Politbüro mit wenigen Mitgliedern und weitreichenden Befugnissen unter Leitung Stalins, dessen Zustimmung vorausgesetzt, dem ferner Molotow, Woroschilow, Malenkow und er selbst angehören sollten, also drei Altbolschewiken und zwei kometenhafte Aufsteiger. Die Nichtberücksichtigung einer Reihe von altgedienten Magnaten bedeutete einen großen Triumph für Beria und Malenkow, die nicht einmal Vollmitglieder des Politbüros waren.

Nachdem dieser Plan feststand, rief Molotow bei Mikojan an, der anschließend mit Wosnesenski sprach, worauf sich das Politbüro versammelte. Die Magnaten hatten noch nie zuvor so viel Macht besessen. Ihre Manöver erinnerten stark an jene Intrigen zwölf Jahre später, direkt nach Stalins Schlaganfall, denn damit bot sich ihnen die einzige wirkliche Möglichkeit nach den gravierenden Enthüllungen in Lenins vernichtendem Testament zwanzig Jahre zuvor, Stalin zu stürzen. Molotow berichtete prompt über dessen Zusammenbruch, doch Mikojan wandte ein, selbst wenn der *Woschd* geschwächt sei, »entfaltet allein schon der Name Stalin eine starke Kraft, um die Moral des Volkes wieder zu heben«. Doch der aufgeblasene Wosnesenski machte einen, wie sich später erweisen sollte, fatalen Fehler:

»Wjatscheslaw!«, appellierte er besorgt an Molotow. »Geh du voran, und wir folgen dir!« Molotow muss bei dieser tödlichen Aufforderung erbleicht sein und wandte sich an Beria*, der jetzt seine Idee preisgab und die Gründung eines Staatlichen Verteidigungskomitees (GKO) vorschlug. Die Anwesenden beschlossen, sofort nach Kunzewo hinauszufahren.

Dort angekommen, standen sie bedrückt vor dem düsteren, dunkelgrünen, inmitten von Nadelwäldern gelegenen Haus, bis man sie einließ und in das kleine Esszimmer führte. Dort saß in einem Lehnstuhl ein nervöser, etwas abgemagerter, »verstört und gequält« wirkender Stalin. Als er diese Abordnung des Politbüros eintreten sah, »erstarrte er zu Stein«. Einem anderen Bericht zufolge begrüßte er sie schon mit neuen depressiven Suaden: »Der große Lenin ist nicht mehr. Wenn er uns jetzt doch nur sehen könnte. Jene, denen er das Schicksal seines Landes anvertraut hat. … Ich werde überschwemmt mit Briefen des sowjetischen Volkes, das uns zu Recht tadelt. … Vielleicht käme es einigen von Ihnen gar nicht ungelegen, mir die Schuld daran zu geben.« Danach musterte er sie forschend und fragte: »Warum seid ihr gekommen?«

Stalin »sah verschreckt und etwas sonderbar aus«, erinnerte sich Mikojan, »und seine Frage erschien uns nicht weniger merkwürdig, denn eigentlich hätte er uns ja von sich aus rufen müssen. Ich selbst zweifelte nicht daran: Er unterstellte, dass wir gekommen waren, um ihn festzunehmen.« Beria beobachtete Stalins Mimik sehr genau. »Ganz offenkundig«, berichtete er später seiner Frau, »rechnete Stalin mit allem, sogar mit dem Schlimmsten.«

Auch die Magnaten selbst fühlten sich keineswegs wohl in ihrer Haut: Beria zog anschließend Mikojan damit auf, dass er sich hinter den anderen versteckt habe. Molotow, der Dienstälteste und damit auch für Stalins Rache Anfälligste von allen, trat vor:

»Danke für deine Aufrichtigkeit«, sagte er einer vielleicht nicht ganz zuverlässigen Quelle zufolge, »und dazu möchte ich dir hier und jetzt mitteilen, dass jeder Schwachkopf, der mich gegen dich aufzuhetzen ver-

---

* Berias Sohn Sergo, dessen Erinnerungen bei privaten Anekdoten zuverlässiger sind als bei politischen Fragen, schreibt diesen Lapsus dem Moskauer Parteichef Alexander Schtscherbakow zu, der Beria oftmals gefragt haben soll, ob er ihn je an Stalin verraten würde. Mikojan, der tatsächlich dabei war, ist zwar viel glaubwürdiger, doch könnte Schtscherbakow wirklich bei einem anderen Anlass, nämlich der Bedrohung Moskaus im Oktober, die Nerven verloren haben.

suchte, teuer dafür bezahlen müsste. Wir bitten dich, wieder an die Arbeit zurückzukehren...«

»Ja, aber denkt gut darüber nach«, antwortete Stalin. »Kann ich den Hoffnungen des Volkes noch gerecht werden? Kann ich das Land zum Sieg führen? Vielleicht gibt es einen würdigeren Kandidaten.«

»Ich glaube, unsere einmütige Überzeugung auszudrücken«, schaltete Woroschilow sich jetzt ein: »Es gibt keinen Würdigeren.«

»*Prawilno!* Richtig!«, bestätigten die Magnaten. Molotow erklärte Stalin, dass Malenkow und Beria vorschlugen, ein Staatskomitee für Verteidigung ins Leben zu rufen.

»Mit wem an der Spitze?«, fragte Stalin.

»Mit Ihnen, Genosse Stalin.« Nun war Stalin sichtlich erleichtert, und »die Spannung wich aus seinem Gesicht« – allerdings schwieg er zunächst eine Zeit lang, um dann anzuheben:

»Also...« Doch nun trat Beria vor und sagte:

»Sie, Genosse Stalin, werden den Vorsitz übernehmen«, um dann die einzelnen Mitglieder aufzuführen.

Stalin bemerkte, dass die Namen Mikojans und Wosnesenskis fehlten, denen Beria sogleich die Regierungsgeschäfte zu übertragen vorschlug. Der pragmatisch gesinnte Mikojan wusste, dass seine Zuständigkeit für die Versorgung der Armee eine wichtige Rolle spielte, und bat um die Ernennung zum Sonderrepräsentanten. Stalin wies Industriezweige zu – Malenkow erhielt den Flugzeugbau, Molotow die Panzerproduktion, Wosnesenski die Rüstungsgüter. Stalin saß wieder fest im Sattel, jetzt als Russlands Oberster Kriegsherr.

Hatte Stalin wirklich einen Nervenzusammenbruch erlitten, oder war das ganze Drama bloß inszeniert? Bei diesem gewieften Politiker lagen die Verhältnisse niemals so eindeutig. Der Zusammenbruch ließ sich angesichts von Stalins Deprimiertheit und Erschöpfung kaum bestreiten. Außerdem passte die Krise durchaus ins Bild, denn ähnliche Episoden hatten sich nach Nadjas Tod und während des Finnischen Winterkriegs abgespielt. Hinzu kommt, dass sich der Kollaps als eine verständliche Reaktion auf seine totale Fehleinschätzung Hitlers darstellt, zumal er diesen fatalen Irrtum kaum vor seinen Höflingen verbergen konnte, die ihn wiederholt Stein und Bein schwören gehört hatten, dass 1941 keine Invasion der Wehrmacht stattfinden würde. Doch damit nicht genug, offenbarte das militärische Versagen auch Stalins Unfähigkeit als Befehlshaber und den dadurch angerichteten Schaden. Jetzt stand der Kaiser entblößt da. So etwas konnte nur ein Diktator überstehen, der zuvor alle möglichen Rivalen aus dem Weg geräumt hatte. In jedem anderen System hätte die Katastrophe zum sofortigen Regierungswechsel geführt, aber ein solcher kam hier nicht infrage.

Doch Molotow und Mikojan lagen nicht ganz falsch: Es ging auch um »Effekthascherei«. Der Rückzug aus dem Machtzentrum war eine wohlerprobte, von Achilles über Alexander den Großen bis zu Iwan dem Schrecklichen erfolgreich angewandte Pose, die es Stalin ermöglichte, sich faktisch vom Politbüro wiederwählen zu lassen, mit dem zusätzlichen Vorteil, einen Schlussstrich unter die bis dahin gemachten Schnitzer zu ziehen. Diese galten jetzt als vergeben: »Stalin genoss wieder unsere Unterstützung«, schrieb Mikojan pointiert. Damit war der Vorfall sowohl ein Zusammenbruch als auch eine politische Restauration.

»Wir haben Stalins eklatanteste Schwächephasen miterlebt«, meinte Beria später, »und das wird Josef Wissarionowitsch uns niemals verzeihen.« Mikojan hatte also gut daran getan, sich möglichst im Hintergrund zu halten.

Am Nachmittag darauf erschien Stalin wieder im Büro, »ein neuer Mensch«, fest entschlossen, die Rolle als Oberster Kriegsherr zu spielen. Am 1. Juli gab die Presse bekannt, dass er den Vorsitz im Staatlichen Verteidigungskomitee (GKO) führte. Wenig später entsandte er Timoschenko als Kommandeur an die für den Schutz Moskaus entscheidende Westfront: Am 19. Juli trat Stalin offiziell sein Nebenamt als Volkskommissar für Verteidigung an und übernahm am 8. August außerdem den Oberbefehl: Von nun an titulierten die Generäle ihn als *Werchownji*, Oberster Befehlshaber. Schon am 16. Juli hatte der *Woschd* das in der Armee verhasste, nach dem Finnlandkrieg abgeschaffte Doppelkommando von Generalstab und politischen Kommissaren wiederhergestellt. Letztere sollten unter der Leitung Mechlis' »den unausgesetzten Kampf gegen Feiglinge, Panikmacher und Deserteure« organisieren, doch diese anmaßenden Zivilisten übernahmen häufig, ebenso wie ihre Vorgesetzten, selbst das militärische Kommando. »Leider waren Männer wie Timoschenko und Schukow Ausnahmen«, klagte Chruschtschew. »Nach der Vernichtung der Alten Garde kamen Männer wie Mechlis, Schtschadenko und Kulik ans Ruder, und im Volkskommissariat für Verteidigung ging es zu wie in einem Zwinger voll tollwütiger Hunde.«* Unterdessen schloss Stalin die

---

* Das Wechseln zwischen dem traditionellen »Einzelkommando« des Generalstabs und dem »Doppelkommando« von Generälen und Parteikommissaren spiegelt die

Sicherheitsdienste NKWD und NKGB unter Beria wieder zusammen. Am 3. Juli wandte er sich mit einer neuen Stimme, als Anführer der russischen Nation, an das Volk:

»Genossen, Bürger«, begann er konventionell seine Rundfunkansprache, betont leise sprechend, sodass man sein Atmen ebenso wie das Schlucken und Abstellen des Glases im gesamten Reich hörte. »Brüder und Schwestern! Kämpfer des Heeres und der Flotte! Ich rufe euch auf, meine Freunde.« Dann kündigte er einen vaterländischen Krieg an, betonte jedoch, dass man den Patriotismus durch Terror stählen müsse: »Feiglinge, Deserteure, Panikmacher« würden in einem »erbarmungslosen Kreuzzug« liquidiert.[8] Einige Nächte später verließen Stalin und Kalinin unter schwerer, von Wlasik kommandierter Bewachung gegen 2 Uhr den Kreml und betraten das Lenin-Mausoleum, um sich von der Mumie ihres Helden zu verabschieden, bevor man diese in einem versiegelten Geheimzug nach Sibirien transportierte.[9]

Stalins neugefundene Entschlossenheit verbesserte die Situation an den Fronten kaum. Innerhalb von kaum drei Kriegswochen hatte Russland bereits etwa zwei Millionen Mann, dreitausendfünfhundert Panzer und mehr als sechstausend Flugzeuge verloren. Am 10. Juli setzten deutsche Panzerverbände ihren Vormarsch in Richtung Smolensk fort, und das Tor nach Moskau fiel sechs Tage später. Bei dem Durchbruch machten die Deutschen weitere dreihunderttausend Gefangene der Roten Armee und eroberten je dreitausend Geschütze und Panzer – allerdings brachte Timoschenkos heftige Gegenwehr ihre Dynamik zeitweise zum Erliegen. Ende Juli gab Hitler der Heeresgruppe Mitte den Befehl, sich neu aufzustellen. Als er die Offensive verstärkte, im Süden Richtung Kiew, im Norden Richtung Leningrad, errang die Wehrmacht zwar beachtliche Siege, doch bis dahin war noch keines der Hauptziele des »Unternehmens Barbarossa« – Moskau, Leningrad und das Donezbecken – erreicht und auch die Sowjetarmee keineswegs restlos ausgelöscht. Während der Generalstab ihn drängte, seine Panzer geballt gegen Moskau zu richten, wollte Hitler erst die Öl- und Getreidefelder des Südens einnehmen. Doch stattdessen ließ er sich auf die Kompromissformel der neuen Doppelstrategie »Moskau und Ukraine« ein.

Entwicklung der Partei wider: Insgesamt dreimal – 1918, 1937 und 1941 – führte man die Teilung der Kompetenzen ein, schaffte sie jedoch anschließend – 1925, 1940 und 1942 – wieder ab, um das Prestige des Militärs zu heben.

Kurz nach dem Fall von Smolensk zitierte Stalin Schukow und Timoschenko in die nahe Datscha, wo er, einen alten Kasack tragend, im Beisein einiger Politbüromitglieder mit kalt gerauchter Pfeife – immer ein Warnsignal! – durch den Raum tigerte. »Das Politbüro hat über die Entlassung Timoschenkos beraten. Was halten Sie davon?« Der Betroffene selbst schwieg, aber Schukow meldete sich zu Wort und widersprach.

»Ich meine fast, damit hat er Recht«, sagte der alte Kalinin, der es seit 1930 noch selten gewagt hatte, eine andere Meinung als Stalin zu vertreten. Der »zündete sich nun gemächlich seine Pfeife an und beäugte das Politbüro«.

»Es sieht so aus, als müssten wir dem Genossen Schukow zustimmen«, verkündete er.

»Sie haben Recht, Genosse Stalin«, pflichteten ihm die anderen im Chor bei. Aber Schukow bekam durchaus nicht immer seinen Willen.[10]

Angesichts der Gefahr noch verheerenderer Einkesselungen im Süden ersann Stalin drakonische Terrormaßnahmen, um seine Truppen zum unerbittlichen Kampfeinsatz zu zwingen. In der ersten Woche billigte er die NKGB-Direktive Nr. 246 mit der Maßgabe, die Familien von in Kriegsgefangenschaft geratenen Männern zu vernichten, und machte sie nunmehr in seiner berüchtigten Weisung Nr. 270 offiziell publik. Diesen radikalen Befehl ließ er mit den Namen Molotows, Budjonnis, Woroschilows und Schukows als Mitunterzeichnern versehen, zum Teil in Abwesenheit der Betreffenden, wie unter Bolschewiken üblich.[11] Die darin angeordneten Sanktionen ruinierten Millionen unschuldiger Soldaten mitsamt ihren Angehörigen und machten auch vor Stalins eigener Familie nicht Halt.*

Am 16. Juli fiel ein Oberleutnant vom 14. Haubitzenartillerieregiment der 14. Panzerdivision, bei Witebsk von Truppen der Wehrmacht eingekesselt und überrannt, den Deutschen in die Hände, da er aus einem besonderen Verantwortungsgefühl weder den Rückzug antrat noch den ehrenhaften Freitod wählte: »Als Kommandeur und Stalins Sohn kann

---

* Nr. 270 trägt ganz die persönliche Handschrift Stalins: »Hiermit ordne ich an, dass 1) jeder, der seine Insignien entfernt und … sich ergibt, als ein heimtückischer Deserteur zu gelten hat, dessen Angehörige als Verwandtschaft eines Eidesbrechers und Vaterlandsverräters festzunehmen sind. Jeder Deserteur ist standrechtlich zu erschießen. 2) Truppen, die in eine Einkesselung geraten, haben bis zum Letzten zu kämpfen … wer sich lieber ergibt, ist mit allen verfügbaren Mitteln zu vernichten, und seine Familie erhält keinerlei Unterstützung.«

ich es meiner Batterie nicht erlauben, vor dem Feind zurückzuweichen.«
Am 19. Juli gab Berlin bekannt, dass sich unter der endlosen Masse sowjetischer Gefangener auch Jakow Dschugaschwili befand. Schdanow übersandte Stalin ein versiegeltes Kuvert mit einem Flugblatt und einem Foto Jakows neben zwei deutschen Offizieren, das der Vater genau inspizierte, geplagt von dem Gedanken, dass sein labiler Sohn zusammenbrechen und Verrat an ihm begehen könnte. Daher verfluchte Stalin Jakow nun schon zum zweiten Mal dafür, dass er nicht einmal in der Lage sei, sich anständig umzubringen.

»Der Narr – schaffte es nicht einmal, sich zu erschießen!«, murrte er Wasili zu. Stalin schöpfte sofort Verdacht gegen Jakows Frau Julia. »Sag ihr vorläufig noch nichts davon«, ermahnte er Swetlana. Wenig später wurde Julia gemäß dem Befehl Nr. 270 festgenommen, sodass ihre dreijährige Tochter Gulia sie zwei Jahre lang nicht sah. Und heute wissen wir auch, wie Stalin über das Schicksal Jakows zürnte und den Rest seines Lebens darüber nachgrübelte.

Wasili schloss er kurzerhand von aktiven Flugeinsätzen aus: »Ein Gefangener genügt mir!« Im Übrigen reagierte er verärgert, als der »Kronprinz« anrief und um mehr Taschengeld für eine neue Uniform und zusätzliche Verpflegung bat:

»1. Soweit ich weiß [schrieb Stalin], reichen die Rationen bei der Luftwaffe noch aus. 2. Eine spezielle Uniform für Stalins Sohn steht nicht auf der Tagesordnung.«[12]

Etwa zur Zeit von Jakows Gefangennahme ging Stalin den ersten Schritt auf Hitler zu. Er und Molotow wiesen Beria an, dem bulgarischen Botschafter Iwan Stamenow einmal auf den Zahn zu fühlen. Der Tschekist gab den Auftrag an Sudoplatow weiter, seinen Fachmann für Hinrichtungen/Nachforschungen, der in seinen halbwegs zuverlässigen Memoiren darüber berichtete: Er sollte anfragen, warum Deutschland den Pakt gebrochen hatte, unter welchen Bedingungen Hitler bereit wäre, den Krieg zu beenden: Ob ihm die Ukraine, Weißrussland, Moldawien und das Baltikum genügen würden? Augenscheinlich hätte diese Regelung ein zweites Brest-Litowsk bedeutet. Beria zufolge sei es allerdings nur darum gegangen, Zeit zu gewinnen. Sudoplatow und Stamenow verabredeten sich am 25. Juli in Berias georgischem Lieblingsrestaurant Aragwi, doch der Bulgare gab die Botschaft gar nicht nach Berlin weiter, sondern sagte:

»Selbst wenn Sie sich bis in den Ural zurückziehen müssten, würden Sie am Ende siegen.«[13]

Unterdessen schritt der deutsche Vormarsch im Süden unaufhaltsam voran. Mit ihren Panzern führte die Heeresgruppe Süd unter Guderian und Kleist eine Zangenbewegung rings um Kiew durch, um die Südwestflanke General Kirponos mit weiteren Hunderttausenden von Soldaten einzukesseln. Damit lag auf der Hand, dass man Kiew würde aufgeben müssen, doch am 29. Juli zitierte Stalin Schukow zu sich, um mit ihm über die Lage an allen Fronten zu diskutieren. Poskrebyschew erklärte Unheil verkündend, das Gespräch könne erst nach der Ankunft Mechlis' beginnen. Als der »düstere Dämon« zusammen mit Beria und Malenkow auf der Bildfläche erschien, sagte der Stabschef voraus, dass die Wehrmacht sich erst im Anschluss an einen Sieg an der Südwestfront nach Moskau zurückwenden würde. Daraufhin schaltete sich Mechlis ein und fragte ihn mit drohendem Unterton, woher Schukow eigentlich so viel über die deutschen Pläne wisse.

»Und was wird mit Kiew?«, wollte Stalin wissen. Schukow erklärte, dass man die Stadt aus militärischen Gründen »werde aufgeben müssen«.

»Was ist das für ein Unsinn?«, empörte sich Stalin.

»Wenn Sie meinen, dass der Generalstabschef nur Unsinn redet, dann hat er hier nichts zu suchen. Ich bitte, mich von den Pflichten des Generalstabschefs zu befreien und an die Front zu schicken«, entgegnete Schukow ungehalten.

»Wer gibt Ihnen das Recht, so mit dem Genossen Stalin zu reden?«, keifte Mechlis.

»Nur nicht so hitzig«, wandte sich Stalin besänftigend an Schukow. »Wenn Sie das aber unbedingt wollen, können wir auch ohne Sie auskommen.« Schukow faltete seine Karten zusammen, packte sie ein und verließ den Raum, nur um vierzig Minuten später erneut antreten und erfahren zu müssen, dass man ihn von seinen Aufgaben als Generalstabschef entbunden hatte, was diesen alten Haudegen fast erleichterte, da er nun wieder aktiv am Kampf teilhaben konnte. »Ich kann jede Arbeit tun. Ich kann eine Division, ein Korps, eine Armee oder eine Front befehligen.« Doch Stalin bremste seinen Elan. »Nicht so hitzig, nicht so hitzig.« Die Nachfolge sollte Schaposchnikow antreten. Stalin wusste zwar, dass er »gesundheitlich nicht ganz auf der Höhe ist, aber das macht nichts, wir werden ihm helfen«. Als Schukow bat, sich verabschieden zu dürfen, lud Stalin ihn »wieder lächelnd« noch zu einem Glas Tee ein: »Wir haben noch einiges zu besprechen.« Die dunkel heraufziehende Katastrophe um Kiew sollte bald die Wahrheit seines scheinbaren »Unsinns« zutage fördern.[14]

Als sich die Panzerzangen um die von Marschall Budjonni und Chruschtschew kommandierte Südwestachse schlossen, bat Letzterer um Erlaubnis, den geordneten Rückzug antreten zu dürfen. Das NKWD informierte Stalin darüber, dass Chruschtschew Kiew aufzugeben plante, worauf der *Woschd* ihn anrief und wutentbrannt davor warnte. Alsbald musste Chruschtschew feststellen, dass Budjonni schon kapituliert hatte.

Obwohl Budjonni, der nicht nur tapferer, sondern auch kompetenter war als die meisten anderen »Kavalleristen«, am 11. September bereits mit seiner Entlassung, wenn nicht sogar Festnahme rechnete, beharrte er nun quasi in letzter Sekunde Stalin gegenüber darauf, dass »jede weitere Verzögerung gewaltige Verluste an Menschen und Material mit sich bringen würde«. Dennoch setzte Stalin ihn am nächsten Tag ab. Statt seiner beorderte er Timoschenko an diese Front und machte ihm ein kurioses Geschenk – zwei mit Hirschen verzierte Pfeifen als Symbol für den Wechsel von Norden nach Süden.

»Sie übernehmen jetzt das Kommando«, sagte Budjonni nach dessen Eintreffen an der Front zu Timoschenko. »Aber lassen Sie uns gemeinsam bei Stalin anrufen und ihn um den Rückzug aus Kiew bitten. Wir sind echte Feldmarschälle, und uns beiden wird er glauben.«

»Ich habe keine Lust, meinen Kopf in die Schlinge zu stecken«, erwiderte Timoschenko. Zwei Tage später gegen 18.20 Uhr verbanden sich Kleists respektive Guderians Panzergruppen 1 und 2 hundertfünfzig Kilometer östlich von Kiew, um fünf vollständige sowjetische Armeen in einer gewaltigen Umzingelung einzuschließen, die traurige Folge von Stalins Starrsinn. Dabei gerieten 452 720 Mann in Gefangenschaft. Am 18. fiel Kiew. Stalins Nerven jedoch hielten dem Desaster stand: »Stopfen Sie das Loch«, befahl er Schaposchnikow. »Schnell!«[15]

Stalin und Beria trieben sowohl die Unterdrückung als auch die Mobilisierung voran. Weitere »Untote« kamen aus ihren Kerkerhöhlen hervor, um die Kriegsanstrengungen zu unterstützen. »Heute kann man sich auf niemanden mehr verlassen«, murmelte Stalin bei einer Konferenz über die Luftabwehr, worauf sich der Flugzeugplaner Jakowlew zu Wort meldete:

»Genosse Stalin, vor gut einem Monat hat man unseren stellvertretenden Volkskommissar Balandin festgenommen. Wir kennen den Haftgrund zwar nicht, können uns aber überhaupt nicht vorstellen, dass er ein Volksfeind ist. Er wird dringend gebraucht. Wir bitten Sie, seinen Fall zu prüfen.«

»Ja«, erwiderte Stalin. »Er sitzt bereits seit vierzig Tagen im Gefängnis, hat aber bisher nichts gestanden. Vielleicht ist er unschuldig.« Tags darauf erschien Balandin »hohlwangig und mit kahlgeschorenem Schädel« bei der Arbeit, »als ob nichts gewesen wäre«. Beria und Mikojan forderten die Freilassung Wannikows, der einsaß, weil er mit Kulik über Probleme der Artillerie gestritten hatte. Man brachte ihn direkt aus der Zelle zu Stalin, der sich förmlich entschuldigte, ihm nachträglich Recht gab und anschließend die Beförderung auf einen hohen Posten mitteilte.

Eine etwas peinliche Situation ergab sich, wenn die »Untoten« mit ihren Peinigern zusammentrafen. Den gleich in der Anfangsphase des Kriegs festgenommenen blonden pausbäckigen General Merezkow hatte sein – bis zur Inhaftierung – ehemaliger Freund, der fröhliche »Theoretiker« Merkulow, grausam gefoltert. Zu dem Vorfall sagte einer der Vernehmungsbeamten später aus: »Hochrangige Funktionäre haben Merezkow brutaler, anhaltender Folter ausgesetzt … und ihn so lange mit Gummiknüppeln geschlagen«, bis er blutüberströmt zusammenbrach. Inzwischen hatte er ein Bad nehmen und sich waschen dürfen, um erneut vor Merkulow treten zu müssen, doch nun eröffnete Merezkow seinem grässlichen Gegenüber, dass er nichts mehr mit ihm zu tun haben wolle.

Beria baute den Terror immer weiter aus.[16] Beim Rückzug des NKWD setzte man nicht alle Häftlinge auf freien Fuß, obwohl Stalin das jederzeit hätte veranlassen können. Maria und Aljoscha Swanidse, jene »deutschen Spione«, die einst seinem engsten Kreis angehört hatten, schmachteten bereits seit Dezember 1937 im Gefängnis. Stalin erinnerte sich an Aljoscha, der, wie er Mikojan erklärte, »zum Tod verurteilt war. Ich habe Merkulow befohlen, ihm vor der Exekution auszurichten, dass man ihn begnadigen könne, sofern er das Zentralkomitee um Vergebung bäte.« Doch Swanidse erwiderte stolz, er sei unschuldig und deshalb außerstande, »zu Kreuze zu kriechen«. Danach spuckte er Merkulow ins Gesicht.

»Das ist meine Antwort an Stalin«, schrie er. Am 20. August 1941 erschoss man ihn. Wenige Tage später wandte sich Stalin in Kunzewo an Mikojan:

»Willst du etwas über Aljoscha hören?«

»Was?« Mikojan hatte Swanidse sehr bewundert und hoffte auf seine Freilassung, doch Stalin verkündete ihm ganz nüchtern seinen Tod.

»Er wollte sich nicht entschuldigen. Welch edler Stolz!«, sinnierte er.

»Wann war das?« fragte Mikojan.

»Man hat ihn erst vor kurzem erschossen.« Die Stalin stets so treu ergebene Maria Swanidse erlitt im Jahr darauf das gleiche Schicksal, zusammen mit Aljoschas Schwester Mariko.[17]

34

»ICH BRENNE VOR EIFER«:
SCHDANOW UND DAS BELAGERTE
LENINGRAD

Während Molotow im Kleinen Eck mit seinem Chef konferierte, herrschte Schdanow im eingeschlossenen Leningrad wie ein kleiner Zar. Stalins Wut richtete sich jetzt gegen die Kommandanten des alten Sankt Petersburg.* Am 21. August 1941 hätte ein nordostwärts gerichteter Vorstoß der Wehrmacht fast sämtliche Verbindungen der Stadt mit dem übrigen Russland gekappt. Daraufhin nahm der inzwischen sechzigjährige Woroschilow dort neben Schdanow das Zepter in die Hand. Beide Männer wollten etwas beweisen, doch als sich die Schlinge um Leningrad allmählich zuzog, mussten sie zunehmend um Stalins Vertrauen kämpfen.

Die Deutschen verstärkten ihren Druck Tag für Tag, und Stalin witterte Defätismus. In einer Raserei der offiziellen Verordnung von Angst und Schrecken warf er den Befehlshabern Laschheit und Unvermögen vor, »diese tödliche Gefahr zu bannen. Die Stawka protestiert gegen die Untergangsstimmung und mangelnde Bereitschaft zu resoluten Maßnahmen unter dem Vorwand, man habe bereits alles Mögliche getan und könne nun nichts mehr machen...«[1] Dann erfuhr Stalin, dass Woroschilow in Anknüpfung an seine ruhmreichen Tage von Zarizyn 1918 plante, die Kampfmoral zu stärken, indem er die Offiziere von ihren Soldaten wählen ließ – aber dieses Mal trat nicht der kleine Trotzki als empörter Kriegskommissar auf den Plan.

»Stoppen Sie sofort die Wahlen, denn sie würden die Armee lähmen und für Ohnmacht in der Führung sorgen«, ordnete Stalin gemeinsam mit Molotow und Mikojan an. »Wir brauchen ein allgewaltiges Kom-

---

* Die Offenlegung der Akten Stalins und Schdanows erlaubt uns heute erstmals, deren verzweifelte Bemühungen um die Rettung Leningrads nachzuzeichnen.

mando, damit sich die Trägheit nicht ausbreitet wie eine Seuche. Hier geht es nicht um Wologda, sondern um die zweitgrößte Stadt des Landes!« Barsch fügte er hinzu: »Wir fordern Woroschilow und Schdanow auf, uns über Einsätze zu informieren, was bisher leider noch nicht geschehen ist.«

»Alles klar«, antwortete Leningrad. »Es lebe der Genosse Stalin. Das sind klare Worte. Vielen Dank!«[2]

Schdanow stellte alle Facetten der Verwaltung Leningrads unter seine Aufsicht und erklärte in einem berühmt gewordenen Ausspruch: »Der Feind steht vor den Toren.« Inzwischen dicklich, asthmatisch und völlig erschöpft, eine Belomor nach der anderen rauchend, stets mit einem olivgrünen Kasack bekleidet, darüber das Pistolenhalfter, befehligte er die Front von der dritten Etage des Smolni-Instituts aus, wo sein mit Bildern von Stalin, Marx und Engels ausstaffiertes Büro im rechten Flügel lag. Sein langer Konferenztisch trug – im Unterschied zum grünen Stalins – einen roten Vliesbezug, und der mit Ural-Steinen verzierte Schreibtisch stammte als Geschenk aus einer Leningrader Fabrik. Wie Stalin trank er seinen Tee aus einem Glas mit Silbermantel, lutschte Würfelzucker und schlief auf seinem Bürosofa. Er schrieb die Leitartikel, wies persönlich den Stromverbrauch zu, drohte »Panikmachern« den sofortigen Tod an und entschied mit über die Manöver an der Front.[3]

Unterdessen bewies Woroschilow erneut den bewundernswerten Mut, den er schon in Zarizyn gezeigt hatte. Als er in Iwanowskoje an der Front erschien, beobachteten die Soldaten, wie der Erste Marschall unter schwerem Granatfeuer herumstolzierte:

»Das ist er! Woroschilow! Klim!«, keuchten sie. »Steht da wie angewurzelt!« Einige Kilometer davon entfernt traf der Marschall auf einige Truppen, die unter einem Angriff der Wehrmacht zusammengebrochen waren. Er ließ sein Stabsfahrzeug anhalten, zog seine Pistole und führte die Soldaten unter Hurrarufen gegen die Deutschen. So konnte der alte Kavallerist sich zwar verwegen geben, es gelang ihm aber nicht, die Front zu stabilisieren.[4]

Stalin nahm den heroischen Firlefanz dieses *beau sabreur* ungerührt hin. Doch die Zuneigung zu Schdanow kühlte rasch ab. Als die Leningrader respektvoll von »Andrei Alexandrowitsch« als ihrem Boss sprachen, fragte Stalin eisig zurück: »Andrei Alexandrowitsch? Nun, welchen meinen Sie denn?« Die ängstliche Zustimmung zu seinen Anordnungen half nicht viel weiter. »Wenn Sie anderer Meinung sind«, ermunterte er Schdanow, »können Sie es offen sagen.« Doch legte Stalin auch seinen verärgerten Sarkasmus an den Tag, als er mit Rotstift kritzelte: »Sie haben nicht auf meinen Vorschlag reagiert. Warum antworten Sie nicht? ... Sind Sie einverstanden? Wann beginnen Sie mit dem Angriff? Wir verlangen jetzt eine sofortige, klare Antwort: ›Ja‹ bedeutet Zustimmung und unverzügliche Ausführung, ›nein‹ bedeutet Ablehnung. Antworten Sie also mit Ja oder Nein. Stalin.« Gleichwohl widerstand er jeder Anwandlung, Schdanow zu entlassen, obwohl ihm das Schicksal Leningrads große Schwierigkeiten bereitete.[5]

Am 21. August warf Stalin angesichts der verzweifelten Lage seine ganze Autorität in die Waagschale und wies Molotow und Malenkow an, sich um Leningrad zu kümmern und dort einen Sündenbock zu ermitteln, was signalisierte, dass Schdanow in Ungnade gefallen war. »An Woroschilow, Malenkow, Schdanow. ... Offenbar hat man an der Leningrader Front nur noch eins im Kopf: irgendeine Art des Rückzugs. Ist es nicht an der Zeit, diese Rückzugshelden davonzujagen?«[6] Doch sie hatten auch eine größere, unausgesprochene Mission – zu erkunden, ob man Leningrad vielleicht aufgeben musste.

Die Reise selbst erwies sich schon als abenteuerlich: Stalins Abgesandte flogen nach Tscherepowets, um von dort aus mit einem Sonderzug westwärts zu fahren, doch plötzlich kam dieser nicht mehr weiter und blieb an dem kleinen Bahnhof Mga etwa vierzig Kilometer östlich der Stadt stehen. In der Ferne sahen die Magnaten einen Bombenangriff, ahnten indes noch nicht, dass dieser den Auftakt zum Vormarsch der Wehrmacht bildete, der nur zwei Tage später zur völligen Umzingelung Leningrads führen sollte. Mga bot den vorerst letzten Zugang. Molotow und Malenkow wussten nun nicht, was sie tun sollten. Sie gingen an den Schienen entlang auf Leningrad zu und bestiegen in einem Vorort wie normale Pendler einen Bus. Auf halbem Weg kam ihnen ein Panzerzug entgegen.

Im Zentrum trafen sie einen Schdanow an, der die Dinge gerade noch so überblickte, sich aber an der Flasche festhielt und mit seinem Asthma zu kämpfen hatte. Schdanow gehörte nie zu den stärksten von Stalins Männern. Molotow betrachtete ihn als »etwas rückgratlos«. Und nun erwies sich der Alkoholismus als entscheidender Makel des ansonsten perfekten Stalinisten. Damals stand er kurz vor dem Zusammenbruch und beichtete Stalin, an einem Punkt die Nerven verloren zu haben, als er während des Bombardements in Panik geriet und sich im Smolni-Bunker versteckte, um heimlich Schnaps zu trinken. Doch gerade diese Beichte trug dazu bei, dass er Stalins Wohlwollen behielt.

Er arbeitete wie ein Besessener und ruinierte dadurch seine Gesundheit endgültig.

Malenkow genoss es, die Geschichte von Schdanows Flucht in den Alkohol herumzuerzählen, und brüstete sich gleichzeitig damit, ihn nie bei Stalin verpetzt zu haben, was indes kaum glaubhaft erscheint. Schdanow kam immer gut mit Molotow aus, aber Malenkow verachtete er schon seit Ende der dreißiger Jahre. Er hatte diesem dicken, eunuchenartigen Bürokraten auch den Spitznamen »Malanja« gegeben. Der wechselseitige Hass dieser beiden adligen Abkömmlinge der Provinzintelligenz schwelte so lange, bis er in einem Massaker endete. Wahrscheinlich ging der Vorschlag, Schdanow festzunehmen, von Malenkow aus, aber Beria, der Stalins Vorliebe für »den Pianisten« kannte, erklärte dazu, dies sei kaum der geeignete Zeitpunkt, um ein Politbüromitglied vor ein Kriegsgericht zu stellen. Molotow stimmte zu: Schdanow sei zwar »ein guter Genosse«, aber momentan »sehr niedergedrückt«.

Abgesehen von der Jagd auf Sündenböcke konnten Stalins Bevollmächtigte kaum etwas zur Verbesserung der Lage beitragen. »Ich befürchte«, schrieb Stalin aufgebracht an Molotow und Malenkow, »dass wir Leningrad durch eine unglaubliche Dummheit verlieren werden und jetzt die restlose Einkesselung der Stadt droht. Was machen Popow [der Frontkommandeur] und Woroschilow? Sie unterrichten uns nicht einmal mehr darüber, welche Maßnahmen sie gegen die drohende Gefahr ergreifen. Offenbar halten sie eifrig Ausschau nach neuen Rückzugslinien. Soweit ich sehen kann, ist das ihr einziges Ziel. ... Das erscheint mir als purer Bauernfatalismus. ... Was für Leute! Ich verstehe gar nichts mehr. Meinen Sie nicht, dass jemand den Deutschen in dieser entscheidenden Richtung das Terrain ebnet? Vorsätzlich? Was für ein Mensch ist Popow? Was treibt Woroschilow? Inwiefern hilft er Leningrad? Ich schneide diese Frage deshalb an, weil mich die Untätigkeit des Leningrader Kommandeurs beunruhigt. ... Kehren Sie wieder nach Moskau zurück, aber nicht zu spät. Stalin.«[7]

Nach der Rückkehr empfahlen die Botschafter Stalin, Woroschilows Nord-West-Achse sofort aufzulösen und den Ersten Marschall zu entlassen, der »stets nur in den Gräben herumsitzt«. Unterdessen fielen Schlüsselberg, die Festung an der Newa, und Mga. Woroschilow meldete das aber nicht nach Moskau, und als Stalin von der Verheimlichung dieser Vorgänge erfuhr, regte er sich mächtig auf.

»Wir sind äußerst entrüstet über Ihr Verhalten«, erklärte er Woroschilow und Schdanow. »Sie berichten uns nur von Verlusten, aber kein

Wort über Maßnahmen zur Rettung von Städten … und über den Fall von Schlüsselburg. Wann wird endlich Schluss sein mit unseren Verlusten? Oder haben Sie bereits entschieden, Leningrad aufzugeben?«[8]

Am 8. September ließ Stalin Schukow in seine Wohnung kommen, wo er mit seinen üblichen Kumpanen – Molotow, Malenkow und dem Moskauer Parteichef Alexander Schtscherbakow* – tafelte.

»Was haben Sie nun vor?«, fragte Stalin beiläufig.

»Zurück an die Front«, antwortete Schukow.

»An welche Front?«

»Ich gehe dorthin, wo Sie mich für nötig halten.«

»Fahren Sie in den Raum Leningrad. … Es ist in äußerst schwierigem Zustand, und wenn die Deutschen Leningrad nehmen und sich mit den Finnen verbinden, wird die Lage noch komplizierter.« Dann händigte er Schukow eine Botschaft an Woroschilow mit folgendem Wortlaut aus: »Übergeben Sie das Kommando auf der Stelle Schukow und fliegen Sie nach Moskau.« Für Schdanow kritzelte er hin: »Heute wird Woroschilow zurückgerufen!«[9]

Schukow übernahm das Kommando im Leningrader Hauptquartier Smolni, um professionelle Führung mit drakonischer Strenge zu verbinden. Der geknickte Woroschilow wandte sich an seinen Stab: »Ade, Genossen«, sagte er. »Die Stawka hat mich zurückgerufen.« Er hielt inne. »Ein alter Mann wie ich hat nichts Besseres verdient. Dies hier ist nicht der Bürgerkrieg. Heute müssen wir ganz anders kämpfen. … Doch dürft ihr keine Sekunde daran zweifeln, dass wir den Naziabschaum zerschmettern werden!«[10]

Im fernen Moskau räumte Stalin derweil ein: »Vielleicht werden wir ›Peter‹ aufgeben müssen.« Aber Schukow verstärkte den Widerstand gegen die deutschen Attacken und führte schließlich einen Gegenangriff.[11] Der eng mit ihm zusammenarbeitende Schdanow legte jetzt Härte an den Tag und beklagte sich darüber, dass seine »Gerichte nicht gegen all jene vorgehen, die falsche und provozierende Gerüchte verbreiten. …

---

* Schtscherbakow gehörte zu den neuen Leuten, die in den dreißiger Jahren über Leichen gegangen waren. »Mit seinem unbewegten Buddha-Gesicht und der dicken Hornbrille, die auf einer kleinen Stupsnase saß«, hatte er sich einen Namen als Fachmann für Kulturfragen gemacht. Als Schwager Schdanows bildete er ein weiteres Beispiel für Eheschließungen innerhalb der Elite, löste später Chruschtschew als Ersten Sekretär Moskaus ab und wurde 1941 zusammen mit Malenkow und Wosnesenski Politbürokandidat. Chruschtschew bezeichnete den gemeinen Alkoholiker und Antisemiten als »einen der niederträchtigsten Charaktere und eine Giftschlange« (vgl. *Chruschtschow*, S. 182).

Die Sonderabteilungen sollten rigorose Verfahren gegen Provokateure und Panikmacher in die Wege leiten, damit die Öffentlichkeit weiß, was wir von diesen Schweinen halten.«[12] Seine Statthalter setzten alle Vorschläge Stalins sofort in die Tat um.* So wies er am 13. November nachdrücklich darauf hin, dass die Wehrmacht in den Kellern gewöhnlicher Wohnhäuser Festen einrichtete. »Der Volkskommissar für Verteidigung, Genosse Stalin, hat folgendes angeordnet«, schrieb Schdanow. »Versuchen Sie beim Vormarsch nicht, bestimmte Stellungen einzunehmen, sondern legen Sie die betreffenden Siedlungen in Schutt und Asche, um die deutschen Stäbe und Einheiten darin zu begraben. ... Setzen Sie sich über Ihre Gefühle hinweg, und zerstören Sie alle Wohngebiete, die auf Ihrem Weg liegen!«[13]

Schukow und Schdanow sorgten dafür, dass die Erstürmung Leningrads die Wehrmacht teuer zu stehen kam. Hitler zögerte, blies den Angriff ab und ordnete statt dessen an, die Metropole auszuhungern und dann dem Erdboden gleichzumachen: Damit begann die insgesamt neunhundert Tage während Belagerung der Stadt. Schdanow gab nicht seine Gewohnheit auf, Stalin zu schreiben: »Der Hauptgrund des Scheiterns lag in der schwachen Leistung unserer Infanterie. Wir haben zwar beherzigt, was Sie uns im Finnlandkrieg sagten«, aber »unsere Leute neigen leider dazu, Dinge nicht zu vollenden und gründlich zu analysieren, sodass sie dann in verschiedene Richtungen laufen. ... Heute arbeiten wir mit Nachdruck daran, unseren Angriffsstil zu verbessern. ... Das Schlimmste ist, dass der Hunger immer weiter um sich greift.«[14]

In der Leningrader Falle saßen 2,2 Millionen Menschen, von denen allein in jenem Dezember 53 000 starben, und ihnen sollten viele weitere folgen. Menschen fielen einfach auf der Straße tot um oder kamen nicht mehr aus dem Bett, und ganze Familien siechten einer nach dem anderen dahin. Überall häuften sich Leichen, und niemand brachte mehr die Kraft auf, sie zu beerdigen. Der Kannibalismus trieb Blüten. Bis Juli 1942 sollen allein in Leningrad rund eine Million Menschen umgekommen sein.

---

* Als Stalin am 31. Oktober hörte, dass die Nazis »Delegationen« russischer Männer und Frauen als menschliche Schutzschilde benutzten, wies er Schdanow an: »Es heißt, manche der Leningrader Bolschewiken hielten es für unmöglich, auf diese ›Delegierten‹ zu feuern. Falls das zutrifft ... muss man diese Leute als erste liquidieren, da sie gefährlicher sind als deutsche Soldaten. Mein Rat: Keine Sentimentalität! Vernichten Sie die Deutschen und ihre Delegierten.«

Mit Hilfe seines angesehenen zweiten Sekretärs Alexei Kusnezow gewann Schdanow sowohl den Respekt Stalins als auch der Leningrader zurück. Allmählich avancierten sie sogar zu Helden, da sie das Schicksal ihrer Bürger teilten und sich mit der Militärration begnügten: pro Tag ein Pfund Brot, eine Schale Fleisch- oder Fischsuppe und etwas *Kascha*. Während in den Straßen Hunderttausende starben, arbeiteten die Funktionäre Tag und Nacht. Kusnezow, ein schlanker hoch aufgeschossener junger Mann mit einem hübschen schmalen Gesicht, hielt Leningrad in Schdanows Momenten der Schwäche zusammen und besuchte gemeinsam mit seinem kleinen Sohn die Schützengräben. Stalin persönlich lobte Kusnezow: »Das Vaterland wird Sie nicht vergessen!«, schrieb er ihm.

Im November ordneten sie den Bau der als »Lebensader« bezeichneten Straße über den dick zugefrorenen Ladogasee an, die später als einziger Versorgungskanal der gesamten Stadt dienen sollte, gleichsam eine Eisbrücke. Während der Hungersnot kümmerte sich Schdanow derart penibel um die Nahrungszuteilung, dass er in einer gewissen Phase als einziger verloren gegangene Rationskarten ersetzen durfte. Manchmal ließ er dabei sogar Funken von Anständigkeit aufscheinen: Als in einer Schule Ruhr ausbrach, verdächtigte er die Lehrer, den Kindern ihre Nahrung zu stehlen und schickte einen General hin, der ihm berichtete, dass die Kinder ihre Rationen nach Hause zu ihren Familien mitnahmen. Dennoch griff er nicht ein.

»Ich würde es genauso machen«, gestand Schdanow und ordnete die Evakuierung der Kinder an. Nach dem Krieg zitierte man ihn mit der Erklärung: »Die Leute starben wie Fliegen, aber die Nachwelt hätte mir eine Aufgabe Leningrads nie verziehen.«[15]

Doch Stalin reagierte wütend, als Schdanow eine gefährliche Unabhängigkeit zeigte: »Meinen Sie etwa, dass Leningrad unter Schdanow nicht zu der UdSSR gehört, sondern auf irgendeiner Insel mitten im Pazifik liegt?«

»Wir geben unseren Fehler zu«, erwiderte Schdanow, der dann ein Problem mit den Einsätzen auf dem Lagodasee meldete, das er auf die »Feigheit und den Verrat« der Kommandeure der 80. Division zurückführte. »Wir ersuchen darum, den Chef der Achtzigsten, Frolow, und seinen Kommissar Iwanow erschießen zu dürfen. ... Der Rat muss Panik und Feigheit auch unter den Offizieren bekämpfen.«

»Frolow und Iwanow gehören erschossen, und geben Sie das an die Medien weiter«, erwiderte Stalin.

»Einverstanden. Wird alles erledigt.«

»Verschwenden Sie keine Zeit«, drängte Stalin. »Jede Sekunde ist kostbar. Der Feind sammelt seine Kräfte vor Moskau. Das bietet an allen anderen Fronten die Chance zu Gegenangriffen. Nutzen Sie die Gelegenheit!«[16]

Schdanow beendete seine handschriftliche Antwort mit: »Wir warten jetzt auf den Beginn der deutschen Niederlage vor Moskau. Leben Sie wohl!« Und dann fügte er noch hinzu: »PS: Ich brenne vor Eifer!«[17]*

Hitler brachte seine Panzer jetzt in Stellung für das Unternehmen Taifun, die Großoffensive gegen Moskau, mit der er Sowjetrussland den Todesstoß versetzen wollte. Die Verbände Guderians umfassten in einem Überraschungsangriff die Front von Briansk, gerade als Stalin im Kreml Lord Beaverbrook, den kauzigen kanadischen Pressebaron, außerdem Mitglied des britischen Kriegskabinetts, und Averell Harriman begrüßte, den adretten, hohlwangigen Eisenbahnerben und amerikanischen Gesandten, der mit ihm über Militärhilfen verhandeln sollte, um Russland auf jeden Fall im Krieg zu halten.

Die beiden Plutokraten beobachteten, wie Stalin angesichts der Katastrophe den großzügigen Gastgeber spielte. »Er wirkte äußerst unruhig, lief kettenrauchend umher und schien uns beiden unter extremer Anspannung zu stehen«, berichtete Beaverbrook. Wie immer schwankte Stalin zwischen Rüdheit und Charme, zeichnete im einen Moment Wölfe auf seinen Notizblock, um im nächsten einen noch ungeöffneten Brief Churchills beiseite zu fegen und auszurufen:

»Die Armseligkeit Ihrer Angebote beweist eindeutig, dass Sie eine Niederlage der Roten Armee anstreben.« Er war »fahl, müde, pockennarbig … fast ausgemergelt«. Am 1. Oktober brach die Moskauer Front zusammen, während Stalin im Großen Kremlpalast ein üppiges Bankett gab. Noch gegen 19.30 Uhr redeten die etwa hundert Gäste im altehrwürdigen, aus dem 19. Jahrhundert stammenden Katharinensaal – mit grüner Seidentapete, alten Porträts in Goldrahmen sowie Sesseln und Diwanen, die das Monogramm Katharinas der Großen trugen – laut durcheinander. Kurz vor zwanzig Uhr begannen die anwesenden Russen gespannt auf das hohe vergoldete Portal zu blicken, und zur vollen Stunde kehrte

---

* Vielleicht als Belohnung für seinen »Eifer« durfte Schdanow, der Stalin seit dem 24. Juni nicht mehr gesehen hatte, am 11. Dezember nach Moskau zurückfliegen und begann dort seinen Wiederaufstieg bis an die Spitze.

Schweigen ein, als Stalin in einem »scheinbar schlackernd an seinem abgemagerten Leib hängenden« Kasack langsam durch die Reihen schritt.

Bei Tisch setzte er sich zwischen die Oberbonzen, wie gewöhnlich Molotow gegenüber, und am anderen Ende handelten Woroschilow und Mikojan in der Folge die westliche Militärhilfe aus.* Als die Kellner einen wahren Segen von Vorspeisen, Kaviar, Suppe, Fisch, Spanferkel, Huhn und Wild, gefolgt von Eiscreme und Gebäck auftrugen, dazu Sekt, Wodka, Wein und armenischen Weinbrand, trank Stalin auf den Sieg, bevor Molotow den Faden aufnahm. Alles in allem zelebrierte man zweiunddreißig Toasts. Sooft Stalin ein Spruch besonders gefiel, spendete er Beifall, redete jedoch gut gelaunt weiter, während andere sprachen. Er »trank ununterbrochen aus einem kleinen Glas (Schnaps)«, schrieb Beaverbrook, der über das Bankett mit der üblichen Klatschsucht eines Kolumnisten des *Daily Express* berichtete. »Er aß ordentlich, ja sogar tüchtig«, naschte Kaviar ohne Brot und Butter direkt vom Messer. Stalin und Beaverbrook, zwei übermütige Gesellen, trieben boshafte Scherze. Letzterer zeigte auf Präsident Kalinin, von dessen Vorliebe für Ballerinen er gehört hatte, und fragte, ob der alte Mann eine Geliebte habe. »Der doch nicht mehr«, gluckste Stalin. »Und, haben Sie denn eine?«

Dann führte Stalin seine Gäste mit auf dem Rücken verschränkten Händen ins Kino, wo er zu Sekt und viel Gelächter zwei Filme zeigen ließ. Zu vorgerückter Stunde, etwa gegen 1.30 Uhr, schlug der rastlose Nachtmensch noch einen dritten vor, aber Beaverbrook konnte kaum noch die Augen offenhalten. Als sich die Gäste aus dem Westen verabschiedeten, schaffte die Wehrmacht gerade den Durchbruch in Richtung Moskau.[18]

Am 3. Oktober nahm Guderian Orel ein, das fast zweihundert Kilometer hinter der vermeintlichen russischen Verteidigungslinie lag. Nach der Zerschlagung von Jeremenkos Briansker und Budjonnis Reserve-Front saßen 665 000 Russen in der Falle. Am 4. verlor Stalin den Kontakt zur aufgeriebenen Westfront unter Koniew, was eine zwanzig Kilometer lange Bresche im Schutzring um Moskau zurückließ. Am frühen Morgen des 5. berichtete Sbytow, der Kommandeur der Moskauer Flugstaf-

---

* Sogar Stalin selbst räumte später ein, dass diese westlichen Beiträge seine Kriegsanstrengungen entscheidend gefördert hatten. Mikojan unterrichtete ihn laufend über das Eintreffen der Rüstungsgüter, ob Lastwagen auf dem Weg über Persien oder Waffen via Archangelsk. Die Lieferungen waren derart dringlich, dass Stalin die Anzahl der Flugzeuge in Mikojans Notizen mit seinem Rotstift addierte. Resultat: 432.

fel, das schier Unglaubliche, dass eine lange Panzerkolonne der Wehrmacht nur hundert Kilometer vom Kreml entfernt über die Uchnowo-Straße auf Moskau zurollte. Diese Nachricht bestätigte ein zweiter Aufklärungsflug. »Na gut«, sagte Stalin zu dem Moskauer Volkskommissar Telegin. »Handeln Sie entschlossen und energisch … mobilisieren Sie schnell alle verfügbaren Kräfte, um den Feind aufzuhalten…«

Gleichzeitig versuchte Stalins Gefolge, die Nachricht noch zu vertuschen, wie man es auch schon im Fall der deutschen Invasion angestrebt hatte. »Schauen Sie«, sagte Beria drohend zu Telegin. »Sie müssen doch nicht jeden Unsinn glauben. Offenkundig sind Sie Gerüchten von Panikmachern und Provokateuren aufgesessen!« Einige Minuten später traf Oberst Sbytow »kreidebleich und zitternd« in Telegins Büro ein. Beria hatte ihm befohlen, auf der Stelle dem gefürchteten Chef der Sonderabteilung, Victor Abakumow, Bericht zu erstatten, der jetzt damit drohte, Sbytow und seine Piloten wegen »Feigheit und Panikmache« einsperren zu lassen. Als ein dritter Erkundungsflug bestätigte, dass alle Fronten zusammengebrochen waren, ließ man die Hyänen los.[19]

Stalin rief Schukow in Leningrad an. »Ich habe nur eine Frage an Sie. Können Sie sofort im Flugzeug nach Moskau kommen?«

»Genügt es, am 6. Oktober früh morgens abzufliegen?«

»Ja, das geht. Wir erwarten Sie also morgen in Moskau.«

»In Ordnung.«

»Bis dann«, verabschiedete sich Stalin. Unterdessen sandte er Woroschilow aus, um die Lage an den Fronten erkunden und so viel wie möglich in Erfahrung bringen zu lassen.[20]

Am Abend des 7. Oktober fuhr Wlasik mit Schukow direkt zum Kreml, wo der stark erkältete Stalin in seiner Wohnung mit Beria sprach. Höchstwahrscheinlich, so Schukow, »ohne meine Ankunft registriert zu haben«, befahl er Beria, »mit Hilfe seiner ›Organe‹ Möglichkeiten zu sondieren, angesichts der kritischen Lage einen Separatfrieden mit Deutschland zu schließen«. Stalin wollte also die deutsche Entschlossenheit auskundschaften, doch dürfte Hitler in keiner Phase weniger zu derartigen Konzessionen geneigt haben als kurz vor dem vermeintlichen Fall Moskaus.* Beria soll eine zweite Annäherung in die Wege geleitet

---

* Beim Erscheinen der Memoiren Schukows 1966 in Moskau galt dieser Sachverhalt für eine Veröffentlichung noch als zu gefährlich, sodass man ihn erst 1990 mit der ungekürzten Fassung publik machte.

haben, und zwar über einen bulgarischen »Bankier« oder den Botschafter, jedoch erneut ohne Erfolg.

Stalin befahl Schukow ohne Umschweife, an die Fronten Koniews und Budjonnis zu fliegen. Er brauchte einen Sündenbock und warf daher die Frage auf, ob Koniew vielleicht ein »Verräter« sei.[21] Sich mitten ins Kampfgetümmel stürzend, fand Schukow die beiden verwirrten Kommandeure der Westfront, den zähen, kahlgeschorenen Koniew und den Kommissar Bulganin, in einem trostlosen, nur schwach mit Kerzen beleuchteten Raum vor. Bulganin hatte soeben mit Stalin gesprochen, ihm aber nichts berichten können, »da wir selbst nichts wissen«. Am 8. gegen 2.30 Uhr rief Schukow bei dem noch immer kranken Stalin an: »Die Hauptgefahr besteht jetzt darin, dass die Linie Moschaisk praktisch schlecht abgesichert ist. Die Panzertruppen des Gegners können deshalb überraschend vor Moskau auftauchen.« »Wo stehen augenblicklich die Reserven?«, fragte Stalin.

»Sie sind westlich und nordwestlich von Wjasma eingekesselt.«

»Was haben Sie vor?«

»Ich fahre jetzt gleich zu Budjonni …«

»Wissen Sie überhaupt, wo Budjonnis Stab ist«, erkundigte sich Stalin.

»Nein. Ich werde ihn irgendwo im Raum Malojaroslawez suchen.«

»Gut, fahren Sie zu Budjonni, und rufen Sie mich von dort aus an.«

Stalin schickte Molotow und Malenkow in den Kessel, um dort das Kommando zu übernehmen – und wiederum Schuld zuzuweisen. Doch herrschte ein solches Chaos, dass Schukow zunächst nicht einmal Budjonni ausfindig machen konnte. In der völlig verlassenen Kleinstadt Malojaroslawez traf er einen in seinem Jeep schlafenden Fahrer an, der sich als Budjonnis Chauffeur erwies. Der Marschall selbst befand sich im Distriktsowjet und versuchte anhand einer Landkarte, seine Truppen zu orten. Die beiden Kavalleristen umarmten einander herzlich. Budjonni, der Schukow während des Terrors vor der Haft bewahrt hatte, erschien jetzt konfus und erschöpft. Am nächsten Morgen erhielt Schukow den Befehl Stalins, ins Hauptquartier der Westfront nördlich von Moschaisk zurückzukehren und dort das Kommando zu übernehmen.

Dort traf er Molotow, Malenkow, Woroschilow und Bulganin an, die sich in einer hässlichen Hatz auf den Sündenbock austobten. Alsbald brach zwischen Koniew und Woroschilow ein offener Streit darüber aus, wer welchen Rückzug angeordnet hatte. Koniews Leben hing am seidenen Faden, als Woroschilow ihn brüllend als »Vaterlandsverräter«

bezichtigte. Doch dann trat Nikolai Bulganin für ihn ein, dieser blonde Extschekist mit Ziegenbärtchen, der schon als Bürgermeister Moskaus und als Chef der Staatsbank gedient hatte. Dieser immer lächelnde Schürzenjäger – dem Beria wegen seiner Arbeiten an der Moskauer Kanalisation, trotz einer aufwendig gepflegten aristokratischen Eleganz, den Spitznamen »der Klempner« gab – galt als furchtbar ehrgeizig und auf höfliche Weise unbarmherzig: Er strebte Koniews Erschießung an, vielleicht um die eigene Haut zu retten.

Als Stalin gerade telefonisch die Festnahme Koniews anordnen wollte, konnte Schukow den Obersten Befehlshaber noch davon überzeugen, dass er ihn als Stellvertreter benötigte: »Sollte Moskau fallen«, drohte Stalin ihm an, »werden Ihrer beider Köpfe rollen. … Organisieren Sie umgehend die Westfront, und handeln Sie!« Zwei Tage später rief Molotow bei Schukow an und drohte ihm mit Erschießung, falls er den Rückzug nicht stoppe. Wenn Molotow es besser könne, solle er doch sein Glück versuchen, gab Schukow zurück, worauf Molotow einhängte.

Schukow verschärfte den Widerstand, obgleich ihm für die Verteidigung Moskaus nur 90 000 Mann zur Verfügung standen. Er kämpfte vor allem darum, Zeit zu gewinnen, wobei die Gefechte in eine beispiellose Grausamkeit ausarteten. Am 18. fielen Kaliningrad im Norden und Kaluga im Süden, und auf dem Schlachtfeld von Borodino fuhren Panzer in Stellung. Dann schneite es, doch der Schnee taute schnell wieder und ließ so einen sumpfigen Morast zurück, der die Deutschen zeitweilig aufhielt. Beide Seiten kämpften verbissen bis zum Äußersten, Panzer gegen Panzer, wie zwei in einem Meer von Schlamm miteinander ringende Riesen.[22]

35

»KÖNNEN SIE MOSKAU HALTEN?«

Stalin kümmerte sich um alle Einzelheiten des Kampfes, führte in seinem kleinen Notizbuch mit Ledereinband sogar Listen über die Truppenstärken und Panzerbestände. »Verbergen die Kerle etwa wieder Geschütze vor mir?«, fragte er Woronow. Schon am 3. August hatte er insgeheim den Aufbau einer besonderen Panzerreserve eigens für Moskau angeordnet: Diese Panzer »sollen unzugeteilt bleiben«, legte er fest. Besucher staunten über Schukow, der »in einem schroffen Kommandoton mit Stalin sprach, als ob er der ranghöhere Offizier sei und dieser sich widerstandslos darein fügte«.[1]

Immer wieder steigerte er die Grausamkeit, ordnete zunächst radikal an, »alle Wohngebiete im Bereich der deutschen Nachhut in einem Abstand von vierzig bis sechzig Kilometern zur Frontlinie in Schutt und Asche zu legen«. Beria, Mechlis und Abakumow, der unaufhaltsam aufsteigende Chef der Sonderabteilungen, berichteten allwöchentlich über die Festnahme und Erschießung straffälliger sowjetischer Soldaten: So schrieb Beria zum Beispiel während der Schlacht um Moskau an Mechlis, dass man seit Kriegsausbruch 638 112 Mann in der Nachhut aufgegriffen und davon 82 865 arrestiert habe, während Abakumow stolz an Stalin meldete, dass seine Sonderabteilungen binnen einer Woche 1189 Deserteure verhaftet und 505 erschossen hätten. An der Front nahe bei Moskau nahmen Bulganins »Abfängerbataillone« mit der Zielsetzung, Feiglinge einzuschüchtern, jetzt in nur drei Tagen 23 064 »Deserteure« fest.[2] Einem Ammenmärchen zufolge hat Stalin den Krieg gegen das eigene Volk in der Zeit zwischen 1941 und 1942 zum ersten und einzigen Male eingestellt, doch in Wahrheit verurteilten seine Feldgerichte in jener Phase insgesamt 994 000 Soldaten und ließen 157 000 davon erschießen – das heißt mehr als fünfzehn Divisionen.[3]

Beria erledigte auch alte Häftlinge. Am 13. Oktober ließ er Poskrebyschews Frau hinrichten, die einst übersprudelnde Bronka, eine Exekution, die ähnlich wie der Mord an den Swanidses nur auf Geheiß Stalins stattfinden konnte. Während des Rückzugs warfen Tschekisten dann Granaten in die Gefängnisse des NKWD oder verlegten ihre Insassen ins Landesinnere. Am 3. Oktober tötete Beria im Wald von Medwedew bei Orel 157 »Prominente« wie die Kamenewa, die Schwester Trotzkis und Witwe Kamenews. Am 28. ordnete er die Erschießung weiterer fünfundzwanzig an, darunter der Luftwaffenkommandeur Rytschagow, der sich bei Stalin über die »fliegenden Särge« beschwert hatte. Die unglückseligen 4905 Insassen des Todestrakts wurden innerhalb von acht Tagen liquidiert.[4]

Auf den Straßen Moskaus sprengte Furcht vor dem deutschen Einmarsch die stalinistischen Sanktionen. Recht und Ordnung brachen zusammen. Am 14. Oktober begann der Mob, Lebensmittelgeschäfte zu plündern und in leer stehende Wohnungen einzubrechen. Das große Heer der Flüchtlinge sah sich Angriffen von Desperado-Banden ausgesetzt. Als Beamte erste Stapel von Akten verbrannten, hing dichter Rauch über der Stadt. Am Kursker Bahnhof »füllte eine Menschenmenge, besonders Frauen, Kinder und Alte, bei schneidender Kälte den Vorplatz. Viele der Babys weinten, aber die Erwachsenen blieben ruhig und ergaben sich geduldig in ihr Schicksal.« Eine Hundertschaft von Soldaten bildete eine Absperrung. Man evakuierte einen Teil der Volkskommissariate und die Familien der meisten Funktionäre nach Kuibyschew. Flak-Geschosse erleuchteten den Himmel, unter dem ein fast völlig verwaister Kreml abgedunkelt und seltsam getarnt lag: Über den zum Fluss hin gelegenen Mauern hing eine riesige Leinwand mit aufgemalten Fassaden wie von einer Häuserzeile, ein regelrechtes Potemkin'sches Dorf.

Beria, Malenkow und Kaganowitsch verloren Stalins Leibwächtern zufolge »die Nerven« und forderten die Bevölkerung zur Flucht auf. »Sonst knallt man uns ab wie Rebhühner«, warnte Beria in einer Versammlung und trat dafür ein, Moskau so schnell wie möglich aufzugeben. Die Magnaten empfahlen Stalin, nach Kuibyschew auszuweichen. Beria bestellte Sudoplatow, den Mann für »Sonderaufträge«, in sein Büro in der Lubianka, wo er gerade mit Malenkow zusammensaß, und befahl ihm, alle Hauptgebäude, von der Metrostation Kaganowitsch bis zum Fußballstadion, in die Luft zu sprengen. Am Abend des 15. trug Beria zu einer weiteren Zuspitzung der Lage bei, indem er sämtliche örtlichen Parteiführer zu einer Konferenz in seinem Büro im bombensicheren Keller des Gebäudes Dserschinskistraße 2 zusammenrief und ihnen verkündete: »Die Verbindungen zur Front sind abgerissen.« Er wies sie an, »alle zu evakuieren, die nichts zur Verteidigung Moskaus beitragen können, und Nahrung an die Einwohner zu verteilen«. Vor manchen Fabriken kam es zu Krawallen, da man die Arbeiter nicht mehr in die bereits verminten Gebäude einließ. Molotow teilte den Botschaftern mit, dass man sie unverzüglich abtransportieren werde.[5]

Stalin selbst setzte eine Miene sphinxhafter Unergründlichkeit auf und weihte niemanden in seine Pläne ein, während sich die Magnaten schon auf eine Evakuierung vorbereiteten. Als die Fliegerangriffe gegen Moskau zunahmen, stieg Stalin in Kunzewo auf seine Dachterrasse und beobachtete von dort aus die Luftkämpfe. Als er einmal vom Garten aus zusah, schlug ein Stück Schrapnell neben ihm ein, und Wlasik überreichte ihm die noch warmen Splitter. Eines Abends kam Wasili zu Besuch. Als ein deutsches Flugzeug das Haus überquerte, eröffneten die Wachen kein Feuer, um nicht die Aufmerksamkeit der feindlichen Piloten auf Stalins Residenz zu ziehen.

»Feiglinge!«, rief Wasili, um anschließend selbst die Geschütze zu bedienen.

Stalin kam heraus: »Hat er etwas getroffen?«, fragte er.

»Nein, natürlich nicht.«

»Ein echter Schützenkönig«, bemerkte er trocken, konnte aber seine innere Anspannung kaum überspielen, die ihn fast über Nacht extrem hatte altern lassen. General Below beschrieb den damaligen Stalin wie folgt: »Ein kleiner Mann mit einem müden, verstörten Gesicht. ... Der Blick war unstet, die Stimme unsicher geworden.« Chruschtschew erschrak regelrecht beim Anblick der zum »Skelett« abgemagerten Gestalt. Als Andrejew und seine Tochter Natascha durch den eisigen Kreml liefen, sahen sie Stalin zwischen den Zinnen hin und her gehen, ganz allein und wie üblich viel zu dünn angezogen, ohne Handschuhe, das Gesicht blau von der Kälte. In jeder freien Minute las er nach wie vor historische Abhandlungen und skizzierte daneben eine neue Biographie Iwans des Schrecklichen, zuerst »Lehrer der Lehrer« und dann: »Wir werden siegen!« Seine Geistesverfassung schwankte zwischen spartanischer Tapferkeit und hysterischen Ausbrüchen. Koniew konnte es kaum fassen, als er Stalin am Telefon weinen hörte.

»Genosse Stalin ist kein Verräter, sondern ein Ehrenmann; sein einziger Fehler lag darin, übermäßiges Vertrauen in die Kavalleristen zu setzen.« Ihn plagten ständige »Sichtungen« von Fallschirmjägern der Wehrmacht, die direkt über Moskau absprangen. »Fallschirmjäger? Wie viele? Eine Kompanie?«, bellte Stalin ins Telefon, als ein General ihm Bericht erstattete. »Wer hat sie gesehen? Sie selbst? Wo sind sie gelandet? Sie sind verrückt. Ich sage Ihnen, dass ich kein Wort davon glaube. Als Nächstes erzählen Sie mir noch, dass sie schon vor Ihrem Büro stehen!« Dann knallte er den Hörer auf die Gabel. »Seit Stunden quälen die mich jetzt schon mit Klagen über deutsche Fallschirmjäger, lassen mich nicht arbeiten. Dummes Geschwätz!«[6]

Stalins Personal plante längst seine Abreise, ohne ihn um Erlaubnis zu fragen. Die Datschen waren vermint. Auf einem geheimen Nebengleis stand ein Sonderzug bereit, beladen mit den wichtigsten Habseligkeiten aus seinen Häusern wie der geliebten Bibliothek. Außerdem hatte man vier amerikanische Flugzeuge des Typs Douglas DC-3 für ihn startklar gemacht.

Am Abend des 15. Oktober befahl Stalin seinen Leibwachen, ihn nach Kunzewo hinauszufahren. Der Kommandant erklärte ihm, die Villa sei verriegelt und vermint, sodass man sie nicht betreten könne, aber Stalin wies ihn an: »Räumen Sie binnen zwei bis drei Stunden die Minen. Feuern Sie im kleinen Haus den Ofen an, damit ich hier arbeiten kann.«

Am nächsten Morgen fuhr er früher als gewöhnlich in den Kreml, und unterwegs erschrak dieser Apostel staatlicher Disziplin und Ordnung beim Anblick von Meuten, die Geschäfte plünderten. Seinen Wächtern zufolge ließ er den Wagen am Smolensker Platz anhalten und sah sich bald von einer Menge umringt, die ihn mit nahe liegenden Fragen bedrängte, zum Beispiel: »Wann wird die Rote Armee den Feind stoppen?«

»Sehr bald«, antwortete er, um anschließend in Richtung Kreml weiterzufahren.[7]

Um acht weckte man Mikojan, der wie üblich bis sechs Uhr morgens gearbeitet hatte, und kündigte ihm eine Besprechung an. Gegen neun versammelten sich die Magnaten in Stalins Wohnung, um über die große Kriegsentscheidung zu debattieren. Dabei schlug Stalin vor, den Regierungssitz nach Kuibyschew zu verlegen, damit die Armee Moskau verteidigen und die Wehrmacht aufhalten konnte, bis er in der Lage wäre, seine Reserven ins Gefecht zu werfen. Molotow und Mikojan erhielten den Auftrag, den Umzug zu organisieren, Kaganowitsch sollte die Eisenbahnkapazitäten bereitstellen. Stalin drängte auf die Abreise des gesamten Politbüros noch am selben Tag, fügte dann aber überraschenderweise hinzu: »Ich werde erst morgen früh folgen.«

»Warum müssen wir heute schon aufbrechen, wenn du erst morgen abfährst?«, wandte sich Mikojan empört an Stalin. »Wir können ebenfalls bis morgen bleiben. Schtscherbakow und Beria dürfen nicht gehen, ohne den Widerstandskampf des Untergrundes geregelt zu haben. Ich selbst bleibe und fahre morgen mit dir.« Stalin stimmte zu. Anschließend begannen Molotow und Mikojan, die Kommissare einzuweisen. Um elf riefen sie den für Äußeres zuständigen Kader an und bestellten ihn direkt zum Kasaner Bahnhof. Im Aufzug wandte sich Kaganowitsch an Mikojan:

»Bitte sag mir Bescheid, wenn du abfährst, damit ich nicht allein hier zurückbleibe.« Beim Kommen und Gehen der Funktionäre in Stalins Büro bekamen ihre Familien nur eine Stunde Zeit, die Stadt zu verlassen.* Tags darauf gegen 19 Uhr bestiegen Aschken Mikojan, ihre drei Kinder, Präsident Kalinin und andere Spitzenfamilien den Zug des Zentralkomitees. Auf dem schwer bewachten Bahnhof standen Damen in Pelzmänteln mit ihren gut gekleideten Kindern plaudernd im Dampf der Lokomotiven, während Soldaten vorsichtig Lattenkisten mit der Aufschrift »Nicht werfen, Glas!« einluden. Poskrebyschew schluchzte, als er die erst dreijährige Natascha mit ihrem Kindermädchen in den Zug setzte, nicht ahnend, dass man ihre Mutter Bronka drei Tage zuvor erschossen hatte. Er versprach, seine Tochter so bald wie nur möglich zu besuchen – und eilte sofort zu Stalin zurück. In der Wartezeit bemerkte Molotows Dolmetscher Walentin Bereschkow, dass die Schneepfützen wieder zufroren. Damit stand zu erwarten, dass die deutschen Panzerverbände ihren Vormarsch fortsetzen würden.

Schukow beschloss, die Stellung zu halten. Allerdings konnte er die an der Spitze herrschende Panik handgreiflich spüren. Wie er einem ausländischen Redakteur versicherte, war er fest davon überzeugt, Moskau ret-

---

* Im fernen Kuibyschew an der Wolga, dem einstigen Samara, das man für den Fall der Preisgabe Moskaus als die neue Hauptstadt auserkoren hatte, waren bereits mehrere Gebäude, darunter die örtliche Parteizentrale und eine Villa in einer schmalen Rinne am steilen Ufer der Wolga, umgeben von gepflasterten Wegen oberhalb des Flusses, für Stalin vorbereitet. Dort entstand ein spezieller, mit einem Aufzug zu erreichender Luftschutzbunker, von dem aus er die Überreste Russlands sollte regieren können. Swetlana Stalin kam in einem kleinen Stadthaus mit Hof unter, das sie sich mit der Haushälterin Alexandra Nakaschidse, Galina, der schwangeren Frau Wasilis, und Jakows Tochter Gulia teilte. Kalinin und seine Geliebte mussten sich ein kleines Haus mit den Mikojans, die Chruschtschews ein ähnliches mit den Malenkows teilen. Die Poskrebyschews, Litwinows und andere wohnten im städtischen Sanatorium.

ten zu können. »Aber sind die da oben es auch?«, zweifelte er, auf Stalin und das Politbüro bezogen.[8]

An jenem Abend trafen die Funktionäre in einem unheimlich verwaisten Kreml ein. Als einer der Kommissare Stalins Wohnung betrat, kam der schnellen Schritts und rauchend aus seinem Schlafzimmer, bekleidet mit seinem alten Kasack und weiter, in die Stiefel gesteckter Hose. Leere Bücherregale zeugten davon, dass man die Bibliothek längst auf die Züge verladen hatte. Niemand setzte sich hin. Stalin hielt plötzlich inne und fragte:

»Wie sieht es jetzt in der Stadt aus?« Die Magnaten schwiegen, aber ein junger Kommissar meldete sich zu Wort: Die Metro fahre nicht mehr, alle Bäckereien hätten geschlossen. Unter den Fabrikarbeitern kursierten Gerüchte über eine Flucht der Regierung. Auch habe die Hälfte der Belegschaften keinen Lohn mehr erhalten, und man munkele, der Staatsbankchef sei mit dem Geld durchgebrannt.

»Nun, das ist gar nicht so schlecht. Ich hatte Schlimmeres befürchtet.« Stalin ordnete an, das Geld auf dem Luftweg aus Gorki zurückzuholen. Schtscherbakow und Pronin, der Moskauer Parteichef und Bürgermeister, sollten die Ordnung wiederherstellen und der Bevölkerung über Rundfunk bekanntmachen, dass Moskau bis zum letzten Blutstropfen verteidigt würde. Stalin blieb im Kreml. Seine Funktionäre schwärmten in die Stadt aus: Mikojan trat bei den Stalin-Automobilwerken mutig fünftausend aufgebrachten, weil unbezahlten Arbeitern entgegen. Aber die Unruhen hielten an. Versprengte Trupps und Diebe zogen durch die Straßen. Sogar die gegenüber dem Kreml an der Moskwa gelegene britische Botschaft fiel Plünderern zum Opfer, nachdem ihre Wachen die Flucht angetreten hatten. Sprengkommandos verminten die sechzehn Brücken Moskaus.[9]

Stalin zögerte zwei endlose Tage lang. Niemand weiß genau, was er in dieser Zeit trieb, aber jedenfalls erschien er nicht mehr im Büro. Doch auf dem Höhepunkt des legendären Kampfes um Moskau döste der Oberste Befehlshaber tatsächlich in seinen Mantel gehüllt auf einer Matratze tief im Orkus der Metro. Stalins Arbeitsweise offenbart einen haarsträubenden Mangel an systematischer Vorbereitung auf den Krieg. Trotz häufiger Luftangriffe besaß weder der Kreml noch Kunzewo irgendwelche Schutzbunker. Während Kaganowitsch den längst überfälligen Bau der notwendigen Anlagen (nach dem Modell des Kleinen Ecks) überwachte, zog der Kriegsherr zur Arbeit in den einzigen vorerst verfügbaren Kommandoposten um, die Luftabwehrzentrale in der Kirowstraße 33 (heute Mjasnizkaja), wo es auch Schlafgelegenheiten gab. Bei Fliegeralarm fuhr er mit dem Lift in die Metrostation Kirow (heute Tschistje Prudi) hinab, bis am 28. Oktober eine Bombe direkt im Vorhof des Hauses detonierte. Danach arbeitete und schlief Stalin ständig unterirdisch.[10]

Zum Kampieren diente dort ein speziell umgebautes, mit einer Sperrholzverkleidung gegen Lärm geschütztes Abteil. Viele seiner Mitarbeiter schliefen in dazu umfunktionierten, gleich nebenan abgestellten U-Bahnwagen, während sich der Generalstab in der Station Belorusski eingerichtet hatte. Das neue Hauptquartier tief unterhalb der Kirowstraße bestand aus Büros mit Schreibtischen und Schlafabteilen. Nach vielen Stunden angestrengter Arbeit begab sich Stalin schließlich am frühen Morgen in seine Koje. Wlasik und die Leibwächter hielten davor Wache. Der Stabsoberst Sergei Schtemenko, ein tüchtiger charismatischer Kosak im Alter von vierunddreißig mit einem vollen schwarzen Schnurrbart, ging Stalin tatkräftig zur Hand, und manchmal »kampierten« sie auch zusammen im Büro. Man kann sich kaum andere Kriegsherren vorstellen, die ein solches Leben führten, aber Stalin war seit seinen frühen Revoluzzertagen daran gewöhnt.

Am 17. Oktober hielt Schtscherbakow seine Rundfunkansprache, um die Moral in Moskau zu stärken, allerdings mit wenig Erfolg, da in den Straßen Banden von Deserteuren ihr Unwesen trieben und Flüchtlinge ihre Habseligkeiten auf Karren luden. Stalin debattierte nach wie vor darüber, ob man Moskau verlassen solle, doch schließlich kam der Moment – wahrscheinlich am späten Abend des 18. –, in dem er sich entscheiden musste. Wie es der Luftwaffengeneral Golowanow darstellte, erschien Stalin verzagt und unentschlossen. »Was sollen wir machen? Was sollen wir machen?«, habe er sich immer wieder gefragt.

Im unsichersten Augenblick seiner Laufbahn erörterte Stalin die Entscheidung mit Generälen und Kommissaren, Leibwächtern und Dienern, und selbstverständlich las er weiter historische Werke. Er griff zur 1941 publizierten Biographie von Kutusow, der einst Moskau aufgegeben hatte. »Bis zur letzten Minute«, das unterstich er dick, »wusste niemand, was Kutusow zu tun beabsichtigte.« In der Kremlwohnung servierte Waletschka wie üblich in weißer Schürze den Magnaten freundlich ihr Essen. Als einer der Herren zur Evakuierung zu neigen schien, fiel Stalins Blick auf seine »immer lächelnde« Haushälterin.

»Walentina Wasilewna«, fragte er sie plötzlich. »Wären Sie bereit, Moskau zu verlassen?«

»Genosse Stalin«, antwortete sie in ihrer bäuerlichen Mundart. »Moskau ist unsere Mutter, unsere Heimat. Wir sollten es verteidigen.«

»So reden echte Moskowiter!«, erklärte Stalin dem versammelten Politbüro.

Auch Swetlana, die sich aus Kuibyschew meldete, schien eine Aufgabe Moskaus abzulehnen. »Liebster Papa, mein großer Gebieter. … Warum rücken die Deutschen immer weiter vor? Wann bekommen die endlich eins aufs Dach, wie sie es verdienen? Schließlich können wir denen doch nicht unsere ganzen Industriestädte überlassen.«

Stalin rief bei Schukow an und fragte: »Sind Sie sicher, dass wir Moskau halten können? Ich frage Sie das schweren Herzens. Sagen Sie die Wahrheit, wie es sich für einen Bolschewiken gehört!«* Schukow sicherte ihm zu, die Stadt ohne jeden Zweifel verteidigen zu können. »Es wirkt ermutigend, dass Sie so fest davon überzeugt sind.«[11]

Stalin ließ sich von seinen Leibwächtern zur Datscha in Semjonowskoe bringen, die weiter ab vom Kampfgeschehen lag als Kunzewo. Beria gab auf georgisch zu bedenken, dass auch diese vermint sei, aber Stalin bestand ärgerlich auf seinem Vorhaben. Dort angekommen, musste er feststellen, dass der Kommandant gerade dabei war, die letzten persönlichen Dinge einzupacken.

»Was für ein Umzug geht denn hier vor?«, fragte er bissig.

»Genosse Stalin, wir bereiten die Evakuierung nach Kuibyschew vor.«

Stalin könnte seinen Chauffeur angewiesen haben, ihn zu einem Sonderzug zu bringen, der unter strenger Bewachung am Knotenpunkt Abelmanowski stand. Einer Quelle aus Stalins Büro zufolge ging er den abfahrbereiten Zug entlang. Mikojan und Molotow erwähnen das nicht, zumal schon die schiere Andeutung, dass Stalin sich in der Nähe eines Zuges aufhielt, hätte Panik auslösen können. Von dort zurückgekehrt, befahl Stalin dem Kommandanten seiner Datscha, mit dem Verpacken aufzuhören: »Keine Evakuierung. Wir harren bis zum Sieg hier aus«, ordnete er »ruhig, aber bestimmt« an.

Wieder im Kreml, rief er seine Wachen zusammen und erklärte ihnen: »Ich werde Moskau nicht verlassen, und Sie bleiben ebenfalls

---

* Schukow erinnerte sich daran, dass er ihn dies Mitte November erneut gefragt hatte, aber W. P. Pronin zufolge, dem Vorsitzenden des Moskauer Sowjet (Bürgermeister), wurde die Frage am 16. oder 17. Oktober gestellt. Allerdings geschah das zweifellos mehrfach.

hier.« Danach wies er Kaganowitsch an, den Sonderzug wieder abzube-
stellen.[12] Das autokratische System erlaubte es den zwischen Defätismus und Trotz schwankenden Magnaten, ihr je eigenes Süppchen zu
kochen, bis am Ende Stalin selbst ein Machtwort sprach, das dann als
Gesetz galt. Am »nasskalten« Abend des 18. Oktober saß das für die
Verteidigung der Stadt zuständige Team vollzählig in Berias Amtszimmer, wo der Georgier »uns weiter davon zu überzeugen versuchte, dass
man Moskau aufgeben müsse. Er meinte«, schrieb einer der Beteiligten, »dass wir uns bis hinter die Wolga zurückziehen sollten. Womit
wollen wir Moskau verteidigen? Wir haben doch nichts in der Hand.
… Die werden uns hier alle abkochen.« Malenkow stimmte ihm zu.
Molotow dagegen »murrte Einwände«, während die anderen »bloß
schwiegen«. Beria soll der Hauptfürsprecher eines Rückzugs gewesen
sein, galt jedoch später ohnehin als der große Sündenbock. Auch der
alkoholsüchtige Moskauer Parteichef Schtscherbakow plädierte für
Rückzug, und es scheint, als habe er die Fassung verloren: Anschließend fragte er Beria »völlig verunsichert«, was wohl mit ihm geschähe,
wenn Stalin das herausfände.

Am 19. gegen 15.40 Uhr zitierte Stalin seine Magnaten und Generäle
ins Kleine Eck. Dort »stellte er sich auf den Tisch« und erklärte:

»Sie alle kennen die Lage. Sollen wir Moskau verteidigen?«

Niemand antwortete, und ein »düsteres Schweigen« setzte ein. Stalin
wartete etwas ab und verkündete dann: »Wenn Sie nicht reden wollen,
werde ich jeden Einzelnen von Ihnen nach seiner Meinung fragen.« Er
begann mit Molotow, der bei seiner Haltung blieb:

»Wir müssen Moskau verteidigen!« Alle, auch Beria und Malenkow,
stimmten zu. Beria hatte sich zu Stalins Auffassung bekehrt, wie sein
Sohn einräumte: »Mein Vater hätte sich niemals so verhalten, ohne die
Reaktionen Stalins zu kennen und vorauszuahnen.«

»Sobald Sie Moskau verlassen, wird es verloren sein«, erklärte Beria.
Doch Schtscherbakow gehörte zu jenen, die Zweifel anmeldeten.

»Ihre Einstellung lässt sich so oder so auffassen«, sagte Stalin. »Entweder Sie sind Nichtsnutze und Vaterlandsverräter oder einfach Schwachköpfe. Ich ziehe es vor, Sie für Schwachköpfe zu halten.« Danach legte er
seine Sicht der Dinge dar und bat Poskrebyschew, die Militärs herein-
zuholen. Als Telegin und NKWD-General Artemew, der Kommandant
Moskaus, eintraten, lief Stalin heftig an seiner Pfeife ziehend über den
schmalen Teppich auf und ab. »Die Gesichter der Anwesenden«, berichtete Kommissar Telegin, »zeugten davon, dass soeben eine kontroverse

Diskussion stattgefunden hatte und die Emotionen immer noch hochgingen. Stalin sprach uns ohne Gruß an:

›Wie ist die Lage in der Stadt?‹

›Alarmierend‹, antwortete Artemew.

›Was schlagen Sie vor?‹ keifte Stalin ihn an.

›Wir sollten für Moskau den Belagerungszustand ausrufen‹, gab Artemew zurück.

›Richtig!‹« Sofort wies Stalin seinen »besten Schreiber«, Malenkow, an, den Text aufzusetzen. Als dieser den weitschweifigen Erlass vorlas, packte Stalin dermaßen die Wut, dass er sich auf ihn stürzte und ihm »buchstäblich die Blätter aus der Hand riss«. Danach diktierte er Schtscherbakow kurzerhand eine gestraffte Fassung mit der Anordnung, alle Verdächtigen »auf der Stelle zu erschießen«.

Stalin stellte die Divisionen zur Verteidigung Moskaus zusammen, benannte viele davon aus dem Gedächtnis und rief dann ihre Kommandeure direkt an. Man schickte Beamte des NKWD auf die Straßen hinaus, wo die Tschekisten Deserteure und sogar beim Fluchtversuch ertappte Pförtner erschossen. Die Entscheidung, vor Ort zu bleiben und zu kämpfen, war gefallen. Wie der Komintern-Chef Dmitrow erklärte, wog die Anwesenheit Stalins in Moskau »eine ganze Armee auf«. Der *Woschd* selbst zeigte sich durch das Ende der Ungewissheit wieder erfrischt. Als ein Kommissar von der Front anrief, um mit ihm Pläne für eine Evakuierung ostwärts zu erörtern, unterbrach Stalin ihn mitten im Satz:

»Sagen Sie, haben Ihre Kameraden Spaten?«

»Wie bitte, Genosse Stalin?«

»Ob sie Spaten haben?« Der Kommissar gab die Frage nach hinten weiter.

»Was für Spaten, Genosse Stalin – gewöhnliche oder spezielle zum Ausheben?«

»Das ist egal.«

»Ja, wir haben Spaten! Was sollen wir damit machen?«

»Sagen Sie Ihren Kameraden«, gab Stalin ruhig zurück, »dass sie ihre Spaten nehmen und sich damit Gräber schaufeln sollen. Wir werden Moskau nicht verlassen, und Sie dürfen ebenfalls nicht von der Stelle weichen...«[13]

Die deutschen Panzerverbände rückten auf der gefrorenen Schneedecke weiter vor und drohten, Moskau einzukreisen. Schukow gebot über keine Reserven mehr. Nachdem er seit Juni drei Millionen seiner

Männer verloren hatte, brütete Stalin über einem praktisch leeren Notizbuch. Wie ein despotischer Ladeninhaber wachte Stalin störrisch über seinen geheimen Ressourcen, während Malenkow neben ihm saß und Zahlen notierte. Als Stalin einen General fragte, was die Hauptstadt noch retten könne, erwiderte der: »Nur Reserven.«

»Mit Reserven«, knurrte Stalin, »könnte jeder Hampelmann die Stadt verteidigen.« Stalin wies ihm großzügig fünfzehn Panzer zu, worauf Malenkow einwarf, damit seien jetzt sämtliche Vorräte erschöpft. Derart schien es, als wären dem obersten Kriegsherrn die Panzerbestände des Riesenreiches in fast unerklärlichem Schwund binnen weniger Monate unter der Hand auf lächerliche fünfzehn Stück zusammengeschrumpft. In Berlin verkündete das Reichspresseamt zwar schon, die Rote Armee sei am Ende, doch Stalins eiserne Reservepolitik gepaart mit Schukows ebenso glänzender wie brutaler Kampfstrategie hinterließ tiefe Spuren bei der Wehrmacht, deren Kriegsgerät unter dem Schlamm und Eis zu leiden begann, während die ständig frierenden Soldaten am Rande der Erschöpfung standen. Erneut machten die Truppen Halt, um die entscheidende Offensive vorzubereiten in der Überzeugung, dass Stalin ihnen nun nichts mehr entgegenzusetzen habe. Allerdings hielt dessen Notizbuch noch eine bisher nicht in die aktive Bilanz einbezogene Seite in petto.

Stalins siebenhunderttausend Mann starke Fernostarmee sicherte die Grenze zu Japan, doch Ende September meldete Richard Sorge, jener Spion, den Stalin als Bordellbetreiber abgetan hatte, dass seitens Tokios kein Angriff zu befürchten sei. Am 12. Oktober besprach Stalin das mit seinen fernöstlichen Satrapen, die ihm Sorges Auskunft bestätigten. Kaganowitsch stellte Züge bereit, die in einem der entscheidendsten logistischen Wunderwerke des ganzen Kriegs innerhalb kürzester Zeit vierhunderttausend frische Soldaten, tausend Panzer und ebenso viele Flugzeuge durch die eurasischen Weiten transportierten. Der letzte Zug fuhr am 17. Oktober ab, und die geheimen Legionen formierten sich hinter Moskau.[14]

Stalin bezog den neu errichteten Kreml-Bunker, eine getreue Kopie des Kleinen Ecks bis hin zu den Holzpaneelen, auch wenn die langen, schmalen Gänge eher »an einen Schlafwagen erinnerten. Rechter Hand lag eine Reihe von Türen für das zahlreiche Wachpersonal.« Die Offiziere mussten in »einem der Abteile zur Linken« warten, bis Poskrebyschew erschien und sie in einen »weitläufigen, hell erleuchteten Raum mit einem langen Sitzungstisch am Ende führte«, wo sie der meistens auf und ab gehende Stalin empfing, gewöhnlich in Anwesenheit seines Stabschefs, des kränkelnden, aber immer auf stramme Haltung bedachten Marschalls Schaposchnikow.

Etwas jünger als Stalin, schien Schaposchnikow, dessen immer müdes gelbliches Gesicht mit tatarischen Wangenknochen das zum Mittelscheitel gekämmte schüttere Haar noch fahler erscheinen ließ, »von einer Art Wodukult zu zehren, denn er wirkte ziemlich leichenhaft (wie ein mindestens drei Monate alter Kadaver) und schon zu Lebzeiten mumifiziert«, lästerte ein britischer Diplomat. Schaposchnikow titulierte jedermann als *Golubtschik*, »mein Lieber«, und Stalin gefiel die Sanftheit des zaristischen Obersten. Als eines Tages mehrere Generäle keinen Bericht erstatteten, fragte Stalin ärgerlich bei ihm an, ob er sie schon bestraft habe. O ja, erwiderte Schaposchnikow: Er habe ihnen allen einen »scharfen Verweis« erteilt. Damit konnte er Stalin kaum beeindrucken: »Das ist doch für einen Soldaten keine Strafe!« Jetzt erklärte Schaposchnikow ihm geduldig: »Wenn der Stabschef einen Offizier tadelt, so muss der Schuldige einer alten Militärtradition zufolge seinen Rücktritt anbieten.« Über etwas derart Vorgestriges konnte Stalin nur lachen. Allerdings gehörte Schaposchnikow zu den Überlebenskünstlern: In den zwanziger Jahren hatte er Tuchatschewski angegriffen, 1937 unter ihm als Richter gedient und sogar einen Koch als Saboteur verurteilt, nur weil er ein Fleischgericht versalzen hatte. Er unterschrieb niemals etwas, ohne es gründlich zu prüfen. Im Beisein Stalins vertrat er »keine eigene Meinung«. Allerdings widerrief er seine Ansichten nicht, auch wenn man ihn überstimmte. Er war der einzige General, den Stalin mit vollem Namen ansprach und der in seinem Büro rauchen* durfte.[15]

Inzwischen hatte der Krieg wahrhaft den jetzt mit Bombenkratern übersäten Kreml erreicht. Eine Druckwelle warf Mikojan zu Boden. Am 28. Oktober arbeitete Malenkow gerade im Haus am Alten Platz, als Stalin ihn zu sich rief. Kaum war er aufgebrochen, da zerstörte eine deutsche Fliegerbombe das Gebäude. »Ich habe dir das Leben gerettet«, sagte Stalin später.

Eines Tages wollte Stalin unbedingt ein Artilleriesperrfeuer gegen Stellungen der Wehrmacht miterleben. Der ihn begleitende Beria machte

---

* Stalin lud niemanden sonst ein, sich seinem Kettenrauchen anzuschließen. Die nur Schaposchnikow erwiesene Ehre erinnert daran, dass es Königin Victoria dem alten Disraeli als einzigem Premierminister gnädig erlaubte, bei ihren Audienzen Platz zu nehmen.

sich große Sorgen darüber, dass man ihn zur Rechenschaft ziehen würde, wenn dabei irgendetwas passierte. Stalins mit den Leibwächtern besetzter Wagen fuhr schon auf der Wolokalamsk-Straße in Richtung Front, doch als sie sich dem Kampfgebiet näherten, ließ Wlasik anhalten, sodass Stalin die Detonationen von ferne beobachten musste. Alsbald spritzte ein Panzer seine Limousine voll, was den Umstehenden Herzklopfen bereitete. Beria drängte Stalin, den Wagen zu wechseln und zurückzufahren.

Immerhin hatte Stalin sich wieder etwas erholt und lud sogar Swetlana für ein paar Tage ein, überließ sie dann aber im Bunker barsch sich selbst und fluchte über die Verwöhntheit der »verfluchten Kaste« [das heißt Elite] von Kuibyschew. Wichtiger noch, der große Schauspieler und Regisseur schuf sich jetzt seine öffentliche Bühne für eine rücksichtslose, aber durchaus gekonnte Selbstinszenierung.[16]

Am 30. Oktober fragte Stalin plötzlich General Artemew: »In welcher Form wollen wir die Militärparade abhalten?«

Eine Parade komme nicht in Frage, antwortete Artemew. Die Wehrmacht stehe weniger als hundert Kilometer von der Hauptstadt entfernt. Molotow und Beria meinten, er scherze nur. Doch Stalin ging gar nicht weiter auf sie ein.

»Am 7. November wird eine Parade stattfinden. ... Dafür werde ich persönlich sorgen. Sollten die Deutschen gleichzeitig Luftangriffe fliegen, die Tote und Verwundete fordern, so müssen wir die Opfer schnellstmöglich aus dem Weg räumen, damit der Vorbeimarsch weitergehen kann. Außerdem sollten wir eine Wochenschau anfertigen und im ganzen Land verteilen. Ich werde eine Ansprache halten. ... Was sagen Sie dazu?«

»Ist das Risiko nicht zu groß?«, gab Molotow zu bedenken. »Wiewohl ich zugeben muss, dass die politische Wirkung eine gewaltige wäre.«

»Damit ist es beschlossen!«

Artemew fragte an, wann genau die Parade beginnen solle. »Sorgen Sie dafür, dass bis zuletzt niemand die Uhrzeit erfährt, nicht einmal ich«, antwortete Stalin. Eine Woche später konnten deutsche Spione den seltsamen Vorgang beobachten, dass Moskowiter unter der Aufsicht von Tschekisten Stühle aus dem Bolschoi-Theater holten und sie dann die Treppen hinunter in die Metrostation Majakowski trugen. Am Abend begaben sich die Magnaten mit dem Lift zum Bahnsteig, wo ein Wagen mit geöffneten Türen bereitstand, in dem sie gedeckte Tische mit belegten Broten und Erfrischungsgetränken erwarteten. Nach dem Imbiss nahmen sie auf den Theaterstühlen Platz. Mit einem leichten Anflug von Varieté hatten sich eine Station weiter Stalin, Molotow, Mikojan, Beria, Kaganowitsch und Malenkow versammelt und bestiegen einen Zug, der sie zur Majakowski fuhr, wo sich die Herren unter tosendem Applaus auf dem Podium des Politbüros niederließen. Der bekannte Sprecher Lewitan kommentierte die Veranstaltung von einem speziellen Sendewagen aus. Das NKWD-Ensemble spielte Melodien von Dunaewski und Alexandrow. Koslowski sang. Stalin sprach rund eine halbe Stunde lang mit anregend beruhigender Stimme und richtete eine Warnung an den Feind:

»Wer einen Vernichtungskrieg will, der soll ihn haben.« Anschließend wandte sich General Artemew an Stalin: Die Parade sei für 8 Uhr angesetzt, und sogar die beteiligten Offiziere würden erst sechs Stunden vorher alle Einzelheiten erfahren.

Kurz vor acht führte Stalin das gesamte Politbüro in einem heftigen Schneesturm, der sie vor deutschen Luftangriffen bewahrte, die Treppe des Mausoleums hinauf wie in alten Zeiten – von der frühen Stunde und der extremen Nervosität aller Beteiligten abgesehen. Beria und Malenkow wiesen Sudoplatow, ihre Koryphäe für Sonderaufträge, an, ihnen Anflüge von Geschwadern der Wehrmacht sofort aufs Dach zu melden. Budjonni, der Publikumsliebling bei großem Klamauk, ritt mit gezücktem Säbel auf einem Schimmelhengst vom Spasski-Tor heran, salutierte im Stehen und saß dann wieder auf, um die Parade abzunehmen. Die Panzer, darunter der T-34 als das herausragende Kriegsgerät, und Truppen zogen in Kolonnen auf, wendeten direkt vor der Basiliuskathedrale und bewegten sich dann über die Gorkistraße in Richtung Front.

Manchem Zuschauer stockte der Atem, als ein schwerer Kliment-Woroschilow-Panzer nach dem Bremsmanöver plötzlich in die falsche Richtung abbog, gefolgt von einem weiteren. Da alle Panzer voll bestückt waren und die Panne vor den Augen Stalins passierte, ließ Artemew den Vorfall an Ort und Stelle untersuchen. Auf Befragen erklärten die beiden Besatzungen ganz unschuldig dazu, sie hätten einen Funkspruch erhalten, demzufolge sich Kameraden in Schwierigkeiten befanden und ihnen den Dienstanweisungen gemäß zu Hilfe kommen wollten. Als Artemew das der Führungsriege meldete, schienen die Potentaten darüber so erleichtert, dass sie laut lachten und von Bestrafungen absahen. Stalin sprach kurz über den patriotischen Kampf Russlands im Namen großer Helden wie Suworow, Kutusow und Alexander Newski. Das Vaterland schwebe in

Gefahr, werde dieser aber trotzen. Der Bedeutung des Anlasses entsprechend setzte genau in jener Nacht der scharfe russische Frost ein.[17]

Am 13. November beauftragte Stalin Schukow, eine Gegenoffensive zu planen, um den Feind aus dem Gleichgewicht zu bringen. Dieser und Kommissar Bulganin meinten indes, dass ihre Mittel dazu nicht ausreichen würden. Als Stalin insistierte, fragte Schukow ihn: »Womit sollen wir diese Gegenschläge führen? Die Westfront hat keine freien Kräfte. Wir können uns nur verteidigen.«

»Betrachten Sie die Frage der Gegenschläge als entschieden!«, servierte Stalin ihn übellaunig ab, um anschließend bei Bulganin anzurufen:

»Sie und Schukow, ihr spielt euch ganz schön auf. Aber wir werden euch schon auf die Finger sehen.«

Sofort danach eilte Bulganin in Schukows Büro: »Man hat mir eben gründlich den Kopf gewaschen!«, sagte er.

Die Gegenschläge gingen in der erdrückenden deutschen Offensive vom 15. November unter, dem letzten Vorstoß auf Moskau. Dabei schaffte die Wehrmacht den Durchbruch, und erneut stellte Stalin Schukow die Frage, ob man die Hauptstadt werde verteidigen können.

»Wir werden Moskau unter allen Umständen halten. Doch dazu brauchen wir mindestens noch zwei Armeen und 200 Panzer«, antwortete dieser ihm. Stalin stellte die Truppen bereit, aber: »Panzer haben wir vorläufig noch keine.« Am 5. Dezember brachte Schukow die Deutschen zum Stillstand, die »in den zwanzig Tagen der zweiten Phase ihrer Offensive auf Moskau mehr als 155 000 Mann, 800 Panzer, mindestens 300 Geschütze und viele Flugzeuge verloren hatten«. Damit war Hitlers »Blitzkrieg« faktisch gescheitert. Am 6. Dezember erhielt Schukow von Stalin drei weitere Armeen, um an den vier nächstgelegenen Fronten massive Gegenschläge zu führen.[18] Tags darauf folgte in Pearl Harbor der japanische Angriff auf die Vereinigten Staaten.[19]

Schukow trieb die Deutschen dreihundert Kilometer weit zurück. Doch selbst inmitten derart verzweifelter Gefechte vergaßen die Generäle niemals Stalins imperiale Eitelkeit. Ähnlich wie sich Mechlis in Finnland bemüht hatte, ihm aus besonderem Anlass einen Sieg zu bescheren, so befahlen Schukow und Bulganin nunmehr Golubew, dem Kommandeur der 10. Armee: »Bitte versuchen Sie zur Feier von Stalins Geburtstag, morgen Balabanowo einzunehmen. Damit wir die Erfolgsmeldung in unseren Bericht einbauen können, informieren Sie uns am 21. Dezember spätestens bis 19 Uhr über den Vollzug.« Die Schlacht um Moskau endete mit Stalins erstem Sieg, allerdings einem begrenzten. Trotzdem legte er sofort einen gefährlichen Übermut an den Tag und erklärte dem ihn besuchenden britischen Außenminister Anthony Eden: »Die Russen standen schon zweimal in Berlin, und wir werden es auch ein drittes Mal schaffen.«* Sein Einzug in Berlin sollte erst fast vier Jahre später stattfinden und noch Millionen von Opfern fordern. Schukow brach schließlich vor Erschöpfung fast zusammen, sodass seine Adjutanten sogar Stalin am Telefon vertrösteten:

»Der General schläft, und wir können ihn unmöglich wecken.«

»Warten Sie, bis er aufwacht«, sagte der Oberste Befehlshaber wohlwollend. »Lassen Sie ihn in Ruhe schlafen.«[20]

Am 5. Januar versammelte der nun vor Zuversicht strotzende Oberste Befehlshaber Schukow und die Generäle in seinem Amtszimmer, um eine Großoffensive von Leningrad bis hinüber zum Schwarzen Meer zu planen, mit der er Kapital aus der deutschen Niederlage vor Moskau schlagen wollte.

»Wer möchte sich noch dazu äußern?«, fragte Stalin. Schukow beanstandete den Plan mit dem Argument, dafür brauche die Armee mehr Soldaten und Panzer. Auch Wosnesenski lehnte ihn ab. Doch Stalin bestand darauf, was Malenkow und Beria zu einer Spitze gegen Wosnesenski veranlasste, der »immer ein Haar in der Suppe« finde. »Na also«, unkte Stalin, »dann beenden wir die Diskussion.« Im Vorzimmer versuchte der alte Schaposchnikow, Schukow zu trösten:

»Sie hätten keine Einwände erheben sollen. Der Oberste Befehlshaber hatte die Sache schon vorher entschieden.«

»Weshalb hat er mich dann nach meiner Meinung gefragt?«

»Das weiß ich nicht, mein Lieber«, sagte Boris Michailowitsch und seufzte tief.[21]

Der inzwischen dreiundvierzigjährige, intelligente und unermüdlich rackernde Beria erwies sich bei den Kriegsanstrengungen zwar als streng eigennützig und machtgierig, lieferte Stalin aber letzten Endes stets die benötigten Panzer und Geschütze. Er sann durchweg darauf, den verhassten Wosnesenki auszustechen, und hatte bald Molotow mitsamt der älteren Garde überflügelt. Keine Industrie schien ihm zu kompliziert oder zu umfangreich.

---

* Das erste Mal hatte Kaiserin Elisabeths General Todtleben 1760 im Siebenjährigen Krieg Berlin eingenommen, das zweite Mal eroberte Zar Alexander I. 1813 die preußische Hauptstadt.

Anfang Januar 1942 erörterte Stalin in seiner Wohnung mit dem für die Industrie zuständigen Spitzentrio Beria, Malenkow und Mikojan den Mangel an Nachschub bei den Rüstungsgütern.

»Wo liegt das Problem?«, fragte er scharf. Beria entfaltete ein Diagramm, aus dem hervorging, dass Wosnesenskis Fabriken zu wenig Geschütze produzierten. »Und was sollen wir dagegen unternehmen?«

»Ich weiß es nicht, Genosse Stalin«, antwortete Beria listig. Stalin übertrug ihm mit sofortiger Wirkung auch die Kontrolle über diesen wichtigen Industriezweig.

»Genosse Stalin, ich weiß nicht, ob ich das schaffe. … Ich bin in diesen Dingen zu unerfahren.«

»Hier geht es aber nicht um Erfahrung, sondern um straffe Organisation. Setzen Sie eben Kriegsgefangene für die Arbeit ein.«

Die Eisenbahnen bekam selbst der energische und immerfort herumbrüllende Kaganowitsch nicht in den Griff. Als ihm sein Kommissar Baibakow über Probleme berichtete, sprang »die Lokomotive« auf und schüttelte ihn am Revers. Beria erzählte Stalin von den Wutausbrüchen Kaganowitschs:

»Mit den Eisenbahnen geht es bergab, weil er überhaupt keine Ratschläge annimmt, sondern immer gleich aus der Haut fährt.« Kaganowitsch sah sich wegen schlechter Organisation der Evakuierung von Industrien kritisiert und zweimal als »der Arbeit unter Kriegsbedingungen nicht gewachsen« entlassen, kehrte aber beide Male bald wieder in sein Amt zurück. Molotow erging es in der Panzerproduktion kaum besser.

»Wie läuft es bei Molotow?«, wollte Stalin von Beria wissen, der wiederum im Begleitung von Malenkow und Mikojan bei ihm auftrat.

»Er hat keinen Draht zu den Fabriken, führt sie schlecht und hält nur endlose Sitzungen ab…«, erwiderte Beria, der daraufhin auch noch die Panzer seinem Imperium einverleibte. Molotow verlor zwar die Panzerproduktion, gewann stattdessen aber die große weite Welt.[22]

36

MOLOTOW IN LONDON, MECHLIS AUF DER KRIM, CHRUSCHTSCHEW AM ENDE

Am 8. Mai hob der Außenkommissar in einer viermotorigen Maschine in Richtung London ab. Stalin hatte ihn beauftragt, sich die Zusicherung für eine zweite Front zu holen, und dabei auf die Anerkennung der russischen Grenzen von 1941 inklusive des Baltikums zu drängen.

Er selbst ließ Golowanow, seinen bevorzugten Luftwaffengeneral, die Strecke planen. »Stalin war ein großer Verschwörer«, erinnerte der sich. »Der Flug sollte streng geheim bleiben, und ich musste die Routenkarte sogar vor meinem Assistenten im Schreibtisch verstecken. Stalin sagte mir: ›Nur wir drei wissen davon – Sie, Molotow und ich.‹«

»Mr. Brown«, so der Deckname Molotows, landete in Schottland und wurde dort von Eden in Empfang genommen, der ihn mit der Bahn von Glasgow nach London brachte. Als er erfuhr, dass eine zweite Front nicht in Frage kam, weigerte sich Molotow rundheraus, mit Eden über dessen Entwurf eines Abkommens zu sprechen, das die sowjetischen Grenzen nicht erwähnte. Er berichtete umgehend an Stalin: »Wir halten den Pakt für unannehmbar … eine leere Geste.« Doch der Chef überlegte es sich anders.

»1. Wir erachten ihn nicht als leere Geste, sondern als wichtig. Vielleicht gar nicht schlecht. Gibt uns freie Hand. Die Grenzfrage muss ohnehin durch Waffengewalt entschieden werden. 2. Sie sollten das Abkommen so schnell wie möglich unterschreiben und anschließend nach Amerika weiterfliegen.«

Unterdessen lernte Molotow auch das englische Landleben kennen. Er hatte, vermutlich aus Sicherheitsgründen, um seine Unterbringung außerhalb Londons gebeten, und Churchill wies ihm seinen offiziellen Landsitz Chequers zu. »Mr. Brown« zeigte sich wenig beeindruckt von der Tudor-Eleganz. »Kein prächtiges altes Bauwerk«, sinnierte er, »sondern eine Art Gärtchen, offenbar als Geschenk irgendeines Adligen* an den Staat.«

»Gleich bei der Ankunft verlangten die Gäste Schlüssel für ihre Schlafzimmertüren, und von da an blieben die Türen verschlossen«, berichtete Churchill. »Wenn es dem Hauspersonal gelang einzudringen, um die Betten zu machen«, schrieb er weiter, »fand es zu seiner Beunruhigung Revolver unter den Kopfkissen. ... Nachts wurde ein Revolver neben seinen Morgenrock und seine Aktentasche gelegt.« Wenn sich Molotow außer Haus aufhielt, bewachten seine aus Russland mitgebrachten Polizeibeamten und Aufwartefrauen »immer die Zimmer«.

Nach der Unterzeichnung des Abkommens am 26. Mai flog Molotow nach Washington weiter, zu Gesprächen mit Präsident Roosevelt, der ihm ein Foto von sich schenkte, in einen Rahmen mit grünem Seidenbezug gefasst und mit folgender Widmung versehen: »Für meinen Freund Wjatscheslaw Molotow, von Franklin Roosevelt, am 30. Mai 1942.« Der Gastgeber erschien ihm »freundlich und angenehm«, und das Weiße Haus beeindruckte Molotow mehr als Chequers – besonders im sanitären Bereich: »Alles dort war so, wie es sein sollte«, schrieb er, »und es gab auch ein Bad mit Dusche.«

Am 9. Juni legte er auf dem Rückweg nochmals eine Zwischenstation in London ein. Bevor er sich dann auf den gefährlichen Heimflug begab, kam es zu einer anrührenden Szene, als Churchill im Gespräch mit dem russischen »Eisenarsch« am Gartentor der Downing Street Nr. 10 stand: »Ich ergriff seinen Arm«, schrieb Churchill, »und wir sahen uns fest in die Augen. Plötzlich schien er tief bewegt zu sein, und aus dem Innersten trat der Mensch zutage. Er hielt meinem Blick stand. Schweigend reichten wir einander die Hände. ... Wir saßen alle in einem Boot, und es ging ums Ganze, auf Leben und Tod.« Auch Molotow räumte ein, sich recht gut mit Churchill verstanden zu haben:

»Na ja, wir haben ein Glas oder zwei zusammen getrunken«, erinnerte er sich, »und die ganze Nacht lang miteinander gesprochen.« Allerdings habe er nie vergessen können, dass Churchill ein »Imperialist war, der stärkste und klügste von allen ... ein Vollblutimperialist. Auf diese Weise freundete ich mich mit der Bourgeoisie an.« Er kam mit dem vagen Versprechen einer zweiten Front, einem unschätzbaren

---

* Diese Schilderung schmeichelte gewiss Arthur Lee, dem fidelen Abenteurer und konservativen Parlamentarier, der das Haus vom geerbten Vermögen seiner amerikanischen Frau erworben hatte. Lloyd George adelte ihn zum Baron (und später Vicomte) Lee von Fareham.

Lend-Lease-Abkommen mit Washington und einem Bündnis mit den
Briten von seiner Mission zurück. »Die Ergebnisse meiner Reise bedeuteten für uns einen großen Erfolg.« Auf dem Rückflug nach Moskau
wurde Molotows Maschine erst von feindlichen und dann von russischen Jägern angegriffen.[1]

Als Molotow in Richtung Westen abreiste, löste Stalin entlang der gesamten Front eine Welle von Gegenoffensiven aus. Dabei nahm er ganz
zu Recht an, dass Hitler abermals Moskau angreifen würde, doch dieser
plante faktisch einen massiven Sommerfeldzug, um das Getreide der
Ukraine und, wichtiger noch, das Erdöl des Kaukasus zu erobern. Doch
Stalins Grundirrtum lag in seiner übermäßigen, fast ekstatischen Zuversicht: Er verfügte noch gar nicht über die Mittel für sein gewaltiges Unternehmen und bescherte daher, anstatt Kapital aus dem Moskauer Auf-
bäumen zu schlagen, Hitler jene Konstellation überwältigender Siege,
die letzten Endes zur Krise von Stalingrad führte.

Gewiss tat Stalin sich nicht gerade einen Gefallen, als er seiner Truppe
militärischer Laien ungeheure Befugnisse einräumte. Neben ihm selbst
dürfte niemand mehr zu den Niederlagen beigetragen haben als der tapfere, unermüdliche, blutrünstige Mechlis, der jetzt auf dem Höhepunkt
seiner Macht stand. »Der Hai« konnte nie widerstehen, mit seinem privi-
legierten Zugang zum Chef zu protzen. »Wenn Mechlis in Stalins Vorzimmer eintraf«, erinnerte sich ein Kommissar, »wartete er auf keinerlei
Zeichen, sondern ging einfach durch und hinein.« Doch »er verbarg nie
etwas vor Stalin, der das wusste und ihm voll vertraute«. Das gab ihm
den Rückhalt, entscheidende Prozesse in die Wege zu leiten. »Wenn
Mechlis an den Obersten Befehlshaber schrieb, ging alles sehr schnell.«
Allerdings schwebten seine Possen stets auf beklemmende Weise zwischen dem Farcenhaften und dem Diabolischen. Als Stalin einmal fragte, welche Front den geringsten Nachschub brauche, schwiegen die Generäle, aber Mechlis legte munter drauf los, um den Quartiermeister
Chrulew zu kritisieren. Stalin blickte ärgerlich auf und fragte, wer sich
da beklage.

»Höchstwahrscheinlich Mechlis«, erwiderte Chrulew unter prusten-
dem Gelächter. Stalin forderte Mechlis auf, seinen Bedarf zu nennen.
»Wir brauchen vor allem Essig, Pfeffer und Senf«, gab Mechlis zurück.
Jetzt musste sogar Stalin lachen.

Als Mechlis von der Eroberung eines ganzen pornographischen Arse-
nals der Deutschen erfuhr, baute er sofort eine neue Propagandafront

auf und verfasste ein Flugblatt mit dem Titel: »Wie Hitler seine Wehrmacht korrumpiert.« Seine Berater gaben ihm zu bedenken, dass Pornographie in einer bürgerlichen Armee etwas ganz Normales sei und Hitler
den Soldaten nicht persönlich ihre Bettlektüre vorschreibe, doch Mechlis setzte sich einfach darüber hinweg und ließ seine von vielen verspottete Schmähschrift in elf Millionen Exemplaren drucken.[2]

Zum Jahresbeginn besuchte er die Wolchow-Front, deren Hauptaufgabe darin bestand, den Belagerungsring um Leningrad aufzubrechen.
Allerdings befanden sich die dort stationierten Truppen keineswegs in
der Verfassung, eine Offensive zu starten, was mit einer absehbaren Katastrophe endete. Mechlis fand sich ein, um den Missstand zu untersuchen, die Schuldigen festnehmen und erschießen zu lassen. Danach
bot Stalin den Frontabschnitt Woroschilow an, der indes mutig ablehnte, da er endlich seine persönlichen Grenzen erkannt hatte. Das entrüstete Stalin, der daraufhin eine Notiz diktierte, um Klims »Führungs-
bankrott« voller Sarkasmus zu verurteilen. Sie schloss demütigend,
allerdings nicht tödlich, damit, »den Genossen Woroschilow in die
Nachhut zu versetzen«.* Ende Juni stand fest, dass keiner von diesen
blutigen Laien die Wolchow-Front würde retten können: Die Armee
war verloren und mit ihr der begabte junge General Wlasow, der völlig
erschöpft und angewidert von Stalins schweren Fehlern zum Feind überlief. Stalin wetterte in Anwesenheit Berias und Molotows über den gemeinen Verrat, worauf Letzterer ihm eine enthüllende Frage stellte:

»Wie hatten wir ihn eigentlich vor dem Krieg übersehen können?«
Stalin versuchte, Chruschtschew die Schuld für Wlasows Desertion und
Verrat in die Schuhe zu schieben, doch der ukrainische Parteichef hielt
tapfer dagegen, dass Stalin selbst »es gewesen sei, der Wlasow mit der
Moskauer Gegenoffensive betraut und sogar angedeutet habe, er wolle
Wlasow zum Befehlshaber der Stalingrad-Front machen«. Da Stalin oft
wohlwollend auf beherzten Widerspruch reagierte, ließ er das Thema
fallen und kam nie wieder darauf zurück.[3]

Nun war also schließlich der große Woroschilow abgestürzt, doch
Mechlis und Kulik standen nach wie vor weit oben, und das trotz des
von Letzterem angerichteten Unheils. Nachdem es Kulik im Oktober
1941 schon nicht gelungen war, Leningrad zu entlasten, sollte er nun
im November am anderen Ende der Front die Krimstadt Kertsch ret-

---

* Stalins Neffe Leonid Redens traf den in Ungnade gefallenen Marschall bei Kuibyschew, wo er leutselig mit Kindern in der Wolga badete.

ten. Da er erst ziemlich spät dort eintraf, ging die Stadt zeitweilig an Manstein verloren, einen der besten Kommandeure Hitlers, woraufhin Stalin erwog, Kulik erschießen zu lassen, und einen kryptischen Vermerk kritzelte: »Heute. Kulik nach Sibirien?« Schließlich begnügte er sich jedoch damit, ihn zum Generalmajor zu degradieren, und schickte Mechlis vor Ort, um die verspätete Landung der DC-3 Kuliks untersuchen zu lassen.

»Der düstere Dämon« deckte schonungslos Kuliks hedonistische Amtsführung auf, wozu unter anderem fässerweise Wein und Wodka gehörten, ein Fehlbetrag von 85 898 Rubel und eine neue, diesmal blutjunge Braut. Kulik hatte sich schnell vom Verschwinden seiner letzten Frau erholt und mit einer Freundin seiner Tochter angebandelt, eine Mesalliance, die Stalin als »Kindesentführung« verhöhnte. Er entließ Kulik als stellvertretenden Kommissar, doch Schukow setzte sich für ihn ein. Daraufhin sah sich der primitive, aber beliebte Leuteschinder begnadigt und erstaunlicherweise sogar befördert. Am Ende fand seine alte Freundschaft mit Stalin allerdings keinen guten Ausgang.[4]

In jenem März ordnete Stalin einen von Kertsch ausgehenden Vorstoß in die Mitte der Krim an, um das belagerte Sewastopol zu entlasten. Mechlis, der sich ebenso wie sein dilettierender Oberster Befehlshaber für einen echten Militär hielt, übernahm fröhlich das Kommando über die dort unter Waffen stehenden 250 000 Mann, terrorisierte den General Koslow und setzte sich über Frontkommandeur Budjonni hinweg. Für diese komplizierte Entscheidungsschlacht hatte Stalin einen unfähigen, korrupten Säufer einem ebenso unfähigen, aber unbestechlichen Besessenen vorgezogen. Als er bei Mechlis darauf drängte, die Offensive rechtzeitig zu starten, antwortete »der Hai«, dass ihre Munition knapp sei, aber »ich werde den zuständigen Offizier festnehmen lassen, falls er den Nachschub nicht binnen zwei Tagen beschafft hat. ... Wir spielen hier immerhin zur großen Blasmusik für die Deutschen auf!«

Am 2. März stimmte Mechlis sein »Konzert« mit einem Fiasko an, in dem die Anwendung des Terrors auf militärische Strategien ihren wahnwitzigen Höhepunkt fand. Er verbot rundweg das Ausheben von Gräben, »um den Offensivgeist der Truppen nicht zu lähmen«, und verkündete, dass jeder, der auch nur »elementare Sicherheitsmaßnahmen« ergriff, als »Panikmacher« gelten sollte. Am Ende wurden alle »zu einem blutigen Brei vermanscht«. Mechlis bombardierte Stalin mit Forderungen nach weiteren Terroraktionen. »An Genossen Beria«, kritzelte dieser auf eine der entsprechenden Notizen. »Ganz richtig! Sorgen Sie dafür, dass in Noworossik keiner dieser elenden Schurken mehr zum Luftholen kommt.«

Mechlis selbst fuhr die Front in seinem Jeep ab und versuchte, seine Pistole schwenkend, den Rückzug zu stoppen, bewies »untadeligen persönlichen Mut und tat nichts nur um des eigenen Ruhmes willen«, doch mussten, so das Urteil des Dichters Konstantin Simonow als Zeuge, die »dummdreiste Tyrannei und die blanke Willkür der militärischen Analphabeten« verheerende Wirkungen zeitigen.

Am 7. Mai vertrieb ein Gegenschlag Mansteins die Verbände Mechlis' ganz von der Krim, mit schrecklich hohen Verlusten von 176 000 Mann, die in Kriegsgefangenschaft gingen, rund vierhundert Flugzeugen und 347 Panzern. Mechlis schlug wild um sich, gab Koslow die alleinige Schuld an dem Desaster und bat Stalin um einen großen General, etwa einen Hindenburg. Stalin platzte der Kragen.

»Sie nehmen die seltsame Haltung eines neutralen Beobachters ein, der gar nicht selbst für die Krimfront mitverantwortlich ist«, geißelte er Mechlis. »Das ist eine sehr bequeme Position – stinkt aber zum Himmel! Sie sind kein Außenstehender, sondern ein Repräsentant der Stawka. … Sie fordern die Ablösung Koslows durch einen Hindenburg, doch leider besitzen wir keine Hindenburgs. Wenn Sie die Luftwaffe gegen feindliche Panzer und Truppen statt für Manöver auf Nebenschauplätzen eingesetzt hätten, wäre es dem Feind niemals gelungen, unsere Front zu durchbrechen. Man muss kein Hindenburg sein, um etwas derart Einfaches zu verstehen.« Es erscheint bezeichnend für die an Stalins Hof geltenden überholten Maßstäbe, dass man sich dort noch 1942 Hindenburg, den deutschen Helden von 1914, zum Vorbild nahm. Man hätte aber keine Hindenburgs, sondern vielmehr Guderians gebraucht.

Am 28. Mai wartete ein verstörter Mechlis in Stalins Vorzimmer, wo man die Einstellung des großen Chefs stets am Verhalten seiner Assistenten ablesen konnte: Poskrebyschew ignorierte Mechlis zunächst völlig und sagte dann: »Der *Woschd* ist heute stark beschäftigt. Wir haben im Moment verdammt viele Probleme.«

»Ist vielleicht an der Front etwas schief gegangen?«, erkundigte sich Mechlis hinterhältig.

»Das müssten Sie doch selbst am besten wissen«, gab Poskrebyschew zurück.

»Ja, ich will dem Genossen Stalin gerade über unsere unglückliche Operation berichten.«

»Offenbar«, sagte Poskrebyschew, »war die Einsatzleitung der Aufgabe nicht gewachsen. Der Genosse Stalin ist sehr besorgt…«

Mechlis errötete. Dann mischte sich der junge Tschadaew ein:

»Ich nehme an, Sie führen die Niederlage auf gewisse äußere Umstände zurück.«

»Was haben Sie da gesagt?«, fiel Mechlis jetzt über den Grünschnabel her. »Sie sind doch gar kein Soldat! Aber ich bin ein echter Militär. Wie können Sie es wagen…« Dann trat plötzlich Stalin aus seinem Büro.

»Hallo, Genosse Stalin, darf ich Ihnen sofort berichten…«, begrüßte ihn Mechlis.

»Scheren Sie sich zum Teufel!«, fauchte Stalin und knallte die Tür wieder zu. Später soll sich Mechlis, so Poskrebyschew, »fast vor Stalin am Boden gewunden haben«. Er wurde vor ein Kriegsgericht gestellt, degradiert und als stellvertretender Verteidigungskommissar abgesetzt.

»Jetzt ist alles aus!«, schluchzte Mechlis, doch Stalin blieb ihm erstaunlich loyal gesinnt: Gut drei Wochen später ernannte er Mechlis zum Frontkommissar und beförderte ihn danach sogar zum Generalobersten.[5]

Als hätten Stalin, Kulik und Mechlis nicht schon genug Unheil angerichtet, kam die vorerst schlimmste Niederlage an der Südwestfront zustande, wo Timoschenko und Chruschtschew von einer sowjetischen Frontausbuchtung her eine Offensive zur Rückeroberung Charkows starteten, ohne dabei Hitlers Angriffsplanungen zu beachten. Schukow und Schaposchnikow warnten sie noch davor, aber General Timoschenko, auf den Stalin große Stücke hielt, bestand auf dem Vorstoß, und der Oberste Befehlshaber persönlich stimmte zu.

Am 12. Mai griffen Timoschenko und Chruschtschew, beide ebenso ahnungslos und primitiv wie kraftstrotzend, die Linien der Wehrmacht ungestüm an und trieben sie weit zurück. Wenn Stalin darüber frohlockte, so konnte Hitler sein Glück gar nicht fassen. Fünf Tage später durchbrachen seine Panzer die Flanken Timoschenkos und umfassten die sowjetischen Verbände mit ihrem Stahlzangengriff, sodass diese fortan nicht mehr vorrückten, sondern lediglich immer tiefer in die Falle tappten. Zwar ersuchte die Einsatzleitung Stalin noch, die Operation sofort abzublasen, und dieser warnte Timoschenko vor den feindlichen Truppen in seiner Flanke, aber der Marschall versicherte ihm aufgeräumt, dass »alles paletti« sei. Als Timoschenko und Chruschtschew am 18. schließlich ihre Lage erkannten, saßen 250 000 Mann in einer fast vollständigen Umzingelung fest.

Gegen Mitternacht wandte sich der von Babel als »braver Bauer« titulierte Timoschenko aus Furcht vor Stalin händeringend an Chruschtschew, er sollte den Obersten Befehlshaber um die Einstellung der Offensive bitten. Der Allmächtige hielt sich gerade in Kunzewo auf und bat Malenkow, ans Telefon zu gehen. Chruschtschew bat, Stalin selbst ans Telefon zu holen.

»Genosse Stalin sagt, Sie sollen mir sagen, was Sie wollen, ich werde es an ihn weitergeben«, richtete Malenkow ihm aus. Chruschtschew hielt das für »ein übles Vorzeichen«.

»Ich möchte mit dem Genossen Stalin selber sprechen. Ich muss ihm über die Lage an der Front Bericht erstatten«, insistierte der Ukrainer.

»Genosse Stalin wiederholt, Sie sollen mir sagen, was Sie wollen«, erklärte Malenkow, um später durchzugeben: »Genosse Stalin weiß, dass Sie die Offensive nicht mit der Einwilligung des Frontkommandeurs abgebrochen haben, sondern aus eigenem Entschluss. Er sagt, es war allein Ihre Idee, und er ist dagegen.«

Nach Chruschtschews heftigem Protest erklärte ihm Malenkow: »Es hat keinen Zweck, weiter darüber zu diskutieren. Stalin sagt, die Offensive soll fortgesetzt werden.«

Im Hintergrund brüllte schließlich Stalin selbst: »Legen Sie endlich auf. Der weiß doch gar nicht, wovon er redet! Befehl ist Befehl. Chruschtschew soll sich nicht in Dinge einmischen, von denen er nichts versteht. Wofür haben wir denn Militärberater!« Mikojan entsetzte, dass Chruschtschew ihn »mitten im Gefecht von der Front aus anrief, während um ihn herum die Kameraden starben«, aber Stalin »nicht einmal bereit war, zehn Schritte durch den Raum zu gehen«.

Die Falle schloss sich um eine Viertelmillion Soldaten und zwölfhundert Panzer. Tags darauf blies Stalin die Offensive ab, aber da war es schon zu spät. Die wieder erstarkten Deutschen rückten in Richtung Wolga und Kaukasus vor. Damit stand ihnen der Weg nach Stalingrad offen.[6]

Danach mussten Timoschenko und Chruschtschew mit dem Schlimmsten rechnen, und bald gerieten die beiden Freunde im Kampf um die Rettung ihres Lebens und ihrer Karriere heftig aneinander. Einem Bericht zufolge erlitt Chruschtschew infolge der Einkesselung einen Nervenzusammenbruch und ließ sich nach Baku fliegen, wo er bei Bagirow wohnte, einem Verbündeten Berias, der selbstverständlich sofort seine Ankunft meldete. Chruschtschew begann nun, stark verunsichert, Timoschenko vehement anzugreifen, und der zahlte mit gleicher Münze zurück:

»Genosse Stalin«, schrieb Timoschenko ihm eigenhändig, »ich muss unserem Bericht noch etwas hinzufügen. Die zunehmende nervliche Anspannung des Genossen Chruschtschew beeinträchtigt unsere Arbeit. Der Genosse traut niemandem und nichts mehr – und in diesem Zustand des Zweifels kann man keine vernünftigen Entscheidungen treffen. … Der ganze Frontrat sieht darin den Grund für unseren Absturz!« Damit schien er zu bestätigen, dass Chruschtschew mit den Nerven am Ende war: »Man kann kaum noch mit ihm diskutieren – Genosse Chruschtschew ist sehr krank. Wir haben in unserem Bericht niemandem irgendeine Schuld zugewiesen, aber der Genosse Chruschtschew will alles mir in die Schuhe schieben.«

Stalin spielte mit dem Gedanken, den ganzen Vorgang von Bulganin untersuchen zu lassen, doch der spürte seine Bedenken, vielleicht sogar Gewissensbisse, und bat daher aus dem höchst unbolschewistischen Grund, so eng mit Chruschtschew befreundet zu sein, um die Erlaubnis, den Auftrag ablehnen zu dürfen. Stalin insistierte nicht, sondern wies milde auf Chruschtschews schlichtes Gemüt hin. »Er versteht eben nichts von Strategie«, erklärte Stalin, »aber wir müssen uns mit ihm abfinden«, da außer ihm nur noch Kalinin und Andrejew »echte Proletarier« seien. Später erteilte er Chruschtschew eine mahnende historische Lektion: »Als unsere Armee im Ersten Weltkrieg in Ostpreußen in einen deutschen Kessel geriet, stellte der Zar den kommandierenden General vor ein Kriegsgericht. Er wurde verurteilt und gehängt.« Doch Stalin vergab dem Ukrainer und schickte ihn erneut an die Front. Chruschtschew war »erleichtert«, konnte sich allerdings, wie er bekannte, »noch nicht in Sicherheit wiegen. Ich wusste, dass Stalin häufig in seinem Arbeitszimmer auch solche Leute zuversichtlich stimmte, die später ergriffen und irgendwohin verschleppt wurden.«

Stalin blieb auch erstaunlich milde, als Timoschenko um weitere Truppen bat, nachdem er schon so viele verschlissen hatte: »Sollten Sie nicht langsam einmal anfangen, weniger Blut zu vergießen, wie es die Deutschen tun? Den Krieg nicht mit Gewalt, sondern mit Geschick zu führen. Wenn Sie nicht lernen, taktisch klüger zu kämpfen, werden alle Rüstungsgüter, die unser ganzes Land erzeugen kann, für Sie nicht ausreichen.« Das konnte aus dem Munde des verschwenderischsten Obersten Befehlshabers aller Zeiten eigentlich nur ironisch klingen, und selbst als ferner Beobachter des Rückzugs legte Stalin gegenüber Timoschenko noch eine sarkastische Nachsicht an den Tag: »Haben Sie nur keine Angst vor den Deutschen – Hitler ist gar nicht so schlimm, wie es immer heißt.«

Chruschtschew nahm an, sie seien vor allem deshalb verschont geblieben, weil Mikojan und Malenkow seinen Anruf in Kunzewo miterlebt hatten, aber vielleicht lag die Sache deutlich einfacher: Stalin allein entschied über Leben und Tod, und er mochte Chruschtschew und Timoschenko eben.* Wie dem auch sei, damit erreichte Chruschtschew seinen vorläufigen Tiefstpunkt, bis er zwanzig Jahre später als Stalins Nachfolger in die Kuba-Krise stolperte. Als Nachspiel entleerte Stalin in einer demütigenden Geste seine Pfeife auf Chruschtschews Kopf: »Das geht auf eine römische Tradition zurück«, sagte er. »Wenn ein römischer Feldherr eine Schlacht verlor, schüttete er sich Asche auf sein Haupt ... die größte Schande, die ihm widerfahren konnte.«[7]

Am 19. Juni stürzte eine Maschine der Wehrmacht jenseits der deutschen Linien ab, und in den Trümmern fand sich eine Aktentasche mit den Plänen für Hitlers Sommeroffensive, um das Desaster von Charkow zu nutzen und in Richtung auf Stalingrad und den Nordkaukasus vorzurücken. Doch Stalin entschied, dass die Information entweder unvollständig oder aber eine Finte sei. Eine Woche später griffen die Deutschen genau plangemäß an, schlugen eine Bresche in die Briansker und in die Südwestfront, um zuerst Woronesch und dann Stalingrad ins Visier zu nehmen. Eigentlich ging es Hitler in erster Linie um die Ölfelder. Auf dem Flug in das Hauptquartier bei Poltawa eröffnete er dem Feldmarschall von Bock sinngemäß: »Falls wir Maikop und Grosni nicht einnehmen, muss ich den Krieg beenden.«

Timoschenko und Chruschtschew mussten bis Stalingrad zurückweichen. Als Ersterer weitere Divisionen anforderte, erwiderte Stalin scharf: »Wenn Divisionen auf dem Markt angeboten würden, könnte ich ihnen eine oder zwei kaufen, doch ist das leider nicht der Fall.« Erneut löste sich Timoschenkos Front schnell auf, und am 4. Juli fragte Stalin mit triefendem Sarkasmus bei dem Marschall an: »Stimmt es also, dass die 301. und die 227. Division jetzt eingekesselt sind und Sie sich dem Feind ergeben wollen?«

---

* Timoschenkos Briefe an Stalin, die er auf herausgerissene Notizbuchseiten schrieb, liegen im jüngst geöffneten Stalin-Archiv und werfen neues Licht auf die Offensive von Charkow und den Schwächeanfall Chruschtschews.

»Die 227. hat den Rückzug angetreten«, antwortete Timoschenko kläglich, »während die 301. – einfach nirgends aufzufinden ist…«

»Ihre Ausflüchte klingen schlechterdings unglaublich. Wenn Sie weiter derart mit Divisionen umgehen, werden Sie bald überhaupt nichts mehr kommandieren. Soldaten sind doch keine kleinen Fische, die einem unbemerkt davonschwimmen können.«[8]

Derweil ordnete Hitler, schwindlig vom Siegestaumel, eine Zweiteilung seiner Streitkräfte an: Die eine Hälfte sollte über den Don bis nach Stalingrad vorstoßen, die andere südwärts bis zu den kaukasischen Ölfeldern. Als Rostow am Don fiel, gab Stalin einen weiteren grausamen Befehl aus: »Keinen Schritt rückwärts«, mit der strengen Anordnung, dass »Panikmacher und Feiglinge auf der Stelle zu liquidieren« und hinter den Fronten »Abfangeinheiten« zu bilden waren, um Zauderer zu töten. Gleichwohl brach Hitlers südliche Heeresgruppe A in den Kaukasus ein. Am 4. und 5. August verbrachten Stalin, Beria und Molotow fast die ganzen Nächte im Büro, während die deutschen Truppen Woroschilowsk (Stawropol) einnahmen, im Kaukasus auf Grosni und Ordschonikidse (Wladikawkas) zustürmten und sich an der Wolga Stalingrad näherten. Paulus' 6. Armee stand schon im Begriff, die Stadt zu überrennen und Russland zu spalten.[9]

Als dort bereits die entscheidende Schlacht des gesamten Kriegs tobte, traf Winston Churchill am 12. August in Moskau ein, um Stalin mitzuteilen, dass es so bald keine zweite Front geben würde, eine Mission, die der Brite so empfand, wie »einen großen Eisklumpen zum Nordpol zu tragen«. Molotow holte den Gast am Flughafen ab und brachte ihn zu der ihm zugewiesenen Residenz. Unterwegs fiel Churchill auf, dass die Panzerglasscheiben seines Packard fast fünf Zentimeter dick waren.

»Sicher ist sicher«, kommentierte Molotow das lakonisch. Offenbar nahm Stalin den Besuch Churchills sehr ernst und ließ Beria nicht nur dem Gast eine hundertzwanzig Mann starke Leibwache zuteilen, sondern auch die Schutzvorkehrungen rings um den Kreml verdoppeln. Stalin trat dem Briten seine Residenz in Kunzewo ab, die »Staatsvilla Nr. 7«. Bezeichnend für die sowjetische Geheimniskrämerei ist, dass man den Gästen wohlweislich nicht mitteilte, um welches Anwesen es sich handelte, und dies erst sechzig Jahre später offiziell bekannt machte. Vielleicht wollte sich Stalin dafür revanchieren, dass Churchill damals Molotow seine private »Datscha« Chequers zur Verfügung gestellt hatte.

37

CHURCHILLS BESUCH BEI STALIN:
MARLBOROUGH GEGEN WELLINGTON

Churchill zufolge erwartete ihn in Kunzewo »ein strammer Offizier von fürstlichem Geblüt« als Adjutant und Gastgeber. Man führte ihn sofort in Stalins Esszimmer, wo ein langer Tisch und mehrere Büfetts »mit allen Delikatessen und Stimulantien beladen waren, die unbeschränkte Machtfülle herbeizuschaffen vermag«. Die Briten sahen sich neugierig um.* Ohne es zu wissen, beschrieb Churchill dann Stalins Wohnsitz. Umgeben von einer fast fünf Meter hohen Palisade und beiderseits bewacht, war dies ein »schönes, großes Landhaus, von weiten Wiesen, Gartenanlagen und einem etwa sieben Hektar messenden Fichtenwald umgeben. Wir schlenderten auf hübschen Wegen … sahen mehrere Springbrunnen und ein großes Glasbassin, in dem viele Arten Goldfische gehalten wurden.« Über das Innere berichtet Churchill: »Durch ein geräumiges Empfangszimmer führte man mich in ein Schlaf- und ein fast ebenso großes Badezimmer. Starkes, beinahe blendendes elektrisches Licht zeigte die fleckenlose Sauberkeit auf.«**

* Das Interieur von Kunzewo besaß dem jungen britischen Diplomaten John Reed zufolge »trotz volkstümlicher Einrichtung jeden Komfort, den sich ein sowjetischer Kommissar nur wünschen konnte. Sogar die Bäder waren hochmodern und … blitzblank«. Etwa hundert Meter vom Haus entfernt lag Stalins Luftschutzraum »von neuester, luxuriöser Konstruktion. An beiden Enden gelangte man in Aufzügen fünfundzwanzig bis dreißig Meter in die Tiefe. Hier befanden sich acht bis zehn große Räume, die in eine Betonhülle von beträchtlicher Dicke eingelassen waren. Schwere Schiebetüren trennten sie voneinander ab. Licht gab es in Fülle. Die Einrichtung entsprach dem Stil ›Utility‹ (Zweckmäßigkeit); sie war nichtsdestoweniger ausladend und in hellen Farben gehalten.« »Das alles«, schrieb wiederum Reed, »klimatisiert und scheußlich eingerichtet … wie eine monströse Frühstückspension«, und Churchill schloss sich dem an: »Die Goldfische übten größere Anziehungskraft auf mich aus.«
** Die Bäder aller Stalin'schen Datschen waren sehr aufwendig gestaltet und ihre Duschen genau auf seine Größe abgestimmt.

Kaum drei Stunden später fuhr man Churchill, Harriman und den britischen Botschafter Sir Archibald Clark Kerr in den Kreml zum Treffen mit Stalin, Molotow und Woroschilow, der zwar kein Frontkommando mehr befehligen durfte, dafür nun aber zum diplomatischen Frontmann des *Woschd* avancierte – eine eher komische Nebenfigur. Churchill beschloss, Stalin zunächst die schlechte Nachricht aufzutischen: In diesem Jahr keine zweite Front mehr. Darauf reagierte der Mann, für den es an der Wolga um Leben und Tod ging, mit Sarkasmus.

»Wer nicht bereit sei, Wagnisse auf sich zu nehmen, gewinne keinen Krieg«, habe er erklärt und sich gewundert: »Warum fürchteten wir die Deutschen so sehr? Das verstehe er nicht.« Daraufhin knurrte Churchill, dass Großbritannien 1940 ganz allein und ohne fremde Hilfe habe kämpfen müssen. Nachdem der größte Brocken aus dem Weg geräumt war, eröffnete Churchill, dass Briten und Amerikaner die Operation »Torch« vorbereiteten, um Nordafrika zu erobern, zeichnete ein Krokodil auf und »erläuterte anhand dieser Skizze, wie wir den weichen Bauch und das harte Maul der Bestie gleichzeitig angreifen wollten«.* In einem eindrucksvollen Beweis seines geopolitischen Gespürs zählte Stalin sofort alle wichtigen Gründe auf, die für den Plan sprachen. Das enthüllte, schrieb Churchill, »wie schnell und scharf der russische Diktator ein ihm neues Problem erfasste«. Anschließend überraschte Stalin ihn noch einmal, als er ausrief: »Gott gebe den Erfolg dieses Unternehmens!«[1]

Am nächsten Morgen redete Churchill unter vier Augen mit dem »höflichen, jedoch unnahbaren Diplomaten« Molotow und ermahnte ihn: »Stalin würde einen großen Fehler begehen, falls er uns, nachdem wir eine so weite Reise gemacht haben, unfreundlich begegnete.«

»Stalin«, erklärte Molotow, »ist ein sehr kluger Mann. Sie dürfen überzeugt sein, dass er alles versteht, auch wenn er Einwände vorbringt.«

Um 23 Uhr erwarteten Stalin und Molotow in Anwesenheit des treuen Dolmetschers Pawlow die britische Delegation im Kreml, und als sie später mit Churchill im Kleinen Eck saßen, überreichte der *Woschd* seinem Gast ein Memorandum mit schweren Vorwürfen gegen den Westen, der nicht willens sei, eine zweite Front aufzubauen, und mokierte sich erneut über die Feigheit der Briten.

»Ich warf ein«, berichtete der Premier, »dass ich Stalins Bemerkungen über die Tapferkeit der russischen Armee begreiflich fände«, um dann

---

* Außerdem nahm er später einen großen Globus zu Hilfe, der im Nebenraum von Stalins Büro stand.

einen bombastischen Churchill'schen Monolog über das Kriegsengagement des Westens zu halten. Als der Brite seinen etwas phlegmatischen Dolmetscher Dunlop bedrängte, »Haben Sie ihm das gesagt? Haben Sie ihm das gesagt?«, fiel Stalin schließlich breit lächelnd ein:

»Ihre Worte spielen keine Rolle, wichtig ist nur, in welchem Geiste sie gesprochen werden.« Doch trotz aller gewahrten Höflichkeit bewegte man sich auf sehr dünnem Eis. Stalins Beleidigungen machten Churchill wütend, der anschließend, selber zu Schwermut und Groll neigend, in Kunzewo herumschlich und mit der vorzeitigen Abreise drohte.[2]

Noch immer brummig und mürrisch, musste Churchill am nächsten Abend an einem fulminanten Bankett im Katharinensaal teilnehmen, das Stalin ihm zu Ehren veranstaltete. Stalin saß in der Mitte, Churchill zu seiner Rechten und Harriman zu seiner Linken, daneben ein Dolmetscher, gefolgt vom britischen Stabschef General Alan Brooke und Woroschilow. Molotow provozierte über drei Stunden hinweg einen Trinkspruch nach dem anderen, während das Personal neunzehn Gänge auftischte. »Die Tafel bog sich unter allen Arten von hors d'œuvres und Fischgerichten etc.«, schrieb Brooke, »es war eine regelrechte Orgie. … Zwischen den vielen Meerestieren lag ein kleines Spanferkel, das jedoch niemand anrührte, und im Verlauf des Abends blieben seine schwarzen Augen auf mich gerichtet, wobei sich der orangefarbene Rüssel zu einem sardonischen Lächeln verzog!«

Stalin gab sich ausgesprochen charmant und machte klar, dass er, so urteilte Clark Kerr, »die ganze Kalamität wieder einrenken wollte, aber der Premier zeigte ihm die kalte Schulter«. So versuchte Stalin es mit zweideutigen Schmeicheleien.

»Haben Sie mir verziehen?«

»Das alles ist Vergangenheit«, antwortete der Exseminarist Stalin. »Und die Vergangenheit gehört Gott. Die Geschichte wird über uns urteilen.« In diesem Moment kam es zu einem kleinen Eklat, als Churchills Leibwächter, Commander Thompson, plötzlich nach hinten umkippte und einem Kellner ein Tablett mit Eiscreme aus der Hand schlug, das dann nur um Haaresbreite Stalin selbst verfehlte.

»Anschließend«, berichtete der sowjetische Dolmetscher Pawlow schwülstig, »sprach Stalin.« Bei der Tischrede des Diktators bemerkte Woroschilow – den übrigens Brooke für einen »herzensguten alten Kerl« hielt, der »über alles Mögliche sehr lebhaft erzählen konnte«, wiewohl mit der militärischen Sachkunde »eines Neugeborenen« –, dass der Ire aus Ulster nichts Alkoholisches, sondern stets nur Mineralwasser trank.

Um dem abzuhelfen, bestellte Woroschilow eine Flasche gelben Pfeffer-wodka, in dem eine ominöse Schote schwamm, und füllte beider Gläser.

»Ex«, forderte er seinen Tischnachbarn heraus, doch Brooke nippte bloß an dem Feuerwasser. Woroschilow selbst leerte sein Glas zweimal hintereinander: »Das Ergebnis ließ nicht lange auf sich warten. Bald trat ihm der Schweiß auf die Stirn und lief über das ganze Gesicht. Dann saß er grämlich und still mit starr nach vorne gerichtetem Blick da, und ich fragte mich, ob er wohl im nächsten Moment unter den Tisch rutschen würde. Aber nein, er schaffte es, sich auf dem Stuhl zu halten...« Doch gerade als sich der beherzte Trinker in seinen pfeffrigen Rausch ergeben wollte, fiel Stalin, der alles beobachtet hatte, »direkt über ihn her« und rüttelte ihn mit einem Trinkspruch auf, dessen Ironie den meisten West-lern allerdings entging.

»Marschall Woroschilow gehöre zu den Hauptsäulen der Roten Ar-mee, und er, Stalin, wolle jetzt einen Toast auf ihn sprechen.« Dazu grinste er schelmisch wie ein böser alter Satyr, denn wie Molotow und die anderen genau wussten, hatte er Woroschilow erst vor drei Monaten für »bankrott« erklärt. Dieser kam nur mit Mühe auf die Beine, sich da-bei mit beiden Händen am Tisch festhaltend »und mit einem abwesen-den, leeren Augenausdruck leicht vor und zurück schwankend«. Als Sta-lin ihm zuprostete, versuchte der Angesprochene, sich zu konzentrieren, taumelte auf ihn zu und schaffte es gerade so, mit ihm anzustoßen. Als Stalin sich wieder von ihm abwandte, um auf Schaposchnikow zu trin-ken, »ließ Woroschilow sich mit einem tiefen Seufzer auf seinen Stuhl zurücksinken«.

Nach dem Diner lud Stalin seinen Gast ein, sich mit ihm noch den Film über *Die deutsche Niederlage vor Moskau* anzusehen, aber der schlecht gelaunte Churchill war dafür zu müde. Er verabschiedete sich und hatte schon fast den dicht mit Menschen gefüllten Saal durchschrit-ten und die Tür am anderen Ende erreicht, als Stalin ihm nachgeeilt kam und ihn bis zum Wagen begleitete.[3]

Churchill sei »mürrisch wie ein verwöhntes Kind aufgewacht«, erin-nerte sich Clark Kerr, der bei ihm in der Datscha ankam, um erstaunt festzustellen, dass »der Premier beschlossen hatte, zu packen und sofort abzureisen«. Einen »absurden breitrandigen Cowboyhut« tragend, ohne Zweifel die für einen Ort wie Kunzewo bizarrste und denkbar unpas-sendste Kopfbedeckung, stampfte Churchill in den Garten und wandte Clark Kerr den Rücken zu, der sich derart mit »einem rosaroten, auf-gedunsenen Nacken« konfrontiert sah. Wie der Botschafter hervorhob, hatte Churchill »als Aristokrat und Weltmann erwartet, dass ihm selbst im bolschewistischen Russland seinesgleichen begegnen würden, aber stattdessen kamen diese Männer geradewegs vom Pflug oder von der Werkbank«.

»Dieser Kerl hat mich beleidigt«, stieß Churchill aus. »Von jetzt an kann er seine Schlachten alleine schlagen.« Doch schließlich hielt er inne: »Na, und was sollte ich Ihrer Meinung nach tun?«

Wenig später rief ein Beauftragter Churchills im Kreml an und bat um ein weiteres Gespräch mit Stalin. Doch dort hieß es, der *Woschd* mache gerade »einen Spaziergang« – gewiss einen diplomatisch vorgeschobenen, denn Churchills Wutanfall fiel mit folgenschweren Ereignissen zusammen, die direkt zur Schlacht von Stalingrad führen sollten: Gegen 4.30 Uhr hatte die 6. Armee der Wehrmacht in der Don-Schleife die 4. russische Panzerarmee angegriffen und zerschlagen, was eine schwerere Krise bedeutete.

Gegen 18 Uhr stand Stalin für ein Treffen bereit. Als Churchill sich danach im Kleinen Eck von ihm verabschieden wollte »schien Stalin verlegen« und schlug vor: »Warum gehen wir nicht zu mir nach Hause und trinken noch einen Schluck?«

»Für so etwas sei ich immer zu haben, erwiderte ich«, schrieb Churchill. Alsbald führte Stalin ihn und seinen anderen Dolmetscher, Major Birse, »durch viele Passagen und Räume, bis wir in eine stille Straße innerhalb des Kremls kamen, in der nach ein paar hundert Metern seine Wohnung lag, vier mittelgroße, einfache, vornehm ausgestattete Räume«. Wahrscheinlich sprangen ihm die leeren Bücherregale ins Auge, da sich die Bibliothek in Kuibyschew befand. Eine Haushälterin (wohl nicht Waletschka, da Churchill sie als »sehr alt« beschreibt) deckte den Tisch und »trug etwas auf«. Stalin hatte diese Zusammenkunft insgeheim geplant und am Nachmittag Alexandra Nakaschidse in Subalowo anrufen lassen, um Swetlana auszurichten, dass er sie abends »Churchill vorführen« wolle. Nun lenkte er das Gespräch auf Töchter, und der Premier erzählte, dass seine Sarah ein Rotschopf sei. Meine Tochter ebenso, sagte Stalin, der damit sein Stichwort hatte, um Swetlana hereinzubitten.

»Bald darauf erschien … ein hübsches rothaariges Mädchen, das seinen Vater pflichtschuldigst küsste.« Daraufhin machte der ihr ziemlich ostentativ ein kleines Geschenk und strich ihr über den Kopf. »Die Rothaarige!«, lächelte er.

»Vater war außerordentlich gut gelaunt«, berichtete Swetlana. »Er war in seiner freundlichsten und liebenswürdigsten Stimmung, die stets alle bezauberte.« Sie half auftragen, während ihr Vater den Wein öffnete. Swetlana hatte gehofft, zum Essen bleiben zu dürfen, doch als man »über Kanonen, Panzer und Flugzeuge« redete, »war das Gespräch mit mir beendet«. Stalin küsste sie »und sagte dann, dass ich gehen und mich mit meinen eigenen Angelegenheiten befassen könne«. Etwas enttäuscht, gehorchte sie.

»Können wir nicht Molotow kommen lassen«, fragte Stalin. »Er macht sich Sorgen wegen des Kommuniqués. Wir könnten es gleich hier aufsetzen. Molotow hat einen besonderen Vorzug: Er versteht zu trinken.« Als Molotow hinzukam, gefolgt von einer Parade schwerer Gerichte, kulminierend im obligaten Spanferkel, fing Stalin an, den Außenkommissar »gnadenlos« zu necken, »um Schwung in die Sache zu bringen«. Churchill fiel ein:

»Hat der Marschall gewusst, dass sein Außenminister gelegentlich seines Aufenthaltes in Washington geäußert hat, er wolle einmal ganz allein nach New York gehen, und dass sich seine Rückreise verzögert hat, nicht weil ein Flugzeugmotor defekt war, sondern weil er auf eigene Faust losgegangen ist?«

Churchill bemerkte zwar, dass Molotow betreten wirkte, erkannte aber nicht, dass er damit die Saat eines für den Minister beinahe tödlichen Misstrauens gelegt hatte. »Aber Stalins Gesicht leuchtete belustigt auf, und er sagte: ›Er war gar nicht in New York. Er war in Chicago, wo die anderen Gangster leben.‹«

Churchill lud Stalin nach London ein, worauf der *Woschd* an seinen Besuch des Jahres 1907 in Begleitung von Lenin, Gorki und Trotzki erinnerte. Beim Thema der großen historischen Figuren pries Churchill seinen Vorfahren, den Herzog von Marlborough, als eine Inspiration, da er »zu seiner Zeit die für die Freiheit Europas drohenden Gefahren während des Spanischen Erbfolgekriegs gebannt hat«. Churchill war »ganz davon hingerissen«, das militärische Genie Marlboroughs zu loben. Doch auf Stalins Gesicht »zeichnete sich ein schelmisches Lächeln ab«.

»Ich meine, Großbritannien hatte einen noch begabteren Feldherrn«, frotzelte Stalin, »nämlich in der Person Wellingtons, des Bezwingers von Napoleon, der bisher die größte Gefahr in der Geschichte darstellte.« Erst um 1.30 Uhr fing Stalin richtig an zu essen, um danach ins Nebenzimmer zu gehen, wahrscheinlich um sich über die Lage im Kaukasus zu informieren. Als Sir Alexander Cadogan, der ständige Staatssekretär im Außenministerium, mit dem Entwurf der Pressemitteilung kam, bot

Stalin ihm etwas von dem Spanferkel an, »und als sich mein Freund entschuldigte, fiel unser Gastgeber allein über das Opfer her«. Das Treffen
endete schließlich gegen 3 Uhr. Churchill bat Molotow, ihn nicht zu so
früher Stunde zum Flugplatz zu bringen, »da er offensichtlich übermüdet war«, doch er »sah mich vorwurfsvoll an, als wolle er sagen:
›Glauben sie wirklich, dass ich mir das nehmen lasse?‹«

Wieder zurück in Kunzewo, streckte sich Churchill auf Stalins Sofa
aus, »kicherte und streckte seine grauen Beine hoch in die Luft: Stalin
war wunderbar. ... Was für ein Vergnügen, mit ›diesem großen Mann‹
zusammenzuarbeiten.« Als er schließlich ins Bad stieg, schwärmte er
immer noch: »Stalin hin, Stalin her.« Es dämmerte bereits; das Bündnis schien gerettet. Bald traf Molotow ein, um ihn zum Flugplatz zu
begleiten.[4]

38

STALINGRAD UND DER KAUKASUS:
BERIA UND KAGANOWITSCH IM KRIEG

Stalin erholte sich zu Hause von seinem Trinkgelage mit Churchill, traf dann jedoch um 23.30 Uhr im Büro ein – sofort konfrontiert mit der sich verschärfenden Krise im Nordkaukasus, wo die Wehrmacht nun gegen die Städte Ordschonikidse und Grosni vorrückte. Zu Budjonni, dem Kommandeur der dortigen Truppen, war kurz zuvor Kaganowitsch gestoßen, der sich nach seiner Absetzung als Eisenbahnchef an der Front bewähren wollte. Stalin hatte seinem Plan zugestimmt mit den Worten: »Er kennt ja den Nordkaukasus gut und hat sich im Bürgerkrieg an Budjonni gewöhnt.« Nun kämpften der säbelbeinige Kosak und der Eiserne Kommissar gemeinsam gegen den Vormarsch der Deutschen an. Budjonni verlor dabei nichts vom »alten Schmiss und Sinn für Ironie«, weigerte sich manchmal sogar, bei Angriffen seinen Unterstand aufzusuchen. »Immer schön mit der Ruhe: Sollen die nur bomben!« Doch »die Lokomotive« machte im Krieg gar keine gute Figur.

Umgeben von »diversen Offizieren seiner persönlichen Leibwache und Beratern aus Moskau … Kriechern, Querulanten und Intriganten«, ganze Nächte lang im Dauerzustand aufgewühlter Hysterie arbeitend, immerfort mit seiner abgegriffenen Perlenschnur oder einer Schlüsselkette spielend, hielt Kaganowitsch sich für »einen großen Strategen … der in eigener Regie Befehle erteilte« und darauf bestand, sich in alle militärischen Planungen einzumischen, uneinhaltbare Fristen setzte und herumschrie: »Berichten Sie mir persönlich über die Ausführung der Order, sonst kracht's!« Als einige Lastwagen seiner Limousine den Weg versperrten, fuhr »Lazarus«, wie seine Offiziere ihn nannten, aus der Haut und brüllte: »Degradieren! Festnehmen! Vor ein Kriegsgericht stellen! Erschießen!« Aber dieses Gezeter hielt die Deutschen nicht auf.

»Was nützt ein Verteidigungswall, der nicht verteidigt wird?«, maß-regelte ihn Stalin. »Und mir scheint, dass es Ihnen selbst dort, wo noch keine Panik herrscht und unsere Truppen recht gut kämpfen, nicht ge-lungen ist, das Blatt zu wenden.«

Allerdings kam Kaganowitsch dem Kriegsgeschehen näher als viele andere, und im Gefecht traf ihn ein Stück Schrapnell an der Hand, ein Ehrenmal, das ihn mit großem Stolz erfüllte, da er auf diese Weise als Einziger unter den Politbüromitgliedern eine Verwundung davontrug.* Wenn Kaganowitsch zu Beratungen nach Moskau zurückflog, erkun-digte sich Stalin, den er als »unseren Vater« betrachtete, sanft nach sei-nem Befinden und stieß anschließend auf seine verletzte Hand an. Aller-dings erzürnte es ihn auch, dass einer seiner engsten Vertrauten derart leichtfertig sein Leben aufs Spiel gesetzt hatte.[1]

Als die Deutschen südwärts vorstießen, befürchtete Stalin den Ein-bruch der transkaukasischen Front, was die Ölfelder freigegeben, viel-leicht die Türkei mit in den Krieg einbezogen und die stets aufsässigen Kaukasusvölker zum Rebellieren veranlasst hätte. Vier Tage nach der Ab-reise Churchills wandte sich Stalin an Beria:

»Lieber Lawrenti Pawlowitsch«, schrieb er förmlich. »Nehmen Sie mit, wen sie wollen und was Sie an Gerät für erforderlich halten. Aber bitte stoppen Sie die Deutschen!« Nachdem die Wehrmacht den strate-gisch wichtigen Berg Elbrus eingenommen hatte, zogen Beria und Mer-kulow Stalins Stabsoffizier Schtemenko hinzu, wiesen Sudoplatow an, hundertfünfzig georgische Gebirgsjäger bereitzustellen, versammelten dessen protziges Gefolge mitsamt seinem erst achtzehnjährigen Sohn Sergo um sich und flogen so aufgestellt mit einer Flotte von amerikani-schen C-47 über Tiflis in Richtung Front. Vor Ort dachten die Generäle schon über eine kurzfristige Aufgabe der Stadt Ordschonikidse nach, doch am 22. trafen Beria und seine Mannschaft dort ein, um die Kom-mandeure des Transkaukasus mittels Terror auf Trab zu bringen. Der georgische Parteichef Tscharkwiani befand sich im Saal, als Beria »kalt und mit stechendem Blick in die Runde spähte« und den Anwesenden drohte:

»Wer noch einmal von Rückzug redet, den mache ich fertig. Sie wer-den die Stellung halten!« Als ein General vorschlug, zwanzigtausend

---

* Von der Front erhielt er als Zeichen der Dankbarkeit eine gravierte Uhr, die heu-te im Kaganowitsch-Archiv des RGASPI liegt. Sowohl Leonid Breschnew als auch Mi-chail Suslow, die nach 1964 fast zwei Jahrzehnte lang gemeinsam die Sowjetunion regierten, hatten Kaganowitsch an dieser Front kennen gelernt.

NKWD-Soldaten an die Front zu schicken, »brach Beria in unflätige Flüche aus und drohte, mich umzulegen, wenn ich das je wieder erwähnte«. Obwohl Tscharkwiani (kein großer Bewunderer Berias) meinte, der NKWD-Chef habe letzten Endes die Lage gerettet, klagten die Generäle, allerdings erst nach Berias Sturz, sein Auftritt an der Front, nichts als »lärmende Protzerei«, habe ihre Arbeit ernsthaft beeinträchtigt.

Beria sollte auch mit allen Mitteln verhindern, dass die ersehnten Ölfelder der Wehrmacht als wertvolle Kriegsbeute in die Hände fielen. In Moskau zitierte Stalin den erst dreißigjährigen stellvertretenden Volkskommissar für die Petrobranche, Nikolai Baibakow, zu sich, den er allein in seinem Büro empfing.

»Genosse Baibakow, Sie wissen, wie dringend Hitler auf das Erdöl des Kaukasus angewiesen wäre. Deshalb schicke ich Sie in die Region – Sie bürgen mir mit Ihrem Kopf dafür, dass die Wehrmacht dort keine intakten Quellen vorfindet« (allerdings auch dafür, die Felder nicht *zu früh* zu zerstören). Als Baibakow ziemlich erschüttert gehen wollte, fügte Stalin noch hinzu: »Sie sollten eines wissen: Hitler hat selbst erklärt, dass er den Krieg ohne das Erdöl verlieren würde!«

Beria ließ weitere grausame Drohungen folgen. »Ich fühlte mich einfach nur erdrückt von der großen Verantwortung«, berichtete Baibakow, der jedoch keine Furcht empfand, obwohl er eigentlich allen Grund dazu gehabt hätte.* »Ich unterschätzte die Gefahr meiner neuen Aufgabe.« Baibakow ließ die entscheidenden Ölfelder genau im richtigen Moment sprengen und rettete dadurch seinen Kopf.

Ein weiterer Auftrag Berias bestand darin, Verräter unter den ethnischen Gruppen des nördlichen Kaukasus ausfindig zu machen, wofür er sein eigenes NKWD-Kommando einsetzte. Als ein bei nichtgeorgischen Abchasen aufgewachsener georgischer Mingrele kannte er alle zwischen den kleinen Gebirgsvölkern der Region schwelenden Vorurteile in- und auswendig. Die Georgier selbst hegten aber besonders großes Misstrauen gegenüber islamischen Völkern wie den Tschetschenen. In

---

* Das Gespräch mit Baibakow, einem der letzten noch lebenden Minister Stalins, leistete mir für die Recherchen zu diesem Buch unschätzbare Dienste. Er trat als Vollmitglied in die sowjetische Regierung ein: 1944 ernannte Stalin ihn zum Volkskommissar für die Erdölindustrie, und später leitete er nach kurzer Unterbrechung die Hauptwirtschaftsbehörde Gosplan, bis Gorbatschew ihn in den achtziger Jahren entließ. Es zeugt von den Verkrustungen der Sowjetökonomie, dass die von Stalin ernannten jungen Männer in ihr noch vierzig Jahre überwintern konnten. Bei Drucklegung arbeitete der unermüdliche Neunzigjährige nach wie vor in der Petrobranche, nahm an Tagungen teil und bewahrte seine Orden unter einem Lenin-Porträt auf.

Grosni prüfte Beria Berichte, denen zufolge einige Tschetschenen die Deutschen mit offenen Armen empfangen hätten. Sein Sohn Sergo, der ihn begleitete, schrieb darüber, die Einheimischen seien mit Delegationen angetreten, um ihre Moskau-Treue zu bekunden und zu versprechen, dass sie ebenso tapfer kämpfen würden wie einst ihr Nationalheld Schamyl. Da der Russland drei Jahrzehnte lang die Stirn geboten hatte, tat diese Ankündigung ihrer Sache allerdings überhaupt nicht gut, doch Beria verbarg seine Vorbehalte gegenüber den Tschetschenen hinter gespielter Freundlichkeit.

In Noworossik knüpfte er sich dann Kaganowitsch und Budjonni vor und zeigte sich von ihrem Verhalten wenig beeindruckt: Letzteren fanden sie »sturzbetrunken« und in »völliger Erstarrung« vor, während der Erstere, »stocknüchtern, zitterte wie Espenlaub« und »vor meinem Vater zu Kreuze kroch«.

»Machen Sie doch nicht so ein Theater!«, herrschte Beria Kaganowitsch an.

Der deutsche Vormarsch auf die Städte Ordschonikidse und Grosni kam, bedingt durch den sowjetischen Widerstand bei Stalingrad, bald zum Erliegen. Beria kehrte triumphierend nach Moskau zurück, wo Stalin, der stets tödlich eifersüchtig auf die militärischen Erfolge jedes anderen reagierte, zufällig mithörte, wie er sich vor Malenkow mit seinen Großtaten brüstete.

»Jetzt glaubt Beria, ein famoser Feldherr zu sein«, knurrte Stalin Schaposchnikow gegenüber. Beria empfahl die Entlassung Budjonnis, der von seinem letzten aktiven Einsatz nach Moskau zurückkehrte, wo Stalin ihm die Leitung der Kavallerie übertragen wollte, doch appellierte der alte Haudegen an seinen Chef:

»Ich muss kämpfen! Mich zieht es von ganzer Seele ins Gefecht. Also bitte, lass mich nach Stalingrad gehen!«[2] Diese Stadt sollte tatsächlich bald die Aufmerksamkeit der Weltöffentlichkeit auf sich ziehen.

Die Wehrmacht griff mit Bodentruppen an und verwüstete zugleich Stalins Stadt aus der Luft, zerstörte den industriellen Leviathan in einem infernalischen Bombardement, das seine öden Fabriken in eine urzeitliche Kraterlandschaft verwandelte. Stalin, der bis zum frühen Morgen im Büro saß, geriet außer sich und machte seinen Sondergesandten Malenkow und Stabschef Wasilewski bittere Vorwürfe: »Der Feind ist … mit geringen Kräften durchgebrochen, obwohl Sie genügend Truppen haben, um ihn vernichtend zu schlagen. Mobilisieren Sie Panzerzüge …

und setzen Sie Rauchvorhänge ein. Kämpfen Sie Tag und Nacht. Das Wichtigste ist jetzt, nicht in Panik zu geraten: Lassen Sie sich von dem dreisten Feind nicht einschüchtern, und glauben Sie fest an unseren Sieg.«[3]

Die dramatische Zuspitzung des Kampfes um Stalingrad zwang den Diktator letztlich zur äußersten Konzentration und zog eine grundlegende Wende in seiner Herangehensweise nach sich. Erst jetzt sah er ein, dass in einem technisierten Krieg weder ungestümer Dilettantismus noch blindes Vertrauen auf stümperhafte Kavalleristen zum ruhmreichen Sieg führte, sondern nur die Zusammenarbeit mit kompetenten Berufsoffizieren. Am 27. August wollte er deshalb Schukow zu seinem stellvertretenden Oberkommandierenden befördern und nach Stalingrad schicken, doch der lehnte zunächst die Ernennung ab:

»Mein Charakter steht einem solchen Arrangement im Wege.«

»Der Nation droht eine Katastrophe«, erwiderte Stalin. »Wir müssen unser Vaterland mit allen Mitteln und um jeden Preis retten. Was zählt demgegenüber schon der Charakter? Ordnen wir ihn dem Interesse des Volkes unter. Wann können Sie aufbrechen?«

»Ich brauche 24 Stunden.«

»Na, dann ist ja alles in Ordnung. Sind Sie nicht hungrig? Es kann nicht schaden, wenn wir etwas zu uns nehmen.« Er ließ Tee und Gebäck bringen, um den Beginn der erfolgreichsten Partnerschaft des Vaterländischen Kriegs zu feiern.

In Stalingrad, wo bereits deutsche Truppen einsickerten, suchte Schukow sofort Wasilewski auf. Stalin forderte Gegenangriffe, doch seine Verbände schienen dazu noch nicht imstande. Den Herrscher befiel jetzt eine solche innere Unruhe, dass er auf einem Sofa im Büro schlief und sich alle zwei Stunden von Poskrebyschew wecken ließ, dabei jedoch so blass, übermüdet und abgemagert wirkte, dass sein Adlatus einmal eine halbe Stunde länger wartete, weil er es nicht übers Herz brachte, ihn aus dem Schlaf zu reißen: Stalin schaute auf seine Uhr und sagte mit leiser Stimme: »Sie sind also auch so ein Philanthrop! Wasilewski soll mich anrufen, schnell! Sie glatzköpfiger Philanthrop!«

Dann unterbrach er Wasilewski unwirsch mitten im Satz: »Was ist denn mit denen los? Verstehen die denn dort nicht, dass, wenn wir Stalingrad aufgeben, der Süden des Landes vom Zentrum abgeschnitten sein wird und wir ihn kaum verteidigen können? Verstehen die denn dort nicht, dass das nicht nur eine Katastrophe von Stalingrad ist?! Verstehen die nicht, was es bedeutet, den wichtigsten Wasserweg und bald auch das Erdöl zu verlieren?!« Doch die Bedeutung der Stadt lag keineswegs nur im Strategischen; vielmehr trug sie ja auch Stalins Namen als prägender Bestandteil seiner ganzen Biographie. Dort, in Zaryzin, hatte er 1918 sein Selbstvertrauen als ein Mann der Tat gewonnen, mit Hilfe des Terrors zu herrschen gelernt, sich Lenin zum Verbündeten und Trotzki zum Feind gemacht. Im »Roten Verdun« hatte er zudem seine Mitstreiter von Woroschilow bis Budjonni um sich geschart und seine Ehe mit Nadja angebahnt.

»Alles Kampffähige, was vor Stalingrad ist, verlegen wir in die bedrohten Abschnitte«, erwiderte Wasilewski vorsichtig. »Ich glaube, dass die Chancen, die Stadt zu halten, noch nicht verloren sind.« Stalin rief Schukow an und befahl den sofortigen Gegenangriff:

»Aufschub wird nicht geduldet. Eine Verzögerung würde nun gleichbedeutend mit Verbrechen sein.« Als Schukow antwortete, dass die Vorbereitungen im Gange seien, reagierte Stalin kurz angebunden: »Ich erwarte von Ihnen eine weitere Forcierung des Gegenschlags, um den Fall Stalingrads nicht zuzulassen.«

Beim Morgengrauen griffen die Russen erneut an, konnten aber kaum Boden gutmachen. Fast schon hatte der Feind die Stadt eingenommen, aber eine Truppe stand ihm noch im Weg: die 62. Armee unter General Wasili Tschuikow, der sich zäh am Westufer der Wolga hielt, von Unterständen aus seine Leute befehligte und in den skelettartigen Ruinen einer apokalyptischen Industrielandschaft weiterkämpfte. Den Wahnsinn, aber auch den Heldenmut und die bis zum Äußersten verzweifelte Grausamkeit dieser Schlacht, bei der moderne und archaische Waffen, Scharfschützengewehre, Granaten, Spaten und bloße Hände zum Einsatz kamen, hat am eindrucksvollsten Vasily Grossman in dem Epos *Leben und Schicksal* beschrieben. Dort wurde gestorben, um Zeit zu gewinnen.

»Blut«, sagte Tschuikow, »bedeutet Aufschub.«

Als dessen direkte Vorgesetzte traten General Andrei Jeremenko und der inzwischen rehabilitierte Frontkommissar Chruschtschew auf, aber die enorme Bedeutung der Sache verbot es, das Kommando ihnen allein zu überlassen. Stalin selbst beaufsichtigte das Kampfgeschehen zusammen mit Schukow und Wasilewski als aktive Befehlshaber, während Malenkow als sein Spitzel vor Ort die Lage erkundete. Man traf sich in Jeremenkos Gefechtsstand. »Ich bemerkte, dass Wasilewski und Malenkow miteinander flüsterten«, erinnerte sich Chruschtschew, »um eine Denunziation vorzubereiten, und ich argwöhnte, dass die Wahl auf mich gefallen war.« Malenkow ließ Offiziere antreten, um sie zu maßregeln. Alsbald fanden diese sich im Gefechtsstand ein und sahen dort neben Haudegen wie Schukow und Jeremenko einen »kleinwüchsigen Mann mit weichlichem, aufgedunsenem Gesicht im Kasack«. Während einer der Standpauken stand Malenkow unverhofft Wasili Stalin gegenüber, der zwar keine aktiven Einsätze mehr fliegen durfte, nun aber eine eigene Staffel befehligte.

»Oberst Stalin!«, sagte er, »der Kampfeinsatz Ihrer Flieger schreit zum Himmel...« Danach wandte er sich einem anderen Offizier zu: »Und Sie, der General im Käppchen. Hatten Sie vor, ernsthaft zu kämpfen, oder wollten Sie hier nur herumspielen?« Nach Malenkows Abtritt blieben Chruschtschew und Jeremenko wieder allein in ihrem Gefechtsstand zurück. »Unheimliche Stille schien sich auszubreiten.« Chruschtschews große Stunde schlug[*], als er während jener Zeit an der Front seine Freundschaften mit Generälen ausbauen konnte, die ihm nach Stalins Tod so überaus nützliche Dienste erweisen sollten.[4]

Am 12. September flogen die einander gegenüberstehenden Kommandeure von Stalingrad in einer zufällig perfekt inszenierten Symmetrie gleichzeitig zu ihren Diktatoren. Als Paulus im Hauptquartier »Werwolf«, einem bei Winniza gelegenen ringsum eingezäunten Komplex von Holzhütten und Bunkern, mit dem »Führer« sprach, befanden sich Schukow und Wasilewski auf dem Weg zu ihrem *Woschd*«. Und während Hitler darauf drängte, so schnell wie möglich »ganz Stalingrad« einzunehmen, empfahlen die beiden Russen, der grobschlächtige General Schukow und der versierte Höfling Wasilewski, Stalin weitere Gegenvorstöße, »um den Feind zu zermürben ... und gleichzeitig einen noch schwereren Schlag vorzubereiten«. Und danach? Stalin schaute in seine eigene Karte und betrachtete sie schweigend, eine Zeit lang ganz in Gedanken versunken und gar nicht auf die Militärs achtend.

Schukow und Wasilewski traten zurück, um sich leise zu besprechen. Es mochte noch »eine andere Lösung« geben.

»Was für eine ›andere‹ Lösung?«, fragte Stalin, plötzlich den Kopf hebend. Noch bevor die beiden antworten konnten, wies Stalin sie an: »Fahren Sie in den Generalstab, und sehen Sie zu, was man in Stalingrad tun kann. ... Morgen abend um 21 Uhr wollen wir uns wieder hier tref-

---

* Als Chruschtschew später an die Macht gelangte, trug er ganz in der Manier Stalins selbst alten Kumpanen wie Jeremenko auf, seine heroische Rolle in Stalingrad in den höchsten Tönen zu loben.

fen.« Der Sieg hat viele Väter, und gerade den von Stalingrad wollten sich viele zuschreiben, doch in Wahrheit resultierte er aus der einzigartigen Zusammenarbeit zwischen Stalin, Wasilewski und Schukow mit ihrer je eigenen Begabung.

Am 13. September gegen 22 Uhr begrüßte Stalin Schukow und Wasilewski mit einer seltenen Geste, einem Händedruck, erneut in seinem Büro: »Na, was habt ihr euch ausgedacht? Wer wird darüber berichten?«

»Wie Sie wollen«, antwortete Wasilewski, »wir sind einer Meinung.« Sie legten Stalin ihre Karte mit dem Plan für eine Großoffensive gegen die deutschen Flanken vor, an denen die schwächeren rumänischen Truppen standen, um in den Rückraum hineinzustoßen, sich dort zu vereinigen und sie in die Zange zu nehmen: das Unternehmen Uranus. Gerade in diesem Moment brach der kurz zuvor von Hitler in Winniza befohlene Angriff der Wehrmacht über die kampfbereite 62. Armee herein. Und jetzt betrat Poskrebyschew das Büro. Jeremenko aus Stalingrad sei am Apparat. Tschuikow könne mit knapper Not das Westufer der Wolga halten, solange die Stawka das geplante Unternehmen vorbereite. Stalin schickte die beiden Generäle direkt wieder zurück nach Stalingrad, um die Operation Uranus in die Wege zu leiten, und beschwor sie zum Abschied eindringlich:

»Was wir hier besprochen haben, darf niemand erfahren.«

Am 9. Oktober gab Stalin der Generalität wieder das ungeteilte Kommando über die Truppen, und besiegelte diesen Schritt, indem er erneut Schukow und Wasilewski die Hände schüttelte und sie dann zu seinen Sonderbeauftragten an der Front ernannte, da er nicht wollte, dass sie »untätig in Moskau herumsaßen«. Alexander Wasilewski, der damals siebenundvierzigjährige Stabschef seit Mai und Dritte im Bunde des außerordentlichen Befehlshaberteams, stand dem *Woschd* in vieler Hinsicht sogar näher als Schukow.

Der galante, höfliche Charmeur Wasilewski, ein breitschultriger Mann mit gewölbter Brust und intelligentem Gesichtsausdruck, war ein herausragender Stabsoffizier und löste seinen Förderer Schaposchnikow nicht nur beruflich, sondern auch als der einzige echte Gentleman unter den Rabauken und als Stalins besonderer Vertrauter ab. Seine Anständigkeit verwirrte, beeindruckte und amüsierte Stalin zugleich, vielleicht weil sie ihm selbst fast völlig abging.

»Wie schaffen Sie es eigentlich«, sinnierte der *Woschd*, »so viele Männer zu kommandieren, obwohl Sie doch keiner Fliege etwas zuleide tun könnten?« Im Übrigen stammte Wasilewski aus einer längst untergegangenen Welt, die Stalin faszinierte: Als Sohn eines wohlhabenden Dorfpriesters an der Wolga aufgewachsen, hatte er selbst ebenfalls schon die Priesterlaufbahn eingeschlagen, um dann in der zaristischen Armee zum Hauptmann aufzusteigen. Bei seinem späteren Eintritt in die Rote Armee hatte er seinen Vater als Geistlichen verleugnen und den Kontakt zu ihm abbrechen müssen. Nach Sitzungen hielt Stalin ihn oft zurück und erkundigte sich, ob ihn das Priesteramt noch locke und ob er Kontakt zu seinen Eltern habe.

»Ich habe die Beziehung zu ihnen abgebrochen«, erwiderte der General, besorgt darüber, dass der Diktator ihn ausforschen wollte. »Mein Vater ist Priester, Genosse Stalin.«

»Heißt das, er ist Konterrevolutionär?«

»Nein, Genosse Stalin, als Priester glaubt er an Gott, aber ein Volksfeind ist er nicht.«

»Wenn sich der Krieg beruhigt hat, sollten Sie zu Ihren Eltern fliegen und sie um Verzeihung bitten.« Wasilewskis Vater ging Stalin nicht aus dem Sinn.

»Waren Sie schon bei Ihren Eltern, um den Segen zu erbitten«, fragte er später nach.

»Ja, Genosse Stalin«, erwiderte Wasilewski.

»Sie werden lange brauchen, Ihre Schulden bei mir abzutragen.« Bei diesen Worten öffnete Stalin seinen Tresor und zeigte ihm einen Stapel Papiere – Zahlungsanweisungen, die Stalin während des gesamten Kriegs auf Wasilewskis Vater ausgestellt hatte. Überrascht und etwas gerührt, dankte der Sohn dem Wohltäter überschwänglich.

Jetzt oblag es Wasilewski, die besondere Verantwortung für Stalingrad zu tragen.[5]

Die beiden sendungsbewussten Tyrannen stimmten fast gleichzeitig ihre Völker auf den Sieg ein. »In nicht allzu ferner Zeit wird man bei uns auf den Straßen feiern«, kündigte der *Woschd* in einer Rede vom 7. November an. Tags darauf tönte Hitler in einer öffentlichen Ansprache, er habe die Wolga erreichen und Stalins eigene Stadt erobern wollen, und jetzt habe man sie so gut wie sicher eingenommen.

Das Kleine Eck bebte inzwischen vor Spannung. Stalin marterten Ängste, die Deutschen könnten ahnen, was sich über ihnen zusammenbraute. Am 11. plagten ihn Sorgen darüber, nicht genügend Flugzeuge zu besitzen. Am 13., als Paulus einen letzten Anlauf unternahm, um Tschuikow, der nur noch einen fünfzig Meter tiefen, völlig zerklüfteten Gebietsstreifen hielt, aus seiner Stellung zu werfen, holten sich Schukow und Wasilewski in Moskau letzte Anweisungen. »Der Oberste Befehlshaber hörte uns aufmerksam zu. Wie er bedächtig seine Pfeife rauchte, sich über den Schnurrbart strich und uns kein einziges Mal unterbrach, ließ erkennen, dass er zufrieden war«, berichtete Schukow. Anschließend kehrte Wasilewski allein nach Stalingrad zurück.

Am 18. November berieten sich Stalin, Beria, Molotow, Malenkow und Schukow, der wenig später das Unternehmen Mars* im Raum Moskau befehligen sollte, bis 23.50 Uhr im Kleinen Eck. Genau drei Stunden vor dem vereinbarten Zeitpunkt teilte man den in Stalingrad wartenden Frontgenerälen Jeremenko, Rokossowski und Watutin mit, dass der Angriff nun unmittelbar bevorstand. Vermutlich gingen Stalin und seine Genossen danach essen oder ins Kino, um sich die Zeit zu vertreiben. Stalin konnte selten vor 4 Uhr schlafen – »hatte einfach kein Bedürfnis mehr«, wie er später Churchill erklärte –, blieb also gewiss wach, um sich über den Truppenaufmarsch informieren zu lassen. Am diesigen Morgen des 19. November um 7.20 Uhr eröffneten die 3500 Kanonen des Nordsektors das Feuer. Unter den gewaltigen Donnerschlägen bebte die Erde noch in fünfzig Kilometern Entfernung. Eine Masse von einer Million Mann, 13 541 Geschützen, 1400 Panzern und 1115 Flugzeugen wälzte sich Hitlers Truppen entgegen.[6]

---

* Parallel zu Stalins Operation Uranus startete Schukow die inzwischen vergessene Operation Mars gegen die bei Rschew vor Moskau gelegene Frontausbuchtung, wahrscheinlich seine bitterste Niederlage: In weniger als zwei Tagen einer Offensive opferte er Hunderttausende von Männern.

Achter Teil

KRIEG:
DAS TRIUMPHALE GENIE,
1942–1945

39

DER OBERSTE BEFEHLSHABER
VON STALINGRAD

Während der Kämpfe um Stalingrad schlief der *Woschd* gewöhnlich in voller Montur auf seinem Metallfeldbett ein, das in Kunzewo unter dem Treppenaufgang zum Obergeschoss stand. In Notlagen rief ihn Poskrebyschew an, der stets in seinem Büro übernachtete. Stalin wachte gegen elf Uhr auf, wenn sich Schtemenko von der Einsatzleitung meldete, um ihm den ersten Tagesbericht zu erstatten. Das Politbüro und der Generalstab arbeiteten bereits seit Stunden, da sie nicht nur von der Schlaflosigkeit Stalins mitbetroffen waren, sondern ungeachtet dessen auch die eigenen schwierigen Aufgaben zu bewältigen hatten. Mikojan zum Beispiel arbeitete täglich von 10 bis fast 5 Uhr und hielt nur zwischendurch auf der Couch ein Nickerchen.

Mittags nahm Stalin ein leichtes Frühstück zu sich, serviert von Waletschka, die meist – ob in Kunzewo oder in der Kremlwohnung – an seiner Seite blieb, und machte sich danach an die Arbeit. Gleichgültig, wo sich der jetzt dreiundsechzigjährige Oberste Befehlshaber aufhielt, die folgenden sechzehn Stunden verbrachte er mit der Kriegsplanung. Nach und nach gingen Lageberichte von allen seinen fliegenden Stawka-Beobachtern ein, die sich zweimal täglich, um 12 und um 21 Uhr, bei ihm zu melden hatten. In der betreffenden Phase wartete Stalin immer besonders ungeduldig auf Wasilewski aus Stalingrad, und er konnte sehr verdrießlich reagieren, wenn seine Gesandten ihn nicht pünktlich über den Stand der Dinge unterrichteten. Als Wasilewski seinen Termin einmal versäumte, kanzelte Stalin ihn ab:

»Es ist bereits 15.30 Uhr ... und Sie haben noch immer nichts durchzugeben geruht. ... Dabei können Sie sich auch nicht mit Zeitnot herausreden, denn Schukow ist an der Front genauso beschäftigt wie Sie, und schickt mir doch immer pünktlich seinen Rapport. Der Unterschied zwischen Ihnen beiden liegt einfach darin, dass er diszipliniert ist und Sie nicht. … Ich warne Sie hiermit ein letztes Mal: Wenn Sie es nochmals wagen, Ihre Pflichten zu vernachlässigen, werde ich Sie als Generalstabschef absetzen und in ein Frontkommando stecken.«

Malenkow lieferte seine Berichte stets nach Plan ab, doch selbst der pedantische Schdanow verspätete sich manchmal im Eifer des Gefechts, was ebenfalls herbe Schelte nach sich zog: »Es erscheint uns äußerst merkwürdig, dass der Genosse Schdanow keinerlei Anlass sieht, hier anzurufen, um sich in dieser für Leningrad so gefährlichen Lage mit uns abzustimmen.« Als das Bedrohlichste überhaupt galt offenbar in Stalins Augen die Eigenmächtigkeit.

Um 16 Uhr traf »der noch junge, sehr gut aussehende, dunkle, geschmeidige« General Alexei Antonow, der nach Wasilewskis Beförderung und gescheiterten Versuchen mit einer Reihe von schnell wieder entlassenen Offizieren nun Stalins Vertrauen als Einsatzleiter genoss, mit dem nächsten Lagebericht ein. Dieser – Schukow zufolge – »einzigartig fähige Stratege und ebenso kultivierte wie charmante Mann« behandelte Stalin, der pedantisch auf Genauigkeit achtete und, so Schtemenko, »nicht die geringste Beschönigung durchgehen ließ«, ziemlich geschickt: Immer ruhig und »Herr der Lage«, stufte er die Dringlichkeit seiner Meldungen stets richtig ein.

Am frühen Abend traf Stalin meist in einem Konvoi schneller Packards im Kreml ein (oder ging nur von der Wohnung ins Kleine Eck hinauf), wo das »gemütliche« Vorzimmer mit den bequemen Lehnstühlen, in dem Poskrebyschew das Regiment führte, bereits voll besetzt war. Besucher sahen sich in den kargen Räumen, die nichts Überflüssiges duldeten, mit strengen Kontrollen konfrontiert. Alle hatten sie wiederholt ihre Papiere vorzeigen und sich nach Waffen durchsuchen lassen müssen. Selbst Schukow forderten die Wachen auf, seine Pistole abzugeben. »Die Überprüfungen wollten kein Ende nehmen.« Poskrebyschew, jetzt in der Uniform eines NKWD-Generals, empfing die Eintreffenden an seinem Schreibtisch, und wies ihnen Sitzplätze zu. Danach warteten die meisten schweigend ab, bis sie an die Reihe kamen. Nur Stammgäste begrüßten einander, bevor auch sie verstummten. Es herrschte eine knisternde Atmosphäre, zumal jene, die Stalin noch nicht kannten, in der Regel sehr gespannt auf ihn waren, doch wie ein Oberst hervorhob: »Mir erschienen gerade die Erstbesucher viel weniger aufgeregt als die Eingeweihten.«

Gegen 20 Uhr, als Stalin eintraf, ging ein Raunen durch den Saal. Er selbst nickte nur stumm einigen Bekannten zu. Der besagte Oberst stellte fest, dass sich »mein Nachbar Schweiß von der Stirn wischte und sich die Hände mit einem Taschentuch abtrocknete«. In einem kleinen Raum, einer Art Kabuff, versahen die letzten Wachposten vor dem Büro ihren Dienst an einem Schalter. Stalin betrat sein »helles, geräumiges Amtszimmer mit dem langen grünen Konferenztisch« und diesem gegenüber am anderen Ende sein Schreibtisch, auf dem sich immer diverse Papiere in ihren *Papki* stapelten. Daneben standen eine Reihe von Telefonen in unterschiedlichen Farben, darunter eines mit Breitfrequenzanschluss, und eine Schale mit gespitzten Bleistiften. Eine dahinterliegende Wandtür führte zu Stalins Privattoilette und zum Fernmelderaum, in dem sich einige Sessel, alle telegraphischen Anlagen für den Funkverkehr mit den Fronten und der bereits erwähnte Globus befanden, an dem sich Stalin mit Churchill über das Unternehmen Torch beraten hatte.

An jenem Abend wartete das unzertrennliche Trio Molotow, Beria und Malenkow zusammen mit Woroschilow und Kaganowitsch auf ihn. Stalin nickte ihnen zu und kam dann ohne jedes Vorgeplänkel sofort zur Sache, worauf die Herren mehrere Stunden lang konferierten, bis er sich wieder zurückzog. Dabei saß Stalin zuerst am Schreibtisch und ging später auf und ab, regelmäßig zu seinen Zigaretten der Marke »Herzegowina Flor« greifend, die er aufbrach, um den feinen Tabak in eine Pfeife zu füllen. Funktionäre saßen üblicherweise mit dem Rücken zur Wand, ihnen gegenüber hingen die neuen Porträts der Kriegshelden Suworow und Kutusow. Die Generäle breiteten in der Regel sofort ihre Karten auf dem Tisch aus, doch Stalin lief weiter umher. »Er stellte sich stets genau vor den jeweils Angesprochenen, und sah ihm direkt in die Augen mit einem«, so Schukow, »klaren, festen Blick, der sein Gegenüber zu packen und zu durchbohren schien.«

Poskrebyschew begann, die Experten aus dem Vorzimmer aufzurufen: »Bald erhob sich auch mein Nachbar. ... Als er seinen Namen hörte, erblasste er, wischte sich die zitternden Hände am Taschentuch ab, griff seine Akte ... und ging mit zögernden Schritten hinein.« Poskrebyschew beriet die Gäste, während er sie in das Allerheiligste führte:

»Bleiben Sie ganz ruhig. Fürchten Sie nicht, etwas Unerlaubtes zu sagen. Der Genosse Stalin weiß alles.« Jeder Referent hatte seine Sache zügig und ohne Umschweife vorzutragen, um dann wieder abzutreten. Drinnen dann beugte sich die grimmige Troika Molotow, Beria und Malenkow leicht vor, um den Neuling kühl zu mustern.

Stalin strömte Macht und viel Energie aus. »Man fühlte sich durch seine starke Präsenz, aber auch sein phänomenales Gedächtnis und gewaltiges Wissen wie erdrückt«, schrieb sein neuer Eisenbahnkommissar, der Hunderte von Malen bei ihm antreten und Bericht erstatten musste. »In seiner Nähe kam man sich noch unbedeutender vor, als man in Wirklichkeit war.« Stalin drückte aufs Tempo – rastlos, unruhig und immer zu Ausbrüchen neigend. Meistens wirkte er kurz angebunden, gehetzt und eiskalt. Wenn ihm irgendetwas missfiel, so Schukow, »verlor er die Geduld und konnte nicht mehr sachlich urteilen«.

Besucher konnten die drohende Gefahr stets handgreiflich spüren, aber manchmal überraschte sie auch das ausgesprochen kollegiale Diskussionsklima der Konferenzen. Mikojan zum Beispiel blickte später gerne auf die in den ersten drei Kriegsjahren herrschende »wunderbar freundliche Stimmung« zwischen den Magnaten zurück. Damals regierte Stalin das Land im Rahmen des Staatlichen Verteidigungskomitees durch Besprechungen mit Schlüsselfiguren in Anwesenheit anderer Funktionäre, die sich gerade in seinem Büro aufhielten – gewöhnlich das besagte Gremium mit Mikojan sowie später Schdanow, Kaganowitsch und Wosnesenski.

Doch gab es auch andere Erinnerungen. »Es kam zu erbitterten Auseinandersetzungen«, so Schukow, »bei denen man mit harten Bandagen kämpfte«, während Stalin auf und ab lief. Dann fragte er die Generäle nach ihrer Meinung: »Stalin hörte aufmerksamer zu, wenn sie ihm widersprachen. Ich vermute sogar«, schrieb Admiral Kusnezow, »dass er jene Genossen besonders mochte, die ihren eigenen Kopf hatten und sich nicht scheuten, ihren Standpunkt unnachgiebig zu vertreten.« Nachdem er sich selbst ein Umfeld kriecherischer Anbetung geschaffen hatte, reagierte Stalin verärgert darauf.

»Welchen Sinn hat es, mit Ihnen zu reden?«, zeterte er oft. »Sie beten ja doch nur alles nach, was ich sage. ›Jawohl, Genosse Stalin, zweifellos, Genosse Stalin, sehr kluge Entscheidung, Genosse Stalin.‹« Während »seine direkten Mitarbeiter ihm immer beipflichteten«, konnten die Generäle auch Widerspruch anmelden, mussten allerdings sehr behutsam vorgehen. Doch Molotow und der forsche Neuling Wosnesenski debattierten regelrecht mit Stalin: »Es fanden offene Diskussionen statt«, berichtete Mikojan. Als Stalin einen Brief Churchills las, demzufolge er »sein Pferd gesattelt« habe und jetzt forsch drauflosreiten könne, stimmte er dem Briten zu und stellte anschließend Molotow die eher rhetorische Frage: »Hat er nicht Recht, Wjatscheslaw?« Doch dieser meldete Bedenken an: »Das glaube ich nicht.«

Schukow erlebte »Streitereien und hartnäckigen Widerstand, besonders von Seiten Molotows, wobei es oft so weit kam, dass Stalin die Stimme erhob und ganz außer sich geriet, während Molotow lediglich aufstand, lächelte und an seiner Sichtweise festhielt«. Nach seiner Bitte an Chrulew, die Leitung der Eisenbahnen zu übernehmen, akzeptierte Stalin zähneknirschend dessen Korb, »obwohl ich es nicht gerade für einen Ausdruck übermäßigen Respekts halte, dass Sie mein Angebot ablehnen«, wie er dem Quartiermeister, als einem seiner Günstlinge, nachsichtig erklärte. Bei Besprechungen funkte Stalin oft dazwischen: »Kommen Sie endlich zur Sache!« oder »Drücken Sie sich klar aus!«

Wenn Stalin einen Entschluss gefasst hatte und die Diskussion als beendet ansah, erteilte er jemandem den Auftrag und sprach meist als zusätzliche Motivation eine tödliche Drohung aus: »Dieser knallharte Mann«, erinnerte sich der Petroingenieur Baibakow, »beaufsichtigte die Ausführung jedes Befehls. Wenn er Anweisungen gab, half er auch bei der Abwicklung, sodass man jede nur erdenkliche Hilfe bekam. Deshalb hatte ich nie Angst vor Stalin – wir gingen sehr offen miteinander um. Ich erfüllte meine Pflichten.« Doch Stalin hatte ein feines Gespür für »Schwachstellen in Lageberichten«. Wehe dem, der vor ihn trat, ohne seine Front voll im Griff zu haben. »Dann senkte er plötzlich unheilvoll die Stimme und grummelte: ›Sie wissen es nicht? Was machen Sie dann eigentlich hier?‹«

Das Unternehmen Uranus schien Stalin Auftrieb zu geben, der Chruschtschew zufolge jetzt anfing, »wie ein echter Soldat« aufzutreten und sich für »einen großen Militärstrategen« zu halten. Kein geborener Feldherr, geschweige denn ein militärisches Genie, habe Stalin laut Schukow, der es von allen am besten wissen musste, »als herausragender Organisator … ab der Schlacht um Stalingrad seine Fähigkeiten als Oberster Befehlshaber bewiesen«. Zudem »beherrschte er die Technik, Fronteinsätze zu koordinieren … steuerte sie mit Geschick und tiefem Verständnis für komplizierte strategische Probleme«, wobei er »natürliche Intelligenz … professionellen Überblick« und ein »unfehlbares Gedächtnis« an den Tag legte. »Vielseitig begabt, kannte er jedoch nicht alle Einzelheiten.« Daher dürfte Mikojans praktisch orientiertes Resümee zutreffen: »Stalin wusste alles über militärische Fragen, was ein Staatsmann wissen sollte – aber auch nicht mehr.«[1]

Gegen 22 Uhr erstattete Antonow seinen zweiten Bericht. Die von Mikojan betonte Offenheit bedeutete keineswegs Eintracht. Stalin verbreitete bewusst Furcht, stand jedoch auch selbst unter äußerster Anspannung: Als der neue Eisenbahnkommissar sein Amt antrat, erklärte Stalin lediglich: »Im Transportwesen geht es um Leben und Tod. ... Denken Sie immer daran, dass jede Befehlsverweigerung automatisch Kriegsgericht bedeutet«, wobei es dem jungen Mann »eiskalt den Rücken herunterlief«. Als im allgemeinen Durcheinander von Nachschub und Versorgung ein Zug verloren ging, drohte Stalin: »Wenn Sie ihn als General nicht wiederfinden, dann vielleicht als Frontsoldat.« Sekunden später ließ sich der Kommissar »kreidebleich« von Poskrebyschew hinausführen, der ihn warnte:

»Machen Sie ja keinen Fehler mehr. Der Boss ist mit den Nerven am Ende.« Obwohl Stalin stets auf und ab lief, gab es verschiedene Alarmstufen für Gefahr im Verzug: Wenn er die Pfeife kalt rauchte, drohte Unheil, wenn er sie ablegte, ein Donnerwetter; wenn er sich jedoch mit dem Mundstück über seinen Bart strich, gefiel ihm etwas. Die Pfeife zeigte an, wie es um seine Laune stand.* Seine Stimmung konnte beängstigende Züge annehmen: »Er veränderte sich praktisch im Nu«, schrieb Schukow, »wurde plötzlich aschfahl, bekam einen verbitterten Ausdruck in den Augen, gefolgt von einem harten, gehässigen Blick.« Als einige Kommandeure sich darüber beschwerten, keinen Proviant für ihre Truppen erhalten zu haben, herrschte er Chrulew an:

»Sie sind schlimmer als der Feind: Sie arbeiten Hitler in die Hände.«

Die drei »Wachhunde« des Kleinen Ecks, Molotow, Malenkow und Beria, »stellten niemals Fragen, saßen nur da und hörten zu, sich manchmal Notizen machend ... hielten den Blick auf Stalin gerichtet oder schauten nach, wer gerade eintrat. Es schien, als brauchte Stalin sie entweder, um mit den aufkommenden Problemen fertig zu werden, oder um Zeugnis vor der Geschichte abzulegen.« Ihre Hauptaufgabe bestand darin, die Illusion der Kollektivherrschaft aufrechtzuerhalten und die Generäle zu terrorisieren. Stalin und seine Magnaten betrachteten sich durch die Bank als talentierte Amateurstrategen und hegten seit dem Bürgerkrieg ein tiefes Misstrauen gegen »Militärexperten«.

»Schauen Sie sich einen alten Kutscher an«, erläuterte Mechlis. »Er liebt und bedauert seine Pferde, hält aber dennoch die Peitsche immer

---

* Im weiteren Verlauf des Kriegs wurde die Pfeife zu einem Symbol für sein onkelhaftes Image im Westen – Onkel Joe – und viele Staatsmänner schickten ihm Pfeifen als Geschenke. So schrieb zum Beispiel Maiski, der Botschafter in London, an Stalin: »Nachdem Kerr [der britische Botschafter] Ihnen eine Pfeife geschenkt hat und die Presse darüber berichtete, erhielt ich von zwei Unternehmen Pfeifen für Sie ... und anbei schicke ich Ihnen ein Muster.«

bereit. Die Gäule sehen das und ziehen daraus selbst ihre Schlüsse.« So brachte er Stalins Herrschaftsstil auf den Punkt. »Wir erinnerten uns alle an 1937«, sagte Schukow, und wussten daher genau, wenn etwas schief ging, würden sie »Beria in die Hände fallen, der stets an meinen Sitzungen mit Stalin teilnahm«. Keine noch so kleine Sünde blieb der Tscheka verborgen. Stalin erhielt sowohl von der Geheimpolizei als auch von seinen Generälen laufend Informationen über Verdächtige.

Als sie in den sechziger Jahren ihre Memoiren abfassten, gaben sich die Generäle bevorzugt als unschuldige Opfer Berias aus. Gewiss drohte ihnen permanent die Festnahme, doch sie trugen auch selbst eifrig zu den Denunziationen bei. Timoschenko hatte einst Budjonni und Chruschtschew angeschwärzt. Nun stand sogar das Unternehmen Uranus im Zeichen fieberhafter Verleumdungen: Golikow (der glücklose Vorkriegsspion) zeigte den Kommandeur Jeremenko an. Stalin ließ Malenkow gleichzeitig Chruschtschew und Jeremenko beobachten. Als er Ersterem anlastete, Stalingrad aufgeben zu wollen, traute der Frontkommissar seinem eigenen Generalstab nicht mehr. Doch auch Chruschtschew selbst setzte Befehlshabern durch üble Nachrede zu und schob Timoschenko die alleinige Schuld am Desaster von Charkow in die Schuhe. Gleichzeitig hatte ein Stabsmitglied des aufstrebenden Generals Malinowski in Stalingrad Selbstmord begangen und in seinem Abschiedsbrief die Parole »Lang lebe Lenin« hinterlassen, ohne Stalin zu erwähnen: Ob vielleicht Malinowski, der im Ersten Weltkrieg bei der Russischen Frankreichlegion gedient hatte, ein Volksfeind war?

»Wenn Sie wieder zur Front gehen, sollten Sie ihn scharf beobachten. Überprüfen Sie alle seine Befehle. Folgen Sie ihm auf Schritt und Tritt«, sagte Stalin zu Chruschtschew, der nun jedoch seinen General Malinowski in Schutz nahm.

Die Magnaten trugen untereinander und mit den Militärs heftige Kämpfe um Vorrechte und Zuteilungen aus. Als Beria fünfzigtausend zusätzliche Gewehre für sein NKWD beantragte, legte General Woronow das Gesuch Stalin vor.

»Wer hat diesen Antrag gestellt?«, keifte der Oberste Befehlshaber.

»Der Genosse Beria.«

»Schicken Sie nach ihm.« Beria traf ein und wollte Stalin schon auf georgisch von seinen Absichten überzeugen, als der ihn wütend unterbrach und anherrschte, Russisch mit ihm zu sprechen.

»Die Hälfte genügt auch«, entschied Stalin, aber Beria widersprach ihm. Daraufhin senkte der Boss, »bis aufs Blut gereizt«, das Kontingent abermals. Anschließend ging Beria draußen auf Woronow zu.

»Warten Sie nur ab«, zischte er, »wir werden Ihnen den Arsch aufreißen.«

Bei Streitigkeiten über Mittel fungierte Stalin meist als Schlichter. Als er befahl, der Artillerie neunhundert Lastwagen zu liefern, holten Beria und Malenkow, die oft zusammen auftraten, Woronow hinterher draußen auf dem Gang ein und forderten: »Nehmen sie nur vierhundert.«

»Ich gehe sofort zurück und berichte das dem Obersten Befehlshaber«, drohte der General, woraufhin Malenkow ihm die volle Quote lieferte.[2]

In diesem Klima der Furcht und Rivalität lebend, zermarterten die Magnaten sich auch noch mit ihrer Eifersucht. »Molotow schmeichelte sich immerfort bei Stalin ein«, schrieb Mikojan verächtlich, »saß einfach im Büro herum, setzte eine wichtige Miene auf, aber hielt sich so gut es ging von der eigentlichen Arbeit fern.« Stalin habe ihn nur »deshalb als zweiten Mann gebraucht, weil er Russe war«, ihn aber von den anderen »isoliert«. Molotow ging ihm zwar bei der Außenpolitik zur Hand, ohne jedoch eigene Verantwortung zu tragen wie seine Kollegen. Mikojan, ein richtiges Arbeitspferd, kümmerte sich als Mädchen für alles um Nachschub, Rationen, medizinische Versorgung, Munition, die Handelsmarine, Nahrung, Treibstoff, den zivilen und militärischen Kleidungsbedarf, um als Volkskommissar für den Außenhandel auch Lend-Lease-Abkommen mit den Alliierten zu vereinbaren – ein enormes Pensum. »Nur Molotow sah Stalin genauso oft wie ich«, prahlte er, dabei jedoch den ebenso unermüdlichen wie allgegenwärtigen Beria vergessend.

Dieser »Schrecken der Partei« blühte im Krieg auf[*] und benutzte die 1,7 Millionen Sklavenarbeiter des Gulag, um Stalins Bedarf an Rüstungsgütern und Eisenbahnlinien zu decken. Etwa 930 000 von ihnen sollen während des Kriegs umgekommen sein. Doch das NKWD bildete die Säule von Stalins Regime und stand für die Priorität der Partei gegenüber dem Militär. Nachdem General Woronow den Leiter der Tscheka

---

[*] Zu seinen Kommissaren gehörten Boris Wannikow und I. F. Tewosian, beide zunächst festgenommen und später wieder auf freien Fuß gesetzt, sowie der damals erst dreiunddreißigjährige D. F. Ustinow, der rasch zum wahren Herrscher über den militärisch-industriellen Komplex der Sowjetunion aufstieg, ZK-Sekretär, Marschall und Verteidigungsminister wurde – in welcher Funktion er 1979 die sowjetische Invasion Afghanistans anordnete.

zweimal vor den Augen Stalins angegriffen hatte, durfte Beria seinen Widersacher schließlich festnehmen, und als dieser dann zu einer Sitzung nicht erschien, erkundigte sich Stalin unbekümmert nach dem Grund seines Ausbleibens:

»Sitzt Woronow bei Ihnen ein?« Beria antwortete, dass er nach zwei Tagen wiederkehren würde. Für die grauenhaften Episoden gab es einen Euphemismus, den die Generäle geprägt haben sollen: »Mit Beria Kaffee trinken gehen.« Dessen Schergen hielten die Soldaten an allen Fronten unter strenger Beobachtung, und ihre ständigen Berichte strömten bei Beria, oft sogar bei Stalin selbst ein. 1942 zog Stalin die Daumenschraube noch fester an, indem er Kobulow anwies, Woroschilow, Budjonni und später auch Schukow, dessen Offiziere das NKWD schikanierte und zum Teil festnahm, abhören zu lassen.

Doch irgendwann gingen Stalin Berias Machtgelüste entschieden zu weit. Als der Aufpasser Kaganowitsch von seinem Posten bei den Eisenbahnen entfernte, versuchte er gleichzeitig, in eigener Regie einen Nachfolger zu ernennen.

»Meinen Sie, ich würde einem Kandidaten zustimmen ... den Beria mir aufzwingt. Niemals!« Doch die Eisenbahnen bereiteten ihm ständig Kopfzerbrechen, und nur Kaganowitsch, dieser »wahrhaft eisenharte Mann«, wie Stalin ihn bewundernd nannte, konnte die dort notwendigen Wunder vollbringen.[3]

Stalin konnte sechzehn Stunden am Stück »Anweisungen geben, telefonieren, Dokumente unterschreiben und dem stets dienstbereiten Poskrebyschew Befehle erteilen«. Als Mikojan und Chrulew ihm meldeten, dass den Soldaten die Zigaretten ausgingen, nahm er sich auf dem Höhepunkt der Schlacht um Stalingrad die Zeit, Akaki Mgeladse, den Parteichef des Tabakanbaugebiets Abchasien, anzurufen: »Unsere Soldaten haben nichts mehr zu rauchen! Ohne Zigaretten hält man die Front nicht aus!« Während Stalin eifersüchtig dem Ruhm seiner Generäle enge Grenzen setzte, achtete er auch peinlich genau darauf, ihre Siege zu würdigen.[4]

Zwar absolvierte Stalin ein enormes Arbeitspensum, doch seine Kommissare und Generäle mussten immer schon frühmorgens verfügbar sein, eine Dauerbelastung, die »gewaltige physische und psychische Reserven erforderte«, um keinen »Nervenzusammenbruch« zu erleiden. Daher regelte Stalin das Leben seiner Militärs, legte persönlich ihre Arbeitszeiten und Pausen fest. So sollte Wasilewski stets von 4 bis 10 Uhr schlafen. Manchmal rief Stalin wie eine gestrenge Amme bei ihm an, um zu prüfen, ob er wirklich die verordnete Bettruhe einhielt. Ging Wasilewski selbst ans Telefon, so schimpfte Stalin mit ihm. Doch schaffte Wasilewski es nicht, an Stalins nächtlichen Gelagen teilzunehmen und daneben noch all seine Aufgaben zu bewältigen. Also musste er gegen die Regeln verstoßen und seinen Adjutanten ans Telefon setzen, der pflichtschuldig vermeldete: »Genosse Wasilewski schläft gerade.« Von seinen anderen Arbeitspferden, Beria und Mikojan, erwartete Stalin dagegen, dass sie den größten Teil der Nächte mit ihm verbrachten und gleichzeitig schier Übermenschliches leisteten, aber sie schafften es irgendwie und organisierten, angetrieben vom Adrenalin des Großen Vaterländischen Kriegs, bolschewistischer Disziplin und ihrem Überlebenswillen, rund um die Uhr betriebsame Verwaltungsimperien.

Stalin selbst trank wenig, erwartete aber von anderen völlige Abstinenz. Einmal hatte sich Artilleriegeneral Jakowlew mit Cognac gestärkt, bevor er bei ihm vorsprach, um Bericht zu erstatten. Der am Schreibtisch arbeitende Stalin sagte, ohne den Kopf zu heben: »Treten Sie näher, Genosse Jakowlew.« Dieser ging einen Schritt vor. »Noch näher.« Und dann: »Sie sind ein bisschen beschwipst, nicht wahr?«

»Ja, leicht, Genosse Stalin.« Doch danach ließ der *Woschd* die Sache auf sich beruhen.[5]

Gegen Mitternacht berichtete Wasilewski jubelnd aus Stalingrad: Die mit Hitler verbündeten rumänischen Truppen brächen zusammen. Während des Zuhörens rief Stalin Poskrebyschew und bestellte sich einen Tee. Wie immer, wenn der Sekretär ihm das Glas mit dem aufwendig verzierten Silberhalter reichte, warteten alle schweigend ab. Alle Gäste beobachteten Stalins Ritual, ein Stück Zitrone in den Tee zu drücken, sich dann langsam zu erheben, die Tür hinter seinem Schreibtisch zu öffnen, in den Ruheraum zu gehen, eine Flasche armenischen Weinbrand aus dem Wandschrank zu holen, einen halben Teelöffel davon ins Glas zu träufeln, die Flasche zurückzutragen, sich wieder hinzusetzen, umzurühren und zu sagen: »Sie können fortfahren.«

Hoch gestimmt wegen des schnellen Erfolgs verließen Stalin und seine Gefährten das Kleine Eck und eilten, vermutlich zum Essen, nach Kunzewo, um sich dann einen Film anzusehen, aber diese Mahlzeiten glichen noch nicht den feuchtfröhlichen Gelagen späterer Jahre. Wenn die anderen total erschöpft für ein paar Stunden nach Hause fuhren, bis sie wieder ihren Dienst antreten mussten, las Stalin wie üblich auf dem

Sofa in seinen geliebten historischen Abhandlungen, um erst in der Frühe einzuschlafen.[6]

Binnen vier Tagen nach Beginn des Unternehmens Uranus hatten die sowjetischen Truppen in der Stalin zufolge »entscheidenden Kriegsphase« die 6. Armee der Wehrmacht mit insgesamt 330 000 Mann eingekesselt. Als die Rote Armee den Druck noch verstärkte, drang von Manstein mit seinem Gegenschlag nicht durch, zumal es der Luftwaffe nicht gelang, Nachschub einzufliegen. So verhungerten oder erfroren die umzingelten deutschen Soldaten qualvoll, sofern sie nicht dem Beschuss zum Opfer fielen. Am 16. Dezember griffen die Russen Mansteins Rückraum an, drohten die Heeresgruppe Don abzuschneiden und in Richtung Rostow durchzubrechen. Im Kleinen Eck entschied sich der ungeduldige Stalin für General Rokossowski anstelle des vor Stalingrad erprobten Jeremenko als Kommandeur der Operation Ring [Kolzo] mit dem Ziel, die 6. Armee völlig zu zerschlagen.

»Und warum schweigen Sie?«, fragte er den düster dreinschauenden Schukow.

»Jeremenko wird sich natürlich gekränkt fühlen«, erwiderte der.

»Jetzt ist nicht die Zeit, gekränkt zu sein«, gab Stalin zurück. »Wir sind Bolschewiken und keine pubertierenden Mädchen!«

Am 10. Januar griff Rokossowski die Deutschen im Schutz der Dunkelheit an und schlitzte den Kessel auf. Die 6. Armee schrumpfte Tag für Tag, und bei der militärischen Niederlage ging es für die Soldaten nur noch ums nackte Überleben. Am 31. Januar kapitulierte Feldmarschall Paulus, und 240 000 ausgemergelte Soldaten gingen in Kriegsgefangenschaft. Stalin selbst verfasste die folgende Kurzmeldung: »Heute haben unsere Truppen den Befehlshaber der 6. Armee mit seinem gesamten Stab gefangen genommen…«[7]

In der Folge konnten sich ein selbstsicherer, eingebildeter Stalin und ein mit Gold und Orden behängtes imperiales bolschewistisches Russland ihren Weg bis nach Europa hinein freikämpfen.*

---

* Der Dünkel äußerte sich sofort in Stalins Undankbarkeit gegenüber seinen westlichen Verbündeten, obwohl sie so großzügig waren, den Russen unter erheblichen Risiken Hilfsmittel zu liefern: Mikojan berichtete, die Briten hätten bei ihrem Marineinsatz in Murmansk Funkausrüstungen mitgebracht, »allerdings ohne Dokumentation. Wir sollten sie also bitten, entweder die Anlagen wieder mitzunehmen oder die Unterlagen nachzureichen. Ich erbitte Anweisungen.« Molotow schrieb lapidar

Am 6. Januar 1943 entschloss sich Stalin nach Beratungen mit seinen alten Genossen Kalinin und Budjonni, die bolschewistische Parole »Nieder mit den goldenen Schulterklappen!« außer Kraft zu setzen und führte die Epauletten und Litzen des zaristischen Offizierskorps wieder ein. Er spottete über Chrulew, der »das alte Regime restaurieren« wolle, unterwies jedoch persönlich die Presse im richtigen Umgang mit dem Thema. Die Goldtresse »ist nicht bloß Dekoration, sondern steht auch für Ordnung und Disziplin: Schreiben Sie das.«

Zwei Wochen später beförderte er Schukow zum Marschall, und am 23. Februar schwang sich der allgewaltige Militäramateur selbst in den Marschallsrang auf. In den nächsten zwei Jahren sah man Stalin nur selten in Zivil.

Gleichzeitig stutzte er die mächtigen Schwingen Berias ein wenig: Im April brachte Stalin die militärische Spionageabwehr* mitsamt den gefürchteten Sonderabteilungen unter seine eigene Zuständigkeit als Volkskommissar für Verteidigung. Er benannte die Behörde um in *Smersch*, ein von ihm selbst gebildetes Kürzel für »Tod den Spionen«, beließ aber Abakumow als deren Leiter im Amt. Der ebenso raffinierte wie bösartige erst fünfunddreißigjährige Geheimpolizist hatte zuvor eng mit Beria zusammengearbeitet, doch jetzt nahm der Übervater Stalin ihn unter seine Fittiche.

Allerdings gab es immer wieder persönliche Enttäuschungen, die Stalin seine welthistorischen Triumphe verdarben.[8] Kurz nach der Schlacht um Stalingrad erhielt er zwei beunruhigende Botschaften: einen Brief, der die Ausschweifungen seines Sohnes Wasili anprangerte und die Verführung seiner geliebten Tochter Swetlana enthüllte, sowie ein Angebot des Deutschen Reiches, seinen in Gefangenschaft geratenen Sohn Jakow auszutauschen.

»Einverstanden«. Doch Stalin kritzelte mit seinem blauen Stift darunter: »Genosse Molotow stimmt zu – obwohl Mikojan gar nichts vorgeschlagen hat!« Zu den Funkanlagen der Royal Navy: »Ich schlage vor, die Ausrüstung als Konterbande zu beschlagnahmen!«

* Am 16. April 1943 unterteilte Stalin das riesige NKWD erneut in zwei getrennte Behörden – das NKGB mit Merkulow an der Spitze, angeschlossen die Polizei für Staatssicherheit, und den NKWD unter Beria, dem damit auch die normale Polizei und die enormen Zwangsarbeitslager unterstanden. Allerdings blieb Beria *Kurator* oder Oberherr beider Organe.

40

SÖHNE UND TÖCHTER:
STALIN UND DIE POLITBÜRO-KINDER
IM KRIEG

Die beispiellose Kapitulation eines deutschen Feldmarschalls demütigte Hitler ebenso tief, wie die Gefangennahme seines Sohnes Jakow Stalin bloßstellte: Beide Diktatoren mussten damit rechnen, dass diese Unannehmlichkeiten auf sie persönlich zurückfallen würden. Jetzt ging Graf Bernadotte vom Roten Kreuz auf Molotow zu und überbrachte ihm ein Angebot der Reichsregierung, Jakow gegen Paulus auszutauschen. Als Molotow den Vorschlag ansprach, lehnte Stalin das Geschäft Marschall gegen Offizier ab:

»Sie sind doch alle meine Söhne«, erwiderte er wie ein guter Zar, und kommentierte Swetlana gegenüber: »Nein – Krieg ist Krieg.«

Die Weigerung, Jakow freizukaufen, gilt als Beleg für Stalins grausame Hartherzigkeit, doch muss man fair bleiben. Auch ein Churchill oder Roosevelt, die keine Massenmorde begingen, hätten im analogen Fall ihre Söhne kaum austauschen können, während Tausende namenloser Soldaten umkamen oder in Kriegsgefangenenlagern dahinsiechten.* Nach dem Krieg fasste ein georgischer Vertrauter den Mut, Stalin zu fragen, ob die Paulus-Offerte ein Märchen gewesen sei. Der »ließ den Kopf hängen« und antwortete »mit trauriger, durchdringender Stimme«:

---

* Jakows Tochter Gulia meint, dass Stalin »das Richtige tat«. Swetlana Stalin vergleicht sein Verhalten mit der Weigerung Margaret Thatchers, mit den Terroristen zu verhandeln, die Terry Waite festhielten: »Wir reden nicht mit solchen Leuten.« Jakow geriet nicht als einziger Sohn Stalins in einen Kessel. Auch Artjom Sergeew erlitt dieses Schicksal – brach allerdings aus und schlug sich nach Moskau durch, wo er Mikojan über das Erlebte berichtete. Man schickte ihn zu einem der stellvertretenden Verteidigungskommissare, der ihm folgenden Rat gab: »Sie sind Leutnant, und ich bin Vizekommissar. Sie dürfen das keinem der Oberen erzählen. Vergessen Sie es einfach. Manche könnten Ihr Tun nicht verstehen und würden Ihr ganzes Leben ruinieren. Also bestätigen Sie mir schriftlich: ›Ich war nicht dort und habe nichts gesehen.‹«

»Kein Märchen. ... Denken Sie nur daran, wie viele Söhne in Lagern endeten! Wer hätte sie denn gegen Paulus ausgetauscht? Waren sie etwa weniger wert als Jakow? Ich musste das ablehnen. Was sollten die Millionen von Vätern in unserer Partei von mir denken, wenn ich sie vergesse und dem Austausch Jakows zugestimmt hätte? Nein, ich hatte nicht das Recht dazu...« Doch sein Nachsatz zeugt erneut vom inneren Kampf zwischen dem unruhigen, wütenden, gequälten Individuum und seiner Selbststilisierung: »Ansonsten wäre ich kein ›Stalin‹ mehr gewesen.« Um schließlich jedoch hinzuzufügen: »Jascha tat mir so leid!«

Einige Wochen später, am 14. April, beging Jakow nach standhafter Weigerung, mit der Wehrmacht zu kooperieren, im Gefangenenlager Sachsenhausen bei Lübeck Selbstmord, indem er sich gegen den gesicherten Stacheldrahtzaun warf. An jenem Abend saß Stalin mit Molotow und Beria im Kleinen Eck zusammen, ohne etwas von Jaschas Heldentat zu ahnen, bevor sie nachts um 1 Uhr zum Essen aufbrachen. Als Stalin später davon erfuhr, blickte er voller Stolz auf seinen Sohn. Einmal stand er in Kunzewo bei Tisch auf, um lange Jaschas Foto zu betrachten.

»Haben Sie Jascha je gesehen?«, fragte er den Georgier nach dem Krieg und zog das Foto aus der Tasche. »Schauen Sie! Das ist ein echter Kerl, nicht wahr! Ein Edelmann bis zum bitteren Ende! Das Schicksal meinte es nicht gut mit ihm.« Stalin ordnete die Freilassung von Jakows (allerdings schwer traumatisierter) Frau Julia an. Ähnlich wie seiner Nadja trauerte er Jakow bis zum Schluss nach.[1]

Alsbald erhielt Stalin einen Brief von dem führenden Dokumentarfilmer Roman Karmen, der seinem missratenen Sohn, Oberst Wasili Stalin, nachsagte, sich an seiner Frau zu vergehen und wilde Orgien zu feiern. Dieser Brief löste eine Lawine aus, die Stalins Beziehungen zu dem Trunkenbold Wasili und seiner Schwester Swetlana für immer zerstörte. Stalin fing an, sich näher mit ihrem Lebenswandel zu befassen, und was er dabei herausbekam, erschütterte ihn zutiefst.

Auf dem Höhepunkt der Kämpfe um Stalingrad hielt sich Wasili schon wieder in Moskau auf, und seine Lebensweise dort erweckte fast den Anschein, als wollte er die primitiven Gelage der dekadenten aristokratischen Fatzkes aus Puschkins *Eugen Onegin* karikieren. Verdorben durch die Speichelleckerei am eigenen Hof als Zarewitsch, gezeichnet durch den Selbstmord der Mutter und die Reizbarkeit des Vaters, hochgepuscht und arrogant, jedoch auch irritiert über die Berühmtheit seines Namens und uferlos großzügig gegenüber Freunden, hatte Wasili die Datscha in Subalowo übernommen, den einstigen Wohnsitz seiner zu Askese und Strenge neigenden Eltern, und die (nach der Sprengung wiederaufgebaute) Villa in ein Lustschloss für rauschende Feste mit Vergnügungen aller Art verwandelt. Unter den Gästen des Zarewitsch – eine Art stalinistische »Schickeria« – befanden sich zauberhafte Filmstars, Drehbuchautoren, Piloten, Ballerinen und Schnorrer: Karmen und seine schöne Frau, die Bühnenheldin Nina, bildeten zusammen mit dem schneidigen Dichter Konstantin Simonow und dessen Frau, der Filmschauspielerin Walentina Serowa, den inneren Zirkel. Stalin kannte sie alle persönlich und schätzte Simonows massenhaft verkaufte Sammlung von Liebesgedichten *Mit dir und ohne dich.**

Bei Wasilis Orgien nahm der Spaß oft ziemlich groteske Züge an. Er selbst »torkelte fast nur noch betrunken herum« und schlug wiederholt seine kurz zuvor von dem gemeinsamen Sohn Alexander entbundene Frau Galina. Angefeuert von tolldreisten Kumpanen zückte er häufig seinen Revolver, um auf den Kronleuchter zu schießen. Frustriert über Stalins Veto gegen seine aktiven Einsätze und völlig unbekümmert um die Sicherheit der Beteiligten, machte sich Wasili einen Spaß daraus, betrunken zu fliegen, also gleichsam die Luftnummer des Russischen Roulette zu inszenieren. Um vor Martha Peschkowa, der hübschen Freundin seiner Schwester, anzugeben, tauchte er angetrunken bei ihr in Taschkent auf, ließ sich nicht davon abhalten, sie zu Swetlana nach Kuibyschew zu bringen. »Er flog die Maschine mit einer sternhagelvollen Crew«, erinnerte sie sich. »Obwohl sich auf den Tragflächen Eis bildete, tranken sie ihren Schnaps, anstatt ihn in die Entfrostungsanlage zu kippen, sodass die Maschine ständig an Höhe verlor. Schließlich mussten wir notlanden und rutschten mitten auf einer Lichtung in einen Heuhaufen.« Während Martha vor Empörung zeterte, marschierte Wasili zur nächsten Kolchose, bestellte von dort aus telefonisch einen Rettungskonvoi und ließ sich anschließend beim örtlichen Parteivorsitzenden feiern. Am Ende verlor er jede Kontrolle über sich, sodass die Frau des Hauses Martha in ihrem Zimmer einschloss, um sie vor ihm zu schützen. Sogar sein bester Freund, der in Stalingrad gefallene Wladimir Mikojan, hatte sich

---

* »Wie viele Exemplare lassen Sie drucken?«, erkundigte er sich bei Merkulow. »Zweihunderttausend«, antwortete der Geheimpolizist.
»Ich habe das Bändchen gelesen«, scherzte Stalin, »und bin der Meinung, eine Auflage zwei hätte vollauf genügt: eins für sie und eins für ihn.« Stalin war so angetan von seinem Kalauer, dass er ihn im Lauf des Kriegs immer wieder zum Besten gab.

über Wasilis »Sauferei, Schrulligkeit und Brutalität« beklagt: »Was für ein Schwachkopf!«

Doch den jungen Bühnenhelden und Künstlerstars erschien Subalowo gerade in Kriegszeiten, so Wasilis Vetter Leonid Redens, »wie ein Paradies, weil es dort massenhaft zu essen und zu trinken gab und man weit genug von der Front entfernt war!«. Der Kronprinz selbst hatte freie Auswahl unter den Mädchen, doch dann fing er eine Affäre mit Nina Karmen an, fraß einen Narren an ihr und ließ sie in der Villa einziehen. Obwohl seine Frau Galina schon längst mit dem Baby aus Kuibyschew zurückgekehrt war, und Swetlana ebenfalls im Haus wohnte, übte er keinerlei Zurückhaltung, sondern »schlug über alle Stränge«, wie Redens befand. Niemand, außer dem Zaren selbst, konnte den Zarewitsch stoppen, und deshalb schrieb der verdrossene gehörnte Ehemann an Stalin, der sich darüber naturgemäß empörte. Als er das NKGB anwies, Wasilis Umfeld zu durchleuchten, stieß er auf etwas, das jeden georgischen Vater zur Flinte hätte greifen lassen.

Die damals siebzehnjährige Swetlana erlebte ein Wechselbad zwischen der öden Strenge der Kremlwohnung und dem zügellosen Amüsierbetrieb von Subalowo, fühlte sich »einsam«, da weder der viel beschäftigte Vater noch der »unangenehme« Bruder sie wahrnahmen. Doch war die sommersprossige Rothaarige inzwischen, für russische Verhältnisse etwas frühreif, zu einer kurvenreichen, intelligenten und empfindsamen jungen Dame herangewachsen, die Stalins Mutter ähnelte und dem Vater an Sturheit und Härte fast in nichts nachstand. Ja, ihre Redens'schen Vettern hielten Wasili, trotz aller Fehler, für »viel weicher und freundlicher« als sie. Als eine eifrige Leserin, die schon gut englisch konnte, fand Swetlana, vielleicht bei den Berias, die sie oft besuchte, ein altes Exemplar der *Illustrated London News* mit einem Artikel über den Suizid ihrer Mutter: »In mir war etwas zusammengebrochen – in mir und in meiner Vorstellung von der unbedingten Unterordnung unter Vaters Willen, Wort und Meinung.«

Bei einem der Feste Wasilis zur Zeit der Schlacht von Stalingrad erschien in Subalowo der gut aussehende, mondäne, sehr bekannte Drehbuchautor Alexei Kapler, genannt »Ljusja«, ein im Übrigen verheirateter Galan, faszinierender Erzähler und Casanova. »Er hatte die Gabe, leicht und ungezwungen Beziehungen zu ganz verschiedenen Menschen anzuknüpfen. Er war freundlich, fröhlich, er interessierte sich für alles.« Stalin persönlich hatte sich Kaplers einst angenommen und die Darstellung der eigenen Auftritte in seinen Drehbüchern für die Filme *Lenin im Oktober* und *Lenin 1918* strikt überwacht. Als Bewunderer Greta Garbos in *Königin Christine* ließ sich Kapler sofort von Swetlana bezaubern und zog Vergleiche mit dem Film: »Sie spielte die große Dame und ich den armen Don Alphonso. Sie bewies Mut und pfiff auf meinen Status als vierzigjähriger prominenter Kinomann, stand jedoch unter dem Druck, dass man ihren Vater verehrte wie einen Gott.« In den Augen der klugen, aber zum Grübeln neigenden Swetlana glich Kapler den verwegenen Helden aus ihren Dumas-Romanen.

»Tanzen Sie Foxtrott?«, fragte er. Swetlana fühlte sich unwohl in ihren flachen Halbschuhen, »aber Ljusja versicherte mir, dass ich sehr gut tanze, und mir wurde unendlich wohl und warm neben ihm«. Sie trug gerade ihr »erstes schönes Kleid von einer guten Schneiderin« und hatte dazu »Mamas alte Granatbrosche angesteckt«. Swetlana vertraute Kapler.

»Warum sind Sie heute so traurig?«, fragte er, und sie berichtete ihm, »dass heute gerade zehn Jahre seit Mamas Tod vergangen seien ... niemand sich daran erinnere und ich mit niemandem darüber reden könne«. Die beiden »zog es unwiderstehlich zueinander« – es herrschte Krieg –, und »zwischen uns spannen sich dichte Fäden«. Er lieh ihr »erwachsene« Bücher, schenkte ihr Liebesgedichte, die Swetlana halfen, ihre Abscheu vor der Gewöhnlichkeit des Sexuellen zu überwinden, die Wasilis ständige Zoten in ihr geweckt hatten. »Ich fürchtete mich vor diesem Teil des Lebens, den Wasilis schmutziges Gerede mir auf so hässliche Weise darstellte.«

Diese leidenschaftliche Beziehung blieb eher keusch: »Ein Kuss, das war alles«, erinnerte sich Kapler. Doch Swetlana empfand sie als sehr erregend: »Romantisch und rein. Man hatte mich gelehrt, dass Beischlaf nur in der Ehe erlaubt ist«, enthüllte sie später. »Vater wäre es nicht im Traum eingefallen, mir etwas Außereheliches durchgehen zu lassen.« Allerdings sah im Krieg vieles anders aus, und sicherlich hätte Kapler selbst es sich unter normalen Umständen zweimal überlegt, mit Stalins einziger Tochter anzubandeln, aber »ich dachte eben, dass sie mich wirklich brauchte«.

»Ljusja«, schwärmte Swetlana, »war für mich damals der gescheiteste, der beste, der schönste Mensch. Von ihm strahlten das Licht und der Zauber des Wissens aus.« Er nahm sie mit ins Theater, brachte ihr eine illegale Übersetzung von Hemingways *Wem die Stunde schlägt* mit. Bei Wasilis wilden Partys im Restaurant Aragwi tanzten sie zur Musik einer

Jazz-Band, und morgens in der Schule erzählte Swetlana ihrer Freundin Martha Peschkowa immer atemlos Neuigkeiten von der Romanze: Kapler habe ihr eine teure Brosche geschenkt – ein Blatt mit einer Fliege darauf.

Den charismatischen Schürzenjäger bedrückte Swetlanas schwierige Lage, aber er brüstete sich auch mit seiner jüngsten Eroberung und prahlte vor dem Filmregisseur Michail Romm mit seiner Nähe zu Stalin. Die *Prawda* schickte ihn nach Stalingrad, um über den Sieg zu berichten, und er tat dies in seinen »Briefen des Leutnants L. aus Stalingrad«, worin er am Schluss fast tolldreist seine Affäre anklingen ließ: »Sicherlich schneit es jetzt in Moskau. Aus Deinem Fenster sieht man die Zinnen der Kremlmauer.« Die Eingeweihten staunten nur über den dummen Einfall, einen rachsüchtigen georgischen Tyrannen in der Staatspresse derart zu provozieren, Swetlana fand es »in seiner Ritterlichkeit und seinem Leichtsinn erschütternd. ... Als ich das sah, wurde mir eiskalt« und »ich fühlte, dass dies alles mit etwas Schrecklichem enden müsse«. In der Schule zeigte sie Martha den Zeitungsausschnitt mit Kaplers Artikel unter dem Pult.

Bei seiner Rückkehr flehte Swetlana ihn an, »uns nicht mehr zu treffen«, doch dann kam es anders, und Kapler schrieb dazu später: »Ich weiß nicht mehr, wer von uns beiden vorschlug, das Risiko dieses herzzerreißenden Abschiedstreffens einzugehen.« Sie verabredeten sich in einer leer stehenden Wohnung ganz in der Nähe des Kursker Bahnhofs, wo sich auch Wasilis Freunde oft trafen. Swetlanas Leibwächter Klimow wartete sehr besorgt nebenan.

Beria hatte Stalin bereits über die Affäre unterrichtet, und der eröffnete Swetlana »im Ton tiefster Verachtung, dass mein Verhalten absolut unerträglich sei«, gab allerdings Wasili die Schuld daran, da er sie verdorben habe. Kochend vor Wut über dessen Ausschweifungen entließ Stalin seinen Sohn wegen ungebührlichen Verhaltens als Inspekteur der Luftwaffe, ordnete an, ihn für zehn Tage unter Arrest zu stellen und schickte ihn anschließend an die Nordwestfront. Wlasik, dieser für interne Angelegenheiten zuständige Wichtigtuer, schlug Kapler vor, Moskau zu verlassen. Der so Abgeschobene verwünschte ihn zwar zunächst, besorgte sich dann aber doch eine Arbeit außerhalb der Stadt.

Unterdessen hatte Merkulow Stalin die Protokolle der abgehörten Telefongespräche zwischen Swetlana und Kapler gebracht, ein Beweismittel, über das erzürnte Väter ungehorsamer Töchter normalerweise nicht verfügen. Stalin war außer sich vor Wut. Am 2. März steckte man Kapler in einen Wagen, und diesem folgte ein pechschwarzer Packard, »in dessen Fond General Wlasik mit sehr gewichtiger Miene saß«. Anschließend beaufsichtigten Wlasik und Kobulow in der Lubianka die Verurteilung Kaplers zu fünf Jahren Lagerhaft in Workuta wegen »antisowjetischer Umtriebe«.

Tags darauf erhob sich ein erboster Stalin, noch aufgewühlt durch die Hiobsbotschaft, dass Mansteins Gegenoffensive Charkow wieder einzunehmen drohte und damit den Erfolg der Roten Armee in Stalingrad gefährdete, um Stunden früher als gewöhnlich. Als Swetlana sich »gerade für den Schulweg vorbereitete, erschien völlig unerwartet Vater in der Wohnung, was ganz außergewöhnlich war. Mit seinem schnellen Schritt kam er in mein Zimmer, wo meine gute Kinderfrau schon von seinem Blick zu Stein erstarrte und wie angewurzelt in der Zimmerecke stehen blieb. Noch nie hatte ich Vater so gesehen.« In seinem georgischen Temperament »erstickte er beinahe vor Wut und konnte kaum sprechen«.

»Wo – wo hast du das alles?«, stieß er gepresst aus. »Wo sind die Briefe von diesem deinem ›Schriftsteller‹? ... Ich weiß alles! Alle deine Telefongespräche, da sind sie, hier!« Er schlug mit der Hand auf seine Rocktasche. »Also her damit! Dein Kapler ist ein englischer Spion, er ist verhaftet!« Swetlana händigte ihm stumm die Briefe und Drehbücher Kaplers aus, worauf sie sagte: »Aber ich liebe ihn.«

»›Du liebst ihn‹, brüllte Vater mit unbeschreiblicher Wut, allein schon über dieses eine Wort außer sich, und verabreichte mir zwei Ohrfeigen, die ersten in meinem Leben.« Dann wandte er sich an das Kindermädchen: »Hören Sie, Anna, wie weit sie es gebracht hat? ... Da stehen wir mitten im Krieg, und sie, womit beschäftigt sie sich? Und er spie grobe, gemeine Zoten aus, denn er fand keine anderen Ausdrücke, um ›es‹ zu benennen.«

»Nein, nein, nein«, protestierte die Angesprochene, »mit ihren runden Armen gestikulierend, als ob sie etwas Schreckliches verscheuchen wollte.«

»Was heißt hier nein?«, widersprach Stalin, jetzt schon etwas ruhiger. »Ich weiß ja doch alles.« Danach zu Swetlana: »Schau dich doch selbst einmal an – wer braucht denn so eine wie dich? Der ist umringt von Weibern, du dumme Gans!« Damit ging er ins Esszimmer und setzte sich an den Tisch, an dem er mit Churchill gespeist hatte, um – den Krieg völlig vergessend – alles »gründlich und genau zu lesen«. An diesem Tag erschien er nicht im Kleinen Eck.

Als Swetlana mittags aus der Schule zurückkkam, erwartete Stalin sie schon im Esszimmer, wo er dabei war, Kaplers Briefe und Fotos zu zerreißen und in den Papierkorb zu werfen. »›Ein Schriftsteller!‹, murmelte er. ›Nicht einmal ordentlich Russisch schreiben kann er! Hättest du dir nicht wenigstens einen Russen aussuchen können?‹ Dass Kapler Jude war, ärgerte ihn offenbar am meisten.« Swetlana verließ den Raum und sprach danach mehrere Monate lang nicht mehr mit ihrem Vater. Obwohl sie sich im Sommer wiedertrafen, war ihr liebevolles Verhältnis zueinander nun ein für alle Mal zerstört.

Diese Episode wird oft als Beispiel für Stalins Grausamkeit dargestellt, doch auch heute wären Eltern kaum über die (vermeintliche) Verführung ihrer minderjährigen Tochter durch einen verheirateten Playboy mittleren Alters begeistert. Dabei steckte er als ein traditioneller Georgier tief in der Prüderie des 19. Jahrhunderts. »Als ein echter Kaukasier«, sagte Wladimir Redens, »hätte er diesen Frauenheld erschießen *müssen*.« Swetlana habe erst lange nach der Niederschrift ihrer Memoiren verstanden, »dass mein Vater überreagierte«, denn er meinte, »seine Tochter vor einem viel älteren Wüstling beschützen zu müssen«.*

Tage später flogen Wasili und sein Gefolge zur Nordwestfront hinauf, wo er schließlich auch wieder ein bis zwei Kampfeinsätze absolvieren durfte, aber seine Ausschreitungen hielten an. Im Mai nahm er an einem feuchtfröhlichen Fischzug teil, der seine Krönung darin fand, dass die Piloten Raketen mit Zeitzündern in einen Teich schossen. Bei einer der Explosionen kam ein »Held der Sowjetunion« zu Tode.

Am 26. Mai wies Stalin den Luftwaffenmarschall Nowikow an: »1. Der Lufwaffenregimentskommandeur Oberst Stalin W. J. ist unverzüglich von seinem Posten abzulösen, ihm sind keinerlei Kommandoposten anzuvertrauen bis zu neuen Anweisungen meinerseits. 2. Dem Regiment und dem ehemaligen Kommandeur des Regiments Oberst Stalin ist mitzuteilen, dass der Oberst Stalin von seinem Amt als Regiments-

---

* Der Altersunterschied betrug vierundzwanzig Jahre, war also kaum größer als der zwischen Stalin und Nadja, doch gerade diese Parallele könnte seine Wut noch verstärkt haben. Die beiden Ohrfeigen waren jedenfalls nicht das größte Verbrechen Stalins und jene fünf Jahre für Kapler zwar grausam, aber es gab keine Erschießung im Stillen. Nach seiner Entlassung 1948 kehrte er entgegen seinem Versprechen nach Moskau zurück, wurde dort erneut festgenommen und zu weiteren fünf Jahren in den Bergwerken verurteilt. Nach Stalins Tod kehrte er zurück, verheiratete sich wieder und erlebte dann schließlich doch noch eine leidenschaftliche Affäre mit Swetlana. Er starb 1979.

kommandeur wegen Trunksucht und dafür, dass er das Regiment verdirbt, abgesetzt wird.«

Doch schien es unmöglich, den Sohn eines Diktators an der Kandare zu halten: Bis Ende des Jahres war der Taugenichts erneut befördert und fuhr alsbald mit seinem Rolls-Royce an der Front herum, um sich nach Belieben Kampfflugzeuge auszuleihen. Einer seiner Zechbrüder schrie entsetzt auf, als Wasili auf einer stark befahrenen Landstraße an der baltischen Front unbedingt einen Armeelastwagen überholen wollte und, als der Fahrer keinen Platz machte, ihm einfach die Reifen platt schoss.

Was Swetlana angeht, so verliebte sie sich bald in jemanden, dessen Name allein offenbar eine solche Furcht verbreitete, dass sie in ihren veröffentlichten Memoiren und zahlreichen Interviews im Lauf von mehr als fünfzig Jahren niemals seine Identität preisgab.[2]

Erst im März 1943, kurz nach der Kapler-Affäre, gelang es der Roten Armee endlich, die Offensive Mansteins einzudämmen, und ihr Vorstoß hinterließ eine sich in die deutschen Linien um Kursk hineinwölbende sowjetische Frontausbuchtung. Hitler bewilligte das »Unternehmen Zitadelle«, um die Front zu begradigen, während Stalin und seine Generäle über das weitere Vorgehen berieten. Instinktiv neigte er immer zum Angriff, aber Schukow und Wasilewski konnten ihn trotzdem davon überzeugen, abzuwarten und die Deutschen aus der Defensive heraus zu schlagen. Das machte ihn noch unruhiger und nervöser, aber er hatte aus den Kämpfen um Stalingrad eine wichtige Lehre gezogen. Also befolgte er ihren Rat, und daraus resultierte die größte Panzerschlacht aller Zeiten: Kursk.

Nach einem Essen mit Stalin, das sich von nachts um drei bis sieben Uhr morgens hinzog, eilten Schukow und Wasilewski an die Front, um ihre Schlachtpläne zu machen. Malenkow beaufsichtigte die Arbeit der Generäle, Mikojan stellte die Reserven zusammen, und Beria ließ dreihunderttausend Sklavenarbeiter Gräben mit einer Gesamtlänge von fünftausend Kilometern ausheben. Hinter ihnen standen, inklusive der Reserven, mehr als eine Million Mann und etwa sechstausend Panzer bereit.

Das Warten bereitete dem angespannten Obersten Befehlshaber große Qualen, sodass er bei einem heftigen Streit mit seinem Flugzeugplaner mächtig Dampf abließ. Jakowlew traf im Büro ein und fand Stalin und Wasilewski damit beschäftigt, Tragflächensplitter des von ihm entworfenen Jägers Jak-9 zu untersuchen. Stalin deutete auf die Bruchstücke und fragte ihn:

»Wissen Sie, was das ist?« Dann explodierte er in einem rasenden Wutanfall. »Ich hatte Stalin noch nie derart aufgebracht gesehen«, berichtete Jakowlew. Stalin wollte wissen, wann genau man den Fehler entdeckt habe, und bei der Antwort »erst im Gefecht«, geriet er »völlig aus dem Häuschen«.

»Wissen Sie, dass nur ein extrem gerissener Feind dergleichen aushecken könnte – Flugzeuge herzustellen, die sich in der Fabrik bewähren und an der Front versagen? Das heißt, Hitler in die Hände zu arbeiten! Wissen Sie eigentlich, was für einen großen Dienst Sie Hitler damit erwiesen haben? Sie Hitlerianer!«

»Man kann sich unsere Verfassung in diesem Moment kaum vorstellen. ... Ich zitterte«, gestand Jakowlew. Es herrschte eine »Grabesstille«, als Stalin durch den Raum lief, bis er schließlich fragte:

»Was sollen wir jetzt tun?«

Am frühen Morgen des 5. Juli warf die Wehrmacht neunhunderttausend Mann und mehr als 2700 Panzer in diese kolossale Schlacht der schwerfälligen Ungetüme. Am 9. stieß der Feind an seine Grenze, und am 12. entfesselte Schukow den ebenso kostspieligen wie erfolgreichen Gegenangriff. Die Schlacht von Kursk bildete den grausamen Höhepunkt der mechanisierten Ära, der »Panzernahkampf«, der einen gewaltigen schrottplatzartigen Friedhof hinterließ. Als er zustimmte, das Unternehmen Zitadelle offiziell abzublasen, hatte Hitler seine letzte Chance verspielt, den Krieg noch zu gewinnen.

Am frühen Nachmittag des 24. Juli begrüßte Stalin die Generäle Antonow und Schtemenko mit »freudig erregter Stimmung« im Kleinen Eck. Er wollte nicht einmal ihren Bericht hören, bastelte bloß vergnügt am Siegeskommuniqué herum und fügte den Abgesang hinzu: »Ewigen Ruhm den Helden, die im Kampf für die Freiheit und Ehre unseres Vaterlandes auf dem Schlachtfeld fielen!«[3]

Nicht nur Stalin fiel es schwer, sich neben dem Krieg noch um seine Kinder zu kümmern. Chruschtschew und Mikojan spielten zwar beim Sieg von Kursk eine glänzende Rolle – jener als Frontkommissar, dieser als Organisator des Nachschubs –, mussten jedoch gleichzeitig zur Kenntnis nehmen, dass ihre Kinder in gefährlichen Krisen steckten. Ihr Chef zeigte sich beim Umgang mit den Tragödien der Politbüro-Familien zum einen mitfühlend und zum anderen auch herzlos.

Der bereits als Tunichtgut berüchtigte Leonid Chruschtschew, Nikitas ältester Sohn aus erster Ehe, erwarb schließlich noch traurigen

Ruhm als ein bolschewistischer Wilhelm Tell. Vom Komsomol wegen »Trunksucht« getadelt, hatte er Ljubow Kutusowa geheiratet, die ihm bald eine Tochter, Julia, schenkte. Er hatte sich mit seiner kleinen Familie häuslich eingerichtet und zudem Mut als Bomberpilot bewiesen, obgleich er ein schwerer Trinker und Raufbold blieb.* Leonid prahlte im Vollrausch mit seinen Schießkünsten und ließ sich herausfordern, eine Flasche auf den Kopf eines Piloten zu stellen und deren Hals abzuschießen. Doch das Kunststück genügte den Teufelskerlen nicht. Also feuerte Leonid erneut und traf den Offizier tödlich in die Stirn, woraufhin man ihn vor ein Kriegsgericht stellte.

Chruschtschew mag Stalin um Milde gebeten und den Mut der Jungen ins Feld geführt haben, aber wer nicht einmal den eigenen Jakow rettete, »wollte auch Chruschtschews Sohn nicht begnadigen«, so Molotow im Rückblick. Allerdings kam es im Fall Leonids nicht zu einer Verurteilung, sondern man gestattete ihm, sich zum Kampfpiloten umschulen zu lassen. Am 11. März 1943 wurde er nahe Smolensk im Luftkampf mit zwei deutschen Maschinen des Typs Focke-Wulf 190 abgeschossen und galt seitdem als vermisst. Gerüchte über Desertion und Kollaboration mit dem Feind ließen in Stalins System Zweifel an seiner Frau Ljubow aufkommen, die außerdem mit einem »äußerst attraktiven« französischen Militärattaché im Theater von Kuibyschew gesehen wurde. Wahrscheinlich hatte Chruschtschews Chefleibwächter sie denunziert. Es folgten ihre Festnahme, Verhöre durch Abakumow persönlich und dann der Prozess mit Schuldspruch.

Der kleinen Julia erzählte man in dieser stalinistischen Familientragödie, ihre Mutter sei tot, löschte alles aus, was an früher erinnerte, und überließ sie der Fürsorge ihrer Großeltern, die sie fortan »Papa« und »Mama« nannte.** Doch trotz Adoption brachten diese ihr keine warmen Gefühle entgegen, und Nikita schien an die Vorwürfe gegen Ljubow zu glauben. »Das Ganze hat Stalin inszeniert«, spekulierte Julia, »und für Chruschtschew ging es ums Ganze«, aber er »hat anfangs nie und selbst

---

* 1941 hatte Leonid herumkrakeelt, dass Stalin keineswegs »der Größte und Vater der Völker« sei – sondern ein »verdammter Schurke« und der Mörder Kirows!
** Ihre Mutter verbrachte zunächst fünf Jahre in einem Arbeitslager in Mordowia und anschließend fünf Jahre im Exil. Als sie 1954 zurückkehrte, lehnte Chruschtschew ein Zusammentreffen ab. Julia sah ihre Mutter erst 1956 wieder. Sie waren einander fremd – und blieben es: Die Mutter lebt heute in Kiew. 1995 entdeckte man unweit von Smolensk ein Flugzeug mit dem Skelett eines Piloten, das noch Schutzbrille und Helm trug: wahrscheinlich die sterblichen Überreste Leonids.

als Pensionär nur sehr vage darüber gesprochen. Nikita empfand diese Sache als sehr demütigend und schmerzlich.« Vielleicht, so Julia Chruscht-schewa, habe diese Pein mit zu seiner späteren Entscheidung beigetragen, Stalin öffentlich anzuprangern.[4]

In jenem Sommer traf es Mikojan. Zwei seiner Söhne dienten als Piloten. Der eine, Stepan, zog sich eine Verwundung zu, während Wladimir wenig später mit erst achtzehn Jahren in Stalingrad fiel. Danach wies Stalin sei-nen Sohn Wasili »ausdrücklich« an, Stepan in seine Division aufzuneh-men und »unbedingt darauf zu achten, dass nicht noch weitere Mikojans verloren gehen«. Anfangs erklärte der zuständige Ingenieur auf Wasilis Be-fehl hin so oft wie möglich, dass dessen Maschine noch nicht startklar sei, doch diese Nachsicht ließ sich nicht auf Dauer durchsetzen.

Mikojans jüngere Söhne, der vierzehnjährige Sergo und der ein Jahr ältere Wano, lebten im fernen Kuibyschew, wo der zerrüttete Sohn Scha-churins, des Kommissars für Flugzeugbau, zu ihrem Freundeskreis ge-hörte. Dieser, Wolodja, trieb ein ebenso dummes wie gefährliches Spiel, als er die beiden Mikojans im Scherz zu Ministern eines Schattenkabi-netts »ernannte« und das Ganze in seinem Schreibheft festhielt. Wieder nach Moskau zurückgekehrt, verliebte sich dieser Wolodja in Nina, die Tochter des Botschafters Umanski, der soeben aufbrechen wollte, um seinen nächsten Posten anzutreten.

»Ich lasse dich nicht fortgehen«, kündigte Wolodja seiner Nina an. Die Schüler liefen gerade über den Kamennji-Most in der Nähe des Kreml, als der liebestolle Junge um jene Pistole bat, die sich Wano Miko-jan von einem Leibwächter seines Vaters ausgeliehen hatte. Danach lief der Irrsinnige mit Nina voraus auf die Brücke, wo er sie und anschlie-ßend sich selbst erschoss. Der zu Tode erschreckte Wano Mikojan eilte sofort in den Kreml, um seiner Mutter von dem tragischen Vorfall zu berichten. Später fand das NKGB bei seinen Ermittlungen heraus, dass die Waffe von den Söhnen Mikojans stammte, die auch als »Minister« der »Gegenregierung« fungierten, offenkundig einer Verschwörung, und nahm Wano fest.

»Wano verschwand einfach spurlos«, erinnerte sich Sergo. »Meine Mutter war außer sich und rief bei allen Polizeiwachen an.« Mikojan arbeitete sich, ausgehend von Stalin selbst, über den Dienstweg bis zu Beria durch, fragte telefonisch bei diesem an und konnte schließlich seine Frau Aschken beruhigen:

»Keine Sorge. Wano befindet sich in der Lubianka.« Mikojan wusste, dass diese Inhaftierung nur mit Stalins Plazet erfolgen konnte, und der kluge Armenier beschloss, nicht an den Boss zu appellieren, »um die Sache nicht noch schlimmer zu machen«. Zehn Tage später holten in Subalowo Beamte auch Sergo ab und brachten ihn im Schlafanzug in die Lubianka:

»Ich muss Mama Bescheid sagen.«

»Es dauert nur eine Stunde«, gab man ihm zu verstehen. Insgesamt inhaftierten die Behörden sechsundzwanzig Schüler, darunter Stalins Neffe Leonid Redens, dessen Vater die Tscheka 1940 erschossen hatte. Obwohl die Geheimpolizei die Rasselbande für unschuldig erklärte, bestand Stalin darauf:

»Sie haben eine Strafe verdient.« Allerdings wusste angesichts dieses vagen Urteils niemand genau, was mit den jungen Häftlingen geschehen sollte. Generalleutnant Wlodsirmirski, einer von Berias grausamsten Folterern, verhörte sie, »ein groß gewachsener, gut aussehender Mann in Uniform«, der Sergo zufolge »sehr eklig war. Er brüllte uns an.« Sergo saß eine Woche in Einzelhaft. Im Dezember, nach sechs Monaten in der Lubianka, endeten die Vernehmungen, und nunmehr bekamen die Knaben es wirklich mit der Angst zu tun. Der für Sergo zuständige Beamte zeigte ihm ein Geständnis, demzufolge er bekannte, »Mitglied einer Organisation zum Sturz der Regierung« zu sein.

»Unterschreib das einfach, dann kannst du deine Mutter wiedersehen!«

»Warum sollte ich, wo doch nichts davon stimmt?«, protestierte Sergo.

»Das spielt doch keine Rolle«, brüllte der General. »Unterschreib – erst dann gehst du heim. Wenn nicht, ab zurück in deine Zelle. Horch mal!«: In einem Nebenraum hörte er die Stimme seiner Mutter. Am Ende gaben alle Jungen nach und unterschrieben das falsche Geständnis. »Selbstverständlich hätte man das gegen meinen Vater verwenden können.« Anschließend fuhr man Sergo und Wano zusammen mit ihrer Mutter in den Kreml zurück. »Zum Glück war unser Vater gerade nicht da«, berichtete Sergo. »Ich hatte ganz schöne Angst vor seiner Wut.« Zu dem Älteren sagte Mikojan:

»Wenn du schuldig bist, erwürge ich dich eigenhändig. Geh jetzt schlafen.« Gegenüber dem Jüngeren verlor er kein Wort darüber. Doch die Sache ging noch weiter: Nach drei Tagen bei den Eltern mussten die Sünder in die Verbannung abreisen. Die Mikojans verbrachten ein Jahr in Stalinabad, wo sich eine Haushälterin um sie kümmerte. Stalin vergaß den Fall nie und erwog später, ihn gegen Mikojan zu verwenden.[5]

41

STALINS SÄNGERWETTSTREIT

Am 1. August 1943 gegen 23 Uhr nahmen Stalin und Beria auf dem Bahnhof von Kunzewo einen mit Birkenzweigen getarnten, mit Haubitzen bewaffneten und mit sorgfältig geprüften Vorräten beladenen Sonderzug in Richtung Westen, der in seiner theatralischen Aufmachung an eine rollende Festung erinnert haben muss. Die Gegenoffensiven von Kursk sowie die Unternehmen »Rumianzew« im Norden und »Kutusow« im Süden, beide nach zaristischen Helden benannt, erwiesen sich als derart erfolgreich, dass Stalin meinte, diesen auf absurde Weise inszenierten Frontbesuch wagen zu können.

Er übernachtete in Gschazk und fuhr dann weiter nach Rschew an der Kalinin-Front. Dort bestieg er einen Packard und errichtete sein Hauptquartier in einer gewählt bescheidenen (heute als Museum genutzten) Holzhütte mit malerischer Veranda in dem Dorf Choroschewo, wo er die Generäle empfing. Als Stalin von Schukow hörte, dass auch Orel und Belgorod bald fallen würden, nahm er mit seinem Gefolge »eine ausgelassene Mahlzeit ein«.

Eine alte Bäuerin stand bereit, um dem Ambiente einen Anstrich von Authentizität zu geben, bis Stalin, der sich stets seiner Volksnähe rühmte, unerwarteterweise darauf bestand, für Kost und Logis bezahlen zu wollen. Allerdings sah er sich außerstande, einen vernünftigen Preis auszuhandeln, da er seit 1917 in ganz anderen Sphären lebte und im Übrigen auch gar kein Geld dabeihatte. Also musste er seine Lakaien bitten, ihm auszuhelfen. Damit bahnte sich eine groteske Szene an, als kein einziger der angetrunkenen, schmerbäuchigen Kommissare, trotz heftigen Abklopfens der Rocktaschen, auch nur eine Kopeke zutage fördern konnte, sodass ihnen nichts anderes blieb, als verlegen mit Orden und Goldlitzen zu klimpern. Stalin verfluchte die »Schmarotzer«. Da er nicht über Bargeld verfügte, entschädigte er die Alte mit einem Teil seiner eigenen Vorräte.

Anschließend sah sich Stalin mürrisch in dem Dorf um und bemerkte sofort, dass es dort von kaum getarnten Tschekisten wimmelte. Auf seine Frage, wie viele dort Dienst taten, wollte das NKWD ihm die tatsächliche Anzahl erst verheimlichen, doch Stalin ließ nicht locker und erfuhr schließlich, dass es sich um eine ganze Division handelte. Ja, die Generäle stellten fest, dass man die Ortschaft selbst völlig evakuiert hatte: Mehrere Kilometer im Umkreis durften sich nur noch NKWD-Beamte aufhalten.

Stalin schlief im Mantel auf dem Bett der Bauernkate. Anschließend erstattete ihm Jeremenko den Lagebericht. Dann zitierte man Woronow herbei, der eine lange Wegstrecke zurücklegen musste, um an jener denkwürdigen Sitzung teilnehmen zu können. »Schließlich machten wir uns auf und erreichten einen idyllischen Wald mit kleinen Holzbuden zwischen den Bäumen.« In eine der Hütten geführt, stand Stalin an einem »wackligen, schnell zusammengezimmerten Tisch« mit zwei groben Bänken. Man hatte eigens ein Spezialtelefon installiert, dessen Kabel durch das Fenster liefen, um Stalin direkt mit den Fronten verbinden zu können. In Erwartung einer ernsthaften Lagebesprechung mit dem Obersten Befehlshaber zeigten sich die Generäle wenig beeindruckt von dieser Inszenierung.

»Nun, das wirkt doch ziemlich echt!«, flüsterte einer der Generäle Woronow zu, dem dabei plötzlich aufging: »Das ist also gestellt – es soll nur an die Front erinnern.« Stalin brach den Ortstermin ab, begnügte sich damit, einige Befehle zu geben, und entließ dann die Generäle, die jetzt wieder ins Kriegsgeschehen zurückmussten. Er wollte noch etwas näher an die Gefechte heran, aber das redete Beria ihm aus. Stattdessen besuchte Stalin das Krankenhaus von Jukono, wie seine Leibwächter berichteten, und war entsetzt über die vielen Amputierten. Später fühlte er sich hundeelend, und seine Arthritis spielte verrückt.* Der sensible Kriegsherr kehrte, begleitet von einem Konvoi mit Sicherheitsbeamten, in seinem gepanzerten Packard zurück.

Plötzlich ließ Stalin anhalten. »Er musste mal«, schrieb Mikojan, der die Geschichte von einem Augenzeugen hörte. Der *Woschd* stieg aus und

---

* Diese Episode erinnert an die Szene, als Hitler von seinem Zug aus in einen Lazarettzug schaute, der sich auf dem Rückweg von der Ostfront befand: Er und die Verwundeten starrten einander eine Sekunde lang an, bis er befahl, die Rollos zu schließen.

fragte, »ob die Büsche am Straßenrand vermint seien. Selbstverständlich konnte niemand eine Garantie geben. ... Dann ließ der Oberste Befehlshaber vor aller Augen die Hosen runter.« Wie um seine Behandlung des sowjetischen Volkes und seine Leistungen als Militärführer metaphorisch zu kommentieren, »entblößte er sich vor seinen Generälen und Offizieren ... und verrichtete sein großes Geschäft direkt auf der Fahrbahn«.

Sofort nach der Rückkehr fand Stalin Gelegenheit, seinen heldenhaften Ausflug in einem Brief an Präsident Franklin D. Roosevelt zu erwähnen, mit dem er darüber beratschlagte, welchen Ort die drei Staatschefs der Großen Allianz für ihre erste Zusammenkunft wählen sollten. »Erst jetzt, nach meiner Rückkehr von der Front, kann ich auf Ihre letzte Botschaft antworten...« Leider könne er auch nicht nach Scapa Flow in Orkney kommen: »Ich muss öfter persönlich an verschiedenen Frontabschnitten sein und alles Übrige den Interessen der Front unterordnen.« Stattdessen schlug er einen für ihn günstiger gelegenen Treffpunkt vor: Teheran, die von britisch-sowjetischen Truppen besetzte Hauptstadt Persiens.

Stalins Höflinge wussten um die große Bedeutung dieses Frontbesuchs. Einen Monat später schlug sein General Jeremenko auf Betreiben Berias und Malenkows vor, ihm den Suworow-Orden Erster Klasse für den Erfolg in Stalingrad und dafür zu verleihen, dass er »durch seine wertvollen Befehle und den persönlichen Besuch als Oberster Befehlshaber entscheidend zum Sieg an der Kalinin-Front beitrug«.

Am 5. August, als Orel und Belgorod fielen, erkundigte sich Stalin gut gelaunt bei Antonow und Schtemenko: »Lesen Sie eigentlich Militärgeschichte?« Schtemenko bekannte, dass er »verwirrt war und nicht wusste, was ich darauf antworten sollte«. Doch Stalin, der gerade noch einmal Vippers *Geschichte der griechischen Antike* las, fuhr fort: »Wenn Heere in alten Zeiten einen Sieg errungen hatten, läutete man alle Glocken zu Ehren der Feldherren und ihrer Soldaten. Im Grunde müssten auch wir unsere Erfolge eindrucksvoller herausstellen. ... Wir«, und dabei nickte er seinen Genossen zu, »wir denken darüber nach, Salutschüsse der Artillerie und Feuerwerke zu organisieren...« Noch am selben Tag feuerten die Kanonen des Kreml die erste Siegessalve ab, und in der Folge arbeitete Stalin die Salute für jeden Sieg minuziös aus, wobei alle Abläufe bis ins Einzelne stimmen sollten. Gegen 23 Uhr ging die Meldung an den beliebten Nachrichtensprecher Lewitan, der bei Poskrebyschew anrief, um die Zustimmung Stalins zu erbitten. Wenig später ertönten überall im Vaterland die rituellen Salven.

»Gehen wir es uns anhören«, schlug Stalin oft im Kleinen Eck vor. Fortan wetteiferten die Generäle darum, dem Obersten Befehlshaber als Erster eine gute Nachricht überbringen zu können. Am 28. rief Koniew an, um zu verkünden, dass er Charkow eingenommen hatte, doch man stellte ihn nicht durch, da Stalin vermutlich noch schlafe. Wagemutig probierte Koniew es direkt in Kunzewo, wo sich Stalin selbst meldete und hocherfreut reagierte. Als dann jedoch in der Siegesmeldung ein Fehler auftrat, wetterte Stalin: »Warum hat Lewitan den Namen Koniews nicht erwähnt? Zeigen Sie mir die Textvorlage!« Schtemenko hatte den Lapsus begangen, worüber Stalin »sich furchtbar aufregte«. »Wer soll mit dieser anonymen Nachricht etwas anfangen können? Was haben Sie sich dabei gedacht? Unterbrechen Sie auf der Stelle die Sendung und lassen alles noch einmal von vorne vorlesen. Sie können gehen!«

Beim nächsten Mal bat er Schtemenko, das Kommuniqué persönlich abzugeben, fragte zuvor aber sicherheitshalber: »Sie haben doch nicht den Namen weggelassen?« Jedenfalls verzieh er ihm nach einiger Zeit wieder.[1]

Als der hochgestimmte Stalin insgesamt achtundfünfzig Armeen aufbot, um von Finnland bis zum Schwarzen Meer hinüber eine gewaltige Welle von Offensiven in Gang zu setzen, hatte er zuvor die Komintern aufgelöst, sich durch Ernennung eines wohlgesonnenen Patriarchen die Unterstützung der Kirche gesichert und beschlossen, die *Internationale* durch eine neue Hymne zu ersetzen, um darin das inzwischen beinahe euphorische Selbstvertrauen Russlands einzufangen. Um möglichst schnell eine passende Melodie nebst geeignetem Text zu finden, veranstaltete er einen Wettbewerb, wobei sich Molotow und Woroschilow um das Sprachliche, Schostakowitsch und Prokofjew um das Musikalische kümmern sollten.

Ende Oktober, als die Außenminister der Alliierten in Moskau weilten, um das erste Treffen der Großen Drei vorzubereiten, entstand die Hymne binnen Wochenfrist in fieberhafter Eile, um rechtzeitig zu den Feierlichkeiten des 7. November fertig vorzuliegen. Schon Ende September hatte Stalin Komponisten aus der gesamten Sowjetunion aufgefordert, Vorschläge einzureichen. Mitte Oktober trafen vierundfünfzig davon – darunter Usbeken, Georgier und andere Musiker in traditionellen Trachten – in Moskau ein, um die erste Runde dieses stalinistischen Sängerwettstreits auszutragen. Noch bevor man über die Musik entschieden hatte, beauftragte Stalin Sergei Michalkow und El-Registan, einen Text abzufassen; ihre in den Archiven liegenden Notizen zeugen davon. Alsbald reichten sie ihre ersten Entwürfe ein. Am 23. Oktober gegen Mittag zitierte man die beiden Dichter aus dem Hotel Moskwa, diesem kolossalen stalinistischen Betonklotz, in den Kreml hinüber, wo Molotow und Woroschilow sie empfingen. »Kommen Sie herein«, hieß es. »Er liest Ihren Text gerade.« Dabei erübrigte sich jede weitere Nachfrage. Zwei Minuten später rief Stalin an. Woroschilow nahm El-Registan »vergnügt lächelnd« bei den Händen: »Genosse Stalin«, verkündete er, »hat einige Korrekturen vorgenommen.« Diese Aussage sollten sie in den folgenden beiden Wochen noch öfter zu hören bekommen. Unterdessen regte der dröge Molotow auch von sich aus gewisse Änderungen an.

»Sie müssen einige Gedanken über den Frieden einfügen. Ich weiß zwar nicht, wo, aber das muss einfach sein.«

»Wir geben Ihnen einen Raum«, sagte Woroschilow, und dann zum diensthabenden Aufseher: »Er sollte angenehm warm sein. Stellen Sie ihnen Tee hin, damit sie nicht zur Flasche greifen! Und lassen Sie die beiden nicht gehen, bevor sie fertig sind.« Sie arbeiteten vier Stunden lang.

»Wir müssen darüber schlafen«, sagte Michalkow.

»Schlafen können Sie später«, bellte Molotow, »wir haben es eilig.« Beim Aufbruch hörten sie ihn anordnen: »Schicken Sie das sofort zu Stalin!«

Kurz vor Mitternacht fuhrwerkte Stalin mit seinem Rotstift in dem neuen Entwurf herum, nahm Änderungen vor und schickte das Elaborat anschließend zu Molotow und Woroschilow: »Sehen Sie sich das einmal an. Sind Sie damit einverstanden?« Am 26. Oktober hörte sich Woroschilow, der zum Preisrichter degradierte Marschall, im Beethovensaal des Bolschoi aufmerksam weitere dreißig Hymnen an, als »plötzlich Stalin eintraf und alles sehr schnell ging«. So kam es dann zu einer ziemlich bemerkenswerten Gruppierung, als sich Stalin, Woroschilow und Beria mit Schostakowitsch und Prokofjew zusammensetzten, um über die Komposition zu diskutieren. Als sich die Dichter einfanden, erlebten sie einen »sehr bleichen und sehr energischen« Stalin in seiner neuen Marschallsuniform. Er lauschte umherschreitend den am Klavier intonierten Melodien und fragte Schostakowitsch und Prokofjew, was für eine Orchestierung sich am besten dafür eigne? Es sei schwierig, eine Wahl zu treffen, ohne den Orchesterklang zu hören. Stalin gab ihnen noch fünf Tage Zeit, um weitere Hymnen zu entwerfen, verabschiedete sich und verließ den Saal.

Am nächsten Morgen um drei rief Poskrebyschew bei den Dichtern an und stellte sie zu dem Obersten Juror durch, der ihnen erklärte, dass ihm der Text jetzt zwar gefalle, aber ein wenig zu »dünn« und zu kurz sei. Sie müssten noch etwas hinzufügen, eine mitreißende Strophe über die Rote Armee, über Macht und »den Sieg über die faschistischen Rotten«.*

Stalin feierte die Konferenz der Alliierten am 30. Oktober mit einem Bankett und kehrte dann wieder zur Musik zurück. Am 1. November gegen 9 Uhr traf er, flankiert von Molotow, Beria und Woroschilow, im Beethovensaal ein und hörte sich in vier Stunden vierzig weitere Melodien an. Anschließend trafen die Magnaten beim Essen eine Entscheidung: Woroschilow rief mitten in der Nacht bei den beiden Dichtern an, um ihnen mitzuteilen, dass ihnen die Hymne von A. W. Alexandrow am besten von allen gefiel. Danach übergab er den Hörer Stalin, der noch immer am Text feilte.

»Die Verse können Sie ruhig so lassen«, sagte er, »müssen aber die Refrains ein bisschen umschreiben. Ändern Sie ›Land der Sowjets‹, sofern das keine Probleme bereitet, in ›Land des Sozialismus‹. Status: Geheim!« Die Dichter arbeiteten die ganze Nacht hindurch, jetzt auf der Basis von Alexandrows Melodie. Woroschilow schickte das Produkt zu Stalin und lud alle Beteiligten in seine Datscha ein, wo er dann »wie ein sehr lustiger und vergnügter Onkel« den Vorsitz bei einem ausgelassenen Fest führte.

Am nächsten Morgen um neun war Stalin wieder auf den Beinen. Die Komponisten trafen ein. Beria, Woroschilow und Malenkow verteilten sich um den Tisch. Stalin schüttelte ihnen förmlich die Hand – seine besondere Geste nach errungenen Siegen aller Art.

»Wie geht's, wie steht's?«, erkundigte er sich leutselig, hatte allerdings seine Korrekturen noch nicht ganz abgeschlossen. Er wolle die Bedeutung »der Heimat« stärker hervorheben. »Das Vaterland ist ein hohes Gut!« Die Dichter gingen sofort ans Werk. Im Übrigen äußerte Stalin

---

* Als sie sangen, »die faschistischen Rotten wurden ein für alle Mal geschlagen«, mussten sie lachen, weil das im Russischen klang wie »vögeln uns«, also änderten sie den Text kurzerhand in »wir schlagen sie tot«. Als sich der hinzukommende Marschall Woroschilow nach dem Grund für »ihre gute Laune« erkundigte, klärte man ihn auf. »Wunderbar als Gassenhauer geeignet, allerdings weniger gut als Nationalhymne!«, lachte er daraufhin und rief: »Man bringe mir Wodka. Wir müssen trinken. Von uns, Ihnen zu Ehren! Ich lade Sie ein!« Am späten Nachmittag verließen sie den Kreml etwas angeschlagen.

den Wunsch, dass sich Schostakowitsch an der Orchestrierung beteiligen sollte.

»Wird gemacht!«, kläffte Beria. Dann schlug Malenkow klugerweise vor, sich noch einmal die ganze Hymne im Zusammenhang anzuhören. Das delegierte Stalin an Woroschilow, der seine lautstarke, aus alten Zeiten stammende Respektlosigkeit bewies, als er zurückgab:

»Lass das jemand anderen machen. Ich habe das Stück jetzt schon so oft gehört, dass es mir allmählich zum Hals heraushängt!« Die neue sowjetische Nationalhymne, so schwärmte Stalin, »trägt uns zum Himmel empor wie eine grenzenlose Welle«. Zu ihrer Erstaufführung ging Stalin ins Bolschoi-Theater, um auf die Komponisten anzustoßen, die er in seine Loge einlud, um anschließend in der *avant-loge* mit ihnen zu speisen. Als dabei Michalkow* und El-Registan kräftig dem Wodka zusprachen, scherzte Stalin:

»Warum trinkt ihr denn so schnell? Ich will interessante Gesprächspartner haben!«[2]

Die Euphorie breitete sich immer weiter aus. Zur öffentlichen Vorstellung der Hymne am 7. November gab Molotow einen großen Empfang, der den meisten Gästen unvergesslich bleiben sollte. An jenem Abend erhob sich die Elite stolzen Hauptes. »Die ganze Gesellschaft«, schrieb der Journalist Alexander Werth, »war übersät mit Juwelen, goldenen Litzen und kostbaren Pelzen. … Die Veranstaltung hatte etwas von der wilden und anarchischen Extravaganz, die man sonst nur mit dem vorrevolutionären Moskau in Verbindung bringt.« Unter den eleganten Damen und Herren in Abendgarderobe »sah Schostakowitsch aus wie ein Schuljunge, den man zum ersten Mal in einen dunklen Anzug gesteckt hatte«. Von nun an traten Stalins Höflinge mehr wie Herrscher eines Reiches als sture, ungehobelte Bolschewiken auf. Molotow hatte seine neue Diplomatenuniform angelegt, die ebenso wie die goldenen Tressen für den Beginn einer imperialen Ära stand: »Schwarz mit Goldborten und dazu ein kleiner Dolch im Gür-

---

* Sergei Michalkow blieb ein angesehener stalinistischer Sprachgewaltiger. In den Archiven liegt seine Notiz an Stalin: »Am 30. Dezember 1943 hatte ich Ihnen und dem Genossen Molotow versprochen, ein Kindergedicht zu schreiben. Beiliegend schicke ich Ihnen ›Eine Fabel für Kinder‹.« Stalin gefiel sie: »Es ist ein sehr gutes Gedicht«, schrieb er an Molotow. »Wir müssen es noch heute in der *Prawda* und in irgendeiner Sonderausgabe für Kinder veröffentlichen…« Michalkows Sohn Nikita gilt heute als bekanntester russischer Regisseur.

tel … ganz ähnlich wie Hitlers elitäre SS«, meinte der US-Diplomat Chip Bohlen.

Molotow, Wyschinski und Stalins alter Freund Sergo »Tojo« Kawtaradse begrüßten die Gäste als Empfangskomitee. Neben Kawtaradse stand seine achtzehnjährige schöne Tochter Maja, die ein zeitgemäß elegantes Ballkleid trug. Sie fiel Wyschinski auf, der »wie ein geölter Blitz zu ihr eilte« und um den Eröffnungstanz bat.

Ein »aufgeräumter« Molotow trank sich mächtig einen an und schwankte dann auf Averell Harrimans Tochter Kathleen zu, um sie nuschelnd zu fragen, warum sie als Einzige ihm bisher noch kein Kompliment für seine prachtvolle Uniform gemacht habe. Ob sie ihr nicht gefalle? Sie erwiderte, die Russen berauschten sich schlimmer an ihren Insignien »als kleine Jungen, die zu Weihnachten einen Feuerwehranzug geschenkt bekommen und ihn zum ersten Mal anziehen dürfen«. Als Molotow den schwedischen Botschafter erspähte, stakste er auf ihn zu und erklärte ihm seine Abneigung gegenüber Neutralen.

Im weiteren Verlauf des Abends versuchten die schon nicht mehr nüchternen Magnaten, auch die westlichen Botschafter nach Kräften abzufüllen. Mikojan, dem Kathleen Harriman zufolge der Ruf vorauseilte, »jeden unter den Tisch trinken zu können«, habe zusammen mit einem bereits hoffnungslos dem Alkoholismus verfallenen Schtscherbakow ihren Vater animiert. Molotow, der »den Schnaps besser vertrug als andere«, schaffte es, auf den Füßen zu bleiben, während der britische Botschafter Clark Kerr »vornüber auf einen Tisch voller Flaschen und Weingläser kippte« und sich dabei im Gesicht verletzte. Maja Kawtaradse sah amüsiert einen US-General in Begleitung zweier Prostituierter ankommen. Später am Abend fiel ihr auf, dass sämtliche Potentaten verschwunden waren, und sie machte sich auf die Suche nach ihrem Vater. Schließlich fand sie ihn in einem roten Salon, wo der schneidige, ausgelassene Mikojan den leichten Mädchen kniend ein Ständchen darbrachte.

Tags darauf stimmte Roosevelt endlich einem Treffen drei Wochen später in Teheran zu. »Die ganze Welt lauert auf diese Zusammenkunft der Großen Drei…«[3]

42

TEHERAN: ROOSEVELT UND STALIN

Am 26. November 1943 fuhr Generaloberst Golowanow, ein Bomber-kommandeur, den sich Stalin als Pilot auserkoren hatte, nach Kunzewo hinaus, um die erste Etappe der Reise nach Persien anzutreten. Schon vor dem Haus hörte er Geschrei und erlebte dann mit, wie Stalin »Beria eine gehörige Standpauke hielt«, wobei Molotow auf der Fensterbank hockend zusah. Beria selbst saß »mit hochroten Ohren« in einem Sessel, als Stalin feixte:

»Schauen Sie sich ihn doch an, Genosse Golowanow! Dieses Schlangenauge!« Molotow hatte sich scherzhaft darüber beklagt, Berias krakelige Handschrift nicht lesen zu können. »Ja, und unser Wjatscheslaw Michailowitsch sieht nicht gut. Beria schickt ihm laufend Berichte, doch er hält eisern an seinem Kneifer mit Fensterglas fest!« Stalins zunehmende Verachtung dem umtriebigen Georgier gegenüber zeigte sich aber nicht nur in solchen harmlosen Spötteleien.

Später bestiegen sie ihren Zug, der um 8 Uhr in Baku eintraf, und fuhren von dort direkt zum Flugplatz weiter, wo eine Staffel von vier Maschinen des Typs SI-47 unter dem Kommando des Luftwaffenmarschalls Nowikow bereitstand. Stalin war noch nie zuvor geflogen, und er mochte angeblich das Geräusch nicht, doch nun musste er seinen Widerwillen überwinden. Als er mit Golowanow auf sein Flugzeug zuging, fiel Stalins Blick auf Berias Maschine, die mit Oberst Gratschew als Pilot direkt daneben stand, und beschloss zu tauschen.

»Generaloberste sitzen nicht oft im Cockpit«, sagte er, »wir fliegen besser mit dem Obersten«, und tröstete Golowanow: »Nehmen Sie es mir nicht übel« – worauf er in die Maschine Berias stieg. Ein Begleitgeschwader von siebenundzwanzig Jägern diente der Sicherheit, verhinderte aber nicht, dass Stalin heftig erschrak, als sie in eine Fallbö gerieten.

Ein paar Stunden später landete Stalin in Teheran (»eine sehr schmutzige Stadt, tiefe Armut«, schrieb Roosevelt), wo man ihn die fast zehn Kilometer zur sowjetischen Botschaft fuhr, die nur durch zwei Mauern und eine schmale Gasse getrennt gleich neben der britischen Gesandtschaft lag, während sich die amerikanische Vertretung außerhalb der Stadt befand.

Teheran sah das intimste Gipfeltreffen zwischen den Großen Drei. Stalin selbst war nur mit einer kleinen Delegation angereist, nämlich Molotow und Woroschilow als seinen offiziellen Unterhändlern, Beria als Sicherheitschef, Wlasik als Aufpasser und Professor Winogradow als Leibarzt. Die aus zwölf Georgiern bestehende Leibwache befehligte der von den Westlern als »gut aussehend, hochintelligent und höflich« beschriebene Zereteli.

Die sowjetische Botschaft, ein sehr elegantes, ursprünglich für einen persischen Magnaten errichtetes Anwesen, umgab eine hohe Mauer. Über das Grundstück verteilt standen mehrere Hütten und Villen. Stalin bewohnte ein ganzes Haus, während Molotow und Woroschilow sich die einstöckige Residenz des Botschafters teilen mussten. Eine Vorhut des NKWD hatte zwei Wochen lang fieberhaft gearbeitet, um alles vorzubereiten. »Niemand leistete sich den geringsten Widerspruch gegenüber Beria«, schrieb Soja Sarubina, eine junge NKGB-Beamtin in Teheran.*

Sofort nach Roosevelts Ankunft bot Stalin ihm eine Unterkunft im Komplex der sowjetischen Botschaft an, denn die Strecke von dort zur US-Gesandtschaft führte durch enge, unmöglich vollständig abzusichernde Straßen, und zweifellos lag Beria der Personenschutz Stalins mehr am Herzen als derjenige Roosevelts. Wie es hieß, hatten sowjetische Agenten ein Mordkomplott der Nationalsozialisten gegen die Staatsoberhäupter aufgedeckt. Im Übrigen lag Stalin sehr daran, die Westler voneinander zu trennen, damit sie keine Ränke gegen ihn schmieden konnten. Zufälligerweise kam das auch Roosevelts Strategie entgegen, direkt und ohne britische Begleitung auf Stalin zuzugehen, um sein Misstrauen zu zerstreuen. Harriman begab sich eilends zu den

---

* Beria persönlich hatte die junge Tschekistin Soja Sarubina, Stieftochter des NKGB-Generals Leonid Eitingon (der den Mord an Trotzki arrangiert hatte), damit beauftragt, das Mobiliar für die Konferenz auszusuchen. Da es keinen runden Tisch gab, musste man einen fertigen lassen, und da die Konferenz streng geheim war, hatte Beria die Sarubina angewiesen, den Tisch in der Teheraner Innenstadt »für eine Hochzeit« zu bestellen.

Sowjets, und Molotow erklärte ihm, welche Sicherheitsbedenken man hegte. Später beauftragte er Sarubina, bei den Amerikanern anzurufen und zu erfragen, wann Roosevelt einziehen würde. Admiral William Leahy, der Stabschef des Weißen Hauses, teilte ihr mit: »Wir kommen morgen.«

Als Sarubina das an Molotow weitergab, explodierte der: »Was bilden Sie sich ein? Wer zum Teufel sind Sie überhaupt? Wer hat Sie auf diesen Posten gesetzt? Haben Sie noch alle Tassen im Schrank? Was soll ich jetzt Stalin sagen?«

Unterdessen verhandelte Stalin in einem inzwischen vergessenen Treffen mit Mohammed Reza Pahlevi, dem stolzen, damals erst einundzwanzigjährigen Schah eines besetzten Persien, dessen Vater, ebenfalls Reza, ein ehemaliger Kosakenoffizier und Gründer der Dynastie, 1941 wegen angeblicher Kungeleien mit Nazideutschland hatte abdanken müssen. Stalin bildete sich ein, den jungen Herrscher, dessen Reich einst Georgien umfasst hatte, für den Aufbau eines sowjetischen Militärstützpunkts im Lande gewinnen zu können. Molotow, der bereits als ein Meister des diplomatisch Möglichen galt, zweifelte daran. Beria hatte zwar aus Sicherheitsgründen von diesem Ausflug abgeraten, aber Stalin bestand darauf. Der Schahinschah (König der Könige) unterhielt sich nacheinander »mit jedem der drei Staatsmänner. Stalin war außerordentlich höflich und schien bestrebt, auf mich einen guten Eindruck zu machen. Er ging sogar so weit, mir ein Regiment von T-34-Tanks anzubieten und eine Kampffliegerstaffel, und angesichts unseres verzweifelten Mangels an modernen Waffen war dieses Angebot eine große Versuchung für mich«, wie er später bekannte. Doch bei dem scheinbar großzügigen Geschenk des Georgiers witterte der Perser Gefahr, als »damit einige für mich unannehmbare Bedingungen verbunden waren«, zum Beispiel die Stationierung russischer Offiziere mit alleiniger Entscheidungsgewalt über die Standorte der Panzer und Flugzeuge. Molotow murrte, dass »Stalin den Schah überhaupt nicht verstand und sich deshalb in eine ziemlich peinliche Lage brachte. Er meinte, ihn beeindrucken zu können, aber das klappte überhaupt nicht.« Dem Schah kam es so vor, als hätte Stalin ihm die Pistole auf die Brust gesetzt und dann erpresserisch gefordert: »›Ihre Armee muss unter unserem Kommando stehen, oder wir gewähren Ihnen keine Hilfe!‹ Ich lehnte dankend ab«, resümierte der Schah bitter.

Am nächsten Morgen kontrollierte Beria persönlich die Tore und wartete dann auf Roosevelt, der schließlich mit dem Secret Service in der sowjetischen Botschaft eintraf – die Begleiter in einer aus der Sicht des NKWD unprofessionellen gangsterhaften Manier auf den Trittbrettern fahrend und die Maschinenpistolen schwingend. Ein ganzer Jeep voll mit Roosevelts Filipino-Laufburschen brachte die Tschekisten anfangs in Verwirrung, doch schließlich ließ man auch sie ein.

Stalin kündigte an, dass er beim Präsidenten vorsprechen würde, eine Begegnung, auf die er sich gründlich vorbereitet hatte. Selbstverständlich ließ Beria die Präsidentensuite abhören, wobei sein Sohn Sergo zu den sowjetischen Lauschern zählte. Stalin rief ihn zu sich: »Wie geht es deiner Mutter?«, fragte er, denn Nina Beria stand nach wie vor hoch in seiner Gunst. Nach dem Vorgeplänkel erteilte Stalin Sergo den »moralisch anrüchigen und heiklen« Auftrag, ihm allmorgendlich um 8 Uhr zu berichten. Dann fragte er ihn genau aus, sogar über Roosevelts Tonfall: »Hat er das mit voller Überzeugung gesagt oder eher gleichgültig? Wie hat Roosevelt darauf reagiert?« Stalin überraschte die Naivität der Amerikaner: »Wissen die denn nicht, dass wir sie abhören?«* Stalin übte zusammen mit Beria und Molotow Verhaltensstrategien ein, selbst die Sitzordnung planten sie genau.** Ebenso ging er auch bei den Treffen mit Churchill vor und erklärte dazu Berias Sohn zufolge: »Bei dem Burschen muss man mit absolut allem rechnen.«

An jenem »schönen, blau-goldenen persischen Sonntag« schritt Stalin gegen fünfzehn Uhr in Begleitung Wlasiks und des Dolmetschers Pawlow inmitten seiner georgischen Leibwächter, die sich genau wie im Kreml zehn Meter vor und hinter ihm hielten, im khakibraunen Marschallskasack mit Lenin-Orden an der Brust von seiner Residenz zu Roosevelts Villa hinüber. Dort salutierte ein junger US-Offizier vor Stalin und führte ihn zum Präsidenten.

»Hallo, Marschall Stalin«, begrüßte ihn Roosevelt, als die beiden sich die Hände schüttelten. Doch zwischen den beiden lagen Welten: hier der ergraute »untersetzte, rundliche« Stalin mit dunklem pockennarbigen

---

* Roosevelt rechnete zwar fest mit Wanzen, hoffte aber, dass die Resultate Stalins Vertrauen in seine Ehrlichkeit stärken würden. Sergo Berias Bericht lässt vermuten, dass sein Plan aufging.

** Der zweite sowjetische Dolmetscher Walentin Bereschkow beschrieb, wie Stalin das Treffen vorbereitete, und fügte an, Roosevelt sei ohne Dolmetscher in seine Residenz gekommen. Faktisch ging Stalin jedoch zu ihm, wo Chip Bohlen für die Amerikaner und Pawlow für die Sowjets dolmetschte. Letzterer war Stalins und Molotows Mann für Englisch und Deutsch; Bereschkow arbeitete gelegentlich auch für Molotow. Als gesichert kann daran nur gelten, dass Stalin die Sitzordnung einübte, was typisch für ihn war.

Gesicht, fleckigen Zahnstummeln und misstrauischen Katzenaugen, da der aufrecht im Rollstuhl sitzende und trotz seines körperlichen Gebrechens aristokratisch wirkende Präsident im dunkelblauen Anzug: »In fernöstlichen Gewändern«, schrieb Bohlen, »hätte Roosevelt das ideale Modell für ein chinesisches Ahnenporträt abgegeben.«

Stalin betonte das dringende Erfordernis einer zweiten Front, bevor Roosevelt versuchte, durch Querschüsse gegen das britische Empire eine gewisse Annäherung herzustellen. Indien sei ebenso reif für eine Revolution »von unten« wie Russland, erklärte F. D. R., der über den Bolschewismus nicht besser Bescheid wusste als über die Unberührbaren. Stalin bewies mehr Verständnis für Indien und erklärte, dass die Kastenfrage vielleicht etwas komplizierter sei. Diese kurze *tour d'horizon* begründete die unwahrscheinliche Partnerschaft zwischen einem New Yorker Großbürger und einem georgischen Revolutionär. Beide konnten bekanntlich, wenn sie wollten, alle Register des Charmes ziehen, und so begründete Stalins Zuneigung zu Roosevelt eine der ausgeprägtesten Diplomatenfreundschaften, die er jemals zu einem »Imperialisten« herstellte. Nach einiger Zeit brach er wieder auf, um den Amerikaner ruhen zu lassen.

Um 16 Uhr versammelten sich die Großen Drei in einem geräumigen, protzig im Imperialstil dekorierten Saal um den großen runden Tisch und ließen sich in den mit edel gestreifter Seide bezogenen Lehnstühlen nieder. Stalin saß neben Molotow und Pawlow, Woroschilow meist in der zweiten Reihe. Churchill und Stalin kamen überein, dass Roosevelt den Vorsitz übernehmen sollte: »Als der Jüngste!«, wie der Präsident scherzte.

»In unseren Händen«, erklärte Churchill gewichtig, »liegt die Zukunft der Menschheit.« Stalin griff den Faden auf:

»Die Geschichte zieht uns zur Verantwortung«, sagte er. »Sie hat uns viel Macht und große Möglichkeiten übertragen. … Gehen wir an die Arbeit.« Als das »Unternehmen Overlord« zur Sprache kam, die Invasion in Frankreich, wandte Stalin ein, dass er nicht mit Beratungen über militärische Fragen gerechnet und deshalb keine Experten mitgebracht habe. »Leider ist jetzt nur Marschall Woroschilow dabei«, sagte er rüde. »Ich hoffe, das genügt.« Doch dann ließ er Woroschilow völlig beiseite und nahm alle militärischen Fragen selbst in die Hand. Der junge britische Dolmetscher Hugh Lunghi* stellte entsetzt fest, dass er Woroschi-

---

* Major Hugh Lunghi, auf dessen Angaben ich mich bei diesem Bericht stütze, ist wahrscheinlich der letzte noch lebende Mensch, der an allen Plenarsitzungen der Großen Drei in Teheran, Jalta und Potsdam teilgenommen hat.

low behandelte »wie einen Hund«. Stalin beharrte auf dem ursprünglichen Plan für Overlord, einer Invasion über den Ärmelkanal, und stopfte sich dann gemächlich eine Pfeife, während Churchill Bedenken anmeldete. Er bevorzugte vorbereitende Operationen im Mittelmeer mit bereits in der Region stationierten Truppen. Roosevelts Entscheidung für den Kanal stand seit langem fest. Als ein missmutiger Churchill erkannte, dass man ihn überstimmen würde, zwinkerten seine beiden Gegenspieler einander zu: der Beginn eines unseligen Flirts, der die Position des Marschalls als Schiedsrichter der Großen Allianz erheblich stärken sollte. Churchill ging viel geschickter mit Stalin um, da er stets sich selbst treu blieb.

Gegenüber den Fremden sprühte Stalin vor Charme, doch die eigenen Delegierten behandelte er unwirsch. Als Bohlen ihn einmal mitten in der Sitzung von hinten ansprach, keifte er, ohne sich umzudrehen: »Lassen Sie uns doch um Gottes willen diese Sache zu Ende bringen«, um dann beschämt feststellen zu müssen, dass er soeben den jungen Amerikaner angegiftet hatte. An jenem Abend gab Roosevelt in seiner Residenz ein Dinner. Seine Bediensteten bereiteten Steaks mit Ofenkartoffeln zu, während der Präsident eigenhändig Cocktails mixte. Als Stalin einen Schluck davon nahm, fuhr er zusammen: »Schmeckt ganz gut, kommt aber sehr kalt im Magen an.« Roosevelt bekam plötzlich »ein grünliches Gesicht mit großen Schweißtropfen auf der Stirn«, worauf jemand ihn in sein Zimmer fuhr. Als Churchill erklärte, Gott stehe auf Seiten der Alliierten, hänselte Stalin ihn: »Und der Teufel auf meiner. Der Teufel ist nämlich Kommunist und Gott ein alter Konservativer!«

Am 29. November trafen sich Stalin und Roosevelt abermals: Der Marschall wusste nach den Berichten Sergo Berias schon, dass sein Charme gewirkt hatte. »Roosevelt sprach immer voller Achtung über Stalin«, erinnerte sich Sergo, was es diesem erlaubte, Churchill unter Druck zu setzen. An jenem Morgen schlug der Präsident vor, eine internationale Organisation zu gründen, die heutigen Vereinten Nationen. Unterdessen konferierten die Generäle mit Woroschilow, der Lunghi zufolge absolut nicht imstande war, die Herausforderung einer Invasion Frankreichs zu begreifen.

Vor der nächsten Sitzung fand eine große Gedenkfeier für Stalingrad statt, und aus diesem Anlass trat auch der britische Premier Churchill einmal nicht in Zivil, sondern in der blauen, mit Pilotenschwingen besetzten RAF-Uniform an. Gegen 15.30 Uhr versammelten sich alle Delegationen im Foyer der Botschaft, bald gefolgt von den drei Staatschefs. Die Ehrengarde bildeten britische Infanteristen, komplett mit Seitengewehren und aufgesteckten Bajonetten, sowie NKWD-Soldaten in blauroten Uniformen und umgehängten Maschinenpistolen. Ein Orchester spielte die Nationalhymnen, allerdings im Fall der Sowjetunion noch die alte. Als die Musik verstummte, kehrte Stille ein. Dann trat der Offizier der britischen Garde an einen dekorierten Tisch mit einer länglichen schwarzen Schachtel darauf und nahm den Deckel ab. Darunter lag, auf ein »weinrotes Samtpolster« gebettet, ein funkelndes Schwert, das er dann heraushob und zu Churchill trug. Der ließ sich das kostbare Stück auf die Handflächen legen und wandte sich damit an Stalin:

»Seine Majestät, König George VI., hat mich beauftragt, Ihnen dieses Schwert der Ehre zu überreichen. ... Die Klinge trägt folgende Inschrift: ›Den stählernen Bürgern von Stalingrad als Geschenk von König George VI. und Ausdruck der Hochachtung des britischen Volkes.‹« Churchill trat einen Schritt vor, um das Schwert Stalin zu übergeben, der es lange andächtig in Händen hielt und es dann »mit höchst eindrucksvoller Gebärde« an die Lippen führte. Stalin war zutiefst bewegt und hatte sogar Tränen in den Augen.

»Im Namen der Bürger von Stalingrad«, antwortete er, »mit leiser, rauer Stimme, ›möchte ich meine Dankbarkeit ausdrücken...‹«. Dann ging er zu Roosevelt hinüber, um ihm das Geschenk zu zeigen. Der Amerikaner las die Widmung vor. »Sie hatten wahrhaft Herzen aus Stahl.« Als Nächstes händigte Stalin das Schwert Woroschilow aus, der die Klinge versehentlich aus der Hülle gleiten und herunterfallen ließ – ein peinliches Missgeschick. Mit hochrotem Kopf steckte Klim das Schwert wieder in die Scheide zurück. Derweil beobachtete Lunghi, dass der *Woschd* vor Ärger die Stirn runzelte, um dann »ein verbissenes, frostiges, gezwungen wirkendes Lächeln aufzusetzen«. Der NKWD-Leutnant trug das Schwert wie eine Trophäe fort. Stalin muss auf einer Entschuldigung Woroschilows bestanden haben, denn bei nächster Gelegenheit eilte dieser auf Churchill zu und bat Lunghi, für ihn zu dolmetschen. Noch immer errötet, »stammelte er Worte des Bedauerns«, gratulierte dann aber plötzlich Churchill zu dessen am nächsten Tag bevorstehendem Geburtstag. Bei der britischen Gesandtschaft plante man aus diesem Anlass ein spezielles Festbankett. »Ich wünsche Ihnen, dass sie noch hundert Jahre so gesund und munter bleiben«, erklärte der Marschall. Churchill dankte ihm, flüsterte anschließend aber Lunghi zu:

»Ist der nicht ein bisschen zu früh dran? Hat es wohl auf eine Einladung abgesehen.«* Später posierten die Großen Drei draußen für das berühmte Konferenzfoto.

Nach einer kurzen Pause ließen sich die Delegationen zur nächsten Sitzung wieder am runden Tisch nieder, bis auf Stalin, der immer als Letzter eintraf. Schließlich sollte die Tschekistin Soja Sarubina als Zuständige für den Bereitschaftsdienst noch einen Auftrag erledigen und »lief Hals über Kopf die Treppe hinunter, wobei sie jemandem auf die Schulter schlug«. Zu ihrem Entsetzen war derjenige Stalin. »Ich stand wie erstarrt da…«, schrieb sie, »und dachte, dass ich gewiss auf der Stelle erschossen würde.« Stalin reagierte nicht, sondern ging einfach weiter, gefolgt von Molotow und Woroschilow, der erstens eine Schwäche für junge Damen und zweitens allen Grund hatte, Nachsicht mit Tolpatschen zu üben, sodass er »mir die Hand tätschelte und sagte: ›Es ist gut, mein Kind, es ist gut.‹«

Stalin, »der immerfort rauchte und mit seinem Rotstift Wolfsköpfe auf einen Block kritzelte«, ereiferte sich nie, gestikulierte selten, konsultierte kaum je Molotow und Woroschilow, setzte jedoch weiterhin Churchill wegen der zweiten Front unter Druck:

»Glauben die Briten wirklich an Overlord, oder tun sie nur so, um die Russen in Sicherheit zu wiegen?« Als Stalin hörte, dass sich die Alliierten noch nicht auf einen Kommandeur geeinigt hatten, murrte er: »Dann wird auch nichts aus diesen Operationen.« Die Sowjets hätten es mit dem Kollegiatbefehl versucht, doch der habe sich nicht bewährt. Letztlich müsse ein Mann an der Spitze entscheiden. Als Churchill jedoch kein Datum für den Beginn des Unternehmens nennen wollte, stand Stalin abrupt auf, wandte sich an Molotow und Woroschilow und sagte:

»Vergeuden wir hier nicht unsere Zeit. Wir haben an der Front genug zu tun.« Doch Roosevelt schaffte es, die Wogen wieder zu glätten.

An jenem Abend gab Stalin ein Bankett im üblichen sowjetischen Stil »mit unglaublich vielen Speisen«. Während des gesamten Essens stand ein hünenhafter russischer »Kellner« im weißen Jackett hinter dem Stuhl des Obersten Befehlshabers.** Stalin »trank wenig«, kam jedoch auf Touren, indem er Churchill stichelte, woran Roosevelt eine hämi-

---

* Hugh Lunghi hielt diese Anekdoten im Protokoll fest, das er von Churchill abzeichnen ließ. Als Übersetzer der britischen Stabschefs vertrat er manchmal Stalins Chefdolmetscher Major Arthur Birse.
** Die Amerikaner hielten ihn für den *maître d'hôtel* und wollten ihm am Ende der Konferenz Zigaretten schenken, als er jedoch in der glänzenden Uniform eines NKWD-Generalmajors auftrat.

sche Freude zu finden schien. Stalin feixte, zum Glück sei Churchill kein »Liberaler« – die mieseste Gestalt im Weltbild des Bolschewismus –, prüfte dann jedoch seine Geduld, indem er scherzte, dass man fünfzig- oder vielleicht hunderttausend deutsche Offiziere hinrichten wolle. Churchill fuhr aus der Haut. Er stieß sein Glas von sich, sodass es umfiel und der Branntwein über den Tisch lief, und grollte:

»Ein solches Verhalten stünde im Gegensatz zum britischen Rechtsemp- finden. Das Parlament und die Öffentlichkeit würden niemals die Exe- kution ehrlicher Männer hinnehmen, die für ihr Vaterland gekämpft ha- ben.« Roosevelt schlug spöttelnd den Kompromiss vor, dann solle man eben nur 49 000 erschießen. Elliot Roosevelt, der ebenfalls anwesende Tau- genichts von Sohn des Präsidenten, sprang beschwipst auf und tönte: »Würden die fünfzigtausend nicht sowieso im Gefecht fallen?«

»Auf Ihr Wohl, Elliot!«, stieß Stalin sogleich mit ihm an. Doch Chur- chill rüffelte den Filius des Amerikaners:

»Wollen Sie etwa die Beziehungen zwischen den Alliierten beschädi- gen? Sehen Sie sich vor!«* Er eilte hinaus, doch an der Tür »packten mich von hinten Hände an den Schultern, und da stand Stalin mit Molo- tow an seiner Seite, beide breit grinsend und eifrig beteuernd, dass doch alles nur Theater war. … Stalin kann ein sehr einnehmendes Wesen ha- ben, wenn er will.« Roosevelts Doppelspiel der Hofierung Stalins und Erniedrigung Churchills diente zwar weder der Sache noch der diploma- tischen Etikette, aber das gute Einvernehmen stellte sich bald wieder her, als Stalin den Kunstgriff anwandte, Molotow zu peinigen:

»Komm her, Molotow, und erzähl uns über deinen Pakt mit Hitler.«

Das große Finale bildete Churchills neunundsechzigster Geburtstag, gefeiert im Speisesaal der britischen Vertretung, der Alan Brooke zufolge »mit facettenreichen Spiegelmosaiken an den Wänden und schweren, tiefroten Vorhängen einem iranischen Tempel glich. Die persischen Kell- ner trugen blau-rote Livreen« und viel zu große »weiße Baumwollhand- schuhe, sodass die leeren Fingerspitzen baumelnd herabhingen«. An al- len Eingängen standen bewaffnete Sikhs Wache.

---

* Stalin hatte Elliot eigens zu dem Dinner eingeladen, vielleicht weil er dessen Ähn- lichkeit mit seinem eigenen nichtsnutzigen Sohn Wasili spürte. Beide waren Piloten, flegelhafte, aber arrogante Trunkenbolde, die sich von ihren glänzenden Vätern ein- schüchtern und dominieren ließen. Beide nutzten ihre Nachnamen aus und brachten dadurch ihre Väter ständig in Verlegenheit. Beide schickten ihre Frauen nach geschei- terten Ehen in die Wüste. Vielleicht gibt es keinen schlimmeren Fluch als die Mitgift eines titanischen Vaters.

Der inkognito auftretende Beria verlangte eine Durchsuchung des ganzen Gebäudes durch das NKWD, die er persönlich zusammen mit dem raffinierten Gangster Zereteli beaufsichtigte. »Es kann einfach kein Zweifel daran bestehen«, schrieb ein britischer Sicherheitsbeamter, dass Beria ein extrem »intelligenter und gerissener Mann war mit enormer Willenskraft und der Fähigkeit, Menschen zu beeindrucken, zu befehligen und zu führen«. Er habe nichts auf die Meinung Dritter gegeben und »sehr wütend reagiert ... wenn sich jemand seinen Vorschlägen widersetzte«. Die anderen Russen hätten sich »in seiner Anwesenheit wie Sklaven verhalten«.

Nachdem Beria die Sicherheitslage für unbedenklich erklärt hatte, traf Stalin ein, doch als ein Diener ihm aus dem Mantel helfen wollte, griff ein etwas übernervöser Leibwächter sofort zur Waffe. Allerdings kehrte schnell wieder Ruhe und Ordnung ein. Auf der Haupttafel stand ein Kuchen mit neunundsechzig Kerzen. Stalin toastete auf Churchill, »meinen Kampfgenossen, sofern ich den Premier als ›Genossen‹ bezeichnen darf«, und ging dann hinüber, um mit dem Briten anzustoßen und ihm den Arm um die Schultern zu legen. Churchill antwortete: »Auf Stalin, den Großen!« Als er scherzte, dass Großbritannien »immer röter werde«, gab Stalin zurück: »Ein Zeichen guter Gesundheit.«

Auf dem Höhepunkt des Banketts kam der Küchenchef dank einer besonderen Kreation der Ermordung Stalins näher als alle möglicherweise in den *Souks* von Teheran lauernden deutschen Agenten. Der Diktator sprach gerade einen Toast aus, als Kellner eine gewaltige Eiscremepyramide in den Saal fuhren, die auf einem »zehn Zentimeter starken und dreißig Quadratzentimeter großen Eissockel« stand. Im Inneren brannte ein zeremonielles Nachtlicht, umgeben von einer dreißig Zentimeter hohen Röhre, und auf dieser thronte, mit Puderzucker befestigt, eine Schale »voller riesiger Eiskugeln«. Doch als das Ungetüm auf Stalin zurollte, bemerkte Brooke, dass die Kerze das Eis schmolz und das kulinarische Bauwerk »jetzt eher an den Schiefen Turm von Pisa erinnerte«. Plötzlich nahm die Neigung gefährliche Maße an, und der britische Stabschef rief seinen Nachbarn zu, in Deckung zu gehen. »Mit dem Donnern einer Lawine rauschte der ganze wunderbare Aufbau über unsere Köpfe hinweg und stürzte unter heftigem Tellergescheppere in sich zusammen.« Lunghi sah, wie ein ängstlicher persischer Kellner »im letzten Moment zur Seite sprang«. Pawlow in seiner neuen Diplomatenuniform »bekam die volle Ladung ab! ... von Kopf bis Fuß triefend«, doch

Brooke vermutete, »dass er um sein Leben nicht aufgehört hätte zu dolmetschen«. Stalin blieb unversehrt.

»Ziel verfehlt«, flüsterte der Luftwaffenmarschall Sir Charles Portal.

Bei der Abschlusssitzung des nächsten Tages wandte sich Roosevelt
vertraulich an Stalin und erklärte ihm, dass er mitten im Wahlkampf
stehe und deshalb bei dieser Konferenz nicht über Polen verhandeln
könne. Die Unterordnung des Schicksals eines vom Krieg ohnehin
schon schwer heimgesuchten Landes unter die amerikanische Innenpolitik konnte Stalin nur darin bestärken, dass er für die Errichtung seiner
Einflusssphäre freie Hand haben würde. Von der laienhaften Improvisa-
tion dieser Konferenz zeugte, dass Stalin und Churchill bei der letzten
Plenarversammlung anhand einer Karte aus *The Times* über die Grenzen
Polens diskutierten. Da die Westler unterschätzten, welche Gefahren
diese Begegnungen für Stalins Gefolge mit sich brachten, überreichte
Churchills Dolmetscher Birse seinem Kollegen Pawlow arglos die gesammelten Werke von Charles Dickens – Pawlow nahm das Geschenk etwas
widerwillig an.

»Sie stehen unseren westlichen Freunden ja offenbar *sehr* nahe«, registrierte Stalin lächelnd, worauf Pawlow sich noch unwohler in seiner
Haut fühlte.

Am 2. Dezember flog Stalin, zufrieden damit, dass ihm die Alliierten
schließlich versprochen hatten, das Unternehmen Overlord im Frühjahr
zu starten, von Teheran ab und tauschte am Flughafen von Baku die
Marschallsuniform gegen seine übliche Kluft aus, einen alten Mantel
mit Mütze und Stiefeln. Sein Sonderzug brachte ihn von dort nach Stalingrad, zum einzigen Anschlussbesuch in der Frontstadt, die eine so
wichtige Rolle in seinem Leben gespielt hatte. Er besichtigte Paulus'
Hauptquartier, und anschließend fuhr sein Chauffeur auf den schmalen, mit Wehrmachtsschrott übersäten Straßen zu schnell und kollidierte mit einem Wagen, dessen Fahrerin vor Schreck fast tot umfiel, als
sie sah, wen die gerammte Limousine barg. Sie brach in Tränen aus.

»Es war meine Schuld.« Aber Stalin stieg aus und beruhigte sie.

»Weinen Sie nicht. Sie konnten nichts dafür. Der Krieg ist schuld. Unser Wagen ist gepanzert und hat nichts abbekommen. Ihren können Sie
reparieren lassen.« Anschließend fuhr er weiter nach Moskau.[1]

Stalingrad, Kursk und Teheran richteten Stalins fanatischen Glauben an
die eigene Größe und Unfehlbarkeit wieder auf. »Als sich der Sieg abzeichnete«, schrieb Mikojan, »wurde Stalin überheblich und launisch.«

Die üblichen Zechgelage setzten wieder ein, und im Alkoholrausch spielte Stalin den Zirkusdirektor in einer Manege beschwingter Artisten, obwohl in der Masse von Daten, die Beria ihm lieferte, auch immer viel Besorgniserregendes lauerte.

Allein 1943 ließ Beria in den befreiten Gebieten 931 544 Personen festnehmen. Außerdem lieferte er Stalin Abhörprotokolle und Spitzelberichte, die der Tyrann aufmerksam studierte und daraus unter anderem erfuhr, wie Eisenstein seinen neuen Film *Iwan der Schreckliche. Zweiter Teil* schnitt, da ihn die Morde des grausamen Zaren an Jeschows Terror erinnerten, »an den er nicht ohne ein Schaudern zurückdenken könne«. Die Botschaft lag auf der Hand: Liberalismus und Disziplinlosigkeit zerrütten den Staat. Stalins Siege hatten gewaltige Opfer gefordert – fast sechsundzwanzig Millionen Tote und ebenso viele Vertriebene. Es herrschten eine schreckliche Hungersnot, Verrat unter den kaukasischen Völkern, ein vom ukrainischen Nationalismus heraufbeschworener Bürgerkrieg und unter den Russen selbst ein gefährlicher Freiheitsdrang. Alle diese Probleme müsse man schnell mit der bewährten bolschewistischen Methode des Terrors lösen.

Doch bevor sie Russland selbst aufs Korn nahmen, führten Beria und der örtliche Parteichef Chruschtschew zunächst einen weiteren Feldzug in der Ukraine, wo sich drei nationalistisch orientierte Kampfverbände der Roten Armee mit Waffengewalt widersetzten. Ferner musste man sich um die zweifelhafte und zunehmend abbröckelnde Loyalität des Kaukasus und der Krim kümmern.

Im Februar 1944 schlug Beria die Deportation der islamischen Tschetschenen und Inguschen vor. Unter ihnen hatte es Fälle von Verrat gegeben, aber die meisten standen fest zu Moskau. Gleichwohl stimmten Stalin und das Staatliche Verteidigungskomitee seinem Plan zu – auch wenn Mikojan dagegen votiert haben will. Bereits am 20. Februar trafen Beria, Kobulow und der Deportationsfachmann Serow mit einer Truppe von 19 000 Tschekisten und 100 000 NKWD-Soldaten in Grosni ein. Am 23. mussten die Einheimischen sich auf öffentlichen Plätzen versammeln, wo man sie ohne Vorwarnung festnahm und auf Güterzüge in Richtung Osten verfrachtete. Am 7. März konnte Beria Stalin berichten, dass sich 500 000 Muslime in dem Zwangstreck befanden.

Bald teilten auch andere Völker, die Karatschai und die Kalmücken, das Schicksal der bereits 1941 deportierten Wolgadeutschen. Beria dehnte das Schleppnetz immer weiter aus: »Die Balkaren sind Banditen … und haben Stellungen der Roten Armee angegriffen«, berichtete er

Stalin am 25. Februar. »Wenn Sie vor meiner Abreise zustimmen, kann ich hier noch alle für ihre Umsiedlung erforderlichen Schritte in die Wege leiten. Ich erwarte Ihre Befehle.« Es ging um die Deportation von mehr als dreihunderttausend Balkaren – doch wohin mit ihnen allen? Stalin musste die Masse der Unerwünschten in irgendwelchen entlegenen Teilen des Reichs unterbringen. Molotow machte den Vorschlag, vierzigtausend nach Kasachstan zu schaffen, vierzehntausend an andere Plätze. Um die Züge kümmerte sich Kaganowitsch. Andrejew, jetzt zuständig für die Landwirtschaft, sorgte für Ackergerät. Alle beteiligten sich. Als ein Beamter darauf hinwies, dass in Rostow noch 1300 Kalmücken lebten, forderte Molotow ihn auf, sie umgehend zu deportieren. (In der Folge erhielt Karatschaewsk, die Hauptstadt der Karatschaier, den Namen des darüber nicht begeisterten Mikojan.) Bei der trockenen Sprache bürokratischer Verfügungen können wir nur noch erahnen, wie viel Tragik und Leid diese ungeheuren Verbrechen für die Betroffenen mit sich brachten.

Später bezichtigte Beria die Krimtataren des Verrats, und bald transportierten fünfundvierzig Züge 160 000 von ihnen ostwärts. Zwar übermittelte er Stalin eine Aufstellung des Proviants, da aber Tausende starben, dürfte das meiste gar nicht angekommen sein. Das ganze Jahr über fand Beria immer neue Nester dieser armen Menschen: Am 20. Mai gab es »nach Umsiedlung der Balkaren in der kabardinischen Republik noch immer Anhänger der Deutschen«, und nun fragte Beria an, ob er weitere 2467 Personen »wegbringen« dürfe. Darunter steht »Genehmigt. J. Stalin«. Am Ende hatten der triumphierende Beria 1,5 Millionen Menschen verschleppt und Stalin 413 Orden für seine Tschekisten bewilligt. Dem NKWD zufolge verloren mehr als ein Viertel der Deportierten ihr Leben, aber mindestens 530 000 kamen beim Transport um oder starben danach in den Lagern. Über die betroffenen Völker brach eine regelrechte Apokalyse herein.

Als die mit Menschen beladenen Waggons gen Osten rollten, litten Russland, Zentralasien und die Ukraine unter einer Hungersnot, und ähnlich wie zur Zeit der Kollektivierung machte Stalin Defizite im Politbüro für die Krise verantwortlich, deren Ausmaße das Archivmaterial nur erahnen lässt. Im November 1943 schrieb Andrejew aus der Stadt Saratow an Malenkow, dass »die Lage hier katastrophal ist. Gestern sah ich auf der Fahrt von Stalingrad schreckliche Szenen.« Am 22. November 1944 informierte Beria Stalin über einen Fall von Kannibalismus im Ural, begangen von zwei Frauen an entführten Kindern.

Mikojan und Andrejew schlugen vor, die Bauern besser mit Saatgut zu versorgen:

»An Molotow und Mikojan«, vermerkte Stalin auf ihrer Eingabe. »Ich bin dagegen. Mikojan verhält sich staatsfeindlich ... und bringt Andrejew auf Abwege. Daher müssen wir ihm die Leitung des Narkomsag [Volkskommissariat für Versorgung] entziehen und sie Malenkow übertragen.« Daraus resultierten die wachsenden Spannungen zwischen Stalin und Mikojan, die bald in eine bedrohliche Feindseligkeit umschlugen.[2]

Am 20. Mai 1944 rief Stalin seine Generäle zusammen, um eine große Sommeroffensive zu planen, mit der man schließlich die Wehrmacht ganz vom sowjetischen Territorium vertrieb. Weite Teile der Ukraine hatte die Rote Armee schon freigekämpft, und der Belagerungsring um Leningrad lockerte sich allmählich. Stalin schlug Rokossowski einen gezielten Vorstoß in Richtung Bobruisk vor, doch der hielt einen Doppelschlag für erforderlich, um sinnlose Opfer zu vermeiden. Als Stalin auf seinem Standpunkt beharrte, ließ sich der große, elegante, halb von Polen abstammende General, der jetzt hoch in Stalins Gunst stand, nachdem er kurz vor dem Krieg noch Folterqualen erlitten hatte, nicht beirren und hielt mutig an seinem Einwand fest.

»Durchdenken Sie die Sache draußen weiter«, sagte Stalin, der Rokossowski später erneut zu sich rief. »Na, sind Sie zu einem Ergebnis gekommen?«, fragte Stalin drängend.

»Ja Sir, Genosse Stalin.«

»Und was ... ein gezielter Vorstoß?« Stalin markierte den Keil auf der Karte. Dann herrschte Schweigen, bis Rokossowski erwiderte:

»Zwei Vorstöße wären ratsamer, Genosse Stalin.« Abermals Stille.

»Denken Sie draußen noch einmal darüber nach, und nicht so eigensinnig, Rokossowski.« Der General ging nach nebenan und setzte sich hin, merkte jedoch plötzlich, dass er nicht allein im Raum war: Molotow und Malenkow sahen ihn mit finsterer, bedrohlich wirkender Miene an, worauf Rokossowski sich sofort wieder erhob.

»Vergessen Sie niemals, wen Sie vor sich haben, General. Sie widersprechen dem Genossen Stalin«, versuchte Malenkow ihn einzuschüchtern.

»Sie müssen zustimmen, Rokossowski«, fiel Molotow ein. »Zustimmen, etwas anderes kommt gar nicht in Frage!« Man zitierte den General ein drittes Mal ins Büro.

»Was ist also die bessere Lösung?«, fragte Stalin.

»Zwei«, erwiderte Rokossowski. Stalin hüllte sich in Schweigen und murmelte dann:

»Könnte es sein, dass zwei Vorstöße wirklich besser wären?« Stalin übernahm Rokossowskis Plan. Am 23. Juni brach die Wehrmacht unter dem Druck zusammen, sodass die Rote Armee zunächst Minsk und dann Lwow zurückerobern konnte. Am 8. Juli traf Schukow in Kunzewo einen »sehr frohgemuten« Stalin an, der den Vormarsch an der Weichsel befahl in dem festen Entschluss, Polen gleichzuschalten, damit es nie wieder eine militärische Gefahr für Russland heraufbeschwören würde: Am 22. Juli schuf Stalin in Warschau ein Komitee unter der Leitung Boleslaw Bieruts, das die neue Regierung bilden sollte.

»Hitler muss jetzt alles auf eine Karte setzen!«, sinnierte Stalin.

»Er wird versuchen, mit Churchill und Roosevelt Frieden zu schließen«, spekulierte Molotow.

»Richtig«, sagte Stalin, »aber die werden nicht darauf eingehen.« Alsbald schossen jedoch die Polen quer und störten die Pläne der Großen Allianz.[3]

Als sich General Tadeusz Bór-Komorowski am 1. August beim Warschauer Aufstand mit den zwanzigtausend Patrioten der polnischen Heimatarmee gegen die Deutschen erhob, kam die Offensive der Roten Armee an der Weichsel direkt östlich der Stadt zum Stillstand. Hitler ordnete an, die Stadt dem Erdboden gleichzumachen und bot eine teuflische Bande von SS-Fanatikern, Sträflingen und russischen Renegaten auf, um in einem erbarmungslosen Inferno 225 000 Zivilisten abzuschlachten.

Die Auslöschung der Heimatarmee vollendete für Stalin, der kein Interesse an ihrer Rettung hatte, jenes »makabre Werk«, das in Katyn begann. Doch der Aufstand, und insbesondere die westlichen Sympathien für den mutigen Schritt, brachte Stalin in eine Zwickmühle: Wie ein Erfolg der Erhebung seine Polenpläne hätte gefährden können, so würde ihr Scheitern wegen der absehbaren angloamerikanischen Empörung eine schwere Krise der Großen Allianz nach sich ziehen.

Am 1. August fanden Schukow und Rokossowski einen »übernervösen« Stalin vor, der wild vor den Karten hin und her lief und sogar die Pfeife ungeraucht weglegte, womit die Zeichen auf Sturm standen. Stalin drang in die Generäle, ob sie nicht weiter vormarschieren konnten. Doch die beiden erklärten ihm, dass ihre Truppen Ruhe brauchten. Stalin schien vor Wut zu kochen. Beria und Molotow stießen Drohungen aus. Dann schickte der Oberste Befehlshaber die Kommandeure nach nebenan in die Bibliothek, wo sie nervös über ihre Lage diskutierten. Rokossowski meinte, dass Beria Stalin aufhetze, was böse enden könne: »Ich weiß sehr wohl, wozu Beria fähig ist«, flüsterte der als Sohn eines polnischen Offiziers besonders gefährdete Rokossowski. »Ich war in seinen Kerkern.« Zwanzig Minuten später erschien Malenkow und verkündete, man teile den Standpunkt der Generäle und werde keine Anstrengungen machen, Warschau zu retten.

Zwar übten Churchill und Roosevelt unterdessen massiven Druck auf ihren Verbündeten aus, den Widerstandskämpfern zu helfen, aber Stalin wiegelte kühl ab, ihre Darstellung des Aufstands sei »stark übertrieben«. Als seine Armeen dann nach Polen, Ungarn und Rumänien vorstießen, war für die Patrioten von Warschau schon alles zu spät.[4]

Sieben Tage nach der Kapitulation der Heimatarmee sprach Churchill in Moskau vor, um die Überreste Osteuropas aufzuteilen. Stalin hatte Molotow seine Grundhaltung 1942 dargelegt: »Die Grenzfrage wird ohnehin mit Waffengewalt entschieden.« Jetzt bot der (dieses Mal im Stadtzentrum untergebrachte) Brite dem *Woschd* eine »unanständige Abmachung« an, um ihr jeweiliges Interesse an den kleineren Ländern prozentual festzulegen. Dem im Kreml-Archiv liegenden sowjetischen Protokoll zufolge eröffnete der in Teheran von Roosevelt ausgespielte Churchill das Gespräch mit dem Hinweis: »Die Amerikaner inklusive des Präsidenten wären über die Aufteilung Europas in Einflusssphären erschüttert.« Zum Beispiel sollten die Anteile aus russischer Sicht im Fall Rumäniens neunzig zu zehn, im Fall Griechenlands dagegen zehn zu neunzig betragen. Stalin hakte das kurzerhand ab.

»Könnte man es nicht für ziemlich frivol halten, wenn wir diese Fragen, die das Schicksal von Millionen Menschen berühren, in so nebensächlicher Form behandeln?«, fragte Churchill, halb schuldbewusst, halb mit der Arroganz des Mächtigen.

»Wir wollen den Zettel verbrennen.« – »Nein, behalten Sie ihn«, sagte Stalin.

Immerhin nahmen Eden und Molotow das Problem ernst genug, um noch zwei Tage lang über den sowjetischen Einfluss in Bulgarien und Ungarn zu verhandeln und ihn jeweils auf achtzig Prozent anzuheben. Stalin begnügte sich tatsächlich mit der geringen Quote in Griechenland, zumal sie ihm durchaus entgegenkam. Gewiss entsprach dieses ganze Zuteilungsverfahren in seinen Augen lediglich dem Absegnen von *faits accomplis.*

Den Höhepunkt des Besuchs bildete Stalins erster öffentlicher Auftritt im Bolschoi-Theater seit Kriegsbeginn, begleitet von Churchill, Molotow, Harriman und dessen Tochter Kathleen. Bei ihrer Ankunft war der Saal bereits abgedunkelt – normalerweise schlüpfte Stalin heimlich nach Beginn der Vorführung hinein. Als später die Lichter angingen und das Publikum Stalin und Churchill erblickte, »kam donnernder Jubel und Beifall auf«. Der Hausherr wollte höflich abtreten, um dem Premier die Ehre zu geben, doch der ließ ihn von Wyschinski sofort wieder zurückholen. Dann nahmen sie beide strahlend ein Bad in der Menge, deren Getöse klang wie »ein Wolkenbruch unter einem Blechdach«. Später führten Stalin und Molotow ihre Gäste in die für zwölf Personen eingedeckte *avant-loge*. Sekt hinunterstürzend, trieb Stalin Possen wie ein schelmischer alter Satyr, seine Gäste teils bezaubernd, teils erschreckend. Als Molotow das Glas erhob, um auf den »großen Führer« zu trinken, witzelte Stalin:

»Ich dachte schon, er wollte mal etwas Neues über mich sagen.« Jemand scherzte, dass ihn die Großen Drei an die Dreifaltigkeit erinnerten.

»In diesem Fall«, bemerkte Stalin, »wäre Churchill der Heilige Geist, weil er so viel durch die Gegend fliegt.«* Als der Brite schließlich am 19. Oktober, mit nur geringen Fortschritten in Sachen Polen, wieder abreiste, begleitete Stalin ihn persönlich an den Flughafen und winkte ihm mit dem Taschentuch nach.[5]

Jetzt genoss Stalin die Macht des Sieges. Sein respektvoll beschwingter Umgang mit Churchill wich bei weniger mächtigen Staatsmännern wie Charles de Gaulle bedrohlichen Alkoholexzessen. Der Franzose kam im Dezember nach Moskau, um dort ein Bündnis- und Beistandsabkommen zu unterzeichnen. Als Gegenleistung verlangte Stalin die Anerkennung des Warschauer Bierut-Regimes, die der Gast jedoch verweigerte.

---

* Stalin machte auch einen, zunächst allerdings nicht gedolmetschten Witz über den ebenfalls anwesenden Exbotschafter in London, Maiski. Als die Russen grölend darüber lachten, fragte Brooke ihn, was denn so komisch sei. Maiski erklärte bedrückt: »Der Marschall bezeichnet mich als den Dichter-Diplomaten, weil ich zuzeiten ein paar Verse schreibe. Der Witz daran ist, dass man meinen Vorgänger in dieser Doppelrolle liquidiert hat.« Als ursprünglicher Dichter-Diplomat galt der russische Botschafter in Persien, Gribojedow, den ein Teheraner Mob 1829 lynchte. Maiski kam später hinter Gitter und erlitt Folter.

Zur Zeit des Banketts steckten die Verhandlungen in der Sackgasse. Das hinderte Stalin allerdings nicht daran, sich – zum Entsetzen des Abstinenzlers aus Paris – ungehemmt zu betrinken. Bei Harriman beklagte er sich gleichzeitig darüber, dass de Gaulle »schwer zu behandeln und halsstarrig« sei, aber er wusste guten Rat: »Sie müssen mehr Wein trinken, dann wird alles ins Lot kommen.«

Stalin sprach kräftig dem Sekt zu und löste dabei Molotow mit den Toasts ab, lobte Roosevelt und Churchill über den grünen Klee, »überging seinen Ehrengast rüde« und machte sich schließlich über einige seiner Magnaten lustig, die er mit schwärzestem Galgenhumor bedachte. Er trank auf Kaganowitsch, »ein mutiger Mann, der weiß: Wenn sich die Züge verspäten« – hier legte er eine Kunstpause ein –, »müssen wir ihn leider erschießen!« Dann rief er ihm zu: »Kommen Sie her!« Kaganowitsch stand auf, und sie stießen vergnügt miteinander an. Anschließend ließ Stalin seinen Luftwaffenkommandeur Nowikow hochleben, den »guten Marschall, trinken wir auf ihn. Und wenn er seinen Dienst nicht ordentlich verrichtet, müssen wir ihn leider hängen.« (Nowikow erlitt wenig später Haft und Folter.) Als Nächsten nahm Stalin Chrulew aufs Korn: »Der soll sich mehr ins Zeug legen, sonst wird er aufgeknüpft. Das ist hierzulande so üblich!« Und dann wiederum: »Kommen Sie her!« Als Stalin den Widerwillen in de Gaulles Gesicht bemerkte, gluckste er: »Ich gelte als ein Scheusal, aber wie Sie sehen, mache ich mir einen Jux daraus. Vielleicht bin ich doch gar nicht so schlimm.«

Als Molotow im Streit über den angestrebten Vertrag seinen französischen Kollegen Bidault beim Schlafittchen packte, gestikulierte Stalin wild herum und rief Bulganin laut zu: »Hol die Maschinengewehre. Wir wollen die Diplomaten liquidieren.« Später führte er seine Gäste zu Kaffee und Cognac ins Kino, wo er »herumtorkelnd ständig die Franzosen umarmte«, so der ebenfalls anwesende Chruschtschew, dem ein böser Toast erspart blieb. Schon »volltrunken« schüttete Stalin, während die Diplomaten miteinander verhandelten, noch mehr Sekt herunter. Schließlich stimmten die Russen in den frühen Morgenstunden, de Gaulle lag schon im Bett, unerwartet einem Abkommen ohne Anerkennung Bieruts zu. Folglich holte man de Gaulle rasch in den Kreml zurück, wo Stalin ihm zuerst die ursprüngliche Fassung des Vertrags vorlegte und der Franzose wütend protestierte: »Das ist eine Beleidigung Frankreichs!« Daraufhin ließ Stalin vergnügt den neuen Text bringen, den man schließlich gegen 6.30 Uhr mit dem gebührenden Zeremoniell unterzeichnete.

Als der mürrische Franzose gerade ging, wandte sich Stalin an seinen Dolmetscher und sagte lachend: »Sie wissen zu viel. Ich sollte Sie besser nach Sibirien schicken!« De Gaulle blickte sich noch einmal um: »Stalin saß allein am Tisch und hatte wieder zu essen angefangen.«

In jenem Winter gab der stolze Sieger noch eine Reihe von Banketten, auch für jugoslawische Delegationen, und reagierte dabei empört auf Beschwerden des Belgrader Politbüromitglieds Milovan Djilas über die von zahlreichen russischen Militärs begangenen Vergewaltigungen und Plünderungen, betrachtete er doch jede Kritik an der Roten Armee als einen Angriff auf die eigene Person. Er sprach erregt von den Entbehrungen eines Soldaten, »der Tausende von Kilometern durch Blut und Feuer und Tod gegangen ist«. Den theatralischen Höhepunkt und, wie der Betroffene es darstellte, den »moralischen Gnadenstoß«, setzte Stalin, als »er weinend ausrief: Und eine solche Armee ist ausgerechnet von Djilas beleidigt worden! Von Djilas, den ich so freundlich empfangen habe! Und eine Armee, die nicht mit ihrem Blut sparte um euretwillen!« Dann, so der Jugoslawe, »schmeichelte er dem einen, scherzte mit dem anderen, hielt einen dritten zum Besten, küsste meine Frau [Mitra Mitrovic], weil sie Serbin war, und vergoss abermals Tränen über die Leiden der Roten Armee«. Djilas krönte seinen tief sarkastischen Bericht mit folgender Vignette: »Der Zenit seiner Laune war wohl gekommen, als er, meine Frau küssend, ausrief, er mache diese Geste der Zuneigung auf die Gefahr hin, dass man ihn der Vergewaltigung beschuldige.«

Als Stalin einige amerikanische Beamte ins Kreml-Kino einlud, setzte er sich zuerst zwischen die westlichen Delegationsführer, drehte sich dann aber zu Kawtaradse um:

»Komm, Junge, setz dich neben mich!«

»Wie könnte ich?«, fragte Kawtaradse. »Du hast doch Gäste.« Stalin machte eine wegwerfende Handbewegung und fügte auf georgisch hinzu:

»Die sollen mich am Arsch lecken.«

Zu Silvester feierten Stalin und die Magnaten zusammen mit General Chrulew in einem bis zum nächsten Morgen dauernden Gelage mit Gesang und Tanz in das Jahr 1945 hinein.[6]

43

DER STOLZE SIEGER: JALTA UND BERLIN

Als Stalin die große Beute Berlin direkt vor Augen hatte, beschloss er, seine Kriegstaktik zu ändern: Von nun an sollten keine Stawka-Repräsentanten mehr für die Fronten zuständig sein. Fortan wollte der Oberste Befehlshaber die Zügel selbst in die Hand nehmen.

Schukow sollte sich als Kommandeur der 1. Weißrussischen Front die achthundert Kilometer bis Berlin durchkämpfen. Für ihre Weichsel-Oder-Offensive zog die Rote Armee rund sechs Millionen Soldaten zusammen. Zwei Wochen später stieß Koniew in die große »Goldgrube« der schlesischen Industriegebiete vor. Schukow hatte die Wehrmacht bereits aus dem Zentrum Polens vertrieben, und Malinowski kämpfte wie ein Löwe um Budapest. In einer wilden Orgie der Rache brachen die 2. und 3. Weißrussische Front über Ostpreußen herein, wo Soldaten der Roten Armee in den folgenden Monaten fast zwei Millionen deutsche Frauen vergewaltigten. Stalin kümmerte das alles wenig, wie er Djilas erklärte: »Ja, Sie haben natürlich Dostojewski gelesen? Ist Ihnen klar, was für ein kompliziertes Ding die Seele des Menschen, seine Psyche, ist? Nun, dann stellen Sie sich einen Mann vor, der auf dem ganzen Weg von Stalingrad nach Belgrad gekämpft hat – über Tausende von Kilometern seines eigenen verheerten Landes hinweg, über die Leichen seiner Kameraden und liebsten Angehörigen hinweg! Wie kann ein solcher Mann noch normal reagieren? Und was ist schon dabei, wenn er sich mit einer Frau amüsiert, nach all den Schrecknissen?«

Roosevelt und Churchill hatten schon seit Juli 1944 über ein neuerliches Treffen der Großen Drei nachgedacht, doch Stalin blockierte: Als Harriman im September eine Zusammenkunft im Mittelmeerraum vorschlug, gab er zurück, die Ärzte rieten ihm »von jedem Klimawechsel streng ab« – und das bei seinem tiefen Misstrauen gegenüber der Zunft!

Molotow könne an seiner Stelle reisen. Der wandte jedoch höflich ein, dass er niemals in der Lage wäre, einen Marschall Stalin adäquat zu ersetzen.

»Sie sind viel zu bescheiden«, sagte Stalin trocken. Man einigte sich auf Jalta. Am 29. Januar stand Schukow an der Oder. Als die Wehrmacht am 3. Februar eine Gegenoffensive gegen die sowjetischen Brückenköpfe führte, landeten Roosevelt und Churchill auf dem Luftstützpunkt Saki auf der Krim, wo Molotow – im schwarzen Mantel, steifen weißen Kragen und Pelzhut – und Wyschinski – strahlend in der Diplomatenuniform – sie begrüßten. Letzterer gab auf dem Weg nach Jalta ein »großartiges Mittagessen«.[1]

Stalin selbst hatte Moskau noch nicht verlassen, jedoch bereits Berias streng geheimes und aus Vorsichtsgründen ohne die später von Hand einzufügenden Hauptnamen ausgefertigtes Memorandum mit den Planungen genehmigt. Den ungestörten Ablauf der Konferenz sollten vier NKWD-Regimenter mit zahlreichen Flaks und 160 Kampfflugzeugen garantieren. Der Schutz Stalins wurde folgendermaßen geregelt: »Für die Bewachung des Leiters der sowjetischen Delegation stehen neben den Leibwächtern unter dem Genossen Wlasik zusätzlich hundert Agenten und ein fünfhundert Mann starkes Sonderkommando von NKWD-Regimentern bereit.« Neben diesen rund 620 Beamten sollten außerdem tagsüber zwei und nachts drei Wachschichten mit Hunden seine persönliche Sicherheit gewährleisten. Fünf Distrikte im Umkreis von zwanzig Kilometern hatte man »von verdächtigen Elementen gesäubert«, das heißt rund 74 000 Personen überprüft und insgesamt 835 festgenommen. Durch den Krieg verwüstet und fast völlig zerstört und darüber hinaus durch die Deportationen der Tataren verwaist, glich Jalta in der Tat dem, was Churchill als »die Riviera des Hades« bezeichnete.

Am Morgen des 4. Februar, einem Sonntag, bestieg Stalin in Begleitung von Poskrebyschew und Wlasik seinen grünen Eisenbahnwagen, um über Charkow südwärts zu fahren. Am Ziel stand der einstige Palast jenes Fürsten Jusupow, der Rasputin ermordet hatte, mit zwanzig Zimmern und großem Foyer als Residenz für die sowjetische Delegation bereit. Das ganze Inventar, darunter Geschirr und Bestecke, wie auch die zuverlässigen Kellner der Hotels Metropol und National, hatte man aus Moskau herbeigeschafft. Ausgewählte Bäcker lieferten Brot, handverlesene Fischer frischen Fisch. Techniker hatten ein »spezielles ›Wtsch‹-Hochfrequenztelefon und einen Baudot-Telegraphen sowie eine automatische Vermittlung für zwanzig, bei Bedarf sogar fünfzig Nummern« installiert, sodass Stalin von dort aus »Moskau, die Fronten und alle Städte« anrufen konnte. Im Übrigen stand ein Bunker zur Verfügung, der sogar Fünfhundert-Kilo-Bomben trotzen sollte.

Stalin begab sich sofort ins Büro, um seine Delegierten zu empfangen. Berias Zimmer lag fast direkt nebenan, die der jüngeren Diplomaten im angrenzenden Flügel. Sudoplatow trug seine Psychogramme der westlichen Politiker vor, Molotow wertete Geheimdienstberichte aus, und Sergo Beria nahm, wie er berichtete, wieder seinen Lauschposten ein. Diesmal benutzte man sogar Vorläufer der Richtmikrophone, um Roosevelt auch im Freien aushorchen zu können.

Gegen 15 Uhr rief Stalin* im Quartier Churchills an, der sinnigerweise in dem skurrilen Palast des anglophilen Fürsten Michael Woronzow wohnte – einem einzigartigen architektonischen Potpourri aus schottischem Prunk, Neogotik und maurischer Arabeske. Anschließend fuhr er zu Roosevelt in den Liwadia-Palast, den sich der Zar 1911 als Sommersitz mit einer Fassade aus weißem Granit hatte errichten lassen.** Beim Abendessen verkannte Roosevelt die Reizbarkeit Stalins, als er ihn über seinen internationalen Spitznamen »Uncle Joe« aufklärte. Stalin murrte beleidigt:

»Wann kann ich diese Runde verlassen?« Daraufhin versuchte man ihn zu überzeugen, dass es sich nur um einen Witz handelte. Tags darauf um 16 Uhr fand im Ballsaal des Liwadia die feierliche Eröffnung der Konferenz statt. Der zwischen Molotow und Maiski sitzende und kettenrauchende Stalin machte einen starken Eindruck auf den jungen Bot-

---

* Einen Monat später gestaltete der Herausgeber der *Iswestija* ein spezielles Fotoalbum, das er an Poskrebyschew schickte: »Verehrter Alexander Nikolaiewitsch, ich sende Ihnen die Bilder der Krimkonferenz für J. W. Stalin.« Auf dem Deckel stand in großen Lettern sein Name. Doch Stalin wirkte neben dem adretten Molotow ziemlich schäbig. Auf den Jalta-Fotos sieht man die schlecht ausgebesserten Taschen seines geliebten, aber zerknitterten alten Mantels. Der bullige Wlasik stand immer direkt hinter ihm, freundlich lächelnd, jedoch so verbissen wie eh und je, wenn es um Stalins Sicherheit ging. Einmal sah Bohlen, wie er in der Toilette verschwand, worauf zwei sowjetische Leibwächter aufgeregt umherliefen und schrien: »Wo ist Stalin hin? Wer hat ihn gesehen?« Bohlen deutete wortlos auf die WC-Tür.

** Der Präsident war erschöpft und kränkelte. Seine Suite bestand aus Wohnzimmer, Esszimmer (der Billardsaal des Zaren), Schlafzimmer und Bad. Sein engster Berater, Harry Hopkins, war so krank, dass er die meiste Zeit im Bett verbrachte. Wie Alan Brooke schrieb: Der Generalmarschall »ist im Schlafzimmer der Zarina« und der Admiralkönig »in ihrem Boudoir mit der speziellen Treppe für die Besuche Rasputins!«.

schafter in Washington, Andrei Gromyko, der später unter Breschnew zum ewigen Außenminister avancierte: »Kein einziges Mal auf der Konferenz hat Stalin eine wichtige Mitteilung seiner beiden Partner falsch gehört oder verstanden«, erinnerte er sich. »Sein Gedächtnis funktionierte wie ein Computer, und ihm entging nichts. Wie nie zuvor wurde mir bei den Sitzungen im Liwadia-Palais bewusst, welche ungewöhnlichen Fähigkeiten dieser Mann besaß.« Bei einer der Zusammenkünfte prägte Stalin sein bekanntestes Aperçu. Wie alle seine Pointen wiederholte er auch diese später häufig, und sie floss als Sinnbild für das Verhältnis von Macht und Gewalt in das politische Repertoire ein. Es ging um den Papst:

»Gewinnen wir ihn als Verbündeten«, schlug Churchill vor.

»In Ordnung«, lächelte Stalin, »aber Sie wissen ja, meine Herren, dass man Kriege nun einmal mit Soldaten, Kanonen und Panzern führt. Wie viele Divisionen hat denn der Papst? Wenn er uns das verrät … kann er unser Verbündeter werden.«*

Abends gab Stalin kleine Feste, um sein Gefolge zu unterhalten, wobei Gromyko beobachtete, dass er »mit jedem Mitglied der sowjetischen Delegation ein paar Worte wechselte und langsam, mit nachdenklichem Gesicht, vom einen zum anderen ging. Von Zeit zu Zeit wurde er lebhaft und machte sogar Witze. Er kannte jeden Einzelnen; er setzte seinen Stolz darein, viele Menschen zu kennen und sich an ihre Namen und oft sogar daran zu erinnern, wo er sie kennen gelernt hatte. Das machte immer Eindruck.« Im Übrigen fanden morgens und abends stets Besprechungen statt, bei denen er seine Berater oft scharf kritisierte, wenn sie ihr Metier nicht beherrschten. Hugh Lunghi, der bei dieser Konferenz nochmals dolmetschte, hörte ihn sagen: »Ich traue Wyschinski nicht, denn mit ihm kann man alles machen. Er springt auf jede falsche Fährte, die wir ihm legen.« Wyschinski habe sich Stalin gegenüber verhalten »wie ein geprügelter Hund«.

Als Roosevelt erkrankte, besuchten Stalin, Molotow und Gromyko ihn für zwanzig Minuten. Anschließend »gingen wir die enge Treppe hinunter, als Stalin plötzlich stehen blieb, die Pfeife herausholte, gemächlich stopfte und dann leise, als spräche er zu sich selbst, aber doch für uns hörbar sagte: ›Warum musste ihn die Natur nur so strafen? Ist er etwa schlechter als andere?‹« Churchill hatte er immer misstraut, aber Roosevelt schien ihn zu faszinieren:

---

* Stalin erzählte seine Version dem albanischen Staatschef Enver Hoxha.

»Sagen Sie mir«, fragte er Gromyko, »was halten Sie von Roosevelt, ist er schlau?« Stalin verbarg seine Zuneigung zu dem Amerikaner nicht vor dem jungen Diplomaten, was diesen zu der staunenden Feststellung veranlasste: »Trotz seiner an sich barschen Art hatte Stalin gelegentlich doch positive menschliche Anwandlungen.«

Am nächsten Tag, dem 6. Februar, kamen sie zusammen, um über das sensible Thema Polen und über eine neue Weltorganisation, die spätere UNO, zu diskutieren. Russland wollte große Teile Ostpolens gegen Zugeständnisse im Westen Deutschlands eintauschen, und Stalin fand sich nicht bereit, mehr als nur einige wenige polnische Nationalisten in seine kommunistisch beherrschte Regierung zuzulassen. Als Roosevelt sagte, die polnischen Wahlen müssten »so tabu sein wie Cäsars Frau«, spöttelte Stalin:

»Es heißt aber, dass auch sie Seitensprünge machte.« Stalin erklärte das russische Interesse an Polen: »Das Land diente von jeher als Korridor für Feinde, die Russland angreifen wollten« – deshalb brauche er dort ein starkes Regime. An jenem Tag erklärte Beria seinem Sohn: »Josef Wissarionowitsch hat in der Polenfrage kein Jota nachgegeben.« Allerdings kam man überein, Deutschland nach dem Krieg in drei Besatzungszonen aufzuteilen, um es zu demilitarisieren und zu entnazifizieren. In der amerikanischen Delegation zeigte man sich erfreut über Stalins wiederholtes Versprechen, gegen Japan einzuschreiten, und stimmte daher seiner Forderung nach Sachalin und den Kurilen zu.

Am 8. Februar speisten die Alliierten nach einer weiteren Sitzung im Jusupow-Palast mit Stalin und hielten dabei sehr gefühlsbetonte Tischreden, als die über dem Krieg gealterten Großen Drei den bevorstehenden Sieg ins Auge fassten. Stalin zeigte sich der Lage gewachsen und pries in seinem Toast Churchill, »der tapfer das Banner Großbritanniens hochgehalten hat«, als »einen Mann, wie ihn die Welt nur alle hundert Jahre sieht. So denke und empfinde ich.« Stalin »lief zur Bestform auf«, schrieb Brooke, »sprühte vor Witz und Humor«. Doch ging ihm niemand auf den Leim, als er sich einen »naiven … und geschwätzigen alten Mann« nannte, um danach tröstend auf die armen Generäle zu trinken, die »nur im Krieg Anerkennung finden, während man ihre Dienste später rasch wieder vergisst. Im Frieden sinkt ihr Ansehen, und die Damen zeigen ihnen die kalte Schulter.« Allerdings konnten die Militärs dabei noch nicht ahnen, wie perfide er bereits plante, sie seinerseits kaltzustellen.

Das ausgedehnte Dinner sah einen ungewöhnlichen Gast, denn Stalin hatte einen begeisterten Beria, der seine Arbeit im Verborgenen allmählich als etwas unbefriedigend empfand, dazu eingeladen. Roosevelt sprach Stalin auf ihn an:

»Wer ist das mit dem Kneifer, gegenüber von Botschafter Gromyko?«

»Ach, der. Das ist Beria, unser Himmler«, antwortete Stalin mit gezielter Bosheit und deutlich hörbar. Der Tschekist »sagte nichts dazu, sondern lächelte nur, seine gelben Zähne bleckend«, aber es muss ihn »tief verletzt haben«, so sein Sohn, demzufolge Beria sich danach sehnte, auf die Weltbühne zu treten. Gromyko registrierte das Entsetzen in Roosevelts Gesicht, doch die anderen Amerikaner erforschten die mysteriöse Gestalt regelrecht fasziniert. »Er ist klein und rundlich, mit dicken Brillengläsern, die ihn etwas skurril wirken lassen, aber sehr freundlich«, befand Kathleen Harriman, während Bohlen ihn als »pummelig, blass und mit seinem Kneifer etwas oberlehrerhaft« beschrieb. Der Triebtäter Beria und der Weiberheld Sir Archibald Clark Kerr vertieften sich in ein Gespräch über die Fortpflanzung der Fische. Als Letzterer das Stadium des Vollrauschs erreicht hatte, erhob er sich mühsam und prostete Beria zu als »dem Mann, dem unser leibliches Wohl am Herzen liegt« – ein sowohl restlos deplatziertes als auch geradezu absurdes Kompliment. Churchill kam zu dem Urteil, dass Beria kaum den richtigen Umgang für einen Botschafter seiner Majestät abgab:

»Nein, Archie, nicht solche Leute! Nehmen Sie sich in Acht!«, und drohte ihm dabei mit dem Finger.

Bei Churchills Dinner am 10. Februar sprach Stalin ein Prosit auf George VI. aus, allerdings unter dem Vorbehalt, dass er Monarchen seit jeher ablehne, da er auf Seiten des Volkes stehe. Der etwas irritierte Churchill schlug daraufhin Molotow vor, zukünftig nur noch auf »die drei Staatsoberhäupter« zu trinken. An dem Essen nahmen nur ein Dutzend Personen teil, und man diskutierte schon über die bevorstehenden Wahlen in Großbritannien, wobei Stalin seine feste Überzeugung zum Ausdruck brachte, dass Churchill gewinnen würde:

»Könnte es einen besseren Premierminister geben als den Vater des Sieges?« Churchill machte ihn darauf aufmerksam, dass es zwei Parteien gab.

»Eine Partei ist viel besser«, erklärte Stalin. Als man über Deutschland sprach, weidete er sich an einer Geschichte über die dort herrschende »unmäßige Liebe zur Disziplin«, die er bei einer Kommunistentagung in Leipzig erlebt hatte.

Nach dem Abschlussbankett im Liwadia-Palast, das dort im ehemaligen Billardsaal des Zaren stattfand, fuhr Molotow mit Roosevelt nach Saki und brachte ihn persönlich zur Präsidentenmaschine.

Churchill übernachtete auf der *Franconia* im Hafen von Sewastopol und flog tags darauf nach London zurück. Stalin saß bereits im Zug nach Moskau. Zwei Tage später fiel Budapest.*

Der Oberste Befehlshaber hatte bei den Verbündeten praktisch alle seine Ziele durchgesetzt, wofür man gewöhnlich die Krankheit Roosevelts und seine Anfälligkeit für den Charme des Georgiers verantwortlich macht. Doch werfen manche den beiden Westmächten vor, »Osteuropa an Stalin verhökert zu haben«.** Roosevelts Hofierung Stalins und Zurückweisung Churchills muss, auch wenn dabei seine Krankheit und Erschöpfung eine Rolle spielte, als unangebracht gelten. Allerdings meinte Stalin selbst immer, dass die Frage, wer in dem von zehn Millionen Rotarmisten besetzten Osteuropa herrsche, durch Gewalt entschieden würde. Nach dem Krieg erzählte er gerne eine Anekdote, die seine Sicht der Konferenz von Jalta offenbart: »Churchill, Roosevelt und Stalin gingen auf Bärenjagd und hatten schließlich das Tier erlegt. ›Ich nehme das Fell‹, sagte Churchill, ›ihr zwei könnt euch den Rest teilen.‹ ›Nein‹, protestierte Roosevelt, ›das Fell steht mir zu. Ihr bekommt dafür das Fleisch.‹ Als Stalin zu alledem schwieg, fragten die anderen beiden ihn: ›Herr Stalin, was meinen Sie?‹ Darauf erwiderte der einfach: ›Das Fell gehört mir. Schließlich habe ich den Bären ja getötet.‹« Der Bär stand für Hitler, sein Fell für Osteuropa.[2]

* In den Archiven liegt eine interessante Notiz, Churchill betreffend: Ein General Gorbatow berichtete am 5. Mai an Beria, die NKWD-Außenstelle bei Marschall Malinowskis Ungarn-Armee habe den Befehl erhalten, eine Verwandte Winston Churchills namens Betsy Pongrantz ausfindig zu machen, was auch gelungen sei. Die Bedeutung der Recherche ist nicht ganz geklärt, denn in der Familie kennt niemand diese »Verwandte«. Auch Sir Winstons noch lebende Tochter, Lady Soames, weiß nichts von der Existenz einer möglicherweise ungarischen Angehörigen: »Vielleicht haben sich Mr. Beria und das NKWD einfach vertan!«, mutmaßte sie.

** Wenn ein Ausverkauf stattfand, so wahrscheinlich schon viel früher beim Moskauer Außenministertreffen im Oktober 1943. Nichtsdestoweniger dürfte Stalin hocherfreut darüber gewesen sein, Jalta mit der Unterschrift des US-Außenministers Eden auf dem Abkommen zur Zwangsrepatriierung aller Sowjetbürger zu verlassen: Das hieß, alle Exkriegsgefangenen, darunter zahlreiche im Bürgerkrieg emigrierte Weißkosaken, von denen einige auf Seiten der Nazis gekämpft hatten, mussten in ihre Heimat zurückkehren. Viele von ihnen wurden entweder erschossen oder kamen in Stalins Gulags um. Unter diesem Eindruck setzten die USA später die Praxis der Zwangsrepatriierung wieder aus.

Am 8. März, inmitten der Säuberungsaktionen in Pommern, bestellte Stalin Schukow zu einer sonderbaren, für ihre enge und heikle Beziehung aber gleichsam idealtypischen Besprechung nach Kunzewo. Dem Obersten Befehlshaber »ging es nicht ganz so gut«, er wirkte »gründlich erschöpft« und von »großer Müdigkeit« gezeichnet. »Er arbeitete den ganzen Krieg hindurch sehr angespannt und schlief zu wenig«, wie Schukow meinte. Die Schlacht um Berlin kostete ihn viel Kraft, und danach konnte er dieses Arbeitstempo nicht mehr durchhalten. Doch nicht er allein: Roosevelt lag im Sterben, Hitler baute immer mehr ab, und Churchill kränkelte oft. Der totale Krieg forderte seinen Tribut von den Mächtigen. Stalin ging noch empfindlicher, aber auch rücksichtsloser aus ihm hervor.

»Vielleicht machen wir uns ein bisschen Bewegung«, schlug er vor, »hier versauert man ja sonst.« Als die beiden im Park spazierengingen, begann Stalin plötzlich von seiner Kindheit zu erzählen. »Gehen wir zurück und trinken einen Tee, wir haben einiges zu besprechen.« Ermutigt durch die überraschende Vertraulichkeit sagte Schukow:

»Genosse Stalin, ich wollte Sie schon lange nach Ihrem Sohn Jakow fragen. Haben Sie etwas von ihm gehört?«

Stalin antwortete nicht gleich. Das Schicksal seines Sohnes bedrückte ihn sehr. Nach mehr als hundert Schritten sagte er »gepresst«:

»Jakow wird der Gefangenschaft nicht lebend entkommen. Diese Mörder werden ihn erschießen. Wir haben uns erkundigt. Er wird von den anderen Kriegsgefangenen isoliert gehalten, und man will ihn dazu bringen, sein Land zu verraten.« Nach einer kurzen Pause sagte er fest: »Nein, Jakow wird jede Todesart dem Landesverrat vorziehen.« Letzten Endes war er stolz auf seinen Sohn, wusste jedoch nicht, dass der schon seit fast zwei Jahren nicht mehr lebte.

»Bei Tisch schwieg Stalin lange und nahm nichts zu sich. Dann sagte er, gleichsam seine Gedanken fortsetzend, voller Bitterkeit: ›Was für ein furchtbarer Krieg! Wie viele Menschen hat er uns genommen! Es wird wohl kaum eine Familie geben, die keine Angehörigen verloren hat.‹« Er sprach über seine Gefühle für Roosevelt. Jalta sei ein Erfolg gewesen. In diesem Moment traf Poskrebyschew mit einem Stapel Papiere ein, und Stalin befasste sich mit dem Thema Berlin:

»Fahren Sie zum Generalstab und sehen Sie sich mit Antonow die Pläne für die Berliner Operation an…« Drei Wochen später, am Morgen des 1. April, empfing Stalin im Kleinen Eck seine beiden aggressivsten Feldherren, Schukow von der 1. Weißrussischen und Koniew von der

1. Ukrainischen Front, und fragte herausfordernd: »Na, wer wird Berlin einnehmen?«

»Wir natürlich!«, bellte Koniew, noch bevor Schukow antworten konnte.

»So gefallen Sie mir«, grinste Stalin zustimmend. Schukow sollte von den Brückenköpfen der Oder her über die Seelower Höhen vorstoßen, Koniew zunächst in Richtung Leipzig/Dresden und dann mit seiner Nordflanke parallel dazu die südlichen Vororte der Hauptstadt angreifen. Der große Meister des Versteckspiels ließ offen, wer von beiden am Ende Berlin einnehmen würde: »Kommentarlos« schraffierte Stalin auf der Generalstabskarte den südlichen Teil der anfangs mitten durch die Metropole gezogenen Grenzlinie zwischen den Fronten wieder weg, woraus Koniew schloss, dass er freie Hand hätte, beim Sturm auf die Bastion mitzuwirken – sofern er konnte. »Wer zuerst durchstößt«, stachelte Stalin sie an, »der soll Berlin nehmen.« Anschließend telefonierte er mit Eisenhower und beteuerte beim, so ein Historiker, »größten Aprilscherz der neueren Geschichte«, dass »Berlin seine alte strategische Bedeutung verloren hat«. Zwei Tage später eilten die beiden Marschälle voller Tatendrang zum Flughafen, wo ihre Maschinen im Abstand von zwei Minuten abhoben. So stark trieb sie »ihr leidenschaftlicher Ehrgeiz«, den Preis zu erringen, wie Koniew gestand.

Während die Militärs ihre Truppen in Stellung brachten, verstarb Roosevelt, womit für Stalin eine Ära endete. Ihre Kooperation hatte das wenige hervorgelockt, was er an Vertrauen und Zuneigung aufzubringen vermochte. Molotow äußerte sein »tiefes Mitgefühl«, und Harriman habe ihn »nie so ernst reden hören«. Als ein »sehr trauriger« Stalin den Botschafter empfing, drückte er ihm lange die Hand. Jahre später sagte Stalin im Urlaub in der Datscha von Nowi Afon über Roosevelt: »Er war ein großer Staatsmann, ein kluger, gebildeter, weitsichtiger und liberaler Politiker, der den Kapitalismus über seine Zeit hinaus am Leben erhalten hat...«

Am 16. April um 5 Uhr entfesselte Schukow ein Sperrfeuer aus 14 600 Geschützen gegen die Seelower Höhen.* Der Geländerücken stellte ein gut verteidigtes Hindernis dar, und Schukow erlitt gravierende Verluste. Am Nachmittag rief er bei Stalin an und meldete, dass man »auf ernsten Widerstand gestoßen sei«, worauf der hinterhältig zurückgab:

---

* Alles in allem geboten die beiden Kommandeure zusammen über 2,5 Millionen Mann, 41 600 Geschütze, 6250 Panzer und 7500 Flugzeuge, »die stärkste je gebildete Konzentration von Feuerkraft«.

»Vor Koniew hat sich die Verteidigung des Gegners als schwächer erwiesen. Er hat ohne Schwierigkeiten die Neiße überquert und dringt ohne besonderen Widerstand vor.« Danach telefonierte der Oberste Befehlshaber mit Koniew. »Bei Schukow sieht es ziemlich übel aus. Er kommt nicht voran.« Stalin machte eine Pause, und Koniew, der seinen Chef gut kannte, wartete schweigend ab, bis dieser ihn fragte: »Wäre es möglich, Schukows Panzerverbände abzuzweigen und durch die Bresche in Ihrer Front nach Berlin vorauszuschicken?« Koniew erwiderte aufgeregt, warum nicht seine eigenen Truppen in die Stadt eindringen sollten. Stalin schaute auf seine Karte. »Einverstanden. Lassen Sie Ihre Armeen vorstoßen.« Doch Schukow stürmte, wild entschlossen, Berlin selbst einzunehmen und gegen alle Vernunft, die Seelower Höhen mit Panzern, die sich im Matsch des Schlachtfeldes festfraßen. Auf diese Weise verlor er dreißigtausend Mann, worauf Stalin drei Tage lang nicht mehr bei ihm anrief.

Schließlich schafften seine Armeen den Durchbruch, und am 20. April erreichte Schukow die östlichen Vororte Berlins. Beide Eroberer kämpften sich Haus für Haus, Straße für Straße zu Hitlers Reichskanzlei vor, und am 25. befahl Koniew einen Vorstoß in Richtung Reichstag. Dreihundert Meter vor dem Gebäude stieß Tschuikow, der Schukows Stoßtrupp führte, auf sowjetische Einheiten: die Panzer Koniews. Schukow selbst eilte hinüber und schrie dessen Panzerkommandeur Rybalko an:

»Was haben Sie hier zu suchen?« Tief enttäuscht wich Koniew westwärts aus und überließ so den Reichstag Schukow, aber Stalin schrieb einen weiteren Preis aus:

»Wer nimmt Prag ein?«

Stalin blieb in Kunzewo und erschien jeden Tag nur gegen Mitternacht für ein paar Stunden im Büro. Hitler heiratete am 28. April im Führerbunker Eva Braun und diktierte anschließend seinen letzten Willen.* Zwei Tage später, als Schukow immer näher kam, ließ Hitler an

---

* Gestützt auf die Erinnerungen von Hitlers Sekretärin Traudl Junge entstand eine Reihe von Phantasien über die am Ende im Führerbunker gefeierten wilden Orgien. Kershaw beschreibt die Szenerie in seiner Biographie etwas ernüchternd: »In der geisterhaften Umgebung eines Zimmers, aus dem man fast alles geräumt hatte, was einstmals Glanz verstrahlte, spielte das Grammophon kratzend die einzige Schallplatte, die sie finden konnten. Es erklang ein süßlicher Vorkriegsschlager: ›Blutrote Rosen erzählen Dir vom Glück.‹ Sie lachten, tanzten, tranken Champagner, versuchten, ein oder zwei Stunden vor der Wirklichkeit zu fliehen, schließlich holte eine Explosion, ganz in der Nähe, sie mit aller Härte in die Realität zurück« (*Hitler*, S. 1031, vgl. zur Quellenlage auch die kritische Fußnote 20 auf S. 1283).

seiner Schäferhündin Blondi Zyankali ausprobieren. Am 30. April gegen 15.15 Uhr beging er Selbstmord durch einen Kopfschuss. Eva Braun nahm eine Giftampulle. Die Leichen verbrannte man im Garten der Reichskanzlei unter Einsatz von Benzin. Goebbels und Bormann verabschiedeten sich dort mit einem letzten Hitlergruß von den verkohlten Überresten ihres Idols. Um 19.30 Uhr kam ein nichtsahnender Stalin ins Büro, um sich eine Dreiviertelstunde mit Malenkow und Wyschinski zu beraten, bevor er wieder nach Kunzewo hinausfuhr.[3]

In den frühen Morgenstunden des 1. Mai suchte der deutsche Stabschef Tschuikow auf, teilte ihm den Tod Hitlers mit und bat um eine Waffenruhe. Ironischerweise war dies Hans Krebs, jener schlanke deutsche Offizier, zu dem Stalin im April 1941, als er die Japaner an den Zug brachte, gesagt hatte: »Wir wollen gute Freunde bleiben, nicht wahr?« Tschuikow lehnte eine Feuereinstellung ab. Krebs zog sich zurück und beging Selbstmord. In einer Umkehrung des Ablaufs vom 22. Juni 1941 rief nun Schukow, begierig, eine weltbewegende Nachricht an den Mann zu bringen, in Kunzewo an. Erneut wollte der Sicherheitsbeamte ihn nicht verbinden.

»Stalin hat sich eben erst schlafen gelegt«, erklärte General Wlasik.

»Bitte wecken Sie ihn«, flehte Schukow. »Es handelt sich um eine dringende Angelegenheit, die keinerlei Aufschub duldet.«

Stalin nahm den Hörer ab und erfuhr von Hitlers Tod.

»Der Schuft hat also ausgespielt.«

Neunter Teil

DAS GEFÄHRLICHE SPIEL
DER NACHFOLGE,
1945–1949

44

DIE BOMBE

»Schade, dass wir ihn nicht lebend in die Hände bekommen haben«, sagte Stalin zu Schukow. »Wo ist Hitlers Leiche?«

»Wie Krebs angab, ist Hitlers Leiche verbrannt worden.« Stalin schloss Verhandlungen aus, von einer bedingungslosen Kapitulation abgesehen. »Wenn nichts Besonderes passiert, rufen Sie mich bis zum Morgen nicht mehr an. Ich möchte mich vor der Maiparade noch ein wenig ausruhen.«

Ab 10.15 Uhr bombardierte Schukows Artillerie das Stadtzentrum, und bei Tagesanbruch des 2. Mai gehörte Berlin ihm. Am 4. Mai entdeckte ein Smersch-Oberst die verkohlten Leichen von Hitler und Eva Braun. Man ließ sie verschwinden, ohne Schukow einzuweihen – Stalin machte sich sogar einen Spaß daraus, den Marschall zu demütigen, indem er ihn fragte, ob er schon etwas von Hitlers Leichnam gehört habe.[*] Unterdessen zeigte sich Stalin interessiert an der NSDAP-Führung: »Ich schicke Ihnen die in Berlin gefundene Korrespondenz ... deutscher Spitzenpolitiker«, schrieb Beria und fügte Himmlers Briefe an Ribbentrop bei.

Nach dem Krieg fragte ein Gast Stalin bei einem späten Dinner an der Schwarzmeerküste, ob Hitler ein Wahnsinniger oder ein Abenteurer gewesen sei.

»Ich halte ihn für einen Abenteurer, jedoch nicht für einen Verrückten. Hitler war ein begabter Mann, und nur ein solcher konnte das deut-

---

[*] Der Kiefer und ein Teil des Schädels wurden in Moskau aufbewahrt, der Rest des Kadavers von der Smersch überprüft und dann neben einer Werkstätte des sowjetischen Militärstützpunkts in Magdeburg beigesetzt, wo er blieb, bis der KGB-Vorsitzende Juri Andropow im April 1970 anordnete, ihn zu exhumieren, zu verbrennen und die Asche auszustreuen. (Vgl. dazu das Ergebnis von Kershaws Recherchen in *Hitler*, S. 1068 und 1292.)

sche Volk vereinigen. Ob es einem passt oder nicht ... die Rote Armee hat sich bis Deutschland durchgekämpft und Berlin erreicht, ohne dass die deutsche Arbeiterklasse je gegen das faschistische Regime ... aufgestanden wäre. Könnte denn ein Verrückter derart seine Nation hinter sich bringen?«[1]

Am 9. Mai beging Moskau den Sieg, aber der aufgewühlte Sieger konnte keine rechte Freude an den Feierlichkeiten finden. Stalin reagierte verärgert, als man die deutsche Niederlage mit einer nüchternen Zeremonie in einer kleinen Schule in Reims besiegelt hatte, wobei allerdings der russische General Susloparow nur mit dem Vorbehalt unterschrieb, dass Moskau den Akt wiederholen lassen könne. Nun schritt Stalin zornig durch den Raum und erklärte Schukow: »Die Inszenierung der Kapitulation muss ihrer Bedeutung als historischem Ereignis höchsten Ranges gerecht werden, daher kann sie nicht auf den Gebieten der Sieger entgegengenommen werden, sondern nur an dem Ort, an dem die faschistische Aggression ihren Ausgang nahm: in Berlin.« Doch die Ruhmestage der Generäle waren gezählt: Wyschinski trat auf den Plan, um »politische Fragen zu klären«, und ließ dann während der ganzen Zeremonie nicht davon ab, »Schukow Anweisungen ins Ohr zu flüstern«. Stalin selbst hielt nun ein wachsames Auge auf Schukow und seinen vermeintlichen Größenwahn. Ende des Jahres zitierte er ihn in den Kreml und gab ihm warnend zu verstehen, dass Beria und Abakumow bereits Material gegen ihn sammelten:

»Ich glaube nicht an diesen ganzen Quatsch, aber halten Sie sich vorerst besser von Moskau fern.« Darin lag allerdings kein Problem, zumal Schukow als Stalins Prokonsul in Berlin saß. Der sandte immer mehr Statthalter aus, um sein neues Reich zu regieren. Mikojan kümmerte sich um die Ernährung Deutschlands. Malenkow und Wosnesenski stritten vor Ort darüber, ob man die deutsche Industrie plündern oder erhalten solle, um ein Satellitenregime aufzubauen. Schdanow hielt in Finnland Hof, Woroschilow in Ungarn, Bulganin in Polen, Wyschinski in Rumänien. Als Chruschtschew anrief, um Stalin zu gratulieren, »schnitt er mir grob das Wort ab und sagte, ich vergeudete seine Zeit«.

Ein Anruf Swetlanas heiterte Stalin dagegen auf.

»Papa, ich gratuliere dir zum Sieg!«

»›Ja, der Sieg‹, sagte er. ›Danke, ich beglückwünsche dich! Wie fühlst du dich?‹ Ich fühlte mich herrlich, wie alle Menschen in Moskau an diesem Tage.«

Am 24. Mai veranstaltete Stalin um 20 Uhr im Georgewski-Saal ein

Bankett für das Politbüro und Marschälle, Sänger, Schauspieler, ja sogar polnische Bergleute. Die Limousinen stauten sich bis zum Borowizki-Tor. Im Festsaal nahmen die Gäste Platz und warteten gespannt ab. Als Stalin erschien, »hallten Ovationen und Hurrarufe … mit einem ohrenbetäubenden Tosen durch die Gewölbe«. Molotow trank auf die Marschälle, die mit dem Politbüro anstießen. Als man den seit 1942 beinamputierten Admiral Isakow hochleben ließ, schritt Stalin – nach wie vor ein Meister der persönlichen Geste – durch den ganzen Saal zu ihm hinüber, um mit ihm anzustoßen. Danach lobte er die russische Seele und die Sowjetbürger. »Ein anderes Volk hätte zu der Regierung sagen können: Ihr habt unsere Erwartungen nicht erfüllt, tretet zurück, wir wollen eine neue Führung wählen, die Frieden mit Deutschland schließt und uns ein ruhiges Leben beschert.«

Später fragte Stalin Schukow und die Marschälle:

»Sollten wir den Sieg über das faschistische Deutschland nicht mit einer Parade des Sieges in Moskau würdigen und zur Teilnahme alle diejenigen einladen, die sich besonders hervorgetan haben?« Stalin beschloss, den Vorbeimarsch hoch zu Ross abzunehmen. Er konnte zwar nicht reiten, aber die Ruhmsucht brannte heiß in ihm, und er fing an, heimlich auf einem arabischen Schimmelhengst zu üben, den Budjonni für ihn ausgewählt hatte. Um den 15. Juni, etwa eine Woche vor der Parade, saß ein gestiefelter und gespornter Stalin in Reithosen auf, offenbar in Anwesenheit seines Sohnes Wasili. Als er die Sporen gab, schoss das Pferd voran. Stalin griff nach der Mähne und versuchte, sich im Sattel zu halten, was aber nicht gelang. Er stürzte zu Boden und erlitt dabei Prellungen an der Schulter. Mühsam wieder auf die Beine kommend, fauchte er:

»Soll Schukow eben die Parade abnehmen. Der ist ja Kavallerist.« In Kunzewo fragte er dann den Marschall, ob er noch sattelfest sei.

»Na sicher«, erwiderte Schukow. »Ich reite manchmal aus.«

»Also, dann werden Sie die Siegesparade abnehmen müssen.«

»Ich danke Ihnen für diese Ehre. Aber wäre es nicht besser, wenn Sie die Parade abnehmen? Sie sind schließlich der Oberste Befehlshaber.«

»Ich bin schon zu alt. … Tun Sie das, Sie sind jünger.« Schukow sollte seinerseits den von Budjonni ausgesuchten Araberhengst reiten. Tags darauf beaufsichtigte er die Proben auf dem zentralen Flugplatz, als Wasili Stalin ihn ansprach:

»Ich will Ihnen ein großes Geheimnis verraten. Vater hatte die Parade selbst abnehmen wollen … aber vor drei Tagen ging ihm das Pferd durch…«

»Und welches Pferd war das.«

»Der gleiche arabische Schimmelhengst, auf dem Sie die Parade abnehmen werden. Aber ich bitte Sie, kein Wort davon zu erwähnen.« Schukow bändigte den Araber.

Am 24. Juni um kurz vor 10 Uhr bestieg Schukow am Spasski-Tor den Hengst. Es regnete in Strömen. Dann schlug es zehn: »Parade, stillgestanden!«

»Ich fühlte mein Herz schwer klopfen«, schrieb Schukow, »gab dem Pferd die Sporen und ritt auf den Roten Platz.« Am Nikolski-Tor startete zur gleichen Zeit Marschall Rokossowski auf Budjonnis Dienstrappen, der sinnigerweise den Namen Polus – der Pole – trug. Stalin ging in seinem alten Mantel, keine Regung zeigend, schwerfällig und langsam allein über den Platz zum Mausoleum hinüber, eilte dann jedoch leichtfüßig die Treppe hinauf, begleitet von Beria und Malenkow, die außer Atem und ins Schwitzen gerieten, um mit ihm Schritt zu halten. Als die Masse Stalin erblickte, erschallten überall Hurrarufe. Bei dem starken Regen troff ihm das Wasser vom Mützenschirm, doch er wischte sich kein einziges Mal das Gesicht ab. Beim Erklingen der Glocken ritten Schukow und Rokossowski weiter vor, beide durchnässt bis auf die Haut, die Orchester spielten Glinkas »*Slawsja!*« – den Gloriemarsch –, wozu die Panzer und Katjuschas über das Kopfsteinpflaster ratterten. Der Rote Platz fiel in Schweigen. »Dann hörte man plötzlich ein bedrohliches Stakkato Hunderter von Trommeln«, schrieb Jakowlew. »In exakter Formation marschierend und einen eisernen Rhythmus haltend, näherte sich eine Kolonne von Rotarmisten.« Zweihundert Veteranen trugen NSDAP-Banner. Am Mausoleum machten sie rechts kehrt und warfen die schwarz-roten Fahnen mit den Hakenkreuzen darauf dem Obersten Befehlshaber zu Füßen, sodass sie sich am Boden mit Matsch vollsogen. Ein Augenblick des Triumphs, vielleicht der Höhepunkt in Stalins Leben.

Unmittelbar nach dem Ende der Parade strömten Stalin und seine Männer ins Hinterzimmer des Mausoleums, um sich am Büfett mit Speisen und Getränken zu stärken. In diesem Umfeld schlug, Admiral Kusnezow zufolge, einer der Marschälle, vermutlich Koniew vor, Stalin zum Generalissimus zu ernennen. Doch dieser winkte ab und erklärte, er sei jetzt siebenundsechzig und für derlei zu müde:

»Ich kann noch zwei, drei Jahre arbeiten, muss mich dann aber zur Ruhe setzen.« Bei diesem Stichwort heulten das Politbüro und die Militärs im Chor auf, er möge noch lange leben und das Land führen. Bei der

Feier ging es feuchtfröhlich zu, und Stalin lachte, als Poskrebyschew den zeremoniellen Dolch aus dem Gürtel von Wyschinskis Diplomatenuniform zog und stattdessen eine Gurke hineinsteckte. Zur großen Belustigung aller stolzierte der aufgeblasene Exstaatsanwalt den Rest des Tages ahnungslos mit dem Grüngemüse herum, von den Magnaten hinter seinem Rücken hämisch belächelt.

An jenem Abend prostete Stalin, der bereits darüber nachdachte, wie er die Disziplin straffen und die Union fester zusammenfügen konnte, bei einem Bankett für 2500 Offiziere auf »das russische Volk« und die »Proletarier«, die einfachen Leute, »ohne die wir alle, ob Marschälle oder Kommandeure von Fronten und Armeen, keinen Pfifferling wert wären«.

Mit solchen sorgfältig formulierten Toasts feuerte Stalin einen Warnschuss in Richtung seiner Höflinge ab. Die Marschälle seien »keinen Pfifferling wert« – gemessen am russischen Volk, das nur die Partei (Stalin) repräsentieren könne. Sein Gerede vom Ruhestand löste bald einen brutalen Machtkampf zwischen skrupellosen Männern um die Ablösung eines Herrschers aus, der gar nicht daran dachte, sich jemals zur Ruhe zu setzen. Innerhalb der nächsten fünf Jahre sollten drei der aussichtsreichsten Bewerber ums Leben kommen.[2]

Koniews Vorschlag an Molotow und Malenkow, Stalin zum Generalissimus zu küren, um ihn von den Marschällen abzuheben, klang keineswegs abenteuerlich – bereits Suworow hatte den Titel ja geführt –, erinnerte damals jedoch schon an eine südamerikanische *Junta*. Stalin selbst sprach sich dagegen aus. Bereits mit allem Prestige eines Weltherrschers ausgestattet und »zur Gottheit erhöht«, schien Stalin allmächtig. Doch die Magnaten strebten fest entschlossen an, ihn als Helden der Sowjetunion mit einem weiteren Siegesorden und dem Rang des Generalissimus zu ehren.

»Genosse Stalin braucht so etwas nicht«, erklärte der große Triumphator seinem Marschall Koniew. »Er besitzt auch ohne das die nötige Autorität. Ein schöner Titel, den Sie sich da ausgedacht haben! Tschiang Kaischek ist Generalissimus. Franco ebenfalls. Eine feine Gesellschaft!« Kaganowitsch, der stolze Erfinder des »Stalinismus«, schlug außerdem vor, Moskau in »Stalinodar« umzubenennen, was vor ihm 1938 schon Jeschow angeregt hatte. Beria schloss sich ihm an. Stalin brachte das jedoch »auf die Palme«: »Was sollte mir das nützen?«

Der kluge Höfling spürt, wenn sich sein Regent insgeheim Ungehorsam wünscht. Also ließen Malenkow und Beria die Verleihung von Kalinin unterschreiben. Drei Tage nach der Parade verkündete die *Prawda* Stalins neuen Rang und seine Auszeichnung mit dem goldenen Stern eines Helden der Sowjetunion. Empört zitierte er Molotow, Malenkow, Beria, Schdanow und den alten Kalinin, der unter einem fortgeschritte- nen Magenkrebs litt, zu sich. »Ich habe keine Regimenter auf dem Schlachtfeld geführt und weise daher den Orden als unverdient zurück.« Obwohl sie ihm heftig widersprachen, blieb Stalin stur. »Sie können sich auf den Kopf stellen, aber ich nehme die Auszeichnung nicht an.« Aller- dings stellten sie fest, dass er darauf bedacht schien, die Ernennung zum Generalissimus nicht auszuschlagen.

Da die Marschälle mit ihren Goldlitzen und klimpernden Orden schon ziemlich auffällig wirkten, musste die Generalissimusuniform et- was völlig Außergewöhnliches darstellen. Der Eliteschneider Lerner schuf eine abenteuerliche Montur mit goldfarbenem Umhang. Chrulew benutzte drei stramme Offiziere als Mannequins, um die Kostümierung an ihnen zu erproben. Als Stalin aus seinem Büro trat, um Poskreby- schew zu sprechen, knurrte er:

»Wer sind diese Fatzkes? Was machen die hier?«

»Sie führen drei Modelle der Generalissimusuniform vor.«

»Das passt alles nicht zu mir. Ich brauche etwas Schlichteres. ... Soll ich etwa herumlaufen wie ein Hotelpförtner?« Die letzten Endes von Sta- lin akzeptierte Kombination bestand aus einem weißen, golddurchwirk- ten Kasack mit Stehkragen und schwarz-rot gestreiften Hosen – worin er, wenn nicht wie ein Portier vom Adlon, so doch wie ein Kapellmeister aussah. Als er seine neue Uniform das erste Mal anlegte, bedauerte er den Entschluss und murmelte Molotow zu: »Warum habe ich dem nur zugestimmt?«

Malenkow und Beria haderten noch mit dem Orden: Wie es anstel- len, dass Stalin ihn bekam? Hier führte Stalins Gefolge nun eine Farce im Stil der *opera buffa* auf, bei der es den zickigen Generalissimus praktisch durch ganz Moskau verfolgte, um ihm den Stern anzuhef- ten. Zuerst versuchte es Malenkow selbst, doch Stalin stellte sich taub. Dann schickte er Poskrebyschew ins Rennen, der vor Stalins heftigem Widerstand schnell kapitulierte. Auch Wlasik scheiterte. Schließlich fassten Beria und Malenkow den Beschluss, Stalin beim Gärtnern auf- zulauern, da er seine Rosen und Zitronenbäumchen so liebte, und überredeten Orlow, den Kommandanten von Kunzewo, ihm den Or- den auszuhändigen. Als Stalin nach der Baumschere fragte, um die Rosen zu schneiden, brachte Orlow ihm das Werkzeug, hielt dabei

den Stern hinterm Rücken versteckt und wusste nicht, was er damit
machen sollte.

»Was verbergen Sie vor mir?«, fragte Stalin. »Zeigen Sie das mal her.«
Darauf brachte Orlow umständlich den Stern zum Vorschein. Stalin verfluchte ihn:

»Geben Sie ihn denen zurück, die sich den Quatsch ausgedacht haben!« 1950 nahm Stalin den Orden schließlich an: »Sie ehren einen alten
Mann. Gesünder wird man davon nicht!« Er legte den Stern schließlich
nur ein einziges Mal an. Den Titel des Generalissimus akzeptierte Stalin,
weil sich Eitelkeit mit Politik vermischte: Er half ihm dabei, das gefährlich prestigereiche Marschallat in die Schranken zu weisen. Am 9. Juli
entwertete er die Würde des Ranges noch mehr, indem er Beria, ihre
Geißel, mit Schukow und Wasilewski auf eine Stufe stellte und auch ihn
zum Marschall ernannte.

Die gute Laune des Siegers konnte allerdings auch ins Eisige umschlagen. Sooft Stalin den für Schiffsbau zuständigen Volkskommissar Nosenko sah, unkte er: »Na, hat man Sie immer noch nicht eingelocht?«
Ein andermal gluckste er: »Was, Nosenko, Sie sind noch nicht erschossen?« Der Angesprochene selbst lächelte stets nur betreten dazu. Schließlich erklärte Stalin bei einer feierlichen Sitzung des Sownarkom: »Wir
haben an den Sieg geglaubt und nie den Humor verloren, nicht wahr,
Genosse Nosenko?«[3]

Eine Woche später bestieg Stalin, der damals Gromyko zufolge »immer
müde aussah«, seinen aus elf Wagen bestehenden Sonderzug, um die
Fahrt nach Potsdam anzutreten. Für ihn hatte man aus einem Museum
vier grüne Luxuswaggons des Zaren angehängt. Die Strecke betrug laut
Beria, der das vielleicht dichteste Sicherheitsnetz schuf, in dem je ein
Machthaber reiste, genau 1923 Kilometer. »Um für angemessenen
Schutz zu sorgen«, schrieb er Stalin am 2. Juli, »sind 1515 Einsatzkräfte
des NKWD/GB und 17 409 NKWD-Soldaten wie folgt zu verteilen: Auf
sowjetischem Territorium sechs, auf polnischem zehn und auf deutschem fünfzehn Mann pro Kilometer. Darüber hinaus werden auf der
Strecke acht Panzerzüge patrouillieren – zwei in der UdSSR, zwei in Polen und vier in Deutschland.« Zusätzlich hatte er, »um die Sicherheit des
Leiters der sowjetischen Delegation zu gewährleisten«, sieben NKWD-
Regimenter und neunhundert Leibwächter aufgeboten. Für die Sicherheit vor Ort »ist das Einsatzpersonal der 6. NKGB-Abteilung zuständig,
angeordnet in drei konzentrischen Ringen mit insgesamt 2041 Beam-

ten«. Allein sechzehn NKWD-Kompanien standen für den Schutz der Telefonleitungen bereit; außerdem gab es elf schnelle Flugverbindungen mit Moskau. Für ganz dringende Fälle blieben Stalins drei persönliche Maschinen, darunter eine Dakota, rund um die Uhr startklar. Die Geheimpolizei war angewiesen, sämtliche Bahnhöfe und Flughäfen »zu kontrollieren und von antisowjetischen Elementen zu säubern«.*

Am Abend vor seiner Ankunft in Potsdam rief Stalin bei Schukow an: »Lassen Sie sich nur nicht einfallen, irgendwelche Ehrenwachen mit Orchester aufzubauen. Kommen Sie selbst zum Bahnhof und nehmen Sie mit, wen Sie für nötig halten.«

Am 16. Juli, Stalins Ankunftstag, führten die Vereinigten Staaten um 5.30 Uhr in der Wüste von New Mexico Atombombentests durch, die mit einem Schlag alles verändern und ihm in mancher Hinsicht den großen Triumph verderben sollten. Harry S. Truman, der Nachfolger Roosevelts im Präsidentenamt, erhielt ein Telegramm mit der lakonischen Botschaft »*Babies satisfactorily born*« [Geburten gelungen], *der* Untertreibung des Jahrhunderts.

Stalin und Molotow, begleitet von Poskrebyschew, Wlasik und Waletschka, fanden einen fast leeren Bahnsteig vor, auf dem nur Schukow, Wyschinski sowie ein Tisch mit drei Telefonen – Verbindungen zum Kreml und zu den Armeen – standen. »Hochgestimmt« nahm Stalin seinen Hut ab und setzte sich in die bereitgestellte gepanzerte Limousine der Marke ZiS 101, öffnete gleich aber noch einmal die Tür und lud Schukow ein, mit in seine Babelsberger Residenz zu fahren, »eine Prachtvilla mit fünfzehn Zimmern und offener Veranda«, wie Beria angekündigt hatte, »mit Stromversorgung, Heizung und *Wtsch*-Telefonzentrale für hundert Frequenzen« – ein hochherrschaftliches Domizil. Stalin hasste die protzigen Möbel und ließ einen Großteil davon wegschaffen.

Stalin erschien mit einiger Verspätung zur Konferenz, doch das machte fast gar nichts, da die Grundentscheidungen ohnehin seit Jalta feststanden. Die anderen Staatschefs waren schon am 15. Juli eingetroffen und hatten Hitlers Reichskanzlei besucht. Beria hielt sich zwar seit geraumer Zeit in Berlin auf, erneut in Begleitung Sergos, um die Vorbereitungen zu überwachen, hatte aber gehorsam auf Stalins Erlaubnis

---

* Das NKWD hatte alle Stromleitungen von Babelsberg repariert und, wie in Jalta, sogar seine eigene Feuerwehr mitgebracht. Mehr noch, Stalin verfügte sogar über ein eigenes »organisiertes Versorgungssystem, mit zwanzig Kühlschränken … und drei Höfen – für Vieh, Geflügel und Gemüse« sowie »zwei Spezialbäckereien, besetzt mit vertrauenswürdigem Personal, das täglich 850 Kilogramm Brot liefern konnte«.

gewartet, um sich die Ruinen anzusehen. Der Boss selbst wollte nicht mitfahren. Er sei kein Tourist. Also machte sich Beria, in einem etwas schäbigen Anzug mit Freizeithemd, neben einem makellos gekleideten Molotow auf den Weg.

Am Dienstag, dem 17. Juli, traf der Generalissimus in seiner glänzenden rehbraunen Uniform um die Mittagszeit zur ersten Begegnung mit Truman in dessen »Kleinem Weißen Haus« ein. Der neue US-Präsident erwähnte das heimliche Hauptthema von Potsdam mit keinem Wort. Sergo Beria schrieb später, sein Vater habe über Spione innerhalb des amerikanischen Nuklearteams Bescheid gewusst und Stalin im Lauf der Woche informiert. »Ich war damals nicht eingeweiht – zumindest nicht von den Amerikanern«, erklärte dieser selbst dazu. Beria hatte den *Woschd* erstmals im März 1942 auf das Manhattan-Projekt hingewiesen. »Wir müssen also etwas tun!«, befand Stalin und beauftragte Molotow mit den Planungen, doch der »Eisenarsch« brachte die Sache nur quälend langsam und schleppend voran. Im September 1944 schließlich attackierte der führende sowjetische Kernforscher, Professor Igor Kurtschatow, den glücklosen Molotow in einem Brief an Stalin und bat darum, Beria den Posten zu übertragen. Stalin hatte seinerzeit noch kaum eine Vorstellung von der welterschütternden Bedeutung der Kernspaltung und von den gewaltigen Mitteln, die sie verschlingen würde. Außerdem misstrauten er und Beria den eigenen Wissenschaftlern und Spionen. Gleichwohl lag auf der Hand, dass sie dringend Uran brauchten, und während der Konferenz diskutierten die beiden zweimal darüber, wie sie mit den Amerikanern umgehen sollten.* Sie hatten verabredet, dass sich Stalin, wenn das Thema aufkam, »dumm stellen sollte«. Doch freiwillig sprach der Präsident es nicht an. Man erörterte den Eintritt Russlands in den Krieg gegen Japan. Truman lud Stalin zum Mittagessen ein, der aber lehnte dankend ab.

»Sie könnten, wenn Sie wollten«, ließ Truman nicht locker, woraufhin Stalin blieb, allerdings unbeeindruckt von dem ehemaligen Herren-

---

* Beria hatte auch in einem Sondereinsatz so viel Uran wie nur möglich aus den Ruinen von Berlin sicherstellen lassen: Er und Malenkow berichteten Stalin, dass sie im Kaiser-Wilhelm-Institut »250 Kilogramm Uranmetalle, zwei Tonnen Uranoxid und zwanzig Liter schweres Wasser« gefunden, führende deutsche Physiker einkassiert und den ganzen Schatz in die UdSSR verfrachtet hätten. Roy Medwedew behauptet in seinem Buch *Neiswestnji Stalin*, dass Beria Stalin erst am 20. oder 21. August über den amerikanischen Test informierte, aber das genaue Datum kennen wir nicht.

ausstatter aus Missouri, der in seinen Augen nicht an F. D. Roosevelt herankam. »Man kann sie nicht vergleichen«, erklärte er später. »Truman ist weder gebildet noch schlau.« (Dieser zeigte sich trotzdem von ihm angetan: »Ich mag Stalin!«, aber bezeichnenderweise deshalb, weil er den Präsidenten an seinen Förderer T. J. Pendergast, den Parteichef von Kansas City, erinnerte.)

Der zunehmend eitle Stalin legte nun seinen glitzernden Generalissimus-Rock mit dem Unikat des Goldsterns für einen Helden der Sowjetunion an und traf als Letzter zur Eröffnungssitzung im Schloss Cecilienhof ein. Gromyko gegenüber mokierte er sich über den kaiserlichen Pomp der 1917 für den letzten Kronprinzen erbauten Residenz: »Hmm. Macht nicht viel her«, sagte er. »Ein bescheidenes Palais. Die russischen Zaren haben da schon viel solider gebaut.« Später saß Stalin am runden Tisch zwischen Molotow und seinem Dolmetscher Pawlow, flankiert von Wyschinski und Gromyko. Man stieß mit Champagner auf das Gelingen der Konferenz an. Churchill ging, eine seiner Zigarren paffend, auf Stalin zu, der nun ebenfalls einen dicken Stumpen rauchte. Wenn jemand den Generalissimus so fotografieren würde, »ergäbe das eine riesige Sensation«, strahlte Churchill, »und alle würden sagen, das war mein Einfluss«. Doch in Wirklichkeit schrumpfte der britische Einfluss in der neuen Weltordnung der Supermächte merklich, da man sich zwar noch über die Entnazifizierung Deutschlands einigen konnte, aber nicht über die Reparationsfragen und über Polen. Jetzt, nach Hitlers Tod, taten sich gewaltige Differenzen auf.

Als Stalin in einer Sitzungspause beschloss, ein wenig durch den Garten zu schlendern, zeigte sich ein britischer Delegierter erstaunt, »einen Zug russischer Soldaten mit Maschinenpistolen in Gefechtsordnung sowie eine Reihe von Wachen und Einheiten der NKWD-Armee« zu sehen. »Schließlich erschien Uncle Joe zu Fuß, von den üblichen Beamten abgeschirmt, denen eine weitere Truppe von Wächtern folgte. Jener hünenhafte Offizier, der bei den Sitzungen immer hinter Uncle sitzt, war offenbar für den Personenschutz zuständig und lief jetzt herum, um die Männer mit den Maschinenpistolen anzuweisen, alle Durchgänge zu sichern.« Nach ein paar hundert Metern wurde Stalin mit seinem Wagen abgeholt.

Am 18. Juli um 20.30 Uhr kam Churchill zum Speisen in die Ludendorffsche Villa und bemerkte, dass Stalin krank war, »körperlich niedergedrückt«. Beide rauchten Zigarren und diskutierten über Macht und Tod. Stalin gab zu, dass die Monarchie das britische Empire zusammenhielt, vielleicht im Gedanken daran, wie er das eigene Reich stabilisieren konnte.* Aus dem Stegreif prophezeite er Churchill einen Sieg mit achtzig Mandaten Vorsprung. Dann erwähnte er, dass sich die Menschen im Westen fragten, was im Fall seines plötzlichen Todes geschähe. Doch er habe »alles geregelt« und »gute Leute gefördert, die bereitstünden, um in seine Fußstapfen zu treten«.

Schließlich kündigten am 24. Juli zwei monumentale Ereignisse das Ende der Großen Allianz an. Zunächst attackierte Churchill die Maßnahme Stalins, Osteuropa abzuschotten, und berief sich dabei auf die Probleme der britischen Mission in Bukarest.

»Um sie wurde ein eiserner Zaun errichtet«, sagte er im Vorgriff auf den erst später geprägten Ausdruck »der Eiserne Vorhang«.

»Märchen!«, schimpfte Stalin.[4]

Als die Sitzung um 19.30 Uhr endete, so Churchill, »und wir vor dem Aufbruch in Zweier- und Dreiergruppen herumstanden, sah ich den Präsidenten auf Stalin zugehen und nur im Beisein der Dolmetscher mit ihm sprechen. Worüber er mit ihm sprach, das wusste ich. … Ich sehe alles vor mir, als wäre es gestern gewesen.« Bei diesem Anlass eröffnete Truman seinem sowjetischen Amtskollegen die Nachricht: »Die USA haben eine neue Bombe mit ungeheurer Sprengkraft getestet.«

Pawlow behielt Stalin dabei genau im Auge. »Kein Muskel bewegte sich in seinem Gesicht«, und derart beherrscht habe er bloß höflich gratuliert. Doch Churchill zufolge, »schien Stalin hocherfreut. Eine neue Bombe! Von unerhörter Sprengkraft! Vermutlich kriegsentscheidend gegen Japan! Welcher Glücksfall!« Stalin befolgte also den mit Beria vereinbarten Plan, den Amerikanern keine Genugtuung zu gönnen, meinte aber nach wie vor, dass sie ihn täuschen wollten: »Eine Atombombe ist eine völlig neuartige Waffe, und davon hat Truman eigentlich nichts gesagt.« Er bemerkte auch Churchills Strahlen. Truman sprach »nicht ohne Churchills Wissen«. Stalin muss allerdings gut geschauspielert haben, denn der Brite hielt ihn in der Tat für völlig ahnungslos und »war überzeugt, dass ihm die Bedeutung dessen, was

---

* Stalin war ein Königsmörder, der sich ständig mit Monarchen verglich: Jugoslawischen Besuchern gegenüber scherzte er sogar: »Vielleicht sollten Molotow und ich Prinzessinnen heiraten«, eine Aussicht, die den Redakteur des *Gothaer Almanachs* zweifellos hätte erschaudern lassen. Er griff gerne auf Monarchien zurück, wenn ihm das nötig erschien, und drängte Tito, den jungen jugoslawischen König wieder zu inthronisieren. »Sie können ihn ja jederzeit hinterrücks erstechen, wenn niemand hinsieht.«

ihm gesagt wurde, völlig entging«, sodass »seine Züge heiter und unbeschwert blieben«.

Wieder zurück im Ludendorff'schen Haus, unterrichtete Stalin in Anwesenheit Schukows und Gromykos sofort Molotow über das Gespräch. Doch er wusste, dass die Amerikaner zunächst nur ein bis zwei Bomben besaßen – es blieb also noch Zeit zum Aufholen.

»Sie erhöhen den Einsatz«, sagte der für das Nuklearprojekt zuständige Molotow.

»Sollen sie nur«, erwiderte Stalin. »Wir müssen das Problem mit Kurtschatow besprechen und ihn drängen, die Entwicklung zu beschleunigen.« Der Professor erklärte, dass es ihm sowohl an Stromkapazitäten als auch an schwerem Räumgerät fehle, woraufhin Stalin kurzerhand die Elektrizität in mehreren Wohngebieten abstellen ließ und zwei Panzerdivisionen als Ersatz für die fehlenden Zugmaschinen antreten ließ. Erst die Katastrophe von Hiroschima führte aller Welt die verheerende Wirkung der Atombombe vor Augen, und danach erkannte Stalin sehr deutlich, was für einen gewaltigen Aufwand sie erfordern würde.

Er berief eine Sitzung mit Molotow und Gromyko ein, bei der er verkündete:

»Unsere Alliierten haben uns gesagt, die USA hätten eine neue Waffe, die Atombombe. Gleich nachdem mir Truman sagte, sie hätten sie erfolgreich erprobt, habe ich mit unserem Physiker Kurtschatow gesprochen. Wir werden mit Sicherheit binnen kurzem unsere eigene Bombe haben. Aber ihr Besitz erlegt jedem Staat eine riesige Verantwortung auf. Die eigentliche Frage lautet, ob die Länder, die die Bombe haben, einfach miteinander in ihrer Herstellung konkurrieren oder wie auch andere Länder, die sie später erwerben, eine Lösung suchen sollen, die ihre Herstellung und Verwendung verbietet.« Wie er wusste, »hoffen Washington und London zweifellos, dass wir noch einige Zeit brauchen, bis wir die Atombombe entwickelt haben«, und »wollen uns zur Hinnahme ihrer Pläne für Europa und die Welt zwingen. Das wird ihnen aber nicht gelingen.« Gromyko zufolge fluchte er »diesmal wirklich und gekonnt« und fragte seinen Botschafter anschließend, ob »unsere Alliierten mit den Vorkehrungen zufrieden sind«.

Gromyko bestätigte, dass alle die gute Organisation der Konferenz lobten, und Stalin konnte sich ein Lächeln nicht verkneifen.

Als Churchill und der Labour-Vorsitzende Clement Attlee, sein Nachfolger, am nächsten Morgen nach London zurückflogen, stellte sich heraus, dass der Kriegsherr die Wahlen glatt verloren und das Triumvirat von Teheran und Jalta sein Ende gefunden hatte. Wenn Stalin auf der persönlichen Ebene mehr zu Roosevelt neigte, so gehörte seine Bewunderung doch eher Churchill. »Ein mächtiger und gerissener Politiker«, blickte er 1950 auf ihn zurück. »In den Kriegsjahren verhielt er sich wie ein Gentleman und hat Großes erreicht. Er ragte als die stärkste Persönlichkeit der kapitalistischen Welt hervor.«

Während dieser Sitzungspause traf sich Stalin mit seinem jetzt in Deutschland stationierten Sohn Wasili, der ihm dabei vorhielt, dass die sowjetischen Flugzeuge bei weitem noch nicht an die amerikanischen herankämen und obendrein noch gefährlich seien. Zwar mag er diesen Hinweis gut gemeint haben, aber Stalin fand immer eine mörderische Verwendung für derlei. Am Mittag des 25. Juli hatte er eine Verabredung mit dem Urenkel von Königin Victoria, einem Vetter Nikolaus' II., dem überschwänglichen Oberkommandierenden der Alliierten in Südost-Asien Admiral Lord Louis Mountbatten, der ihm schmeichelte, auf der Reise von Indien nach Großbritannien »eigens um des Generalissimus willen« einen Umweg gemacht zu haben, da er »seine Leistungen nicht nur im Krieg, sondern auch im Frieden seit langem bewundere«.

Stalin erwiderte, er habe sein Bestes gegeben. »Nicht alles« sei »wirklich gut gelungen«, aber jedenfalls habe das russische Volk »diese Dinge erreicht«. Mountbattens wahre Absicht zielte darauf, eine Einladung nach Russland herauszuschinden, wo man, dessen war er sicher, seine Beziehungen zu den Romanows zu schätzen wissen würde, und er erzählte Stalin, dass er als Kind häufig den Zaren »für drei bis vier Wochen am Stück« besucht habe.

Stalin erkundigte sich trocken mit einem väterlichen Lächeln, ob sein letzter Aufenthalt »nicht schon eine gewisse Zeit her sei«. Mountbatten müsse »bedenken, dass sich die Verhältnisse in unserem Land ganz erheblich verändert haben«. Dieser bat wiederholt um eine Einladung und pochte mehrmals auf seine zaristischen Beziehungen, wohl um Stalin zu beeindrucken. »Doch im Gegenteil«, so Mountbattens Dolmetscher Lunghi, »verlief das Treffen etwas peinlich, da Stalin völlig unbeeindruckt blieb und keinerlei Angebot machte. So schlich Mountbatten wie ein geprügelter Hund wieder von dannen.«*

* Vielleicht liegt darin der Grund, aus dem die Geschichte in keiner von Mountbattens Biographien steht. Ich danke Hugh Lunghi sowohl für seine mündlichen Auskünfte über die Episode als auch dafür, dass er mir großzügigerweise seine unpublizierten amtlichen Protokolle überließ.

Potsdam endete mit einem höflichen, aber zunehmend frostigen Patt: Stalin besaß Osteuropa, Truman jedoch die Bombe. Bevor Stalin am 2. August abreiste, stand ihm klar vor Augen, dass die nukleare Aufrüstung eine enorme Anstrengung und seinen tatkräftigsten Mann erforderte. Bald entließ er Molotow und beauftragte Beria mit dem sowjetischen Kernforschungsprojekt. Sergo Beria bemerkte dazu, dass sich sein Vater »Notizen auf einem Blatt Papier machte, um die neue Kommission zu planen und ihre Mitglieder zu bestimmen«. Er nahm Malenkow und andere in seine Liste auf.

»Wozu brauchst du diese Leute?«, fragte Sergo seinen Vater.

»Ich will, dass sie dazugehören. Wenn sie draußen blieben, würden sie uns Knüppel zwischen die Beine werfen.« Wenig später stand Beria auf dem Höhepunkt seiner Laufbahn.[5]

45

BERIA: POTENTAT, EHEMANN, VATER, LIEBHABER, FRAUENSCHÄNDER, MÖRDER

Am 6. August 1945 warfen die USA ihre Bombe auf Hiroschima ab. Stalin hatte bei der Beute nicht zu kurz kommen wollen und Teile der Roten Armee gegen Japan ins Feld geführt, doch die Zerstörung Hiroschimas ging in ihren Auswirkungen weit über Trumans Warnungen hinaus. Als Swetlana an jenem Tag nach Kunzewo kam, »waren alle beschäftigt, und niemand achtete auf mich«. »Krieg ist etwas Barbarisches«, sinnierte Stalin, »doch der Einsatz einer A-Bombe ist eine Superbarbarei. Und dabei war es gar nicht nötig. Japan lag bereits am Boden!« Er zweifelte nicht daran, dass Hiroschima ihm selbst galt: »Erpressung durch die Atombombe: Das ist amerikanische Politik.«

Am nächsten Tag hielt Stalin eine Reihe von Besprechungen mit Beria und den Forschern ab.

»Hiroschima hat die ganze Welt erschüttert. Das Gleichgewicht ist zerstört«, erklärte er ihnen. »Das kann nicht so bleiben.« Für Stalin war dieses Projekt nun absolut vorrangig. Mit dem Decknamen »Aufgabe Nr. 1« unterstand es »im russischen Maßstab« Berias »Sonderkomitee«, das gleichsam ein »nukleares Politbüro« bildete. Dabei musste er die Wissenschaftler mal loben, mal tadeln, ihnen sogar drohen. Die entscheidende Rolle spielten Prämien und Luxusartikel. »Gewiss kann man mehreren Tausend Menschen zu einem sehr guten ... ja exquisiten Leben verhelfen.« Stalin »langweilte« die Wissenschaft zwar, aber er behandelte Kurtschatow freundlich. »Wenn ein Baby nicht weint, weiß die Mutter nicht, was es braucht. Bitten Sie mich also um was sie wollen. Ich werde es ihnen nicht abschlagen.«[1]

Beria selbst verbiss sich so in die Aufgabe Nr. 1, als ob sein Leben davon abhinge – was auch in der Tat zutraf. Eigentlich hatte das Projekt sowjetische Dimensionen, wobei Beria zwischen dreihundertdreißig-

und vierhundertsechzigtausend Arbeitskräfte und zehntausend Techniker beschäftigte. Er übte seine Herrschaft mit Terror aus und sagte zu einem seiner Untergebenen in der GULAG-Verwaltung: »Weinstein, du bist ein guter Arbeiter. Aber wenn du, sagen wir, sechs Jahre in den Lagern gedient hättest, würdest du noch besser arbeiten.« Er hielt seine technischen Experten in *Scharaschki*, den von Solschenizyn in *Der erste Kreis der Hölle* beschriebenen Sondergefängnissen. Als ein Betroffener ihm erklärte, er könne in Freiheit besser arbeiten, spottete Beria: »Sicherlich, aber das wäre riskant. Auf den Straßen herrscht ein Wahnsinnsverkehr, und man könnte Sie überfahren.«

Doch konnte Beria auch »integrativ« sein und fragte den Physiker Andrei Sacharow charmant: »Vielleicht haben Sie noch irgendwelche Fragen an mich?« Seine Hand, »rund und weich, etwas feucht und leichenkalt«, erinnerte Sacharow jedoch daran, »dass ich unter vier Augen mit einem schrecklichen Menschen gesprochen hatte«, der manchem drohte: »Vergessen Sie nicht, dass wir in unseren Gefängnissen viel Platz haben!« Allein sein Name ließ die meisten zutiefst erschauern. »Schon ein harmloser Hinweis wie ›Beria hat angeordnet‹ wirkte absolut unfehlbar«, erinnerte sich Mikojan. Wenn er Wyschinski anrief, »sprang der voller Respekt vom Stuhl auf« und »katzbuckelte wie ein Diener vor seinem Herrn«.

Aufgabe Nr. 1 reüssierte wie alle Projekte Berias »mit der Präzision und Zuverlässigkeit einer Schweizer Uhr«. Kurtschatow hielt Beria selbst für »ungewöhnlich tatkräftig«. Aber er errang auch die Loyalität der Wissenschaftler, indem er sie schützte und oft an Stalin appellierte, der ihm zustimmte:

»Lassen wir sie in Ruhe. Wir können sie später immer noch erschießen.« Als Markenzeichen Berias galten teuflische Brutalität, absolute Präzision und unermüdliche Energie, verbunden mit einer »unglaublichen Gerissenheit … er war ein außergewöhnlicher Mann und im Übrigen auch ein großer Verbrecher«, der nicht zuletzt in der Spionage alle Register zog, um sich der amerikanischen Baupläne zu bemächtigen.

Beria zählte zu den wenigen Stalinisten, die instinktiv den Kern der amerikanischen Dynamik verstanden: Auf die Frage Sacharows: »Warum bleiben wir dauernd hinter den USA und anderen Ländern zurück und verlieren den technischen Wettbewerb«, antwortete er: »Weil bei uns die Versuchskapazitäten fehlen.« Doch die schwierigen wissenschaftlichen Probleme schlugen Beria selbst und seinem Chefmanager Wannikow, dem ehemaligen Rüstungsboss, am Ende ein Schnippchen: »Wenn die diskutieren, verstehe ich nur Bahnhof«, gab Wannikow zu. »Die Sprache klingt russisch, aber die Begriffe höre ich zum ersten Mal.« Was Beria angeht, so höhnte ein Forscher Sacharow gegenüber: »Sogar Lawrenti Pawlowitsch weiß, was Mesonen sind.« Dieser reagierte darauf mit aufgesetzter Arroganz und der Drohung: »Wenn das eine Fehlinformation ist, lasse ich Sie einsperren!«

Im November 1945 beschwerte sich Pjotr Kapiza, einer der besten sowjetischen Wissenschaftler, bei Stalin darüber, dass Beria und Konsorten aufträten »wie Übermenschen«. Kapiza schilderte einen Streit mit Beria: »Ich habe ihm offen ins Gesicht gesagt, dass er nichts von Physik versteht«, worauf Beria erwidert habe, »dass ich nichts von Menschen verstünde«. Zwar halte er »den Dirigentenstab in der Hand«, solle indes »nicht wild damit herumfuchteln, sondern die Partitur kennen«. Beria habe keine Ahnung von den Naturwissenschaften. Kapiza schlug vor, ihn Physik studieren zu lassen, und beendete seinen Brief schlauerweise wie folgt: »Ich wünsche ausdrücklich, dass man dem Genossen Beria diesen Brief zeigt, denn es handelt sich nicht um eine Denunziation, sondern um konstruktive Kritik. Ich hätte ihm das alles lieber persönlich gesagt, aber er ist ja kaum zu fassen.« Stalin erklärte Beria, dass er sich besser mit den Wissenschaftlern arrangieren müsse. Beria zitierte Kapiza zu sich, der jedoch erstaunlicherweise diese Aufforderung ablehnte:

»Wenn Sie mit mir sprechen möchten, kommen Sie bitte ins Institut.« Beria gab klein bei und brachte ihm ein Jagdgewehr als Friedensangebot mit. Doch Kapiza fand sich jetzt nicht mehr bereit, ihm zu helfen. Unterdessen hatte Stalin ihm eine Notiz geschrieben:

»Ich habe alle Ihre Briefe gelesen. ... Sie enthalten viel Lehrreiches und ich denke daran, mich irgendwann mit Ihnen zu treffen...« Aber dazu kam es am Ende nicht.[2]

Beria stand nun im Zentrum nicht nur der politischen, sondern auch der privaten Welt Stalins, und die beiden Familien verschmolzen fast zu einer georgischen Dynastie. Swetlana, die noch unter dem jähen Ende ihrer ersten Liebesaffäre mit Kapler litt, verbrachte viel Zeit bei Berias Frau Nina, die es als eine ausgewiesene Wissenschaftlerin aristokratischer Herkunft trotzdem schaffte, auch die Rolle als traditionelle georgische Hausfrau zu spielen. Stalin behandelte Nina immer väterlich – sogar noch, als sie ihren Mann zu verabscheuen begann. »Er hatte Nina gebeten, sich um Swetlana zu kümmern, da ihr die Mutter fehle«, berichtete Berias Schwiegertochter.

Beria sehnte sich immer nach athletischen Frauen und schreckte nicht einmal davor zurück, die Umkleideräume von Schwimmerinnen und Basketballspielerinnen ins Visier zu nehmen. Auch Nina selbst trainierte viel, spielte mit Leibwächtern Tennis, fuhr gerne Tandem. Wie viele Schürzenjäger neigte Beria zu extremer Eifersucht und wollte außer dem Wachpersonal möglichst keine Männer in der Nähe seiner Frau dulden. Er pflegte einen gewissen Stil: Seine aufwendige Stadtvilla unterteilte er in Büros und Privatgemächer auf der einen, Wohnräume für die Familie auf der anderen Seite. Frau und Sohn lebten überwiegend in der »sehr großen und luxuriös ausgestatteten« Datscha in Sosnowka bei Barwicha. »Das weiße Haus lag inmitten hoher, prächtiger Kiefern. Möbel, Tapeten, Beleuchtungskörper und alles andere war nach den Entwürfen des Architekten Miron Merschanow ausgeführt«, und in einem Freigehege tummelten sich zahme Bärenjunge und Füchse.* »Allein durch Ninas Anwesenheit gewann das Haus noch an Atmosphäre«, und »man konnte dort sogar englische und deutsche Bücher und ausländische Zeitschriften finden«. Während der Ferien im Süden entwarf sich Beria als gelernter Architekt in Gagra eine eigene Datscha, nicht weit von jener Stalins entfernt, und der verwitwete Nachbar lud Lawrenti und Nina, oft zusammen mit Sohn Sergo, regelmäßig zu sich ein.

Bei Kriegsende hatte der immer kahler werdende Beria ein feistes Gesicht mit trüben braunen Augen, und eine Zeitgenossin beschrieb ihn als einen »hässlichen, aufgedunsenen, ungesund wirkenden Mann mit fahlgrauem Teint«. Offenkundig war das Leben als stalinistischer Magnat nicht spurlos an ihm vorübergegangen. Niemand arbeitete härter als der »unglaublich besessene« Beria, doch spielte er nach wie vor jedes Wochenende mit Nina und dem Leibwächterteam Volleyball. »Trotz seiner schlechten Verfassung war er erstaunlich schnell auf den Beinen.« Beria ernährte sich meist vegetarisch, aß »Grünzeug« und georgische Gerichte, jedoch nur ausnahmsweise Fleisch. An den Wochenenden kam er nach Hause, übte im Garten Scheibenschießen, sah sich in seinem Heimkino ein paar Filme an und fuhr dann wieder ab.

Stets salopp im Stil eines südländischen Winzers gekleidet, hasste Beria Uniformen und trug nur 1945 die Marschallskluft. Gewöhnlich sah man ihn im Rollkragenpullover mit leichtem Jackett, stark ausgebeulten

---

* Viele der sowjetischen Funktionäre hielten sich eigene Zoos oder Menagerien: Bucharin hatte Bärenjunge und Füchse gesammelt, Chruschtschew besaß Füchse und Hirsche; Budjonni, Mikojan und Kaganowitsch gaben sich mit Pferden zufrieden.

Hosen und Schlapphut. Schlauer, nassforscher und ehrgeiziger als die anderen Magnaten, konnte Beria es sich nicht verkneifen, sie arrogant zu behandeln. So neckte er Chruschtschew wegen seines Äußeren und seiner Weibergeschichten:»Schaut euch den Nikita an, gibt kaum etwas her, aber was für ein Herzensbrecher!« Er verspottete Andrejew wegen seiner Gebrechen, geißelte Woroschilows Dummheit und Malenkows Schlaffheit und erklärte Kobulow, er laufe herum wie Göring. Berias Spitzen saßen tief. Nina bat ihn, etwas zurückhaltender zu sein.»Sie hasste es, wenn er Menschen verletzte«, schrieb ihr Sohn. Seine Höflinge, die»ihn idealisierten«, versammelten sich in seiner Loge im Dynamo-Stadion. Damals schon unterhielten die größeren Organisationen ihre je eigenen Fußballmannschaften – Dynamo gehörte Berias MWD, Spartak den Gewerkschaften. Im Jahr 1942 herrschte eine so erbitterte Rivalität, dass Beria den erfolgreichen Manager von Spartak, Nikolai Starostin, festnehmen und in die Verbannung schicken ließ. Wenn Beria einen jungen Tschekisten zu einem Spiel in seine Loge einlud, galt der Betreffende als in den inneren Kreis aufgenommen.

Nach Berias späterer Inhaftierung enthüllte eine Bestandsaufnahme seines Schreibtischinhalts, welchen Interessen er frönte, nämlich Macht, Terror und Sex. In seinem Büro bewahrte Beria Totschläger auf, um Menschen zu foltern, außerdem das ganze Spektrum von Damenwäsche, Sexspielzeugen und Pornographie, wie es damals bei Geheimpolizeichefs gang und gäbe zu sein schien. Unter anderem fand man elf paar Seidenstrümpfe und Schals, Teddybären, Nachthemden, zahllose obszöne Liebesbriefe und»Unmengen von männlichen Accessoires für Orgien«.

Trotz seiner gewaltigen Arbeitslast fand Beria noch Zeit für ein ausschweifendes Liebesleben. Abgesehen von Kontrollen der Smersch konnte Beria tun und lassen, was er wollte. Einst hielt man die Gerüchte über Entführungen und Vergewaltigungen für aufgebauscht, aber die Protokolle seiner Vernehmungen und Zeugenaussagen von Opfern zeigen, dass er seine Macht missbrauchte. Manche Frauen hatte er in der Hand, da sie bei ihm für ihre Angehörigen bitten wollten, andere verschleppte und vergewaltigte er kurzerhand. Allerdings stellten sich einige Mütter blind, um in den Genuss von Vorrechten zu kommen. Beria konnte offenbar sehr charmant sein, weshalb ein Teil seiner Mätressen ihm auch lange nach seiner Enttarnung als ein sowjetischer Blaubart niemals Vorwürfe machte.*

---

* Am 17. Januar 2003 bestätigte der russische Staatsanwalt die Existenz von 47 Bänden Ermittlungsakten gegen Beria, im Anschluss an seine Festnahme nach Stalins

In Moskau sah man ihn häufig in seinem gepanzerten Packard die Straßen abfahren und seine kaukasischen Leibwächter, die Obersten Sarkisow und Nadaraia, auf die Pirsch schicken, um Frauen zu jagen. Die beiden schienen ihre Rolle nicht immer gerne zu spielen; Ersterer führte sogar Buch über Berias Perversionen, um ihn damit bei Stalin anzuzeigen. Gewöhnlich nahm er seine Opfer mit in die Stadtvilla, wo sie ein Festessen mit Wein erwartete. Auf der Rückfahrt gab es stets einen Blumenstrauß. Wenn die Betroffenen sich wehrten, drohte ihnen dagegen Haft. Der Filmstar Soja Fjodorowna fiel den Tschekisten zu einer Zeit in die Hände, als sie gerade stillte. Als einziger Gast bei dessen makabrer Party bat sie den aufdringlichen Beria, sie doch bitte gehen zu lassen, da ihre Brüste schmerzten. »Der reagierte wütend«, und als er sah, dass der für den Heimtransport zuständige Offizier ihr an der Tür trotz allem Blumen überreichte, schrie er: »Das ist kein Strauß, sondern ein Kranz. Er soll auf Ihrem Grab verrotten!« Anschließend ließ er sie festnehmen.

Die Filmschauspielerin Tatiana Okunewskaja traf es noch härter: Gegen Ende des Kriegs lud Beria sie ein, vor dem Politbüro aufzutreten, schleppte sie jedoch stattdessen in eine Datscha und nötigte sie zum Trinken. »Er flößte mir den Wein fast zwangsweise ein, aß gierig, riss die Speisen mit den Händen auseinander und plapperte ununterbrochen.« Danach »zog er sich aus und wälzte sich mit gierig geilen Blicken vor mir am Boden, ein unförmiges, hässliches Ekel. ›Du kannst schreien, so viel du willst, dich hört keiner‹, sagte er. ›Also komm zur Vernunft und füg dich.‹« Dann vergewaltigte Beria sie.

Diese Fälle bildeten nur die Spitze eines Eisbergs der Entartung, denn Berias Geilheit erwies sich als ebenso unbeherrschbar wie seine Arbeitssucht. »Ich habe mich irgendwann im Lauf des Kriegs, 1943 glaube ich, mit Syphilis infiziert und behandeln lassen«, gab er später zu. Nach Kriegsende berichteten, Bronka zufolge, Wlasik und Poskrebyschew dem Chef von der Infektion. Beria hatte auch noch Buch über seine Eroberungen geführt. Seine Tscheka-Leporellos zählten mit – und kamen, wie es heißt, auf 39 respektive 79. »Mit den meisten der Betroffenen hatte ich etwas«, räumte Beria ein. Er befahl Sarkisow, die Liste zu vernichten, was der auch tat, doch als guter Leib-

---

Tod zusammengetragen. Obwohl es sich dann um ein rein politisches Verfahren mit fiktiven Vorwürfen handelte, belegen die Akten, dass ihn Dutzende von Frauen wegen Vergewaltigung angezeigt hatten. Das staatliche Fernsehen RTR durfte eine handschriftliche Liste ihrer Namen und Telefonnummern filmen, doch das Material selbst wird noch weitere 25 Jahre unter Verschluss bleiben.

wächter behielt er eine Kopie, um sie später gegen seinen Herrn zu verwenden...

In einigen Fällen, wie bei »Sophia« und »Maja«, Letztere Studentin am Institut für auswärtige Beziehungen, traten misslicherweise Schwangerschaften ein, sodass sich die Obersten Sarkisow und Nadaraia an den medizinischen Dienst des MWD wenden mussten, um Abtreibungen vornehmen zu lassen. Eines der ausgetragenen Kinder brachten die beiden in einem Waisenhaus unter.*

Beria galt auch unter den Magnaten selbst als ein Wüstling, aber Stalin duldete die Kapriolen seiner Funktionäre, solange sie politisch verlässlich blieben. Während des Kriegs, als Beria große Teile der Wirtschaft leitete und man Stalin über seine Exzesse informierte, antwortete er ganz nachsichtig: »Der Genosse Beria ist überarbeitet und müde.« Doch je weniger er Beria traute, desto unduldsamer reagierte Stalin auch. Als er einmal hörte, dass Swetlana bei den Berias war, geriet er in Panik, rief dort an und bat sie: »Komm sofort nach Hause! Ich traue Beria nicht!« Unklar bleibt indes, ob sich das nur auf seine Triebhaftigkeit oder auch auf das Politische bezog. Als Beria bei Poskrebyschew schwärmte, seine Tochter sei schon genauso hübsch wie ihre Mutter, warnte der *chef de cabinet* sie anschließend: »Lass dich ja nie von Beria mitnehmen.« Irgendwann fuhr Berias Wagen der Schwiegertochter Woroschilows bis zum Kreml nach, worauf seine Frau sie vor Angst zitternd vor ihm warnte:

»Es ist Beria! Pst! Sprich mit keinem Menschen darüber!« Die Frauen der Politiker hassten Beria.

»Wie kannst du mit so jemandem zusammenarbeiten?«, fragte Aschken Mikojan ihren Mann.

»Sei still«, fuhr Mikojan ihr über den Mund, und in der Folge ging Aschken nicht mehr mit zu Empfängen, wenn mit Berias Anwesenheit zu rechnen war.

---

* Bis heute sind die unehelichen Kinder Berias in den gesellschaftlichen Kreisen von Moskau und Tiflis bestens bekannt, darunter ein hoch angesehenes Mitglied des georgischen Parlaments und eine sowjetische Matrone, die den Sohn eines Funktionärs in Breschnews Politbüro geheiratet hat.
Als Stalin die Volkskommissariate nach dem Krieg in Ministerien umwandelte, mutierten NKWD/NKGB zu MWD/MGB. Am 4. September 1945 löste er das Staatliche Verteidigungskomitee (GKO) auf, womit das Politbüro wieder zum obersten Parteigremium avancierte, beherrscht von Stalin als Premier, der das Parteisekretariat Malenkow überließ.

Berias Frau Nina bekannte Swetlana und anderen Freunden, dass sie »schrecklich unglücklich sei. Lawrenti ist nie zu Hause, und ich bin meist allein.« Ihrer Schwiegertochter zufolge wusste sie von seinen Affären, »steckte das aber mit georgischer Toleranz weg«. Wenn er am Wochenende nach Hause kam, »verwendete sie vorher Stunden auf Maniküre und Kosmetik und schlief nicht, wie sonst, unten im eigenen Zimmer, sondern oben bei ihm«. Sie »saßen traulich am Kamin und schauten sich Western an, meistens mit Cowboys oder mexikanischen Banditos. Berias Lieblingsfilm war *Viva Villa!* Sie plauderten liebevoll auf mingrelisch miteinander.« Nina konnte sich das Ausmaß seiner Eroberungen nie vorstellen. »Wie soll Lawrenti die Zeit gefunden haben, diese Horden von Frauen zu seinen Mätressen zu machen? Er hat ja Tag und Nacht gearbeitet! Also müssten sie vielleicht seine ›Geheimagentinnen‹ gewesen sein.«[3]

Der damals einundzwanzigjährige (nach Ordschonikidse benannte) Sergo Beria hatte ebenso wie Swetlana Stalin, Martha Peschkowa und die meisten anderen Kinder der Elite die Schule Nr. 175 besucht. Als Vater trat Beria zwar selten in Erscheinung, war aber sehr stolz auf ihn. Ihre Umgangsformen entsprachen genau dem bolschewistischen Schema. »Wenn Sergo mit seinem Vater reden wollte«, erinnerte sich seine Frau, »bat Lawrenti ihn: ›Komm ins Büro.‹« Wie Malenkow und die meisten anderen Funktionäre wollte Beria auf gar keinen Fall, dass sein Sohn in die Politik ging.

Und wie alle Politbüro-Eltern riet er ihm, etwas Naturwissenschaftliches zu studieren. Später gelangte Oberst Sergo Beria als Direktor des expandierenden Raketenplanungsbüros Nr. 1 in der Militärtechnik zu hohem Ansehen. Naturgemäß hatte Beria nicht verhindern können, dass der Oberste Befehlshaber den Jungakademiker manchmal zu Kriegssitzungen einlud.

Martha Peschkowa zufolge gehörte der intelligente, kultivierte Sergo zu den besten Freunden Swetlana Stalins. »Er sah traumhaft gut aus, und alle Mädchen lagen ihm zu Füßen.« Im Jahr 1944 verliebte sich auch Swetlana in ihn, was sie jedoch in beiden Memoirenbänden und in den Interviews verschwieg. Als Sergo später selbst Erinnerungen schrieb und darauf hinwies, glaubten ihm viele Historiker nicht. Doch Swetlana wollte ihn sogar heiraten und schlug sich das nicht einmal aus dem Kopf, als er eine andere zur Frau nahm. Als Sergo während des Kriegs in Swerdlowsk diente, ließ sie sich von Wasili zu ihm fliegen. Im Anschluss an die Kapler-Affäre bereitete diese Schwärmerei den Berias einige Sorgen.

»Ist dir eigentlich klar, was du da machst?«, drang Nina Beria in Swetlana ein. »Wenn das dein Vater herauskriegt, zieht er Sergo bei lebendigem Leib die Haut ab.«

Stalin wollte sie mit einem der Söhne seiner Potentaten verheiraten und erklärte Swetlana, sie könne entweder Juri Schdanow, Stepan Mikojan oder sogar Sergo Beria nehmen. Aber gerade diese Ehrenbezeugung löste bei Beria kaltes Entsetzen aus.

»Das wäre schrecklich«, sagte er zu Mikojan. Swetlanas Entschluss, Sergo zu heiraten, schoben die Berias einen Riegel vor, was sie mehr als enttäuschte:

»Als junges Mädchen wollte ich jemanden heiraten ... doch seine Eltern mochten dem wegen meines Hintergrundes nicht zustimmen. Das versetzte mir einen sehr schmerzhaften Schlag.«[4]

Doch es kam noch schlimmer: Martha Peschkowa, damals »drall und hübsch«, schien in einer »warmen Duftwolke exotischer Attraktivität« zu schweben. Wie sich Gulia Dschugaschwili erinnerte, war es »deshalb nicht leicht, mit Martha befreundet zu sein«. Vielleicht durch den frühen Einfluss Jagodas bedingt, zeigte Martha ein Faible für Tscheka-Kronprinzen, denn mit dem Sohn des NKGB-Chefs, Rem Merkulow, liiert, verliebte sie sich jetzt in Sergo Beria, den sie kurz darauf heiratete. Die Berias veranstalteten kein großes Fest: »Das passte nicht zum Stil der Zeit«, beteuerte Martha. Beria kündigte Sergo an, dass Stalin »deine Verbindung mit dieser Familie«, den Gorkis, nur missbilligen könne. Ganz in diesem Sinne lud Stalin Sergo dann auch bald nach Kunzewo ein.

»Gorki selbst war gar nicht übel, versammelte aber zu viele antisowjetische Gesellen um sich. Hüte dich vor dem Einfluss deiner Frau!«, warnte ihn Stalin.

»Aber die ist doch ganz unpolitisch«, erwiderte Sergo.

»Ich weiß. Dennoch betrachte ich diese Ehe als einen Akt der Illoyalität deinerseits, nicht mir, sondern dem sowjetischen Staat gegenüber. Hat dein Vater dich dazu gezwungen?« Er klagte Beria an, Verbindungen zur »oppositionellen Intelligenz« zu knüpfen. Stattdessen gab Sergo Swetlana die Schuld, die ihn ja mit Martha bekannt gemacht habe.

»Du hast Swetlana kein Sterbenswörtchen davon gesagt«, gab Stalin zurück. »Das hat sie mir selbst erzählt.« Schließlich lächelte er Sergo an: »Mach dir nichts draus, alte Leute sind immer mürrisch. ... Und was Marfotschka angeht, so habe ich sie aufwachsen sehen.«

Martha zog in die Datscha der Berias ein, wo sie den infamsten Mann seiner Zeit kennen und lieben lernte.* Beria hätte nicht freundlicher zu ihr sein können. »Ich mochte ihn sehr. Er war sehr vergnügt und lustig, sang immerzu ›La Paloma‹ und erzählte uns Schwänke aus seinem Leben«, zum Beispiel darüber, wie er einst in Rumänien die Unschuld verlor und sich im weiten Beinkleid der Frau verhedderte. Er prahlte, als eine Art Riesenbaby einmal mit einer Schlange in den Händen durch den Garten gekrabbelt zu sein. Sonntags, am einzigen freien Tag, schliefen er und Nina lange und spielten später gegen Martha und Sergo Volleyball, beiderseits verstärkt durch Leibwächter. Zu seinem ersten Enkelchen »hätte Beria nicht zärtlicher sein können und saß stundenlang an der Wiege, um der Kleinen zuzuschauen. Morgens ließ er sie sich ins Ehebett bringen, setzte sie vor sich und lächelte sie vernarrt an.« Bei seiner grenzenlosen Geduld konnte sie alles machen, sogar »mit beiden Händen in ihren Geburtstagstorten herummanschen«.

An Nina fand Martha weniger Gefallen, denn ihre Schwiegermutter erwies sich im Haus als ebenso despotisch, wie Beria draußen auftrat. Sie fühlte sich einsam, und bald musste Martha feststellen, dass sie von Nina mehr sah als von ihrem Mann. Daher wollte sie einen eigenen Hausstand begründen, aber Nina drohte ihr: »Wenn du das noch einmal ansprichst, wirst du dich sehr weit von deinen Kindern entfernt wiederfinden.«

Martha hielt Beria für »den klügsten Menschen im Umkreis Stalins. In gewisser Weise konnte er einem Leid tun, weil er mit seiner großen Begabung gerade in diesem Regime leben musste. In den USA geboren, wäre er bestimmt bis an die Spitze eines Konzerns aufgestiegen.« Ein echter Kommunist sei Beria jedenfalls nicht gewesen.[5]

Swetlana Stalin trieb die Zurückweisung Sergos in eine Mesalliance. In der Wohnung Wasilis im Haus am Ufer lernte sie einen Grischa Morosow kennen, der im Krieg als Verkehrspolizist gedient hatte. »Eine Freundschaft entwickelte sich«, berichtete Swetlana, aber »ich liebte ihn

---

* Ich danke Martha Peschkowa, Gorkis Enkelin, Swetlanas bester Freundin und Berias Schwiegertochter, die mir mit ihren einzigartigen Erinnerungen zur Seite stand und mich auch in die Familie Gorki/Beria einschließlich der Enkelinnen Berias eingeführt hat (siehe das Postskriptum). Als Hochzeitsgeschenk überreichte Stalin Sergo und Martha ein Exemplar von Rustawelis *Der Ritter im Tigerfell*, das er selbst zusammen mit Professor Nuzibidse herausgegeben hatte, mit folgender Widmung: »Ihr solltet besser Bündnisse mit der georgischen Intelligenz schließen!«

nicht.« Er sie allerdings doch. Stalin hegte Vorbehalte gegen Morosow und fühlte sich bedrängt. Swetlana dagegen suchte Wärme und Kultiviertheit, sodass Stalin schließlich nachgab:

»»Du willst also heiraten?‹ ... ›Ja, ja, der Frühling‹, sagte er mit einemmal und fügte dann hinzu: ›Hol dich der Teufel, mach was du willst…‹«‹*

»Ich wollte einfach nur die Zurückweisung überwinden«, erklärte Swetlana Jahre später, »also heirateten wir unter anderen Umständen, es war nicht meine Wahl. Mein erster Mann war ein sehr guter Mensch gewesen, der mich immer liebte.« Es fand keine Zeremonie statt: Man ging lediglich zum Standesamt, wo der Beamte sich ihren Ausweis ansah und fragte:

»Weiß Ihr Vater davon?« Durch die Einheirat in Stalins Familie wurde Morosow »sofort eine Art Größe«, berichtete Leonid Redens. Schnell kam das erste Baby, ein Sohn – wie könnte es anders sein, namens Josef. Swetlana fand sich auf die Ehe schlecht vorbereitet. »Mit neunzehn bekam ich einen Sohn. … Mein junger Mann war ebenfalls Student. Wir hatten Kindermädchen für das Baby. Es folgten drei Abtreibungen und später eine sehr schlimme Fehlgeburt.«

Swetlana war nach wie vor in Sergo verliebt. »Sie konnte mir nie verzeihen«, erklärte Martha, »dass ich ihn geheiratet habe.« Swetlana erinnerte Sergo daran, dass Stalin »wütend« über die Ehe sei. Weiterhin besuchte sie Nina, ihre Ersatzmutter. Einmal schlug sie sogar vor, Martha mit der älteren Tochter fortzuschicken, sodass sie stattdessen an der Seite Sergos die jüngere aufziehen könne. »Sie ist genau wie ihr Vater«, sagte Mikojan. »Will immer alles haben, was sie sich in den Kopf gesetzt hat!«

Doch sie konnte auch sehr nett sein. Als Jakows Heldenmut in der deutschen Gefangenschaft erwiesen war, ließ man seine Witwe Julia wieder frei, die nun allerdings feststellen musste, dass ihre siebenjährige Tochter Gulia sie kaum erkannte. Swetlana bot nun an, sich um Gulia zu kümmern, und eines Tages verkündete sie: »Heute besuchen wir Mama.« Aber das Kind hatte Angst vor der Fremden, sodass Swetlana sie täglich zu ihrer Mutter brachte, bis sich zwischen den beiden allmählich neue Bande knüpften. Dies musste heimlich geschehen, da Gulia in der Obhut von Kindermädchen und ihre Mutter jenseits der Familie stand. Schließlich wandte sie sich an Stalin: »Josef Wissarionowitsch, ich bitte Dich eindringlich, mein Gesuch nicht abzuschlagen, da man es mir so

---

* Stalin lehnte es rundweg ab, Morosow kennen zu lernen.

schwer macht, mit Gulia in Kontakt zu treten. Wir hoffen sehr, dich besuchen zu dürfen, um über Probleme zu sprechen, die ich in diesem Brief nicht darstellen kann. Wir würden uns freuen, wenn du bereit wärest, Gulia einmal kennen zu lernen.« Später empfing Stalin, dank weiterer Vermittlung Swetlanas, tatsächlich seine erste Enkeltochter.[6]

46

EINE NACHT IM LEBEN DES
JOSEF WISSARIONOWITSCH:
TYRANNEI IM KINO UND BEI TISCH

Als wahrer Gewinner des Kriegs genoss Stalin zwar das Prestige eines Welteroberers, aber die Diskrepanz zwischen seiner enormen politischen Macht und seiner gesundheitlichen Schwäche trug dazu bei, dass er sich besonders verwundbar fühlte.

Der Generalissimus und Molotow schienen mit ihrer Kriegsbeute zufrieden, wenn sie auch unersättlich waren. Bei einem Dinner im Süden ließ Stalin Poskrebyschew die neue Weltkarte holen und auf dem Tisch ausbreiten. Mit der Pfeife in der Hand zeichnete Stalin die Grenzen seines Reiches nach. »Schauen wir also, was wir haben: Im Norden ist alles in Ordnung. Finnland hat uns schwer geschadet, also mussten wir Leningrad besser puffern. Die Baltischen Staaten sind von alters her russisches Territorium und gehören wieder zu uns, ebenso Weißrussland, die Ukraine und Moldawien. Im Westen steht also alles zum Besten.« Doch dann wandte er sich dem Osten zu: »Was haben wir da? Die Kurilen und ganz Sachalin liegen bereit ... China, die Mongolei, alles nach Plan.« Die Dunhill wanderte abwärts. »Nur diese Grenze gefällt mir überhaupt nicht. Die Dardanellen. ... Wir haben noch Anrechte auf türkisches Gebiet und auf Libyen.« So hätte auch ein russischer Zar sprechen können, eher jedenfalls als ein georgischer Bolschewik. Molotow teilte die Großreichmission: »Mein Auftrag als Außenminister bestand darin, die Grenzen des Vaterlandes zu erweitern, und es scheint so, als hätten Stalin und ich das ganz gut gemeistert. Allerdings hätte ich nichts dagegen, uns Alaska wieder einzuverleiben«, scherzte er. In den Augen Molotows schloss Bolschewismus eine Expansion nicht aus. »Es war gut, dass die russischen Zaren mit ihren Kriegen so viel Land erobert hatten. Das erleichterte uns den Kampf gegen den Kapitalismus.«[1]

Doch Stalins Höflinge merkten, dass der Triumph dem Generalissimus zu Kopfe stieg. »Der Erfolg machte ihn eingebildet«, sagte Molotow, »kein guter Charakterzug für einen Staatsmann.« Er besaß ein so hohes Ansehen, dass jedes Wort Stalins als »unumstößliche Parteianordnung« galt. Doch als Folge herrschte er auf ganz andere Weise, »trat neben die direkte Regierungsarbeit«, wie einer seiner Beamten sagte, und geruhte als überragender Führer, gleich dem alten Vorsitzenden Mao, seine Funktionäre nur noch mit Anekdoten, Gesten und Hinweisen anzuleiten. Er benutzte Heimlichkeiten, Kapricen und vage Andeutungen, um die ehrgeizigen jüngeren und stärkeren Magnaten an der Kandare zu halten – beherrschte sein Gefolge mit der Aura des Mysteriösen.

»Er gab nie direkte Befehle«, schrieb sein georgischer Parteichef Tscharkwiani, »sodass jeder selbst seine Schlüsse ziehen musste.« Stalin hatte begriffen, dass »sich die Wellen ausbreiten, gleichgültig an welcher Stelle des Teichs man den Stein ins Wasser wirft«. Irgendwann zeigte er dem abchasischen Parteichef Mgeladse wiederholt seine geliebten Zitronenbäume, bis dem *Apparatschik* endlich aufging, dass Abchasien Zitrusfrüchte für die gesamte UdSSR anbauen sollte.

»Jetzt ist endlich der Groschen gefallen!«, lächelte Stalin. Wenn er nicht gerade sehr schlechte Laune hatte, beendete er seine Anordnungen gewöhnlich mit dem Freibrief: »Machen Sie es, wie sie wollen.« Aber nicht, dass jemand dies missverstanden hätte! Gab er dagegen direkte Anweisungen und schrieb: »Ich glaube nicht, meine Gründe nennen zu müssen, da sie klar auf der Hand liegen«, oder einfach seine Wünsche hinausbrüllte, so gehorchten alle unverzüglich. Im MGB konnte der bloße Hinweis auf die *Instanzija* jeden Akt der Barbarei rechtfertigen.

Allerdings war der Generalissimus, wie erwähnt, deutlich gealtert und körperlich angegriffen. Kurz vor der Siegesparade könnte er eine Art Herzattacke oder, so Swetlana, »einen leichten Schlaganfall« erlitten haben, was kaum überraschend wäre angesichts der starken Belastung des Kriegs. »Gewiss völlig ausgebrannt«, meinte Molotow, litt Stalin ja bereits unter Arthritis, und die sklerotische Verkalkung der Arterien hemmte die Blutversorgung des Gehirns und musste auf Dauer dessen Funktionen beeinträchtigen. Nach der Rückkehr aus Potsdam erkrankte er abermals, fühlte sich also im Moment seiner größten Stärke extrem geschwächt. Damit geriet Stalin unter das Regime von Ärzten, eines Standes, den er verachtete – und korrumpiert hatte, als er seinen eigenen Leibarzt Winogradow bei den Schauprozessen der dreißiger Jahre aussagen ließ. Insgeheim fungierte der ehemalige Pfleger Poskrebyschew jetzt als sein Arzt, der ihm Medikamente und sonstige Mittel verordnete.

Stalin wurde unberechenbar und schlug wild um sich. Die Kriegserfahrung hatte nichts an seiner festen Überzeugung geändert, dass man die Probleme der UdSSR am besten durch die Eliminierung von Personen löste. Die Armut seines Reichs, verglichen mit dem rasch steigenden Wohlstand der USA, verquickte sich nun mit dem Gefühl schwindender Kräfte und mit den lebenslangen Minderwertigkeitskomplexen.

Gewöhnlich »ruhig, zurückhaltend und geduldig«, ging er jetzt oft »sofort in die Luft und traf abwegige, falsche Entscheidungen«. Chruschtschew zufolge war Stalin »nach dem Krieg nicht mehr ganz richtig im Kopf«. Zwar blieb er ein überragender Drahtzieher, aber wahrscheinlich hat die Arteriosklerose seine Anfälle von Depression und Paranoia verschärft. Allerdings war er nie verrückt: Selbst seine extremsten Zwangsvorstellungen hatten immer noch einen Bezug zur Realpolitik. Doch der herannahende Tod ließ ihn erkennen, welche Ödnis er in sich selbst geschaffen hatte: »Ich bin der unglücklichste Mensch«, gestand er Schukow, »denn ich fürchte mich vor meinem eigenen Schatten.« Gerade das machte ihn auch zu einem so erschreckenden und zugleich meisterhaften Politiker. Seine Furcht, die Kontrolle über sein Reich zu verlieren, war in der Tat begründet. Selbst im Politbüro erkannte Mikojan, dass der Krieg »eine große Schule der Freiheit« war, und daher keine Notwendigkeit bestand, »zum Terror zurückzukehren«.

Stalin verachtete diese Laxheit, witzelte sogar darüber, als er Schriftsteller auf eine Rundreise durch das besiegte Japan geschickt hatte und er Molotow fragte, ob sie schon abgereist waren. Wie sich dann herausstellte, hatten sie das Projekt abgesagt. »Warum sind sie nicht gefahren?«, fragte er. »Das war ein Beschluss des Politbüros. Vielleicht passte der ihnen nicht und wollten sie beim Parteitag Beschwerde dagegen einlegen?« Daraufhin reisten die Schriftsteller schnell ab. Aber Stalin spürte, dass sich ein gewisses Laisser-faire überall breit machte.

»Er war sehr nervös«, sagte Molotow. »Seine letzten Jahre waren die gefährlichsten. Da fiel er von einem Extrem ins andere.« Er neidete Molotow und Schukow ihr Ansehen, misstraute der Macht Berias und verabscheute die dekadente Selbstgefälligkeit der Magnaten. Noch als alter, kranker Mann schien Stalin nie glücklicher als bei der Inszenierung von Kämpfen, und nur in seinem Element, wenn er jemandem das Genick brechen konnte.[2] Stalin herrschte »durch eine kleine Gruppe, die ihn immer umgab«, und die »förmliche Regierung löste sich auf«. Selbst in den langen Urlauben fern von Moskau wahrte er seine Allmacht, indem er jedes Ressort über seine direkte Beziehung zu dem betreffenden Beamten und keinem anderen lenkte. Oft kamen seine Eingriffe aus heiterem Himmel und folgten fast willkürlichen Launen.

Mehr denn je musste das Gefolge ihn jetzt zu nehmen wissen, vor allem aber sein nächtliches Programm durchstehen. Es ist nicht übertrieben zu sagen, dass Stalin fortan alles, von Berlin bis zu den Kurilen, vom Esstisch und vom Kino aus steuerte. Das Sichhinwegsetzen über die Zeit selbst kann als äußerster Maßstab der Tyrannei gelten. Dementsprechend brannten die Lichter in Stalins Hauptstädten – von Warschau bis Ulan Bator und von Budapest bis Sofia – stets die ganze Nacht hindurch.

Die Magnaten kamen im Kleinen Eck zusammen, worauf der Generalissimus jedes Mal einen Film vorschlug. Er führte seine Gäste durch die Flure mit den rotblauen Teppichen zum Kino, das man im alten Wintergarten im zweiten Stock des Großen Kremlpalastes mit allem Luxus eingerichtet hatte. Beria, Molotow, Mikojan und Malenkow blieben seine ständigen Begleiter, aber auch die Prokonsuln in Finnland und der Ukraine, Schdanow und Chruschtschew, fanden sich häufig dazu ein.

Daneben gab es den gesamten neuen Hof von europäischen Vasallen. Stalins Favoriten waren der polnische Staatschef Boleslaw Bierut, »höflich, stilbewusst und wohlerzogen«, gegenüber Damen »der vollkommene Gentleman«, aber ein erbarmungsloser Stalinist« mit »fanatischem Glauben an das Dogma«, dazu dessen Stellvertreter Jakob Berman, der tschechische Präsident Clement Gottwald und Ungarns Matjas Rakosi. Die stolzeren Jugoslawen, Marschall Tito und Milovan Djilas, mochte er dagegen weniger. Ihnen allen widerfuhr die groteske Ehre, nach Moskau kommen, Stalin Anerkennung zollen, seine priesterlichen Weihen und kaiserlichen Befehle empfangen zu dürfen. Auch mussten sie selbstverständlich lernen, sich im Kino und bei Tisch angemessen zu benehmen.

Der Anblick des mit seinen Leibwächtern herannahenden Generalissimus muss jeden jungen Beamten, der zufällig gerade durch die Korridore ging, zutiefst erschreckt haben. Die in Zivil gekleideten Wachen liefen fünfundzwanzig Schritte vor und zwei Meter hinter Stalin her, und außerdem folgten uniformierte ihm mit den Augen. Inmitten dieser Phalanx von Schergen, die sich geräuschlos, dabei aber schnell und forsch auftretend bewegten, schritt der allmächtige Herrscher einher. Jeder, der ihn auf sich zukommen sah, musste an die Wand zurücktreten und die Hände vorzeigen. Der junge Diplomat Anatoli Dobrynin geriet einmal in dieses Dilemma: »Ich presste mich mit dem Rücken an die Wand.« Stalin »entging meine Verwirrung nicht« und »er fragte mich, wer ich sei und wo ich arbeite«. Anschließend erklärte er, »jedes Wort mit langsamen Bewegungen des rechten Zeigefingers vor meinem Gesicht skandierend und betonend«:

»Die Jugend muss den Genossen Stalin nicht fürchten, denn er ist ihr Freund.« Dobrynin lief es dabei eiskalt den Rücken herunter.

Zum Kino brauchte man nur ein paar Minuten. In dem blau dekorierten Raum standen Reihen von paarweise angeordneten Polstersesseln und dazwischen Tische mit Mineralwasser, Wein, Zigaretten und Pralinen. Auf dem grauen Teppichboden lagen Brücken. Vor Stalins Eintreffen bezog das Politbüro seine Plätze, die erste Reihe stets freilassend. Die Begrüßung der Herren oblag dem für das Kino zuständigen Fachminister Iwan Bolschakow, der die Filmbranche seit 1939 leitete und an Stalins Hof eine ebenso wichtige wie komische Rolle spielte. Bolschakow fürchtete den *Woschd* seit der Erschießung seiner beiden Vorgänger.

Bolschakows große Verantwortung lag in der Auswahl der Filme. Er traf seine Entscheidung, indem er Stalins Stimmung zu erraten versuchte. Dazu beobachtete er den Gang des Diktators und den Tonfall seiner Stimme, und manchmal, wenn er Glück hatte, gaben ihm Poskrebyschew oder Wlasik einen Tip. War Stalin schlecht gelaunt, so wusste Bolschakow, dass er ihm besser keinen neuen Film zeigen sollte. Als Gewohnheitsmensch liebte Stalin seine alten Favoriten aus den dreißiger Jahren, zum Beispiel *Wolga! Wolga!* oder ausländische Filme wie *Im alten Chicago*, *Mission in Moskau*, die Komödie *Es geschah in einer Nacht* oder irgend etwas mit Charlie Chaplin.

Stalin besaß jetzt eine neue Sammlung amerikanischer, englischer und deutscher Filme, die zum Teil aus dem Eigentum Goebbels' stammten. Bei trüber Stimmung mochte ihn einer der westlichen Filme aufmuntern. Er liebte Cowboy-, Kriminal- und Gangsterfilme, insbesondere Gewaltszenen, verbot allerdings jede Spur von Erotik. Als Bolschakow ihm einmal eine leicht gewagte Szene mit einem nackten Mädchen zeigte, schlug er auf den Tisch und sagte:

»Das ist doch kein Bordell hier, Bolschakow«, und verließ den Raum, gefolgt vom gesamten Politbüro, das den armen Bolschakow allein auf seine Festnahme warten ließ. Fortan ließ der jeden kleinsten Anflug von Frivolität herausschneiden.

Stalin wies Bolschakow an, die ausländischen Filme zu kommentieren, doch der verstand nur eine Art Pidgin-Englisch, musste also einen

Großteil seiner Zeit darauf verwenden, sich mit Hilfe von Dolmetschern auf die mitternächtlichen Darbietungen vorzubereiten. Das bedeutete eine enorme Herausforderung, da stets Hunderte von Filmen in Frage kamen. So unterhielt er die Runde meist mit absurden Glossen, die lediglich auf drollige Weise bestätigten, was alle längst wussten. Das Politbüro lachte darüber und hänselte den unsicheren Bolschakow wegen seiner »Synchronisation«. Beria zeigte auf die Leinwand und rief aus:

»Da! Er läuft los. Jetzt rennt er!« Alles prustete vor Lachen – doch Stalin, der diese Farce offenbar genoss, verlangte nie nach einem gelernten Dolmetscher. 1951 bat Bolschakow Stalin darum, ihnen den *Tarzan*-Film vorführen zu dürfen. Man kann sich vorstellen, dass sein Publikum die Übersetzung des Urwaldschreis und des grunzenden Flirtens mit Jane heftig belustigte. Wenn Bolschakow den alten Renner *Wolga! Wolga!* zeigte, bewies Stalin gern, wie gründlich er den Film auswendig kannte, indem er den Text kurz vor den Darstellern sprach.

War Stalin gut gestimmt, so konnte Bolschakow einen neuen sowjetischen Firm zeigen. Stalin blieb der Oberzensor der gesamten Branche, und kein Film gelangte ohne seine ausdrückliche Zustimmung in die Kinos. Wenn er sich monatelang im Süden aufhielt, durfte während dieser Auszeit keine Entscheidung fallen, sodass er sich nach der Rückkehr alle neuen Produktionen anschauen musste.

Sobald Stalin herannahte, bezog Bolschakow vor dem Kino Position. Einmal erschreckte er ihn, aus Versehen im Schatten stehend. »Wer sind Sie? Was machen Sie da?«, keifte Stalin. »Warum verstecken Sie sich?« Danach zürnte er ihm noch wochenlang. Nachdem Stalin zusammen mit seinen Gästen in der ersten Reihe Platz genommen hatte, ließ er sich gewöhnlich eine Schorle aus georgischem Wein und Mineralwasser mixen, um dann stets zu fragen:

»Was zeigt uns der Genosse Bolschakow heute?« Dieser verkündete dann den gewählten Titel, ließ sich weit hinten nieder und gab den Vorführern das Zeichen. Irgendwann stürzte einer von diesen unglücklich und brach dabei ein Stück vom Projektor ab, sodass Quecksilber austrat. Daraufhin bezichtigte man ihn, einen Mordanschlag auf den Generalissimus verübt zu haben.*

Stalin redete während des gesamten Films. Er bewunderte Spencer

---

* Quecksilbervergiftungen kam an Stalins Hof ein besonderer Stellenwert zu: Jeschow hatte, wie erwähnt, sein eigenes Büro mit dem Toxin besprüht und dann Jagoda eines Anschlags auf sein Leben bezichtigt.

Tracy und Clark Gable. »Oft fluchte er über sie und stufte sie ideologisch entsprechend ein, forderte aber schon im nächsten Augenblick neue ihrer Filme an«, wie sich Chruschtschew erinnerte.

Stalin konnte sich für Schauspieler begeistern und fragte regelmäßig: »Wo haben wir diesen Darsteller schon einmal gesehen?« Nach dem Krieg lud er gerne Künstler zu seinen Essen ein, besonders den georgischen Regisseur von Filmen über den großen Helden Michail Tschiaureli und seine Darsteller Michail Gelowani (der Stalin mit georgischem Akzent spielte) und Alexei Diki (der nach dem Krieg zunehmend die russische Färbung betonte). »Sie haben mich sehr gründlich beobachtet«, sagte Stalin zu Gelowani. »Sie verschwenden keine Zeit, oder?« Einmal fragte er Diki, wie er »Stalin spielen« würde.

»Wie die Leute ihn sehen«, erwiderte der Schauspieler.

»Das ist die richtige Antwort«, bestätigte Stalin und schenkte ihm eine Flasche Branntwein.

Nach dem Film fragte Stalin immer seinen Bruder im Geiste: »Was hat uns der Genosse Schdanow zu sagen?« Daraufhin gab der gewichtig sein Urteil zum Besten, gefolgt von Molotows lakonischen Kommentaren und Berias sarkastischen Scherzen. Stalin selbst machte sich bevorzugt über die Drehbuchautoren und Regisseure lustig:

»Wenn der Genosse Filmemacher nichts taugt, so muss der Genosse Ulrich sein Todesurteil unterschreiben.« Bolschakow rief einmal bei Beria und Molotow an, um zu fragen, ob *Schukowski*, ein Film über den bekannten Flieger, am Tag der Luftwaffe anlaufen könne, obwohl der im Urlaub befindliche Stalin ihn noch nicht gesehen habe. Das sei ganz allein seine und nicht ihre Entscheidung, gaben sie zurück, woraufhin Bolschakow den Film freigab. Nach seiner Rückkehr schaute sich Stalin *Schukowski* sofort an und erklärte dann:

»Wir wissen, dass Sie bereits entschieden haben, ihn landesweit in die Kinos zu bringen! Man will mich täuschen, aber das schafft keiner.« Bolschakow erstarrte. Auf wessen Geheiß, fragte Stalin. Bolschakow erwiderte, er habe »Rat eingeholt und dann entschieden«.

»Sie haben also Rat eingeholt und dann entschieden«, wiederholte Stalin ruhig. Danach stand er auf und ging zur Tür, öffnete sie und wiederholte nochmals: »Sie haben entschieden.« Er ging hinaus und hinterließ eine unheilvolle Stille. Schließlich öffnete er die Tür wieder und lächelte: »Sie haben richtig entschieden.« Hätte Stalin den Film verachtet, so wäre er einfach grollend gegangen, ohne Bolschakow zuvor derart auf die Folter zu spannen.

Bolschakow machte sich Notizen über all die majestätischen Kritiken. Morgens rief er sodann die Regisseure oder Drehbuchautoren zu sich und gab die Kommentare ohne Quellenangaben weiter, doch zweifellos verrieten seine bebende Stimme und die atemlose Ehrfurcht, von wem sie stammten.*

Stalin trug die Politik ins Kino, aber auch die Filme ins Alltagsleben. Dazu bemerkte Djilas: »Während der ganzen Vorführung gab Stalin Kommentare – Reaktionen zu den Vorgängen auf der Leinwand, in der Art ungebildeter Menschen, die künstlerische Realität für Wirklichkeit halten.« Ihn entzückten Streifen über Morde an Freunden oder Kumpanen. Chruschtschew und Mikojan mussten wiederholt einen britischen Film – zweifellos aus der Goebbels-Sammlung – über einen Piraten durchstehen, der einen Goldschatz stahl und dann seine Komplizen »Mann für Mann beiseite schaffte«, um die ganze Beute für sich zu haben.

»Was für ein durchtriebener Bursche, Raufbold und Teufelskerl«, schwärmte Stalin, doch die Genossen »fühlten sich daran erinnert, wie oft Leute aus seiner unmittelbaren Umgebung spurlos verschwanden«, dass sie »gleichsam auf Abruf« lebten. »Uns quälte der Gedanke«, so Chruschtschew: »Wurden nicht die Feinde des Volkes auf genau diese Weise beseitigt?« Stalins Isoliertheit trug erheblich dazu bei, die Wirkung dieser Filme noch entsprechend zu steigern. Nach dem Krieg wollte er bei den Bauern Steuern erheben, obwohl auf dem Lande eine Hungersnot herrschte. Das gesamte Politbüro sprach sich klugerweise dagegen aus, was ihn ärgerte. Seiner Überzeugung nach konnten sie etwas an den Staat abgeben, und dazu verwies er auf den in Propagandafilmen gezeigten Überfluss, ließ sich davon also offenbar über die tatsächlich herrschende Notlage hinwegtäuschen. Nach dem Betrachten eines Films über *Uschakow*, den Admiral Katharinas der Großen, entwickelte Stalin die fixe Idee, eine mächtige Flotte zu bauen, und zitierte dafür einen Spruch des Helden:

»Wie das Heer zu Lande, so dient uns die Marine zur See als Waffe.«

Oft bestand er darauf, zwei Filme hintereinander zu sehen, und sagte dann anschließend gegen 2 Uhr:

»Jetzt wollen wir etwas essen, nicht wahr?«, als ob es dabei jemals auf den Willen der anderen angekommen wäre, die »keineswegs hungrig« und hundemüde waren.

---

* Bolschakow überlebte Stalin und diente unter Chruschtschew als stellvertretender Handelsminister. Er starb 1980.

»Jeder sagte ja. Diese Lüge kam uns wie ein Reflex über die Lippen.«

»Wenn das eine Einladung ist«, konnte Molotow sogar höflich zustimmen, »mit dem größten Vergnügen.« Nunmehr wandte sich Stalin seinen auswärtigen Gästen zu, oft Tito oder Bierut:

»Was haben Sie heute Nacht vor?« – als ob irgendjemand zu dieser Zeit an etwas anderes als schlafen dächte. Lachend sagte Stalin: »Hmm, eine Regierung ohne staatliche Planung. Also nehmen wir einen Happen zu uns.« In der Regel dauerte der »Happen« endlose sechs Stunden lang bis zum Morgengrauen.[3]

Stalin wies den allgegenwärtigen Poskrebyschew an, die Wagen kommen zu lassen, wenn sie sich jedoch verspäteten, »zitterte er vor Wut, schrie mit verzerrten Gesichtszügen, gestikulierte heftig und warf seinem Sekretär böse Flüche an den Kopf ... der dabei erbleichte, als erlitte er einen Herzinfarkt«. Poskrebyschew trieb weitere Gäste zusammen. Diese mussten sich auf die Gelage vorbereiten und nachmittags schlafen, denn »wer an Stalins Tisch einschlief, der konnte ein böses Ende nehmen«, so Chruschtschew.*

Ausländische Gäste fuhren in Stalins Wagen mit, der immer auf einem Klappsitz direkt hinter dem Fahrer saß, zuweilen ein Oberlicht einschaltete, um zu lesen. Molotow nahm gewöhnlich den zweiten Klappsitz, während der Favorit Schdanow und etwaige andere Gäste im Fond saßen. Beria und Malenkow, »diese beiden Schurken«, wie Stalin sie nannte, teilten sich stets einen Wagen.** Wenn die Limousinen in dem von Stalin geliebten hohen Tempo aus der Stadt rasten, gab er die Route vor und machte »allerlei Umwege«, um potenzielle Attentäter abzuschütteln.

Nach etwa fünfzehn Kilometern auf der Staatsstraße erreichten sie eine Schranke, bogen links ab und näherten sich einer Gruppe junger Fichten. Nach einem weiteren Kontrollpunkt hatten sie das Tor von Kunzewo erreicht. Im Haus blieben sie gleich hinter der Diele an einer

---

* Die Angehörigen der Magnaten bekundeten, wie angespannt diese darauf warteten, dass Stalins Sekretäre sie ins Kino oder in die Datscha bestellten. An Wochenenden, der einzigen Gelegenheit, für die Familie da zu sein, reagierten die Höflinge besonders nervös, wenn das Telefon klingelte. Tagsüber aßen sie nichts, um Platz für die endlose Folge von Gerichten zu lassen. Sergej Chruschtschew bemerkte, wie eilig sein Vater aufbrach, wenn der Anruf kam.

** Die Chauffeure der Funktionäre freuten sich immer sehr, wenn ihre Chefs zu Stalin eingeladen wurden, und der langjährige Fahrer Woroschilows klagte nach dem Krieg: »Mein alter Herr darf jetzt kaum mehr hin.«

großen Weltkarte stehen, wo Stalin, Schdanow und Molotow hochtra-
bende geopolitische Erklärungen abgaben und kapriziöse Entscheidungen verkündeten. Schdanow, sein Rivale Malenkow und Wosnesenski
hielten immer ihre Notizbücher bereit, um Stalins Anordnungen mit-
zuschreiben, wohingegen sich die Altbolschewiken Molotow und Mikojan über solche Anbiederei erhaben fühlten.

Die Toiletten lagen im Keller, und neben Gästen, die vor dem Essen
kurz dort verschwanden, witzelte Molotow am Pissoir erklärend: »Das
nennen wir Entladen vor dem Beladen!« Dieses Klo gehörte übrigens zu
den wenigen Orten, an denen die Magnaten offen miteinander reden
konnten. Hier tuschelten Beria und die anderen darüber, wie sehr Stalins ständige Geschichten aus seinem sibirischen Exil sie langweilten.

Sie betraten das weitläufige Esszimmer mit dem langen Tisch mit je
etwa vierzehn Gedecken an den Längsseiten und ebenso vielen bequemen Stühlen; an den hohen Fenstern hingen lange Gardinen, und neben
zwei Kronleuchtern brannten einige Wandlampen. Wie in allen Häusern
Stalins waren die Böden, Wände und Decken mit hellen karelischen
Fichtenpaneelen verkleidet. Alles erschien so steril, »totenstill« und
»von der Außenwelt abgeschirmt«, dass die Besucher sich fühlten »wie
in einem Sanatorium«.

Stalin saß nie am Ende des Tisches, das er Beria überließ, sondern
stets links davon, oft als Mundschenk, und der Ehrengast wiederum zu
seiner Linken. Sobald man Platz genommen hatte, begann das Zechen,
anfangs noch zivilisiert mit ein paar Flaschen georgischem Wein, manchmal so schwachem, dass Stalin ihn als »Saft« bezeichnete, sowie etwas
Sekt, den er sehr liebte. Mikojan und Beria brachten gewöhnlich gute
Jahrgänge mit.

»Als Kaukasier verstehen Sie mehr von Wein als die anderen, kosten
Sie ihn einmal…«, sagte Stalin dann meist. Bald stellte sich heraus, dass
er ihn auf Gift testen ließ, also unterließen sie ihre Gastgeschenke. Stalin
servierte eigenen Wein und öffnete die Flaschen selbst. Im Lauf der
Nacht häuften sich die Toasts mit Wodka, Pfefferwodka und Weinbrand, bis sogar diese geübten Trinker dessen Wirkung zeigten. Stalin
schob die Schuld dafür gerne Beria in die Schuhe. An georgischen Tafeln
treiben Gastgeber traditionell das Spiel, ihre Gäste zum Trinken zu nötigen, und nehmen Anstoß daran, wenn sie sich zieren. Doch im vorliegenden Fall ging es bei dem Ritual nur noch um Macht und Gehorsam.
Im Lauf der Zeit machte sich Stalin einen Spaß daraus, seine Dominanz
zu beweisen, indem er die hartgesottenen Genossen zwang, ihre Selbst-

beherrschung aufzugeben und sich bis zur Besinnungslosigkeit zu betrinken. Nach Stalins Gelagen der Jahre 1944/45 hatte Professor Winogradow ihn ermahnt, sich etwas zu mäßigen, und daraufhin bevorzugte er Schorle. Dennoch schlug er ab und zu über die Stränge.

Den Anfang machte immer Stalin und nicht Beria: Er »zwang uns, so viel zu trinken, dass wir nur noch lallen konnten«, schrieb Mikojan. Beria, den Swetlana Stalin als »den geborenen Henker und Fanatiker« bezeichnete, überwachte das Trinken und sorgte dafür, dass niemand eine Runde ausließ, um den Wunsch Stalins nach Demütigung seiner Untertanen zu erfüllen.

»Los«, drangsalierte Beria zum Beispiel Molotow, »trinken Sie mit wie alle anderen«, denn er wollte sich immer vor Stalin aufspielen und dessen Forderungen noch überbieten. Manchmal nahm Stalin ausländische Gäste in Schutz, und er schonte Kaganowitsch, weil »Juden ja noch nie große Trinker waren«. Selbst in diesen Runden konnte Beria nicht anders: Nachdem er (den Abstinenzler) Djilas genötigt hatte, einen Pfefferwodka zu trinken, »erklärte er kichernd, dass dieses Getränk eine nachteilige Auswirkung auf die Gechlechtsdrüsen habe, und er gebrauchte dazu den vulgärsten Ausdruck. Stalin sah mich aufmerksam an, während Beria sprach, bereit, sogleich in Lachen auszubrechen, aber er blieb ernst, als er sah, wie ablehnend ich darauf reagierte.«

Im Grunde verabscheute Beria diese Trinkgelage – beschwerte sich bei Nina, Chruschtschew und Molotow bitter darüber. Nina fragte ihn, weshalb er trotzdem mitmache: »Du musst Dich auf dieselbe Ebene begeben wie die Leute, mit denen Du zusammen bist«, gab er zurück, doch verbarg sich etwas mehr dahinter. Beria genoss seine Macht: Darin wie auch in vielen anderen Bereichen »konnte ich ihren Verlockungen nicht widerstehen«. Auch Chruschtschew litt unter den ständigen Exzessen und empfand sie als »grässlich«.

Mitunter becherten die Potentaten so kräftig, dass sie wie alternde, aufgedunsene Studenten nach draußen torkelten, um sich zu übergeben. Derart besudelt, ließen sie sich dann von ihren Leibwächtern zum Auto schleppen und nach Hause fahren. Auch den von Stalin wegen seines Stehvermögens gepriesenen Molotow warf es manchmal um. Poskrebyschew machte die Sauferei am meisten zu schaffen.

Chruschtschew war als starker Trinker ebenso sehr wie Beria darauf bedacht, Stalin zu gefallen. Bisweilen richtete er sich dermaßen zu, dass Beria ihn nach Hause bringen und ins Bett hieven musste. Schdanow und Schtscherbakow gerieten beide auf die schiefe Bahn: Letzterer starb im Mai 1945 am Alkoholismus, während Ersterer die Sucht zu bekämpfen versuchte. Bulganin »lebte praktisch mit der Krankheit«, und Malenkow quoll lediglich immer mehr auf.

Beria, Malenkow und Mikojan konnten das Personal überreden, ihnen nur »gefärbtes Wasser« statt Wein zu servieren, aber Schtscherbakow verpetzte sie bei Stalin. Nachdem Mikojan ein paar große Schnäpse gekippt hatte, wankte er aus dem Speisezimmer und fand nebenan einen kleinen Raum mit Sofa und Waschbecken. Dort tauchte er sein Gesicht in kaltes Wasser und ruhte sich anschließend etwas aus, was er zur heimlichen Gewohnheit kultivierte. Doch Beria fing an zu sticheln, und Stalin, der sich bereits gegen den Armenier wandte, erklärte drohend: »Wolltest wohl schlauer sein als der Rest! Pass auf, dafür wirst du noch büßen!«[4]

Stalins osteuropäischen Vasallen erging es nicht besser. Gottwald forderte einmal im Zustand der Volltrunkenheit die Einbindung der Tschechoslowakei in die Sowjetunion, worauf seine mitgereiste Frau auf heldenhafte Weise freiwillig anbot: »Erlauben Sie mir, Genosse Stalin, meinen Mann abzulösen: Ich werde ab jetzt für uns beide trinken.« Rakosi lästerte dummerweise im Beisein Berias, die Sowjets seien »eine Horde von Trunkenbolden«.

»Das wollen wir doch einmal sehen!«, höhnte Stalin und »machte sich am selben Abend daran, den Ungarn voll Alkohol zu pumpen«.

Im Sommer konnten die Gäste einfach auf die Veranda hinauswanken. Stalin fragte Beria und Chruschtschew um Rat wegen seiner Rosen, Zitronen und Küchenkräuter. Er überwachte die Anlegung eines Gemüsegartens, in dem er experimentierte, zum Beispiel Kürbisse mit Wassermelonen kreuzte. Täglich fütterte er die Vögel. Einmal ließ Beria ein Gewächshaus als Geschenk für Stalin bauen.

»Welcher Narr hat das angeordnet?«, fragte dieser. »Wissen Sie, wieviel Strom die Beleuchtung verbraucht?« Er ließ es wieder abreißen.

Das Niveau des feuchtfröhlichen Unsinns lag nicht höher als bei Studentenverbindungen. So fiel es Chruschtschew und Poskrebyschew im Rausch ein, Kulik in den Teich zu werfen – sie wussten, dass Stalin jeden Respekt vor dem Possenreißer verloren hatte. Der bekanntermaßen starke Kulik kroch triefend aus dem Wasser und jagte Poskrebyschew, der sich in die Büsche schlug. Beria warnte: »Sollte jemand das mit mir versuchen, mache ich Hackfleisch aus ihm!« Poskrebyschew schubsten sie regelmäßig hinein, bis die Wachen aus Sorge darüber, dass ein be-

zechter Magnat ertrinken könnte, den Tümpel still und heimlich tro-
ckenlegten. Stalin fand seine Freude an den infantilen Späßen: »Ihr seid
wie die kleinen Kinder!«

Eines Abends schlug Beria vor, im Garten ein wenig zu schießen. Dort
gab es einen Käfig mit Wachteln. »Wenn wir sie nicht erledigen«, erklärte er, »essen die Wachen sie!« Dann wankte der wahrscheinlich
schon betrunkene Boss hinaus und verlangte Waffen. Der alte, schwache, wacklige Stalin, obendrein beeinträchtigt durch den schadhaften
linken Arm, klagte erst, ihm sei »schwindlig« und schoss dann in den
Boden, nur knapp Mikojan verfehlend. Anschließend feuerte er in die
Luft mit der Folge, dass der Schrot auf seine Leibwächter, die Obersten
Tukow und Chrustalew, niederregnete. Später entschuldigte sich Stalin
bei ihnen, schob jedoch alles Beria in die Schuhe.*

Im Esszimmer erschienen die Bediensteten, mollige Bäuerinnen in weißen Schürzen, mit einer Reihe von georgischen Gerichten, stellten sie
auf dem Büfett oder auf dem anderen Ende des langen Tisches ab und
verschwanden dann wieder. Als eine von ihnen Stalin und den Polen Tee
servierte, hielt sie inne und zögerte. Stalin bemerkte es sofort: »Worauf
lauscht sie?« Wenn keine ausländischen Gäste zugegen waren, trugen
eine der Haushälterinnen, gewöhnlich Waletschka, und ein Leibwächter
die Schüsseln auf. Danach nahm sich jeder selbst das Gewünschte und
folgte Stalin an den Tisch.

»Allmählich fing Stalin an, sich sehr für seine Ernährung zu interessieren«, berichtet Mikojan. Der müde Generalissimus wollte seine ste-
tig schwindenden Kräfte »mit gewaltigen Portionen auffrischen, die
für einen viel größeren Mann ausgereicht hätten, und er aß«, schrieb
Mikojan, »mindestens doppelt so viel wie ich. Er nahm sich einen tiefen Teller, mischte darin zweierlei Suppen, bröselte sodann Brot hinein, deckte das Ganze mit einem weiteren Schöpfer Suppe zu – und aß
schließlich alles auf. Es gab Vorspeisen, das Hauptgericht und sehr viel
Fleisch.« Stalin mochte gern Geflügel – Perlhuhn, Ente, Hähnchen
und Wachteln –, aber auch Fisch, besonders Hering. Er sann sogar ein
eigenes Rezept aus namens *Aragwi* – Lammfleisch mit Auberginen,
Tomaten, Kartoffeln und schwarzem Pfeffer, alles in einer scharfen
Soße –, was er häufig bestellte. Doch in seinem extremen Misstrauen

---

* Der Vorfall überzeugte Beria und Chruschtschew endgültig davon, dass Stalin
überhaupt nicht schießen konnte und seine Jagdgeschichten allesamt erlogen waren.

versuchte er gewöhnlich, Chruschtschew als den gierigsten unter den Magnaten zu überreden, seine Lamm- oder Heringsgerichte vorzukosten.

Die Bankette sollten, als eine Art kulinarischer Imperialismus, sowohl durch ihre Schlichtheit beeindrucken als auch durch ihren Umfang einschüchtern – und sie wirkten. Während sich die unabhängigen Jugoslawen über die Derbheit der Gesellschaft entsetzt zeigten, schwärmten die Polen vom »köstlichen Bärenröstfleisch« und dem »charmanten Gastgeber«, der sie mit väterlicher Wärme behandelt und sich angelegentlich erkundigt habe, ob ihre Familien den Urlaub auf der Krim genössen. Außenstehenden gegenüber bewies Stalin stets seine Gabe des meisterhaften Gespürs für »die menschliche Nähe«. Doch hatte dieser Charme auch seine Grenzen. Bierut löcherte Stalin mit Fragen nach dem Schicksal der seit 1937 verschwundenen polnischen Kommunisten.

»Lawrenti, wo sind sie geblieben?«, wandte sich Stalin daraufhin an Beria. »Ich hatte Sie doch gebeten, nach ihnen zu suchen. Warum haben Sie sie noch nicht gefunden?« Stalin und Beria genossen solche finsteren Spiele. Beria versprach ihm, sich um die verschwundenen Polen zu kümmern, doch als Stalin nicht zuhörte, ging er auf Bierut los:

»Warum rücken Sie Josef Wissarionowitsch so auf die Pelle? Hauen Sie ab und lassen ihn in Ruhe, oder Sie werden es bereuen!« Danach erwähnte Bierut seine vermissten Freunde nie wieder.

Stalin litt unter schlechten Zähnen, was auch seinen Hof mitbetraf, da er stets nur das zarteste Fleisch und die allerreifsten Früchte essen konnte. Der Feinschmecker beharrte auf bolschewistischer Sparsamkeit. Einmal ließ er sich ein köstliches Lammfilet schmecken, fragte dann aber einen Leibwächter:

»Woher kommt dieses Lamm?«

»Aus dem Kaukasus«, antwortete der Beamte.

»Womit wurde das Flugzeug betankt? Mit Wasser? Das ist so einer von Wlasiks Einfällen!«[*] Stalin ordnete an, in Kunzewo eine Rinder-,

---

[*] Wlasik und Generalleutnant Sascha Egnataschwili, der verlässliche Sohn des Gastwirts in Gori und Beschützer Kekes, dürften für die Speisen Stalins verantwortlich gewesen sein, die in einem MGB-Labor des Namens »Die Basis« geprüft und dann mit dem Vermerk »Keine Giftspuren gefunden« versehen wurden. Stalin ließ allerdings oft sein Gefolge Speisen und Getränke vorkosten. Wenn er Feste besuchte, brachte er Wein und Zigaretten mit, die er persönlich öffnete. Er aß und trank nur, wenn er selbst das Siegel erbrochen hatte, und Wlasik musste anschließend die Reste verteilen. Diese waren beträchtlich, die Versuchung zu betrügen ebenso unwiderstehlich wie gefährlich. Wlasik erlag ihr trotzdem.

Schaf- und Geflügelzucht sowie einen Fischteich anzulegen, die drei ausgewählte Agrarexperten leiteten. Als Beria dreißig Steinbutte besorgte, verhöhnte Stalin seine Wachen: »*Sie* können keinen Steinbutt auftreiben, aber Beria kann es.« Die Beamten gaben eine Laboranalyse in Auftrag, bei der sich herausstellte, dass Berias Fisch verdorben war.

»Diesem Gauner kann man nicht trauen«, rief Stalin aus. Trotz des eigenen anschwellenden Bauches kritisierte Stalin die zunehmende Dickleibigkeit »Malanja« Malenkows und befahl ihm, Sport zu treiben, um »wieder menschliche Gestalt anzunehmen«. Bald hackte auch Beria auf seinem Verbündeten herum:

»Wo bleibt denn deine menschliche Gestalt? Hast du schon abgenommen?« Chruschtschews Gefräßigkeit amüsierte Stalin allerdings, und er flüsterte den Wachen zu: »Der brauchte mehr als zwei Fische und ein paar Fasane, dieser Vielfraß!« Dennoch ermunterte er den rundlichen Chruschtschew, noch mehr zu essen: »Oh, hier ist das Gänseklein, Nikita, haben Sie es schon probiert?« Die Potentaten versuchten, Diät zu halten, indem sie einmal wöchentlich nur Obst und Säfte zu sich nahmen, um sich zu »entschlacken«, aber das schien nicht zu wirken. Beria musste als Einziger an Stalins Tisch nicht probieren, da er seine eigenen Speisen hatte, die er sich von seiner Datscha bringen ließ. Wenn Stalins alte Haushälterin sie ihm servierte, »sagte sie mit ihrer heiseren nasalen Stimme: ›Hier ist ihr Grünfutter, Genosse Beria‹. Das löste jedes Mal schallendes Gelächter aus. Beria aß tatsächlich Gras, so wie man das in Mittelasien tut. Und manchmal stopfte er sich das Grünzeug mit den Fingern in den Mund. Hin und wieder benutzte er auch eine Gabel, gewöhnlich aber aß er mit den Fingern.«[5]

Das Reich wurde in der Tat »vom Esstisch regiert«, wie Molotow sagte. So glich »das Ganze einer patriarchalischen Familie mit einem schrulligen Oberhaupt, dessen schwache Seiten die anderen immer behutsam umgingen«, doch bei diesen Essen, schrieb Djilas, »wurde über das Schicksal des weiten russischen Landes, der neugewonnenen Territorien und, bis zu einem gewissen Grade, der gesamten Menschheit entschieden«. Die Gespräche umspannten ein weites Feld, vom Zwanglosen bis zu »den ernstesten politischen Themen«. Das Politbüro tauschte Neuigkeiten über die jeweiligen Ressorts aus, wobei der Schein des Lässigen trog: »Der uneingeweihte Gast mochte kaum Rangunterschiede zwischen Stalin und den anderen feststellen, aber sie bestanden, sogar sehr ausgeprägt.«

Beim Essen war Schdanow, »der Pianist«, am geschwätzigsten, gab mit seiner jeweils neuesten Kulturkampagne an oder knurrte, dass Molotow ihm erlauben sollte, Finnland zu annektieren, während sein Hauptrivale, der korpulente Obersekretär Malenkow, gewöhnlich schwieg. Seine Strategie bestand darin, »äußerst vorsichtig mit Stalin umzugehen«. Beria, der Kriecherischste, zugleich aber Respektloseste von allen, verstand es, Stalin mit aller Tücke zu provozieren und zu manipulieren oder, wie seine Frau es ausdrückte, »mit dem Feuer zu spielen«. Er konnte jeden nicht mit ihm abgesprochenen Vorschlag abschießen. Beria besaß deshalb »viel Macht«, weil er »immer den richtigen Moment abpasste, um Stalins Gunst oder Missgunst … für seine Zwecke auszunutzen«.

Wenn keine Ausländer sie störten, entschieden die Magnaten oft über Leben und Tod. Stalin sprach »mit der kühlen Distanz des Historikers, ohne Bedauern oder Ärger, sondern nur mit leichtem Humor«, über ihre in den dreißiger Jahren ermordeten Bekannten. Einmal schritt er auf einen seiner Marschälle zu, den man inhaftiert und später wieder freigelassen hatte. »Wie ich hörte, saßen Sie kürzlich in Haft?«

»Ja, Genosse Stalin, das stimmt, aber sie haben meinen Fall überprüft und mich laufen lassen. Doch wie viele gute und bemerkenswerte Leute sind dort umgekommen.«

»Ja«, sinnierte Stalin nachdenklich, »wir haben eine Menge guter und bemerkenswerter Leute verloren.« Dann verließ er den Raum und ging in den Garten. Die Höflinge wandten sich dem Marschall zu:

»Was haben Sie dem Genossen Stalin gesagt?«, fragte Malenkow, der sich immer benahm wie der Klassensprecher. »Warum?« In diesem Moment kehrte Stalin mit einem Strauß Rosen in der Hand zurück, den er dem Marschall überreichte.

Jeder der Magnaten überwachte die anderen, ständig darauf bedacht, die eigenen Interessen zu wahren und möglichst nicht den alten Generalissimus zu reizen. Indessen erschien es immer schwieriger, über realpolitische Fragen zu sprechen. Als Mikojan die Nahrungsknappheit erwähnte, fragte Stalin, selbst vor einer Unzahl von Gerichten sitzend, ganz beunruhigt: »Warum gibt es denn nicht genug zu essen?«

»Lass dir das von Malenkow erklären, der ist für die Landwirtschaft zuständig«, gab Mikojan zurück, und in diesem Moment verpassten ihm Beria und Malenkow unter dem Tisch heftige Tritte gegens Schienbein.

»Was soll das?«, griffen sie ihn später an. »Es verärgert Stalin nur, und dann fängt er an, einen von uns zu beschimpfen. Man darf ihm nur sagen, was er gerne hört, um für eine angenehme Stimmung zu sorgen. Anstatt uns das Essen zu verderben!«[6]

Sie erforschten Stalin wie Zoologen, um Launen zu deuten, seine Gunst zu gewinnen und zu überleben. Der Knackpunkt lag darin, Stalins einzigartige Mischung aus Überempfindlichkeit und weltgeschichtlicher Arroganz, sein Liebesbedürfnis und seine gnadenlose Grausamkeit zu verstehen – und vor allem durfte man ihm keine Angst machen. Als Mikojans Bruder Artjom, der Flugzeugplaner, in Schwierigkeiten geriet, gab jener ihm »Ratschläge für den Umgang mit Stalin«.

Es galten gewisse Grundregeln, die an den Umgang mit wilden Tieren erinnern. Nummer eins lautete, ihm offen in die Augen zu schauen, denn ansonsten fragte er: »Warum weichen Sie heute meinem Blick aus?« Allerdings konnte es auch gefährlich sein, ihn zu lange derart zu fixieren. Gomulka, einer der polnischen Genossen, schrieb immer eifrig mit und bezeugte Respekt, aber seine Intensität machte Stalin nervös. »Was für ein Typ ist Gomulka? Er sitzt die ganze Zeit da und sieht mir in die Augen, so als suche er da etwas.« Vielleicht war er ja ein Agent?

Besucher mussten jederzeit Ruhe bewahren, denn Panik hätte Stalin alarmiert (Bierut gelang es, »nie Nervosität oder Befangenheit aufkommen zu lassen«), außerdem ihre Hochachtung bekunden, indem sie mitschrieben wie Malenkow, allerdings nicht so hektisch wie Gomulka. »Warum bringt der einen Notizblock mit?«, fragte sich Stalin. Wenn Wachen allzu förmlich auftraten und die Hacken zusammenschlugen, reagierte Stalin missmutig: »Für wen halten Sie sich? Etwa den Soldaten Schwejk?«, keifte er. Doch Festigkeit und Humor kamen gewöhnlich gut an. So bewunderte und protegierte Stalin Schukow, schätzte Chruschtschew, weil sie ihre Ansichten standhaft vertraten.

Wissend, dass Beria und Malenkow versuchten, Entscheidungen anzubahnen, würdigte Stalin die Ehrlichkeit Wosnesenskis, konnte jedoch Unverblümtheit bei alten Genossen nicht mehr ertragen. Woroschilow, »einer der angesehensten Würdenträger der Revolution«, dem Stalin inzwischen wegen seiner Vorliebe für Pracht und Boheme misstraute, wollte sich auf ihre alte Freundschaft berufen: »Ich kann mich nicht daran erinnern«, gab Stalin zurück. Als einer der offensten widersprach Mikojan Stalin oft, was während des Kriegs durchging, jetzt aber nicht mehr. Als sie einmal über die Offensive von Charkow diskutierten, platzte Mikojan mit dem tolldreisten Vorwurf heraus, Stalin selbst habe das Desaster verschuldet. Darauf reagierte das militärische Genie wütend, und sein Misstrauen gegenüber Molotow und Mikojan wuchs.

Die Potentaten trafen sich kaum privat, denn »alle Freunde und Freundschaften bedeuteten Gefahr«, schrieb Sergei Chruschtschew. »Harmlose Verabredungen mochten tragisch enden.« Während Chruschtschew, Malenkow, Mechlis, Budjonni und andere in der Granowskistraße wohnten, besuchten sie einander praktisch nie. Stalin sah es gerne, wenn sie einander hassten. Beria und Malenkow verachteten Schdanow und Wosnesenski; Mikojan verabscheute Beria, Bulganin ebenso Malenkow. Ihre Wohnungen hingen inzwischen alle am Netz des NKWD. Und Beria behauptete, daheim bewusst gewisse politische Zustände kritisiert zu haben, damit Stalin kein Misstrauen schöpfte. Ihre Bedeutung erwuchs nicht aus dem Rang oder Dienstalter, sondern allein aus dem Verhältnis zu Stalin. So konnte Poskrebyschew, ein Faktotum, wiewohl Mitglied des Zentralkomitees, offen den in Ungnade gefallenen Mikojan beleidigen, der immerhin dem Politbüro angehörte.

Man musste Stalin wegen jeder Kleinigkeit zu Rate ziehen, allerdings ließ er sich nicht gerne mit Entscheidungen belästigen, da ihn auch das nervös machte. Beria brüstete sich damit, dass Jeschow mit jedem Kinkerlitzchen zu Stalin gerannt sei, während er ihn nur bei den wichtigen Fragen konsultiere. Wenn Stalin in Urlaub war, traf man am besten gar keine Entscheidungen, eine von Bulganin bis zur Perfektion getriebene Strategie, mit der er steil aufstieg. Im Zweifel berief er sich auf Stalins Scharfsinn: »Ohne Ihre Hilfe könnte niemand dieses Problem lösen«, lautete einer seiner Vermerke. Stalin hörte sich gerne die Ansichten aller anderen an, bevor er seine eigene äußerte, doch Mikojan zog es vor, »erst einmal abzuwarten, was Stalin meinte«.

Beria zufolge musste man, um zu überleben, »immer als Erster zuschlagen«. Daher galt es als schlau, Kollegen zu denunzieren oder, wie Wyschinski es formulierte, »Leute unter Druck zu setzen«. Wenn Molotow einen Fehler machte, ergötzte Wyschinski sich daran. Doch auch die Denunzianten selbst gerieten unter Druck. Manuilski verfasste ein zehnseitiges Pamphlet mit Vorwürfen: »Lieber Genosse Stalin, ich wende mich im Fall Wyschinski an Sie. Draußen, im Ausland, wo ihn kein Zentralkomitee maßregelt, tritt er als übler Bourgeois mit grenzenloser Selbstüberhebung auf, der nur an seine persönlichen Interessen denkt.« Stalin beschloss zwar, in der Sache nichts zu unternehmen, informierte aber wie immer das Opfer. Wenig später fand man Wyschinski selbstvergessen vor sich hin starren: »Ich bin nur noch theoretisch am Leben. Ich überstehe jeden Tag nur mit Mühe. Aber immerhin das!«

Das oberste Gebot lautete, nichts vor Stalin zu verbergen. Schdanow neutralisierte seine Krise in Leningrad, Chruschtschew seinen jugendlichen Trotzkismus dadurch, dass sie unterwürfig vor Stalin beichteten. Dieser spürte mit Argusaugen jede Schwäche auf.[7]

Oft zogen sich die Gelage bis in die frühen Morgenstunden hin, wenn die Gäste hoffnungslos betrunken, müde und überdrüssig waren, der schlaflose Despot jedoch hellwach, aufmerksam und fast nüchtern.

Es gab eine kurze Pause, um sich die Hände zu waschen, eine weitere Gelegenheit, sich über Stalins jüngste Aussetzer lustig zu machen. Die Magnaten kicherten über die wachsende Zahl von Schlössern an den Türen und tuschelten über Stalins Prahlerei mit seinen Sauftouren. »Da sehen Sie es, er hat schon in seiner Jugend zu viel getrunken.«

Manchmal, so Chruschtschew, wurde Stalin selbst »so betrunken, dass er sich alle Freiheiten herausnahm«. Dann »bewarf er einen mit Tomaten«. Beria galt neben Poskrebyschew als ein Meister des praktischen Witzes. Die beiden würdigsten Gäste, Molotow und Mikojan, gaben ideale Opfer ab, als sich Stalins Misstrauen ihnen gegenüber boshaft verschärfte. Beria nahm die makellose Kleidung des »eleganten« Mikojan aufs Korn. Stalin hänselte ihn wegen seines »protzigen Stils«, während Beria sich einen Spaß daraus machte, Mikojans Hut in die Bäume zu schleudern, wo er hängen blieb. Er steckte Mikojan überreife Tomaten in die Taschen »und drückte ihn dann gegen die Wand«, sodass sie innen platzten. Bald fing Mikojan an, zu diesen Essen Ersatzhosen mitzubringen. Zu Hause fand Aschken Hühnerknochen in seinen Taschen. Stalin lächelte, wenn sich Molotow auf eine Tomate setzte oder Poskrebyschew einen völlig versalzenen Wodka kippte und sich anschließend übergab. Beria schrieb einmal »blöder Hund« auf ein Stück Papier und klebte es Chruschtschew auf den Rücken. Als der nichts merkte, lachten alle. Chruschtschew verzieh ihm die Demütigung nie.

Manchmal kam plötzlich Swetlana beim Essen herein, konnte indes ihr Unbehagen und Missfallen nicht verbergen. »Alles erinnerte an die Späße der Zaren mit den Bojaren zur Zeit Peters des Ersten«, die sich fast totgetrunken hatten, um dem Herrscher bei seiner exzessiven »Synode« zu gefallen.

Nach dem Essen »bediente Stalin das Grammophon und blieb daneben sitzen«, wie sich Berman erinnerte. Stalin drängte seine Granden zu tanzen, aber es war nun nicht mehr der erregende Wirbel von Woroschilows und Mikojans phantastischer Leichtfüßigkeit, sondern ebenfalls zu einer Probe von Macht und Stärke verkommen. Stalin selbst »schlurfte mit ausgebreiteten Armen herum«, wenn auch nicht ohne »einen gewissen Sinn für Rhythmus«.

»Genosse Josef Wissarionowitsch, wie stark Sie sind!«, schmeichelte das Politbüro. Dann hielt er inne und sagte düster:

»O nein, meine Tage sind gezählt. Ich gehe den Weg allen Fleisches.«

»Nein, nein!«, begehrte Molotow auf. »Genosse Josef Wissarionowitsch, wir brauchen Sie, Sie haben noch ein langes Leben vor sich!«

»Das Alter hat sich eingeschlichen, und ich bin bereits ein Greis!«

»Unsinn. Sie sehen gut aus. Sie halten sich prächtig…«

In Anwesenheit Titos fegte Stalin diese Zusicherungen weg und musterte seinen Gast, den er später ermorden lassen wollte: »Tito sollte auf sich aufpassen, damit ihm nichts zustößt, denn ich werde nicht mehr lange leben.« Danach wandte er sich Molotow zu. »Aber Wjatscheslaw Michailowitsch wird hier bleiben.« Molotow zuckte zusammen. Schließlich erklärte Stalin in einer bizarren Demonstration seiner Männlichkeit: »In mir steckt noch Kraft!« Er umschlang Titos Arme mit beiden Armen und hob ihn dreimal hoch zum Rhythmus des gerade auf dem Grammophon laufenden russischen Volksliedes.

»Wenn Stalin sagt: tanze«, so Chruschtschew zu Mikojan, »dann tanzt ein kluger Mann.« Er ließ den schwitzenden Chruschtschew tief in die Knie gehen und den *Gopak* darbieten, sodass er aussah »wie eine Kuh auf dem Eis«. Bulganin »stampfte«. Mikojan, der »versierte Tänzer«, beherrschte immer noch seinen wilden *Lesginka*, und »unser Salonlöwe« Molotow legte einen makellosen Walzer aufs Parkett. Seit den dreißiger Jahren führte Molotow bei Festen die allseits beliebte Nummer auf, mit anderen Männern eng umschlungen Blues zu tanzen, doch sein letzter Partner, Postyschew, lebte schon lange nicht mehr. Überrascht sah sich nun der polnische Sicherheitschef Berman vom sowjetischen Außenminister aufgefordert. »Ich schlüpfte bei den rhythmischen Schritten einfach in die Frauenrolle«, sagte er. »Molotow, kein schlechter Tänzer, führte. Ich versuchte, im Takt zu bleiben, doch was dabei herauskam, glich eher einer Clownerie als Tanzen, machte Spaß, jedoch unter einer inneren Anspannung.« Stalin sah vom Grammophon aus zu und grinste schelmisch, als Molotow und Berman ihre Runden drehten. »Der fand wirklich seine Freude daran«, kommentierte Berman. »Für uns andere dagegen boten diese Tanzeinlagen eine gute Gelegenheit, einander

Dinge zuzuflüstern, die man nicht laut sagen konnte.« Molotow warnte Berman »vor der Unterwanderung durch verschiedene feindliche Organisationen«, was Stalin zuvor mit ihm abgesprochen hatte.*

An diesen Essen nahmen fast nie Frauen teil; Ausnahmen bildeten nur der Silvesterabend und Stalins Geburtstag. Als sich Nina Beria einmal mit ihrem Mann in Kunzewo aufhielt, fragte der Hausherr sie, warum sie nicht tanze. – Weil sie nicht in der Stimmung sei. – Daraufhin ging Stalin zu einem jungen Schauspieler hinüber und bat ihn, Nina aufzufordern, mit dem Hintergedanken, den eifersüchtigen Beria zu ärgern, der in der Tat wütend darauf reagierte. Swetlana hasste die Besuche bei diesen Orgien. Stalin bestand auch bei ihr darauf, dass sie tanzte. »Nun, Swetlana, weiter, tanze! Du bist die Gastgeberin, also tanz!«

»Ich habe schon getanzt, Papa. Ich bin müde.« Stalin zog sie an den Haaren, und als sie zu fliehen versuchte, rief er: »Was ist denn los, Genossin Hausfrau, du bist weggegangen und hast uns Unwissende allein und ohne Orientierung gelassen. Wir wissen jetzt nicht, wohin wir gehen sollen! Führe uns, zeige uns den Weg!«

Oft setzte sich Schdanow ans Klavier, und sie sangen Kirchenlieder, Choräle und georgische Volkslieder, zum Beispiel »Suliko«. Wenn sich georgische Schauspieler und Regisseure dazu gesellten, ging es heiterer zu. Tschiaurelis »Pantomimen, Lieder und Anekdoten brachten Stalin zum Lachen«. Er sang selbst sehr gerne und gut. Die zwei ehemaligen Chorknaben Stalin und Woroschilow begaben sich zu Mikojan, Beria und Schdanow ans Klavier.**

Es dämmerte schon fast, wenn Stalins Wutausbrüche diese Runden beendeten. »Kein herzloser Ermittler«, schrieb Chruschtschew, »würde einen verstockten Kriminellen schlimmer behandeln als Stalin seine Freunde bei Tisch.« Als Mikojan ihm einmal widersprach, brauste Stalin auf: »Ihr seid durch die Bank alt geworden. Ich werde euch alle ablösen.«

Gegen fünf Uhr entließ er seine erschöpften Genossen – oft so betrun-

---

* Diese Männertänze symbolisieren zwar die finstere Degeneration der Stalin'schen Diktatur, waren aber nichts Einzigartiges. Im November 1943 herrschte auch bei Präsident Roosevelts Thanksgiving-Fest in Kairo, übrigens kurz vor der Abreise zum Treffen mit Stalin in Teheran, akute Frauenknappheit, sodass Churchill frohgemut mit dem präsidialen Militärberater General Edwin »Pa« Watson tanzte.

** An diesen Aufführungen fanden sie so viel Freude, dass sie sogar eine Aufnahme von der mörderischen Band mit Woroschilow als Solosänger und Schdanow am Klavier machten. Darauf hört man tatsächlich die fröhlichen Stimmen und das Geklimper eines Abends in Kunzewo. Der bemerkenswerte Mitschnitt befindet sich im Besitz der Familie Schdanow.

ken, dass sie kaum mehr stehen konnten. Die Wachen bestellten ihre Wagen vor den Eingang, wo die Chauffeure »ihre Lasten wegschleppten«. Auf dem Heimweg lehnten sich Chruschtschew und Bulganin zurück, erleichtert darüber, dass sie es hinter sich hatten. »Man weiß nie«, flüsterte Bulganin, »ob man nach Hause fährt oder ins Gefängnis.«

Die Wachen schlossen alle Türen der Datscha ab und zogen sich zurück. Stalin legte sich auf eines seiner Sofas und fing an zu lesen. Schließlich siegten der Alkohol und die Erschöpfung. Stalin schlief ein. Seine Leibwächter sahen die Lichter in Stalins Gemächern ausgehen: »keine Bewegung«.[8]

47

MOLOTOWS CHANCE:
»IM SUFF REDEN SIE NUR UNSINN!«

»Der Krieg«, räumte Stalin ein, »hat mich gebrochen.« Im Oktober 1945 erkrankte er wieder und verkündete plötzlich beim Essen: »Lasst Wjatscheslaw jetzt die Arbeit machen. Er ist jünger.« Kaganowitsch flehte Stalin schluchzend an, nicht abzutreten. Es gibt keine brisantere Ehre als die Ernennung zum Amtsbevollmächtigten eines mörderischen Tyrannen. Doch jetzt bekam Molotow, der Erste in einer Schreckensreihe potenzieller Nachfolger, die große Chance, kommissarisch als Staatschef zu fungieren.

Am 9. Oktober bewilligten Stalin, Molotow und Malenkow »dem Genossen Stalin anderthalb Monate Urlaub« – und der Generalissimus fuhr mit seinem Sonderzug nach Sotschi und dann weiter nach Gagra ans Schwarze Meer. Irgendwann zwischen dem 9. und dem 15. Oktober erlitt er einen schweren Herzanfall. Ein Foto aus dem Privatarchiv der Familie Wlasik zeigt einen eindeutig gebrechlichen Stalin, gefolgt vom ängstlichen Leibwächter, wahrscheinlich bei ihrer Ankunft in Sotschi, einer jetzt stattlichen einstöckigen Atriumvilla. Von dort aus zog er südwärts nach Cholodnaja Retschka bei Gagra weiter, Stalins uneinnehmbarem, hoch auf einem Riff über dem Meer aus dem Felsen geschnittenem Horst. Von Merschanow zu einer an Kunzewo erinnernden südländischen Datscha umgebaut, diente ihm dieses Haus für den Rest seines Lebens als dortige Hauptresidenz. Die beschlagenen Holztore erreichte man nur über eine »schmale, stark gewundene Straße«. Neben der ringsum laufenden georgischen Veranda gab es eine große Dachterrasse, und am Berghang stand eine wacklige Holzhütte für die Sommerfrische.*

---

* Auf der Klippenseite gab es unterhalb am Ende der Treppe eine kleine Villa für Swetlana. Als Stalin diese zum ersten Mal sah, murrte er: »Was ist sie denn? Etwa ein

An diesem schönen Ort erholte sich Stalin in einem ruhigen, gänzlich ungestörten Urlaubsrhythmus, schlief den ganzen Morgen, machte tagsüber Spaziergänge, frühstückte auf der Terrasse, las bis tief in die Nacht, erhielt eine Unmenge von Papieren, darunter jene zwei Stapel, auf die er nie verzichtete: NKGB-Berichte und Übersetzungen aus internationalen Tageszeitungen. Vielleicht weil Stalin die sowjetische Presse so streng überwachen ließ, bekundete er erstaunlich großes Vertrauen in ausländische Journalisten.

In seiner Abwesenheit führte das Quartett des Politbüros, also Molotow gemeinsam mit Beria, Mikojan und Malenkow, die Regierungsgeschäfte. Doch Molotows Platz an der Sonne geriet bald in den Schatten beunruhigender Gerüchte, wonach Stalin im Sterben liege respektive tot sei. Am 10. Oktober gab die sowjetische Presseagentur *TASS* bekannt, dass sich »der Genosse Stalin zu einer Ruhepause zurückgezogen hat«. Das indes weckte bloß Neugier und ließ Stalin sofort aufhorchen. Die *Chicago Tribune* berichtete von einer Arbeitsunfähigkeit Stalins. Zweifellos würden Molotow und Marschall Schukow seine Nachfolge antreten – eine Meldung, die unter der Überschrift »Gerüchte der Auslandspresse über die körperliche Verfassung des Genossen Stalin« südwärts reiste. Stalins Misstrauen verschärfte sich, als er ein Interview mit Schukow las, in dem der Marschall den Sieg über Hitler für sich selbst in Anspruch nahm und erst relativ spät geruhte, auch Stalin zu rühmen. Dieser konzentrierte sich fortan darauf, warum solche Todesgerüchte überhaupt aufgekommen waren. Wer hatte sie in Umlauf gesetzt, und das vielleicht gar mit dem Vorsatz, die durch seine Person verkörperte Ehre der Sowjetunion zu entweihen?

Vielleicht entging »unserem Wjatscheslaw« aus Begeisterung darüber, schließlich doch die Verantwortung zu tragen, was sich in Abchasien zusammenbraute. Jetzt stand Molotow auf dem Höhepunkt des internationalen Ansehens als Staatsmann und war gerade erst von einer längeren Auslandsreise zurückgekehrt. Gewisse Spannungen traten auf, als Stalin von seinem Minister verlangte, er solle die Türkei unter Druck setzen, auf bestimmte Teile ihres Gebiets zu verzichten. Molotow argumentierte dagegen, Stalin gab nicht nach, und dann wies Ankara die sowjetischen Forderungen zurück. Im April flog Molotow nach New

Mitglied des Politbüros?« Wasilis Hütte lag direkt neben dem Wachlokal, und Besucher mussten durch einen langen Tunnel im Wachhaus fahren, um Stalins Residenz zu erreichen.

York, Washington und San Francisco, wo er Präsident Truman traf und an der Eröffnungszeremonie der UNO teilnahm. In einem eher unangenehmen Gespräch stellte Truman ihn wegen Polen zur Rede. »Wir leben ständig unter dem Druck, nichts aus den Augen zu verlieren«, schrieb Molotow an »Polinka, meine Liebe«, sonnte sich dabei aber wie eh und je in seinem Ruhm: »Ich stand hier im Zentrum des Interesses der bürgerlichen Öffentlichkeit«, prahlte er, »während die anderen Minister weniger Beachtung fanden!«

Im September nahm Molotow in London am Außenministerrat teil, wo er auf eine sowjetische Treuhänderschaft im italienischen Libyen drängte und das mit einem trockenen Witz über die Versiertheit seines Landes bei der Kolonialverwaltung begründete. Im Unterschied zu Stalin, der stets radikale Schritte anstrebte, trieb Molotow eine realistische Außenpolitik der kleinen Schritte und wusste sehr genau, dass der Westen niemals einem sowjetischen Libyen zustimmen würde. Er beging zwar einige Fauxpas, aber Stalin verzieh ihm dennoch das Scheitern der Konferenz und führte es auf die Unnachgiebigkeit der Amerikaner zurück. Erneut beklagte sich Molotow bei Polina über den »Druck, keine Fehler zu machen«.

Als Stalin sich zunehmend erholte und Molotow etwas unabhängiger agierte, traten erste Spannungen auf. Molotow hielt die Zeit für reif, ein Abkommen mit dem Westen zu treffen, doch Stalin korrigierte ihn: Es sei jetzt vielmehr an der Zeit, »die Maske der Höflichkeit und Rücksicht abzulegen«. Als sich Molotow weiterhin zu freundlich gegenüber den Alliierten verhielt, griff Stalin ihn, sogar unter Benutzung der förmlichen Anrede *Wi* [Sie], scharf an. »Ihr Plan, sich vom offiziellen Regierungskurs abzugrenzen und als liberaler darzustellen ... führt zu nichts.« Molotow beugte sich mit einer rituellen Selbstbezichtigung: »Ich bekenne mich schuldig, einen schweren Fehltritt begangen zu haben.« Den Magnaten erschien es als ein markanter Wendepunkt, als die beiden alten Weggefährten einander zu duzen aufhörten und es für Molotow keinen »Koba« mehr gab, sondern nur noch den »Genossen Stalin«.

Am 9. November beauftragte Molotow die *Prawda*, eine Rede Churchills zu veröffentlichen, worin dieser Stalin als »einen wahrhaft großen Mann, den Vater seiner Nation« pries. Gewiss hatte er Stalins neue Sicht des Westens noch nicht begriffen, doch das änderte sich, als er ein erzürntes Telegramm erhielt: »Ich halte die Publikation von Churchills Rede mit seinem Lob auf Russland und Stalin für einen Fehler«, sie zeuge von »kindlicher Begeisterung« und einer »Neigung zur Unterwürfigkeit gegenüber dem Ausland. Derlei Servilität müssen wir mit allen Mitteln bekämpfen. Selbstverständlich sind sowjetische Staatsmänner nicht auf Komplimente ausländischer Politiker angewiesen. Ich persönlich empfinde solches Schulterklopfen nur als beleidigend. Stalin.«

Gerade als die Auslandsmedien Stalins Krankheit verkündeten und Molotow als Nachfolger präsentierten, regte dieser beim großen Empfang zum 7. November leicht beschwipst an, die Zensur ihnen gegenüber zu lockern. Als Stalin ihn zur Rede stellte, deutete Molotow seinen Vorstoß in dem Sinne, »ausländische Korrespondenten liberaler zu behandeln«. Da fuhr der Rekonvaleszent endgültig aus der Haut:

»Im Suff reden Sie nur Unsinn!«

Die nächsten drei Tage seines Urlaubs brachte Stalin mit der Ausschaltung Molotows zu. Als die *New York Times* »rüder noch als die französische Boulevardpresse« über seine Krankheit berichtet hatte, beschloss er, Molotow eine Lektion zu erteilen und wies die vier an, den Fall zu untersuchen: War das Molotows Schuld? Die anderen drei versuchten, Molotow in Schutz zu nehmen, indem sie alles auf einen kleinen Diplomaten abschoben, räumten jedoch ein, dass dieser Molotows Anweisungen befolgt hatte. Am 6. Dezember telegraphierte Stalin, bewusst unter Auslassung Molotows, an Malenkow, Beria und Mikojan und verurteilte ihre »Naivität« bei dem Bemühen, »die Affäre zu kaschieren« und »den Fehltritt des vierten zu vertuschen«. Stalin kochte vor Wut über seinen »Angriff« auf das »Ansehen« der Sowjetunion. »Sie haben wahrscheinlich versucht, die Sache damit abzutun, dass sie den Sündenbock ohrfeigen ... und es dabei bewenden lassen. Aber das war ein schwerer Fehler.« Scheinheilig auf die offizielle Regierungsmacht des Politbüros anspielend, erklärte er: »Niemand von uns hat das Recht, auf eigene Faust vorzupreschen. ... Doch Molotow hat es für sich beansprucht. Weshalb? ... Weil diese Verleumdungen mit zu seinem Plan gehörten?« Ein bloßer Tadel reiche nicht mehr aus, da Molotow »sich bei gewissen ausländischen Kreisen lieb Kind machen will. Ich kann einen solchen Genossen nicht länger als meinen ersten Stellvertreter erachten.« Abschließend wies er darauf hin, Molotow aus dem Grund nicht mit einzubeziehen, »weil ich einigen Leuten in seinem Umfeld nicht mehr traue«. (Das zielte unter anderem auf Polina ab.)

Beria, Malenkow und Mikojan, die mit dem armen Molotow sympathisierten, luden ihn dann vor wie zu einem Tribunal, verlasen Stalins Telegramm und griffen ihn wegen seiner Fehler an. Molotow räumte zwar gewisse Missgeschicke ein, hielt es aber für völlig unangebracht, ihm deshalb zu misstrauen. Anschließend berichteten die drei, er habe sogar »einige Tränen vergossen«, was den Generalissimus ein wenig befriedigt haben dürfte. Molotow selbst ließ Stalin eine eigenhändig verfasste schriftliche Entschuldigung zugehen.

»Ihr chiffriertes Telegramm ist erfüllt von tiefem Misstrauen gegen mich als Bolschewik und als Mensch«, schrieb Molotow zerknirscht, »und ich beherzige das als eine ernste Ermahnung der Partei für meine gesamte weitere Arbeit, in welcher Funktion es auch sein möge. Ich will versuchen, mich durch Taten hervorzutun, um Ihr Vertrauen zurückzugewinnen, in dem jeder aufrechte Bolschewik nicht nur etwas Persönliches, sondern die Bestätigung der Partei selbst sieht – und diese ist mir mehr wert als mein Leben.«

Stalin ließ Molotow zwei Tage lang schmoren, bis er den vieren am 8. Dezember gegen 1.15 Uhr erneut antwortete und den reuigen Sünder wieder in sein Amt als ersten stellvertretenden Premier einsetzte. Doch sprach Stalin nie wieder von Molotow als seinem Nachfolger, und er legte ein Register seiner Fehler an, um sie dereinst gegen ihn zu verwenden.[*][1]

Das jedoch war erst der Anfang. Stalin fühlte sich wieder besser und brütete ungehalten über die Provokationen des Auslandes, die Schlampereien im Inland, die Illoyalität seines Kreises und die Unverschämtheit seiner Marschälle. Wenn die Stille und Einsamkeit ihn langweilten und deprimierten, so regte Kampf seine stürmische Energie und Lebenslust an. Er schwelgte in der Erregung persönlicher Maskeraden und ideologischer Konflikte. Im Dezember kehrte er dann mit einem gefährlichen Glitzern in den Augen und federnden Schrittes zurück, wild entschlossen, den Bolschewismus wieder zu stärken und die übermächtigen Bojaren in einer ausgreifenden Welle von Festnahmen und Entlassungen in ihre Schranken zu weisen.

* Auch Mikojan bekam seine eisige Missbilligung zu spüren. Stalin argwöhnte, dass seine beiden alten Genossen heimlich zur Rechten neigten, was in Molotows Fall geradezu absurd erschien. Doch in der komplizierten Auseinandersetzung darüber, ob man Deutschland seine Industrie wegnehmen oder den Ostsektor als Satelliten aufbauen solle, sowie den endlosen Krisen mit Missernten und Hungersnöten hatte Mikojan mäßigend zu wirken versucht. Als er dann nicht rechtzeitig aus dem Fernen Osten berichtete, kam eine weitere scharfe Zurechtweisung Stalins: »Wir haben Sie nicht nach Fernost geschickt, damit Sie sich in Schweigen hüllen und Moskau vergessen können.«

Nach der Demütigung Molotows wollte Stalin sich Beria und Malenkow vorknöpfen. Dafür brauchte er keinen Skandal zu erfinden. Bei dem Treffen in Potsdam hatte Wasili ihm über die verheerende Sicherheitsbilanz der sowjetischen Flugzeuge berichtet: Von den 80 300 im Krieg verlorenen Maschinen waren 47 Prozent nicht nach Feindbeschuss oder Pilotenfehlern, sondern infolge von Defekten abgestürzt. Darüber hatte Stalin im Urlaub nachgegrübelt und sogar den für die Flugzeugproduktion zuständigen Minister Schachurin* nach Sotschi bestellt. Später ordnete er eine Untersuchung gegen ihn und den Luftwaffenkommandeur Marschall Nowikow an, einen der Kriegshelden, denen er beim Bankett für de Gaulle spaßhaft gedroht hatte.

Am 2. März sah sich Wasili Stalin zum Generalmajor befördert, und am 18. März rückten die beiden Kriegspotentaten Beria und Malenkow zu Vollmitgliedern des Politbüros auf – gerade als die Flieger-Affäre sie einzuholen begann. Nunmehr folgten die Inhaftierung und Folterung Schachurins und Nowikows. Diese Maßnahme zielte eindeutig auch auf Malenkow, dem der gesamte Flugzeugbau unterstand.

Den nicht zuletzt Beria bedrohenden Flieger-Fall inszenierte Stalins Günstling, der Smersch-Boss Abakumow. Die alte Begeisterung des Despoten für den Mingrelier war längst in bittere Verachtung umgeschlagen, zumal Berias kriecherische Theatralik und erfinderische Mordgier Stalin genauso sehr anekelten, wie sein Organisationsgenie ihn beeindruckte. Er vertraute dem »Schlangenauge« nicht mehr. Seine erste Regel lautete, sich der persönlichen Kontrolle über die Geheimpolizei zu versichern. »Er weiß zu viel«, äußerte Stalin gegenüber Mikojan. Doch sein Groll schwelte beständig. Als sie einmal mit Kawtaradse in Kunzewo durch den Garten schlenderten, näherte sich Stalin plötzlich Beria und zischte ihm giftig auf Mingrelisch (also nur für Kaukasier verständlich) zu: »Du Verräter, Lawrenti Beria!« Gleich darauf wiederholte er, »ironisch lächelnd«: »Verräter!« Wenn Stalin bei Berias aß, behandelte er Nina freundlich, Lawrenti dagegen abweisend. In seinen Toasts demütigte er Beria mit fadesten Belobigungen.

Berias Bemühungen, ihn bei Sitzungen auf Georgisch anzusprechen, verärgerten Stalin jetzt: »Meinen Sie etwa, ich hätte Geheimnisse vor den anderen Genossen? Was für eine Provokation! Reden Sie gefälligst in der Sprache, die alle verstehen!«

---

* Es war jener Schachurin, dessen Sohn 1943 auf dem Kamenni Most erst seine Freundin und danach sich selbst erschossen hatte.

Stalin spürte ganz richtig, dass Beria als großer Star der Industrie und der Atomrüstung nach Höherem strebte und ein Staatsmann sein wollte. »In seinem Ehrgeiz setzt er sich weltweite Ziele«, vertraute Stalin einem georgischen Schützling an, »taugt aber keinen Schuss Pulver!« Er befand, dass etwas an den Sicherheitsorganen faul sein musste. Im Urlaub hatte er Wlasik nach Berias Verhalten gefragt, und dieser brachte, entzückt darüber, den Wüstling vernichten zu können, seine Korruptheit, Unfähigkeit, vielleicht sogar seine Geschlechtskrankheit, zur Sprache.

Stalin schlug schnell gegen Beria zu. Im Januar wurde er als MWD-Minister abgesetzt, blieb jedoch gemeinsam mit Merkulow als MGB-Chef *Kurator* der Organe, bis dessen Sekretär ihn denunzierte und Beria ihn schnitt. Am 4. Mai gelang es Stalin mit Unterstützung Schdanows, Abakumow zum Minister für Staatssicherheit zu ernennen, wofür ihn sein blinder Gehorsam und die Unabhängigkeit von Beria qualifizierten. Als Abakumow dieses Angebot bescheiden ablehnen wollte, fragte Stalin ihn scherzhaft, ob er »den Teekonzern« bevorzugen würde.

Abakumow bleibt der Schattenhafteste von Stalins Geheimpolizeichefs, ebenso düster wie die gesamte Nachkriegsherrschaft des Diktators, obwohl inzwischen einiges ans Licht gekommen ist. Die folgenden Gräueltaten gingen auf Abakumows und nicht Berias Konto, auch wenn die meisten Historiker sie Letzterem zuschreiben. Beria, als Vizepremier für die A-Bombe und die Raketenindustrie zuständig, verlegte jetzt sein Büro von der Lubianka in den Kreml und hatte fortan in den Sicherheitsorganen nichts mehr zu sagen, was er Stalin bitter verübelte.

»Beria hatte eine Riesenangst vor Abakumow und strebte um jeden Preis gute Beziehungen zu ihm an«, erinnerte sich Merkulow. »In Abakumow fand er seinen Meister.«

48

SCHDANOW ALS THRONFOLGER UND
ABAKUMOWS BLUTIGER TEPPICH

Abakumow, groß gewachsen, mit einem herzförmigen, fleischigen Gesicht, farblosen Augen, blauschwarzen Haaren im Bürstenschnitt, vor-
stehenden Lippen und dichten Brauen, war wie Beria ein schillernder,
erbarmungsloser Folterer, amoralischer Kondottiere und ehrgeiziger
Karrierist von gleich stark ausgeprägtem Sadismus, aber geringerer
Intelligenz.* Abakumow entrollte auf dem Boden seines Büros stets einen blutbefleckten Teppich, bevor er seine Opfer zu foltern begann, um
die kostbaren Perser zu schonen. »Sehen Sie«, sagte er zu seinem Spion
Leopold Trepper, »es gibt nur zwei Möglichkeiten, einem Agenten zu
danken: Ihm die Brust mit Orden zu behängen oder ihn zu köpfen.« Mit
dieser bolschewistischen Auffassung stand er keineswegs alleine da.

Bis Stalin ihn zu seinem obersten Tschekisten beförderte, hatte
Victor Abakumow als ein typischer Geheimpolizist gedient und sich
vor allem durch die Säuberung Rostows 1938 ausgezeichnet. 1908 als
Sohn eines Arbeiters in Moskau geboren, entwickelte er sich zum Lebemann und Weiberhelden. Während des Kriegs quartierte er seine Mätressen im Hotel Moskwa ein und schaffte Zugladungen von Beute aus
Berlin heran. Seine prächtige Wohnung hatte zuvor einer von ihm inhaftierten Sopranistin gehört, und er benutzte regelmäßig Einrichtun-
gen des MGB für Schäferstündchen. Er liebte Jazz. Eddie Rosners Band
spielte bei seinen Festen, bis das offizielle Jazz-Verbot dem ein Ende
machte.

---

* In Solschenizyns Roman über den Nachkriegsterror, *Der erste Kreis der Hölle*, erscheint Abakumow als der Inbegriff des gerissenen Höflings, der sich Stalins rätselhaften Launen bedingungslos unterordnete, in Rybakows *Feuer und Asche*, dem letzten
Band seiner Trilogie *Die Kinder vom Arbat*, als ein schlauer und ausschweifender Karrierist der Geheimpolizei.

Abakumow konferierte direkt mit Stalin, suchte ihn wöchentlich auf, trat jedoch nicht dem engeren Kreis der Essensgäste bei: »Ich habe nie etwas aus eigenem Antrieb getan«, erklärte er nach dem Krieg. »Stalin gab die Befehle, und ich führte sie aus.« Es besteht kein Anlass, daran zu zweifeln. Er umwarb sogar Stalins Kinder. Bei einem Bankett im Kreml »sah er sich plötzlich um, sprang auf und verbeugte sich devot vor einem kleinen rothaarigen Mädchen« – Swetlana Stalin: Viele hofierten jetzt um der Größe des Vaters willen die Tochter. Abakumow ging auch mit Wasili Stalin trinken, und gemeinsam lancierten sie die Flieger-Affäre. Später riss sich Wasili die Datscha Nowikows unter den Nagel, während der »Vater der sowjetischen Luftwaffe« auf der Folterbank lag. Stalin fragte Abakumow nach seinen Empfehlungen:

»Man sollte sie erschießen.«

»Es ist einfach, Leute zu erschießen«, antwortete Stalin, »etwas schwieriger, sie einzuspannen. Sie sollten also besser arbeiten.« Schachurin bekam sieben, Nowikow zehn Jahre Arbeitslager – doch ihre Geständnisse belasteten auch weitaus größere Fische.

Am 4. Mai entfernte man Malenkow abrupt aus dem Sekretariat. Seine Kinder erinnerten sich daran, dass sie ihre Datscha räumen mussten und allein mit der Mutter einen langen Urlaub an der Ostsee verbrachten. Malenkow ging für mehrere Monate nach Zentralasien, um die Ernten zu beaufsichtigen, kam allerdings nie in Haft. Beria versuchte Stalin zu überreden, ihn wieder zurückzuholen, was den Generalissimus amüsierte: »Warum machen Sie sich so große Sorgen um diesen Schwachkopf? Sie wären doch der Erste, den er verraten würde.«

Beria hatte einen großen Teil seiner Ämter und seinen Verbündeten Malenkow verloren, also kam es für ihn vor allem auf den Erfolg der Bombe an. Gegen Ende des Jahres begab er sich zum Elektrostal bei Noginsk in der Nähe von Moskau, um mit dabei zu sein, als Professor Kurtschatows nuklearer Versuchsreaktor in die kritische Phase eintrat und die erste Kettenreaktion der Sowjetunion in Gang setzte. Beria sah zu, wie Kurtschatow den Kontrollschalter am Bedienungsfeld umlegte und hörte das Klicken, das den Neutronenstrom registrierte, zu einem Heulen anschwellen.

»Es geht los!«

»Ist das alles?«, keifte Beria in der Befürchtung, dass diese Eierköpfe ihn hereinlegen wollten. »Passiert da nicht mehr? Kann ich zum Reaktor gehen?« Das wären schöne Aussichten für die Millionen von Berias Opfern gewesen, aber man hielt ihn pflichtgemäß zurück.

Der Abstieg Berias und Malenkows untermalte die Wiederauferstehung ihres Feindes, Andrei Schdanow, dieses munteren anspruchsvollen Intellektuellen und besonderen Kumpels Stalins, der nach den Strapazen von Leningrad zu einem dicklichen Alkoholiker mit tränenden Augen und aschgrauem Teint verfallen war. Stalin brachte ihn jetzt offen als seinen Nachfolger ins Spiel. Derweil konnte Beria seinen Hass auf Schdanows Dünkel kaum noch verbergen. »Kann kaum mit zwei Fingern Klavier spielen und auf einem Gemälde einen Menschen von einem Ochsen unterscheiden, lässt sich aber lang und breit über abstrakte Malerei aus!«[1]

»Der Pianist« galt in Leningrad als ein Held und rühmte sich dort gerne, dass die Belagerung eine wichtigere Rolle spielte als die Schlacht von Stalingrad. 1945 als Stalins Prokonsul nach Finnland entsandt, eignete er sich die Geschichte des Landes an, bewies ein enzyklopädisches Wissen über die politischen Verhältnisse Helsinkis und bezauberte bald sogar den britischen Repräsentanten in der Hauptstadt. Als er darauf drängte, Finnland (das bis 1917 ein russisches Großfürstentum gewesen war) zu annektieren, rügte Molotow ihn: »Sie sind zu weit gegangen ... und Sie sind zu emotional!« Doch nichts von alledem schadete seinem Ansehen bei Stalin, der ihn nach dem Rückruf aus Leningrad zum stellvertretenden Parteichef ernannte, zuständig für Agitprop und die Beziehungen zu den Auslandsparteien – womit er sogar noch mehr Macht erlangte als vor dem Krieg. Seine Angehörigen, insbesondere der Sohn Juri, kamen Stalin wieder sehr viel näher, ja sie unterhielten familiäre Beziehungen zu ihm. »Lieber Josef Wissarionowitsch, wir gratulieren Dir herzlich zum Jahrestag der bolschewistischen Revolution und bitten Dich, unsere wärmsten Grüße entgegenzunehmen, Sinaida, Andrei, Anna und Juri Schdanow.«

Schdanow hatte seine Karten seit der Rückkehr im Januar 1945 klug ausgespielt. Er besiegelte seinen Triumph über Malenkow und Beria, indem er Stalin veranlasste, die eigene Clique von Leningradern in Moskau auf Machtpositionen zu hieven. Alexei Kusnezow, jener abgehärmte, hagere, leise sprechende »Held der Belagerung«, erhielt das Sekretariat Malenkows. Schdanow erkannte, dass Stalin die Leitung des MGB nicht in Berias Händen belassen wollte, also schlug er vor, Kusnezow zum neuen *Kurator* der Sicherheitsorgane zu ernennen. Allerdings war es seitens Kusnezows »naiv«, das Danaergeschenk anzunehmen. »Er hätte ablehnen müssen«, sagte Mikojan, »war allerdings zu weltfremd.« Kusnezows Beförderung trug ihm den unendlichen Hass der beiden rachsüchtigsten Männer ein: Beria und Malenkow.

Im Februar 1946 hatte sich Stalin halbwegs zurückgezogen, und Schdanow schien die Partei ebenso zu kontrollieren wie die kultur- und außenpolitischen Belange, außerdem die Organe und das Militär neutralisiert zu haben.* Man bejubelte Schdanow als »den zweiten Mann in der Partei«, als ihren »größter Arbeiter«, und seine Leute nannten ihn tuschelnd »unseren Kronprinz«. Stalin spielte bereits mit dem Gedanken, ihn zum Generalsekretär zu ernennen. Im Laufe des Jahres 1946 unterschrieb Schdanow Urkunden als »Sekretär« neben Stalin als Premier: »Der Pianist« spielte jetzt eine so wichtige Rolle, dass der jugoslawische Botschafter Folgendes beobachtete: Wenn ein Beamter Schdanows Büro betrat, »verbeugte er sich schon bei der Annäherung vor ihm« und ging dann rückwärts wieder hinaus, »für sechs oder sieben Meter gebückt bleibend, sich so in Richtung Tür schiebend und dort nervös nach dem Knauf tastend«. In Abwesenheit Stalins nahm Schdanow im November die Parade ab und füllte mit seiner Leningrader Clique das Mausoleum.

Doch war er gesundheitlich angeschlagen.** Schdanow wollte auch nie der Nachfolger werden. Während Stalins schweren Krankheiten hielt diese Aussicht ihn in Schrecken, und er sagte zu seinem Sohn: »Nur nicht Stalin überleben!«[2]

Stalin und Schdanow knüpften da an, wo sie vor dem Krieg aufgehört hatten, und debattierten darüber, wie der russische Patriotismus des Kriegs mit dem revolutionären Bolschewismus zu verschmelzen wäre, um ausländische Einflüsse auszuschalten und wieder für Moral, Nationalstolz und Disziplin zu sorgen. Wie zwei alte, mürrische Professoren besessen von der vergangenen Größe, besannen sich der ehemalige Seminarist und der Spross gebildeter Provinzler auf ihre Jugend und planten eine wilde Attacke gegen die Moderne (»Formalismus«) und fremde Einflüsse in ihrer russischen Kultur (»Weltbürgertum«). Bis tief in die Nacht

---

* Stalin selbst trat bald als Minister für die Streitkräfte zurück und übertrug dieses Amt Bulganin, einem weiteren Verbündeten Schdanows, der Malenkow hasste, weil er ihn 1943 von der Westfront abberufen hatte. Allmählich wuchs der innere Führungskreis von fünf Personen (Stalin, Molotow, Mikojan, Malenkow und Beria) und dehnte sich auf Schdanow, Wosnesenski, Bulganin und Kusnezow aus – ungeachtet dessen, ob sie formal gesehen dem Politbüro angehörten oder nicht.

** Ende 1946 erlitt Schdanow einen Herzanfall und musste sich in Sotschi ausruhen, worauf er Stalin am 5. Januar 1947 berichtete: »Jetzt fühle ich mich wieder viel besser. ... Ich möchte die Behandlung nicht abbrechen und bitte Sie daher, meinen Urlaub um zehn Tage zu verlängern, sodass ich am 25. zurückkehren würde. ... Dafür wäre ich Ihnen enorm dankbar. Grüße! Ihr Andrei Schdanow.«

hinein über Literatur- und Lyrikzeitschriften brütend, heckten diese beiden pedantischen »Intellektuellen«, die der unersättliche bolschewistische Bildungshunger verband, den großen Rundumschlag gegen die kulturellen Freiheiten der Kriegszeit aus.

Ganz der Klassik verhaftet, mit nichts als Verachtung für die neumodische Kunst, entwickelte Schdanow eine Politik im Stil der Zaren Alexander I. und Nikolaus I. Als ob der Sieg die Ehe zwischen Russentum und Bolschewismus abgesegnet hätte, sah Stalin die Russen nun als das bindende Element der UdSSR an, die »älteren Brüder« der Sowjetvölker, wobei sich seine neue Spielart des russischen Nationalismus stark von dem des 19. Jahrhunderts unterschied. Da es keine modernen Freiheiten und fremden Einflüsse geben sollte, musste man diese Impulse durch eine zwangsweise Verherrlichung des Russentums unterdrücken.

Die Leningrader Journale boten sich deshalb als Ausgangspunkt an, weil in ihnen auch die Werke des Satirikers Michail Soschtschenko erschienen, aus denen Stalin einst seinen Kindern vorgelesen hatte, und die Gedichte von Anna Achmatowa, deren leidenschaftliche Gesänge die unverwüstliche Würde und Substanz der Menschlichkeit in Zeiten des Terrors und des Kriegs beschworen. In Schdanows Notizen zeigt sich, was Stalin wollte. »Ich bitte Sie, das durchzusehen«, schrieb er dem Meister. »Eignet es sich so für die Medien, und was sollten wir noch verbessern?«

»Ich habe Ihren Bericht gelesen und halte ihn für perfekt«, antwortete ihm Stalin mit Buntstift. »Sie müssen ihn schnell veröffentlichen, später auch in Buchform. Grüße!« Dennoch gab es »einige Korrekturen«, die von Stalins Denken zeugen: »Wenn unsere Jugend Achmatowa gelesen und in diesem Geiste aufgewachsen wäre – wie hätte sich das auf den Großen Vaterländischen Krieg ausgewirkt? Die Erziehung unserer Jugend zur Fröhlichkeit hat sie befähigt, Deutschland und Japan zu schlagen. ... Diese Zeitschrift hilft den Feinden, unsere Jugend zu verderben.«*

---

* Schdanow diskutierte mit seinem Sohn Juri über die Kampagne, der Chemie studiert und dann den Magister in Philosophie erworben hatte (er entsprach Stalins Ideal eines jungen Mannes und war sein Traumschwiegersohn). Dabei erklärte er ihm, dass »wir nach dem Krieg, mit Millionen von Toten und einer zerrütteten Wirtschaft, ein neues Konzept von geistigen Werten bilden müssen, um dem verwüsteten Land wieder ein Fundament zu geben, das in der klassischen Kultur ruhen sollte«. Schdanow, der mit Autoren des 19. Jahrhunderts »von Puschkin bis Tolstoi und Komponisten wie Haydn und Mozart« aufgewachsen war, »suchte seine ideologische Basis wieder bei den Klassikern«.

Am 18. April entfesselte Schdanow seinen Kulturterror, später *Schdanowschtschina* genannt, mit einem Angriff auf die Leningrader Zeitschriften. Im August reiste der Literatur-Inquisitor persönlich an die Newa und erhob schwere Vorwürfe. »Wo blieb die Wachsamkeit der Bürger Leningrads und der Redaktion des Journals *Swesda*, als es Werke publizierte, die zutiefst vom Gift der bestialischen Feindseligkeit gegen die sowjetische Führung durchdrungen sind?« Er geißelte Achmatowa als »diese Frau, halb Heilige, halb Hure, oder besser Hurenheilige, deren Sünden sich mit Gebeten vermischen« – eine groteske Verzerrung ihrer eigenen Verse. Dann folgten Attacken gegen Filmemacher und Komponisten. Bei seinem berüchtigten Treffen mit Schostakowitsch und anderen spielte Schdanow »den Komponisten ein paar Takte auf dem Klavier vor und lehrte sie, wie man ›Musik für das Volk‹ schreiben müsse«, eine absurde Vision.

Das allmächtige Duo Stalin und Schdanow machte sich daran, Schriftsteller und Filmregisseure anzuleiten. Am Abend des 14. Mai 1947 empfingen sie Stalins bevorzugte Literaturbürokraten, den Dichter Simonow und den Romancier Fadeew als Vorsitzender des Schriftstellerverbandes. Er wandte sich an die Autoren. »Ich habe noch eine Frage an Sie: An welchen Themen arbeitet Ihre Zunft heute?« Dann hielt Stalin einen Vortrag über »sowjetischen Patriotismus«. Das Volk sei stolz, aber »unsere mittlere Intelligenz, Doktoren und Professoren, hat keine patriotische Erziehung. Dort herrscht eine ungerechtfertigte Bewunderung für ausländische Kulturen. Diese Tradition geht auf Peter zurück. ... Bewunderung der Deutschen, der Franzosen, für Ausländer, also für Arschlöcher –«, lachte er. »Wir müssen den Geist der Selbsterniedrigung ausmerzen. Darüber könnten Sie mal einen Roman schreiben.«

Stalin hatte einen noch frischen Skandal vor Augen. Ein auf die Krebstherapie spezialisiertes Professorenpaar hatte seine Ergebnisse in einer amerikanischen Zeitschrift veröffentlicht, was Stalin und Schdanow veranlasste, »Standesgerichte« zu gründen, um die Professoren aburteilen lassen zu können. (Den Vorsitz führte Schdanow.) Stalin beauftragte Simonow, ein Drama über den Fall zu schreiben. Schdanow erteilte dem Autor eine gründliche literarische Lektion, bevor Stalin persönlich das Ende des Stücks umschrieb.*

---

* »Ich habe den Auftrag gemäß den Anweisungen des Genossen Stalin für das Stück erledigt«, schrieb Simonow am 9. Februar 1949 an Poskrebyschew, als er ihm das Werk zur Prüfung vorlegte.

Im August zeigte Bolschakow, der für das Kino zuständige Apparatschik, Stalin den zweiten Teil von *Iwan der Schreckliche*. Der Despot wusste bereits aus Berichten des MGB, dass Eisenstein darin den Zaren mit Jeschow verglich, und lehnte den »Albtraum« ab, verachtete den Film wegen des Mangels an russischem Stolz und wegen der Darstellung Iwans (mit Kussszenen und Bart). Eisenstein appellierte geschickt an Stalin, und am 25. Februar 1947 traf er mit seinem Drehbuchautor im Kleinen Eck ein, wo Stalin und Schdanow ihnen Nachhilfe in nationalem Bolschewismus erteilten. Stalin griff den Film an, weil er den zaristischen MGB, die *Opritschnina*, in die Nähe des Ku-Klux-Klan rücke. Was Iwan selbst betreffe, so »ist Ihr Zar unentschlossen wie Hamlet«, sagte Stalin. »Doch Zar Iwan war ein großer, weiser Herrscher ... weise genug, keine Ausländer ins Land zu lassen. Auch Peter der Große war ein bedeutender Zar, aber er ging zu liberal mit den Ausländern um ... und das gilt mehr noch für Katharina. War der Hof Alexanders I. überhaupt russisch? ... Nein, er war deutsch.« Danach tat Schdanow seine Ansicht kund. Nach dem Gespräch lächelte Stalin Eisenstein an: »Ich mache Ihnen keine Vorschriften, sondern spreche lediglich aus, was einem kritischen Zuschauer auffallen könnte.«*

Schdanows Kampagne zur Förderung des russischen Patriotismus nahm rasch derart groteske Züge an, dass Leute, wie Sacharow sich erinnerte, über »Russland, die Heimat des Dickhäuters« zu spötteln begannen. Aber noch unheilvoller war, dass sich die Entfesselung des russischen Nationalismus und die Angriffe auf »Kosmopoliten« gegen die Juden wandten.[3]

---

* Eisenstein starb, bevor er den kritisierten Bart Iwans kürzen, den Kuss herausschneiden und darstellen konnte, warum Iwan der Schreckliche »grausam sein musste«. Das war ein Segen für ihn, denn höchstwahrscheinlich hätte er die antisemitischen Säuberungen von 1951 bis 1953 nicht überlebt.

49

DER NIEDERGANG SCHUKOWS UND DIE PLÜNDERUNG EUROPAS: DIE REICHSELITE

Bei Kriegsausbruch hatte Stalin erkannt, wie nützlich ihm die russischen Juden sein konnten, um den Beistand der Amerikaner zu gewinnen. Aber schon damals trug dieses Projekt blutige Spuren.* Später wies er Beria an, das Jüdische Antifaschistische Komitee zu gründen und direkt dem NKWD zu unterstellen, obwohl es offiziell der prominente jiddische Schauspieler Solomon Michoels leitete, »ein gedrungener Mann mit schrulligem Intellektuellengesicht, markanter Stirn und vorstehender Unterlippe«, den übrigens Kaganowitsch dazu brachte, für Stalin den *King Lear* zu spielen. Als Michoels im April 1943 in die USA reiste, um für die Unterstützung Russlands zu werben, bereitete Molotow ihn darauf vor, und Stalin kam aus seinem Büro, um ihn zu verabschieden. Das besagte Komitee überwachte Solomon Losowski, ein ergrauter Altbolschewik mit biblischem Bart, der in Molotows Außenkommissariat einen führenden Posten als »Vorzeigejude« einnahm.

Die Enthüllungen über den Holocaust, die USA-Reise Michoels' und der Zionismus mit seinem Versprechen, der Judenheit eine geschützte Heimat zu geben, weichten den starren Internationalismus selbst der ranghöchsten Bolschewiken auf. Stalin duldete das zwar, unterstützte aber die traditionell antisemitische Einstellung. Als Bolschakow den zweiten Teil von *Iwan der Schreckliche* besetzte, lehnte er eine Schauspielerin »wegen ihrer unverkennbar semitischen Züge« kurzerhand ab.

---

* Die ersten beiden Kandidaten für den Start dieser kriegsbezogenen PR-Kampagne, polnische Funktionäre des Bundes (Jüdische Sozialistische Partei), V. Alter und G. Ehlich, stellten zu hohe Forderungen und mussten teuer dafür bezahlen: Der eine wurde erschossen, der andere inhaftiert und beging im Gefängnis Selbstmord.

Als die vorrückende Rote Armee Hitlers beispiellosen Genozid an den Juden aufdeckte, sprach sich Chruschtschew als Parteichef der Ukraine klipp und klar gegen Sonderrechte für die von den Todeslagern zurückkehrenden Juden aus. Ja, er lehnte es sogar ab, ihre mittlerweile von Ukrainern belegten Wohnungen für sie räumen zu lassen. Der notorische Antisemit fluchte darüber, dass »die Abramowitschs« über sein Lehen herfielen »wie Heuschrecken«.

Das löste im Umkreis Stalins eine heftige Debatte aus. Michoels beschwerte sich bei Molotow darüber, dass »die inländischen Behörden nach der jüdischen Katastrophe überhaupt nichts für die Opfer tun«. Molotow gab das an Beria weiter, der sich als Erster engagierte. Er forderte Chruschtschew auf, den Juden zu helfen, »die unter den Nazis mehr zu leiden hatten als alle anderen Gruppen«. Damit ging er ein Risiko ein, da aus Stalins Sicht *alle* Sowjetbürger *gleichermaßen* betroffen waren. Später verdächtigte er Beria, den Juden zu nahe zu stehen, woraus das Gerücht entsprungen sein mag, dieser sei selbst ein »heimlicher« Jude. Molotow reichte den Appell Berias an Chruschtschew weiter, worauf der sich bereit erklärte, seinen »Abramowitschs« zu helfen.

Durch die wachsenden Sympathien ermutigt, schlugen Michoels und sein Kollege Fefer*, ein Dichter und MGB-Spitzel, Molotow und dem für das besagte Komitee zuständigen Losowski vor, auf der (inzwischen von Tataren befreiten) Krim oder im (jetzt von den Wolgadeutschen befreiten) Saratow eine jüdische Republik zu gründen. Molotow hielt den zweiten Vorschlag für lächerlich, da man sich »einen Juden nicht auf einem Traktor vorstellen kann«, fand indes den ersten annehmbar. »Schreiben Sie doch einen Vermerk an den Genossen Stalin und mich, und dann sehen wir weiter.«

»Alle«, berichtete Wladimir Redens, »sahen die jüdische Krim kommen.« Molotow, der jetzt mehr Unabhängigkeit an den Tag legte als zuvor, könnte mit Beria darüber gesprochen haben, aber sein Vorstoß hätte ihn fast Kopf und Kragen gekostet. Die meisten der Beteiligten waren binnen fünf Jahren nicht mehr am Leben. Am 2. Februar 1944 übergab Michoels seinen Brief Molotow, mit Kopie für Stalin, der danach befand, dass der Schauspieler von sowjetischer zu jüdischer Propaganda übergegangen sei. Mit seinem ausgeprägten Sinn für Antisemitismus

---

* Fefer hatte im Zweiten Weltkrieg ein absurdes Gedicht mit dem Titel »la Jude« verfasst, worin er die großen jüdischen Bolschewiken von König Salomon bis Marx, Swerdlow und »Stalins Freund Kaganowitsch« rühmte, was den Letzteren zweifellos sehr in Verlegenheit brachte.

schickte Stalin Kaganowitsch vor, um diese Idee eines »jüdischen Kalifornien« entschieden zurückzuweisen: »Solche Pläne können nur Schauspieler und Dichter aushecken«, verkündete er, da sie »nicht für die Praxis taugen!« Schdanow überwachte die Registrierung der Juden in verschiedenen Ministerien und empfahl, das Jüdische Komitee wieder zu schließen.* Wie Molotow 1939 hetzte er seine Bluthunde auf die Juden im *Apparat*, der nach seinen Worten »zu einer Art Synagoge« verkommen war.

Stalins Antisemitismus blieb eine Mischung aus alten Vorurteilen, Argwohn gegenüber einem Volk ohne Land und Misstrauen, da viele seiner Feinde Juden waren. Völlig unverfroren hatte er in Jalta Roosevelt gegenüber die Juden offen als »Mittelsmänner, Schieber und Parasiten« bezeichnet. Doch nach 1945 veränderte sich das Bild, denn nun tat sich Stalin offen als ein ebenso bösartiger wie besessener Antisemit hervor.

Immer in erster Linie politisch geprägt, war das zum Teil auch eine pragmatische Einstellung, die zu seinem neuen russischen Nationalismus passte. Die Überlegenheit Amerikas mit seiner großen jüdischen Gemeinde ließ die heimischen Juden, die während des Kriegs wieder Bande mit den USA geknüpft hatten, wie eine gefährliche Fünfte Kolonne erscheinen. Sein diesbezüglicher Argwohn bildete nicht nur einen Aspekt des Minderwertigkeitskomplexes gegenüber den USA, sondern auch ein Symptom der Furcht vor dem eigenen siegreichen und daher in seinem Selbstvertrauen erstarkten Volk. Im Übrigen konnte er auf diese Weise seine alten Genossen kontrollieren, deren jüdische Kontakte von einer durch den Sieg geförderten kosmopolitischen Orientierung zeugten. Abgesehen davon hasste er jede Form von geteilter Loyalität und bemerkte nun, dass der Holocaust sogar bei den Magnaten das Bewusstsein für die Probleme der sowjetischen Judenheit angesprochen und deutlich ausgeprägt hatte. Sein neuer Antisemitismus resultierte aus der eigenen tiefen Paranoia und verschärfte sich, als es um das Schicksal der Juden in seiner Familie ging.

Doch Stalin spielte nach wie vor den Internationalisten, griff oft den Antisemitismus anderer an und zeichnete Juden, von Mechlis bis zu

---

* Schdanows antisemitischer Chefideologe war der groß gewachsene, schlanke, asketische ZK-Sekretär Michail Suslow, der bei den kaukasischen Deportationen eine Schlüsselrolle gespielt hatte und dann als Stalins Prokonsul auf dem Baltikum diente, das er nach dem Krieg brutal säuberte. Er arbeitete abwechselnd unter Schdanow und Malenkow und stieg zu Stalins jüngsten Schützlingen auf.

dem Romancier Ehrenburg, öffentlich aus. Bald allerdings drohte eine unheilvolle Dynamik, Molotow, Beria und den eigenen Clan in ihren Strudel zu ziehen.[1]

»Sobald die Feindseligkeiten enden«, hatte Stalin in Jalta erklärt, »sind die Militärs vergessen und kräht kein Hahn mehr nach ihnen.« Obwohl der Diktator sich solchen Undank durchaus wünschte, genoss Marschall Schukow ein nie dagewesenes Ansehen. Die westliche Presse handelte ihn sogar als seinen Nachfolger. Stalin mochte Schukow zwar, »erkannte jedoch keine persönlichen Bindungen an« und fühlte schon einmal vor, ob derlei Spekulationen bei Hofe Unterstützung finden würden.

»Ich werde alt«, sagte er beiläufig zu seinem Weggefährten Budjonni, dem Freund Schukows. »Was hielten Sie davon, wenn Schukow mein Nachfolger würde?«

»Ich akzeptiere Schukow«, erwiderte Budjonni. »Aber er ist ein schwieriger Mensch.«

»Sie können doch gut mit ihm umgehen«, sagte Stalin, »und ich auch.«

Das bewies Stalin alsbald, indem er die »Flieger-Affäre« gegen Schukow verwendete und den Luftwaffenmarschall Nowikow foltern ließ, damit er ihn belastete.* »Moralisch gebrochen, in äußerste Verzweiflung getrieben und nach schlaflosen Nächten musste ich unterschreiben«, so Nowikow später. Abakumow folterte siebzig weitere Generäle, um die geforderten Aussagen zu erpressen. Im März rief man Schukow nach Moskau, doch empfing ihn dort nicht Stalin selbst, sondern als Vertreter des Generalissimus der Wehrminister und hoch in seiner Gunst stehende, wie Beria ihn titulierte: »Klempner« Bulganin. Dabei murrte Schukow über dessen Arroganz, er hingegen darüber, dass dieser sich Ämter anmaße und den Befehlen der Partei widersetze. Bald wies Stalin »den Klempner« an, Schukow den Prozess zu machen, und bei Abakumows Durchsuchung seiner Wohnungen erwiesen diese sich als eine Aladinshöhle für Kriegsbeute.

---

* Sogar Churchill hatte Anwandlungen von Eifersucht auf seine Generäle: »Monty will, dass ihm die Massen auf der Mall zujubeln, wenn er den Marschallsstab erhält! Aber das wird ihm nicht gelingen«, sagte er im Oktober 1944 beim Rückflug aus Moskau zu Sir Alan Brooke. »Er will die Mall erobern, nur weil er Monty ist, und ich werde das nicht zulassen!« Das war, so Brooke, »ein seltsamer Anflug von fast unglaublich mieser Eifersucht. ... Wer sich zwischen ihn und die Sonne stellte, konnte nicht mit Beifall rechnen.«

»Man könnte durchaus sagen«, berichtete Abakumow frohlockend an Stalin, »dass Schukows Datscha ein Museum ist«, angefüllt mit Gold, 323 Pelzen sowie vierhundert Metern Samt und Seide. Es gab so viele Gemälde, dass sogar in der Küche welche hingen. Über dem Bett hatte Schukow einen riesigen Akt mit zwei nackten Frauen drapiert, »aber wir fanden kein einziges sowjetisches Buch«. Außerdem gab es »zwanzig wertvolle Gewehre von Holland & Holland«. Man ließ die Trophäen zurück (holte sie erst 1948 ab), konfiszierte aber seltsamerweise sofort eine Puppe von einer der Töchter des Marschalls und seine Memoiren:

»Überlassen Sie das Geschichteschreiben besser den Historikern«, sagte Stalin ermahnend zu Schukow.

Anfang Juni musste er sich vor dem Obersten Militärrat verantworten. Stalin tobte, »düster wie eine Gewitterwolke«, in den Saal und warf wortlos Schtemenko eine Notiz zu.

»Lesen Sie das«, keifte er. Schtemenko verlas eine Aussage Nowikows, derzufolge Schukow sich als den Vater des sowjetischen Siegs gerühmt, Stalin angegriffen und eine eigene Clique gebildet hatte. Er habe sogar der Schauspielerin Lydia Ruslanowa, also möglicherweise einer Konkubine, einen Orden verliehen.

Das sei »unerträglich«, erklärte Stalin, sich an die Generäle wendend. Budjonni (den Bulganin eingestimmt hatte) kritisierte seinen Freund vage, ohne etwas wirklich Belastendes zu nennen. Schukows Rivale Koniew bezeichnete ihn als schwierig, aber ehrlich. Nur Golikow, den Schukow 1943 von der Front bei Woronesch abberufen hatte, denunzierte ihn wirklich. Molotow, Beria und Bulganin warfen dem Marschall »Bonapartismus« vor und verlangten, Schukow »in seine Schranken zu weisen«. Schukow selbst verteidigte sich zwar, räumte aber ein, sich übermäßig aufgespielt zu haben.

»Was sollen wir mit Schukow machen?«, fragte Stalin, der wie immer keine Meinung geäußert hatte. Die Potentaten wünschten eine Maßregelung, die Militärs dagegen nicht. Stalin schlug, wissend, dass es nicht mehr zuging wie 1937, vor, Schukow in den Wehrkreis Odessa zu versetzen. Der Terror gegen siegreiche Feldherren bildete eine planmäßige Strategie: Unter anderem nahm man (den später jedoch ebenfalls lediglich degradierten) Admiral Kusnezow fest und überführte den Exmarschall Kulik mittels einer Wanze im Telefon. In einem abgehörten Gespräch schimpfte er darüber, dass die Politiker den Militärs ihren Erfolg streitig machten. Das war Häresie, und 1950 erschoss man ihn dafür still und heimlich. Schukow selbst verlor seinen Platz im ZK sowie seine Trophäen, man folterte seine Freunde, und schließlich landete er im Ural. Dort erlitt er einen Herzinfarkt, aber immerhin ließ Stalin es nicht zu, dass Abakumow ihn wegen Planung eines bonapartistischen Staatsstreichs inhaftierte:

»Ich traue niemandem, der Schukow das nachsagt. Ich kenne ihn sehr gut. Er ist ein redlicher, gescheiter Mensch, der kein Blatt vor den Mund nimmt, aber niemals gegen das ZK vorgehen würde.«

Am Ende demonstrierte Stalin die Unterordnung der Generäle, indem er folgende Note an das Politbüro schrieb:

»Ich schlage vor, den Genossen Bulganin für seinen großen Einsatz im Vaterländischen Krieg zum Marschall zu befördern.« Für den Fall, dass jemand die absolut unauffällige Militär- und übrigens auch Zivilbilanz »des Klempners« zur Sprache bringen wollte, fügte Stalin hinzu: »Ich denke, dass meine Gründe keiner Erörterung bedürfen, da sie klar auf der Hand liegen.«[2]

Nicht nur Schukow lebte in einem »Museum« mit Gold und Gemälden. Der Nachkriegsterror Stalins wurzelte in Korruption, und die Magnaten und Marschälle plünderten Europa mit der Habsucht eines Göring aus. Diese Elite legte jetzt ihre »bolschewistische Bescheidenheit« weitgehend ab, auch wenn man ausländischen Besuchern mitteilte: »Wissen Sie, Genosse Stalin kann Sittenlosigkeit nicht ausstehen.« Und das trotz dessen Überzeugung, dass der Sieger ein Anrecht auf Beute und Amüsement mit Feindesfrauen habe. Er lachte über den Luxus, den seine Generäle mit ihren Kurtisanen und Offiziersburschen trieben, sammelte aber eifrig Korruptionsvorwürfe, die er gewöhnlich für den späteren Bedarf ablegte.

Die Marschälle profitierten beim Plündern von der feudalen Etikette, sodass die Offiziere die Beute stahlen und dann den Vorgesetzten eine Art Tribut entrichteten. Manche brauchten gar keine solche Hilfe: Luftwaffenmarschall Golowanow, einer der Lieblinge Stalins, ließ einfach das Landhaus Goebbels' abbauen und in Einzelteilen nach Moskau fliegen, ein Raubzug, der seine Karriere ruinieren sollte.

Zwar standen Militärs als Erste vor den Schatzkammern, aber die besten Stücke rissen sich die Tschekisten unter den Nagel. In Gagra verfolgte und beeindruckte Beria Athletinnen mit einer Flotte erbeuteter Schnellboote. Abakumow fuhr mit italienischen Sportwagen durch Moskau, plünderte Deutschland hemmungslos aus, entsandte Flugzeuge nach Berlin, um erlesene Reizwäsche zu requirieren und daneben eine wahre

Fundgrube von Antiquitäten anzulegen. Aufgrund einer Affäre ließ er den deutschen, international umworbenen Filmstar Olga Tschechowa einfliegen. Als die (bereits von Beria vergewaltigte) Schauspielerin Tatiana Okunewskaja ihn zurückwies, schickte er sie für sieben Jahre in die Gulags. Stalins Personal versank im Sumpf der Korruption. Der *Wisier* Wlasik, der über ein luxuriöses Imperium mit Speisen, Getränken und Villen gebot, bewirtete seine Kurtisanen in staatlichen Pflegeheimen mit einer Schar rüpelhafter Maler, skrupelloser Tschekisten und wollüstiger Bürokraten. Die »Damen« wurden mit Limousinen gebracht und erhielten als Lohn Wohnungen, Kaviar sowie Eintrittskarten für Paraden auf dem Roten Platz oder Fußballspiele. Unter dem Vorwand, ihnen Fotos von Stalin und Stadtpläne von Potsdam zu zeigen, verführte Wlasik auch Frauen von Freunden. Er räumte sogar Häuser Stalins aus, plünderte dessen Villa in Potsdam, wo er ein hundertteiliges Porzellangeschirr, Klaviere, Uhren, Autos sowie drei Bullen und zwei Pferde stehlen und das alles mit Zügen und Flugzeugen des MGB nach Russland abtransportieren ließ. Während der Potsdamer Konferenz beschäftigte er sich überwiegend mit Trinken, Huren und Stehlen.

Doch ähnlich wie im Fall Berias zeigten Wlasiks leichte Mädchen ihn bei Abakumow an, den wiederum sein MGB-Rivale General Serow denunzierte. Dieser klagte in einem Schreiben an Stalin über die Korruptheit und Schwelgerei des Ministers, und der Diktator hob sich alles für spätere Zeiten auf. Serow seinerseits soll die Krone des Königs von Belgien gestohlen haben. Unterdessen drehten sich Kurtisanen, Zuhälter und MGB-Beamte in einem perfiden Karussell der sexuellen Gefälligkeiten und Verleumdungen.

Abgeschottet von der Außenwelt genossen Stalins Potentaten immer mehr und immer raffiniertere Privilegien. Ihre Büros zierten kostbare Persarteppiche und gewaltige Ölgemälde.* Sie wohnten wie Fürsten: Der Moskauer Parteichef hatte sich im ganzen Palais des Großherzogs

---

* Die Größe und Güte ihrer jeweiligen Stalinporträts war ebenso ein Rangzeichen wie die Anzahl der Sterne auf den Schulterklappen eines Generals: Ein originalgetreues Ölgemälde von dem Hofkünstler Gerasimow wies den Potentaten aus. Auch Budjonni und Woroschilow hatten sich von Gerasimow lebensgroß und in voller Uniform, sogar mit Säbel, hoch zu Pferde malen lassen dürfen. Diese »Führer« waren jetzt so aufgeblasen, erinnerte sich Swetlana, dass sie bei jedem Anlass, sogar beim Essen zu Hause, »politische Reden« hielten, ohne zu merken, dass ihre Angehörigen »gesenkten Blickes dasaßen und vor Langeweile stöhnten«.

Sergei Alexandrowitsch breit gemacht. Stalin selbst trug zu der neuen imperialen Ära bei, als er, angeregt durch die Reise nach Jalta, Gefallen am Liwadia und Alupka des Zaren Nikolaus II. respektive Fürsten Woronzow fand. »Lassen sie diese Paläste instand setzen«, schrieb er am 27. Februar 1945 an Beria, »und als Pensionen für verantwortliche Arbeiter vorbereiten.« Das in Sosnowka auf der Krim gelegene Palais von Alexander III. mochte Stalin so sehr, dass er dort eine Datscha errichten ließ, die er allerdings nur einmal besuchte. Fortan buchten die Magnaten und ihre Kinder diese Anlagen über die 9. Abteilung des MGB. Stepan Mikojan verbrachte seine Flitterwochen im Schloss Woronzows, Stalin selbst machte im Liwadia Urlaub. Die Familien flogen mit staatlichen Sondermaschinen in den Süden – Sergo Mikojan erinnerte sich daran, dass Poskrebyschew ihn mitnahm. Die Kinder genossen den Luxus, mussten indes auch als Vorbilder dienen und sich den Parteidogmen unterwerfen: Nach Schdanows offiziellem Verdikt über den Jazz zertrümmerte Chruschtschew in einem Wutanfall die Lieblingsschallplatten seines Sohnes.

Swetlana Stalin beschrieb den Überfluss der Magnaten mit »den vielen Geschenken, die sie von den Werktätigen des Landes erhielten. ... Die Häuser und Datschen von Woroschilow, Mikojan, Molotow waren angefüllt mit Teppichen, Gold- und Silbergegenständen aus dem Kaukasus, wertvollem Porzellan«, die sie empfingen, als »der mittelalterliche Brauch des Vasallentributes an den Fronherrn wiederauflebte«. Die Höflinge fuhren auf Weisung Stalins in gepanzerten ZiS-Limousinen, einem Nachbau der amerikanischen Packards, eskortiert von einer Wagenkolonne der Tschekisten. Moskauer nannten diese Konvois »Hundehochzeiten«.

Jeder der führenden Politiker bekam ein ganzes Kommando unter dem Befehl eines Obersten oder Generals zugewiesen, das – halb erweiterte Familie, halb aus MGB-Spitzeln bestehend – mit in den Datschen wohnte. Mit diesem Personal konnte jedes Politbüro-Mitglied eine eigene Volleyballmannschaft bilden, sodass die Berias gegen die Kaganowitschs antraten. Allerdings weigerte sich Kaganowitsch bald mitzuspielen, da sein Team meist verlor.

Die Damen des Politbüros hatten jetzt ihren eigenen Schneider für *haute couture*, nämlich das von einer MGB-Abteilung kontrollierte Atelier auf dem Kutusowski-Prospekt, in dem Abram Lerner und Nina Adschubei Herren- und Damenmoden nach Maß anfertigten und die »ersten zehn Familien« einkleideten. Lerner war ein konservativer Schneidermeister, unter anderem zuständig für die Uniformen des Generalissimus, Nina Adschubei »eine kleine, rundliche, stupsnasige und sehr starke Frau«, ausgebildet von »Mönchen in einem Kloster«. Bei ihr lagen stapelweise *Harper's Bazaar* und *Vogue* herum. Daraus, respektive von Dior, kopierte sie entweder Modelle oder entwarf eigene, »und stand der Chanel in nichts nach«, wie ihre Kundin Martha Peschkowa, die Schwiegertochter Berias, schwärmte. »Wer nicht nach dem Preis fragte«, so Sergo Mikojan, »musste nichts bezahlen. ... Meine Mutter bezahlte immer, Polina Molotowa dagegen nicht.« Diese Praxis kam schließlich, wie fast alles andere, Stalin zu Ohren, der seine Magnaten dafür rügte: Aschken Mikojan warf Anastas ihre Quittungen ins Gesicht als Beweis dafür, dass sie alles bezahlt hatte. Adschubei »schneiderte Swetlana Stalin ihr erstes Kleid«.*

Zwar hatte Nina Beria das Atelier entdeckt, aber seine beste Kundin fand es in der glänzenden »First Lady« Polina Molotowa. Gemeinsam mit Sinaida Schdanowa und Nina Beria hielt sie in Karlsbad Hof. »Reich gekleidet und mit Pelzen bedeckt«, ihre Tochter in einer »Nerzstola«, traf Polina oft mit einem fünfzigköpfigen Gefolge in einem staatlichen Flieger vor Ort ein. Ihre Tochter Swetlana, eine »echte bolschewistische Prinzessin«, ließ sich täglich zum Institut für auswärtige Beziehungen chauffieren, wo viele Angehörige der Elite studierten. Sie entstieg dem Wagen in einer Wolke von Chanel Nr. 5 und »trug jeden Tag eine neue Ausstattung«.

Stalin behielt diese Privilegien im Blick und suchte persönlich die Autos für seine Potentaten aus. So erhielten Schdanow einen gepanzerten und einen serienmäßigen Packard sowie einen ZiS 110, Beria den gepanzerten Packard, den ZiS und einen Mercedes, Poskrebyschew einen Cadillac und einen Buick. Die Hinterbliebenen des an Alkoholismus verstorbenen Moskauer Parteichefs Schtscherbakow tröstete er mit Geld.**

---

* Nina Adschubei trat selbst in die Elite ein, als ihr Sohn Chruschtschews Tochter Rada heiratete. Unter Nikita Chruschtschews Regiment wurde Alexei Adschubei später ein mächtiger Mann, als Berater des Staatschefs und Herausgeber der *Iswestija*.

** Obwohl Stalin ein zynisches Verhältnis dazu hatte, Orte nach verstorbenen Magnaten zu benennen, beschloss er, ein Denkmal für Schtscherbakow errichten zu lassen sowie ein Gebiet, eine Straße und eine Fabrik auf seinen Namen zu taufen. Dem ursprünglichen Entwurf nach sollte es auch eine Stadt sein, aber das strich Stalin wieder aus und schrieb daneben: »Benennen Sie eine Textilfabrik nach ihm.« Am 9. Dezember 1947 setzte das Politbüro die Jahresgehälter des Premiers und des Präsidenten auf 10 000 Rubel, die der Stellvertreter und ZK-Sekretäre auf 8000 Rubel fest. Stalins Geldpakete stapelten sich, mangels Gelegenheit zum Ausgeben, auf seinem Schreibtisch in Kunzewo.

Stalin ordnete an: »Geben Sie ihnen eine Wohnung nebst Datscha, Zugang zum Kreml-Hospital, Limousine … Spezialkräfte des NKWD … Hauslehrer für die Kinder.« Er gewährte Schtscherbakows Witwe 2000, seinen Söhnen bis zum Abschluss des Studiums 1000, der Mutter 700 und der Schwester 300 Rubel monatlich. Witwe und Mutter erhielten darüber hinaus eine Pauschale von 200 000 respektive 50 000 Rubel – Summen, von denen gewöhnliche Arbeiter nur träumen konnten. Das also war Stalins neue Reichsordnung.[3]

»Kronprinz« Wasili setzte in Korruption, Ausschweifung und Launenhaftigkeit neue Maßstäbe. Selbst wenn Offiziere sich bei Stalin über ihn beschwerten, benutzten sie spezielle Formeln, um den Ausnahmestatus Wasilis zu definieren: »Als Ihr Sohn steht er dem sowjetischen Volk nahe.« Doch hinter seiner Arroganz litt Wasili die größten Ängste: Stalin spottete, dass er für ihn »durchs Feuer gehen würde«. Wasili fürchtete sich am meisten vor der Zukunft.

»Mir bleiben nur zwei Auswege«, sagte er zu Artjom. »Die Pistole oder der Alkohol! Wenn ich mir die Kugel gebe, bekommt Vater eine Menge Ärger. Doch wenn er einmal stirbt, werden mich Chruschtschew, Beria und Bulganin in Stücke reißen. Weißt Du, wie es ist, unter dem Fallbeil zu leben?«

Er ließ kaltblütig seine Frau Galina sitzen und nahm ihren Sohn Sascha mit ins Haus am Ufer. Bald hatte Galina solche Sehnsucht nach Sascha, dass sein Kindermädchen heimliche Treffen arrangierte, bei denen sie mit dem Kleinen spielen konnte. Doch war Galina zu furchtsam, um eine Wohnung oder Unterhalt von ihm zu verlangen. Alsbald heiratete Wasili die Tochter des Marschalls Timoschenko, Ekaterina, »eine hübsche Ukrainerin«. Da ihm seine Unterkunft nun für die Sprösslinge des Generalissimus und eines Marschalls nicht mehr fein genug erschien, forderte er die elegante Villa des Generals Wlasik auf dem Gogolewski. Aus Deutschland holte er eine ganze Flugzeugladung voller »Beute«: »Goldornamente, Brillanten, Smaragde, Dutzende von Teppichen, massenhaft Damenwäsche, Herrenanzüge, Mäntel, Pelze und Astrachane«, sodass Wasilis Haus »von Gold, echten Teppichen und Kristallglas überquoll«. Angesichts der Fülle ging seine Frau Timoschenka allmählich daran, manches zu verkaufen und den Erlös einzustecken. Nach dem Scheitern auch dieser Ehe heiratete Wasili die große, athletische Schwimmerin Kapitolina Wasilewa, die ihn am glücklichsten machte. Swetlana meinte, dass er in den Frauen stets seine Mutter suchte, denn er nannte sie »Mama«, und Kapitolina trug sogar die gleiche Frisur wie Nadja.

Wasili befehligte die Luftwaffe des Wehrkreises Moskau, doch der Posten überforderte ihn. Von seinem großspurigen Gefolge ließ er sich nach dem Vorbild des Vaters *Chosjain* nennen. »Wasili trank fast jeden Tag schwer«, bezeugte sein Adjutant später, »erschien wochenlang in Folge nicht zum Dienst und konnte nicht von den Frauen ablassen.«

Wasili fasste den Entschluss, seine Fußballmannschaft WWS (Luftwaffe) zum Spitzenreiter der Liga zu machen. Als Erstes entließ er den alten Manager, um den bekannten Trainer Starostin, den Beria wegen eines geplanten Mordanschlags auf Stalin in die Verbannung geschickt hatte, aus dem Gulag zu retten.

Abakumow, der neue Boss des Dynamo-Teams, schäumte vor Wut, und er befahl dem MGB, Starostin zu entführen – worauf Wasili Geheimdienstoffiziere der Luftwaffe einsetzte, um ihn zurückholen zu lassen. Doch Abakumow entführte ihn erneut. Als Wasili beim Wehrminister anrief, stellte dieser sich völlig unwissend, aber Starostin schaffte es, Wasili eine Nachricht zuzuspielen, sodass der junge Stalin den Sicherheitschef der Luftwaffe losschickte, um ihn abermals aus den Fängen des MGB zu befreien. An jenem Tag verfolgte Wasili das Dynamo-Spiel von der Regierungsloge aus – mit Starostin an seiner Seite. Die Bonzen waren düpiert. Wasili rief bei Abakumows Stellvertreter an und brüllte: »Noch vor zwei Stunden haben Sie gesagt, Sie wüssten nicht, wo Starostin steckt. ... Er sitzt hier neben mir. Ihre Jungs hatten ihn entführt. Merken Sie sich, dass wir in unserer Familie eine Beleidigung nie vergessen. Das lassen Sie sich von General Stalin gesagt sein!«[*]

Bei seinem Besuch in Tiflis betrank sich Wasili, flog mit einem Jäger über die Stadt und löste ein Chaos aus, als er im Tiefflug über die Straßen schoss. Wenn er seinen Willen nicht bekam, schwärzte er Offiziere

---

[*] Als Starostin schließlich in sein Lager zurückkehrte (dessen Fußballmannschaft er leitete), engagierte Wasili den berühmten Trainer von Dynamo Tiflis, mit dem er 1950 auf den vierten Platz kam und das Halbfinale des UdSSR-Pokals erreichte. Er bevorzugte stalinistische Strafen und plutokratische Anreize: Als sein Team einmal mit 0:2 verlor, wies er den Piloten an, es irgendwo weit von Moskau entfernt abzusetzen, um den Spielern so einen Denkzettel zu verpassen; wenn es gewann, ließ er einen Helikopter voller Geschenke mitten auf dem Spielfeld landen. Auch bei den gelegentlichen Auftritten im Luftwaffenkommando herrschte er mit maßloser Großzügigkeit und grimmigem Terror. Ich danke Surab Karumidse für die Anekdoten über seinen Schwiegervater, den sich Wasili zum Fußballmanager auserkor.

bei Abakumow oder Bulganin an. Der einzige Ausweg lag darin, sich direkt bei seinem Vater zu beschweren:

»Lieber Josef Wissarionowitsch, bitte fordern Sie Wasili Josefowitsch auf, mich in Ruhe zu lassen«, schrieb ihm der Luftwaffenoffizier N. Sbytow, der beim Vorstoß der Wehrmacht die ersten deutschen Panzer erspäht hatte. »Sonst bekommt er Probleme.« Sbytow wies darauf hin, dass sich Wasili ständig mit seinen Kontakten brüstete. »Als mein Vater diesen Posten genehmigte, wollte er, dass ich ein eigenständiges Kommando erhalte«, habe er gequengelt.

Wasili verhielt sich offenkundig wie ein von Tschekisten erzogener einsamer Junge.[4]

Einige Tage nach der Verbannung Schukows begann der an Magenkrebs erkrankte Präsident Kalinin zu verfallen. Stalin mochte Papa Kalinin gerne, kümmerte sich persönlich darum, ihn zur Erholung nach Abchasien zu schicken, rief den dortigen Parteichef an, um eine »optimale Betreuung« zu gewährleisten, und befahl später seinen Leibwächtern, nach Kräften für ihn zu sorgen. Doch er quälte den halbblinden Kalinin auch, indem er »Papa« an seinen Fehltritt in den zwanziger Jahren erinnerte, dessentwegen er ihn zwei Dekaden lang von der Regierung ausgeschlossen hatte.

Der einundsiebzigjährige Kalinin lebte mit seiner Haushälterin und zwei adoptierten Kindern zusammen, während seine angebetete Frau in den Lagern schmachtete. Durch den nahen Tod erkühnt, appellierte Kalinin an Stalin:

»Ich schaue ruhig auf die Zukunft unseres Landes … und wünsche nur noch eines – dass Ihre Macht und Stärke gewahrt bleibt, die beste Garantie für den Erfolg des Sowjetstaates«, leitete er seinen Brief ein. »Persönlich möchte ich mich mit zwei Bitten an Sie wenden: Begnadigen Sie Ekaterina Iwanowna Kalinina, und gewähren Sie meiner Schwester das Sorgerecht für die beiden bei mir lebenden Waisenkinder. Von ganzem Herzen ein letzter Gruß, M. Kalinin.« In der Tat beschlossen Stalin, Malenkow und Schdanow, Kalinins Frau, nach einer umfassenden Beichte als der üblichen Bedingung, zu begnadigen:

»Ich habe schwer gesündigt und bin hart dafür bestraft worden, war aber nie eine Feindin der Kommunistischen Partei – bitte vergeben Sie mir!«

»Es ist notwendig, die Antragstellerin sofort zu begnadigen, freizulassen und nach Moskau zu bringen. J. Stalin.«

Bevor Kalinin am 24. Juni starb, schrieb er noch einen außerordentlich pathetischen Brief an Stalin, der von einem tiefen Bedürfnis nach bolschewistischer Buße zeugt:

»Auf den Tod wartend ... muss ich hervorheben, dass bei allem Widerspruch niemand von der Opposition je Feindseligkeit gegenüber dem Parteikurs geäußert hat. Es mag Sie überraschen, dass ich einigen von ihnen freundlich gesonnen war. ... Doch ich wurde kritisiert und in Verruf gebracht ... weil Jagoda alles daransetzte, mir Nähe zu den Volksfeinden vorzuwerfen.« Jetzt enthüllte Kalinin ein Geheimnis, das er zweiundzwanzig Jahre lang gewahrt hatte: »Etwa ein Jahr nach Lenins Tod, im Anschluss an den Streit mit Trotzki, lud Bucharin mich zu sich ein, um mir seine Jagdtrophäen zu zeigen, und fragte mich dabei, ob ich mir ›eine Regierung ohne Stalin‹ vorstellen könne. Ich verneinte das rundweg. Jede Kombination ohne Stalin sei völlig undenkbar. ... Nach dem Tod Lenins habe ich an Stalins Politik geglaubt. ... Ich hielt Sinowjew für den gefährlichsten Gegner.« Dann bat er Stalin erneut, für seine Schwester und die Kinder zu sorgen, und »diesen Brief im Archiv abzulegen«.

Bei der Beerdigung deutete Stalin, von Fotografen bedrängt, auf den Sarg und schnauzte sie an: »Knipst Kalinin!«[5]

Am 8. September brach Stalin in den Urlaub auf, während Molotow durch die Welt reiste, um bei Konferenzen mit den Alliierten über die Neuordnung Europas zu verhandeln. In Paris trat er nicht nur für die sowjetischen Interessen in Deutschland ein, sondern bemühte sich – gegen den unerbittlichen Widerstand des Westens – abermals um ein Protektorat über Libyen. Daher scheint es, als habe Stalin nach wie vor gehofft, seine Position durch Verhandlungen mit den ehemaligen Verbündeten festigen zu können.

Stalin lobte – im Kode unter dem Decknamen »Druschkow« oder *Instanzija* schreibend – den unbeugsamen Widerstand Molotows, der auch selbst sehr mit sich zufrieden war. Als man ihn bei einer französischen Parade in die zweite Reihe stellte, verließ er wutentbrannt das Podium, bat dann aber Stalin um seinen nachträglichen Segen: »Ich bin nicht sicher, ob ich das Richtige getan habe.«

»Sie haben sich absolut richtig verhalten«, antwortete Stalin ihm. »Wir müssen die Würde der Sowjetunion nicht nur in großen, sondern auch in kleinen Dingen verteidigen.«

»Liebe Polinka, mein Herz«, schrieb der eitle Molotow triumphierend. »Ich schicke Dir Grüße und Zeitungsfotos von meinem Boykott der Parade am Sonntag! Beigefügt erhältst Du *Paris-Midi* mit den drei Bildern von mir 1. auf der Tribüne, 2. beim Aufbruch und 3. beim Abgang von der Tribüne und Besteigen meines Wagens. Ich küsse und umarme Dich wärmstens. Gib auch Swetusja ein Küsschen von mir.« Später flog Molotow zu einer weiteren Sitzung nach New York, erneut durch Stalin von Cholodnaja Retschka in Gagra aus angeleitet – den allerdings weniger die Details der italienischen Reparationen als die Großmachtstellung der Sowjetunion interessierte. Jedenfalls genoss Molotow nun wieder seine Gunst. Am 28. November tröstete Stalin ihn zärtlich: »Ich merke, dass Sie nervös sind und sich Sorgen über das Schicksal des sowjetischen Vorschlags machen. … Bleiben Sie ganz ruhig!« Doch angesichts der Hungersnot in der Ukraine und der Rivalität Amerikas spürte der streitsüchtige *Woschd* ansonsten überall nur gefährliche Schwäche, Korruption und Verrat.

Als Molotow noch darüber frohlockte, Friedensabkommen mit den besiegten Nationen geschlossen zu haben, bereitete Stalin eine neue Demütigung vor. Er selbst war schon Mitglied der Akademie der Wissenschaften, und jetzt trug man auch Molotow, zuvor sogar mit Stalins Segen, diese Ehre an. Molotow telegraphierte pflichtschuldig an die Akademie, um sich zu bedanken, worauf Stalin mit rabiater Gehässigkeit über ihn herfiel: »Ihr Telegramm hat mich schockiert. Sind Sie wirklich so begeistert über die Wahl zum Akademiker ehrenhalber? Und was soll die Unterschrift ›aufrichtig Ihr Molotow‹ bedeuten? Ich hätte nie gedacht, dass Sie bei einer derart nebensächlichen Sache so emotional reagieren könnten. … Mir scheint, dass Sie als Staatsmann der höchsten Kategorie mehr auf Ihre Würde achten müssen.«

Stalin grollte weiter über die Ungerechtigkeit, dass sein Volk hungern musste, dass ihn immer wieder das Elend von 1933 einholte.* Als Schdanow von der Hungersnot berichtete, schob Stalin wie zuvor die Schuld auf Chruschtschew, seinen für die Ukraine zuständigen Vizekönig: »Man führt Sie irre…« Doch allein 1946 starben 282 000 Menschen und 1947 sogar 520 000. Schließlich knöpfte er sich den Versorgungschef Mikojan vor und wies den als Minister für Staatssicherheit wiederauferstandenen Mechlis an, den Fall zu untersuchen:

---

* Nicht nur konnte er die Zivilbevölkerung nicht ernähren, seine Korrespondenz mit Beria und Serow, die sich in Ostdeutschland aufhielten, zeigt auch, dass es Engpässe bei der Versorgung der dort stationierten sowjetischen Truppen gab, von den Einwohnern ganz zu schweigen.

»Trauen Sie Mikojan in keiner Hinsicht, denn er hat mit seiner Un-
redlichkeit die Versorgung zu einem Selbstbedienungsladen gemacht!«
Mikojan selbst war klug genug, sich zu entschuldigen.

»Ich habe in meinem Beruf schon so viele Fehler gesehen, und gewiss
erkennst Du das alles ganz klar«, schrieb er mit ironischer Ergebenheit.
»Selbstverständlich können weder ich noch die anderen das Problem so
offen ansprechen wie Du selbst. Ich werde mir alle Mühe geben, von Dir
zu lernen, die notwendigen Maßnahmen zu ergreifen und Fehler zu vermeiden, das heißt künftig noch mehr von Deiner väterlichen Anleitung
zu profitieren.« Ähnlich wie im Fall Molotows war Mikojans alte Vertrautheit mit Stalin kaputt. Auch Chruschtschew fiel wegen seiner Einstellung zur Hungersnot in Ungnade: »Rückgratlos!«, rüffelte Stalin ihn
im Februar 1947 und setzte ihn als Ersten Sekretär der Ukraine ab (er
blieb jedoch Premier). Ihn ersetzte Kaganowitsch, der jetzt »aussah wie
ein dicker Gutsbesitzer auf seinem Landgut« und in Kiew eintraf, um für
Ordnung zu sorgen. Stalins Groll setzte seine Granden immer stark unter Druck. So brach Chruschtschew mit einer Lungenentzündung zusammen. Sein Name verschwand aus den ukrainischen Zeitungen, und
der Kult um ihn welkte dahin.[6]

50

»DEN HABEN DIE ZIONISTEN DIR UNTERGESCHOBEN!«

Als der amerikanische Außenminister George Marshall 1947 sein groß angelegtes Programm der Wirtschaftshilfe für Europa verkündete, klang dies anfangs für die stark mitgenommene Sowjetunion sehr attraktiv. Molotow reiste sofort nach Paris, um mehr darüber in Erfahrung zu bringen. Zuerst erschien der Plan den Magnaten wie »ein an keinerlei Bedingungen geknüpftes Lend-Lease«, aber Stalin erkannte bald, dass er Deutschland wieder wecken und die eigene Hegemonie in Osteuropa untergraben würde. Molotow befürwortete den Plan zunächst und neigte nach wie vor zu einer Verhandlungslösung, Stalin jedoch lehnte den Marshallplan ab.

So beschlossen Stalin und Schdanow, ihren Zugriff auf Osteuropa zu verstärken. Gleichzeitig unterstützte Stalin die Gründung des Staates Israel in der Hoffnung, daraus einen Satelliten in Nahost machen zu können. Am 29. November stimmte er in der UNO dafür und erkannte den Judenstaat als Erster an. Außerdem verlieh er Michoels den Stalin-Preis. Doch bald stellte sich heraus, dass Israel ein Verbündeter Amerikas und nicht Russlands sein würde.

Stalins irrationale Vorurteile, sein messerscharfer politischer Instinkt und seine aggressiven russischen Machtinteressen ließen Michoels' Traum von einer jüdischen Krim als ein bedrohliches Trojanisches Pferd der Zionisten/Amerikaner erscheinen.* Zionismus, Judaismus und Ame-

---

* Wie viele von Stalins panischen Ängsten hatte auch diese einen wahren Kern: Über die Krim hatten die osmanischen Sultane das Schwarze Meer beherrscht. Katharina die Große und Fürst Potemkin annektierten die Krim 1783 aus dem gleichen Grund, ebenso wie die englisch-französischen Truppen 1853 dort landeten, um Russland zu unterwandern. Chruschtschew trat die Krim 1954 umstrittenerweise an die Ukraine ab, ein Schritt, der in den neunziger Jahren fast einen Bürgerkrieg zwischen Ukrainern und Russlandtreuen ausgelöst hätte.

rika verschmolzen in Stalins Kopf zu beliebig austauschbaren Größen, worin die Magnaten ihn offenkundig unterstützten. Noch nach Stalins Tod erklärte Chruschtschew ganz in diesem Sinne einigen polnischen Kommunisten: »Wir kennen doch alle irgendwelche Juden; sie haben durch die Bank im Ausland lebende Verwandte und dadurch Verbindungen zur kapitalistischen Welt. Der Kalte Krieg fing an, die Imperialisten planten Angriffe auf die UdSSR, und nun wollten unsere Juden die Krim besiedeln. ... Nehmen wir die Krim und Baku. ... Durch ihre Verbindungen hatten die Juden schon ein Netzwerk geschaffen, um amerikanische Pläne auszuführen. Also schlug Stalin das alles nieder.« Diese Ansicht herrschte nicht nur in Stalins Räten vor. Sein Neffe Wladimir Redens pflichtete Beschwerden bei, wonach »das Komitee schreckliche zionistische Propaganda verbreitet ... als ob die Juden das einzige Volk wären, das gelitten hat«. Stalins Antisemitismus stand im Einklang mit seiner Kampagne für einen traditionellen Nationalismus. Sogar seine Vorurteile erschienen der Realpolitik untergeordnet und angepasst.

Stalin befahl Abakumow, Belege dafür zu sammeln, dass Michoels und das jüdische Komitee »als aktive Nationalisten von den Amerikanern darauf gepolt waren, antisowjetische Arbeit zu leisten«, besonders durch Michoels' Amerikareise, »als sie Kontakte zu berühmten Juden mit Verbindungen zum US-Geheimdienst knüpften«.

Michoels versuchte, an Stalin zu appellieren. Er rief die einflussreichste jüdische Person nach Kaganowitsch an, Polina Molotowa, und fragte sie, ob er sich zu diesem Zweck an Schdanow oder an Malenkow wenden solle.

»Die werden Ihnen beide nicht helfen«, erwiderte Polina. »In diesem Land liegt alle Macht in den Händen Stalins, und niemand kann ihn beeinflussen. Ich rate Ihnen jedoch, nicht an Stalin zu schreiben. Er hat eine negative Einstellung gegenüber Juden und wird sicher nichts für uns tun.« Vor dem Krieg wäre eine solche Äußerung von ihr undenkbar gewesen.[1]

Michoels traf die nahe liegende, aber ungeschickte Entscheidung, Stalin über Swetlana anzusprechen – denn dieser war verärgert über die angebliche Vorliebe seiner Tochter für jüdische Männer. Nach Kapler war Morosow gekommen, den Swetlana nach der Abfuhr von Sergo Beria geheiratet hatte. Stalin hatte nichts gegen Morosow persönlich, der »ein guter Kerl« sei, aber erstens war er kein Kriegsheld und zweitens Jude. »Die Zionisten haben auch dir deinen jämmerlichen ersten Mann untergeschoben«, sagte er zu ihr. Malenkows Tochter Wolja hatte soeben den jüdischen Enkel Losowskis geheiratet, der Michoels' Komitee leitete. Molotow unterstützte dessen Brief über die jüdische Besiedelung der Krim, und der Bruder seiner Frau Polina war ein amerikanisch-jüdischer Geschäftsmann. Diese Agenten trieben überall ihr Unwesen. Und jetzt kam alles noch schlimmer.

In seinem Eifer, die jüdische Gemeinde zu schützen, fragte Michoels Schenja Allilujewa, die sehr gute Beziehungen zu jüdischen Intellektuellen pflegte, ob sie ihm ein Treffen mit Swetlana vermitteln könne. Doch die Kinder der Elite waren es leid, wegen ihrer Kontakte angegangen zu werden: »Eine der unangenehmen Seiten meiner Existenz als Tochter eines *Tschinownik* war die, dass ich den jungen Leuten in meinem Umfeld nicht mehr trauen konnte«, erklärte Wolja Malenkowa. »Viele wollten mich heiraten, aber ich wusste nie, ob sie dabei mich oder den Einfluss meines Vaters meinten.«

Die Allilujews warnten Schenja davor, sich auf gefährliche jüdische Geschichten einzulassen. »Bei dieser Sache haben alle mitgemischt«, sagte Wladimir Redens, »und wir wussten, dass es nicht gut enden würde.« Doch scheint es, als habe Schenja tatsächlich Michoels mit Swetlana und Morosow bekannt gemacht. Stalin erfuhr sofort davon* und bekam einen Wutanfall: Die Juden »schlichen sich in seine Familie ein«. Außerdem hatte Anna Redens ihn erneut erzürnt, indem sie taktlose Erinnerungen an seine frühen Jahre veröffentlichte und Wasili zusetzte, der sich bei Stalin über sie beklagte. Daher stach Michoels nun gleichsam nichts ahnend in ein Wespennest.

Stalin wies Abakumow an, die Verbindungen der Allilujews zur amerikanisch-zionistischen Spionage zu untersuchen, und behauptete Swetlana gegenüber, dass Schenja 1938 ihren Mann Pawel vergiftet habe. Vorsichtige Zeitgenossen ließen sich jetzt von ihren jüdischen Partnern scheiden – so auch Swetlana von Morosow. In allen Geschichtsbüchern steht, dass Stalin ihr das befahl, und dem pflichtete auch Swetlanas Vetter Leonid Redens bei. Sie selbst erklärte jedoch dazu: »Vater hat aber nie verlangt, dass wir uns trennten«, und präzisierte in einem neueren Interview: »Ich habe mich scheiden lassen, weil ich Morosow nicht liebte.« Das mag stimmen, und Leonid Redens ergänzte, »dass es in Swetlanas Leben viele Männer gab. Sie hatte einfach genug von Morosow.« Aber

---

* Wenig später erfuhr Schenja, dass ihr Mann ein MGB-Agent war und sie von Anfang an bespitzelt hatte, doch in jeder Familie der Elite gab es einen solchen Spion. Sie ließ sich scheiden.

Stalin selbst sagte zu Mikojan: »Wenn sie sich nicht von Morosow scheiden lässt, müssen wir ihn einsperren.« Alsbald gab sie ihm den Laufpass. »Niemand hätte mich verlassen«, sagte diese Zarewna. Es scheint, als habe Stalin seinen Sohn die Angelegenheit regeln lassen. »Wasili nahm Morosows Ausweis an sich«*, so Redens, »und besorgte ihm einen neuen, ohne den Eheeintrag.«

Abakumow fing an, die jüdischen Bekannten der Allilujews festzunehmen. Am 10. Dezember holte er Schenja selbst ab, die einst so enge Vertraute Stalins, und warf ihr »die Verbreitung übler Nachrede gegen das sowjetische Staatsoberhaupt« vor. Desgleichen traf es ihren Mann, ihre Tochter Kira, die muntere Schauspielerin, und Anna Redens. Nun begann die Hatz auf prominente Juden.

Die *Instanzija*, dieser furchtbare Euphemismus für die geheiligten Eminenzen des Kreml, gab die neue Devise aus, dass sich der Klüngel Juden/Allilujews, »unterstützt von ausländischen Geheimdiensten, für das Privatleben des sowjetischen Staatschefs interessiert«. Stalin ordnete »Überzeugungsmethoden« an, um Michoels zu belasten. Komarow, ein böser antisemitischer Psychopath, leitete das »französische Ringen«, wie die Folterer es nannten, und kündigte den Opfern an: »Ihr Schicksal liegt jetzt in meinen Händen, und ich bin kein Mensch, sondern eine Bestie.«

Goldschtein, der Michoels mit den Allilujews bekannt gemacht hatte, berichtete später, »dass sie anfingen, mir mit einem Gummiknüppel auf die Weichteile und die nackten Fußsohlen zu schlagen … bis ich weder sitzen noch stehen konnte«. Sie schlugen ihm so fest »auf den Kopf, dass mein Gesicht schrecklich anschwoll und ich einen Gehörschaden erlitt. Völlig erschöpft von rund um die Uhr gehenden Verhören, terrorisiert durch Schläge, Flüche und Drohungen, fiel ich in eine tiefe Depression, eine totale geistige Verwirrung, und begann, mich selber und andere zu belasten.«

»Sie sagen also selbst, dass Michoels ein Schwein ist?«, schrie Abakumow ihn an.

»Ja, das ist er«, gab der gebrochene Goldschtein zurück, der sodann einräumte, dass Michoels ihn aufgefordert habe, »möglichst viele Details der Beziehung zwischen Swetlana und Grigori zu notieren … und

---

* Grigori Morosow, der schließlich als angesehener Rechtsanwalt praktizierte und sich immer sehr diskret und rücksichtsvoll verhielt, lehnte ein Interview für dieses Buch mit der Begründung ab: »Ich möchte die Ereignisse von 1947 nicht noch einmal durchleben.« Er starb 2002.

unsere amerikanischen Freunde darüber zu unterrichten«. Als Stalin das las, sah er seine schlimmsten Befürchtungen über Michoels bestätigt.

Der zwölfjährige Wladimir Redens hatte jetzt Vater und Mutter verloren, seine ebenfalls noch jungen Vettern, die Jungen Schenjas, ihre Eltern und die Schwester. Wladimir eilte zu seiner Großmutter Olga, die nach dem Tod ihres Mannes Sergei 1946 im Kreml geblieben war, um ihr sein Herz auszuschütten. Zu seinem Erstaunen hatte diese Schenja ihre überstürzte Heirat nie verziehen.

»Gott sei Dank!«, sagte sie zur Nachricht von Schenjas Festnahme und bekreuzigte sich.

Swetlana versuchte, sich für die »Tanten« einzusetzen, aber Stalin hielt ihr mahnend vor, dass »sie zu viel geredet haben. Und du machst auch antisowjetische Bemerkungen.« Anschließend soll Stalin, behauptet Kira Allilujewa, die ebenfalls festgenommene leibliche Base Swetlanas, sogar seine Tochter gewarnt haben: »Wenn du sie verteidigst, stecken wir dich auch noch ins Gefängnis.« Danach hätten Swetlana und Wasili die Allilujew-Kinder wie Luft behandelt.

Da Swetlana jetzt wieder ledig war, wollte Stalin wissen, wen sie als Nächstes heiraten würde, und berichtete seinen Magnaten: »Sie hat mir erklärt, dass sie entweder Stepan Mikojan oder Sergo Beria nehmen würde.« Das entsetzte die Politbüro-Väter, denn scheinbar machte es der Zarewna gar nichts aus, dass beide jungen Männer nicht nur bereits gebunden waren, sondern ihre Frauen auch liebten. Stalin beruhigte Mikojan und Beria.

»Ich habe ihr gesagt: Weder den einen noch den anderen. Wenn schon, dann Juri Schdanow.« Wenig später forderte dieser plumpe, tyrannische Kuppler Juri auf, Swetlana einen Antrag zu machen.

Am 16. Juli begab sich Stalin mit dem Auto auf eine Rundreise, um Volk und Land zu erkunden – etwas, das er seit 1933 nicht mehr getan hatte. Es sollte eine nachdenkliche und nostalgische dreimonatige Tour werden, ein Ausdruck seiner Erschöpfung und seines neuen Stils als abgehobener und überragender Herrscher. Die Regierungsgeschäfte überließ er unterdessen dem wankelmütigen Bulganin.[2]

Während Abakumow Juden folterte, um eine neue »amerikanische« Verschwörung ans Licht zu bringen und Michoels fertig zu machen, fuhr Stalin in Begleitung Waletschkas mit seinem Konvoi von gepanzerten ZiS 110 südwärts in Richtung Charkow.

51

EIN EINSAMER, ALTER MANN IM URLAUB

Der Generalissimus ordnete an, dass es keine langweiligen Zeremonien geben und alles ohne Sensationsmache ablaufen sollte. »Stalin fand großen Gefallen daran«, berichtete Wlasik, der den Ausflug als anstrengend empfand. Stalin selbst hatte nur etwa zwei Stunden geschlafen – »war jedoch guter Stimmung, was uns alle glücklich machte«. Er hielt die Augen weit offen und murmelte, was er »von seinem Schreibtisch aus« alles nicht gesehen hätte.

Er erlebte sogar gewisse Alltäglichkeiten. Als in der Nähe von Orel sein Fahrzeug liegen blieb, machte Stalin, umgeben von seinen »Begleitern«, einen Spaziergang und traf dabei auf einige geparkte Lastwagen, deren Fahrern es bei seinem Auftritt fast die Sprache verschlug. In Kursk übernachtete er in der Wohnung eines örtlichen Tschekisten und meinte am nächsten Morgen, dass man den Eheleuten ein Geschenk hinterlassen sollte, stellte also eine Flasche Duftwasser auf die Frisierkommode der Dame. In Charkow bemerkte Stalin noch in Erdhütten lebende Menschen und vertraute Waletschka an, wie sehr ihn dieser Anblick bestürzte. Dann trat der in Ungnade gefallene Chruschtschew hinzu und verwies auf »Genossen, die Melonen und Kürbisse, Obst und Gemüse und goldleuchtende Weizengarben mitgebracht hatten, um zu zeigen, wie reich die Ernte in unserer Ukraine ausgefallen sei«, sodass man keineswegs von einer Hungersnot sprechen könne. Daraufhin sagte Waletschka fassungslos, mit Tränen in den Augen zu Swetlana, wie man ihren Vater nur so betrügen könne.

Schließlich bestieg ein erleichterter Wlasik mit Stalin dessen Sonderzug, der sie hinunter nach Jalta brachte, wo er wahrscheinlich im Liwadia-Palast wohnte, bevor der Kreuzer *Molotow* ihn nach Sotschi beförderte. Das Wetter war prachtvoll, die Mannschaft begeistert über ihren Passagier. Hoffotograf Wlasik schoss zahlreiche Aufnahmen.

In Sotschi schlenderte Stalin durch die Straßen, gefolgt von Wlasik, Poskrebyschew und den übereifrigen Leibwächtern, die mit den am Meer zeltenden Urlaubern alle Hände voll zu tun hatten. Als sich einige Schulkinder um seinen Wagen versammelten, bot Stalin ihnen an, sie in das örtliche Café, das Riviera, zu fahren, wo ein kleines Mädchen anfing zu weinen, als es keine Süßigkeiten bekam. Stalin nahm das Mädchen auf den Schoß, tröstete es und bot ihm an, sich etwas auszusuchen. Der dicke Wlasik bezahlte, wandte sich danach den Kindern zu und rief:

»Jetzt, ihr Kinder, ein Pionierhurra auf den Genossen Stalin.« Man kann sich vorstellen, wie er seine Faust hochreckte, als »die Kinder im Chor hurra riefen«.

Dann fuhren sie südwärts in Stalins geistige Heimat dieser Jahre, nach Abchasien, dessen Luft und Nahrung ihm für Langlebigkeit zu bürgen schienen:

»Erinnern Sie sich, wie überrascht der englische Schriftsteller J. B. Priestley war, als er einem hundertfünfzig Jahre alten abchasischen Bauern begegnete?«, schwärmte er. »Wenn ich hier leben würde, könnte auch ich die hundertfünfzig erreichen!«* Stalin klagte oft Molotow gegenüber, wie sehr er seine Heimat vermisste. Allerdings betrachtete er die Russen als den eigentlichen Kitt seines Vielvölkerstaates: Die Dynamik und Kraft dieser Nation hatte den Bolschewismus gefördert und ihm seinen Ruhm gesichert. Sein Schicksal lag also in Russland begründet. Insofern konnte Wasili sagen: »Früher einmal war Papa Georgier.« Doch hat man Stalins persönliches Bekenntnis zum Russentum übertrieben. Was den Lebensstil und die Mentalität angeht, so blieb er immer seinen Ursprüngen verhaftet: Er sprach, speiste und sang georgisch, regierte Georgien persönlich mit Hilfe der dortigen Parteichefs, mischte sich in die Regionalpolitik ein, vermisste seine Jugendfreunde und verbrachte fast die Hälfte seiner letzten acht Lebensjahre in Georgien – allerdings dem isolierten Land seiner Phantasie.

Stalin benutzte die Datscha »Kaltes Flüsschen« (Cholodnaja Retschka in Sotschi) als Basis, bezog indes ständig neue Häuser. Es heißt, sie seien alle düster gewesen. Gewiss wirken die Holzpaneele etwas trübe, aber im

---

* Stalin hatte sich immer sehr für Langlebigkeit interessiert und 1937 die Forschungsarbeit Professor Alexander Bogomolows über die außerordentlich hohe Lebenserwartung in Georgien und Abchasien gefördert. Er soll sie dem Gletscherwasser und der Ernährung zugeschrieben haben und trank daher selbst spezielles Schmelzwasser.

Licht des Sommers herrscht dort eine wunderbare Atmosphäre. Stalin aß und arbeitete gewöhnlich draußen auf der Veranda, und alle seine Residenzen besaßen üppige Gärten voller Blumen, in denen er gerne lustwandelte. Er suchte die Häuser vor allem nach ihrem Panorama aus.

Bald quartierte er sich in der weißen pseudobarocken Villa des Dedraparks von Suchumi ein, wo Mandelstam einst Jeschow den *Gopak* tanzen gesehen hatte. In den dreißiger Jahren hatte Stalin seine Ferien oft in einer kleinen von Lakoba gebauten Datscha in Nowi Afon verbracht; jetzt ließ er daneben eine weitere Villa im kubanischen Stil errichten, eine Art Bungalow mit herrlichem Meerblick. An dem etwas entlegenen Rizasee gab es bereits ein ZK-Sanatorium, das man nur mit dem Auto erreichte, ein langer Weg, der durch eine malerische Schlucht mit einem reißenden Wildbach führt. 1948 ließ Stalin neben dem alten Haus ein neues bauen.*

Stalin konnte selbstverständlich jede der zahllosen Staatsdatschen benutzen, scheint allerdings faktisch nur etwa fünf bei Moskau, mehrere auf der Krim, darunter zwei Zarenpaläste, drei in Georgien selbst und eine Hand voll in Abchasien regelmäßig aufgesucht zu haben. Mindestens fünfzehn hielt er ständig bewirtschaftet. Doch in vieler Hinsicht blieb Stalin stets der rastlos umherziehende georgische Revolutionär seiner Jugend. Begleitet von Poskrebyschew, laufend per Luftpost mit den jeweils neuesten ZK-Unterlagen versorgt, nach Belieben die Potentaten antanzen lassend und rund um den Globus telegraphierend, bildete er jederzeit und überall den Dreh- und Angelpunkt der Macht.

---

* Die meisten Häuser Stalins erreichte man nur durch einen Torweg im Wachhaus (das gilt allerdings nicht für die am Rizasee und in Nowi Afon), an das sich ein üppiger Garten mit Ligusterhecken anschloss, von dem aus ein Pfad zu der von einer Veranda umgebenen mediterranen Villa hinaufführte. Der größte Raum war immer das Esszimmer mit Holzpaneelen, hoher Decke und einem stattlichen ausziehbaren Tisch. Als Fassadenfarbe wählte Stalin, vielleicht als Tarnung, stets eine Art Khakigrün. Alle Villen lagen so gut hinter Palmen und Nadelbäumen versteckt, dass man sie selbst vom Garten aus kaum sah. Fast alle hatten eigene Landungsstege, und daneben gab es Sommerhäuser, in denen Stalin arbeitete und seine Gäste bewirtete. Nicht fehlen durfte auch der Billardraum, der meist auch als Kino diente, wobei man die Filme von einem kleinen Holzfenster aus über den Tisch hinweg auf die gegenüberliegende Wand projizierte. Alle Häuser hatten viele Schlafzimmer mit Sofas und große Bäder mit speziell der Größe Stalins angepassten Tauchbecken. Die Entwürfe kamen stets vom Hofarchitekten Miron Merschanow, der mit Martha Berias Mutter Timoscha, der Schwiegertochter Gorkis und großen Liebe Jagodas, zusammenlebte. Ende der vierziger Jahre wurde Merschanow ebenso wie alle verflossenen Liebhaber Timoschas festgenommen.

Bei der Ankunft erinnerte ein bestimmtes Ritual an frühere Zeiten: Stalin hatte an einer Wand von Kunzewo die Totenmaske Lenins, wie eine Ikone von einer Kerze angestrahlt, aufhängen lassen, und sie begleitete ihn auf allen Reisen. Er befahl seinem Kommandanten Orlow, »das Gesicht an möglichst prominenter Stelle aufzuhängen«.

Schon bei Stalins Einzug begaben sich die Magnaten und die gesamte georgische Führung vor Ort in ihre Häuser und warteten auf ihre Einbestellung. Abakumow stand bereit, um auf Abruf mit Neuigkeiten über den Stand der Verhandlungen südwärts zu fliegen. Falls es im Politbüro Streit gab, zitierte Stalin die Magnaten zu sich, um einen Schiedsspruch abzugeben. Sie alle beteten, keine Ferien mit Stalin verbringen zu müssen, was Chruschtschew zufolge, der einmal einen ganzen Monat erduldete, »schrecklich«, »die reinste Tortur«, »eine Qual« war, »schlimmer noch, als gemeinsam mit Stalin zu essen«. Im Kampf gegen die Hungersnot und den Separatismus der Ukraine stand der Rekonvaleszent zeitweise unter enormem Druck, weshalb Stalin Kaganowitsch anwies, Chruschtschew zu beaufsichtigen, um den Ukrainern ihren Nationalismus gewaltsam auszutreiben, wie es ihm Ende der zwanziger Jahre schon einmal gelungen war. Fortan lebten die beiden alten Verbündeten dicht beisammen und ihre Familien gingen jedes Wochenende gemeinsam spazieren. Auf diese Weise entwickelte sich unvermeidlich bald eine Todfeindschaft zwischen ihnen. Beide wandten sich deshalb an Stalin, der sie nach Cholodnaja Retschka zitierte, um ihren Konflikt bei einem Essen mit anschließender Filmvorführung noch anzuheizen, ihnen danach jedoch einen Burgfrieden aufzuzwingen und schließlich Kaganowitsch wieder nach Moskau zurückzuschicken.

Auch die osteuropäischen Vasallen, besonders Gottwald, Bierut und Hoxha, wagten es kaum, sich einer Einladung Stalins zu widersetzen. Seine beiden Favoriten waren indes die örtlichen Parteichefs, bei denen er sich entspannen konnte, teils weil sie erst Mitte dreißig, teils weil sie Georgier waren. Diesen Männern traute er mehr als den eigenen Kindern und erschien ihnen wie Gott und Vater zugleich.

Candide Tscharkwiani, der kultivierte Erste Sekretär Georgiens, besuchte ihn »jeden zweiten Tag«. Stalin vertraute ihm so sehr, dass er ihm nicht nur seine Schlafgewohnheiten verriet, sondern auch, als Candide von einem georgischen Fürsten berichtete, der täglich die Unterwäsche wechselte, eine ganze Kommode mit »weißer Baumwollunterwäsche« zeigte: »Für einen Fürsten ist das keine Kunst«, witzelte Stalin, »aber ich bin ein Bauer und pflege den Brauch ebenfalls.«

Seinen zweiten Vertrauten, den rücksichtslosen, aalglatten, gut aussehenden abchasischen Parteichef Akaki Mgeladse, nannte Stalin »Genosse Wolf«. Wenn er Tscharkwiani wegen der guten Literaturkenntnisse schätzte, so Mgeladse wegen seiner politischen Intrigen. Manchmal spornte er ihn an, in nur siebzehn Minuten von seinem Büro in Suchumi bis zu der Datscha zu fahren. Tscharkwiani und Mgeladse hassten einander ebenso wie ihre Vorgänger, Lakoba und Beria.*

Seine anderen regelmäßigen Gefährten, Waletschka, Wlasik und Poskrebyschew, wohnten in benachbarten Datschen, ebenso ein Stenograph und ein Chiffrierbeamter. Der »immer traurig dreinschauende, umsichtige, listige« Poskrebyschew prüfte die täglich mit dem Flugzeug aus Moskau kommende Korrespondenz und brachte sie dann in die Villa hinauf. Der von Stalin neuerdings so genannte »Oberbefehlshaber« wimmelte auch unerwünschte Anrufe ab.

Stalin nahm seine Mahlzeiten immer draußen, auf der Veranda, im Sommerhaus oder am See ein, wobei er die Zeitungen las. Fast überall lagen aufgeschlagene Magazine und Bücher oder Stapel von Papieren herum. Vor der Abreise in den Süden hatte er Poskrebyschew gebeten: »Bestellen Sie alle diese Bücher. Stalin. *Goethes Briefe, Poesie der Französischen Revolution,* Puschkin, Konstantin Simonow, Shakespeare, Herzen, *Geschichte des Siebenjährigen Kriegs* – und *Battle at Sea 1939–1945* von Peter Scott.« Er arbeitete nach wie vor bis spät abends und ging dann erst zu Tisch. Wlasik und Poskrebyschew aßen nicht immer mit dem Chef, aber der *chef de cabinet* lud oft mit knappen Worten Bekannte zu Tisch ein: »Stalin erwartet Sie.« Wenn Poskrebyschew die Gäste hineinführte, scherzte Stalin:

»Na, wie geht's unserem Oberbefehlshaber heute?« Sonnengebräunt, ergraut, ziemlich gelichtet, trotz des Schmerbauchs abgehärmt und mit hängenden Schultern, begrüßte Stalin sie auf der Veranda, wie ein leutseliger georgischer Landmann in einen hellen Khakianzug gekleidet. Bei großer Hitze kühlte ein Berieselungsgerät auf der Terrasse von Cholodnaja Retschka die Luft und sprühte im hohen Bogen Wasser über das Dach.

---

* Diese Darstellung basiert auf Tscharkwianis Memoiren. Jene Mgeladses, die denen Mikojans an Intimität fast in nichts nachstehen, sind gerade erst in Georgien erschienen. Die Parteichefs Georgiens und Abchasiens waren naturgemäß Rivalen. Im Fall Berias und Lakobas vernichtete der Chef von Tiflis den von Suchumi, während es bei Tscharkwiani und Mgeladse andersherum ausging.

Manchmal verwies die Haushälterin Gäste in den Garten hinunter, wo Stalin mit einer Hacke das Unkraut rund um seine Zierpflanzen jätete und General Wlasik ihm dabei zur Hand ging.

»Ich zeige Ihnen, wie man das macht!« Dann führte er stolz seine Zitronenbäume und Rosen vor. »Er war ein echter Naturromantiker«, schrieb Mgeladse.

Bei den georgischen Festessen, die meistens im Freien stattfanden, öffnete Stalin die Flaschen. Für die Magnaten waren die »endlosen Mahlzeiten« eine Qual, für die jüngeren Georgier indes faszinierend. Dabei legte man Landkarten aus, bewunderte Reiche, diskutierte über historische Gestalten, erzählte Witze, tauschte Toasts aus. Poskrebyschew dankte Stalin in einem Trinkspruch für die Vernichtung Bucharins und Rykows:

»Sie hatten Recht, Genosse Stalin – wenn diese Schurken gewonnen hätten…« Poskrebyschew konnte sich Stalin gegenüber eine gewisse Frivolität leisten, zumal er ihn oft zum »*Tamada*« ernannte. »Jetzt trinken Sie auf mein Wohl!«, verlangte Poskrebyschew, und Stalin gehorchte. Molotow hob zu einem Loblied auf den Generalissimus an:

»Wenn Sie kein echter Stalin wären«, tönte der Eisenarsch, »hätte die UdSSR weder Trotzki besiegt noch den Krieg gewonnen, noch die Bombe gebaut, noch ein derart gewaltiges Reich für den Sozialismus erobert.« Das schmeichelte dem *Woschd*. Wenn das Politbüro oder ausländische Vasallen am Tisch saßen, schlug das Trinken oft in ein hässliches Gelage um, jedoch mit den Georgiern blieb es eher auf heitere Weise nostalgisch.

Sooft Stalin sang, trugen Poskrebyschew und Wlasik wie ein groteskes Paar von Chorknaben die Harmonien bei. Nach dem Dinner blieben die Gäste gewöhnlich über Nacht. Stalin konnte über die Maßen freundlich sein. Als Mikojans Bruder Artjom, der die MiG (Mikojan-Gurew) mitentworfen hatte, an einer Angina litt und ins Bett geschickt wurde, merkte er, wie jemand das Zimmer betrat und fürsorglich eine Decke über ihn legte. Zu seiner Überraschung sah er, dass ihm Stalin diese Gefälligkeit erwies.

Dennoch teilten praktisch alle seine Gäste den Wunsch, diesem seltsamen nervenaufreibenden alten Mann mit seinem ständigen Wechsel von gefährlichen, bösartigen Ausbrüchen, Anfällen von weinerlichem Selbstmitleid und quälend langweiligen Erinnerungen zu entkommen. Ihre hektischen und einfallsreichen Bemühungen, Ausreden zu finden, um den allmächtigen, aber überempfindlichen Hausherrn zu verlassen, ohne Anstoß zu erregen, bilden das tragikomische Leitmotiv dieser langen Abende.[1]

In jenem Jahr gehörte Swetlana zu den ersten Gästen und wohnte für drei Wochen in dem für sie gebauten kleineren Haus. »Nach langer Zeit waren wir wieder einmal zu zweit. Das war angenehm und traurig zugleich und dabei unendlich mühsam.« Dann jedoch kamen Gäste hinzu, und die abartigen Abende mit Beria und Malenkow ödeten sie an. »Ich verging fast vor Langeweile und begab mich lieber zu Bett.« Dann begann der Kampf um die Abreise. Eines Abends sagte sie plötzlich im Beisein Mikojans, Molotows und Tscharkwianis:

»Vater, lass mich nach Moskau zurückfahren!«

»Warum hast du es denn so eilig«, fragte Stalin verletzt. »Bleib noch zehn Tage. Oder ist es dir hier zu langweilig?«

»Vater, es ist dringend! Bitte lass mich abreisen!« Stalin reagierte wütend.

»Ich will jetzt nichts mehr davon hören! Du bleibst!« Doch später fing Swetlana wieder davon an.

»Dann fahr eben, wenn du willst!«, bellte Stalin. »Ich kann dich nicht halten.« Als Schdanow eintraf, hielt sich Swetlana immer noch dort auf, doch dann schaffte sie es, sich im Guten zu verabschieden, und schickte »Vater« einen versöhnlichen Brief, auf den er antwortete »wie ein fernes Echo aus Vorkriegsjahren«:

»Ich grüße Dich, Swetka! … Schön, dass Du Vater nicht vergisst. Bin gesund, geht mir gut, bin munter. Schicke Dir ein kleines Geschenk (Mandarinen). Kuss. Dein J. Stalin.«

Schdanow sollte Stalin bei der Konzeption einer Politik helfen, um die Macht über Osteuropa zu festigen. Molotows Neigung, mit dem Westen zu verhandeln, hatte mit der Zurückweisung des Marshallplans ihr Ende gefunden. Jetzt schien Schdanow sowohl in der Außen- als auch in der Innenpolitik die Oberhand zu gewinnen. Stalin versah Schdanows Reden mit oberlehrerhaften Anmerkungen. Auf eine kritzelte er mit braunem Buntstift: »Sie müssen noch Lenin-Zitate einfügen!«

Gemeinsam verfassten sie Schdanows Text über die Spaltung Europas in »zwei Lager« als die ideologische Grundlage für den die folgenden vierzig Jahre prägenden Eisernen Vorhang. Um dem Marshallplan und der dreisten Unabhängigkeit von Titos Jugoslawien entgegenzuwirken, sollte Schdanow eine neue Kommunistische Internationale aufbauen, das »Kommunistische Informationsbüro« Kominform, mit der Absicht, die sowjetische Hegemonie über Osteuropa rigoros durchzusetzen.

Später flog Schdanow in Begleitung seines verhassten, jüngst degradierten Rivalen Malenkow ins polnische Szklarska Poreba, wo die führenden Kommunisten Polens und Jugoslawiens auf Anweisungen der Moskauer Zentrale warteten. Die Tagung fand in einem Genesungsheim der dortigen Geheimpolizei statt, in dessen Obergeschoss die Delegierten auch übernachteten. Am 25. September hielt Schdanow seine Rede über die »zwei Lager« und legte bei seinem ganzen Auftritt die bramarbasierende Hochnäsigkeit eines Reichsstatthalters an den Tag. Als der Pole Berman (der mit Molotow Walzer getanzt hatte) Zweifel am Sinn des Kominform anmeldete, erwiderte Schdanow arrogant:

»Spielen Sie sich hier nicht so auf. Wir in Moskau wissen besser, wie man die Prinzipien des Marxismus-Leninismus anwendet.« Der »Genosse Filipow«, alias Stalin im Urlaub, unterwies »Sergeew und Borisow« (das heißt Schdanow und Malenkow) in jeder Phase über das weitere Vorgehen. Am Ende erlitt, auf dem Höhepunkt seiner Laufbahn, »der Pianist« im Sanatorium einen Zusammenbruch wegen Alkoholismus und Herzversagens. Er mag über Molotow, Malenkow und Beria triumphiert haben, doch sich selbst konnte er nicht beherrschen. Der mit einundfünfzig bereits völlig erschöpfte Schdanow wusste, »dass er nicht stark genug war, die Verantwortung der Nachfolge Stalins zu tragen. Er wollte auch nie an die Macht kommen«, so sein Sohn. Bald flog er zurück ans Meer, um sich in der Nähe Stalins zu erholen, wo die beiden einander besuchten, doch dann kam eine schwere Herzattacke.*

Schdanows Ausfall schuf ein Vakuum, das Malenkow und Beria eilfertig füllten, wodurch die beiden einander so nahe kamen, dass sie im November sogar gemeinsam an Stalin schrieben: »Die Arbeit unter Ihrer Aufsicht macht uns sehr glücklich. ... Ihnen treu ergeben, L. Beria und G. Malenkow.« Doch handelte es sich immer nur um eine politische Freundschaft. Beria hielt Malenkow in Wirklichkeit für »einen rückgratlosen Burschen, der nichts weiter ist als ein Ziegenbock«. Gleichwohl registrierte Schdanow ihren Wiederaufstieg und sagte zu seinem Sohn: »Da hat sich jetzt eine Fraktion gebildet.« Trotz einer Ruhepause bis

---

* Schdanow war nicht der Einzige, auch der erst zweiundfünfzigjährige Andrejew erkrankte 1947, blieb jedoch bis 1950 aktives Politbüromitglied. 1952 verlor er seinen Posten.

Dezember konnte er, körperlich extrem geschwächt, nicht gegen solche abgefeimten Gegner zu Felde ziehen.[2]

Nachdem auch Molotow und Mikojan, noch unter dem Eindruck der jüngsten Demütigungen stehend, ihm für längere Zeit hatten Gesellschaft leisten müssen, fand sich Stalin allein wieder. Er sehnte sich nach dem Umgang mit jüngeren Leuten. Beria meinte zwar, seinem Sohn zufolge, dass Stalin die Eremitage bewusst gewählt und die Genossen nicht eingeladen habe, »weil er sich vor der Einsamkeit fürchtete, sondern um sie im Auge zu behalten«, doch das erklärt nicht seine Lust auf die Gesellschaft unbedeutender Novizen. »Obwohl alle über den großen Mann reden, das allumfassende Genie«, klagte Stalin Golowanow gegenüber, »habe ich nicht mal jemanden, der eine Tasse Tee mit mir trinkt.« Schdanow brachte irgendwann seinen Sohn Juri mit, den Stalin so gerne mit Swetlana verheiratet hätte. Ihn rief er dann oft an und gab ihm berufliche Ratschläge:

»Es heißt, dass du politisch sehr aktiv bist«, drang er einmal in Juri, »aber lass dir sagen, dass Politik ein schmutziges Geschäft ist. Gebraucht werden vielmehr Chemiker!« Juri studierte Chemie und machte anschließend noch den Magister in Philosophie.

Der inzwischen achtundzwanzigjährige Juri fuhr mit einer seiner Tanten am Schwarzen Meer entlang, als sie auf der Straße zur Datscha in Gagra eine Reihe von Wachen überraschten, die ihnen entgegenliefen:

»Genosse Stalin möchte Sie sprechen, Genosse Schdanow!«, erklärten sie. Juri schrieb ihm auf einen Zettel, dass er mit einer Tante unterwegs sei, und eine der Wachen eilte hin und zurück: »Beide eingeladen.« Auf der Veranda mit Balustrade erwartete sie ein gebräunter, entspannter Stalin, der sich zunächst nach dem Befinden von Juris Vater erkundigte und wenig später, den Wein einschenkend, zur Sache kam:

»Vielleicht solltest du für die Partei arbeiten.«

»Genosse Stalin«, erwiderte Juri, »Sie haben mich doch gewarnt, dass Politik ein schmutziges Geschäft sei.«

»Das ist eine neue Epoche. Die Zeiten ändern sich. Du wirst Parteiarbeit machen, herumreisen und die Regionen kennen lernen. Dabei wirst du sehen, wie wir Entscheidungen treffen und sie immer sofort dagegen sind.«

»Ich sollte besser erst meine Eltern fragen«, sagte Juri Schdanow, der wusste, dass keiner der Magnaten seine Kinder in der Schlangengrube von Stalins Hof sehen wollte. Doch Schdanow stimmte zu, und Stalin übertrug Juri den – für so einen jungen Mann – bedeutenden Posten als Leiter der Wissenschaftsabteilung des Zentralkomitees. Ahnungslos steckte Juri damit seinen Kopf in den Rachen des Krokodils, denn gerade in dieser Phase eskalierte der Kampf um die Nachfolge zu einem Blutbad. »Ich fürchtete mich nicht vor Stalin«, sagt Juri heute, »denn ich kannte ihn ja von Kindesbeinen an. Erst später ging mir klar auf, dass ich ihn eigentlich hätte fürchten *müssen*.«

Juri musste nicht lange bleiben, doch ein anderer junger Mann kam weniger glimpflich davon und hielt neun Tage durch, bevor er sich wieder aus dem Staub machen konnte: In jenem Oktober schickte das Außenministerium den sechsundzwanzigjährigen Übersetzer Oleg Trojanowski nach Gagra hinunter, wo er bei einem Gespräch Stalins mit einer Gruppe von Abgeordneten der britischen Labour Party dolmetschen sollte.*

Gut aussehend, braunhaarig und gebildet, gehörte Trojanowski zum Nachwuchs der Elite, und als Stalin ihn kennen lernte, mochte er ihn so gern, dass er ihm im Indianerjargon aus *Der letzte Mohikaner* auftrug: »Grüßen Sie mir Bruder Bleichgesicht vom Häuptling der Rothäute!« Als Stalin die Briten verabschiedet hatte, sagte er zu Trojanowski: »Warum bleiben Sie nicht eine Weile bei uns? Wir werden Sie alkoholisieren und dann sehen, was für ein Mensch Sie sind.«

Nach diesem ebenso unerwarteten wie alarmierenden Vorschlag konnte Trojanowski nur noch stammeln, dass er »dem Genossen Stalin keine Ungelegenheiten machen« wolle, doch der gab nicht nach. Der Gast fühlte sich äußerst unwohl, doch Stalin rief ihn einige Male zum Billard, ein Spiel, das er extrem gut beherrschte, scheinbar ohne auch nur zu zielen. Man traf sich vor allem zum Abendessen, an dem gelegentlich auch Poskrebyschew oder jemand vom Politbüro teilnahm. Der Hausherr legte Trojanowski persönlich die Speisen vor. Das Gespräch wirkte »nie bedrückend und es entstanden keine peinlichen Pausen«, zumal der junge Mann sich hütete, heikle Fragen zu stellen oder in irgend-

---

* Stalin hatte 1913 bei Trojanowskis Vater Alexander in Wien gewohnt und ihn später zum ersten sowjetischen Botschafter in Washington ernannt. Während des Terrors beschützte er Trojanowski, den er mochte, ohne ihm als einem ehemaligen Menschewiken je ganz zu trauen. Einmal schlich er sich von hinten an, hielt ihm die Augen zu und flüsterte: »Freund oder Feind?« 1948 kam Trojanowskis Karriere als Dolmetscher Stalins zu einem jähen Ende, als Molotow ihn vorsorglich versetzte. Sein Vater, der alte Diplomat, hatte am Bridgetisch zusammen mit dem unbezähmbaren Litwinow die Führung kritisiert. Es waren gefährliche Zeiten. Später dolmetschte der Sohn für Chruschtschew. Diese Darstellung basiert auf einem Interview mit ihm.

ein Fettnäpfchen zu treten. Stalin bestritt die Unterhaltung allein, erzählte von seinem Aufenthalt bei Olegs Vater 1913 in Wien, seinem »ersten Besuch in einem Westhaushalt«. Ansonsten empfahl er seinem Gast, sich einfach auszuruhen, doch »könnte man wohl kaum etwas, das mit Stalin zu tun hatte, als geruhsam bezeichnen«.

Wie alle anderen Gästen grübelte Trojanowski darüber nach, unter welchem Vorwand er sich verdrücken konnte, ohne Stalin zu echauffieren. Nach neun Nächten fasste er den Mut, Stalin um die Erlaubnis zur Abreise zu bitten. Der gab sich überrascht, bis Trojanowski ihm erklärte, dass er nach Moskau zurückkehren müsse, um in die Partei einzutreten.

»Ein wichtiges Ereignis«, sagte Stalin. »Viel Glück.« Er schenkte Trojanowski zum Abschied einen Korb mit Obst.[3]

Am 21. November wieder nach Moskau zurückgekehrt, befahl dieser leutselige alte Gastgeber seinem Schergen Abakumow, den jiddischen Schauspieler Michoels umzubringen. Neun Tage später unterstützte er das Votum der UNO für die Gründung des Staates Israel.

52

ZWEI SELTSAME TODESFÄLLE:
DER JIDDISCHE SCHAUSPIELER UND
DER DESIGNIERTE NACHFOLGER

Das Komitee für den Stalin-Preis hatte Michoels nach Minsk geschickt, um Aufführungen der weißrussischen Theater begutachten zu lassen. Als Stalin davon hörte, forderte er Abakumow ausdrücklich auf, Michoels umgehend zu liquidieren, und legte in Anwesenheit Malenkows eine Reihe von Einzelheiten fest. Abakumow übertrug die Aufgabe seinem Stellvertreter und dem Minsker MGB-Chef, wobei er sich auf die *Instanzija* berief. Abakumows Plan bestand darin, »Michoels am Abend zu Bekannten einzuladen, in die Nähe der Datscha Zanawas [des weißrussischen MGB-Chefs] zu chauffieren und dort zu töten. Anschließend schaffen Sie den Leichnam fort, legen ihn an einer unverdächtigen Stelle auf die zum Hotel führende Straße und lassen einen Lastwagen darüber fahren...« Der Plan besaß alle Merkmale jener plumpen Mordkomplotte, die Stalin mit Beria auszuhecken pflegte, um die für Festnahmen zu prominenten Personen zu eliminieren. Zanawa gab die Anweisungen auf dem Dienstweg weiter, immer mit der Zauberformel *Instanzija* versehen.

Michoels und sein Freund, der Theaterkritiker und MGB-Spitzel Wladimir Golubow-Potapow, verbrachten den 12. Januar mit einigen Schauspielern und gingen anschließend in ihrem Hotel essen. Gegen 20 Uhr verließen sie das Restaurant, um einen »Kumpel« Golubows zu besuchen. Vermutlich brachte der MGB-Wagen sie zur Datscha Zanawas, wo man Michoels durch eine Injektion außer Gefecht zu setzen versuchte. Doch vielleicht leistete er heftig Gegenwehr. Man schlug ihm mit einem stumpfen Gegenstand die Schläfe ein und verpasste ihm anschließend noch einen Kopfschuss. Golubow, der falsche Kollege, erlitt das gleiche Schicksal. Man karrte die

Leichen in die Stadt, ließ sie von einem Lastwagen überrollen und dann im Schneematsch liegen.*

Stalin wurde wahrscheinlich über die Morde informiert, noch bevor man die Leichen auf die Straße warf, und gerade in dem Moment traf Swetlana zu Besuch in Kunzewo ein. Der Vater telefonierte, wahrscheinlich mit Zanawa: »Ich wartete. Man berichtete ihm irgendetwas, während er zuhörte. Dann sagte er gewissermaßen als Resümee: ›Na, also ein Autounfall.‹ Ich erinnere mich noch genau des Tonfalls: es war keine Frage, sondern eine Antwort. Er hatte nicht nach etwas gefragt, sondern etwas vorgeschlagen, nämlich einen Autounfall.« Nachdem Stalin aufgelegt hatte, begrüßte er Swetlana und sagte: »Michoels ist bei einem Autounfall umgekommen.«

Am nächsten Morgen um sieben fand jemand die beiden Leichen am Straßenrand. Diejenige Michoels überführte man nach Moskau zum Labor Professor Boris Sbarskis, des für Lenins Mumie zuständigen Biochemikers. Angesichts des offenkundig eingeschlagenen Schädels und des Einschusslochs ersuchte man ihn, das »Unfallopfer« für die Aufbahrung im Jüdischen Theater zu präparieren. Allerdings ließ sich dort von der fingerdick aufgetragenen Schminke niemand etwas über das »verstümmelte, kaputte Gesicht« vormachen.

Einige der Höflinge Stalins hatten Michoels ebenso wie das breite Publikum als einen großen Theaterhelden bewundert. Am 15. Januar, dem Tag vor der Beisetzung, stand Polina Molotowa, die im Krieg ihre jüdischen Wurzeln wiederentdeckt hatte, abends neben dem Aufgebahrten und murmelte: »Das war Mord.« Nach dem Begräbnis, traf Julia Kaganowitsch, die Nichte Lasars und Tochter Michails, der 1941 Suizid begangen hatte, bei den Michoels' ein und führte seine Tochter ins Bad.

---

* Brackman zitiert in *The Secret File of Joseph Stalin* eine farbige, jedoch nicht erhärtete Geschichte, derzufolge Stalin angeordnet hatte, Michoels mit einer umwickelten Axt zu erschlagen, weil er Jahrzehnte zuvor in Kutaisi den eigenen Vater auf die gleiche Weise habe umbringen lassen. Allerdings gibt es weder Hinweise darauf, dass Stalin seinen Vater tötete, noch war bei Michoels' Leichnam von einer entsprechenden Wunde die Rede, auch wenn der Bluterguss im Gesicht von einer Axt herrühren könnte. Zuständig für die Operation war Lawrenti Zanawa, ein schwarzhaariger Mann mit gepflegtem Schnurrbart, der zu den von Beria nach Moskau gebrachten Georgiern gehörte. Wie viele Tschekisten war er ein Krimineller. Seine Bekannten hielten ihn für »eine Bestie«. Eigentlich hieß er Dschandschugawa und war wegen Mordes verurteilt worden, doch Beria rettete ihn und machte ihn zum Chef des weißrussischen MGB. Dort erwies er sich nicht als ein sonderlich loyaler Schützling, denn er suchte die Nähe Abakumows. Nach Stalins Tod wurde er festgenommen und hingerichtet.

Bei laufendem Wasser wisperte sie ihr dann zu: »Schöne Grüße von deinem Onkel«, gefolgt von einer Warnung des tief besorgten Kaganowitsch: »Ich soll dir ausrichten, dass du nie jemanden nach irgendwas fragen darfst.« Das Jüdische Theater erhielt Michoels' Namen, und die Staatsanwaltschaft leitete Ermittlungen wegen Mordes ein.

Doch hinter den Kulissen bekam Michoels' Mörder Zanawa den Leninorden verliehen, wegen »beispielhafter Ausführung eines staatlichen Sonderauftrags«. Schenja Allilujewa erhielt zehn und ihre Tochter Kira fünf Jahre Haft, »wegen Verrats von Geheimnissen aus dem Privatleben der Familie [Stalins] an die amerikanische Botschaft«. Anna Redens musste ebenfalls für fünf Jahre ins Gefängnis, alle drei erlitten Einzelhaft.*

Nunmehr nahm der MGB den stellvertretenden Außenminister Solomon Losowski und andere prominente Juden ins Visier: Polina Molotowa verlor still und heimlich ihren Posten, während Stalin offen über den eigenen Antisemitismus witzeln konnte und Djilas mit den Juden in der jugoslawischen Führung provozierte:

»Sie sind ein Antisemit, ja, auch Sie, Djilas, auch Sie sind ein Antisemit.«[1]

Trotz seines »roten, aufgedunsenen Gesichts und der lebhaften Bewegungen« fand Schdanow zu seiner alten Herzlichkeit und Macht zurück. »Ich kann jeden Augenblick sterben, und ich kann auch noch lange leben«, sagte er »in seinem gewohnten spöttischen Ton« zu Djilas. Bei den Banketten versuchte er, dem Alkohol zu widerstehen, aß oft nur einen Teller klare Brühe und trank Orangensaft.

Einem Kranken hätten die nächsten Monate kaum weniger Erholung bieten können, denn nun kam der erste ernsthafte Widerstand gegen Stalin seit fast zwanzig Jahren auf. Marschall Tito verstand sich keineswegs als ein bloßer Vasall. Seine Partisanen hatten selbst tapfer gegen die deutschen Besatzer gekämpft und bei der Befreiung nicht auf die Rote Armee gewartet. Jetzt beschwerten sich die Jugoslawen bitter über das »despotische Verhalten« Schdanows bei dem Kominform-Treffen. Als Stalin das las, konnte er die Unverschämtheit gar nicht glauben und kritzelte mit braunem Buntstift darauf: »Sehr seltsame Information!«

---

* Die »Tanten« kamen ins Gefängnis Wladimir. Schenja Allilujewa wollte Suizid begehen und schluckte Steine, überlebte aber. Wie so viele andere hielt sie dank der Freundlichkeit von Fremden durch. So übersandte ihr ein polnischer Zellennachbar in Klopfzeichen die aufmunternde Botschaft: »Lebe für deine Kinder.«

Stalin hatte sich bereit erklärt, Griechenland dem Westen zu überlassen, gleichzeitig indes das Recht vorbehalten, Amerika die Stirn zu bieten, wann und wo es ihm beliebte. Tito setzte sich über seine Anweisungen hinweg und begann, die griechischen Kommunisten zu unterstützen. Stalin legte es darauf an, die Entschlossenheit Washingtons in Berlin und nicht irgendwo auf dem Balkan zu testen. Da hatte gerade noch gefehlt, dass der bulgarische Staatschef Dmitrow und Tito ohne seine Erlaubnis eine Föderation planten. Als sich der Streit zuspitzte, schickte Tito seine Genossen Milovan Djilas und Edward Kardelj zwecks Verhandlungen in die Höhle des Löwen. Bei angespannten Essen in Kunzewo versuchten Stalin, Schdanow und Beria, die jugoslawischen Delegierten mit der sowjetischen Stärke zu beeindrucken. Djilas ließ sich von ihnen zwar faszinieren, aber nicht im Geringsten einschüchtern. Daher verurteilte die *Prawda* am 28. Januar den Plan Dmitrows.

Am 10. Februar zitierte Stalin die Jugoslawen und Bulgaren ins Kleine Eck, um ihnen die Leviten zu lesen wie aufmüpfigen Politbüromitgliedern. Anstatt sich jedoch dem bulgarisch-jugoslawischen Plan zu widersetzen, schlug er eine Art Flickenteppich neuer Staatengebilde vor, um den bereits schwelenden Hass zwischen den betroffenen Völkern weiter zu schüren. Dabei »blickte Stalin finster drein und malte unablässig Männchen«.

»Wenn ich nein sage, heißt das auch nein!«, erklärte Stalin, darauf beharrend, dass Jugoslawien Albanien schlucken sollte. Als Djilas dagegen einwandte: »Es handelt sich nicht um Schlucken, sondern um Vereinigung«, tat Molotow das finster ab: »Aber das ist doch Schlucken!« Und Stalin fügte hinzu: »Ja, ja. Schlucken! Ihr sollt Albanien schlucken – je früher, desto besser.« Das düstere Trio – Stalin, Schdanow und Molotow – bestärkte Tito nur in seinem Widerstand.

Stalin und Molotow verschickten einen achtseitigen Brief, in dem sie Tito der abscheulichsten Sünde überhaupt bezichtigten – des Trotzkismus. »Wir halten die politische Karriere Trotzkis für lehrreich genug«, schrieben sie drohend, doch die Jugoslawen schreckte das nicht, und am 12. April wiesen sie die Note zurück. Stalin beschloss, Tito auszuschalten.

»Ich brauche nur meinen kleinen Finger zu rühren«, prahlte er Chruschtschew gegenüber, »– und schon wird es keinen Tito mehr geben. Er wird fallen.« Der aber, so zeigte sich, war eine weitaus härtere Nuss als Trotzki oder Bucharin.[2]

Bei den Essen von Kunzewo zeigte Schdanow »mitunter Willensschwäche« und griff wieder zur Flasche. Dann »herrschte Stalin ihn an, er solle das Trinken sein lassen« – eine der seltenen Gelegenheiten, bei denen er versuchte, die Sauferei einzudämmen, und ein Hinweis auf die Sonderstellung Schdanows. Zu anderen Zeiten jedoch empörte es ihn, wenn der blasse Abstinenzler nüchtern und stumm dasaß, während Stalin über Tito fluchte und schmutzige Witze riss:

»Er sitzt da wie Christus, als ob ihn das alles nichts anginge! Da – und schaut mich an wie Christus!« Schdanow erbleichte, und ihm traten Schweißperlen auf die Stirn. Die ebenfalls anwesende Swetlana »fürchtete, ihm würde schlecht werden, und gab ihm Wasser«. Auch wenn Stalins Anfälle von Jähzorn meist ebenso plötzlich wieder vergingen wie sie kamen, ärgerte er sich zunehmend über Schdanows Schweigen, das ihm als Blasiertheit und Trotz erschien, obwohl es nur von seiner totalen Entkräftung zeugte. Dennoch erhielt Berias und Malenkows Rachsucht nun aus einer ganz unerwarteten Ecke Nahrung.

Von Stalin auserwählt, für Swetlana bestimmt und mit achtundzwanzig bereits Leiter der ZK-Wissenschaftsabteilung, durfte sich Juri Schdanow als etwas Besonderes fühlen. Er nahm die Naturwissenschaften ebenso ernst wie sein Vater die Kultur, und ihn wurmte die absurde Vorherrschaft Trofim Lysenkos in der sowjetrussischen Genetik: Der Scharlatan hatte Stalins Unterstützung im Terror genutzt, um das Forschungsgebiet von allen richtigen Fachleuten zu säubern.

»Juri, leg dich ja nicht mit dem Lysenko an!«, warnte Schdanow seinen Sohn im Spaß. »Sonst kreuzt er dich noch mit einer Gurke.« Doch vielleicht fehlte dem Alten da schon die Kraft, ihn zu bremsen.

Am 10. April 1948 attackierte Schdanow junior in einer Rede am Moskauer Polytechnikum sowohl Lysenkos so genannten »kreativen Darwinismus« als auch seine Unterdrückung von Forschern und neuen Ideen. Lysenko selbst hörte über Lautsprecher in einem nahe gelegenen Büro mit. Anschließend beschwerte sich der gewiefte Höfling umgehend bei Stalin über Juris Unverschämtheit, im eigenen Namen »für die Partei sprechen zu wollen«. Eine Kopie seines Schreibens schickte er an Malenkow, der ihm beipflichtete. Nun nahm die Sache ihren Lauf. Malenkow übermittelte Stalin, der sich nun für die Koryphäe der Wissenschaft zu halten begann, den Wortlaut des Vortrags. Als der oberste Zensor las er Juris Text mit wachsendem Unwillen:

»Hahaha!«, kritzelte er wütend an den Rand. »Unsinn!« und »Raus!«. Der unverfrorene Bengel hatte sich angemaßt, Stalins Ansichten über

Vererbung und Evolution zu widersprechen, und das auch noch auf die Autorität seines Namens gestützt. Als Juri dagegen einwandte, nur eine persönliche Sicht der Dinge vertreten zu haben, trompetete Stalin höhnisch »Aha!« und leitete seine Stellungnahmen an den entzückten Malenkow weiter.

Unzufrieden über den Widerstand der Jugoslawen, die Spannungen in Berlin und die Intrigen der Zionisten, hatte Stalin beschlossen, dass dies der richtige Moment war, um Washington vor Europa zu brüskieren. Er verlangte Parteidisziplin, und Juri hatte sie missachtet. Nun griff er mit einem olympischen Blitz ein, der die sowjetische Wissenschaft und Politik von Grund auf verändern sollte. Am 10. Juni hielt Stalin im Kleinen Eck eine seiner gut geplanten Demütigungsséancen ab. Andrei Schdanow führte ergeben Protokoll, und sein Sohn wartete besorgt im Hintergrund, während Stalin, »die Pfeife in der Hand und häufig paffend«, auf und ab schritt und murrte:

»Wie konnte jemand es wagen, den Genossen Lysenko zu beleidigen?« Ganz zerknirscht trug Schdanow die Rüge Stalins in sein Schreibheft ein: »Der Bericht ist falsch. *Schdanow hat sich geirrt.*« Dann hielt Stalin inne und fragte: »Wer hatte das genehmigt?«

Sein eisiger Blick ließ den Raum erstarren. »Dann herrschte Grabesstille«, schrieb Schepilow, ein Protegé Schdanows. Alle sahen unter sich. Schepilow stand auf und beichtete:

»Es war meine Entscheidung, Genosse Stalin.«

Stalin ging auf ihn zu und schaute ihm tief in die Augen. »Ich kann nur sagen«, erinnerte sich Schepilow, »dass ich nie zuvor einen solchen Blick erlebt hatte. ... Stalins Augen schienen eine unglaubliche Kraft zu besitzen. Mit ihren Pupillen lähmten sie mich ... wie eine zum Zustoßen ausholende Kobra. Eine halbe Ewigkeit lang schien er nicht zu blinzeln.« Dann fragte er:

»Warum haben Sie es getan?« Als Schepilow antworten wollte, fuhr Stalin sofort dazwischen: »Wir müssen einen Ausschuss gründen, um die Sache zu untersuchen und den Schuldigen zu bestrafen. Nicht Juri Schdanow, der ist noch zu jung.« Und dann deutete er mit der Pfeife auf »den Pianisten«. »Die Verantwortung liegt bei den Vätern.« Schließlich zählte er, langsam hin und her gehend, nach einer furchtbaren Stille, die Ausschussmitglieder auf: Malenkow ... aber keine Sch ... (Stalin ließ sich bewusst viel Zeit) ... tänkerer! War damit die *Schdanowschtschina* vorüber? »Nach langem Nachdenken murmelte Stalin: ›Und Schdanow‹, worauf er erneut eine quälende Pause machte, bevor er anfügte: ›senior‹.«

Juri entschuldigte sich schriftlich bei Stalin und verwies dabei auf seine Unerfahrenheit: »Ich habe zweifellos eine ganze Reihe schwerer Fehler gemacht.« Malenkow nutzte die ungewollte Frechheit des jungen Schdanow meisterhaft aus, um sich selbst wieder in den Mittelpunkt zu spielen, und ließ dessen Abbitte in der *Prawda* veröffentlichen. Doch hinter dem Untergang Schdanows stand kein anderer als Stalin selbst, und diese Demütigung verschlimmerte seinen gesundheitlichen Zustand: Jetzt dürfte er sich zweifellos gewünscht haben, ebenso weitsichtig vorgegangen zu sein wie die Berias und Malenkows, die ihre Kinder bewusst aus der Politik fern hielten.[3]

Am 19. Juni traf ein völlig erschöpfter Schdanow in Begleitung seines Rivalen Malenkow zur zweiten Kominform-Sitzung in Bukarest ein, um den Ausschluss Jugoslawiens in die Wege zu leiten. »Wir besitzen Informationen darüber«, erklärte er absurderweise, »dass Tito ein Spitzel der Imperialisten ist.« Die Jugoslawen nahmen ihr Schicksal der Exkommunikation gelassen hin.

Am 24. Juni verhängte Stalin die Berlin-Blockade, provozierte damit die westlichen Alliierten und hoffte, sie mutwillig aus der Stadt vertreiben zu können, indem er ihnen den Landzugang zu ihrer Zone tief im sowjetisch besetzten Ostdeutschland abschnitt. Beide Vorstöße konnten den giftigen Feldzug gegen die Moskauer Juden und den erbitterten Kampf um die Nachfolge nur verschärfen. Oft wird behauptet, dass Schdanow sich für die Jugoslawen eingesetzt und dadurch letzten Endes den Bruch herbeigeführt hatte. Zwar kannten er und Wosnesenski die jugoslawische Szene seit 1945 gut, unterstützten aber nicht nur die Position Stalins, sondern bestärkten ihn sogar noch darin, indem sie wiederholt auf Titos Possen hinwiesen.

Mit weniger Sturheit hätte sich der Abfall Jugoslawiens vermeiden lassen. Während das Volk Stalin zum Gott erhoben hatte, gebar die Nähe zu ihm Verachtung. Djilas erkannte 1948 »einen deutlichen Verfall seines Intellekts. Er erzählte gern Geschichten aus seiner Jugend – von seinem Exil in Sibirien, seiner Kindheit im Kaukasus; und er verglich jedes jüngere Geschehnis mit etwas, was sich bereits ereignet hatte: ›Ja, ich erinnere mich, das gleiche...‹«, und lachte bevorzugt »über Albernheiten und seichte Witze«. »In einem jedoch war er noch immer der alte Stalin: er war eigensinnig, heftig und argwöhnisch, wenn jemand eine andere Meinung vertrat als er.« Auch die eigenen Genossen bemerkten, wie Stalin intellektuell abbaute und bedrohlich unberechenbar reagierte: »so senil und verwirrt, wie er nun war, verloren wir jeden Respekt vor ihm«, sagte Chruschtschew. Zwar hatte auch Beria diese »Entwicklung« von inbrünstiger Verehrung zu tiefer Enttäuschung durchlaufen. Was aber das Ideologische angeht, so blieben die meisten der Magnaten, besonders Molotow, Mikojan, Kaganowitsch und Chruschtschew, fanatische Anhänger des Marxismus-Leninismus, und praktisch alle, inklusive Malenkows, der sich für einen beamteten *Tschinownik* hielt, meinten nach wie vor, dass Stalin, trotz aller persönlichen Fehler, die Geschichte auf seiner Seite habe.[4]

Im Juni erlitt der aus Bukarest zurückgekehrte Schdanow eine weitere Herzattacke und einen leichten Schlaganfall, der Atembeschwerden und eine rechtsseitige Lähmung hinterließ. »Ich soll mich behandeln lassen und Bettruhe einhalten«, sagte er zu einem Schützling. »Ich werde wohl nicht lange wegbleiben.« Am 1. Juli ersetzte Stalin ihn als zweiten Sekretär durch seine Nemesis Malenkow. Zwar hätte er nunmehr einen nützlichen Sündenbock abgegeben, aber in diesem Umfeld bedurfte es keiner Vernichtung Schdanows, um Malenkow zu fördern: Stalin passte es sogar gut, beide nebeneinanderher laufen zu lassen. Auf dem Rückweg von Kunzewo brach Schdanow ohnmächtig zusammen, und so sterbenskrank konnte er fortan seine Aufgaben nicht mehr wahrnehmen. Juri erklärte, dass sein Vater »nicht entlassen wurde, sondern einfach zu schwach war, um seine Interessen zu vertreten«, was die Ärzte bestätigten: »Der Genosse Schdanow braucht zwei Monate Erholung, davon mindestens einen mit absoluter Bettruhe«, so Professor Jegorow in einem streng geheimen Bericht, auf dem Stalin vermerkte: »Wo Kur? Wo Behandlung?«

Juri zufolge »machte Stalin sich große Sorgen. Vaters Krankheit führte zu einer Veränderung des Machtgleichgewichts.« Dem pflichtete Mikojan bei. Doch gaben Schdanows Verbündete, Wosnesenski und Kusnezow, weiterhin den Ton an. Juri behielt seinen Posten.

Stalin schickte seine Leibärzte zu dem in ein Sanatorium in Waldai bei Nowgorod verlegten Schdanow, der sehr wohl merkte, wie ihm die Macht aus den sklerotischen Händen glitt. Als am 23. Juli Schepilow anrief, um die Rückkehr Malenkows zu melden, schrie Schdanow ihn durchs Telefon an und erlitt in jener Nacht einen weiteren Herzanfall. Daraufhin ließ Stalin ihn von seinem Stellvertreter Wosnesenski und vom eigenen Leibarzt Winogradow besuchen.

Schdanows eindeutige Symptome von Arteriosklerose und Herzversagen riefen dennoch eine Fehldiagnose hervor. Statt täglicher Kardiogramme und strikter Bettruhe verordnete man dem Patienten Leibesübungen und obendrein schädliche Massagen. Am 29. August streckte ihn ein schwerer Anfall nieder. Abermals schickte Stalin Winogradow zu ihm und wies Wosnesenski und Kusnezow an, die Behandlung zu überwachen. Doch bevor die Politiker eintrafen, brach über die angezeigte Therapie ein Streit aus. Dr. Lydia Timaschuk, die zuständige Kardiologin, erkannte auf »Myokardialinfarkt« und lag damit aller Wahrscheinlichkeit nach richtig, doch die erlauchten Professoren zwangen sie, ihren Bericht umzuschreiben und in einem typischen bürokratischen Hickhack stattdessen die viel unspezifischere Diagnose »Dysfunktion infolge von Arteriosklerose und Hypertonie« einzusetzen. Die behandelnden Ärzte glaubten jedoch nicht an einen so schwer wiegenden Befund und verordneten Spaziergänge im Park, worauf Schdanow abermals einen Herzinfarkt erlitt.

Dr. Timaschuk klagte ihre Vorgesetzten an und ließ Schdanows Chefleibwächter den Brief zu General Wlasik bringen, der ihn Stalin persönlich aushändigen sollte. Als nichts geschah, ließ die MGB-Agentin ein Schreiben an die Geheimpolizei folgen, das Abakumow kurzerhand an Stalin weiterleitete. Dieser zeichnete es ab, schrieb »Ins Archiv« darauf, unternahm sonst aber nichts. Allerdings schien er, so Juri, »sehr besorgt und schickte Wosnesenski hin, um ihn nach Vater sehen zu lassen«.

Am 31. quälte sich Stalins ehemaliger Günstling aus dem Bett, um ins Bad zu gehen, und erlag dabei einem finalen Herzinfarkt. Auf Anweisung Poskrebyschews führte man in einem schlecht beleuchteten, kitschigen Bad eine Autopsie durch, an der auch Kusnezow teilnahm. Entsetzt über ihre Fehldiagnose, beschuldigten und entließen die Professoren – in der Annahme, dass eine Vertuschung der tödlichen Irrtümer aufgeflogen wäre – Timaschuk, die daraufhin weitere entrüstete Briefe an Stalin und den MGB-*Kurator* Kusnezow schrieb. Doch diesmal gab Wlasik nichts davon nach oben weiter, und Kusnezow ging einfach über die Vorwürfe hinweg.

Später verwendete Stalin Timaschuks Briefe gegen sie und stempelte damit paradoxerweise gerade die fachlich kompetente Kritikerin der Kurpfuscher zu einer der Hauptschuldigen des Ärztekomplotts. Trotz der falschen Behandlung Schdanows erscheinen die Mordgerüchte abstrus. Das Kremlewka galt als führendes sowjetisches Krankenhaus. Allerdings trafen die Ärztekomitees dort aus Furcht vor Strafen gepaart mit wissenschaftlicher Unbedarftheit und politischer Rivalität oft irrationale Entscheidungen. Auch prominente Patienten, von Mechlis bis Koniew, bekamen das am eigenen Leib zu spüren. Im Übrigen versuchen Ärzte ja auch in demokratischen Systemen, Kunstfehler zu vertuschen. Wenn Stalin wirklich Schdanow hätte umbringen wollen, so wären dafür nicht fünf Herzanfälle im Lauf mehrerer Jahre erforderlich gewesen, sondern lediglich eine simple Injektion. Schdanows Witwe und Sohn glaubten nicht an Mord. »Die Dinge lagen viel einfacher«, sagte Juri. »Wir kannten die Ärzte gut. Vater war sehr krank. Sein Herz machte nicht mehr mit.«

Doch warum ging der manisch paranoide Stalin untätig über die Vorwürfe hinweg? Zwar mag er die Behandlung des offenkundig schwer kranken Schdanow bewusst den Spitzenärzten des Kreml zugeschoben haben, zumal er über seinen Adlatus enttäuscht war. Auf der politischen Ebene jedoch eröffnete das Fachgezänk Stalin eine gute Chance. Er selbst hatte sich ja in den dreißiger Jahren medizinischer Tricks bedient und Ärzte unter Druck gesetzt, die Schuld am Tod Kuibyschews und Gorkis auf sich zu nehmen. Dieser gerissene Opportunist und geduldige Planer war zwar gealtert, aber nach wie vor genial im Aushecken übler Machenschaften, und wollte nun Schdanows Tod ausnutzen, um den in seinen Augen notwendigen neuen Terror zu entfesseln. Ein Jahr später starb sein betagter Genosse Dmitrow, der bulgarische Staatschef, in den Händen desselben Arztes. Mit seinem Gesundheitsminister durch den Garten von Sotschi schlendernd, blieb Stalin plötzlich stehen, um seine Rosen zu bewundern, und murmelte: »Ist das nicht seltsam? Vom selben Arzt behandelt, sind jetzt beide tot.« Er dachte bereits über die »Ärzteverschwörung« nach, aber es sollte noch drei Jahre dauern, bis er auf die schriftlichen Beschwerden Timaschuks zurückgriff.

Bei Schdanows Beerdigung gehörte Stalin zu den Trägern des offenen Sarges und behandelte die Hinterbliebenen ausgesprochen freundlich. Anschließend nahm er am Leichenschmaus teil und betrank sich.*

Wie es hieß, trafen sich an jenem Abend Berias Georgier im Restaurant Aragwi, um auf den Tod Schdanows zu trinken.[5]

Am 8. September trat Stalin, bis dahin durch die Berlin-Krise und die Beerdigung Schdanows in Moskau aufgehalten, einen dreimonatigen Urlaub an, um rastlos zwischen Suchumi und der Krim, wo ihn der

---

* Vielleicht ging Stalin Schdanows Tod wirklich nahe, denn er ließ dessen Geburtsort Mariopol am Schwarzen Meer nach ihm umbenennen. Den Leibwächtern zufolge bat Molotow sie nach Schdanows Beisetzung aus Sorge um Stalins Gesundheit, ihn nicht im Garten arbeiten zu lassen. Als der Despot von dieser Einmischung in seine Privatsphäre erfuhr, wuchs sein Misstrauen gegenüber Molotow erneut.

tschechische Staatspräsident Gottwald im Liwadia-Palast besuchte, hin und her zu pendeln. In Museri, der alten, von Lakoba erbauten Datscha, empfing er Molotow und Mikojan. Beim Dinner erhob sich Poskrebyschew und erklärte:

»Genosse Stalin, während Sie sich hier unten im Süden erholten, haben diese beiden Schurken in Moskau ein Komplott gegen Sie geschmiedet.«

Mikojan sprang auf, die schwarzen Augen vor Wut funkelnd, schrie »Sie Schwein!« und ging mit geballter Faust auf Poskrebyschew los. Stalin hielt ihn am Handgelenk fest. »Warum brüllst du so?«, besänftigte er Mikojan. »Du bist hier mein Gast!« Molotow saß »kreidebleich und wie versteinert da«. Mikojan beteuerte seine Unschuld. »Na gut, dann höre einfach nicht auf ihn«, sagte Stalin, der die ganze Intrige zuvor bei Poskrebyschew angestiftet hatte.

Später verkündete er, dass die Veteranen zu alt seien, um seine Nachfolge anzutreten. Der mit erst zweiundfünfzig erheblich jüngere Mikojan hielt das für albern, sagte aber nichts dazu. Im Übrigen, so Stalin, müsse sein Nachfolger Russe und kein Kaukasier sein. Insofern »hätte sich Molotow angeboten«, doch von ihm war Stalin enttäuscht. Danach zeigte er in einer tödlichen Segnung auf das gütige, längliche Gesicht von Schdanows Schützling Kusnezow: »Das ist der Mann« – der ihn als Generalsekretär ablösen solle. Wosnesenski war für das Amt des Premier vorgesehen. Mikojan spürte, dass Stalin »Kusnezow damit angesichts all derer, die insgeheim von dem Posten träumten, einen sehr schlechten Dienst erwiesen hatte«.

In der Folge konnte Stalin selbst jedem gesalbten Nachfolger nur noch misstrauen. Seinerzeit hörte Chruschtschew ihn vor sich hin sprechen: »Ich bin am Ende. Ich traue niemandem, nicht einmal mir selbst.« Dazu trug besonders die gescheiterte Berlin-Blockade bei, die er nur noch offiziell beenden konnte, als der Westen seine Sektoren über die bemerkenswerte Luftbrücke versorgte. Diese nährte im Übrigen auch Stalins wachsende Paranoia, zu der außerdem seine schlechte körperliche Verfassung, Titos Widerstand und die angeblichen zionistischen Umtriebe unter den russischen Juden beitrugen. Beria und Malenkow wetzten schon ihre Messer.[6]

Zehnter Teil

DER LAHME TIGER,
1949–1953

53

DIE FESTNAHME POLINA MOLOTOWAS

Während Stalin im Süden Nachfolger auserwählte, traf die unbezähmbare Sondergesandte des neuen Staates Israel, Golda Myerson (in die Geschichte eingegangen unter dem Namen Golda Meir), am 3. September, von sowjetischen Juden begeistert empfangen, in Moskau ein. Der Holocaust und die Gründung Israels hatten selbst so altgediente bolschewistische Internationalisten wie Polina Molotowa berührt. Woroschilows Frau (eine geborene Golda Gorbman) setzte ihre ganze Familie in Erstaunen, als sie sagte: »Jetzt haben auch wir ein Vaterland.«

Am jüdischen Neujahrstag besuchte Meir die Moskauer Große Synagoge. Bereits draußen vor dem heillos überfüllten Gebäude erwartete sie eine jubelnde Menge, doch trotz des großen Menschenauflaufs kam es kaum zu Tumulten. Sogar die inzwischen dreiundfünfzigjährige Polina Molotowa ließ sich dort sehen. Bei Molotows diplomatischem Empfang zum 7. November kam Polina mit Golda Meir zusammen, eine Begegnung zwischen zwei außergewöhnlichen, intelligenten Frauen fast gleichartiger Herkunft.

Polina beherrschte Jiddisch, die Sprache ihrer Kindheit, in der sie sich oft mit Mitteleuropäern unterhielt und das Idiom diskret als »Österreichisch« bezeichnete. Meir fragte sie, woher sie Jiddisch könne. »*Ich bin a jiddische Tochter*«, antwortete ihr Polina. Zum Abschied sagte sie: »Wenn die Sache bei Ihnen gut ausgeht, so werden es bald auch die Juden in aller Welt besser haben.« Vielleicht wusste Polina nicht, wie sehr Stalin sie verabscheute. Ihre aufdringliche Intelligenz, snobistische Eleganz und jüdische Abstammung waren ihm nicht geheuer, ebenso ihr Bruder, der in den USA Geschäfte tätigte, und, wie er Swetlana anvertraute, ihr einstmals »schlechter Einfluss auf Nadja«. Ihre Entlassung im Mai konnte als deutliche Warnung gelten, doch ahnte sie nicht, dass Stalin bereits 1939 erwogen hatte, sie umbringen zu lassen.*

Die »Demonstration« vor der Synagoge und Polinas jiddischer *Schtick* regten den alten Mann auf und bestätigten ihm, dass sich die sowjetischen Juden zu einer Fünften Kolonne der USA wandelten. Kein Wunder, dass Molotow für eine jüdische Krim eintrat! Am 20. November löste ein Beschluss des Politbüros das Jüdische Komitee auf und entfachte einen antisemitischen Terror, den Malenkow und Abakumow organisierten. Jetzt nahm man nicht nur Michoels' Kollegen fest, sondern auch mehrere glänzende jüdische Schriftsteller und Wissenschaftler, angefangen bei dem Dichter Perez Markisch bis zu der Biochemikerin Lina Schtern. Das gleiche Los traf auch den Vater von Swetlanas soeben geschiedenem Ehemann. »Der Zionismus hat die ganze ältere Generation angesteckt«, eröffnete ihr Stalin, »und die gibt ihn an die Jugend weiter.« Swetlanas ebenso ratloser wie lakonischer Kommentar dazu lautete: »Zu streiten hatte hier keinen Sinn.«

Stalin ordnete an, die Häftlinge zu foltern, damit sie Polina Molotowa belasteten, während er selbst die dunstigen Abende von Cholodnaja Retschka damit zubrachte, Tscharkwiani beim Essen tolle Streiche aus seiner Kindheit zu erzählen. Plötzlich vermisste er seine alten Freunde, besonders einen Priester namens Peter Kapanadse, der mit ihm am Seminar studiert hatte, aber nach der Revolution ins Lehramt eingetreten war – jener, dem Stalin manchmal Geld schickte. Alsbald lud er Kapanadse und MGB-Generalleutnant Sascha Egnataschwili, einen Freund der Familie aus Gori, den »Sohn des Gastwirts«, zu einer Tischgesellschaft ein. Tscharkwiani holte die Gäste persönlich in Tiflis ab. Nach kurzer Zeit sangen jene sieben alten Freunde, geführt vom »Gastgeber mit der schönen Stimme«, georgische Lieder. Stalin beharrte darauf, dass einige von ihnen für eine volle Woche blieben, als diese sich schon, wie alle seine Gäste, verzweifelt darum bemühten, ihm wieder zu ent-

---

* Einige Juden wurden aussortiert. Kaganowitsch blieb stellvertretender Premier und Politbüromitglied, aber sein älterer Bruder Juri verlor seinen Posten. Kaganowitschs Enkel erinnerte sich daran, dass auch Lasar, ebenso wie Polina, noch das Jiddisch seiner Kindheit beherrschte und es bei einem Treffen mit dem deutschen Kommunisten Ernst Thälmann anzuwenden versuchte. Die »zweite Dame des Staates«, Andrejews Frau Dora Chasan, verlor ihr Amt als stellvertretende Ministerin für die Textilindustrie, und die jüdische Frau General Chrulews kam in Haft. Mechlis blieb, ähnlich wie Kaganowitsch, Minister für Staatssicherheit und ging 1950 nach einem Schlaganfall in den Ruhestand. Der Jude Boris Wannikow leitete weiterhin das Erste Sekretariat des für Nuklearprojekte zuständigen Sowmin.

kommen. Schließlich bewies einer von ihnen einen gewissen Einfallsreichtum und sang beim Essen ein Volkslied mit dem Refrain: »Besser zu scheiden als zu bleiben.«

»Ah, ich verstehe«, sagte Stalin, »du langweilst dich hier. Na, du musst ja inzwischen auch deine Enkelkinder vermissen.«

»Nein, Soso«, gab der Gast zurück. »In deiner Nähe kann man sich gar nicht langweilen, aber wir sind jetzt schon fast eine Woche hier und halten dich von der Arbeit ab…« Also ließ Stalin sie ziehen und kehrte am 2. Dezember nach Moskau zurück, unausgesetzt über die gefährliche Falschheit Molotows brütend. Er hatte erfahren (wahrscheinlich von Wyschinski), dass dieser allein in einem Sonderzugwagen von New York nach Washington gefahren war. Vielleicht hatte man ihm dort Anweisungen erteilt, die UdSSR durch ein jüdisches Gebiet zu unterwandern? Es war Poskrebyschew, Stalins Alter Ego, der anfing, auf Molotow »zu deuten«.

»Warum haben die Amerikaner Ihnen einen eigenen Eisenbahnwaggon zugewiesen?« Zwar musste Molotow »nur noch zwei und zwei zusammenzählen«, aber er konnte nichts dagegen tun.

Seltsamerweise kam Stalin durch eine Oper zu der Überzeugung, dass er gegen die Molotows vorzugehen hatte. Kurz nach der Rückkehr sah er das armenische Singspiel *Almast* über einen Fürsten, dem seine Frau Hörner aufsetzt. »Dabei erkannte er, dass überall Verrat lauern kann«, besonders aber bei den Frauen der Großen. Derart dramatisch gestärkt und mit den Aussagen Abakumows bewaffnet, konfrontierte er Molotow mit der Schuld Polinas. »Wir haben heftig darüber gestritten«, erklärte Molotow später.

»Es ist höchste Zeit, dass Sie sich scheiden lassen«, befand Stalin. Molotow stimmte zu, teils weil er ein guter Bolschewik war, teils weil Gehorsam der Frau, die er liebte, noch das Leben hätte retten können. Als er ihr von den gegen sie erhobenen Vorwürfen berichtete, schrie sie auf:

»Und du glaubst ihnen! Wenn die Partei das braucht, lassen wir uns eben scheiden«, willigte sie dann ein. Es war trotz allem eine ausgesprochen romantische Scheidung, bei der sich beide aufopferten, um einander zu helfen. »Sie diskutierten darüber, wie sich die Familie retten ließ«, sagte ihr Enkel. Polina zog bei ihrer Schwester ein. Sie warteten tief besorgt ab, doch, so Molotow, »uns war eine schwarze Katze von links nach rechts über den Weg gelaufen«.

Stalin trug Malenkow und Abakumow auf, das Judenkomplott zu fingieren. Ersterer stellte Beria gegenüber klar, dass er kein Antisemit sei: »Lawrenti, du weißt ja, dass ich Mazedonier bin. Wie kannst du mich denn des russischen Chauvinismus verdächtigen?«

Da im Mittelpunkt der Plan für eine jüdische Krim stand, ließ Malenkow am 13. Januar 1949 Losowski, den ehemaligen Oberherrn des Jüdischen Komitees, in das Gebäude am Alten Platz kommen, um ihn zu vernehmen. Für Losowski ging es dabei bereits um Leben und Tod – aber der Fall barg auch große Gefahren für den ebenso pedantischen wie mörderischen »Sekretär« Malenkow, da seine älteste Tochter, Wolja, mit dem Sohn eines jüdischen Beamten namens Schamberg und dessen Schwester wiederum mit Losowski verheiratet waren.

»Sie haben mit dem Plan einer jüdischen Krim sympathisiert«, sagte Malenkow, »und daraus erwuchs eine üble Verschwörung!« Stalin ordnete die Festnahme Losowskis an.

Malenkow untersagte alle Kontakte seiner Familie mit Juden. Wolja ließ sich von Schamberg scheiden. Man liest immer wieder, dass Stalin diese Maßnahme forderte und Malenkow seine Tochter dazu zwang, doch Wolja Malenkowa selbst streitet das heftig ab und behauptet, dass die Ehe gescheitert war, weil Schamberg sie aus den falschen Gründen geheiratet hatte – und sie außerdem sein »schlechter Kunstgeschmack« störte. »Mein Vater hat mir sogar abgeraten und gesagt: ›Denke gründlich und ernsthaft darüber nach. Du hast schon übereilt geheiratet – also lass dich nicht auch übereilt scheiden.‹« Schamberg nahm die Sache jedoch ganz anders wahr, als Malenkow ihn in sein Büro lud. Ähnlich wie Wasili Stalin die Scheidung Swetlanas beschleunigt hatte, so regelte Malenkows Leibwächter diejenige Woljas.*

In der Lubianka mussten nicht weniger als hundertzehn Häftlinge, in der Mehrzahl Juden, das »französische Ringen« des grausamen Komarow erdulden. »Ich heizte ihnen unbarmherzig ein«, brüstete er sich später, »richtete sie zugrunde. … Selbst der Minister konnte sie nicht der-

---

* Schamberg war seiner Freundin Julia Chruschtschewa zufolge »am Boden zerstört«. Sowohl Swetlana Stalin als auch Wolja Malenkowa schworen Stein und Bein, dass sie lediglich gescheiterte Ehen beendeten, doch kann es keinen größeren Anlass gegeben haben, die unglückliche Ehe mit einem Juden aufzulösen, als die schwelende antisemitische Paranoia Stalins. Dieser musste kein Wort dazu sagen. Die jungen Leute wussten von allein, was zu tun war. Zu Malenkows Ehrenrettung kann man sagen, dass er wenigstens die Schambergs selbst beschützte und Michail, den Vater des Jungen, in der Provinz versteckte. Den Namen »Wolja« hatte Malenkow persönlich erfunden: Er bedeutet »Wille«, genauer »Volkes Wille«.

maßen in Angst und Schrecken versetzen wie ich. ... Besonders gnadenlos ging ich mit den (mir am stärksten von allen verhassten) jüdischen
Nationalisten um.« Als Abakumow die ausgezeichnete Wissenschaftlerin Lina Schtern verhörte, schrie er sie an: »Du alte Hure. ... Gesteh
doch, dass du eine zionistische Agentin bist!« Komarow fragte Losowski, welche Funktionäre »jüdische Frauen hatten«, und fügte hinzu:
»Niemand ist unantastbar.« Zwar drängte man die Häftlinge auch, die
jüdischen Magnaten Kaganowitsch und Mechlis zu belasten, aber eigentlich ging es in erster Linie um Polina Molotowa. Abakumow teilte Stalin
mit, dass sie »Kontakte zu Personen hatte, die sich später als Volksfeinde
erwiesen«; sie sei einmal zur Synagoge gegangen, habe Michoels beraten,
»an seiner Trauerfeier teilgenommen und sich fürsorglich um seine Familie gekümmert«.

Fünf Tage später rief Stalin das Politbüro zusammen und verlas die
absurden pornographisch-antisemitischen Vorwürfe gegen Polina. Ein
junger Mann hatte eine Affäre und »Gruppensex« mit der bolschewistischen Matrone bezeugt. Molotow konnte diesen »schrecklichen
Schmutz« kaum glauben, doch als Stalin weiterlas, erkannte er, »dass
die Sicherheit bei ihr ganze Arbeit geleistet hatte!«. Jetzt bekam sogar
der eisenharte Molotow Angst. »Meine Knie zitterten.« In dieser Situation griff Kaganowitsch, der Molotow ohnehin nicht leiden konnte und
als Jude jetzt seine Loyalität beweisen musste, den Eisenarsch heftig an
und berichtete später, dass es »Molotow dabei die Sprache verschlug«.[*]

Man verbannte Polina wegen »enger Beziehungen zu jüdischen Nationalisten« aus der Partei, diesmal endgültig nach der Warnung von 1939,
als Molotow sich der Stimme enthalten hatte. Bemerkenswerterweise
enthielt er sich auch jetzt zunächst wieder, musste später jedoch angesichts der Schwere des Falles nachgeben. »Als das Zentralkomitee über
den Vorschlag abstimmte, P. S. Schemtschuschina auszuschließen ... enthielt ich mich der Stimme, was, wie ich zugeben muss, politisch falsch
war«, schrieb er Stalin am 20. Januar 1949. »Hiermit erkläre ich, dass ich
nach erneutem Überdenken der Angelegenheit dafür stimme. Ich bekenne, dass es ein gravierender Fehler war, eine mir nahe stehende Person
nicht von unüberlegten Schritten und Kontakten mit antisowjetischen
Nationalisten wie Michoels abgehalten zu haben...«

---

[*] »Kaganowitschs Gehässigkeit war ein besonders genaues Barometer der prekären
Lage, in der Molotow sich befand. Kaganowitsch spielte, von Stalin angestachelt, die
Rolle eines Kampfhundes, der Molotow zerfleischen sollte« (*Chruschtschow erinnert
sich*, S. 265).

Am 21. Januar wurde Polina in ihrem Fehmantel festgenommen, ebenso ihre Geschwister, ihr Arzt und ihre Sekretäre. Eine Schwester und ein Bruder sollten im Gefängnis umkommen. Für die anderen Magnaten, die insgeheim mit ihr sympathisierten, bedeutete die Maßnahme nichts Gutes.[1]

Polina, der Folter erspart blieb, bestritt alles. »Nicht ich war an der Synagoge, sondern meine Schwester.« Allerdings sah sie sich auch mit weiteren Vorwürfen sexueller Ausschweifungen konfrontiert. Die Gegenüberstellung mit einem jungen Mann, Iwan, liest sich wie eine böse Farce:

»Polina, du hast mich in dein Büro gerufen und mir Intimitäten angedient!«

»Iwan Alexeewitsch!«, schrie Polina auf.

»Leugnen Sie nicht!«

»Ich hatte nichts mit ihm«, widersprach sie. »Ich habe Iwan Alexeewitsch zwar schon immer für unzuverlässig gehalten, wusste aber nicht, dass er ein Schurke ist.« Doch dann appellierte der junge Mann an ihr Erbarmen:

»Bitte denke an meine Kinder und meine zerbrochene Familie, und gestehe deine Schuld mir gegenüber. … Du hast mich zu intimen Beziehungen gezwungen.« Trotz alledem spielte Polina weiter die *grande dame*. Ein anderer Häftling hörte sie schreien:

»Rufen Sie meinen Mann an! Er soll mir meine Diabetestabletten schicken. Ich bin krank. Sie haben kein Recht, mich mit diesem Schund zu ernähren.«

Niemand hörte mehr etwas von der zum Objekt Nr. 12 degradierten Polina. Viele hielten sie für tot, aber Beria, der im Komplott gegen die Juden kaum eine Rolle spielte, wusste es aufgrund seiner Kontakte besser. »Polina lebt!«, flüsterte er Molotow bei Politbüro-Sitzungen zu.

Stalin und Abakumow diskutierten zunächst darüber, ob man sie im Prozess gegen die Juden zur zentralen Staatsfeindin machen solle, entschieden sich dann jedoch für Losowski als den Hauptangeklagten. Polina bekam fünf Jahre Exil im zentralasiatischen Kustanai, ein mildes Urteil, verglichen mit den Schicksalen ihrer Leidensgenossen. Sie fing an zu trinken, kam aber darüber hinweg. »Im Gefängnis braucht man dreierlei«, erklärte sie später ihren Töchtern. »Seife, um sich sauber zu halten, Brot, um sich zu ernähren, und Zwiebeln, um gesund zu bleiben.« Und ironischerweise freundete sie sich mit deportierten Kulaken an, sodass die nichtsahnenden Bauern, die sie und ihr Mann so fleißig liquidiert hatten, jene gütigen Fremden waren, die ihr das Leben retteten. Sie hörte nicht auf, Molotow zu lieben, und schrieb ihm aus der Haft: »In diesen vier Jahren der Trennung sind vier Ewigkeiten über mein seltsames, schreckliches Leben hinweggezogen. Nur der Gedanke an Dich und die Hoffnung, dass Du nach wie vor die Reste meines gequälten Herzens und meine ganze ungeheure Liebe zu Dir brauchen könntest, hält mich am Leben.« Auch Molotow liebte seine Frau wie eh und je. Auf rührende Weise ließ er das Personal jeden Abend für Polina mitdecken, wenn er allein aß, in dem Bewusstsein, dass »sie meinetwegen leiden musste...«

Stalin schloss Molotow jetzt von den höchsten Ebenen aus und ließ Dokumente nur noch von Wosnesenski, Beria und Malenkow unterschreiben, »Molotow dagegen nimmt ab sofort nicht mehr an der Arbeit des Büros des Ministerrats teil«. Mikojan vertraute er allerdings noch und schickte den mondänen Armenier in einer geheimen Mission zu Mao Tse-tung, um den Mann zu taxieren, der gerade die Eroberung Chinas vollendete.

Der chinesische Bürgerkrieg lag in den letzten Zügen. Stalin hatte völlig falsch eingeschätzt, wie schnell das Regime Tschiang Kai-scheks zusammenbrechen würde. Bis 1948 hatten sich die Erfolge Mao Tse-tungs für Stalins Realpolitik der Partnerschaft mit dem Westen als eher störend dargestellt, doch nun änderte der Kalte Krieg seine Einstellung und er fing an, in Mao einen potenziellen Verbündeten zu sehen, äußerte allerdings Beria gegenüber, dass der Große Vorsitzende ein »Pseudomarxist« sei.

Am 31. Januar 1949 traf Mikojan unter strengster Geheimhaltung im Hauptquartier Maos in Xibaipo in der Provinz Hopei ein, wo er mit Mao und Tschou En-lai zusammentraf und ihnen die Geschenke Stalins überreichte. Eines davon erwies sich als ausgesprochen folgenreich: Mikojan sollte Mao mitteilen, dass ein Amerikaner an seinem Hofe ein Spion und daher festzunehmen war. Stalin (Genosse Filipow) blieb über Maos russischen Leibarzt Terebin, der zugleich als Dekodierer fungierte, mit Mikojan (Genosse Andreew) in Kontakt. Der Besuch verlief zufriedenstellend, auch wenn Mikojan später einräumte, auf eine Ruhepause vom Nachtleben Stalins gehofft zu haben, nur um festzustellen, dass Mao die gleichen Gewohnheiten pflegte.

Bei seiner Rückkehr erwartete Mikojan ein Schock. Stalin entließ ihn und Molotow aus ihren Ministerämtern, doch sie blieben Vizepremiers. Bald warf er Mikojan vor, Staatsgeheimnisse über seine bevorstehende

Chinareise ausgeplaudert zu haben. Dieser hatte lediglich seinen Sohn Stepan eingeweiht und ihn dann gefragt: »Hast du jemandem von meiner Chinareise erzählt?«

»Ja, Swetlana«, erwiderte Stepan.

»Klatschbase.« Eine harmlose Äußerung Swetlanas ihrem Vater gegenüber hatte die Mikojans in Gefahr gebracht; Stalin hatte die Festnahme von Mikojans Söhnen im Jahr 1943 nicht vergessen. Sie standen nach wie vor unter Überwachung.

»Was ist aus Ihren seinerzeit inhaftierten Kindern geworden«, erkundigte sich Stalin plötzlich unheilvoll bei Mikojan. »Meinen Sie, denen steht das Recht zu, an sowjetischen Universitäten zu studieren?« Mikojan antwortete wohlweislich nicht darauf – verstand jedoch die Drohung, insbesondere nach Polinas Inhaftierung. Er rechnete damit, dass seine Jungen abgeholt würden, aber nichts dergleichen geschah. Stalin fing an zu argwöhnen, dass Woroschilow »ein englischer Spion« sei, und sah ihn kaum noch*, während die abgesetzten Minister Molotow und Mikojan ihm weiter Gesellschaft leisteten. Doch jetzt fielen die von Stalin auserkorenen Nachfolger in einem jähen Blutbad der brutalen Rache Berias und Malenkows zum Opfer.[2]

---

* Am 22. August 1946 hörte Stalin die Wettervorhersage und regte sich darüber auf, dass sie nicht stimmte. Dann wies er Woroschilow an zu untersuchen, ob die Meteorologen »Sabotage« trieben – ein völlig absurder Auftrag, der zeigte, wie sehr Stalin den Ersten Marschall inzwischen verachtete. Tags darauf berichtete dieser ihm, dass es ungerecht wäre, den »Wetterfröschen« Fehler vorzuwerfen.

54

MORDE UND HOCHZEITEN:
DIE LENINGRADER AFFÄRE

Die »beiden Schurken« spielten stets nur um den höchsten Einsatz, nämlich auf Leben und Tod. Doch auch Stalin selbst war jederzeit bereit, in den Himmel wachsende Bäume – in diesem Fall die begabten Leningrader – zu fällen, um die eigene Spitzenstellung zu wahren. Sein designierter Nachfolger als Premier, Nikolai Wosnesenski, »hielt sich für den klügsten Mann nach Stalin«, wie der Sowmin-Manager Tschadaew beobachtete. Mit erst vierundvierzig zeichnete sich das jüngste Politbüro-Mitglied als glänzender Planer aus und pflegte ein außergewöhnlich offenes Verhältnis zu Stalin. Allerdings machte ihn das derart forsch, dass er sich »gar nicht bemühte, seine Launen und seinen ausgeprägten russischen Nationalismus zu verbergen«. Rüde zu den Kollegen, züchtete sich niemand so viele Feinde wie gerade Wosnesenski. Aber jetzt war sein Gönner Schdanow tot, und sein Feind Malenkow erstarkte wieder. Beria »fürchtete ihn« und trachtete nach seinen Befugnissen im Bereich der Wirtschaft. Seine eigene Arroganz und die hohe Reizbarkeit Stalins trugen erheblich zur Verwundbarkeit Wosnesenskis bei.

Im Lauf des Jahres 1948 fiel Stalin auf, dass die Produktion stets im letzten Quartal stieg, im ersten jedoch wieder sank. Obwohl das an normalen jahreszeitlichen Schwankungen lag, sollte Wosnesenski für Abhilfe sorgen, und der Gosplan-Direktor versprach Gegenmaßnahmen. Allerdings griffen diese nicht, sodass er aus Furcht vor Stalin die Statistiken kaschierte. Irgendwie sickerte das zu Beria durch, der dann feststellte, dass Hunderte von Geheimdokumenten des Gosplan verschwunden waren. Eines Abends in Kunzewo trug Beria die Sache Stalin vor, der Mikojan zufolge »erst nur erstaunt« und später »aufgebracht« reagierte.

»Heißt das etwa, dass Wosnesenski das Politbüro betrügt und uns alle zum Narren hält?« In diesem Moment lüftete Beria ein niederschmetterndes Geheimnis über Wosnesenski, das er seit 1941 gehütet hatte. Nach Stalins Zusammenbruch hatte dieser Molotow aufgefordert: »Wjatscheslaw, geh du voran, wir folgen dir!« Dieser Verrat gab den Ausschlag, und nun trat Andrejew, der skrupellose bürokratische Killer, auf den Plan, um den Fall zu untersuchen. In panischer Angst rief Wosnesenski bei Stalin an, kam jedoch nicht durch. Am 7. März 1949 aus dem Politbüro entlassen, verbrachte er seine Tage zu Hause im Granowski damit, ein Traktat über Wirtschaftsfragen zu schreiben. Unterdessen begannen sich Malenkow und Abakumow um den Gosplan-Fall zu kümmern.

Der andere gesalbte Erbe war der »junge, gut aussehende« Kusnezow, der 1946 Schdanow bei der Entmachtung Malenkows geholfen und Beria als *Kurator* des MGB abgelöst hatte, womit er den Hass beider auf sich zog. Aufrichtig und umgänglich, verkörperte Kusnezow das genaue Gegenteil Wosnesenskis: Fast alle mochten ihn. Doch Anständigkeit blieb an Stalins Hof stets etwas Relatives. Kusnezow hatte Schdanow bei antisemitischen Umtrieben unterstützt und Stalin einen Bericht über die sexuellen Laster von Parteifunktionären weitergeleitet. Er verehrte Stalin und hielt eine Notiz in Ehren, die er während des Kriegs von ihm erhalten hatte – verstand ihn jedoch nicht. Er machte den Fehler, alte MGB-Akten über den Mord an Kirow und über die Schauprozesse zu durchforsten. Dass Kusnezow seine Nase in derart heikle Angelegenheiten steckte, erregte Stalins Misstrauen.

Gleichzeitig wies Malenkow Stalin darauf hin, dass die Leningrader Partei einen Wahlskandal vertuscht und ohne behördliche Erlaubnis eine Handelsmesse veranstaltet hatte. Ihm gelang es, diese Sünden mit dem vagen, einst von Schdanow angeregten Plan in Verbindung zu bringen, neben der sowjetischen eine rein *russische* Partei zu gründen und Leningrad als Hauptstadt Russlands auszurufen. Diese Banalitäten mögen kaum nach mit der Todesstrafe zu ahndenden Verbrechen klingen, überschritten jedoch die im Sowjetreich unter Stalins Diktatur festgesetzten Grenzen.* Im Übrigen hätte eine russische Partei kein Geor-

---

* Diese Gefahren traten 1991 deutlich zutage, als Boris Jelzin sein Amt als russischer Präsident benutzte, um die UdSSR Gorbatschews zu zerschlagen. Die Rückkehr zu Leningrad, der Wirkungsstätte Sinowjews und Kirows, als Hauptstadt, war seit Peter dem Großen ein tödliches Problem der russischen Politik. Dafür starben schon im 18. Jahrhundert ebenso Menschen wie 1949. Stalin beargwöhnte auch die Heldenverehrung Kusnezows und der Bürger Leningrads im Zweiten Weltkrieg, sah darin als Totem des militärischen Patriotismus eine Alternative zu sich selbst und Moskau.

gier führen können. Stalin förderte zwar das Russentum als den Kitt der UdSSR, blieb jedoch Internationalist. Der Nationalismus Wosnesenskis machte den Kaukasiern Sorgen: »In seinen Augen sind nicht nur Georgier und Armenier, sondern auch Ukrainer keine Menschen«, sagte Stalin zu Mikojan. Und Beria muss für seine Zukunft unter den Leningradern schwarz gesehen haben.

Malenkow hatte schlauerweise eine Liste von Fehlern zusammengestellt, die alle aus Stalins Sicht neuralgischen Punkte umfasste. »Fahren Sie hin, und schauen Sie einmal, dass Sie dort alles in Ordnung bringen«, beauftragte Stalin Malenkow und Abakumow, die dann, auf zwei Züge verteilt, mit fünfhundert MGB-Offizieren und zwanzig Ermittlern vom *Sled-Tschast*, der Fachabteilung »für besonders wichtige Fälle«, in Leningrad eintrafen. Wenn »Stalin anordnet, einen zu töten«, feixte Beria, »legt Malenkow tausend um!« Malenkow attackierte die örtlichen Parteichefs und verband mehrere lose Fäden zu einer mörderischen Verschwörung miteinander. Als die Festnahmen begannen, hielten sich Wosnesenski und Kusnezow weiter in ihren Wohnungen im rosaroten Granowski-Block auf, ganz davon überzeugt, dass Stalin ihnen verzeihen würde: 1937 schien weit zurückzuliegen. Sogar ein Mikojan hielt die Zeiten der Gemetzel für überstanden.

Darauf hoffte er nicht zuletzt für seinen inzwischen achtzehnjährigen Jüngsten, Sergo, und dessen »bezaubernd schöne« Verlobte Alla Kusnezow, die sich nach dem Sturz ihres Vaters ernsthaft fragte, ob Sergo wirklich eine Ausgestoßene heiraten würde.

»Ändert die Lage etwas an deinen Absichten?« Doch Sergo liebte Alla, und auch seine Eltern hatten sie ins Herz geschlossen »wie unsere eigene Tochter«. Mikojan unterstützte die Heirat.

»Und du erlaubst diese Hochzeit? Bist du völlig übergeschnappt?«, flüsterte der kleinmütige Kaganowitsch Mikojan zu. »Begreifst du nicht, dass Kusnezow verloren ist? Verhindere diese Ehe.« Mikojan blieb unerschütterlich. Am 15. Februar 1949 kam die Entlassung Kusnezows als Parteisekretär, gefolgt von der Anklage wegen »antibolschewistischen Abweichlertums« und »staatsfeindlichen« Separatismus. Drei Tage danach fand die Hochzeit statt. Kusnezow ließ sich nichts anmerken, ein »mutiger Mann«, sagte Mikojan, »allerdings ohne eine Vorstellung von Stalins Sitten«. Mikojan richtete in Subalowo die Feier aus, doch Kusnezow hatte wohl schließlich seine Kalamität erfasst und rief ihn an, um wegen einer »Magenverstimmung« abzusagen. Mikojan wollte das nicht gelten lassen:

»Wir haben genügend Toiletten im Haus! Also komm!«

»Ich habe kein Auto«, erwiderte Kusnezow. »Feiert besser ohne mich.«

»Es gehört sich nicht für einen Vater, bei der Hochzeit seiner Tochter zu fehlen«, gab Mikojan zurück und schickte seine Limousine zu ihm.* Doch Kusnezow konnte sich bei der Feier nicht entspannen. Er spürte, dass er seine Tochter in Gefahr brachte.

»Mir ist schlecht«, sagte er, »also stoßen wir kurz auf unsere Kinder an!« Dann ging er.

In jenem ominösen Frühjahr nahm der arme Kusnezow an einer weiteren Politbüro-Hochzeit teil. »Stalin hatte immer gewollt, dass ich Swetlana heirate«, berichtete der noch im Zentralkomitee vertretene Juri Schdanow. »Wir kannten uns seit der Kindheit, also war es gar nicht abwegig.« Doch die Tochter des Diktators zu heiraten, brachte gewisse Schwierigkeiten mit sich. Juri wusste nicht, bei wem er jetzt um ihre Hand anhalten sollte – beim Vater oder bei der Tochter. Er ging zu Stalin, der ihm die Sache auszureden versuchte:

»Du kennst ihren Charakter nicht. Sie würde dich in kürzester Zeit vor die Tür setzen.« Doch Juri ließ sich nicht beirren. »Stalin hielt mir keine Vorträge, sondern erklärte mir, dass er mir zutraue, für Swetlana zu sorgen«, sagte Juri.

Nun spielte Stalin, so Sergo Beria, den Ehestifter. »Ich mag diesen Burschen«, sagte Stalin zu Swetlana. »Er hat eine Zukunft, und er liebt dich. Heirate ihn.«

»Hat er dir seine Liebeserklärung gemacht?«, fragte sie. »Nach mir hat er noch nie gesehen.«

»Sprich mit ihm, dann weißt du Bescheid«, gab Stalin zurück.

Swetlana liebte aber nach wie vor Sergo Beria und hielt ihm vor: »Du hast mich nicht gewollt. Na gut, dann heirate ich eben Juri Schdanow.«

Doch dann fand sie Gefallen an »meinem lieben Jurotschka«, und so kamen die beiden überein zu heiraten. Später erklärte Swet-

---

* Unterdessen fand nebenan in einer anderen Wohnung des Granowski in dieser kleinen Welt eine ganz ähnliche Diskussion statt. Rada Chruschtschewa, deren Vater noch in Kiew weilte, hielt sich bei dessen Freunden auf, den Malenkows. Sie wollte zu der Hochzeitsfeier gehen, aber Malenkow, der um die aussichtslose Lage Kusnezows wusste, verweigerte ihr seine Limousine unter einem Vorwand. »Du bekommst den Wagen nicht, weil du so schlecht studierst.« Doch Rada kam auf eigene Faust hin.

lana dazu: »Meine zweite Ehe entsprach dem Wunsch meines Vaters, und da ich keine Kraft mehr zum Kämpfen hatte, hielt ich daran fest.«

Der Generalissimus nahm nicht an der Hochzeitsfeier teil, die in der Schdanowschen Datscha an der Straße nach Uspenskoje, kaum zehn Kilometer jenseits von Subalowo stattfand. Zu den Gästen gehörte ein weiteres Politbüro-Paar, nämlich Natascha, die Tochter von Andrejew und Dora Chasan, und ihr Mann Wladimir Kuibyschew, der Sohn des verstorbenen Magnaten. »Es nahmen auch Schulkameraden aus vergleichsweise gewöhnlichen Familien teil«, erinnerte sich der ebenfalls eingeladene Stepan Mikojan. Bei dem Fest wurde getanzt, und Juri griff wie sein Vater in die Tasten. Naturgemäß war Kusnezow, der ehemals engste Verbündete Schdanows, mit von der Partie, doch alle wussten, was ihm drohte.

Juri, Swetlana und ihr jetzt vierjähriger Sohn Josef Morosow wohnten bei Schdanows Witwe im Kreml. »Ich habe meinen leiblichen Vater nie gesehen«, berichtete Josef. »Ich nannte Juri ›Papa‹, und er liebte mich!«

Einige Tage später waren sie zu Besuch in Subalowo, als Wlasik anrief: Stalin sei unterwegs. »Warum willst du denn zu den Schdanows übersiedeln?«, fragte er sie. »Dort werden dich die Weiber auffressen. Dort gibt's viel zu viel Weiber.« Seiner Ansicht nach sollte das junge Paar in Kunzewo einziehen, das er aufzustocken plante, aber in seiner unbeholfenen Art konnte er das vielleicht nicht direkt anbieten, oder er wollte schlicht nur seine Ruhe haben.

Also zog Swetlana zu den mäkeligen Witwen Schdanows und Schtscherbakows und lernte bald, ihre Schwiegermutter Sinaida zu verachten, die »heuchlerische ›Parteigemäßheit‹« mit »muffigem Spießertum« verband. Diese reine Vernunftehe war, auch sexuell, »kein großer Erfolg. Ich habe daraus gelernt, nie wieder aus Kalkül zu heiraten.« Allerdings zeugten sie eine Tochter, Katja, doch Swetlana ging es nach der Geburt so schlecht, dass sie ihrem Vater schrieb, sie fühle sich im Stich gelassen.* Swetlana konnte Sinaida Schdanowa nicht verzeihen, dass sie ihre Mutter als »geisteskrank« bezeichnet hatte.

---

* »Ich grüße Dich, Swetotschka!«, schrieb Stalin ihr im Mai 1950 ins Krankenhaus. »Ich habe Deinen Brief bekommen. Ich bin sehr froh, dass Du Dich so leicht losmachen kannst. Die Nieren sind eine ernste Sache. Dazu noch die Entbindung. ... Woher willst Du denn wissen, dass ich Dich ganz aufgegeben habe? Das musst Du wohl geträumt haben. ... Aber glaube den Träumen nicht! Sei vorsichtig, behüte das Kind: der Staat braucht Menschen, auch solche, die vorzeitig geboren sind. Hab noch ein wenig Geduld, bald werden wir uns wiedersehen. Ich küsse meine Swetotschka. Dein

Nebenbei gesagt fand die Hochzeit aus Sicht der Schdanows zur Unzeit statt, denn Kusnezow und Wosnesenski standen bereits am Rand des Abgrunds. Juri erkannte, dass die Leningrader Affäre »sich zweifellos gegen meinen Vater richtete«, aber »ich machte mir erst einmal keine Sorgen. Später ging mir auf, dass ich hätte vernichtet werden sollen...« Er hatte Recht: Alsbald folterte man die Häftlinge, damit sie Schdanow belasteten.

Stalin dachte über die Bestrafung Kusnezows nach. Poskrebyschew lud den Leningrader zum Essen nach Kunzewo ein, wo Stalin sich weigerte, ihm die Hand zu reichen, und trocken sagte. »Ich habe Sie nicht eingeladen.« Kusnezow »verfärbte sich in Sekundenschnelle und schrumpfte förmlich zusammen«. Stalin erwartete eine schriftliche Selbstkritik von ihm, doch der nichts ahnende Leningrader verkannte die Notwendigkeit der Unterwerfungsgeste. »Das heißt, er ist schuldig«, murmelte Stalin in Anwesenheit Mikojans.

Doch Stalin kamen Zweifel, das Procedere betreffend. »Ist es nicht reine Verschwendung, wenn wir Wosnesenski nichts zu tun geben, bis wir entschieden haben, was wir mit ihm machen?«, fragte er Malenkow und Beria, die jedoch nur sagten: »Ja, wir sollten darüber nachdenken.« Dann fiel ihm ein, dass der Luftwaffenmarschall Nowikow und Schachurin ja noch im Gefängnis saßen.

»Meinen Sie nicht, es wäre Zeit, sie wieder auf freien Fuß zu setzen?« Doch erneut schwiegen die beiden, um auf der Toilette darüber zu tuscheln, dass eine Freilassung Schachurins und Nowikows »weitere Kreise ziehen« und sich auch auf die Leningrader auswirken könnte. Mit diesen Entscheidungen über Leben und Tod befasst, fuhr Stalin in seine Datscha in Semjonowskoe und kam unterwegs an einigen durchnässten Menschen vorbei, die im Regen auf einen Bus warteten. Er ließ anhalten und seine Leibwächter den Leuten das Einsteigen anbieten, aber die fürchteten sich zu sehr vor ihm und rührten sich nicht vom Fleck.

Papi.« Stalin war nicht nur mit der Leningrader Affäre beschäftigt, sondern überwachte damals auch die Herstellung der neuen Sowjetischen Enzyklopädie und entschied persönlich über alle Einzelheiten, von der Papierqualität bis zum Inhalt. Als der Herausgeber bei ihm anfragte, ob er auch »negative Personen« wie Trotzki aufnehmen solle, scherzte Stalin: »Wir nehmen Napoleon auf, obwohl er ein großer Schurke war!«

»Sie wissen nicht, wie man mit dem Volk redet«, knurrte Stalin, stieg höchstpersönlich aus und drängte die Leute in seine Limousine. Er erzählte ihnen vom Tod seines Sohnes Jakow, und ein kleines Mädel erzählte ihm von dem ihres Vaters. Wenig später schickte er ihr eine Schuluniform und einen Ranzen. Nur drei Wochen danach beauftragte Stalin Abakumow, die kurz zuvor noch als seine designierten Nachfolger aufgebauten Leningrader festnehmen, foltern und töten zu lassen.[1]

Am 13. August musste Kusnezow in Malenkows Büro antreten. »Ich bin bald zurück«, sagte er zu seiner Frau. »Ihr könnt mit dem Essen auf mich warten.« Sein Sohn Waleri schaute ihm am Fenster nach, als er die Granowskistraße entlang in Richtung Kreml ging. »Er drehte sich um und winkte mir zu. Das sind meine letzten Erinnerungen an ihn«, berichtete Waleri. Direkt nach der Ankunft führte Malenkows Leibwächter seinen Vater ab.

Bei Wosnesenski zögerte Stalin allerdings noch, ihn Malenkow und Beria auszuliefern. Er lud ihn weiterhin nach Kunzewo zu den üblichen Essen ein, sprach sogar davon, ihm »die Leitung der Staatsbank« zu übertragen. Am 17. August schrieb Wosnesenski pathetisch an Stalin und bat ihn um einen Posten: »Es ist hart, von seinen Genossen getrennt zu sein. Ich habe den Grundsatz des Parteigeistes begriffen … und bitte Sie, mir zu vertrauen.« Er schloss mit »Ihr sehr Ergebener«. Stalin leitete den Brief an Malenkow weiter. Dieser und Beria hielten den Druck aufrecht. Der triste und inzwischen kränkelnde Andrejew prangerte alle möglichen »Unregelmäßigkeiten« an: So seien beim Gosplan 526 Dokumente verschwunden. Dieser fingierte Fall gehörte zu seinen letzten Machenschaften. Wosnesenski räumte ein, die Schuldigen nicht verfolgt zu haben, da »uns keine Fakten vorlagen. Heute weiß ich, dass es falsch war.« Chruschtschew warf später Malenkow vor, »Stalin zugeflüstert« zu haben, er müsse Wosnesenski unbedingt vernichten. »Was!«, begehrte dieser dagegen auf, »ich soll Stalin manipuliert haben? Sie müssen scherzen!« Stalin war zwar nicht beeinflussbar, aber sehr empfänglich für Anregungen: Er behielt das Heft stets fest in der Hand.

Vier Monate später wurde Wosnesenski in der allgemeinen Hatz auf die Schdanowiten festgenommen. Er folgte damit Kusnezow und 214 weiteren Häftlingen, die alle Folter erlitten. Auch ihre Geschwister, Ehefrauen und Kinder landeten im Rachen von Abakumows MGB. Kusnezow bekam dort so schwere Schläge ab, dass ihm die Trommelfelle platzten. »Man prügelte mich, bis mir das Blut aus den Ohren lief«, erklärte ein Häftling namens Turko nach Stalins Tod. »Komarow rammte mich

mit dem Kopf gegen die Wand.« Turko belastete Kusnezow. Die Folterknechte fragten Abakumow, ob sie auch die schwangere Gefangene Sakrischewskaja schlagen sollten:

»Wollt ihr sie etwa schützen?«, bellte Abakumow. »Das Gesetz verbietet hier nichts. Geht an eure Arbeit!« Unter der schweren Folter erlitt sie
eine Fehlgeburt.

»Beichten Sie uns alles«, drängten die Schergen sie. »Wir sind die Vorhut der Partei!«

Die gestürzte Avantgarde, Kusnezow und Wosnesinski, saß in einem
Sondergefängnis an der Matrosskaja-Tischina-Straße ein, das Malenkow aufgebaut hatte, der jetzt inkognito mit Beria und dem Politbüro
dort eintraf, um die Gefangenen zu verhören.

Der ebenfalls bedrohte, auf finstere Weise freundliche Bulganin fand
sich verpflichtet, seinen alten Freund, Wosnesenskis Bruder Alexander,
den früheren Rektor der Universität Leningrad, zu vernehmen. Als der
Häftling ihn sah, wähnte er sich schon gerettet. »Er stürzte auf mich zu«,
bekannte Bulganin später, »und rief, ›Genosse Bulganin, mein Lieber,
endlich! Ich habe nichts verbrochen. Wie gut, dass du gekommen bist!
Jetzt wird Genosse Stalin die Wahrheit erfahren!‹« Bulganin schnauzte
seinen ehemaligen Freund an und wies ihn barsch zurück.

Bulganin erkannte, dass er keine Chance hatte. »Was hätte ich tun
sollen?«, jammerte er. »Ich wusste ja, dass Beria und Malenkow in der
Ecke saßen und mich beobachteten.« Wie in allen Fällen Stalins galt
Schuld als etwas Dehnbares und ließ sich nach Belieben ausweiten. So
sah sich auch der Wosnesenski nahe stehende Molotow auf nebulöse
Weise belastet.

Als Kusnezows Tochter Alla und ihr Mann Sergo Mikojan die Flitterwochen abbrachen, hatte man ihren Vater bereits zu einem schriftlichen
Geständnis geprügelt. Anastas Mikojan zitierte seine Schwiegertochter
in den Kreml. »Es fiel mir sehr schwer, mit Alla zu reden«, berichtete
Mikojan. »Selbstverständlich musste ich ihr die offizielle Version auf-
tischen.« Danach verließ Alla schluchzend den Raum.

»Ich eilte ihr nach«, erinnerte sich Sergo, »aus Angst, sie könnte sich
etwas antun.«[*] Mikojan rief Sergo zurück und zeigte ihm Kusnezows

---

[*] Sergo und Alla waren überzeugt, dass es sich »um eine Intrige Malenkows und
Berias handelte, die Stalin dabei hintergangen hatten. Es ist erstaunlich, aber wir
glaubten das«, bekannte Sergo. »Aber bis zu Stalins Tod haben wir *kein einziges Mal*
mehr über den Fall gesprochen.« Sein Vater erlaubte Sergo, Kusnezows Sohn, aber

Geständnis, das Stalin verteilt hatte, doch Sergo glaubte nicht an die Vorwürfe.

»Jede einzelne Seite ist abgezeichnet«, hielt ihm Mikojan entgegen.

»Ich bin sicher, dass sich die Sache aufklären und er zurückkehren wird«, erwiderte Sergo.

»Ich konnte ihm doch nicht mitteilen«, erklärte Mikojan, »dass Stalin bereits über Kusnezows Schicksal entschieden hatte und er nie wieder zurückkommen würde.«[2]

Die Leningrader Affäre blieb nicht Berias einziger Erfolg. Kurz nach Kusnezows Festnahme Ende August 1949 fuhr er mit einem gepanzerten Sonderzug in eine geheime Nuklearsiedlung tief in der Steppe von Kasachstan. Beria machte sich extreme Sorgen, denn wenn irgendetwas schief ging, »würden wir uns alle«, wie einer der Wissenschaftler sagte, »vor dem Volk verantworten müssen«. Man hätte Berias Familie vernichtet, aber Malenkow beruhigte ihn.

Beria traf zum Test des »Artikels« in Semipalatinsk-21 ein und bezog eine kleine Hütte neben dem Befehlsstand Professor Kurtschatows. Am Morgen des 29. August sah Beria zu, wie ein Kran den Uranstab in seine Position auf dem Fahrgestell mit der Plutoniumhalbkugel sinken ließ. Sprengladung und Zünder waren installiert. Dann rollte der »Artikel« hinaus in die Nacht zu einer Plattform, wo man ihn an die Spitze des Turms heben würde. Beria und die Forscher verließen das Gelände.

Um 18 Uhr versammelte sich die Gruppe im zehn Kilometer entfernten Befehlsstand mit dem Bedienungsfeld und den Telefonleitungen nach Moskau, alles geschützt hinter einem Erdwall, um die Druckwelle abzufangen. Kurtschatow ordnete die Zündung an, und es gab einen grellen Blitz. Nach dem Verebben der Druckwelle eilten die Männer

---

nicht seine Frau zu sehen, weil er wusste, dass auch sie festgenommen würde. Den in der Granowskistraße lebenden Kreml-Kindern fiel auf, dass ihre Nachbarn, die Wosnesenskis und Kusnezows, plötzlich verschwunden waren. »Aber niemand sprach darüber«, so Igor Malenkow, dessen Vater das zu verantworten hatte. »Ich konzentrierte mich einfach darauf, viel über Sport zu lesen.« Julia Chruschtschewa »spielte häufig mit Natascha, der Tochter Wosnesenskis. Kurz nach der Festnahme ihres Vaters nahm ich sie mit zu uns. Doch meine Mutter verlor kein Wort über die Sache.« Das Verhalten gegenüber Unpersonen unterschied sich von Familie zu Familie. Während Natascha Poskrebyschewa weiterhin mit Natascha Wosnesenskaja spielte, ging Nadja Wlasik ihr fortan aus dem Weg. Ich danke Sergo Mikojan für seine Darstellung der Geschichte.

nach oben, um den Atompilz zu bewundern, der sich majestätisch vor ihnen erhob.

Beria war äußerst erregt und küsste Kurtschatow auf die Stirn, fragte aber immer wieder:

»Sieht er aus wie der amerikanische? Haben wir nichts verdorben? Kurtschatow hat uns nicht auf den Arm genommen, oder?« Zu seiner großen Erleichterung hörte er, dass im Testgelände eine Zerstörung apokalyptischen Ausmaßes stattgefunden hatte. »Es wäre ganz übel gewesen, wenn das nicht geklappt hätte«, stöhnte er. Er eilte zum Telefon, um Stalin anzurufen: Es ihm als Erster zu sagen! Doch der herrschte ihn an, er wisse schon Bescheid, und hängte ein. Stalin hatte seine eigenen Quellen. Beria schlug den General, der es gewagt hatte, sich vorzudrängen, und schrie ihn an: »Du hast mir die Tour vermasselt, Verräter, ich mach Hackfleisch aus dir.« Doch er war mächtig stolz auf seine »kolossale Leistung«. Vier Jahre nach Hiroschima besaß auch Stalin die Bombe.

Beria durfte sich noch aus einem weiteren Grund glücklich schätzen: Er hatte eine attraktive Frau namens Droschdowa kennen gelernt, deren Mann im Kreml arbeitete. Vielleicht hatte er mit ihr eine Affäre, bevor sie ihm ihre kaum vierzehnjährige Tochter Lilja vorstellte, die bereits, wie sich Martha Peschkowa erinnerte, ein »blauäugiges, langbeiniges Muster von russischer Schönheit mit langen blonden Flechten darbot«. Beria konnte frohlocken: »Seine letzte große Liebe.« Die Mutter wollte möglichst viel herausholen:

»Lass ihn nicht ziehen, bevor du nicht mindestens eine Wohnung, ein Auto und eine Datscha hast«, soll sie Peschkowa zufolge zu Lilja gesagt haben. Beria stattete sie fürstlich aus. Seine Frau Nina duldete die Affäre, doch als sie und Martha im Sommer nach Gagra fuhren, nahm er Lilja sogar mit in die Datscha. »Ganz Moskau wusste Bescheid«, sagte Martha.

Beria und Malenkow hatten es nach ganz weit oben geschafft, doch dann stellte sich heraus, dass ein anderer am meisten von dem Machtvakuum profitieren würde, das die Leningrader hinterlassen hatten.

Stalin rief Chruschtschew aus Kiew zu sich. »Ich geriet in Panik«, räumte dieser ein, zumal er wusste, dass man Kusnezow und Wosnesenski folterte. Deshalb rief er bei Malenkow an, der ihn jedoch wieder beruhigen konnte:

»Keine Sorge. Ich kann Ihnen zwar jetzt nicht sagen, warum Sie gerufen wurden, verspreche Ihnen aber, dass Sie nichts zu befürchten haben.«

Chruschtschew regierte die Ukraine seit 1938, war vor dem Krieg grausam gegen die Kulaken vorgegangen, hatte die ukrainischen Nationalisten zerschmettert, danach die Ermordung der Unierten Bischöfe angeordnet und im Februar 1948 die Vertreibung »schädlicher Elemente« aus Dörfern organisiert. Fast eine Million Menschen landeten derart auf Chruschtschews Initiative in Gulags, ein kolossales Verbrechen, das in seiner Brutalität und Größenordnung an die Deportation der Kulaken heranreichte. Abgesehen von einer kurzen Phase 1947, als Stalin ihn in Kiew durch Kaganowitsch ablösen ließ, war dieses »lebensfrohe und heitere Original«, der inzwischen aber kahle und sehr rundliche Chruschtschew, ein bleibender Favorit. Seine Offenheit ließ die Schmeicheleien echt klingen. Stalin betrachtete diesen Bullen von einem Mann als einen halbalphabetisierten Bauern: »Chruschtschew ist so unwissend wie der Negus von Äthiopien«, sagte er zu Malenkow. Doch unterschätzte er Chruschtschew keineswegs, sondern achtete seine »tiefe Natürlichkeit, reine Männlichkeit, zähe Gerissenheit, praktische Intelligenz und Charakterstärke«.

»Ihn«, sinnierte Stalin, »muss man an der kurzen Leine halten.« Als Chruschtschew in Moskau eintraf, eilte er sofort zu Beria, um ganz sicher zu gehen. Zwischen Stalins Höflingen bestand nun eine größere Solidarität, und auch Beria konnte ihn beruhigen.

Stalin ernannte Chruschtschew zum ZK-Sekretär und Moskauer Parteichef, vertraute ihm aber an: »Wir brauchen Sie hier. Es steht nicht alles zum Besten. Man hat Verschwörungen aufgedeckt. Sie werden die Leitung der Moskauer Parteiorganisation übernehmen, denn auch in Moskau wimmelt es von parteifeindlichen Elementen.« Chruschtschew sollte »den Fall untersuchen«. Wie die Leningrader Affäre zeigte, förderte das System den Terror; die Magnaten konnten Feuer entweder löschen oder zu Großbränden anfachen: Dann oblag es Stalin zu entscheiden, ob er die Opfer schützen, die Belege gegen sie für später aufheben oder ein Massaker veranstalten wollte.

»Es ist das Werk eines Provokateurs«, urteilte Chruschtschew, und Stalin schloss sich seinem Befund an. Alsbald übertrug er ihm die Verantwortung für den Agrarbereich. »Stalin hat mich gut behandelt.« Chruschtschew sollte das Gegengewicht zu Beria und Malenkow bilden. Dieses Kalkül ging jedoch wegen seiner »Unzertrennlichkeit« mit dem Duo nicht ganz auf. Die Chruschtschews und die Malenkows* wohnten

---

* Sie bildeten nun zusammen mit Beria und Bulganin das Herzstück von Stalins neuem inneren »Quintett«, und Kaganowitsch fand in gewissem Umfang wieder

direkt nebeneinander im Granowski, und Berias Limousine schien immer vor dem Haus bereitzustehen, um sie abzuholen. Manchmal rief er den jungen Chruschtschews auf dem Weg zur Schule entgegen:

»Schaut euch an! Nikita wie aus dem Gesicht geschnitten!«

Die drei machten sich über Stalins Plan lustig, während sie selbst einander bei ihm verpetzten. Den Posten des an den schier unlösbaren Schwierigkeiten der Landwirtschaft gescheiterten Malenkow hatte zunächst Andrejew übernommen, doch dann folgte seine Demontage, und er musste zurücktreten, was das Ende seiner Laufbahn bedeutete. Jetzt führte Chruschtschew die Regie, doch sein Projekt gigantischer Agrarzentren, genannt »Agrostädte«, schlug fehl, sodass Stalin, Beria und Malenkow ihn zwangen, öffentlich Abbitte zu leisten. Obwohl Molotow und Malenkow seine Entlassung forderten, unterschätzte Beria den »dicken Dummkopf« und griff ein, um ihn zu retten. Stalin nahm Chruschtschew in Schutz und klopfte ihm mit der Pfeife an den Kopf: »völlig hohl!«, scherzte er.

Am 5. September trat Stalin seine Ferien in Sotschi an, wo sich dann Beria zu einem Grillfest mit *Schaschlyks* einfand, um die Bombe zu feiern, die ihn zusammen mit der Vernichtung der Leningrader zeitweise wieder aufgewertet hatte, wohlgemerkt nur vorübergehend, denn jetzt nahm Stalins Misstrauen gegenüber seinem Gefolge ungeahnte Ausmaße an. Später begab er sich südwärts nach Nowi Afon, in das kleinste, behaglichste seiner Häuser, wo er die meisten seiner letzten Urlaube verbrachte.

Nachdem der Oberste Sowjet den Besitz einer eigenen Atombombe verkündet hatte, sinnierte Stalin vor seinem jungen Vertrauten Mgeladse über die neue Weltordnung:

»Wenn ein Krieg ausbräche, hinge der Einsatz von A-Bomben davon ab, welche Trumans und Hitlers gerade an der Macht wären. Doch das Volk wird solche Leute nicht mehr an die Macht kommen lassen. Man kann Atomwaffen kaum anwenden, ohne das Ende der Welt in Kauf zu nehmen.« Das machte Stalin so frohgemut, dass er zu singen anfing.

Der alternde Stalin dachte immer öfter an Nadja. Bei gemeinsamen Gartenspaziergängen mit Mgeladse klagte er über das Desaster mit seinen Kindern. Zuerst kam Jascha an die Reihe:

Gnade. Sonntags machten die beiden dicken Bürokratenfreunde Chruschtschew und Malenkow, umgeben von zahllosen Sicherheitspolizisten, kräftigende Spaziergänge auf der Gorkistraße.

»Das Schicksal hat ihn benachteiligt ... aber er starb wie ein Held«, sagte er. Wasili hingegen sei Alkoholiker: »Er tut nichts, sondern trinkt nur sehr viel.« Dann Swetlana, sein weibliches Alter Ego: »Sie macht, was sie will.« Dieser schlechte Familienvater bewies ein gewisses Feingefühl, was die Ehen Swetlanas betraf: »Morosow war ein guter Kerl, jedoch für sie keine richtige Liebe, sondern nur Spaß. Sie nutzte ihn bloß aus. Natürlich konnte das nichts werden. Dann verheiratete sie sich wieder. Wer weiß, was als Nächstes kommt? ... Swetlana kann nicht mal einen Knopf annähen. Das haben die Kindermädchen ihr nicht gezeigt. Wenn ihre Mutter sie erzogen hätte, wäre sie disziplinierter. Verstehen Sie, auf mir lastete immer so viel Druck. Keine Zeit für die Kinder, manchmal sah ich sie monatelang nicht. ... Meine Kinder sind nicht glücklich geworden. Ekaterina!« Liebevoll nannte er den Namen seiner ersten Frau, Kato, und stöhnte dann: »O Nadja, Nadja!« Mgeladse habe Stalin nie zuvor so traurig gesehen, und dann: »Genosse Wolf, ich bitte Sie, das soeben Gehörte für sich zu behalten.«[3]

55

MAO, STALINS GEBURTSTAG UND DER KOREAKRIEG

Am 7. Dezember 1949 traf Stalin rechtzeitig für zwei große Ereignisse wieder in Moskau ein: den Besuch des Vorsitzenden Mao als neuem chinesischen Staatschef und die Feierlichkeiten zu seinem siebzigsten Geburtstag. Mao, der im Januar Peking erobert hatte, kam am Mittag des 16. Dezember auf dem Jaroslawskibahnhof an, wo Molotow und Bulganin ihn abholten, der Letztere in Marschallsuniform.* Der Besuch begann ebenso verquer, wie er endete. Mao lud die Russen zu einem chinesischen Mahl im Zug ein, doch Molotow lehnte ab. Mao war beleidigt. Tief beeindruckt von Stalins Größe, aber auch voller Verachtung für seine strikte Weigerung, China zu unterstützen respektive zu verstehen, ließ er sich direkt in eine von Stalins Datschen bringen, Lipki.

Um 18 Uhr kamen Mao und Stalin erstmals im Kleinen Eck zusammen. Dort strebten die beiden kommunistischen Titanen des 20. Jahrhunderts – beide Fanatiker, Dichter, Paranoiker, an der Spitze von Reichen, deren Geschichte sie verfolgte, aufgestiegene Bauern, skrupellose Massenmörder und Amateurbefehlshaber – den schlimmsten Albtraum Amerikas an, nämlich ein chinesisch-sowjetisches Abkommen, das die letzte bedeutende Errungenschaft Stalins sein sollte. Doch dabei beobachteten sie einander kühl aus der olympischen Höhe ihrer je eigenen Selbstachtung. Mao beklagte sich darüber, »schon zu lange Zeit im Abseits zu stehen«.

»Die Sieger tragen nie Schuld«, antwortete Stalin. »Irgendwelche Ideen oder Wünsche?«

---

* Mao hatte eine Schatztruhe voller Geschenke und mehrere Wagenladungen Reis dabei. Noch heute hängen die Lackornamente an den Wänden von Molotows Alterssitz im Granowski, und den Reis verteilte Stalin an seine Höflinge. Als Gegengeschenk gab Stalin ihm die Namen seiner sowjetischen Agenten im chinesischen Politbüro, und Mao ließ sie sofort nach dem Wiedereintreffen in Peking liquidieren.

»Wir sind gekommen, um ein bestimmtes Projekt zu vollenden«, sagte Mao. »Es muss sowohl schön als auch stilvoll sein.«

Es folgte ein gereiztes Schweigen. Stalin schien verwirrt über diese rätselhafte Anspielung auf eine zugleich symbolische und pragmatische Übereinkunft, die ebenso sehr der Weltrevolution wie den nationalen Interessen Chinas dienen sollte. Stalins oberste Priorität bestand darin, die ihm in Jalta zuerkannten und durch das ältere Abkommen mit Peking bestätigten fernöstlichen Gebiete zu verteidigen. Einen neuen Vertrag wollte er nur unterschreiben, wenn der alte gültig blieb. Mao ging es um Gesichtswahrung, sodass er nicht einfach auf chinesisches Territorium verzichten konnte. Angesichts dieser Sackgasse bot Mao an, seinen Premier Tschou En-lai die weiteren Verhandlungen führen zu lassen.

»Wenn wir uns nicht auf die Grundzüge einigen können, wozu dann Tschou rufen?«, hielt ihm Stalin entgegen.

Man trennte sich. Mao behauptete, dass Stalin ihn nicht empfangen wollte, aber er hatte seine Gründe zu warten. So verbrachte er noch mehrere unglückliche Wochen in Moskau, bevor die beiden Seiten wieder zusammenkamen, heftig darüber klagend, dass man »dort nichts anderes tun kann als fressen, schlafen und scheißen«. Die Russen waren schockiert über Maos derbe Sprüche, sowohl die vor ihnen geäußerten als auch die heimlich abgehörten.

»Genossen«, sprach Stalin, »die Schlacht um China ist noch nicht geschlagen, sondern beginnt jetzt gerade erst.« Beria höhnte den anderen gegenüber, Stalin sei neidisch auf Mao, weil der ein so viel größeres Reich regiere.

Doch Mao blieb nicht ganz sich selbst überlassen: Molotow, Bulganin und Mikojan besuchten ihn in der Datscha. Stalin fragte sich, ob der rätselhafte Chinese ein »echter Marxist« sei, und so prüfte Molotow herablassend wie ein Abt den Novizen die Kenntnisse Maos im Marxismus und kam zu dem Schluss, dass der Vorsitzende zwar ein »kluger Mann, ein Bauernführer, eine Art chinesischer Pugatschew«* sei, doch kein richtiger Marxist. Schließlich rümpfte Molotow bei Stalin die Nase über Maos »Geständnis, nie *Das Kapital* gelesen zu haben«.[1]

Am 21. Dezember versammelten sich Mao und die ganze kommunistische Welt im Bolschoi, um den Geburtstag ihres obersten Hohepriesters

---

* Der Donkosak Emalian Pugatschew hatte als angeblicher Zar Peter III. 1773 bis 1775 einen breiten Volksaufstand gegen Katharina die Große angeführt.

zu begehen. Als eine Synthese aus religiöser Wallfahrt, imperialem Triumphzug, königlicher Hochzeit und Konzernjubiläum kosteten die Feierlichkeiten rund 5,6 Millionen Rubel und zogen Tausende von Pilgern an. Stalin spielte – hin und her gerissen zwischen Verachtung dieses Kults und Sehnsucht danach – den biederen Brummbär, während Malenkow, der beim Götzendienst immer an vorderster Front stand, ihn davon zu überzeugen versuchte, dass »das Volk« einen Festakt (und weitere Orden) erwartete.

»Kommen Sie ja nicht auf die Idee, mir einen weiteren Stern anzudrehen«, knurrte er.

»Aber Genosse Stalin, das Volk...«

»Lassen Sie das Volk aus dem Spiel.« Dennoch kontrollierte er glücklich die Planungen. Sein Archiv bezeugt außerordentliche Maßnahmen: Präsident Schwernik saß dem »Komitee für die Vorbereitung von Genosse Stalins Geburtstag« vor, in dem sich auch »gewöhnliche Arbeiter« fanden, hauptsächlich aber Magnaten, Marschälle und Künstler wie Schostakowitsch den Ton angaben, die gewichtig über die Schaffung eines Stalinordens, die Gästeliste, Sitzordnung – und ein Stalin-Geschenkepaket berieten. Bei Gesamtkosten von 487 000 Rubeln sollte jeder Delegierte einen Morgenrock, Pantoffeln, Rasierapparat und ein Set, bestehend aus Moskwa-Seife, Talkum und Parfüm (die stolzeste Kreation der längst inhaftierten Polina Molotowa) erhalten.

Chruschtschew pries in der *Prawda* Stalins »strenge Unnachgiebigkeit gegenüber wurzellosen Kosmopoliten«, den Juden. Poskrebyschew lobte seine enormen Fähigkeiten beim Anbau von Zitronen. Die Frauen der Magnaten steuerten eigene Geschenke bei: Nina Beria zum Beispiel machte Walnussmarmelade »als kleine Erinnerung ... an Ihre Mutter«, wofür sich Stalin sogar schriftlich bedankte.

Beria verdrehte die Augen: »Jetzt steht dir diese Plackerei jedes Jahr bevor.«

Auch die Kinder berühmter Künstler und der Elite warteten mit Tributen auf. Nie zuvor hatten sich ihre Eltern aufdringlicher verhalten: So schaffte es Poskrebyschew, für seine Tochter Natascha eine Spitzenrolle zu ergattern; sie durfte ein Liedchen vortragen und dann Stalin (der den Tod ihrer Mutter angeordnet hatte) einen Blumenstrauß überreichen. Im Bolschoi studierten die Ballerinen »Knickse vor dem Gott« ein.

Im Kleinen Eck änderte Stalin die Sitzordnung am Vorabend dergestalt, dass er selbst nicht mehr in der Mitte saß, da Malenkow ihn unbedingt in der vordersten Reihe sehen wollte. Dort platzierte er sich dann demonstrativ zwischen Mao und Chruschtschew, den neuen Liebling. Später erlitt er einen Schwindelanfall, aber Poskrebyschew hielt ihn fest. Einen Arzt wollte er nicht rufen lassen. Poskrebyschew verordnete Stalin eines seiner bewährten Hausmittel.

Am folgenden Abend wartete das voll besetzte Bolschoi auf die Magnaten. Stalins exotisches Gefolge, darunter Mao, der Deutsche Ulbricht, der Ungar Rakosi und der Pole Bierut, drängte sich in der *Avant-Loge*, bis alles bereit war. Als sie erschienen, applaudierte das Publikum wie wild. Stalin setzte sich etwas links von der Mitte unter einen Baldachin scharlachroter Fahnen und ein riesenhaftes Porträt seiner Person. Danach begannen die endlosen Reden, in denen das Geburtstagskind als großes Genie gepriesen wurde. Stalin gestikulierte General Wlasik zu, um ihm ins Ohr zu flüstern, dass die Gäste in ihrer Muttersprache reden könnten, womit sich »der Vater der Völker« weltoffen gab. Togliatti sprach italienisch, dolmetschte sich aber selber ins Russische. Mao erhielt für seine Ansprache trotz der überraschenden Fistelstimme Ovationen. Stalin war erschöpft vom häufigen Aufstehen. Schließlich traten die Schulmädchen, angeführt von Natascha Poskrebyschewa, in Pionierkostümen auf, um ihr Gedicht vorzutragen. Danach winkte Poskrebyschew seiner Tochter zu, die hinaufeilte, um Stalin den Strauß roter Rosen zu überreichen. »Papa und Stalin liebten beide rote Rosen«, erklärte sie.

»Danke, *Ryschik* [Rotschopf], für die Rosen!«, sagte Stalin und deutete dabei auf den ihm treu ergebenen Poskrebyschew, der vor Stolz strahlte.

Die Gesellschaft versammelte sich zu einem enormen Bankett im Georgiewskisaal des Kreml und einem Konzert mit dem Tenor Koslowski, der Ballerina Maja Plisezkaja und der Sopranistin Wera Dawydowa. Wlasik persönlich durchsuchte die Garderoben nach möglichen Attentätern oder Bomben. Beim Vortanzen bemerkte Maja »das schnurrbärtige Gesicht des in der ersten Reihe der langen Festtafel thronenden Herrschers von der Bühne ab- und halb mir zugewandt, neben ihm Mao«.[2]

Maos majestätische Verstimmung hatte sich nach gebührender Gesichtswahrung erschöpft. Als er versuchte, Stalin anzurufen, hieß es, der sei »nicht im Hause, und es wäre besser, mit Mikojan zu sprechen«. Schließlich schickte Stalin am 2. Januar Molotow und Mikojan zu ihm, um die Verhandlungen aufzunehmen. Tschou En-lai* kam am 20. hinzu

---

* Stalin bewunderte Tschou und Präsident Liu Schao-tschi als die »hervorragendsten« Männer Maos, hielt indes Marschall Tschou-Teh für eine chinesische Version »unseres Woroschilow und Budjonni«.

und begann, mit Wyschinski als dem neuen Außenminister und Mikojan zu verhandeln. Später lud man Mao und Tschou in den Kreml ein,
wo Stalin ihre mangelnde Bereitschaft monierte, die Kritik an der jüngsten Rede des US-Außenministers Dean Acheson zu unterschreiben. Als
sich Mao über Stalins Widerstand gegen das Abkommen beklagte, gab
dieser zurück:

»Zum Teufel damit! Wir müssen bis ans Ende gehen.« Das regte Mao
noch mehr auf. In der Limousine auf dem Weg nach Kunzewo hinaus
wollte der chinesische Dolmetscher Stalin zu Mao nach Peking einladen.

»Halten Sie den Mund!«, zischte Mao ihn auf chinesisch an. »Keine
Einladung!« Dann sprach während der ganzen halbstündigen Fahrt keiner mehr ein Wort. Als Stalin später Mao einlud, zur Musik seines Gram-
mophons zu tanzen, eine ganz besondere Ehre für fremde Gäste, lehnte
dieser ab. Doch das spielte nun keine Rolle mehr: Der Poker war gelaufen. Während Stalin sich selbst das Oberpriesteramt des internationalen
Kommunismus vorbehielt, gewährte er Mao eine führende Rolle in
Asien.

Beim Bankett vom 14. Februar im Hotel Metropol prangerte Stalin
nach der Unterzeichnung des Abkommens zielsicher den Titoismus an.
Mao und Stalin sprachen wenig miteinander. Nur »sporadische« Wort-
wechsel rissen die »endlosen Pausen« auf. Gromyko mühte sich ab, ein
Gespräch in Gang zu bringen. Stalin mag Mao nicht gemocht haben,
war aber von ihm als Persönlichkeit beeindruckt: »Mao ragt unter allen
Politikern in der marxistischen Welt heraus. Sein gesamtes Wirken für
den Marxismus-Leninismus zeigt Prinzipientreue und Tatkraft, er ist
ein beharrlicher Kämpfer.« Das Bündnis wurde schon bald auf den
Schlachtfeldern von Korea auf die Probe gestellt.[3]

Nunmehr traf Kim Il Sung, der junge Staatschef des kommunistischen
Nordkorea, in Moskau ein und bat um Stalins Erlaubnis für eine Invasion des Südens. Dieser ermutigte ihn zwar, gab die Vorlage aber schlauerweise an Mao weiter und erklärte dem Koreaner, er könne »nur nach
Konsultation des Genossen Mao Tse-tung persönlich zur Tat schreiten«.
In Peking wollte sich der nervöse Mao bei Stalin rückversichern, doch
dieser antwortete ihm am 14. Mai geschickt: »Die Frage muss letzten
Endes von den chinesischen und koreanischen Genossen gemeinsam
entschieden werden.« Damit behauptete er seine Dominanz, schob aber
die Verantwortung ab. Nichtsdestoweniger machten sich die Magnaten
große Sorgen über die tolldreiste Provokation Amerikas und sein

schwindendes Urteilsvermögen. Am Sonntag, dem 25. Juni 1950, gegen 4 Uhr griff Nordkorea den Süden an. Alles vor sich her treibend, waren die Kommunisten bald bereit, das Land zu erobern.

Am 5. August brach ein müder alternder Stalin mit dem Sonderzug in seine bis dahin längsten Ferien auf. In den nächsten viereinhalb Monaten sollte er über das Vorgehen gegen die Juden, seinen Groll auf Molotow und Mikojan, das Misstrauen in Beria und die Unzufriedenheit mit dem ihm zu zimperlichen MGB Abakumows nachgrübeln, während die Welt einige Tausend Kilometer entfernt in Korea am Rande des Abgrunds schwebte.

Kaum war er an seinem Urlaubsort angekommen, als sich auf der koreanischen Halbinsel eine Katastrophe zusammenbraute. Stalin hatte sich aus der UNO zurückgezogen, um dagegen zu protestieren, dass diese nicht Maos Volksrepublik, sondern Taiwan als den einzig legitimen chinesischen Staat anerkannte, doch Präsident Truman konterte Stalins Bluff, indem er den Sicherheitsrat einberief, um eine Intervention der UN gegen Nordkorea beschließen zu lassen. Zwar hätte die Sowjetunion das abwenden können, aber Stalin bestand gegen Gromykos Rat zu Unrecht darauf, diese Sitzung zu boykottieren. »In diesem Fall hatte sich Stalin von seinen Gefühlen leiten lassen und nicht die beste Entscheidung getroffen«, kommentierte Gromyko. Im September schloss die Großoffensive Washingtons unter dem Banner der Vereinten Nationen Kims Invasionstruppen im Süden ein und schlug sie vernichtend. Erneut hatte Stalins Prüfung der Entschlossenheit Amerikas ein böses Ende genommen – doch der alte Mann seufzte nur angesichts der drohenden Niederlage Kims, so Chruschtschew: »Was macht das schon. Sei's drum. Sollen eben die Amerikaner unsere Nachbarn sein.« Auch wenn er seinen Willen nicht bekäme, würde Russland nicht intervenieren.

Als die Amerikaner in Nordkorea eindrangen und auf die chinesische Grenze zumarschierten, schaute Mao verzweifelt auf Stalin, da er fürchtete, wenn China eingriffe und gegen die USA kämpfte, würde aufgrund des bilateralen Abkommens auch noch die Sowjetunion einbezogen. Darauf antwortete Stalin, er sei »weit von Moskau entfernt von den Ereignissen in Korea ein wenig abgeschnitten«. Doch am 5. Oktober sandte er ein sehr direktes Telegramm ab, das ein schamlos realpolitischer Bluff war. Die Vereinigten Staaten seien derzeit »nicht auf einen großen Krieg vorbereitet«, aber falls man den führen müsse, »so lieber gleich und nicht erst in ein paar Jahren, wenn der japanische Militaris-

mus wieder erstarkt sein wird«. Damit brachte Stalin die Vorbehalte
Maos ins Wanken und trieb so seinen Verbündeten einen Schritt weiter
auf den Krieg zu.

Mao bot neun Divisionen auf, schickte aber Tschou zu Stalins Feriensitz, wahrscheinlich Nowi Afon, um den Aspekt der versprochenen sowjetischen Luftunterstützung für die chinesischen Truppen zu erörtern.
Am 9. Oktober trat ein angespannter Tschou, begleitet von Maos engem
Vertrauten, dem gebrechlichen, aber begabten Lin Piao, der später sein
tragischer designierter Nachfolger werden sollte, einem Aufgebot Stalin,
Malenkow, Beria, Kaganowitsch, Bulganin, Mikojan und Molotow gegenüber.

»Heute wollen wir uns die Ansichten und Gedanken unserer chinesischen Genossen anhören«, eröffnete Stalin die Sitzung. Nachdem
Tschou die Lage geschildert hatte, erklärte Stalin, dass Russland zwar
selbst nicht in den Krieg eintreten könne, China dies aber möglichst tun
solle. Immerhin bot er für den Fall einer Niederlage Kims den Nordkoreanern Asyl an. Im Übrigen könne er nur mit militärischem Gerät
helfen. Tschou, der fest mit russischer Luftunterstützung gerechnet hatte, atmete tief durch. Anschließend lud Stalin die Chinesen zu einem
Gelage ein, aus dem nur Lin Piao nüchtern hervorging. Es war einer der
Anlässe, bei denen Beria Stalins Auffassung nicht teilen konnte und sich
wie immer am weitesten von allen aus dem Fenster lehnte. Als er nach
dieser Besprechung den Saal verließ, wartete draußen schon der georgische Parteichef Tscharkwiani auf ihn:

»Was läuft da?« Beria, der die atomare Bedrohung erkannte, rief nervös aus: »Die Amerikaner werden wütend sein. Er macht sie uns zu Feinden!« Tscharkwiani war verblüfft, von ihm eine solche Häresie zu hören.

»Mir fällt es schwer, jemandem hundertprozentig zu vertrauen, aber
ich denke, ich kann mich auf ihn verlassen«, sagte Stalin beim Essen zu
Mgeladse, nachdem es ihm gelungen war, Mao ohne sowjetische Luftunterstützung in den Kampf gegen die Amerikaner zu schicken.

Am 19. Oktober warf Mao massenweise chinesisches Kanonenfutter
ins Gefecht, um die überraschten Amerikaner zurückzuschlagen. Fortan
verweigerte Stalin, auch als sich die Front am 38. Breitengrad stabilisiert
hatte und Nordkorea um Frieden bat, sein Einverständnis: Ihm kam die
Zermürbung entgegen. Wie er später dreist Tschou anvertraute, mochten die Nordkoreaner endlos weiterkämpfen, denn sie »verlieren nichts,
außer ihren Männern«.[4]

Am 29. September machte man Kusnezow und Wosnesenski im Leningrader Offiziersclub vor einem MGB-Publikum den Prozess. Den Zeugen hatte man eingetrichtert, Schdanow in ihren Aussagen nicht zu erwähnen. Die Hauptangeklagten wurden zum Tod durch Erschießen tags darauf verurteilt, und das Politbüro bestätigte die Urteile. »Wenn in jener Zeit ein Fall abgeschlossen war – und wenn Stalin es für nötig hielt –, dann unterschrieb er den Befehl zur Verurteilung bei einer Sitzung des Politbüros«, erklärte Chruschtschew, »und reichte ihn dann herum, damit wir übrigen ebenfalls unterschreiben. Wir setzten unsere Unterschrift darunter, ohne auch nur einen Blick darauf zu werfen. Das nannte man dann ›kollektive Verurteilung‹.«

Kusnezow weigerte sich beharrlich zu gestehen, was Stalin empörte und Abakumow etwas in Verlegenheit brachte.

»Ich bin und bleibe Bolschewik, trotz des über mich verhängten Urteils. Die Geschichte möge uns rechtfertigen.« Tschekisten sollen die Angeklagten in weiße Säcke gesteckt und zur Erschießung nach draußen geschleppt haben. Man exekutierte sie am 1. Oktober um genau eine Minute vor 1 Uhr; ihre Angehörigen verbannte man in Lager. Einiges spricht dafür, dass Stalin die Todesart mit Symbolen auf den Listen festlegte. Wosnesenski dürfte noch eine Zeit lang am Leben geblieben sein, da sich Stalin später bei Malenkow erkundigte:

»Ist er im Ural? Geben Sie ihm Arbeit!« Irgendwann informierte Malenkow ihn darüber, dass Wosnesenski bei Minusgraden auf einem Gefängnislastwagen erfroren war. Nach Stalins Tod fragte Rada Chruschtschewa ihren Vater nach dem Schicksal Kusnezows:

»Er ist auf grausame Weise umgekommen«, erwiderte der. »Mit einem Haken im Genick.«[5]

Dieses Massaker festigte zwar die Position von Malenkow, Beria, Chruschtschew und Bulganin – der vier Aufrechten, die Stalin in seine letzten Jahre begleiteten –, läutete aber das Ende Abakumows ein, denn bald sollte dieser Sadist seinen blutigen Teppich für immer einrollen. Vielleicht hatte Überheblichkeit ihn veranlasst, den Judenpogrom im März 1950 abzuschließen: Freilassungen gab es keine. Die Folterknechte schlugen so schwer zu, dass ein Opfer auf dem Rücken und den Fußsohlen zweitausend einzelne Striemen von Schlägen zählte.

Doch als der Hauptfall allmählich in den Hintergrund trat, inszenierte Stalin von seinem Ferienaufenthalt aus einen weiteren antisemitischen Vorstoß. Chruschtschew zufolge »wuchs der Antisemitismus jetzt in Stalins Hirn wie ein Tumor«, doch er selbst lobte ihn dafür in der

Prawda. Stalin ließ die ukrainischen Parteichefs zu einem Essen kommen, bei dem er sie anwies, eine ebensolche antisemitische Kampagne in Kiew zu starten. Die »zionistische Gefahr« löste eine Säuberung des gesamten Staatsdienstes aus, bei der man Tausende von Juden entließ.*

Besonders begeisterte den Diktator ein Verfahren gegen jüdische Manager des prestigereichen Stalin-Automobilwerks, das seine Limousinen produzierte: Sie hatten Michoels telegraphisch zur Gründung des Staates Israel beglückwünscht.

»Man sollte den guten Arbeitern in der Fabrik Knüppel geben, damit sie diese Juden nach Feierabend tüchtig durchprügeln können«, sagte Stalin im Februar zu Chruschtschew.

»Na, haben Sie Ihre Befehle bekommen?«, fragte Beria sardonisch. Chruschtschew, Malenkow und Beria, dieses unzertrennliche Trio, zitierten die jüdischen ZiS-Manager in den Kreml und warfen ihnen »mangelnde Wachsamkeit« sowie Komplizenschaft mit einer »antisowjetischen, jüdisch-nationalistischen Sabotagegruppe« vor. Einer der Männer fiel vor Angst in Ohnmacht, sodass die Magnaten ihn mit kaltem Wasser wieder zu sich bringen mussten. Stalin entließ ihn später, doch zwei jüdische Journalisten, darunter eine Frau, die über den Fall berichtet hatten, wurden hingerichtet. Das persönliche Eingreifen des Tyrannen entschied über Leben und Tod. Ein weiterer jüdischer Verwalter, Salzman, kam davon, weil er Stalin im Krieg ein Schreibset in Form eines Panzers geschenkt hatte, bei dem Füller die Kanonen darstellten.

Doch nahm Stalin nicht nur die Juden ins Visier: Sein Parteichef in Abchasien, der ehrgeizige Mgeladse, schürte ständig das Misstrauen gegen Beria und deckte gezielt dessen Verbrechen und Rachefeldzüge der späten dreißiger Jahre auf. Stalin ermunterte ihn bei den gemeinsamen Abendessen dazu, Beria weiter zu denunzieren, und Mgeladse klärte ihn als Einziger über die Korruptheit der mingrelischen Führung Georgiens auf, darunter Beria und Tscharkwiani, der dort seit 1938 regiert hatte. Stalin wies Abakumow an, das notorisch verfilzte Georgien zu überprüfen und Vorwürfe gegen die Mingrelier zu sammeln – nicht zu vergessen Beria selbst: »Knöpfen Sie sich den Großen Mingrelier vor.«[6]

---

* Jetzt spielte auch Swetlanas Mann dabei mit. In der Maschinerie des Zentralkomitees berichtete Juri Schdanow, Stalins Schwiegersohn, das hochqualifizierte Muster an sowjetischer Bildung, dem Organisator der antijüdischen Hatz, Malenkow, dass einige Wissenschaftler »Forschungsabteilungen von Instituten mit ihren der Abstammung nach semitischen Anhängern überflutet haben«.

Am 18. November, gegen Ende seines Urlaubs, billigte Stalin erstmals die Inhaftierung eines jüdischen Arztes. Professor Jakow Etinger, den Magnaten wohlbekannt, hatte sich am Telefon beim freimütigen Lästern über Stalin belauschen lassen. Oberstleutnant Michail Riumin, einer von Abakumows Beamten, folterte ihn, um seine »nationalistischen« Neigungen aufzuspüren, und zwang ihn schließlich, die angesehensten jüdischen Ärzte Moskaus zu belasten, fand aber damit bei seinem Chef irgendwie keinen Anklang. Abakumow befahl Riumin, von dem Opfer abzulassen, doch der Beamte folterte Etinger so enthusiastisch, dass dieser an »Herzversagen« starb – eine euphemistische Bezeichnung für den Foltertod. Danach steckte Riumin seinerseits in Schwierigkeiten – sofern es ihm nicht gelang, Abakumow auszuschalten.

Man konnte Abakumow nicht Untätigkeit anlasten: Stalin verschärfte nun die Repression. Die Festnahmen griffen rasant um sich, und 1950 überwachten die Gulags mit 2,6 Millionen mehr Zwangsarbeiter als je zuvor. Doch Abakumow wusste zu viel über die Leningrader Affäre und das Judenkomplott. Schlimmer noch, Stalin merkte, dass der MGB – und Abakumow selbst – zu erlahmen begannen. Immer wieder ging es um Jagoda – und er brauchte einen neuen Jeschow.

Die Verschleppung des Judenkomplotts, die Korruptionsgerüchte, die Tuscheleien Berias und Malenkows, vielleicht auch die aufgeblasene Großspurigkeit des Mannes selbst, nahmen Stalin gegen Abakumow ein. Es gab keinen plötzlichen Bruch, sondern als Stalin, kurz nach seinem einundsiebzigsten Geburtstag am 22. Dezember*, aus dem Urlaub zurückkam, ließ er einfach bei Abakumow nichts von sich hören – womit die wöchentlichen Sitzungen für ihn, wie zuvor für Jagoda und Jeschow, beendet waren. In der Schlangengrube des MGB bot der Entzug von Stalins Gunst und der Tod Etingers Riumin eine große Chance. Jetzt konnte »Klein Mischka« oder, wie Stalin ihn nannte, »der Knirps« oder »der Pygmäe« – der »*Schibsdik*« – zum zweiten mörderischen Zwerg des *Woschd* avancieren.

---

* »Ich möchte meine Rückkehr nach Moskau wegen des schlechten Wetters und der Erkältungsgefahr bis zum Einsetzen des Frostes verschieben«, hatte Stalin Anfang Dezember 1950 an Malenkow geschrieben.

56

DER KNIRPS UND DAS ÄRZTEKOMPLOTT:
DRAUF, DRAUF UND NOCHMAL DRAUF!

Riumin, ein dicklicher, dummer und skrupelloser, mit achtunddreißig schon fast kahler Mann, war als der Letzte in einer langen Reihe ehrgeiziger Folterer nur zu gerne bereit, sich bei Stalin einzuschmeicheln und ihn anzustacheln, indem er neue Feinde aufspürte und für ihn tötete. Im Unterschied zu Jeschow, der sich bis zu seinem Auftreten als Inquisitor großer Beliebtheit erfreute, war Riumin von Anfang an ein fanatischer Killer, obwohl er die Schule und eine Ausbildung zum Buchhalter abgeschlossen hatte. Doch wie Malenkow bewies, schützte Bildung nicht vor Mordlust. Und Riumin hatte eigene Probleme. 1937 wegen Veruntreuung von Geldern entlassen, und jetzt nach der Tötung des älteren jüdischen Arztes erneut gefährdet, beschloss der Knirps zu handeln. Vielleicht zu seiner eigenen Überraschung trat er damit die so genannte Ärzteverschwörung los.

Am 2. Juli 1951 beschuldigte Riumin in einem Brief an Stalin Abakumow, Etinger vorsätzlich getötet zu haben, um eine Verschwörung jüdischer Ärzte zu vertuschen, die planten, führende Politiker wie den bereits nicht mehr lebenden Schtscherbakow zu ermorden. Auf diese Weise vermischten sich Stalins Ängste vor dem Altern, vor Ärzten und vor Juden zu einem giftigen Gebräu. Es war nicht Beria, sondern Malenkow, der Riumins Anklage weiterleitete; das bestätigte Malenkows Assistent, allerdings mit dem Hinweis darauf, dass Riumin den Brief »aus eigenen Motiven« schrieb. Die Ärzteverschwörung wirkte sich in erster Linie gegen Beria mit Mitgliedern der alten Garde wie Molotow aus, konnte in der Folge aber auch Malenkow und Chruschtschew bedrohen. An Stalins Hof war es schon oft genug vorgekommen, dass eine Affäre eher zufällig begann, von einem der Magnaten angefacht wurde und dann auf alle zurückfiel. Malenkow verbündete sich mal mit Chruschtschew, mal mit Beria, aber die großen Linien gab immer Stalin selbst vor. So könnte er auch Riumins Vorwurf des medizinischen Mordes in die Wege geleitet haben – oder dies war der zündende Funke, der ihn veranlasste, auf Schdanows Tod zurückzugreifen und ein Geflecht von Verschwörungen zu erfinden, um eine Terrorwelle loszutreten, die das Land nach außen hin gegen die USA und nach innen gegen ihre angeblichen jüdischen Verbündeten vereinigte.

Jetzt befahl er Beria und Malenkow, »den schlechten Zustand des MGB« zu untersuchen, und warf Abakumow Korruptheit, Unfähigkeit und Verschwendung vor. Am 5. Juli gegen Mitternacht nahm Stalin im Kleinen Eck den Vorschlag Malenkows an, den siebenundvierzigjährigen Semjon Ignatiew zum neuen Chef zu ernennen. Gegen 1 Uhr rief man Abakumow herein, um ihm seine Absetzung mitzuteilen. Um 1.40 Uhr traf Riumin ein, um seine Prämie in Empfang zu nehmen: Beförderung zum General (und später sogar stellvertretenden Minister). Seit seiner kurzen Dienstzeit als Tschekist im Jahr 1920 hatte sich der Brillenträger Ignatiew als ein emsiger ZK-Bürokrat erwiesen, der sich gut mit Chruschtschew und Malenkow verstand. Ersterer hielt ihn für »freundlich, rücksichtsvoll«, was die jüdischen Ärzte kaum geteilt hätten. Beria gelang es abermals nicht, die Geheimpolizei wieder in den Griff zu bekommen. Fortan steuerte Stalin selbst die Ärzteverschwörung mit Hilfe Ignatiews. Er ließ Malenkow im MGB mitteilen, dass es darum gehe, ein »groß angelegtes Geheimdienstnetzwerk der USA« mit Verbindungen »zu Zionisten« aufzuspüren.

Tags darauf, am 12. Juli, erfolgte die Festnahme Abakumows und in der guten alten Tradition gestürzter Geheimpolizisten die ausführliche Dokumentation seiner Korruptheit: So fand man in seinen Residenzen dreitausend Meter kostbare Tuche, Kleidung, Porzellan, Kristallvasen – »genug für ein ganzes Geschäft«. Um die Wohnungen auszubauen, hatte Abakumow sechzehn Familien umquartiert, außerdem eine Million Rubel für einen »Palast« eingesetzt, an dem zweihundert Handwerker, sechs Ingenieure und die ganze Bauabteilung des MGB arbeiteten. Doch der Sturz von Ungeheuern riss auch Unschuldige mit, in diesem Fall Abakumows junge Frau, Antonina Smirnowa, die von ihm einen zweijährigen Sohn hatte: Ihre Festnahme stützte sich auf üppige Geschenke im Wert von siebzigtausend Rubel, darunter ein antiker Wiener Kinderwagen: Man weiß nicht, welches Schicksal sie und ihr Baby später erlitten.

Abakumow, kein Minister mehr, sondern nur noch eine Nummer,

Objekt Nr. 15, verbrachte drei Wochen gefesselt in der Kühlzelle und wurde von seinem Nachfolger auf die bewährte Weise verhört:

»Lieber L. P.«, schrieb er voller Selbstmitleid an Beria. »Mir geht es so dreckig. … Du bist der mir am nächsten stehende Mensch, und ich erwarte, dass Du mich zurückholst. Du wirst mich in Zukunft noch brauchen.« Abakumow war gestürzt, weil er das Judenkomplott nicht weiter vorangetrieben hatte. Nun gingen Ignatiew und der gruselige »Knirps« Riumin ans Werk, um die jüdischen Funktionäre des Antifaschistischen Komitees und die Ärzte zu foltern und »die Vorwürfe der Spionage und nationalistischen Umtriebe zu erhärten«.[1]

Der Impresario dieses Theaters der Komplotte und Torturen alterte jetzt rasch, und manchmal wurde ihm so schwindlig, dass er in seiner Kremlwohnung stürzte. Die Leibwächter mussten ihn stets im Auge behalten, weil »er nicht mehr auf sich Acht gab«. Kaum machte er sich noch die Mühe, alle seine Papiere zu lesen. Auch in Kunzewo lagen überall ungeöffnete Schachteln herum. Zwar korrigierte er nach wie vor Bulganins Reden wie ein Oberlehrer, konnte aber vor dem Rest des Politbüros seinen Namen vergessen:

»Stalin starrte ihn an und sagte dann: ›Sie da, wie heißen Sie?‹

›Bulganin.‹

›Bulganin, natürlich! Was wollte ich doch noch sagen?‹«

Von Arthritis geplagt, durch Arteriosklerose und Schwindelanfälle geschwächt, teils sogar gelähmt, vom Gedächtnis zunehmend im Stich gelassen, unter der Zahnprothese und Druckstellen leidend, unberechenbar, paranoid und bösartig, brach Stalin am 10. August zu seinem letzten Urlaub auf. »Das verfluchte Alter hat mich eingeholt«, murrte er. Er war jetzt noch rastloser als sonst, reiste von Gagra nach Nowi Afon, dann Zaltubo und Borschomi und wieder zurück. Am Rizasee wimmelte es an den Ufer- und Waldwegen von sonderbaren grünen Metallkästen: Sie enthielten Telefone, damit Stalin jederzeit Hilfe rufen konnte, wenn ihm auf einem Spaziergang schlecht wurde.

Doch alle seine Gebrechen konnten ihn nicht an Säuberungen in seinem Gefolge hindern.

»Ich, Molotow, Kaganowitsch, Woroschilow – wir sind alle alt … wir müssen … das Politbüro mit jüngeren Kadern besetzen«, sagte er Unheil verkündend zu Mgeladse. Doch seine Paranoia ließ ihn nicht zur Ruhe kommen. »Den Menschen nicht zu trauen, ist eine Sache«, bemerkte Chruschtschew, der wie alle Magnaten in der Nähe Urlaub machte, um

Stalin zwei Mal wöchentlich besuchen zu können. »Etwas anderes ist es aber, wenn ein Mann unter der Zwangsvorstellung leidet, er müsse jeden beseitigen, dem er nicht traut.«

Beim Essen taxierte er seine Höflinge und kam »mit geschwellter Brust wie ein Truthahn« auf sein – leider todbringendes – Lieblingsthema zu sprechen: seinen Nachfolger. Beria konnte es nicht werden, weil er »kein Russe« war, Kaganowitsch als Jude auch nicht. Woroschilow war schon zu alt. Mikojan (der Armenier) und Molotow kamen gar nicht in Frage. Chruschtschew als »ein Bauernjunge« kaum, da Russland einen Staatschef aus der Intelligenz brauchte. Zum Schluss nannte er Bulganin als neuen Premier; keiner von ihnen schien ideologisch geeignet, die Partei zu führen, aber bis dahin hatte er Malenkow noch nicht erwähnt, der das vielleicht als ein ermutigendes Zeichen nahm. So bestellte er sich Bücher und fing wie wild zu lesen an.

»Nun, Genosse Stalin hat mich aufgefordert, mir die Politikwissenschaft anzueignen.« Bei der Lektüre von Adam Smith angetroffen, fragte Malanja einen Kollegen: »Wie lange dauert denn die Einarbeitung?«

Wie die Magnaten jetzt entsetzt feststellen mussten, konnte gerade ein seniler Stalin – noch gefährlicher, entschlossener und machtgieriger als je zuvor – blindwütig um sich schlagen. Die Geschichte von den Bananen steht exemplarisch für den Regierungsstil des greisen Stalin.

Wlasik erfuhr, dass soeben eine Bananenlieferung eingetroffen war, und beflissen, dem Chef mit seinem schlechten Gebiss etwas Linderung zu verschaffen, kaufte er einige Früchte für Stalin, um sie beim Essen in Cholodnaja Retschka vor allen Magnaten stolz aufzutischen. Stalin schälte sich eine, befand aber, dass sie noch nicht reif genug war, und probierte zwei weitere. Ebenfalls unreif! »Habt ihr die Bananen gekostet?«, fragte er seine Gäste. Stalin zitierte Wlasik herbei.

»Wo haben Sie diese Bananen her?« Wlasik versuchte, es ihm zu erklären, aber Stalin schrie: »Diese Gauner nehmen Schmiergelder und betrügen das Land. Wie heißt das Bananenschiff?«

»Ich weiß nicht«, sagte Wlasik, »ich habe nicht darauf geachtet…«

»Sie sollten aber darauf achten! Ich werde Sie mit diesen Banditen vor Gericht stellen!«, bellte Stalin. Poskrebyschew eilte fort, um den Namen des Schiffs herauszufinden und Festnahmen anzuordnen. Malenkow holte sein Notizbuch hervor und trug etwas ein. Stalin wies Mikojan an, den neuen Handelsminister zu entlassen.

Das Dinner endete um 5 Uhr. Gegen 6 rief Stalin bei Beria an, um auch ihm aufzutragen, den Minister zu feuern. Als Mikojan um kurz nach 6 in Moskau anrief, fand er heraus, dass Beria den Unglücklichen bereits gemaßregelt hatte. Einige Tage später traf Mikojan ein, um sich zu verabschieden, als Stalin immer noch über die Bananen sprach. Der Minister musste in der Tat seinen Hut nehmen. Tscharkwiani zufolge stand das eben »typisch für Stalins Ausbrüche, die zu abwegigen Entscheidungen führten«. Mikojan kommentierte trocken, dass Stalin »einfach sehr gern Bananen aß«.[2]

Stalin litt unter Gliederschmerzen, doch als er in Zaltubo Kur machen wollte, störte ihn dort die Hitze. Also beschloss er, in Borschomi zu kuren und dort ein Quartier voller Erinnerungen zu nehmen: Im Likani-Palais, einer neugotischen Villa des Großherzogs Michael, dem Bruder von Nikolaus II., direkt an der Kura gelegen, war er bereits in glücklicheren Zeiten mit Nadja abgestiegen. Der Prachtbau diente inzwischen als Museum und war kaum bewohnbar, zumal es dort keine Schlafzimmer gab, doch das gefiel Stalin, im Unterschied zu den Magnaten: Er forderte nämlich Chruschtschew und Mikojan auf, sich bei ihm einzufinden. Daraufhin eilten die beiden von Sotschi und Suchumi hinüber und mussten fortan, da es keine Betten gab, wie Pfadfinder in einem Raum zusammen campieren.

Stalin nahm seine Mahlzeiten in idyllisch anmutiger Landschaft an einem Tisch ein, der unter einem Baum direkt an der Kura stand. Bei seinen Spaziergängen fluchte er regelmäßig auf die Leibwächter, mit denen er kollidierte, wenn er plötzlich die Richtung wechselte. Er beschloss, Bakuriani zu besuchen, aber die Einheimischen bedrängten seine Limousine, legten Teppiche aus und stellten Festtafeln quer über die Straße. So musste der erhabene Diktator aussteigen und mit seinen fanatischen georgischen Anhängern feiern. »Sie öffnen die Münder und grölen wie Schwachköpfe!«, murrte er mit verzogenem Gesicht. Er kam nie bis Bakuriani und kehrte alsbald nach Abchasien zurück.

Im Palast, wo sich Nadja von der Geburt Wasilis erholt hatte, brütete Stalin über seine Familie nach. Der inzwischen heillos dem Alkoholismus verfallene Wasili besuchte ihn. »Ihm geht es so schlecht, und er hat solche Magenbeschwerden, dass er nicht einmal essen kann«, vertraute Stalin Tscharkwiani an. Stalin kümmerte sich um eine Entziehungskur und suchte für den Zustand seines Sohnes einen Sündenbock.

»Wlasik und seine Freunde sind schuld, sie haben ihn süchtig gemacht!« Stalin fluchte schon seit Jahren über Wlasiks Korruptheit. Eine schriftliche Denunziation und Malenkows Bericht über den im MGB herrschenden Filz enthüllten Wlasiks Orgien und albernen Streiche. Stalin war entrüstet, sah überall nur noch einen Sumpf der Verderbtheit. So entließ er am Ende auch noch seinen treuesten Gefolgsmann.*

Swetlanas Ehe mit Juri war nach kaum zwei Jahren am Ende, wie Stalin Mgeladse gegenüber prophezeite, da sie ihn ständig maßregelte. »Juri Schdanow ist nicht das Familienoberhaupt – kann sich nicht durchsetzen. Weder hört er ihr noch sie ihm zu. Der Mann sollte einer Familie vorstehen, das ist die Hauptsache.« Doch Juri wagte Stalin nicht einmal nach der Scheidung zu fragen, sodass Swetlana selbst ihn aufsuchte.

»Ich weiß, was du mir sagen willst«, begrüßte Stalin sie. »Du hast beschlossen, dich scheiden zu lassen.«

»Vater«, antwortete Swetlana in bittendem Ton. Dem ebenfalls anwesenden Tscharkwiani war die Sache peinlich, und er wollte sich entschuldigen, aber Stalin bestand darauf, dass er blieb.

»Warum willst du denn nun die Scheidung?«, fragte Stalin.

»Ich halte es bei meiner Schwiegermutter nicht aus. Sie ist unmöglich!«

»Und was sagt dein Mann dazu?«

»Er unterstützt seine Mutter.«

Stalin seufzte: »Wenn du entschieden hast, dich scheiden zu lassen, kann ich es nicht ändern, aber dein Verhalten ist unannehmbar.« Errötend lief sie davon, zog sofort bei den Schdanows aus und quartierte sich mit ihren beiden Kindern in einer Wohnung im Haus am Ufer ein.

»Wer weiß, was als Nächstes kommt?«, murrte Stalin.

»Stalin schien zwar nicht gerade glücklich über das Ende«, bekannte Juri, aber auch nicht sehr überrascht. Er machte Juri keine Vorwürfe, sondern lud ihn an den Rizasee ein, wo beide die halbe Nacht über Stalins Londonbesuch 1907 plauderten. Als das Gespräch wie von selbst auf die Kampagne gegen Kosmopoliten kam, stellte Juri, der sich dabei hervorgetan hatte, indem er gegen jüdische Wissenschaftler vorging, die Frage, ob sie nicht »einen einseitig nationalen Charakter« annehme, das heißt zu stark auf die Juden ziele.

»Weltoffenheit ist ein weit verbreitetes Phänomen«, erwiderte Stalin. Als er sich schließlich in den frühen Morgenstunden erhob, um schlafen zu gehen, zitierte Stalin eine Jüdin, die er sehr bewunderte: »Maria Kaga-

---

* Wlasik wurde als stellvertretender Kommandant eines Arbeitslagers in den Ural verbannt, von wo aus er Stalin sofort mit Beteuerungen seiner Unschuld bombardierte. Allerdings rückte Beria danach nicht zum Befehlshaber der Leibwache auf, die Ignatiews MGB unterstellt blieb.

nowitsch – das ist eine echte Bolschewikin! Auf das Soziale kommt es an, nicht auf das Nationale!« Und er stolzierte davon, um sich hinzulegen. Man frühstückte am Ufer des Rizasees, und Juri sah zu, wie Stalin die *Prawda* las. »Was drucken die für einen Mist?«, knurrte er und las vor: »Lang lebe der Genosse Stalin, der Anführer aller Nationen!« – und er warf das Blatt angewidert weg.

Nachdem er noch einige alte Freunde bewirtet hatte, die sich über die notorische Korruptheit der Mingrelier beklagten, reiste Stalin nach Nowi Afon weiter und forderte sogleich Mgeladse heraus, binnen siebzehn Minuten dort zu sein. Der ehrgeizige abchasische Parteichef, der nun zu spüren begann, dass die langen Gespräche mit dem alten Mann Früchte trugen, schaffte es in knapp fünfzehn und überzeugte Stalin schließlich davon, dass Tscharkwiani »ein Bordello« betrieb.

Wütend ließ Stalin den georgischen MGB-Chef kommen, den grobschlächtigen, voluminösen Ruchadse. »Die Mingrelier sind absolut unverlässlich«, erklärte Stalin, der im hohen Alter den provinziellen Hass verschiedener Regionen auf Georgien annahm. Tausende von Mingreliern wurden festgenommen, aber Stalin wollte Beria vernichten. Vielleicht argwöhnte er nun eine Abwendung Lawrentis vom Marxismus: »Er ist sehr anmaßend geworden … nicht mehr wie früher. Genossen, die mit ihm essen, halten ihn für äußerst bourgeois.«

Chruschtschew zufolge hatte Stalin »Angst vor Beria« und wäre ihn nur zu gerne losgeworden, wusste aber nicht, wie. Stalin selbst bestätigte das und merkte, dass Berias Ansehen wuchs. »Beria ist so gerissen und trickreich. Das Politbüro hat jetzt so viel Vertrauen zu ihm, dass man ihn dort unterstützt. Die wissen nicht, dass er sie hinters Licht geführt hat. Nehmen wir zum Beispiel – Wjatscheslaw [Molotow] und Lasar [Kaganowitsch]. Ich glaube, Beria hat ein großes Fernziel im Auge. Doch er ist borniert. Zu seiner Zeit hat er großartige Arbeit geleistet, aber jetzt … Ich bin nicht sicher, ob er seine Macht nicht missbrauchen würde.« Dann erinnerte Stalin an seine engsten Vertrauten: »Schdanow und Kirow hielten wenig von ihm, aber … wir mochten Beria wegen seiner Bescheidenheit und Tüchtigkeit. Später verlor er diese Tugenden. Er ist eben ein Polizist.«

Ignatiew schickte eigens sechzig Vernehmungsbeamte des MGB, darunter ein Folterspezialist mit medizinischem Gerät, nach Tiflis hinunter. Stalin rief bei Tscharkwiani an, mit dem er im Lauf der Zeit stundenlang über Literatur und Privates geredet hatte, und drohte ihm grußlos:

»Sie haben die Augen vor der Korruption in Georgien verschlossen.

Dafür werden Sie büßen, Genosse Tscharkwiani«, und legte auf. Tscharkwiani geriet in Panik.

Die Angehörigen Berias, Nina und Sergo, spürten, wie sich die Schlinge zusammenzog. Stalin erwählte Beria zwar, die renommierte Ansprache zum 6. November zu halten, diktierte jedoch drei Tage später einen Befehl zum Komplex der Mingrelier-Verschwörung, der Beria direkt ins Visier nahm, indem er die Verbindungen seiner Frau Nina zur Gruppe der menschewikischen Emigranten in Paris hervorhob.

Wasili Stalin plauderte naiverweise bei Sergo Beria aus, dass die Beziehungen zwischen ihren Vätern »angespannt« seien, was an den antigeorgisch eingestellten Russen im Politbüro liege. Swetlana, die Nina sehr nahe stand, warnte sie, dass sich etwas zusammenbraue. Auch in Berias Ehe kriselte es, nachdem er von Lilja Droschdowa eine Tochter bekommen und sie diese nach seiner Mutter Martha genannt hatten. Die jetzt siebzehnjährige Lilja hielt schon seit Jahren als Berias Mätresse durch. Von den Leibwächtern erfuhr Martha Peschkowa, dass Lilja, wenn sie in die Datscha kam, ihr Baby in die Wiegen der Kinder Sergos legte. Kaum überraschend war Nina über die Geburt des Kindes entsetzt. In ihrem Unglück beschloss sie, sich zu trennen, und baute sich in Suchumi ein Landhaus.

Am 22. Dezember 1951 kehrte Stalin wie ein lahmer, rastloser, hungriger Tiger nach Moskau zurück in der festen Absicht, eine neue Terrorwelle mit eindeutig antisemitischer Ausrichtung in Gang zu setzen. In den Folterkammern Ignatiews und Riumins trafen immer neue jüdische und mingrelische Opfer ein, die Molotow und Beria belasten sollten. Stalin wusste zwar nicht, wie er Beria »loswerden« konnte, aber der »Meister der Dosierung« hatte stets infame Geduld bewiesen. Allerdings war er jetzt alt. Stalin hasste Beria, doch »in grämlicher Stimmung kam er zu uns und suchte die menschliche Nähe«. Beria räumte Nina gegenüber ein, dass er kaum mehr schlafen konnte.

»Du kannst dir nicht vorstellen, wie müde ich bin. Ich muss aufpassen wie ein Schießhund.«

Beria schätzte Stalin richtig ein und bot ihm geschickterweise an, die Säuberung Georgiens selbst vorzunehmen. Im März 1952 entließ er dann Tscharkwiani*, ersetzte ihn durch Mgeladse und erklärte öffentlich:

---

* Stalin hielt seine schützende Hand über Tscharkwiani, weil er als Kind das Abc bei einem gleichnamigen Pater gelernt hatte, und versetzte ihn als ZK-Inspekteur

»Auch ich bin schuldig.«

Stalin und Beria verabscheuten einander zwar, konnten indes die unsichtbaren Bande einstiger Verbrechen, wechselseitigen Neides und ähnlicher Gerissenheit nicht abschütteln. So erörterte Stalin nach wie vor außenpolitische Themen mit Beria, ließ ihn sogar den Vorschlag eines als neutraler Staat wiedervereinigten Deutschland zu Papier bringen. Umgekehrt schaffte es Beria noch immer, den Generalissimus mit seiner, wie Chruschtschew meinte, »Jesuitenschläue« zu beeinflussen, aber er ging auch zu weit und verärgerte Stalin. »Du spielst mit dem Feuer«, warnte ihn Nina.

»Ich konnte nicht widerstehen«, erwiderte Beria.

Die Kluft zwischen den Träumen und dem Alltag Berias machte ihn »zutiefst unglücklich«, so sein Sohn. Da ihm der ideologische Fanatismus abging, der die anderen an Stalin band, stellte er jetzt das gesamte Sowjetsystem in Frage: »Ohne Privateigentum kommt die UdSSR nie auf einen grünen Zweig«, sagte er zu Tscharkwiani. Er verachtete Stalin, sah in ihm sogar »keinen Menschen mehr. Ich glaube, nur ein Wort kann ausdrücken, was mein Vater damals empfand: Hass«, schrieb Sergo Beria. Und Beria wurde in der Verurteilung Stalins immer wagemutiger. »Schon seit langer Zeit«, höhnte er sarkastisch, »ist der Sowjetstaat Josef Wissarionowitsch zu klein!« Von jeher der Frechste und Respektloseste, prangerte er Stalin nun regelrecht an, doch die anderen Magnaten hüteten sich, mit einzustimmen: »Ich hielt es für einen Versuch, uns zu provozieren«, sagte Mikojan.

Allmählich jedoch erzeugten ihre gemeinsamen Ängste und Stalins Unberechenbarkeit »eine Art Solidarität«, eine Seilschaft zwischen ehrgeizigen Mördern, die selbst überleben und ihre Familien schützen wollten. In diesen schwierigen Zeiten konnte sogar Beria zum onkelhaften Tröster für Chruschtschew und Mikojan werden. Die anderen weideten sich an Berias Niedergang – und teilten im Übrigen seine Sorgen. Malenkow warnte, Chruschtschew hänselte ihn. Molotow und Kaganowitsch hingegen standen derart unter dem Eindruck Berias, dass sie ihn gegen

---

nach Moskau. Beria dagegen hatte nicht mehr die Macht, sich selbst oder seine Günstlinge zu retten. Als der mit den Berias befreundete mingrelische Geheimpolizist Rapawa festgenommen wurde, fuhr seine mutige Frau heimlich nach Moskau, um sich an Nina Beria zu wenden. Als die verzweifelte Frau dort anrief, hatte Nina jedoch solche Angst, dass sie nicht ans Telefon ging. Statt ihrer meldete sich die deutsche Haushälterin Ella und erklärte: »Nina *darf nicht* an den Apparat kommen.« Daran erkannten die Mingrelier, dass Beria selbst in Schwierigkeiten steckte.

Stalins Kritik verteidigten. Doch jeder schien bereit, jeden zu vernichten, und bald versuchten Ignatiew und seine MGB-Folterer gar, die beiden fixen Ideen Stalins miteinander zu verschmelzen: Beria, tuschelten sie, sei insgeheim jüdisch.[3]

In jenem Frühjahr ließ sich Stalin von seinem altgedienten Leibarzt Winogradow untersuchen, den sein Verfall erschütterte. Er litt unter Bluthochdruck und Arteriosklerose mit zeitweiligen Durchblutungsstörungen im Gehirn, die kleinere Schlaganfälle und Zysten im Zellgewebe des Frontallappens nach sich zogen sowie Stalins Zorn, Amnesie und Paranoia noch verschärften. »Absolute Ruhe, keinerlei Arbeit«, schrieb Winogradow auf die Krankenakte, aber schon das Ansinnen der Schonung machte Stalin so wütend, dass er seine Unterlagen vernichten ließ und beschloss, keine Ärzte mehr zu konsultieren. Fortan galt Winogradow als Feind.

Am 15. Februar ordnete Stalin die Festnahme weiterer Ärzte an, die gestanden, bei der Tötung Schtscherbakows mitgewirkt zu haben, und neue Spuren führten zu Dr. Lydia Timaschuk, der Kardiologin, die sich wegen der Fehlbehandlung Schdanows an Stalin gewandt hatte. Alsbald ließ dieser Ignatiew kommen und drohte ihm, falls er die Vernehmung der bereits inhaftierten jüdischen Ärzte nicht beschleunige, werde er sich bei Abakumow im Gefängnis wiederfinden. Der ganze MGB bestehe nur aus »Trotteln«.

»Ich bin kein Bittsteller des MGB!«, herrschte er Ignatiew an. »Ich kann Sie abschießen, wenn Sie meine Befehle nicht befolgen. Wir werden Ihre Saubande auflösen!« Inzwischen sprach er mehr mit seinen Leibwächtern und mit Waletschka als mit den Genossen. Dabei ging ihm der Tod des mongolischen Diktators Marschall Tschoibalsang – der in jenem Frühjahr in Moskau gestorben war – so nahe, dass er seinem Fahrer anvertraute: »Jetzt sterben sie wie die Fliegen: Schtscherbakow, Schdanow, Dmitrow*, Tschoibalsang! Wir brauchen neue Ärzte.« Als einer der Leibwächter, die ziemlich offen mit Stalin reden konnten, antwortete Oberst Tokow, dass die alten aber viel erfahrener seien. »Nein, wir müssen sie durch neue ersetzen. ... Das MWD besteht darauf, sie als Saboteure festzunehmen.« Doch Waletschka hörte ihn sagen, dass er in diesem Fall nicht ganz sicher sei. Allerdings war Stalin nicht für Kehrtwenden. Er wollte eine möglichst zügige Abwicklung der Affäre um die jüdische Krim. Damit sahen sich Losowski und eine Gruppe angesehe-

---

* Der bulgarische Staatschef Georgi Dmitrow hatte 1949 das Zeitliche gesegnet.

ner jüdischer Intellektueller erneut der Willkür Riumins und Komarows ausgeliefert.

Unterdessen war Wasili Stalins Entzug gescheitert. Bei der Parade zum 1. Mai herrschte schlechte Sicht, und Flugzeuge hätten nicht aufsteigen dürfen, doch ein betrunkener Wasili ordnete gleichwohl die Durchführung des Formationsflugs an, wobei zwei Bomber des Typs Tupolew-4 abstürzten. Stalin beobachtete das Spektakel düster vom Mausoleum aus und entließ Wasili anschließend sofort als Kommandeur der Moskauer Luftabwehr, um ihn wieder auf die Militärakademie zurückzuschicken.[4]

Acht Tage später, am 8. Mai, begann mittags im Dserschinski-Offiziersklub der Lubianka der so genannte »Dichterprozess«, in dem sich unter anderen Solomon Losowski, der ehemalige zweite Außenminister, und der jüdische Poet Perez Markisch verantworten mussten – Stalin hatte vorab bereits die Erschießung praktisch aller Angeklagten festgelegt.

Losowskis Stolz auf seine bolschewistische und, überraschender noch, jüdische Herkunft war trotz schwerer Folter ungebrochen geblieben. Sein Plädoyer überstrahlt dieses tiefe Dunkel als der eindrucksvollste, bewegendste Ausdruck von Würde und Mut aller Schauprozesse Stalins. Er zerfetzte auch Riumins schwachsinnigen Vorwurf einer jüdischen Krim-Verschwörung in der Luft.

»Selbst wenn ich dergleichen im Schilde geführt hätte, wäre es mir da in den Sinn gekommen, mich ausgerechnet an einen Dichter und einen Schauspieler zu wenden? … Schließlich gibt es hier eine US-Botschaft mit vielen Geheimdienstbeamten. Auf so eine Idee käme nicht einmal der Portier des Finanzkommissariats, geschweige denn der zweite Außenminister!«

Losowski trug seine Sache derart überzeugend vor, dass der Richter, Oberstleutnant Alexander Tschepzow, das Verfahren unterbrach, ein unglaublicher Vorfall, der davon zeugt, in welchem Maße Stalin seine neue Terrorwelle gegen eine widerspenstige und nicht mehr blind gehorsame Bürokratie durchsetzen musste. Tschepzow beklagte sich im Beisein eines irritierten Ignatiew – und eines gedemütigten Riumin – bei Malenkow über die Fadenscheinigkeit der Vorwürfe. Doch dieser ordnete die Fortsetzung des Verfahrens an. Zwar verurteilte Tschepzow am 18. Juli dreizehn der Angeklagten (darunter zwei Frauen) zum Tod, verschonte nur die Wissenschaftlerin Lina Schtern – vielleicht wegen ihrer Studien über die Langlebigkeit –, ließ aber trotz der schrillen Proteste

Riumins das Urteil nicht vollstrecken, sondern appellierte an Malenkow.

»Wollen Sie etwa, dass wir vor diesen Verbrechern zu Kreuze kriechen?«, entgegnete der ihm. »Das Politbüro hat den Fall dreimal untersucht. Führen Sie den Beschluss des Politbüros aus.« Malenkow räumte später ein, dass er Stalin nicht alles gesagt hatte. »Ich wagte es nicht!«

Die förmlichen Einsprüche wies Stalin zurück. Losowski* und die jüdischen Dichter traten am 12. August 1952 vor ein Erschießungskommando.[5]

In jenem August versagte sich Stalin einen Urlaub und berief, unglücklich über die Dominanz Malenkows und Chruschtschews, für Oktober einen Parteikongress ein – den ersten seit 1939! –, um neue, jüngere Funktionäre zu ernennen und seine alten Genossen zu vernichten.

Bis September hatte Ignatiew, unterstützt von Riumin, aus seinen Opfern genügend »Geständnisse« herausgeprügelt, um den Kreml-Ärzten nachweisen zu können, dass sie unter Anleitung von Stalins Leibarzt in der Tat Schdanow, Schtscherbakow, Dmitrow und Tschoibalsang getötet hatten. Nun folgte eine weitere Serie von Festnahmen, zunächst noch ohne Winogradow. Am 18. erhielt Riumin den Befehl Stalins, die Ärzte zu quälen. Mit seinem makabren Gespür für primitive Theatralik gestaltete er in Lefortowo eine spezielle Folterkammer, die eingerichtet war wie ein Sektions- und Operationssaal, um die Mediziner in Panik zu versetzen.

»Du benimmst dich wie eine Hure! Du bist ein gemeiner Spitzel, ein Terrorist!«, schrie Riumin einen der Ärzte an. »Wir werden dich mit Brandeisen foltern. Wir haben alle nötigen Instrumente.« Auch Stalins Angehörige sahen sich in ein bizarres medizinisches Melodram verstrickt, das seine unbändige Phantasie und Riumins teuflischer Gehorsam ausheckten: Die Ärzte hätten bewusst Wasilis Behandlung wegen

---

* Einer der Überlebenden des Stalin-Regimes, der jüdische Exaußenkommissar Maxim Litwinow, schaffte das Kunststück, am 31. Dezember 1951 friedlich in seinem Bett zu sterben, obwohl er zu den beständigen Zielen der antisemitischen Hetzjagd des MGB gehörte. Molotow räumte offen ein, dass Litwinow wegen seiner schamlosen Indiskretionen der letzten Kriegsjahre hätte erschossen werden sollen: »Nur zufällig blieb er am Leben«, sagte er eisig. Es gab Pläne, einen Autounfall à la Michoels zu inszenieren, doch am Ende starb Litwinow in den Armen seiner untreuen britischen Frau. »Englishwoman go home!«, sollen seine letzten Worte gewesen sein. »Sie haben ihn nicht bekommen«, sagte Ivy Litwinow, die tatsächlich nach London zurückkehrte. Ihre gemeinsame Tochter lebt heute in Brighton.

einer »Nervenerkrankung« untergraben und bei Swetlana nach der Geburt ihrer Tochter Katja Schdanow im Frühjahr 1950 eine Toxikose ausbrechen lassen. Für eine surrealistische Note sorgte, wenn das nicht schon genügte, der Fall des seit 1947 kranken Andrejew: Gegen seine Schlaflosigkeit hatten die Ärzte ihm Kokain verordnet, sodass es nicht weiter verwunderlich war, wenn er hellwach blieb. Allerdings wurde Andrejew* in der Folge süchtig – einer der eher untypischen Kokainisten der Geschichte.[6]

So absurd die Einzelheiten anmuten mögen, das Ärztekomplott ermöglichte einen Rundumschlag, er war eines der fantastischen Meisterstücke Stalins. Auf eigene Faust arbeitend, die Granden nur informierend, wenn er Resultate hatte, und alle Parallelstränge über den »Knirps« fest im Griff behaltend, verwob er sämtliche Intrigen, um so eine neue Flut des Terrors zu entfesseln. Wie man schon 1937 kein Trotzkist sein musste, um als ein solcher erschossen zu werden, bezichtigte das Regime die Opfer jetzt des »Zionismus«, auch wenn sie keine Juden waren: So erging es Abakumow, der nicht einmal zu den Philosemiten gehörte. Dem eingefleischten Russen Molotow hatte Stalin in den zwanziger Jahren nicht umsonst den Spitznamen »Molotstein« verpasst.

Glaubte Stalin wirklich an das alles? Ja, sogar leidenschaftlich, weil es politisch notwendig war, und das zählte mehr als bloße Wahrheit. »Nur wir selbst werden darüber entscheiden können, was wahr und was falsch ist«, sagte er zu Ignatiew.

Dieses Labyrinth geheimer Ermittlungen regte auch Stalins literarische und wissenschaftliche Interessen an. Trotz seiner gesundheitlichen Probleme »büffelte er weiter wie ein guter Schüler«, wie Beria es ausdrückte, um sich neue Gebiete anzueignen und ideologische Probleme zu lösen. »Mit meinen Siebzig lerne ich immer weiter«, brüstete er sich Swetlana gegenüber, und er saß in seinem Büro dem Auswahlkomitee für den Stalin-Preis vor. Wie üblich auf Eile drängend, entschied er sich in jenem Jahr für einen Dichter namens Stepan Slobin. Dann jedoch zog Malenkow eine Akte hervor und sagte:

---

* Andrejew hatte sich im Januar 1949 an Malenkow gewandt mit der Bitte, »die Behandlung zu überprüfen. Ich fühle mich unwohl, obwohl ich die Anordnungen der Ärzte befolge. Mir ist dauernd schwindlig, sodass ich fast stürze. Ich bin verzweifelt, weil ich spüre, dass die Diagnose und Behandlung falsch sind.« Vermutlich hatte er Recht, da Kokain eindeutig nicht indiziert war. Er meldete sich ab: »Es tut mir teuflisch Leid, dass ich nicht mehr arbeiten kann.«

»Genosse Stalin, Slobin hat in einem deutschen Konzentrationslager gesessen…« Stalin ging dreimal in eisigem Schweigen um den Tisch und fragte dann:

»Verzeihlich?«, um anschließend weiter stumm seine Runden zu drehen. »Oder unverzeihlich? Verzeih'n oder nicht verzeih'n?« Schließlich befand er: »Verzeihen!« Slobin erhielt den Preis. Danach griff Stalin den Antisemitismus an: Er hatte jüngst angemahnt, dass jüdische Autoren ihren Geburtsnamen in Klammern hinter dem russischen Pseudonym veröffentlichen müssten. Jetzt fragte er das verdutzte Komitee: »Wofür soll das gut sein? Findet jemand Gefallen daran hervorzuheben, dass der Betreffende Jude ist? Warum? Um den Antisemitismus zu fördern?« Wie üblich spielte der alte Fuchs mehrere Rollen nebeneinander.

Kurz vor Eröffnung des Parteitags verteilte Stalin stolz das schwülstige Meisterwerk *Ökonomische Probleme des Sozialismus in der UdSSR*, worin er die »Objektivität« der Wirtschaftsgesetze hervorhob und die orthodoxe These bekräftigte, dass Imperialismus zur Kriegstreiberei führe, allerdings auch verschiedene Stadien des Marxismus ausließ und erklärte, der Kommunismus sei schon zu seinen Lebzeiten erreichbar. Der Glaube an Ideologien spielte für Stalin immer eine entscheidende Rolle, doch Alteingeschworene wie Molotow und Mikojan konnten sich mit diesem »Linksabweichlertum« nicht anfreunden. Als sie zum Essen nach Kunzewo kamen, provozierte Stalin sie:

»Irgendwelche Fragen? Irgendwelche Anmerkungen?« Beria und Malenkow, die beide keine großen Ideologen waren, lobten den Vorstoß. Doch Molotow fand sich, obwohl es um Leben und Tod ging, nicht bereit, einem ideologischen Irrweg zuzustimmen. Er murmelte nur etwas vor sich hin, und Mikojan sagte gar nichts. Stalin nahm ihre Zurückhaltung zur Kenntnis und sagte später boshaft lächelnd zu Mikojan:

»Ah, sie hinken hinterher! Und gerade jetzt, wo die Zeit gekommen ist!« Bei einem erneuten Treffen, in dem es um das Präsidium des Parteitags ging, erklärte Stalin:

»Mikojan und Andrejew müssen wir nicht aufnehmen. Die sind ruhende Politbüromitglieder.« Bei Mikojans immensem Fleiß löste das allgemeine Heiterkeit aus.

»Ich scherze nicht«, keifte Stalin, »sondern meine es ernst.« Das Lachen erstarb auf der Stelle, doch Mikojan gehörte wieder dazu. Er und Molotow genossen als verdiente Urgesteine des Politbüros nicht nur bei ihren Kollegen, sondern auch in der Öffentlichkeit hohes Ansehen. In einem neuen Anlauf schlug Stalin vor, das Politbüro zu einem fünfundzwanzigköpfigen Präsidium zu erweitern. Mikojan erkannte, dass es ihm dadurch leichter fallen würde, die alte Garde auszurangieren. »Ich dachte« – ›jetzt passiert etwas!‹« Plötzlich bekam er Angst. »Mich haute es glatt um.« Sie mussten einsehen, dass Stalin etwas im Schilde führte, als er schrie:

»Ihr seid alt geworden. Ich werde euch alle ersetzen!«[7]

Am 5. Oktober 1952 um 19 Uhr (passend zu Stalins Tagesplanung) begann der XIX. Parteitag. Die Magnaten saßen zusammengedrängt auf der linken, Stalin allein auf der rechten Seite des Podiums. Er selbst nahm nur an der Eröffnungs- und Schlusszeremonie teil, wobei Malenkow und Chruschtschew die großen Berichte vortrugen, also schon die Schlüsselpositionen für die Nachfolge einnahmen.* Stalin sprach nur am Ende einige Minuten lang ziemlich wirres Zeug – brüstete sich dann aber, von der Anstrengung völlig erschöpft, vor Chruschtschew:

»Na, seht ihr! Ich schaffe es immer noch!« Chruschtschew selbst war während des Kongresses erkrankt. Als ein Arzt ihn im Granowski besuchte, ging ihm dessen rücksichtsvolle Art nahe. »In diesem Augenblick war mir hundeelend zumute, aber nicht, weil ich krank war. Mich quälte der Gedanke, dass ich bereits die belastenden Zeugenaussagen gegen den alten Doktor gelesen hatte, dessen Sorge um meine Gesundheit ich so rührend fand. Ich wusste, dass Stalin ihn nicht schonen würde, was immer ich auch sagte.«

Doch das eigentliche Drama fand am 16. Oktober im Plenum statt, als das neue Präsidium und Sekretariat gewählt wurde. Niemand war auf Stalins Hinterhalt vorbereitet.

---

* Molotow eröffnete den Kongress, Kaganowitsch sprach über die Parteisatzung, und Woroschilow hielt die Schlussrede. Sie waren Repräsentanten des Status quo, den Stalin, wie nur wenige ahnten, von Grund auf abschaffen wollte. Allerdings gab es Hinweise. So benannte Stalin die Bolschewistische in Kommunistische Partei um. Im neuen Präsidium verlor Beria seinen alten dritten Platz hinter Molotow, und Malenkow rutschte auf den fünften hinter Woroschilow. Berias Anhänger Merkolow und Dekanosow waren im neuen ZK nicht mehr vertreten.

57

JUNGE KATZEN UND NILPFERDE:
DIE VERNICHTUNG DER ALTEN GARDE

Stalin ging langsam zum Rednerpult zwei Meter vor den Bänken, auf
denen die Magnaten saßen, und das Plenum beobachtete in starrer Fas-
zination, wie der alte Mann »grimmig« zu sprechen begann, dabei »aufmerksam und eindringlich sein kleines Publikum musternd, so als wolle
er seine Gedanken lesen«.

»Wir haben also den Parteitag abgehalten«, sagte er. »Es war nett, und
den meisten mag es so erschienen sein, als herrschte unter uns Einheit.
Das ist jedoch nicht der Fall. Manche äußern Missfallen über unsere Entscheidungen. Warum haben wir Minister von wichtigen Positionen abberufen? ... Molotow, Kaganowitsch, Woroschilow? ... Die Arbeit eines
Ministers erfordert viel Kraft, großes Wissen und gute Gesundheit.« Deshalb wolle er jetzt »junge Männer voller Tatendrang und Energie« aufbauen. Dann jedoch kam das Donnerwetter: »Wenn wir hier schon über
Einheit reden, kann ich nicht umhin, dass unrühmliche Verhalten einiger altgedienter Politiker zu tadeln. Ich meine die Genossen Molotow
und Mikojan.«

Direkt hinter Stalin sitzend, wurden die beiden »in der schrecklichen
Stille leichenblass«. Und die Magnaten, »steinern, entsetzt und finster«,
fragten sich, »wie weit Stalin gehen, ob er nach Molotow und Mikojan
auch die anderen angreifen würde«.

Als Ersten nahm er sich Molotow vor:

»Molotow steht loyal zu unserer Sache. Wenn es darauf ankäme,
würde er zweifellos ohne zu zögern sein Leben für die Partei opfern.
Aber wir dürfen dennoch unwürdiges Verhalten nicht übersehen.« Jetzt
kam Stalin auf Molotows Fehler bei der Zensur zurück: »Genosse Molotow, unser Außenminister, erlaubte dem britischen Botschafter bei einem diplomatischen Empfang, voll des süßen *Chartreuse*, in unserem

Land bourgeoise Zeitungen zu veröffentlichen. ... Das war der erste politische Irrtum. Und was soll der Vorschlag des Genossen Molotow wert sein, die Krim den Juden zu übergeben? Das war ein Riesenfehler ... schon der zweite politische Irrtum des Genossen Molotow.« Der dritte war Polina: »Genosse Molotow achtet seine Frau so hoch, dass jede politische Entscheidung, die wir treffen ... sofort der Genossin Schemtschuschina zu Ohren kommt, womit ein Geheimgang vom Politbüro zu Molotows Frau verläuft – und zu deren unzuverlässigen Freunden. Eine solche Verhaltensweise ist bei einem Mitglied des Politbüros unannehmbar.« Dann kritisierte er Mikojans Opposition dagegen, den Bauern höhere Steuern aufzuerlegen. »Für wen hält er sich eigentlich, unser Anastas Mikojan? Worauf stützt er seine Bedenken?«

Anschließend zog er einen Zettel aus der Rocktasche und verlas die sechsunddreißig* Namen der nächsten Präsidiumsmitglieder, darunter viele Unbekannte. Chruschtschew und Malenkow schauten einander an: Wer hatte Stalin diese Leute empfohlen? Als er das Kernbüro vorstellte, waren alle überrascht, dass Molotow und Mikojan nicht mehr dazugehörten.** Danach nahm er wieder seinen Platz auf dem Podium ein und erklärte ihren Sturz: »Die überwältigende Macht, die sie in Amerika sahen, hat sie zu sehr ins Bockshorn gejagt.« Auf schräge Weise brachte er Molotow und Mikojan mit Rechten in Verbindung: mit den lange zuvor erschossenen Rykow und Friumkin sowie mit dem erst im August exekutierten Losowski.

Molotow erhob sich und legte ein Bekenntnis ab: »Ich bin und bleibe ein treuer Schüler Stalins«, aber der Generalissimus legte die Hand ans Ohr und bellte: »Unsinn! Ich habe keine Schüler! Wir sind alle Schüler Lenins. Lenins!«

Mikojan hielt trotzig dagegen. »Sie müssen sich richtig erinnern, Genosse Stalin. ... Ich konnte beweisen, dass ich mir nichts zuschulden kommen lassen habe.« Malenkow und Beria setzten ihm zu und zischten »Lügner«, aber er fuhr fort. »Und was die Brotpreise angeht, so weise ich die Vorwürfe rundheraus zurück« – doch nun fuhr Stalin dazwischen.

---

* 25 Vollmitglieder plus 11 Kandidaten.
** Stalin gedachte jedoch seines treuesten Anhängers Mechlis, der 1949 einen Schlaganfall erlitten hatte, jetzt in seiner Datscha im Sterben lag und nur noch einen Wunsch hatte: den Parteitag zu besuchen. Der Diktator hatte das zunächst abgelehnt und gemurrt, man sei keine Krankenstation, sich aber bei der Bekanntgabe des neuen ZK an ihn erinnert. Mechlis war entzückt – er starb glücklich, und Stalin richtete ihm ein prachtvolles Begräbnis aus.

»Sehen Sie, so geht Mikojan dahin! Er ist unser neuer Friumkin!«
Dann rief jemand laut:
»Wir müssen den Genossen Stalin zum Generalsekretär wählen!«
»Nein«, gab Stalin zurück. »Erlassen Sie mir die Posten als Generalsekretär und Vorsitzender des Ministerrats [Premier].« Malenkow sprang
auf und lief mit bebendem Kinn vor, in seiner Verzweiflung eine ziemlich komische Figur abgebend. Doch wie Simonow betonte, erwuchs
seine »Schreckensmiene« nicht aus Furcht, sondern daraus, dass er »besser als jeder andere im Saal wusste, in welcher tödlichen Gefahr sie alle
schwebten: Man durfte schlechterdings nicht auf Stalins Bitte eingehen«. Malenkow wankte am Rand der Bühne umher, hob die Hände wie
zum Gebet und beschwor sie:
»Genossen! Wir müssen alle einmütig fordern, dass Genosse Stalin, unser Führer und Lehrer, Generalsekretär bleibt!« Er hob mahnend den Zeigefinger. Der ganze Saal verstand und rief im Chor, dass Stalin nicht abtreten dürfe. Malenkows Kiefer entspannte sich wieder, so als sei er »mit
knapper Not dem Tod entronnen«. Doch er war noch nicht in Sicherheit.
»Man braucht den Applaus des Plenums nicht«, erwiderte Stalin. »Ich
bitte Sie, mich aus dem Amt zu entlassen. ... Ich bin schon alt, kann
keine Akten mehr lesen. Wählt euch einen anderen Sekretär.« Nun ergriff Marschall Timoschenko das Wort:
»Genosse Stalin, unser Volk wird das nicht verstehen. Wir alle möchten Sie wie ein Mann zu unserem Anführer wählen – Generalsekretär!«
Der Jubel hielt minutenlang an. Stalin wartete, winkte bescheiden und
setzte sich dann hin.

Stalins Entscheidung, seine ältesten Genossen zu vernichten, war keineswegs ein Zeichen von Wahnsinn, sondern die gezielte Ausschaltung
der wahrscheinlichsten Nachfolger. Wie er noch sehr genau wusste,
hatte schon der kränkelnde Lenin den wahrscheinlichen Erben (Stalin
selbst) attackiert und ein erweitertes Zentralkomitee vorgeschlagen, in
dem keiner der alten Elite vertreten sein sollte. Jetzt erkannten die Magnaten, dass »sie alle in einem Boot saßen«, da (so Beria zu seinem Sohn)
»keiner von ihnen Stalins Nachfolge antreten würde – er beabsichtigte,
einen Erben aus der jüngeren Generation zu ernennen«. Damit lag wohl
auf der Hand: Nur ein »Kollektiv« konnte Stalin ablösen.*

* Als einer der Erben wäre vermutlich der damals einundfünfzigjährige Michail
Suslow in Frage gekommen, ein Parteisekretär, der das richtige Renommee (Nachfolger Schdanows als Chef für ZK-Ideologie und Internationale Beziehungen) mit brutalem Engagement verband: Er hatte 1938 Rostow gesäubert, im Krieg die Deportation

Stalin zeigte sich zwar zufrieden mit Molotows ritueller Unterwerfung, forderte jetzt aber die Geheimprotokolle des Ribbentrop-Paktes von ihm heraus, offenbar mit der Absicht, sie gegen ihn zu verwenden. Im Fall Mikojans dagegen war er schockiert über dessen Trotz. So knurrte er in Kunzewo Malenkow und Beria gegenüber:

»Mikojan hat widersprochen!« In den Tagen nach dem Plenum übten Molotow und Mikojan weiter ihre normalen Regierungsfunktionen aus, doch Stalin trieb jetzt sein Ärztekomplott auf den Gipfel und brannte vor Zorn gegen Professor Winogradow, der ihm zum Ruhestand geraten hatte. Allerdings gehörte es zum Spielplan des alten Konspirateurs, seinen Ärger erst einmal zu bändigen und abzuwarten, bis er nach elf Monaten genügend Beweise beisammen hatte, um den eigenen Leibarzt zu vernichten. Und jetzt brach alles aus ihm heraus. Als er Ignatiew befahl, Winogradow festzunehmen, schrie Stalin:

»Fußschellen! Legen Sie ihn in Eisen!«[1]

Am 4. November wurde Winogradow festgenommen, was alle Politbüro-Familien mitbetraf, da er, wie Sergo Beria schrieb, »unser Hausarzt war«.

Drei Tage später brachte Swetlana, die gerade eine weitere gefährliche Liebschaft unterhielt – diesmal mit Johnreed Swanidse, dem Sohn der hingerichteten »Spitzel« Aljoscha und Maria –, ihre beiden Kinder zum Spielen zu deren Großvater hinüber. An diesem Revolutionstag jährte sich Nadjas Selbstmord zum zwanzigsten Mal. Auf dem Höhepunkt des antijüdischen Terrors machte Stalin keinen Hehl aus seiner »Vernarrtheit« in seinen halbjüdischen Enkel, den jetzt siebenjährigen Josef Morosow, mit den »großen strahlenden Augen und langen Locken«.

der Karatschai beaufsichtigt, anschließend die Balten unterdrückt und die antisemitische Kampagne überwacht. 1948 war er häufig mit Stalin zusammengekommen. Er galt als Asket. Beria hasste die »Parteiratte«, bebrillt, lang und dürr »wie ein Bandwurm«, mit der Fistelstimme eines »quietschenden Kastraten«. Roy Medwedew hat in seinem neuen Buch *Neiswestnji Stalin* die begründete Vermutung ausgesprochen, dass Suslow »der heimliche Erbe Stalins« war, aber Beweise gibt es dafür nicht. Suslow half 1964, den entstalinisierenden Chruschtschew zu stürzen, und blieb bis zu seinem Tod 1982 die graue Eminenz des restalinisierenden Breschnew-Regimes. Im Plenum gehörte Breschnew selbst zu den Neuen, die den Sprung ins Präsidium schafften. Was den Titel anging, so bekam Stalin seinen Willen: In der Folge trat er nicht mehr als »Generalsekretär«, sondern als erster »Sekretär« auf, was einige Historiker folgern ließ, Stalin habe im Plenum an Macht verloren. Bis vor kurzem lag nur der Bericht Simonows über jenes außerordentliche Treffen vor, aber jetzt haben wir außerdem die Memoiren Mikojans, Schepilows und Efremows.

»Was für nachdenkliche Augen«, sagte Stalin und schenkte den Kindern Fingerhütchen voll Wein ein. »Er ist ein kluger Junge.« Swetlana rührte dieses Lob. Kurz zuvor hatte der Vater Jakows damals fünfzehnjährige Tochter Gulia Dschugaschwili zu Besuch gehabt und ihr Herz dadurch gewonnen, dass er sie den Tee servieren ließ.

»Lass *Chosjaika* das machen!«, sagte er, ihr Haar zerzausend und sie küssend. Gulia erkannte seine fiebrige Erregung über das große Projekt eines neuen Kampfes genauer als jeder andere. »Sein Gesicht wirkte sehr müde, aber er konnte kaum still sitzen.«

Stalin war verärgert darüber, dass Riumin so lange brauchte, die Geständnisse aus den Ärzten herauszuprügeln, und beschimpfte den MGB als eine Rotte von »Nilpferden«. Ignatiew schrie er an: »Haut drauf! Was ist los? Wollen Sie feinfühliger sein als Lenin, der Dserschinski [dem Gründer der Tscheka] auftrug, Sawinkow aus dem Fenster zu werfen? ... Dserschinski konnte Ihnen zwar nicht das Wasser reichen, aber er scheute sich nicht vor der Drecksarbeit, während Sie die Leute mit Glacéhandschuhen anfassen. Wenn Sie Tschekisten sein wollen, dann legen Sie Ihre Handschuhe ab.« Malenkow versprach Stalin, »Todesstreiche« auszuteilen.

Am 13. November, kurz nach dem Besuch des kleinen Josef, befahl Stalin dem versteinerten Ignatiew, Riumin zu entlassen. »Feuern Sie den Knirps!« Und bezüglich der Ärzte: »Dreschen Sie Geständnisse aus denen heraus! Drauf, drauf und nochmal drauf! Legen Sie ihnen Ketten an! Nehmen Sie alle in die Mangel!« Stalin bot Winogradow an, ihn zu verschonen, sofern er »die Hintermänner Ihrer Verbrechen« preisgäbe. »Sie können Ihre Aussage an den Staatschef richten, der verspricht, Sie am Leben zu lassen. ... Alle Welt weiß, dass unser Anführer noch immer sein Wort gehalten hat.« Winogradow überzeugte das nicht.

»Meine Lage ist tragisch«, erwiderte der Arzt. »Ich habe nichts zu sagen.« Er versuchte, Tote zu benennen, denen seine Aussage nicht mehr schaden konnte. Dann hieb Stalin auf Ignatiew selbst ein, weil er nicht spurte. In der Folge erlitt dieser einen Herzanfall.*

---

* Der »Knirps« stürzte nun genauso schnell ab, wie er im Ministerium für Staatssicherheit aufgestiegen war, und wurde durch S. A. Goglidse ersetzt. Zuvor hatte sich Stalin sein Werkzeug in der Mingrelier-Affäre vorgeknöpft, den georgischen MGB-Chef Ruchadse, der mit seinem engen Verhältnis zum *Woschd* prahlte. »Das Problem der Festnahme Ruchadses ist jetzt akut«, schrieb Stalin am 25. Juni 1952 an Mgeladse und Goglidse. »Schicken Sie ihn nach Moskau, wo wir über sein weiteres Schicksal entscheiden werden!« Nach Stalins Tod wurden Riumin, Goglidse und Ruchadse allesamt erschossen.

Schließlich wandte sich Stalin seinem hartnäckigen Anhänger Wlasik zu und vernichtete den zügellosen Leibwächter ebenso wie einst 1937 den schillernden Pauker. Wlasik hatte mit den mörderischen Ärzten zusammen getrunken, wusste aber auch zu viel, insbesondere dass Stalin über Schdanows Fehlbehandlung unterrichtet und nicht dagegen eingeschritten war. Zwar hatte er selbst wahrscheinlich nur auf Anweisung Stalins die Briefe Timaschuks übergangen, nun aber sah er sich festgenommen, nach Moskau überstellt und angeklagt, gemeinsam mit Abakumow die Beweismittel beiseite geschafft zu haben. Er stand zu seinem Boss, und seine Inhaftierung war insofern ein geschickter Schachzug, als der »Verrat« Wlasiks half, Stalins eigene Rolle zu kaschieren. Alle seine Mätressen und Saufkumpane wurden inhaftiert und von Malenkow verhört. Wlasik selbst erlitt sogar Folter: »Ich bekam einen Nervenzusammenbruch und einen Herzanfall, konnte monatelang nicht schlafen.« Stalin wusste, dass Poskrebyschew, ebenfalls ein treu ergebener Anhänger, eng mit Wlasik befreundet war. Hatte vielleicht auch er bei der Unterdrückung von Beweisen gegen die Mörderärzte mitgewirkt? Jedenfalls misstraute Stalin ihm seit dem Artikel von 1949 über den Zitronenanbau: Ob jemand seinen grausigen Adlatus ermutigt hatte, aus dem Schatten hervorzutreten? Stalin erfuhr aber auch, dass Poskrebyschew an Wlasiks Orgien teilgenommen hatte. Molotow berichtete, dass er »in schmutzige Affären« verstrickt war: »Frauen können als Spitzel dienen!« Alsbald kam Poskrebyschew in Panik bei Beria an. Alle suchten bei ihm Schutz, doch er schwebte ja selbst in Gefahr.

Stalin entließ Poskrebyschew (danach rückte sein Stellvertreter Tschernucha auf), schickte ihn als Sekretär ins Präsidium und empfing ihn am 1. Dezember das letzte Mal. Nun hatte er seine treuesten Diener entlassen[2], zugleich aber genügend Material in der Hand, um eine Eskalation der Hysterie wagen zu können.

Nach seinem Gespräch mit dem gebrochenen Poskrebyschew enthüllte Stalin dem Präsidium die Verbrechen der »Mörder in Weiß«, wie er sie nannte. »Ihr seid blind wie junge Katzen«, hielt er den Mitgliedern in Kunzewo vor. »Was werdet ihr ohne mich machen? Unser Land wird zugrunde gehen, weil ihr es nicht versteht, Feinde zu erkennen.« Stalin erklärte den Novizen, dass »alle Juden Nationalisten und Agenten des US-Geheimdienstes« seien, die fest daran glaubten, dass »Amerika seine Leute rettet«. Er zog eine Linie zwischen den »Killerärzten« und den medizinischen Morden an Gorki und Kuibyschew, um gebetsmühlenartig seine Rechtfertigung für 1937 zu wiederholen. Jetzt stand erneut ein großer Terror bevor. Er wandte sich an die Geheimpolizei: »Wir müssen die GPU ›behandeln‹«, sagte er. »Die wissen, dass sie in der Scheiße stecken!«

Die Magnaten verstanden diese unheilvolle Andeutung, da in Prag bereits ein antisemitisches Verfahren lief, in dem sich der tschechische Generalsekretär Rudolf Slansky, ein Jude, wegen »staatsfeindlicher Umtriebe« verantworten musste. Drei Tage später vollstreckte man an ihm und zehn weiteren, in der Mehrheit jüdischen Kommunisten, das Urteil: Tod durch den Strang. Etwas Ähnliches schwebte Stalin offenbar für Warschau vor, denn er fragte Bierut nach seinen jüdischen Statthaltern:

»Wer steht Ihnen näher – Berman oder Minc?«

Anständigerweise erwiderte Bierut:

»Beide gleich.«

Stalin gab weitere Pläne in Auftrag, Tito umzubringen.[3]

Die tschechischen Hinrichtungen schreckten Molotow und Mikojan auf. Stalin bezeichnete sie als »amerikanische oder britische Spione«. »Bis heute«, erklärte Molotow, »ist mir schleierhaft, warum. Doch ich spürte, dass er mir sehr misstraute.«

Sie erschienen weiter zum Essen, so als wäre nichts gewesen. »Stalin fühlte sich in ihrer Nähe nicht wohl«, beobachtete Chruschtschew. Schließlich hielt er Molotow und Mikojan fern. »Ich möchte die beiden hier nicht mehr sehen.« Doch das Personal teilte ihnen heimlich mit, wann die Dinners stattfanden, bis Stalin auch das verbot. Allerdings kamen sie weiter vorbei, da Chruschtschew, Beria, Malenkow und Bulganin, die vier, ihnen rechtzeitig Bescheid gaben – ein Zeichen wachsenden Zusammenhalts: »Man versuchte, engen Kontakt zu halten, um seine Haut zu retten.« Mikojan bat Beria um Rat:

»Am besten tauchen Sie unter«, schlug er vor.

»Ich möchte Ihr Gesicht sehen, wenn Sie gefeuert werden«, erwiderte Mikojan.

»Das ist mir vor Jahren schon einmal passiert«, gab Beria zurück.

Als Molotow und Mikojan erkannten, dass es ihnen ans Leben ging, trafen sie sich im Kreml, um über Auswege zu beraten. Mikojan hatte sich immer darauf verlassen, dass Molotow seine spitzen Bemerkungen nicht weitersagte – »und er hat mich nie enttäuscht oder mein Vertrauen missbraucht«. Beide waren verletzt und wütend.

»Es ist nahezu unmöglich, ein Land als Mittsiebziger zu regieren und alle Entscheidungen am Esstisch zu treffen«, sagte Molotow bei einer

Sitzung laut, ein riskanter Fall von *lèse-majesté*, der vor dem Plenum undenkbar gewesen wäre.*

Die Magnaten sollten alle bei der Liquidierung Molotows und Mikojans mitwirken. Stalin war alt, zornig, rachsüchtig, paranoid, und er hatte es eilig. Doch blieb sein Sinn für das Mögliche, die Geduld und der Charme, als Gegengewicht zu seiner Grausamkeit und Primitivität, weiter intakt, während er den Fall der beiden in kleinen Schritten logisch und methodisch organisierte. Derweil trieben seine impulsiven Ausbrüche, hektischen Anwandlungen und unerbittlichen Launen die Magnaten ironischerweise näher zusammen. Malenkow beruhigte Beria, dieser Mikojan und – zusammen mit Chruschtschew – auch Molotow. Bei geflüsterten Absprachen in den Toiletten von Kunzewo taten die vier Stalins Verdächtigungen lachend ab und machten sich lustig über die angebliche Ärzteverschwörung.

»Wir sollten Molotow schützen«, schlug Beria den anderen dreien vor. »Die Partei braucht ihn noch.«

Am 21. Dezember wurde offiziell der dreiundsiebzigste Geburtstag Stalins gefeiert. Molotow und Mikojan hatten seit drei Jahrzehnten keinen ausgelassen. Er lud selten jemanden ein: Man kam einfach zum Abendessen. Die Ausgestoßenen berieten, was sie machen sollten. Mikojan meinte, wenn sie nicht hingingen, »würde das heißen, dass sich unsere Einstellung gegenüber Stalin verändert hat«. Sie riefen die vier an, die ihnen sagten, dass sie kommen müssten.

Also trafen sie am 21. gegen 22 Uhr in Kunzewo ein, wo Stalin die Wände mit merkwürdigen Magazinfotos und bekannten historischen Szenen behängt hatte, auf denen man zum Beispiel Kinder beim Füttern von Lämmchen oder Repins *Antwort der Kosaken von Saporoschian* sah, sein Lieblingsbild. Auch Swetlana war da. Stalin war ruhig und freundlich, stolz darauf, nach fünfzig Jahren das Rauchen aufgegeben zu haben; offenbar litt er unter Atembeschwerden. Er hatte einen fahlen Teint und deutlich zugenommen, vielleicht auch Bluthochdruck, und nippte an einem leichten georgischen Wein. Als Swetlana ging, fragte er sie:

»Brauchst du Geld?«

»Nein«, gab sie zurück.

»Du zierst dich nur. Wie viel brauchst du?« Dann gab er ihr dreitau-

---

* Der entlassene und gedemütigte Woroschilow scheint Stalin auch, bei allem Respekt, gegrollt zu haben. Seine Frau tuschelte gerne, dass Stalin eifersüchtig auf Klims Beliebtheit sei – eine weitere ehedem völlig undenkbare Häresie.

send Rubel mit für Jakows Tochter Gulia, nützliches Haushaltsgeld, aber Stalin meinte, es seien Millionen. »Kauf dir ein Auto, aber zeig mir erst deinen Führerschein!« Im Inneren war Stalin »wütend und entrüstet« darüber, dass die vier Molotow und Mikojan eingeladen hatten.

»Sie meinen wohl, ich wüsste nicht, dass Sie die beiden informiert haben? Lassen Sie das! Ich werde es nicht länger dulden«, warnte er Chruschtschew und Beria. Am Ende forderte er sie auf, den Abgewiesenen Folgendes auszurichten: »Es hat keinen Sinn: Er ist nicht mehr Ihr Genosse und wünscht Ihre Besuche nicht.« Das alarmierte Mikojan wirklich:

»Jetzt zeichnete sich ab ... dass Stalin mit uns Schluss machen wollte, und das bedeutete nicht nur politische, sondern auch physische Vernichtung.«

Die vier »Standhaften« beschlossen, Berias Sohn zufolge, »sich nicht von Stalin gegeneinander ausspielen zu lassen«. Manchmal fragte er: »Ihr bildet doch keinen Block gegen mich?« Zwar taten sie das in gewissem Sinne, doch konnte keiner von ihnen, auch nicht Beria, dabei seinen Willen durchsetzen. Mikojan erwog sogar, wahrscheinlich zusammen mit Molotow, Stalin zu ermorden, aber wie er später zu Enver Hoxha sagte: »Wir haben den Plan fallen gelassen, weil wir fürchteten, das Volk und die Partei würden das nicht verstehen.«[4]

Am 13. Januar 1953 trat Stalin nach zwei-, vielleicht sogar fünfjähriger beharrlicher Vorarbeit eine Welle des hysterischen Antisemitismus los, indem er in der *Prawda* die Inhaftierung der Ärzte bekannt gab: »Gemeine Spione und Mörder unter der Maske von Professor Doktor«, ein Ausdruck, den er persönlich geprägt und auf den gründlich kommentierten Entwurf gekritzelt hatte.* Am 20. Januar durfte Dr. Timaschuk, die Kardiologin Schdanows, im Kreml antreten, wo Malenkow sich im Namen Stalins für ihren »großen Mut« bedankte, und am nächsten Tag verlieh man ihr den Leninorden. Gleichzeitig benutzte Stalin weiter Ehrenburg als Köder und ehrte ihn eine Woche später mit dem Stalin-Preis. Unterdessen nahmen im Januar und Februar die Razzien zu.

---

* Außerdem fügte Stalin mit Bedacht handschriftlich die folgenden Sätze hinzu: »Genosse Stalin warnt uns seit langem davor, dass unser Erfolg auch Schattenseiten hat. ... Gedankenlosigkeit dient nur unseren Feinden, die uns sabotieren...« Damit meinte er »die Sklavenhalter und Kannibalen aus Amerika und England. ... Und was passiert mit jenen, die hinter den Killern stehen? Die können sicher sein, dass wir es ihnen heimzahlen werden. ... Solange es Einbrüche gibt, müssen wir die Gedankenlosigkeit in unserem Volk ausmerzen.«

Der *Prawda*-Artikel enthüllte die mangelnde Wachsamkeit der Sicherheitsdienste, ein Signal dafür, dass nun Beria selbst in der Schusslinie stand. Man nahm nicht nur seine Verbündeten in Georgien fest, sondern entließ auch seine Moskauer Günstlinge, unter ihnen der Stabschef Schtemenko. Außerdem erwischte es seine Exmätresse W. Matardse. Er selbst rechnete, wie sein Sohn schrieb, »jeden Augenblick mit dem Todesstoß«. Beria »äußerte seine Missachtung Stalins immer verwegener«, bemerkte Chruschtschew, »fast beleidigend«. Vor Kaganowitsch prahlte er damit, dass »Stalin eines nicht weiß: Wenn er versucht, mich festzunehmen, werden die Tschekisten einen Aufstand organisieren«.

Abgesehen von der Angst um das eigene Leben fürchteten die Magnaten einen Atomkrieg mit Amerika. Stalin, der nach wie vor den Koreakonflikt schürte, schwankte verblendet zwischen Kriegsvermeidung und der ideologischen Überzeugung, dass er unausweichlich war. Derweil machten sich Beria, Chruschtschew und Mikojan große Sorgen darüber, wie die alarmierende Unberechenbarkeit Stalins in Washington aufgenommen würde.* Stalin umgab ganz Moskau mit Luftabwehrraketen. Da diese Kampagne Ängste vor einem amerikanischen Angriff nährte, diskutierte er sogar mit seinen Leibwächtern darüber.

»Was meinen Sie – wird Amerika uns angreifen oder nicht?«, fragte er den Vizekommandeur von Kunzewo, Peter Losgatschew.

»Ich glaube, das würden die nicht wagen«, erwiderte der Offizier, worauf Stalin plötzlich ganz munter wurde:

»Also hauen Sie ab – was wollen Sie eigentlich hier? Ich habe Sie nicht gerufen.« Kurz darauf rief er Losgatschew wieder herein:

»Vergessen Sie, dass ich Sie angeschrien habe, aber merken Sie sich nur eins: Die werden uns angreifen. Das sind Imperialisten, und die greifen mit Sicherheit an. Wenn wir sie lassen. Das ist die Antwort, die Sie mir hätten geben müssen.«

Kaum schlafend, sondern wachsam »wie ein Schießhund« auf seinen Sofas liegend, beruhigte sich Stalin mit Mozarts 23. Klavierkonzert. Besu-

---

* Nach Stalins Tod sagte Mikojan zu seinen Söhnen: »Wenn wir zu seinen Lebzeiten keinen Krieg hatten, dann bekommen wir jetzt auch keinen.« Das lag insofern daneben, als es trotz der Paranoia, Schizophrenie und hohen außenpolitischen Risikobereitschaft Stalins gerade der plumpe, impulsive Chruschtschew war, der die Welt mit der Kubakrise an den Rand eines Atomkriegs brachte.

cher fanden ihn »sehr verändert«: ein »müder alter Mann«, der »nur noch unter Schwierigkeiten, mit langen Pausen sprechen konnte«. Doch den Terror trieb er entschlossen voran.[5] Stalin ließ einen Brief aufsetzen, den prominente sowjetische Juden unterschreiben sollten: eine Bitte darum, die Juden aus den Städten zu deportieren, um sie vor den drohenden Pogromen zu schützen. Der Entwurf selbst wurde zwar nicht gefunden, aber Mikojan bekräftigte, dass »die freiwillige Zwangsvertreibung der Juden« schon anlief. Auch Kaganowitsch sollte ihn unterschreiben, fand aber eine Ausflucht:

»Warum weigern Sie sich?«, fragte Stalin.

»Ich bin Mitglied des Politbüros und kein offizieller Vertreter der jüdischen Gemeinde. Daher könnte ich nur als Politbüromitglied unterschreiben.«

Schulterzuckend murrte Stalin: »In Ordnung.«

»Wenn nötig, schreibe ich einen Artikel.«

»Vielleicht brauchen wir einen«, gab Stalin zurück.

Jetzt beklagte sich Kaganowitsch bitter über Stalin und vertraute Mikojan an:

»Es tut mir so weh, dass ich, der immer bewusst gegen den Zionismus ankämpfte, jetzt ›dafür‹ eintreten soll.« Chruschtschew behauptete, dass sich Kaganowitsch zwar »wand«, dann aber doch unterschrieb. (Wenn es um die eigene Rolle geht, sind allerdings weder Kaganowitsch noch Chruschtschew glaubwürdige Zeugen.) Doch Ehrenburg, der den Brief sah und dank eines Appells an Stalin unbelästigt blieb, erklärte dazu, er sei, *an das* Politbüro gerichtet, »von Gelehrten und Komponisten« unterschrieben gewesen, was nahe legt, dass sich Kaganowitsch erfolgreich »gewunden« hatte. Jüngste Studien zeigen, dass zwei neue Lager angelegt wurden, vielleicht für die Juden.[6]

Stalin las die ihm täglich von Ignatiew zugeleiteten Aussagen der gefolterten Ärzte gründlich. Er ordnete an, den wahrscheinlichen Hauptangeklagten seines Judenprozesses, Objekt Nr. 12 (auch bekannt als Polina Molotowa), nach Moskau zurückzubringen und zu verhören. Doch die Juden bildeten nicht das einzige Anliegen Stalins in diesen Wochen.

Er ließ kaum noch Diplomaten vor, empfing jedoch am 7. Februar den jungen argentinischen Botschafter Leopoldo Bravo, demzufolge Stalin »gesund, ausgeruht und im Gespräch präsent wirkte«. Der Diktator bewunderte Peron und bot ihm großzügige Darlehen an, wobei – seiner faschistischen Vergangenheit zum Trotz – der aggressive Antiamerikanismus im Vordergrund stand. Am meisten interessierte er sich allerdings für Eva Peron.*

»Sagen Sie mir«, horchte er Bravo aus. »Hatte Eva ihren Aufstieg sich selbst oder der Ehe mit Oberst Peron zu verdanken?« Bravo war der vorletzte Ausländer, der Stalin lebendig sah.[7]

Sieben Tage später, am 17. Februar um 20 Uhr, besuchte Stalin letztmals das Kleine Eck, um den indischen Diplomaten K. P. S. Menon zu empfangen. Mit den Gedanken war er jedoch bei seinem Komplott, denn er verbrachte die halbe Stunde damit, Wolfsköpfe auf einen Block zu zeichnen und sinnierte: »Die Bauern tun recht daran, tollwütige Wölfe zu töten.« Um 22.30 Uhr brach er zusammen mit Beria, Malenkow und Bulganin auf – wahrscheinlich zum Dinner nach Kunzewo.

Stalin arbeitete weiter an einem Verfahren gegen Beria und seine übrigen Feinde: Er wies den neuen georgischen Parteichef Mgeladse an, Beria einen Befehl zur Attacke gegen den MGB – und damit faktisch gegen sich selbst – unterschreiben zu lassen. Wohl oder übel musste dieser sich fügen. Einer der letzten Befehle des Premiers hatte einen weiteren Mordanschlag auf Tito zum Gegenstand.

Am 27. Februar um 20 Uhr saß Stalin im Bolschoi, wo man den *Schwanensee* aufführte. Beim Gehen bat er seinen »Begleiter«, Oberst Kirillin, der Truppe in seinem Namen zu danken, und begab sich dann nach Kunzewo, um noch bis etwa 3 Uhr zu arbeiten. Er stand spät auf, las die Protokolle der jüngsten Vernehmungen jüdischer Ärzte und die Berichte aus Korea, lief durch den verschneiten Garten und befahl dem Kommandanten Orlow:

»Fegen Sie den Schnee von der Treppe.« Nachmittags könnte Stalin ein Dampfbad genommen haben. Im zunehmenden Alter linderte Warmluft die Arthritis in seinem steifen Arm, wiewohl Professor Winogradow ihm *Banjas* wegen seines hohen Blutdrucks verboten hatte. Beria hatte allerdings erklärt, er müsse Ärzten nicht alles glauben. Jetzt schlug Stalin die Bedenken in den Wind. Am Abend ließ er sich in den Kreml fahren, um seine Gefährten Beria, Chruschtschew, Malenkow und Bulganin im Kino zu treffen. Kurz vor dem Film kam Woroschilow hinzu, auf den Stalin einen »lebhaften und vergnügten« Eindruck machte. Bevor er wieder ging, besprach Woroschilow mit Vizekommandant Losgatschew das Menü und bestellte seinen Lieblingswein.

---

* Evita war am 26. Juli 1952 an Unterleibskrebs gestorben.

Um 23 Uhr fuhren Stalin und die vier zum Abendessen in die Datscha hinaus. Dort servierten Losgatschew und Matrena Butusowa (Waletschka hatte an diesem Abend frei) das georgische Büfett. Bulganin berichtete über das Patt in Korea, worauf Stalin beschloss, den Chinesen und Nordkoreanern die Aufnahme von Verhandlungen zu empfehlen. Er orderte eine weitere Flasche. Man sprach auch über die laufenden Verhöre. Dabei soll Beria gesagt haben, dass Winogradow »zu viel rede« und über die schwindenden Kräfte Stalins tratsche.

»Gut, was schlagen Sie als Nächstes vor?«, fragte Stalin. »Haben die Ärzte gestanden? Richten Sie Ignatiew aus: Wenn er nicht bald umfassende Geständnisse aus ihnen herausholt, machen wir ihn einen Kopf kürzer.«

»Sie werden gestehen«, erwiderte Beria. »Mit Hilfe von Patrioten wie Timaschuk werden wir die Ermittlungen zum Abschluss bringen und Sie dann um Erlaubnis bitten, einen öffentlichen Prozess in die Wege zu leiten.«

»Sorgen Sie dafür«, erwiderte Stalin. Soweit Chruschtschews Darstellung: Er und Malenkow machten später Beria für alle Verbrechen Stalins verantwortlich, während ihre eigene Rolle in der Ärzteverschwörung im Dunkeln bleibt. Allerdings ist höchst unwahrscheinlich, dass Beria als einziger Stalin ermutigt haben soll.

Die Gäste sehnten sich danach, endlich ins Bett zu kommen. Stalin mochte den verbindlichen Bulganin, grummelte aber, es gebe Leute in der Führung, die glaubten, sich auf ihren Meriten ausruhen zu können.

»Da irren sie sich gewaltig«, drohte er. Einem Bericht nach stolzierte er dann aus dem Zimmer und ließ seine Gäste allein. Doch vielleicht kehrte er noch einmal zurück. Hier erscheinen die Schilderungen widersprüchlich – wie es ja auch sein Verhalten war. Jedenfalls brachte Stalin die Besucher am Sonntag, dem 1. März, gegen 4 Uhr morgens an die Tür. Er war »ganz schön betrunken und quietschfidel«, piekste Chruschtschew ausgelassen in den Bauch und summte dazu im ukrainischen Akzent »Nitschik«.

Die erleichterten vier baten den »Begleiter« Oberst Chustalew um ihre Wagen. Beria nahm in seinem ZiS wie immer Malenkow mit, Bulganin stieg bei Chruschtschew ein. Stalin und sein Leibwächter warteten noch, bis sie abfuhren. Wieder im Haus, legte sich Stalin auf ein rosarot gestreiftes Sofa im kleinen Esszimmer mit den hellen Holzpaneelen, wo er die Nacht verbringen wollte – er war weder hilflos noch geisteskrank, sondern ein brutaler Organisator des Terrors auf dem schrecklichen Höhepunkt seiner Macht.

»Ich gehe jetzt schlafen«, hatte er aufgeräumt zu Chruschtschew gesagt. »Sie können auch ein Nickerchen machen. Ich werde Sie nicht anrufen.« Die »Begleiter« waren entzückt: Nie zuvor hatte Stalin ihnen eine Nacht frei gegeben. Sie riegelten die Türen ab.

Am Mittag jenes Sonntags saßen die Wachen in ihrem Wachlokal, das durch einen gut zwanzig Meter langen geschlossenen Gang mit Stalins Räumlichkeiten verbunden war, und warteten darauf, dass der Boss aufstehen würde. Doch sie registrierten bis zum Abend »keine Bewegung«. Die Beamten begannen unruhig zu werden, als Stalin schließlich um 18 Uhr das Licht im kleinen Esszimmer einschaltete. Offenbar war er jetzt aufgestanden. »Wir dachten, Gott sei Dank«, so Losgatschew, »alles in Ordnung.« Er würde bald nach ihnen rufen. Tat er aber nicht.

Es vergingen eine, drei, vier Stunden, ohne dass Stalin sich meldete. Jetzt bekam es die kleine Gruppe von Leibwächtern mit der Angst zu tun. Etwas stimmte da nicht. Oberst Starostin, der ranghöchste »Begleiter«, wollte Losgatschew überreden, hineinzugehen und nachzusehen, was mit dem alten Mann los war. »Ich erwiderte, ›Sie sind der Vorgesetzte, also gehen Sie!‹«, will Losgatschew ihm entgegnet haben.

»Ich habe Angst«, bekannte Starostin kleinlaut.

»Was meinen Sie, was ich bin? Ein Held?«, gab Losgatschew zurück. Sie waren aber nicht die Einzigen, die warteten. Chruschtschew und die anderen rechneten mit der üblichen Einladung zum Abendessen. Der Anruf kam jedoch nicht.

58

»ICH HABE IHN ERLEDIGT!«:
DER PATIENT UND SEINE
ZITTERNDEN ÄRZTE

Gegen 22 Uhr kam die Post des Zentralkomitees. Der stämmig untersetzte Losgatschew nahm die Papiere, betrat aufgeregt das Haus und
ging von Raum zu Raum. Dabei machte er bewusst viel Lärm, »da wir
immer darauf achteten, uns nicht anzuschleichen und dafür zu sorgen,
dass er uns hören konnte«. Ihm bot sich im kleinen Esszimmer »ein
fürchterlicher Anblick«. Stalin lag in kurzer Pyjamahose und Unter-
hemd auf dem Teppich, »in ganz verquerer Weise auf eine Hand gestützt«. Er war bei Bewusstsein, konnte sich jedoch nicht helfen. Als er
Losgatschews Schritte hörte, rief er nach ihm und »hob leicht die Hand
an«. Der Wächter eilte zu ihm:
»Was fehlt Ihnen, Genosse Stalin?«
Stalin murmelte etwas, »dsch«, konnte aber nicht sprechen. Ihm war
kalt. Neben ihm auf dem Boden lag eine Uhr und eine Ausgabe der
Prawda. Auf dem Tisch stand eine Flasche Narsan-Mineralwasser. Er
hatte sich eingenässt.
»Soll ich vielleicht den Arzt rufen?«, fragte Losgatschew.
»Dsch«, nuschelte Stalin. »Dsch.« Losgatschew hob die Uhr auf: Sie
war um 18.30 Uhr stehen geblieben, als ihn der Schlag traf. Stalin schien
einzuschlafen und schnarchte. Der »Begleiter« eilte zum Telefon, um
Starostin und Butusowa herbeizurufen.
»Legen wir ihn aufs Sofa, auf dem Boden ist es so unbequem«, forderte er sie auf, und zu dritt hievten sie ihn hoch. Losgatschew blieb bei
ihm – »Ich weiche dem Boss nicht von der Seite« –, während Starostin
den MGB-Chef Ignatiew anrief, der seit Wlasiks Rauswurf im Mai 1952
für Stalins persönliche Sicherheit zuständig war. Doch der war zu verstört, um irgendetwas zu entscheiden. Zwar hatte er die Befugnis, Ärzte
einzuschalten, musste aber vorsichtig sein. So wies er Starostin an, Beria

und Malenkow zu verständigen. Wahrscheinlich benachrichtigte er auch seinen Freund Chruschtschew, denn er musste sich vor Beria schützen, der ihm nicht nur die Ärzteverschwörung, sondern auch die Mingrelieraffäre in die Schuhe schieben wollte und es auf seinen Kopf abgesehen hatte. Beria dürfte die Neuigkeit als Letzter erfahren haben.

Unterdessen trugen die »Begleiter« Stalin auf das Sofa im Hauptspeisesaal, wo die berühmten Dinners stattfanden, weil es dort luftiger war. Er schlotterte vor Kälte. Sie legten eine warme Decke über ihn, und Butusowa rollte die Ärmel seines Unterhemds aus. Starostin konnte Beria nicht auftreiben, der sich vielleicht irgendwo mit seiner Mätresse vergnügte, und nahm Kontakt mit Malenkow auf, der versprach, ihn zu suchen. Eine halbe Stunde später rief er zurück:

»Ich konnte ihn noch nicht finden«, gab er durch. Nach einer weiteren halben Stunde meldete sich Beria selbst:

»Sagt niemandem etwas vom Zustand des Genossen Stalin«, befahl er, »und führt auch keine Telefonate.« Losgatschew saß ängstlich an der Seite Stalins; wie er sagte, sei er in jener Nacht ergraut. Malenkow hatte auch Chruschtschew und Bulganin informiert:

»Die Tschekisten haben von Stalins Datscha aus angerufen. Sie sind sehr besorgt und meinen, ihm sei etwas zugestoßen. Wir sollten besser hinausfahren.« Doch Chruschtschew behauptete, bei der Ankunft am Wachlokal hätten sie sich »darauf geeinigt«, nicht hineinzugehen, sondern diese heikle Angelegenheit den Wachen zu überlassen. Stalin schlafe jetzt und wolle in einem solchen »unziemlichen Zustand nicht gesehen werden. Also fuhren wir wieder ab.« Allerdings konnten sich die Wachen an keinen solchen Besuch erinnern. Wahrscheinlicher ist indes, dass Chruschtschew, Bulganin und vielleicht auch Ignatiew nach hektischen Beratungen Beria und Malenkow ins Haus schickten, um die Lage zu sondieren. Im Lauf der Nacht muss irgendwer die antisemitische Kampagne in der *Prawda* angehalten haben. Oder hatte Stalin zuvor gezielt eine Pause einlegen wollen?*

Am Montag, dem 2. März, gegen 3 Uhr nachts – mehr als vier Stunden nach Starostins erstem Anruf bei Malenkow – kam diese kleine Abordnung in Kunzewo an. Beide Männer handelten ihrem Charakter ge-

---

* Möglicherweise warteten die beiden anderen draußen in ihrem ZiS, doch Ignatiew muss vor Ort gewesen sein. Allerdings scheint Beria schon Strippen gezogen zu haben. Niemand weiß, wer in jener Nacht die antisemitische Medienkampagne stoppte. Suslow war zwar als ZK-Sekretär für Ideologiefragen zuständig, aber wer könnte ihn angewiesen haben, die Sache einzustellen? Es bleibt ein Rätsel.

mäß: Beria als der dynamische, überdrehte (möglicherweise angetrunkene) Abenteurer, Malenkow als Stalins pedantischer, nervöser Sekretär. Während er mit Beria in den Saal lief, stellte Malenkow voller Entsetzen fest, dass seine Schuhe knarrten, und zog sie aus. So klemmte »Malanja« die Schuhe unter den Arm und schritt in Socken auf den Zehenspitzen mit der Grazie eines schwammigen Tänzers voran.

»Was fehlt dem Boss?« Sie musterten den schlafenden Generalissimus, der unter seiner Decke schnarchte, und dann wandte sich Beria den »Begleitern« zu.

»Was sollte das ... eine Panik auszulösen?«, fluchte er auf Losgatschew. »Offenbar schläft der Boss friedlich. Also gehen wir, Malenkow.«

»Malanja« schlich auf den Zehenspitzen hinaus, während Losgatschew zu erklären versuchte, dass »Genosse Stalin krank ist und ärztliche Hilfe braucht«.

»Belästigen Sie uns nicht, machen Sie keine Panik und stören Sie den Genossen Stalin nicht!« Die besorgten Wachen blieben hartnäckig, aber Beria fluchte:

»Wer hat euch Schwachköpfe dem Genossen Stalin zugewiesen?«

Die Limousine fuhr davon, an den wartenden Chruschtschew und Bulganin vorbei. Zweifellos begann der Machtpoker schon in jener Nacht. Losgatschew nahm wieder den Wachposten ein, während sich Starostin und Butusowa im Dienstlokal schlafen legten.

Über den Fichten und Birken von Kunzewo brach die Dämmerung an. Seit dem Schlaganfall waren jetzt zwölf Stunden vergangen, und Stalin schnarchte noch immer auf der Couch. Gewiss stritten die Magnaten darüber, ob sie Ärzte rufen sollten. Es war ungewöhnlich, dass sie zwölf Stunden lang keinen angefordert hatten, allerdings in einer außergewöhnlichen Situation! Viele sehen das als Beweis dafür an, dass die Magnaten Stalin bewusst ohne ärztliche Hilfe ließen, um ihn zu töten. Doch in ihrer bedrohten Lage an einem Hof, an dem bereits die Angst vor den Killerärzten umging, war es keine bloße Übertreibung, den Ausbruch von Panik verhindern zu wollen. Stalin ließ seinen Leibarzt foltern, nur weil er ihm Ruhe verordnet hatte. Wenn Stalin, etwas verkatert, wieder aufgewacht wäre, hätte er die Hinzuziehung von Ärzten als einen Griff nach der Macht aufgefasst. Im Übrigen waren alle in seinem Umfeld so sehr an strengste Aufsicht gewöhnt, dass sie es kaum wagten, aus eigenem Antrieb zu handeln.

Doch die vier nutzten diese Stunden, um die Macht neu aufzuteilen, und die Entscheidung, nichts zu tun, kam allen entgegen. Beria und

Malenkow trugen als Stalins erste Stellvertreter in der Regierung wie auch Partei rechtlich die Verantwortung, bis ein Plenum des Politbüros und dann des Zentralkomitees weiteres verfügte. Falls Stalin im Sterben lag, brauchten sie Zeit, um die Machtfragen zu regeln. Vielleicht kam es Chruschtschew und Bulganin deshalb entgegen, dass sich ein medizinischer Befund verzögerte, weil sie auf diese Weise ihre Position festigen konnten. Sie scheinen Ignatiew versprochen zu haben, ihn zu schützen und ins Sekretariat des Zentralkomitees zu befördern.

Beria, der seinerzeit als Einziger der vier um sein Leben bangte, hatte allen Grund zu hoffen, dass der verhasste Diktator sterben würde (Molotow und Mikojan wussten noch nichts von dessen Zustand). Doch achtete er darauf, nie mit Stalin allein zu sein, sondern stets Malenkow bei sich zu haben. Er kontrollierte weder den MGB noch die Ärzteverschwörung, noch Stalins Leibwachen. Auch wenn man immer Beria die Verschleppung in die Schuhe schiebt, könnten ebenso gut Chruschtschew und Malenkow dahinter stecken.

Ungeachtet ihrer jeweiligen Motive ließen die vier erst am Morgen einen Arzt rufen, und man wird nie klären können, ob es darauf medizinisch ankam oder nicht. Immerhin bestand theoretisch die Möglichkeit einer Operation, um den Blutpfropf zu entfernen, aber die hätte binnen kurzer Zeit nach dem Schlaganfall erfolgen müssen, und wer hätte es gewagt, sie abzusegnen? In den fünfziger Jahren hatten solche Eingriffe nur geringe Erfolgsaussichten: Wahrscheinlicher war es, den Patienten dabei zu töten. Melodramatische Darstellungen von Stalins Tod, an denen beileibe kein Mangel herrscht, munkeln von Mord. Doch höchstwahrscheinlich spielte das Ausbleiben von medizinischer Hilfe nicht die geringste Rolle. Allerdings sah Beria das eindeutig anders:

»Ich habe ihn erledigt!«, brüstete er sich vor Molotow und Kaganowitsch. »Ich habe euch allen das Leben gerettet!«

Möglicherweise hat er Stalin wiederholt irgendein Mittel in den Wein gegeben, das auf die Dauer zum Schlaganfall führte, vielleicht unterstützt von Chruschtschew und den anderen, sodass die Vertuschung ihnen allen nützte, aber das ist bloße Spekulation.

Wie dem auch sei, die vier fuhren nach Hause und gingen zu Bett, ohne ihren Familien etwas zu sagen. Der bei Stalin wachende Losgatschew dagegen war verzweifelt. Er weckte Starostin und bat ihn, das Politbüro anzurufen – »sonst stirbt der, und wir kommen beide in den Knast«. Wenn der Terror die Führung davon abhielt, Ärzte einzuschalten, so ließ er die Wächter jetzt welche anfordern. Sie riefen Malenkow an, der anordnete, Butusowa noch einmal nach Stalin schauen zu lassen. Ihr Urteil lautete, dass dies »kein normaler Schlaf« war. Daraufhin wandte sich Malenkow zuerst an Beria.

»Die Wachen haben erneut von der Datscha aus angerufen«, sagte Malenkow anschließend zu Chruschtschew. »Sie sagen, mit Genosse Stalin stimme etwas nicht. Wir werden also nochmal hinfahren müssen. Ich habe mit ihnen vereinbart, Ärzte zu rufen.« Beria und Malenkow trafen alle Entscheidungen – doch welche Ärzte kamen in Frage? Sie baten den Gesundheitsminister Tretjakow, geeignete *russische* (sprich nichtjüdische) Mediziner auszuwählen. Chruschtschew fuhr nach Kunzewo und verkündete den erleichterten Wachen, dass Ärzte unterwegs seien. In dieser Phase rief Oberst Tukow bei Molotow, Mikojan und Woroschilow an, was ein weiteres Zeichen dafür ist, dass die vier ihrem Ausschluss nie zugestimmt hatten.

»Rufen Sie das Politbüro an, ich bin unterwegs«, erwiderte Molotow. Als das Telefon bei den Woroschilows klingelte, war der alte Marschall wie verwandelt. »Er wurde plötzlich ernst und gesammelt«, schrieb seine Frau in ihrem unveröffentlichten Tagebuch, »wie ich ihn in heiklen Situationen im Bürgerkrieg und im Großen Vaterländischen Krieg vor Augen hatte. … ich sah Unheil kommen. Voller Angst fragte ich ihn weinend: ›Was ist passiert?‹ Er nahm mich in die Arme. ›Hab' keine Furcht!‹«

Woroschilow fand sich mit Kaganowitsch, Mikojan und Molotow am Krankenbett ein, wobei Letzterem auffiel, dass »Beria das Kommando führte«. Als Kaganowitsch eintraf, öffnete Stalin die Augen und schaute seine Statthalter einen nach dem anderen an – um sie gleich wieder zu schließen. Im Unterschied zum anmaßenden Beria waren Molotow und Kaganowitsch zutiefst bewegt. Tränen liefen ihnen über die Wangen. Woroschilow sprach den Patienten ehrerbietig an:

»Genosse Stalin, wir sind hier, Ihre treuen Freunde und Genossen. Wie fühlen Sie sich, lieber Freund?«

Stalins Gesicht war »verzogen«. Er zuckte, kam aber nicht mehr ganz zu sich. Chruschtschew war »sehr durcheinander. Es tat mir sehr Leid, dass wir Stalin verlieren sollten.« Er fuhr rasch nach Hause, um sich frisch zu machen, und eilte sofort nach Kunzewo zurück, ohne dass ihm jemand aus der Familie Fragen gestellt hätte. Beria rief, seinem Sohn zufolge, daheim an und berichtete seiner Frau über Stalins Zustand: Nina brach in Tränen aus. Wie fast alle Gattinnen von Politbüromitgliedern, sogar die vom Tod bedrohten, war sie untröstlich.

Gegen 7 Uhr trafen schließlich die Ärzte unter Führung von Professor Lukomski ein, doch es war ein ganz neues Kollegium, das Stalin nie zuvor behandelt hatte. Man geleitete sie zu dem Patienten im großen Speisesaal. Obwohl man ihresgleichen folterte, erschauerten sie vor der Heiligkeit Stalins und reagierten wie versteinert auf die teuflische Gestalt Berias, der im Hintergrund lauerte. Die Untersuchung des einst allmächtigen Patienten war eine Komödie der Versehen. »Sie alle zitterten genauso wie wir«, beobachtete Losgatschew. Zunächst trat ein Zahnarzt heran, um Stalin die Prothese herauszunehmen, »war aber derart verängstigt, dass sie ihm entglitt und zu Boden fiel«. Dann versuchte Lukomski, Stalin das Hemd auszuziehen, um den Blutdruck zu messen. »Doch ihre Hände zitterten so sehr«, vermerkte Losgatschew, »dass sie nicht einmal das Hemd vom Leib bekamen.« Lukomski »hatte Angst, Stalin zu berühren«, wagte also auch nicht, seinen Puls zu fühlen.

»Sie sind doch Arzt, oder? Los, fassen Sie seine Hand richtig an«, ereiferte sich Beria.

Schließlich durchtrennte man die Textilien mit einer Schere. »Ich zerriss das Hemd«, erinnerte sich Losgatschew. Dann fingen sie an, den Patienten zu untersuchen. »Er lag auf dem Rücken, den Kopf nach links gedreht, die Augen geschlossen mit einer leichten Hyperämie im Gesicht. … Es war zu einer spontanen Harnabsonderung gekommen.« Sein Puls lag bei 78, der Blutdruck betrug 110 zu 190, bei »schwachem« Herzschlag. Die ganze rechte Seite war gelähmt, während die linken Gliedmaßen manchmal zuckten. Man kühlte dem Leidenden die Stirn und flößte ihm eine zehnprozentige Magnesiumsulfatlösung ein. Im Übrigen standen ein Neuropathologe, ein Therapeut und eine Schwester bereit. Die Ärzte erkundigten sich bei den Wachen, wer was beobachtet hatte, und jetzt bangten auch diese um ihr Leben. »Wir dachten, das war's also: Die stecken uns in einen Wagen, und dann ab die Post, wir sind erledigt!«

Stalin hatte, wie die Ärzte es ausdrückten, eine »arterielle Gehirnblutung im halblinken Areal« erlitten. »Der Zustand des Patienten ist äußerst ernst.« Damit war es also amtlich. Stalin würde seine Arbeit nicht wieder aufnehmen können.

Die Leibwächter zogen sich zurück. Faktisch konnten die Ärzte kaum etwas tun. Sie empfahlen: »Absolute Bettruhe, der Patient soll auf dem Sofa liegen bleiben; Blutegel hinter den Ohren; kalte Kompressen auf der Stirn … Heute keine feste Nahrung.« Flüssigkeit war mit einem Teelöffel einzuflößen, »wenn er nicht würgte«. Schließlich wurden Sauerstoffzylinder herangerollt. Die Ärzte spritzen Kampfer und nahmen eine Urinprobe. Der Patient rührte sich. Stalin »versuchte, sich zuzudecken«.

Swetlana, die am Vorabend ihren Geburtstag gefeiert hatte, wurde aus der Französischstunde geholt, und man sagte ihr, »Malenkow bitte Sie«, nach Kunzewo zu kommen. Dort erwarteten sie Chruschtschew und Bulganin »mit verweinten Gesichtern« und umarmten sie.

»Beria und Malenkow werden dir alles erzählen.« Wieder war klar, wer die Regie führte. Das hektische Hin und Her verwirrte Swetlana: Kunzewo war sonst immer so ruhig gewesen. Ihr fiel auf, dass sie keinen der Ärzte kannte. Sie ging zu dem Sofa, setzte sich neben ihren Vater, küsste ihn und spürte, dass sie ihn jetzt »stärker und zärtlicher liebte als je«.

Als man Wasili rief, meinte dieser aus Angst, dem Vater seine Leistungen nachweisen zu müssen, und trat jämmerlich mit seinen Luftwaffenkarten an. Er war bald betrunken. Während der nächsten beiden Tage torkelte er immer wieder in das stille Krankenzimmer und brüllte:

»Ihr Schweine habt meinen Vater nicht gerettet!« Swetlana versank vor Scham fast im Boden. Die Magnaten erwogen, den Randalierer wegzuschaffen, aber Woroschilow nahm Wasili zur Seite und besänftigte ihn:

»Wir tun alles, was wir können, um das Leben deines Vaters zu retten.«

Kaum dass Stalin erkrankt war, »ging Beria bereits herum, spie Gift und Galle gegen ihn und machte sich über ihn lustig«. Doch beim kleinsten Anzeichen von Besserung »warf sich Beria auf die Knie, ergriff Stalins Hand und küsste sie«. Wenn Stalin wieder dahindämmerte, »stand Beria auf und spuckte aus«, was seinen unflätigen Ehrgeiz sowie seine Takt- und Treulosigkeit bewies. Die anderen Magnaten beobachteten ihn schweigend, doch sie selbst weinten über Stalin, ihren alten, schwierigen Freund, langjährigen Chef und historischen Titanen, den obersten Hohepriester ihres internationalen Kredos – auch wenn sein Ende manche erleichtert aufatmen ließ. Etwa 20 Millionen waren ermordet und 28 Millionen deportiert worden, davon 18 Millionen als Sklaven in den Gulag. Doch trotz dieses großen Gemetzels waren sie nach wie vor überzeugte Anhänger.

Gegen zehn begab sich das gesamte Politbüro von Beria und Chruschtschew bis zu Molotow, Woroschilow und Mikojan zum Kreml und kam um 10.40 Uhr im Kleinen Eck zusammen, um über einen Plan zu beraten. Stalins Platz blieb leer. Sie hatten die Macht zurückgewonnen. Zehn Minuten lang stellten ein nervöser Dr. Kuperin, als neuer Chefarzt des Kremlewka, und Professor Tkatschew den verwirrten, bestürzten, ungeduldigen Magnaten ihren oben zitierten Bericht vor. Anschließend blieben alle stumm, was Kuperin noch nervöser machte. Vielleicht war es noch zu früh, über die nächsten Schritte zu diskutieren. Am Ende verabschiedete Beria, der sich bereits als der Aktivste unter den Magnaten hervorgetan hatte, die Ärzte mit einem ominösen Auftrag:

»Sie sind verantwortlich für das Leben des Genossen Stalin. Verstehen Sie? Sie müssen alles nur Erdenkliche tun, um den Genossen Stalin zu retten!« Kuperin zuckte zusammen und ging hinaus. Malenkow, mit dem Beria alles abzusprechen schien, verlas einen Erlass, demzufolge die Magnaten rund um die Uhr paarweise Wache halten sollten. Danach eilten die beiden nach Kunzewo hinaus, um die erste Schicht anzutreten. Molotow und Mikojan mussten nicht daran teilnehmen, aber Beria wies Mikojan an, im Kreml zu bleiben und das Land zu regieren.

Wieder in Kunzewo angelangt, erkundigten sich Malenkow und Beria bei den Ärzten nach der Prognose. Kuperin entfaltete eine Karte des Blutkreislaufs:

»Hier sehen wir das verstopfte Blutgefäß«, dozierte er wie vor Medizinstudenten. »Es hat etwa die Größe eines Fünf-Kopeken-Stücks. Genosse Stalin würde überleben, wenn man das Gefäß rechtzeitig gesäubert hätte.«

»Wer garantiert für das Leben des Genossen Stalin?«, provozierte Beria die Ärzte, das Wagnis der Operation einzugehen.

»Keiner traute sich heran«, berichtete Losgatschew. Malenkow wiederholte die Frage nach der Prognose.

»Der Tod ist unabwendbar«, antworteten die Ärzte. Doch Malenkow wollte nicht, dass Stalin sofort starb: Dann konnte es ja kein Interregnum geben.

Um 20.30 Uhr trafen sich die Magnaten, nun unter dem Vorsitz Berias, erneut für eine Stunde im Kleinen Eck. Kuperins offizielles Bulletin stellte den Zustand Stalins zwar nicht direkt als hoffnungslos dar, doch er hatte sich sehr verschlechtert. Der Blutdruck lag inzwischen bei 120 zu 210, Atmung und Puls wiesen Unregelmäßigkeiten auf. Man hatte an den Ohren sechs bis acht Blutegel angesetzt, verabreichte dem Patienten Magnesiumsulfateinläufe und flößte ihm teelöffelweise gezuckerten Tee ein.

Am Abend erhielt Lukomski Verstärkung durch vier weitere Kollegen, darunter der berühmte Professor Mjasnikow: Im Politbüro wusste man, dass die Spitzenärzte alle im Gefängnis saßen.

In Kunzewo fand Dr. Mjasnikow einen »untersetzten, fettleibigen« Stalin vor, der dort »reglos lag. ... Sein Gesicht war verzogen. Die Diagnose schien klar – eine linksseitige Gehirnblutung, hervorgerufen durch Hypertonie und Sklerose«. Die Ärzte führten minuziös Protokoll, trugen alle zwanzig Minuten ihre Beobachtungen ein, während die Magnaten trübe in Sesseln saßen, sich hin und wieder ans Krankenbett stellten und den Ärzten zusahen. In diesen endlosen Nächten konnten sie den Machtübergang planen.

»Malenkow äußerte seine Hoffnung«, schrieb Mjasnikow, »dass es mit Hilfe der medizinischen Maßnahmen gelingen werde, den Kranken noch ›lange genug‹ am Leben zu halten. Uns allen war klar, dass er damit die nötige Zeit für den Aufbau einer neuen Regierung meinte.«

Bis zum 5. März fanden keine weiteren offiziellen Treffen im Kreml statt. Während Beria und Malenkow eine Ämterverteilung auskungelten, dachten Chruschtschew und Bulganin darüber nach, wie man verhindern konnte, dass sich Beria der Geheimpolizei bemächtigte. Beria hatte seine Pläne längst gemacht, wahrscheinlich mit Malenkow: Da nicht wieder ein Georgier das Land würde regieren können, sollte Malenkow Sekretär bleiben und als solcher die Rolle des Staatsoberhaupts spielen, Beria sein altes Lehen, das MGB/MWD, zurückerlangen.

Am späten Abend stattete Mikojan dem Sterbenden einen Besuch ab. Auch Molotow erschien ab und zu, obwohl er krank war, seiner Polina gedenkend, die im Exil hoffentlich noch lebte – er wusste ja nicht, dass sie sich in der Lubianka aufhielt und die Verhöre gerade an jenem Abend auf Befehl Berias abrupt endeten. Die Vernehmungen der Ärzte gingen allerdings weiter. Am nächsten Morgen eilte Chruschtschew nach Hause, um etwas zu schlafen, und berichtete seiner Familie von der Krankheit Stalins.

Manchmal schien Stalin wieder zu sich zu kommen. Als man ihm warme Suppe einflößte, deutete er auf eines der rührseligen Fotos an der Wand, »auf dem ein kleines Mädchen ein Lamm aus einem Horngefäß füttert«, und dann auf sich. »Seine Lippen verzogen sich zu einem Lächeln«, wie Chruschtschew dachte. Die Magnaten lächelten zurück. Molotow sah darin ein Beispiel für Stalins selbstquälerischen Humor. Beria fiel auf die Knie und küsste Stalins Hand inbrünstig. Stalin schloss die Augen, »um sie nie wieder zu öffnen«. Am Morgen um 10.15 Uhr meldeten die Ärzte, dass sich Stalins Zustand verschlechtert hatte.

»Die Schweine haben Vater getötet«, grölte der erneut hineintorkelnde Wasili. Chruschtschew legte seinen Arm um den verängstigten Jungen und führte ihn in einen Nebenraum.

Beria, der zu Hause etwas aß, machte keinen Hehl aus seiner Erleichterung. »Es ist besser für ihn, wenn er stirbt«, sagte er zu seiner Familie. »Wenn er überleben würde, hieße das nur noch dahinvegetieren.« Nina weinte noch immer über Stalins Ende: »Du bist ja komisch, Nina. Sein Tod hat dir das Leben gerettet.« Nina besuchte täglich Swetlana, um sie zu trösten.

Am 4. gegen Abend begann Stalin abzubauen, bei immer kürzerer und flacherer Atmung: das Cheyne-Stokes-Muster der Entkräftung. Beria und Malenkow griffen auf die Ersatzbank ihrer Ärzte zurück. In jener Nacht wurden drei der Häftlinge, die man sonst stets tagsüber gefoltert hatte, zu einer neuerlichen Sitzung abgeholt, doch überraschenderweise interessierten sich die Peiniger diesmal nicht für die zionistische Verschwörung, sondern baten sie höflich um ihren medizinischen Rat:

»Mein Onkel ist sehr krank«, sagte einer der Beamten, »und befindet sich im Zustand der Cheyne-Stokes-Atmung. Was hat das Ihrer Meinung nach zu bedeuten?«

»Wenn Sie ihn beerben wollen«, antwortete der Professor, der sich seinen Witz bewahrt hatte, »stehen Ihre Aussichten bestens.« Einen anderen berühmten Professor, Jakow Rapoport, fragte man, welche Spezialisten jenen »schwerkranken Onkel« behandeln könnten. Daraufhin nannte er Winogradow und die anderen inhaftierten Mediziner. Doch jetzt wollte der Beamte wissen, ob auch Leute wie Kuperin und Lukomski in Frage kämen, und war entsetzt zu hören: »Nur einer der vier ist ein kompetenter Arzt, aber auf viel niedrigerem Niveau als die Männer im Gefängnis.« Die Vernehmungen gingen noch weiter, doch inzwischen hatten die Beamten kein gesteigertes Interesse mehr daran. Manchmal schliefen sie sogar mittendrin ein. Offenbar wussten die Häftlinge nichts.

Um 11.30 Uhr würgte Stalin. Zwischen heftigen Atemzügen traten lange Pausen ein. Kuperin eröffnete den versammelten Granden, die in ehrfürchtigem Schweigen zusahen, dass die Lage jetzt kritisch sei.

»Ergreifen Sie alle Maßnahmen, um den Genossen Stalin zu retten!«, befahl ein erregter Beria. Also kämpften die Ärzte weiter darum, den sterbenden Generalissimus am Leben zu erhalten. Man rollte ein Beatmungsgerät heran, das allerdings nicht zum Einsatz kam, begleitet von einem Team junger Techniker, die »ungläubig« auf die Szenerie starrten.

Am 5. wurde Stalin plötzlich bleich, sein Atem flacher mit noch längeren Intervallen, bei sehr schnellem flachem Herzschlag. Er fing an, mit dem Kopf zu wackeln, und bekam rechtsseitige Krämpfe. Gegen Mittag erbrach er Blut. Jüngste Forschungen förderten einen ersten Entwurf des ärztlichen Bulletins zutage, demzufolge Stalin auch Magenblutungen hatte, ein Detail, das in der Endfassung fehlt. Vielleicht wurde es gestrichen, weil darin ein Hinweis auf Vergiftung lag. Alle möglichen Mittel können solche Blutungen auslösen, was in der Tat verdächtig wirkt – aber was passiert nicht alles beim Kollaps eines kranken alten Körpers.

»Kommen Sie schnell, Stalin hatte einen Rückfall!«, gab Malenkow an Chruschtschew weiter. Die Magnaten eilten wieder nach Kunzewo. Stalins Puls fiel. Um 3.35 Uhr setzte die Atmung alle zwei bis drei Minuten für fünf Sekunden aus. Der Abbau schritt jetzt schnell voran. Beria, Chruschtschew und Malenkow hatten vom Politbüro die Erlaubnis erhalten, »dafür zu sorgen, dass Stalins, laufende wie archivierte, Dokumente und Papiere eine angemessene Ordnung fanden«. Nun ließ Beria die beiden anderen am Sterbebett zurück, raste in den Kreml und begann, den Tresor und die Akten Stalins nach belastendem Material zu durchsuchen. Zunächst mochte es ein Testament geben: Lenin hatte eines hinterlassen, Stalin stets angekündigt, seine Gedanken niederschreiben zu wollen. Sofern ein letzter Wille vorlag, hat Beria ihn vernichtet. Die Akten quollen über von Denunziationen und Beweismitteln gegen alle führenden Leute. Sie betrafen die dubiose Rolle Berias während des Bürgerkriegs in Baku ebenso wie wohl auch das brutale Vorgehen Malenkows und Chruschtschews im großen Terror, bei der Leningrader Affäre und im Ärztekomplott. Schon an jenem Nachmittag fingen die drei mit der gezielten Vernichtung von Dokumenten an. Auf diese Weise schützten sie das historische Ansehen Chruschtschews und Malenkows, während das Berias bereits unrettbar zerstört war.[*]

Danach kehrte Beria zurück. Die Ärzte berichteten vom weiteren Niedergang. Für den Abend wurde eine offizielle Versammlung des ganzen Apparats angesetzt, der aus dreihundert hohen Beamten bestand. Zuvor trafen sich die Magnaten informell in einem der Nebenräume, um die neue Regierung zu bilden. Beria und sein »Ziegenbock« Malenkow

---

[*] Angeblich sollen sich in Stalins Schreibtisch unter einer Zeitung fünf aufschlussreiche Briefe gefunden haben, so zumindest teilte Chruschtschew A. W. Snegow mit, der sich allerdings im Gespräch mit dem Historiker Roy Medwedew nur noch an drei erinnern konnte: Erstens Lenins Schreiben von 1923, in dem er Stalin aufforderte, sich für sein unflätiges Verhalten gegenüber seiner Frau Krupskaja zu entschuldigen. Zweitens der letzte Appell Bucharins: »Koba, warum musst Du mich sterben lassen?« Drittens ein Brief Titos aus dem Jahr 1950, worin es geheißen haben soll: »Lassen Sie mich mit Ihren Mördern in Frieden. ... Wenn das nicht aufhört, werde ich einen Mann nach Moskau schicken, und dann wird es keiner weiteren bedürfen.«

hatten alle Vorkehrungen für eine »Kollektivführung« getroffen und schlugen nun abwechselnd die Ämterzuteilung vor. Molotow und Mikojan kehrten in das wieder reduzierte Präsidium zurück, jener außerdem an die Spitze des Außen-, dieser an die des Handelsministeriums. Chruschtschew blieb einer der zentralen Sekretäre, ohne jedoch der Regierung anzugehören. Den Ton gab Beria an, der über das vereinte MWD/MGB herrschte und seinen Posten als erster Vizepremier behielt. Stalins beide Ämter als Premier und Sekretär übernahm Malenkow. Auch das Militär wurde gestärkt: Verteidigungsminister Bulganin bekam die alten Paladine Schukow und Wasilewski zur Seite gestellt. Woroschilow avancierte zum neuen Präsidenten. Beria hatte demnach allen Grund zu frohlocken.

Der unehelich geborene Mingrelier, gelernte Architekt, dann jedoch im Polizeidienst ergraute Tschekist, träumte bereits davon, das Reich, eine der atomaren Supermächte, zu regieren und nicht mehr nur Geheimpolizist, sondern ein internationaler Staatsmann zu sein. Er hatte alle Widrigkeiten überlebt und fürchtete nichts mehr. Jetzt konnte er seinem Hass auf Stalin freien Lauf lassen, »Dieser Schurke! Dieser Saukerl! Gott sei Dank, dass wir ihn los sind!« – den Generalissimus als Schwindler bloßstellen: »Der hat den Krieg doch nicht gewonnen!«, sagte er bald zu seinen Vertrauten, »sondern wir!« Im Übrigen »hätten wir den Krieg verhindert!« Außerdem spannte er den Begriff »Personenkult« ein, um Stalin anzuprangern. Er selbst wollte die Nationalitäten emanzipieren, die Wirtschaft öffnen, Ostdeutschland freigeben, die Arbeitslager auflösen und eine Amnestie verkünden sowie das Ärztekomplott ans Licht bringen. Beria zweifelte keinen Moment daran, dass sich seine überragende Intelligenz und die neuen, antibolschewistischen Ideen durchsetzen würden. Sogar Molotow hielt ihn für »den kommenden Mann«.

Wenn diese Pläne Gorbatschews Reformen vorwegzunehmen schienen, so blieb Beria immer, wie Stalin betonte, »in erster Linie Polizist«, der es nicht lassen konnte, sich an Leuten wie Wlasik zu rächen, die ihn verraten hatten. Daher war er kein Nachfolgertyp, sondern lediglich der starke Mann einer »Kollektivführung«. Doch viele der neuen Potentaten fürchteten ihn wegen seiner Brutalität und der populistischen Strategie, das Regime zu entbolschewisieren. Auch wenn er Chruschtschew und die Marschälle unterschätzte, hatte Beria einen bemerkenswerten Vorstoß gewagt.

Anschließend versammelten sich die Magnaten bei dem dämmernden Patienten. Beria trat ans Sofa und erklärte melodramatisch:

»Genosse Stalin, alle Mitglieder des Politbüros sind hier versammelt. Sprechen Sie zu uns!« – Keine Reaktion. Woroschilow zog Beria zurück: »Lassen Sie die Leibwächter und das Hauspersonal hinzutreten, die sind ihm vertraut.« Darauf stellte sich Oberst Chrustalew neben den Sterbenden und sprach ihn an, aber Stalin öffnete die Augen nicht. Die Führungsriege stellte sich in einer Zweierreihe der Rangordnung nach auf – Beria und Malenkow in Front, dann Woroschilow, Molotow, Kaganowitsch, Mikojan und die Jüngeren –, um Abschied zu nehmen, und schüttelten ihm rituell die Hand. Malenkow erklärte später, Stalin hätte ihm durch einen letzten Händedruck die Nachfolge übertragen.

Nur Bulganin am Krankenlager zurücklassend, fuhren die Herren anschließend in den Kreml, wo sich bereits das Präsidium, der Ministerrat und der Oberste Sowjet eingefunden hatten, um die neue Regierung abzunicken. Man entband Stalin vom Amt des Premiers, beließ ihn jedoch seltsamerweise im Präsidium. Die etwa dreihundert Funktionäre stimmten der vorgefertigten Regelung zu. Unter den Magnaten machte sich eine gewisse »Erleichterung« breit.*

Sie rechneten jeden Augenblick mit einem Anruf Bulganins und der Todesnachricht, doch die blieb aus. Stalin hielt noch durch, und so fuhren sie wieder zurück nach Kunzewo. Ab etwa 21 Uhr fing er zu schwitzen an, bei schwachem Puls und bläulichen Lippen. Das Politbüro, Swetlana, Waletschka und die Wachen versammelten sich um den Sterbenden, die jüngeren Funktionäre drängten sich an der Tür und sahen von dort aus zu.

Gegen 21.30 Uhr zählte man achtundvierzig Atemzüge pro Minute, und der Herzschlag nahm ab. Um 21.40 legten die Ärzte unter aller Augen eine Sauerstoffmaske an. Dann war praktisch kein Puls mehr fühlbar. Das Kollegium schlug eine Kampfer-Adrenalin-Injektion vor, um das Herz anzuregen. Eigentlich hätten Wasili und Swetlana die Entschei-

---

* Chruschtschew und Bulganin schützten zunächst Ignatiew, der ZK-Sekretär wurde, doch später schaffte Beria es, ihn wegen seiner Beteiligung am Ärztekomplott zu entlassen, allerdings lediglich mit einer Rüge, worauf er ihn als Ersten Sekretär nach Baschkirien versetzte, seine Vorbereitung auf die Tartarei. Chruschtschew stellte ihn in seiner Geheimrede als Opfer und nicht als ein Ungeheuer dar. Grundsätzlich kamen unter ihm wie auch später unter Breschnew die meisten der in den Ärztekomplott verstrickten Tschekisten glimpflich davon, so Ogolzow, der den Mord an Michoels organisiert hatte, und in Rjasnoi. Chruschtschew ging bei der Ahndung von Stalins Verbrechen sehr selektiv vor. Ignatiew bekam zum siebzigsten Geburtstag 1974 sogar Orden verliehen. Als der Glückspilz unter Stalins MGB-Chefs starb er als Einziger, angesehen und hochbetagt, 1983 fast achtzigjährig im Bett.

dung treffen sollen, doch beide äußerten sich nicht dazu. Schließlich gab Beria die Order. Die Spritze löste ein kurzes Erschauern aus, und Stalin wurde noch kurzatmiger. Er verlor die Kontrolle über seine Körperfunktionen.

»Bringt Swetlana hinaus«, befahl Beria, um ihr den fürchterlichen Anblick zu ersparen – aber niemand rührte sich.

»Das Antlitz verfärbte sich«, schrieb Swetlana, »die Gesichtszüge entstellten sich bis zur Unkenntlichkeit, die Lippen wurden schwarz. In den letzten zwei Stunden erstickte er einfach. … Die Agonie war entsetzlich, sie erwürgte ihn vor aller Augen. … Offenbar in der letzten Minute öffnete er plötzlich die Augen. … Es war ein furchtbarer Blick, halb wahnsinnig, halb zornig, voll Entsetzen vor dem Tode…« Plötzlich änderte sich der Atemrhythmus, und er hob die linke Hand. Eine Schwester deutete das als »Gruß«. Doch Swetlana zufolge »wies er mit ihr nach oben, drohte uns allen. Die Geste war unverständlich, aber drohend.« Vielleicht war es nur eine Reaktion auf seine Atemnot. »Im nächsten Augenblick riss sich seine Seele nach einer letzten Anstrengung vom Körper los.« Swetlana meinte, selbst ersticken zu müssen, und klammerte sich mit beiden Händen an eine neben ihr stehende junge Ärztin, die »vor Schmerz aufstöhnte, und wir hielten uns aneinander fest«.

Der Kampf war noch nicht vorüber. Ein »riesiger Mann« fiel über den Leichnam her und fing an, ihn künstlich zu beatmen und die Brust zu massieren. Diese rohe Misshandlung schmerzte Chruschtschew so sehr, dass er Mitleid mit Stalin bekam:

»Halt! Hören Sie auf, bitte! Sehen Sie denn nicht, dass er tot ist? Was soll das alles? Sie bringen ihn nicht mehr ins Leben zurück. Er ist schon tot«, rief er aus, und bewies mit diesem ersten, nicht von Beria oder Malenkow erteilten Befehl seine impulsive Autorität. Schließlich »wurde das Gesicht blass … reglos, ruhig und schön«, so erschien es Swetlana. »Alle ringsum standen wie erstarrt – in tiefem Schweigen.«

Abermals bildeten sie jene schülerhafte Zweierreihe. Dann stürzte Beria vor und drückte dem noch warmen Körper die rituellen Küsse auf, das Äquivalent dazu, einem verstorbenen König den Ring vom Finger zu ziehen. Auch die anderen küssten ihn der Reihe nach. Woroschilow, Kaganowitsch, Bulganin, Chruschtschew und Malenkow schluchzten an der Seite Swetlanas. Auch Molotow weinte, trauerte um Stalin, obwohl er und seine Frau um ein Haar umgebracht worden wären. Mikojan verbarg seine Gefühle, »doch man kann sagen, dass ich Glück hatte«. Beria weinte nicht, sondern »strahlte« und »wirkte wie neu belebt« – ein fett-

gefressenes, aber überschäumendes altes Ekel, das seine Freude kaum
verbergen konnte. Er stolzierte zwischen den weinenden Potentaten hindurch in den Flur, und plötzlich wurde die Grabesstille um das Toten-
bett durch »den Klang seiner lauten Stimme mit unverhohlenem Triumph erschüttert«, wie Swetlana schrieb:

»Chrustalew, den Wagen!«, bellte er, und rauschte ab in den Kreml.

»Er ist fort, um die Macht zu ergreifen«, sagte Mikojan zu Chruschtschew. Swetlana merkte, »dass sie alle Angst vor ihm hatten«. Sie sahen
ihm nach – dann brach allgemeine Hektik aus, »und die Regierungsmit-
glieder rannten zur Tür«. Mikojan und Bulganin blieben etwas länger,
doch schließlich riefen auch sie nach ihren Limousinen. Die *Instanzija*
hatte das Feld geräumt. Der Koloss war verschwunden, übrig nur die
Hülle eines Alten auf dem Sofa eines hässlichen Vorstadthauses.

Blieben noch die Diener und Angehörigen. Jetzt traten Köche, Chauffeure, Wächter, Gärtner und Kellnerinnen aus dem Hintergrund hervor,
»zum letzten Gruß«. Alle weinten, und grobe Leibwächter »wischten
sich wie Kinder ihre Tränen mit den Ärmeln ab«, und »die Schwester,
die selbst weinte, verabreichte ihnen Baldriantropfen«. Swetlana sah all-
dem »wie versteinert« zu. Irgendwann fing das Personal an aufzuräumen
und die Lichter zu löschen.

Waletschka, die engste Vertraute Stalins und Trösterin in der grauenhaften Einsamkeit dieses beispiellosen Ungeheuers, damals achtunddreißig Jahre alt und fast die Hälfte davon in Stalins Diensten, »brach neben
dem Diwan zusammen«. Diese vergnügte, aber absolut diskrete Frau,
die schon so viel gesehen hatte, würde »bis an ihr Lebensende davon
überzeugt bleiben, dass es auf der ganzen Welt keinen besseren Menschen gegeben habe« als ihn. Sie »ließ den Kopf auf die Brust des Toten
sinken«, die Tränen liefen ihr »über das rundliche Gesicht«, und »sie fing
laut zu klagen und zu weinen an, wie die Bäuerinnen auf dem Lande.
Lange vermochte sie nicht aufzuhören, und niemand störte sie.«[1]

POSTSKRIPTUM

Stalin wurde einbalsamiert. Am 9. März sprachen Molotow, Beria und Chruschtschew bei der Trauerfeier, man legte ihn ins Mausoleum neben Lenin. Polina Molotowa befand sich noch in der Lubianka. Tags darauf lud Beria deren Mann in sein dortiges Büro ein. Als Molotow eintraf, sprang Beria auf, um Polina zu begrüßen: »Eine Heldin!« erklärte er. Ihre erste Frage war: »Wie geht es Stalin?«, und als Polina von seinem Tod hörte, fiel sie in Ohnmacht. Nachdem sie wieder zu Kräften gekommen war, ging Molotow mit ihr nach Hause.

Jetzt machte sich Beria daran, das Regime zu liberalisieren, und ließ kurzerhand alle für das Ärztekomplott Mitverantwortlichen festnehmen. Indes, sein Vorschlag, Ostdeutschland freizugeben, löste einen Aufstand aus und alarmierte die anderen Magnaten. Chruschtschew begann schon, die Vernichtung Berias zu planen, und zog dafür Premier Malenkow und Verteidigungsminister Bulganin auf seine Seite. Molotow bewunderte Beria zwar nach wie vor, sagte aber wegen der DDR-Krise Chruschtschew seine Unterstützung zu. Doch überraschenderweise trat Präsident Woroschilow für Beria ein. Ähnlich bekannte Mikojan, er misstraue Chruschtschew, weil der Beria und Malenkow so nahe stehe. Chruschtschew weihte Mikojan nicht in alles ein, schlug ihm aber vor, Beria zum Erdölminister zu degradieren. Kaganowitsch blieb wie so oft bloßer Zaungast. Marschall Schukow jedoch und seine Generäle ließen die Muskeln spielen.

Am 25. Juni lag Beria fröhlich in der Hängematte vor seiner Datscha und trällerte georgische Lieder. Man hatte ihn zu einer Sondersitzung des Präsidiums geladen. Nina ermahnte ihn zur Vorsicht, doch Beria machte sich keine Sorgen, da Molotow ihn unterstütze. Tags darauf um 13 Uhr stand Chruschtschew in der Konferenz auf und griff Beria an.

Bulganin fiel ein, doch war Mikojan überrascht zu hören, dass Beria die Festnahme drohte.

»Was geht hier vor, Nikita?«, fragte Beria. »Warum versuchst Du mir etwas anzuhängen?« Als Malenkow an der Reihe war, den Putsch zu unterstützen, verlor er die Nerven und gab schnell das Signal, die draußen wartenden Generäle zu rufen. Marschall Schukow kam hereingestürzt und nahm Beria fest.

Nina Beria, Sohn Sergo und Schwiegertochter Martha Peschkowa wurden ebenfalls inhaftiert. Beria selbst bombardierte von seiner Zelle aus Malenkow mit Bitt- und Gnadengesuchen. Am 22. Dezember verurteilte ein geheimer politischer Gerichtshof ihn zusammen mit Merkulow, Dekanosow und Kobulow wegen Hochverrats und Terrorismus zum Tod – Vorwürfe, die im Fall dieser Mörder offenkundig nicht zutrafen.

Man entkleidete Beria bis auf die Unterwäsche, legte ihm Handschellen an und befestigte sie an einem Wandhaken. Er flehte verzweifelt um sein Leben, machte einen solchen Lärm, dass man ihn mit einem Handtuch knebelte. Seine Augen traten deutlich unter der ihm angelegten Binde hervor. Der Schütze – General Batizki (später zum Marschall befördert) – zielte direkt auf Berias Stirn. Man äscherte ihn ein. Sein einstiger Gönner und späterer Rivale Abakumow wurde wegen der Leningrader Affäre verurteilt und im Dezember 1954 erschossen. Man legte ihnen viele der Verbrechen Stalins zur Last.

Als die neue Führung begann, Gefangene freizulassen, reagierten diese oft sehr ähnlich. Kira Allilujewa, ihrerseits gerade erst aus der Haft entkommen, holte ihre Mutter Schenja aus der Lubianka ab.

»Am Ende hat uns Stalin doch alle gerettet!«, erklärte Schenja.

»Du Närrin!«, rief Kira aus. »Stalin ist tot!« Schenja bewunderte den Diktator bis zum eigenen Tod 1974. Ihre Schwägerin Anna Redens hatte, genau wie Budjonnis zweite Frau Olga, in der Haft den Verstand verloren, ohne sich je wieder davon zu erholen. Wlasik kam gebrochen aus dem Gefängnis zurück; danach blieben er und Poskrebyschew Freunde, bis sie beide Mitte der sechziger Jahre starben.

Chruschtschew ging aus dem Gerangel als der führende Mann hervor und ersetzte Malenkow im Amt des Premiers durch Bulganin. 1956 prangerte er, mit Unterstützung Mikojans, in seiner berühmten »Geheimrede« die Verbrechen Stalins an. Fünf Jahre später wurde dessen Kadaver aus dem Mausoleum entfernt und in der Kremlmauer beigesetzt.

Zwar gelang es Molotow, Kaganowitsch und Malenkow 1957, gefördert durch Woroschilow und Bulganin, Chruschtschew im Präsidium zu stürzen, aber dieser mobilisierte daraufhin das Zentralkomitee und ließ seine Anhänger in einer von Marschall Schukow gesteuerten Aktion in die Hauptstadt fliegen.

Bei einem Plenum bemühten sich die mörderischen Magnaten Stalins nach Kräften, einander ihre Verbrechen in die Schuhe zu schieben. »Mit aufgekrempelten Ärmeln und ausgepackten Äxten ließen sie Köpfe rollen.« Schukow klagte sie und Chruschtschew selbst an. Dieser zog gegen Molotow zu Felde, der ihn verhöhnte: »Sie sind der einzige Unschuldige hier, Genosse Chruschtschew!« Kaganowitsch erinnerte daran, dass »das gesamte Politbüro die Todeslisten abgezeichnet« hatte. Chruschtschew sah darin ein Geständnis, doch Kaganowitsch brüllte ihn an: »Haben Sie in der Ukraine etwa keine Tötungsbefehle unterschrieben?« Am Ende ereiferte sich Chruschtschew, im Grunde hätten sie es doch alle nicht verdient, die Grässlichkeiten des Stalinismus ausbaden zu müssen. Wie jüngst ein Historiker schrieb, »war das beileibe kein Nürnberg«, aber immerhin die »stärkste Annäherung der Handlanger Stalins an eine gewisse Abrechnung«. Molotow, Kaganowitsch und Malenkow wurden entlassen, letztere beiden in die Pampa versetzt, um ein Kalibergwerk respektive ein Kraftwerk zu leiten. Malenkows Tochter zufolge fand ihr Vater in dieser neuen Aufgabe etwas erleichternd Beruhigendes; Kaganowitschs Enkel berichtet, dass der »Eiserne Lasar« von Stund an seine Launenhaftigkeit ablegte und nie wieder schrie, sondern ein lieber, zärtlicher Großvater wurde. Molotow ging als sowjetischer Botschafter in die Mongolei und anschließend, 1960, als sowjetischer Vertreter zur UN-Atomenergiebehörde in Wien, sodass er, unbeachtet im Hintergrund, zugegen war, als Präsident Kennedy und Chruschtschew dort im Juni 1961 mit ihren Delegationen zusammenkamen.

Chruschtschew wurde, wie Stalin vor ihm, Premier und Erster Sekretär, Marschall Schukow als Dank für seine Hilfe Verteidigungsminister, aber seine Streitsucht und sein großer Ruhm störten den zunehmend eitlen Chruschtschew, worauf er ihn wegen »Bonapartismus« entließ. Als der senile Woroschilow 1960 vom Präsidentenamt zurücktrat, blieben von den einstigen Magnaten Stalins nur noch Chruschtschew und Mikojan an der Macht. In der Kubakrise war es Mikojan, der zusammen mit seinem Sohn Sergo nach Havanna flog, um Fidel Castro auf Chruschtschews Kompromissvorschlag einzustimmen, um dann in Washington mit Kennedy zu sprechen. Mikojan, der zu Lenins Sargträgern gehört hatte, nahm auch an der Beerdigung J. F. Kennedys teil.

Nach dem Schrecken über die Kubakrise und der autokratischen Narretei seiner Allheilmittel für die Landwirtschaft wurde Chruschtschew 1964 durch eine Intrige von Stalins Nachwuchs Breschnew, Kosygin sowie der grauen Eminenz Suslow gestürzt, die bis zu ihrem Tod in den achtziger Jahren regierten. Mikojan stand auch das durch und wurde Präsident, um 1965 in den Ruhestand zu treten.

Den alten Potentaten setzte ihr Niedergang schwer zu. Zwar hatten sie mit dem Schlimmsten gerechnet und waren insofern erleichtert, noch am Leben zu sein, doch als Kaganowitsch und Andrejew 1957 ihre Wohnungen im Kreml verließen, mussten sie feststellen, dass ihnen nicht einmal ihre Handtücher oder Bettlaken gehörten. Viele von ihnen kamen in den palastartigen Granowski-Gebäuden unter, wo sich der gerissene Molotow neben einer Datscha gleich zwei Wohnungen sicherte. Kaganowitsch und Malenkow bezogen große, aber spartanische Räume in einem anderen Block am Frunse-Ufer, mieden einander jedoch. Die berühmten Altrentner schrieben fortan ihre Memoiren, empfingen Bewunderer Stalins und wichen den bösen Blicken ihrer einstigen Opfer aus, denen sie auf der Straße begegneten, beantragten ihre Wiederaufnahme in die Partei und sichteten in der Lenin-Bibliothek Quellen. Sie waren zu Unpersonen herabgesunken, aber ihren Anblick zu erhaschen, galt als eine erregende Form von Teilhabe an der Geschichte.

Glücklich wieder in Liebe vereint, blieben Molotow und Polina unverbesserliche Stalinisten – Swetlana fühlte sich bei ihnen wie in einem »Museum für Paläontologie«. Die geringschätzige Reizbarkeit zwischen Molotow und Kaganowitsch hielt bis zu ihrem Tod an, war jedoch fast freundlich, verglichen mit ihrem Hass auf Chruschtschew. Der gab zu, »bis zu den Ellbogen« im Blut seiner Opfer zu stecken, was »meine Seele belastet«. Doch er bot seinen Nachfolgern die Stirn, indem er seine stark geschönten Erinnerungen diktierte, um 1971 zu sterben. Trotz all seiner Krankheiten hielt Andrejew genauso lange durch: Eine Gedenktafel an der Fassade des Granowski würdigt den letzten Schlächter Stalins. Mikojan schrieb bis zu seinem Tod im Jahr 1978 freimütige, aber nicht minder selektive Memoiren.

Die anderen erlebten noch eine neue Ära. Während Polina 1970 starb, hinterließ Molotow der Nachwelt seine reulosen Erinnerungen in Gesprächen mit einem gleichgesinnten Journalisten. Gorbatschews Amtsantritt versetzte ihm einen Schock, dem er 1986 erlag. Malenkow blieb zwar Stalinist, fand allerdings Gefallen an der Dichtung Mandelstams und entdeckte den christlichen Glauben seiner Kindheit wieder, was eine Art Reue gewesen sein mag. Seit 1988 ruht er unter einem Kreuz und einer (völlig deplatzierten) Skulptur seines Enkels, dem »Löwen der Gerechtigkeit«. Der von jeher sehr vorsichtige und zaghafte Kaganowitsch überlebte alle, starb erst 1991 und bekam so noch den Anfang vom Ende der Sowjetunion mit, die auch sein Werk war.

Den Nachkommen erging es sehr unterschiedlich, und entsprechend konträr beurteilen sie das Regime Stalins und die Rolle ihrer Eltern. Sie wurden Redakteure, Architekten oder Naturwissenschaftler. Wasili Stalin kam in Haft, später wieder frei, heiratete erneut und starb 1962 tragisch am Alkoholismus. Sein Sohn Alexander, der den Namen seiner Mutter annahm, arbeitet in Moskau als ein angesehener Bühnenbildner. Swetlana Allilujewa wanderte aus und kehrte nach Russland zurück, emigrierte dann erneut, heiratete einen Amerikaner, von dem sie eine Tochter bekam, lebte in Harvard und Cambridge, machte mit ihren schön geschriebenen Memoiren ein flüchtiges Vermögen, fand sich mittellos in einem Obdachlosenheim in Bristol wieder und fristet heute im Mittleren Westen der USA ihr Dasein. Bei ihrem Bekenntnis zum Liberalismus und Verdikt gegen den Stalinismus legte sie sowohl die Intelligenz als auch die Paranoia des Vaters an den Tag. Ihre russischen Kinder Josef Morosow und Katja Schdanowa sind beide in der Heimat als Ärzte tätig.

Juri Schdanow heiratete wieder und kehrte ins akademische Leben zurück, wurde Rektor der Universität von Rostow am Don, wo er heute als geachteter Professor emeritus, Bewunderer Stalins und Fürsprecher seines Vaters lebt. Artjom Sergeew brachte es beim Militär bis zum Generalleutnant und hat sich bei Moskau niedergelassen. Die übrigen Allilujews blieben in der Nähe. Kira Allilujewa war Schauspielerin und ist heute noch genauso unbezähmbar wie 1937, als sie sich weigerte, unter Stalins Billardtisch zu kriechen.

Stepan Mikojan tat sich als Testpilot hervor und stieg ebenfalls zum Generalleutnant auf. Sein jüngerer Bruder Sergo gab ein Magazin über Lateinamerika heraus. Beide wohnen in Moskau. Kaganowitschs Tochter Maja heiratete, bekam Kinder, kümmerte sich um ihren greisen Vater und überlebte ihn nur um wenige Jahre.

Sergo Beria und Martha Peschkowa wurden freigelassen und zogen mit Berias Witwe Nina – die übrigens nie aufhörte, ihren Mann zu lieben – nach Kiew. 1965 ließ Martha sich scheiden. Sergo blieb unter dem Namen seiner Mutter, Gegetschkori, als Raketenentwickler tätig. Kurz bevor er im Jahr 2000 starb, veröffentlichte er seine Memoiren und beantragte beim Obersten Gerichtshof Russlands, seinen Vater zu rehabilitieren. Doch die Justiz hielt an den erlogenen Vorwürfen gegen Beria fest. Martha lebt, apart wie eh und je, nach wie vor in ihrer stattlichen Datscha auf dem einstigen Anwesen ihres Großvaters Gorki. Berias zauberhafte Enkel haben unter dem Namen Peschkow als Innenausstatter, Kunstwissenschaftler respektive Elektronik-Experte reüssiert.

Lilja Droschdowa, Berias »letzte Liebe«, ist ihm treu geblieben. Sie lebt, mit Anfang sechzig immer noch eine Schönheit, in Moskau.

Budjonnis dritte Frau bewohnt heute noch sein Granowski-Appartement, an dessen Wänden lebensgroße Ölgemälde des Marschalls zu Pferde hängen. Die Grundstückspreise dort haben mit der Zeit schwindelerregende Höhen erreicht, weshalb die Molotows ihre Wohnungen an amerikanische Investmentbanker vermieteten, was vielleicht Stalins Befund der bourgeoisen Tendenzen Wjatscheslaws bestätigt. Dessen Enkel Wjatscheslaw Nikonow hatte 1991 zu den führenden Liberalen gehört, die Öffnung der KGB-Archive betrieben und später als einer der einflussreichsten Strategen Präsident Jelzin nicht nur beraten, sondern auch seine Wiederwahl 1996 mit vorbereitet. Heute leitet er einen der angesehensten Think-Tanks Moskaus und schreibt an einer Biographie über seinen Großvater.

Auch bei den Mikojans trog Stalins Ahnung nicht: Anastas' Enkel Stas kam als sowjetischer Rockstar groß heraus, gründete in den neunziger Jahren ein eigenes Schallplattenlabel und ist heute der führende Rock-Impresario Russlands. Zwar erfüllte sich Berias Hoffnung, dass seine Enkel in Oxford studieren würden, nicht, aber einer der Urenkel hat soeben die traditionsreiche englische Privatschule Rugby absolviert. Malenkows Tochter Wolja, die Architektin, folgte der späten religiösen Mission ihres Vaters und begann auf ihre alten Tage, Kirchen zu bauen; deren Fotos zieren ihre Visitenkarte. Sie und ihre beiden Brüder, die naturwissenschaftliche Lehrstühle innehaben, sind nach wie vor felsenfest von der Unschuld ihres Vaters überzeugt.

Stalins Vertrauter Candide Tscharkwiani erlebte noch die Unabhängigkeit Georgiens im Jahr 1991 und schrieb seine Memoiren, die bisher unveröffentlicht blieben. Sein Sohn Gela diente ab 1993 als politischer Hauptberater von Präsident Schewardnadse.

Bis heute bestehen zwischen den Kindern der Magnaten die Freundschaften und Fehden aus dem Regime Stalins fort. So gelten die Familien jener Granden, die sich an der Macht hielten, die Mikojans, Chruschtschews und Budjonnis, nach wie vor als eine sowjetische Aristokratie.

Die Stalinistin Nina Budjonni ist eng mit der Nichtstalinistin Julia Chruschtschew befreundet. Das herzliche Verhältnis zwischen den Marschällen Budjonni und Schukow hat sich nicht nur auf ihre Töchter, sondern auch auf die Enkel übertragen. Stepan Mikojan steht auf gutem Fuß mit Natascha Andrejewa, obwohl er ein Liberaler und sie eine unverbesserliche Stalinistin ist. Artjom Sergeew pflegt regen Kontakt mit den Busenfreundinnen Nadja Wlasik und Natascha Poskrebyschewa. Für Nikita Chruschtschew jedoch haben die Malenkows und die Andrejews nur Verachtung übrig.

Naturgemäß nehmen alle trotz des Terrors ihre Väter in Schutz. Nur die Chruschtschews und Mikojans sind mutig und anständig genug, die Wahrheit zu ehren, was die Bestrebungen ihrer Väter widerspiegelt, die schlimmsten Gräueltaten Stalins (und ihrer selbst) aufzudecken. Wie dem auch sei, teils rechtfertigen die Magnatenkinder nach wie vor frenetisch den Terror, teils schieben sie Stalins Verbrechen lieber Beria in die Schuhe.

Martha Peschkowa, die bei Gorki in Sorrent aufwuchs und nach wie vor meint, dass ihr Vater und ihr Großvater ermordet wurden, und als Kind bei Stalin auf dem Schoß saß, kam zu dem Schluss, dass der Diktator »ebenso klug wie grausam war. Zu seiner Zeit glich die Politik einem Käfig, in dem Intriganten einander bis aufs Blut bekämpften. Welch ein Albtraum! Doch Beria hätte als Nachfolger den Lebensstandard des Landes erhöht und auf diese Weise wahrscheinlich die Vernichtung und Armut der heutigen Zeit verhindert!«

Wladimir Allilujew (Redens), dessen Vater Stalin erschießen ließ und dessen Mutter in seinen Gefängnissen den Verstand verlor, hält ihn für »einen großen Mann mit guten und schlechten Seiten«. Natascha Poskrebyschewa, deren Mutter ebenfalls durch eine Kugel Stalins starb, bewundert ihn abgöttisch und gibt sich als seine Tochter aus. Natascha Andrejewa, die sehr beengt in den Art-Deco-Möbeln aus der Kremlwohnung ihres Vaters lebt, zeichnet sich als die aggressivste Stalinistin von allen aus. »Ich habe die Intuition meiner Mutter geerbt«, warnte sie den Autor beim Interview für dieses Buch, »erkenne jeden Volksfeind an den Augen. Sind Sie ein Feind? Fürchten Sie sich vor der Roten Fahne?« Sie tritt unnachgiebig für den Terror ein. »Vor dem Krieg mussten wir Spione ausschalten.« Trotz der anschwellenden Akten über die Mordorgie ihres Vaters von 1937 beteuert sie seine Unschuld und wendet ein: »Chruschtschew hat mit seinen schmutzigen Fingern in der Ukraine viel mehr umgebracht!« Für die »Fehler« sei nicht Stalin selbst, sondern »das

System« verantwortlich. »Doch ihr westlichen Kapitalisten habt mit Aids in Russland viel mehr Menschen getötet als Stalin in seinem ganzen Leben!«

Jene, die das außerordentliche, grauenhafte und privilegierte Schicksal als Kinder von Stalins Granden teilten, bleiben miteinander verbunden, und es überrascht wohl niemanden, dass ihre Grundeinstellungen der Zeit und dem Auf und Ab ihrer Familien trotzen. Die leidenschaftlich optimistischen Ideale des Marxismus-Leninismus-Stalinismus und die eindrucksvollen Siege der vom Generalissimus ferngesteuerten Armeen bleiben ebenso zwingend und überzeugend wie das Auftreten Stalins selbst, von dem man sie nicht abtrennen kann. Auf die Frage, ob er von Stalin träume, antwortete der alte Molotow: »Nicht oft, aber manchmal. Dabei herrschen ganz ungewöhnliche Verhältnisse. Ich befinde mich in so einer Art zerstörten Stadt und finde keinen Ausweg. Anschließend begegne ich IHM…«[1]

Anhang

ZU DEN QUELLEN UND ZUR SCHREIBWEISE

Dieses Buch basiert auf meinen Recherchen in den Archiven RGASPI und GARF mit ihrer Vielzahl neu zugänglicher Briefe und Chroniken, von Kurzmitteilungen zwischen Stalin und seinen Magnaten bis zum Tagebuch der Ekaterina Woroschilowa sowie auf den Beständen des RGWA und des ZAMO RF. Außerdem ziehe ich eigene Interviews und die Memoiren von Zeitzeugen und deren Angehörigen heran. Letztere sind zwar weniger zuverlässig, aber nach wie vor wertvoll, und sofern möglich habe ich Interviewaussagen mit anderen Quellen verglichen und sie je nach Datenlage einbezogen. So dürften die Kinder Malenkows bei den Gutenachtgeschichten ihres Vaters zuverlässige Bürgen sein, nicht jedoch bei seiner Rolle im Politbüro. Sergo Berias Memoiren sollen zweifellos den Vater rehabilitieren, waren aber zu meiner Überraschung auch bei den Tischgesprächen Stalins und seiner Höflinge ziemlich ungeschminkt. Selbstverständlich sind die Erinnerungen von Magnaten wie Chruschtschew, Molotow, Kaganowitsch, Mikojan, Schepilow und die jüngst publizierten von Mgeladse als Quelle unschätzbar, oft allerdings ausweichend bis eindeutig lügnerisch. Ich hatte das Glück, auf die überwiegend noch nicht veröffentlichten Memoiren von Tscharkwiani, Kawtaradse, Budjonni und dem Sohn Dekanosows zurückgreifen zu können, aber für sie gelten natürlich die gleichen Regeln.

Ferner habe ich Material aus Geständnissen des NKWD benutzt, zum Beispiel die 1939 gegen Jeschow gesammelten Aussagen, die Marc Jansen und Nikita Petrow in ihrer Biographie des Mannes zitieren, sowie jene gegen Wlasik von 1952 und gegen Beria von 1953. In allen drei Fällen strebten die »Organe« an, die Angeklagten zu entmenschlichen, indem sie ihnen krasse sexuelle Perversionen anhängten. Trotz dieses Vorbehalts stimme ich Petrow zu, dass man sie vorsichtig heranziehen kann. Dabei bestätigen die Verhörprotokolle den allgemeinen Kontext einiger der Vorwürfe.

Schließlich muss ich ehrfürchtig jene großen Werke der Stalin-Forschung erwähnen, die ich bei meiner Arbeit zugrunde gelegt habe: Robert Tucker, *Stalin as Revolutionary* und *Stalin in Power*, Robert Conquest, *Der große Terror*, Arch Getty, *The Road to Terror*, Robert Service, *A History of 20th Century Russia*, John Erickson, *The Road to Stalingrad* und *The Road to Berlin*, Richard Overy, *Russlands Krieg*, Sheila Fitzpatrick, *Everyday Stalinism*, Wladislaw Subok und Konstantin Pleschakow, *Der Kreml im Kalten Krieg*, Gabriel Gorodetsky, *Die große Täuschung*, David Holloway, *Stalin and the Bomb*, Amy Night, *Beria* und *Who Killed Kirow?*, Marc Jansen und Nikita Petrov, *Eshov*, Harold Shukman, *Stalin's Generals*, Gennadi Kostyrchenko, *Out of the Red Shadows*, Jonathan Brent und Vladimir Naumov, *Stalin's Last Crime: The Doctor's Plot*, William Taubman, Sergei Khrushchew und Abbott Gleason, *Nikita Khrushchev*, Oleg

Chlewniuks Sammlung der Korrespondenz Stalins mit Molotow und mit Kaganowitsch sowie seine Schriften über die dreißiger Jahre und über Ordschonikidse.

Im Übrigen habe ich stets die gängigsten und augenfälligsten Schreibweisen verwendet, zum Beispiel »Josef« anstelle von »Iossif«, auch wenn das manchmal zu Ungereimtheiten führt. So heißt es »Koniew« im Unterschied zu »Allilujew« (oder »Beria« statt »Berija«). Aus ähnlichen Gründen ersetze ich den Nachnamen mitunter durch die bekanntere parteiinterne Anrede, zum Beispiel »Ordschonikidse« durch »Genosse Sergo«. Polina Schemtschuschina führe ich jedoch als Polina Molotowa. Bei chinesischen Namen halte ich an den eingeführten Schreibweisen fest, etwa Mao Tse-tung oder Tschou En-lai.

Zitierte Zeitschriften

American History Review
Argumenti i Fakti
Bolschewik
Cold War History
Eschegodnik Iberiisko-Kawkasskogo Jasykonsnanija
Europe/Asia Studies
Far Eastern Affairs, Moskau
Glasnost
International Affairs
Istorija SSSR
Istoritscheskii Archiv (IA)
Istoritscheskii Schurnal
Istotschnik
Iswestija
Iswestija ZK KPSS
Itogi
Iunost
Kommunist
Komsomolskaja Prawda
Krasnaja Swesda
Leningradskaja Prawda
Literaturnaja Gaseta
Literaturnaja Rossija
Literaturnali Sachartwelo
Mir Istorii
Molodaja Gwardija
Moskowskie Nowosti
Nesawisimaja Gaseta
Nesawisimoe Woennoe Obosrenie
Nowaja i Noweischaja Istorija
Nowi Mir
Nowi Schurnal
Ogonjok
Prawda
Rodina
Rossiiskaja Gaseta

Rossiiskie Westi
Schpion
Sintaksis
Slavic Military Studies
Slavic Review
Slavonic and East European History Review
Snamja
Soviet Studies
Sowerschenno Sekretno
Sowetskaja Militaria
Sowetskaja Rossija
Swobodnaja Mysl
Transcaucasia
Trud
Westnik Protiwowosduschnoi Oboroni
Wetscherni Club
Woennji Archiv
Woenno-Istoritscheski Schurnal (WISch)
Woprosi Filosofii
Woprosi Istorii
Woprosi Istorii Kommunistitscheskoi Partii Sowetskojo Sojusa

Abkürzungen der zitierten Archive

RGASPI   Russisches Staatsarchiv für Sozial- und Politikgeschichte
GARF   Staatsarchiv der Russischen Föderation
RGWA   Staatliches Russisches Kriegsarchiv
ZAMO   Zentralarchiv des Verteidigungsministeriums der Russischen Föderation
FSB RF   Zentralarchiv des Sicherheitsdienstes der Russischen Föderation
RGAE   Staatliches Russisches Wirtschaftsarchiv
RGALI   Russisches Staatsarchiv für Geschichte und Literatur
APRF   Verwaltungsarchiv des Präsidenten der Russischen Föderation
ZK KPSS   Iswestija des Zentralkomitees der Kommunistischen Partei der Sowjetunion

QUELLEN

Prolog

1 Meine Darstellung des 8. November 1932 stützt sich auf die Memoiren Molotows und Swetlana Allilujewas, Gespräche mit Nachfahren Stalins und der sowjetischen Funktionäre, ferner Nadjas Krankenakten, Briefe an und von Stalin, offizielle Berichte in den Archiven RGASPI und des GARF, außerdem Publikationen wie Edward Radzinskys *Stalin*. Zu Nadjas Aussehen: Swetlana Allilujewa, *Zwanzig Briefe*, S. 110, Boris Baschanow, *Ich war Stalins Sekretär*, S. 128, Nadjas Selbstporträt, zitiert nach Radzinsky, *Stalin*, S. 278 f. Frauen: Chuev (Hg.), *Molotov Remembers* (fortan *MR*), S. 164 und 174, Tagebucheintrag Stalins zum 8. Nov. An der Sitzung nahm auch Postyschew teil, vgl. *Istoritscheski Archiv*, Nr. 1, 1994 bis Nr. 1, 1997 und Index 1998, Nr. 4: »Posetiteli Kremlewskogo Kabineta IV Stalina 1924–1953«. Jagoda: Litwin, *Jagoda*, S. 1–20. Jagodas Hitlerbärtchen: Interview mit Martha Peschkowa. Zu Stalins Aussehen. Honiggelbe Augen: Interview mit Maja Kawtaradse. Verkürzter Arm, Armeemantel: Interview mit Artjom Sergeew. Tabakgeruch: Interview mit Leonid Redens und Swetlana im Gespräch mit Rosamund Richardson (fortan Swetlana RR). Grundriss des Kreml und Wohnungen der Magnaten: Interview mit Stepan Mikojan. Zur Atmosphäre: Tagebucheintrag der E. D. Woroschilowa zum 21. Juni 1954, RGASPI 74.1.429.65 f.

2 Schauspieler karikieren Stalins Gang: Vishnevskaya, *Galina*, S. 95–97. Personenschutz: RGASPI 17.162.9.54, zitiert nach Khlevniuk, *Circle*, S. 51. Zu Lenin: Service, *Lenin*, S. 400 f. Besuche in Bedni: Sudoplatov, S. 52. Bettler: Chuev, *MR*, S. 14 und 213, Wlasik, S. 25–27. Bis 1927 hatte Stalin nur einen Leibwächter, den Litauer Jusis, zu dem sich dann Wlasik gesellte. Spaziergänge: Interviews mit Juri A. Schdanow und Artjom Sergeew, auch Sudoplatov, S. 52. Beschluss des Politbüros: RGASPI 17.162.9.54, zitiert nach Khlevniuk, *Circle*, S. 51, Chuev, *Kaganovich*, S. 191. Vgl. auch ders., *MR* mit dem Bericht darüber, wie Stalin und Molotow in Moskau einem Stadtstreicher begegneten. Zu Stalin laufende Kreml-Kinder: Interview mit Natalja Andrejewna.

3 Zur Psoriasis-Hypothese vgl. Bos und Farber, »Joseph Stalin's Psoriasis«; ich danke R. Service für den Hinweis. Zur Mandel- und Halsentzündung: Waledinski, »Wospominanija«, S. 121–126. Stalin tadelt Wasili: Artjom Sergeew, vgl. auch Mgeladse, *Stalin*, S. 198 f.: »Wenn ich das getan hätte, wäre ich nicht Stalin.« Fünf oder sechs Stalins: Chuev, *Kaganovich*, S. 154. *Lizedei*: Subok/Pleschakow, *Der*

Kreml im Kalten Krieg (fortan Subok), S. 43. Stalins Charakterbildung: R. Service, »Joseph Stalin«, S. 15–30.

4 Stalin an Nadja, 21. Juni 1930, RGASPI 558.11.1550.34 f. Nadja als Petze: Nadja an Ordschonikidse, mit Beschwerde darüber, dass Stalin an der Prodakademija keine korrekte und regelrechte Technikerausbildung fördert, 2. April 1931, RGASPI 85.28.63.13. Ich danke Robert Service für den Hinweis.

5 Nadja an Stalin, 28. Aug. 1929, RGASPI 558.11.1550.

6 Zu Nadjas »Wahnsinn«: Chuev, *MR*, S. 173 f. Zu den psychischen Problemen der Allilujews: Interviews mit Kira Allilujewa und Stanislas Redens. Swetlana RR. Polina, zitiert nach Swetlana Allilujewa, *Zwanzig Briefe*, S. 133 f.

7 Nadja an Stalin, 27. Sept. 1929, RGASPI 558.11.1550.27.

8 Stalin an Nadja, 29. Aug. 1929, RGASPI 558.11.1550.8. Zum Schüler Wasili und seinem Lehrer: Stalin an Nadja, 2. Juli 1930, RGASPI 558.11.1550.31 f., und Swetlana an Stalin, 21. Sept. 1931, RGASPI 558.11.1550.61–63.

9 Nadja an Stalin, 28. Aug. 1929, RGASPI 558.11.1550.7. Stalin an Nadja, 29. Aug. 1929, RGASPI 558.11.1550.8. Stalin über Nadjas Ärzte: Stalin an Nadja, 21. Juni 1930, RGASPI 558.11.1550.30. Stalins Zähne: Stalin an Nadja, 24. Sept. 1930, RGASPI 558.11.1550.43–45, und Nadja an Stalin, 5. Sept. 1930, RGASPI 558.11.1550.34 f.

10 Nadja an Stalin, 1. Okt. 1929, RGASPI 558.11.1550.29.

11 Stalin an Nadja, 8. Sept. 1930, RGASPI 558.11.1550.36 f.

12 Nadja an Stalin, 28. Aug. 1929, RGASPI 558.11.1550.7.

13 Nadja an Stalin über Politik: vgl. etwa Nadja an Stalin, 2. Sept. 1929, RGASPI 558.11.1550.10–12; darin berichtet sie von einem Treffen Ordschonikidses und Rudsutaks mit Woroschilow und über Ordschonikidses Einschätzung der wirtschaftlichen Lage im Kaukasus.

14 Nadja, Stalin und die Bücher – zu »weißer« Literatur über Stalin: Nadja an Stalin, 26. Sept. 1931, RGASPI 558.11.1550.65 f. Stalin an Nadja, Nadja an Stalin, 5. und 8. Sept. 1930, RGASPI 558.11.1550.35 f. Nadja an A. N. Poskrebyschew, 10. Juli 1932, RGASPI 558.11.786.123 f.

15 Fotos: Stalin an Nadja, 24. Sept. 1930, RGASPI 558.11.1550.43–45. Das ulkige Aussehen Molotows: Nadja an Stalin, 29. Sept. 1931, RGASPI 558.11.21550.65 f.

16 N. Allilujewa, IKKI, 12. Mai 1927, RGASPI 535.1.53.18. Zu *Babas*: Nadja Allilujewa an Maria Swanidse, 11. Jan. 1926, RGASPI 44.1.417. Hühnchen: Nadja an Kalinin, zitiert nach der Sendung »Kremlin Women« von Robert Service in *Radio 4*.

17 Stalin an Nadja, 1. Sept. 1929, RGASPI 558.11.1550.9.

18 Leben im Kreml, Erinnerungen an Woroschilow und die Wohnung: Artjom Sergeew, Natalja Andrejewna, Stepan Mikojan, Chuev, *MR*, S. 210. »Hier pflegte Iwan der Schreckliche zu wandeln«: Subok, S. 36.

19 Gulia Dschugaschwili, *Ded, Otets*, S. 18 f. Kirow brachte Jakow 1918 nach Moskau und kümmerte sich 1921 in Petersburg um ihn, Nadja an Stalin, 2. Sept. 1929, RGASPI 558.11.1550.10–12. Zu Jascha und Nadjas Suizid: Tagebucheintrag Maria Swanidses vom 9. Mai 1935, RGASPI 558.11.1.213–95. Zu Stalins Scherz über Jaschas Selbstmordversuch: Swetlana RR und Swetlana Allilujewa, *Zwanzig Briefe*, S. 130.

20 Nadjas Aussehen: Wie Fn. 1. Psychisch unausgeglichen: S. A. Schdanowa, zitiert nach Swetlana Allilujewa, *Zwanzig Briefe*, S. 133. Züchtigung Wasilis: Rosamond Richardson, *The Long Shadow*, S. 131 f. Nadjas Krankenakte: RGASPI 558.11.1551.

21 Die Tafelrunde – Andrejews: Natalja Andrejewa. Mikojans: Stepan Mikojan. Ordschonikidses: Eteri Ordschonikidse. Bucharin, Molotow, Kalinin: Stalin an Bucharin in Bucharina, *Memoirs*, S. 142 und 291. Pawel und Schenja Allilujew: Kira Allilujewa. Budjonni: Nina Budjonni. Blendend weiße Zähne: Isaac Babel, *Tage-*

buch 1920, S. 144. Nadja tanzt mit einem anderen: »Jemand machte ihr bei dem Fest zu sehr den Hof...«, Nadeschda Stalin (Enkelin, vom Hörensagen durch Anna Allilujewa), zitiert nach Radzinsky, *Stalin*, S. 278. Tanzen mit Jenukidse: Interview Natalja Rykowa. Zu Stalin und den Frauen – »recht gut aussehend« etc.: Chuev, *MR*, S. 174. »Hübsche« Jegorowa: Rybin, *Oktjabre 1941*, S. 20. Zur Ausgelassenheit Jegorowas: Vasilieva, *Kremlin Wives*, S. 103–111. Filmstar: Davies, *Mission to Moscow*, S. 95, Swetlana Allilujewa, *Das erste Jahr*, S. 136 und 322, Interview mit Nadeschda Wlasik. Briefe von Verehrerinnen: Ratschel Disik an Stalin und dessen Antwort, 3. April 1931, RGASPI 558.11.726.61. Zu Mikulina: *Istoritscheski Archiv*. E. N. Mikulinas Besuch bei Stalin: R. & Z. Medwedew, *Polititscheskii Dnewnik*, S. 364 und 428–434. Stalin, *Sotschinenija*, Bd. 12 (1949), S. 108–115. Geschichte der Rusadana Schordanija: Rybin, *Oktjabre 1941*, S. 18. A. Mirzchulawa, der Rusudana gut kannte, verwarf im Gespräch mit dem Autor die Möglichkeit einer Affäre (»Sie war viel zu jung«); vgl. auch Interview mit Natalja A. Poskrebyschewa. Zu Wlasik: Interview mit Nadeschda Wlasika. Zu seinen Erfolgen bei den Damen Stal und Slawotinskaja: Chuev, *Kaganovich*, S. 160. Zu Dora Chasan: Baschanow, S. 37. Zur Eifersucht (Ballerina) und Haltlosigkeit: Interview mit Wladimir F. Allilujew (Redens). Zu Eifersucht (Friseuse) und Wahnsinn: Chuev, *MR*, S. 173. Natalja Rykowa: Davies, S. 95. Zu Nadjas Eifersuchtsbriefen an Stalin: 30. Juni 1930, RGASPI 558.11.148. Tanzen: Koslowski in Karpow, *Rastreljannje Marschali*, S. 342. Rosa Kaganowitsch: Chuev, *Kaganovich*, S. 48–50. Zu Frauen im großen Terror: Conquest, *Stalins Völkermord*, S. 243. Zu den Frauen des Politbüros am 5. Juli 1937: APRF 3.58.174.107, zitiert nach A. Yakovlev, *Century*, S. 42. Parrish, *Lesser Terror*, S. 33. Alle Allilujews wollen mit Stalin ins Bett gehen: Sergo Beria, *Beria My Father* (fortan Sergo B.), S. 150, Mitteilung Swetlanas an Nina Beria.

22 Zur Ehe Stalins und Nadjas: Interview mit Kira Allilujewa. »Hitzige Frau«: Pauker, zitiert nach Orlow, *Kreml-Geheimnisse*, S. 270. Nadjas Labilität: Eteri Ordschonikidse. Depression und Schizophrenie: Swetlana RR. Krankhafte Haltlosigkeit, Desinteresse an den Kindern: Wladimir Allilujew (Redens). Barschheit gegenüber Stalin (»Halts Maul«): Interview mit Nina S. Budjonni und Maria Budjonni (seine dritte Frau) in Vasilieva, *Kremlin Wives*, S. 72. Zu mangelnder Beachtung: Nadja Stalin in Radzinsky, S. 278. Zu Jenukidse: Natalja Rykowa. Zum politischen Trinkspruch: Rybin, *Oktjabre 1941*, S. 10. Trommeln gegen die Badezimmertür: Khrushchev, *Glasnost*, S. 16. Nadja ihrer Mutter zufolge »eine Närrin«: Swetlana Allilujewa, *Das erste Jahr*, S. 322. Zu Polina Molotowas Gespräch mit Nadja in der Nacht des 8./9. November: Chuev, *MR*, S. 173, und Swetlana Allilujewa, *Zwanzig Briefe*, S. 138.

23 Polina und Nadja, Stalin in der Wohnung: Chuev, *MR*, S. 173. Darstellung Polinas und des Kindermädchens: Swetlana Allilujewa, *Zwanzig Briefe*, S. 137 f., außerdem persönliche Mitteilungen von Kira Allilujewa, Artjom Sergeew, Leonid Redens, Wladimir Allilujew (Redens). Rose abgefallen: Nadeschda Stalin (Enkelin) in Radzinski, S. 278. Die Pistole – Nadjas Bitte an Pawel, verriegelte Tür: Interview mit Kira Allilujewa. Artjom Sergeew hatte die Waffe gepflegt und geladen, persönliche Mitteilung. Die Wohnung: Chuev, *MR*, S. 189, auch Artjom Sergeew. Gusewa und der törichte Wachposten: Khrushchev, *Glasnost*, S. 15–17. Todeszeitpunkt: Geheimbericht Dr. Kuschners, GARF 7523c.149a.2–7.

24 Swetlana Allilujewa, *Zwanzig Briefe*, S. 137 f., gestützt auf die Berichte ihres Kindermädchens und Polina Molotowas von 1955. Mikojan, *Tak Bylo*, S. 232. Obwohl Sina Ordschonikidse dem Zimmer viel näher war, hörte sie, als ihr Mann Sergo sich erschoss, nur »ein dumpfes Plopp«. Zum Riutin-Manifest: Wlasik im Ge-

spräch mit N. Antipenko, zitiert nach Radzinsky, S. 286. »Jossif – Nadja ist nicht mehr unter uns«: Swetlana Allilujewa, *Zwanzig Briefe*, S. 138. »Josef, Nadja ist tot«: Vasilieva, *Kremlin Wives*, S. 167. Jenukidse als Erster von der Kinderfrau benachrichtigt: Bucharina, *Memoirs*, S. 142.

25 Jenukidses Rolle: GARF 7523c.149a.2.1–6, mit dem Bericht Professor Kuschners, Dokument 7. Der Klatsch des Personals und die offizielle Version: GARF 3316.2.2016.1–8. Gnadengesuch A. G. Kortschaginas, die 1935 wegen Mitgliedschaft in einer Terrorbande inhaftiert worden war, an Kalinin. »O Nadja, Nadja«: Mgeladse, S. 117 f. »Mein Leben zerstört«: Nadja Wlasika. »Sie hat mich zum Krüppel gemacht«: Swanidse-Tagebuch, Chuev, *Kaganovich*, S. 73 und 154, Swetlana Allilujewa, *Zwanzig Briefe*, S. 142, »Er erklärte, dass er nicht mehr länger leben wolle.« Scherbenhaufen: Richardson, *The Long Shadow*, S. 131 f. »Spielzeugpistole«: Chuev, *MR*, S. 173, und Swetlana Allilujewa, *Zwanzig Briefe*, S. 235.

1. Der Georgier und das Schulmädchen

1 Richtiger Geburtstag: RGASPI 558.4.2.2. Poesie: RGASPI 558.4.600. Die Darstellung von Stalins Kindheit und Jugend beruht im Wesentlichen auf Tucker, *Stalin as Revolutionary*, und Conquest, *Stalins Völkermord*, ferner Radzinsky, Wolkogonow, *Stalin*, Smith, *Young Stalin*, den Memoiren von Sergei Allilujew und Anna Allilujewa in Tutaev, *The Alliluyev Memoirs*, und (auf russisch) S. Allilujew, *Proidennji Put*, sowie den bisher unveröffentlichten Memoiren Candide Tscharkwianis, dem Stalin von seiner Kindheit und Jugend erzählte. Zu Keke: Sergo B., S. 20 f. Zu Beso und dem Priester etc. bis Tod des Vaters: Candide Tscharkwiani, S. 1–7, das Seminar S. 9 f. Zu Egnataschwili als Patenonkel, nicht Vater: Interview mit Tina Egnataschwili. Stalin über Normalität: Holloway, S. 264 (zum Selbstmord des US-Verteidigungsministers Forrestal). Schmutziges Hemd: Radzinsky, S. 47.

2 Zähne und Exil in Batumi und Kutaisi: Stalin in Tscharkwiani, S. 20–25, Tucker, *Revolutionary*, S. 134 und 156 f. Sieben Verbannungen, sechs Fluchten: S. 94 f., gestützt auf Stalins offizielle Biographie. Vgl dazu Brackman, *passim.*, und Rubel, *Stalin*.

3 Allilujew, *Proidennji Put*, S. 182, »Schwäche für Stalin«. Polen, Türken etc.: Swetlana Stalin, *Zwanzig Briefe*, S. 62. Stalin über die Allilujewas: Sergo B., S. 150, Vasilieva, *Kremlin Wives*, S. 55.

4 Rolle in Kartli 1905–1907. Überfälle: Stalins Memoiren, Tscharkwiani, S. 12–14, Baschanow, S. 124, Allilujewa, *Wospominanija*, S. 187–190, Tucker, *Revolutionary*, S. 158, *Argumenti i Fakti*, Sept. 1995, Radzinsky, S. 67, Swetlana Allilujewa, *Das erste Jahr*, S. 353 f.

5 Rubel, *Stalin*, 23, S. Subok, S. 51. Interview mit W. Nikonow, Mai 2001, Interview mit Natalja Poskrebyschewa. Stalin und Stal: Chuev, *MR*, S. 164, ders., *Kaganovich*, S. 160. Keke/Friedhof: Rubel, *Stalin*, S. 29.

6 Kooptiert: Vgl. dazu ausführlich Rubel, *Stalin*, S. 33, und Baschanow, S. 124.

7 Polizeibericht 1913: RGASPI 558.4.214, Allilujewa, *Wospominanija*, S. 187–190, Tucker, *Revolutionary*, S. 150–158, *Argumenti i Fakti*, Sept. 1995, Radzinsky, S. 67, Swetlana Allilujewa, *Das erste Jahr*, S. 353 f. Stalin über Lenin und die Nationalitätenfrage in Krakau, 1912/13: Tscharkwiani, S. 25–27; Jagd und Frost in der Arktis, S. 22. Briefe an die Allilujews: Rubel, *Stalin*, S. 35 f.

8 Allilujewa, *Wospominanija*, S. 183–190, Chuev, *MR*, S. 93, Tucker, *Revolutionary*, S. 150–157 und 165, Service, *Lenin*, S. 273–296, Vasilieva, *Kremlin Wives*, S. 55. Den Söhnen vorlesen: Artjom Sergeew.

9 Chuev, *MR*, S. 96 f., Suchanow, *1917*, S. 230, Radzinsky, S. 115–117.
10 Zu Zaryzin: Tucker, *Revolutionary*, S. 190–197, und Conquest, *Stalins Völkermord*, S. 91–97. Am Abgrund: Stalin an Woroschilow, o. D., RGASPI 74.2.38.130. Stalins, Woroschilows und Sergos Kommentare zu Trotzki (»Operettenkommandeur«) in RGASPI 74.2.37.60, Woroschilow und Stalin an Molotow, Kaganowitsch und Ordschonikidse, 9. Juni 1933, Voroschilov, *Stalin and the Armed Forces*, S. 18 f., Stalin, *Sotschinenija IV*, S. 118–121 und 420, Tucker, *Revolutionary*, S. 190–197, Medwedew, *Wahrheit*, S. 13, Swetlana RR, Vasilieva, *Kremlin Wives*, S. 60 f., 78 f. und 90. Khlevniuk, *In Stalin's Shadow*, S. 7–16.
11 Mikojan, *Tak Bylo*, 4.-7. Kap., Tucker, *Revolutionary*, S. 202–205.
12 Lenins Testament: Vgl. den Wortlaut der Verfügung in N. Chruschtschow, *Chruschtschow erinnert sich* (fortan *Chruschtschow*), S. 25 (Fn.).
13 Zu den Ereignissen 1920–1929: Conquest, *Ernte des Todes*, 5. Kap., »Kollisionskurs«, Service, *Lenin*, S. 483 ff., ders., *A History*, S. 170–181, Tucker, *Stalin in Power*, S. 91–97 und 139–143, Hosking, *Sowjetunion*, S. 170–181. Stalins Darstellung von 1928: Tscharkwiani, S. 30, Easter, *Reconstructing the State*, S. 71. Zur Partei und ihrer Ideologie: Fitzpatrick, *Everyday Stalinism*, S. 14–21, Service, *Lenin*, S. 153, 164–166 und 388 f., Tucker, *Stalin in Power*, S. 120, Subok, S. 16–25, Getty und Naumov, *The Road to Terror*, S. 5–29.

2. Die Kreml-Familie

1 E. D. Woroschilowa, 21. Juni, RGASPI 74.1.429.65 f. Swetlana Allilujewa, *Zwanzig Briefe*, S. 49.
2 Woroschilow an Stalin, 6. Juni 1932, RGASPI 74.2.37.46. Anklopfen: Mikojan, *Tak Bylo*, S. 53 f., Natalja Adrejewa.
3 Nadja an Stalin, 18. Okt. 1929, RGASPI 55.11.1550.29. Zu Kirow: Nadja an Stalin, 5. Sept. 1930, RGASPI 558.11.1550.34, und Nadja an Stalin, Herbst 1931 RGASPI 558.11.1550.53–58. Zu Molotows Eingreifen: Nadja an Stalin, 8., 12. und 19. Sept. 1930 RGASPI 558.11.1550.36–41. Stalin an Nadja, 24. Sept. 1930, RGASPI 558.11.1550.43–45. Zu Kaganowitsch: Nadja an Stalin, 30. Sept. 1930, RGASPI 558.11.1550.46–49. Zu den Besuchen Sina Ordschonikidses und Molotows: Stalin an Nadja 9. Sept. 1931, RGASPI 558.11.1550.52.
4 »Meine strahlende Liebe, mein Herz und mein Glück«: Molotow an Polina, 13. Aug. 1940, RGASPI 82.2.1592.1. »Ich küsse Dich überall«: Molotow an Polina, 15. Aug. 1940, RGASPI 82.2.1592.4–6. »Wie gerne«: Molotow an Polina, wahrscheinlich April 1945, New York, RGASPI 82.2.1592.40–45. Molotow an Polina, 8. Juli 1946, RGASPI 82.2.1592.19 f. Molotows Werdegang: Wolkogonow, *Stalin*, S. 344–348, Subok, S. 123–127. »Spielte einst Geige«: Khrushchev, *Glasnost*, S. 75–77, Baschanow, S. 152 f. Journalist: Trojanowski in Taubman, *Khrushchev*, S. 211; auch Interview mit Taubman. Polinas Werdegang: Roy Medwedew, *All Stalin's Men*, S. 97–128, Kostyrchenko, *Out of the Red Shadows*, S. 119 f., Khlevniuk, *Circle*, S. 257–260. Polinas Überheblichkeit: Mikojan, *Tak Bylo*, S. 298 f. Größe gegenüber Leibwächtern: Natalja Rykowa. Zuverlässig, aber kein Roboter: Artjom Sergeew. Molotow als Stadttänzer: *Chruschtschow*, S. 143 f. Molotows Verärgerung über seine Leute: Fedorenko, S. 81 f., Jeffery, *Zarubina*, S. 3 f., Sergo B., S. 48, Subok, S. 128–131. Unfreundlichkeit: Oleg Trojanowski. Fedorenko: J. Tschadaew in Kumanev (Hg.), S. 420. Stutters an Stalin: Bereschkow, *Zeuge*, S. 49. Pedantisch: Dobrynin, S. 31. Dreizehn Minuten Schlaf: Gromyko, *Erinnerungen*, S. 438. Partnerschaft mit Stalin, der er auch widerspricht: Djilas, *Gespräche*, S. 83. Molotows

Trotz, Trägheit und Härte: Mikojan in Kumanev (Hg.), S. 67. Frühe Laufbahn: Easter, S. 71–75. Molotow als Mann des 19. Jahrhunderts: Chuev, *MR*, S. vii-xiii. Streit mit Stalin: Chuev, *MR*, S. 20 und 92.

5 Zu den Essen – Mikojans »politischer Club«: Interview mit Juri A. Schdanow. Sein Vater, Schdanow und Stalin verglichen die Tafelrunden mit »Symposien«. Lotterielos: *Chruschtschow* S. 61. Dinners: Mikojan, *Tak Bylo*, S. 352–357. Chuev, *Kaganovich*, S. 58 und 81. Schach: Maja Kaganowitsch an Galina Udenkowa, persönliche Mitteilung. Polinas Parfümkombinat TeSche: Mikojan, *Tak Bylo*, S. 298 f., Kira Allilujewa, Artjom Sergeew, Natalja Andrejewa.

6 Stalin in Geldnot: RGASPI 558.11.822, Stalin an GIS-Vorsitzenden A. B. Chatalow, 3. Jan. 1928. Nadja bittet um Geld: Nadja an Stalin, 26. Sept. 1929, RGASPI 558.11.1550.16–24. Stalin an Nadja, 25. Sept. 1929, RGASPI 558.11.1550.22. Stalin prüft Erhalt: RGASPI 558.11.1550.28. Bestätigung: Nadja an Stalin, 1. Okt. 1929, RGASPI 558.11.1550.29.

7 Geld: Stalin an Chalatow, 3. Jan. 1928, RGASPI 558.11.822. *Chruschtschow*, S. 72, immer Nahrungsmangel. Zu Mikojan/Polina: Interviews mit Stepan und Sergo Mikojan. Zu Nadjas und Dora Chasans Anfahrten mit der Straßenbahn: Natalja Andrejewa, *Chruschtschow*, S. 61. Zum Wohnungsmobiliar: Stalin an Jaroslawski und Kalinin, 25. Juni 1925, RGASPI 558.11.753.

3. Der Charmeur

1 Stalins Frage von 1928/29, was ist ein Kulake, ein Sklave?: RGASPI 558.11.27.16–18. Erschöpfung und Widerstand: Mikojan an Stalin, 23. Aug. 1929, RGASPI 558.11.765.48–58. Lenin zu den Kulaken in: *Polnoje Sobranije Sotschinenii*, Bd. 37, S. 41 und Bd. 50, S. 137 und 142–145. Molotow-Kommission, 30. Jan. 1930: »Über Maßnahmen zur Auflösung der Kulakenhaushalte in vollständig kollektivierten Gebieten«, RGAE 7486.37.78.4/44, und 95–97 zur Statistik, zitiert nach Jakowlew, *Century*, S. 91–98. Stalin umarmt Molotow: Chuev, *MR*, S. 242. Die Bilanz der Kollektivierung stützt sich auf Tucker und Conquest. Tucker, *Stalin in Power*, S. 94 f., 129, 138–147 und 172–176, mit Statistiken über Lager: 2 Millionen Häftlinge, S. 173, die Entkulakisierten: S. 181, geschlachtetes Vieh: S. 182, Erlass von 1930 stuft 5 bis 7 Millionen als Kulaken ein: Service, *A History*, S. 180, Conquest, *Ernte des Todes*, 6. und 7. Kap (»Das Schicksal der ›Kulaken‹« und »Schnellkollektivierung und ihr Scheitern«). Baibakow, *Die Sache des Lebens*, S. 154, Beria, zitiert nach Sacharow, *Mein Leben*, S. 173. Ungewissheit im Werk: Moisei Kaganowitsch in Service, *A History*, S. 243, Kopelew, *Aufbewahren für alle Zeit*, S. 49. Heiligkeit des »Genossen«: Julia Minc in Toranska, *Die da oben*, S. 19. Unbedingter Glaube: Stefan Staszewski, S. 128–137. Inneres Bedürfnis: Jakub Berman, S. 207. Molotows Verachtung der Nazis und der westlichen Politiker: Chuev, *MR*, S. 20, auch zitiert in Subok, S. 41. Kirow, keine theoretischen Schriften: Chuev, *MR*, S. 221. Stalin über Mao: Subok, S. 90 f. Stalin und Krupskaja: Chuev, *MR*, S. 133. Stalin und Jakowlew: zitiert nach Bialer (Hg.), *Stalin and His Generals*, S. 99. Lenin und der Terror, zitiert nach Service, *Lenin*, S. 421. Lob für Stalin als Vorkämpfer des Kommunismus: Rudsutak, 7.–12. Jan. 1933, zitiert nach Getty, S. 93. Stalin und Trauer um Freundschaften: Stalin an Molotow, 24. Aug. 1930, *Stalin's Letters to Molotov*, S. 206. Boxhieb: Stalin an Molotow, 2. Sept. 1930, *ibid.*, S. 210.

2 Molotow an Andrejew, 18. Juni 1929, RGASPI 73.2.44.14.

3 »Seien Sie nicht böse«: Stalin an Andrejew, o. D., RGASPI 73.2.44.9. »Ich meine nicht, dass Sie nichts tun«: Stalin an Andrejew, 11. März 1929, RGASPI 73.2.44.13.

»Brechen Sie ihm das Genick«: Stalin an Andrejew, 18. Mai ??, RGASPI 73.2.44.14. Vgl. auch Easter, S. 112–125.

4 Mikojan, *Tak Bylo*, S. 52. Soso: Mikojan an Stalin über den Zustand des Politbüros, 23. Aug. 1928, RGASPI 558.11.765.48 f. Mikojans Geringschätzung Molotows: Mikoyan, *Memoirs*, S. 329. Molotows Verachtung Kaganowitschs: Chuev, *MR*, S. 228–279. Kaganowitschs Streitigkeiten mit Molotow: Chuev, *Kaganovich*, S. 61. Sergo und Kaganowitsch echte Freunde: *ibid.*, S. 162, und Interview mit Eteri Ordschonikidse. Kaganowitsch entschuldigt sich bei Sergo: Khlevniuk, *Ordzhonikidze*, S. 94.

5 Begierig, ihn wiederzusehen: Sergo B., S. 134, 142 f. und 148, Schukow, *Erinnerungen*, S. 279, Sudoplatov, S. 66, Lydia Dan, S. 82, Artjom Sergeew. Laut Beria hochintelligent etc.: Sergo B., S. 290.

6 Stalin an A. M. Bolschakow, 17. Okt. 1925, RGASPI 558.11.712.18. Die Schachti-Affäre von 1925 hatte der GPU-Beamte Jewdokimow ausgeheckt, der damals mit Stalin Ferien machte und trank: Orlow, S. 31, D. P. Maliutin an Stalin, 8. Aug. 1932, RGASPI 558.11.773.1–3.

7 Rosliakow, zitiert nach Knight, *Kirov*, S. 160.

8 Molotow an Stalin, 21. Dez. 1929, RGASPI 55811.768.131.

9 *Prawda* vom 22. Dez. 1929.

10 Derbe Witze: Djilas, *Gespräche*, S. 83 f. Hosenscheißer: Stalin an Postyschew, 9. Sept. 1931, RGASPI 558.11.787.6. Witz über Koslowski: Gromyko, *Erinnerungen*, S. 148. Witz über Äthiopier: *ibid.*, S. 150. Koslowskis Orden: Rybin, *Stalin i Schukow*, S. 9 f. Einseitiger Witz: Parrish, *Lesser Terror*, S. 190. Schmutzige Lieder: Medwedew, *Wahrheit*, S. 340. Kirchenlieder: Orlow, S. 327, Vishnevskaya, *Galina*, S. 95–97. Unflätige Reime: Kira Allilujewa. Sonstige Witze. Onegin und GPU: siehe Abschnitt über den Terror, unveröffentlichte Memoiren von Sergo Kawtaradse, S. 74; vgl. auch Sudoplotov, S. 151. Rassenwitze: vgl. Abschnitt über die Juden. Galgenhumor: vgl. Stalin an I. I. Nosenko. »Hat man Sie noch nicht festgenommen?«: *Sowerschenno Sekretno*, 3. Nov. 2000, S. 12–14.

11 Stalin an Bucharin und Molotow, 27. Juni 1926, RGASPI 82.2.1420.118.

12 Mikojan, *Tak Bylo*, S. 275. Stalin an Molotow, 4. Sept. 1926 und 24. Aug. 1926, RGASPI 82.2.1420.150 f. und RGASPI 558.11.69.84.

13 Sergo B., S. 15 und 34. Süßigkeiten: Oleg Trojanowski und ders., *Tscheres Godi i Rasstojanija*, S. 148 und 156–164.

14 Jedes Detail: Natalja Andrejewa.

15 »Interessante Zahlen«: Stalin an Molotow über Vermerk Kalinins, 11. Dez. 1935, RGASPI 558.11.753.13. Gewiss möglich: Stalin an Kurtschatow, zitiert nach Holloway, S. 147. Stalin prüft Häuser: Galina Undenkowa über die Kaganowitschs. Berias Haus: Sergo B., S. 34. Luxusartikel: Kirow-Museum, Sankt Petersburg, Stepan M., S. 52 f. Autos: Stepan M., S. 46. Pauker: Orlow, S. 399, Artjom Sergeew. Ginsburg, *Journey*, S. 37. Autos am 19. Dez. 1947: Babitschenko und Sidorow, *passim*. Zu Privilegien, Parteimaximum etc.: Fitzpatrick, *Everyday Stalinism*. Zu Budjonnis Schwert: Stalin an Budjonni 1920, RGASPI 558.11.712.90–97. Gönnerisch, Zusagen aus den Jahren 1920 und 1923, Stalin an Chalatow, 3. Jan. 1928, RGASPI 558.11.822.

16 Über persönliche Beziehungen: Stalin, *Sotschinenija*, Bd. 12, S. 1. Kirow und die Frauen: zitiert nach Wolkogonow, *Stalin*, S. 314 ff. Angehörige, Kirows Schwestern: Knight, *Kirov*, S. 162. Stalin über Familie: Irina Jenukidse im Fernsehinterview für »Stalin's Secret History«, 3. Folge. Zum Verwandtschaftsgeflecht Jagodas, der mit der Nichte Swerdlows, des ersten Staatsoberhaupts der UdSSR, verheiratet war, und zu Jagodas Schwager Awerbach siehe: Shentalinsky, S. 256–269. Miko-

jans Sohn begleitet: Stepan Mikojan, S. 25 und 28, Artjom Sergeew. Kaganowitsch und Bruder: Chuev, *Kaganovich*, S. 29. Molotow zur Festnahme von Brüdern: Chuev, *MR*, S. 114. Partei durch Lenins Tod verwaist: Brooks, *Thank You Comrade Lenin*, S. 24. Ersatzwitwe Lenins: *Chruschtschow*, S. 63.

17 Tucker, *Stalin in Power*, S. 172–174 und 185, Scholochow, *Ein Menschenschicksal*, S. 263 f.

18 »Engste Freunde«: Stalin an Molotow, 3. Juni 1927, RGASPI 558.11.69.36, und »Ihr engster Freundeskreis«: Towstucha an Stalin, 9. Juni 1926, RGASPI558.11.69.43, beide zitiert in Chinsky, *Staline archives inédites*, S. 125 f. »Freunde«: Khlevniuk, *Circle*, S. 94. »Kampfgestählt«: Stalin an Kaganowitsch, 2. Aug. 1932, RGASPI 54.1.100.101 f.

19 Ab 1931 fanden die Sitzungen am 1., 8., 16. und 23. des Monats um 16 Uhr statt. Zwei davon waren »geschlossene Versammlungen«: Khlevniuk, *Circle*, S. 77.

20 Mikojan, *Tak Bylo*, S. 335 und 367.

21 Vgl. dazu Bucharina, *Nun bin ich schon weit über zwanzig*, wo einige davon abgedruckt sind.

22 Woroschilows »Hallo Freund!«: Stalin an Woroschilow, 27. Juli 1921, RGASPI 74.2.38.4. »Schade, dass Sie nicht in Moskau sind«: Stalin an Woroschilow, 27. Okt. 1931, RGASPI 74.2.38.55. Stalins Sicht Woroschilows, »Er macht sogar Gymnastik«: Kira Allilujewa. Charme, Blasiertheit: Sergo B., S. 39 f., 51, 141 und 165, Darstellung in Seaton, *Stalin as Military Commander*, S. 155. Engelsgüte, Jeffery, *Zarubina*, S. 7. Trinken: Artjom Sergeew, Stepan Mikojan, Alanbrooke, *War Diaries*, S. 217, Stepan M., S. 52. Stalins Misstrauen gegenüber dem Wohlleben: Chuev, *MR*, S. 225. Unerschöpflicher Mut, aber militärisch antiquiert: Djilas, *Gespräche*, S. 74. Marapulza zu Recht verurteilt: Woroschilow an Stalin, 14. Okt. 1930, RGASPI 558.11.773.47. Erwägen des Schicksals Minins: Woroschilow an Stalin, 25. Mai 1935, RGASPI 74.2.37.89, auch Woroschilows Briefe an Bubnow, RGASPI 74.2.40.66–99. Seine Launen: Woroschilow an Ordschonikidse, RGASPI 85.1.110.1–20. Hofmaler: Swetlana Allilujewa, *Das erste Jahr*, S. 354, *Chruschtschow*, S. 170. Außerordentliche Beschränktheit: Baschanow, S. 74. Frühe Konflikte mit Stalin: Knight, *Kirov*, S. 104. Laufbahn: Wolkogonow, *Stalin*, S. 353 f., Spahr, *Stalin's Lieutenants*, S. 19–33, Voroshilov, *Rasskas*, S. 79–84 und 247 f. Medwedew, *All Stalin's Men*, S. 1–11. Trug weiße Flanellhosen: Swetlana Allilujewa, *Das erste Jahr*, S. 354.

23 Stalin an Woroschilow, 11. März 1929, RGASPI 74.2.38.39.

24 Woroschilow an Stalin und dessen Antwort, o. D., RGASPI 74.3.39.447.

25 Ausbluten: Stalin an Woroschilow, o. D., RGASPI 74.2.38.127. Chaos: Stalin an Tschubar, Woroschilow, Mikojan, o. D., RGASPI 74.2.38.103. England und Indien: Stalin an Woroschilow, o. D., RGASPI 74.2.39.38. Fisch: Woroschilow an Stalin und dessen Antwort, o. D., RGASPI 74.2.39.54.

26 Woroschilow an Kuibyschew, RGASPI 79.1.760. Stalin, Woroschilow, Molotow, Ordschonikidse, 30. April 1933, RGASPI74.2.39.15.

27 Auf Mittwoch vertagen: Stalin an Woroschilow, 28. Feb. 1927, RGASPI 74.2.38.21. Militärische Fragen: Stalin an Woroschilow, 3. Jan 1929, RGASPI 74.2.38.37, und Stalin an Woroschilow, o. D., RGASPI 74.2.39.49.

28 Woroschilow an Ordschonikidse, 8. Juni 1929, RGASPI 85.1.110.1–20, Khlevniuk, *Circle*, S. 32. Stalin überstimmt oder abgesetzt: Stalin an Woroschilow, 26. Juni 1932, RGASPI 74.2.38.74.

29 »Totschlagargument«: Stalin und Kalinin, 7. Mai 1929, RGASPI 558.11.27.22.

30 Stalin an Woroschilow, 16. April 1929, RGASPI 74.1.38.43. »Teufelspack«: vgl. den Ausdruck *Netschist* in *Molotov Letters*, S. 215. »Heilige Furcht«: Tucker, *Stalin in Power*, S. 484 f.

31 Stalin an Nadja, 24. Sept. 1930, RGASPI 558.11.1550.43.

32 Nadja an Stalin, 26. Sept. 1929, RGASPI 558.11.1550.16–25, und Nadja an Stalin, 27. Sept. 1929, 558.11.1550.27.
33 *Molotov Letters*, S. 215.
34 Khlevniuk, *Circle*, S. 38 f. Einschüchterung von Experten: Service, *A History*, S. 175, *Molotov Letters*, S. 213.
35 Khlevniuk, *Circle*, S. 43, *Molotov Letters*, 6. Aug. 1930, S. 200
36 Stalin an W. Meschlauk, 23. Mai 1930, RGASPI 558.11.27.30–33.

4. Hungersnot und Idylle

1 Nadjas Krankenakte: RGASPI 558.11.1551. Auch: Stalin an Nadja, Juni/Juli, zitiert nach Radzinsky, S, 274.
2 Khlevniuk, *Circle*, S. 46–48. Sergo unterstützt Stalin: »Wir müssen die Rechten erledigen«: RGASPI 558.11.778.40, Sergo an Stalin, 26. Sept. 1930.
3 Woroschilows Korrespondenz: RGASPI 74.2.37.60 und 74.2.38.56. Stalins Sicht von Tuchatschewskis Plänen: Stalin an Woroschilow, RGASPI 74.2.38.59.
4 Zu Tuchatschewskis Komplott: Stalin an Ordschonikidse, 24. Sept. 1930, RGASPI 558.11.778.43. »Nur Molotow, ich und jetzt Du«: zitiert nach Khlevniuk, *Circle*, S. 48 f. Tuchatschewski »hundertprozentig sauber«: Stalin an Molotow, 23. Okt. 1930, *Molotow Letters*, S. 223.
5 Menschinski an Stalin, 10. Sept. 1930, RGASPI 558.11.778.38.
6 Stalin an Tuchatschewski, 7. Mai 1932, RGASPI 74.2.38.56.
7 Nadja an Stalin und dessen Antwort, 10. und 24. Sept. 1930, zitiert nach Radzinsky, S. 275.
8 Stalin an Nadja, 24. Sept. 1930, RGASPI 558.11.1550.43–45.
9 Stalin an Jenukidse, 13. Sept. 1933, RGASPI 558.11.728.40–42. Jenukidse liebäugelt mit der Rechten: Chuev, *MR*, S. 173.
10 *Molotow Letters*, 23. Aug. und 2. Sept. 1930, S. 230.
11 Nadja an Stalin, 24. Sept. 1930, RGASPI 558.11.1550.43–45. Stalin an Molotow, 13. Sept. 1930, *Molotow Letters*, S. 213. Woroschilow an Stalin, 8. Okt. 1930, RGASPI 74.2.37.9–12. Chuev, *Kaganowitsch*, S. 60. Mikojan an Stalin, o. D., RGASPI 558.11.765.68. Sergo an Stalin, 9. Okt. 1930, RGASPI 558.11.778.43.
12 Stalin an Molotow in Khlevniuk, *Circle*, S. 51 f.
13 Stalin an Molotow in *Molotow Letters*, S. 223.
14 Getty, S. 46–49. Woroschilow an Stalin, 8. Okt. 1930, RGASPI 74.2.37.9. Lominadse/Ordschonikidse und Stalins Angriff von 1937 auf den »fürstlichen« Ordschonikidse: Khlevniuk, *Ordzhonikidze*, S. 34–37 und 172.
15 Stalin als Schlichter – Kaganowitsch gegen Sergo wegen Verkehrsfragen: Chuev, *Kaganovitsch*, S. 160. Kaganowitsch gegen Molotow: *ibid.*, S. 61 und 130. Mikojan an Stalin, 12. Sept. 1931, RGASPI 558.11.765.72 f. Sergo »liebte Molotow nicht gerade«: Mikojan, *Tak Bylo*, S. 324. Das Muster: Sergo gegen Molotow und Kuibyschew, aber auch gegen seinen Freund Kaganowitsch.
16 Kaganowitsch als Zweihundertprozentiger: Chuev, *MR*, S. 192, 228 f. und 362. »Axt in die Hand«: *Chruschtschow*, S. 51. Bernstein: N. I. Strachow in Bialer (Hg.), S. 445, Kaganovich, *Pamiatnije Sapiski*, S. 19. Chuev, *Kaganovich*, S. 29, 77 f. und 105. Lokomotive: Artjom Sergeew, E. Rees, *Stalinism and Soviet Rail Transport*, S. 111–118. Kaganowitsch als Zentralist: Service, *Lenin*, S. 496 f., ders., *Bolshevik Party in Revolution*, S. 106–108 und 129, Easter, S. 73. »Koscherowitsch«, Stalin als kleiner Finger: *Chruschtschow*, S. 64, auch Medwedew, *Wahrheit* S. 507. Interpunktion: Baschanow, S. 25, Bessedovsky, S. 219–223, Wolkogonow, S. 348 f. Gut aus-

sehend und Stalins Empfindlichkeit: Sergo B., S. 51. Häusliches Leben: Interview mit Kaganowitschs Enkel Josef Minervin. Jüdischer Akzent: Vishnevskaya, *Galina*, S. 162 f. Reicher Kleinbürger: Swetlana Allilujewa, *Das erste Jahr*, S. 360. Dienst 1917/18 in der Agitprop-Einheit: Erickson, *Soviet High Command*, S. 20. Hitziges Gemüt: Malyschew in *Beria Affair*, S. 83. Schuhe untersucht: Wolkogonow, S. 348 f. Treffen oder hochheben: Interview mit N. Baibakow. Spickzettel für die Begegnung mit Stalin: Tscharkwiani, S. 33. Laufbahn und Interpunktion: *Stalin i Kaganovich Perepiska 1931–36*, S. 40, Kaganowitsch an Stalin, 11. Aug. 1931. Fotos von Männern der Familie: RGASPI 81.1.160. Zu Getreidefeldzug und Erschöpfung: RGASPI 81.1.160.31 f. Robespierre, Chuev, *Kaganovich*, S. 56 und 140.

17 Duzen: Chuev, *Kaganovich*, S. 129. Mikojan, *Tak Bylo*, S. 352. Lieber Soso: Mikojan an Stalin, o. D., RGASPI 558.11.765.68.

18 Applebaum, *Der Gulag*, S. 64 und 521 f.

19 Stalins Vermerke vom 3. Mai 1933, RGASPI 558.11.27.56.72.

20 Stalin zu Getreide- und Brotmengen: wahrscheinlich 1928, RGASPI 558.11.27.6 f. Stalins Listen: RGASPI 558.11.27.37.

21 Ins Grüne: Stalin an Woroschilow, o. D., RGASPI 74.2.39.49.

22 Landleben: Swetlana RR, Interview mit Kira Allilujewa, Artjom Sergeew, Leonid Redens, Wladimir Allilujew (Redens), Stepan und Sergo Mikojan, Juri Schdanow, Nadeschda Wlasik, Natalja Poskrebyschewa; Swetlana Allilujewa, *Zwanzig Briefe*, S. 47 (mit Bucharins Fuchs), Richardson, *Long Shadow*, S. 111–118. Pauker: Orlov, S. 399–401. Weihnachtsmann: Interview mit Kira Allilujewa. Tennis mit Nadja: RGASPI 74.1.429.65 f. und Tagebuch E. D. Woroschilowa. Stalin führt Christbaum wieder ein: Brooks, *Thank You Comrade Stalin*, S. 71. Petrov und Scorkin, *Kto Rukowodil NKWD 1934–1941: Sprawotschnik*.

23 Poskrebyschew: Stalin an Poskrebyschew, 19. Jan. 1932, RGASPI 558.11.786.120. Bürokratismus: Stalins Vermerk vom 13. Aug. 1936, RGASPI 558.11.27.106. Stalin sagt Poskrebyschew ab, »Was war los«: Stalin an Poskrebyschew, 30. Juli 1930, RGASPI 558.11.786.107–109, und Stalin an Poskrebyschew, 1930, RGASPI 558.11.768.110. Interviews mit Natalja Poskrebyschewa, Artjom Sergeew, Leonid Redens, Juri Schdanow, Nadeschda Wlasik und Kira Allilujewa. Poskrebyschew unterzeichnet mit »P«: RGASPI 558.11.774.118, Sergo B., S. 141, Baschanow, S. 71 f. und 110, Medwedew, *Wahrheit*, S. 371, Mikojan, *Tak Bylo*, S. 535. »Stalins treuer Hund« (und »ergebener Schildknappe«): Chruschtschow, S. 279. »Frauen bringen P. in die Bredouille«: Chuev, *MR*, S. 223, Khlevniuk, *Circle*, S. 141. Stalin nennt P. »Chef«: Swetlana Allilujewa, *Das erste Jahr*, S. 340, Tucker, *Stalin in Power*, S. 123–125, Baschanow, S. 110 und 153 f., Wolkogonow, S. 302 f., Rosenfeldt, *Knowledge and Power*, S. 76, 158 und 181. Stalin Ende der zwanziger Jahre: Wlasik zitiert nach Chinsky, S. 33. Leute erschrecken: *Wetschernii Klub*, 22. Dez. 1992.

24 Interviews mit Artjom Sergeew, Stanislas Redens, Wladimir Allilujew, Kira Allilujewa, Natalja Poskrebyschewa; Swetlana RR. Zur Parteikultur: Fitzpatrick, *Everyday Stalinism*, S. 14–21, Service, *Lenin*, S. 463 ff. und 458, Tucker, *op. cit.*, S. 120, Subok, S. 16–26, Getty, S. 5–30, Kaganowitsch nennt Stalin »unseren Vater«: Kaganowitsch an Ordschonikidse, zitiert nach Khlevniuk, *Stalinskoe Politburo*, S. 148–152. Mikojans Ernst: Stepan M., S. 34, Knight, *Kirov*, S. 159–161, Irina Jenukidses Interview im Fernsehfilm »Stalin's Secret History«, 3. Folge.

5. Ferien und die Hölle

1 Towstucha an Jagoda, 9. Juni 1926, RGASPI 558.11.1481.27. Urlaubsverfügungen des Politbüros für Stalin 1922–1934, RGASPI 558.11.1481.28–41.

2 RGASPI 558.11.68.49, o. D.

3 S. Partschine an Sergejew, 27. Juni 1927, RGASPI 558.11.71.26–28, vgl. auch Chinsky, S. 28 f.

4 S. Partschine an Sergejew, 27. Juni 1927, RGASPI 558.11.71.26–28, vgl. auch Chinsky, S. 28, Artjom Sergeew.

5 Mikojan, *Tak Bylo*, S. 291. Lustige Truppe: Bucharina, S. *Memoirs*, S. 188.

6 Stalin an Molotow, 1. Sept. 1933, *Molotow Letters*, S. 233. Jenukidse an Kuibyschew, o. D., RGASPI 79.1.769.1.

7 Chinsky, S. 37.

8 Stalin an Andrejew, o. D., RGASPI 73.2.44.11.

9 Stalin an Ordschonikidse, 23. Aug. 1930, RGASPI 558.11.778.226, anschließend Ordschonikidse und Kaganowitsch an Stalin, RGASPI 558.11.778.24 f.

10 S. Partschine an Sergejew, 27. Juni 1927, RGASPI 558.11.71.26–28, auch Chinsky, S. 28, Artjom Sergeew. Stalin aus dem Süden an Poskrebyschew in Moskau: »Können Sie für ein paar Tage herkommen? Bringen Sie Bücher und Artikel mit...«, RGASPI 558.11.786.110.

11 Woroschilow an Stalin, 6. und 21. Juni 1932, RGASPI 74.2.7.46–51.

12 *Molotow Letters*, S. 231.

13 Kaganowitsch an Stalin und dessen Antwort, 5. Sept. 1933, RGASPI 558.11.80.87, Kaganowitsch an Stalin, 20. Aug. 1931, RGASPI 558.11.739. 28 f. Kabbeleien: Khlewniuk, *Kaganovich Perepiska*, S. 185.

14 S. Partschine an Segeew, 27. Juni 1927, RGASPI 558.11.71.26–28, auch Chinsky, S. 28. Gärtner: Stalin an Poskrebyschew, 1930, RGASPI 558.11.786.112. E. D. Woroschilowa, 21. Juni 1954, RGASPI 74.1.429.65–68. Budjonni: Victor Anfilow in Shukman, *Stalin's Generals*, S. 52–62. Babel, *Tagebuch 1920*, S. 144, ders., »Budjonny befiehlt«, in *Budjonnys Reiterarmee*, S. 67–70. Unsinn: Artjom Sergeew.

15 Knight, *Beria*, S. 15–20, Beria an Ordschonikidse, RGASPI 85.29.414.3, 85.29.370 und 85.27.71.1 f., Chuev, *MR*, S. 341. Swetlana Allilujewa, *Zwanzig Briefe*, S. 24, und Swetlana RR. »Seinen besten Freund töten«: GARF 7523.85.236.17–23, Aussage Lawrenti Zanawa vom 24. März 1955. Kirows Warnung: Mgeladse, S. 178 f., Eteri Ordschonikidse, Artjom Sergeew, Martha Peschkowa; S. Lakoba, *Otscherki*, S. 101–110, 112–115. Hofieren Nina Gegetschkoris, Sergo B., S. 4 f. Eskapaden: Swetlana Allilujewa, *Das erste Jahr*, S. 373.

16 Stalin an Ordschonikidse, RGASPI 558.11.778.102, Medwedew, *Wahrheit*, S. 329 f.

17 Mikojan, *Tak Bylo*, S. 351 f.

18 Stalin an Molotow, 1. Aug. 1925, RGASPI 82.2.1420.45.

19 Mandel- und Halsentzündungen: Waledinski, »Wospominanija«, S. 121–126. Zu Zahnarzt Schapiro: Stalin an Poskrebyschew, 8. Sept. 1930, RGASPI 558.11.786.117.

20 Stalin an Ordschonikidse, 13. Sept. 1929, RGASPI 558.11.778.12. Auch Jenukidse erhielt regelmäßig Berichte über seine Bäder: »Das Wasser hier ist wunderbar, unglaublich«, aber »die Lage nicht so schön«, Stalin an Jenukidse, 29. Aug. 1929, RGASPI 558.11.728.22, und Stalin an Jenukidse, 9. Sept. 1929, RGASPI 558.11.728.30–32.

21 RGASPI 558.11.769.159–161.

22 Stalin an Ordschonikidse, 23. Aug. 1930, RGASPI 558.11.778.26, und Ordschonikidse und Kaganowitsch an Stalin, RGASPI 558.11.778.24 f.

23 Ordschonikidse an Stalin, 17. Juli 1930, RGASPI 558.11.778.24.
24 Molotow an Stalin, RGASPI 558.11.769.109–116.
25 Sept. 1939, RGASPI 558.11.1550.53–58.
26 Stalin an Nadja, 14. Sept. 1931, RGASPI 558.11.1550.58–60.
27 Stalin an Woroschilow, 24. Sept. 1931, RGASPI 74.2.38.47. Budjonni an Stalin,
25. Mai 1931, RGASPI 558.11.712.108. Woroschilow an Stalin, 26. Juli 1932, RGA-
SPI 74.2.37.54–59.
28 Briefwechsel zwischen Stalin und Nadja, 9.–29. Sept. 1931, RGASPI
558.11.1550.52–67, mit Notiz Nadjas.

6. Züge voller Leichen

1 Zur Hungersnot: Tucker, *Stalin in Power*, S. 190–195, Conquest, *Ernte des Todes*,
S. 265 ff., RGASPI 74.1.429.65 f., E. D. Woroschilowa, 21. Juni 1954. Mikojan nie
langweilig und sprachbegabt: Artjom Sergeew. Chruschtschews »Kavalier«: Parrott, *The Serpent and the Nightingale*, S. 83. »Schlauer Fuchs«: Taubman,
Khrushchev, S. 581. Jugend, Seminar, Ehe: Mikojan, *Tak Bylo*. Familienleben: Stepan und Sergo Mikojan. »Jugendlich und elegant: Swetlana Allilujewa, *Das erste
Jahr*, S. 354. Gesänge, auch Kirchenlieder: Chuev, *MR*, S. 189. Stalins Lieblings-
choral aus der »Mnogaja Leta«: Vishnevskaya, *Galina*, S. 95–97, RGASPI
74.1429.65 f., E. D. Woroschilowa, 21. Juni 1954. Orlow, S. 375, mit Zitat Pawel
Allilujews. Schmutzige Lieder, Erinnerungen von K. K. Ordschonikidse in Medwedew, *Wahrheit*, S. 365. Berufssängerin: Tscharkwiani. Stalin zu Truman in Gromyko, *Erinnerungen*, S. 163.
2 Budjonni an Stalin, 25. Mai 1931, RGASPI 558.11.712.108, Khlevniuk, *Kaganowitsch Perepiska*, S. 168 f. und 179 f., Stalin an Kaganowitsch, 15. und 18. Juni
1932. Tucker, *Stalin in Power*, S. 119 und 190–196, Statistiken S. 180 f. und 187.
Kopelew, S. 49 und 60, Service, *Lenin*, S. 503, *Molotow Letters*, S. 230. Kriegerpre-
diger: Sergo B., S. 291, Service, *Lenin*, S. 568. Zum gesellschaftlichen Aderlass: Jakowlew, *Century*, S. 8. Fanatischer Vater: Sergo Mikojan, Sergo B., S. 133. Candide
Tscharkwiani: »Stalin war immer ein überzeugter Fanatiker«, S. 61. Glaube: Chuev, *Kaganovich*, S. 106 f. Losowski: »Bis zum dreizehnten Lebensjahr fromm« und
Kalinin in Rubenstein und Naumov, *Pogrom*, S. 58. »Genossen« heilig: Julia Minc
in *Oni*, S. 16. Absoluter Glaube: Staszewski, S. 128–137. Inneres Bedürfnis: Ber-
man, S. 207. Molotows Verachtung der Nazis: Chuev, *MR*, S. 20, zitiert in Subok,
S. 66. Stalin und Krupskaja, Chuev, *MR*, S. 133. Stalin und Jakowlew, zitiert in
Bialer (Hg.), S. 99. Lenin und der Terror, zitiert in Service, *Lenin*, S. 506. Lob für
Stalin als Kämpfer, Rudsutak, 7.–12. Jan 1933, zitiert in Getty, S. 93. Stalin und
Freundschaften: Stalin an Molotow, 24. Aug. 1930, *Molotow Letters*, S. 206. Boxen:
Stalin an Molotow, 2. Sept. 1930, *Molotow Letters*, S. 210. Mandelstam, *Das Jahr-
hundert der Wölfe*, S. 195 und 191. Molotows Liebesbrief und Marxismus: Molo-
tow an Polina, 19. Aug. 1940, RGASPI 82.2.1592.8 f.
3 Kira Allilujewa, Swetlana Allilujewa, *Zwanzig Briefe*, S. 46, Artjom Sergeew.
4 Nadja als Petze, Nadja Allilujewa an Ordschonikidse über Technikerausbildung:
2. April 1931, RGASPI 85.28.63.13 (ich danke Robert Service für den Hinweis),
Interview mit Nina Budjonni. Quälgeist und Paukers »hitzige Frau«: Orlow,
S. 370. Schenja über Krankheit und Stalin über Koffein: Swanidse-Tagebücher,
11. Sept. 1933 und 9. Mai 1935. Fernsehinterview mit Irina Jenukidse für »Stalin:
Secret History«, 3. Folge, Eteri Ordschonikidse. Unausgeglichen, Chuev, *MR*,
S. 173.

5 Stalin an Kosior, 26. April 1932, RGASPI 558.11.754.121.

6 Chuev, *MR*, S. 42 f.

7 Stalins Gespräch mit Transkauskasiern über Ernennung Berias: RGASPI 558.11.90–132, Medwedew, *Wahrheit*, S. 269 f. Örtliche Bosse blicken zurück, Beria intrigiert bei Redens: Redens an Stalin, 14. Nov. 1930, RGASPI 558.11.801.42.

8 Kaganowitsch an Kuibyschew, 2. Juli 1932, RGASPI 79.1.777.1. Ferien: Treffen mit Kaganowitsch, Kuibyschew, Ordschonikidse etc. vom 29. Mai 1932, *Istoritschewski Archiv*, Tucker, *Stalin in Power*, S. 109–195, Conquest, *Ernte des Todes*, S. 265–274.

9 Lakoba, S. 115.

10 Woroschilow an Stalin, 26. Juli 1932, RGASPI 74.2.37.54–59, auch Stalin an Kaganowitsch, RGASPI 54.1.100.101 f.

11 Stalin an Churchill: Churchill, *The Second World War*, Bd. 4, S. 447 f.

12 OGPU-Berichte an Stalin im Urlaub: RGASPI 558.11.79.101 und 129. Zum Erlass vom 7. August: Kaganowitsch und Molotow an Stalin, 24. Juli 1932, RGASPI 558.11.78.85. Ordschonikidse im Urlaub: Stalin an Kaganowitsch und Molotow, 14. Juli 1932, RGASPI 558.11.78.39. Der Fall Korneiew: Kaganowitsch an Stalin, 15. Aug. 1932, RGASPI 558.11.79.10, Woroschilow an Stalin, 15. Aug. 1932, RGASPI 558.11.79.8 f. Stalin an Kaganowitsch und Woroschilow, 15. Aug. 1932, RGASPI 558.11.79.8, Khlevniuk, *Circle*, S. 102 f., Chinsky, S. 88–94. Warnung an Redens wegen Ukraine: Stalin an Kaganowitsch, 11. Aug. 1932, RGASPI 81.3.999144–51, Khlevniuk, *Kaganovich Perepiska*, S. 273. Bucharin und Jenukidse, Chuev, *MR*, S. 173.

13 Riutin: Khlevniuk, *Circle*, S. 101 f., Knight, *Kirov*, S. 154, Tucker, *Stalin in Power*, S. 210 f. 27. August: *Istoritschewski Archiv*.

14 RGASPI 558.11.1551, *Istoritschewski Archiv*.

15 Zum Riutin-Manifest und Nadja: Radsinski zitiert Wlasik in Antipenko, S. 286, Khlevniuk, *Circle*, S. 101 f., Knight, *Kirov*, S. 154, Tucker, *Stalin in Power*, S. 210 f. Druck, so viele Feinde: Mgeladse, S. 117 f.

7. Stalin als Mäzen

1 Das ZK schickte Stalin nach Loyalität und politischem Nutzen abgestufte Listen verlässlicher Schriftsteller, darunter altgediente wie Maxim Gorki und harmlose Randfiguren wie Alexei Tolstoi oder Ilja Ehrenburg, vgl. J. Jakowlew an Stalin, 3. Juli 1933, RGASPI 558.11.815.

2 Der RAPP als »literarischer Bestandteil von Stalins Fünfjahresplan für die Industrie«: Figes, *Nataschas Tanz*, S. 490 ff. Vgl. auch das *KGB Lit.-Archiv*.

3 Stalin an Woroschilow, RGASPI 74.2.38.89. Mikojan besucht Gorki: Stepan M., S. 38, Swetlana Allilujewa, *Das erste Jahr*, S. 342, Martha Peschkowa, *KGB Lit.-Archiv*, S. 257. Ein weiteres Beispiel für Stalins Zynismus Gorki gegenüber: Als der ihm ein neues Werk schickte, worin jemand dem brutalen ungarischen Bolschewiken Bela Kun dankte, ließ Stalin ihn den Namen streichen: »Das schwächt nur die Sache des Humanismus. Gruß! Stalin.« Stalin an Gorki, 16. März 1934, RGASPI 558.11.720.28.

4 *KGB Lit.-Archiv*, S. 261, *Prawda* vom 15. Nov. 1930.

5 Jagoda: Litwin, *Jagoda*, S. 15–18. Gab 3,7 Millionen Rubel für seine Residenzen aus: S. 444, *KGB Lit.-Archiv*, S. 253–257. »Ein bemerkenswerter Zug«: Mandelstam, *Das Jahrhundert der Wölfe*, S. 97 f. Babel und Jagoda: Pirozhkova, *At his Side*, S. 63. Timoscha und Jagoda: Vasilieva, *Deti Kremlja*, S. 283–287.

6 *KGB Lit.-Archiv*, S. 257–259, Radzinsky, *Stalin*, S. 259–263, gestützt auf die Berich-

te von Peter Pawlenko, Ewgeni Gabrilowitsch und Korneli Selinski; Figes, *Nata-
schas Tanz*, S. 490 ff., Brooks, *Thank You Comrade Stalin*, S. 108, Gromow, *Stalin*,
S. 150–155. Perlenbesetztes Federmesser etc: K. Selinski, Kemp-Welch, *Stalin*,
S. 12–31.

7 *Der brave Soldat Schwejk*: Rybin, *Oktjabre 1941*. Dostojewski: Djilas, S. 141 und
200. Bibliothek: Swetlana Allilujewa, *Das erste Jahr*, S. 338. Studium: Swetlana
Allilujewa, *Zwanzig Briefe*, S. 230. Liest den Allilujews Tschechow vor: Artjom Sergeew. Liest Schdanow Saltykow-Schtschedrin vor: Juri Schdanow, Swetlana Allilujewa, *Das erste Jahr*, S. 343 f. Liest Woroschilow *Der Ritter im Tigerfell* vor: Nuzibidse, *Nakaduli*, S. 96–105. Kenntnis der georgischen Literatur: Tscharkwiani,
S. 68–73. Kenntnisse der Antike: Chuev, *MR*, S. 177. Coopers *Der letzte Mohikaner*: Oleg Trojanowski. Stalins Bibliothek: RGASPI 558.3.186. *Die rote Lilie* von
Anatole France: vgl. Gamsachurdia, RGASPI 558.3.50. Stalin liest Gogol, Tschechow, Hugo, Thackeray, Balzac: Gulia Dschugaschwili in Biagi, *Swetlana*, S. 53 f.,
und Swetlana Allilujewa, *Das erste Jahr*, S. 344. Kommentare zu Leonidses Werk
über Georgi Saakadse (»Was soll das?«, »Idiotische Szene«): RGASPI 558.3.186. Zu
Bulgakow: RGASPI 558.11.711.63 und 74 f., Stalin an W. Bil-Belozarkowski, Dez.
1928 und o. D., Curtis, *Manuscripts*, S. 69–71 und 111–113. Anruf bei Bulgakow:
KGB Lit.-Archiv, S. 91. Stalin an N. J. Marr, 20. Jan. 1932, RGASPI 558.11.773.44.
Stalin liebte Zola, »Sage mir, was jemand liest« und 500 Seiten täglich: Sergo B.,
S. 142. Zu Pilniak: *KGB Lit.-Archiv*, S. 139–157.

8 Easter, S. 127 und 177, »*Molot*«, 8. Nov. 1932, und *Prawda*, 19. Nov. 1932. Verhungerte, Leichen: Kopelew, *Aufbewahren für alle Zeit!*, S. 49, RGASPI 558.11.1549.40,
12. März 1932, Khrushchev, *Glasnost*, S. 14 f. Zu Stalins Sitzungen am 8. Nov. 1932,
Istoritscheski Archiv. Zu Jagodas Bericht über A. Eismont und A. P. Smirnow, Radzinsky, *Stalin*, S. 268, Swetlana Allilujewa, *Zwanzig Briefe*, S. 135–137. Koffein: Swanidse-Tagebuch, 11. Sept. 1933. Festnahmen: Tucker, *Stalin in Power*, S. 189 und
210 f., Artjom Sergeew, Kira Allilujewa, Natalja Andrejcwa.

9 Die Pistole: Nadjas Bitte an Pawel, Interview mit Kira Allilujewa, 10. Juli 2001.
Gewöhnlich pflegte Artjom Sergeew die Waffe: Interview, Mai/Juni 2001. Die
Wohnung: Swetlana Allilujewa, *Zwanzig Briefe*, S. 137 f., und Artjom Sergeew. To-
deszeitpunkt: Dr. Kuschners Geheimbericht, GARF 7523c.149a.2–7.

8. Die Beisetzung

1 Jenukidses Rolle: GARF 7523c.149a.2.1–6, mit Bericht Professor Kuschners, Dokument 7. Personalklatsch und die offizielle Version: GARF 3316.2.2016.1–8. Gnadengesuch Kortschaginas an Kalinin, Festnahme 1935 wegen Mitgliedschaft in
einer Terrorgruppe. »Oh Nadja«: Mgeladse, S. 117 f. »Mein Leben ruiniert«: Nadja
Wlasik.

2 GARF 7523c.149a.2.10 f. Stalins Fragen: Swetlana Allilujewa, *Zwanzig Briefe*,
S. 142.

3 Chuev, *Kaganovich*, S. 73.

4 Natalja A. Andrejewa, GARF 7523c.149a.2.10 f. Swetlana Allilujewa, *Zwanzig Briefe*, S. 141.

5 Die Beerdigung: Artjom Sergeew, Kira Allilujewa, Natalja Andrejewna, Wladimir
Allilujew, gestützt auf die Fotos in RGASPI 667.1.42.23–24, Chuev, *MR*,
S. 173–175, Bucharina, *Memoirs*, S. 141 f., Swetlana Allilujewa, *Zwanzig Briefe*,
S. 141 f., Chuev, *Kaganovich*, S. 73. Die Rede: GARF 7523c.149.2.8.-10. »Oh Nad-
ja«, Mgeladse, S. 117 f.

6 Stalin verändert, Chuev, *Kaganovich*, S. 154, RGASPI 74.1.429.65 f. Tagebuch E. D. Woroschilowa, 21. Juni 1954. Die Wand bespucken: Schenja Allilujewas Bericht an Kira Allilujewa.

7 Stalin an Woroschilow, 17. Dez. 1932, RGASPI 74.2.38.80. Rücktritt: Swetlana Allilujewa, *Zwanzig Briefe*, S. 142, und Rosliakow zitiert in Knight, *Kirov*, S. 158. Postyschew an Stalin mit Antwort, 28. Dez. 1932, RGASPI 558.11.787.10. Swanidse-Tagebuch, 28. Dez. 1934, 21. Dez. und 9. Mai 1935. Interview mit Nina Budjonni, 5. Dez. 2001. Der Selbstmord veränderte den Lauf der Geschichte: Leonid Redens. Kondolenzbriefe. Kollegen Nadjas an Stalin: 17. Nov. 1932, RGASPI 558.11.1551.38–42. Von Wano Byrchimowa übersetztes Gedicht an Stalin: RGASPI 558.11.1551.31–35. W. M. Kasanowski an Poskrebyschew und Stalin an Poskrebyschew, 27. März 1948, RGASPI 558.11.1551.44 f. Stalin könne ohne Nadja nicht leben: Swetlana Allilujewa, *Zwanzig Briefe*, S. 142, Swanidse-Tagebuch 8. Dez. 1934. Besuche in Stalins Büro, November 1932: *Istoritscheski Archiv*.

8 Diese Darstellung beruht auf Knight, *Kirov*, S. 1–76, Quellen in RGASPI und Interviews mit Überlebenden. Kirow an Stalin in Kislowodsk, 5. Juli 1925: RGASPI 558.11.746.53. Stalin verlangt immerzu nach Kirow: Swanidse-Tagebuch, 13. Dez. 1934.

9 Artjom Sergeew: Erinnerungen an Stalin und Kirow.

10 Knight, *Kirov*, S. 130 f.

11 Stalin an Kirow, 6. Juni 1928, RGASPI 558.11.746.82.

12 Knight, *Kirov*, S. 139.

13 Stalin an Kirow, 21. Juli 1932, RGASPI 558.11.746.131.

14 Kirow übernachtet bei Stalin: Artjom Sergeew. Swetlanas Puppentheater: Swanidse-Tagebuch, 14. Nov. 1934. Spannungen mit Sergo Ordschonikidse: Khlevniuk, *Kaganovich Perepiska*, S. 267 f. (für 1932) und *Molotow Letters*, S. 234 (für 1933).

15 Verschieben von Sofas und Nikolaus I.: Tscharkwiani, S. 35. Im Süden herumziehen: Stalin an G. Dmitrow, 25. Okt. 1934, in Dallin und Firsov (Hg.), *Dmitrov and Stalin*, S. 22.

9. Der Witwer und die Seinen

1 Stalins karges Interieur: Swetlana Allilujewa, *Das erste Jahr*, S. 356 ff., und dies., *Zwanzig Briefe*, S. 38. Kleines Eck: zu Stalins Büro siehe Schtemenko in Bialer (Hg.), S. 353. Sicherheit: RGASPI 17.162.9.54, zitiert in Khlevniuk, *Circle*, S. 51. Zu Lenin: Service, *Lenin*, S. 502 f. Besuche in Bedni: Sudoplatow, S. 52, Chuev, *MR*, S. 14 und 213. Umzug in Bucharins Wohnung: Swetlana Allilujewa, *Zwanzig Briefe*, S. 130, Interview mit Artjom Sergeew, Chuev, *MR*, S. 10 f., RGASPI 558.11.801.42 f., Redens an Stalin, 14. Nov. 1930.

2 Pawel und Schenja Allilujews Rückkehr aus Berlin: Kira Allilujewa, Swetlana RR. Redens hochmütig und »Spinner«: Swetlana Allilujewa, *Zwanzig Briefe*, S. 76. Redens in der Ukraine durch Balitski ersetzt: Khlevniuk, *Kaganovich Perepiska*, S. 276 f. Redens muss Posten räumen: Sergo B., S. 21 und 47, Leonid und Wladimir Redens. Anna als »Plappermaul«: Stalin an Woroschilow, o. D., RGASPI 74.2.38.89.

3 Mikojan, *Tak Bylo*, S. 357. Swanidses: siehe Marias Tagebucheintrag über die Familie, 5. März 1937.

4 Stalin an Jakow, RGASPI 558.3.4. Sah Vater ähnlich: Wlasik, S. 27.

5 Swetlana RR, Swanidse-Tagebuch, 15. April 1935. Familie nach Nadjas Tod: Interviews mit Artjom Sergeew, Kira Allilujewa, Wladimir Allilujew (Redens), Leonid

Redens, Stepan Mikojan, Swetlana RR, Swetlana Allilujewa, *Zwanzig Briefe*, S. 157. Swanidse-Tagebuch, Sept. 1933 und 4. Okt. 1934. Stalins Misstrauen gegen das Plappermaul Anna: Stalin an Woroschilow, o. D., RGASPI 74.2.38.89; vgl. auch Stalins Brief an Kommandeur Efimow wegen Wasili. Swanidse über Stalin: Mikojan, *Tak Bylo*, S. 357 f. (wie Brüder).

6 Wlasik, S. 25–27, Interview mit Nadeschda Wlasika, Briefe von W. Stalin, J. Stalin, Kommandeur S. Efimow, K. Pauker 1933–1938, zitiert in Suchomlinow, *Wasili*, S. 28–30 und 51. Zu Wasili und Swetlana: Swetlana RR. Pistole gefunden: Artjom Sergeew.

7 Mgeladse, S. 117.

8 Tucker, *Stalin in Power*, S. 200–203, Knight, *Kirov*, S. 148 f., Applebaum, *Der Gulag*, S. 89 ff.

9 RGASPI 85.1.144.

10 Knight, *Kirov*, S. 167 f.

11 Kuibyschew als »Wüstling«: Oleg Trojanowski, vgl. auch Stalin an Molotow, *Molotow Letters*, S. 233. Stalin an Molotow, 1. und 12. Sept. 1933.

12 Stalin an Woroschilow, o. D., RGASPI 74.2.38.89.

13 Nadeschda Wlasika, Knight, *Beria*, S. 47–53, Lakoba, *Otscherki*, S. 117 f., Khlevniuk, *Kaganovich Perepiska*, S. 308–320.

14 Mikojan an Stalin, 12. Sept. 1931, RGASPI 558.11.765.72, Khlevniuk, *Circle*, S. 83–97.

15 Khlevniuk, *Circle*, S. 94–97, *Molotow Letters*, S. 233 f., Khlevniuk, *Kaganovich Perepiska*, S. 315–323.

16 Stalin an Molotow, 1. und 12. Sept. 1933, *Molotow Letters*, S. 233; vgl. auch Molotow an Kuibyschew, 12. Sept. 1933, RGASPI 79.1.798.

17 Stalin und Sergo (Fußnote). »Gratulieren oder nicht?«: Stalin an Sergo, 15. Jan. 1931, RGASPI 558.11.778.48. »Bist Du vorbereitet?«: Sergo an Stalin, RGASPI 558.11.778.45. »Wirf mir bloß nicht vor«: Sergo an Stalin, 26. Sept. 1930, RGASPI 558.11.778.40, Stalin an Sergo, 9. Sept. 1931, RGASPI 81.3.99.27 f. Sergos Launen (Text): In den Archiven häufen sich Klagen über Sergos Ausbrüche, zum Beispiel diese von A. Ikramow (Usbekistan) an Stalin: »Genosse Ordschonikidse hat die Lösung von Problemen verhindert und mich obendrein noch derart unflätig beschimpft, dass man es kaum wiedergeben kann«, 12. Juni 1935, RGASPI 558.11.737.65. Stalin lobt, »Sergo hat sie regelrecht verprügelt«: Stalin an Woroschilow, 10. Feb. 1928, RGASPI 74.2.38.25. Khlevniuk, *Ordzhonikidze*, S. 7–16, 21–24 und 158, mit Hinweis auf E. M. Bogdatewa. Zur Prügelei: Chuev, *MR*, S. 113. Seine Anfälle: Gershberg in Khlevniuk, *Ordzhonikidze*, S. 149, Eteri Ordschonikidse, »wenn er rot sieht«: Mikojan, *Tak Bylo*, S. 332, Orlow, *Kreml-Geheimnisse*, S. 213 f. »Ungewöhnlich ehrenhaft«, *Chruschtschow*, S. 101. Easter, S. 59–62. Sergo, »mit Leib und Seele«: Chuev, *Kaganovich*, S. 63 und 162. »Vollendeter Bolschewik«: Swanidse-Tagebuch, Mai 1937. Stalin über Beria und Sergo (Eitelkeit), Khlevniuk, *Kaganovich Perepiska*, S. 92 und 276. Ferien in Kislowodsk: *ibid.*, S. 326, und Korrespondenz Stalins, S. 340 und 342. Stalin über Sergos Edelmut: Tscharkwiani, S. 23. »georgischer Prinz«: Sergo B., S. 15.

18 Umherziehen: Stalin an Dmitrow, 25. Okt. 1934 in Dallin und Firsov, S. 22. Stalins Album, RGASPI 558.11.1668. Vgl. zum Ambiente auch Iksaner, *Onkel Sandro aus Tschegem*. Zur Villa: Besuch des Autors in Museri, 2002.

10. Verdorbener Sieg

1 Beria, S. 47–53, Lakoba, S. 117 f.
2 Haus in Gagra: Besuch des Autors in Cholodnaja Retschka, Gagra, 2002. Stalin in Gagra: Khlevniuk, *Kaganovich Perepiska*, S. 378. Vgl. weiter unten auch Averell Harriman und andere Besucher.
3 Stalin an Jenukidse, 13. Sept. 1933, RGASPI 558.11.728.40–42.
4 Parteitagsbericht gestützt auf Knight, *Kirov*, S. 127 und 171–177, und *Chruschtschow*, S. 97 f. Chuev, *Kaganovich*, S. 70 f., Sergo B., S. 17. Vorschlag Berias an ZK und Kirow warnt Stalin: Mgeladse, S. 177, Khlevniuk spielt das Wahlergebnis des ZK herunter. Tucker, *Stalin in Power*, S. 260–263, Khlevniuk, *Circle*, S. 117–123, Rosliakow, *Ubiistwo Kirowa*, S. 28–33, Radzinsky, *Stalin*, S. 297–300.
5 Kirow an Stalin, 15. Juli 1933, RGASPI 558.11.746.
6 Rosliakow in Knight, *Kirov*, S. 160.
7 »Vegetarische« und »Fleisch fressende Jahre«: Achmatowa, zitiert nach Figes, *Nataschas Tanz*, S. 502. »Mein Kiritsch«: Stalin an Kirow, 6. März 1929, RGASPI 558.11.746.85. Rufe nach Kirow: Swanidse-Tagebuch, 4. Okt. 1953, Knight, *Kirov*, S. 158 f. und 186. Witze über den »Führer des Proletariats«: Artjom Sergeew. Kirow im Mittelpunkt der Aufmerksamkeit: Sergo B., S. 15.

11. Tod des Favoriten

1 »Kremlbergbewohner«: Vgl. zu dem Gedicht und zur Bedeutung seiner Anspielungen Nadeschda Mandelstam, *Das Jahrhundert der Wölfe*, S. 459 (wo es in voller Länge abgedruckt ist), und Figes, *Nataschas Tanz*, S. 502 f.
2 Mikojan, *Tak Bylo*, S. 534. Tucker, *Stalin in Power*, S. 260–263 und 273, *KGB Lit.-Archiv*, S. 175 f. Der Anruf bei Pasternak: N. Mandelstam, *Das Jahrhundert der Wölfe*, S. 171, Radzinsky, *Stalin*, S. 300 f. Stalin an Stawski über den Schriftsteller Sobolew und kreative Marotten, 10. Dez. 1935, RGASPI 558.11.806.117.
3 Stalin an K. Stanislawski, 9. Nov. 1931, RGASPI 558.1.5374.
4 Vertreibung aus dem Kreml, 4. Sept. 1932, RGASPI 558.11.702.6.-12, 41a und 69. Molotow an Bedni, Kopie an Stalin, 12. Dez. 1930, RGASPI 558.11.702.35. »mächtiger Kupferkessel«: *Chruschtschow*, S. 94.
5 W. Kirschon an Stalin und Stalin an Mechlis, 20. Okt. 1932, Kirschon an Stalin und dessen Antwort, 9. und 15. Okt. 1932, RGASPI 558.11.754.1–21. Verlässliche Autoren, Jakowlew an Stalin, 3. Juli 1933, RGASPI 558.11.815. Stalin an Pilniak, 7. Jan. 1932, RGASPI 558.11.786.50.1.
6 Kirschon an Stalin und Kaganowitsch u. Stalin an Kirschon, 13. Aug. 1933, RGASPI 558.11.754.26. Kirschon und Leopold Awerbach, der ehemalige RAPP-Vorsitzende und Vertraute Jagodas, greifen Bulgakows Stück *Flucht* an und lassen es Anfang 1929 absetzen, worauf Bulgakow sich an Stalin wandte: Kirschon und Bulgakow in Curtis, S. 69–71.
7 Panferow an Stalin, 25. Feb. 1934, RGASPI 558.11.786.9–13.
8 »Ja, ja«: Stalin an Woroschilow, 15. März 1931, RGASPI 74.2.37. »Frommer Wunsch«: Upton Sinclair an Stalin und dessen Antwort, mit Kommentar über Eisenstein, RGASPI 558.11.804.12–26.
9 Stalin an Stanislawski, 9. Nov. 1931, RGASPI 558.1.5374.
10 Vertreibung aus dem Kreml, 4. Sept. 1932, RGASPI 558.11.702.6.-12, 41a und 69.

Molotow an Bedni, Kopie an Stalin, 12. Dez. 1930, RGASPI 558.11.702.35. Khlevniuk, *Kaganovich Perepiska*, S. 149 und 164.

11 Bucharin an Stalin und Stalin an Kaganowitsch wg. Ehrenburg, 9. Aug. 1935, RGASPI 558.11.710.24. Tolstoi: Tucker, *Stalin in Power*, S. 114–118 und 282–320, auch Tolstoy, *The Tolstoys*, passim. Chuev, *Kaganovich*, S. 105–107. »Um uns herum«, N. Mandelstam, *Das Jahrhundert der Wölfe*, S. 175. Stalin im Theater: siehe Curtis, S. 250 f., mit Bulgakows Einschätzung von Stalins Kommentaren.

12 Meyerhold an Stalin: RGASPI 558.11.775.99. Zu Pasternak: siehe N. Mandelstam, *Das Jahrhundert der Wölfe*, S. 177. Gidosch an Stalin, 2. Sept. 1932, RGASPI 558.11.725.130. Bedni und Babel: Khlevniuk, *Kaganovich Perepiska*, S. 122 und 149.

13 Rosliakow, Kirow an Maria Lwowna: Knight, *Kirov*, S. 179–181.

14 Darstellung gestützt auf Juri Schdanow, Mikojan, *Tak Bylo*, S. 562, Chuev, *MR*, S. 221 f., Artjom Sergeew, Subok, S. 166 f.

15 Schdanow: Juri Schdanow, Martha Peschkowa. Schdanow-Papiere: RGASPI 77. Verhältnis zu Stalin: siehe RGASPI 558.11.730.2–9 und Schdanow an Stalin 1934. Kaganowitsch und Schdanow an Stalin, 23. Aug. 1934, RGASPI 558.11.83.143. Schdanow an Stalin, 3. Sept. 1934, RGASPI 558.11.86.2–16. Schdanow an Stalin, 6. Sept. 1934, RGASPI 558.11.730.18. »Haben Sie schon dieses neue Buch gelesen?«: Schdanow an Stalin (laut Schdanows Berater A. Beljakow, zitiert in Rybin, *Oktjabr 1941*, S. 51. Von eigener Landwirtschaft geträumt (als : »Agronom«): Swetlana Allilujewa, *Das erste Jahr*, S. 366, Subok, S. 166 f.

16 Stalin an Beria, 19. Sept. 1931, RGASPI 558.11.76.113, Chinsky, S. 37.

17 Zu Stalins mit vielen Anmerkungen versehenen historischen Werken gehörten: Kutusow, RGASPI 558.3.25.2, d'Abernons, *Botschafter der Welt*, RGASPI 558.3.25–32, Vippers, *Geschichte der griechischen Antike*, RGASPI 558.3.36 und von Moltkes, *Der deutsch-französische Krieg 1870*, RGASPI 558.2.224. Iwan der Schreckliche als Lehrer: RGASPI 558.3.350.

18 Mamre-Baum, herzliche Stimmung: Juri Schdanow. Scholochow: Gromow, *Wlast i Iskusstwo*, S. 144. Witze, Schdanow schockiert: Artjom Sergeew. »Aus dem Staub machen«: Kirow an Tschudow in Knight, *Kirov*, S. 181. E. G. Ewdokimow soll Filipp Medwedew als Leningrader NKWD-Chef ablösen: Knight, *Kirov*, S. 161, mit Hinweis auf Medwedews Schwager D. B. Sorokin. Ewdokimow: siehe Conquest, *Inside Stalin's Secret Police*, S. 25.

19 Schdanow an Stalin, 1934, RGASPI 558.11.730.2–9. Kaganowitsch und Schdanow an Stalin, 23. Aug. 1934, RGASPI 558.11.83.143. Schdanow an Stalin, RGASPI 558.11.86.2–16. Schdanow an Stalin, 6. Sept. 1934: »Vor dem Kongress hat Gorki erneut die Kandidatenlisten kritisiert, obwohl sie fest vereinbart waren ... und beklagt, dass Kamenew nicht ins Sekretariat aufrückte. Er wollte weder am Kongress teilnehmen noch den Vorsitz im Plenum führen. Schade ... er ist leider sehr müde«, RGASPI 558.11.730.18. Stalin an Kaganowitsch, Schdanow, Stezki und Mechlis, 24. Aug. 1934, RGASPI 558.11.730.1. Kaganowitsch berichtete über Gorkis Forderungen, denen die gesamte Führungsriege, das heißt er selbst, Molotow, Woroschilow und Schdanow, zugestimmt habe: Kaganowitsch an Stalin, 12. Aug. 1934, RGASPI 558.11.742.21, und Kaganowitsch an Stalin, 12. Aug. 1934, RGASPI 558.11.742.28.

20 Schdanow an Stalin, Sept. 1934, RGASPI 558.11.730.10. Politbüro-Sitzungen: Khlevniuk, *Circle*, S. 122.

21 Schdanow an Stalin, 1. Sept. 1935, RGASPI 558.11.730.37–40.

22 Stalin an Schdanow und Kuibyschew, 11. Sept. 1934, RGASPI 558.11.730.21.

23 Stalin an Schdanow, Jagoda und Akulow, 9. Okt. 1934, RGASPI 558.11.730.22.

24 Reiseziele der Magnaten finden sich in Kaganowitschs Brief an Stalin vom 1. Sept.,

RGASPI 558.11.50.64. Khlevniuk, *Kaganovich Perepiska*, S. 470. Kaganowitsch berichtet aus Kiew. Kirow fuhr nach Kasachstan, Mikojan nach Kursk, Tschubar an die Mittlere Wolga, Kaganowitsch in die Ukraine, Schdanow nach Stalingrad, Woroschilow nach Weißrussland und Molotow nach Sibirien. M. D. Borisow war der Leibwächter. Kirow an Kuibyschew, 18. Sept. 1934, RGASPI 79.1.170.1–3. »Beleidigende Bemerkung«: *Chruschtschow*, S. 74, Knight, *Kirov*, S. 185. Schdanow an Stalin, 8. Okt. 1934, RGASPI 558.11.730.23–36, mit Bericht über Probleme in der Region Stalingrad: »Arbeiter vor Gericht« und »schwache« Parteiführung. Kirows Brief an Kuibyschew: Knight, *Kirov*, S. 183 f. Anruf und Stalins schlechte Laune: Swanidse-Tagebuch, 14. und 26. Nov. 1934.

25 Fitzpatrick, *Everyday Stalinism*, S. 94 f., Starr, *Red and Hot*, S. 134.

26 Knight, *Kirov*, S. 187.

27 Khlevniuk, *Ordshonikidze*, S. 65 f. Gift: Sudoplatow, S. 270 f.

28 Stalin-Notizen, 7. Mai 1929, RGASPI 558.11.27.24.

29 Rybin, *Ryadom*, S. 14–16.

30 Darstellung gestützt auf Knight, *Kirov*, S. 88–99, Tucker, *Stalin in Power*, S. 288–296, Conquest, *Der große Terror*, S. 51–69, sowie Chuev, *Kaganovich* und *MR*, Swanidse-Tagebuch, Mikojans Memoiren: *Tak Bylo*.

12. »Ich bin verwaist«

1 Chuev, *Kaganovich*, S. 71 f., Mikojan, *Tak Bylo*, S. 316–318, Knight, *Kirov*, S. 199–201, Tucker, *Stalin in Power*, S. 292.

2 Eteri Ordschonikidse, Khlevniuk, *Ordzhonikidze*, S. 67, Ginsburg in Knight, *Kirov*, S. 197, Chuev, *Kaganovich*, S. 71 f., Mikojan, *Tak Bylo*, S. 316–318, Knight, *Kirov*, S. 199–201.

3 Tucker, *Stalin in Power*, S. 294 und 646. Küsst Kirow: Rybin, *Rjadom*, S. 88. »Schafft ihn fort«: Radinsky, S. 312. *Chruschtschow*, S. 89 f., 544 und 549. Vgl. auch Orlow, *Kreml-Geheimnisse*, S. 40, Knight, *Kirov*, S. 200–208, mit Hinweis auf Nikolaew, und Conquest, *Am Anfang starb der Genosse Kirow*, S. 62–84.

4 Tucker, *Stalin in Power*, S. 294–296. Wlasik sah Pauker »erschüttert«, als man ihm die Nachricht über Borisow eröffnete, Knight, *Kirov*, S. 205–209.

5 Zum Mord an Woikow und der Reaktion Stalins siehe Chinsky, S. 83. Bezüglich der *Instanzija* danke ich Derek Beales für seine Erläuterung. Zu mündlichen Befehlen siehe unten den Mord an Michoels.

6 Stalin liebte Kirow: Rybin, *Rjadom*, S. 87, Chuev, *Kaganovich*, S. 72. Ratschlag über Beria: Nach dem Krieg erwähnte Stalin die Warnung Kirows vors Beria, Mgeladse S. 178, Bucharina, *Memoirs*, S. 291.

7 Stalin an die Kolchosenleiterin D. Emalinanowa über den Fall des M. A. Merslikow, 27. Feb. 1930, RGASPI 558.11.773.81. Priester Peter Kapanadse und das 2000-Rubel-Geschenk: Tscharkwiani, S. 45, Brief vom 7. Dez. 1933. Geschenk an ukrainischen Jungen, Iwan Boboschko an Stalin: »Ich habe die zehn Rubel erhalten. Danke sehr!«, RGASPI 558.11.712.

8 Kirows Gehirn, Schdanow, Agranow, Jeschow und die Beerdigung: Knight, *Kirov*, S. 214 f., Tucker, *Stalin in Power*, S. 294 f. und 298, *Chruschtschow*, S. 90.

9 Swanidse-Tagebuch, 5.–13. Dez. 1934, Mikojan, *Tak Bylo*, S. 316–318, Knight, *Kirov*, S. 5–8, Tucker, *Stalin in Power*, S. 301 f.

10 Swanidse-Tagebuch, 5.–13. Dez. 1934, Chuev, *Kaganovich*, S. 71 f., Mikojan, *Tak Bylo*, S. 315–317, Tucker, *Stalin in Power*, S. 298, Knight, *Kirov*, S. 5–7, mit Zitat Sergos.

11 Tucker, *Stalin in Power*, S. 297–299, Swanidse-Tagebuch, 5.–13. Dez 1934, Conquest, *Am Anfang starb der Genosse Kirow*, S. 122 ff.
12 Rudsutak an Stalin und dessen Antwort, 5. Dez. 1934, RGASPI 558.11.800.113, Bucharina, *Memoirs*, S. 173.
13 »Alles hatte sich verändert«: Juri Schdanow. »Nichts war mehr wie vorher«: Artjom Sergeew. Popowitsch zitiert in Dedijer, *Tito*, S. 311. Interview Simonows mit Isakow in *Snamja*, Bd. 5, 1988, S. 69.
14 Darstellung des 21. Dez. 1934 gestützt auf Erinnerungen zweier Gäste: Swanidse-Tagebuch, 23. Dez. 1934 und Interview mit Artjom Sergeew. Vgl. auch das Gedicht Marias und verschiedene Fotos. Ich danke Stepan Mikojan, Natalja Andrejewa und Kira Allilujewa, deren Eltern zugegen waren, für die Identifikation der darauf abgebildeten Personen. Gedicht: RGASPI 44.1.1.361–366. Fotos: RGASPI 558.11.1653.22.

13. Ein Geimbund

1 Swanidse-Tagebuch, Juli, Okt. und 23. Dez. 1934. Anekdoten über Stalin und Schenja: Kira Allilujewa. Vgl. auch Artjom Sergeew und Leonid Redens, Swetlana RR, Richardson, *Long Shadow*, S. 99.
2 Khlevniuk, *Circle*, S. 149 f.
3 Knight, *Kirov*, S. 222.
4 Film: Leyda, *Kino*, S. 319, Kenez, *Cinema and Soviet Society*, S. 95, 111, 131 und 159. Beria in Sergo B., S. 17. Lenin zitiert in Figes, *Nataschas Tanz*, S. 471, und sowjetisches Hollywood, S. 496, Medwedew, *Wahrheit*, S. 309, Swetlana Allilujewa, *Das erste Jahr*, S. 343, Fitzpatrick, *Everyday Stalinism*, S. 93 f.
5 Stalin als Liedschreiber, 8. Juli 1935, RGASPI 558.11.27.88. Geschichte über Alexandrow: Gromyko, *Erinnerungen*, S. 457, Leyda, *Kino*, S. 319, Kenez, *Cinema*, S. 95, 111, 131 und 158–161, Taylor und Christie, *The Film Factory*, S. 384, zitiert in Figes, *Nataschas Tanz*, S. 496. Vgl. auch Gromow, *Wlast i Iskusstwo*, Alexandrow, *Epocha i Kino*, und Mariamow, *Kremlewskii Zensor*, über Stalin und das Kino nach dem Zweiten Weltkrieg.
6 A. Dowschenko im Gespräch mit Stalin, anwesend Postyschew, Kosior und Kalinin, 27. Mai 1935. Vgl. auch Kenez, *Cinema*, S. 133.
7 Eisenstein: Figes, *Nataschas Tanz*, S. 475–479 und 497 ff. Kirow und Gegenplan, Leyda, *Kino*, S. 290. Kaganowitsch und Eisenstein: Kenez, *Cinema*, S. 138. Stalin über Eisenstein: Stalin an Upton Sinclair, Okt. 1931, RGASPI 558.11.804.12. Stalin an Kaganowitsch in Khlevniuk, *Kaganovich Perepiska*, S. 101. »Sehr begabt«: Mgeladse, S. 212.
8 Tucker, *Stalin in Power*, S. 330 f., Brooks, *Thank You Comrade Stalin*, S. 64–66. Kaganowitsch und Stalinismus: Chruschtschow, S. 64 f., Mikojan, *Tak Bylo*, S. 31. Personenkult: Fitzpatrick, *Everyday Stalinism*, S. 72–74.
9 Stalin an F. Samoilowa, 6. Dez. 1938, RGASPI 45.1.803.1.
10 Stalin an Schdanow und Pospelow, 24. Sept. 1940, RGASPI 558.11.730.189. Über Gamsachurdias *The Leader's Childhood* schrieb er: »Bitte verbieten Sie die Publikation in russischer Sprache«, Stalin an Schdanow und Pospelow, 24. Sept. 1940, RGASPI 558.11.787.2. Stalin an Schdanow, 14. Sept. 1940, RGASPI 558.11.730.188. Als Altbolschewiken ihre Erinnerungen an seine Frühzeit veröffentlichen wollten, ordnete Stalin an: »Nicht publizieren!«, Stalin an Mechlis, 21. Juli 1937, RGASPI 558.11.1496.17. Stalin an Mechlis, 1930, RGASPI 558.11.773.84.
11 Stalin an P. M. Wsiliew, 3. Dez. 1930 oder 1932, RGASPI 558.11.717.

12 Stalin an Poskrebyschew, Juli 1929, RGASPI 558.11.786.106.
13 Stalin an Blochin, 29. Juli 1925, RGASPI 558.11.711.182.

14. Ein Zwerg steigt auf, und ein Casanova stürzt

1 Vgl. Sudoplatow, S. 270 f., Tucker, *Stalin in Power*, S. 301.
2 Versetzung Kaganowitschs: Rees, S. 132, Khlevniuk, *Circle*, S. 172–177.
3 Zu Chruschtschew: *Oni*, S. 171, *Chruschtschow*, S. 60 ff. und 327 ff., Chuev, *Kaganovich*, S. 99 f. Frühe Jahre: Iurii Schapowal, die ukrainischen Jahre 1894–1949 in Taubman, *Chrushchev*, S. 1–17. »Sohn«: Taubman, *op. cit.*, S. 75.
4 Jeschows Aufstieg: Jansen/Petrov, *Stalin's Loyal Executioner*, S. 25 f., RGASPI 17.3.961.61. Jeschow ernannt, um NKWD-Personal und Komsomol zu kontrollieren. Er war seit Dezember 1934 faktisch Stalins NKWD-Supervisor und löste bald Kaganowitsch als Vorsitzenden des Sicherheitsausschusses ab.
5 Jeschow »menschlich, freundlich«: Dombrowski in Jansen/Petrov, *Stalin's Loyal Executioner*, S. 19 f., Polianski, *Yezhov*, S. 1–40, Mandelstam, S. 372. »Klein und schlank«: Rasgon, *Plen w Swoem Otetschestwe*, S. 50 f. Frauen über Jewschow – schöne blaue Augen: Wera Trail, Memoiren, S. 5–11. Größe: Jansen/Petrov, *Stalin's Loyal Executioner*, S. 1–11 und 14.
6 Jansen/Petrov, *Stalin's Loyal Executioner*, S. 1–11, 14 und 22, Getty, S. 156 f., Khlevniuk, *Circle*, S. 175–177, Polianski, S. 40–84. Gutes Gedächtnis: Stalin an Nuzibidse, *Nakaduli*, S. 96–100.
7 Modelljachten bauen und sammeln: Jansen/Petrov, *Stalin's Loyal Executioner*, S. 199. »Ich kenne keinen besseren Arbeiter«: Moskwin zitiert in Rasgon, S. 50 f. Dwinski an Stalin, 17. Sept. 1935, RGASPI 558.11.89.156. Zu Jeschows Bisexualität, Trinken und Furzen: Jeschows Geständnis, FSB 3.6.1, und Fall Frinowski, FSB N-15301.12, in Jansen/Petrov, *Stalin's Loyal Executioner*, S. 18 f. Krankheiten: *ibid.*, S. 196.
8 Stalin an Postyschew über Jeschows Urlaub, 9. Sept. 1931, RGASPI 558.11.787.6.
9 Stalin an Jeschow, 31. Mai 1935, RGASPI 558.11.818.3, und Stalin an Kaganowitsch und Jeschow, 22. Sept. 1934, RGASPI 558.11.756.88, *Chruschtschow*, S. 108.
10 Stalin an Jewschow, 23. Aug. 1935, RGASPI 558.11.775.35.
11 Trail, Memoiren, S. 8, Jansen/Petrov, *Stalin's Loyal Executioner*, S. 22.
12 Jansen/Petrov, *Stalin's Loyal Executioner*, S. 16, Polianski, S. 88–92, *KGB Lit.-Archiv*, S. 42–44.
13 Mandelstam, S. 372, Eteri Ordschonikidse.
14 Stalin über Dwinski an Besanow in Berlin, 5. Aug. 1934, RGASPI 558.11.83.16.
15 Bucharin schätzte ihn: Bucharina, *Memoirs*, S. 250 und 268, *Chruschtschow*, S. 107 f.
16 Berliner Botschaft und Telegramme des ZK über Jeschows Zustand, von Dwinski an Stalin in Sotschi weitergeleitet, August 1934, RGASPI 558.11.83.50 f. und 93 sowie RGASPI 558.11.84.14, 18, 66 und 110.
17 In Stalins Kreis rümpfte man die Nase: Swanidse-Tagebuch, 11. Sept. 1933. Jenukidse sexuell pervers: Swanidse-Tagebuch, 28. Juni 1935. Jenukidse gebeten, mit in Urlaub zu fahren: Stalin an Jenukidse, 13. Sept. 1933, RGASPI 558.11.728.40. Über Nacht bleiben: Mikojan, *Tak Bylo*, S. 356, Natalja Andrejewa, Kira Allilujewa.
18 Stalin an Jenukidse, 13. Sept. 1933, RGASPI 558.11.728.67–107 und 114, RGASPI 558.11.728.40–42. Conquest, *Stalins Völkermord*, S. 211.
19 RGASPI 558.11.704.20, Knight, *Beria*, S. 58–62.
20 Plenum: Getty, S. 160–168, Khlevniuk, *Circle*, S. 149 f. Kreml-Affäre: Jansen/Pe-

trov, *Stalin's Loyal Executioner*, S. 30, APRF 57.1.273. Sturz Jenukidses: Jansen/Petrov, *op. cit.*, S. 31–33, Schukow, »Taini Kremlewskogo«, S. 83–113. »Etwas faul hier im Staate«: Kaganowitsch in RGASPI 17.2.547 und RGASPI 17.3.963. Bucharin und Jenukidse haben Swetlana politisch »beeinflusst«, Chuev, *MR*, S. 173.
21 Swanidse-Tagebuch, 9. Mai und 28. Juni 1935.

15. Der Zar fährt Metro

1 Vgl. zu der ganzen Episode Swanidse-Tagebuch, 29. April 1935.
2 Verspätet zum Essen, Saschiko und das Foto: Swanidse-Tagebuch, 28. Juni 1935. Stärker als das Politbüro: Swanidse-Tagebuch, 11. Sept. 1933.
3 Swanidse-Tagebuch, 29. April 1935.
4 »Russisches Volk zaristisch«: Radzinsky mit Zitat P. Chagin, S. 323. Molotow über Iwan den Schrecklichen in: Wolkogonow, *Stalin*, S. 404, Mikojan, *Tak Bylo*, S. 534, »Stalin Molotow…«, S. 8. Budjonni, *Notes*, S. 8. Iwan als Lehrer der Lehrer: RGASPI 558.3.350. Bucharin als »Schuiski« in: Chuev, *Kaganovich*, S. 74, Tucker, *Stalin in Power*, S. 104 und 937. Nadir Schah: Stalin-Notizen, 7. Mai 1929, RGASPI 558.11.27.24, Sergo B., S. 284. Über Alexander I.: Harriman/Abel, *In geheimer Mission*, S. 150. Über Nikolaus I.: Tscharkwiani, S. 35. Eisenstein: Kenez, S. 179.
5 Cadillacs: Jagoda an Molotow, dieser und Stalin an Jagoda, 15. Juni 1935, RGASPI 82.2.897.7. Rolls-Royce: Stalin und Woroschilow an Kaganowitsch, 19. Sept. 1933, RGASPI 558.11.81.13, Chuev, *Kaganovich Perepiska*, S. 350. Luxusartikel: Stalin, 20. Mai 1936, RGASPI 558.11.27.95. Es gab sieben Gehaltsstufen: Volkskommissare bekamen 500, Beamte 1. Klasse 250 Rubel, Tucker, *Stalin in Power*, S. 324, Fitzpatrick, *Everyday Stalinism*, S. 93–97, Erickson, *Soviet High Command*, S. 402 f. Anzug Bucharins: Bucharina, *Memoirs*, S. 247 f.
6 *Trud*, 30. Dez. 1936, Brooks, *Thank You Comrade Stalin*, S. 71.
7 Tucker, *Stalin in Power*, S. 284–287, Chruschtschow, S. 75.
8 Stalin und Poskrebyschew an Mirsoian, 3. und 21. April 1935, und dessen Antwort vom 23. April, RGASPI 558.11.754.101.
9 Khlevniuk, *Circle*, S. 154–156.
10 Stalin an Kaganowitsch, 8. Sept. 1935, RGASPI 81.3.100.91, und Kaganowitsch an Stalin, 13. Sept. 1935, RGASPI 558.11.743.17. Stalin und Salinin an Kaganowitsch, Jeschow und Molotow, 7. Sept. 1935, und Kaganowitsch an Stalin, 10. Sept. 1935, RGASPI 558.11.89.71–76 und 89. Kaganowitsch an Stalin, 23. Sept. 1935, RGASPI 558.11.90.55. »Alte Fürze«, Stalin auch wütend über Nähe zwischen Orachelaschwili und Jenukidse: RGASPI 81.3.100.91–94. Agranow schickte Stalin Informationen über Jenukidse, die der im Politbüro verteilen ließ. Vgl. auch Chuev, *Kaganovich Perepiska*, S. 554–558, Chinsky, S. 39–47.
11 Nadeschda Wlasika. Briefe von W. Stalin, Stalin, Kommandeur S. Efimow, K. Pauker, 1935–38, zitiert in Suchomlinow, *Wasili*, S. 28–30 und 51. Über Selbstmorde: Getty, S. 21, Tucker, *Stalin in Power*, S. 265 und 367, Conquest, *Der große Terror*, S. 92 f., Swetlana Allilujewa, *Zwanzig Briefe*, S. 143 f.: »Zu jener Zeit haben sich überhaupt viele Menschen erschossen.«
12 Kaganowitsch an Stalin und Swetlana, 16. Aug. 1935, RGASPI 558.11.1743.1, Chuev, *Kaganovich Perepiska*, S. 524. Stalin an Kaganowitsch, 19. Aug. 1935, RGASPI 81.3.100.89. Kaganowitsch an Stalin, 22. Aug. 1935, RGASPI 558.11.743.5. Kaganowitsch an Stalin, 31. Aug. 1935, RGASPI 558.11.743.23, Chuev, *Kaganovich Perepiska*, S. 527, 530 und 543.
13 Briefe Stalins und Nadjas an E. Dschugaschwili, RGASPI 558.11.1549.1–41. Der

ausführlich zitierte Brief liegt unter RGASPI 558.11.1549.45. Stalin an Keke, 24. März 1934, Beria und Keke: Sergo B., S. 20 f.

14 Poskrebyschew an Stalin, 21. Okt. 1929, RGASPI 558.1.92.22. Stalin an das Zentralkomitee, 29. Okt. 1935, RGASPI 558.11.92.82. Briefe von Stalin, Jascha Stalin, Sascha Egnataschwili und anderen Verwandten an E. Dschugaschwili, 1934–1937, RGASPI 558.11.1549.48–69. Swetlana Allilujewa, *Zwanzig Briefe*, S. 243. Stalins Gespräch mit Keke: ihr Hausarzt, Dr. N. Kipschidse, zitiert in Radzinsky, S. 23. Stalins Verhältnis zu seiner Mutter: Tolstoi, RGASPI 558.3.353. Kommentar über Trotzki und Klatsch: Sergo B., S. 20 f. Zu Stalin und Sascha Egnataschwili, »Was erwarten Sie vom Sohn eines Gastwirts?«: Tscharkwiani, S. 4 f. »Das Kaninchen«: Brackman, S. 4, Interview mit Tina Egnataschwili.

15 Wirkliche Menschen: Schdanow an Stalin, 1. Sept. 1935, RGASPI 558.11.730.39, Getty, S. 247 f., Tucker, *Stalin in Power*, S. 366 f., Conquest, *Der große Terror*, S. 92–107, *Woprosi Istorii*, Nr. 2, 1995, S. 17. *Iswestija ZK KPSS*, Nr. 8, 1989, S. 85.

16. Pakt gegen Häftlinge: Der Schauprozess

1 Swanidse-Tagebuch, 7. Dez. 1936.

2 Jeschow, *From Factionalism to Open Counterrevolution*, APRF 57.1.273. Jeschow an Stalin, 17. Mai 1935, Jansen/Petrov, *Stalin's Loyal Executioner*, S. 29. Jeschows Rolle beim Prozess: In Jeschows Akte finden sich zehn Ordner über das Verfahren, vgl. Jansen/Petrov, *op. cit.*, S. 46.

3 *Woprosi Istorii*, Nr. 2, 1995, S. 17, *Iswestija ZK KPSS*, Nr. 8, 1989, S. 85, Getty, S. 247 f. Dwinski an Stalin, 17. Sept. 1935, RGASPI 558.11.89.156.

4 Orlow, *Kreml-Geheimnisse*, S. 149 f.

5 Piroschchowa, S. 61, Larina, S. 99–100, *KGB Lit.-Archiv*, S. 262–299, Martha Peschkowa.

6 Martha Peschkowa. »Wie fühlen Sie sich?«, Stalin an Gorki, 21. Mai 1936, RGASPI 558.11.720.107. Swetlana und Stalin besuchen Gorki, Swetlana Allilujewa, *Das erste Jahr*, S. 334. Gorki an Andrejew, Andrejew an Stalin und Stalin an Andrejew, 30. Dez. 1935, Genosse Stalin sehr interessiert an Kulturfragen und leitet persönlich die zuständige ZK-Abteilung: RGASPI 73.2.44.21 f. Stalin korrigiert mit Kaganowitsch Artikel Gorkis, Stalin an Gorki, o. D., RGASPI 558.11.720.69. »Wir wollten Sie gegen zwei besuchen«, Stalin, Molotow, Woroschilow an Gorki, Juni 1936, RGASPI 558.11.720.120, *KGB Lit.-Archiv*, S. 251–257, 267–274 und 272–275. Jagoda: Aussagen von Awerbach und Krjutschkow, S. 260 f.

7 »Dieser Kerl« *KGB Lit.-Archiv*, S. 273. Spannungen: Jeschow und Wyschinski gegen Jagoda; Wyschinski beklagte sich häufig über Jagoda, offenbar mit Rückendeckung Stalins. Wyschinski an Stalin und Molotow, 16. Feb. 1935, GARF 8431.37.70.134.

8 Woroschilow an Stalin, 25. Juni 1936, RGASPI 74.2.37.104. Stalin an Woroschilow, 3. Juli 1936, RGASPI 74.2.38.62. Kaganowitsch bezeichnete sie auch in seinem Brief vom 6. Juli, auf Urlaub in Kislowodsk, als »Abschaum«: Kaganowitsch an Stalin, RGASPI 558.11.743.53. Zu Molotow: Conquest, *Der große Terror*, S. 111 f., Orlow, *Kreml-Geheimnisse*, S. 161 f., Tucker, *Stalin in Power*, S. 368.

9 Wyschinskis Vorlage für das Plädoyer im Verfahren 1937, RGASPI 558.2.155.104–107. Beispiele für Zusätze Stalins: Tucker, *Stalin in Power*, S. 318.

10 Jeschow an Molotow, 3. Nov. 1936, RGASPI 82.2.8971.8–10, Orlow, *Kreml-Geheimnisse*, S. 190 f., Khlevniuk, *Circle*, S. 183 f., Chuev, *MR*, S. 255–260. Differenzen zwischen Stalin und Molotow: Watson, *Molotov and Soviet Government*, S. 160–162.

11 »Sie arbeiten schlecht«: Larina, S. 94. »Verrottet zunehmend«: Chinsky, S. 99 f. Stalin-Notizen, 13. Aug. 1936, RGASPI 558.11.27.97. Stalin-Notizen, 13. Aug. 1936, RGASPI 558.11.27.106. Jagodas letzte Sitzung, *Istoritscheski Archiv*, 1994, S. 4.

12 Jeschow und Kaganowitsch an Stalin, 17. und 18. Aug. 1936, RGASPI 558.11.93.20 und 2. Mechlis, Wyschinski und Agranow wirkten bei der Prüfung der Zeitungsartikel mit, Chinsky, S. 102. Die Telegramme Kaganowitschs und Jeschows finden sich in Chuev, *Kaganovich Perepiska*, S. 629–640, und Chinsky, S. 102–122, Orlow, *Kreml-Geheimnisse*, S. 182, Tucker, *Stalin in Power*, S. 367–373, Radzinsky, S. 332–335, Conquest, *Der große Terror*, S. 121–124. Stalins Welt der »Terroristen« beschreibt Tucker, *Stalin in Power*, S. 399–403.

13 Die Darstellung Wyschinskis basiert auf Vaksberg, *Stalin's Prosecutor*, mit Hinweis auf Fitzroy Maclean, S. 115, und Conquest, *Der große Terror*, S. 114. Prinzessin Margaret: Sir Frank Roberts, zitiert nach Vaksberg, *op. cit.*, S. 253–255. Laufbahn: S. 172–175. Im Bailowkagefängnis, Februar 1908, gleiche Zelle wie Stalin und Ordschonikidse, S. 19–21. »Grausam« und »Leute schleifen«: Gromyko, *Erinnerungen*, S. 443–445. Witz über Rumänen: Djilas, *Gespräche*, S. 179. Hornbrille etc.: Hoxha, *Begegnungen mit Stalin*, S. 121. Launen: Dobrynin, S. 20. Bewunderung des Westens: Davies, S. 20. Charme: Smith, *My Three Years*, S. 4 f., Bohlen, *Witness to History*, S. 48 f. und 285. Empfiehlt Erschießen: Wyschinski an Stalin und Molotow, 7. oder 8. Jan. 1936, GARF 8431.37.30.7–14. Erhabener Molotow, Wyschinski an Molotow, 1. Okt. 1935, GARF 8431.37.70.103. Erhabener Poskrebyschew: Wyschinski an Poskrebyschew, 31. Jan. 1936, GARF 8431.37.70.78.

14 Jeschow und Kaganowitsch an Stalin, 19./20. Aug. 1936, RGASPI 558.11.93.32 f. und 42–46. Stalin an Kaganowitsch, 20. Aug. 1936, RGASPI 558.11.93.35, Chuev, *Kaganovich Perepiska*, S. 629–640, Chinsky, S. 102–122, Orlow, *Kreml-Geheimnisse*, S. 17–82 und 175, Tucker, *Stalin in Power*, S. 367–373, Radzinsky, S. 332–335, Conquest, *Der große Terror*, S. 127–131.

15 Stalin an Kaganowitsch und Jeschow an Radek, 19. Juli 1936, RGASPI 558.11.93.35. Tomski: Kaganowitsch, Jeschow und Ordschonikidse an Stalin, 22. Aug. 1936, RGASPI 558.11.93.55. Inszenierung: Kaganowitsch und das Politbüro mit Jeschow an Stalin, 22. Aug. 1936, RGASPI 558.11.93.65. Stalin an Kaganowitsch, 23. Aug. 1936, RGASPI 558.11.93.62 f. und 77–80.

16 Bedni: Chruschtschew, S. 94, Tucker, *Stalin in Power*, S. 370 f., Conquest, *Der große Terror*, S. 120 f.

17 Radzinsky, S. 334.

17. Der Vollstrecker

1 Stalin an Kaganowitsch und das Politbüro, 24. Aug. 1936, RGASPI 558.11.93.89.

2 Sudoplatow, S. 165, Parrish, »Downfall of the Iron Commissar«, S. 87, Blochins »schwarze Arbeit«: Petrov und Scorkin, *Kto Rukowodil, passim.*

3 Tucker, *Stalin in Power*, S. 373, Vaksberg, *Stalin Against the Jews*, S. 42, Conquest, *Der große Terror*, S. 126 f., Viktor Serge, *From Lenin to Stalin*, S. 146, Orlow, *Kreml-Geheimnisse*, S. 410, Vaksberg, *ibid.* Politische Feigheit: W. Taubman, *Krushchev*, S. 266.

4 Bucharina, *Memoirs*, S. 47 f. und 294 f., Cohen, *Bukharin and the Bolshevik Revolution*, S. 368–372, Chuev, *Kaganovich*, S. 74, Khlevniuk, *Kaganovich Perepiska*, S. 678, Medwedew, *Wahrheit*, S. 376.

5 Jansen/Petrov, *Stalin's Loyal Executioner*, S. 49 f. Tage später informierte Jeschow Stalin darüber, dass Jagoda schon seit 1933 von einem Trotzkistenzentrum wusste,

ohne etwas zu unternehmen (S. 53). Jagoda räumte in seinen Verhören ein, Stalins Gespräche mit Jeschow abgehört zu haben (S. 226). Auch habe er die Frinowski-Protokolle benutzt (Frinowski N-15301). Spanien: Diese Darstellung basiert auf dem neuen Archivmaterial in Radosh, Habeck und Sevostianov (Hg.), *Spain Betrayed*. Stalins Gepäckträger, Übernahme der Republik durch NKWD und nicht Sieg, sondern Fesselung Hitlers das Ziel: Einführung, S. xv-xxv mit Zitaten aus Paul Preston, Walter Krivitsky und Gerald Howson. Berichte über sowjetisches Personal für Woroschilow, S. 58–70. Beitrag Kaganowitschs und Sergos zur Wirtschaftsplanung vor Ort, S. 89–91. Zu Sicherheitsfragen siehe Jeschow an Woroschilow, S. 100 f. Woroschilows Berichte an Stalin, »Lies das, es lohnt sich!«: S. 145–147. Der Journalist M. Kolzow denunziert bei Stalin und Woroschilow, S. 267 und 521. Stalin verlangt Rabatte auf Kriegsschiffe: Stalin an Woroschilow, 10. Jan.1932, RGASPI 74.2.38.55. Jansen/Petrov, *op. cit.*, S. 54, und F. S. B.: Aussage Pauker. Khlevniuk, *Kaganovich Perepiska*, S. 678.

6 Khlevniuk, *Kaganovich Perepiska*, S. 682 f., ders., *Ordzhonikidze*, S. 104 f., ders., *Stalinskoe Politburo*, S. 148 und 152, Jansen/Petrov, *Stalin's Loyal Executioner*, S. 53–55.

7 Stalin bot den Posten im Dezember 1935 an: Lakoba, S. 120–123. Das ZK untersagte die Benutzung abchasischer Namen, 17. Aug. 1936: Knight, *Beria*, S. 70–75. Über Großherzöge und Apanagefürsten, Stalin beim XVII. Parteitag: Getty, S. 205 und 265. Molotow: Tucker, *Stalin in Power*, S. 389.

8 Khlevniuk, *Ordzhonikidze*, S. 103–105, 158 f., 178 und 190–194, Rees, S. 118. Freundschaft zwischen Sergo und Kaganowitsch: Chuev, *Kaganovich*, S. 62 f., Eteri Ordschonikidse, *Iswestija ZK KPSS*, Nr. 9, 1989, S. 36 f., Jansen/Petrov, *Stalin's Loyal Executioner*, S. 45–51.

9 Mikojan, *Tak Bylo*, S. 328.

10 Chuev, *MR*, S. 114 f., Mikojan, *Tak Bylo*, S. 328.

11 Khlevniuk, *Ordzhonikidze*, S. 105–110.

12 Natalja Rykowa, Bucharina, *Memoirs*, S. 139–142 und 293–295, Khlevniuk, *Ordzhonikidze*, S. 113 f. und 130 f.

13 »Spinner«: Bucharin an Stalin und dessen Vermerk vom 2. Juli 1935, RGASPI 558.11.710.91. »Großes Kind«: Bucharin an Stalin und dessen Antwort, RGASPI 558.11.710.91. Als sich Bucharin über Entlassungen seiner Leute bei der *Iswestija* beklagte, schickte Stalin sein Schreiben an Jeschow, der es wie üblich mit einer Notiz in roter Schrift returnierte: »Alles erledigt – Bucharin beklagt sich nicht mehr«, Bucharin an Stalin (Kopie an Abt. Jeschow) und Jeschow an Stalin, 13. Jan. 1936, RGASPI 558.11.710.78. Radek: Bucharin an Stalin, 17. Sept. 1936, RGASPI 558.11.710.163. Bucharin in seinen Träumen: Bucharin an Stalin, 24. Sept. 1936, RGASPI 558.11.710.164–166. Bucharin an Stalin, mit Gedicht: RGASPI 558.11.710.172–178.

14 »Süße Seemöwe« und Pistole: Bucharina, *Memoirs*, S. 310. Bucharin an Woroschilow, »Warum verletzt Du mich so?«: RGASPI 74.2.40.138.1. Bucharin an Woroschilow, 3. Jan. 1935, RGASPI 74.2.40.137. Bucharin an Woroschilow, 1. Sept. 1936, Wolkogonow, *Stalin*, S. 274 f.

15 Meine Darstellung stützt sich vor allem auf Getty und Khlevniuk. Plenum: Getty, S. 304–308, 311 f., 315–329, Khlevniuk, *Ordzhonikidze*, S. 100 und 140.

16 Khrushchev, *Glasnost*, S. 36–38. Polen: Chase, *Enemies Within the Gates?*, S. 234 f., 239 und 265. Stalin und Glinka-Oper *Iwan Susanin* siehe Swetlana Allilujewa, *Das erste Jahr*, S. 344, Getty, S. 333–359.

17 Swanidse-Tagebuch, 5. März 1937, Waledinski, »Wospominanija«, S. 124.

18 Khlevniuk, *Ordzhonikidze*, S. 101, *Rodina*, Nr. 10, 1995, S. 63 f., *Istotschnik*, Nr. 1,

2001, S. 63–77. Sergo glaubte an das Geständnis Pjatakows: Sinaida Ordschonikidse in Mikojan, *Tak Bylo*, S. 331.
19 Wyschinskis Notizen über Treffen mit Stalin, RGASPI 588.2.155.104–107. Seine Aussage über den 28. Januar aus Conquest, *Der große Terror*, S. 188 f., Waledinski, »Wospominanija«, S. 124.

18. Sergo

1 Tucker, *Stalin in Power*, S. 405–407, Conquest, *Der große Terror*, S. 188–195. Wyschinskis Notizen über Treffen mit Stalin, RGASPI 558.2.155.104–107. Juri Schdanow über Stalins Jünger-Witz: Swanidse-Tagebuch, Januar/Februar 1937. Zur emotionalen Aufwallung vgl. Burleigh, *Die Zeit des Nationalsozialismus*, Einleitung S. 13–41. Jeschow im Kreml: Jansen/Petrov, *Stalin's Loyal Executioner*, S. 121, Khlevniuk, *Ordzhonikidze*, S. 190–194. Eisenbahnen, Rees, S. 118.
2 Diese Darstellung der letzten Tage Sergos basiert auf Khlevniuk, *Ordzhonikidze*, S. 119, 126–42 und 145, Mikojan, *Tak Bylo*, S. 329, vgl. auch *Beria Affair*, S. 110. Die Darstellung seines Todes stützt sich auf den Bericht Sinaida Ordschonikidses an Mikojan, vgl. *Tak Bylo*, S. 331–333, und den Konstantin Ordschonikidses, seines Bruders, in Medwedew, *Wahrheit*, S. 64 f. Stepan Mikojan, S. 38, Eteri Ordschonikidse.
3 Gedicht: Bucharina, *Memoirs*, S. 328. Bucharin an Stalin, 20. Feb. 1937, RGASPI 558.11.710.180 f., Natalja Rykowa, Eteri Ordschonikidse. Tagebuch E. D. Woroschilowa, 1956, RGASPI 74.1.429.79. *Chruschtschow*, S. 96 f., Khlevniuk, *Circle*, S. 261.
4 Der Bericht über das Plenum basiert hauptsächlich auf Getty, S. 373–397 und 413–419, Bucharina, *Memoirs*, S. 64 f., 146, 330 und 334–339, Natalja Rykowa. Molotow verliest Woroschilows grausame Antwort auf Bucharins Brief: Wolkogonow, *Stalin*, S. 382–385. Eisenbahnen: Rees, S. 169, Conquest, *Der große Terror*, S. 203. Postyschew wurde noch nicht festgenommen, aber degradiert und musste die Partei in Kuibyschew (Samara) führen, vgl. Khlevniuk, *Circle*, S. 233 f. und ders., *Ordzhonikidze*, S. 171, Tucker, *Stalin in Power*, S. 423, 426 und 429.
5 Krivitsky, *I Was Stalin's Agent*, S. 197, Orlow, *Kreml-Geheimnisse*, S. 168 f. und 254 f., Tucker, *Stalin in Power*, S. 432, E. P. Frolow zitiert nach Medwedew, *Wahrheit*, S. 217 f.

19. Das Massaker an den Generälen

1 Jansen/Petrov, *Stalin's Loyal Executioner*, S. 71 f.
2 Litwin, *Jagoda*, S. 20 und 89 zur Suche, 28. März–4. April 1937.
3 Litwin, *Jagoda*, S. 151–161, 171, 95–118, 109–117, 234, 255–257 und 450, Jansen/Petrov, *Stalin's Loyal Executioner*, S. 63, Conquest, *Stalins Völkermord*, S. 217, Orlow, *Kreml-Geheimnisse*, S. 306.
4 Budjonni, *Notes*, S. 25. Budjonni an Woroschilow, 22. Aug. 1936, und Kaganowitsch an Woroschilow, RGWA 4.19.16.265. Woroschilow leitet vom Armee-Geheimdienst abgehörte Meldung der Deutschen Botschaft nach Berlin über Offiziere der Roten Armee weiter, darunter Jegorow, Budjonni und Tuchatschewski: 20. April 1936, RGWA 4.19.170–174. Vgl. auch Woroschilow an Stalin über Interview des Genossen Tuchatschewski mit polnischen Zeitungen: Januar 1936, RGWA 4.19.71.52–60.

5 Stalins Sicht der Pläne Tuchatschewskis von 1930: Stalin an Woroschilow, RGASPI 74.2.38.59, Jansen/Petrov, *Stalin's Loyal Executioner*, S. 69 f., Timoschenko in Kumanew (Hg.), S. 270. Shimon Naveh, *Tukhachevsky* in Shukman (Hg.), *Stalin's Generals*, S. 266. »Napolentschik«: in Bucharina, *Memoirs*, S. 198, Spahr, *Zhukov*, S. 169 und 171 (Zeugnis der Schwester Tuchatschewskis), *Slavic Military Studies*, Bd. 11, Nr. 4, Dez. 1998. John Ericksons Rezension von Sally Stoecker, *Forging Stalin's Army: M. Tukhachevsky and the Politics of Military Innovation*, Boulder (Col.) 1998, daraus stammt der Begriff »Initiator militärischer Ideen«. *Istoritscheski Archiv* 1998, Chuev, *Kaganovich*, S. 100, Uschakow und Stukakow, *Front Woennych Prokurorow*, S. 71. Blutflecken: *Iswestija ZK KPSS*, Nr. 4, S. 50, 1989, Reese, *Stalin's Reluctant Soldiers*, S. 131–134.

6 Sergo B., S. 22. Zum Tod der Mutter: Stalins Vermerk über Kranz, Tass-Anzeige von Poskrebyschew genehmigt und Wohnungseinrichtung, RGASPI 558.11.1549.74–92.

7 Chuev, *Kaganovich*, S. 45 f. und 100, Mikojan, *Tak Bylo*, S. 552, Stepan M., S. 39.

8 Rudsutak: Bucharina, *Memoirs*, S. 173, Chuev, *MR*, S. 273, Chuev, *Kaganovich*, S. 89. Rudsutak an Stalin und dessen Antwort, 5. Dez. 1934, RGASPI 558.11.800.113. Zählungen: RGASPI 17.2.615.68, *Iswestija ZK KPSS*, Nr. 4, 1989, S. 50. Getty, S. 448. Fürze: RGASPI 81.3.100.91–94.

9 Plenum: Jegorow, 4. Dez. 1937, RGASPI 17.2.630.56. Weinberg, 26. Mai 1937, RGASPI 17.2.614.377.

10 *Iswestija ZK KPSS*, Nr. 4, 1989, S. 52–54, Spahr, *Zhukov*, S. 172, *Istotschnik*, Nr. 3, 1994, S. 72–88. Festnahme und Aussage des M. Tuchatschewski, Mai/Juni 1937, in Steven J. Main, *Slavic Military Studies*, Bd. 10, Nr. 1, März 1997, S. 151–195. *WISch*, Nrn. 8 und 9, 1991, *Molodaja Gwardija*, Nrn. 9 und 10, 1994. Zum jüngsten Forschungsstand siehe Suwenirow, *Tragedija RKKA 1937/8*.

11 Woroschilow beim NKO, 9./10. Juni 1937, RGWA 4.18.61.7–66.

12 Medwedew, *Wahrheit*, S. 381 f., Vaksberg, *Vyshinsky*, S. 104 f.

13 Stalin trifft Armeekommandeure, 3./4. Aug. 1937, RGWA 4.18.62.1–357. Woroschilows Rolle: Jakowlew, *Century*, S. 18, Vaksberg, *Vyshinsky*, S. 104 f., Wolkogonow, *Stalin*, S. 423 f., Tucker, *Stalin in Power*, S. 437, Spahr, *Zhukov*, S. 158–165, Ehrenburg, *Eve of War*, S. 197. Tuchatschewskis Frau und zwei seiner Brüder wurden erschossen, seine Mutter und die Schwestern verbannt: *Iswestija ZK KPSS*, 1989, Nr. 4, S. 59. Budjonni: Vaksberg, *Vyshinsky*, S. 104. Der Fall Tuschatschewski 1930: Stalin an Ordschonikidse, 24. Sept. 1930, RGASPI 558.11.78.43. Manschinski an Stalin, 10. Sept. 1930, RGASPI 558.11.778.38. Zu Stalin, der Ochrana-Akte und den Generälen siehe die Darstellung Orlows in Gazur, *Secret Assignment*, S. 441–473. Zur Massenerschießung von Offizieren siehe Stalin an Woroschilow, o. D., RGASPI 74.2.38.130.

14 Mechlis als Stalins Sekretär: Stalin an Mechlis, 17. Juli 1925, RGASPI 558.11.68. Stalin an Kaganowitsch, Schdanow, Stezki und Mechlis über Kongress des Schriftstellerverbandes, 24. Aug. 1934, RGASPI 558.11.773.92. Stalin an Mechlis mit Kritik an der *Prawda* vom 17. Dez. 1936, RGASPI 558.11.773.95. Mechlis unterstützt Gorkis Bitte um ein Treffen Stalins mit den *Prawda*-Autoren, Mechlis an Stalin, 4. Dez. 1935, RGASPI 558.11.773.93. Mechlis an Stalin und dessen Antwort, 27. Mai 1936, RGASPI 558.11.723.119. »Genosse Stalin, Gorki hat uns einen Artikel mit philosophischen Problemen geschickt ... bitte lesen Sie ihn. L. Mechlis.« Stalin gehorchte und antwortete postwendend: »Genosse Mechlis: Ohne Änderungen drucken.« Doch seine Tage als literarischer Tyrann waren noch nicht ganz gezählt. Im Dezember schickte Stalin den ehemaligen *Prawda*-Herausgeber wegen Säuberungen nach Kiew, wo er »alle erforderlichen Maßnahmen ergreifen« sollte, um »die Herausgeberschaft der ukrainischen Zeitungen zu stärken«. Fortan beka-

men die unglückseligen Militärs die einschneidenden Schläge von Mechlis' »erforderlichen Maßnahmen« zu spüren. Am 12. Okt. 1937 trat er dem ZK bei und wurde am 30. Dez. 1937 Hauptkommissar der Roten Armee. Mechlis an Stalin, Molotow, Jeschow, 19. Juni 1937, Stalins Antwort vom 20. und Mechlis' Rückantwort vom 21. Juli 1937, RGASPI 558.11.702.112. Stalin an Mechlis, 8. Dez. 1937, RGASPI 558.11.702.99 f. Stalin mokiert sich über Mechlis' »absurden Übereifer«: Tscharkwiani, S. 30 f. Mechlis' Jugend und weitere Entwicklung: Rubtsow, *Alter Ego Stalina*, S. 1–100.

20. Blutbad nach Quoten

1 Die Quoten: RGASPI 17.162.21.189. Getty, S. 468–481, Jansen/Petrov, *Stalin's Loyal Executioner*, S. 82–91. Statistiken: *op. cit.*, S. 91. Verordnung Nr. 00447, *Trud*, 4. Juni 1922, 2. Aug. und 17. Okt. 1997. Zu Jeschow siehe Woroschilow, 2. Sept., in Khlevniuk, *Circle*, S. 254–256 und 210–221: »Gestern hat Genosse Jeschow den Genossen Gribow empfangen. Danach habe ich mit Jeschow telefoniert, der mir dabei erklärte, dass gegen den Genossen Gribow nichts vorliegt. Ich halte es also für möglich, den Genossen Gribow zum Kommissar für den Nordkaukasus zu ernennen.« »Besser zu viel als zu wenig.«, vgl. Jansen/Petrov, *op. cit.*, S. 89 mit Zitat der Aussage Frinowskis, FSB N15301.5.110 f. Nationale Kontingente: Jansen/Petrov, *op. cit.*, S. 93–101, mit Hinweis auf NKWD-Befehl Nr. 00439 vom 25. Juli 1937, N. Ochotin und A. Roginskii, S. 54–71, FSB-Befehl Nr. 00485. Konsularische Kontakte: FSB 3.4.104. Nationale Statistiken: Jansen/Petrov, *op. cit.*, S. 99, mit Zitat aus Petrov und Roginskii, *Polskaja Operazija*, S. 30 f. und 33. Mongolei: Jansen/Petrov, *op. cit.*, S. 101. Zahlen des Politbüros und des ZK über Festnahmen: Chruschtschew, zitiert nach Jansen/Petrov, *op. cit.*, S. 103. Festnahmen und Exekutionen insgesamt: Jansen/Petrov, *op. cit.*, S. 104, Rees, S. 169.

2 »Einander überbieten«: Jeschow in der Aussage Frinowski, FSB 3-OS. 6.3, zitiert nach Jansen/Petrov, *Stalin's Loyal Executioner*, S. 85. »Tausend mehr«: Zeugnis des armenischen NKWD-Chefs N. W. Kondakow, Mai 1939, in FSB 3-OS. 6.4, zitiert nach Jansen/Petrov, *op. cit.*, S. 85–235.

3 Ehrenburg, *Eve of War*, S. 197, N. Mandelstam, *Das Jahrhundert der Wölfe*, S. 186, Tucker, *Stalin in Power*, S. 447. Ferien: Jansen/Petrov, *Stalin's Loyal Executioner*, S. 79.

4 Stalin trifft Armeekommandeure, 3./4. Aug. 1937, RGWA 4.18.62.1–357.

5 Kannibalen: Wyschinski an Stalin und Molotow, 14. April 1937, RGASPI 82.2.887.32.

6 Swanidse-Tagebuch, Jan./Feb. 1937. Jagodas Brillanten: Litwin, *Jagoda*, S. 115 bis 161, 171, 95–118 und 109–117. Jakirs Villen: Schadanko beim RKKA-Treffen, 3./4. Aug. 1937, RGWA 4.18.61.7–66. Stalins Kommentar: »Er hamsterte, konnte es nicht lassen.« Woroschilow beim NKO, 9./10. Juni 1937. Glänzende Empfänge: Befragung Galina Jegorowas und Darstellung in Vasilieva, *Kremlin Wives*, S. 108 f.

7 Jakowlew, *Century*, S. 8, 15 und 20.

8 Molotow: Zu Iwan dem Schrecklichen in Wolkogonow, *Stalin*, S. 404. Mikojan über Iwan den Schrecklichen, in *Tak Bylo*, S. 534. »Stalin Molotow i Schdanow o Wtoroi Serii Filma Iwan Grosni« in *Moskowskie Nowosti*, Nr. 37, 7. Aug. 1988, S. 8. Budjonni, *Notes*, S. 8. Lehrer und Iwan: RGASPI 558.3.350.

9 Chuev, *MR*, S. 254. Kaganowitsch stimmte der Analyse zu, Chuev, *Kaganovich*, S. 35 und 37, Tucker, *Stalin in Power*, S. 445, vgl. auch G. A. Kumanew, »Dwe

Besedi s L. M. Kaganowitschem«, in: *Nowaja i Noweischaja Istoriia*, Nr. 2, 1999, S. 101–116. Molotow erhielt fast täglich die Listen der vom Militärkollegium angeordneten Exekutionen; zum Beispiel wurden Anfang 1937 an der Amur-Eisenbahn 32 und an einer anderen Strecke 36 Arbeiter als trotzkistische Saboteure erschossen, 20 weitere wegen »Planung von Terroranschlägen gegen den Genossen Kaganowitsch bei seiner Reise in den Osten«. Molotow unterstrich die *Zahlen* der Hingerichteten in rot – allerdings nie *Namen*, denn die spielten keine Rolle. *Istoritscheski Archiv* 1998, S. 17. Todeslisten und Beispiele für Exekutionsverzeichnisse vom 26./27. März, 3. Juni und 16. August: RGASPI 82.2.887.66–70, 133 und 163, vgl. auch Wyschinski an Molotow in Wolkogonow, *Stalin*, S. 423.

10 Kinder und Familien: *Prawda* vom 5. Juli 1937, Jansen/Petrov, *Stalin's Loyal Executioner*, S. 100, *Trud*, 17. Okt. 1997, *Memorial-Aspekt*, Nrn. 2–3, 1993. Ochotin und Roginskii, *Is Istorii*, S. 56 f., Jakowlew, *Century*, S. 39–45, Chuev, *MR*, S. 415. Befehl Jeschows vom August 1937 aus *Sbornik*, S. 8–93. Noch 1954 gab es 884057 »speziell umgesiedelte« Kinder. Clan: Dmitrow zitiert nach Jansen/Petrov, *op. cit.*, S. 111.

11 Aronstam an Stalin und dessen Antwort, 7. Mai 1937, RGASPI 558.11.698.33.

12 Vater appelliert mit Erfolg an Stalin: RGASPI 558.11.712.11–13. Polnische Rosenzüchterin: *Oni*, Roman Werfel, S. 104, und Berman, S. 235–237, Sergo Kawtaradse, Oleg Trojanowski. Pasternak und Ehrenburg blieben unbehelligt, obwohl ihre Namen in den Aussagen vieler inhaftierter Schriftsteller auftauchten. Auch die Gebrüder Egnataschwili genossen Stalins besonderen Schutz.

13 Stalin an Stezki, 17. Jan. 1937, und Antwort, RGASPI 558.11.805.75.

14 Budjonni, *Notes*, S. 28–32.

15 Tucker, *Stalin in Power*, S. 446. Die Spanien-Verbindung: Wladimir Antonow-Owseenko in Medwedew, *Wahrheit*, S. 378, 445 und 560. Vgl. auch Radosh *et al.* (Hg.), *Spain Betrayed*, S. 150–153, Kolzow, S. 267, Denunziation bei Stalin und Woroschilow, S. 521, Fn. 60.

16 RGASPI 82.2.896.71–75.

17 W. Bontsch-Bruewitsch an Stalin, 15. Juni 1937, RGASPI 558.11.712.65.

18 Zu Kanner: E. Makarowa an Stalin, 2. Juni 1937, RGASPI 558.11.775.100. Stalin an Chitarow, 11. Mai 1937, RGASPI 558.11.55.882. Waro Dschiparidse an Stalin, 11. März 1937, RGASPI 558.11.726.22.

19 N. Krylenko an Stalin, 4. Nov. 1937, RGASPI 558.11.756.118.

20 Chruschtschew an Stefan Staszewski, *Oni*, S. 158.

21. »Brombeere« bei der Arbeit

1 RGASPI 558.11.27.129.

2 FSB, Vernehmung Frinowskis, N-15301.2.32–35, zitiert nach Jansen/Petrov, *Stalin's Loyal Executioner*, S. 110.

3 Jansen/Petrov, *Stalin's Loyal Executioner*, S. 200 f., Rasgon, S. 104, Medwedew, *Wahrheit*, S. 329.

4 Kostyrchenko, S. 269.

5 Jansen/Petrov, *Stalin's Loyal Executioner*, S. 117–119, Fitzpatrick, *Everyday Stalinism*, S. 24, Jansen/Petrov, *op. cit.*, S. 114 f., Bucharina, *Memoirs*, S. 151, Davies, S. 138 und 155.

6 Jansen/Petrov, *Stalin's Loyal Executioner*, S. 121–123 und 199, G. Schaworonkow, »I Suiza Notschiu den«, in: *Sintaksis*, Nr. 32, 192, S. 46–65, Briuchanow und Schoschkow, S. 124, Starkow in Getty und Manning, S. 34 f., B. Kamow, »Smert

Nikolaia Jeschowa«, in: *Iunost*, Nr. 8, 1993, S. 41–43, Grossman, »Mama«, S. 8–15, Wera Trail, S. 4–11.

7 Jansen/Petrov, *Stalin's Loyal Executioner*, S. 123 f. Exekutionslisten: Memorial Archives, Nr. 32D-1355, Shentalinsky, »Ochota«, S. 170–196, FSB 3-OS. 6.4.238–41.

8 Zum Beispiel Jeschow an Molotow, 12. März 1938, RGASPI 82.2.904.60.

9 Chuev, *MR*, S. 277 f., ders., *Kaganovich*, S. 75, Nina Chruschtschew zitiert in Sergei Khrushchew, *Superpower*, S. 18, Jakowlew, *Century*, S. 15–17, Tucker, *Stalin in Power*, S. 448, Medwedew, *Wahrheit*, S. 427, Molotow: Mikojan, *Tak Bylo*, S. 321–327.

10 Wyschinski an Stalin und Molotow, Molotow an Jeschow, RGASPI 82.2.897.12 f.

11 Rees, S. 153, Wolkogonow, *Stalin*, S. 378 f. Molotow an NKWD, 7. April 1938, RGASPI 588.2.155.111–113. Stalin selbst setzte den Premier weiter unter Druck: »An den Genossen Molotow«, schrieb er am 28. Jan. 1938. »Warum konnte man das Problem nicht durch Klärung der Finanzlage vorhersehen? Ist Dir das entgangen? Wir müssen im Politbüro darüber beraten«, Khlevniuk, *Circle*, S. 258. Exekutionslisten: Memorial Archives, Nr. 32D-1355.

12 Tucker, *Stalin in Power*, S. 447, Chuev, *Kaganovich*, S. 46, Medwedew, *Wahrheit*, S. 232 f., Budjonni, *Notes*, S. 47. Aussage der Galina Jegorowa im FSB-Archiv, ausführlich zitiert in Vasilieva, *Kremlin Wives*, S. 105–111. A. Kollontai an Stalin, RGASPI 558.11.749.15 und 23.

13 Ich danke Dan Healey für seine Beratung über das Zeitalter des moralischen Konsenses. Bolschewistische Bescheidenheit: Chuev, *MR*, S. 273 f., ders., *Kaganovich*, S. 88 f. Prüderie: Chuev, *MR*, S. 111, 145 und 149. Scheidungen: Sergei Khrushchev, *Superpower*, S. 29. Kaganowitsch macht Punkte: Tucker, *Stalin in Power*, S. 437. Absurder Kommentar von Schdanows Frau über nackte Weiber in Paris: Swetlana Allilujewa, *Das erste Jahr*, S. 368. Zur Amoral Tuchatschewskis: RGWA 4.18.61.7–77, Woroschilow NKO, 9./10. Juni 1937. Kira Allilujewa über Swetlanas Knie und Stalins Bemerkungen: Swetlana Allilujewa, *op. cit.*, S. 326. Wolga-Kuss: Kenez, S. 166, »Stalin … Iwan Grosni«, in: *Moskowskie Nowosti*, Bd. 37, 7. Aug. 1938, S. 8. *Galina*, S. 96. Georgische Zigaretten: Tscharkwiani, S. 45–49. Küsse bei Kuliks Geburtstagsfeier: Karpow, *Rastrelljannje Marschali*, S. 343. Schdanows Hochzeit: Sergo B., S. 139. Kuibyschew: Trojanowski, S. 162. Als Stalin im Krieg erfuhr, dass der Verleger Tichonow eine Affäre hatte, ließ er seine Frau aus dem belagerten Leningrad holen, um der Sache ein Ende zu machen. Parrish, *Lesser Terror*, S. 113, RGASPI 558.11.818.23–27, A. A. Trojanowski an Stalin, 24. Juli 1934, und Stalin an Jagoda, o. D., Trojanowski an Stalin, 11. Sept. 1938. Beria und Sex: GARF 813SJ.32.3289.41, Rudenko an Chruschtschew über Sarkisows Denunziation bei Abakumow. Auch Dekanosow soll es, trotz glücklicher Ehe, mit kleinen Mädchen getrieben haben: Vaksberg, *Vyshinsky*, S. 290 und 353. Misshandlung: Djilas, *Gespräche*, S. 157, ders., *Krieg*, S. 438. Maxim und Ivy Litwinow: siehe Carswell, *The Exile*, S. 130–137.

14 Khrushchev, *Glasnost*, S. 28, Mikojan, *Tak Bylo*, S. 318.

15 Stalin an Molotow, Woroschilow, Kaganowitsch und Mikojan, 31. März 1937, RGASPI 558.11.769.173, Tucker, *Stalin in Power*, S. 416, Stepan Mikojan.

16 Chuev, *MR*, S. 254, Mikojan, *Tak Bylo*, S. 318 und 552, Chuev, *Kaganovich*, S. 27 f., 30 und 45–47, Juri Schdanow, Maja Kawtaradse, Medwedew, *Wahrheit*, S. 361.

17 Glauben und Denken, Wyschinskis »Sie haben den Glauben verloren«: RGASPI 558.2.155.104–107. »Heilige Scheu«, Tod des Denkens und die Clans: Getty, S. 486 f., Tucker, *Stalin in Power*, S. 484–484, Dmitrow-Tagebuch, 7. Nov. 1937. Beria an A. A. Jepischew, zitiert in Wolkogonow, *Stalin*, S. 377. K. Gai an Stalin und dessen Antwort, 25. März 1937, RGASPI 558.11.725.1 f. Oberst Starinow erfuhr bei einer NKWD-Vernehmung, dass man vielen inhaftierten Soldaten »man-

gelnden Glauben an die Macht des sozialistischen Staates« vorwarf, Starinow in Bialer (Hg.), S. 71. Mördersekte: Jansen/Petrov, *Stalin's Loyal Executioner*, S. 65. »Glänzender Politiker italienischer…«: Ehrenburg, *Eve of War*, S. 306. Bucharin an Stalin, 10. Dez. 1937, Getty, S. 557.

22. Blutige Hemdsärmel

1 Folter: Jansen/Petrov, *Stalin's Loyal Executioner*, S. 111, mit Zitat aus APRF 3.24.413.5.122. »Drauf, drauf«: M. I. Baranow. »Gefängnis oder Hotel«: Jansen/ Petrov, *ibid.*, mit Zitat aus *Reabilitatsija*, S. 258. Blutspritzer: Schepilow, »Wospominanija«, S. 6. Folterbefehl: Jansen/Petrov, *op. cit.*, S. 10 f. *Rossiiskaja Gaseta*, 19. April 1996, *Istoritscheski Archiv* 1998. Folterbefehl vom 20. Jan. 1939, Conquest, *Der große Terror*, S. 217, Tucker, *Stalin in Power*, S. 467. Kaganowitsch erklärt Chruschtschew: »Wir unterschreiben alles«: Khrushchev, *Glasnost*, S. 136. Rudenkos Untersuchung der Methoden von Wlodsirmirski, Rodos, Schwartsman, Goglidse etc., 22. März 1955: GARF 8131.32.3289.117 f. Da die Jeschow-Generation ihre Foltermethoden nicht beschrieb, basiert diese Darstellung auf Aussagen der Männer Berias. Exekutionsort und Bestattung: Nikita Petrov in Jansen/Petrov, *op. cit.*, S. 188. Bericht über Jeschows Exekutionssystem: N. P. Afanasew in Uschakow und Stukalow, S. 74 f. Zur Folterung von Altbolschewiken: Chuev, *Kaganovich*, S. 138 f. Molotow über die Folterung Rudsutaks, Chuev, *MR*, S. 274 f., und »Politbüro-Gangster«, Chuev, *MR*, S. 240. Stalin erzählte viele Witze über Folter und Verhöre; dieser steht in den Memoiren Sergo Kawtaradses, S. 74, eine andere Version in Swetlana Allilujewa, *Das erste Jahr*, S. 360.
2 Krilow an Stalin, 26. Mai 1937, RGASPI 558.11.756.109–116. In einem weiteren Brief desselben Monats denunzierte er Spione und Feinde im Außenkommissariat. Dmitrow an Stalin, 15. Mai 1937, RGASPI 558.11.727.86.
3 Semjuschkin an Stalin, 28. Mai 1937, RGASPI 558.11.806.122. Gewöhnlich ließ Stalin die Fälle von Jeschow »prüfen« oder »anschauen«. Denunziationen: Woroschilow in RGWA 4.19.14.1–74, Versammlung des Obersten Militärrats, 16. Mai 1939: Jakowlew in Bialer (Hg.), S. 88 und 102.
4 Grammophon-Skandal: RGASPI 558.11.1082.1–18.
5 »Gruppe glaubt an ihn«, Stalin an Liuschkow über Warekis' Clique in Fernost: Coox, »The Lesser of Two Hells«, S. 145–186
6 P. W. Tiulenew an Stalin, 30. März 1938, RGASPI 558.11.818.35–43.
7 P. T. Nikolaenko an Stalin, 17. Sept. 1937, RGASPI 558.11.132.137–140. Stalin an den Genossen Kudriawzew, 27. Sept. 1937, RGASPI 558.11.132.36, Tucker, *Stalin in Power*, S. 459–461, *Chruschtschow*, S. 101, Khrushchev, *Glasnost*, S. 32.
8 Chruschtschews Terror: *Chruschtschow*, S. 84–105, Chuev, *MR*, S. 295–297, *Iswestija ZK KPSS*, 2, 1989, *Istotschnik*, 1, 1995. Wladimir Naumow in Taubman, S. 88–90, Juri Schapowal in Taubman, S. 19–25.
9 Schdanow über Feinde: Jakowlew, *Zel Schisni*, S. 17. Zum Fall Komsomol: Mgeladse, S. 470–479, Kusnezow in Bialer (Hg.), S. 96, Khlevniuk, *Circle*, S. 210 f., Tucker, *Stalin in Power*, S. 470–479, Knight, *Beria*, S. 80–85. Familie Lakobas gefoltert: vgl. Lakoba, *Otscherki po polititscheskoi Istorii Abchasii, passim*. Berias persönlicher Einsatz von Folter: GARF 8131.32.3289.117 f. Auch Djafar Bagirow in Aserbaidschan brauchte keinen Ersatz. Festnahme der falschen Personen: siehe Andrejew an Stalin, 18. Aug. 1937, RGASPI 73.2.19.27. Malenkow denunziert, und Chruschtschew verteidigt Malenkow: Elena Subkowa in Taubman, S. 75.
10 Jakowlew, *Zel Schisni*, S. 18, mit Brief an Jeschow vom 15. Juni 1937 über Fest-

nahmen von Mitgliedern des Allunions-Forschungsinstituts und von Beamten in Wneschtorg (Kommissariat für Außenhandel). Festnahmen in Wneschtorg: Fitzpatrick, *Everyday Stalinism*, S. 45. Zu Katyn s. u. Mikojan über Säuberungen: vgl. *Tak Bylo*, S. 583. Stepan M., S. 197. Mikojan in Armenien: Tucker, *Stalin in Power*, S. 488, Knight, *Beria*, S. 84. Mikojan reiste in Begleitung Malenkows. »Mein Vater hat Menschen gerettet«: Natalja Andrejewa. Natascha Lopatina: Die Geschichte ihres Großvaters, Iwan Konstantinowitsch Michailows und K. E. Woroschilows, Chuev, *Kaganovich*, S. 89.

11 Touren: Medwedew, *Wahrheit*, S. 263. Weitere Beispiele für Kaganowitsch: RGASPI 17.21.3966–4092, Easter, S. 157, Jakowlew, *Century*, S. 18, Mikojan an Jeschow, 15. Juni, *ibid.*, S. 15–19.

12 Andrejews großes Gemetzel: RGASPI 73.3.45.138, Vermerke Okt. 1937, Andrejew an Schdanow, 6. Jan. 1937, RGASPI 73.2.19. Andrejew an Stalin, 12. Apr. 1937, Woronesch, RGASPI 73.2.19.2. Andrejew an Stalin, 4. Juni 1937, Tscheliabinsk, RGASPI 73.2.19.3. Andrejew an Stalin, 20. Juli 1937, Saratow, RGASPI 73.2.19. Andrejew an Stalin, 21. Juli 1937, Saratow, RGASPI 73.2.19.12. Andrejew an Stalin und dessen Befehle über die Erschießung von MTS-Arbeitern, 28. Juli 1937, RGASPI 73.2.19.16. Andrejew an Stalin, 1. Aug. 1937, RGASPI 73.2.19.19. Andrejew an Stalin, 1. Aug. 1937, Saratow, RGASPI 73.2.19.22. Andrejew an Stalin, 18. Aug. 1937, Kuibyschew, RGASPI 73.2.19.27. Andrejew an Stalin, 17./18. Sept. 1937, Taschkent, RGASPI 73.2.19.34–36. »Sie können ihn festnehmen«: Stalin und Molotow an Andrejew, 20. Sept. 1937, RGASPI 73.2.19.44. »Ikramow festgenommen«: Andrejew an Stalin, 21./22. Sept. 1937, Taschkent, RGASPI 73.2.45.54. Stalin und Molotow an Andrejew, 22. Sept. 1937, RGASPI 73.2.45.58. »Handeln Sie nach Lage und eigenem Ermessen«: Stalin an Andrejew, 26. Sept. 1937, RGASPI 73.2.45.72 f., und Andrejews Antwort an Stalin, 27. Sept. 1937, RGASPI 73.2.45.74. Buchara: RGASPI 73.2.45.79–84. Stalin an Andrejew in Stalinabad, 29. Sept. 1937, RGASPI 73.2.45.86. Stalin an Andrejew über NKWD-Offizier, 4. Okt. 1937, RGASPI 73.2.45.101. »Beseitigen Sie Aschurow«: Andrejew an Stalin und dessen Befehle, 2.–4. Okt. 1937, Stalinabad, RGASPI 73.2.45.87–100. »Weiter nach Rostow«: Andrejew an Stalin, 5. Nov. 1937, Archangelsk und Woronesch, RGASPI 73.2.45.105. Andrejew an Stalin, 15. Nov. 1937, Rostow, RGASPI 73.2.45.113. »Ich breche auf in die Region Ordschonikidse«: Andrejew an Stalin und Malenkow, 18. Nov. 1937, Krasnador, Kuban, RGASPI 73.2.45.119–126.

13 Malenkow: Tschadaew in Kumanew (Hg.), S. 429. Interviews mit Igor Malenkow und Wolja Malenkowa, Subok, S. 113 f. Swetlana Allilujewa, *Das erste Jahr*, S. 365 f., Mikojan, *Tak Bylo*, S. 566 und 586, Sergo B., S. 161. Typus Malenkow: Khlevniuk, *Kaganovich Perepiska*, S. 609. Festnahme: Stalin an Malenkow, 22. Nov. 1938, RGASPI 558.11.762, 1a. Seine Rolle als geheimer Staatsanwalt ergibt sich aus dem Appell Stalins an Lenins ehemalige Sekretärin Stasowa, derzufolge Malenkow sie beschuldigt hatte, die Trotzkisten finanziell zu unterstützen, und dabei keine Unschuldsbeweise gelten ließ. Stalin nahm sie in Schutz. Stasowa an Stalin, 17. Mai 1938, RGASPI 558.11.805.11. Zu Malenkow bei der Säuberung: Parrish, »Yezhov«, S. 90, Knight, *Beria*, S. 85. Khlevniuk, *Circle*, S. 264–266, Mikojan, *Tak Bylo*, S. 320. Leonid Redens nannte Wasili Stalin als Zeugen für die Rolle Malenkows, vgl. D. N. Sukhanov, *Memoirs*. Unzertrennlich: Sergo B., S. 36. Chruschtschew verteidigt Malenkow: Subkowa in Taubman, S. 75. Humor: Sergo B., S. 162, vgl. auch Parrot, *Serpent and Nightingale*, S. 65. »Es schien…«: Djilas, *Gespräche*, S. 140.

14 Juri Schapowal in Taubman, S. 12 f. Kaganowitsch riet ihm, Ruhe zu bewahren, und informierte dann Stalin.

15 Chuev, *MR*, S. 254, russische Version, S. 393 und 413 f., Mikojan, *Tak Bylo*, S. 556. Sergo Mikojan: Mein Vater war Fanatiker. Kaganowitsch: »Haben wir Verbrechen erlaubt? Ja, und dafür trage ich politische Verantwortung«: Kaganowitsch im Juni 1957 vor dem Plenum, RGASPI 17.3.153; vgl. auch Chuev, *Kaganovich*, S. 35–37.

16 Sergo B., S. 157.

17 I. Iwanow, Exsekretär des Kreises Kursk, an Stalin, 21. Feb. 1937, RGASPI 558.11.737.86. Zu Festnahmen des ZK, »70 schalten 15 aus«: Molotow in Getty, S. 467.

23. Familienleben im Terror

1 Martha Peschkowa. »Swetlana als *Chosjaika* beruhigt«: Stalin in Tscharkwiani, S. 55–57.

2 Natalja Andrejewa, Martha Peschkowa. Woroschilow als Ritter: Fitzpatrick, *Everyday Stalinism*, S. 71–73. Zum 26. März 1938: Stepan und Sergo Mikojan, Artjom Sergeew, Davies, S. 119 und 193. Kaganowitsch und Jazz: Starr, *Red and Hot*, S. 131–134. Ich danke Mariana Haseldine für den Hinweis. Rustaweli: Knight, *Beria*, S. 84. Puschkin-Kult: Figes, *Nataschas Tanz*, S. 501. Spanische Blusen: A. Adschubei in Fitzpatrick, *op. cit.*, S. 69. Liedtext: Fitzpatrick, *op. cit.*, S. 71. Tscheka-Jahrestag: G. D. Raanan, *International Policy*, S. 171, *Prawda* vom 21. Dez. 1937, Parrish, »Yezhov«, S. 159. Mein Onkel Stalin: Artjom Sergeew.

3 Jeffery, *Zarubina*, S. 29–31, Natalja Andrejewa, Sergo und Stepan Mikojan, Eteri Ordschonikidse, Sacharow, *Mein Leben*, S. 111. Zum Totenkult vgl. vor allem Merridale, *Steinerne Nächte*, S. 271–282.

4 Mikojans Pistole: Stepan Mikojan, Jeffery, *Zarubina*, S. 32, Trifinov, *House on the Embankment*.

5 Datschen von Toten: Vaksberg, *Vyshinsky*, S. 87–93, Swetlana Allilujewa, *Das erste Jahr*, S. 362 f., Sudoplatov, S. 103, Sergei Khrushchev, *Superpower*, S. 16. Gamarniks Datscha in Subalowo wurde nach dessen Selbstmord auf Stalins Lieblingsoffizier Schaposchnikow übertragen, während Kulik seine Wohnung bekam.

6 Auslöschen: Stepan M., S. 25, Leonid Redens.

7 Schule im Terror: Stepan M., S. 37, Richardson, *Long Shadow*, S. 207. An der NKWD-Schule Nr. 50 fanden noch mehr Festnahmen statt: Jeffery, *Zarubina*, S. 32. Swetlanas Schulbank: Julia Gorschkowa. Kinder und Familien, Politbürositzung vom 5. Juli 1937: Jansen/Petrov, *Stalin's Loyal Executioner*, S. 100, *Trud*, 17. Okt.1997. Memorial-Aspekt, 1993, Nrn. 2–3, Ochotin und Roginskii, *Is Istorii*, S. 56 f. Junge Zeugen zu den Festnahmen: Stepan M., S. 47. Es handelte sich um Oleg Frinowski, den schlanken, gut aussehenden Sohn von Jeschows Stellvertreter beim NKWD; der Vorfall fand 1939 statt. Eltern lassen Freunde überprüfen: Stepan M., S. 47. Igor Boyzow rief bei Woroschilows Adoptivsohn Timur Frunse an, Mikojan beendete die Kontakte mit den Allilujews: Kira Allilujewa, Juri Schdanow.

8 Leonid Redens, Swetlana Allilujewa, *Zwanzig Briefe*, S. 73 f., Martha Peschkowa.

24. Stalins Damen und die Familie in Gefahr

1 Bronka: Interviews mit Natalja Poskrebyschewa, die von Geschichten ihrer Tante Faina, ihrer Halbschwester Galina und ihrer Kinderfrau berichtete, Kira Allilujewa, vgl. auch Brackmans Interviews mit Bronislawas erstem Mann I. P. Izkow in *Secret File*, S. 329. Izkow zufolge hatte Bronka Poskrebyschew nur geheiratet, um

ihren Bruder vor der Festnahme zu bewahren, aber das erscheint fragwürdig; vgl. auch Wolkogonow, *Stalin*, S. 236 f.

2 Jeschows und Jewgenia Jeschowas Verhältnisse: Jansen/Petrov, *Stalin's Loyal Executioner*, S. 123 f. Vernehmung Simon Urizkis zitiert in *KGB Lit.-Archiv*, S. 56. Polianski, S. 190–197, Pirozhkova, S. 105, Nekrasow, *Schelesni Norkomi*, S. 211, Powarzow, *Pritschina Smerti-Rastrel*, S. 151. Jeschow stammte aus Gomel, war aber in Odessa aufgewachsen.

3 Rosa Kaganowitsch: Chuev, *Kaganovich*, S. 48–50. Jüdische Frauen: Sergo B., S. 211. Zum Mythos siehe Kahan, *Wolf of the Kremlin*.

4 Swanidse-Tagebuch, 5. März 1937, Dschugaschwili, *Ded Otets Mat i Drugie*, S. 18–24. Abenteuer Julias: Swanidse-Tagebuch, 5. März 1937. Besser aussehen: Maria Swanidse an Aljoscha Swanidse, o. D., RGASPI 44.1.1.340–344, Leonid Redens, Kira Allilujewa.

5 Swanidse: Chuev, *MR*, S. 174. Stalins Vermerke an Jeschow, RGASPI 558.11.27.129. Unterlagen zu Maria Swanidse, RGASPI 44.1.1.33b. Brackman, S. 287, Mikojan, *Tak Bylo*, S. 359, Kira Allilujewa, Leonid Redens, Swetlana in Richardson, *Long Shadow*, S. 143.

6 Postyschew: Getty, S. 503–511, Khlevniuk, *Circle*, S. 231–240. P. Postyschew an Stalin, 16. März 1938, RGASPI 558.11.787.45 f. Seine Festnahme am 12. Feb.: Jansen/Petrov, *Stalin's Loyal Executioner*, S. 125. Scheißer: Stalin an Postyschew über Leninorden, Jeschows Urlaub vom 9. Sept. 1931 und Postyschews freche Antwort, RGASPI 558.11.787.6.

7 Jansen/Petrov, *Stalin's Loyal Executioner*, S. 124 mit Zitat aus Suwenirow, *Tragedija RKKA*, S. 23. Neue Quote: bei Getty 48 000, S. 518 f., Urlaub Jeschows, *op. cit.*, S. 521 f.

8 Schapowal in Taubman, S. 19–25, *Chruschtschow*, S. 84–105, *Iswestija ZK KPSS*, 2, 1989, *Istotschnik*, 1, 1995. Laut Naumow in Taubman, S. 88–92, gab es in den anderthalb Jahren bis 1940 insgesamt genau 167 565 Festnahmen.

9 Jansen/Petrov, *Stalin's Loyal Executioner*, S. 134. Fall des A. I. Uspenski: FSB 3.6.1 und 3.6.3. Erhöhte Quoten: *Moskowskie Nowosti*, Nr. 25, 1992.

10 Bucharin-Prozess: Conquest, *Der große Terror*, S. 418–429.

25. Beria und das Henkersleid

1 Kosior und Tschubar: Kosior an Stalin, 30. April 1938, RGASPI 558.11.754.122–127, *Chruschtschow*, S. 119 f. Träume: vgl. den Tuchatschewski-Prozess, Medwedew, *Wahrheit*, S. 332–342, Chuev, *Kaganovich*, S. 89.

2 Stalin an Flugzeugplaner Jakowlew, zitiert in Chuev, *MR*, S. 262.

3 Jeschow spürt Stalins Unzufriedenheit: Jansen/Petrov, *op. cit.*, S. 143, mit Zitat aus Jeschow an Stalin, APRF 7458.3.158–162. Sogar der brutale Beria hatte manchmal unter dem nervlichen Stress der Dauerparanoia gelitten:»Ich kann nicht mein Leben lang mit allen streiten ... es ruiniert meine Nerven ... ich spüre, dass ich es nicht mehr lange aushalte«, hatte er Anfang der dreißiger Jahre geschrieben, vgl. Knight, *Beria*, S. 40: L. P. Beria an Ordschonikidse. Aronstam an Stalin und dessen Antwort, 7. Mai 1937, RGASPI 558.11.698.33. Mechlis an Stalin, 13. Jan. 1936 (oder 1937), RGASPI 558.11.773.94. Warnung an Wyschinski, RGASPI 588.2.156.43. Jansen/Petrov, *Stalin's Loyal Executioner*, S. 124, mit Zitat aus Suwenirow, *Tragedija RKKA*, S. 23. Zur Trunkenheit: FSB 3-OS. 6.1.265–270. Vernehmung Fronowskis und Efimows, N-15301.7.193 f., zitiert in Jansen/Petrov, *op. cit.*, S. 124. Betrunkene Vollstrecker: Deriabin, *Inside Stalin's Kremlin*, S. 42. Parrish, »Yezhov«, S. 71–77.

4 »Stalinodar«: Jansen/Petrov, *Stalin's Loyal Executioner*, S. 117, Parrish, »Yezhov«, S. 78 f. Sluzki: Jansen/Petrov, *op. cit.*, S. 230, mit Zitat aus Fall Frinowski des FSB in N-15301.3.117–123. Orlows Bericht über diese Episode trifft im Wesentlichen zu, vgl. *Kreml-Geheimnisse*, S. 274 f.

5 Ljuschkow: Jansen/Petrov, *Stalin's Loyal Executioner*, S. 144 f. Jeschows nicht abgeschickter Brief an Stalin, APRF 57.1.265.16–26. Coox, »Lesser of Two Hells«, S. 145–186, ders., »L'affaire Liushkov«, 450–420.

6 Juri Schdanow, Wolja Malenkowa, vgl. auch Malenkow, *O Moem Oze Georgii Malenkowe*. Ebon, *Malenkov*, S. 38 f. Starkov, »Narkom Yezhov« in Gerry und Manning (Hg.), S. 35–37, Leonid Redens, Rees, S. 197. Jeschow, polnischer Spion und Orlow: Jansen/Petrov, *Stalin's Loyal Executioner*, S. 147, mit Zitat aus FSB 3-OS. 6.1.350. Uspenski, verfolgte Spuren: Jansen/Petrov, *op. cit.*, S. 148, mit Zitat aus FSB 3-OS. 6.1.350 und FSB 3-OS. 3.316. Am 20. Aug. 1938 von Stalin abgezeichnete Todesliste: APRF 3.24.417.248–253.

7 Beria und Jeschow: Chruschtschew zitiert in Jansen/Petrov, *Stalin's Loyal Executioner*, S. 157, Knight, *Beria*, S. 53 und 87–91. Jansen/Petrov, *op. cit.*, S. 149–157, W. A. Dosnkoi schlug Beria vor. Starkov, »Narkom Yezhov«, in Getty und Manning (Hg.), S. 38 f. *WISch*, Juli 1989, Okt. 1991. Berias persönliche Rolle bei der Folter: GARF 8131.32.3289.117 f. Untersuchung der Vernehmungsmethoden durch Rudenko, 22. März 1955, Nekrasow, *Beria: Konez Karieri*, S. 374 f. Popow und Oppokow, »Beriewschtschina«, in *WISch*, 3, 1990, S. 81–90.

8 IBM oder GM: Martha Peschkowa, W. I. Nowikow zitiert in Nekrasow, *Konez Karieri*, S. 229–237. Romanow zitiert in Sergo B., S. 245. Y. Cohen, »Des lettres comme action«, S. 307–345, Zit. S. 327. Beria an Molotow, 26. Feb. 1940, RGASPI 82.2.897.32, Knight, *Beria*, S. 174 und 195. »Eiserne Nerven«: Interview mit Nikolai Baibakow. Raffiniert, klug, unermüdlich: »Ein Interview mit W. M. Molotow«, *Literaturuli Sachartwelo*, 27. Okt. 1989, zitiert in Knight, *Beria*, S. 195–274.

9 Besten Freund töten: Zanawa, 24. März 1955, GARF 7523.85.236.17–23. Furcht und Begeisterung: Sudoplatov, S. 186. »Idolisiert«: Krotkow zitiert in Knight, *Beria*, S. 203. »Lagerstaub«: *Beria Affair*, S. 5. »König von England«: *Chruschtschow*, S. 118. Interview mit Aljoscha Mirzchulawa. Zärtlichkeit mit Frau, mexikanische Banditen: Martha Peschkowa. Stalin verehrt: Sergo B., S. 144 f., Richardson, *Long Shadow*, S. 158. Zwicker säubern: Golowanow in Chuev, *MR*, S. 343, Artjom Sergeew.

10 Candide Tscharkwiani bei Berias, als Stalin eintraf: Interview mit Gela Tscharkwiani, Sergo B., S. 34, Mikojan, *Tak Bylo*, S. 33.

11 Wyschinski an Stalin u. Molotow und Molotow an Wyschinski, o. D., RGASPI 82.2.897.12 f. Wolja Malenkowa, Martha Peschkowa, Kira Allilujewa, Sudoplatov, S. 39 f., Knight, *Beria*, S. 87–91, Polianski, S. 190, *Chruschtschow*, S. 112 f. Jansen/Petrov, *Stalin's Loyal Executioner*, S. 154–159.

12 Khlevniuk, *Circle*, S. 240–245, Wolkogonow, *Stalin*, S. 446 f.

13 Mechlis an Stalin und Woroschilow, 23. Aug. 1938, RGWA 9.29.390.275, Rubzow, *Mechlis*, S. 103 f. und 107. Zur Rolle Mechlis': *Woprosi Istorii*, Nr. 10, 1998, S. 78. Coox, »Liushkov«, S. 145–186. Mechlis reiste in Begleitung von Jeschows Stellvertreter Frinowski. »Ernennen Sie Kommission zur Untersuchung der Lenin-Akademie ... wenn noch Leute der Tolmatschew-Gruppe da sind, müssen sie bis zum letzten Mann entfernt werden. Mechlis, 5. Juli 1938.« Wolkogonow, *Stalin*, S. 424. Mechlis an Stalin, 20. Nov. 1938, Rubzow, *Mechlis*, S. 102; zu Bljucher, *op. cit.*, S. 106. Sacharow, *Generalnji Schtab*, S. 137–142, Chuev, *Kaganovich*, S. 30, Roy Medvedev, »Joseph Stalin«.

14 S. Fedoseew, »Favorit Jeschowa«, in *Sowerschenno Sekretno*, 9, 1996. Jansen/Pe-

trov, *Stalin's Loyal Executioner*, S. 150–150, mit Zitat aus FSB 3-OS. 6.3.367/Fall Frinowski N-15301.2.32; Frinowski N-15301.7.195; Dagin in FSB 3.6.3.323.259; Ewdokimow in FSB 3.6.4.403 und FSB 3.6.3.261.

26. Die Tragödie und Verruchtheit der Jeschows

1 Uspenski, *Tainy, passim.*, Parrish, *Lesser Terror*, S. 4–6, Jansen/Petrov, *Stalin's Loyal Executioner*, S. 153, 159 und 166 f., Schentalinski, »Ochota«, S. 70–96.

2 Molotows Gesicht zur Maske erstarrt: Mikojan, *Tak Bylo*, S. 321–327. Molotow behauptet, Tewosian gerettet zu haben: Chuev, *MR*, S. 294.

3 Khlevniuk, *Circle*, S. 224–230, Parrish, »Yezhov«, S. 78–89, Sudoplatov, S. 43.

4 Familiendrama Jeschows: Jansen/Petrov, *Stalin's Loyal Executioner*, S. 121–124, Briuchanow und Schoschkow, S. 124, Starkov, »Norkom Yezhov«, in Getty und Manning (Hg.), S. 34 f. Kamow, »Smert«, S. 41–43, Grossman, »Mama«, S. 8–15, Vernehmung Simon Urizkis zitiert in *KGB Lit.-Archiv*, S. 56, Polianski, S. 190–197.

5 Zum Plan Berias und Stalins, Jewgenia gegen Jeschow einzusetzen: *Polititscheskii Dnewnik*, Bd. 2, Amsterdam 1975, S. 136. Kamow, »Smert«, S. 41–43. Jeschowa an Stalin: APRF 45.1.729.96, zitiert in Jansen/Petrov, *Stalin's Loyal Executioner*, S. 166–168, Polianski, S. 190, Briuchanow und Schoschkow, S. 122 f., *KGB Lit.-Archiv*, S. 42. Jeschowa an Stalin, APRF 45.1.729.100, zitiert in Jansen/Petrov, *op. cit.*, S. 169. Stalin, Kaganowitsch und Molotow distanzieren sich von Jeschow und dem Terror: RGASPI 17.3.1002.37. Zu den »Troikas«: *Moskowskie Nowosti*, 21. Juni 1992, zitiert in Getty, S. 531, RGASPI 17.3.1003.85–87.

6 Jansen/Petrov, *Stalin's Loyal Executioner*, S. 164. *Istoritscheski Archiv*, 5–6, 1995, S. 24. Aussage von I. Dementew in FSB 3-OS. 6.3.257, APRF 3.24.375.120, Aussage Jeschows in FSB 3-OS. 6.3.332 f., beide zitiert in Jansen/Petrov, *op. cit.*, S. 170–172. Schentalinski, »Ochota«, S. 179. Die Autopsie, derzufolge sie eine etwa 34-jährige, mittelgroße, gut gebaute Frau war, ergab Tod durch Barbituratvergiftung, Parrish, »Yezhov«, S. 101, Polianski, S. 190, Knight, *Beria*, S. 250. Jeschows Bruder erschossen, *Chruschtschow*, S. 112–115, Piroschkowa, S. 105.

7 Jansen/Petrov, *Stalin's Loyal Executioner*, S. 164, Orgien mit Oralsex: *op. cit.*, S. 173, »Gottes Wille«: S. 174, und »wie die Pest«: S. 202. Sex mit Dementew: FSB 3-OS. 6.1. und 6.3. Sex mit Konstantinow und Frau: FSB 3-OS. 6.3.247–252, alle zitiert in Jansen/Petrov, *op. cit.*, S. 172 f. Khlevniuk, *Circle*, S. 224–230, Parrish, »Yezhov«, S. 89, *WISch*, 2, 1993. *Istoritscheski Archiv* 1998, Getty, S. 528–539, RGASPI 17.3.1003.34 und RGASPI 17.3.1004.11.

8 Parrish, »Yezhov«, Aussage Simins, des Chefs von Lefortowo, und Gefängnisarzt Rosenblum aus dem Jahr 1956, zitiert in Vaksberg, Vyshinsky, S. 118. Beria persönlich nahm am 29. November den Komsomol-Chef A. W. Kosarew fest, ein Racheakt für Beleidigungen. Mgeladse berichtete Stalin nach dem Krieg im Einzelnen darüber, Mgeladse, S. 168–173. Doch der Fall Kosarew hatte schon seit einiger Zeit geköchelt, vgl. Gorschenin an Stalin, 13. Juli 1937, RGASPI 558.11.725.160, Bucharina, *Memoirs*, S. 186–200. Zu Berias Männern: Knight, *Beria*, S. 90–94, Sergo B., S. 179 f., Interviews mit Martha Peschkowa, Gela Tscharkwiani, Eka Rapawa, Maja Kawtaradse, Nina Ruchadse, Nadja Dekanosowa, Aljoscha Mirzchulawa und Nikita Petrow. Zu Kobulows Scham: Elena Durden-Smith. Vgl. auch Parrish, *Lesser Terror*, ders., »Yezhov«, Petrow und Scorkin.

9 Nadeschda Wlasik, Natalja Poskrebyschewa, Parrish, »Yezhov«, S. 86, Petrow und Scorkin, *Chruschtschow*, S. 279 f. Artjom Sergeew, Swetlana Allilujewa, *Das erste Jahr*, S. 339, Wlasik, S. 24 f.

27. Tod in Stalins Familie

1 Richardson, *Long Shadow*, S. 154. Verachtung des Politbüros für die Allilujewas: Natalja Andrejewa. Wlasiks Verärgerung über Anna Redens' ständige Beschwerden wegen der Wäsche: Nadeschda Wlasik. Poskrebyschew behandelte uns wie arme Verwandte: Kira Allilujewa. Richardson, *op. cit*, S. 156. Bronka von Beria gesucht: Natalja Poskrebyschewa. Schenja mokiert sich über Berias Flirterei: Swetlana Allilujewa, *Das erste Jahr*, S. 330.

2 Redens und Sklavenarbeit: Litwin, *Jagoda*, S. 41 und 382–390. Agranows Rede beim Plenum 1937 in Getty, S. 430. Schläge verbieten? Leonid Redens und Wladimir Allilujew (Redens), Petrow und Scorkin.

3 Wladimir Allilujew (Redens), Kira Allilujewa, Swetlana RR, S. 144, Orlow, *Kreml-Geheimnisse*, S. 312. Pawels Medizin: RGASPI 558.11.1551.43.

4 Swetlana Allilujewa, *Zwanzig Briefe*, S. 78 f. Beria und Malenkow schlagen Redens' Festnahme vor: Wasili Stalin an Wladimir Allilujew (Redens). Redens' Beteiligung an Komplott gegen Beria 1931: Redens an Stalin, RGASPI 558.11.801.42 f. Redens im August 1932 durch Balizki ersetzt: Khlevniuk, *Kaganovich Perepiska*, S. 273–275. Jeschow über Polen: Chase, *Enemies*, S. 234 f., 239 und 265. Richardson, *Long Shadow*, S. 150, Mikojan, *Tak Bylo*, S. 59, Wladimir Allilujew (Redens), Leonid Redens.

5 Stalin und Dmitrow: *Sowerschenno Sekretno*, 3, 2000. »Nicht ich bin Stalin«: Artjom Sergejew.

6 Nakaschidse: Sergo Mikojan, Martha Peschkowa, Leonid Redens, Swetlana Allilujewa, *Zwanzig Briefe*, S. 159 f. Ehefrau für Stalin: Wolkogonow, *Stalin*, S. 224 ff.

7 Kira Allilujewa, Kostyrchenko, S. 80.

8 Stalin schätzt gut gekleidete Damen, Flirts: Kira Allilujewa, Leonid Redens, Swanidse-Tagebuch. Stalins Typen, Stschpiller und Dawydowa, Swetlana Allilujewa, *Das erste Jahr*, S. 336 f., Vasilieva, *Kremlin Wives*, S. 74–76, Vishnevskaya, *Galina*, S. 95, Chuev, *MR*, S. 174. Plisetskaya und Schott, *I, Maya*, S. 81. Dawydowas Gürtel: Rybin, *Rjadom*, S. 32 f. und 67–69. Stalin nennt seine Lieblingsballerina Lepeschinskaja »die Libelle«. »Josef Wissarionowitsch, habe ich gut getanzt?«, fragte »die Libelle« Stalin. »Du bist toll herumgewirbelt«, antwortete er, »aber Asaf Messerer war noch besser!« Seine Lieblingsschauspielerin am Moskauer Kunsttheater war Alla Tarasowa.

9 Rusudana Schordanija: Rybin, *Oktjabre 1941*, S. 18. Interview mit Aljoscha Mirzchulawa. Er kannte Rusudana gut und hielt eine Affäre für lachhaft: »Sie war ja so viel jünger als er«, sagte er zum Autor. Er sah auch nichts Anrüchiges an der Einladung des georgischen Mädchens. Tanzen: Koslowski in Karpow, *Rastreljannije Marschali*, S. 342. »Frauen mit Ideen«: Swetlana Allilujewa, *Das erste Jahr*, S. 337, Chuev, *MR*, S. 174, ders., *Kaganovich*, S. 160–162. Kusakowa in Radzinsky, S. 65. Istomina verleugnet Dawydowa: Rybin, *Stalin i Zhukov*, S. 63. Plappermäulchen, gute Seele: Losgatschew in Radzinsky, S. 560. Vaters Geschöpf tröstet: Richardson, *Long Shadow*, S. 248, Artjom Sergeew, Martha Peschkowa, Kira Allilujewa. Zur Verschwiegenheit des Personals: Gespräch mit Roy Medwedew. Eine Lebensgefährtin, Kaganowitschs Schwiegertochter: Vasilieva, *Kremlewskie Scheni*, S. 372. Waletschkas Mann eifersüchtig: Rybin, *Oktjabre 1941*, S. 18. Blotsky, *Putin*, vgl. auch Putin, *Aus erster Hand*, S. 7; vgl. auch »Geht niemanden etwas an/Engels mit Haushälterin«: Chuev, *MR*, S. 208. Schürze wie Krankenschwester: Popowitsch zitiert in Dedijer, *Tito*, S. 301. Stalins Vorliebe für Diskretion: Berman in *Oni*, S. 236. Waletschka in Jalta und Potsdam: Wolkogonow, *Stalin*, S. 686 f. Sta-

lins Stolz auf seine Unterwäsche: Tscharkwiani, S. 35. »Selbstverständlich wusste jeder, dass sie seine Lebensgefährtin war«: Poskrebyschews Tochter Natalja.

10 Stalin beendet den Terror: Wolkogonow, *Stalin*, S. 447 ff. Beria übernahm Tschubars Datscha: Knight, *Beria*, S. 98, Swetlana Allilujewa, *Das erste Jahr*, S. 363. Mechlis an Stalin und dessen Antwort, 6. Nov. 1939, RGASPI 558.11.773.101. Wyschinski zum Beispiel beschwerte sich darüber, dass der NKWD ohne seine Zustimmung Beamte festgenommen hatte. Es wäre naiv zu sagen, dass wieder Rechtsstaatlichkeit einkehrte, sondern an die Stelle der Hexenjagd trat jetzt die Illusion. Wyschinski an Stalin und Molotow, 31. März 1939, RGASPI 82.2.897.28. Wir können dem Ringen zwischen Wyschinski und dem NKWD folgen, wobei sich Malenkow um eine gewisse Ordnung bemühte: RGASPI 588.2.155.39.60. Stalin, Chrulew und Mechlis in Kumanew (Hg.), S. 343. Fall der Kinder von Nowosibirsk: Wyschinski an Stalin und dessen Antwort, 2. Jan. 1939, RGASPI 558.2.155.65. Wir sehen die Arbeit der Führung und das Wirken der absoluten Diktatur an diesem Beispiel von Entspannung. Als Molotow auf Drängen von Wyschinski vorschlug, nichtpolitische weibliche Häftlinge freizulassen, die sich nur von der Arbeit entfernt hatten, schränkte Stalin ein: »Ich bin dagegen. Ich hielte es für richtig, wenn solche Frauen eine Geldbuße bezahlen müssten, und zwar sollten wir ihnen vier Monate lang je ein Viertel des Lohnes abziehen. Stalin.« So trat es drei Tage später in Kraft: Wyschinski über Molotow an Stalin, 23.–26. Aug. 1940, RGASPI 588.2.1551.27–33. P. T. Nikolaenko an Stalin und Chruschtschew, 20. Feb. 1939, und Stalin an Chruschtschew, RGASPI 558.11.132.141–145. Trotzki: Sudoplatov, S. 66.

11 Tucker, *Stalin in Power*, S. 586–589, Parrish, *Lesser Terror*, S. 31 f. Kusnezow berichtet, wie Frinowski ohne weiteres von Stalin entlassen und durch einen anderen ersetzt wurde, Bialer (Hg.), S. 92, Khlevniuk, *Circle*, S. 260–266, Knight, *Beria*, S. 94. Jeschows Festnahme davor und danach: Jeschow an Stalin in APRF 45.1.20.53, zitiert in Jansen/Petrov, *Stalin's Loyal Executioner*, S. 178, Medwedew, *Wahrheit*, S. 458–460, Conquest, *Stalins Völkermord*, S. 473–485, Kusnezow, »Krutije Poworoti«, in *WISch*, 7, 1993, S. 50. Innenminister N. P. Dudorow erklärte 1957 auf dem Plenum des ZK, Beria habe Jeschow speziell über Malenkow verhört und 20 Seiten Belastungsmaterial gegen ihn vorgelegt, Jansen/Petrov, *op. cit.*, S. 158. Sudoplatov, S. 63, Parrish, »Yezhow«, S. 90, Polianski, S. 216 f., Lichanow und Nikonow, »Ja Patschostil«. Jansen/Petrov, *op. cit.*, S. 176 und 182, mit Zitat aus Piliazkin, *Wrag Naroda* und APRF 57.1.287.7–18. »Schätzen Sie sich glücklich…«, Sergo B., S. 161. Vermerk von D. Suchanow zum Verlust der Aussage Jeschows gegen Malenkow, 21. Mai 1956, in Khlevniuk et al., *Politburo ZK BKP i Sowiet Ministrow SSSR 1945–53*, S. 203.

28. Die Aufteilung Europas

1 Diese Analyse basiert vor allem auf: Subok und Pleschakow, *Der Kreml im Kalten Krieg*, und Gabriel Gorodetsky, *Die große Täuschung*. Entlassung Litwinows, Änderung der Außenpolitik: Knight, *Beria*, S. 100 f., vgl. auch Subok, S. 52 f. Scheingeorgier und Molotow, lahmer Kartwelier und Stalin: Nadja Dekanosowa. Stalin mokiert sich über Dekanosows Hässlichkeit: Maja Kawtaradse, Erickson, *Soviet High Command*, S. 513–525, Ehrenburg, *Eve of War*, S. 276, Tucker, *Stalin in Power*, S. 614, Carswell, S. 145–149, Medwedew, *Wahrheit*, S. 240 und 497. Stalin befahl Jeschow am 2. April 1937, Kandelaki festzunehmen, er stockt die handschriftliche Liste der »Vorhaben« auf: Stalins Memo für Gespräch mit Jeschow, 2. April 1937, RGASPI 558.11.27.129, Gnedin in Knight, *Beria*, S. 101, Bucharina,

Memoirs, S. 200, Parrish, »Yezhov«, S. 91. Autounfall Litwinows: *Chruschtschow*, S. 266. Sergo B., S. 47 f., Vaksberg, *Stalin Against Jews*, S. 34 f. Neue Diplomaten: Gromyko, *Erinnerungen*, S. 48 f. Chuev, *Kaganovich*, S. 64 und 154, Mikojan in Kumanew (Hg.), S. 22. Litwinow über Stalin als Diplomat, Stalin zitiert Talleyrand und Bismarck: Gorodetsky, *Die große Täuschung*, S. 256 und 36. Lektüre Bismarcks über den deutsch-französischen Krieg 1870: von Moltke, *Der deutschfranzösische Krieg 1870*, RGASPI 558.3.224. Bismarck: R. Medwedew, *Neiswestni Stalin*, das Kapitel »Stalins persönliches Archiv«. Molotows Briefe an Polina: »Wir leben unter ständigem Druck ... Deine Süße und Dein Zauber«: RGASPI 82.2.1592.40–45, New York, 20. Nov. 1945. Kennen unser Personal: RGASPI 82.2.1592.19 f., 8. Juli 1946 aus Paris. Lektüre über Hitler: 13. Aug. 1940, RGASPI 82.21592.1. »Ich stand im Mittelpunkt des Interesses«: New York, 20. Nov. 1945 (?), RGASPI 82.2.1592.40–45. Stalin selbst bezeichnete die strategischen Manöver als »ein großes und gefährliches politisches Spiel«, vgl. Wolkogonow, *Stalin*, S. 460.

2 Stalin und die Juden: Säuberung der Synagoge und Anzahl der Juden in der Führung, Lenin: Chuev, *MR*, S. 20, ders., *Kaganovich*, S. 47 f., 100, 105, 128 f. und 175. Statistik: Parrish, *Lesser Terror*, S. 137. Stalins Buch *Marxismus und die nationale Frage* zitiert in Vaksberg, *Stalin Against Jews*, S. 4. Mechlis und die Jidden: Baschanow, *Ich war Stalins Sekretär*, S. 69 f. Alle Feinde Stalins sind Juden: Chuev, *Kaganovich*, S. 128. Kaganowitsch als Israelit: *Chruschtschow*, S. 265. Verwendung des Begriffs »Natsman« bei der Roten Armee, 3. und 4. Aug. 1937, RGWA 4.18.62.1/357. Juden können nicht trinken: Chuev, *Kaganovich*, S. 106. Juden wie Mimosen: Chuev, *Kaganovich*, S. 191. Mimose als Stalins Lieblingsblume: Mgeladse, S. 95–97. Mechlis, Juden kristallklar: in Simonow-Tagebuch, RGALI-Notizbuch, 1. April 1945. Antisemitismus, Projektliste: Kannibalismus-Rede vom 23. Dez. 1930, RGASPI 558.11.27.32. Birobidschan, der Zar: Rubenstein und Naumov, *Stalin's Secret Pogrom*, S. 34 und 511. Stalin kritisiert Antisemitismus anderer: Simonow, »Glasami«, S. 85. Kein Grund, Hitler aufzubringen: Brooks, *Thank You Comrade Stalin*, S. 171. J. Jakowlew und jüdische Namen: *Chruschtschow*, S. 112. Kaganowitsch und Michoels: Rubenstein und Naumov, S. 293 und 399. Kaganowitsch-Theater Birobidschan: Kostyrchenko, S. 42 und 144. Die Schwarzen Hundertschaften und die Moskauer Erlöserkirche: Chuev, *Kaganovich*, S. 47. Ich danke Robert Service für seine Anregungen.

3 Diese Darstellung der Verhandlungen zwischen UdSSR, Deutschland, Frankreich und Großbritannien basiert auf Gorodetsky, *Die große Täuschung*, Richard Overy, *Russlands Krieg*, Read und Fisher, *The Deadly Embrace*, Chuev, *Molotov Remembers*, Chruschtschow, *Chruschtschow erinnert sich*, Hilger und Mayer, *Wir und der Kreml*. Gorodetsky, *Die große Täuschung*, S. 31 ff., Raanan, S. 15–18, Juri Schdanow, Overy, *Russlands Krieg*, S. 67 ff., Bloch, *Ribbentrop*, S. 239 und 245, Wolkogonow, *Stalin*, S. 612, Roberts, *The Holy Fox*, S. 166, Erickson, *Soviet High Command*, S. 525, Read und Fischer, *op. cit.*, S. 128–130 und 230–232. Fernost: Schukow, *Erinnerungen*, S. 150–173, Simonow, »Sametki«, S. 50–53, Spahr, *Zhukov*, S. 209. D'Abernon: RGASPI 558.3.25.32. *Chruschtschow*, S. 160 f. Chuev, *Kaganovich*, S. 58 und 90. Juri Schdanow, Sergo B., S. 49–52, Bloch, S. 52, Vippers *Geschichte der griechischen Antike*: RGASPI 558.3.36. Zur Unterzeichnung des Vertrags siehe Chuev, S. 9–11, Hilger und Mayer, *op. cit.*, S. 290–292, Read und Fisher, *op. cit.*, S. 251–259. Essen nach der Unterzeichnung: Dmitrow-Tagebuch, 21. Juni 1941. Juri Schdanow über Schdanows Witz. Großes Spiel: Chuev, *MR*, S. 31, und Molotow an Dmitrow, »großes Spiel«, in Gorodetsky, *Die große Täuschung*, S. 395.

4 Invasion Polens: Hilger und Mayer, *Wir und der Kreml*, S. 317, Wolkogonow, *Stalin*, S. 512 f., Sergei Khrushchev, *Superpower*, S. 5, Vasilieva, *Kremlin Wives*, S. 182 f. Ausplünderung Polens: Wyschinski an Stalin und dessen Antwort, 21.–31. Okt. 1939, RGASPI 558.2.155.168. Statistiken: Overy, S. 95, Burleigh, S. 496 ff. Rolle Chruschtschews: Taubman, S. 23. Parrish schätzt 1–2 Millionen Deportierte, *Lesser Terror*, S. 47, *Chruschtschow*, S. 153. Im Juni 1941 berichtete der NKWD-Funktionär Tschernyschew an Stalin, dass 494 310 ehemalige polnische Staatsbürger in der UdSSR eingetroffen waren und sich davon 389 382 in Gefängnissen oder Lagern befanden, Wolkogonow, *Stalin*, S. 514. »Der letzte Überrest«: Parrish, »Serov«, S. 107–110, Sudoplatov, S. 91.

5 Hilger und Mayer, *Wir und der Kreml*, S. 317 ff., Chuev, *MR*, S. 9–11, ders., *Kaganovich*, S. 58 und 90. Kaganowitschs Enkel erinnert sich an dessen Berichte: Josef Minerwin, Read und Fisher, S. 357. Der estnische Außenminister: Bohlen, S. 91.

29. Die Ermordung der Frauen

1 Conquest, *Stalins Völkermord*, S. 251, Parrish, *Lesser Terror*, S. 33, Vasilieva, *Kremlin Wives*, S. 103–111, Volkszählung: Wolkogonow, *Stalin*, S. 612, *Molotow Letters*, 23. Aug. 1930, S. 203. Chuev, *Kaganovich*, S. 150. »Argwohn«: *Chruschtschow*, S. 149. Widerspruch gegen Stalin: Sergo B., S. 148. Polina: Andrejew, Malenkow und Schdanow sollten einen neuen Posten für sie finden. Ab November leitete sie die Textilbranche des Volkskommissariats für die Leichtindustrien. Zu Abakumow und den Vorwürfen gegen Schemtschuschina von 1939 und 1949, als man wieder die gleichen Personen festnahm: GARF 8131.32.3289.144, mit Rudenkos Rede beim Prozess gegen Beria. Khlevniuk, *Circle*, S. 257 f., Kostrychenko, S. 119 f., Mikojan, *Tak Bylo*, S. 298 f. Fußnote: Fitnesstrainerin: Wlasik an Molotow, 7. Feb. 1940, RGASPI 82.2.904.80 f.

2 Natalja Poskrebyschewa, Galja Poskrebyschewa in Wolkogonow, *Stalin*, S. 236 f.

3 Kawtaradse und Nuzibidse: Nuzibidse, Bd. 2, S. 96–100, Interview mit Maja Kawtaradse und Sakro Megrelischwili (Sohn von Ketawan Nuzibidse). »wolltet ihr alle mich umbringen«: *Literaturnaja Rossija*, 12, 1989, S. 17–20, Interview mit Sergo Kawtaradse. Stalin befiehlt Kaganowitsch, Kawtaradse zu helfen: Khlevniuk, *Kaganovich Perepiska*, S. 246, Medwedew, *Wahrheit*, S. 345. Freilassung Sofia Kawtaradses: Bucharina, *Memoirs*, S. 234, Knight, *Beria*, S. 247.

4 *KGB Lit.-Archiv*, S. 22–44 (26) und 43–48, mit Berias Bericht über Babel an Schdanow. Zum französischen Ringen: GARF 8131.32.3289.117 f. Piroschkowa, S. 110–113, Parrish, »Yezhov«, S. 94–98, Polianski, S. 211–218, 244, 259–261. Eiche: Aussage Leonid Baschtakows von 1955, zitiert in Vaksberg, *Vyshinsky*, S. 167, 197 f. und 350. Prozess gegen Babel am 26. Jan. 1940: Jansen/Petrov, *Stalin's Loyal Executioner*, S. 191, mit Ulrichs Urteil vom 1./2. Feb. Die Gala: 2. Feb. 1940. Marschall Jegorow schoss am Tag der Roten Armee, 23. Feb., Spahr, *Zhukov*, S. 177. Urteil gegen Jeschow: *Moskowskie Nowosti*, Nr. 5, 30. Jan. 1994. Aussage vor Militärkollegium, 3. Jan. 1940: Polianski, S. 304 f., Jansen/Petrov, *op. cit.*, S. 188, Getty, S. 560–562. Hinrichtung Jeschows nach Darstellung von N. P. Afanasiew, in Jansen/Petrov, *op. cit.*, S. 188 f. Uschakow und Stukakow, S. 74 f. Sterbeurkunde vom 4. Feb. 1940, unterschrieben von einem Leutnant Kriwizki, wahrscheinlich aber von Blochin persönlich erledigt. Ich danke Nikita Petrow.

5 Ratte: Jakowlew, *Zel Schisni*, S. 509. Stalin prägt den Ausdruck *Jeschowstschina?* Mgeladse, S. 171 f., »Abschaum«, S. 211, unglaubhafte Beweise, S. 167, alle Verdächtigen gestehen, S. 168–173 und 211 f. Stalin und Kaganowitsch über Babel:

Khlevniuk, *Kaganovich Perepiska*, S. 49, 189 und 198. Schwarze Arbeit und Blochin: Nikita Petrow. Redens: Swetlana Allilujewa, *Zwanzig Briefe*, S. 78, Knight, *Beria*, S. 90, Leonid Redens.

30. Molotow-Cocktails

1 Karpow, *Rastrelnannije Marschali*, S. 325 f. und 343, Vishnevskaya, *Galina*, S. 96, Koslowski, zitiert in Karpow, *op. cit.*, S. 337.

2 Finnland: Crickson, *Soviet High Command*, S. 541–548, Raanan, S. 14, Overy, *Russlands Krieg*, S. 99–103, Merezkow, *Im Dienste des Volkes*, S. 163–171. Mikojan: Bohlen, S. 93, *Chruschtschow*, S. 162 f. Woronow in Bialer (Hg.), S. 131–133, Spahr, *Zhukov*, S. 220–227. Woroschilows Säuberung: Wolkogonow in Shukman (Hg.), *Stalin's Generals*, S. 317, ders., *Stalin and the Soviet-Finnish War*, S. xxi-xxvi und 29. (Stalins Kommentar zu den Wäldern stammt aus der Sitzung des Obersten Militärrates, 14.–17. April 1940.) Vgl. auch NKWD-Major Botschkow, Sonderabteilung des GUGB, an Narkom Woroschilow und dessen Antwort, 1. Feb. 1940, RGWA 4.19.73.19–23. Botschkow an Beria, 28. Dez. 1939, RGWA 4.19.75.1.12. Mechlis' Briefe an seine Frau, S. 130. Stalin an Mechlis, 9. Jan. 1940, TSAMO RF 5.176705.1. Mechlis an Stalin, 9. Jan. 1940 (2 x), RGWA 9.29.554.111 und RGWA 9.29.554.76. Mechlis an Stalin, 11. Jan. 1940, RGWA 9.29.554.59. Tags darauf berichtete Mechlis über die Exekution eines verwundeten Offiziers, eines NKWD-Kommissars, RGWA 9.29.554.62. Mechlis an Stalin und Woroschilow, 12. Dez. 1939, RGWA 9.29.554.228. Mechlis' Mut: General A. F. Chrenow und Admiral Kusnezow in Rubzow, *Mechlis*, S. 132 f. Mechlis an Stawka, 12. Jan. 1940, RGWA 9.29.554.55. Kulik an Kusnezow (Vizechef der Polizeiabt.), 19. Dez. 1939, RGWA 9.32.85.80, *Chruschtschow*, S. 164 f. Waledinski, »Wospominanija«, S. 124. Aptekov und Dudorova, »Peace«, S. 200–209, Read und Fischer, *The Deadly Embrace*, S. 401–417. Rote Arme taugte nichts: Bohlen, S. 60. Verluste, Statistiken aus russischen Quellen: O. A. Rzheshevsky, O. Wetschwilajninen, *Simnaja Wojna 1939–40*, Bd. 1, Finnland: 48 243 Tote, 43 000 Verwundete, 1000 Gefangene; UdSSR: 87 506 Tote, 39 369 Vermisste, 5000 Gefangene. Ich danke M. Mjakow für den Hinweis.

3 Sündenbock und Woroschilows Streit mit Stalin: *Chruschtschow*, S. 165 und 170. Überspannte Rede: Chrulews Memoiren in Rubzow, *Mechlis*, S. 135, Shukman, *Soviet-Finnish War*, S. xxi-xxvi, und Oberster Militärrat, 14./17. April 1940, S. 29, 250, 252 und 269. Wolkogonow in Shukman, *Stalin's Generals*, S. 243 und 365 f., und Rzheshevsky, S. 225. Woroschilow und die Künste: Mikojan, *Tak Bylo*, S. 386. Mechlis als Kommissar für Staatssicherheit: Chrulew-Memoiren in Rubzow, *Mechlis*, S. 140. Beförderung der Marschälle: Erickson, *Soviet High Command*, S. 552. Jugend und Aufstieg Timoschenkos, Doppelkommando: Anfilow in Shukman, *Stalin's Generals*, S. 239–242. Sawizki in Babel, »Meine erste Gans«, in *Budjonnys Reiterarmee*, S. 56. Braver Bauer: Mikojan, *Tak Bylo*, S. 386. Schdanows Rolle: Wolkogonow, *Stalin*, S. 502 f. Rokossowski, *Soldatenpflicht*, S. 5. Vgl. auch Salisbury, *900 Tage*, S. 162. Marschall Golowanow, zitiert in Chuev, *MR*, S. 265–295. Anfrage Stalins wegen Serditsch: Budjonni, *Notes*, Spahr, *Zhukov*, S. 230. Militärische Säuberungen: Shukman, *Stalin's Generals*, S. 361. Zum 20. Juni vgl. etwa, Timoschenko appelliert an Stalin wegen K. P. Podlas, einen der Generäle in Fernost: »Ich plädiere für seine Freilassung.« Stalin stimmte zu. Timoschenko an Stalin und dessen Antwort, 20. Juni 1940, RGWA 4.19.71.243. Befreite Offiziere: RGWA 9.29.482.11–13.

4 Oberster Militärrat des NKO, 21.–27. Nov. 1937, RGWA 4.18.54.1–499.

5 Triumph der Zaryzin-Gruppe und Schwankungen in der Wirtschaftsverwaltung: Mikojan, *Tak Bylo*, S. 339–344, und Kumanew (Hg.), S. 22. Kuliks Spruch: Woronow in Bialer (Hg.), S. 159. Macht Kuliks und Mechlis': *Chruschtschow*, S. 184. Korol *et al.*, Tragic 1941, S. 147–164.

6 Parrish, »Yezhow«, S. 87, Karpow, *Rastreljannje Marschali*, S. 316 f., 324 f., 335–344 und 360–363. Kira Kulik wurde eine Affäre mit dem kurz zuvor festgenommenen Bolschoi-Direktor Mordwinow nachgesagt. Mechlis' Bericht »Kompromat Materials« vom Juli 1941, RGWA 9.39.105.412–417.

7 Wald von Katyn: RFE/RL Research Report, Bd. 2, Nr. 4, 22. Jan. 1993, S. 22. Beria war zuerst als einer aus der »Troika« verantwortlich für die Liquidierung, aber Stalin strich seinen Namen und ersetzte ihn durch den Kobulows, wahrscheinlich weil Beria genug zu tun hatte. Gewiss folgt daraus nicht, dass Beria gegen das Massaker war, denn »der Theoretiker« und »der Samowar« gehörten zu seinen engsten Verbündeten, vgl. Overy, *Russlands Krieg*, S. 94 f., Stepan M., S. 197, Parrish, *Lesser Terror*, S. 57, ders., »Yezhov«, S. 83–85, ders., »Serov«, S. 110, Sergo B., S. 55 und 320.

8 *Chruschtschow*, S. 144.

9 Baltikum und Bessarabien: Am Tag des französischen Zusammenbruchs legte Timoschenko Pläne vor, auf dem Baltikum einzumarschieren, Timoschenko an Stalin und Molotow, 17. Juni 1940, RGWA 4.19.71.238. Knight, *Beria*, S. 104, Schukow, *Erinnerungen*, S. 195 ff.: Schukow befehligte die Befreiung Bessarabiens. Parrish, »Serov«, S. 107, Burleigh, S. 562, Gorodetsky, *Die große Täuschung*, S. 37 f. (bis zu Stalins Tod 175 000 Esten, 170 000 Letten und 175 000 Litauer deportiert). Stalins offenkundiger Wunsch, Hitler möge die Briten besiegen: *Sowerschenno Sekretno*, 2000, S. 3.

10 Wagner: Juri Schdanow. Spione: Gorodetsky, *Die große Täuschung*, S. 41 und 53, zu Golikow und Merkulow, S. 53 f. Stalins Wissen vertieft die Sorgen: Subok, S. 47. Genaue Anweisung von oben: Modin, S. 24. Molotow zitiert in Gorodetsky, *Die große Täuschung*, S. 56. Molotow an Polina, 13. Aug. 1940, RGASPI 82.2.1592.

31. Molotow trifft Hitler

1 Diese Darstellung der Berlin-Reise Molotows basiert auf Bereschkow, *Zeuge*, S. 27–45, inkl. Hitlers Andeutung eines Treffens mit Stalin, Chuev, *MR*, S. 15–20, Hilger und Mayer, *Wir und der Kreml*, S. 335–348, Jakowlew in Bialer (Hg.), S. 117–122. Zu den Anweisungen Stalins an Molotow und Fernschreiben: Gorodetsky, *Die große Täuschung*, S. 58, 74, 76, 81 und 83. Wolkogonow, *Stalin*, S. 543 ff., Knight, *Beria*, S. 102 f., Subok, S. 122 f., Read und Fisher, *The Deadly Embrace*, S. 510–533. Merkulow – Himmler in: Parrish, *Lesser Terror*, S. 100.

2 Sitzungen bis Kriegsbeginn. »Mit mehr Wissen«: Nikolai Baibakow. »Nie beim Namen nennen«: Emelianow in Bialer (Hg.), S. 113, Kusnezow, S. 95–97 und 173, Jakowlew, *Century*, S. 100.

3 Gorodetsky, *Die große Täuschung*, S. 133–140, vgl. auch Kasakow in Bialer (Hg.), S. 139–145. Jeremenko, *ibid.*, S. 146–151. Salisbury, *900 Tage*, S. 76–78. Schlaflosigkeit: Stalin zu Churchill, *Record of private talk between Prime Minister and Generalissimo Stalin after Plenary Session, July 17, 1945, Potsdam*, PREM 3/4307. Churchill und Stalin, FCO Historians, März 2002. Korol *et al.*, S. 147–164.

4 Erfahrungen im Bürgerkrieg, Schukow, *Erinnerungen*, S. 50–78. Über Säuberungen: *op. cit.*, S. 173–190.

5 Gorodetsky, *Die große Täuschung*, S. 241, Schukow, *Erinnerungen*, S. 205–207.

6 Kulik, Schdanow und Haubitzen: Wannikow in Bialer (Hg.), S. 153–159. Groteske Panzer und Flugzeuge: Emelianow in Bialer (Hg.), S. 109, Jakowlew, *Century*, S. 101.

7 Flugzeugabstürze: Oberster Militärrat, 16. Mai 1939, RGWA 4.19.14.1–74. Stalin erhielt Beschwerden über die schadhaften Teile: N. Sbytow an Stalin, 14. Sept. 1940, RGASPI 45.1.803. Dies war nur eine unter vielen, dazu auch das nähere Umfeld: Wasili Stalin an Stalin, 13. Nov. 1939, in Suchomlinow, *Wasily*, S. 66. Zu Wasilis Ehe mit Galina: Swetlana RR. Wasili Stalin an Stalin, 4. März 1941, Suchomlinow, *Wasily*, S. 81–83. Spahr, *Zhukov*, S. 230, Shukman, *Stalin's Generals*, S. 366. Simonow,»Glasami«, S. 73, Parrish, *Lesser Terror*, S. 30.

8 Khlevniuk, *Circle*, S. 265–267, Wolkogonow, *Stalin*, S. 503 ff., Knight, *Beria*, S. 106, Medwedew, *Wahrheit*, S. 344, ders., *All Stalin's Men*, S. 132, Chuev, *MR*, S. 228 f., ders., *Kaganovich*, S. 29 und 77 f., Strachow in Bialer (Hg.), S. 443.

9 Gorodetsky, *Die große Täuschung*, S. 155 ff., Subok, S. 122 f., Chuev, *MR*, S. 21, Sudoplatov, S. 118 f. Fest: Leonid Redens und sein Bruder Wladimir Allilujew (Redens).

10 Gorodetsky, *Die große Täuschung*, S. 231, Schukow zufolge meinte Stalin, Hitler um den Finger gewickelt zu haben, daher sein seltsames Vertrauen in den »Führer«, Simonow,»Sametki«, S. 50–53.

11 Molotow, *Sto Sorok*, S. 31, Merezkow, *Im Dienste des Volkes*, S. 217, Dekanosow, »Some Episodes«, Nadja Dekanosowa, Schukow, *Erinnerungen*, S. 212 f., Gorodetsky, *Die große Täuschung*, S. 261–298, Ehrenburg, *Eve of War*, S. 275. Dekanosow stand zwischen Stalin und Woroschilow, Fotosammlung Nadja Dekanosowas. W. A. Nevezhin,»Stalin's 5th May Address«, S. 116–146.

12 Khlevniuk, *Circle*, S. 265–269 und 275, Mikojan, *Tak Bylo*, S. 344. Tschadaew über Wosnesenski, Beria und Malenkow: in Kumanew (Hg.), S. 383–442. Entwicklung der Fehde zwischen Schdanow und Malenkow: Harris,»The Origins«. Schdanow stieg offiziell zum Stellvertreter Stalins im Parteisekretariat auf, übernahm also jenen Posten, den Kaganowitsch in den frühen dreißiger Jahren innehatte. Am 7. Mai kürte sich Stalin zum Chef des inneren Büros des Rates der Volkskommissare, bestehend aus Wosnesenski als Stellvertreter, Molotow, Mikojan, Beria, Kaganowitsch, Mechlis und Andrejew. Woroschilow, Schdanow und Malenkow folgten in den nächsten Tagen. Beria überwachte die Sicherheitsorgane und diverse Industrien. Stalins neue Garderobe: Tscharkwiani, S. 37.

13 Nevezhin, S. 116–146. Fußnote: Suworow-Debatte: Klaus Schneider in *Slavic Military Studies*, Bd. 10, Nr. 2, Juni 1997, S. 183–194, *RUSI Journal*, 130, 2. Juni 1985, S. 183–194, Victor Suvorov,»Who Was Planning to Attack Whom in June 1941?« und B. V. Sokolov,»Did Stalin Intend to Attack Hitler?«, beide in *Slavic Military Studies*, Bd. 11, Nr. 2, Juni 1998, S. 113–141. Vgl. auch zu Wasiliewski: Spahr, *Zhukov*, S. 237, Gorodetsky, *Die große Täuschung*, S. 249.

14 Oberster Militärrat, 4. Juni 1941: Schdanow, Malenkow und Budjonni erörtern neue Propagandadokumente, TSAMO RF 32.11302.20.84–86.

15 Mikojan, *Tak Bylo*, S. 377, Gorodetsky, *Die große Täuschung*, S. 253–259, Dekanosow,»Some Episodes«, Nadja Dekanosowa.

16 Hess: Mikojan, *Tak Bylo*, S. 377, Chruschtschow, S. 145, Gorodetsky, *Die große Täuschung*, S. 320–354. Mai-Lähmung: Schukow, *Erinnerungen*, S. 220 f. Stalin an Koniew: Simonow in Brooks, *Thank You Comrade Stalin*, S. 251. Berias Kerker: Pawlenko,»G. K. Schukow«, S. 99. Kulik: Woronow in Bialer (Hg.), S. 209, Simonow, »Sametki«, S. 51–53.

32. Der Countdown: 22. Juni 1941

1 Letzte Tage: Subok, S. 50 f., G. Kumanew in *Prawda* vom 22. Juni 1989. Bericht über Treffen mit Stalin und Androhung, Timoschenko erschießen zu lassen: Timoschenko in Kumanew (Hg.), S. 270 f. Schukow, *Erinnerungen*, S. 228 f. Merkulow berichtete oft an P. M. Fitin, den Chef des NKGB-Außendirektorats. Merkulow an Stalin, 16. Juni 1941, *Iswestija ZK KPSS*, 4, 1990, S. 221. Sudoplatov, S. 120 f. Gorodetsky, *Die große Täuschung*, S. 379 f., Parrish, *Lesser Terror*, S. 260–263, und *Slavic Military Studies*, Juni 1999, S. 234. Molotow besorgt: Kusnezow in Kumanew (Hg.), S. 294, Khrushchev, *Glasnost*, S. 56, und *Chruschtschew*, S. 176.

2 Juri Schdanow, Chuev, *MR*, S. 25, Mikojan, *Tak Bylo*, S. 377–381, Parrish, *Lesser Terror*, S. 260–265, Vaksberg, *Vyshinsky*, S. 219, Nekrasow, *Beria*, S. 399. Vgl. auch *Westnik*, 10, 1989. Dmitrow-Tagebuch, 21. Juni 1941. Gorodetsky, *Die große Täuschung*, S. 351–356, Overy, *Russlands Krieg*, S. 99–103, L. Trepper, *Bolschaja igra*, S. 125. Djilas, *Gespräche mit Stalin*, S. 86 f., Tiulenew in Bialer (Hg.), S. 202, Naumow, *1941 God*, 2. Buch, S. 416, Medwedew, *Neiswestnji Stalin*, das Kapitel »Stalin und der Krieg«.

33. Hoffnung und Zusammenbruch

1 Die Darstellung des Großen Vaterländischen Kriegs und seiner beiden Abschnitte basiert auf Ericksons *The Road to Stalingrad* und *The Road to Berlin*, Overys, *Russlands Krieg*, Shukmans, *Stalin's Generals*, auf den Memoiren von Molotow, Mikojan, Kaganowitsch, Chruschtschew, Sergo Beria, Swetlana Stalin, Schukow und anderen, auf Budjonnis *Notes*, auf Archivrecherchen in RGASPI, RGWA, TSAMO und GARF, auf Interviews mit Zeitzeugen, neueren russischen Studien und Rubzows Mechlis-Biographie *Alter Ego Stalina*.
Letzte Stunden: Read und Fisher, *The Deadly Embrace*, S. 612–642, Budjonni, *Notes*. Anfilow über Budjonni in: Shukman, *Stalin's Generals*, S. 62, Schukow, *Erinnerungen*, S. 232 ff., Pawlenko, »Schukow«, S. 99. Stalins Terminkalender: *Istoritscheski Archiv* 1998, Hilger und Mayer, *Wir und der Kreml*, S. 357 f., Chuev, *MR*, S. 34–37, Mikojan, *Tak Bylo*, S. 388, Wolkogonow, *Stalin*, S. 503 f., Bloch, S. 333, Gorodetsky, *Die große Täuschung*, S. 354 ff., Mikojan in Kumanew (Hg.), S. 24 f., Tschadaew in Kumanew (Hg.), S. 409–412, Nina Budjonni, Juri Schdanow, Rubzow, *Mechlis*, S. 151, Kershaw, *Hitler*, S. 387 f., Burleigh, S. 557 f., Kusnezow in Bialer (Hg.), S. 195 f., Woronow, zitiert in Rubzow, *Mechlis*, S. 153, Anfilow über Timoschenko in Shukman, *Stalin's Generals*, S. 246 f. Natalja Poskrebyschewa: Stalin habe Poskrebyschew angerufen und den Beginn des Bombardements mitgeteilt. Bereschkow in Bialer (Hg.), S. 216–218. Sowjetische Truppenstärke: 3 Millionen auf die Westgebiete bezogen. Die sowjetischen Truppen waren den deutschen zahlenmäßig unterlegen, aber besser ausgerüstet. Gesamtzahl von 5 Millionen: Kulikow, »Napadenije Germanii na SSSR«, in *Mirowje Woini XX Weka*, Buch 3, S. 133–186. Molotow sagt nein und Bahnen/Vorräte: Chuev, *Kaganovich*, S. 88, Mikojan, *Tak Bylo*, S. 388 f., Chuev, *MR*, S. 39. Presse, Koniew: Brooks, *Thank You Comrade Stalin*, S. 166 und 168, Erickson, *Stalingrad*, S. 101 und 136–138, Molotow-Rede: Overy, *Russlands Krieg*, S. 127, Tschadaew in Kumanew (Hg.), S. 42, Budjonni, *Notes*, S. 49, Schukow, *Erinnerungen*, S. 234, *Istoritscheski Archiv* 1998, S. 4., 22., 23. und 24. Juni 1942. Zu Kulik als Taugenichts: Spahr, *Zhukov*, S. 265.

2 Boldin, Chef der 4. NKWD-Abteilung für Sondereinheiten, an Schukow, 21. Juli
   1941, und Antwort von Mechlis und Schukow: RGWA 9.39.100.252, Schukow,
   Erinnerungen, S. 236.
3 Micheew, Chef der 3. NKO-Abteilung, an Mechlis über Kulik, 15. Juli 1941, RGWA
   9.39.99.329–339. Bericht des Regimentskommissars Boldin in Salisbury, *900 Tage*,
   S. 45. Kuliks Auftritt: Spahr, *Zhukov*, S. 265.
4 Mamsurowa, zitiert in Spahr, *Zhukov*, S. 255–258.
5 Mechlis an alle Fronten, 22. Juli 1941, TSAMO RF 215.1184.48.30, Rubzow, *Mechlis*, S. 179–183. KWS 1991, Nrn. 14 und 65, Mikojan, *Tak Bylo*, S. 541, Wolkogonow, *Stalin*, S. 544, Erickson, *Stalingrad*, S. 137–178.
6 Spahr, *Zhukov*, S. 251.
7 Zu Jakow: Tschadaew in Radzinsky, S. 451. Zum roten Kleid: Gulia Dschugaschwili, *Ded*, *Otets*, S. 25, Artjom Sergeew, Chuev, *MR*, S. 210 f., Suchomlinow, *Vasily*,
   S. 92 f., Schenja Allilujewa, Interviews mit Kira Allilujewa, Wladimir und Leonid
   Redens, Swetlana RR, Swetlana Allilujewa, *Das erste Jahr*, S. 326. Swetlana lokalisiert den Anruf im August 1941, Schenjas Tochter Kira dagegen »innerhalb der
   ersten zehn Tage«.
8 Tschadaew (in Radzinsky, S. 450–455) stützt seinen Bericht auf Gespräche mit
   dem stellvertretenden Stabschef Vatutin. *Chruschtschow*, S. 185, und
   Chruschtschew zitiert in Knight, *Beria*, S. 255. Schukow, *Erinnerungen*, S. 237, Mikojan, *Tak Bylo*, S. 390–392, Chuev, *MR*, S. 39. Stalin furchtsam: Mikojan, *Tak
   Bylo*, S. 389. Stalin erstaunt über Ausschließung Mikojans: Mikojan, *op. cit.*,
   S. 391 f. Mikojan in Kumanew (Hg.), S. 31–33. Tschadaew in Radzinsky,
   S. 453–455, Molotow, zitiert in Mikojan, *Tak Bylo*, S. 390, Chuev, *MR*, S. 238 f.,
   Sergo B., S. 324, Wolkogonow, *Stalin*, S. 512. Über Mikojans Abtauchen, Stalin
   fürchtete das Schlimmste, Anspannung in seinem Gesicht: Sergo B., S. 71, Tschadaew in Radzinsky, S. 455, basiert auf Bericht Bulganins, der wahrscheinlich nicht
   selbst teilnahm: Er wurde erst 1946 Politbürokandidat, gehörte jedoch gemeinsam
   mit Wosnesenski und Mikojan der neuen Sownarkom-Kommission für die alltäglichen Regierungsgeschäfte an, könnte also deshalb dazugestoßen sein, obwohl
   weder Mikojan noch Molotow ihn erwähnten. Stalin genoss wieder unsere Unterstützung: Mikojan, *Tak Bylo*, S. 392, Erickson, *Stalingrad*, S. 171–182, ders., *Soviet
   High Command*, S. 601, Knight, *Beria*, S. 111, *Chruschtschow*, S. 174.
9 Zbarski und Hutchinson, *Lenin und andere Leichen*, S. 131 ff., Rybin, *Kto Otrawil
   Stalina?*, S. 38.
10 Schukow, *Erinnerungen*, S. 241, Erickson, *Stalingrad*, S. 180–185, Overy, *Russlands
   Krieg*, S. 134.
11 Wolkogonow, *Stalin*, S. 517, Simonow, »Sametki«, S. 56. NKGB-Befehl Nr. 246,
   »Über das Vorgehen gegen Vaterlandsverräter und ihre Angehörigen, 28. Juni
   1941«: FSB 66.1.6.314–343, zitiert in Jakowlew, *Century*, S. 172.
12 Chuev, *MR*, S. 209, Wolkogonow, *Stalin*, S. 521, Radzinsky, S. 457, Swetlana RR,
   Swetlana Allilujewa, *Zwanzig Briefe*, S. 198 f., Mikojan, *Tak Bylo*, S. 362, Artjom
   Sergeew. Über Stalins Flüche, »der Narr«: Stepan Mikojan. Festnahme Julias: Gulia
   Dschugaschwili, *Ded*, *Otets*, S. 28 f. »Ich wäre nicht mehr Stalin gewesen«: Mgeladse, S. 198 f. »Ein Gefangener reicht mir«: Wasili Stalin zu Wladimir Allilujew (Redens).
13 Kontrollkommission der Partei (ZChSD) 13/76, Bd. 1, S. 30. Sudoplatows Aussage zum 11. Okt. 1960: Sudoplatow, S. 146 f.
14 Schukow, *Erinnerungen*, S. 284, Erickson, *Stalingrad*, S. 178 f. Mechlis als »düsterer Dämon«: S. P. Iwanow zitiert in Spahr, *Zhukov*, S. 59, Simonow, »Sametki«,
   S. 55 f.

15 *Chruschtschow*, S. 186. Zu Budjonni und Timoschenko: Nina Budjonni, Budjonni, *Notes*. Zur militärischen Lage: Erickson, *Stalingrad*, S. 204–209. Timoschenko: Anfilow in Shukman, *Stalin's Generals*, S. 248 f.

16 Balandin: Jakowlew in Bialer (Hg.), S. 301. Merezkow: Vaksberg, *Vyshinsky*, S. 221–223. Beria hatte zusammen mit Wannikow an der Technischen Hochschule von Baku studiert, was ihm vielleicht das Leben rettete, Mikojan, *Tak Bylo*, S. 425 f., Parrish, *Lesser Terror*, S. 73, Sudoplatov, S. 127.

17 Mikojan, *Tak Bylo*, S. 359 f., Medwedew, *Wahrheit*, S. 346.

34. »Ich brenne vor Eifer«

1 Diese Darstellung der Belagerung Leningrads basiert auf Salisbury, *900 Tage*, passim, Erickson, *The Road to Stalingrad*, S. 83, 120, 143, 145–148, 181–195 und 262 f., Overy, *Russlands Krieg*, S. 161–199, und Recherchen in RGASPI und ZAMO. Stalin an Woroschilow und Schdanow, 17. Aug. 1941, RGASPI 558.11.492. Mikojan, *Tak Bylo*, S. 393, Salisbury, *900 Tage*, S. 247.

2 Stalin, Molotow und Mikojan an Woroschilow, Schdanow, Popow etc., 23. Aug. 1941, RGASPI 558.11.492.6.

3 Salisbury, *900 Tage*, S. 160–162 und 229.

4 Salisbury, *900 Tage*, S. 207 f.

5 Stalin an Schdanow und A. A. Kusnezow, 4. Okt. 1941, RGASPI 558.11.492.57. Andrei Alexandrowitsch: Salisbury, *900 Tage*, S. 527. »Ja oder nein!«: Stalin und Molotow an Schdanow und Kusnezow, 18. Okt. 1941, RGASPI 558.11.492.63. »Sagen Sie es offen«: Telefonat Stalins mit Schdanow, 8. Nov. 1941, RGASPI 558.11.492.66.

6 Woroschilow: Wolkogonow in Shukman, *Stalins Generals*, S. 317.

7 Kusnezow in Kumanew (Hg.), S. 294. Malenkow gegen Schdanow: Sukhanov, *Memoirs*, Salisbury, *900 Tage*, S. 270. Beria gegen Schdanow: Raanan, S. 171 f., Knight, *Beria*, S. 263, Juri Schdanow, Wolja Malenkowa (ihr Vater erzählte der Familie über Schdanows Feigheit und Suff, fügte jedoch hinzu, dies nicht Stalin berichtet zu haben). Sergo B. hörte von seinem Vater über Malenkows Vorschlag, Schdanow vor ein Kriegsgericht zu stellen, und Berias Veto dagegen. Schdanow beichtet seine Feigheit vor Stalin: Mikojan, *Tak Bylo*, S. 562. Jetzt sprach Stalin bei seinen täglichen Anrufen sowohl mit Molotow und Malenkow als auch mit Schdanow. Stalin an Kusnezow, Woroschilow, Schdanow, Popow und Molotow, 27. Aug. 1941, mit Antwort von Woroschilow, Schdanow, Popow, Kusnezow, Molotow und Malenkow, 28. Aug. 1941, RGASPI 558.11.492.29–33. Zurück in Moskau, sprach Malenkow oft mit Schdanow über Stalin: »Zum Befehl des Genossen Stalin habe ich folgende Frage … Nehmen auch Panzer teil – wie viele und welcher Art?«, begannen seine Anrufe. Malenkow an Schdanow, RGASPI 558.11.492.73–78 und 79 = 16. Nov., 90 = 2. Dez. 1941. Chuev, *MR*, S. 40, Mikojan, *Tak Bylo*, S. 562, Erickson, *Stalingrad*, S. 188 f., Salisbury, *900 Tage*, S. 244 ff.

8 Stalin an Kusnezow, Molotow und Malenkow, 29. Aug. 1941, RGASPI 558.11.492.35–38.

9 Stalin, Molotow, Malenkow und Beria an Woroschilow und Schdanow, 9. Sept. 1941, RGASPI 558.11.492.49, Schukow und Stalin: Salisbury, *900 Tage*, S. 273, Schukow, *Erinnerungen*, S. 292.

10 Stalin und Molotow an Woroschilow sowie an Schukow und Schdanow, beide 13. Sept. 1941, RGASPI 558.11.492.50 f., Salisbury, *900 Tage*, S. 273, Erickson, *Stalingrad*, S. 189, Simonow, »Sametki«, S. 48.

11 Bytschewski in Bialer (Hg.), S. 435–438, Kusnezow in Kumanew (Hg.), S. 294, Salisbury, *900 Tage*, S. 331 ff., Simonow, »Sametki«, S. 48.

12 Schdanow an die Leningrader Front, 27. Sept. 1941, ZAMO RF 217.1258.14.16.

13 Chosin, Schdanow und Kusnezow an die Militärräte der 8. und 55. Armee, 13. Nov. 1941, ZAMO RF 217.1258.11.18.

14 Schdanow an Stalin, 5. Dez. 1941, RGASPI 558.11.191–193.

15 Erickson, *Stalingrad*, S. 194 f., Salisbury, *900 Tage*, S. 370 ff. (Zahlen zur Hungersnot S. 523.) Schdanow, zitiert in Salisbury, *op. cit.*, S. 526, Overy, *Russlands Krieg*, S. 173 f.: mehr als eine Million Opfer. Schdanows Besuch in Moskau: Salisbury, *op. cit.*, S. 451. *Istoritscheski Archiv*, 3, 1998.

16 Stalin und Molotow, Telefonat mit Schdanow, 1. Dez. 1941, RGASPI 558.11.492.86.

17 Schdanow an Stalin, 3. Dez. 1941, RGASPI 558.11.191–193.

18 Diese Darstellung basiert auf Beaverbrooks »Moscow Narrative« in BBK/D/96/98/99/100, abgedruckt in Chisholm und Davie, *Beaverbrook*, S. 406–420, Bereschkow, S. 138–150, Taylor, *Beaverbrook*, S. 487–491, Harriman/Abel, *In geheimer Mission*, S. 86–101, Erickson, *Stalingrad*, S. 210–215, Mikojan, *Tak Bylo*, S. 408–415. Molotow leitete die sowjetische Delegation zur Frage der westlichen Hilfe, und Mikojan handelte die Einzelheiten aus. Westliche Hilfe: Mikojan berichtet an Stalin, der die Flugzeuge zusammenzählt: Mikojan an Stalin, Juli 1941–Dezember 1942, RGASPI 558.11.765.80–104.

19 Diese Darstellung der Schlacht um Moskau basiert auf Erickson, Overy sowie den Memoiren von Schukow, Molotow und Mikojan. Parrish, *Lesser Terror*, S. 113, Erickson, *Stalingrad*, S. 217. Telegin in Bialer (Hg.), S. 274–276.

20 Stalin an Schukow, 5. Okt. 1941, RGASPI 558.11.492.59.

21 Kontrollausschuss der Partei (ZChSD) 13/76, Bd. 1, S. 30. Pawel Sudoplatow an den Kontrollausschuss, 11. Okt. 1960. Vgl. auch Sudoplatov, S. 146 f., Sergo B., S. 324, Knight, *Beria*, S. 112, Schukow, *Erinnerungen*, S. 313 f., Wolkogonow, *Stalin*, S. 565, mit Zitat von Marschall K. S. Moskalenko über Berias Friedensinitiative vom 7. Okt. 1941, erneut über Stamenew, Erickson, *Stalingrad*, S. 221 f. Anfilow und Schukow in Shukman, *Stalin's Generals*, S. 350 f.

22 Schaposchnikow an Budjonni und Koniew über Ernennung Schukows, Stawka-Bericht vom 6. Okt. 1941, ZAMO 48a.1554.91.346, Schukow, *Erinnerungen*, S. 316, Spahr, *Zhukov*, S. 269–271, Anfilow und Schukow in Shukman, *Stalin's Generals*, S. 351, Wolff, *Stalin's Ghosts*, S. 364, Rscheschewski in Koniew (Hg.), S. 95, Simonow, »Sametki«, Molotow und Schukow, S. 56, Sergei Khrushchev, *Superpower*, S. 236, Overy, *Russlands Krieg*, S. 182 f. Klempner Bulganin: Sergo B., S. 127.

35. »Können Sie Moskau halten?«

1 Woronow in Bialer (Hg.), S. 302. Schukows Tonfall: Below, S. 295. Stalin an Fedorenko, den Kommandeur der Panzerabt., Rote Armee, 3. Aug. 1941, ZAMO 132.2642.233. Ab dem 12. Okt. 1941 ließ Stalin auch Flaks gegen Panzer einsetzen, Stawka-Befehl vom 12. Okt. 1941, ZAMO 132a.2642.45.26, Erickson, *Stalingrad*, S. 238.

2 Beria an Mechlis, 12. Dez. 1941, RGWA 9.39.103.390. Abakumow an Stalin, Molotow, Malenkow, Mechlis und Schukow, 28. Juli 1941, RGWA 9.39.100.312–314. Parrish, *Lesser Terror*, S. 47–49.

3 Jakowlew, *Century*, S. 174, Parrish, *Lesser Terror*, S. 47–49.

4 Natalja Poskrebyschewa, Parrish, *Lesser Terror*, S. 69–72, Sulianow, *Arrestowat*, S. 189.

5 Panik: Soyfer, *Lysenko*, S. 148, mit Bericht der A. A. Prokofjewa-Belagowskaja, Harriman/Abel, *In geheimer Mission*, S. 87 f. Panik in Moskau, Beria, Kaganowitsch, Malenkow, Ilja Nowikow, Sekretär des Komitees von Swerdlowsk, und Wasili Pronin in: Rybin, *Oktjabre 1941*, S. 3–14, Sudoplatov, S. 135. Chaos in Fabriken: Mikojan, *Tak Bylo*, S. 420, W. P. Pronin, *Iswestija ZK KPSS* 4, 1991, S. 218, *WISch* 10, 1991, S. 39, Overy, *Russlands Krieg*, S. 190–193, Erickson, *Stalingrad*, S. 249 f.

6 Woroschilow als Schütze: Rybin, *Kto Otrawil Stalina?*, mit Erinnerungen von W. Tukow, S. 55 f. Panik: Rybin, *Oktjabre 1941*, S. 3–10, Below in Bialer (Hg.), S. 296. Stalin geht zu Fuß: Natalja Andrejewa, Bereschkow, S. 145, Brooks, *Thank You Comrade Stalin*, S. 178, Simonow, »Glasami«, S. 251. Bücher über Iwan den Schrecklichen: RGASPI 558.3.350. Fallschirmspringer: Woronow in Bialer (Hg.), S. 302.

7 Mikojan, *Tak Bylo*, S. 417–422, Chuev, *MR*, S. 42, Rybin, *Oktjabre 1941*, S. 8–14. Rybin stützt sich auf die Aussagen von Leibwächtern, da er selbst nicht mehr dem Personenschutz Stalins angehörte, sondern für die Sicherheit im Bolschoi-Theater verantwortlich war, und behauptet, dass die Ereignisse in der Nacht des 15. und am Morgen des 16. dem von A. Schachurin, dem Volkskommissar für die Flugzeugproduktion, beschriebenen Treffen vorausgingen. Selbstverständlich wussten die Leibwächter selbst nicht, um welche Sitzung es sich handelte. W. P. Pronin, *Iswestija ZK KPSS* 4, 1991, S. 218, *WISch* 10, 1991, S. 39.

8 Soyfer, S. 148, mit Bericht von A. A. Prokafjewa-Belagowskaja, Bereschkow, S. 153–155, Mikojan, *Tak Bylo*, S. 417–422, Natalja Poskrebyschewa. Schukows Zweifel an Stalin: Ortenberg, »U Schukowa«, S. 5. Kuibyschew: Radzsinsky, S. 467. Haus in Kuibyschew: Sergei Khrushchev, *Superpower*, S. 25, Swetlana Allilujewa, *Zwanzig Briefe*, S. 205 f., Mikojan, *Tak Bylo*, S. 417–422, Chuev, *MR*, Rybin, *Oktjabre 1941*, S. 8–14, Vaksberg, *Vyshinsky*, S. 225–227.

9 A. Schachurin, *Woprosi Istorii* 3, 1975, S. 142 f. Schachurin zufolge fand diese Sitzung am 16. Oktober statt, muss aber nach der Mikojans mit einer ganz anderen Tagesordnung gelegen haben. Bei diesen Konferenzen herrschte ein ständiges Kommen und Gehen der Kommissare, die zwischen Stalins Wohnung, seinem Büro, dem Luftschutzraum in der Kirowskaja-Metro (vgl. dazu Fn. 10) und seinen Datschen pendelten, sodass dieser Abschnitt zweifellos dazugehörte. Sein Terminkalender zeigt, dass Stalin vom 15.–18. Okt. nicht im Büro war. Wir wissen, dass der Termin mit Schachurin in der Privatwohnung stattfand, wo keine Protokolle über Sitzungen geführt wurden: *Istoritscheski Archiv*. Stalin arbeitete meistens im Haus oberhalb der Kirowstraße in der Nähe der Kirowskaja-Metro: Rybin, *Oktjabre 1941*, mit Aussagen des Leibwächters N. Kirilin auf S. 12, Mikojan, *Tak Bylo*, S. 417–422.

10 General J. Gorgow hat mir Einblick in sein neues Werk über die Kirowskaja-Metro gewährt. Vgl. auch *Nesawismoe Woennoe Obosrennie* 19, 2002, mit Erinnerungen des Verbindungsfunktionärs Wladimir Kasakow, S. 5. Schtemenko: Jukes in Shukman, *Stalin's Generals*, S. 234–238. Deriabin: »zusammengepfercht«, S. 105. Khrushchev, *Glasnost*, S. 65. Wolkogonow, *Stalin*, S. 595 f., *Istoritscheski Archiv* 2, 1996, S. 68 f. Kusnezow in Bialer (Hg.), S. 428.

11 *Istoritscheski Archiv* 2, 1996, S. 68 f. Erickson, *Stalingrad*, S. 220–222. Peschkowa über Istominas »ewiges Lächeln«, Swetlana Allilujewa, *Zwanzig Briefe*, S. 205 f., Rybin, *Oktjabre 1941*, S. 8–14, mit Istomina. Stalin erörterte das auch in Leningrad mit Schdanow, Tschadaew in Kumanew (Hg.), S. 419. *Kutusow* von M. Bragin in

RGASPI 558.3.32. Schukow in Bialer (Hg.), S. 291. Pronin: *Iswestija ZK KPSS* 4, 1991, S. 218. Schukow datiert dieses Gespräch auf die Zeit nach dem 19. Nov., aber Pronin hörte von einem ähnlichen zwischen dem 16. und 17. Okt., Schukow, *Erinnerungen*, S. 322 f., Below in Bialer (Hg.), S. 296, Overy, *Russlands Krieg*, S. 188.

12 Wolkogonow, *Stalin*, S. 573, Rybin, *Rjadom*, S. 86, ders., *Oktjabre 1941*, S. 9–13, Below in Bialer (Hg.), S. 296. »Besuch mit der Bahn?«, *Wlast* 5, 2000, Interview E. Schirnows mit Michail Smirtukow, Assistent des Sownarkom.

13 Telegin in Bialer (Hg.), S. 304, Pronin, *Gorod-Woin*, S. 465, ders., *Iswestija ZK KPSS* 4, 1991, S. 218, ders., *WISch* 10, 1991, S. 39, ders., »Gorod u Linii«, S. 14. Über Berias Vorahnung der Reaktion Stalins und dessen Angriff auf Schtscherbakow, Sergo Beria über ein Gespräch zwischen seinen Eltern: Ihm zufolge trat die Krise Schtscherbakows im Juni auf, S. 71 und 75 f. Djilas, *Gespräche*, S. 72, Schukow, *Erinnerungen*, S. 361 f., Rybin, *Oktjabre 1941*, S. 11–13. Pronin zufolge fand die Sitzung am Abend statt, aber laut Stalins Terminkalender ging sie am 19. von 15.40 bis 21.20 Uhr. Spaten: Timoschenko in Kumanew (Hg.), S. 272 f. »Nicht Ihr Kindermädchen«: Mikojan, *Tak Bylo*, S. 417–422, Chuev, *MR*, S. 42.

14 Erickson, *Stalingrad*, S. 221 f., Overy, *Russlands Krieg*, S. 190–197. Zu Malenkow und Fernost, mit Anruf G. Borkows: Sukhanov, *Memoirs*, Seaton, *Stalin as Military Commander*, S. 124–126, Schukow, *Erinnerungen*, S. 365, Medwedew, *Neiswestnji Stalin*, das Kapitel über Stalin und Apanasenko: »Die Fernostfront im Zweiten Weltkrieg«, mit Zitat der Erinnerungen General A. P. Belodorows in *Sowjetskaja Rossija*, 20. Okt. 1989. Dem Fernost-Kommandeur Apanasenko gelang es, das Verschwinden eines Großteils seiner Armee zu vertuschen, indem er spontan eine neue bildete und sie enorm aufblähte, damit die Japaner nicht seine Schwäche erkannten und schließlich doch angriffen.

15 Bunker: Swetlana Allilujewa, *Zwanzig Briefe*, S. 206, Simonow, »Glasami«, S. 37, Below in Bialer (Hg.), S. 295. Kaganowitsch und Bunker: Rybin, *Oktjabre 1941*, S. 7. Schaposchnikow, Rscheschewski über Rauchen, Vaterrolle und Respekt vor Stalin: Shukman, *Stalin's Generals*, S. 226–230, Mikojan, *Tak Bylo*, S. 386. Nie ohne Prüfung: Bialer (Hg.), S. 592. Alter Kamerad: Spahr, *Zhukov*, S. 83. Stalins begrenzte Zeit: GKO, 11. Mai 1942. Sehr freundlich: Woronow in Bialer (Hg.), S. 211. Furcht vor Beria: S. P. Iwanow, *Schtab Armeiskii*, S. 250. Wodu: FO 800/360, John Reed, Moskau 19. Aug. 1942. Rzheshevsky, *Churchill und Stalin*: FCO, März 2002. Vgl. auch Alanbrooke, S. 303. Fahrt zur Front: Wolkogonow, *Stalin*, S. 573.

16 Wolkogonow, *Stalin*, S. 557. Malenkow zur Bombe: Wolja und Igor Malenkow, Mikojan, *Tak Bylo*, S. 415, Swetlana Allilujewa, *Zwanzig Briefe*, S. 207.

17 Stühle: Jeffery, *Zarubina*, S. 47 f. Zum 6.–7. Nov.: Stepan M., S. 69, P. A. Artemew in Bialer (Hg.), S. 305–309, Wolkogonow, *Stalin*, S. 575, Sudoplatov, S. 133–136, Salisbury, *900 Tage*, S. 362. Die Musik: Rybin, *Rjadom*, S. 32.

18 Schukow, *Erinnerungen*, S. 329–336.

19 Bereschkow, S. 160–162.

20 Maiski, *Memoiren*, S. 211–234, Bereschkow, S. 162–168, Alanbrooke, S. 302. Schukow und Bulganin an Golubew, Kopie an 10. Armee, 20. Dez. 1941, ZAMO RF 208.2542.20.124, Overy, *Russlands Krieg*, S. 192–197, Erickson, *Stalingrad*, S. 248–296, Schukow in Bialer (Hg.), S. 292, Seaton, S. 132–134, Anfilow und Schukow in Shukman, *Stalin's Generals*, S. 352, Schukow, *Erinnerungen*, S. 354–356.

21 Schukow, *Erinnerungen*, S. 345.

22 Zu Beria: Tschadaew in Kumanew (Hg.), S. 429–432. Zu Malenkow: Sukhanov,

Memoirs, Mikojan, *Tak Bylo*, S. 424–426. Zu Kaganowitsch: Nikolai Baibakow, Hahn, *Postwar Soviet Politics*, S. 348. Rede Andrejews in *Beria Affair*, S. 154.

36. Molotow in London

1 Erickson, *Stalingrad*, S. 398, Bereschkow, S. 188 f. Golowanow in Stalins Büro, April/Mai 1942: *Istoritscheski Archiv*. Golowanow: Chuev, *MR*, S. 46–49 und 72, mit Churchill-Zitat, S. 49. Churchill, *Der Zweite Weltkrieg*, S. 638. Molotows Eitelkeit: Molotow an Schemtschuschina, 8. Juli 1947, RGASPI 82.21592.19 f., und April 1945, RGASPI 82.2.1592.40–45.

2 Rubzow, *Mechlis*, S. 181 und 193. Stalins Einstellung gegenüber Mechlis: Merezkow, zitiert in Rubzow, *op. cit.*, S. 228. Mechlis in Stalins Büro: Afanasiew in *op. cit.*, S. 275. Senf: Chrulew in *op. cit.*, S. 249. Witze über Mechlis als Maniker: Tscharkwiani, S. 30 f., Samerzew in Bialer (Hg.), S. 442–447, und Starinow in Bialer (Hg.), S. 456 f.

3 Spahr, *Zhukov*, S. 277–280, Merezkow, *Im Dienste des Volkes*, S. 237–295, Leonid Redens, Wolkogonow und Woroschilow in Shukman, *Stalin's Generals*, S. 318. Wlasow: *Chruschtschow*, S. 188, Wolkogonow, *Stalin*, S. 609 und 649.

4 Kulik über die Krimfront und Mechlis' Untersuchung: Spahr, *Zhukov*, S. 266 f. und 294, Bobrenow und Wiasanzew, »Marschal«, S. 47, Glantz, »Forgotten Battles«, S. 121–170. Zur Denunziation Kuliks: Kompromat-Material in den Mechlis-Akten, RGWA 9.39.105.412–417, Juli 1941. Kuliks junge Frau Olga: Kira Allilujewa, Karpow, *Rastreljannje Marschali*, S. 323. Kriegsgericht: Volkogonov, *Rise and Fall*, S. 116.

5 Mechlis auf der Krim: Rubzow, *Mechlis*, S. 200–231, Glantz, »Forgotten Battles«, S. 121–170. Stalin und Hindenburg in Spahr, *Zhukov*, S. 287. Hindenburg, zitiert in A. M. Wasiliewski, *Delo Wsei Mooei Schinsni*, S. 186 f. Simonow, zitiert in Medwedew, *Neiswestnji Stalin*, S. 463. Gespräch zwischen Wasiliewski und Mechlis über Verstärkungen und die große Musik, 23. Jan. 1942, ZAMO 215a.1184.73.19, Ortenberg, *Stalin*, S. 60–66 und 183 f. Mechlis, »Verdammt«, sagte Stalin: Tschadaew in Kumanew (Hg.), S. 437, nimmt dafür den 3. Juni an, das *Istoritscheski Archiv* dagegen den 28. Mai. Auch: »Gehen Sie zum Teufel!«, Simonow zu Kapler, zitiert in Biagi, S. 34.

6 Die Charkow-Offensive: Schukow, *Erinnerungen*, S. 418 ff., Anfilow und Timoschenko in Shukman, *Stalin's Generals*, S. 251, Erickson, *Stalingrad*, S. 332–337 und 345–347, Overy, *Russlands Krieg*, S. 341 ff., Seaton, S. 144 f., Spahr, *Zhukov*, S. 282. Stalin mochte Timoschenko, zu dem er überraschend höflich sein konnte: Als Stalin ihn bat, mehrere Einheiten abzugeben, schrieb er: »Bitte richten Sie dem Marschall aus, dass ich dringend seine Zustimmung für den Stawka-Vorschlag brauche – ich weiß, dass es ein großes Opfer sein wird, aber ich ersuche ihn darum«, Stalin an Timoschenko, 27. Okt. 1941, US Library of Congress, Volkogonov Collection, Gen. Staff Reel. Mikojan über Timoschenko, braver Bauer, *Tak Bylo*, S. 386. Telefonanruf: Chruschtschew übertrieb seine Vorahnung und rief nicht am 17., sondern erst am 18. an, Mikojan, *Tak Bylo*, S. 465, Stepan M., S. 104, *Chruschtschow*, S. 191 f., Khrushchev, *Glasnost*, S. 60–62, Schukow, *Erinnerungen*, S. 368–370. Verluste bei Charkow: Wasiliewski, *Delo Wsei*, S. 193.

7 »Lernen, besser zu kämpfen«: Stalin an Timoschenko, 27. Mai 1942, ZAMO 3.11556.6.16. Timoschenko denunziert Chruschtschew wegen mangelnder Überzeugung, Nervenkrankheit und Vorwürfen gegen ihn: Timoschenko an Stalin, 7. Juni 1942, RGASPI 558.11.818.7. Vgl. auch Timoschenko an Stalin, 22. Juni 1942,

RGASPI 558.11.818.10 f., und Juni 1942, RGASPI 558.11.818.9. »Hitler nicht so schlecht«: Stalin an Timoschenko, 13. Juni 1942, RGASPI 558.11.489.9. Geschichte über Chruschtschew und Bagirow: Natalja Poskrebyschewa. Chruschtschew denunziert Timoschenko, und Stalin bestätigte das gegenüber Schukow, vgl. Spahr, *Zhukov*, S. 95–101. Untersuchung Bulganin: Tschadaew in Kumanew (Hg.), S. 442, *Chruschtschow*, S. 193 f. Charkow: Glantz, »Kharkov Operation«, Nr. 3, S. 451–494, und Nr. 4, S. 611–686. Wolkogonow, *Stalin*, S. 552–560. Asche auf Chruschtschews Haupt: Taubman, *Khrushchev*, S. 168.

8 Soldaten keine kleinen Fische: Stalin und Timoschenko, 4. Juli 1942, ZAMO 96a.2011.26.137–142, Beevor, *Stalingrad*, S. 69–72, Overy, *Russlands Krieg*, S. 241 ff., Seaton, S. 147. Divisionen auf dem Markt: Jukes und Wasiliewski in Shukman, *Stalin's Generals*, S. 281.

9 Der Fall Rostows, Vormarsch auf Stalingrad und den Nordkaukasus: Befehl Nr. 270 vom 16. Aug. 1941, ZAMO 3.11.556.9, Wolkogonow, *Stalin*, S. 621, ZAMO 298.2526.5a, zitiert in Wolkogonow, *op. cit.*, S. 583. Befehl Nr. 227 vom 16. Aug. 1942, ZAMO 48.486.28.8, zitiert in Beevor, *Stalingrad*, S. 85, Overy, *Russlands Krieg*, S. 245 ff., Seaton, *Stalin*, S. 150–153, und *Istoritscheski Archiv*, 5. Aug.

37. Churchills Besuch bei Stalin

1 Kunzewo: Rzheshevsky, »Churchill in Moscow«, Churchill, *Der Zweite Weltkrieg*, S. 687–694. Vgl. auch FO 800/300, John Reed (Moscow), 19. Aug. 1942, Doc. 32.

2 Churchill, *Der Zweite Weltkrieg*, S. 691–697, Harriman/Abel, *In geheimer Mission*, S. 131–133. CAB 127/23: Bericht über Gespräch zwischen Churchill und Stalin, 12. Aug. 1942, in *Churchill und Stalin*, AFP RF 6.4.14.131.20–23, Notizen Pawlows über das Treffen Churchill–Molotow, zitiert in Rzheshevsky, »Churchill in Moscow«.

3 Harriman/Abel, *In geheimer Mission*, S. 135–140, Churchill, *Der Zweite Weltkrieg*, S. 695 ff., CAB 127/23, Bericht über Gespräch zwischen Churchill und Stalin, 12. Aug. 1942, in *Churchill und Stalin*, Doc. 30.

4 Pawlows Notizen über das Dinner zu Ehren von Churchill und Harriman, 14. Aug. 1942, APRF 45.1.282.48–52, zitiert in Rzheshevsky, »Churchill in Moscow«, Bereschkow, S. 193–199. Zum eunuchenartigen Malenkow und herzlichen Woroschilow: FO 800/300, John Reed (Moscow), 19. Aug. 1942. Churchill zeigt Stalin die kalte Schulter: *ibid.*, Journal Sir A. Clark Kerr, 16. Aug. 1942, beide in *Churchill and Stalin*, Churchill, *Der Zweite Weltkrieg*, S. 695. Alanbrooke, S. 301–303, Harriman/Abel, *op. cit.*, S. 135. Bericht über Churchills Treffen mit Stalin in dessen Wohnung am Abend des 15./16. Aug. 1942, APRF 45.1.282.64, zitiert in Rzheshevsky, »Churchill in Moscow«, Pawlow, »Autobiographitscheskie«, S. 109 f. Swetlana, Rotschöpfe, das Geschenk, Marlborough: Churchill, *Der Zweite Weltkrieg*, S. 699, Swetlana Allilujewa, *Zwanzig Briefe*, S. 210, PRO, Prem 3/7612, S. 35–37, Notizen Major Birse in Birse, *Memoirs of an Interpreter*, S. 19. Churchill fuchtelt mit den Beinen, schmollt: FO 800/300, Tagebucheintrag Sir A. Clark Kerr, 16. Aug. 1942, in *Churchill and Stalin*, Erickson, *Stalingrad*, S. 369.

38. Stalingrad und der Kaukasus

1 Stalin an Budjonni, 27. Juli 1942, zur Vereinigung von Malinowskis Süd- mit Budjonnis Nordkaukasusfront, RGASPI 558.11.489.11, Kaganowitsch, *Sapiski*, S. 463–479, Strachow in Bialer (Hg.), S. 442–447 und 608. Stalin an Kaganowitsch, Aug. 1942, ZAMO 132a.2642.32.145–147. Stalins Wut über Kaganowitschs Verwundung: Sudoplatov, S. 148, und Sergo B., S. 83. Kaganowitsch wurde Ende Oktober verwundet und besuchte Stalin am 19. November 1942, *Istoritscheski Archiv*.
2 Knight, *Beria*, S. 120, Sergo B., S. 79–85, Sudoplatov, S. 148–151, Tiulenew in Bialer (Hg.), S. 451 f., und Strachow, S. 442–447 und 608, Interview mit Nikolai Baibakow, vgl. auch Baibakow, *Sache des Lebens*, S. 124. Berias Ankunft in Ordschonikidse: Gela Tscharkwiani aus Candide Tscharkwiani, Anmerkungen. Beria war vom 20. Aug.–17. Sept. unterwegs. Overy, *Russlands Krieg*, S. 268 f., Erickson, *Stalingrad*, S. 370 f. und 376–381, Kaganowitsch, *Sapiski*, S. 463–479. Stalin an Kaganowitsch, Aug. 1942, ZAMO 132a.2642.32.145–147. Budjonni an Stalin, 19. Sept. und 25. Nov. 1942, RGASPI 558.11.712.119 f.: »Ich bin schon seit sieben Tagen wieder in Moskau und möchte Sie sehen, aber Sie sind sehr beschäftigt. Ich muss in der gegenwärtigen Lage unbedingt etwas tun ... bitte empfangen Sie mich.«
3 Die Hauptquellen für diese Darstellung Stalingrads sind Beevor, *Stalingrad*, Overy, *Russlands Krieg*, und Erickson, *The Road to Stalingrad* und *The Road to Berlin*, Wolkogonow, *Stalin*, sowie die Memoiren von Schukow und Wasiliewski. Stalin an Wasiliewski, Jeremenko und Malenkow, 23. Aug. 1942, ZAMO 3.11556.9.
4 Schukow, *Erinnerungen*, S. 368 f., Erickson, *Stalingrad*, S. 384 f., Wolkogonow, *Stalin*, S. 625–636 und 624, Beevor, *Stalingrad*, S. 117–127, Overy, *Russlands Krieg*, S. 258–263. Wasiliewski flog zurück und ließ Malenkow bei Schukow in Stalingrad. Zum Charakter Stalins und Schukows: Schukow, »Korotko o Staline«, S. 3, *Chruschtschow*, S. 200 f., Gobarew, »Khrushev«, S. 128–144, mit »Chruschtschews Sternstunde«, Luganski in Bialer (Hg.), S. 54 und 610. General Stepan Mikojan, der Freund Wasili Stalins und Sohn Mikojans, zweifelt an dieser Darstellung. Ich danke Antony Bevoor für den Hinweis.
5 Wasiliewski, *Delo Wsei Schisni*, S. 95 f., Wolkogonow, *Stalin*, S. 619 ff. Ich danke Oleg Rzheshevsky für seinen Bericht über das Gespräch mit Wasiliewski. Geldanweisungen: Chuev, *MR*, S. 303. Zu Stalin, »auch mein Vater war Priester«: *Ogonjok* Nr. 14, 2. April 1988, S. 20, Bolotin, »Schto mi Snaem«. Besuch des bekannten Fliegers Anatoli Liapidewski bei Stalin im Kreml: »Genosse Liapidewski, Ihr Vater war Priester, meiner auch. Wenn Sie etwas brauchen, wenden Sie sich direkt an den Genossen Stalin«; zitiert nach Tucker, *Stalin in Power*, S. 3. Zu Stalins lebenslanger Freundschaft mit dem Priester Peter Kapanadse: Tscharkwiani, S. 45 f. Zu Stalins Befreiung eines Häftlings: Wasiliewski über seinen Freund Schawlowski in Kumanew (Hg.), S. 236. Zum Terminplan und zur Stawka: Erickson, *Berlin*, S. 41. Beschluss des GKO Nr. 1723, 11. Mai 1942, ZAMO 215.1184.48.179. Wasiliewski hatte faktisch seit dem 24. April, nach dem ersten Rückzugsversuch Schaposchnikows, als Stabschef fungiert: Jukes und Wasiliewski in Shukman, *Stalin's Generals*, S. 279 f. Keiner Fliege etwas zuleide tun: Sergo B., S. 339.
6 Schukow, *Erinnerungen*, S. 397, Anfilow und Schukow in Shukman, *Stalin's Generals*, S. 354, Erickson, *Berlin*, S. 425, 433, 445, 452, 458 und 461–463, Beevor, *Stalingrad*, S. 213, 232–234 und 240. Alan Clark, *Barbarossa*, S. 218. Schlaflosigkeit: PREM 3/430/7: Bericht über Gespräch zwischen dem Premier und Generalissimus Stalin nach Plenarsitzung am 17. Juli 1945, Potsdam, in *Churchill and Stalin*. Zur Operation Mars siehe Glantz, *Zhukovs Greatest Defeat*, worin er die Verluste auf bis

zu 500 000 schätzt. Sowjetischen Daten zufolge waren sie viel geringer, mit 70 000 Toten und Vermissten (Orlow, »Operasija Mars: Raslitschnje Traktowki«, in *Mir Istorii*, Bd. 4, 2000).

39. Der Oberste Befehlshaber von Stalingrad

1   Stalin im Krieg, schläft voll bekleidet: Orlow in Rybin, *Oktjabre 1941*, S. 13, Schtemenko in Bialer (Hg.), S. 351–359. Stalin an Wasiliewski, 23. Aug. 1943, ZAMO 3.11.556.13.247 f. Wasiliewski und Jukes in Shukman, *Stalin's Generals*, S. 279 und 283. Schdanow: Stalin und Molotow im Gespräch mit Schdanow, 1. Dez. 1941, RGASPI 558.11.492.86. Antonow, grüne Akten: Schtemenko in Bialer (Hg.), S. 351–358. Antonow als »sehr gut aussehender Mann, dunkel, geschmeidig«: Djilas, *Gespräche*, S. 140. Vorraum: Starinow in Bialer (Hg.), S. 456 f., I. W. Kowalew in Wolkogonow, *Stalin*, S. 509, Schukow, zitiert von Simonow in Wolkogonow, *op. cit.*, S. 550. »Kluge Entscheidung, Genosse Stalin«, Wolkogonow, *op. cit.*, S. 556. »Freie Diskussionen, Stalin hörte zu«: Mikojan, *Tak Bylo*, S. 463–465, ders. in Kumanew (Hg.), S. 70. »Das glaube ich nicht«: Golowanow, zitiert in Chuev, *MR*, S. 306. Stalins Stil: Nikolai Baibakow. Wosnesenski: Wasiliewski in Kumanew (Hg.), S. 237 f. Verblüffung: Below in Bialer (Hg.), S. 295, Kusnezow in Bialer (Hg.), S. 349, mit Zitat: »seine Gefährten haben sich nie beschwert…«, Schukow in Bialer (Hg.), S. 259 und 267, Below (als abgehärmt, fahl), S. 295, Schtemenko, S. 352. »Haut und Knochen«: Khrushchev, *Glasnost*, S. 65. Pfeifen: Maiski an Stalin, 18. Aug. 1942, RGASPI 558.11.775.110. Stalin als Militärexperte: Mikojan, *Tak Bylo*, S. 463–465, *Chruschtschow*, S. 214, Schukow, *Erinnerungen*, S. 278 f. Chrulew lehnt Eisenbahnen ab: Chulew in Kumanew (Hg.), S. 349 f. »Keine Mikojans mehr verlieren«: Stepan M., S. 86. Stalin ordnete auch an, den Schriftsteller Alexei Tolstoi von der Front fernzuhalten: Brooks, *Thank You Comrade Stalin*, S. 185.

2   Furcht: Schukow und Anfilow in Shukman, *Stalin's Generals*, S. 347. Golikow denunziert Jeremenko: Golikow an Stalin, 12. Sept. 1942, RGASPI 558.11.725.180–182, Woronow in Bialer (Hg.), S. 457–459, Rubzow, *Mechlis*, S. 99, Mikojan, *Tak Bylo*, S. 396–399, *Chruschtschow*, S. 208; während der Schlacht um Kiew berichtete W. T. Sergienko wiederholt bei Stalin über Chruschtschew, *ibid.*, S. 181. Rzheshewski und Koniew in Shukman, *Stalin's Generals*, S. 94. Jaroslaw: Chuev, *MR*, S. 24. Chrulew: N. Antipenko, »Tyl Fronta«, *Nowi Mir*, Bd. 8.

3   Die Magnaten im Krieg: Mikojan, *Tak Bylo*, S. 394, 400 und 463 f., Stepan M., S. 110. Über Schdanow: Salisbury, *900 Tage*, S. 160–162, *Chruschtschow*, S. 175, Knight, *Beria*, S. 111 und 118, Parrish, *Lesser Terror*, S. 73. Abhören: Sudoplatov, S. 328. Schukows Offiziere festgenommen: W. S. Goluschkewitsch in Spahr, *Zhukov*, S. 197. Beria: Mikojan, *Tak Bylo*, S. 424. Als Beispiel für »Kaffeetrinken der Generäle mit Beria«: *The Times*, 18. Jan. 2003, »Beria's Terror Files are Opened«. Zur Entlassung Kaganowitschs: *Beria Affair*. Rede Andrejews, S. 154, Chrulew in Kumanew (Hg.), S. 349 f. Stalin bewundert Kaganowitsch: Mgeladse, S. 203 f. Arbeitsstatistiken: Anne Applebaum, *Der Gulag*, S. 512–517.

4   Pressemitteilungen über Stalingrad Nrn. 34–39 in RGASPI 558.11.490.7–49. Tabak: Mgeladse, S. 40. Als sein ehemaliger Sekretär schriftlich anfragte, ob er nach Moskau kommen könne, antwortete Stalin persönlich: »Sie können nach Moskau kommen. Stalin.« Dwinski an Stalin, 25. Juli 1942, RGASPI 558.11.726.4–6.

5   Schtemenko in Bialer (Hg.), S. 350–357. Kaganowitschs schlaflose Nächte: Kowalew in Wolkogonow, *Stalin*, S. 572. Ruhezeit: Schtemenko in Bialer (Hg.), S. 352 f. Jukes und Wasiliewski in Shukman, *Stalin's Generals*, S. 279 f. Geschichte des Artil-

leriemarschalls Jakowlew: Artjom Sergeew. Arbeitszeiten Poskrebyschews: Natalja Poskrebyschewa.

6 Mikojan, *Tak Bylo*, S. 463 f. Dinners: Khrushchev, *Glasnost*, S. 66. Teezeremonie: Kowalew in Wolkogonow, *Stalin*, S. 573 und 619.

7 Schukow, *Erinnerungen*, S. 411, Wolkogonow, *Stalin*, S. 642 f., Smirnoff, *Schukow*, S. 245, Overy, *Russlands Krieg*, S. 280–284, Erickson, *Berlin*, S. 1–27, Beevor, *Stalingrad*, S. 292 f., 300 f. und 320–323. Stalin über die Schlacht um Stalingrad, Sowinformburo, RGASPI 558.11.490.49.

8 Stalin behandelt die britischen Funkanlagen als Konterbande: Mikojan an Stalin und Molotow, 5. Jan. 1943, und Stalin an Molotow, Beria, Malenkow und Mikojan, 21. Jan. 1943, RGASPI 558.11.765.105. Erickson, *Berlin*, S. 38–41, Brooks, *Thank You Comrade Stalin*, S. 120, Kuznetsov, »Stalin's Minister«, S. 149–159, Knight, *Beria*, S. 125.

40. Söhne und Töchter

1 Jakow: Chuev, *MR*, S. 209. Paulus' Tauschangebot und »Ich musste ablehnen«, Mgeladse, S. 116 und 198 f., Swetlana RR, Swetlana Allilujewa, *Zwanzig Briefe*, S. 199, Mikojan, *Tak Bylo*, S. 362, Artjom Sergeew. Zu Stalins Flüchen: »Der Narr«: Wasili Stalin über Stepan Mikojan. Festnahme Julias: Dschugaschwili, *Ded, Otets*, S. 28 f., Wolkogonow, *Stalin*, S. 628, ZAMO 7.11.250.39.37, Radzinsky, S. 457. Ein Gefangener reicht mir: Wasili Stalin über Wladimir Allilujew (Redens).

2 Wasili: Sudoplatov, S. 151, Stepan M., S. 74–85, und Interviews. Wasili: »klein, rothaarig...«: Jefferey, *Zarubina*, S. 30 f. Kronprinz: Swetlana Allilujewa, *Zwanzig Briefe*, S. 208. Guter Mensch, der sein letztes Hemd weggeben würde: Sergo B., S. 154. Wasili schlägt Frau, trinkt, flieht, Swetlanas Frühreife und Liebesaffäre: Martha Peschkowa. Voller Oberst: Parrish, *Lesser Terror*, S. 179. Vor Kämpfen geschützt, Subalowo als Paradies: Leonid Redens. Leben in Kuibyschew, Swetlana Allilujewa, *Zwanzig Briefe*, S. 216. Galina Bourdonowskaja Stalin, hübsche Blondine: Interview mit Juri Solowiew. KGB-Schule: Swetlana RR. Erickson, *Berlin*, S. 49–51. Swetlana und Kapler: Kapler im Interview mit Biagi, S. 15–34, Wladimir Allilujew, Leonid Redens, Juri Solowiew. Swetlana zeigt Kapler Artikel, Kapler spielt, Brosche, Drehbuch: Martha Peschkowa, Kira Allilujewa. Schmutzige Reden Wasilis, Kapler konnte erzählen, außerehelicher Sex, der größte Lehrer, Überreaktion meines Vaters: Swetlana RR. Kaplers Appell, 27. Jan. 1944, in Wolkogonow, *Stalin*, S. 191. Wasilis Bestrafung, Feb. 1943: Stepan M., S. 83–86. Wasili nach der Entlassung: Suchomlinow, *Wasili*, S. 108, Wolkogonow, *Stalin*, S. 635, Stepan M., S. 89 f. Stalin an Nowikow, 26. Mai 1943, ZAMO 132.2642.230.15. Zu Wasilis Rolls-Royce und Plattschießen der Reifen: Juri Solowiew.

3 Kursk: Erickson, *Berlin*, S. 65–72, 97 und 99–120, Overy, *Russlands Krieg*, S. 289–320: Der Ausdruck »Panzernahkampf« stammt von Overy (S. 321). Mikojan, *Tak Bylo*, S. 452, Schukow, *Erinnerungen*, S. 446 f., Schtemenko in Bialer (Hg.), S. 361–367. Schukow, »Na Kurskoi Duge«, S. 70 f. Sklavenarbeit: Parrishs Rezension in *Slavic Military Studies*, Bd. 11, Nr. 2, Juni 1998, S. 172–178, Jakowlew in Bialer (Hg.), S. 381 f., Seaton, S. 179–183. Zur Anzahl der Panzer: M. Mjagkow in *Mirowije Woini XX Weka*, Buch 3, S. 159–161: An den Frontabschnitten Mitte und Woronesch standen 1,3 Millionen Mann und 3400 Panzer, am Abschnitt Steppe weitere 500 000 Mann und 1400 Panzer.

4 Leonid Khrushchev: Interviews mit Sergo und Stepan Mikojan. Julia Khrushcheva: Chruschtschews Demütigung, kannte keine Eltern, Natalja Poskrebyschewa,

Artjom Sergeew, Igor Malenkow, Wolja Malenkowa, Martha Peschkowa. Leonid Chruschtschew beschimpft Stalin: N. Waschtschenko, *Sa Grani Istorii*, Sergei Khrushchev, *Superpower*, S. 21–24. Stalin wollte Leonid nicht verzeihen: Chuev, *MR*, S. 352, Parrish, *Lesser Terror*, S. 178, Rybin, *Oktjabre 1941*, S. 3, wiederholt das Gerücht über Wlasowite, Stepan M., S. 76, Vasilieva, *Kremlewskie Scheni*, S. 387, Y. Izumov, »Why Khrushchev Took Revenge on Stalin«, *Dosje Glasnost*, Nr. 12, 2001, Taubman, *Khrushchev*, S. 155–160.

5 Söhne Mikojans: Sergo, Stepan und Wano Mikojan in Vasilieva, *Kremlewskie Scheni*, S. 326 f., Stepan M., S. 99 f., Leonid Redens war ebenfalls erregt über Zentralasien. »Keine Mikojans mehr verlieren«: Wasili Stalin über Stepan M., S. 86.

41. Stalins Sängerwettstreit

1 Mikojan, *Tak Bylo*, S. 563. Mantel, Essen, Fall Orels und Belgorods: Rybin, *Rjadom*, S. 39–42, und ders., *Oktjabre 1941*, S. 13 f. NKWD im Dorf, Geld für Dame: M. Smirtukow in *Wlast*, Nr. 25, 2000, S. 46, Woronow in Bialer (Hg.), S. 438 f., Erickson, *Berlin*, S. 116–118. Orden: Jeremenko an GKO, Kopie an Kalinin, Molotow, Malenkow und Beria, 21. Sept. 1943, GARF 7523.149.5.1. Overy, *Russlands Krieg*, S. 334 f., Schtemenko in Bialer (Hg.), S. 361–367, Seaton S. 189–192, Wolkogonow, *Stalin*, S. 650.

2 Zur Klangähnlichkeit: RGASPI 558.1.3499.1–27 und 558.1.3399. Stalins Korrekturen: RGASPI 558.1.3399. Die Daten auf den hastig hingekritzelten Notizen El Registans sind problematisch, da er manchmal 23. statt 28. oder November statt Oktober schrieb. Ich habe mich bemüht, das Chaos etwas zu ordnen. »Warum trinkt ihr so schnell?«: RGASPI 558.1.3499.1–27, Gromow, *Stalin Wlast I Iskusstwo*, S. 343. Diplomatenessen: Bereschkow, S. 206–233. Harriman/Abel, *In geheimer Mission*, S. 193 f., Erickson, *Berlin*, S. 131, Bohlen, S. 130 f., RGASPI 558.1.3399. El Registans Angaben zufolge fand die Abschlusssitzung am 4. November um 9 Uhr statt, wahrscheinlicher ist aber angesichts der Lebensgewohnheiten Stalins 21 Uhr. Zum Gedicht Michalkows: S. Michalkow an Stalin, und Stalin an Molotow, 7. Feb. 1944, RGASPI 558.11.775.112. Zu ihrer Anwesenheit in Stalins Büro am 28. Okt. und 4. Nov. 1943: *Istoritscheski Archiv*.

3 Khrushchev, *Glasnost*, S. 66. Empfang vom November 1943: Maja Kawtaradse, Bohlen, S. 130, Harriman/Abel, *In geheimer Mission*, S. 205 f., Alexander Werth, *Russland im Krieg*, S. 504 f.

42. Teheran: Roosevelt und Stalin

1 Golowanow, zitiert in Chuev, *MR*, S. 306, Schah überrascht, *op. cit.*, S. 50. Zu Abdankung etc.: Pahlevi, *Im Dienst meines Landes*, S. 67 und 72 f. Beria und Zereteli in Teheran: Knight, *Beria*, S. 130 f., mit Schilderungen Zeretelis und Berias sowie Nikolas Kwiataschwilis Suche nach der britischen Botschaft. Der Tisch, Molotows Koller, Stalins Residenz, zufälliges Treffen: Jeffery, *Zarubina*, S. 1–7, Harriman/Abel, *In geheimer Mission*, S. 216–225. Professor Winogradow: Kostyrtschenko, S. 264. Tapsiger Bär: Bohlen, S. 131 und 135–143. Molotows Pakt mit Hitler, *op. cit.*, S. 340. Stalin zieht sich am Flughafen von Baku um: Bereschkow, *Zeuge*, S. 277 ff. Laut Interview mit Hugh Lunghi waren Woroschilow und Pawlow anwesend. Alanbrooke, S. 482–489. Eiscreme-Episode: Lunghi und Alanbrooke, Erickson, *Berlin*, S. 156–158, Overy, *Russlands Krieg*, S. 336–338. Zu deutschen Atten-

tätern: Sudoplatov, S. 130 und 230. Flug, Abhören, moralische Verantwortung, Zeitplan: Sergo B., S. 92–95. Stalingrad-Schwert, Sicherheit, Woroschilow tut sein Bestes, Stalins Witz, Suche nach Gesandtschaft, Beleidigung Alanbrookes, Geburtstag: Harriman/Abel, *op. cit.*, S. 217, und Churchill, *Der Zweite Weltkrieg*, S. 844. Besuch in Stalingrad: Krawtschenko in Rybin, *Rjadom*, S. 87. Roosevelt-Tagebücher, zitiert nach Ted Morgan, *FDR*, S. 692–704, FDRL OF 200 3/N. Vgl. auch K. Sainsbury, *The Turning Point*.

2 Mikojan, *Tak Bylo*, S. 465 f., Chuev, *MR*, S. 210, Khrushchev, *Glasnost*, S. 66, Kawtaradse, *Memoiren*, S. 74. Andrejew an Malenkow, 6. Okt. 1943, RGASPI 73.2.44.26 f. Beria an Stalin, Molotow und Malenkow, 22. Nov. 1944, GARF 9401.2.67.379 f. Beria an Stalin und Molotow, 19. Dez. 1944, GARF 9401.2.64.60. Beria an Stalin, 21. April 1944, GARF 9401.2.69.220. Beria an Stalin und Molotow, mit dessen Antwort: »Ich halte das für richtig«, 25. Juni 1944, GARF 9401.2.69.346. Beria an Stalin und dessen Antwort, 8., 26. und 29. Jan. 1944, GARF 9401.2.64.13–62. Beria an Stalin, 4. Jan. 1944, GARF 9401.2.64.9. Beria an Stalin, 5., 8. und 12. Jan. und 4. Feb. 1944, GARF 9401.2.64.8, 53, 57 und 90. Beria an Stalin, 5. Nov. 1944, GARF 940.2.67.283–292. Beria an Stalin und Molotow, 17. April 1944, GARF 9401.2.64.291. Zur Säuberung Weißrusslands: Beria an Stalin, Molotow und Malenkow, 22. Feb. 1945, GARF 9401.2.93.50. Ukrainische Nationalisten: Beria an Stalin, 3. März 1944, GARF 9401.2.64.157–163. Overy, *Russlands Krieg*, S. 356 ff. Beria an Stalin, 16. Aug. 1943, Library of Congress, Manuscript Division, Volkogonov Reel 18. Beria an Stalin und Molotow, 3. Jan. 1944, GARF 9401.2.64.1. Beria an Molotow und dessen Antwort, 29. Jan. und 24. Feb. 1944, mit Anfragen Kaganowitschs und Berias wegen weiterer Züge, GARF 94012.69.44 f. und Knight, *Beria*, S. 126 f. Karatschewsk am 5. Okt. 1944 in Mikojan-Schachar umbenannt, Parrish, *Lesser Terror*, S. 103–105, Overy, *Russlands Krieg*, S. 363. Mikojan widerspricht: Mikojan, *Tak Bylo*, S. 514. Beria an Molotow und dessen Antwort, 4. März 1944, GARF 9401.2.69.137–139. Beria an Stalin, 31. März 1944: »Achten Sie darauf.«, GARF 9401.2.64.213 und 258a. Die Tataren, Nahrungsrationen, Züge: GARF 9401.2.64.41–52. Nahrung: 49. Züge: 115. Summen: 119 und 126. Der Erlass für diese Deportationen wurde zurückdatiert, und Beria legte ihn Kalinin am 7. April 1944 vor, GARF 9401.2.64.254–256. Beria an Stalin, und dieser stimmt am 20. Mai 1944 zu, GARF 9401.2.64.121. Beria an Stalin, 29. Mai 1944: Beria führt inklusive aller späteren Deportationen von der Krim insgesamt 225 009 auf, GARF 9401.2.64.161–163. Beria an Stalin, März–Dez. 1944, GARF 94012.64.158.

3 Rokossowski in Bialer (Hg.), S. 460 f., Erickson, *Berlin*, S. 199–231, Overy, *Russlands Krieg*, S. 370, Schukow, *Erinnerungen*, S. 513, ders., *Korotko o Staline*.

4 Erickson, *Berlin*, S. 199–231 und 269–286, Overy, *Russlands Krieg*, S. 375 ff.: »nicht helfen … sondern verhindern«, *op. cit.*, S. 377, Schukow, *Erinnerungen*, S. 514, Simonow, »Sametki«, S. 59, Rokossowski in Overy, *op. cit.*, S. 378, Harriman/Abel, *In geheimer Mission*, S. 266.

5 Sowjetischer Bericht über »Prozente«: RGASPI 558.11.283.6–14, *Sapis Besedi Tow IV Stalina s Churchillem 9 Oktjabrja 1944 g w Tschasa*. Vgl. auch *Istotschnik* 4, 17, 1995. Rzheshevsky (Hg.), *War and Diplomacy*. Stalins Wohnung: Bereschkow, *Zeuge*, S. 401 f., Alanbrooke, S. 601–611. Gilbert, *Churchill*, S. 796–801. Harriman/Abel, *In geheimer Mission*, S. 248 ff., mit Bericht Kathleen Harrimans, Churchill, *Der Zweite Weltkrieg*, S. 990. Meine Darstellung basiert auf Geoffrey Roberts, »Beware Greek Gifts« und GARF 9401.2.93.255. Satyr: Djilas, *Gespräche*, S. 135. Grenzen mit Gewalt festlegen, 1942: Erickson, *Berlin*, S. 398.

6 Khrushchev, *Glasnost*, S. 99, de Gaulle, *Mémoires de Guerre*, Bd. 3, S. 50–79, Har-

riman/Abel, *In geheimer Mission*, S. 297–303, Radzinsky, S. 483 f., Djilas, *Gespräche*, S. 123 f., ders., *Krieg*, S. 488. »Am Arsch lecken«: Sergo Kawtaradse, mit Dank an Maja Kawtaradse.

43. Der stolze Sieger: Jalta und Berlin

1 Schukow, *Erinnerungen*, S. 521 ff., Simonow, »Sametki«, S. 59, Wolff und Rokossowski in Shukman, *Stalin's Generals*, S. 191, Overy, *Russlands Krieg*, S. 396 ff., Erickson, *Berlin*, S. 424–426, Schtemenko in Bialer (Hg.), S. 479, Koniew, S. 481, Overy, *op. cit.*, S. 399, Djilas, *Gespräche*, S. 141. Vergewaltigungen: Beevor, *Berlin*, S. 31 f. Malenkow: S. 111. Offensive: S. 19–21. Rokossowski, *Soldatenpflicht*, S. 304, Harriman/Abel, *In geheimer Mission*, S. 309.
2 Jalta: Beria an Stalin/Molotow, 27. Jan. 1945, GARF 9401ss.2.94. Churchill, *Der Zweite Weltkrieg*, S. 1016 ff. »Mein Vater regierte Russland«: Natalja Poskrebyschewa. Sudoplatov, S. 222, Sergo B., S. 104, Gromyko, *Erinnerungen*, S. 127. *Conference of Leaders of Three States in Crimea 1945*, GARF 9401c.3.321, und Stalins persönliches Album in RGASPI. L. Ilitschew an Poskrebyschew, 27. März 1945. Sergo Kawtaradse war ebenfalls in Jalta, Kusnezow, »Memoirs«, S. 122–125, Gromyko, *op. cit.*, S. 144, Bohlen, S. 173–196, Interview mit Hugh Lunghi, Alanbrooke, S. 655–660, Overy, *Russlands Krieg*, S. 384–387, Vaksberg, *Vyshinsky*, S. 245. Zu Beria: Sergo B., S. 104–106 und 113, Harriman/Abel, *In geheimer Mission*, S. 310, Bohlen, S. 355, Gromyko, *Pamjatnoje*, S. 241, Knight, *Beria*, S. 130, Nekrasow, *Beria*, S. 221 f. »Wie viele Divisionen hat der Papst?«: Stalin zu Enver Hoxha in Hoxha, *Begegnungen mit Stalin*, S. 147. Der Bär: Mgeladse, S. 137. Paläste für Stalin: Beria an Stalin, 27. Feb. 1945, GARF 9401.2.93.219, und Befehl von Stalin/ Tschadaew/Sownarkom. Verwandte Churchills: General Gorbatow an Beria, 5. Mai 1945, GARF 9401.2.93.255.
3 Berlin: Overy, *Russlands Krieg*, S. 403 f., Erickson, *Berlin*, S. 522, Schukow, *Erinnerungen*, S. 572 und 604, Schukow in Bialer (Hg.), S. 512 f., Koniew, S. 513–516 und 527. I. S. Koniew, *Sorok Pjatji*, S. 91–93, Schtemenko, *Generalni Schtab*, S. 328–331. »Aprilscherz« und »größte je aufgebotene Feuerkraft«: Beevor, *Berlin*, S. 172 ff. Jakow: Mgeladse, S. 198 f., Harriman/Abel, *In geheimer Mission*. S. 352 ff. Roosevelt: Mgeladse, S. 130 und 137, Simonow, »Sametki«, S. 60, Koniew, S. 116 f., *Istoritscheski Archiv*.

44. Die Bombe

1 Hitler: Mgeladse, S. 137, das Essen fand 1950 statt. Schukow, *Erinnerungen*, S. 604. Krebs in Moskau: Gorodetsky, *Die große Täuschung*, S. 403 ff., Overy, *Russlands Krieg*, S. 417 f., Elena Rschewskaja, »B Tot«, S. 292–295. Deutsche Briefe und Vernehmungen von Göring etc.: GARF r9401.2.97.159–217. Beria an Stalin, 6. Juli 1945, und Serow an Stalin, 17. Juli 1945, GARF 94012.97.366–446.
2 Sieg: Woronow in Bialer (Hg.), S. 558 f., Jakowlew, *Century*, S. 561, Schukow, *Erinnerungen*, S. 632. Wyschinski und Schukow: Eisenhower, *Kreuzzug in Europa*, S. 812, Vaksberg, *Vyshinsky*, S. 251, Chruschtschow, S. 222 f., Swetlana Allilujewa, *Zwanzig Briefe*, S. 229, Sudoplatov, S. 171, Stalin, *Wystuplenie*, S. 203 f., Holloway, S. 265. Parade: Schukow, *Erinnerungen*, S. 633 f., Spahr, *Zhukov*, S. 192, Rschewskaja, »B Tot«, S. 300, Jakowlew in Bialer (Hg.), S. 561 f., Kusnezow, S. 562, Woronow, *Stalin*, S. 559, GARF 9401c.3.99, *NKWD-Album der Siegesparade*. Anfi-

low und Schukow in Shukman, *Stalin's Generals*, S. 357. Subok, S. 16 f., Karpow, *Marschal Schukow*, S. 80–83. Wyschinski und Poskrebyschews Gurke: Vaksberg, *Vyshinsky*, S. 278, Kusnezow, *Memoiren*, S. 110. Stalin Schritte voraus: Sergo B., S. 140.

3 O. Meschakowa an Stalin, 8. Mai 1945, RGASPI 558.11.775.122, Djilas, *Gespräche*, S. 136. Generalissimus u. Beförderungen: Chuev, *MR*, S. 175 f., W. Tukow in Rybin, *Oktjabre 1941*, S. 41. Beförderungen vom 9. Juli 1945: Kusnezow, »KGB General«, S. 375, Brooks, *Thank You Comrade Stalin*, S. 186, Wolkogonow, *Stalin*, S. 656, Radzinsky, S. 523. Merkulow avancierte zum General der Armee, Kobulow, Abakumow und Serow zu Generalobersten. Die meisten Magnaten waren bereits Generäle: Chruschtschew, Generalleutnant Schdanow, Generaloberst Nosenko. Witz: *Sowerschenno Sekretno* 3, 2000, S. 12–14.

4 Potsdam: Beria an Stalin und Molotow, 2. Juli 1945, GARF r9401c.2.97.124–130. Zu den Abmachungen mit Briten und Amerikanern: Beria an Stalin, Molotow und Antonow, o. D., GARF r9401c.2.97.73–76. Stalin immer müde: Gromyko, *Erinnerungen*, S. 147, Sergo B., S. 15–18, Churchill, *Der Zweite Weltkrieg*, S. 1095, Schukow, *Erinnerungen*, S. 647, Pawlenko, »Rasmyschlenija«, S. 30 f. Väter in Potsdam: Natalja Poskrebyschewa und Nadeschda Wlasik. Warten am Bahnhof: Kusnezow, *Memoiren*, S. 111–113. Gromyko, *Erinnerungen*, S. 142, Bohlen, S. 227–240, Harriman/Abel, *In geheimer Mission*, S. 376 f., Overy, *Russlands Krieg*, S. 430, Mee, *Die Potsdamer Konferenz*, S. 67 ff. *Record of private conversation between PM and Generalissimus Stalin after Plenary session 17 July 1945 at Potsdam*, PREM 3/430/7, Doc. 70, in *Churchill and Stalin*. Über Truman und die Bombe: Mgeladse, S. 130 und 170. Pendergast, »Ich mag Stalin«: Truman zu seiner Frau, zitiert in Jenkins, *Truman*, S. 72, Sergo B., S. 115–117. Stalin misstraut Wissenschaftlern, Trägheit Molotows, ernennt Beria: Holloway, S. 35 und 117–119, Sudoplatov, S. 178. Beria an Stalin, Molotow und Malenkow, 8. Juli 1945, GARF 9401.2.97.283–299, zitiert in Beevor, *Berlin*, S. 298 ff. Riehl und Seitz, *Stalin's Captive*, S. 152. »Wir müssen etwas tun«: Medwedew, *Neisnestnji Stalin*, S. 8 ff., »Stalin und die Atombombe«.

5 Bombe: Pawlow, »Autobiografitscheskie Sametki«, S. 110, Harriman/Abel, *In geheimer Mission*, S. 379 f., Gilbert, *Churchill*, S. 845 f. Truman »wie zufällig«, »neue Waffe«, »Churchills Wissen«: Mgeladse, S. 129 f., Wolkogonow, *Rise and Fall*, S. 121, Chuev, *MR*, S. 56, Schukow, *Erinnerungen*, S. 628. Traktoren: Dobrynin, *In Confidence*, S. 23, mit Zitat Gromyko. Polizistinnen: Gromyko, *Erinnerungen*, S. 158, Sergo B., S. 174, Holloway, S. 84, 114–127, 131–133 und 178–186, Mee, *Die Potsdamer Konferenz*, S. 237 ff., Overy, *Russlands Krieg*, S. 229. Stalin über Churchill: Mgeladse, S. 137, Lunghi, *Minutes*, Spahr, *Zhukov*, S. 197, Pawlenko, »Rasmyschlenija«, S. 30 f., Khrushchev, *Glasnost*, S. 60–62.

45. Beria

1 Stalin über »Barbarei« der Bombe, Mgeladse S. 129 f. Swetlana Allilujewa, *Zwanzig Briefe*, S. 230: »Alle standen unter dem Eindruck dieser Meldung, und Vater war mir kein besonders aufmerksamer Gesprächspartner. Dabei hatte ich doch eine so wichtige – für mich wichtige – Neuigkeit mitzuteilen: Ich hatte einen Sohn geboren!« Stalin bei der Sitzung am 25. Jan. 1946 mit Molotow und Beria, zitiert in Holloway, S. 147. Stalin und Kurtschatow: Subok, S. 267 ff. Beria berichtet Stalin über Kurtschatow und Wissenschaftler: Beria an Stalin, Molotow und Malenkow, 8. Juli 1945, GARF 9401.2.97.283–299.

2 Beria: außergewöhnlicher Mann, aber großer Verbrecher: Stefan Stasewski in *Oni*, S. 172. Kolossal: Artjom Sergeew, Subok, S. 207, mit Zitat Nikolai Nowikow, S. 310. Risiken auf den Straßen: Golowanow zitiert in Anmerkung des Herausgebers zu Sergo B., S. 346. Schweizer Uhr: *ibid.*, S. 345. Sacharow, *Mein Leben*, S. 174–177, Holloway, S. 134–141, Gromyko, *Erinnerungen*, S. 159, Kurtschatow in Knight, *Beria*, S. 137–139. Später erschießen: Holloway, S. 212. Versuchskapazitäten: Sacharow, *op. cit.*, S. 174, Knight, *Beria*, S. 133, Parrish, *Lesser Terror*, S. 47. P. Kapiza an Stalin und dessen Antwort, 4. April 1946, RGASPI 558.11.744. Verblüffung über Technik: Holloway, S. 137, Sacharow, *op. cit.*, S. 105. Nukleares Politbüro: Ausdruck von Roy Medwedew, *Neiswestnji Stalin*, »Stalin und die Bombe«.

3 »Hässlich, aufgedunsen, gelblich«: Tatiana Okunewskaja in Vasilieva, *Kremlin Wives*, S. 156; dies., »Beria, Stalin's Creature«, in *BBC2*. Malyschew in *Beria Affair*, S. 85, Sergo B., S. 122, 141 und 168. Sudoplatov, S. 103, Romanov, *The Nights are Longest There*, S. 179. Datscha und Volleyball, gemütliches Heim: Martha Peschkowa. »sehr große und luxuriös ausgestattete Datscha«: Swetlana Allilujewa, *Das erste Jahr*, S. 363. Unglaublich verbissen: »Ein Interview mit W. M. Molotow« in *Literaturuli Sachartwelo*, 27. Okt. 1989, zitiert in Knight, *Beria*, S. 195–274. Der MWD hat ihn »idealisiert«: Knight, *Beria*, S. 203. Zu seiner Schuld und Vergewaltigungen: *Iswestija ZK KPSS*, Nr. 1, 1991, Plenum des ZK, 2.–7. Juli 1953. Sarkisow verrät Beria bei Abakumow: *Wlast*, Nr. 22, 2000, S. 44. »Genosse Beria ist müde und überarbeitet...«, und Poskrebyschew berichtet Stalin über Berias Syphilis, Büro voller Blondinen: Deriabin, S. 62–71. Ekaterina Katutowa wiederholt die Geschichte der S. Fjodorowna in Vasilieva, *Kremlin Wives*, S. 157. Tatiana Okunewskaja: *op. cit.*, S. 159 f. Vernehmung Berias: *op. cit.*, S. 56, 150 f. und 171. Beria und Poskrebyschew: Natalja Poskrebyschewa. 47 Akten in Sachen Beria: Robin Shepherd, *The Times*, 18. Jan. 2003. Häusliches Leben: Martha Peschkowa, Swetlana Allilujewa, *Das erste Jahr*, S. 332.

4 In Stalins Familie einschleichen: Martha Peschkowa über Sergo und Beria, Sergo B., S. 151 f. Stalin erwähnt drei Jungen: Stepan M., S. 145. Beria missbilligt: Mikojan, *Tak Bylo*, S. 362 f. Vgl. auch Sudoplatov mit Zitat von Berias Sekretär Ludwigow, S. 321, Swetlana RR.

5 Marthas Anmut: Sergo B., S. 191. Marthas Duftwolke, als Freundin schwierig: Gulia Dschugaschwili, *Ded, Otets*, S. 55. Stalin bevorzugt Juri Schdanow, unterstützt Freundschaft mit Martha: Swetlana Allilujewa, *Das erste Jahr*, S. 325. Einzelheiten über das Leben bei Berias: Martha Peschkowa.

6 Leonid Redens. »Ich war nicht in ihn verliebt«: Swetlana RR. Swetlana Allilujewa, *Zwanzig Briefe*, S. 229: Stalin wollte ihn nicht sehen, verlangte aber keine Trennung, S. 235. Swetlana ähnlich wie Stalin: Tscharkwiani, S. 58, mit Zitat Mikojan. Swetlanas eifersüchtige Drohungen: Martha Peschkowa. Swetlanas Vater wütend: Sergo B., S. 192. Julia Dschugaschwili an Stalin, 29. Mai 1946, RGASPI 558.11.727.92. Gulia Dschugaschwili, *Ded, Otets*, S. 28.

46. Eine Nacht im Leben des Josef Wissarionowitsch

1 Chuev, *MR*, S. 8 und 71, Mgeladse, S. 78 f.

2 Dünkel: Chuev, *Kaganovich*, S. 154, ders., *MR*, S. 73 und 210. »Eingebildet«: S. 212 f. Mikojan, *Tak Bylo*, S. 465 f. und 513. Mikojan in Kumanew (Hg.), S. 22, *Chruschtschow*, S. 249 ff., Khrushchev, *Glasnost*, S. 66. Wolja Malenkowa: »Mein Vater sagte, dass Stalin sich nach dem Krieg verändert hat.« Murmeln: Ehrenburg,

Postwar Years, S. 131. Stalins indirekte Befehle: Tscharkwiani, S. 37 und 70. Zitronenbäume: Mgeladse in Chuev, *MR*, S. 175. »Regierungsarbeit«: Smirtukow in *Wlast*, Nr. 7, 2000, S. 53. »Gründe klar«: Stalin über Bulganins Marschallat an Politbüro, 3. Nov. 1947, in RGASPI 558.11.712.142. Erschöpfung: Chuev, *MR*, S. 190, Mgeladse, S. 68. Einstellung zu Ärzten: »Wie die reden!«: Stalin an Woroschilow, o. D., RGASPI 74.2.38.89. »Wenn ich die Anordnungen von Ärzten befolgen würde, läge ich schon im Grab.«: Harriman/Abel, *In geheimer Mission*, S. 398, Natalja Poskrebyschewa, Rybin, *Next to Stalin*, S. 43, Rapoport, *The Doctors' Plot*, S. 17 f. Swetlana in Richardson, *Long Shadow*, S. 170. Schriftsteller: Simonow, »Glasami«, S. 41. Mein Schatten: Rschewskaja, »B Tot«, S. 307.

3 Vasallen, Bierut: Minc, S. 19, Berman in *Oni*, S. 308, Dobrynin, *In Confidence*, S. 21. Hände vorzeigen: E. Schirnow in *Wlast*, Nr. 25, 2000, S. 44. Kino: Swetlana Allilujewa, *Zwanzig Briefe*, S. 243. Bolschakows Übersetzungen: *Chruschtschow*, S. 303 f.. Papawa-Geschichte über den Film »Der Akademiker Iwan Pawlow«: Gromow, *Stalin*, S. 214–216. Bolschakow, Kino, Stalins Stimmung, Vorführer, Bolschakows »Bordell«, Goebbels' Filme, wo haben wir diesen Darsteller gesehen, Schdanows Kommentare, Pudowkins Film über Schukowski, Genosse Ulrich und wo ist die nächste Haltestelle: G. Mariamow, *Kremlewski Zensor*, S. 7–13. Aufstieg Bolschakows und Fall Dukelskis und Schumiatskis: Kenez, *Cinema*, S. 116–118. Bolschakow hat Überraschung für Stalin: Schirnow in *Wlast*, Nr. 25, 2000, S. 46. W. B. Smith, *My Three Years*, S. 219. Iwan der Schreckliche: »Iwan Grosni« in *Moskowkie Nowosti*, Nr. 37, 7. Aug. 1988, mit Iwans Kuss. Zu Beria und den MGB-Berichten an Stalin über Eisenstein und Iwan den Schrecklichen: Beria an Stalin, 5. Nov. 1944, GARF r9401.2.67.283–292. *Iwan der Schreckliche. Erster Teil*, Schdanow gibt Anweisungen, Jan. 1941, Kenez, *Cinema*, S. 179. Bolschakow und Eisenstein: S. 196–198. Bolschakow: S. 190. Meisterstücke Juni 1948: S. 189. Kaganowitsch gegen Eisenstein: S. 138. Stalin an Kaganowitsch über Eisenstein, fast ein Trotzkist: Khlevniuk, *Kaganovich Perepiska*, S. 101. Begabt, Newski wiederholt gesehen: S. 212. Wsewold Wischnewski an Stalin, mit Dank für Anmerkungen zu seinem Drehbuch für *Unvergessliches 1919*, die Stalin ihm am 20. Jan. 1950 über Michail Tschaureli geschickt hatte, RGASPI 558.11.713.115. Stalin verwechselt Film und Wirklichkeit: Djilas, *Gespräche*, S. 132 f., *Chruschtschow*, S. 303, Mariamow, S. 7–13. Glaubte an Hitlers Propagandafilm über Danzig, *Chruschtschow*, S. 303, aber auch an die eigenen, S. 303. Diskussion über Politik, »gewisse Spezialprobleme«: Chuev, *MR*, S. 321. Uschakow-Film: *Chruschtschow*, S. 303. Auch zur Zerstörung von Dörfern in Frontgebieten des Zweiten Weltkriegs: Wolkogonow, *Stalin*, S. 603. Stalin liebte *Wolga! Wolga!* und Charlie Chaplin: Swetlana Allilujewa, *Zwanzig Briefe*, S. 243. Ausländische Lieblingsfilme: Leyda, *Filme aus Filmen*, S. 302 ff. Stalin zeigt Hull Film über Japan: Bereschkow, *Zeuge*, S. 247. Beunruhigung über Stalins Begeisterung für Filme über Morde an Kameraden: Mikojan, *Tak Bylo*, S. 534, *Chruschtschow*, S. 303. Zu Schdanow und ZK-Beschluss über Kino: Leyda, *op. cit.*, S. 302 ff., Kenez, *Cinema*, S. 195. Über Bolschakow und die Filmbranche der UdSSR: Leyda, *op. cit.*, S. 302 ff. Auswahl von Filmen: Trojanowski, S. 154. Tschiaureli und Gelowani bei Stalin: Tscharkwiani, S. 44 f. Tarzan: Bolschakow an Poskrebyschew, 31. Jan. 1951, in *Istotschnik*, Nr. 4, 1999. Über Kinogäste. Gelowani: Tscharkwiani, S. 44 f. Diki: Artjom Sergeew. Clark Gable/Spencer Tracy: Gulia Dschugaschwili in Biagi, S. 81–83. Akzente: Medwedew, *Neiswestnji Stalin*, »Stalin als russischer Nationalist«.

4 Autos: K. Popovic in Dedijer, *Tito*, S. 271–274. Wählt Route aus: *Chruschtschow*, S. 304. Djilas, *Gespräche*, S. 172. Gäste, »falls Sie Zeit haben«. Tschiaureli und Gelowani: Tscharkwiani, S. 44 f. Reinlichkeit: Popovic in Dedijer, *Tito*, S. 187. Notiz-

bücher: Djilas, *Gespräche*, S. 143. Schdanow über deutsche Namen, Wosnesenski und Malenkow machen sich Notizen,»Ich hasste diese Kriecherei«: Mikojan, *Tak Bylo*, S. 586. Toiletten: Djilas, *Gespräche*, S. 190, *Chruschtschow*, S. 317: »Stalin lügt«.»Schon als Kind trank er zu viel.« Sitzen: Berman in *Oni*, S. 235–237, Djilas, *Gespräche*, S. 184. Getränke, am liebsten Sekt: Chuev, *MR*, S. 177, Mikojan, *Tak Bylo*, S. 353 f., *Chruschtschow*, S. 304, Berman in *Oni*, S. 234, Swetlana Allilujewa, *Zwanzig Briefe*, S. 237. Stalin trank und sang manchmal mit Gesundheitsminister J. Smirnow, Beria spornt zum Trinken an, Swetlana Allilujewa, *Das erste Jahr*, S. 238, Djilas, *Gespräche*, S. 190, erinnert an Berias Gespräch mit Clark Kerr, siehe Jalta. Sergo B., S. 168, und konnte einem Glas nicht widerstehen: S. 120 f. Vgl. auch Trojanowski, S. 156, Chuev, *Kaganovich*, S. 106. Djilas über Molotow, praktisch ein Trinker: *Gespräche*, S. 192. Chruschtschews schweres Trinken: Chuev, *MR*, S. 177, Stepan M., S. 71. Essen und Zigaretten, Stalins eigener Wein: vgl. Karpow, *Rastreljannije Marschali* zu Kuliks Dinner. Über Egnataschwili und das Kaninchen siehe Brackman, S. 4. Logistik der Versorgung, MGB-Generalleutnant, siehe Tscharkwiani, S. 5–7. Zum Vorkosten: Swetlana Allilujewa, *Das erste Jahr*, S. 224. Chruschtschews Version der Geschichte: Beria, Malenkow und Mikojan überreden das Personal und werden von Schtscherbakow verpetzt, *Chruschtschow*, S. 306.

5 Teich: Sergo B., S. 141, Swetlana Allilujewa, *Das erste Jahr*, S. 228, *Chruschtschow*, S. 307. Rosen: Natalja Poskrebyschewa. Vögel: Schtemenko, zitiert in Lewis und Whitehead, *Stalin*, S. 157. Gottwald: Khrushchev, *Glasnost*, S. 131–133. Rakosi: *Chruschtschow*, S. 310, Sergei Khrushchev, *Superpower*, S. 31, Julia Khrushcheva, Wolja Malenkowa. Essen: Mikojan, *Tak Bylo*, S. 353–355 und 529–533. Vorkosten: *Chruschtschow*, S. 305. Essen/Kellnerin: Berman in *Oni*, S. 235–237. Djilas, *Gespräche*, S. 172. Gewicht Malenkows und Chruschtschews: Sergo B., S. 140, *Chruschtschow*, S. 306, Djilas, *Gespräche*, S. 102 f. Beria als Vegetarier: Martha Peschkowa, Rybin, *Rjadom*, S. 88, mit P. Losgatschew über Beria: Fisch und Birnen, auch kleine Kinder. Mit Schrot besprenkeln: Rybin, *Kto Otrawil*, Losgatschew, S. 5–10, und *Chruschtschow*, S. 308, W. Tukow in Rybin, *Oktjabre 1941*, S. 47. Garten, Lamm, Sauna: S. Solowew in Rybin, *Stalin i Zhukov*, S. 42–44.

6 Molotow und Mikojan stritten noch mit Stalin. Mikojan und Charkow: Khrushchev, *Glasnost*, S. 80–82. Woroschilow: Chuev, *MR*, S. 224 f. Mikojan, Stalin über Swanidse: S. 359. Malenkows Vorsicht: S. 586. Über Malinowski/Larin: *Chruschtschow*, S. 306. Prüft zuerst bei Beria: S. 307. Djilas, *Gespräche*, S. 192. Feuer: Sergo B., S. 120 f. Stalin über die Toten, Ruhe des Historikers: Tscharkwiani, S. 30. Entschuldigung beim Marschall: Medwedew, S. 332 f. Charme: Berman in *Oni*, S. 234. »Verpiss dich«: Staszewski, S. 146. W. G. Solomin an Stalin, 16. Jan. 1947, und Antwort, 6. März 1947: RGASPI 558.11.804.84 f. Erzählungen über Verbannungszeit, besonders Schießausflug bei Frost, und Berias »er lügt«: *Chruschtschow*, S. 308, Wlasik, S. 44, Tscharkwiani, S. 22. Beria tritt gegen Schienbein: Mikojan, *Tak Bylo*, S. 355. Zu Woroschilow: Swetlana Allilujewa, *Das erste Jahr*, S. 353.

7 Überlebensratgeber: Mikojan, *Tak Bylo*, S. 355, 521 und 563 f., Sergo B., S. 312, *Chruschtschow*, S. 309 (vermeidet Blicke). Losgatschew zitiert in Radzinsky, S. 553. B. Dwinski an Stalin, 23. Sept. 1946, RGASPI 558.11.732.42–45, Gromyko, *Erinnerungen*, S. 168, Bohlen, S. 255. Manuilski an Stalin, 28. Dez. 1948, RGASPI 588.2.156.31–41. Sergei Khrushchev, *Superpower*, S. 29. Wolff über Rybalko in Shukman, *Stalin's Generals*, S. 214. *Chruschtschow*, S. 184, z. B. Chruschtschew über Jeremenko, Kulik und Pawlow, S. 185 ff., Frühjahrsweizen, S. 198, prüfen mit Beria, S. 201. Abhören: alle Magnaten abgehört: Deriabin, *Die Penkowskii-Ak-*

te, S. 47 f. Molotow von Tschekisten gewarnt: Chuev, *MR*, S. 224. Wosnesenski: Kowalew in Simonow, »Glasami«, S. 58, Sudoplatov, S. 213.

8 Stalin hänselt Mikojan: Sergo B., S. 140. Beria schleudert Tomaten gegen Mikojan und wirft seinen Hut in die Bäume: Losgatschew in Rybin, *Kto Otrawil*, S. 10. Mikojan gegen Beria: Chuev, *MR*, S. 233. Beria »traute keinem Armenier«: Mikojan, *Tak Bylo*, S. 582. Hühnerknochen: Stepan Mikojan. Mikojan jugendlich und elegant: Swetlana Allilujewa, *Das erste Jahr*, S. 354. Mikojans Allüren: *Chruschtschow*, S. 283 ff. Tricks, Tomaten, Salz oder Wodka in Wein, Hauptopfer Poskrebyschew, und Swetlana Allilujewa, *Das erste Jahr*, S. 340, Sergo B., S. 141. Lenin: Djilas, *Gespräche*, S. 204, *Chruschtschow*, S. 294. Grammophon, singen und tanzen, die Georgier: Tscharkwiani, S. 44 f., Berman in *Oni*, S. 235–237. Stalin tanzt: *Chruschtschow*, S. 311, Djilas, *Gespräche*, S. 187, K. Popovic in Dedijer, *Tito*, S. 283, Sergo B., S. 142. Swetlana: *Chruschtschow*, S. 294. Magnaten tanzen, Bulganin »stampfte«, Chruschtschew tanzte den Gopak, lachen und trinken: *Chruschtschow*, S. 304. Bulganin in *Galina*, S. 148. Molotows Blues mit Berman, dieser in *Oni*, S. 235–237, Stalin und Tito tanzen: Hugh Thomas, *Armed Truce*, S. 45–47. Churchill, *Der Zweite Weltkrieg*, S. 1018. Schdanow: Juri Schdanow. Lieder: Chuev, *MR*, S. 189. Stalin wirft Tomaten, Gefängnis oder nach Hause: *Chruschtschow*, S. 311, Mikojan, *Tak Bylo*, S. 573, Swetlana Allilujewa, *Das erste Jahr*, S. 340. Stalin über Lenin: Sergo B., S. 135. Schwanz: Taubman, Khrushchev, S. 214.

47. Molotows Chance

1 »Der Krieg hat mich gebrochen«: Mgeladse, S. 126, Chuev, *MR*, S. 190, ders., *Kaganovich*, S. 52 und 60. Stalin an Molotow und Malenkow, 9. Okt. 1945, RGASPI 558.11.1481.45. Molotow an Polina, Apr. 1945, New York, RGASPI 82.2.1592.40–45. Molotow an Polina, Sept. 1945(?), London, 82.2.1529.72. Über Cholodnaja Retschka: Harriman/Abel, *In geheimer Mission*, S. 396–398. Über Stalin und Molotow, Pechatnov, »The Allies«. Vgl. auch Chubariyan und Pechatnov, »Molotow ›the Liberal‹«, Subok, S. 146 f. »Maske guten Einvernehmens«: Overy, *Russlands Krieg*, S. 443. Dwinski an Stalin: »Mikojan zufolge geben wir zu viel für Brot aus…«, Stalin an Schdanow, Wosnesenski, Bulganin, Patolitschew, Dwinski und Chrulew, RGASPI 558.11.732.42–50. Beria an Poskrebyschew, mit Serows Bericht an Beria, Mikojan, *Tak Bylo*, S. 484 und 493. Stalin an Mikojan, 22. und 25. Sept. 1945, RGASPI 558.11.765.107–109.

48. Schdanow als Thronfolger

1 Zu Wasilis Denunziationen: N. Sbytow an Stalin, 24. März 1948, RGASPI 45.1.807, Swetlana Allilujewa, *Das erste Jahr*, S. 327 f., dies, *Zwanzig Briefe*, S. 229 ff., *Chruschtschow*, S. 256 f., Pawlenko, »Rasmyschlenija«, S. 30 f. Säuberung bei den Siegern: Erickson über Nowikow in Shukman, *Stalin's Generals*, S. 173, Karpow, »Rasprawa«, S. 69–72, Kostyrchenko, S. 67 f., Parrish, *Lesser Terror*, S. 179, Hahn, *Postwar Soviet Politics*, S. 35, Rybin, *Next to Stalin*, S. 69, Chuev, *MR*, S. 209. Beria als Verräter: Kawtaradse, S. 74. Schlangenaugen: Golowanow in Chuev, *MR*, S. 306. Beria »entlassen«, grollend an Mikojan, 1952: »Ich bin vor Jahren entlassen worden«, Sergo B., S. 242. Stalin über Beria und beim Dinner mit diesem: Mgeladse, S. 64–67 und 100. Über Beria, Pfeifen, MWD: S. 168. Weiß zu viel: Mikojan, *Tak Bylo*, S. 563–566, Martha Peschkowa, Wlasik, S. 130. Abakumow: Parrish, *Lesser*

Terror, S. 115 und 175 f. Abakumow zeigte Unabhängigkeit von Beria: Am 28. April 1943 nahm Abakumow den NKGB-Chef der Geheimpolizeiabteilung W. N. Iljin fest, Sudoplatov, S. 238. Malenkow gegen Merkulow: Sukhanov, *Memoirs*. Parrish, »Serov«, S. 120, ders., »Yezhov«, S. 81 und 98, Sudoplatov, S. 238. Abakumow gegen Beria: Merkulow, zitiert in Knight, *Beria*, S. 140. Abakumow und Stalin sammeln Beweise über Berias Sexualleben: *Wlast*, Nr. 22, 2000, S. 44, Kusnezow, »Abakumow«, S. 149–165, Parrish, *Lesser Terror*, S. 251 f., mit L. N. Smirnows Zitat über »zoologische Karriere«. Leopold Trepper in Thomas, *Armed Truce*, S. 63. Jazz und Eddie Rosner: Sendung »Storyville« der *BBC2*. Abakumow und Swetlana: Voronov, *Memoir*, und *WISch*, 6. Juni 1994, S. 61 f., Sudoplatov, S. 310. Malenkow: Hahn, *op. cit.*, 44. Patolitschew, *Ispytanje na Srelost*, S. 280–284. Verlust der Datscha: Igor Malenkow und Wolja Malenkowa. Hausarrest: Malenkow, *O Moem*, S. 53. Berias Bombe im Dezember: Holloway, S. 182, Sergo B., S. 160. Stalin mokiert sich über Berias Unterstützung Malenkows: Sergo B., S. 188. Beschluss des Politbüros über Reorganisation des MGB, 4. Mai 1946, in *PB/Sowmin*, S. 207–220.

2 Schdanows Rückkehr, perfekt: Stalin an Schdanow, 16. Sept. 1946, RGASPI 558.11.732.1. Glücklicher Revolutionstag: Familie Schdanow an Stalin, 6. Nov. 1947, RGASPI 558.11.732.129. Schdanows Brief an Stalin, 5. Jan. 1947, in *PB/Sowmin*, S. 398. Beria über Schdanows Dünkel: Sergo B., S. 160. »Nur nicht überleben«: Swetlana Allilujewa, *Das erste Jahr*, S. 367, Richardson, *Long Shadow*, S. 210, Subok, S. 163 ff. Nevikivi, *Finnish-Soviet Relations*, S. 52, 73, 77 und 79, Magill, S. 77. Finnland »Bagatelle«: Djilas, *Gespräche*, S. 197. Hass zwischen Beria und Malenkow, Schdanow und Kusnezow: Mikojan, *Tak Bylo*, S. 563–565. Interviews: Wolja und Igor Malenkow, Juri Schdanow, Stepan und Sergo Mikojan. Hahn, *Postwar Soviet Politics*, S. 22–33, 35–39 und 61, zum Beispiel unterschrieben am 20. September 1946 Schdanow als Sekretär und Stalin als Premier einen Kolchosenerlass. Juri Schdanow bestätigte diese zeitweise Regelung. Verbeugung vor Schdanow: Dedijer, *Tito*, S. 317, Memoiren des jugoslawischen Botschafters Wladimir Popovic. Kronprinz: C. L. Sulzberger, zitiert in Raanan, S. 132 f. Titelblatt des Magazins *Time* vom 9. Dez. 1946. Über Leningrad gegen Stalingrad: Schdanow an Maxwell M. Hamilton, US-Vertreter in Finnland, 13. März 1945, in Raanan, S. 133, Mikojan, *Tak Bylo*, S. 563–565. (Beria gab den MWD am 15. Januar 1946 an Kruglow ab: vgl. *PB/Sowmin*.) Patolitschew, S. 113 und 279–284. Schdanows Aufstieg in den Listen des Politbüros, zitiert in W. B. Smith, *My Three Years*, S. 60, Parrish, *Lesser Terror*, S. 168. Parade vom November 1946: Raanan, S. 25, Sergo B., S. 354. Suchanow: Nach der Entlassung Malenkows saß Schdanow sowohl dem Sekretariat als auch dem Orgbüro vor. Zu Malenkows Verbannung: Igor Melenkow, Wolja Malenkowa. Gute Wünsche: Beria und Malenkow an Stalin, 6. Nov. 1947, RGASPI 558.11.762.14. Kusnezow als Kurator des MGB: Beschluss des Politbüros über die Kontrolle des MGB vom 17. Sept. 1947, RGASPI 17.3.1066.47, *PB/Sowmin*, S. 51. Gorlitzki, »Stalins Cabinet«, S. 192–195.

3 Schdanowstschina/Antisemitismus: A. A. Schdanow, »Doklad«, S. 4 f. Juri Schdanow: »Er zitierte aus ihrer Dichtung«. Subok, S. 170, Schdanow an Stalin und Antwort, 14. und 19. Sept. 1946, RGASPI 558.11.732.1–18. Vgl. auch Schdanow an Stalin und dessen Kommentar »Guter Bericht«, 4. Nov. 1946, RGASPI 558.11.732.55. Simonow an Poskrebyschew, 9. Feb. 1949, RGASPI 558.11.806.104. Simonow, »Glasami«, S. 52–61. Am 5. Juni saß Schdanow diesem Ehrengerichtshof vor und schickte Stalin seine Rede. »Ich stimme zu!«, lobte dieser ihn: Schdanow an Stalin, 29. Mai 1947, RGASPI 558.11.732.87 f., Kostyrchenko, S. 71 f., Sacharow, *Mein Leben*, S. 153.

49. Der Niedergang Schukows und die Plünderung Europas

1 Juden, Michoels, Krim: Chuev, *MR*, S. 191 f. Suslows Bericht über JAFC, Suslow und F. Alexandrow an Molotow und A. A. Kusnezow, 20. Nov. 1946, RGASPI 82.2.1012.21–52.: Antisemitismus im Apparat des ZK: Kostyrchenko, S. 22–27. Entlassung des Generals David Ortenberg: S. 35–37 und 51–61. Rubenstein und Naumov, *Pogrom*, S. 14–23. Michoels: Ehrenburg, *Postwar Years*, S. 124, Sudoplatov, S. 290. King Lear: Medwedew, *Wahrheit*, S. 535. Michoels und Epschtein an Molotow, Kopie an Malenkow, Mikojan und Wosnesenski, 18. Mai 1944, Molotow an Beria, Kopie an Malenkow, Mikojan und Wosnesenski, 20. Mai 1944, Beria an Molotow, Molotow an Chruschtschew, und Chruschtschew an Molotow, RGASPI 82.2.1012–1020. Sergo Beria zufolge hatte Stalin Beria als »Himmler« bezeichnet, um ihn zu diskreditieren, da er Beria geheime Machenschaften mit Juden unterstellte, Sergo B., S. 110–113, Knight, *Beria*, S. 146–149. Fefers Gedicht: Kostyrchenko, S. 41. RGASPI 17.125.246, Mikojan, *Tak Bylo*, S. 497. Stalin an Roosevelt: Bohlen, S. 173–196 und 203. Stalin greift den Dirigenten Golowanow als Antisemiten an: Gromow, *Stalin*, S. 348. Biroschidan: Rubenstein und Naumov, *Pogrom*, S. 34 und 511. Losowskis Aussage über Molotow und das Krim-Projekt: 258 f., Parrish, *Lesser Terror*, S. 202, zitiert Esther Markish, *The Long Return*, S. 236, Sudoplatov, S. 290 f., Subok, S. 181 ff. Schdanow erhält Listen über die Anzahl der Juden im Finanzministerium von Kosygin, 29. Mai 1948: 15,5 Prozent seien Juden, *PB/Sowmin*, S. 264 f.

2 Fall Schukow: Alanbrooke, S. 605 und 660. Stalin und Schukow: Nina Budjonni, Chuev, *Kaganovich*, S. 101 und 150, Knight, *Beria*, S. 129, Mikojan (über die Fälle Schukow und Kulik), *Tak Bylo*, S. 184 und 557, Parrish, »Serov«, S. 119, *WISch*, Nr. 2, 1993, S. 27, Schtemenko, *Generalnji Schtab*, Bd. 2, S. 18–21, Pawlenko, »Rasmyschlenija«, S. 30 f., G. K. Schukow, »Korotko o Staline«, S. 3, Budjonni, *Notes*, S. 41. Malenkow an Molotow über den Prozess gegen Kusnezow und Galler, 8. April 1948, RGASPI 82.2.896.126. S. Dukelski an Molotow und Schdanow über Stalins Anfrage, Antwort über die Arbeit feindlicher Agenten im Generalstab, 22. März 1948, RGASPI 82.2.896.129. Koniew, *Sapiski*, S. 594–597, Karpow, »Rasprawa Stalin«, S. 69–72. Buch über Berlin: Simonow, »Sametki«, S. 49 f., Spahr, *Zhukov*, S. 205–208, Wolkogonow, *Rise and Fall*, S. 116. Stalin befördert Bulganin zum Marschall, 3. Nov. 1947, RGASPI 558.11.712.142. Durchsuchung: Jakowlew, *Schukow*, S. 427 f. »Museum«: Abakumow an Stalin, 10. Jan. 1948, *Woennji Archiv Rossii*, Nr. 1, 1993, S. 189.

3 Elite: *WISch*, Nr. 6, 1994, Parrish, *Lesser Terror*, S. 185. Abakumow an Stalin, 10. Jan. 1948, *Woennji Archiv Rossii*, Nr. 1, 1993, S. 189. Genosse Stalin und Sittenlosigkeit: Djilas, *Gespräche*, S. 216. Wasilis »Trophäen«: Swetlana Allilujewa, *Das erste Jahr*, S. 327. Zur Beute der Funktionäre: Abakumow an Molotow, 2. März 1948, RGASPI 82.2.907.32. Tributsystem der Beute: Kopelew, *Aufbewahren für alle Zeit*, S. 91 f., Vaksberg, »Delo Marschala Zkukova«, S. 12. Zu Korruption, Golowanow und Serow vgl. in Medwedew, *Neiswestnji Stalin*, das Kapitel »Stalins persönliches Archiv«. Stalin berichtet über Luxus der Generäle: Kawtaradse, S. 35. Geständnisse im Fall Wlasik: Wlasiks Bitte um Begnadigung, 18. Mai 1953, GARF 7523.107.127.1–6, vgl. auch *WISch*, Nr. 12, 1989, S. 85–92. Berias Leibwachen: Wlasik, S. 130. Abakumow wegen Korruption denunziert: Serow an Stalin, 4. Mai 1948, in *Swobodnaia Musl*, Nr. 11, Nov. 1997, S. 115. Vgl. auch *Woennji Archiv Rossii* 1993 und *WISch*, Nr. 6, 1994, Parrish, »Serov«, S. 121, Kusnezow, »Abakumow«, S. 149–165, Parrish, *Lesser Terror*, S. 251 f., *WISch*, Nr. 12, 1989. Sarkisow

verrät Beria bei Abakumow: *Wlast*, Nr. 22, 2000, S. 44. Granden, Luxus: Swetlana Allilujewa, *Das erste Jahr*, S. 354 f., Nina Budjonni, Martha Peschkowa, Vasilieva, *Kremlin Wives*, S. 186. Wasili und Ekaterina Timoschenkos Beute: Swetlana Allilujewa, *Das erste Jahr*, S. 352. Reden: S. 355. Chauffeur A. Brot, zitiert in Radzinsky, S. 526. Swetlana Allilujewa, *Das erste Jahr*, S. 345, und dies., *Zwanzig Briefe*, S. 239. Zoos: Sergei Khrushchev, *Superpower*, S. 8–40. Stalins Datschen, Sosnowka, Krim: Ekaterina Woroschilowa, 21. Juni 1954, RGASPI 74.1.429.65. Stalin bestellt Liwadia und Alupka für Magnaten: Stalin und Tschadaew an Beria, 27. Feb.1945, GARF 9401.2.93.319, Sergei Khrushchev, *op. cit.*, S. 38–40. Ölgemälde als Ausdruck des Ranges: Sacharow, *Mein Leben*, S. 111. Sonderflüge, Loge im Bolschoi: Sergo und Stepan Mikojan, Stepan M., S. 134 f. Über Leibwächter: Josef Minerwin, Julia Chruschtschewa, Swetlana Allilujewa, *Das erste Jahr*, S. 353 und 360, Igor Malenkow. Kaganowitsch und Beria beim Volleyball: Josef Minerwin und Martha Peschkowa. Kleidung, bezahlen und Stalins Einschreiten: Sergo und Stepan Mikojan, Julia Chruschtschewa, Swetlana Allilujewa, *Das erste Jahr*, S. 357, Vasilieva, *Kremlin Wives*, S. 186. Polina und Swetlana Molotow: *op. cit.*, S. 130 f.: Schdanowa und Nina Beria in Karlsbad: Sergo B., S. 160. Stalins Autos: Babitschenko und Sidorow, »Newelika Pobeda«, S. 42. Auch die Hinterbliebenen erhielten Autos. Die Witwe Ordschonikidses bekam einen Ford 8, die des Tscheka-Gründers Felix Dschersinski einen Pobeda. Sofia Dschersinski bedankte sich persönlich bei Stalin und hatte am 1. Jan. 1935 den polnischen Genossen Warski denunziert, dankte Stalin am 2. März 1935 für die Aufnahme ihres Sohnes in die Militärakademie und am 31. Dez. 1947 für ein Auto, RGASPI 558.11.726.57, 59 und 60. Genossen Schwernik und Schkirjatow an Stalin unterzeichnet von Stalin, Tschadaew und Sowmin, 10./11. Mai 1945, GARF 7523.65.208.1–24. Stalin und Tschadaew, Pensionen für Wera Schtscherbakowa und ihr Dankesbrief an Stalin, GARF 7523.65.208.23–29. Gehälter siehe *PB/Sowmin*, S. 401 f., T. Okunewskaja, *Tatianin Den*, S. 227.

4 Wasili: N. Sbytow an Stalin, 24. März 1948, »dem sowjetischen Volk nahe«, RGASPI 45.1.807.85–92, Artjom Sergeew, Nadeschda Wlasika. Suche nach Nadja im Kapotilina: Swetlana RR, Stepan M., S. 125, Swetlana Allilujewa, *Zwanzig Briefe*, S. 207 f., dies., *Das erste Jahr*, S. 327–329. Wasilis Ruppigkeit gegenüber Galina, seine Furcht, die Kinder nicht zu sehen, schneidet Redens nach Festnahme seiner Mutter, dann freundlich zu ihm: Leonid Redens. Sturzflug auf Tiflis: Tscharkwiani, S. 55–57. Adjutant Poljanski über Trinken, Huren und Edelreserve, B. Woitechow über Verführung seiner Frau, Major A. Kapelkin über Foltern: alle in Radzinsky, S. 525–528, Suchomlinow, *Wasili*, S. 156–160. Vgl. auch Surab Karumidses Interview mit seinem Schwiegervater Gaios Dschejelawa, Wasili Stalins Fußballtrainer 1949–1952, eine unschätzbare Quelle. Berias Fußball-Umfeld: Sudoplatov, S. 103.

5 Kalinin, Tito-Dinner: Djilas, *Gespräche*, S. 135. Stalins Anruf, Mgeladse, S. 42. Stalins Fürsorglichkeit, Beerdigung: Rybin, *Kto Otrawil Stalina?*, S. 37–39. Kalinin an Stalin, 8. Juni 1944, RGASPI 558.11.753.19 f. Stalin, Malenkow, Schdanow und Schkirjatow an Präsidium des Obersten Sowjet, 11. Juni 1945, GARF 7523.64.683.1–6. Merkulow an Schwernik, 24. Mai 1945, Kalinina an Schwernik, 12. Mai 1945, Merkulow an Poskrebyschew und Stalin für Gorkin, Sekretär des Präsidiums des Obersten Sowjet, o. D., Kalinina an Stalin, 9. Mai 1945, RGASPI 558.11.753.22–29. M. Kalinin an Stalin, 24. Juni 1946, Stalin würdigte diese Anfragen und gab auch seiner Schwiegertochter 25 000 Rubel, GARF 7523.65.164.

6 Stalin gegen Molotow, Mikojan über Hungersnot: Chuev, *MR*, S. 191 f., Mikojan, *Tak Bylo*, S. 497. Rubenstein und Naumov, *Pogrom*, S. 18–23. Losgowskis Aussage über Molotow und das Krim-Projekt: S. 259, Kostyrchenko, S. 35–37, Parrish, *Les-*

ser Terror, S. 202. Dipolomatie, Molotow, Stalin, Polina: Molotow an Polina, Paris, 8. Juli 1946, RGASPI 82.2.1592.19 f. Molotow an Polina, 28. Aug. 1946, RGASPI 82.2.1592.30 f. Stalins Urlaub, 8. Sept.–21. Dez. 1946: RGASPI 558.11.1481.49. Berias Singsang zum Dinner: Mgeladse, S. 63–65, vgl. auch Pechatnov, S. 17–24, Subok, S. 163 ff. Mikojan/Hungersnot: Mikojan an Stalin und Stalin an Schdanow, Mikojan, Kosygin und Beria, 15. Sept. 1946, RGASPI 558.11.731.120. Hungersnot: *Chruschtschow*, S. 231 ff. Serow an Beria, Beria an Stalin, Stalin an Wosnesenski, Schdanow und Patolitschew, 15. Okt. 1946, RGASPI 558.11.732.42–54. Mikojan an Stalin, RGASPI 558.11.765.113. Stalin an Beria, 12. Sept. 1946, RGASPI 558.11.156.47. Dwinski an Stalin, 22. Sept. 1946, RGASPI 558.11.765.116–118. Stalin wies Mechlis als Minister für Staatssicherheit an, Mikojan zu überprüfen. Chruschtschew und Hungersnot, Statistiken: Schapowal in Taubman, *Khrushchev*, S. 33 f. Kaganowitsch an die Ukraine, Beschluss des Politbüros über Veränderungen in der ukrainischen Führung, 27. Feb. 1947, in *PB/Sowmin*, S. 46, Taubman, *op. cit.*, S. 203–205, Swetlana Allilujewa, *Das erste Jahr*, S. 361.

50. »Den haben die Zionisten dir untergeschoben!«

1 Marshallplan/jüdische Krim: Subok, S. 155–161. Lend-Lease ohne Bedingungen: S. 156. Schdanow proarabisch: Raanan, S. 81. Chruschtschew über Krim/Juden: Stepan Staszewski in *Oni*, S. 170–172. Michoels und Epschteyn Fefer: RGASPI 82.2.1012.21–52. Suslows Bericht: 24–38. Suslow und F. Alexandrow an Molotow und A. A. Kusnezow, 20. Nov. 1946: S. 46–51. Michoels und Fefer an Molotow, 16. April 1947 S. 52. Abakumow an Molotow, Kopie an Stalin, Schdanow und Kusnezow, 26. März 1948, in Rubenstein und Naumov, *Pogrom*, S. 19–40. Kostyrchenko, S. 51–60, Wladimir Redens. Michoels und Komitee: Ehrenburg, *Postwar Years*, S. 124 f. »Warum sind so viele Juden in Ihrer Organisation?«, Leopold Trepper, zitiert in Parrish, *Lesser Terror*, S. 175, Sudoplatov, S. 291. Abakumow nahm im Juli 1942 Generalmajor I. F. Daschitschew wegen Antisemitismus fest: Parrish, *op. cit.*, S. 210.

2 »Die Zionisten«: Swetlana Allilujewa, *Das erste Jahr*, S. 237. Morosows Allüren, Juden in die Familie: Wladimir Allilujew (Redens). »Sich in die Familie einschleichen«: Swetlana, zitiert in Rubenstein und Naumov, *Pogrom*, S. 35, Interview mit Wolja Malenkowa. Beispiel für Gesuche an Swetlana: Juri Solowiew bat sie zu ermitteln, warum man ihn aus dem Elite-Institut für Auswärtige Beziehungen verstoßen hatte, und sie arrangierte ein Treffen mit dem stellvertretenden Minister Dekanosow. »Bei meinem Namen ließ mich niemand in Ruhe…«: Swetlana RR. Wasili half Kumpeln: Swetlana Allilujewa, *Das erste Jahr*, S. 328, Kostyrchenko, S. 79–85, Swetlana RR. Morosows Vater bald festgenommen. »Vater hat nie verlangt, dass wir uns trennen«: Swetlana Allilujewa, *Zwanzig Briefe*, S. 230. Sergo Beria bestätigt, dass Swetlana die Scheidung wollte: Sergo B., S. 152. Wenn sie sich nicht scheiden lässt, amerikanischer Spion: Mikojan, *Tak Bylo*, S. 362, Vaksberg, *Stalin Against the Jews*, S. 155–157. »Französisches Ringen«: Iwanow über Methoden von Wlodsirmirski, Rodos, Komarow und Schwarzman, GARF 8131.32.3289.117. Komarow an Prof. Judin, zitiert in Rudenkos Aussage beim Prozess gegen Beria, GARF 8131.32.3289.181. Später prahlte er mit seiner bestialischen Grausamkeit und dem Hass auf die jüdischen Opfer. Komarews Brief an Stalin in Kostyrchenko, S. 123 f. Rubenstein und Naumov, *Pogrom*, S. 281. Komarow an Losowski: S. 288. Wladimir Allilujew, »Ermordete Schenja…«: S. 40. Ermittler G. Sorokin, Aussage über *Instanzija* in Vaksberg, *op. cit.*, S. 156. »Ruhe

bewahren«, sagt Wlasik, auch Swetlana in Haft, Olga weiß: Kira Allilujewa, »Nichts geschah ohne sein Wissen«. Leonid Redens: Swetlana und Wasili behandelten sie wie Luft. Juri Schdanow. Stalin über Swetlanas Ehen: Mikojan, *Tak Bylo*, S. 362 f., Stepan M., S. 145. Dolmetscher Oleg Trojanowski, »Sind Sie verrückt?«: Juri Solowiew. Stalins Urlaub 16. Juli–21. Nov. 1947: RGASPI 558.11.1481.51.

51. Ein einsamer, alter Mann im Urlaub

1 Häuser: Besuche des Autors in Cholodnaja Retschka, Nowi Afon, Suchumi, den Palästen Likani und Liwadia, am Rizasee etc., 2002. Lenin als Ikone: Orlow in Rybin, *Rjadom*, S. 91. Ausflug 1947: Wlasik, S. 35–40. Aufregung über Erdhütten in Charkow und Waletschka: Swetlana Allilujewa, *Zwanzig Briefe*, S. 231. Plaudereien mit den Kindern am Meer: Mgeladse, S. 87. Vermisst Georgien: S. 82. J. B. Priestley und 150 Jahre alter Bauer: S. 68. Fahrplan: S. 113. Gärtnerei, Rosen, Mimosen: S. 53, 96 und 142. Singt »Suliko« mit Wlasik und Poskrebyschew: S. 128. Bücher: Stalin an Poskrebyschew, RGASPI 558.11.786.131, Juri Schdanow, Martha Peschkowa. Liwadia-Palast 1948: Wlasik, S. 44. Über Miron Merschanow: Martha Peschkowa, vgl. auch Vasilieva, *Deti Kremlja*, S. 287. »Schlimmer noch«: *Chruschtschow*, S. 308. Filme: Swetlana Allilujewa, *Zwanzig Briefe*, S. 232. Ständige Kontakte mit georgischer Regierung: Tscharkwiani, S. 1, 34, 45 und 53, Mgeladse, S. 53, 95–97, 128 und 142. Interviews mit Aljoscha Mirzchulawa, Eka Rapawa, Nadja Dekanosow, Nina Ruchadse. Unterwäsche und Schlafen auf dem Sofa: Tscharkwiani, S. 34–37, Juri Schdanow, Martha Peschkowa. Poskrebyschew als Oberkommandierender: Mgeladse, S. 72–75 und 82. Karte: S. 78 f. Treffen mit Schülern: S. 87. Rennen zur Datscha: S. 146. Toasts: S. 80 f. Lieder: Tscharkwiani, S. 54 und 64–66, Mgeladse, S. 129 f. Freundlichkeit zu Artjom Mikojan: Mikojan, *Tak Bylo*, S. 564. Stalins Launen: Tscharkwiani, S. 38–45. Frieden zwischen Chruschtschew und Kaganowitsch: Interview mit Oleg Trojanowski, vgl. auch ders., S. 148 und 156–164.

2 Swetlanas Aufbruch: Tscharkwiani, S. 58. Dieser Bericht über die Gründung des Kominform basiert auf Subok, S. 183–194 und der Korrespondenz Schdanow/Stalin in RGASPI 558.11.731.19.77–83. Vgl. auch Molotow gegen Schdanow in Kremetsov, *Stalinst Science*, S. 155–157, Holloway, S. 254, Berman in *Oni*, S. 281 f., Raanan, S. 101, Dedijer, *Tito*, S. 317 ff. Beria und Malenkow an Stalin, 6. Nov. 1947, RGASPI 558.11.762.14, Juri Schdanow. Über Rada bei den Malenkows: Igor Malenkow, Wolja Malenkowa. Julia Chruschtschewa: Swetlana Allilujewa, *Zwanzig Briefe*, S. 253. Malenkow über Beria als »rückgratlosen … Ziegenbock«: *Chruschtschow*, S. 319. Schdanows Krankheit, und Prof. Jegorow bittet Stalin, seinen Urlaub bis zum 2. Dez. 1947 zu verlängern: *PB/Sowmin*, S. 269, Fn. 1.

3 Sergo B., S. 158, Golowanow in Chuev, *MR*, S. 303, Juri Schdanow, Oleg Trojanowski, vgl. auch ders., S. 148, 156–164.

52. Zwei seltsame Todesfälle

1 Zu mündlichen Befehlen an die Mörder aus der *Instanzija*: Lewschow, *Mikhoels*, S. 464–474, Kostyrchenko, S. 90 f., Swetlana Allilujewa, *Das erste Jahr*, S. 144 f. Kaputtes Gesicht: Gedicht von Perez Markisch in Kostyrchenko, S. 95. Schminke: Ehrenburg, *Postwar Years*, S. 124 f. Molotowa: Kostyrchenko, S. 97. Kaganowitsch in Vaksberg, *Stalin Against Jews*, S. 168–179, Zitat 171. Urteile gegen Allilujews:

Kostyrchenko, S. 98. »Auch Sie Antisemit«: Djilas, *Gespräche*, S. 196–198. Der Leichnam: Zbarski und Hutchinson, *Lenin und andere Leichen*, S. 172 f. Aussage Benjamin Suskins: Rubenstein und Naumov, *Pogrom*, S. 40–46 und 397. Abakumows Stellvertreter Ogolzow und der weißrussische Minister für Staatssicherheit Lawrenti Zanawa waren auf Befehl der *Instanzija* für die Operation verantwortlich. Aussage Abakumows: *Argumenti i Fakti*, Nr. 19, 1992, zitiert in Brief L. P. Berias an G. M. Malenkow vom 2. April 1953. Aussage und Biographie Zanawas: L. F. Zanawas Gesuch an Präsident Woroschilow mit Anhörung von 5. Juli 1953, GARF 7523.85.236.4–5 und 17–23. »Eine Bestie«: Kiril Masurow, Mitglied des Politbüros unter Breschnew, Elena Durden-Smith, Parrish, »Serov«, S. 124. Die Nadel: Sudoplatov, S. 297. Die Kugel: Zbarski und Hutchinson, *op. cit.*, S. 179. Die umwickelte Axt: Brackman, S. 373, gestützt auf ein Interview mit Wasili Ruditsch, der die Aussage von Olga Schatunowskaja mit Zitat Malenkows weitergab.

2 Poskrebyschew schickt den von Djilas nach Moskau mitgebrachten Bericht des französischen Politbüros an Stalin, und dessen Vermerk vom 27. Feb. 1948, RGA-SPI 558.11.732.130. Schdanows Gesundheit: Djilas, *Gespräche*, S. 190. Suppe: W. B. Smith, *My Three Years*, S. 65 und 218, Subok, S. 171, Kostyrchenko, S. 265, Raanan, S. 135–137 und 143, Holloway, S. 259 f., Dedijer, *Tito*, S. 341 f. Kleiner Finger: Chruschtschews Geheimrede in *Chruschtschow*, S. 569, und Chuev, *MR*, S. 233.

3 Schdanow trinkt/Stalins Launen: Swetlana Allilujewa, *Das erste Jahr*, S. 339, *Chruschtschow*, S. 306, Interview mit Juri Schdanow, Schdanow, »Wo mgle«, S. 65–92, Schepilow, »Wospominanija«, S. 9–11, Soyfer, *Lysenko*, S. 165–172, und das Schepilow-Interview, S. 178 f., Kojevnikov, »Games of Stalinist Democracy«, S. 145–150 und 154–160, Hahn, *Postwar Soviet Politics*, S. 98–104, Medwedew, *Rise and Fall*, S. 112–128, Swetlana RR, Medwedew, *Wahrheit*, S. 164. »Meine Jurotschka ist die Beste«: Gulia Dschugaschwili, *Ded, Otets*, S. 60. Stalins Kommentare zu Schdanows Lektüre: RGASPI 17.125.620.2–45. Vermerke A. A. Schdanows: RGASPI 77.1.180. *Prawda*, 7. Aug. 1948, Holloway, S. 259 f., Krementsov, *Stalinist Science*, S. 153–167. Berlin-Krise: Subok, S. 206, Gobarev, »Soviet Military Plans«, S. 1–23.

4 Raanan, S. 135–137, Subok, S. 196 f., Holloway, S. 259 f., Dedijer, *Tito*, S. 341, Khrushchev, *Glasnost*, S. 102 f., Djilas, *Gespräche*, S. 194, Sergo B., S. 144 f.: Die Entwicklung von fanatischer Anbetung zur Ernüchterung.

5 Juri Schdanow: Wosnesenski und Kusnezow ernannte Nachfolger, Schdanows Erkrankung führt zu Malenkows Rückkehr: Mikojan, *Tak Bylo*, S. 565. Zur Ernennung Malenkows und Ponomarenkos zu Sekretären, 1. Juli 1948, in *PB/Sowmin*, S. 58. Vgl. auch: Stalin teilt Malenkow mit, dass »Schdanow sehr krank ist und er deshalb vorschlägt, einen jungen Mann aus den Regionen zu ernennen«, Ponomarenko an Kumanew, zitiert in *PB/Sowmin*, S. 58 f. Streng geheimer Bericht über Gesundheit des Genossen Schdanow, ZK-Sekretär, von Prof. Jegorow an Stalin, 5. Juli 1948, in *PB/Sowmin*, S. 268. Die Erkrankung Andrejews und später Mechlis' führen zum Rücktritt, ohne dass sie in Ungade fielen, Kostyrchenko, S. 265–267. Natürlicher Tod: Deriabin, *Die Penkowkij-Akte*, S. 114, Subok, S. 197 f. Schdanows Leibwächter, General Boris Sacharow, insistierte auf natürlichem Tod. Lydia Timaschuk, »Zel Byla«, S. 3–17. »Denken Sie nicht, dass es lange dauert«: Schepilow, »Wospominanija«, S. 9–11, Ehrenburg, *Postwar Years*, S. 44. Leichnam zurückbringen: Poskrebyschews Weisung an Wosnesenski und A. A. Kusnezow in Vaksberg, *Stalin Against the Jews*, S. 262 f. Leichenschmaus und Molotow fordert die Leibwächter auf, Stalin am Gärtnern zu hindern: Rybin, *Rjadom*, S. 51. Timaschuks erster Brief und Stalins Reaktion: Sudoplatov, S. 298. Vgl. auch die Sendung »Timewatch« der *BBC2* über

die Leningrader Affäre, mit Zitaten des amerikanischen Kardiologen William McKinnon über »absichtliche« Fehlbehandlung, Abakumow an Stalin, 30. Aug. 1948. Gedanken über Dmitrow in Brent und Naumow, *Stalin's Last Crime*, S. 13, 18–21, 26 f., 48 f., 107–109, 164 und 168.

6 Stalins Urlaub 8. Sept.–2. Dez. 1948: RGASPI 558.11.1481.51. Poskrebyschew beschuldigt Mikojan, Mikojan, *Tak Bylo*, S. 535. Nachfolger, Kusnezow (schlechter Dienst) und Molotow (bietet sich an): Mikojan, *Tak Bylo*, S. 656 f. »Ich bin am Ende«: *Chruschtschow*, S. 312.

53. Die Festnahme Polina Molotowas

1 Stalin gegen Molotows: Golda Meir, *My Life*, zitiert nach Vaksberg, *Stalin Against the Jews*, S. 188–191. Zu Carp/Karp: Davies, *Als US-Botschafter in Moskau*, 5. Juni 1938, S. 253. Woroschilowa: Vasilieva, *Kremlin Wives*, S. 236, Kostyrchenko, S. 104, 112, 116 f. und 121 f. Rubenstein und Naumov, *Pogrom*, S. 46 f. Ältere Generation angesteckt: Swetlana Allilujewa, *Zwanzig Briefe*, S. 237. Stalins Dinner im Süden: Tscharkwiani, S. 45 und 55. Zu Egantaschwili: S. 5–7. Rudenko über den Fall Abakumow/Beria/Polina: GARF 8131.32.3289.144, Vaksberg, *op. cit.*, S. 189. Eisenbahnwagen: Chuev, *MR*, S. 325. Oper: Chuev, *Kaganovich*, S. 150 f. Polina entlassen: Kostyrchenko, S. 120. Rettung der Familie: Interview mit Wjatscheslaw Nikonow, Swetlana RR. Polinas »schlechter Einfluss auf Nadja«: Swetlana Allilujewa, *Zwanzig Briefe*, S. 235. Losowskis Festnahme: Kostyrchenko, S. 36–39. Hochzeit: Interviews mit Wolja Malenkowa (der Braut) und Schamberg. Rubenstein und Naumow, *Pogrom*, S. 44 f. (Die Scheidung der Malenkowa fand ihren Angaben nach 1947, Naumow zufolge im Januar 1949 statt.) Michail Schamberg zum Vizechef des Regionalrates von Kostrama ernannt: Kostyrchenko, S. 118, und Julia Chruschtschewa. Auch Igor Malenkow erklärte: »Die Scheidung hatte keine politischen Gründe. Wolja ließ sich nicht beeinflussen. Sie war einfach unglücklich, liebte ihn nicht mehr.« 110 Festnahmen: Kostyrchenko, S. 116–118. Folter Komarows in Kostyrchenko, S. 124 f., Rubenstein und Naumov, *Pogrom*, S. 45 f. und 325. Jüdische Frauen: Komarow an Losowski: S. 282 f. Rudenko über den Fall Abakumow/Beria/Polina: GARF 8131.32.3289.144–147. Stalin wies Malenkowa an, sich von Schamberg scheiden zu lassen: *Chruschtschow*, S. 298. Fadajews Frau Waleria Gerasimowa, zitiert in Vaksberg, *Stalin Against the Jews*, S. 189. Polinas Fehmantel: Larisa Alexewna in Vasilieva, *Kremlin Wives*, S. 147. Schwester und Bruder sterben: Wjatscheslaw Nikonow. Swetlana Molotowa immer am besten gekleidet: Swetlana Allilujewa, *Das erste Jahr*, S. 358, Sergo B., S. 169 f. Niemand, der ihm widersprach, behielt seine Frau: S. 148. Malenkow bestreitet Antisemitismus: S. 161. Beschluss des Politbüros über den Parteiausschluss der Schemtschschina, 29. Dez. 1948, und Molotows Bekenntnis von Fehlern beim Abstimmungsverhalten: *PB/Sowmin*, S. 312 f.

2 Fall Molotow: Komarow in Kostyrchenko, S. 124 f. »Du alte Hure«: Rubenstein und Naumov, *Pogrom*, S. 32. Chuev, *MR*, S. 322–326. Keine Synagoge, keine enge Beziehung, rufen Sie meinen Mann an, vier Ewigkeiten: Vasilieva, *Kremlin Wives*, S. 141–143 und 149. Viele hielten sie für erschossen: *Chruschtschow*, S. 265. Kulaken: Wjatscheslaw Nikonow. Molotow: Stalin an Wosnesenski, Beria, Malenkow, 9. April 1948, RGASPI 558.11.762.15. Stellv. MGB-Minister Ogolzow an Molotow über Wano Iwanowitsch Mikojan und die »Söhne von A. I. Mikojan«. Woroschilow: Chuev, *MR*, S. 255. Woroschilow, Stalin und das Wetter: Woroschilow an Stalin, 23. Aug. 1946, GARF p5446.54.31.148. Mao und Mikojan: Goncharov *et*

al., Uncertain Partners, S. 38–40, Mikojan, *Tak Bylo*, S. 528 f., Stepan M., S. 136–140, Interview mit Stepan M., Subok, *Kreml*, S. 209 f.

54. Morde und Hochzeiten

1 Leningrader Affäre: Eintscheidung des Politbüros über Ausschluss von A. A. Kusnezow, M. I. Rodionow und P. S. Popkow, 15. Feb. 1949, *PB/Sowmin*, S. 66 f., sowie von Wosnesenski, 7. März 1949, S. 69. Wosnesenski über Arroganz Mikojans, Mikojan, *Tak Bylo*, S. 559 f. und 564–568. Ukrainer kein Volk: S. 559. Daheim umgänglich: Sergo Mikojan. Direktheit: Stalin zu Kowalew in Simonow, »Glasami«, S. 58. Zweitklügster Mann nach Stalin: Tschadaew in Kumanew (Hg.), S. 426. Stalin zu Wosnesenskis Nahrungsfrage: Stalin an Schdanow, Patolitschew, Beria und Kosygin, Sept. 1946: RGASPI 558.11.731.126–134. Beria gegen Wosnesenski, Chuev, *MR*, S. 292–294, Sergo B., S. 217 f. Kusnezow und Schdanow arrangieren Malenkows Verbannung, *Istoritscheski Archiv* 1, 1994, S. 34. Kusnezows Sohn über Kirow-Akten: Sergo Mikojan. Kusnezow »ein guter Kumpel«: Chuev, *MR*, S. 292. Der »gut aussehende junge Kusnezow«, und Stalin weigert sich, ihm die Hand zu geben, »Ich habe Sie nicht eingeladen«: Swetlana Allilujewa, *Das erste Jahr*, S. 339. Mikojan, »Kusnezow nett, freundlich und heiter«, Schätze von Stalin: *Tak Bylo*, S. 559–565. Kusnezow mit Abakumow befreundet: Sudoplatov, S. 325–327. Sexuelle Schrullen von Beamten: Parrish, *Lesser Terror*, S. 214–221. Stolz auf Brief: »Das Vaterland wird Sie nicht vergessen«: Walery A. Kusnezow über Stalin und die Leningrader Affäre in *BBC2*-Sendung »Timewatch«. Vgl. auch Kuznetsov, »Abakumov«. Züge nach Leningrad: Deriabin, *Die Penkowskij-Akte*, S. 42. Wolkogonow, *Stalin*, S. 699. Kaltgestellter Wosnesenski beim Essen, *Chruschtschow*, S. 254 f. »Stalin sagt, töte einen, und er legt tausend um«, Beria über Malenkow: Sergo B., S. 162. Sergo und Alla: Mikojan, *Tak Bylo*, S. 565–567. Die Hochzeit und Unwohlsein Kusnezows: Sergo Mikojan. (Fußnote: Malenkow zu Rada, »Du bekommst den Wagen nicht«: Julia Chruschtschewa, Swetlana und Juri Schdanow.) Vorschlag an Stalin, keine Predigt: Juri Schdanow. »Ich kenne ihren Charakter nicht, du wolltest mich nicht«: Sergo B., S. 152. »Meine Jurotschka«, in Gulia Dschugaschwili, *Ded, Otets*, S. 60. Hochzeit Juri Schdanows und Swetlana Stalins: Stepan Mikojan und Natascha Andrejewa. Ehe, mein Vater wollte es, nie aus Kalkül, sexuell nicht erfolgreich: Swetlana RR. Stalin kommt nach Subalowo: Swetlana Allilujewa, *Zwanzig Briefe*, S. 234. »Wir passten charakterlich nicht zusammen«: Mikojan, *Tak Bylo*, S. 362. Stalin nicht aufmerksamer als zuvor: Swetlana Allilujewa, *Das erste Jahr*, S. 328. Geburt Katjas, Stalins Notiz, Sinaida Schdanowa: Swetlana Allilujewa, *Zwanzig Briefe*, S. 240. »Bedeutet, dass er schuldig ist«: Mikojan, *Tak Bylo*, S. 567. »Weitere Kreise ziehen«: *Chruschtschow*, S. 258. Sitzungen vom 13. Juni und 19. Juli über Enzyklopädie, S. Wawilows Bericht über Treffen mit Stalin: RGASPI 558.11.713.110–114. Busfahrt: Tukow in Rybin, *Rjadom*, S. 87.

2 Mikojan, *Tak Bylo*, S. 567 f., Sergo Mikojan, Igor Malenkow, Julia Chruschtschewa, Natalja Poskrebyschewa. Smirtukow über Bulganins Rolle: *Wlast*, Nr. 7, 2000, S. 53. Rudenko an Chruschtschew, Aussagen von I. M. Turko, dem Exsekretär des Obkom Jaroslawski, der Sakrischewskaja und des Ermittlers Putizew: GARF 8131.sj.32.3289.1–11.: »Ich schlage vor, Kapustin … als britischen Spion festzunehmen«, Abakumow an Stalin; Liste der Urteile; Komarow befiehlt Häftlingen, Schdanow und Kosygin zu belasten, nimmt dann aber doch davon Abstand. Rudenko berichtet am 29. Jan. 1954 und beschuldigt Abakumow, 12. Feb. 1954.

Chruschtschew unzertrennlich von Malenkow und Beria: Chuev, *Kaganovich*, S. 64, Mikojan, *Tak Bylo*, S. 587. Rolle Bulganins: Budjonni, *Notes*, S. 47. Vernehmungen: Parrish, *Lesser Terror*, S. 214–221. Vgl. auch Parrish, »Serov«, Kuznetsov, »Abakumov«. Über die Leningrader Affäre: *Komsomolskaja Prawda* 2, 1990, Aksenow in *Woprosi Istorii*, *KPSS*, Nov. 1990, S. 102 f. *Woswraschtschennaja Imeria*, Bd. 1, S. 317, *Iswestija ZK KPSS* 2, 1989, *Sowjetskaja Militaria* 4, 1991, Wolkogonow, *Stalin*, S. 671 f., Hahn, *Postwar Soviet Politics*, S. 123, Sergo B., S. 217, *Istoritscheski Archiv*, Sudoplatov, S. 325. Prozess: *Argumenti i Fakti*, Nr. 17, 1998, S. 7, *Chruschtschow*, S. 254 f. Molotows Verbindung mit Wosnesenski: *Wlast*, Nr. 38, 2000, S. 53. Kusnezows Abschied: Waleri Kusnezow in der BBC2-Sendung »Timewatch« über die Leningrader Affäre. Chruschtschew beschuldigt Malenkow, beim Plenum im Juni 1957 mit Stalin zu »tuscheln«, *Istoritscheski Archiv*. Molotow und Beria »fürchteten Wosnesenski«: Chuev, *MR*, S. 292. Schukow über Gosplan-Affäre und Berias Neid auf die Gosplan, *Istoritscheski Archiv*, Bd. 3, 1993, S. 22–27, und Bd. 4, S. 74. Über Kusnezow gegen Malenkow: *Istoritscheski Archiv*, Bd. 1, 1994, S. 34, *Rodina*, Bd. 5, 1994, S. 82. Über Wosnesenskis Fehler, Kruglow an Stalin, 3. März 1949, Urlaub Wosnesenskis, 7. März 1949, Andrejews Bericht, 22. Aug. 1949, und Vermerke Wosnesenskis an Stalin über Verlust geheimer Dokumente, 1. Sept. 1949: alle in *PB/Sowmin*, S. 278, 285, 293–295 und 297. Wosnesenski an Stalin, 17. Aug. 1949, RGASPI 83.1.5.96.

3 Beria und die Bombe: Diese Darstellung basiert auf Holloway, S. 213–219, inklusive Perwuchins »vor dem Volk«. Berias Brief vom Juli 1953 an Malenkow über seine »kameradschaftliche Einstellung« vor der Abreise nach Semipalatinsk und die »kolossale Errungenschaft«, S. 143. »Mache Sie zu Hackfleisch«: Knight, *Beria*, S. 139. Beria dafür: Wlasik, S. 130. Deriabin, *Die Penkowskij-Akte*, S. 73 f. Lilja Droschdowa, »Schönheit«, »lassen Sie ihn nicht«, »große Liebe«: Martha Peschkowa. Chruschtschews Rückruf aus Kiew: *Chruschtschow*, S. 250. Rückkehr, Moskauer Affäre, Favorit, Ausgleich mit Malenkow/Beria: *op. cit.*, S. 253. Stalin an Malenkow über G. M. Popow und die Moskauer Affäre: »Ich kenne die Moskauer Tatsachen. Vielleicht habe ich nicht genug auf Beschwerden geachtet, weil ich C. Popow vertraute. Wir müssen das überprüfen…«, 29. Okt. 1949, RGASPI 558.11.762.30 f. Naumow in Taubman, *Khrushchev*, S. 93–96. Barsukow in *op. cit.*, S. 44–48. Chruschtschews Brutalität, fast eine Million: Schapowal in *op. cit.*, S. 33–41. Chruschtschew an Stalin über die Notwendigkeit, »schädliche Elemente aus den Dörfern zu vertreiben«, Feb. 1948, und Beschluss des Politbüros über eine Umsiedlungskommission für den Aufbau spezieller Gefängnisse und Lager sowie Vertreibung schädlicher Elemente aus der Ukraine, 10. Feb. 1948, *PB/Sowmin*, S. 250 und 254: »Agrostädte«. Malenkow und Molotow gegen Chruschtschew, den Beria rettet: Interview mit A. Mirzchulawa. Negus aus Äthiopien: Igor Malenkow. Stalin unterschätzt Chruschtschew, »Narr« und »Naturbursche, reine Männlichkeit etc.«: Simonow in Knight, *Beria*, S. 209. Hinrichtung des Erzbischofs und der ukrainischen Nationalisten: Sudoplatov, S. 249. »lebensfroh, heiter«: Swetlana Allilujewa, *Das erste Jahr*, S. 167. »Ich, sein Sohn«: Stefan Staszewski in *Oni*, S. 171. Hahn, *Postwar Soviet Politics*, S. 137–141. Chruschtschew an Stalin und Molotow, März 1945, RGASPI 82.2.897.101. Beria an der kurzen Leine: Sergo B., S. 218. Malenko und Chruschtschew: Sergei Khrushchev, *Superpower*, S. 29. Granowskis Lebenswandel: Julia Chruschtschewa, Igor Malenkow, Nina Budjonni. Unzertrennlich: Chuev, *Kaganovich*, S. 85, Mikojan, *Tak Bylo*, S. 581–583. Andrejews Abbitte für seine Fehler bei Organisation der Arbeit in Kolchosen, Feb. 1950, RGASPI 73.2.23.143. Chruschtschews Entschuldigung bei Stalin, 6. März 1951, in *PB/Sowmin*, S. 334. Hohlkopf: Taubman, *Khrushchev*, S. 230. Innere Führung: Gorliz-

ki, »Stalin's Cabinet«, S. 194–196. Stalins Urlaub 5. Sept.–7. Dez. 1949: RGASPI 558.11.1481.51. Die Bombe und Singen: Mgeladse, S. 127–129: Kinderfrauen: S. 118 f. und 120.

55. Mao, Stalins Geburtstag und der Koreakrieg

1 Der folgende Bericht über Maos Besuch und den Koreakrieg basiert auf Goncharov *et al., Uncertain Partners: Stalin, Mao and the Korean War* und Subok u. Pleschakow, *Der Kreml im Kalten Krieg.* Lipki: Rybin, *Stalin i Zkukov,* zitiert W. Tukow, S. 39. Fedorenko, Mao-Gipfel in Moskau: *Far Eastern Affairs,* »Moscow« 2, 1989. Gromyko, *Erinnerungen,* S. 268. Abhören, Schlacht um China: Deriabin, *Die Penkowskij-Akte,* S. 113. Echter Marxist, Reis, Stalin eifersüchtig: Sergo B., S. 221. Mao in Kunzewo, chinesischer Pugatschew: Chuev, *MR,* S. 81. Empfang in der Metropole: Ehrenburg, Postwar Years, S. 302. Skatologie: Parrish, *Lesser Terror,* S. 190.

2 Geburtstagskomitee und Orden: GARF 7523.65.218a.1–28. Orden: GARF 7523.65.218. Gästeliste: GARF 7523.65.181a.1–7. Geschenkpakete: Schwernik an Swerew, GARF 7523c.65.739.1–14, alle datiert auf den 17. Dez. 1949. Brooks, *Thank You Comrade Stalin,* S. 219–220, Wolkogonow, *Stalin,* S. 572, Plisetskaya und Scholl, *I, Maya,* S. 114, Sergo B., S. 219, Stepan M, S. 190, Natalja Poskrebyschewa.

3 Subok, S. 94, Mgeladse, S. 137 f.

4 Urlaub 1950, 5. Aug.–22. Dez.: RGASPI 558.11.1481.51. Korea: Subok, S. 99 f. Diese Darstellung basiert auch auf Goncharov *et al., Uncertain Partners,* S. 135 und 189–199. Herausragender Mao, Vertrauen: Mgeladse, S. 137, Gromyko, *Erinnerungen,* S. 150, Khrushchev, *Glasnost,* S. 146 f. »Nichts, außer für ihre Männer«: Subok, S. 111. Manche behaupten, dass Tschou En-lai nach Sotschi kam, aber Stalin hielt sich die meiste Zeit in Nowi Afon auf. »Auf ihn kann ich mich wohl verlassen«: Mgeladse, S. 138. »Was macht er?«: Beria, Noizen Tscharkwiani, Gela Tscharkwiani.

5 Rudenko an Chruschtschew, GARF 8131.sj.32.3289.1–11. Wolkogonow, *Stalin,* S. 573, Hahn, *Postwar Soviet Politics,* S. 123, Chuev, *MR,* S. 292, Sergo B., S. 217, *Istoritscheski Archiv,* Sudoplatov, S. 325. Prozess: *Argmenti e Fakti,* Nr. 17, 1998, S. 7, *Chruschtschow,* S. 260. Über Stalins Zeichen neben den Namen der Angeklagten: Lew Wosnesenski in der *BBC2*-Sendung »Timewatch« über die Leningrader Affäre. Zu Wosnesenskis Tod: Andrei Malenkow, *O Moem Oze,* S. 54. Kusnezows Tod: Julia Chruschtschewa.

6 Juden, Salzman und der Fall SIS: Kostyrchenko, S. 224–227. Über Juri Sudoplatow: S. 244. Stefan Staszewski in *Oni,* S. 170–172. Chruschtschew über Juden als Raben: Sudoplatov, S. 294. Abramowitsches in *Istotschnik* 3, 1994, S. 96. Juden in Autofabrik: *Chruschtschow,* S. 266. Antisemitismus wie Tumor in Stalins Hirn und Information der ukrainischen Parteichefs Melnikow und Korotschenko: S. 274. Kostyrchenko über SIS-Fall: S. 227–233, Rubenstein und Naumov, *Pogrom,* S. 51. Über Mingrelier-Affäre: Knight, *Beria,* S. 158, Sudoplatov, S. 321–325. Abakumow sammelt Berias Perversionen: S. 315. Stalin könnte gegenüber Ignatiew den Ausdruck »Großer Mingrelier« verwendet haben: Parrish, *Lesser Terror,* S. 236 f. Sarkisow verrät Beria bei Abakumow/Stalin: *Wlast,* Nr. 22, 2000. Mgeladse sprach verständlicherweise eher über seinen Anteil an der Affäre, erwähnt aber zum Glück seine Untergrabung Berias: Mgeladse, S. 99 f. und 167–170. Notizen Tscharkwiani, Gela Tscharkwiani, Eka Rapawa, Nina Ruchadse, Aljoscha Mirzchulawa.

56. Der Knirps und das Ärztekomplott

1 Riumin: Parrish, *Lesser Terror*, S. 174, 230–235 und 272, Kostyrchenko, S. 125 f. Gulags: A. Applebaum, *Der Gulag*, S. 547. Riumin gegen Abakumow: Brent und Naumov, *Stalin's Last Crime*, S. 107–125. Zur Rolle Suchanows und Malenkows: Sudoplatov, S. 328 f. Ärzte-Verschwörung als interner Machtkampf – Stalin, Malenkow und Chruschtschew gegen Beria und die alte Garde: S. 298–300. Ignatiew war als ZK-Sekretär bereits vor seinem Aufstieg zum Minister für das MGB zuständig: S. 300–306, Sukhanov, *Memoirs*, Sergo B., S. 217. Sergo Beria zufolge hatte Malenkow den Brief Riumins »diktiert«, was zwar möglich wäre, aber Beria ganz aus dem Spiel nimmt, vgl. Knight, *Beria*, S. 157–159. Der Knirps: vgl. Kostyrchenko, S. 125 f. Klein Mischka Riumin: Deriabin, *Die Penkowskij-Akte*, S. 55–57. Poskrebyschew: Artikel in der *Prawda* vom 13. Okt. 1952 und 30. Dez. 1952. Ignatiew am 5. Juli und offiziell am 9. Aug. zum MGB ernannt: GARF 7523.55.65.1. Abakumow am 11. Aug. 1951 entlassen, Riumin am 19. Okt. 1951 offiziell Vizeminister: *PB/Sowmin*, S. 343–348. Abakumow an Beria, 15. Aug. 1952. Abakumows Laufbahn und sein Anteil an der Vernichtung der Familie Ordschonikidse, inklusive Konstantins: GARF 8131.sj.32.3289.26. Rudenko an Chruschtschew, Jan. 1954: GARF 8131.sj.32.3289.38. Abakumows Luxusartikel: Rudenko an Beria, GARF 8131.32.3289.199 f. Naumov, *1941 God*, S. 53–55. Abakumow gebrochen: *Golgofa*, S. 10–15, 21–28 und 30–40. Ignatiew: Hahn, *Postwar Soviet Politics*, S. 142. »Freundlich, rücksichtsvoll«: *Chruschtschow*, S. 292. Berias Enttäuschung über Merkulow: Knight, *Beria*, S. 157–159. Über Kuratoren: Nikita Petrow. Abakumows Korruptheit und Kinderwagen: Deriabin, *op. cit.*, S. 55 ff. Schwarzman: Sudoplatov, S. 300–306. Auch Merkulow hatte Abakumow denunziert, in der Hoffnung, sich wieder des MGB zu bemächtigen. Er bekam stattdessen das Ministerium für Staatssicherheit. Stalin an Malenkow, 13. Dez. 1950: RGASPI 83.1.9.57.

2 Stalins Urlaub 10. Aug.–22. Dez. 1951: RGASPI 558.11.1481.52. Gesundheit: Tukow und Orlow zitiert in Rybin, *Rjadom*, S. 91–94, Medwedew, *Neiswestnji Stalin*, S. 19 f. Besucht Stalin zweimal wöchentlich: Mikojan, *Tak Bylo*, S. 529. Rizasee: persönlicher Besuch. »Ich bin am Ende«: *Chruschtschow*: S. 312. Übergeht Woroschilow: Chuev, *MR*, S. 225, und liest keine Zeitungen: S. 179 f. Von Wirtschaftsfragen gelangweilt: Medwedew, *Wahrheit*, S. 320. Schiebt Haushalt bis zur letzten Minute auf: Smirtukow in *Wlast*, Nr. 25, 2000, S. 46. Korrekturen an Bulganins Rede: Nov. 1950, RGASPI 558.11.712.145. Neue Kader: Mgeladse, S. 125. Bewegungen: S. 141. Malenkows Studien: Schepilow, »Wospominanija«, S. 3. Bananen: Mikojan, *Tak Bylo*, S. 529–533, Tschwarkwiani, S. 40 f. (Dieser lokalisiert die Geschichte in Cholodnaja Retschka, jener in Nowi Afon.) Innere Führung, Minister Menschikow am 4. Nov. 1951 entlassen: Golizki, S. 197. Nachfolger: Khrushchev, *Glasnost*, S. 39.

3 Letzter Urlaub: *Chruschtschow*, S. 328, Wlasik, S. 41, Mgeladse, Wandern zwischen Häusern, S. 141–147. Swetlana Allilujewa, *Zwanzig Briefe*, S. 238, erwähnt Nadja, dies., *Das erste Jahr*, S. 240, und verlässt Kreml, S. 241, Swetlana RR. Nadjas Fotos: Wolkogonow, *Stalin*, S. 233 f. Lud murrende alte Freunde ein: Chuev, *MR*, S. 212. Swetlanas Ehe: Juri Schdanow. Swetlana zuständig, und was als Nächstes?: Mgeladse, S. 117–120. Swetlana fragt Vater wegen Scheidung: Tscharkwiani, S. 59 f. Schdanows Renaissance: Raanan, S. 168, Mikojan, *Tak Bylo*, S. 362, Stepan M., S. 145. Berias Sekretär Ludwigow in Sudoplatov, S. 321. Enkel: Swetlana Allilujewa, *Zwanzig Briefe*, S. 243, Gulia Dschugaschwili, *Ded, Otets*, S. 28. Zahnprothese: Arztberichte in Suchomlinow, *Wasili*, S. 181. Mingrelier-Affäre, beginnt am

9. Nov. 1951 mit Verfahren gegen C. Baramia wegen Bestechung, dann Beschluss des Politbüros über die KP Georgiens vom 27. März 1952, in *PB/Sowmin*, S. 349. Parrish, *Lesser Terror*, S. 236 f., Sergo B., S. 241–243. Tiger: S. 121 f. Witzeleien: S. 168. Stalin schläft wie ein Schießhund, mag Nina, Furcht, Swetlanas Besuche: S. 241 f. »Sucht Wärme«: S. 148. Beria unglücklich: S. 296. Sowjetstaat zu klein: S. 235. Melenkows Rolle: S. 247. Solidarität: S. 239, Fairbanks, »Clientilism«, S. 40–58. Der Anruf: Gela Tscharkwiani. Mgeladse führte Ferienhäuser: Sudoplatov, S. 359. Mgeladse und die Mingrelier-Affäre, Bordell: S. 142 f., 162 f. Rennen zum Haus: S. 164, 180–184 und 192–200. Stalin hasste Beria: S. 178 f. Letzte Dinners in Nowi Afon mit Chruschtschew und dessen Toasts: S. 148 f. Widerstand des Politbüros gegen Neulinge: S. 191, Nina Ruchadse, *Chruschtschow*, S. 344, Lilja Droschdowa: Martha Peschkowa. Besuch Tamara Rapawas: Eka Rapawa. Als Candide Tscharkwiani, der inzwischen ZK-Inspekteur in Moskau war, um einen Termin bei Beria bat, bekam er keinen: Gela Tscharkwiani. Beria und Außenpolitik, Vereinigung Deutschlands 1952: Subok in Taubman, *Khrushchev*, S. 275–277. Gegenseitige Hilfe: Mikojan, *Tak Bylo*, S. 536 und 581–583. Wlasik: Nadeschda Wlasika. Wlasiks Gnadengesuch: GARF 7523.107.127.1–6. Wachposten: Deriabin, *Die Penkowskij-Akte*, S. 81 ff. Stalin beschwert sich über Unterstützung Molotows und Kaganowitschs für Beria: Mgeladse, S. 178.

4 Ärzte: Kostyrchenko, S. 262–270, Vaksberg, *Stalin Against the Jews*, S. 242. Überprüfung Winogradows: Rapoport, S. 216–218. Autopsie Dr. Mjasnikows bestätigt schwere Verhärtung der Zerebralarterien, d. h. Arteriosklerose: vgl. Knight, *Beria*, S. 172 und 270. Stalin über Ärzte, Plaudereien: Stalin an Woroschilow, o. D., RGASPI 74.2.38.89. »Trinken«: Stalin an Edward Kardelj in Dedijer, *Tito*, S. 312. Poskrebyschews Pillen etc. Natascha Poskrebyschewa, Wolkogonow, *Stalin*, S. 643. Vernichtung der Arztberichte: Medwedew, *Neiswestnji Stalin*, S. 18–20. Leibwächter schildern Symptome: Rybin, *Rjadom*, S. 91–94. Gespräche mit Leibwächter W. Tukow über Ärzte: Rybin, *Kto Otrawil*, S. 10, und mit Waletschka in Swetlana Allilujewa, *Zwanzig Briefe*, S. 240. Wasilis Luftparade: Stepan M., S. 171.

5 Rubenstein und Naumov, *Pogrom*, S. 55–61. Demontage Losowskis: S. 256, Kostyrchenko. S. 125–135. Beschreibung Losowskis durch Margaret Bourke-White in Rubenstein und Naumov, *op. cit.*, S. 219. Langlebigkeit und Arbeit Prof. A. Bogolomows: Medwedew, *Neiswestnji Stalin*, S. 17. Litwinows Tod: Carswell, S. 162.

6 Andrejew an Malenkow, 7. Jan. 1949, RGASPI 83.1.35.35. Kostyrchenko, S. 273–278. Andrejews Kokain: S. 284. Fußketten: Vaksberg, *Stalin Against the Jews*, S. 242. Stalin an Leibwächter W. Tukow in Ryybin, *Kto Otrawil*, S. 10. Entschuldigungen bei seinen Leibwächtern und Freundlichkeit zu Personal in Rybin, *Rjadom*, S. 90 f., ders., *Stalin i Zhukov*, »Boss«, S. 42 f. Jüngste Forschung über die Ärzte-Verschwörung: Brent und Naumov, *Stalin's Latest Crime*, S. 130–135 und 184.

7 Sergo B., S. 148 und 236 f. »Islamischer Fanatismus«: S. 133, Swetlana Allilujewa, *Zwanzig Briefe*, S. 238, *Chruschtschow*, S. 284 und 291, Brooks, *Thank You Comrade Stalin*, S. 236. Treffen zum Stalinpreis und Antisemitismus: Simonow, »Glasami«, S. 83–85, Mikojan, *Tak Bylo*, S. 569–571, Holloway, S. 289. Mechlis starb am 13. Feb. 1953, drei Wochen vor Stalin, der ihm ein prachtvolles Begräbnis gewährte, Rubzow, *Mechlis*, S. 291–294. Tschikobawa/Linguistik: Arnold Tschikobawa, »Kogda in Kak eto Bylo« in *Eschegodnik iberiysko-kawkaskogo Jaschkosnanija*, Bd. 12, 1985, S. 9–14, Medwedew, *Neiswestnji Stalin*, das Kapitel »Stalin und die Linguistik. Eine Episode in der sowjetischen Wissenschaftsgeschichte«. Kojevnikov, »Games of Stalinist Democracy«, S. 162–169. Prestige Molotows und Mikojans: Golizki, »Stalin's Cabinet«, S. 207.

57. Junge Katzen und Nilpferde

1 Efremow, Plenumsprotokoll, S. 11, Simonow, »Glasami«, S. 97–99, Mikojan, *Tak Bylo*, S. 573–577, Chuev, *MR*, S. 319, *Chruschtschow*, S. 314. Arzt: S. 317, Sergo B., S. 342. Beria über Suslow: Knight, *Beria*, S. 161. Niemand wollte Nachfolge Stalins antreten: S. 165–168. Beschluss des ZK-Plenums über Zusammensetzung der Gremien vom 16. Okt. 1952 in *PB/Sowmin*, S. 89. Über Lenin: Service, *Lenin*, S. 561. Über letzte Ideologie: Subok, S. 20 f. »Von Lenin! Von Lenin!«, Subok, S. 20 f. und 50, Stepan M., S. 186 f., Deriabin, *Die Penkowskij-Akte*, S. 111, Hahn, *Postwar Soviet Politics*, S. 148 f., Rosenfeldt, *Knowledge and Power*, S. 191 f. und 295. Rückgabe der Ribbentrop-Protokolle: Sudoplatov, S. 327. Suslow als Nachfolger: Medwedew, *Neiswestnji Stalin*, das Kapitel »Stalins heimlicher Erbe«. Suslows Treffen mit Stalin 1948: *Istoritscheski Archiv*.

2 Über Dr. Winogradow: Sergo B., S. 243. Stalin zu Ignatiew, »Drauf, drauf«: *Chruschtschow*, S. 298. Ignatiew: Parrish, *Lesser Terror*, S. 234 f. Stalins Bündnis mit Riumin und Goglidse: *Golgofa*, S. 28, Swetlana Allilujewa, *Zwanzig Briefe*, S. 231, Johnreed Swanidse, S. 87, Gulia Dschugaschwili, *Ded, Otets*, S. 28. Nie ruhig und Swetlanas Affäre mit Johnreed Swanidse: G. Dschugaschwili in Biagi, S. 60–63, Kostyrchenko, S. 262 und 280 f. Ketten anlegen und schlagen: Ludigow in Sudoplatov, S. 306. Sturz Ruchadses: Stalin an Goglidse und Mgeladse, 25. Juni 1952, RGASPI 558.11.135.88. Paraden vom 6. und 7. November: Hahn, *Postwar Soviet Politics*, S. 148 f. Wlasiks Gnadengesuch: GARF 7523.107.127.1, Kostyrchenko, S. 285–287. Vaksberg, *Stalin Against the Jews*, S. 246. Wlasiks Stab erschossen: Parrish, »Serov«, S. 125. Wlasik und Kaviar/Poskrebyschew appelliert an Beria: Sergo B., S. 242 und 363. »Ihr Parasiten!«: Stalin an Wlasik in Swetlana Allilujewa, *Zwanzig Briefe*, S. 237. Über Poskrebyschew: Artikel in der *Prawda*, 13. Okt. und 30. Dez. 1952, *Istoritscheski Archiv* 1, 1997, S. 34, Wolkogonow, *Stalin*, S. 674, und Medwedew, *Neiswestnji Stalin*, das Kapitel »Rätsel um Stalins Tod«. W. P. Malin war offenbar als Nachfolger gedacht, aber sein Stellvertreter S. Tschernucha scheint das Büro weitergeführt zu haben, Natascha Poskrebyschewa, Nadja Wlasika. Poskrebyschew besuchte Beria häufig: Martha Peschkowa. Molotow über Poskrebyschew, Wlasik und die Frauen: Chuev, *MR*, S. 223 und 235. Über Poskrebyschew und fehlende Unterlagen: *Chruschtschow*, S. 346.

3 Politbürositzung am 1. Dezember: Malyschew in *Istotschnik* 5, 1997, S. 140 f., Kostyrchenko, S. 285–287. Europäischer Terror: Berman in *Oni*, S. 318–322. Fall Slanski: Kostyrchenko, S. 297. Nilpferde, 1937, Glacéhandschuhe: Aussage Ignatiews in Brent und Naumov, *Stalin's Last Crime*, S. 212, 218 f., 252, 269 und 272.

4 Molotow und Mikojan, Vertrauen: »Er hat mich nie aufgegeben«, Klatsch in Wohnungen, Berias Provokationen, Beria will Molotow schützen: Mikojan, *Tak Bylo*, S. 536 und 581–583. Tiger: Sergo B., S. 121 f. und 237–239. Molotow über Stalins Misstrauen: Chuev, *MR*, S. 325. Keine Furcht nach Gefängnis: Wjatscheslaw Nikonow. Koniew: *Chruschtschow*, S. 460. Beria attackiert Stalin: *op. cit.* S. 462. Nimmt Beria in Schutz: *op. cit.* S. 463. Malenkow versichert Beria wegen Bombe, Beria an Malenkow im Juli 1953, Kaganowitsch warnt Mikojan wegen Leningrader Affäre, Beria beruhigt Chruschtschew, Poskrebyschew und Mikojan, Malenkow beruhigt Chruschtschew wegen Rückruf in Moskau, Stalin bemerkt die Unterstützung Berias durch Molotow, Kaganowitsch etc., Molotows Ärger über Stalins älter als siebzig: Oleg Trojanowski. Über Chruschtschew und Malenkow: Julia Chruschtschewa und Wolja Malenkowa. Beria und Chruschtschew gegen die jüngsten Veränderungen, Stalin spürt Missbilligung und Unterstützung Berias: Mgeladse, S. 191. Stalin

gegen die vier machtlos: Ponomarenko in *Sowerschenno Sekretno* 3, 1990, S. 13. Der Geburtstag und danach: Mikojan, *Tak Bylo*, S. 577–580, Swetlana Allilujewa, *Zwanzig Briefe*, S. 241, Medwedew, *Neiswestnji Stalin*, S. 19 f. Gesundheit: Rybin, Rjadom, S. 91–94. Stalin ermorden: Hoxha, *Begegnungen mit Stalin*, S. 173. Solidarität in der Gruppe: Sergo B., S. 237–239.

5 Stalin liest Brief Timaschuks: *Chruschtschow*, S. 291. Timaschuk: *Prawda*, 21. Jan. 1953, Kostyrchenko, S. 285–300. Auf Beria gezielt: Chuev, *MR*, S. 236. Berias Leute festgenommen. Deriabin, *Die Penkowskij-Akte*, S. 114. In Georgien 14 000 festgenommen: Parrish, *Lesser Terror*, S. 239. Berias Verbündete inhaftiert, heimlicher Jude: S. 236 f., A. Malenkow in *Schurnalist* 2, 1991, S. 64. Beria zu Kaganowitsch beim Plenum im Juli 1953: »Plenum ZK KPSS, 2.–7. Juli 1953«, in *Iswestija ZK KPSS*, Nrn. 1 und 2, 1991. »Beria, wir sollten Molotow beschützen«: Mikojan, *Tak Bylo*, S. 584. Juden-Affäre: K. M. Simonow in *Literaturnaja Gaseta* und *Prawda* vom 13. Jan. 1953. Antisemitische Panik: Ehrenburg, *Postwar Years*, S. 298, Sergo B., S. 237–239. Mozarts Klavierkonzert Nr. 23: I. B. Borew in *Staliniade*, zitiert nach Parrish, *Lesser Terror*, S. 235. Furcht vor Krieg mit USA, Stepan M.: Nach Stalins Tod sagte Mikojan: »Wenn wir zu Stalins Lebzeiten keinen Krieg hatten…« Berias Furcht vor Krieg: Candide und Gela Tscharkwiani. Über Krieg: Losgatschew zitiert in Radzinsky, S. 551. Sehr verändert: Sudoplatov, S. 333.

6 Schepilow an Stalin und dessen handschriftliche Anmerkungen vom 10. Jan. 1953: RGASPI 558.11.157.9–14. Zur Ärzte-Verschwörung: *Prawda* vom 16. Jan. 1953. Der Juden-Brief: Mikojan, *Tak Bylo*, S. 536. Chuev, *Kaganovich*, S. 174, Parrish, *Lesser Terror*, S. 247–249, *Nauka i Schisn*, Nr. 1, 1990, *Chruschtschow*, S. 289. Auch Ehrenburg verweigerte die Unterschrift, durch einen klugen Brief an Stalin: Vaksberg, *Stalin Against the Jews*, S. 257–270. Vaksberg zufolge war die Idee der Deportation 1952 von Dmitri Tschesnokow gekommen, dem Cheflektor der *Woprosi Filosofii*. Stalin ernannte ihn beim Oktober-Plenum ins Präsidium. Ehrenburg-Brief: S. 263 f. Lager: Brent und Naumov, *Stalin's Last Crime*, S. 295.

7 Barbosa, *El Federalismo*, S. 22–31. In Buenos Aires geführtes Interview mit Leopoldo Bravo und Familie. Stalins Schwäche für Peron: Mikojan, *Tak Bylo*, S. 549.

58. »Ich habe ihn erledigt!«

1 Schlusssitzungen: Mgeladse, S. 232, Menon in Bortoli, *Als Stalin starb*, S. 132, *Istoritscheski Archiv*. Tito: Sudoplatov, S. 333, Rybin, *Rjadom*, S. 83–99, mit Wasili. *Chruschtschow*, S. 323. Losgatschew in Radzinsky, S. 550–558, Swetlana Allilujewa, *Zwanzig Briefe*, S. 22 ff., und Dampfbad, S. 231 ff. Von Beria dazu ermuntert: Wolkogonow, *Rise and Fall*, S. 176. Über die Rolle Ignatiews und Chruschtschows bei verzögerter Hinzuziehung von Ärzten: Medwedew, *Neiswestnji Stalin*, S. 21–44. Malenkow über Stalins Händedruck: Smirtukow in Wlast, Bd. 5, 2000, S. 53. Kuss Berias, »Ich habe ihn erledigt«, Malenkow wusste mehr: Chuev, *MR*, S. 236 f. »Öffnete die Augen und sah uns an«: Kaganowitsch, *Sapiski*, S. 499. Chruschtschews Kommen und Gehen: Sergei Khrushchev, *Superpower*, S. 31 f. »Ich hatte Glück«: Mikojan, *Tak Bylo*, S. 580. Beria zu Hause, Ninas Trauer, Berias Pläne, Nachfolge bestätigt: Sergo B., S. 248 f. Zeigen auf Mädchen mit Lamm, Stalins Witz, Molotow: Gromyko, *Erinnerungen*, S. 150 f. Vor Stalins Tod Regierung gebildet: *Istotschnik* 1, S. 106–111, *Iswestija ZK KPSS*, Nr. 1, 1991, S. 149–151. Arztberichte: Mjasnikow, S. 13. Polinas Vernehmung gestoppt: Kostyrchenko, S. 300. Fragen Cheyne-Stokes an inhaftierte Ärzte: Rapoport, S. 151–153, Vaksberg, *Stalin Against the Jews*, S. 271. Berias Handkuss: Chuev, *MR*, S. 237, *Chruschtschow*, S. 323 f. »Weg zur Macht-

ergreifung«: Mikojan, *Tak Bylo*, S. 587. Letzte Nacht: Chruschtschew zitiert in Wolkogonow, *Stalin*, S. 769 ff. E. D. Woroschilowa, Tagebuch, 2. März 1953: RGASPI
74.1.429.47. Totenmaske und Hände, Profil, Gesicht und Hände: RGASPI
45.1.1683.1–10. Arztbericht: APRF 45.1.1486.1–1156, zitiert in Wolkogonow, *Rise
and Fall*, S. 173–178. Regierungssitzung vom 5. März: APRF 45.2.196.1–7. Treffen
vom 2. und 5. März in Stalins Büro: *Istoritscheski Archiv*. Erleichterung: Simonow,
»Glasami«, S. 228, Barsukow, »Mart 1953«. Warfarin-Theorie und Magenblutung:
Brent und Naumov, *Stalin's Last Crime*, S. 321 f. Statistiken über Tote, Verbannte,
Gulag-Häftlinge: Applebaum, *Der Gulag*, S. 572 ff. Beria über Stalin kurz nach dessen Tod. »Schurke und Filz«: zu M. Tschaureli, zitiert von Krotkow in Nekrasow,
Beria, S. 257. »Krieg verhindert«: zu Scharia bei dessen Prozess, in *Istoritscheskii
Schurnal* 10, 1991, S. 51. »Personenkult« und »Wir haben Krieg gewonnen«: zu Can-
dide Tscharkwiani. »Beria, Mann der Zukunft«: Chuev, *MR*, S. 232. Letzte Briefe:
Medwedew, *Neiswestnji Stalin*, das Kapitel über »Stalins persönliches Archiv – versteckt oder vernichtet? Tatsachen und Theorien«.

Postskriptum

1 Diese Darstellung basiert im Wesentlichen auf Interviews mit Wjatscheslaw Niko-
now, Natalja Andrejewna, Josef Minerwin, Stas Namin, Martha Peschkowa, Julia
Chruschtschewa, Sergo und Stepan Mikojan, Nina Budjonni, Igor und Wolja Ma-
lenkowa, Juri Schdanow, Leonid Redens, Wladimir Allilujew (Redens) und Kira
Allilujewa. Berias Sturz: Mikojan, *Tak Bylo*, S. 584–588 (Flöhe in der Hose) sowie
Chruschtschow. Zu Berias Tod vgl. auch Amy Knight, *Beria*, zu Handtuch im
Mund: Parrish, *Lesser Terror*, zu Säurebad: Wlast, Bd. 22, 2000, S. 46 f. Zu Berias
Tod und dem Plenum von 1957/»Nürnberg«: Taubman, Khrushchev, S. 321–324.
Vgl. auch Swetlana Allilujewa, *Zwanzig Briefe* und *Das erste Jahr* sowie Medwedew,
All Stalin's Men. Schapowal erklärt in Taubman, *Khrushchev*, S. 41, dass
Chruschtschew »bis zu den Ellenbogen im Blut steckte«. Traum: zitiert in *Molotow
Letters*, S. 1.

SWANIDSE

DSCHUGA

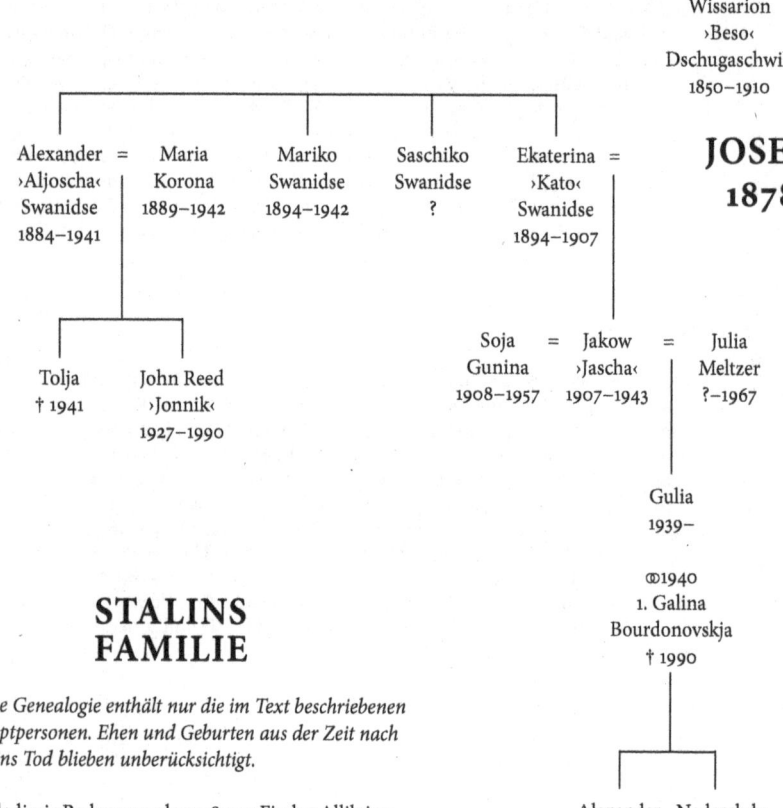

Wissarion =
›Beso‹
Dschugaschwili
1850–1910

Alexander = Maria	Mariko	Saschiko	Ekaterina =

Alexander = Maria Korona — Mariko Swanidse 1894–1942 — Saschiko Swanidse ? — Ekaterina ›Kato‹ Swanidse 1894–1907

›Aljoscha‹ Swanidse 1884–1941 — 1889–1942

JOSEF
1878–

Tolja † 1941 — John Reed ›Jonnik‹ 1927–1990

Soja Gunina 1908–1957 = Jakow ›Jascha‹ 1907–1943 = Julia Meltzer ?–1967

Gulia 1939–

⚭1940
1. Galina
Bourdonovskja
† 1990

STALINS
FAMILIE

*N. B. Diese Genealogie enthält nur die im Text beschriebenen
Hauptpersonen. Ehen und Geburten aus der Zeit nach
Stalins Tod blieben unberücksichtigt.*

* Wladimir Redens wurde 1948 von Fjodor Allilujew
adoptiert und nahm dessen Namen an.

Alexander 1941– — Nadeschda 1943–

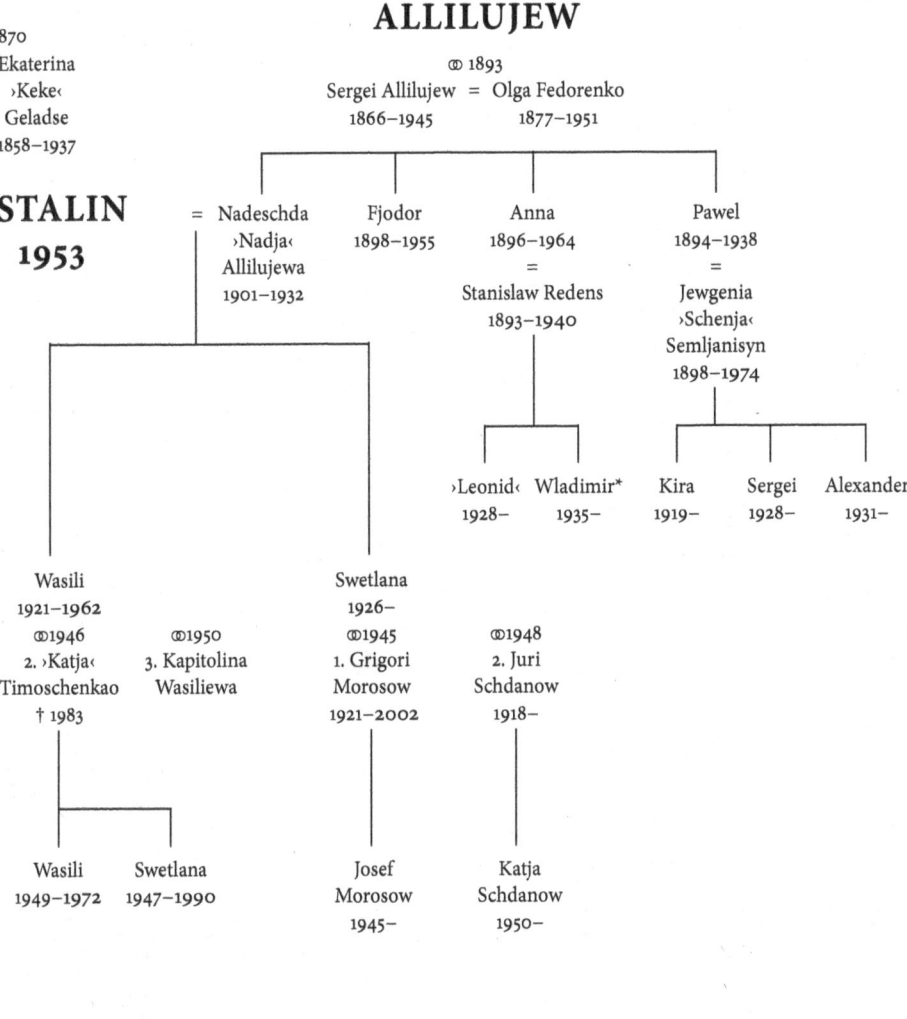

SCHWILI

870
Ekaterina
›Keke‹
Geladse
1858–1937

STALIN

1953

ALLILUJEW

∞ 1893
Sergei Allilujew = Olga Fedorenko
1866–1945   1877–1951

= Nadeschda   Fjodor   Anna   Pawel
  ›Nadja‹   1898–1955   1896–1964   1894–1938
  Allilujewa   =   =
  1901–1932   Stanislaw Redens   Jewgenia
                               1893–1940   ›Schenja‹
                                                  Semljanisyn
                                                  1898–1974

                               ›Leonid‹ Wladimir*   Kira   Sergei   Alexander
                               1928–   1935–   1919–   1928–   1931–

Wasili   Swetlana
1921–1962   1926–
∞1946   ∞1950   ∞1945   ∞1948
2. ›Katja‹   3. Kapitolina 1. Grigori   2. Juri
Timoschenkao Wasiliewa   Morosow   Schdanow
† 1983   1921–2002   1918–

Wasili   Swetlana   Josef   Katja
1949–1972 1947–1990   Morosow   Schdanow
                           1945–   1950–

Die Sowjetunion unter Stalin 1929–1953

Im Finnlandkrieg 1940 erobertes Gebiet

1939/40 nach dem Molotow-Ribbentrop-Pakt erhaltene Gebiete

Von der UdSSR 1945 annektierte deutsche und tschechische Gebiete

Stand der deutschen Invasion Januar–Juli 1942

SCHWEDEN

FINNLAND

Leningrad

ESTLAND

Ostsee

LETTLAND

LITAUEN

• Gorki (Nischni-Nowgorod)

• Moskau

• Smolensk

SOWJET-UNION

• Minsk
WEISSRUSSLAND

• Kuibyschew (Samara)

POLEN

TSCHECHOSLOWAKEI

UNGARN

• Kiew

Kursk

Charkow

UKRAINE

• Stalingrad (Zarizyn)

JUGOSLAWIEN

RUMÄNIEN

Rostow am Don

Kertsch

Jalta

Kaspisches Meer

BULGARIEN

Schwarzes Meer

GRIECHEN-LAND

GEORGIEN
Tiflis •

Baku •
ASERBAIDSCHAN

ARMENIEN

TÜRKEI

IRAN

Teheran
•

Mittelmeer

Unter Stalin umbenannte Städte:

Molotow (Perm)
Schdanow (Mariupol)
Kalinin (Twer)
Voroschilow (Lugansk)
Ordschonikidse (Wladikafkas)
Kirow (Wiatka)
Gorki (Nischni-Nowgorod)

Kuibyschew (Samara)
Woraschilowsk (Stawropol)
Stalingrad (Zarizyn)

Stalino (Juschowka)
Stalinabad (Duschanbe)
Kirowabad (Elisawetpol)

Der sowjetische Kaukasus unter Stalin
1929–1953

Südlichste Stellungen der Wehrmacht
bis November 1942

DIE HAUPTPERSONEN

Josef (Jossif) Wissarionowitsch Stalin, eigentlich Dschugaschwili, auch »Soso« und
»Koba« genannt. 1922–1953 Generalsekretär der bolschewistischen Partei, Staatschef
1941–1953, ab 1943 Marschall, ab 1945 Generalissimus.

Angehörige

Keke Dschugaschwili, Stalins Mutter
Kato Swanidse, Stalins erste Frau
Jakow Dschugaschwili, Sohn aus Stalins erster Ehe mit Kato Swanidse, geriet in deut-
    sche Kriegsgefangenschaft
Nadja Allilujewa, Stalins zweite Frau
Wasili Stalin, Stalins Sohn aus zweiter Ehe mit Nadja Allilujewa, Fliegergeneral
Swetlana Stalin, heute unter dem Namen Allilujewa bekannt, Stalins Tochter
Artjom Sergeew, Stalins und Nadjas Adoptivsohn
Sergei Allilujew, Nadjas Vater
Olga Allilujewa, Nadjas Mutter
Pawel Allilujew, Nadjas Bruder, Kommissar der Roten Armee, verheiratet mit Schenja
    Allilujewa, Nadjas Schwägerin, Schauspielerin, Mutter Kiras
Aljoscha Swanidse, Bruder Katos, Georgier, Stalins Schwager, Bankbeamter, verhei-
    ratet mit:
Maria Swanidse, Tagebuchschreiberin, georgisch-jüdische Opernsängerin
Stanislas Redens, Nadjas Schwager, Geheimpolizist, verheiratet mit Anna Redens, der
    älteren Schwester Nadjas

Verbündete

Victor Abakumow, Geheimpolizist, Leiter des Smersch, MGB-Minister
Andrei Andrejew, Politbüromitglied, ZK-Sekretär, verheiratet mit:
Dora Chasan, Nadjas bester Freundin, stellvertretender Ministerin für die Textilpro-
    duktion, der Mutter Natascha Andrejewas
Lawrenti Beria, »Onkel Lara«, Geheimpolizist, Chef des NKWD, später für die Entwick-
    lung der Atombombe zuständiges Politbüromitglied, verheiratet mit:

Nina Beria, Wissenschaftlerin, für Stalin »wie eine Tochter«, Mutter von:

Sergo Beria, Wissenschaftler, verheiratet mit:

Martha Peschkowa Beria, Enkelin Gorkis, Schwiegertochter Berias

Semjon Budjonni, Kavallerist, Marschall, Mitglied der Zarizyn-Gruppe

Nikolai Bulganin, »der Klempner«, Tschekist, Major von Moskau, Politbüromitglied, Verteidigungsminister, designierter Nachfolger

Nikita Chruschtschew, Erster Sekretär der Ukraine, dann Moskau, Politbüromitglied

Semjon Ignatiew, MGB-Minister, Drahtzieher des Ärztekomplotts

Lasar Kaganowitsch, »der eiserne Lasar« und »die Lokomotive«, jüdischer Altbolschewik, in den frühen dreißiger Jahren Stalins Stellvertreter, Chef der Eisenbahnen, Politbüromitglied

Michail Kalinin, »Papa«, der »Dorfälteste«, Präsident der Sowjetunion, Arbeiter/Bauer

Sergei Kirow, Parteichef von Leningrad, ZK-Sekretär, Politbüromitglied und enger Freund Stalins

Walerian Kuibyschew, Chefökonom und Dichter, Politbüromitglied

Alexei (A. A.) Kusnezow, Stellvertreter Schdanows in Leningrad; nach dem 2. Weltkrieg ZK-Sekretär und Kurator des MGB, Stalins designierter Nachfolger als Sekretär

Nestor Lakoba, Parteichef in Abchasien

Georgi Malenkow, Spitzname »Melanie« oder »Malanja«, ZK-Sekretär, Verbündeter Berias

Lew Mechlis, »der düstere Dämon« und »Hai«, Stalins Sekretär, dann Herausgeber der *Prawda*, politischer Chef der Roten Armee

Akaki Mgeladse, Parteichef zunächst in Abchasien, dann in Georgien, von Stalin »der Wolf« genannt

Anastas Mikojan, armenischer Altbolschewik, Politbüromitglied, Handelsminister

Wjatscheslaw Molotow, genannt der »Eisenarsch« und »unser Wetscha«, Politbüromitglied, Premier, Außenminister, verheiratet mit:

Polina Molotowa, geb. Karpowskaja, genannt Genossin Schemtschuschina, »die Perle«, Fischereikommissarin, Chefin der Parfümindustrie

Grigori Ordschonikidse, genannt Genosse Sergo und »Stalins Arsch«, Politbüromitglied, Chef der Schwerindustrie

Karl Pauker, ehemaliger Friseur der Budapester Oper, Stalins Leibwächter und Leiter der Sicherheitsgarde

Alexander Poskrebyschew, ehemaliger Sanitäter, Stalins *chef de cabinet*, verheiratet mit:

Bronka Metalikowa Poskrebyschewa, Ärztin

Michail Riumin, »Klein Mischa«, »der Knirps«, stellvertretender MGB-Minister und Planer der sog. Ärzteverschwörung

Candide Tscharkwiani, georgischer Parteichef, Vertrauter Stalins

Nikolai Wlasik, Stalins Leibwächter und Chef der Wachmannschaften

Klim Woroschilow, Erster Marschall, Politbüromitglied, Kommissar für Verteidigung, Veteran von Zarizyn, verheiratet mit:

Ekaterina Woroschilowa, Tagebuchschreiberin

Nikolai Wosnesenski, Leningrader Ökonom, Politbüromitglied, Vizepremier und Stalins designierter Nachfolger als Premier

Genrich Jagoda, NKWD-Chef, Jude, Liebhaber Timoscha Gorkis

Abel Jenukidse, »Onkel Abel«, Sekretär des Zentralen Vollzugsrates, Georgier, Lebemann, Nadjas Patenonkel

Nikolai Jeschow, genannt »Brombeere« oder »Kolja«, NKWD-Chef, verheiratet mit:

Jewgenia Jeschowa, Lektorin

Andrei Schdanow, »der Pianist«, Politbüromitglied, Leningrader Parteichef, ZK-Sekretär, Leiter der Marine, Stalins Freund und designierter Nachfolger, Vater von:
Juri Schdanow, Chef der ZK-Wissenschaftsabteilung, kurzfristig mit Swetlana Stalin
verheiratet

Militärs

Grigori Kulik, Marschall, Chef der Artillerie, Schürzenjäger und schwacher Stratege,
Zarizyn-Veteran
Boris Schaposchnikow, Marschall, Stabschef, Stalins bevorzugter Stabsoffizier
Semjon Timoschenko, Marschall, Bezwinger Finnlands, Kommissar für Verteidigung,
Zarizyn-Veteran, seine Tochter war vorübergehend mit Wasili Stalin verheiratet
Alexander Wasilewski, Marschall, Stabschef, Priestersohn
Georgi Schukow, Marschall, stellvertretender Oberbefehlshaber, Stalins bester General

Feinde und frühere Verbündete

Nikolai Bucharin, »Liebling der Partei«, »Buchartschik«, Theoretiker, Politbüromit-
glied, 1925–1929 neben Stalin an der Macht, Freund Nadjas, Rechtsabweichler,
Hauptangeklagter des letzten Schauprozesses
Lew Kamenew, linksorientiertes Politbüromitglied, schaltete gemeinsam mit Stalin,
neben dem er 1924/25 regierte, Trotzki aus, Angeklagter des ersten Schauprozesses
Alexei Rykow, »Rykwodka«, rechtsorientiertes Politbüromitglied, 1925–1928 Premier
und Mitregent Stalins und Bucharins, Angeklagter des letzten Schauprozesses
Leo Trotzki, die Seele der Revolution, Kriegskommissar und Begründer der Roten Armee, nach Stalins Urteil ein »Operettenkommandeur«
Grigori Sinowjew, linksorientiertes Politbüromitglied, Parteichef von Leningrad,
1924/25 Triumvirat mit Stalin und Kamenew, Angeklagter des ersten Schauprozesses

»Ingenieure der Seele«

Anna Achmatowa, Dichterin, nach Schdanows Urteil »Heilige und Hure«
Isaak Babel, Autor der *Reiterarmee*, befreundet mit Eisenstein und Mandelstam
Demian Bedni, »der proletarische Dichter«, Zechbruder Stalins
Michail Bulgakow, Romancier und Dramatiker, dessen Stück *Tage der Turbins* Stalin
mindestens fünfzehnmal sah
Ilja Ehrenburg, jüdischer Schriftsteller und Literat auf der europäischen Bühne
Sergei Eisenstein, der bedeutendste russische Filmregisseur
Maxim Gorki, Russlands berühmtester Romancier, eng mit Stalin vertraut
Iwan Koslowski, Stalins Hoftenor
Osip Mandelstam, Dichter, über den Stalin verfügte: »Nicht antasten, aber gut abschir-
men.«
Boris Pasternak, laut Stalin Dichter im »Wolkenkuckucksheim«
Michail Scholochow, Romancier der Kosaken und der Kollektivierung
Konstantin Simonow, Dichter und Lektor, Freund Wasili Stalins, Liebling Stalins

DANKSAGUNG

Bei der Realisierung dieses Projekts haben mir viele von Moskau und Sankt Petersburg über Suchumi, Tiflis und Buenos Aires bis Rostow am Don geholfen. Ich wollte in erster Linie ein Porträt Stalins und seiner zwanzig Hauptpotentaten nebst Familien zeichnen, um zu schildern, wie sie im einzigartigen Klima dieser Tyrannei lebten und regierten. Das heißt ich habe keine Geschichte seiner Außen- und Innenpolitik, seiner Feldzüge, seiner Jugend oder seines Streits mit Trotzki angestrebt. Vielmehr geht es um eine Hofchronik von Stalins Inthronisation 1929 bis zu seinem Tod, um die Biographien der Höflinge, um hohe Politik, informelle Macht und üble Machenschaften. In gewisser Weise spiegelt diese Biographie Stalin in seinen Magnaten, sodass er selbst nie von der Bühne abtritt.

Ich wollte die traditionellen Darstellungen Stalins als ein »Rätsel«, ein »Verrückter« oder ein »teuflisches Genie« hinterfragen, ebenso die seiner Genossen als »Männer ohne Biographie«, fade, schnurrbärtige Speichellecker auf Schwarzweißfotos. Aus dem Arsenal neuer Archive, aus unveröffentlichten Memoiren, eigenen Interviews und den bekannten Quellen schöpfend, hoffe ich, Stalin wenn nicht weniger abstoßend, so doch verständlicher und nachvollziehbarer gemacht zu haben. Meiner Ansicht nach erklärt die Einbettung Stalins und seiner Oligarchen in den eigensinnig bolschewistischen Bezugsrahmen ihres militärisch-religiösen »Ordens der Schwertträger« viele Aspekte des Unerklärlichen. Stalin war absolut einzigartig, doch finden sich eine Reihe von Motiven und Grundzügen – wie Mord als probates Mittel der Politik oder die ausgeprägte Paranoia – auch bei den Genossen. Kurz, er war ebenso wie diese ein Mann seiner Zeit.

Unter den Magnaten ragen vermutlich Molotow und Beria als die berühmtesten heraus, doch viele andere sind im Westen fast unbekannt. Nach Jeschow und Schdanow wurden Epochen benannt, gleichwohl bleiben sie schattenhaft. Einige, wie Mechlis, rückten bisher auch in der Forschung kaum in den Blick. Mikojan erfreute sich großer Bewunderung, Kaganowitsch zog weithin Verachtung auf sich. Auch wenn Stalins Höflinge der Außenwelt eine farblose Maske darboten, konnten sie schillernd, tatkräftig und imposant sein. Der jüngst eröffnete Zugang zu ihrer Korrespondenz, auch den Liebesbriefen, enthüllt zumindest ihre Lebendigkeit.

Selbstverständlich kann ihre Geschichte nur als warnendes Beispiel dienen: Von den diversen hier präsentierten Massenmördern wurden lediglich Beria und Jeschow belangt (und das nicht einmal auf Tatsachen gestützt). Nun besteht die Versuchung, für alle Verbrechen einen Mann verantwortlich zu machen: Stalin selbst. Der Westen treibt einen Schurkenkult, veranstaltet eine Art makabren, wahnwitzigen Wettbewerb zwischen Stalin und Hitler, wer von beiden »der schlimmste Diktator seiner Zeit« war, gemessen an den Opferzahlen. Dämonologie ist indes keine Geschichtsschreibung, sondern prangert nur einen Irren an, ohne uns etwas über die Gefahren utopischer Entwürfe und Systeme oder die Verantwortung des Einzelnen zu lehren.

Das heutige Russland hat sich seiner Vergangenheit noch nicht gestellt. Eine wie auch immer geartete Wiedergutmachung findet nicht statt, was vielleicht Schatten auf die Entwicklung zur Zivilgesellschaft wirft. Viele russische Zeitgenossen werden mir nicht gerade dankbar sein für die zudringliche Konfrontation mit einer Geschichte, die sie lieber vergessen oder ausblenden möchten. Auch wenn dieses Buch gewiss nicht die überragende Schuld Stalins verharmlosen will, kann es die bequeme Fiktion einer alleinigen Verantwortung entkräften, indem es neben den Leiden, Opfern, Lastern und Privilegien der ganzen Führung auch ihre Eigeninitiative bei den Morden ans Licht bringt.

Mit meinen Helfern hatte ich enormes Glück. Die Anregung zu diesem Buch kam von Robert Conquest, der mir bis zum Schluss als geduldiger, großzügiger Gefährte und Berater zur Seite stand. Unendlichen Dank schulde ich Robert Service vom Fachbereich Russische Geschichte der Oxford University, der die Arbeit weise und wissend »beaufsichtigt« und mir durch seine gründliche Lektüre einen unschätzbaren Dienst erwiesen hat. In Russland »überwachte« mich der weithin angesehene Stalinismusexperte Oleg Chlewniuk vom Staatsarchiv der Russischen Föderation (GARF), um jederzeit steuernd und korrigierend einzugreifen. Bei Problemen des NKWD/MGB beriet mich Nikita Petrow, der Zweite Vorsitzende des Moskauer Instituts für Zeitgeschichte und beste derzeit in Russland tätige Experte für das Gebiet der Geheimpolizei. Militärische Quellen halfen mir Oleg Rscheschewski und seine Kollegen sowohl aufzuspüren als auch zu deuten. In diplomatischer Hinsicht profitierte ich von den Erlebnissen des ebenso bezaubernden wie gewissenhaften Hugh Lunghi, der in Teheran, Jalta und Potsdam dabei war und auch bei Konferenzen in den späteren vierziger Jahren für Stalin dolmetschte. Sir Martin Gilbert stellte mir seine Kenntnisse und russischen Kontakte zur Verfügung. Durch Georgien geleiteten mich Sackro Megrelischwili von der Staatlichen Ilja-Tschawtschawadse-Universität für Sprache und Kultur in Tiflis (Abteilung Amerika-Studien) und Gela Tscharkwiani, durch Abchasien Slawa Lakoba von der Universität Suchumi. Ich danke auch folgenden Gelehrten für ihre Anregungen: Geoffrey Hosking (Russische Geschichte), Emerita Isabel de Madariaga (Slawistik), beide Universität London, und Alexander Kamenskii (Alte und Neuere Geschichte Russlands), Russische Staatsuniversität für die Humanwissenschaften in Moskau. Ferner Roy Medwedew, Edward Radsinski, Arkadi Waksberg und Larissa Wasiliewa. Bei so hochkarätig besetzter Aufsicht kann ich mich nur demütig verneigen und die verbliebenen Fehler auf mich nehmen. Besonderen Dank schulde ich auch Michail Fridman.

Auch der Zeitpunkt war glücklich gewählt, denn als 1999 ein Teil der Präsidialsammlung des Russischen Staatsarchivs für Sozial- und Politikgeschichte (RGASPI) geöffnet wurde, konnte ich eine Vielzahl faszinierender, neu zugänglicher Papiere und Fotos benutzen, darunter die Briefe Stalins, seiner Höflinge und deren Familien, auf denen dieses Buch basiert. Außerdem erhielt ich Zugang zum Staatlichen Russischen Kriegsarchiv (RGWA) und zum Zentralarchiv des Verteidigungsministeriums der Russischen Föderation (ZAMO RF) in Podolsk. In beide führte mich Oleg Chlewniuk ein. Mein innigster Dank gilt Larisa A. Rogowaja vom RGASPI, der Expertin für die Stalin-Papiere und besten Kennerin seiner Handschrift, die mich geduldig anleitete. Ähnlich hilfsbereit war Ludmilla Gatagowa vom Institut für Russische Geschichte, nicht zu vergessen die findige Galina Babkowa vom Fachbereich Geschichte der Staatlichen Russischen Universität für die Humanwissenschaften, die mir auch *Potemkin* erschloss.

Ich habe mit vielen Zeitzeugen sprechen, oft auch ihre Familiendokumente einsehen können, darunter unpublizierte Memoiren. In diesem Zusammenhang danke ich Wladimir Grigoriew, dem stellvertretenden Minister für Presse, Funk und Fernsehen in der Russischen Föderation und Inhaber des Verlags Wagrius, Galina Udenkowa vom RGASPI, die mich an ihren guten Kontakten teilhaben ließ, Olga Adamschina, die mir eine Reihe von Gesprächen ermöglichte, und Rosamond Richardson, die mich in die Familie Allilujew einführte und die Bänder ihrer Interviews mit Swetlana Allilujewa benutzen ließ. Kitty Stidworthy erlaubte mir, Wera Trails unveröffentlichte Erinnerungen an Jeschow zu verarbeiten. Ein herzliches Dankeschön auch an Luba Winogradowa, die mir mit Geschick, Charme, Empathie und Geduld bei vielen der Interviews half. Alan Hirst und Louise Campbell haben mich bei den Molotows angemeldet. Generalleutnant Stepan Mikojan und seine Tochter Aschken waren angenehm, gastfreundlich, hilfsbereit und großzügig. Folgende Zeitzeugen ließen mich an ihren Erinnerungen teilhaben: Kira Allilujewa, Wladimir Allilujew (Redens), Natalja Andrejewa, Nikolai Baibakow, Nina Budjonni, Julia Chruschtschewa, Tanja Latwinowa, Igor Malenkow, Wolja Malenkowa, Sergo Mikojan, Josef Minerwin (Kaganowitschs Enkel), Stas Namin, Wjatscheslaw Nikonow (Molotows Enkel), Eteri Ordschonikidse, Martha Peschkowa, Natalja Poskrebyschewa, Leonid Redens, Natalja Rykowa, Generalleutnant Artjom Sergeew, Juri Solowiew, Oleg Trojanowski, Juri Schdanow und Nadeschda Wlasik. Galina Babkowa hat den Kontakt zu Tina Egnataschwili und Gulia Dschugaschwili hergestellt. Ferner war es mir eine Freude, zusammen mit dem großartigen Mark Fielder von den Granada Productions eine Stalin-Dokumentation für BBC2 herzustellen. In Sankt Petersburg haben mir der Direktor des S. M. Kirow Museums und seine Belegschaft nach Kräften geholfen.

In Tiflis hat S. Megrelischwili mir zahlreiche Interviews arrangiert, Erinnerungen an seinen Stiefvater Schalwa Nuzibidse ausgekramt und mich mit Maja Kawtaradse bekannt gemacht, die mir die unveröffentlichten Memoiren ihres Vaters überließ. Unterstützt haben mich auch: Nadja Dekanozowa, Aljoscha Mirzchulawa, Eka Rapawa, Nina Ruchadse. Lika Basleia fuhr mit mir zum Likani-Palast und nach Gori, Nino Gagoschidse und Irina Dmetradse halfen wo immer nötig, Nata Patiaschwili arrangierte und dolmetschte Interviews, Surab Karumidse und Lila Aburschwili, die Direktorin, wiesen mich in das Stalin-Museum in Gori ein.

In Abchasien erhörten mich die britische Botschafterin in Georgien, Deborah Barnes Jones, Thadeus Boyle von der UNOMIG und der dortige Premierminister Anri Dschirgonia, doch ohne Victoria Iwlewa-Yorke wäre diese Reise nicht möglich gewesen. Ich danke Saida Smir als Direktorin der Datscha Nowi Afon und dem Personal der anderen Residenzen Stalins in Suchumi, Museri und Sotschi sowie am Cholodnaja Retschka und am Rizasee. Dank sei Eva Soldati, die in Buenos Aires Leopoldo Bravo und seine Familie interviewt hat.

Bei meinen Besuchen in Moskau und andernorts fand ich freundliche Aufnahme: Mascha Slonim erwies sich als die Enkelin Maxim Litwinows, Marc und Ratschel Polonski leben in der ehemaligen Wohnung Marschall Koniews im Granowski-Block, wo sich viele der hier geschilderten Ereignisse zugetragen haben; ferner Ingaborga Dapkunaite, David Campbell und Tom Wilson in Moskau sowie Olga Polissi und Lulietta Dexter in Sankt Petersburg.

Ein besonderes Dankeschön zweier der klügsten historischen Denker: meinem Vater, Stephen Sebag-Montefiore, der mir sowohl Stalin als auch Potemkin psychologisch entschlüsselt hat, sowie meiner Mutter April Sebag-Montefiore, die sich sprachlich und psychologisch nichts vormachen lässt.

Ich danke meiner Agentin Georgina Capel, dem Präsidenten von Orion, Anthony Cheetham, meinem Verleger Ion Trewin sowie Lord und Lady Weidenfeld. Fragen beantwortet und in kleinen wie großen Dingen geholfen haben: Andy Apostolou, Bernadette Cini, Derek Beales, Wadim Benjatow, Michael Bloch, David Brandenburger, Winston Churchill, Pawel Chinski, Sarah Davies, Ellen Lady Dahrendorf, Mark Franchetti, Lisa Fine, Sergei Degtiarew Foster, Dan Healy, Yelena Durden-Smith, Lewan und Nino Gatschetschiladse, J. Arch Getty, Nata Gologre, Jon Halliday, Andrea Dee Harris, Mariana Haseldine, Laurence Kelly, Dmitri Chankin, Anne Applebaum, Joan Bright Astley, Maria Lobanowa, W. S. Lopatin, der Botschafter der Republik Georgien und Frau Teimuras Mamatsaschwili, Neil McKendrick, der Rektor des Gonville & Caius College in Cambridge, Catherine Marridale, Prinzessin Tatiana Metternich, Edward Lucas, Charles und Patty Palmer-Tomkinson, Martin Poliakoff, Richard Overy, David Pryce-Jones, Alexander Proswerkin, Antony Beevor, Julia Tourtschaninowa und Ernst Goussinski, E. A. Rees, Hugh Sebag-Montefiore, Graf Fritz von der Schulenburg, Boris Sokolow, Lady Soames, Geia Sulkanischwili, Lord Thomas of Swynnerton, Graf Nikolai Tolstoi, Fürst George Wassiltschikow, D. H. Watson und Adam Samojski. Meiner Russischlehrerin Galina Oleksiuk bin ich sehr verpflichtet. Ich danke auch Jane Birkett, meiner wackeren Lektorin, John Gilkes für die Karten und Victoria Webb für die mühsame Arbeit der Fahnenkorrektur.

An letzter, aber erster Stelle danke ich meiner Frau Santa Montefiore, die nicht nur Material über Leopoldo Bravo aus dem Spanischen übersetzt, sondern insbesondere auch jahrelang die bedrückende Anwesenheit Stalins in unserem Leben nicht nur geduldet, sondern mitunter gar begrüßt hat.

AUSWAHLBIBLIOGRAPHIE

Primärliteratur

Antipenko, N. A., »Tyl Fronta«, in: *Novi Mir*, Nr. 8, 1965.
Alanbrooke, Viscount, *War Diaries 1939–45*, London 2001.
Alexandrow, G. V., *Epocha i Kino*, Moskau 1983.
Allilujew, Sergei, *Proidennji Put*, Moskau 1946.
– und Allilujewa, Anna, *The Alliluyev Memoirs* (hg. von David Tutaev), London 1968.
Allilujewa, Anna S., *Wospominanija*, Moskau 1946.
Allilujewa, Swetlana, *Zwanzig Briefe an einen Freund*, Frankfurt am Main 1969.
– *Das erste Jahr*, Gütersloh 1970.
Babel, Isaak, *Tagebuch 1920*, Berlin 1990.
– *Budjonnys Reiterarmee*, Olten und Freiburg 1960.
Baibakow, N. K., *Sache des Lebens*, Berlin 1985.
Baschanow, Boris, *Ich war Stalins Sekretär*, Frankfurt am Main 1977.
Bereschkow, Valentin, *Ich war Stalins Dolmetscher*, München 1991.
– *Zeuge dramatischer Augenblicke*, Frankfurt am Main 1985.
Beria, L. B., »Laventry Beria: Pisma is tjuemnogo Bunkera«, in: *Istotschnik*, Nr. 4, 1994.
– *Zur Geschichte der bolschewistischen Organisationen in Transkaukasien*, Berlin 1950.
– *The Beria Affair. The Meetings Signalling the End of Stalinism* (hg. von D. M. Sickle), New York 1992.
– *Beria Affair*, CC Plenum 12.–17. Juli 1953, in: *Iswestija ZK KPSS*, Nrn. 1 und 2 2001.
Beria, Nina, »Letters to L. P. Beria«, in: *Istotschnik*, Nr. 2, 1994.
– »Letter to Members of Presidium 7 January 1954«, in: *Wlast*, Nr. 34, 2001.
Beria, Sergo, *Beria My Father: Inside Stalin's Kremlin*, London 2001.
Bessedovsky, G., *Revelations of a Soviet Diplomat*, London 1931.
Birse, A. H., *Memoirs of an Interpreter*, London 1967.
Bohlen, Charles E., *Witness to History*, London 1973.
Bolschakow, I. G., »Letter to A. N. Poskrebyschew on film Tarzan«, in: *Istotschnik*, Nr. 4, 1999.
Bucharin, Nikolai, *Der Weg zum Sozialismus*, Köln 1997.
Bucharina, Anna Larina, *Nun bin ich schon weit über zwanzig*, Göttingen 1989.
– *This I Cannot Forget. The Memoirs of Nikolai Bukharin's Widow*, London 1953.
Budjonni, S. M., *Proidennji Put*, Moskau 1968.
– *Notes* (hg. von Nina Budjonni), bisher unveröffentlicht.
Cadogan, Alexander, *The Diaries of Alexander Cadogan*, London 1971.

Chruschtschew (siehe auch Khrushchev), Nikita, *Chruschtschow erinnert sich*, Reinbek bei Hamburg 1992.
Churchill, Winston S., *The Second World War*, 12 Bde., London 1951.
– *Der zweite Weltkrieg*, Frankfurt am Main 2004 (vom Autor besorgte Kurzfassung).
Churchill and Stalin, Documents from British Archives, FCO Historians.
Dan, Lydia, »Bucharin o Staline«, in: *Nowii Schurnal* 75, März 1964.
Davies, Joseph E., *Als US-Botschafter in Moskau*, Zürich 1948.
Dedijer, V., *Tito*, Berlin 1953.
Dekanosow, Reginald, »Some Episodes of the History of Soviet-German Relations Before the War«, unveröffentlicht.
Deriabin, Peter, *Die Penkowskij-Akte*, Frankfurt Berlin 1993.
Djilas, Milovan, *Gespräche mit Stalin*, Stuttgart 1963.
– *Der Krieg der Partisanen*, Wien München Zürich Innsbruck 1978.
Dmitrov, Georgi, *The Diary of Georgi Dmitrov 1933–49* (hg. von Ivo Banac), New Haven (Con.).
Dobrynin, Anatoly, *In Confidence: Moscow's Ambassador to Six Cold War Presidents*, Washington (D.C.) 2001.
Dschugaschwili, Gulia, *Ded, Otets, Mat i Drugie*, Moskau 1993.
Eden, A., *Angesichts der Diktatoren. Memoiren*, Köln 1964.
Efimow, Boris, *Michail Koltsow, Kakim on Byl*, Moskau 1965.
Efremow, L. N., Plenumsprotokoll, *Dosje Glasnosti, Spezwypusk* 2001.
Ehrenburg, Ilya, *So habe ich gelebt*, Berlin 1995.
Eisenhower, Dwight D., *Kreuzzug in Europa*, Amsterdam 1948.
Fedorenko, N. T., »Sapiski Diplomata. Rabota s Molotowym«, in: *Nowaja i Noweschaja Istorija*, Nr. 4, 1991.
Gaulle, Charles de, *Mémoires de Guerre*, Paris 1959.
Ginsburg, Eugenia S., *Journey into the Whirlwind*, New York 1967.
Gnedin, E. A., *Das Labyrinth*, Freiburg 1987.
Gromyko, Andrei, *Erinnerungen*, Düsseldorf 1989.
– *Pamjatnoje*, Moskau 1990.
Grossman, Vasily, *Leben und Schicksal*, München 1984.
– »Mama«, in: *Snamja*, Bd. 5, 1989.
Guinzburg, S. Z., *O Proschlom dlja Buduschtschego*, Moskau 1984.
Gunther, John, *Russland von innen*, Konstanz 1959.
Harriman, Averall W., und Elie Abel, *In geheimer Mission*, München 1981.
Hilger, Gustav, und Alfred Mayer, *Wir und der Kreml*, Frankfurt am Main 1964.
Hoxha, Enver, *Begegnungen mit Stalin*, Tirana 1984.
Iskander, Fasil, *Onkel Sandro aus Tschegem*, Frankfurt am Main 1993.
Jakowlew, A. S., *Zel Schisni*, Moskau 1970.
Kaganowitsch, L. M., *Tak Goworil Kaganowitsch*, hg. von F. Chuev, Moskau 1992.
– *Pamiatnije Sapiski*, Moskau 1997.
Kamow, B., »Smert Nikolaia Jeschowa«, in: *Iunost* 1933, Nr. 8.
Kawtaradse, Sergo, *Memoiren*, unveröffentlicht.
– Interview, in: *Literaturnaja Rossija*, Nr. 12, 1989.
Kennan, George, *Memoiren*, Frankfurt am Main 1973.
Khrushchev, Nikita S., *Khrushchev Remembers: the Glasnost Tapes* (hg. von Jerrold Schecter und Vyacheslav Luchkov), New York 1990.
– »Memuari Nikiti Sergejewitscha Chruschtschewa«, in: *Woprosi Istorii* 1990–1995.
Khrushchev, Sergei, *Nikita Khrushchev and the Creation of a Superpower*, Pennsylvania 2001.
Koniew, I. S., *Sorok Pjatji*, Moskau 1966.

– *Sapiski Kommanduuschtschego Frantom*, Moskau 1991.
Kopelew, Lew, *Verbietet die Verbote*, Hamburg 1977.
– *Aufbewahren für alle Zeit!*, Hamburg 1976.
– *Tröste meine Trauer*, Hamburg 1981.
Krawtschenko, Victor, *Ich wählte die Freiheit*, Hamburg 1949.
Krementsov, Nikolai, *Stalinist Science*, Princeton (N. J.) 1997.
Krivitsky, Walter, *I Was Stalin's Agent*, London 1940.
Kusnezow, N. G., »Memoirs«, in: *Woprosi Istorii*, Nr. 4–5 1965.
Litwin, A. L. (Hg.), *Genrich Jagoda Narkom wnutrennich del SSSR, Gereralnji Kommissar Gosudarstwennoi besopastnosti*, Kasan 1997.
Lunghi, Hugh, *Minutes of Meeting between Generalissimo J. V. Stalin and Admiral Mountbatten at Babelsberg, Germany, 25 July 1945 at 12.45 hours*, unveröffentlicht.
– *Tribute to Sir Winston Churchill at Churchill Memorial Concert*, Blenheim Palace, 1. März 1997.
– *Meeting Stalin*, European Service, General News Talk, BBC, 1. März 1963.
Maiski, Ivan, *Memoiren eines russischen Botschafters*, Berlin 1984.
Malenkow, Andrei, *O Moem Oze Georgie Malenkowe*, Moskau 1992.
Malyschew, V. A., Notes, in: *Istotschnik* 1997, Nr. 5.
Mandelstam, Nadeschda, *Das Jahrhundert der Wölfe*, Frankfurt am Main 1971.
Merezkow, K. A., *Im Dienste des Volkes*, Berlin 1982.
Mgeladse, Akaki, *Stalin, kakim ja ego snal*, Tiflis 2001.
Mikojan, Anastas, *Tak Bylo*, Moskau 2000.
Mikoyan, N., »A Month at Beria's Dacha«, in: *Forum*, Nr. 3, 1995.
Mikoyan, Stepan, *Memoirs of Military Test-flying and Life with the Kremlin's Elite*, London 1999.
Mjasnikow, A. I., »Medizinische Anmerkungen zu J. W. Stalins Krankheit«, in: *Literaturnaja Gaseta*, 1. März 1989.
Molotov, V. M., *Molotov Remembers* (hg. von Felix Chuev), Chicago 1993.
– *Sto Sorok Besed s Molotowym*, Moskau 1991.
Muratow, E., »6 Tschasow s I. W. Stalinym na Prieme v Kremle«, in: *Newa*, Nr. 7, 1993.
Nuzibidse, Ketewan und Schalwa, *Nakaduli*, Tiflis 1993.
Okunewskaja, Tatiana, *Tatianin Den*, Moskau 1998.
Orlow, Alexander, *Kreml-Geheimnisse*, Würzburg 1956.
Ortenberg, David, »U Schukowa w Perkbuschkogo«, in: *Krasnaja Swesda*, 30. Nov. 1991.
– *Stalin Schtscherbakow Mechlis i Drugie*, Moskau 1995.
Pahlevi, Mohammed Reza, *Im Dienst meines Landes*, Stuttgart 1961.
Parrott, Cecil, *The Serpent and the Nightingale*, London 1977.
Patolitschew, N. S., *Ispytanie na Srelost*, Moskau 1977.
Pawlow, V. N., »Autobiographitscheskie Sametki«, in: *Nowaja i Noweischaja Istorija*, Nr. 4, 2000.
Pirozhkova, A. N., *At His Side. The Last Ten Years of Isaac Babel*, Vermont 1996.
Platonow, Andrei, *Die Baugrube*, München 1990.
Plisetskaya, Maya, und Tim Scholl, *I, Maya*, New Haven (Con.) 2001.
Pronin, Vasili P., »Gorod u Linii Fronta«, in: *Moskowskie Nowosti*, Nr. 21, 26. März/ 2. April 1995, S. 14.
– *Gorod-Woin, Bitwa sa Moskwu*, Moskau 1966.
Putin, Wladimir, *Aus erster Hand*, München 2000.
Rapoport, Yakov, *The Doctors' Plot. Stalins Last Crime*, London 1991.
Rasgon, Lew, *Plen w Swoem Otetschestwe*, Moskau 1994.

Roberts, Frank, *Dealing with Dictators*, London 1991.

Rokossowski, K., *Soldatenpflicht*, Berlin 1986.

Romanov, A. I., *The Nights are Longest There*, Boston 1972.

Rosliakow, K., *Ubiistwo Kirowa. Polititscheskie i Ugolownje prestuplenija w 1930 Godach*, Leningrad 1991.

Rschewskaja, E., »B Tot Den posdhnei Oseniu« in: S. S. Smirnow. *Marschal Schukow: Kakim my ego Pomnim*, Moskau 1988.

Rybin, A. G., *Stalin w Oktjabre 1941*, Moskau o. J.

Rybin, A. T., »Rjadom s IV Stalinym«, in: *Sosiologitscheskie Issledowanija*, Nr. 3, 1988.

– *Stalin i Schukow*, Moskau 1994.

– *Rjadom Stalinym w Bolschom Teatre*, Moskau o. J.

– *Kto Otrawil Stalina?*, Moskau o. J.

– *Next to Stalin: Notes of a Bodyguard*, Toronto 1996.

Sacharow, Andrei, *Mein Leben*, München 1991.

Sacharow, M. V., *Generalnji Schtab w Predwoennje Godi*, Moskau 1989.

Sbornik Sakonodatelnych i normatiwnych Actow o Repressijach i Reabilitatsii, Moskau 1993.

Schachurin, A., »Memoirs«, in: *Woprosi Istorii*, Nr. 3, 1975.

Schdanow, A. A., »Doklad Schdanowa o Schurnalach Swesda i Leningrad«, in: *Bolschewik*, Nrn. 17/18, September 1946.

Schdanow, Juri, »O kritie i Samokritike w nautschoi Rabote«, in: *Bolschewik*, Nr. 21, 1951, S. 28–43.

– »Wo Mgle Protiworetschii«, in: *Woprosi Filosofii* 1993, Nr. 7, S. 74.

Schepilow, D., *Neprimknuwschii*, Moskau 2001.

– »Wospominanija«, in: *Woprosi Istorii* 1998, Bde. 3–6.

Scholochow, Michail, *Ein Menschenschicksal*, Berlin 1987.

Schostakowitsch, Dmitri, *Zeugenaussage*, Frankfurt am Main 1981.

Schtemenko, S. M., *Generalnji Schtab w Godi Woini*, Moskau 1981.

Schukow, G. K., *Erinnerungen und Gedanken*, Stuttgart 1969.

– »Korotko o Staline«, in: *Prawda*, 20. Januar 1989.

– »Na Kurskoi Duge«, in: *WISch*, Aug. 1967.

Serge, Victor, *From Lenin to Stalin*, London 1937.

Simonow, K., »Glasami Tscheloweka Moego Poklolenija«, in: *Snamja*, Nr. 3, 1988.

– »Conversations with Admiral I. S. Isakov«, in: *Snamja*, Nr. 5, 1988.

– »Sametki k Biografi G. K. Schukowa«, in: *Woprosi Istorii*, Nrn. 6, 7, 8, 9, 10 und 12, 1987.

– *Kriegstagebücher*, Leipzig 1981.

Smirnoff, S. S., *G. K. Schukow: Kakim My Ego Pomnium*, Moskau 1988.

Smith, Walter Bedell, *My Three Years in Moscow*, New York 1948.

Stalin, J. W., *Dein Sosso. Briefe, Dokumente und Fotos aus dem Kreis der Familie*, Berlin 1994.

– Ders., *Sotschinenija*, Moskau 1946/1952.

– *Ekonomitscheskije Problemi Socialisma w SSSR*, Moskau 1953.

– *Wystuplenie na Prieme w Kremle w tschest Kommandujuschtschik Woiskami Krasnoi Armii*, in: *Works* (hg. von Robert McNeal), Bd. II, 1941–45, Stanford (Kal.) 1967.

Stalin's Letters to Molotov (hg. von Lars T. Lih, Oleg V. Naumov und Oleg V. Khlevniuk), New Haven (Con.) 1995.

Stalin i Kaganowitsch Perepiska 1931–36, hg. von O. V. Khlevniuk, R. W. Davies, L. P. Koschelewa, E. A. Rees und L. A. Rogavaja, Moskau 2001.

»Stalin, Molotow Schdanow o Wtoroy Serii Filma Iwan Grosni«, in: *Moskowskie Nowosti*, Nr. 37, 7. Aug. 1988.

Josif Stalin w Obiatiiach Semjii: is Litschnogo Arkiva, in: *Istotschnik*, Moskau 1993.

Starostin, Nikolai, *Futbol Skwos Godi*, Moskau 1992.

Suchanow, N. N., *1917. Tagebuch der russischen Revolution*, München 1967.

Sudoplatov, Pavel, und Anatoli mit Jerrold I. und Leona Schecter, *Special Tasks, the Memoirs of an Unwanted Witness, a Soviet Spymaster*, London 1994.

Sukhanov, D. M., *Memoirs*, Washington Library of Congress.

Timaschuk, Lydia, »Zel Byla Spasti Schisn Bolnogo. Pisma Lidii Timaschuk«, in: *Istotschnik* 1997, Nr. 1.

Trail, Vera, *Memoirs of Yeshov*, unveröffentlicht.

Trifinov, Yury, *House on the Embankment*, Illinois 1999.

Trojanowski, Oleg, *Tscheres Godii Rasstojanija*, Moskau 1997.

Trotzki, Leo, *Mein Leben*, Berlin 1990.

– *Stalin*, Essen 2001.

Tscharkwiani, Candide, *Memoirs on Stalin*, unveröffentlicht.

Tschikobawa, Arnold, »Kogda ix Kak eto Bylo«, in: *Eschegodnik Iberijsko-Kawkasskogo Jasykosnanija*, Bd. 12, 1985.

Vishnevskaya, Galina, *Galina, Russian Story*, London 1984.

Voronov, N. V., *Memoir of N. V. Voronov*, Volkogonov Collection, Reel 8, 6. Juni 1994.

Voroschilow, K. E., *Stalin and the Armed Forces of the USSR*, Moskau 1951.

– *Rasskas o Schisni. Wospominanija*, Moskau 1968.

Waledinski, I., »Wospominanija o Westretschah s Tow. Stalinym IV, in: *Musei Revoluzii*, Bd. 32, 2. Buch, Moskau 1992.

Wastschschenko, N., *Sa Grani Istorii*, Moskau 1998.

Wasilewski, A. M., *Delo Wsei Moei Schisni*, Moskau 1978.

Werth, Alexander, *Year of Stalingrad*, London 1946.

– *Russland im Krieg 1941–1945*, München 1965.

Wlasik, N. S., »Moja Biografija«, in: *Schpion*, Bde. 8/9.

»Wlasik Case: Interrogations«, in: *WISch*, Nr. 12, 1989.

Yerofeev, Vladimir, »Ten Years of Secretaryship«, in: *International Affairs*, Bd. 9, 1991.

Zbarski, Ilya, und Samuel Hutchinson, *Lenin und andere Leichen*, Stuttgart 1999.

Sekundärliteratur

Antonov-Owseenko, Anton, *The Time of Stalin: Portrait of a Tyranny*, New York 1980.

– *Beria*, Moskau 1999.

Applebaum, Anne, *Der Gulag*, Berlin 2003.

Aptekov, Pavel, und Olga Dudorova, »Peace and statistics of losses: Unheeded Warning and the Winter War«, in: *Slavic Military Studies*, Bd. 10, Nr. 1, März 1997.

Avtorkhanov, Abdurakhman, *Stalin and the Soviet Communist Party*, London 1959.

Axell, Albert, *Stalin's War Through the Eyes of his Commanders*, London 1997.

Babitschenko, D., und M. Sidirow, »Newelika Pobeda«, in: *Itogi*, Nr. 31 (269), 2001.

Barbosa, Adalberto Zelmar, *El Federalismo Bloquista: Bravo o el pragmatismo politico*, Buenos Aires 1988.

Barsukow, N., »Mart 1953. Stranizi Istorii KPSS«, in: *Prawda*, 27. Okt. 1989.

Beevor, Antony, *Stalingrad*, Niedernhausen 2002.

– *Berlin 1945*, München 2002.

Biagi, Enzo, *Svetlana: The Inside Story*, London 1967.

Bialer, Seweryn (Hg.), *Stalin and His Generals*, New York 1969.

Bloch, Michael, *Ribbentrop*, London 1994.

Blotsky, Oleg, *Vladimir Putin. The Story of My Life*, Moskau 2002.

Bobrenow, V., und V. Wiasanzew, »Marschal protiw Marschala«, in: *Armia* 1993, Nrn. 8–10.

Bortoli, Georges, *Als Stalin starb*, Stuttgart 1974.

Bos, W. H., und E. M. Farber, »Joseph Stalin's Psoriasis: Its Treatment and the Consequences«, in: *Cutis*, Bd. 59, April 1997.

Brackman, Roman, *The Secret File of Joseph Stalin*, London 2001.

Brent, Jonathan, und Vladimir P. Naumov, *Stalin's Last Crime: The Doctor's Plot*, London 2003.

Briuchanow, B. B., und E. N. Schoschkow, *Oprawdaniju ne podleschit: Eschow I eschowtschina*, Sankt Petersburg 1998.

Bromage, Bernard, *Molotov*, London 1956.

Brooks, Jeffrey, *Thank You Comrade Stalin*, Princeton 2000.

Burleigh, Michael, *Die Zeit des Nationalsozialismus. Eine Gesamtdarstellung*, Frankfurt am Main 2000.

Carlton, David, *Churchill and the Soviet Union*, London 2000.

Carr, E. H., *Was ist Geschichte?*, Stuttgart 1963.

Carswell, John, *The Exile, the life of Ivy Litvinov*, London 1980.

Chase, William J., *Enemies Within the Gates? The Comintern and the Stalinist Repression 1934–39*, New Haven (Con.) 2001.

Chinsky, Pavel, *Staline archives inédites*, Paris 2001.

Chisholm, Anne, und Michael Davie, *Beaverbrook: A Life*, London 1992.

Chubariyan, Alexander O., und Vladimir O. Pechatnov, »Molotov ›the Liberal‹: Stalin's 1945 Criticism of his Deputy«, in: *Cold War History*, Bd. 1, Nr. 1, Aug. 2000.

Chuev, Felix (Hg.), *Molotow Remembers*, Chicago 1993.

– (Hg.), *Tak goworil Kaganovich*, Moskau 1992.

Clark, Alan, *Barbarossa*, London 1996.

Cohen, Stephen, *Bukharin and the Bolshevik Revolution. A Political Biography 1888/1938*, London 1973.

Cohen, Y., »Des lettres comme action: Stalin au début des années 1930 vu depuis les fonds Kaganovich«, in: *Cahiers du Monde russe*, Nr. 3, Bd. 38, Juli–September 1997.

Conquest, Robert, *Der große Terror*, München 2001.

– *Stalin*, Frankfurt am Main 1993.

– *Ernte des Todes*, München 1988.

– *Inside Stalin's Secret Police. NKVD Politics 1936/1939*, Stanford (Kal.) 1985.

– *Stalins Völkermord*, Wien 1979.

– *The Nation Killers*, London 1972.

– *Am Anfang starb Genosse Kirow*, Düsseldorf 1970.

Coox, Alvin D., »L'affaire Ljushkov: Anatomy of a Defector«, in: *Soviet Studies* 1967/68, Nr. 3.

– »The Lesser of Two Hells: NKVD General G. S. Lyushkov's Defection to Japan 1939–45«, in: *Slavic Military Studies*, Bd. 11, Nr. 3, Sept. 1998.

Curtis, J. A. E., *Manuscripts Don't Burn: Mikhail Bulgakov. A Life in Letters and Diaries*, London 1991.

Dallin, Alexander, und F. I. Firsov (Hg.), *Dmitrov and Stalin 1934–1943*, New Haven (Con.) 2000.

Davies, R. W., »The Sypsov/Lominadze Affair«, in: *Soviet Studies* 33, Nr. 1, Jan. 1981.

Easter, Gerald, *Reconstructing the State: Personal Networks and Elite Identity in Soviet Russia*, Cambridge 2000.

Ebon, M., *Malenkov*, London 1953.

Erickson, John, *Soviet High Command. A Military/Political History 1918–41*, London 1962.

– *The Road to Stalingrad*, London 1983.
– *The Road to Berlin*, London 1996.
Fairbanks, C. H., »Clientilism and higher politics in Georgia 1949/1953«, in: *Transcaucasia*, Ann Arbor (Mich.) 1983.
Fay, Laurel, *Shostakovich. A Life*, Oxford 2001.
Figes, Orlando, *Nataschas Tanz*, Darmstadt 2003.
– *Die Tragödie eines Volkes*, Berlin 1998.
Fitzpatrick, Sheila, *Everyday Stalinism. Ordinary Life in Extraordinary Times: Soviet Russia in the 1930s*, Oxford 1999.
– *The Cultural Front. Power and Culture in Revolutionary Russia*, Ithaca (N. Y.) 1992.
– *Stalinism: New Directions*, London 2000.
Garros, V., N. Korenewskaja und T. Lahusen, *Das wahre Leben*, 1998.
Gazur, Edward P., *Secret Assignment: The FBI's KGB General*, New York 2001.
Gendlin, L., *Confession of Stalin's Lover*, Moskau 1991.
Getty, J. Arch, *Origins of the Great Purges: the Soviet CP Reconsidered 1933/1938*, Cambridge 1985.
– und R. T. Manning (Hg.), *Stalinist Terror. New Perspectives*, Cambridge 1993.
– und Oleg V. Naumov, *The Road to Terror: Stalin and the Self-Destruction of the Bolsheviks, 1932–39*, New Haven (Con.) 1999.
Gilbert, Martin, *Churchill. A Life*, London 1991.
Glantz, David, *Barbarossa: Hitler's Invasion of Russia 1941*, London 2001.
– »The Kharkov Operation May 1942«, in: *Slavic Military Studies*, Bd. 5, Sept./ Dez. 1992.
– *Zhukov's Greatest Defeat: the Red Army's Epic Disaster in Operation Mars 1942*, Manchester 2000.
– »Forgotten Battles of German-Soviet War – the Winter Campaign: the Crimean Counter-Offensive«, in: *Slavic Military Studies*, Bd. 14, März 2001.
Gleason, Abbott, *Totalitarianism: The Inner History of the Cold War*, Oxford 2001.
Gobarev, Victor, »Soviet Military Plans and Actions During the First Berlin Crisis«, in: *Slavic Military Studies*, Bd. 10, Sept. 1997.
– »Khrushchev and the Military: Historical and Psychological Analysis«, in: *Slavic Military Studies*, Bd. 11.
Goncharov, Sergei N., John W. Lewis und Xue Litai, *Uncertain Partners: Stalin, Mao and the Korean War*, Stanford (Kal.) 1993.
Gorlizki, Yoram, »Stalin's Cabinet: the Politbüro and Decision-Making in the Post-War Years«, in: Christopher Read (Hg.), *The Stalin Years*, London 2003.
Gorlow, S. A., »Peregowori V. M. Molotowa w Berline w Noiabre 1940 Goda«, in: *WISch*, Bde.6/7, 1992.
Gorodetsky, Gabriel, *Stafford Cripps' Mission to Moscow 1940–42*, London 1984.
– *Die große Täuschung*, Berlin 2003.
Gromow, E., *Stalin: Wlast I Ikusstro*, Moskau 1998.
Hahn, Werner, *Postwar Soviet Politics: the Fall of Zhdanov and the Defeat of Moderation 1946–53*, Ithaca (N. Y.) 1982.
Harris, Jonathan, »The Origins of the Conflict between Malenkov and Zhdanov 1939–1941«, in: *Slavic Review*, Bd. 35, Nr. 2, 1976.
Holloway, David, *Stalin and the Bomb: the Soviet Union and Atomic Energy 1939–1956*, New Haven (Con.) 1994.
Hosking, Geoffrey, *Sowietunion*, Bonn 1991.
Iwanow, S. P., *Schtab Armeiskii, Schtab Frontowoi*, Moskau 1990.
Izumov, Y., »Why Khrushchev took revenge on Stalin«, in: *Dosye Glasnost*, Nr. 12, 2001.

Jakowlew, Alexander, *A Century of Violence in Soviet Russia*, New Haven (Con.) 2002.
- *Die Abgründe meines Jahrhunderts*, Leipzig 2003.
Jakowlew, A. N., R. Pichoja und A. Geischtor, *Katyn*, Moskau 1997.
Jakowlew, N. N., *Schukow*, Mokau 1992.
Jansen, Marc, und Nikita Petrov, *Stalin's Loyal Executioner: People's Commissar Nikolai Ezhov 1895/1940*, Stanford (Kal.) 2002.
Jeffery, Inez Cope, *Inside Russia: Life and Times of Zoya Zarubina*, Austin (Tex.) 1999.
Jenkins, Roy, *Truman*, London 1986.
Karpow, Wladimir, »Tainaja Rasprawa nad Marschalom Schukowym«, in: *Westnik Protiwowosduschnoi Oboroni*, Nr. 7, 8, 17 und 19, August 1991.
- »Rasprawa Stalina nad Marschalom Schukowym«, in: *Westnik Protiwowosduschnoi Oboroni*, Nr. 7–8, 1992.
- *Marschal Schukow: Opala*, Moskau 1994.
- *Rastrelljannje Marschali*, Moskau 2000.
- »Career of Communications Worker Wladimir Kazakov«, in: *Nesawisimoe Voennoe Obrosenie*, Bd. 19, 2002, S. 5.
Kahan, Stuart, *Wolf of the Kremlin*, New York 1987.
Kemp-Welch, A., *Stalin and the Literary Intelligentsia*, London 1991.
Kenez, Peter, *Cinema and the Soviet Society from the Revolution to the Death of Stalin*, London 2001.
Kershaw, Ian, *Hitler. 1936–1945*, Müchen 2002.
Khlevniuk, Oleg, *Le Circle du Kremlin. Staline et le bureau politique dans les années 30: les jeux du pouvoir*, Paris 1996.
- *Stalin NKVD i sowezkoe Obschtschetwo*, Moskau 1993.
- *In Stalin's Shadow. The Career of Sergo Ordzhonikidze*, New York 1993.
- *Stalinskoe Politburo w 1930 Godi. Sbornik Dokumentow*, Moskau 1995.
- Oleg J. Gorliski, A. I. Miniuk, M. J. Prosymenschikow, L. A. Rogawaja und S. V. Somonowa (Hg.), *Politburo TsK BKP i Sowet Ministrow SSSR 1945–53*, Moskau 2002.
Kirilina, A. A., *L'Assassinat de Kirov*, Paris 1995.
Knight, Amy, *Beria: Stalin's First Lieutenant*, Princeton (N. J.) 1993.
- *Who Killed Kirow? The Kremlin's Greatest Mystery*, New York 1999.
Kojevnikov, Alexei, »Games of Stalinist Democracy. Ideological discussions in Soviet sciences«, in: Sheila Fitzpatrick, *Stalinism: New Directions*, London 2000.
Korol, V. E., A. I. Sliusarenko und U. I. Nikolaenko, »Tragic 1941 and Ukraine: New Aspect of Problems«, in: *Slavic Military Studies*, Bd. 11, Nr. 1, März 1998.
Kostyrchenko, Gennadi, *Out of the Red Shadows. Anti-Semitism in Stalin's Russia*, New York 1995.
Kotkin, Stephen, *Magnetic Mountain: Stalinism as a Civilisation*, University of California 1995.
Kulikow, E., M. Miakgow und O. Rscheschewski, *Woina 1941–1945*, Moskau 2001.
Kumanew, Grigori (Hg.), *Rjadom so Stalynim*, Moskau 2002.
Kuznetsov, I. L., »Stalin's Minister VI Abakumov«, in: *Slavic Military Studies*, Bd. 12, Nr. 1, März 1999.
- »KGB General Naum Isakovich Eitingon 1899–1991«, in: *Slavic Military Studies*, Bd. 14, Nr. 1, März 2001.
Lakoba, S., *Otscherki po polititscheskoi Istorii Abchasii*, Suchumi 1990.
Lastours, S. de, *Toukhatchevski*, Paris 1996.
Lebedewa, N. S., *Katyn*, Moskau 1994.
Lewaschow, Viktor, *Michoels: Ubiystwo Michoelsa*, Moskau 1998.
Lewis, Jonathan, und Philip Whitehead, *Stalin: Time for Judgement*, London 1990.
Leyda, Jay, *Filme aus Filmen*, Berlin 1967.

– *Kino: History of Russian and Soviet Film*, London 1973.
Lichanow, D., und V. Nikonow, »La Potschistil OGPU«, in: *Sowerschenno Sekretno* 4, 1992.
Loguinow, V., *Taina Stalina. General Wlasik i Jego Saratniki*, Moskau 2000.
Malia, Martin, *Vollstreckter Wahn*, Stuttgart 1994.
Marcucci, L., *Il Commissario di Ferro di Stalin*, Turin 1997.
Mariamow, Grigori, *Kremlewskij Zensor: Stalin Smotrit Kino*, Moskau 1986.
McLoughlin, Barry, und Kevin McDermott, *Stalin's Terror: High Politics and Mass Repression in the Soviet Union*, London 2002.
Medwedew, Roi, *Chruschtschow*, Stuttgart 1984.
– *Die Wahrheit ist unsere Stärke*, Frankfurt am Main 1973.
– *Neiswestnji Stalin*, Moskau 2001.
– *All Stalin's Men: Six Who Carried the Bloody Purges*, New York 1985.
– *On Stalin and Stalinism*, Oxford 1979.
– und Zhores Medvedev, *Polititscheskij Dnewnik*, Amsterdam 1975.
Medvedev, Zhores, *The Rise and Fall of T. D. Lysenko*, New York 1969.
– *Polititscheskii Dnewnik*, Moskau 1975.
Mee, Charles L. jr., *Die Potsdamer Konferenz*, München 1979.
Merridale, Catherine, *Moscow Politics and the Rise of Stalin: the Communist Party in the Capital 1925–32*, Basingstoke/London 1990.
– *Steinerne Nächte. Leiden und Sterben in Rußland*, München 2001.
Morgan, Ted, *FDR*, London 1985.
Naumow, V., *1941 God, Dokumenti*, Moskau 2000.
Nekrasow, V. F., *Beria: Konez Karieri*, Moskau 1991.
– *Schelesni Norkomi*, Moskau 1995.
Nenarakow, A., »Schtabs/Kapitan, Marschal, Wrag Naroda, Jegorow«, in: *Rodina* 1989, Nr. 10.
Nevakivi, Jukka (Hg.), *Finnish-Soviet Relations 1944–1948*, Helsinki 1994.
Nevezhin, V. A., »Stalin's 5th May Address: the experience of Interpretation«, in: *Slavic Military Studies*, Bd. 11, Nr. 1, März 1988.
Nove, Alex (Hg.), *The Stalin Phenomenon*, New York 1993.
Overy, Richard, *Russlands Krieg*, Reinbek bei Hamburg 2003.
Papkow, S. A., *Stalinski Terror w Sibiri 1928–1941*, Nowosibirsk 1997.
Parrish, Michael, *The Lesser Terror. Soviet State Security 1939–1953*, London 1996.
– »The Last Relic: Serov«, in: *Slavic Military Studies*, Bd. 10, Sept. 1997.
– »Downfall of the Iron Commissar N. I. Yeshov 1938–1940«, in: *Slavic Military Studies*, Bd. 14, Nr. 2, Juni 2001.
Pawlenko, N. G., »G. K. Schukow: Is Neopublikowanych Wospominanij«, in: *Kommunist*, Bd. 14, Sept. 1988.
– »Rasmyschlenija o Sudbe Polkowodza«, in: *WISch*, Nrn. 10–12, 1988.
Pechatnov, Vladimir O., »The Allies are pressing on you to break your will...«, in: *Foreign Policy Correspondence between Stalin and Molotov and other Politburo Members, September 1945/December 1946*, Working Paper 26, Cold War International History Project, Woodrow Wilson International Centre for Scholars, Washington, D.C.
Perlmutter, Amos, *A Not So Grand Alliance 1943–45*, Columbia (Miss.) 1994.
Perrie, Maureen, *The Cult of Ivan the Terrible in Stalin's Russia*, London 2001.
Petrow, N. V., und K. V. Scorkin, *Kto Rukowodil NKVD 1934–41: Sprawotschnik*, Moskau 1999.
Polianski, A., *Jeschow: Istorija Schelesnogo Stalinskogo Narkoma*, Moskau 2001.
Pope, Arthur Upham, *Maxim Litvinov*, London 1943.

Popow, B. S., und V. G. Oppokow, »Beriewschtschina«, in: *WiSch* 1990, Nr. 3.

Porter, Cathy, *Alexandra Kollontai*, London 1980.

Powarzow, S., *Pritschina Smerti-Rastrel*, Moskau 1996.

Raanan, Gavriel, *International Policy Formation in the USSR Factional »Debates« during the Zhdanovshchina*, Hamden (Con.) 1983.

Radosh, R., M. R. Habeck und G. Sevostianov (Hg.), *Spain Betrayed the Soviet Union in the Spanish Civil War*, New Haven (Con.) 2001.

Radzinsky, Edvard, *Stalin*, London 1996.

Read, Christopher, *The Stalin Years: A Reader*, London 2003.

Read, Anthony, und David Fisher, *The Deadly Embrace: Hitler, Stalin, and the Nazi-Soviet Pact 1939–1941*, London 1988.

Rees, E. A., *Stalinism and Soviet Rail Transport 1928–1941*, London 1995.

Reese, R. R., *Stalin's Reluctant Soldiers: A Social History of the Red Army*, Kansas 1996.

Richardson, Rosamond, *The Long Shadow: Inside Stalin's Family*, London 1993.

Rieber, Alfred J., »Stalin. Man of the Borderlands«, in: *American History Review*, Bd. 106, Nr. 5, Dezember 2001.

Riehl, Nikolaus, und Frederick Seitz, *Stalin's Captive. Nikolaus Riehl and the Soviet Race for the Bomb*, London 1996.

Rigby, T. H., »Was Stalin a Disloyal Patron?«, in: *Soviet Studies* 38, Nr. 3, Juli 1986.

– *Political Elites in the USSR*, Aldershot 1990.

Ritterspoon, G. T., *Stalinist Simplifications and Soviet Complications. Social Tensions and Political Conflicts in the USSR 1933–53*, Philadelphia 1991.

Roberts, Andrew, *The Holy Fox: A Biography of Lord Halifax*, London 1991.

Roberts, Geoffrey, »Beware Greek Gifts: the Churchill/Stalin Percentages Agreement of Oktober 1944«, in: *Churchill and Stalin. FCO Historians' Conference 2002*.

Rogowin, Wadim Z., *1937: Jahr des Terrors*, Essen 1998.

Rosenfeldt, N. E., *Knowledge and Power: the Role of Stalin's Secret Chancellery in the Soviet System of Government*, Kopenhagen 1978.

Rubel, Maximilian, *Stalin*, Reinbek bei Hamburg 1975.

Rubenstein, Joshua, *Tangled Loyalities: the Life and Times of Ilya Ehrenburg*, London 1996.

– und Vladimir P. Naumov, *Stalin's Secret Pogrom. The Postwar Inquisition of the Jewish Anti-Fascist Committee*, New Haven (Con.) 2001.

Rubzow, J., *Alter Ego Stalina: Stranizi polititscheskoi Biografi L. S. Mechlisa*, Moskau 1999.

– *Marschai Stalina*, Rostow 2000.

Rybakow, Anatoli, *Die Kinder vom Arbat*, Berlin 2002.

Rzheshevsky, O. A., *Wtoraja Mirowaja*, Moskau 1995.

– (Hg.), *War and Diplomacy: the Making of the Grand Alliance*, New York 1996.

– »Winston Churchill in Moscow 1942«, in: *Churchill and Stalin. FCO Historians' Conference 2002*.

Sainsbury, K., *The Turning Point*, London 1986.

Salisbury, Harrison, *900 Tage*, Frankfurt am Main 1989.

Schaworonkow, G., »I Snizja Notschju Den«, in: *Sintaxis*, Nr. 32, 1992.

Scheinis, Z., *Maxim Maksimoritsch Litwinow*, Moskau 1989.

Schirnow, E., »Gornitschnyh Predstawit k Nagradam«, in: *Wlast*, Bd. 16, 2000.

– »Conversation with Office Manager of USSR Council of Ministers Michail Smirtukow«, in: *Wlast*, Bd. 11 (Molotow), Bd. 7 (Bulganin), Bd. 5 (Malenkow), Bd. 25 (Stalin), 2000.

Schukow, J. N., »Borba sa Wlast w Rukowodswe SSSR w 1945–1952«, in: *Woprosi Istorii*, Nr. 1, 1995.

– »Taini Kremlewskogo dela 1935 Goda i Sudba Awelia Jenukidse«, in: *Woprosi Istorii*, Nr. 9, 2000.

Seaton, Albert, *Stalin as Military Commander*, Conshohocken (Penn.) 1998.

Senkowitsch, N. A., *Marschali i Genseki*, Smolensk 1997.

Service, Robert, *The Bolshevik Party in Revolution: A Study in Organizational Change 1917–23*, London 1979.

– *A History of 20th Century Russia*, London 1997.

– »Joseph Stalin, the Making of a Stalinist«, in: John Channon (Hg.), *Politics, Society and Stalinism in the USSR*, London 1998.

– *Lenin*, München 2002.

– »Architectural Problems of Reform: from Design to Collapse«, in: *Totalitarian Movements and Political Religions*, Bd. 2, Nr. 2, Herbst 2001.

Shapiro, Leonard, *The Communist Party of the Soviet Union*, London 1970.

Shentalinsky, Vitaly, *The KGB's Literary Archive*, London 1995.

– »Ochota w Rewsapowednike«, in: *Nowi Mir* 1998, Nr. 12.

Shukman, Harold (Hg.), *Stalin's Generals*, London 1993.

– (Hg.), *Stalin and the Soviet-Finnish War 1939–1940*, London 2002.

Siegelbaum, Lewis, und Andrei Sokolov, *Stalinism as a Way of Life. A Narrative in Documents*, New Haven (Con.) 2001.

Smith, Edward Willis, *Young Stalin*, New York 1967.

Soyfer, Valery, *Lysenko and the Tragedy of Soviet Science*, New Jersey 1994.

Spahr, William J., *Zhukov. The Rise and Fall of a Great Captain*, Novato (Kal.) 1995.

– *Stalin's Lieutenants. A Study of Command under Duress*, Novato (Kal.) 1997.

Starr, S. Frederick, *Red and Hot. Jazz in Russland von 1917 bis 1990*, Wien 1990.

Stoliarow, K. A., *Golgofa*, Moskau 1991.

Subkowa, Elena, »Obschtschestwennaja Atmosphera Posle Woini (1945–1946)«, in: *Swobodnaja Mysl*, Nr. 6, 1992.

Subok, Wladislaw, und Konstantine Pleschakow, *Der Kreml im Kalten Krieg*, Hildesheim 1997.

Suchomlinow, A., *Wasili: Syn Woschdja*, Moskau 2001.

Sulianow, Anatoli, *Arrestowat w Kremle. O Schisni i Smerti Marschala Beria: Powest*, Minsk 1991.

Suny, Ronald Grigor, *The Making of the Georgian Nation*, Stanford (Kal.) 1988.

Suwenirow, O. F., *Tragedija RKKA 1937–38*, Moskau 1998.

Taubman, William, *Khrushchev. The Man and His Era*, London 2003.

– Sergei Khrushchev und Abbott Gleason, *Nikita Khrushchev*, New Haven (Con.) 2000.

Taylor, A. J. P., *Beaverbrook*, London 1972.

Thomas, Hugh, *Armed Truce. The Beginnings of the Cold War 1945–46*, London 1986.

Thurston, Robert W., *Life and Terror in Stalin's Russia 1934–41*, New Haven (Con.) 1996.

Tolstoy, Nikolai, *Stalin's Secret War*, London 1981.

– *Das Haus Tolstoi*, Stuttgart 1985.

Toranska, Teresa, *Die da oben. Polnische Stalinisten zum Sprechen gebracht*, Köln 1987.

Tortschinow, B. A., und A. M. Lentiuk, *Wokrug Stalina*, Sankt Petersburg 2000.

Trepper, L., *Bolschaja Igra*, Moskau 1990.

Tucker, Robert, *Stalin as Revolutionary*, New York 1974.

– *Stalin in Power: the Revolution from Above*, New York 1990.

– *Stalinism Essays in Historical Interpretation*, New Brunswick (N. J.) 2000.

Uschakow, S., und A. A. Stukakow, *Front Woennych Prokurorow*, Moskau 2000.

Uspenski, V. D., *Taynji Sowetnik Voschdja*, Moskau 1992.

Vaksberg, Arkady, *Stalin Against the Jews*, New York 1995.
– *Stalin's Prosecutor. The Life of Andrei Vyshinsky*, New York 1991.
– »Delo Marschala Schukowa: Nerasorwawschajasja Bomba«, in: *Literaturnaja Gaseta* 5, Nr. 32, August 1992.
Vasilieva, Larissa, *Kremlin Wives*, London 1994.
– *Kremlewskie Scheni*, Moskau 2001.
– *Deti Kremja*, Mokau 2001.
Watson, Derek, »The Early Career of V. M. Molotov«, in: *CREES Discussion Papers, Soviet Industrialisation Project Series*, Univ. of Birmingham, Bd. 26, 1986.
– *Molotov and Soviet Government: Sovnarkom 1930–41*, Basingstoke 1996.
Weiskopf, Michail, *Pisatel Stalin*, Moskau 2001.
Wheatley, Dennis, *Red Eagle. The Story of the Russian Revolution and of Klimenty Efremovitch Voroshilov, Marshal and Commissar for Defence of the USSR*, London 1938.
Wolkogonow, Dmitrij, *Stalin*, Düsseldorf 1994.
– *The Rise and Fall of the Soviet Empire*, London 1998.
Young, Gordon, *Moskaus neue Männer*, Zürich 1956.
Zänker, Heiko, *Stalin. Tod oder Sozialismus*, München 2002.

NAMENREGISTER

Peschkowa, Timoscha 113 f., 251 f., 294
Fn., 645 Fn.
Peter der Große 132, 158, 204, 375, 622,
676 Fn.
Peter III., Zar 689
Petrowna, Nina (Nikita Chruschtschews
zweite Frau) 355
Petrowski, G. I. 101 Fn.
Picasso, Pablo 158 Fn.
Pilniak, Boris 118 Fn., 197
Piroschkowa (Frau von Isaak Ba-
bel) 304
Pjatakow, Juri 68, 70, 232, 235, 238 ff.,
245
Pjatakowa (Juri Pjatakows Frau) 232
Platonow, Andrei 58 Fn., 157 Fn.
Plisezkaja, Maja 691
Plunkett-Ernle-Erle-Drax, Sir Reginald
Aylmer Ranfurly (Admiral) 350f
Podoskaja, Jewgenia 274
Pongrantz, Betsy 553 Fn.
Popow, M. M. (General) 436
Portal, Sir Charles 538
Poskrebyschew, Alexander Nikolaije-
witsch 17, 24, 65 Fn., 82 f., 89, 98,
130, 135, 141, 144 Fn., 149, 151, 155,
159, 171, 183 f., 192, 203, 206 Fn., 210,
219, 247, 254, 275, 292, 303, 327 f.,
337, 353, 355, 361 ff., 365, 398, 405 ff.,
413, 420, 422, 424 f., 451, 455, 457,
469 f., 486, 489, 495 ff., 500, 504, 522,
525, 548, 549 Fn., 554, 566, 568, 580 f.,
587 f., 595, 597 f., 604 f., 621 Fn., 630,
644 f., 647 f., 652, 662, 664, 669, 680,
690 f., 701, 743
Poskrebyschewa, Bronislawa (»Bronka«;
geb. Metalikowa) 303 ff., 328, 361 ff.,
371, 448, 451, 580
Poskrebyschewa, Galja (Alexander Poskrebyschews Tochter) 328
Poskrebyschewa, Natalia (»Natascha«;
Alexander Poskrebyschews Tochter) 83, 328, 361, 451, 683 Fn., 690 f.,
748
Postischew, Pawel 120, 129, 150, 237,
247, 249, 274, 308 f., 312, 336, 606
Postischewa (Pawel Postischews Frau;
geb. Postolowskaja) 237
Potemkin, Fürst Grigori Alexandrowitsch 177 Fn., 178 Fn., 638 Fn.
Priestley, J. B. 644

Prokofjew, Sergei 523f
Pronin, W. P. (Moskauer Partei-
chef) 452, 454 Fn.
Pugatschew, Emelian 689 Fn.
Putin, Wladimir Wladimirowitsch 135
Fn., 335 Fn.

Radek, Karl 220, 235, 240 f., 344
Rakosi, Matjas 590, 691
Rapawa, A. N. (Geheimpolizist) 706 Fn.
Rapoport, Jakow 736
Ras Kasa (äthiopischer Fürst) 63
Rauschning, Hermann 382
Redens, Anna (geb. Allilujewa; Nadja Al-
lilujewas Schwester) 20, 42 f., 83, 125,
130, 136 f., 139, 141, 179, 181, 183,
188, 306, 320, 331 ff., 369, 396, 421,
640, 656, 743
Redens, Leonid (J. Stalins Neffe) 31, 83,
85 f., 187, 300, 305, 331, 396, 467 Fn.,
510, 519, 585, 640
Redens, Olga 642
Redens, Sergei 642
Redens, Stanislas (J. Stalins Schwa-
ger) 85, 136 f., 179, 249, 297, 305 ff.,
320, 330 f., 369
Redens, Wladimir (Anna Redens'
Sohn) 21, 396, 514, 624, 639 f., 642,
748
Reed, John 475 Fn.
Ribbentrop, Joachim von 350–354,
356 ff., 383–386, 408, 414, 416, 561
Riumin, Michail 697–700, 705, 708f
Riutin, Martemyan 69, 109, 129, 133
Rjasnoi, V. 739 Fn.
Rodos, B. V. 326, 367
Rok, Wsewolod siehe Merkulow, Wse-
wolod
Rokossowski, Konstantin 376, 491, 505,
541 ff., 564
Romanow (Zarenfamilie) 195, 205, 573
Romm, Michail 512
Roosevelt, Elliot 536
Roosevelt, Franklin D. 18, 51, 357, 374,
465, 507, 522, 527–550, 552–555, 568,
570, 573, 607 Fn., 625
Rosliakow, M. 167
Rosner, Eddie 616
Ross, Robert 233 Fn.
Rostowzewa, Olga 360 Fn.
Ruchadse, N. M. 704

www.klett-cotta.de

Ralf Zerback
Triumph der Gewalt
Drei deutsche Jahre 1932
bis 1934
320 Seiten, gebunden mit Schutz-
umschlag, mit Abbildungen
ISBN 978-3-608-98648-8

Die Chronik einer Katastrophe

Intrigen, Machtkämpfe, Terror: Packend schildert
Ralf Zerback in historischer Nahsicht drei turbulente deutsche Jahre, die das Ende der Demokratie
markieren. Mit einem Sinn für die Stimmungen
der frühen 30er Jahre zeigt er, wie schon einmal
Rechtspopulisten die Gesellschaft spalteten und
einen totalen Machtanspruch durchsetzten – eine
erschütternde Erzählung vom Ende der Demokratie und dem Weg in die Diktatur.